# *Teorias da Personalidade*

H174t      Hall, Calvin S.
          Teorias da personalidade / Calvin S. Hall, Gardner Lindzey e John B. Campbell.
      trad. Maria Adriana Veríssimo Veronese. – 4.ed. – Porto Alegre: Artmed, 2000.

          ISBN 978-85-7307-655-4

          1. Psicologia. I. Lindzey, Gardner. II. Campbell, John B. III. Título.

          CDU 159.9

Catalogação na publicação: Mônica Ballejo Canto – CRB 10/1023

**Calvin S. Hall**
*University of California, Santa Cruz, California*

**Gardner Lindzey**
*Center for Advanced Study in the Behavioral Sciences, Stanford, California*

**John B. Campbell**
*Franklin & Marshall College, Lancaster, Pennsylvania*

# *Teorias da Personalidade*

### 4ª Edição

**Tradução:**
MARIA ADRIANA VERÍSSIMO VERONESE
*Psicóloga*

**Consultoria, supervisão e revisão técnica desta edição:**
ANTÔNIO CARLOS AMADOR PEREIRA
*Mestre em Psicologia Clínica pela PUC-SP.*
*Professor da Faculdade de Psicologia da PUC-SP.*

Reimpressão 2008

2000

Obra originalmente publicada sob o título
*Theories of personality*
© John Wiley & Sons, Inc., 1998
ISBN 0-471-30342-9

*Créditos das fotografias:*

*Capítulo 2:* Página 51: © Archiv/Photo Researchers. Página 52: © Edmund Engleman. *Capítulo 3:* Página 87: Karsh/Woodfin Camp & Associates. *Capítulo 4:* Página 119: Cortesia de Alfred Adler Consultation Center. Página 129: Rene Burri/ Magnum Photos, Inc. Página 134: Horney Clinic/Corbis-Bettmann. Página 139: Cortesia de William Alanson White Psychiatric Foundation. *Capítulo 5:* Página 166: Jon Erikson/Cortesia de Clarke-Stewart. *Capítulo 6:* Página 192: Cortesia de Harvard University News Office, Cambridge, MA. *Capítulo 7:* Página 225: Cortesia de Harvard University News Office, Cambridge, MA. *Capítulo 9:* Página 293: Cortesia de Hans Eysenck/The Institute of Psychiatry, The Maudsley Hospital, Londres. *Capítulo 10:* Página 318: Archives of the History of American Psychology. Página 330: Cortesia de Dr. Ricardo Morant, Department of Psychology, Brandeis University. *Capítulo 11:* Página 351: Cortesia de National Library of Medicine. Página 355: Archives of the History of American Psychology. Página 364: Charles Schneider Photography. *Capítulo 12:* Página 391: Christopher S. Johnson/Stock, Boston. *Capítulo 13:* Página 423: Cortesia de Yale University. Página 425: Stella Kupferberg. *Capítulo 14:* Página 461: Cortesia de Albert Bandura. Página 479: Cortesia de Walter Mischel.

*Capa:*
JOAQUIM DA FONSECA

*Preparação do original:*
NARA VIDAL

*Supervisão editorial:*
LETÍCIA BISPO DE LIMA

*Editoração eletrônica e filmes:*
GRAFLINE EDITORA GRÁFICA

Reservados todos os direitos de publicação, em língua portuguesa, à
ARTMED® EDITORA S.A.
Av. Jerônimo de Ornelas, 670 - Santana
90040-340 Porto Alegre RS
Fone (51) 3027-7000 Fax (51) 3027-7070

É proibida a duplicação ou reprodução deste volume, no todo ou em parte, sob quaisquer formas ou por quaisquer meios (eletrônico, mecânico, gravação, fotocópia, distribuição na Web e outros), sem permissão expressa da Editora.

SÃO PAULO
Av. Angélica, 1091 - Higienópolis
01227-100 São Paulo SP
Fone (11) 3665-1100 Fax (11) 3667-1333

SAC 0800 703-3444

IMPRESSO NO BRASIL
*PRINTED IN BRAZIL*

Para nossos professores e amigos

*Gordon W. Allport*
*Henry A. Murray*
*Edward C. Tolman*

# Prefácio

A edição original de Hall e Lindzey (1957) definiu o campo da personalidade, levou a dezenas de livros didáticos sobre a teoria da personalidade, gerou centenas de cursos em nível de graduação e pós-graduação nas universidades e manteve-se como um texto clássico por meio de duas revisões. A terceira edição (1978) tem agora 20 anos de idade. A maior parte do material dessa edição ainda permanece relevante, mas ela ficou desatualizada em dois aspectos. Primeiro, as teorias enfatizadas excluem várias posições de grande importância contemporânea. Segundo, o texto obviamente omite qualquer referência ao corpo de pesquisas realizadas nos últimos 20 anos. A quarta edição de Hall e Lindzey foi preparada para corrigir as inadequações decorrentes da passagem do tempo. É importante enfatizar, entretanto, que esta quarta edição não altera aqueles atributos responsáveis pelo duradouro valor de Hall e Lindzey. Isto é, a revisão trata as teorias da personalidade centralmente importantes de uma forma abrangente, rigorosa e agradável. Este texto destina-se aos professores e aos alunos que acolhem com satisfação esta abordagem.

A necessidade de incluir materiais novos, combinada com as inevitáveis limitações de espaço, obrigou-nos a tomar difíceis decisões sobre as teorias a serem incluídas. Nós retiramos, relutantemente, os capítulos sobre a abordagem de Sheldon e as abordagens existencial e oriental, apesar de seu persistente apelo. Além disso, omitimos o capítulo sobre os modelos organísmicos, mas incorporamos ao capítulo sobre Carl Rogers porções do material sobre Kurt Goldstein e Abraham Maslow. Da mesma forma, retiramos o capítulo sobre Kurt Lewin, mas parte do material foi acrescentada a um novo capítulo sobre George Kelly. Também incluímos novos capítulos sobre Hans Eysenck, que foi mencionado no capítulo sobre Raymond Cattell na terceira edição, e sobre Albert Bandura, previamente incluído no capítulo sobre estímulo-resposta. Essas mudanças, juntamente com as revisões dos capítulos da terceira edição, pretendem produzir um texto que apresentará ao leitor as teorias mais diretamente relevantes para o trabalho atual em personalidade e nas áreas relacionadas.

Esta revisão será familiar para os leitores que conhecem as edições anteriores de Hall e Lindzey. Mantivemos a prática de apresentar cada posição teórica da maneira mais positiva possível, e o formato de cada capítulo foi amplamente preservado. Acrescentamos uma relação de conteúdos ampliada para orientar o leitor, e um resumo esquemático no início de cada capítulo. Em uma nova tentativa de ajudar o leitor a compreender as diferentes teorias e seus inter-relacionamentos, dividimos as teorias em quatro grupos. Os teóricos desses grupos são distintos, mas compartilham uma ênfase comum, que pode estar na psicodinâmica, na estrutura da personalidade, na realidade percebida ou na aprendizagem.

Queremos alertar o leitor para várias considerações gerais. Primeiro, continuamos fiéis a uma abordagem "de teóricos" da personalidade, em vez de uma abordagem "de pesquisa" ou "de tópicos". O aspecto distintivo dos modelos de personalidade é o reconhecimento e a preservação da integridade fundamental dos indivíduos, conforme salientado no Capítulo 1. Os textos organizados em função de classes de comportamento ou de unidades estruturais ou dinâmicas inevitavelmente prejudicam essa integridade. Segundo, esta apresentação enfatiza traduções de constructos por meio das teorias. Por exemplo, Freud e Rogers propuseram um modelo de conflito, embora os modelos difiram substancialmente em suas suposições e operações. Cattell também discutiu o conflito, mas tentou defini-lo quantitativamente. Freud, Kelly e Rogers enfatizaram a ansiedade, porém definiram o constructo de maneiras muito diferentes. Bandura enfatizou a auto-eficácia, que, por sua vez, soa como a busca de superioridade de Adler, a motivação para a eficiência de White e o princípio de domínio e a competência de Allport. A dinâmica do *self*, apresentada por Karen Horney, antecipa claramente a formulação muito influente de Carl Rogers uma geração mais tarde, e assim por diante. Essas traduções são interessantes em si mesmas. Além disso, elas demonstram a existência de conexões entre as teorias. Por extensão, existe substância no constructo da personalidade. Finalmente, acreditamos que é importante mostrar conexões entre as teorias da personalidade e as pesquisas atuais. Essas teorias têm valor heurístico. A nossa agenda, nem tão oculta, visa a mostrar que esses modelos de personalidade não são dinossauros desajeitados e obsoletos. Pelo contrário, eles sugerem hipóteses e se relacionam à grande parte dos trabalhos em nossos periódicos. Esperamos que o estudo das teorias apresentado por nós convença o leitor de sua utilidade empírica e prática.

*Gardner Lindzey*
*John B. Campbell*

# Prefácio da Terceira Edição

Esta edição de *Teorias da personalidade* contém vários aspectos novos. Os mais proeminentes são os dois novos capítulos, um sobre a teoria psicanalítica contemporânea e o outro sobre a psicologia oriental. O primeiro descreve algumas das mudanças ocorridas na teoria e na pesquisa psicanalíticas desde a morte de seu fundador, Sigmund Freud. Nesse capítulo é dada uma atenção especial às importantes contribuições de Erik H. Erikson.

Devido ao crescente interesse pelo pensamento oriental, consideramos adequado e oportuno apresentar um resumo da teoria oriental da personalidade e sua influência sobre a psicologia ocidental. Fomos afortunados, pois Daniel Goleman, uma autoridade sobre a psicologia oriental, esboçou esse capítulo para nós.

Outra inovação é uma mudança na ordem dos capítulos. As teorias clinicamente orientadas estão agrupadas na primeira metade do livro; as teorias mais experimentais e quantitativas se encontram agrupadas na segunda metade do livro.

Os capítulos que apareceram na segunda edição sofreram quantidades variadas de revisão, amplificação e condensação. Em cada caso, tentamos discutir todas as contribuições teóricas e de pesquisa mais importantes publicadas desde a nossa última edição.

Nossos editores se esforçaram ao máximo para produzir um livro com um *design* atraente, que enfatizasse claramente os títulos e subtítulos e tornasse mais fácil a leitura. Pela primeira vez, aparecem fotografias no livro.

Recebemos uma ajuda significativa de várias pessoas. Erik Erikson leu a seção do Capítulo 3 dedicada às suas idéias e fez numerosas e úteis contribuições para melhorá-la. Medard Boss nos forneceu novas informações sobre suas atividades desde 1970, e Jason Aronson e Paul J. Stern nos ofereceram os manuscritos de traduções inglesas de dois livros recentes de Boss. Mais uma vez, John Loehlin e Janet T. Spence realizaram serviços essenciais na revisão dos capítulos sobre a teoria do fator e sobre a teoria de estímulo-resposta, respectivamente. Jim Mazur realizou um serviço comparável em relação ao capítulo que trata da teoria operante.

William McGuire, da Princeton University Press, e Janet Dallett, da Clínica C. G. Jung, Los Angeles, ajudaram na revisão do capítulo sobre Jung. Vernon J. Nordby colaborou na preparação do novo capítulo sobre a teoria psicanalítica contemporânea. Ruth Wylie nos forneceu material

# PREFÁCIO DA TERCEIRA EDIÇÃO

não-publicado para usar no capítulo sobre Rogers. Rosemary Wellner nos ofereceu excelentes conselhos editoriais e Gen Carter foi muito útil na preparação final de grande parte do manuscrito. As contribuições de Gardner Lindzey foram facilitadas pelo Center for Advanced Study in the Behavioral Sciences.

*Calvin S. Hall*
*Gardner Lindzey*

# Prefácio da Segunda Edição

Nos 13 anos decorrentes entre a primeira e a presente edição de *Teorias da personalidade*, ocorreram várias mudanças na teoria da personalidade. A morte diminuiu o rol dos teóricos mais importantes: Angyal (1960), Jung (1961), Goldstein (1965) e Allport (1967). Algumas das teorias foram substancialmente revisadas e elaboradas por seus criadores. Todas as teorias, em maior ou menor extensão, estimularam atividades empíricas adicionais. Mais importante, surgiram no cenário novos pontos de vista que merecem atenção.

Vamos refletir sobre os novos pontos de vista. Foi difícil decidir quais, entre as novas teorias que emergiram desde 1957, deveriam ser discutidas aqui. Poucos leitores contestarão energicamente as escolhas que fizemos. Os amigos e os inimigos, igualmente, concordarão que o ponto de vista de B. F. Skinner (seria ousadia chamá-lo de teoria?) se tornou uma influência importante na psicologia americana e não deve ser omitido. Também não podemos ignorar uma importante contribuição européia para a teoria da personalidade. A psicologia existencial conquistou um público significativo nos últimos dez anos, não apenas em sua Europa natal, mas também nos Estados Unidos. Ela é um dos pilares do florescente movimento humanista. Embora possa haver pouca discordância sobre essas escolhas, nós antecipamos as queixas sobre as omissões, especialmente de Piaget e da teoria cognitiva. Ambas as teorias foram examinadas cuidadosamente e ambas teriam sido incluídas se o espaço permitisse. A decisão final baseou-se no critério da sua centralidade para a psicologia da personalidade. Skinner e a psicologia existencial nos pareceram satisfazer esse critério mais do que a teoria desenvolvimental de Piaget ou a teoria cognitiva.

As limitações de espaço também exigiram alguns cortes. Cattell emergiu como o principal representante da teoria fatorial de Eysenck, que dividira o palco com ele na primeira edição, e que se envolveu cada vez mais com a teoria do comportamento e aparece no capítulo sobre a teoria de estímulo-resposta (Capítulo 11), assim como no capítulo sobre a teoria fatorial (Capítulo 10). A teoria biossocial de Murphy foi relutantemente sacrificada por ser uma teoria eclética e, como tal, seus principais conceitos estão adequadamente representados em outros capítulos. Todos os capítulos restantes foram atualizados. Alguns dos capítulos (particularmente os que tratam de Allport, da teoria fatorial, da teoria de E-R e de Rogers) sofreram ampla revisão. Os outros capítulos precisaram de menos alterações.

O formato dos capítulos não foi modificado. Todos os pontos de vista ainda são apresentados sob uma luz positiva. Esforçamo-nos ao máximo para descrever com clareza e exatidão os aspectos essenciais de cada teoria.

Fomos extremamente afortunados, pois B. F. Skinner e Medard Boss, cujas posições estão representadas nos dois capítulos novos (Capítulos 12 e 14), leram e comentaram o que tínhamos escrito sobre seus pontos de vista. A preparação do novo capítulo sobre a teoria do reforço operante de Skinner e a revisão dos capítulos sobre a teoria de E-R e as teorias fatoriais tornaram-se grandemente facilitadas pelas contribuições detalhadas e substanciais de Richard N. Wilton, Janet T. Spence e John C. Loehlin. Também somos gratos a G. William Domhoff, Kenneth MacCorquodale e Joseph B. Wheelwright, que fizeram contribuições críticas à revisão. Florence Strong e Allen Stewart foram diligentes leitores de provas e indexadores.

*Calvin S. Hall*
*Gardner Lindzey*

# Prefácio da Primeira Edição

Apesar do crescente interesse dos psicólogos pela teoria da personalidade, não existe uma fonte única à qual o aluno possa recorrer se está buscando um resumo das teorias existentes. O presente volume pretende corrigir essa falha. Ele oferece resumos compactos, mas abrangentes das principais teorias da personalidade contemporâneas, em um nível de dificuldade apropriado à instrução universitária. A partir deste livro, o aluno tem assegurado um panorama detalhado da teoria da personalidade e, ao mesmo tempo, pode preparar-se para ler as fontes originais com maior apreciação e facilidade. Esperamos que este volume tenha uma função na área da personalidade semelhante à do *Theories of learning*, de Hilgard, na área da aprendizagem.

Que teorias devem ser incluídas em um volume sobre teoria da personalidade? Embora não seja fácil especificar exatamente o que é uma teoria da personalidade, é ainda mais difícil concordar sobre quais são as mais importantes dessas teorias. Como fica claro no primeiro capítulo, estamos dispostos a aceitar qualquer teoria geral do comportamento como uma teoria da personalidade. Ao julgar sua importância, recorremos principalmente à nossa avaliação do grau de influência que a teoria teve sobre a pesquisa e sobre a formulação psicológica. Nesse complexo julgamento, também está envolvida a questão da possibilidade de distinção. Quando duas ou mais teorias nos pareciam muito semelhantes, ou tratávamo-nas em um mesmo capítulo ou selecionávamos uma delas e excluíamos as outras. Dados esses amplos critérios de importância e possibilidade de distinção, provavelmente haverá poucas objeções às teorias específicas que decidimos incluir neste volume. Mas pode haver menos unanimidade em relação à nossa decisão de omitir certas teorias. Notáveis entre as omissões são a teoria hórmica de McDougall, a teoria de papel, a teoria da contigüidade de Guthrie, o comportamentalismo intencional de Tolman e algumas posições recentemente desenvolvidas, como as de David McClelland, Julian Rotter e George Kelly.

Originalmente, planejávamos incluir a teoria hórmica de McDougall e a teoria de papel, mas as limitações de espaço nos obrigaram a reduzir o número de capítulos, e essas foram as teorias que julgamos mais "sacrificáveis". A teoria hórmica foi omitida porque a sua influência é um pouco mais indireta que a das outras teorias. Embora consideremos McDougall um teórico de grande importância, seu impacto contemporâneo é grandemente mediado por teóricos mais recentes que tomaram emprestados aspectos de sua teoria. A teoria de papel, parece-nos, é desenvolvida de forma menos sistemática que a maioria das outras posições que elegemos incluir. É verdade que a teoria contém uma idéia dominante de considerável valor e importância, mas essa idéia ainda não foi incorporada a uma rede de conceitos abrangentes sobre o comportamento humano. Guthrie e Tolman foram omitidos em favor da teoria do reforço de Hull simplesmente porque tem havido

# XIV PREFÁCIO DA PRIMEIRA EDIÇÃO

uma aplicação de pesquisa menos comum dessas teorias fora da área da aprendizagem. McClelland, Rotter e Kelly não foram incluídos por serem muito recentes e porque, em alguns aspectos, suas posições se assemelham a teorias ou combinações de teorias incluídas por nós.

Depois de decidir quais teorias incluir, ainda deparamo-nos com o problema de como organizar e descrever essas posições. Certa consistência no modo de apresentação parecia desejável, mas, ao mesmo tempo, queríamos preservar a integridade de cada teoria. Acabamos optando por apresentar categorias gerais em termos das quais as teorias podiam ser descritas, permitindo-nos bastante liberdade dentro dessas categorias, de modo a apresentar cada teoria da maneira que parecia mais natural. Também não aderimos muito rigidamente a essas categorias gerais. Em alguns casos, foram necessárias novas categorias para representar adequadamente uma teoria específica e, em um ou dois casos, pareceu aconselhável combinar categorias. Mas, de modo geral, cada teoria é apresentada com uma seção de Orientação que relata brevemente a história pessoal do teórico, esboça as principais linhas de influência sobre a teoria e oferece um resumo de seus aspectos mais importantes. A seguir, o leitor encontrará uma seção sobre a Estrutura da Personalidade, na qual estão incluídos os conceitos desenvolvidos para representar as aquisições ou as porções duradouras da personalidade. Depois há uma seção sobre a Dinâmica da Personalidade, que apresenta os princípios e os conceitos motivacionais ou disposicionais defendidos pelo teórico. Logo depois vem uma seção sobre Desenvolvimento da Personalidade, que trata do crescimento e da mudança conforme representados pela teoria. Segue-se uma seção sobre Pesquisa Característica e Métodos de Pesquisa, em que são apresentadas investigações representativas e técnicas empíricas. Há então uma seção de conclusão intitulada *Status* Atual e Avaliação, que delineia brevemente o atual estado da teoria e resume suas principais contribuições, assim como as críticas mais importantes recebidas. No final de cada capítulo, há uma breve lista das Principais Fontes representando as fontes originais mais importantes relativas à teoria. Todas as publicações referidas no texto são reunidas em uma seção final no fim de cada capítulo intitulada Referências.

Tentamos apresentar cada teoria sob uma luz positiva, detendo-nos naqueles aspectos da teoria que nos pareciam mais úteis e sugestivos. Embora tenhamos incluído uma breve crítica a cada teoria, a nossa principal intenção não foi avaliar essas teorias. Na verdade, tentamos apresentá-las em termos expositivos que demonstrem para o que elas são boas ou que promessa contêm para o indivíduo que as adotar. A extensão de um capítulo não reflete o nosso julgamento sobre a importância relativa da teoria. Cada teoria foi escrita no que nos pareceu o número mínimo de páginas necessárias para representar de modo acurado e abrangente as suas características essenciais. O leitor vai perceber que em alguns capítulos parece haver informações mais detalhadas e pessoais referentes ao teórico e ao desenvolvimento de sua teoria do que em outros. Isso se deve unicamente à disponibilidade de informações. Nos casos em que sabíamos bastante sobre o teórico, decidimos incluir todas as informações que nos pareciam vitais, mesmo que isso fizesse com que alguns capítulos parecessem mais personalizados do que outros.

Na preparação deste livro, buscamos e recebemos uma ajuda inestimável de vários colegas. É com profunda gratidão e apreço que reconhecemos a contribuição pessoal de muitos dos teóricos cujo trabalho é apresentado aqui. Eles nos esclareceram sobre vários pontos e fizeram numerosas sugestões sobre a forma e sobre o conteúdo que melhoraram imensamente o manuscrito. O mérito que este livro porventura possui deve ser atribuído em grande parte ao meticuloso cuidado com que cada um dos teóricos leu e criticou o capítulo dedicado à sua teoria: Gordon W. Allport, Raymond B. Cattell, H. J. Eysenck, Kurt Goldstein, Carl Jung, Neal E. Miller, Gardner Murphy, Henry A. Murray, Carl Rogers, Robert R. Sears e William Sheldon. Além de comentários esclarecedores sobre o capítulo referente à sua teoria, Gordon Allport fez críticas penetrantes e ofereceu sugestões criativas sobre todos os capítulos restantes. Ele também usou muitos dos capítulos em seus cursos de

PREFÁCIO DA PRIMEIRA EDIÇÃO **XV**

graduação e pós-graduação e transmitiu-nos os comentários e as sugestões dos alunos. Agradecemos imensamente não apenas a esses alunos de Harvard e de Radcliffe, mas também aos alunos da Western Reserve University que leram e comentaram os capítulos. Também reconhecemos com satisfação nosso débito para com as seguintes pessoas, cada uma das quais leu um ou mais capítulos deste livro e contribuiu com sugestões que os melhoraram: John A. Atkinson, Raymond A. Bauer, Urie Bronfenbrenner, Arthur Combs, Anthony Davids, Frieda Fromm-Reichmann, Eugene L. Hartley, Ernest Hilgard, Robert R. Holt, Edward E. Jones, George S. Klein, Herbert McClosky, George Mandler, James G. March, A. H. Maslow, Theodore M. Newcomb, Helen S. Perry, Stewart E. Perry, M. Brewster Smith, Donald Snygg, S. S. Stevens, Patrick Suppes, John Thibaut, Edward C. Tolman e Otto A. Will, Jr. Também agradecemos a Heinz e Rowena Ansbacher por nos fornecerem a prova de página de seu livro *The individual psychology of Alfred Adler* antes de sua publicação. Ele nos foi muito útil para a redação da seção sobre a teoria da personalidade de Adler. Na preparação final do manuscrito, recebemos uma ajuda inestimável de Virginia Caldwell, Marguerite Dickey e Kenneth Wurtz.

A conclusão deste livro foi imensamente facilitada por uma licença de meio ano para Calvin S. Hall, remunerada pela Western Reserve University e por uma bolsa do Center for Advanced Study in the Behavioral Sciences outorgada a Gardner Lindzey. A redação também foi facilitada pela permissão recebida por Lindzey para usar as instalações da Biblioteca do Dartmouth College durante o verão de 1954.

*Calvin S. Hall*
*Gardner Lindzey*

# Sumário

**Capítulo 1**

*A Natureza da Teoria da Personalidade* ...................... 27

A Teoria da Personalidade e a História da Psicologia    28
O que É Personalidade?    32
O que É uma Teoria?    33
Uma Teoria da Personalidade    36
A Teoria da Personalidade e Outras Teorias Psicológicas    38
A Comparação das Teorias da Personalidade    39
    Atributos Formais    39
    Atributos Substantivos    40

## ÊNFASE NA PSICODINÂMICA    45

**Capítulo 2**

*A Teoria Psicanalítica Clássica de Sigmund Freud* ..    49

Introdução e Contexto    50
História Pessoal    50
A Estrutura da Personalidade    53
    O Id    53
    O Ego    54
    O Superego    54
A Dinâmica da Personalidade    55
    Instinto    55
    A Distribuição e a Utilização da Energia Psíquica    58
    Ansiedade    60
O Desenvolvimento da Personalidade    61
    Identificação    61
    Deslocamento    62
    Os Mecanismos de Defesa do Ego    63
    Estágios de Desenvolvimento    65
Pesquisa Característica e Métodos de Pesquisa    68
    O Credo Científico de Freud    69

Associação Livre e Análise de Sonhos    70
Estudos de Caso de Freud    72
Auto-Análise de Freud    74
Pesquisa Atual    74
Ativação Psicodinâmica Subliminar    75
Nova Visão 3    77
*Status* Atual e Avaliação    78

## Capítulo 3
## A Teoria Analítica de Carl Jung ............................    *83*
Introdução e Contexto    84
História Pessoal    85
A Estrutura da Personalidade    88
O Ego    88
O Inconsciente Pessoal    88
O Inconsciente Coletivo    88
O *Self*    92
As Atitudes    92
As Funções    93
Interações entre os Sistemas da Personalidade    94
A Dinâmica da Personalidade    96
Energia Psíquica    96
O Princípio da Equivalência    98
O Princípio da Entropia    98
O Uso da Energia    99
O Desenvolvimento da Personalidade    99
Causalidade *Versus* Teleologia    100
Sincronicidade    100
Hereditariedade    100
Estágios de Desenvolvimento    101
Progressão e Regressão    102
O Processo de Individuação    103
A Função Transcendente    103
Sublimação e Repressão    103
Simbolização    104
Pesquisa Característica e Métodos de Pesquisa    105
Estudos Experimentais de Complexos    105
Estudos de Caso    105
Estudos Comparativos de Mitologia, Religião e as Ciências Ocultas    106
Sonhos    107
Pesquisa Atual    108
A Tipologia de Jung    108
O Indicador de Tipo Myers-Briggs    109
*Status* Atual e Avaliação    111

TEORIAS DA PERSONALIDADE **19**

## Capítulo 4
## Teorias Psicológicas Sociais: Adler, Fromm, Horney e Sullivan ................................................... *115*

Introdução e Contexto    116

*ALFRED ADLER*    117
Finalismo Ficcional    120
Busca de Superioridade    121
Sentimentos de Inferioridade e Compensação    121
Interesse Social    122
Estilo de Vida    123
O *Self* Criativo    125
Neurose    125
Pesquisa Característica e Métodos de Pesquisa    126
    Ordem de Nascimento e Personalidade    126
    Memórias Iniciais    126
    Experiências da Infância    127
Pesquisa Atual    127
    Interesse Social    127

*ERICH FROMM*    128

*KAREN HORNEY*    133
Horney e Freud    133
Ansiedade Básica    135
As Necessidades Neuróticas    136
Três Soluções    137
Alienação    137

*HARRY STACK SULLIVAN*    138
A Estrutura da Personalidade    140
    Dinamismos    141
    Personificações    142
    Processos Cognitivos    143
A Dinâmica da Personalidade    143
    Tensão    143
    Transformações de Energia    144
O Desenvolvimento da Personalidade    144
    Estágios de Desenvolvimento    145
    Determinantes do Desenvolvimento    146
Pesquisa Característica e Métodos de Pesquisa    147
    A Entrevista    147
    Pesquisa sobre a Esquizofrenia    148
*Status* Atual e Avaliação    149

## Capítulo 5
### Erik Erikson e a Teoria Psicanalítica Contemporânea ..................................................... *153*

Introdução e Contexto  154
Psicologia do Ego  155
    Anna Freud  155
Relações Objetais  157
    Heinz Kohut  159
A Fusão da Psicanálise e da Psicologia  160
    George Klein  161
    Robert White  162

*ERIK H. ERIKSON*  165
História Pessoal  165
A Teoria Psicossocial do Desenvolvimento  168
    I.   Confiança Básica *Versus* Desconfiança Básica  169
    II.   Autonomia *Versus* Vergonha e Dúvida  171
    III.   Iniciativa *Versus* Culpa  171
    IV.   Diligência *Versus* Inferioridade  172
    V.   Identidade *Versus* Confusão de Identidade  173
    VI.   Intimidade *Versus* Isolamento  174
    VII.   Generatividade *Versus* Estagnação  174
    VIII.   Integridade *Versus* Desespero  175
Um Novo Conceito de Ego  175
Pesquisa Característica e Métodos de Pesquisa  177
    Histórias de Caso  177
    Situações Lúdicas  177
    Estudos Antropológicos  179
    Psico-História  180
Pesquisa Atual  181
    *Status* da Identidade  182
    Outros Estágios  183
    *Status* Intercultural  183
*Status* Atual e Avaliação  184

## ÊNFASE NA ESTRUTURA DA PERSONALIDADE   187

## Capítulo 6
### A Personologia de Henry Murray .......................... *189*

Introdução e Contexto  190
História Pessoal  191
A Estrutura da Personalidade  194
    Definição de Personalidade  195
    Procedimentos e Séries  195
    Programas e Planos Seriados  196
    Habilidades e Realizações  196
    Elementos Estáveis de Personalidade  196

A Dinâmica da Personalidade    198
   Necessidade    198
   Pressão    202
   Redução de Tensão    203
   Tema    204
   Necessidade Integrada    204
   Unidade-Tema    205
   Processos de Reinância    205
   Esquema de Vetor-Valor    205
O Desenvolvimento da Personalidade    206
   Complexos Infantis    206
   Determinantes Genético-Maturacionais    209
   Aprendizagem    209
   Determinantes Socioculturais    210
   Singularidade    210
   Processos Inconscientes    210
   O Processo de Socialização    210
Pesquisa Característica e Métodos de Pesquisa    211
   Estudo Intensivo de Pequenos Números de Sujeitos Normais    211
   O Conselho Diagnóstico    212
   Instrumentos de Mensuração da Personalidade    212
   Estudos Representativos    213
Pesquisa Atual    215
   McClelland e os Motivos Sociais    215
   Interacionismo    216
   "Onde Está a Pessoa?"    217
   Psicobiografia    218
*Status* Atual e Avaliação    219

## Capítulo 7
## Gordon Allport e o Indivíduo ...............................    *223*

Introdução e Contexto    224
História Pessoal    224
A Estrutura e a Dinâmica da Personalidade    228
   Personalidade, Caráter e Temperamento    228
   Traço    229
   Intenções    232
   O *Proprium*    232
   Autonomia Funcional    233
   A Unidade da Personalidade    236
O Desenvolvimento da Personalidade    236
   O Bebê    236
   A Transformação do Bebê    237
   O Adulto    238
Pesquisa Característica e Métodos de Pesquisa    239
   Idiográfico *Versus* Nomotético    239
   Medidas Diretas e Indiretas da Personalidade    240

Estudos do Comportamento Expressivo    241
Cartas de Jenny    244
Pesquisa Atual    245
O Interacionismo e o "Debate Pessoa-Situação" Revisitados    245
Idiográfica e Idiotética    246
Allport Revisitado    248
*Status* Atual e Avaliação    250

## Capítulo 8
### A Teoria de Traço Fatorial-Analítica de Raymond Cattell .................................................... *253*

Introdução e Contexto    254
Análise Fatorial    254
História Pessoal    256
A Natureza da Personalidade: Uma Estrutura de Traços    258
Traços    259
Traços de Capacidade e de Temperamento    260
A Equação de Especificação    263
Traços Dinâmicos    265
Cattell e Freud    269
O Desenvolvimento da Personalidade    270
Análise da Hereditariedade-Ambiente    272
Aprendizagem    272
Integração da Maturação e da Aprendizagem    273
O Contexto Social    273
Pesquisa Característica e Métodos de Pesquisa    274
Um Estudo Fatorial Analítico de um Único Indivíduo    275
O Modelo de Personalidade dos Sistemas VIDAS    276
Pesquisa Atual    277
Os Cinco Grandes Fatores da Personalidade    277
Genética do Comportamento    281
Teoria Evolutiva da Personalidade    283
*Status* Atual e Avaliação    286

## Capítulo 9
### A Teoria de Traço Biológico de Hans Eysenck ........ *291*

Introdução e Contexto    292
História Pessoal    295
A Descrição do Temperamento    297
Extroversão e Neuroticismo    297
Psicoticismo    300
Modelos Causais    301
Eysenck (1957)    301
Eysenck (1967)    303

Pesquisa Característica e Métodos de Pesquisa    306
Pesquisa Atual    310
    Gray    310
    Zuckerman    312
*Status* Atual e Avaliação    312

# ÊNFASE NA REALIDADE PERCEBIDA    315

## *Capítulo 10*
## *A Teoria do Constructo Pessoal de George Kelly ...*    317
Introdução e Contexto    318

*KURT LEWIN*    319
A Estrutura da Personalidade    319
    O Espaço de Vida    320
    Diferenciação    321
    Conexões entre as Regiões    322
    O Número de Regiões    323
    A Pessoa no Ambiente    324
A Dinâmica da Personalidade    324
    Energia    325
    Tensão    325
    Necessidade    325
    Tensão e Ação Motora    326
    Valência    326
    Força ou Vetor    326
    Locomoção    327
O Desenvolvimento da Personalidade    328

*GEORGE KELLY*    329
História Pessoal    329
Suposições Básicas    331
    Alternativismo Construtivo    331
    Homem-Cientista    332
    Foco no Constructor    333
    Motivação    333
    Ser Si Mesmo    334
Constructos Pessoais    334
    Escalas    335
O Postulado Fundamental e seus Corolários    336
O Contínuo da Consciência Cognitiva    340
Constructos sobre Mudança    340
Pesquisa Característica e Métodos de Pesquisa    341
Pesquisa Atual    343
*Status* Atual e Avaliação    344

# Capítulo 11
## A Teoria de Carl Rogers Centrada na Pessoa ......... *347*
Introdução e Contexto  348

*KURT GOLDSTEIN*  349
A Estrutura do Organismo  350
A Dinâmica do Organismo  352
  Equalização  352
  Auto-Realização  352
  "Chegar a um Acordo" com o Ambiente  353
O Desenvolvimento do Organismo  354

*ABRAHAM MASLOW*  354
Suposições sobre a Natureza Humana  356
Hierarquia de Necessidades  358
Síndromes  361
Auto-Realizadores  362

*CARL ROGERS*  363
História Pessoal  365
A Estrutura da Personalidade  367
  O Organismo  367
  O *Self*  368
  Organismo e *Self*: Congruência e Incongruência  369
A Dinâmica da Personalidade  369
O Desenvolvimento da Personalidade  371
Pesquisa Característica e Métodos de Pesquisa  374
  Estudos Qualitativos  374
  Análise de Conteúdo  375
  Escalas de Avaliação  375
  Estudos com a Técnica-Q  376
  Estudos Experimentais do Autoconceito  380
  Outras Abordagens Empíricas  380
Pesquisa Atual  380
  Teoria da Dissonância Cognitiva  381
  Teoria da Autodiscrepância  382
  Autoconceito Dinâmico  383
*Status* Atual e Avaliação  384

# ÊNFASE NA APRENDIZAGEM  387

# Capítulo 12
## O Condicionamento Operante de B. F. Skinner ..... *389*
Introdução e Contexto  390
História Pessoal  390

Algumas Considerações Gerais    394
    Legitimidade do Comportamento    394
    Análise Funcional    395
A Estrutura da Personalidade    398
A Dinâmica da Personalidade    399
O Desenvolvimento da Personalidade    401
    Condicionamento Clássico    401
    Condicionamento Operante    402
    Esquemas de Reforço    403
    Comportamento Supersticioso    404
    Reforço Secundário    405
    Generalização e Discriminação de Estímulo    406
    Comportamento Social    407
    Comportamento Anormal    408
Pesquisa Característica e Métodos de Pesquisa    411
Pesquisa Atual    413
*Status* Atual e Avaliação    414

## Capítulo 13
### A Teoria de Estímulo-Resposta de Dollard e Miller.    419

Introdução e Contexto    420
Histórias Pessoais    422
Um Experimento Ilustrativo    425
A Estrutura da Personalidade    430
A Dinâmica da Personalidade    430
O Desenvolvimento da Personalidade    431
    Equipamento Inato    431
    O Processo de Aprendizagem    431
    *Drive* Secundário e o Processo de Aprendizagem    432
    Processos Mentais Superiores    433
    O Contexto Social    435
    Estágios Críticos de Desenvolvimento    435
Aplicações do Modelo    437
    Processos Inconscientes    437
    Conflito    439
    Como as Neuroses São Aprendidas    441
    Psicoterapia    443
Pesquisa Característica e Métodos de Pesquisa    444
Pesquisa Atual    446
    Wolpe    446
    Seligman    449
*Status* Atual e Avaliação    454

**Capítulo 14**
*Albert Bandura e as Teorias da Aprendizagem Social* ..................................................................... *459*

Introdução e Contexto     460

ALBERT BANDURA     460
História Pessoal     460
Reconceitualização do Reforço     463
Princípios da Aprendizagem Observacional     464
    Processos de Atenção     464
    Processos de Retenção     465
    Processos de Produção     465
    Processos Motivacionais     465
Determinismo Recíproco     467
O Auto-Sistema     468
    Auto-Observação     469
    Processo de Julgamento     469
    Auto-Reação     470
Aplicações à Terapia     471
Auto-Eficácia     472
Pesquisa Característica e Métodos de Pesquisa     476

WALTER MISCHEL     478
Variáveis Cognitivas Pessoais     480
O Paradoxo de Consistência e os Protótipos Cognitivos     482
Uma Teoria da Personalidade de Sistema Cognitivo-Afetivo     483
*Status* Atual e Avaliação     485

## PERSPECTIVAS E CONCLUSÕES     489

**Capítulo 15**
*A Teoria da Personalidade em Perspectiva* ............ *491*

A Comparação das Teorias da Personalidade     492
Algumas Reflexões sobre a Atual Teoria da Personalidade     500
Síntese Teórica *versus* Multiplicidade Teórica     504

**Referências Bibliográficas** ................................ 507

**Índice Onomástico** .......................................... 565

**Índice** .............................................................. 577

# CAPÍTULO 1

# A Natureza da Teoria da Personalidade

A TEORIA DA PERSONALIDADE E A HISTÓRIA DA PSICOLOGIA ............................................... 28
O QUE É PERSONALIDADE? ................................................................................. 32
O QUE É UMA TEORIA? ..................................................................................... 33
UMA TEORIA DA PERSONALIDADE .......................................................................... 36
A TEORIA DA PERSONALIDADE E OUTRAS TEORIAS PSICOLÓGICAS ....................................... 38
A COMPARAÇÃO DAS TEORIAS DA PERSONALIDADE ......................................................... 39
    Atributos Formais    39
    Atributos Substantivos    40

Neste volume apresentaremos um resumo organizado das principais teorias da personalidade contemporâneas. Além de oferecer um sumário de cada teoria, discutiremos pesquisas relevantes e faremos uma avaliação geral da teoria. Mas antes de prosseguir devemos falar um pouco sobre o que são as teorias da personalidade e como as várias teorias da personalidade podem ser distinguidas umas das outras. Também colocaremos essas teorias em um contexto geral, relacionando-as ao que aconteceu historicamente na psicologia e situando-as no cenário contemporâneo.

Neste capítulo, começamos com um esboço bem geral e um pouco informal do papel da teoria da personalidade no desenvolvimento da psicologia, seguido por uma discussão sobre o que significam os termos *personalidade* e *teoria*. Partindo dessas considerações, é fácil passar para a pergunta: o que constitui uma teoria da personalidade? Além disso, vamos considerar brevemente a relação entre teoria da personalidade e outras formas de teoria psicológica, e apresentar algumas dimensões por meio das quais as teorias da personalidade podem ser comparadas entre si.

## A TEORIA DA PERSONALIDADE E A HISTÓRIA DA PSICOLOGIA

Um exame abrangente do desenvolvimento da teoria da personalidade deve certamente começar com as concepções do homem propostas por grandes estudiosos clássicos, como Hipócrates, Platão e Aristóteles. Um relato adequado também teria de incluir a contribuição de dezenas de pensadores, como Aquino, Bentham, Comte, Hobbes, Kierkegaard, Locke, Nietzsche e Machiavelli, que viveram nos séculos intervenientes e cujas idéias ainda são detectadas em formulações contemporâneas. A nossa intenção aqui não é a de tentar esse tipo de reconstrução geral. O nosso objetivo é bem mais limitado. Nós simplesmente vamos considerar, em termos amplos, o papel geral que a teoria da personalidade desempenhou no desenvolvimento da psicologia durante o século passado.

Para começar, examinaremos cinco fontes de influência sobre a teoria da personalidade relativamente recentes. Uma tradição de *observação clínica*, co-

meçando com Charcot e Janet, mas incluindo especialmente Freud, Jung e McDougall, fez mais para determinar a natureza da teoria da personalidade do que qualquer outro fator isolado. Nós logo examinaremos alguns dos efeitos desse movimento. Uma segunda linha de influência vem da *tradição Gestáltica* e de William Stern. Esses teóricos estavam muito impressionados com a unidade de comportamento e, conseqüentemente, convencidos de que um estudo fragmentado de pequenos elementos do comportamento jamais poderia ser esclarecedor. Como iremos descobrir, esse ponto de vista está profundamente inserido na atual teoria da personalidade. Também temos o impacto mais recente da *psicologia experimental* em geral e da *teoria da aprendizagem* em particular. Dessa linha, surgiram uma crescente preocupação com a pesquisa empírica cuidadosamente controlada, um melhor entendimento da natureza da construção da teoria e uma apreciação mais detalhada de como o comportamento é modificado. Um quarto determinante é representado pela *tradição psicométrica,* com seu foco na mensuração e no estudo das diferenças individuais. Essa fonte proporcionou uma sofisticação cada vez maior nas dimensões de avaliação ou mensuração do comportamento e na análise quantitativa dos dados. Finalmente, a *genética* e a *fisiologia* desempenharam um papel crucial nas tentativas de identificar e de descrever as características de personalidade. Tal influência tem sido particularmente forte em modelos recentes, como os propostos por Eysenck (ver Capítulo 9) e os Cinco Grandes teóricos (ver Capítulo 8), mas também está clara no trabalho inicial de Freud e em declarações como a de Henry Murray: "Nenhum cérebro, nenhuma personalidade."

O *background* específico do qual emergiu cada uma das teorias apresentadas neste livro é discutido brevemente nas seguintes fontes: discussões históricas sobre o desenvolvimento da teoria contemporânea da personalidade são encontradas em Allport (1937, 1961), Boring (1950) e Sanford (1963, 1985); o *status* atual da teoria da personalidade e da pesquisa é resumido em uma série de capítulos na *Annual Review of Psychology,* iniciando em 1950 (ver, p. ex., Buss, 1991; Carson, 1989; Digman, 1990; Magnusson & Torestad, 1993; Pervin, 1985; Revelle, 1995; Rorer & Widiger, 1983; Wiggins & Pincus, 1992). Existem outros tratamentos gerais do campo que valem a pena ler, incluindo McAdams (1994), Maddi (1996), Mischel (1993), Monte (1995), Pervin (1993, 1996), Peterson (1992) e Ryckman (1992).

Vamos tratar agora das características distintivas da teoria da personalidade. Embora esse corpo de teorias faça parte do amplo campo da psicologia, ainda existem diferenças apreciáveis entre a teoria e a pesquisa da personalidade e a pesquisa e a teoria em outras áreas da psicologia. Essas diferenças são especialmente evidentes em relação à teoria da personalidade em seus estágios iniciais de desenvolvimento, e elas ainda existem apesar da grande variação entre as próprias teorias da personalidade. As notáveis diferenças entre as teorias da personalidade, entretanto, significam que quase qualquer declaração que se aplique com exatidão detalhada a uma teoria da personalidade será um pouco inexata quando aplicada a muitas outras teorias. Apesar disso, existem qualidades modais ou tendências centrais inerentes na maioria das teorias da personalidade, e é nelas que focalizaremos nossa discussão.

Não discutimos que existam congruências importantes nas correntes de influência que determinaram os caminhos iniciais da psicologia geral e da teoria da personalidade, mas também existem diferenças significativas. É certo afirmar que Darwin foi um fator importante no desenvolvimento da psicologia geral e da psicologia da personalidade. Também é verdade que a fisiologia do século XIX teve sua influência sobre os teóricos da personalidade, assim como um efeito acentuado sobre a psicologia geral. No entanto, o principal teor dos fatores que influenciaram esses dois grupos durante os últimos três quartos de século foi perceptivelmente diferente. Enquanto os teóricos da personalidade estavam tirando suas idéias mais importantes principalmente da experiência clínica, os psicólogos experimentais estavam prestando atenção aos achados do laboratório experimental. Os nomes Charcot, Freud, Janet, McDougall e Stern estão em primeiro plano no trabalho dos primeiros teóricos da personalidade, mas encontramos Helmholtz, Pavlov, Thorndike, Watson e Wundt em um papel comparável na psicologia experimental. Os experimentalistas derivaram suas inspirações e seus valores das ciências naturais, enquanto os teóricos da personalidade permaneceram mais próximos dos dados clínicos e de suas próprias reconstruções criativas. Um grupo recebeu com satisfação os sentimentos intuitivos e os *insights*,

mas desprezou as armadilhas da ciência, com sua restrição sobre a imaginação e suas habilidades técnicas rigorosas. O outro aplaudiu o rigor e a precisão da investigação delimitada e esquivou-se desgostoso do uso desenfreado do julgamento clínico e da interpretação imaginativa. No final ficou claro que a psicologia experimental tinha pouco a dizer com referência aos problemas que interessavam ao teórico da personalidade e que este manifestava pouca consideração pelos problemas de importância capital para o psicólogo experimental.

Os estudos recentes sugerem que Wundt pode ter sido uma exceção a essas generalizações. Por exemplo, Stelmack e Stalikas (1991) descrevem como a classificação de Wundt dos temperamentos, baseada em duas dimensões, a força das emoções e a variabilidade, corresponde às subseqüentes descrições oferecidas por Hans Eysenck (ver Capítulo 9), baseadas nas dimensões subjacentes de neuroticismo e extroversão. Apesar dessas conexões, as "duas disciplinas da psicologia científica" (Cronbach, 1957, 1975) permaneceram notavelmente separadas.

Sabemos bem que a psicologia se desenvolveu no século XIX como fruto da filosofia e da fisiologia experimental. A origem da teoria da personalidade deve muito mais à profissão médica e às condições da prática médica. De fato, os primeiros gigantes nessa área (Freud, Jung e McDougall) tinham formação em medicina, mas trabalhavam também como psicoterapeutas. Esse vínculo histórico entre a teoria da personalidade e a aplicação prática permaneceu evidente durante todo o desenvolvimento da psicologia e oferece uma importante distinção entre esse ramo da teoria e outros tipos de teoria psicológica.

Duas generalizações referentes à teoria da personalidade são consistentes com o que dissemos até agora. Primeiro, está claro que *a teoria da personalidade ocupou um papel dissidente no desenvolvimento da psicologia*. Os teóricos da personalidade foram rebeldes em sua época: rebeldes na medicina e na ciência experimental, rebeldes contra idéias convencionais e práticas usuais, rebeldes contra métodos típicos e técnicas de pesquisa respeitadas e, acima de tudo, rebeldes contra a teoria aceita e os problemas normativos. O fato de que a teoria da personalidade jamais se inseriu profundamente na psicologia acadêmica dominante tem várias implicações importantes. Por um lado, isso possibilitou libertar a teoria da personalidade das garras mortais dos modos convencionais de pensamento e dos preconceitos referentes ao comportamento humano. Ao ficar relativamente fora da instituição da psicologia, era mais fácil para os teóricos da personalidade questionar ou rejeitar as suposições amplamente aceitas pelos psicólogos. Por outro lado, essa falta de envolvimento também os eximia de parte da disciplina e da responsabilidade por uma formulação razoavelmente sistemática e organizada, que faz parte da herança do cientista bem integrado socialmente.

Uma segunda generalização é que *as teorias da personalidade são funcionais em sua orientação*. Elas se preocupam com questões que fazem diferença no ajustamento e na sobrevivência do indivíduo. Em uma época na qual o psicólogo experimental estava mergulhado em questões como a existência do pensamento sem imagens, a velocidade dos impulsos nervosos, a especificação do conteúdo da mente humana consciente normal e as controvérsias das localizações cerebrais, o teórico da personalidade queria saber por que alguns indivíduos desenvolviam sintomas neuróticos incapacitantes na ausência de patologia orgânica, qual era o papel do trauma infantil no ajustamento adulto, em que condições a saúde mental poderia ser recuperada e quais eram as maiores motivações subjacentes aos comportamentos humanos. Assim, foi o teórico da personalidade, e apenas o teórico da personalidade, que nos tempos iniciais da psicologia lidou com questões que, para a pessoa comum, pareciam estar no âmago de uma ciência psicológica bem-sucedida. Certos progressos entusiasmantes no campo continuam a refletir essa orientação funcionalista. Um exemplo claro é David Buss (1991), que emprega a metateoria evolutiva para identificar as metas importantes para os seres humanos, os mecanismos psicológicos resultantes e as diferenças individuais nas estratégias comportamentais empregadas pelas pessoas para atingir as metas ou para resolver problemas de adaptação.

O leitor não deve interpretar o que acabamos de dizer como uma acusação à psicologia geral e um elogio à teoria da personalidade. Ainda não está claro se o caminho para uma teoria abrangente e útil do comportamento humano resultará mais rapidamente do trabalho daqueles que têm essa teoria como objetivo direto, ou dos esforços daqueles que focalizam problemas relativamente específicos e limitados. A estratégia de avanço na ciência nunca é fácil de especificar, e o público geral normalmente não é considerado um tribunal adequado para decidir quais problemas devem ser enfocados. Em outras palavras, embora seja um fato inquestionável que os teóricos da personalidade trataram de questões que pareciam centrais e importantes para o observador típico do comportamento humano, resta ver se tal disposição para tratar dessas questões fará avançar a ciência da psicologia.

Como dissemos, não há nenhum mistério sobre a razão pela qual as teorias da personalidade eram mais amplas em escopo e mais práticas em orientação do que as formulações da maioria dos outros psicólogos. As grandes figuras da psicologia acadêmica do século XIX foram homens como Wundt, Helmholtz, Ebbinghaus, Titchener e Külpe, que executaram seu trabalho dentro de ambientes universitários com poucas pressões do mundo exterior. Eles eram livres para seguir suas inclinações intelectuais, com pouca ou nenhuma compulsão de tratar daquilo que os outros consideravam importante ou significativo. De fato, eles decidiam o que era significativo em grande parte por seus próprios interesses e atividades. Em contraste, os primeiros teóricos da personalidade eram praticantes, além de estudiosos. Defrontando-se com os problemas da vida cotidiana, agravados por uma neurose ou algo pior, era natural que se dedicassem a formulações que contribuíssem para esses problemas. Um conjunto de categorias para a análise das emoções, que pudesse ser aplicado por sujeitos treinados em um ambiente de laboratório, era de pouco interesse para um terapeuta que diariamente observava a operação de emoções que estavam prejudicando, incapacitando ou inclusive matando seres humanos como ele. Assim, o forte tom funcional das teorias da personalidade e sua preocupação com problemas importantes para a sobrevivência dos indivíduos parecem uma decorrência natural do ambiente em que essas teorias se desenvolveram.

Está claro que os *teóricos da personalidade* costumavam *atribuir um papel crucial aos processos motivacionais*. Em uma época na qual muitos psicólogos ignoravam a motivação ou tentavam minimizar a contribuição desses fatores em seus estudos, os teóricos da personalidade viam nessas mesmas variáveis a chave para o entendimento do comportamento humano. Freud e McDougall foram os primeiros a considerar seriamente o processo motivacional. A grande lacuna entre a arena da vida e a teoria desenvolvida por psicólogos de laboratório é retratada por McDougall quando ele justifica suas tentativas de desenvolver uma teoria adequada do comportamento social (que era mais uma teoria da personalidade do que uma teoria do comportamento social):

"O ramo da psicologia mais importante para as ciências sociais é aquele que trata das fontes de ação humana, dos impulsos e motivos que sustentam a atividade mental e corporal e regulam a conduta; e este, de todos os ramos da psicologia, é o que permanece no estado mais atrasado, em que ainda reinam a maior obscuridade, imprecisão e confusão." (McDougall, 1908, p. 2-3)

Assim, variáveis que eram vistas primariamente como um incômodo para o psicólogo experimental passaram a ser alvo de estudo intensivo e interesse focal para o teórico da personalidade.

Relacionada a esse interesse no funcional e no motivacional está a convicção do teórico da personalidade de que *um entendimento adequado do comportamento humano só vai surgir do estudo da pessoa em sua totalidade*. A maioria dos psicólogos da personalidade insistia que o sujeito deveria ser visto como uma pessoa inteira funcionando em um *habitat* natural. Eles defendiam ardorosamente o estudo do comportamento no contexto, com cada evento comportamental examinado e interpretado em relação ao resto do comportamento do indivíduo. Esse ponto de vista era um derivativo natural da prática clínica, em que a pessoa inteira se apresentava para a cura e em que era realmente difícil limitar o exame a uma modalidade sensorial ou a uma série restrita de experiências.

Se aceitamos que a intenção da maioria dos teóricos da personalidade é promover o estudo da pessoa em sua totalidade, não-segmentada, é fácil compreender porque muitos observadores consideram que *um dos aspectos mais distintivos da teoria da personalidade é a sua função como uma teoria integrativa*. Enquanto os psicólogos em geral têm demonstrado uma especialização cada vez maior, fazendo alguns reclamarem que estavam aprendendo cada vez mais sobre cada vez menos, o teórico da personalidade aceitou uma responsabilidade pelo menos parcial de reunir e organizar os diversos achados dos especialistas. O experimentalista poderia saber muito sobre habilidades motoras, audição, percepção ou visão, mas em geral sabia relativamente pouco sobre como essas funções especiais se relacionavam umas com as outras. O psicólogo da personalidade estava, nesse sentido, mais preocupado com reconstrução ou integração do que com análise ou estudo segmental do comportamento. A partir dessas considerações, surge a concepção um tanto romântica do teórico da personalidade como o indivíduo que vai montar o quebra-cabeça apresentado pelos achados distintos de estudos separados dentro das várias especialidades que constituem a psicologia.

Devemos observar que vários autores lamentaram a falta de atenção, por parte dos pesquisadores da personalidade, ao foco do teórico da personalidade na pessoa em sua totalidade. Rae Carlson escreveu: "O empobrecimento atual da pesquisa da personalidade é perturbador, porque indica que a meta de estudar pessoas integrais foi abandonada" (1971, p. 207; ver Kenrick [1986] para uma réplica). Preocupações semelhantes foram levantadas por White (1981) e Sanford (1985).

Em termos amplos, então, *o que distingue os teóricos da personalidade dos tradicionais teóricos da psicologia?* Eles são mais especulativos e menos ligados a operações experimentais ou de mensuração. A visão rígida do positivismo afetou muito menos o psicólogo da personalidade do que o psicólogo experimental. Eles desenvolvem teorias que são multidimensionais e mais complexas do que as da psicologia geral. Em conseqüência, suas teorias tendem a ser um pouco mais vagas e menos bem-especificadas do que as teorias do experimentalista. Estão dispostos a aceitar qualquer aspecto do comportamento que possua importância funcional como um dado legítimo para seu modelo teórico, ao passo que os psicólogos mais experimentais se contentam em fixar sua atenção em uma série limitada de observações ou registros. Eles insistem que um entendimento adequado do comportamento individual só pode ser atingido quando ele for estudado em um contexto amplo que inclua a pessoa total, em funcionamento. O teórico da personalidade encara a motivação, o "porquê" ou o ímpeto subjacente do comportamento como *o* problema empírico e teórico crucial. Em contraste, o experimentalista o considera como um entre vários problemas e lida com ele por meio de um pequeno número de conceitos estreitamente ligados aos processos fisiológicos.

## O QUE É PERSONALIDADE?

Existem poucas palavras na nossa língua com tanto fascínio para o público em geral como o termo personalidade. Embora a palavra seja usada em vários sentidos, a maioria desses significados populares se encaixa em um ou dois tópicos. O primeiro uso iguala o termo à habilidade ou à perícia social. A personalidade de um indivíduo é avaliada por meio da efetividade com que ele consegue eliciar reações positivas em uma variedade de pessoas em diferentes circunstâncias. É nesse sentido que a professora que se refere a um aluno como apresentando um problema de personalidade, provavelmente, está indicando que suas habilidades sociais não são adequadas para manter relações satisfatórias com os colegas e com a professora. O segundo uso considera a personalidade do indivíduo como consistindo-se na impressão mais destacada ou saliente que ele cria nos outros. Assim, podemos dizer que uma pessoa tem uma "personalidade agressiva" ou uma "personalidade submissa" ou uma "personalidade temerosa". Em cada caso o observador seleciona um atributo ou uma qualidade altamente típica do sujeito, que presumivelmente é uma parte importante da impressão global criada nos outros, e identifica sua personalidade por esse termo. Está claro que existe um elemento de avaliação em ambos os usos. As personalidades, conforme descritas comumente, são boas e más.

Embora a diversidade no uso comum da palavra personalidade possa parecer considerável, ela é superada pela variedade de significados atribuídos ao termo pelos psicólogos. Em um exame exaustivo da literatura, Allport (1937) extraiu quase cinqüenta definições diferentes que classificou em algumas categorias amplas. Nós aqui examinaremos apenas algumas dessas definições.

Inicialmente é importante distinguir entre o que Allport chama de definição biossocial e definição biofísica. A *definição biossocial* mostra uma estreita correspondência com o uso popular do termo, uma vez que equipara personalidade ao "valor da impressão social" que o indivíduo provoca. É a reação dos outros indivíduos ao sujeito o que define a sua personalidade. Podemos inclusive afirmar que o indivíduo não possui nenhuma personalidade a não ser aquela proporcionada pela resposta dos outros. Allport contesta vigorosamente a implicação de que a personalidade

reside apenas no "outro-que-responde", e sugere ser preferível uma *definição biofísica* que baseie firmemente a personalidade em características ou qualidades do sujeito. De acordo com essa última definição, a personalidade tem um lado orgânico, assim como um lado aparente, e pode ser vinculada a qualidades específicas do indivíduo suscetíveis à descrição e à mensuração objetivas.

Um outro tipo importante de definição é a *globalizante ou do tipo coletânea*. Essa definição abrange a personalidade por enumeração. O termo personalidade é usado aqui para incluir tudo sobre o indivíduo. O teórico comumente lista os conceitos considerados de maior importância para descrever o indivíduo e sugere que a personalidade consiste nisso. Outras definições enfatizam principalmente a função *integrativa*, ou organizadora, da personalidade. Tais definições sugerem que a personalidade é a organização ou o padrão dado às várias respostas distintas do indivíduo. Alternativamente, elas sugerem que a organização resulta da personalidade que é uma força ativa dentro do indivíduo. A personalidade é aquilo que dá ordem e congruência a todos os comportamentos diferentes apresentados pelo indivíduo. Alguns teóricos enfatizam a função da personalidade na mediação do *ajustamento* do indivíduo. A personalidade consiste nos esforços de ajustamento variados e, no entanto, típicos, realizados pelo indivíduo. Em outras definições, a personalidade é igualada aos aspectos *únicos* ou individuais do comportamento. Nesse caso, o termo designa aquilo que é distintivo no indivíduo e o diferencia de todas as outras pessoas. Finalmente, alguns teóricos consideram que a personalidade representa a *essência* da condição humana. Essas definições sugerem que a personalidade se refere àquela parte do indivíduo que é mais representativa da pessoa, não apenas porque a diferença dos outros, mas principalmente porque é aquilo que a pessoa realmente é. A sugestão de Allport de que "a personalidade é o que um homem realmente é" ilustra esse tipo de definição. A implicação aqui é que a personalidade consiste naquilo que é, na análise final, mais típico e característico da pessoa.

Poderíamos passar muito mais tempo tratando do problema de definir a personalidade, mas o leitor encontrará muitas definições detalhadas de personalidade nos capítulos seguintes. Além disso, estamos convencidos de que *nenhuma definição substantiva de personalidade pode ser generalizada.* Com isso, queremos dizer que a maneira pela qual determinadas pessoas definem a personalidade dependerá inteiramente de sua preferência teórica. Assim, se a teoria enfatiza a singularidade e as qualidades organizadas e unificadas do comportamento, é natural que a definição de personalidade inclua a singularidade e a organização como atributos importantes da personalidade. Uma vez que o indivíduo tenha criado ou adotado uma dada teoria da personalidade, a definição de personalidade será claramente indicada pela teoria. Assim, acreditamos que *a personalidade é definida pelos conceitos empíricos específicos que fazem parte da teoria da personalidade empregada pelo observador.* A personalidade consiste concretamente em uma série de valores ou termos descritivos que descrevem o indivíduo que está sendo estudado em termos das variáveis ou de dimensões que ocupam uma posição central dentro de uma teoria específica.

Se tais definições parecerem insatisfatórias, que o leitor se console com a idéia de que encontrará várias definições específicas nas páginas seguintes. Qualquer uma delas pode-se tornar a definição do leitor se ele adotar aquela determinada teoria. Em outras palavras, estamos dizendo que é impossível definir a personalidade sem concordar com a estrutura de referência teórica dentro da qual a personalidade vai ser examinada. Se tentássemos agora chegar a uma única definição substantiva, estaríamos pondo fim, implicitamente, a muitas das questões teóricas que pretendemos explorar.

## O QUE É UMA TEORIA?

Assim como a maioria das pessoas sabe em que consiste a personalidade, também sabe o que é uma teoria! A convicção mais comum é a de que uma teoria existe em oposição a um fato. Nessa visão, ela é uma hipótese não-comprovada ou uma especulação referente à realidade que ainda não está definitivamente confirmada. Quando uma teoria é confirmada, ela se torna um fato. Existe certa correspondência entre essa visão e o uso que defendemos aqui, pois concordamos que não sabemos se uma teoria é uma verdade. Também existe um elemento de discordância, pois a visão do senso comum afirma que ela se tornará verdadeira ou fatual quando os dados confirmatórios tiverem sido coletados. Na nossa visão, as teorias nunca são verdadeiras ou falsas, embora suas implicações ou derivações possam ser.

As passagens a seguir são um resumo relativamente convencional do pensamento de metodologistas ou lógicos da ciência. Certamente não existe concordância completa em relação a todas as questões discutidas, mas o ponto de vista apresentado pretende ser modal, em vez de original. O estudante que está começando talvez tenha dificuldade para entender inteiramente algumas dessas idéias, e seria justo dizer que não é essencial entendê-las para poder ler e apreciar o restante do livro. Por outro lado, se o leitor estiver seriamente interessado no campo e ainda não se aprofundou nessa área de estudo, deve consultar a literatura relevante (para boas introduções apropriadas a psicólogos, ver Gholson & Barker, 1985; a Introdução em Leahey, 1991; Manicas & Secord, 1983; Rorer & Widiger, 1983; e Suppe, 1977; para tratamentos gerais, examine Bechtel, 1988; Eagle, 1984; Earman, 1992; Kuhn, 1970; Lakatos & Musgrave, 1970; Popper, 1962, 1992).

Vamos começar examinando o que é uma teoria e depois tratar da questão mais importante, ou seja, quais são as funções de uma teoria. Em primeiro lugar, uma teoria é um *conjunto de convenções* criado pelo teórico. Compreender uma teoria como um "conjunto de convenções" enfatiza o fato de que as teorias não são "dadas" ou predeterminadas pela natureza, pelos dados, ou por qualquer outro processo determinante. Assim como as mesmas experiências ou observações podem levar um poeta ou um romancista a criar uma entre as múltiplas formas de arte diferentes, também os dados da investigação podem ser incorporados a um entre os incontáveis esquemas teóricos diferentes. O teórico, ao escolher uma determinada opção para representar os eventos em que está interessado, exerce uma escolha criativa livre que só é diferente da do artista nos tipos de evidência que focaliza e nos termos em que seu aproveitamento será julgado. Nós estamos enfatizando aqui a maneira criativa e, no entanto, arbitrária pela qual as teorias são construídas. Não existe nenhuma fórmula para a construção de uma teoria proveitosa, assim como não existe nenhuma fórmula para fazermos contribuições literárias duradouras.

Já que uma teoria é uma escolha convencional, e não algo inevitável ou prescrito por relações empíricas conhecidas, a veracidade ou a falsidade não são qualidades a serem atribuídas a uma teoria. Uma teoria só é *útil ou inútil*. Essas qualidades são definidas, como veremos, principalmente em termos de quão eficientemente a teoria pode gerar predições ou proposições relativas a eventos relevantes que acabarão sendo confirmados (verdade).

Sejamos um pouco mais específicos. Uma teoria, em sua forma ideal, deve conter duas partes: uma série de suposições relevantes sistematicamente relacionadas uma à outra e um conjunto de definições empíricas.

As *suposições* devem ser relevantes no sentido de ter relação com os eventos empíricos aos quais a teoria se refere. Se for uma teoria sobre a audição, as suposições precisam ter alguma relação com o processo da audição; se for uma teoria da percepção, as suposições devem referir-se ao processo perceptual. A natureza dessas suposições geralmente representa a qualidade distintiva da teoria. O bom teórico é a pessoa capaz de pôr às claras suposições úteis ou preditivas referentes aos eventos empíricos em um domínio de interesse. Dependendo da natureza da teoria, essas suposições podem ser muito gerais ou bem específicas. Um teórico comportamental, por exemplo, optaria por supor que todo o comportamento é motivado, que os eventos que ocorrem cedo na vida são os determinantes mais importantes do comportamento adulto, ou que o comportamento de diferentes espécies animais é governado pelos mesmos princípios gerais. A forma dessas suposições também pode variar, da precisão de uma notação matemática à relativa inexatidão da maioria das suposições que acabamos de usar como ilustração.

Não só as suposições devem ser enunciadas claramente, mas também as suposições e os elementos da teoria precisam estar explicitamente combinados e relacionados uns aos outros. Isto é, deve haver regras para a interação sistemática entre as suposições e os conceitos nelas inseridos. Para dar à teoria consistência lógica e permitir o processo de derivação, essas relações internas necessitam estar claras. Sem essa especificação seria difícil ou impossível extrair da teoria conseqüências empíricas. Devido à sua semelhança com as regras de gramática, essas declarações são às vezes referidas como a *sintaxe* da teoria. Por exem-

plo, um teórico poderia escolher supor que um aumento na ansiedade levaria a um decréscimo no desempenho motor. Além disso, ele poderia supor que um aumento na auto-estima levaria a uma melhora no desempenho motor. Se não soubermos nada além disso, a relação entre essas duas suposições seria indeterminante. Precisamos descobrir algo sobre a relação entre ansiedade e auto-estima antes de podermos fazer predições sobre o que pode ocorrer nas circunstâncias em que ambas as variáveis estejam envolvidas. Um enunciado adequado das suposições teóricas daria ao usuário da teoria uma clara especificação da relação entre essas duas suposições.

As *definições empíricas* (definições coordenativas) permitem a interação mais ou menos precisa de certos termos ou conceitos da teoria com os dados empíricos. Assim, por meio dessas definições, a teoria entra em contato definido com a realidade ou com os dados observacionais, em certos locais prescritos. Elas freqüentemente são chamadas de definições operacionais, porque tentam especificar operações pelas quais as variáveis ou os conceitos relevantes podem ser medidos. Seria seguro dizer que, para que uma teoria contribua para uma disciplina empírica, ela deve poder ser traduzida empiricamente. Por outro lado, deve estar claro que essas definições existem em um contínuo que varia da especificação completa e exata até uma declaração muito geral e qualitativa. Embora quanto mais precisão melhor, uma insistência inicial em uma especificação completa pode destruir muitos caminhos proveitosos de investigação. Definir a inteligência simplesmente como "o que os testes de inteligência medem" ou igualar a ansiedade unicamente a certas mudanças fisiológicas pode ser exato, mas nenhuma definição isolada provavelmente levará a idéias ou a investigações muito produtivas. A atitude adequada em relação a definições empíricas é a de que devem ser tão precisas quanto as condições presentes no campo relevante permitem.

Vimos, em termos gerais, no que consiste uma teoria. A pergunta seguinte é: o que ela faz? Primeiro, e mais importante, ela leva à coleção ou à *observação de relações empíricas relevantes ainda não-observadas*. A teoria deve conduzir à expansão sistemática do conhecimento referente aos fenômenos de interesse, e essa expansão deve idealmente ser mediada ou estimulada pela derivação de proposições empíricas específicas a partir da teoria (declarações, hipóteses, predições), sujeitas a testes empíricos. Geralmente, o âmago de qualquer ciência está na descoberta de relacionamentos empíricos estáveis entre eventos ou variáveis. A função de uma teoria é promover esse processo de uma maneira sistemática. A teoria pode ser vista como uma espécie de moinho de proposições, moendo declarações empíricas relacionadas que podem então ser confirmadas ou rejeitadas, à luz de dados empíricos adequadamente controlados. Só as proposições ou as idéias derivadas da teoria é que estão abertas a testes empíricos. A teoria, ela mesma, é suposta, e sua aceitação ou rejeição é determinada por sua *utilidade*, não por sua veracidade ou falsidade. Nesse caso, a utilidade tem dois componentes: verificabilidade e abrangência. A *verificabilidade* se refere à capacidade da teoria de gerar predições que são confirmadas quando coletamos os dados empíricos relevantes. A *abrangência* se refere ao alcance ou completude dessas derivações. Podemos ter uma teoria que gera conseqüências freqüentemente confirmadas, mas que lida apenas com alguns aspectos dos fenômenos que nos interessam. Idealmente, a teoria deve levar a predições acuradas que tratem de forma geral ou inclusiva os eventos empíricos que ela pretende abranger.

É importante distinguir entre o que pode ser chamado de geração sistemática e geração heurística de pesquisa. Está claro que, no caso ideal, a teoria permite a derivação de proposições específicas testáveis, e estas, por sua vez, levam a estudos empíricos específicos. Entretanto, também acontece que muitas teorias, como por exemplo as de Freud e Darwin, exercem um grande efeito sobre os caminhos investigativos sem a mediação de proposições explícitas. Essa capacidade de uma teoria gerar pesquisa ao sugerir idéias ou inclusive ao despertar descrença e resistência pode ser referida como a *influência heurística da pesquisa*. Ambos os tipos de influência são muito importantes.

Uma segunda função da teoria é permitir a *incorporação de achados empíricos conhecidos* a uma estrutura logicamente consistente e razoavelmente simples. Uma teoria é um meio de organizar e integrar tudo o que é conhecido sobre um conjunto de eventos relacionados. Uma teoria adequada do comportamento psicótico deve ser capaz de organizar tudo o que se sabe sobre a esquizofrenia e sobre as outras psicoses em uma estrutura compreensível e lógica. Uma teoria da aprendizagem satisfatória deve abranger de maneira

consistente todos os achados confiáveis relativos ao processo de aprendizagem. As teorias sempre começam com algo que foi observado e relatado até o momento. Isto é, as teorias começam em uma fase indutiva e são orientadas e em certa extensão controladas por aquilo que sabemos. Entretanto, se as teorias não fizessem nada além de tornar consistente e ordenado o presentemente conhecido, elas teriam apenas uma função menor. Nessas circunstâncias, o investigador persistente estaria justificado em sua convicção de que as teorias são apenas uma penugem verbal flutuando na esteira da experimentação, que constitui o verdadeiro trabalho da ciência. O empiricista que insiste que as teorias são meramente racionalizações depois-do-fato daquilo que o investigador já relatou deixa de apreciar que a principal função da teoria é apontar relações novas e ainda não-observadas. A produtividade da teoria é testada antes-do-fato, não depois-do-fato.

A *simplicidade*, ou parcimônia, também é importante, mas só depois de terem sido resolvidas as questões de abrangência e de verificabilidade. Ela só se torna uma questão quando duas teorias geram exatamente as mesmas conseqüências. À medida que as teorias diferem nas derivações que podem ser feitas referentes aos mesmos eventos empíricos, a escolha entre duas teorias deve ser decidida em termos da extensão em que essas predições diferem em verificação. Assim, só quando temos uma tautologia – duas teorias chegando às mesmas conclusões a partir de termos diferentes – é que a simplicidade se torna uma questão importante. Existem alguns exemplos dessa situação na ciência e nenhum, pelo que sabemos, na psicologia. A simplicidade, como oposta à complexidade, é uma questão de valor ou preferência pessoal na teorização da personalidade, e não um atributo que deve necessariamente ser valorizado ou buscado.

Uma outra função da teoria é *evitar que o observador fique ofuscado pela complexidade total dos eventos naturais ou concretos*. A teoria é um conjunto de anteparos e diz ao usuário que ele não precisa se preocupar com todos os aspectos do evento que está estudando. Para o observador não-treinado, qualquer evento comportamental razoavelmente complexo parece oferecer incontáveis meios diferentes de analisar ou de descrever o evento – e realmente oferece. A teoria permite que o observador abstraia a partir da complexidade natural de uma maneira sistemática e eficiente. As pessoas abstraem e simplificam quer usem ou não uma teoria. No entanto, se não seguirmos a orientação de uma teoria explícita, os princípios que determinam a nossa visão ficarão escondidos em suposições implícitas e em atitudes das quais não estamos conscientes. A teoria especifica para o usuário um número limitado de dimensões, variáveis ou parâmetros mais ou menos definidos e de importância crucial. Os outros aspectos da situação podem em certa extensão ser ignorados do ponto de vista desse problema. Uma teoria útil vai detalhar instruções explícitas sobre os tipos de dados que devem ser coletados em relação a um determinado problema. Conseqüentemente, como poderíamos esperar, os indivíduos com posições teóricas drasticamente diferentes podem estudar o mesmo evento empírico e fazer observações bem diferentes.

Nos últimos anos, um crescente número de psicólogos adotou o raciocínio teórico e a terminologia de Thomas Kuhn (1970). Em uma monografia muito interessante, ainda que excessivamente simplificada, Kuhn sugere que o avanço científico pode ser descrito com extrema precisão como consistindo em uma série de passos revolucionários, cada um acompanhado de seu próprio *paradigma* característico e dominante. Segundo Kuhn, cada campo científico emerge de maneira desajeitada e descoordenada, com o desenvolvimento de linhas diversas de investigação e de idéias teóricas que preservam sua posição autônoma e competitiva, até que um determinado conjunto de idéias assuma o *status* de um paradigma. Ele sugere que esses paradigmas servem para

> "definir os problemas e os métodos legítimos de um campo de pesquisa para as próximas gerações de praticantes. Eles permitiam isso porque apresentavam duas características essenciais. Sua realização foi suficientemente inédita para atrair um grupo duradouro de adeptos, afastando-os de modos concorrentes de atividade científica. Simultaneamente, (eles estavam) . . . suficientemente abertos para deixar todo tipo de problema para o novo grupo de praticantes resolver . . . Essas são as tradições que o historiador descreve sob rubricas como 'astronomia ptolemaica' (ou 'copérnica'), 'dinâmica aristotélica' (ou 'newtoniana'), 'ótica corpuscular' (ou 'ótica de onda') e assim por diante." (p. 10)

É interessante especular acerca do *status* paradigmático da teoria e da pesquisa sobre a personalidade. Para aqueles que adotam este idioma, parece mais fácil ver essa área como em um estado pré-paradigmático. Isto é, embora existam muitos conjuntos de idéias sistemáticas, ou um pouco sistemáticas, nenhum deles adquiriu uma posição de real dominância. Não existe nenhuma teoria única que sirva como um "paradigma" para ordenar achados conhecidos, determinar a relevância, ser algo estabelecido contra o qual rebeldes possam rebelar-se e ditar o melhor caminho para futuras investigações. Alguns teóricos da personalidade começaram a tratar do *status* paradigmático do campo. Eysenck, em particular, afirmou que o modelo dimensional da personalidade oferece "pelo menos o início de um paradigma no campo da personalidade" (1983, p. 369; ver também 1991).

## UMA TEORIA DA PERSONALIDADE

Nós concordamos que a personalidade é definida pelos conceitos específicos contidos em uma dada teoria, que são considerados adequados para a descrição ou entendimento completos do comportamento humano. Também concordamos que uma teoria consiste em um conjunto de suposições relacionadas referentes aos fenômenos empíricos e às definições empíricas relevantes que permitem que o usuário passe da teoria abstrata para a observação empírica. Por simples acréscimo, temos a implicação de que uma teoria da personalidade deve ser um conjunto de suposições relevantes para o comportamento humano, juntamente com as definições empíricas necessárias. Existe também a exigência de que a teoria seja relativamente abrangente. Ela deve estar preparada para lidar com uma ampla variedade de comportamentos humanos ou fazer predições sobre eles. De fato, a teoria deve estar preparada para lidar com qualquer fenômeno comportamental que possua significado para o indivíduo.

O que foi dito até este ponto possui uma validade formal que, todavia, não se sustenta em uma análise cuidadosa das teorias existentes sobre a personalidade. A nossa discussão é importante para identificar as qualidades às quais todos os teóricos aspiram, e também dá uma idéia de como as teorias da personalidade devem ser. Entretanto, está claro que no presente elas não são assim. Devemos dizer uma palavra sobre como elas diferem do ideal, tanto em estrutura quanto em função.

Em primeiro lugar, como veremos, a maioria das teorias carece de clareza. Geralmente é bem difícil entender as suas suposições ou a sua base axiomática. As teorias da personalidade são freqüentemente embaladas em vistosas imagens lingüísticas que podem servir muito bem como um meio de persuadir o leitor relutante, mas que freqüentemente servem para ocultar e esconder as suposições específicas subjacentes à teoria. Em outras palavras, a maioria das teorias não é apresentada de uma maneira direta e ordenada. De fato, muitas delas parecem mais orientadas para a persuasão do que para a exposição. Relacionada a essa falta de definição está uma freqüente confusão sobre aquilo que é dado ou suposto e aquilo que é afirmado empiricamente e aberto a testes. Como todos já concordamos, são apenas as derivações ou as predições geradas pela teoria que estão abertas a testes empíricos. O restante da teoria é suposto ou dado e não deve ser julgado em termos de confirmação ou refutação, e sim em termos de quão exitosamente consegue gerar proposições verificadas. Em geral, então, a distinção entre a teoria da personalidade em si e suas implicações ou derivações muitas vezes não é mantida.

Uma conseqüência inevitável da falta de clareza referente à natureza das suposições subjacentes à teoria é a existência de uma séria confusão no processo de derivar declarações empíricas da teoria. Assim, existe a possibilidade de diferentes indivíduos, usando a mesma teoria, chegarem a derivações conflitantes. Na verdade, o processo de derivação, na maioria das teorias da personalidade, é casual, obscuro e ineficiente. Isso é um reflexo não só da falta de clareza dessas teorias, mas também do fato de a maioria dos teóricos da personalidade ter sido orientada para a explicação depois-do-fato, e não para a geração de novas predições referentes ao comportamento. Finalmente, está claro que, embora as teorias da personalidade variem em seu cuidado ao especificar definições empíricas, nenhuma delas atinge um padrão muito bom em termos absolutos.

As declarações que acabamos de fazer sobre o *status* formal das teorias da personalidade podem parecer suficientemente desanimadoras para justificar o abandono das tentativas de construir uma dessas teorias neste momento. Não seria melhor esquecer no presente as teorias e focalizar os instrumentos empíricos e os achados empíricos específicos? Enfaticamente, não! Tal decisão não envolve desistir de uma teoria inadequada e ficar sem nenhuma teoria, mas envolve a substituição de uma teoria implícita por uma explícita. Não existe isso de "nenhuma teoria"; conseqüentemente, no momento em que tentamos esquecer as teorias "por enquanto", estamos na verdade empregando suposições implícitas sobre o comportamento, pessoalmente determinadas e talvez inconsistentes. Essas suposições não-identificadas vão determinar o que será estudado e como. A observação de qualquer evento concreto empírico é realizada sob os ditados de alguma "teoria" – isto é, prestamos atenção a certos fatos e ignoramos outros – e um dos propósitos da teorização é tornar explícitas as regras que determinam esse processo de abstração. A possibilidade de melhorar as suposições que estão controlando a pesquisa é eliminada no momento em que alguém desiste de tentar definir a base teórica a partir da qual opera.

Por piores que sejam as teorias da personalidade quando comparadas ao ideal, elas ainda representam um passo à frente considerável quando comparadas ao pensamento do observador ingênuo que está convencido de estar abarcando ou examinando a realidade da única maneira razoável. Mesmo que as teorias da personalidade não possuam o grau de clareza que poderíamos desejar, sua mera existência possibilita buscarmos essa meta de maneira sistemática.

Dado que as teorias da personalidade geralmente não permitem um processo de derivação tão explícito quanto desejaríamos, que função elas têm para o indivíduo que as maneja? No mínimo, elas representam um agrupamento de atitudes (suposições) referentes ao comportamento, que de uma maneira ampla limita os tipos de investigação a serem considerados cruciais ou importantes. Além de estimular certos tipos gerais de pesquisa, elas também oferecem parâmetros ou dimensões específicas consideradas importantes na exploração desses problemas. Assim, mesmo que a teoria não ofereça uma proposição exata para ser testada, ela orienta o teórico para certas áreas de problema e indica que determinadas variáveis são de importância central no estudo desses problemas. Além disso, temos de considerar o valor heurístico dessas teorias. Tomadas como grupo, as teorias da personalidade são altamente provocativas e, como iremos descobrir, levaram a muitas pesquisas, mesmo que relativamente poucas tenham sido o resultado de um processo formal de derivação. Em outras palavras, a capacidade dessas teorias de gerar idéias, de estimular a curiosidade, de despertar dúvidas, ou de levar a convicções resultou em um sadio florescimento de investigações, apesar de sua falta de elegância formal.

## A TEORIA DA PERSONALIDADE E OUTRAS TEORIAS PSICOLÓGICAS

A nossa discussão, até o momento, leva à conclusão de que uma teoria da personalidade deve consistir em um conjunto de suposições referentes ao comportamento humano, juntamente com regras para relacionar essas suposições e definições para permitir sua interação com eventos empíricos ou observáveis. Neste ponto, seria razoável perguntar se essa definição de alguma maneira diferencia as teorias da personalidade de outras teorias psicológicas. Ao responder a essa pergunta, convém começar com uma distinção entre dois tipos de teoria psicológica.

É evidente que certas teorias psicológicas parecem estar prontas para lidar com qualquer evento comportamental que possa ser importante no ajustamento do organismo humano. Outras teorias se limitam especificamente ao comportamento conforme ele ocorre sob certas condições cuidadosamente prescritas. Essas teorias professam interesse apenas em aspectos limitados do comportamento humano. Uma teoria que tenta lidar com todos os fenômenos comportamentais de importância demonstrada pode ser referida como uma *teoria geral do comportamento*, e aquelas teorias que restringem seu foco a certas classes de eventos comportamentais são chamadas de *teorias de domínio único*.

As teorias da personalidade se encaixam claramente na primeira categoria: elas são teorias gerais do comportamento. Essa simples observação serve para separar a teoria da personalidade da maioria das outras teorias psicológicas. As teorias da percepção, audição, memória, aprendizagem motora, discriminação e as muitas outras teorias especiais dentro da psicologia são teorias de domínio único e podem ser distin-

guidas da teoria da personalidade em termos de alcance ou abrangência. Elas não têm a pretensão de ser uma teoria geral do comportamento e contentam-se em desenvolver conceitos apropriados para a descrição e predição de uma série limitada de eventos comportamentais. Mas, de modo geral, as teorias da personalidade aceitam o desafio de explicar ou incorporar eventos de natureza muito variada, desde que eles possuam uma importância funcional demonstrada para o indivíduo.

O fato de testes de personalidade planejados para medir componentes da personalidade serem freqüentemente usados na psicologia social e em outros ramos da psicologia não deve obscurecer esse ponto. Como Lamiell salientou, existe uma distinção entre a *psicologia da personalidade*, que focaliza consistências "temporais e transituacionais" dentro das pessoas, isto é, "no nível do indivíduo" (1981, p. 280), e a *psicologia diferencial*, que focaliza o desempenho relativo das pessoas em geral em alguma característica de interesse. As teorias da personalidade abrangem uma ampla variedade de comportamentos e de processos e consideram o indivíduo como uma unidade integrada. A pesquisa da personalidade baseia-se em uma teoria geral do indivíduo como um todo em funcionamento e não emprega medidas *ad hoc* ou isoladas de tendências de resposta.

Resta a pergunta sobre se existem teorias gerais do comportamento que normalmente não seriam chamadas de teorias da personalidade. Uma possibilidade é a teoria da aprendizagem ser em alguns casos suficientemente generalizada para constituir uma teoria geral do comportamento. Esse é claramente o caso e, como veremos com detalhes mais tarde, alguns teóricos tentaram generalizar as teorias da aprendizagem de modo que fossem comparáveis em abrangência a qualquer outra teoria geral do comportamento. Nesses casos, a teoria de aprendizagem deixa de ser meramente uma teoria da aprendizagem e torna-se uma teoria da personalidade ou uma teoria geral do comportamento. É verdade que tais modelos generalizados possuem certas características distintivas que lembram sua origem, mas, em intenção e propriedades lógicas, elas não são diferentes de qualquer outra teoria da personalidade.

A reunião de teorias que tiveram suas origens nos laboratórios com animais e nas teorias que se originaram dos consultórios dos terapeutas pode parecer forçada para muitos observadores. Entretanto, se considerarmos as teorias do ponto de vista daquilo que pretendem fazer e de sua estrutura geral, e não do ponto de vista de onde vêm ou das suposições detalhadas que fazem sobre o comportamento, fica claro que qualquer teoria geral do comportamento é igual a qualquer outra. Nesse sentido, todas as teorias gerais do comportamento são teorias da personalidade e vice-versa. Dentro desse grande grupo de teorias, podemos fazer muitas distinções, é claro. A próxima seção trata de alguns atributos em termos dos quais as teorias da personalidade podem ser diferenciadas ou comparadas.

## A COMPARAÇÃO DAS TEORIAS DA PERSONALIDADE

O fato mais notável com o qual o estudante da personalidade se depara é a multiplicidade de teorias da personalidade. A confusão aumenta quando lhe dizem que é impossível afirmar qual teoria está certa ou é melhor do que as outras. Essa incerteza é tipicamente atribuída à qualidade recente do campo e à dificuldade do assunto. Neste ponto, em vez de perguntar se as teorias estão certas ou erradas, o estudante é aconselhado a adotar uma estratégia comparativa. Uma boa base racional para essa abordagem vem de George Kelly, cuja teoria é apresentada no Capítulo 10. Kelly aborda a personalidade da posição filosófica que ele chama de alternativismo construtivo. Colocando-a simplesmente, Kelly sugere que as pessoas diferem em sua maneira de perceber, ou construir, a realidade. As pessoas diferentes constroem ou interpretam o mundo de maneiras diferentes e, conseqüentemente, agem de maneiras diferentes. Nenhuma dessas construções alternativas está necessariamente certa ou errada; mais propriamente, cada uma tem implicações diferentes. Essa mesma abordagem sugere que as teorias da personalidade possibilitam construções alternativas da personalidade, nenhuma das quais está completamente certa ou errada, cada uma das quais tem diferentes forças e fraquezas, e cada uma das quais enfatiza diferentes componentes do comportamento.

Este texto foi organizado para facilitar este processo comparativo. Primeiro, as teorias estão agrupadas em quatro famílias, sendo que as teorias de cada família compartilham certas características. As teorias *psicodinâmicas* enfatizam os motivos inconscientes e o conflito intrapsíquico resultante. As teorias *estruturais* focalizam as diferentes tendências comportamentais que caracterizam os indivíduos. As teorias *experienciais* observam a maneira pela qual a pessoa *percebe a realidade* e experiencia seu mundo. Finalmente, as teorias *da aprendizagem* enfatizam a base aprendida das tendências de resposta, com uma ênfase no processo de aprendizagem em vez de nas tendências resultantes. Cada conjunto de teorias será introduzido com uma descrição mais completa das características da família.

Segundo, alguns aspectos da personalidade são discutidos por diferentes teóricos. Por exemplo, a ansiedade, o senso de competência, o conflito intrapsíquico e o nível de sociabilidade desempenham papéis centrais em muitas das teorias que o estudante vai encontrar neste livro. Por um lado, isso é alentador, porque a convergência de diferentes teóricos em determinadas facetas da personalidade sugere que essas características são reais e importantes. Por outro lado, isso pode ser desorientador, uma vez que os diferentes teóricos necessariamente empregam linguagens específicas das próprias teorias para discutir essas características. Para ajudar o estudante a compreender essas convergências, nós incluiremos uma discussão explícita das *traduções* entre as teorias apresentadas.

Finalmente, existem várias qualidades pelas quais as teorias da personalidade podem ser comparadas e distinguidas. Nós agora apontamos algumas das mais importantes destas dimensões. Os atributos se dividem naturalmente entre aqueles referentes a questões de adequação formal e os referentes à natureza substantiva da teoria.

### Atributos Formais

Aqui estamos interessados em quão adequadamente a estrutura da teoria é desenvolvida e apresentada. Essas qualidades representam um ideal, e quanto mais perto a teoria chega dele, mais efetivamente pode ser usada.

A questão da *clareza e explicitação* é de imensa importância. Essa é uma questão de quão claramente e precisamente as suposições e os conceitos inseridos que constituem a teoria são apresentados. Em um dos extremos, a teoria pode ser enunciada em termos de uma notação matemática, com uma definição precisa de todos os termos, com exceção dos primitivos, de modo que a pessoa adequadamente treinada possa empregar a teoria com um mínimo de ambigüidade. Nessas circunstâncias, diferentes indivíduos, empregando a teoria independentemente, chegarão a fundamentos ou derivações extremamente parecidos. No outro extremo, encontramos teorias apresentadas com tal excesso de descrição vívida e complexa que é extremamente difícil para a pessoa que vai empregar a teoria saber ao certo com o que exatamente está lidando. Nessas circunstâncias, há pouca probabilidade de que indivíduos, usando a teoria de forma independente, cheguem às mesmas formulações ou derivações. Ficará claro, à medida que prosseguirmos, que não existe uma teoria da personalidade que se aproxime bastante do ideal da notação matemática; no entanto, dado o livre uso da descrição verbal, vamos descobrir que existe uma considerável variação entre as teorias da personalidade na clareza de sua exposição.

Uma outra pergunta é a questão de *quão bem a teoria se relaciona aos fenômenos empíricos*. Aqui estamos preocupados com a explicitação e a praticidade das definições propostas para traduzir as concepções teóricas em operações de mensuração. Em um dos extremos, encontramos teorias que prescrevem operações relativamente exatas para avaliar ou medir cada um dos seus termos empíricos. Em outros casos, o teórico parece supor que o nome atribuído ao conceito é uma operação definidora suficiente em si mesma.

Talvez este seja um lugar apropriado para enfatizar novamente a nossa convicção de que todas as questões de adequação formal diminuem de importância diante da pergunta sobre *quais pesquisas empíricas foram geradas pela teoria*. Por mais vaga e maldesenvolvida que seja a teoria, e por mais inadequadas que sejam sua sintaxe e definições empíricas, ela passa no teste crucial se provarmos que tem um efeito generativo sobre áreas de pesquisa significativas. Assim, a questão do resultado, que supera, e na verdade torna triviais todas as questões de adequação formal, é a questão de quanta pesquisa importante a teoria produziu. Não é fácil concordar sobre o que é pesquisa importante, especialmente porque a importância será em grande parte determinada pela posição teórica do

juiz. Também é verdade que nem sempre é fácil dizer exatamente qual foi o processo que levou à realização de uma investigação específica. Assim, o papel generativo da teoria pode ser difícil de avaliar. Apesar disso, existem diferenças claras e perceptíveis entre as teorias da personalidade na extensão em que foram traduzidas em investigações de interesse geral.

## Atributos Substantivos

Embora os atributos formais que acabamos de descrever apresentem um valor normativo ou padrão em termos do qual cada teoria pode ser comparada, os seguintes atributos não possuem essa implicação avaliativa. Eles são neutros em relação ao bom e ao mau e refletem simplesmente as suposições particulares da teoria sobre o comportamento.

As diferenças de conteúdo entre as teorias da personalidade refletem naturalmente as questões atuais mais importantes nessa área. Portanto, nas páginas seguintes, não só apresentaremos as dimensões que podem ser usadas para a comparação das teorias da personalidade, mas também destacaremos as opções mais importantes para um teórico nessa área. Seria perfeitamente apropriado dar a esta seção o título "questões na teoria da personalidade".

Mais antiga que a história da psicologia é a pergunta sobre se o comportamento humano deve ser visto como possuindo *qualidades intencionais ou teológicas*. Algumas teorias do comportamento criam um modelo do indivíduo em que a busca de objetivos, o propósito e o empenho são vistos como aspectos essenciais e centrais do seu comportamento. Outras teorias supõem que os aspectos de empenho e busca no comportamento não são importantes, e acreditam que o comportamento pode ser explicado adequadamente sem essa ênfase. Estes últimos teóricos consideram os elementos subjetivos do empenho e da busca como um epifenômeno, acompanhando o comportamento, mas não desempenhando um papel determinante em sua instigação. As teorias que minimizam a importância do propósito ou da teleologia geralmente são chamadas de "mecanicistas".

Um outro antigo debate se refere à importância relativa dos *determinantes* conscientes e *inconscientes do comportamento*. Essa questão também poderia ser enunciada em termos da relativa racionalidade ou irracionalidade do comportamento humano. O termo *inconsciente* é usado aqui simplesmente para se referir aos determinantes do comportamento dos quais o indivíduo não está consciente e que é incapaz de trazer para a consciência exceto em condições especiais. As teorias da personalidade variam daquelas que rejeitam explicitamente qualquer consideração de determinantes inconscientes do comportamento, ou que se recusam a aceitar a existência desses determinantes, às teorias que os consideram os mais importantes ou poderosos determinantes do comportamento. Um meio termo é ocupado pelos teóricos que estão dispostos a atribuir um papel central aos determinantes inconscientes no comportamento dos indivíduos perturbados ou anormais, mas afirmam que para o indivíduo normal os motivos conscientes são as forças governantes.

Uma distinção fundamental entre as teorias da personalidade tem relação com a extensão em que o *processo de aprendizagem*, ou a modificação do comportamento, é uma questão que recebe uma atenção detalhada e explícita. Alguns teóricos da personalidade vêem no entendimento do processo da aprendizagem a chave para todos os fenômenos comportamentais. Para outros teóricos, a aprendizagem é um problema importante, mas secundário. Embora nenhum teórico da personalidade vá negar a importância da aprendizagem, veremos que alguns preferem focalizar as aquisições ou os resultados da aprendizagem ao invés do processo em si. Essa questão se tornou um ponto de discordância entre aqueles que querem tratar principalmente do processo de mudança e aqueles que se mostram mais interessados nas *estruturas* ou *aquisições* estáveis *da personalidade* em qualquer momento dado.

Uma questão tão antiga quanto o pensamento humano sobre a humanidade é a pergunta sobre a relativa importância da genética, ou dos *fatores hereditários* na determinação do comportamento. Praticamente ninguém vai negar que os fatores hereditários têm implicações para o comportamento, mas existem teóricos da personalidade que diminuem dramaticamente a sua importância, insistindo que todos os fenômenos comportamentais importantes podem ser compreendidos sem recorrermos ao biológico e ao genético. Na América, o papel dos fatores da hereditariedade tem sido historicamente subestimado em favor de algum tipo de ambientalismo, mas há uma considerável variação entre os teóricos no que se refere ao manejo e à aceitação dos fatores genéticos.

Uma dimensão adicional em termos da qual as teorias da personalidade mostram uma considerável variação tem a ver com a relativa importância das *experiências desenvolvimentais iniciais*. A teoria atribui uma importância estratégica e crítica aos eventos que ocorreram no período de bebê e na infância maior do que a importância atribuída aos eventos ocorridos em estágios posteriores do desenvolvimento? Como descobriremos, algumas teorias defendem que a chave para o comportamento adulto é encontrada em eventos que aconteceram nos primeiros anos de desenvolvimento, enquanto outras afirmam explicitamente que o comportamento só pode ser compreendido e explicado em termos dos eventos contemporâneos ou atuais. Relacionada a essa questão, está a extensão em que os teóricos consideram a estrutura da personalidade, em um determinado ponto do tempo, como autônoma ou funcionalmente distinta das experiências que precederam esse ponto. Para certos teóricos, o entendimento do comportamento em termos de *fatores contemporâneos* não só é possível, mas é também o único caminho defensável para esse entendimento. Para outros, uma compreensão razoável do presente sempre depende parcialmente do conhecimento de eventos que ocorreram no passado. Naturalmente, aqueles que enfatizam o ponto de vista contemporâneo estão convencidos da independência funcional da estrutura da personalidade em qualquer momento específico no tempo, enquanto os que enfatizam a importância da experiência passada ou inicial estão menos convencidos da liberdade da estrutura presente em relação à influência dos eventos passados.

Estreitamente relacionada a essa questão está a questão da *continuidade ou descontinuidade* do comportamento em diferentes estágios do desenvolvimento. A maioria das teorias que enfatizam o processo de aprendizagem e/ou a importância das experiências desenvolvimentais iniciais tende a ver o indivíduo como um organismo em constante desenvolvimento. A estrutura observada em um dado ponto do tempo está relacionada de maneira determinante à estrutura e às experiências que ocorreram em um ponto anterior. Outras teorias tendem a considerar o organismo como atravessando estágios de desenvolvimento relativamente independentes e funcionalmente separados dos estágios iniciais de desenvolvimento. Este último ponto de vista pode levar à construção de teorias drasticamente diferentes para o comportamento do bebê e o comportamento do adulto.

Uma diferença importante entre as teorias da personalidade está na extensão em que elas adotam princípios holísticos. Isto é, elas consideram legítimo abstrair e analisar de modo que, em um dado momento, ou em um estudo específico, seja examinada apenas uma pequena parte do indivíduo? Os indivíduos que adotam uma posição holística consideram que o comportamento só pode ser compreendido no contexto, de modo que devemos considerar simultaneamente a pessoa total, em funcionamento, juntamente com as porções significativas de seu ambiente, para que tenhamos um bom resultado. Outras teorias aceitam o fato de que a própria natureza da ciência necessita de análise. Essas posições normalmente não mostram nenhuma preocupação especial com a violação da integridade do organismo total que pode existir nos estudos segmentais.

Tal ênfase na totalidade do indivíduo e do ambiente pode ser analisada de duas formas distintas. A primeira normalmente é referida como uma *posição organísmica*. Aqui existe uma ênfase maior no inter-relacionamento de tudo o que o indivíduo faz: cada ato só pode ser compreendido contra o pano de fundo oferecido pelos outros atos da pessoa. Não só existe uma implicação de que todos os comportamentos são essencialmente inter-relacionados e não-suscetíveis a técnicas de análise, mas geralmente também existe um interesse pelas bases orgânicas do comportamento. Conseqüentemente, o comportamento deve ser visto em função da perspectiva oferecida pelos outros atos do indivíduo, assim como em função da perspectiva oferecida pelos processos fisiológicos e biológicos concomitantes. Todos os comportamentos e o funcionamento biológico da pessoa constituem um todo orgânico que não pode ser compreendido se estudado de modo segmentado.

A segunda posição holística normalmente é referida como uma *ênfase no campo*. Aqui, a teoria se preocupa principalmente com a unidade indivisível de um determinado ato comportamental e o contexto ambiental em que ele ocorre. Tentar compreender uma dada forma de comportamento sem especificar com detalhes o "campo" em que ele ocorre é tentar com-

preender sem considerar os fatores significativos. Embora o comportamento seja parcialmente um resultado de determinantes inerentes ao indivíduo, existem forças externas igualmente convincentes que agem sobre a pessoa. É só quando o ambiente significativo do indivíduo está inteiramente representado que essas forças, agindo fora da pessoa, podem receber a devida atenção. Existe uma forte tendência, nos teóricos que enfatizam a importância do "campo", de minimizar a importância dos fatores hereditários, assim como dos eventos que ocorreram no início do desenvolvimento. Essa não é uma necessidade lógica, mas na prática a maioria dos teóricos que se centraram no contexto ambiental do indivíduo enfatiza o presente ao invés do passado e está mais interessada no que está "lá fora" e não nos aspectos inatos do indivíduo.

Relacionada à questão do holismo está a questão da *singularidade* ou individualidade. Certas teorias superestimam muito o fato de que cada indivíduo e, na verdade, cada ato é único e não pode ser duplicado por qualquer outro indivíduo ou ato. Elas salientam que sempre existem qualidades distintivas e importantes que destacam o comportamento de um indivíduo do comportamento de todas as outras pessoas. Em geral, o indivíduo que adota fortemente um ponto de vista de campo ou organísmico tende a enfatizar também a singularidade. Isso decorre naturalmente do fato de que, se ampliarmos suficientemente o contexto que deve ser considerado em relação a cada evento comportamental, ele passará a ter tantas facetas que certamente apresentará diferenças distintas em comparação com todos os outros eventos. Algumas teorias aceitam o fato de que cada indivíduo é único, mas propõem que essa singularidade pode ser explicada em termos de diferenças na configuração das mesmas variáveis subjacentes. Outras teorias afirmam que os indivíduos nem sequer podem ser comparados proveitosamente em termos de variáveis comuns ou gerais, pois elas distorcem e representam mal a singularidade do indivíduo. As teorias da personalidade variam das que não fazem nenhuma menção especial à singularidade àquelas para as quais esta é uma das suposições mais centrais. Tais teorias costumam descrever uma hierarquia, variando de comportamentos específicos a tendências comportamentais mais amplas e a princípios gerais de comportamento (p. ex., Raymond Cattell e Hans Eysenck). Isto é, essas teorias sugerem que o grau de individualidade ou de generalidade depende do nível de análise que decidimos adotar.

Intimamente associada às questões de holismo e singularidade está a amplitude da unidade de comportamento empregada na análise da personalidade. Aqueles teóricos que são holistas relativos ou absolutos escolhem analisar o comportamento só no nível da pessoa completa, enquanto outros teóricos da personalidade empregam constructos de graus variados de especificidade ou elementalismo. Isso já foi referido como uma escolha entre uma abordagem *molar* (geral) e uma abordagem *molecular* (específica) ao estudo do comportamento. No segmento mais extremo desse contínuo, está o teórico que acredita que o comportamento deve ser analisado em termos de reflexos ou hábitos específicos; na outra extremidade, está o observador disposto a ver o comportamento em algum nível mais molecular do que a pessoa inteira funcionando. Como veremos, pesquisas recentes sobre a utilidade diferencial dos constructos de personalidade amplos *versus* limitados e a importância de se "agregar" observações isoladas em escalas desempenharam um papel importante na solução do debate entre aqueles que defendem o comportamento como determinado pela situação e aqueles que enfatizam o papel determinante das características de personalidade.

Existe uma distinção relacionada entre as teorias que lidam extensivamente com o conteúdo do comportamento e sua descrição e as que lidam principalmente com princípios gerais, leis e análises formais. Os teóricos podem concentrar-se nos detalhes concretos da experiência e do comportamento ou preocupar-se principalmente com leis ou princípios que podem ser amplamente generalizados. Tipicamente, quanto mais abstração tiver a teoria, menor a preocupação com o conteúdo ou com os detalhes concretos do comportamento.

Certos teóricos da personalidade centraram sua posição teórica na importância do *ambiente psicológico* ou da estrutura subjetiva de referência. Eles enfatizam que o mundo físico e seus eventos só afetam os indivíduos se eles os perceberem ou experienciarem. Assim, não é a realidade objetiva que serve como um determinante do comportamento, e sim a realidade objetiva conforme é *percebida* ou "significada" pelo indivíduo. É o ambiente psicológico, não o ambiente físico, que determina a maneira pela qual o indivíduo vai responder. Contrapondo-se, existem posições teóricas que afirmam ser impossível construir uma teoria sólida do comportamento sobre as areias movediças dos relatos subjetivos ou das complicadas inferências necessárias para inferir "significado" dos eventos físicos. Tais teorias afirmam que podemos progredir mais, deixando de lado as diferenças individuais na maneira de perceber o mesmo evento objetivo e focalizando as relações, envolvendo eventos externos e observáveis.

Uma outra distinção entre os teóricos da personalidade tem relação com o fato de acharem ou não necessário introduzir um *autoconceito*. Para certos teóricos, o atributo humano mais importante é a visão ou a percepção que o indivíduo tem de si mesmo. Esse processo de auto-exame freqüentemente é visto como a chave para o entendimento da multiplicidade de eventos comportamentais surpreendentes apresentados pelas pessoas. Em outras teorias, não existe esse conceito, e a percepção do sujeito de si mesmo é considerada de pouca importância geral.

Uma característica do autoconceito que merece especial atenção é o senso de *competência* do indivíduo. Alguns teóricos propuseram que estabelecer e manter um senso de poder, controle ou competência pessoal funciona como um motivo predominante. Além disso, o grau de competência, quer em domínios gerais, quer específicos, existe como uma característica central da autodefinição e do senso de valor do indivíduo. Outros teóricos não reconhecem a existência de um motivo autônomo como esse. Tal constructo pode ser descrito em vários termos, mas serve como um princípio organizador para o autoconceito naquelas teorias que o incluem.

Os teóricos da personalidade variam muito na extensão em que enfatizam explicitamente os *determinantes* comportamentais culturais ou *a condição de membro de um grupo*. Em algumas teorias, esses fatores recebem um papel principal, modelando e controlando o comportamento; em outras, a ênfase é quase exclusivamente nos determinantes do comportamento que operam independentemente da sociedade ou dos grupos culturais aos quais o indivíduo está exposto. Em geral, os teóricos caracterizados por uma pesada ênfase organísmica tendem a subestimar o papel dos determinantes comportamentais da condição de membro de um grupo. Aqueles que enfatizam o campo em que o comportamento ocorre vêem com mais simpatia o papel dos determinantes socioculturais ou da condição de membro de um grupo. Os exemplos extremos dessa posição, normalmente referidos como exemplos de determinismo cultural, são encontrados entre teóricos antropológicos e sociológicos, mas os teóricos psicológicos também apresentam considerável variação nessa questão.

Além disso, temos a questão mais geral de quão explicitamente os teóricos da personalidade tentam relacionar sua teoria à teorização e aos achados empíricos das disciplinas correlatas. Isso poderia ser referido como uma questão de *ancoramento interdisciplinar*. Alguns teóricos da personalidade ficam relativamente satisfeitos ao lidar com os fenômenos comportamentais em termos de conceitos e achados psicológicos, com pouca ou nenhuma atenção ao que está acontecendo nas disciplinas afins. Outros julgam que a teorização psicológica deve basear-se nas formulações e nos achados de outras disciplinas. Os psicólogos da personalidade "orientados para outras disciplinas" podem ser divididos em dois tipos básicos: os que buscam orientação nas *ciências naturais* (biologia, fisiologia, neurologia, genética) e os que buscam orientação nas *ciências sociais* (sociologia, antropologia, economia, história).

As teorias da personalidade mostram grande variação no *número de conceitos motivacionais* que empregam. Em alguns casos, considera-se que um ou dois desses conceitos estão na base de todos os comportamentos; para outras teorias, existe um número extremamente grande de motivos hipotetizados; e para outras, ainda, o número é praticamente ilimitado. Também existem diferenças consideráveis entre as teorias na atenção dada aos motivos primários, ou inatos, em oposição aos motivos secundários, ou adquiridos. Além disso, algumas teorias oferecem um quadro relativamente detalhado do processo pelo qual os motivos adquiridos se desenvolvem, enquanto outras pouco se interessam pela derivação ou aquisição de motivos.

Um outro aspecto em que as teorias da personalidade variam bastante é a extensão em que lidam com *aspectos* avaliativos ou *ideais do comportamento*. Alguns teóricos oferecem uma rica descrição dos componentes sadios ou ideais da personalidade, enquanto outros se limitam a uma descrição objetiva ou fatual, sem nenhum esforço para indicar o positivo e o negativo ou inclusive o normal e o anormal. Alguns teóricos estão muito mais preocupados com as características da pessoa madura ou ideal, enquanto outros relutam em considerar uma forma de ajustamento como necessariamente superior à outra.

Algumas teorias da personalidade derivam-se de e são mais relevantes para a descrição do *comportamento anormal ou patológico*. Outras teorias e teóricos centram-se no normal ou no melhor que o normal. As teorias com origens nas clínicas psiquiátricas, nos centros de aconselhamento e nos consultórios de terapeutas certamente têm mais a dizer sobre o comportamento desviante ou anormal, enquanto as teorias derivadas do estudo das crianças e dos estudantes universitários são mais descritivas e representativas do intervalo relativamente normal de personalidade.

Nós agora encerramos nossa lista de dimensões para a comparação das teorias da personalidade, mas esperamos que os leitores não se esqueçam delas. A breve orientação aqui oferecida terá um significado mais rico e uma maior importância se essas questões forem consideradas na leitura dos capítulos que descrevem as diferentes teorias da personalidade. Também ficará claro que os aspectos mais distintivos dessas teorias são decorrência de decisões relativas às questões que acabamos de discutir. No capítulo final, nós vamos reconsiderar essas dimensões à luz das teorias específicas da personalidade.

Isso nos leva ao final da nossa discussão introdutória, e agora podemos prosseguir para a essência deste volume – as próprias teorias da personalidade. Se o leitor só pudesse gravar um único pensamento de tudo o que foi dito até este ponto, que fosse a simples impressão de que as teorias da personalidade são tentativas de formular ou representar aspectos significativos do comportamento dos indivíduos e que a produtividade dessas tentativas deve ser julgada principalmente em termos de quão efetivamente elas servem como um estímulo para a pesquisa.

# ÊNFASE NA PSICODINÂMICA

Os teóricos da personalidade descritos nesta seção compartilham uma preocupação central com as forças dinâmicas que determinam o nosso comportamento e com as estruturas defensivas que, sem saber, erigimos para nos proteger dessas forças. A primeira posição considerada, evidentemente, é a de Sigmund Freud. Freud desenvolveu a primeira teoria sistemática da personalidade, e em muitos aspectos todos os teóricos subseqüentes apresentaram reações à sua posição.

O núcleo da teoria de Freud foi sua defesa de um modelo conflitual de motivação. Segundo essa posição, o comportamento é provocado por impulsos inconscientes, com base biológica, que exigem gratificação. Quando a expressão dessas exigências é bloqueada por constrangimentos morais, nós negociamos compromissos comportamentais centrados nas substituições ou nas representações simbólicas do objeto originalmente desejado. À medida que amadurecemos, ficamos mais capazes de adiar a gratificação até o momento e o lugar apropriados. Mas continuamos carregando o resíduo inconsciente de conflitos infantis não-resolvidos, e eles são a base de grande parte do nosso comportamento adulto. Uma das suposições centrais de Freud era o determinismo psíquico, segundo o qual todos os comportamentos ocorrem por alguma razão. Conseqüentemente, a nossa tarefa como psicólogos é descobrir os determinantes comportamentais enterrados. Essa posição de "psicologia profunda" levou Freud a fascinantes análises de fenômenos cotidianos, como sonhos, chistes e atos falhos. As outras suposições adotadas por Freud em seus modelos desenvolvimentais separados para homens e mulheres se mostraram difíceis de aceitar. Neste ponto o leitor deve ser alertado: Freud oferece a primeira ilustração, e em muitos aspectos a mais clara, da necessidade de se identificar as suposições de um teórico. Uma vez que as suposições sejam aceitas, a lógica da teoria em si torna-se difícil de contestar.

Duas notas finais sobre Freud. Primeiro, Freud foi um racionalista, não um defensor da expressão desenfreada de impulsos irracionais. Ele escreveu: "Onde era o Id, ficará o Ego" e "A voz do intelecto é uma voz suave, mas não descansa até ser ouvida". Segundo, Freud se considerava um empiricista. Isso não surpreende, dada sua carreira original em anatomia e no que agora chamaríamos de neurociência, mas nos leva a um paradoxo. A teoria de Freud muitas vezes é descartada como não-científica segundo os critérios apresentados no Capítulo 1. Qualquer teoria baseada na estrutura e nas forças inconscientes revela-se difícil, se não impossível, de testar, e a testabilidade das predições é a marca registrada da teoria científica. Na verdade, Freud estava mais empenhado na "pós-enunciação", ou explicação após o fato, do que na predição. Você, leitor, deve chegar à sua própria conclusão sobre a estatura e a credibilidade científicas da teoria de Freud.

Os cinco outros teóricos importantes discutidos nesta seção compartilham muito com Freud, mas também diferem dele de maneiras substanciais. Carl Jung foi endossado por Freud como seu "príncipe herdeiro", mas eles acabaram tendo uma separação amarga. Jung jamais conseguiu aceitar a ênfase de Freud na sexualidade como um motivo, e propôs que os determinantes inconscientes do comportamento tinham uma origem ancestral e não-pessoal. Alfred Adler nunca foi tão próximo de Freud em um nível pessoal ou teórico como Jung. Adler estava muito mais interessado nos determinantes conscientes do comportamento do que Freud estivera, e ele também enfatizou o "interesse social" como a base do funcionamento sadio. Karen Horney desafiou as suposições e as conclusões de Freud acerca do desenvolvimento psicossexual. Ela também propôs um modelo convincente, mas subapreciado, de ansiedade básica e conflitos entre os componentes do autoconceito. Harry Stack Sullivan enfatizou os estágios desenvolvimentais, e grande parte de seu modelo baseia-se em constructos de energia e ansiedade. Mas a inclusão de Sullivan no presente grupo é assegurada pelo contexto interpessoal em que ele conceitualiza o comportamento do indivíduo. Erik Erikson manteve grande parte do modelo de Freud, mas reinterpretou os instintos freudianos como "fragmentos pulsionais", que só recebem significado por meio das forças culturais e das práticas de educação das crianças. Erikson transformou os estágios do desenvolvimento psicossexual de Freud em estágios psicossociais, e estendeu a análise desenvolvimental a todo o ciclo vital. Apesar dessas diferenças, os teóricos compartilham uma ênfase geral no conflito intrapsíquico e na importância da ansiedade resultante.

**TABELA 1** Comparação Dimensional das Teorias Psicodinâmicas

| Parâmetro Comparado | Freud | Jung | Adler | Horney | Sullivan | Erikson |
|---|---|---|---|---|---|---|
| Propósito | A | A | A | A | A | A |
| Determinantes inconscientes | A | A | M | A | M | M |
| Processo de aprendizagem | M | B | B | M | M | M |
| Estrutura | A | A | M | M | M | A |
| Hereditariedade | A | A | A | B | B | M |
| Desenvolvimento inicial | A | B | A | M | M | A |
| Continuidade | A | B | A | M | A | A |
| Ênfase organísmica | M | A | M | M | M | M |
| Ênfase no campo | B | B | A | M | A | A |
| Singularidade | M | M | A | M | M | M |
| Ênfase molar | M | M | M | M | M | M |
| Ambiente psicológico | A | A | M | M | A | A |
| Autoconceito | A | A | A | A | A | A |
| Competência | M | B | A | M | M | A |
| Afiliação grupal | M | B | A | A | A | A |
| Ancoragem na biologia | A | A | M | B | M | M |
| Ancoragem nas ciências sociais | A | B | A | A | A | A |
| Motivos múltiplos | B | M | B | B | M | M |
| Personalidade ideal | A | A | A | A | M | A |
| Comportamento anormal | A | A | A | A | A | M |

*Nota:* A indica alto (enfatizado), M indica moderado, e B indica baixo (pouco enfatizado).

Conforme indica a Tabela 1, os teóricos psicodinâmicos geralmente enfatizam o propósito e os determinantes inconscientes do comportamento. Eles estão preocupados com a personalidade ideal e com o comportamento patológico, e alguma versão do autoconceito desempenha um papel-chave em suas posições. Observem a variabilidade, todavia, na importância que atribuem à afiliação grupal e à hereditariedade. Essas semelhanças e discrepâncias ficarão claras conforme tratarmos de cada teoria.

# CAPÍTULO 2

# A Teoria Psicanalítica Clássica de Sigmund Freud

INTRODUÇÃO E CONTEXTO ................................................................................................ 50
HISTÓRIA PESSOAL .......................................................................................................... 50
A ESTRUTURA DA PERSONALIDADE .................................................................................... 53
    O Id    53
    O Ego    54
    O Superego    54
A DINÂMICA DA PERSONALIDADE ........................................................................................ 55
    Instinto    55
    A Distribuição e a Utilização da Energia Psíquica    58
    Ansiedade    60
O DESENVOLVIMENTO DA PERSONALIDADE ........................................................................ 61
    Identificação    61
    Deslocamento    62
    Os Mecanismos de Defesa do Ego    63
    Estágios de Desenvolvimento    65
PESQUISA CARACTERÍSTICA E MÉTODOS DE PESQUISA ...................................................... 68
    O Credo Científico de Freud    69
    Associação Livre e Análise de Sonhos    70
    Estudos de Caso de Freud    72
    Auto-Análise de Freud    74
PESQUISA ATUAL ............................................................................................................. 74
    Ativação Psicodinâmica Subliminar    75
    Nova Visão 3    77
*STATUS* ATUAL E AVALIAÇÃO ............................................................................................ 78

## INTRODUÇÃO E CONTEXTO

Quando a psicologia emergiu como uma disciplina científica independente na Alemanha, em meados do século XIX, ela definiu sua tarefa como a análise da consciência no ser humano normal, adulto. Ela considerava a consciência como constituída por elementos estruturais estreitamente correlacionados a processos nos órgãos dos sentidos. As sensações visuais de cor, por exemplo, estavam correlacionadas com mudanças fotoquímicas na retina do olho, e os tons, com eventos ocorrendo no ouvido interno. As experiências complexas resultavam da reunião de várias sensações, imagens e sentimentos elementares. A tarefa da psicologia era descobrir os elementos básicos da consciência e determinar como eles formavam compostos. A psicologia era muitas vezes referida como química mental.

As objeções a esse tipo de psicologia vieram de muitas direções e por uma variedade de razões. Havia aqueles que se opunham à ênfase exclusiva na estrutura e insistiam com considerável vigor que as características notáveis da mente consciente eram seus processos ativos e não seus conteúdos passivos. Sentir, e não as sensações, pensar, e não as idéias, imaginar, e não as imagens – esses processos, afirmava-se, deveriam ser o principal assunto da ciência da psicologia. Outros protestavam que a experiência consciente não podia ser dissecada sem destruir a própria essência da experiência, a saber, sua qualidade de totalidade. A consciência direta, diziam, consiste em padrões ou configurações e não em elementos reunidos. Um outro grupo grande e barulhento afirmava que a mente não era suscetível a investigações pelos métodos da ciência por ser demasiadamente privada e subjetiva. Eles queriam que a psicologia fosse definida como a ciência do comportamento.

O ataque de Freud à tradicional psicologia da consciência veio de uma direção muito diferente. Ele comparou a mente a um *iceberg*: a parte menor que aparecia acima da superfície da água representava a região da consciência, enquanto a massa muito maior abaixo da água representava a região do inconsciente. Nesse vasto domínio do inconsciente, encontramos os impulsos, as paixões, as idéias e os sentimentos reprimidos, um grande mundo subterrâneo de forças vitais, invisíveis, que exercem um controle imperioso sobre os pensamentos e as ações dos indivíduos. Desse ponto de vista, uma psicologia que se limita à análise da consciência é totalmente inadequada para compreender os motivos subjacentes do comportamento humano.

Por mais de 40 anos, Freud explorou o inconsciente pelo método da associação livre e desenvolveu o que geralmente é considerado como a primeira teoria abrangente da personalidade. Ele traçou os contornos de sua topografia, penetrou nas fontes de sua corrente de energia e diagramou o curso legítimo de seu desenvolvimento. Ao realizar essas façanhas incríveis, ele se tornou uma das figuras mais controversas e influentes do nosso tempo. (Para um relato do *status* do inconsciente antes de Freud, ver White, 1962).

## HISTÓRIA PESSOAL

Sigmund Freud nasceu na Morávia, em 6 de maio de 1856, e morreu em Londres, em 23 de setembro de 1939. Por quase 80 anos, todavia, ele morou em Viena, e só saiu daquela cidade quando os nazistas invadiram a Áustria. Quando jovem, ele decidiu que queria ser cientista. Com esse objetivo em mente, ingressou na escola de medicina da Universidade de Viena em 1873, formando-se oito anos mais tarde. Freud nunca pretendeu praticar a medicina, mas as escassas recompensas do trabalho científico, as oportunidades limitadas de avanço acadêmico para um judeu, e as necessidades de uma família crescente o obrigaram a entrar na prática privada. Mesmo com o atendimento aos pacientes, ele encontrava tempo para pesquisar e escrever, e suas realizações como investigador médico granjearam-lhe uma sólida reputação.

O interesse de Freud pela neurologia fez com que se especializasse no tratamento de transtornos nervosos, um ramo da medicina que ficara para trás na marcha ativa das artes curadoras durante o século XIX. Para melhorar suas habilidades técnicas, ele estudou um ano com o famoso psiquiatra francês Jean Charcot, que estava usando a hipnose no tratamento da histeria. Embora tentasse a hipnose com seus pacientes, Freud não ficou muito impressionado com sua eficácia. Conseqüentemente, quando ouviu falar sobre um novo método desenvolvido por um médico vienense, Joseph Breuer, um método pelo qual o paciente era curado dos sintomas ao falar sobre eles, Freud

TEORIAS DA PERSONALIDADE **51**

*Sigmund Freud.*

o experimentou e o achou efetivo. Breuer e Freud escreveram, em parceria, sobre alguns de seus casos de histeria tratados pela técnica da fala (1895).

Entretanto, os dois logo divergiram sobre a importância do fator sexual na histeria. Freud considerava que os conflitos sexuais eram a causa da histeria, enquanto Breuer adotava uma visão mais conservadora (ver Ellenberger, 1970, para uma discussão sobre os antecedentes históricos da posição de Freud). A partir de então, Freud trabalhou praticamente sozinho, desenvolvendo as idéias que seriam os fundamentos da teoria psicanalítica e que culminaram na publicação de seu primeiro grande trabalho, *A Interpretação dos Sonhos* (1900). Outros livros e artigos logo chamaram a atenção de médicos e cientistas do mundo inteiro, e Freud logo se viu cercado por um grupo de discípulos de vários países, entre os quais Ernest Jones, da Inglaterra, Carl Jung, de Zurique, A. A. Brill, de Nova York, Sandor Ferenczi, de Budapeste, Karl Abraham, de Berlim, e Alfred Adler, de Viena.

Jung e Adler posteriormente se afastaram do círculo e desenvolveram pontos de vista rivais.

No breve espaço que nos é permitido, é impossível cobrir todos os pontos mais interessantes da vida intelectual e pessoal de Freud: os primeiros anos como estudante de medicina e investigador; a influência decisiva do grande fisiologista alemão Ernst Brücke, um dos líderes da Helmholtz School of Medicine, com quem Freud aprendeu a ver o indivíduo como um sistema dinâmico sujeito às leis da natureza (Amacher, 1965); seu casamento com Martha Bernays e sua devoção vitalícia a ela e aos seis filhos, um dos quais, Anna, seguiu os passos do pai; o estimulante ano com Charcot em Paris; sua auto-análise investigativa, que começou na década de 1890 e continuou por toda sua vida; a tentativa abortada de explicar os fenômenos psicológicos em termos de anatomia cerebral; os anos de isolamento da comunidade médica de Viena; o convite de G. Stanley Hall, o eminente psicólogo americano e presidente da Clark University, para fa-

*Consultório de Freud.*

lar no encontro em comemoração à fundação da universidade; a criação da Associação Psicanalítica Internacional e a secessão de discípulos importantes como Jung, Adler, Rank e Stekel; a influência da Primeira Guerra Mundial sobre o pensamento de Freud e sua cuidadosa revisão dos princípios básicos da teoria psicanalítica; a aplicação dos conceitos psicanalíticos em todos os campos de empreendimento humano; as características pessoais de Freud e o longo sofrimento do câncer de mandíbula; e finalmente sua fuga melodramática das garras dos nazistas. Felizmente, todos os recantos e frestas da longa vida de Freud foram examinados pelo grande psicanalista inglês Ernest Jones e brilhantemente relatados em uma biografia de três volumes (1953, 1955, 1957). Mais recentemente, Peter Gay (1988) escreveu uma biografia abrangente e simpática de Freud.

O espaço também não nos permite listar os trabalhos publicados de Freud. Começando com *A Interpretação dos Sonhos*, em 1900, e terminando com *Esboço da Psicanálise*, publicado postumamente em 1940, os textos psicológicos de Freud totalizam vinte e quatro volumes na edição inglesa padrão, definitiva (1953-1974). Para o leitor que não está familiarizado com a teoria da personalidade de Freud, recomendamos os seguintes livros: *A Interpretação dos Sonhos* (1900), *A Psicopatologia da Vida Cotidiana* (1901), *Conferências Introdutórias Gerais à Psicanálise* (1917), *Novas Conferências Introdutórias à Psicanálise* (1933) e *Esboço da Psicanálise* (1940).

No seguinte relato das idéias de Freud, trataremos apenas das questões relativas à sua teoria da personalidade. No processo, excluiremos de consideração a teoria psicanalítica da neurose que, de qualquer forma, foi tão bem examinada por Otto Fenichel (1945), as técnicas de psicanálise e as vastas aplicações da psicologia freudiana nas ciências sociais (ver Hall & Lindzey, 1968), artes e humanidades. Também deixaremos de lado a evolução do pensamento de Freud a respeito dos conceitos básicos de sua teoria da personalidade; será suficiente apresentar sua palavra final sobre os conceitos que vamos discutir. No Capítulo 5, examinaremos algumas das adições e das modificações na teoria clássica de Freud feitas por seus seguidores. As teorias dissidentes de Jung e Adler, que começaram como proponentes da psicanálise, são apresentadas nos Capítulos 3 e 4.

## A ESTRUTURA DA PERSONALIDADE

A personalidade é constituída por três grandes sistemas: o *id*, o *ego* e o *superego*. Embora cada uma dessas partes da personalidade total tenha suas próprias funções, propriedades, componentes, princípios de operação, dinamismos e mecanismos, elas interagem tão estreitamente que é difícil, senão impossível, desemaranhar seus efeitos e pesar sua relativa contribuição ao comportamento humano. O comportamento é quase sempre o produto de uma interação entre esses três sistemas; e raramente um sistema opera com a exclusão dos outros dois.

### O Id

O id é o sistema original da personalidade: ele é a matriz da qual se originaram o ego e o superego. O id consiste em tudo que é psicológico, que é herdado e que se acha presente no nascimento, incluindo os instintos. Ele é o reservatório da energia psíquica e fornece toda a energia para a operação dos outros dois sistemas. Ele está em estreito contato com os processos corporais, dos quais deriva sua energia. Freud chamou o id de "a verdadeira realidade psíquica" porque ele representa o mundo interno da experiência subjetiva e não tem nenhum conhecimento da realidade objetiva. (Para uma discussão do id, ver Schur, 1966.)

O id não tolera aumentos de energia, que são experienciados como estados de tensão desconfortáveis. Conseqüentemente, quando o nível de tensão do organismo aumenta, como resultado ou de estimulação externa ou de excitações internamente produzidas, o id funciona de maneira a descarregar a tensão imediatamente e a fazer o organismo voltar a um nível de energia confortavelmente constante e baixo. Esse princípio da redução de tensão pelo qual o id opera é chamado de *princípio do prazer*.

Para atingir seu objetivo de evitar dor e obter prazer, o id tem sob seu comando dois processos: as *ações reflexas* e o *processo primário*. As ações reflexas são reações inatas e automáticas como espirrar e piscar, e, geralmente, reduzem a tensão imediatamente. O organismo está equipado com vários desses reflexos para lidar com formas relativamente simples de excitação. O processo primário envolve uma reação psicológica um pouco mais complicada. Ele tenta descarregar a tensão, formando a imagem de um objeto que vai remover a tensão. Por exemplo, o processo primário apresenta à pessoa faminta a imagem mental de um alimento. Essa experiência alucinatória em que o objeto desejado é apresentado na forma de uma imagem de memória é chamada de *realização do desejo*. O melhor exemplo do processo primário nas pessoas normais é o sonho noturno, que Freud acreditava representar sempre a realização ou a tentativa de realização de um desejo. As alucinações e as visões dos pacientes psicóticos também são exemplos do processo primário. O pensamento autista ou veleitário é altamente colorido pela ação do processo primário. Essas imagens mentais de realização do desejo são a única realidade conhecida pelo id.

Obviamente, o processo primário sozinho não é capaz de reduzir a tensão. A pessoa faminta não pode comer as imagens mentais de comida. Conseqüentemente, desenvolve-se um processo psicológico novo ou secundário. Quando isso ocorre, a estrutura do segundo sistema da personalidade, o ego, começa a tomar forma.

## O Ego

O ego passa a existir porque as necessidades do organismo requerem transações apropriadas com o mundo objetivo da realidade. A pessoa faminta tem de buscar, encontrar e comer o alimento para que a tensão da fome seja eliminada. Isso significa que a pessoa precisa aprender a diferenciar entre uma imagem mnemônica do alimento e uma percepção real do alimento conforme ele existe no mundo externo. Tendo feito essa diferenciação crucial, é necessário converter a imagem em uma percepção, o que se consegue localizando-se o alimento no ambiente. Em outras palavras, a pessoa compara a imagem mnemônica do alimento com a visão ou com o aroma do alimento conforme lhe chegam pelos sentidos. A distinção básica entre o id e o ego é que o id só conhece a realidade subjetiva da mente, ao passo que o ego distingue as coisas na mente das coisas no mundo externo.

Dizemos que o ego obedece ao *princípio da realidade* e opera por meio do *processo secundário*. O objetivo do princípio da realidade é evitar a descarga de tensão até ser descoberto um objeto apropriado para a satisfação da necessidade. O princípio da realidade

suspende temporariamente o princípio do prazer, mas o princípio do prazer é eventualmente atendido quando o objeto necessário é encontrado e quando a tensão é então reduzida. O princípio da realidade pergunta se uma experiência é verdadeira ou falsa – isto é, se tem existência externa ou não – enquanto o princípio do prazer só quer saber se a experiência é dolorosa ou prazerosa.

O processo secundário é o pensamento realista. Por meio do processo secundário, o ego formula um plano para a satisfação da necessidade e depois testa-o, normalmente com algum tipo de ação, para ver se ele vai funcionar ou não. A pessoa faminta pensa sobre onde pode encontrar comida e depois segue para aquele lugar. Isso é chamado de *teste de realidade*. Para desempenhar seu papel eficientemente, o ego tem controle sobre todas as funções cognitivas e intelectuais; esses processos mentais superiores são colocados a serviço do processo secundário.

Afirmamos que o ego é o executivo da personalidade porque ele controla o acesso à ação, seleciona as características do ambiente às quais irá responder e decide que instintos serão satisfeitos e de que maneira. Ao realizar essas funções executivas imensamente importantes, o ego precisa tentar integrar as demandas muitas vezes conflitantes do id, do superego e do mundo externo. Essa não é uma tarefa fácil e em geral coloca grande tensão sobre o ego.

Mas devemos lembrar que o ego é a porção organizada do id, que passa a existir para atingir os objetivos do id e não para frustrá-los, e que todo o seu poder se deriva do id. Ele não existe separadamente do id, e nunca se torna completamente independente dele. Seu principal papel é o de mediador entre as exigências instintuais do organismo e as condições do ambiente circundante; seus objetivos supra-ordenados são manter a vida do indivíduo e assegurar que a espécie se reproduza. Freud certa vez resumiu o quinhão do ego dizendo que ele tinha "três duros senhores": o id, a realidade externa e o superego.

## O Superego

O terceiro e último sistema da personalidade a se desenvolver é o superego. Ele é o representante interno dos valores tradicionais e dos ideais da sociedade conforme interpretados para a criança pelos pais e impostos por um sistema de recompensas e de punições.

O superego é a força moral da personalidade. Ele representa o ideal mais do que o real e busca a perfeição mais do que o prazer. Sua principal preocupação é decidir se alguma atitude é certa ou errada, para poder agir de acordo com os padrões morais autorizados pelos agentes da sociedade.

O superego, como árbitro moral internalizado de conduta, desenvolve-se em resposta às recompensas e punições impostas pelos pais. Para obter as recompensas e evitar os castigos, a criança aprende a orientar seu comportamento de acordo com os pais. Tudo o que eles dizem ser impróprio e, por isso, castigam a criança por fazer, tende a ser incorporado à sua *consciência*, que é um dos dois subsistemas do superego. Tudo o que eles aprovam e, por isso, recompensam a criança por fazer, tende a ser incorporado ao seu *ideal do ego*, o outro subsistema do superego. O mecanismo pelo qual ocorre essa incorporação é chamado de *introjeção*. A criança absorve ou introjeta os padrões morais dos pais. A consciência pune a pessoa, fazendo-a sentir-se culpada; o ideal do ego recompensa a pessoa, fazendo-a sentir-se orgulhosa. Com a formação do superego, o autocontrole substitui o controle parental. (Nós faremos comparações com este processo de auto-avaliação quando discutirmos o autosistema de Bandura no Capítulo 14.)

As principais funções do superego são (1) inibir os impulsos do id, especialmente aqueles de natureza sexual ou agressiva, uma vez que estes são os impulsos cuja expressão é mais condenada pela sociedade; (2) persuadir o ego a substituir objetivos realistas por objetivos moralistas; e (3) buscar a perfeição. Isto é, o superego está inclinado a se opor tanto ao id quanto ao ego e a reformar o mundo segundo sua própria imagem. Entretanto, ele é como o id ao ser não-racional e como o ego ao tentar exercer controle sobre os instintos. Diferentemente do ego, o superego não se satisfaz em adiar a gratificação instintiva; ele tenta bloqueá-la permanentemente. (Uma análise histórica do superego foi feita por Turiell, 1967.)

Nós concluímos essa breve descrição dos três sistemas da personalidade salientando que o id, o ego e o superego não devem ser pensados como homúnculos que operam a personalidade. Eles são apenas nomes para vários processos psicológicos que obedecem a diferentes princípios de sistemas. Em circunstâncias comuns, esses diferentes princípios não colidem um com o outro e nem têm propósitos opostos. Pelo contrário, eles trabalham juntos, como uma equipe, sob a liderança administrativa do ego. A personalidade normalmente funciona como um todo, e não como três segmentos separados. De maneira muito geral, o id pode ser pensado como o componente biológico da personalidade, o ego como o componente psicológico e o superego como o componente social.

## A DINÂMICA DA PERSONALIDADE

Freud foi educado sob a influência da filosofia fortemente determinista e positivista do século XIX. Ele considerava o organismo humano como um sistema complexo de energia que era obtida do alimento consumido e que gastava uma quantidade limitada de energia em propósitos variados como circulação, respiração, exercício muscular, perceber, pensar e lembrar. Freud não via nenhuma razão para supor que a energia que fornece o poder para respirar ou digerir fosse diferente, salvo em forma, da energia que fornece o poder para pensar e lembrar. Afinal de contas, como insistiam firmemente os físicos do século XIX, a energia tinha de ser definida em termos do trabalho que realiza. Se o trabalho consiste em uma atividade psicológica como pensar, é perfeitamente legítimo, acreditava Freud, chamar essa forma de energia de *energia psíquica*. Segundo a doutrina da conservação da energia, ela pode ser transformada de um estado para outro, mas nunca se perde no sistema cósmico total. Disso decorre que a energia psíquica pode ser transformada em energia fisiológica e vice-versa. O ponto de contato ou a ponte entre a energia do corpo e a da personalidade é o id e seus instintos.

### Instinto

Um instinto é definido como uma representação psicológica inata de uma fonte somática interna de excitação. A representação psicológica é chamada de *desejo*, e a excitação corporal da qual se origina é chamada de *necessidade*. Assim, o estado de fome pode ser descrito em termos fisiológicos como uma condição de déficit nutricional nos tecidos do corpo, ao passo que psicologicamente ela é representada como um desejo de alimento. O desejo age como um motivo para o comportamento. A pessoa faminta busca alimento. Por isso, os instintos são considerados os fatores propulsores da personalidade. Eles não só impulsionam o comportamento, mas também determinam a direção que o comportamento tomará. Em outras palavras, um instinto exerce um controle seletivo sobre a conduta ao aumentar a sensibilidade da pessoa a tipos específicos de estimulação. A pessoa faminta é mais sensível aos estímulos alimentares e a pessoa sexualmente excitada tende mais a responder a estímulos eróticos.

Parenteticamente, observamos que o organismo também pode ser ativado por estímulos do mundo externo. Mas Freud achava que essas fontes ambientais de excitação desempenham um papel menos importante na dinâmica da personalidade do que os instintos inatos. Em geral, os estímulos externos fazem menos exigências ao indivíduo e requerem formas menos complicadas de ajustamento do que as necessidades. Sempre podemos fugir de um estímulo externo, mas é impossível fugir de uma necessidade. Embora Freud relegasse os estímulos ambientais a um lugar secundário, ele não negava a sua importância sob certas condições. Por exemplo, uma excessiva estimulação durante os primeiros anos de vida, quando o ego imaturo não é capaz de reunir grandes quantidades de energia livre (tensão), pode ter efeitos drásticos sobre a personalidade, como veremos quando examinarmos a teoria de Freud sobre a ansiedade.

Um instinto é um *quantum* de energia psíquica ou, como Freud colocou, "uma medida da exigência feita à mente para trabalhar" (1905a, p. 168). Todos os instintos tomados juntos constituem a soma total de energia psíquica disponível para a personalidade. Como salientamos previamente, o id é o reservatório dessa energia e é também a sede dos instintos. Ele pode ser considerado um dínamo que fornece a energia psicológica para as múltiplas operações da personalidade. Essa energia deriva-se, é claro, dos processos metabólicos do corpo.

Um instinto tem quatro aspectos característicos: uma *fonte*, uma *meta*, um *objeto* e um *ímpeto*. A fonte já foi definida como uma condição corporal ou uma necessidade. A meta é a remoção da excitação corporal. A meta do instinto de fome, por exemplo, é abolir a deficiência nutricional, o que conseguimos, evidentemente, comendo o alimento. Todas as atividades que intervêm entre o aparecimento do desejo e sua realização são agrupadas sob o nome de *objeto*. Isto é, o

objeto se refere não só à coisa ou à condição específica que vai satisfazer a necessidade, mas inclui também todos os comportamentos que acontecem para assegurar a coisa ou a condição necessária. Por exemplo, quando uma pessoa está com fome, ela normalmente tem de realizar algumas ações antes de atingir a meta final de comer.

O ímpeto de um instinto é a sua força, determinada pela intensidade da necessidade subjacente. À medida que aumenta a deficiência nutricional, até o ponto em que se instala uma fraqueza física, a força do instinto aumenta correspondentemente.

Vamos considerar brevemente algumas das implicações nessa maneira de conceitualizar um instinto. Em primeiro lugar, o modelo oferecido por Freud é um modelo de redução de tensão. O comportamento de uma pessoa é ativado por irritantes internos e cessa quando uma ação apropriada remove ou diminui a irritação. Isso significa que a meta de um instinto tem um caráter essencialmente *regressivo*, uma vez que faz a pessoa retornar a um estado anterior, um estado que existia antes de o instinto aparecer. Esse estado anterior ao qual a personalidade retorna é de relativa tranqüilidade. Também dizemos que um instinto é *conservador*, porque sua meta é conservar o equilíbrio do organismo, abolindo as excitações perturbadoras. Assim, podemos descrever um instinto como um processo que repete, tão freqüentemente quanto aparece, um ciclo de eventos que se inicia com a excitação e termina com o repouso. Freud chamou esse aspecto do instinto de *compulsão à repetição*. A personalidade é compelida a repetir interminavelmente o inevitável ciclo da excitação à tranqüilidade. (O termo compulsão à repetição também é empregado para descrever o comportamento perseverante que ocorre quando os meios adotados para satisfazer a necessidade não são completamente apropriados. Uma criança pode perseverar chupando o dedo, quando está com fome.)

Segundo a teoria freudiana dos instintos, a fonte e a meta de um instinto permanecem constantes por toda a vida, a menos que a fonte seja modificada ou eliminada pelo amadurecimento físico. Novos instintos podem aparecer à medida que se desenvolvem novas necessidades corporais. Ao contrário dessa constância de fonte e meta, o objeto ou os meios pelos quais a pessoa tenta satisfazer a necessidade podem variar e realmente variam consideravelmente durante o tempo de vida da pessoa. Tal variação na escolha do objeto torna-se possível porque a energia psíquica é *deslocável*: ela pode ser gasta de várias maneiras. Conseqüentemente, se um objeto não está disponível, ou por estar ausente ou pela presença de barreiras dentro da personalidade, a energia pode ser investida em outro objeto. Se esse objeto também se mostrar inacessível, pode ocorrer outro deslocamento, e assim por diante, até ser encontrado um objeto disponível. Em outras palavras, os objetos podem ser substituídos, o que definitivamente não acontece com a fonte ou a meta de um instinto.

Quando a energia de um instinto é investida de modo mais ou menos permanente em um objeto substituto, isto é, um que não é o objeto original e inatamente determinado, o comportamento resultante é chamado de *derivado instintual*. Assim, se a primeira escolha de objeto do bebê for a manipulação dos próprios órgãos sexuais e ele for forçado a desistir desse prazer em favor de formas mais inócuas de estimulação corporal, como chupar o polegar ou brincar com os dedos dos pés, as atividades substitutas são derivados do instinto sexual. A meta do instinto sexual não muda quando ocorre uma substituição; a meta buscada ainda é a da gratificação sexual.

O deslocamento de energia de um objeto para outro é o aspecto mais importante da dinâmica da personalidade. Ele explica a aparente plasticidade da natureza humana e a notável versatilidade do comportamento humano. Praticamente todos os interesses, preferências, gostos, hábitos e atitudes adultas representam os deslocamentos de energia das escolhas de objeto instintuais originais. Eles são quase todos derivados instintuais. A teoria de Freud da motivação baseava-se solidamente na suposição de que os instintos são as *únicas* fontes de energia para o comportamento humano. Nós teremos muito mais a dizer sobre o deslocamento em seções subseqüentes deste capítulo.

### Número e Tipos de Instintos

Freud não tentou fazer uma lista de instintos porque sentiu que não sabíamos o suficiente sobre os estados corporais dos quais os instintos dependem. A identificação dessas necessidades orgânicas é uma tarefa para o fisiologista, não para o psicólogo. Embora Freud não pretendesse saber quantos instintos existem, ele realmente supunha que todos podiam ser classificados sob dois títulos gerais, os instintos *de vida* e os instintos *de morte*.

Os instintos de vida servem ao propósito da sobrevivência individual e da propagação racial. A fome, a sede e o sexo se enquadram nessa categoria. A forma de energia pela qual os instintos de vida realizam sua tarefa é chamada de *libido*.

O instinto de vida ao qual Freud prestou mais atenção é o do sexo, e, nos primeiros anos da psicanálise, quase tudo o que a pessoa fazia era atribuído a esta pulsão ubíqua (Freud, 1905a). Na verdade, o instinto sexual não é um único instinto, mas muitos. Isto é, existem várias necessidades corporais separadas que originam os desejos eróticos. Cada um desses desejos tem sua fonte em uma região corporal diferente, referidas coletivamente como *zonas erógenas*. Uma zona erógena é uma parte da pele ou da membrana mucosa que é extremamente sensível à irritação e que, quando manipulada de certa maneira, remove a irritação e produz sentimentos prazerosos. Os lábios e a cavidade oral constituem uma dessas zonas erógenas, a região anal outra, e os órgãos sexuais uma terceira. Sugar produz prazer oral, a eliminação provoca prazer anal, e massagear ou esfregar traz prazer genital. Na infância, os instintos sexuais são relativamente independentes uns dos outros, mas, quando a pessoa atinge a puberdade, eles tendem a se fundir e a servir conjuntamente à meta da reprodução.

Os instintos de morte ou, como Freud às vezes os chamava, os instintos destrutivos, realizam seu trabalho muito menos conspicuamente do que os instintos de vida. Por essa razão, pouco sabemos sobre eles, a não ser que inevitavelmente cumprem a sua missão. Todas as pessoas seguramente morrem, um fato que levou Freud a formular seu famoso ditado: "a meta de toda vida é a morte" (1920a, p. 38). Freud supunha especificamente que a pessoa tinha um desejo, geralmente inconsciente, é claro, de morrer. Ele não tentou identificar as fontes somáticas dos instintos de morte, embora possamos especular se residem nos processos catabólicos, ou de decomposição, do corpo. Ele também não deu nome à energia pela qual os instintos de morte executam seu trabalho.

A suposição de Freud de um desejo de morte baseia-se no princípio de constância conforme formulado por Fechner. Esse princípio afirma que todos os processos vivos tendem a retornar à estabilidade do mundo inorgânico. Em *Além do Princípio do Prazer*

(1920a), Freud apresentou o seguinte argumento em favor do conceito do desejo de morte. A matéria viva se desenvolveu, pela ação das forças cósmicas, sobre a matéria inorgânica. A princípio, essas mudanças eram extremamente instáveis e rapidamente revertiam ao seu estado inorgânico anterior. Mas gradualmente a duração da vida aumentou devido a mudanças evolutivas no mundo, mas essas formas animadas instáveis eventualmente regressavam à estabilidade da matéria inanimada. Com o desenvolvimento dos mecanismos reprodutivos, os seres vivos conseguiram reproduzir sua própria espécie e não dependiam mais de serem criados do mundo inorgânico. Mas, mesmo com esse avanço, cada membro da espécie inevitavelmente obedecia ao princípio da constância, uma vez que este era o princípio que governava sua existência quando ele fora dotado de vida. A vida, dizia Freud, era apenas um caminho indireto para a morte. Arrancada de sua existência estável, a matéria orgânica tenta voltar a um estado de tranqüilidade. O desejo de morte no ser humano é a representação psicológica do princípio da constância.

Um derivado importante dos instintos de morte é a *pulsão agressiva*. A agressividade é a autodestruição voltada para fora, contra objetos substitutos. Uma pessoa briga com outras e é destrutiva porque o desejo de morte está bloqueado pelas forças dos instintos de vida e por outros obstáculos na personalidade que agem contra os instintos de morte. Foi necessária a Primeira Guerra Mundial de 1914-1918 para convencer Freud de que a agressão era um motivo tão soberano quanto o sexo. (Essa visão de que a Grande Guerra estimulou o interesse de Freud pela agressão foi contestada por Stepansky, 1977).

Os instintos de vida e de morte e seus derivados podem se fundir, neutralizar um ao outro, ou substituir um ao outro. Comer, por exemplo, representa uma fusão da fome e da destrutividade que é satisfeita por morder, mastigar e engolir o alimento. O amor, um derivado do instinto sexual, pode neutralizar o ódio, um derivado do instinto de morte. Ou o amor pode substituir o ódio, ou o ódio, o amor.

Uma vez que os instintos contêm toda a energia pela qual os três sistemas da personalidade realizam o seu trabalho, examinemos agora como o id, o ego e o superego controlam e utilizam a energia psíquica.

## A Distribuição e a Utilização da Energia Psíquica

A dinâmica da personalidade consiste na maneira pela qual a energia psíquica é distribuída e utilizada pelo id, ego e superego. Uma vez que a quantidade de energia é uma quantidade limitada, existe uma competição entre os três sistemas pela energia disponível. Um sistema obtém controle da energia disponível à custa dos dois outros sistemas. À medida que um sistema se torna mais forte, os outros dois necessariamente se tornam mais fracos, a menos que uma nova energia seja acrescentada ao sistema total.

Originalmente o id possui toda a energia e a utiliza para a ação reflexa e para a realização do desejo por meio do processo primário. Ambas as atividades estão a serviço direto do princípio do prazer, pelo qual o id opera. O investimento de energia em uma ação ou imagem que vai gratificar um instinto é chamado de *escolha objetal* ou *catexia objetal*.

A energia do id está em um estado muito fluido, o que significa que ela pode ser facilmente desviada de uma ação ou imagem para outra ação ou imagem. A qualidade deslocável dessa energia instintual se deve à incapacidade do id de fazer discriminações sutis entre os objetos. Os objetos diferentes são tratados como se fossem o mesmo. O bebê faminto, por exemplo, vai pegar qualquer objeto que puder agarrar e o levará aos lábios.

Uma vez que o ego não tem nenhuma fonte de energia própria, ele precisa tomá-la emprestada do id. O desvio da energia do id para os processos que constituem o ego faz-se por meio de um mecanismo conhecido como *identificação*. Esse é um dos conceitos mais importantes na psicologia freudiana, e um dos mais difíceis de entender. Podemos lembrar, de uma discussão prévia, que o id não distingue entre imagem subjetiva e realidade objetiva. Quando ele investe energia psíquica na imagem de um objeto, é o mesmo que investir no próprio objeto. Entretanto, se uma imagem mental não pode satisfazer uma necessidade, a pessoa é forçada a diferenciar entre o mundo da mente e o mundo externo. Ela precisa aprender a diferença entre uma memória ou idéia de um objeto que não está presente e uma impressão ou percepção sensorial de um objeto que está presente. Então, a fim de satisfazer a necessidade, a pessoa tem de aprender a comparar o que está em sua mente ao seu equivalente no mundo externo, por meio do processo secundário. Essa comparação de uma representação mental com a realidade física, de algo que está na mente com algo que está no mundo externo, é o que queremos dizer como identificação.

Já que o id não faz distinção entre os conteúdos da mente, sejam eles percepções, imagens mnemônicas, idéias ou alucinações, pode ser feita uma catexia (investimento) em uma percepção realista tão facilmente quanto em uma imagem mnemônica de realização de desejo. Dessa maneira, a energia se desvia dos processos psicológicos puramente subjetivos do id para os processos objetivos, lógicos, ideacionais do ego. Em ambos os casos, a energia é usada para propósitos estritamente psicológicos, mas, no caso do id, não é feita nenhuma distinção entre o símbolo mental e o referente físico, ao passo que, no caso do ego, essa distinção é feita. O ego tenta fazer com que o símbolo represente acuradamente o referente. Em outras palavras, a identificação permite que o processo secundário substitua ou suplante o processo primário. Já que o processo secundário é tão mais satisfatório para reduzir tensões, formam-se mais e mais catexias de ego. Gradualmente, o ego mais eficiente obtém um monopólio virtual sobre a reserva de energia psíquica. Esse monopólio, entretanto, é apenas relativo, porque, se o ego deixa de satisfazer os instintos, o id retoma seu poder.

Uma vez que o ego armazenou energia suficiente, pode usá-la para outros propósitos além do da gratificação dos instintos pelo processo secundário. Parte da energia é usada para levar a um nível superior de desenvolvimento vários processos psicológicos, tais como perceber, lembrar, julgar, discriminar, abstrair, generalizar e raciocinar. Parte da energia tem de ser usada pelo ego para impedir o id de agir impulsiva e irracionalmente. Essas forças restritivas são conhecidas como *anticatexia,* em distinção às forças pulsionais ou catexias. À medida que o id se torna muito ameaçador, o ego erige defesas contra ele. Esses mecanismos de defesa, que serão discutidos em uma seção posterior, também podem ser usados para lidar com as pressões do superego sobre o ego. Para a manutenção dessas defesas, é necessária energia, evidentemente.

A energia do ego também pode ser deslocada para criar novas catexias objetais, de modo que se forma no ego uma verdadeira rede de interesses, atitudes e preferências derivadas. Essas catexias do ego podem não satisfazer diretamente as necessidades básicas do organismo, mas estão conectadas por vínculos associativos a objetos que satisfazem. A energia da pulsão da fome, por exemplo, pode desdobrar-se para incluir catexias como o interesse por colecionar receitas, freqüentar restaurantes exóticos e vender porcelana. Tal desdobramento de catexias em canais que estão apenas remotamente conectados com o objeto original do instinto é possibilitado pela maior eficiência do ego ao realizar sua função fundamental de gratificar os instintos. O ego tem um excedente de energia para usar para outros propósitos.

Finalmente, o ego, como o executivo da organização da personalidade, usa a energia para efetuar uma integração entre os três sistemas. O propósito dessa função integrativa do ego é produzir uma harmonia interna dentro da personalidade, de modo que as transações do ego com o ambiente possam ser feitas tranqüila e efetivamente.

O mecanismo de identificação também explica a energização do sistema do superego. Essa, também, é uma questão complexa, e ocorre da seguinte maneira. Entre as primeiras catexias objetais do bebê estão as dos pais. As catexias se desenvolvem cedo e entrincheiram-se firmemente, porque o bebê é completamente dependente dos pais ou de substitutos dos pais para a satisfação de necessidades. Os pais também desempenham o papel de agentes disciplinares: eles ensinam à criança o código moral e os ideais e valores tradicionais da sociedade em que a criança é criada. Eles fazem isso recompensando a criança quando ela apresenta a atitude certa e punindo-a quando está errada. Uma recompensa é qualquer fato ou objeto que reduza a tensão ou prometa isso. Um pedaço de chocolate, um sorriso ou uma palavra gentil podem ser uma recompensa efetiva. Uma punição é qualquer elemento que aumente a tensão. Pode ser um tapa, um olhar desaprovador ou a negação de um prazer. Assim, a criança aprende a identificar, isto é, a comparar seu comportamento com as sanções e as proibições impostas pelos pais. A criança introjeta os imperativos morais dos pais em virtude das catexias originais que fez neles como agentes que satisfazem necessidades. Ela investe energia em seus ideais e estes se tornam o seu ideal de ego; ela investe energia em suas proibições e estas se tornam a sua consciência. Assim, o superego ganha acesso ao reservatório de energia no id por meio da identificação da criança com os pais.

O trabalho realizado pelo superego freqüentemente, mas nem sempre, é na direção oposta aos impulsos do id. Isso acontece porque o código moral representa a tentativa da sociedade de controlar e até de inibir a expressão das pulsões primitivas, especialmente as do sexo e da agressão. Ser bom geralmente significa ser obediente e não fazer nem dizer "coisas feias". Ser mau significa ser desobediente, rebelde e lascivo. A pessoa virtuosa inibe seus impulsos; a pessoa pecadora os satisfaz. Mas o superego pode às vezes ser corrompido pelo id. Isso acontece, por exemplo, quando alguém, em um ataque de fervor moralista, toma medidas agressivas contra aqueles considerados maus ou pecadores. A expressão da agressão nesses casos é coberta pelo manto de honrada indignação.

Depois que a energia fornecida pelos instintos foi canalizada para o ego e o superego pelos mecanismos de identificação, torna-se possível uma complicada interação de forças pulsionais e restritivas. O id, podemos lembrar, só possui forças pulsionais ou catexias, ao passo que a energia do ego e do superego é usada tanto para satisfazer quanto para frustrar as metas instintuais. O ego tem de supervisionar tanto o id quanto o superego para poder governar sabiamente a personalidade; no entanto, ele precisa que lhe reste energia suficiente para realizar a interação necessária com o mundo externo. Se o id mantém o controle sobre uma grande parcela da energia, o comportamento da pessoa tende a ter um caráter impulsivo e primitivo. Por outro lado, se o superego obtém o controle de uma quantidade indevida de energia, o funcionamento da personalidade será dominado por considerações moralistas em vez de realistas. As anticatexias da consciência podem amarrar o ego com nós moralistas e impedir qualquer tipo de ação, enquanto as catexias do ideal de ego podem estabelecer padrões tão elevados para o ego que a pessoa vai se sentir continuamente frustrada e pode eventualmente desenvolver um sentimento depressivo de fracasso.

As mudanças de energia súbitas e imprevisíveis de um sistema para outro e de catexias para anticatexias são comuns, especialmente durante as duas primeiras décadas de vida, antes que a distribuição de energia tenha se tornado mais ou menos estabilizada. Essas mudanças de energia mantêm a personalidade em um estado de fluxo dinâmico. Freud era pessimista em relação às chances de a psicologia se tornar uma ciência exata porque, como ele salientava, até uma mudança muito pequena na distribuição da energia poderia fazer a balança pender em favor de uma forma de comportamento e não da oposta (Freud, 1920 b). Quem pode dizer se a pessoa em pé no parapeito da janela vai pular ou não, ou se o atacante do time de futebol vai falhar ou conseguir fazer o gol e obter a vitória?

Na análise final, a dinâmica da personalidade consiste na interação das forças pulsionais (catexias) e das forças restritivas (anticatexias). Todos os conflitos da personalidade podem ser reduzidos à oposição entre esses dois conjuntos de forças. Toda tensão prolongada se deve à oposição entre uma força pulsional e uma força restritiva. Seja uma anticatexia do ego oposta a uma catexia do id ou uma anticatexia do superego oposta a uma catexia do ego, o resultado em termos de tensão é o mesmo. Como Freud gostava de dizer, a psicanálise é "uma (concepção) dinâmica, que investiga a vida mental na interação entre forças que favoreçam ou inibem uma à outra" (1910b, p. 213).

## Ansiedade

A dinâmica da personalidade é em grande extensão governada pela necessidade de gratificar as próprias necessidades por meio de transações com objetos no mundo externo. O ambiente circundante provê o organismo faminto com alimento, e o sedento, com água. Além de seu papel como fonte dos suprimentos, o mundo externo desempenha um outro papel importante como moldador do destino da personalidade. O ambiente contém regiões de perigo e insegurança; ele pode ameaçar, assim como satisfazer. O ambiente tem o poder de produzir dor e aumentar a tensão, assim como de trazer prazer e reduzir a tensão. Ele perturba, assim como conforta.

Sentir medo é a reação costumeira do indivíduo às ameaças externas de dor e destruição com as quais não está preparado para lidar. A pessoa ameaçada normalmente é uma pessoa com medo. Esmagado pela estimulação excessiva que não consegue controlar, o ego é inundado pela ansiedade.

Freud reconheceu três tipos de ansiedade: ansiedade *de realidade*, ansiedade *neurótica* e ansiedade *moral*, ou sentimentos de culpa (1926b). O tipo básico é a ansiedade de realidade, ou o medo de perigos reais no mundo externo; dele se derivam os outros dois. A ansiedade neurótica é o medo de que os instintos escapem ao controle e levem a pessoa a tomar alguma atitude pela qual ela será punida. A ansiedade neurótica não é tanto o medo dos próprios instintos quanto o medo da punição que provavelmente se seguirá à gratificação instintual. A ansiedade neurótica tem uma base na realidade, porque o mundo, conforme representado pelos pais e outras autoridades, realmente pune a criança por ações impulsivas. A ansiedade moral é o medo da consciência. As pessoas com superegos bem-desenvolvidos tendem a sentir culpa quando praticam algum ato ou, inclusive, quando pensam em fazer alguma ação contrária ao código moral pelo qual foram criadas. Dizemos que são aprisionadas pela consciência. A ansiedade moral também tem uma base realista, pois a pessoa foi punida no passado por violar o código moral e pode ser punida novamente.

A função da ansiedade é alertar a pessoa em relação a um perigo iminente; ela é um sinal para o ego de que, a menos que sejam tomadas medidas apropriadas, o perigo pode aumentar até o ego ser aniquilado. A ansiedade é um estado de tensão; é uma pulsão como a fome ou o sexo, mas, em vez de surgir das condições tissulares internas, é produzida originalmente por causas externas. Quando a ansiedade é despertada, ela motiva a pessoa a fazer algo. Ela pode fugir da região ameaçadora, inibir o impulso perigoso ou obedecer à voz da consciência.

A ansiedade que não pode ser manejada com medidas efetivas é chamada de traumática. Ela reduz a pessoa a um estado de desamparo infantil. De fato, o protótipo de toda ansiedade posterior é o *trauma do nascimento*. O neonato é bombardeado com estímulos do mundo para os quais não está preparado e aos quais não consegue se adaptar. O bebê precisa de um ambiente protegido até o ego ter tido a chance de se desenvolver a ponto de conseguir dominar os fortes estímulos do ambiente. Quando o ego não consegue lidar com a ansiedade por métodos racionais, ele tem de recorrer a métodos irrealistas. Esses métodos são os chamados *mecanismos de defesa* do ego, que serão discutidos na seção seguinte.

## O DESENVOLVIMENTO DA PERSONALIDADE

Freud foi provavelmente o primeiro teórico da psicologia a enfatizar os aspectos desenvolvimentais da personalidade e em particular o papel decisivo dos primeiros anos do período de bebê e da infância como formadores da estrutura de caráter básica da pessoa. Na verdade, Freud considerava que a personalidade já estava muito bem formada pelo final do quinto ano de vida e que o desenvolvimento subseqüente era praticamente só a elaboração dessa estrutura básica. Ele chegou a essa conclusão com base em suas experiências com pacientes que se submetiam à psicanálise. Inevitavelmente, suas explorações mentais os levavam de volta a experiências da infância inicial que pareciam decisivas para o desenvolvimento de uma neurose mais tarde na vida. Freud acreditava que "a criança é o pai do homem". É interessante, em vista de sua forte preferência por explicações genéticas do comportamento adulto, que Freud raramente tenha estudado as crianças pequenas diretamente. Ele preferia reconstruir a vida passada da pessoa a partir de evidências fornecidas por lembranças adultas.

A personalidade se desenvolve em resposta a quatro fontes importantes de tensão: (1) processos de crescimento fisiológico, (2) frustrações, (3) conflitos e (4) ameaças. Como uma conseqüência direta de aumentos de tensão emanando dessas fontes, a pessoa é forçada a aprender novos métodos de reduzir a tensão. Tal aprendizagem é o que seria o desenvolvimento da personalidade. (Para uma lúcida discussão da teoria de Freud da aprendizagem, ver Hilgard & Bower, 1975.)

*A identificação* e *o deslocamento* são dois métodos pelos quais o indivíduo aprende a resolver as frustrações, os conflitos e as ansiedades.

### Identificação

O conceito de identificação foi introduzido em uma seção anterior para ajudar a explicar a formação do ego e do superego. No presente contexto, a identificação pode ser definida como o método pelo qual alguém assume as características de outra pessoa e torna-as uma parte integrante de sua personalidade. Ela aprende a reduzir a tensão modelando o próprio comportamento segundo o de outra pessoa. Freud preferia o termo *identificação* ao termo *imitação*, mais familiar. Ele achava que imitação denota uma espécie de comportamento de copiar superficial e temporário, e queria uma palavra que transmitisse a idéia de uma aquisição mais ou menos permanente da personalidade.

Nós escolhemos como modelos aqueles indivíduos que nos parecem mais bem-sucedidos do que nós na gratificação das próprias necessidades. A criança se identifica com os pais porque eles parecem ser onipotentes, pelo menos durante os anos da infância inicial. À medida que as crianças crescem, encontram outras pessoas com as quais se identificar, pessoas cujas realizações estão mais de acordo com seus atuais desejos. Cada período tende a ter suas figuras de identificação características. Nem é preciso dizer que a maioria dessas identificações ocorre inconscientemente e não, como pode parecer, com intenção consciente. Essa ênfase na modelagem inconsciente distingue a identificação de Freud da aprendizagem observacional de Bandura (ver Capítulo 14).

Não é necessário que uma pessoa se identifique com outra em todos os aspectos. Geralmente selecionamos e incorporamos apenas aquelas características que acreditamos que vão nos ajudar a atingir um objetivo desejado. Existe muita tentativa e erro no processo de identificação, porque geralmente não temos certeza do que existe na outra pessoa que explica o seu sucesso. O teste supremo é se a identificação ajuda a reduzir a tensão; se ajuda, aquela qualidade é absorvida; se não ajuda, ela é descartada. Podemos identificar-nos com animais, personagens imaginários, instituições, idéias abstratas e objetos inanimados, assim como com outros seres humanos.

A identificação também é um método pelo qual podemos recuperar um objeto que foi perdido. Quando nos identificamos com uma pessoa amada que morreu ou de quem nos separamos, a pessoa perdida é reencarnada como uma característica incorporada da personalidade. As crianças que foram rejeitadas pelos pais tendem a formar sólidas identificações com eles na esperança de recuperar seu amor. Também podemos nos identificar com alguém por medo. A criança se identifica com as proibições dos pais a fim de evitar o castigo. Esse tipo de identificação é a base para a formação do superego.

A estrutura final da personalidade representa um acúmulo de numerosas identificações feitas em vários períodos da vida da pessoa, embora a mãe e o pai provavelmente sejam as figuras de identificação mais fortes na vida de qualquer pessoa.

## Deslocamento

Quando uma escolha de objeto original de um instinto se torna inacessível por barreiras externas ou internas (anticatexias), uma nova catexia se forma, a menos que ocorra uma forte repressão. Se essa nova catexia também é bloqueada, ocorre um outro deslocamento, e assim por diante, até ser encontrado um objeto que traga certo alívio para a tensão encurralada. Esse objeto é então catexizado até perder seu poder de reduzir a tensão, momento em que é instituída outra busca por um objeto apropriado. Durante toda a série de deslocamentos que constitui, em grande medida, o desenvolvimento da personalidade, a fonte e a meta do instinto permanecem constantes. É só o objeto que varia.

Um objeto substituto raramente é tão satisfatório ou redutor de tensão quanto o objeto original, e quanto mais diferente for o objeto substituto do original, menos a tensão é reduzida. Em conseqüência de numerosos deslocamentos, vai-se acumulando uma grande tensão, que age como uma permanente força motivacional para o comportamento. A pessoa está constantemente buscando maneiras novas e melhores de reduzir a tensão. Isso explica a variabilidade e a diversidade do comportamento, assim como a inquietude humana. Por outro lado, a personalidade realmente se torna mais ou menos estabilizada com a idade, devido aos compromissos feitos entre as forças pulsionais dos instintos e as resistências do ego e do superego.

Como escrevemos alhures:

"Os interesses, os apegos e todas as outras formas de motivos adquiridos persistem porque são até certo grau frustrantes, assim como satisfatórios. Eles persistem porque não produzem uma satisfação completa . . . Todo compromisso é ao mesmo tempo uma renúncia. A pessoa desiste de alguma coisa que realmente quer, mas não pode ter, e aceita uma segunda ou terceira melhor escolha que pode ter." (Hall, 1954, p. 104)

Freud salientou que o desenvolvimento da civilização foi possível devido à inibição das escolhas objetais primitivas e ao desvio da energia instintual para canais socialmente aceitáveis e culturalmente criativos (1930). Um deslocamento que produz uma realização cultural superior é chamado de *sublimação*. Freud observou, em relação a isso, que o interesse de Leonardo da Vinci por pintar madonas era uma expressão sublimada de um desejo de intimidade com a mãe, de quem ele fora separado em tenra idade (1910a). Uma vez que a sublimação não resulta em uma satisfação completa, não mais que o deslocamento, sempre fica certa tensão residual. Essa tensão pode descarregar-se na forma de nervosismo ou inquietude, condições que Freud apontou como o preço que os seres humanos pagavam por seu *status* civilizado (1908).

A direção tomada por um deslocamento é determinada por dois fatores: (1) a semelhança do objeto substituto com o original e (2) as sanções e as proibições impostas pela sociedade. O fator de semelhança é na verdade o grau em que os objetos são identificados na mente da pessoa. Leonardo pintava madonas em vez de camponesas ou aristocratas porque imaginava sua mãe mais parecida com uma madona do que com qualquer outro tipo de mulher. A sociedade, agindo por meio dos pais e de outras pessoas disciplinadoras, autoriza certos deslocamentos e proíbe outros. A criança aprende que é permitido chupar um pirulito, mas não o polegar.

A capacidade de formar catexias objetais substitutas é o mecanismo mais poderoso para o desenvolvimento da personalidade. A complexa rede de interesses, preferências, valores, atitudes e apegos que caracterizam a personalidade do adulto humano é possibilitada pelo deslocamento. Se a energia psíquica não fosse deslocável e distributiva, não haveria nenhum desenvolvimento da personalidade. A pessoa seria meramente um robô mecânico, levada pelos instintos a executar padrões fixos de comportamento.

## Os Mecanismos de Defesa do Ego

Sob a pressão de excessiva ansiedade, o ego às vezes é forçado a tomar medidas extremas para aliviar a pressão. Essas medidas são chamadas de mecanismos de defesa. As principais defesas são a repressão, a projeção, a formação reativa, a fixação e a regressão (Anna Freud, 1946). Todos os mecanismos de defesa têm duas características em comum: (1) eles negam, falsificam ou distorcem a realidade e (2) eles operam inconscientemente, de modo que a pessoa não tem consciência do que está acontecendo.

### *Repressão*

Este é um dos primeiros conceitos da psicanálise. Antes de Freud chegar à sua formulação final da teoria da personalidade em termos de id, ego e superego, ele dividiu a mente em três regiões: consciência, pré-consciência e inconsciência. O pré-consciente consistia no material psicológico que poderia se tornar consciente quando surgisse a necessidade. O material no inconsciente, entretanto, era visto por Freud como relativamente inacessível à consciência: ele estaria em um estado de repressão.

Quando Freud revisou sua teoria da personalidade, o conceito de repressão foi mantido como um dos mecanismos de defesa do ego. (Gill, 1963, salienta que Freud abandonou uma topografia da mente em termos de consciente, pré-consciente e inconsciente por uma visão estrutural em termos de id, ego e superego, porque a repressão e o que estava reprimido não podiam estar no mesmo sistema. A repressão estaria no ego, e o que era reprimido, no id. Ver também Arlow & Brenner, 1964). Dizemos que ocorre repressão quando uma escolha de objeto que provoca um alarme indevido é empurrada para fora da consciência por uma anticatexia. Por exemplo, podemos impedir que uma memória perturbadora se torne consciente, ou que uma pessoa não enxergue algo que está bem à vista porque a percepção daquilo está reprimida. A repressão pode inclusive interferir no funcionamento normal do corpo. Alguém pode ficar sexualmente impotente porque tem medo do impulso sexual, ou desenvolver uma artrite em conseqüência de sentimentos de hostilidade reprimidos.

As repressões podem abrir caminho à força por meio das anticatexias opositoras ou encontrar expressão na forma de um deslocamento. Para que o deslocamento consiga impedir o redespertar da ansiedade, ele precisa estar disfarçado em alguma forma simbólica adequada. Um filho que reprimiu seus sentimentos hostis em relação ao pai pode expressar esses sentimentos hostis diante de outros símbolos de autoridade.

Uma vez formadas, as repressões são difíceis de serem apagadas. A pessoa precisa reassegurar-se de que o perigo não mais existe, mas não pode obter essa segurança até a repressão se erguer e ela poder testar a realidade. É um círculo vicioso. É por isso que os adultos levam consigo muitos medos infantis. Eles nunca têm a chance de descobrir que esses medos não têm nenhuma base na realidade. Observem a semelhança com a posição comportamentalista de que os medos irracionais persistem porque levam o indivíduo a evitar situações em que o medo poderia ser extinto (ver Capítulo 12).

## Projeção

Normalmente é mais fácil para o ego lidar com a ansiedade de realidade do que com a ansiedade neurótica ou a moral. Conseqüentemente, se a fonte da ansiedade pode ser atribuída ao mundo externo em vez de aos impulsos primitivos do indivíduo ou às ameaças da consciência, a pessoa provavelmente obterá maior alívio para a condição ansiosa. Esse mecanismo pelo qual a ansiedade neurótica ou moral é convertida em um medo objetivo é chamado de projeção. Tal conversão é feita facilmente, porque a fonte original tanto da ansiedade neurótica quanto da moral é o medo de ser castigado por um agente externo. Na projeção, alguém simplesmente diz: "Ela me odeia" em vez de "Eu a odeio" ou "Ele está me perseguindo" em vez de "Minha consciência está me perturbando". A projeção geralmente tem um propósito duplo. Ela reduz a ansiedade ao substituir um perigo maior por um menor, e permite que a pessoa que está projetando expresse seus impulsos sob o disfarce de defender-se dos inimigos.

## Formação Reativa

Esta medida defensiva envolve substituir, na consciência, um impulso ou sentimento ansiogênico pelo seu oposto. Por exemplo, o ódio é substituído pelo amor. O impulso original ainda existe, mas é encoberto ou mascarado por outro que não causa ansiedade.

É comum a pergunta sobre como podemos distinguir uma formação reativa de uma genuína expressão de um impulso ou sentimento. Por exemplo, como o amor reativo pode ser diferenciado do amor verdadeiro? Normalmente, uma formação reativa é marcada por uma manifestação extravagante – a pessoa faz protestos exagerados – e pela compulsividade. As formas extremas de qualquer tipo de comportamento geralmente denotam uma formação reativa. Às vezes, a formação reativa consegue satisfazer o impulso original contra o qual a pessoa se defende, como quando uma mãe cobre o filho de afeição e atenção.

## Fixação e Regressão

No curso do desenvolvimento normal, como veremos na próxima seção, a personalidade atravessa uma série de estágios bem-definidos até chegar à maturidade. Cada novo passo dado, todavia, envolve certa frustração e ansiedade. Se elas se tornam muito intensas, o crescimento normal pode ficar temporária ou permanentemente interrompido. Em outras palavras, a pessoa pode ficar fixada nos estágios iniciais do desenvolvimento, porque dar o passo seguinte desperta muita ansiedade. A criança excessivamente dependente exemplifica a defesa pela fixação; a ansiedade a impede de aprender a ser independente.

Uma defesa estreitamente relacionada é a da regressão. Nesse caso, uma pessoa que encontra experiências traumáticas recua para um estágio anterior de desenvolvimento. Por exemplo, uma criança que está assustada com o primeiro dia na escola pode apresentar um comportamento de bebê, como chorar, chupar o dedo, agarrar-se à professora ou esconder-se em um canto. Uma jovem mulher casada que está com dificuldades com o marido pode voltar para a segurança da casa dos pais, ou um homem que perdeu o emprego pode buscar consolo na bebida. O caminho da regressão normalmente é determinado pelas fixações anteriores da pessoa. Isto é, as pessoas tendem a regredir a um estágio no qual estiveram previamente fixadas. Se eram excessivamente dependentes quando crianças, é provável que se tornem mais uma vez excessivamente dependentes quando sua ansiedade atingir um nível intolerável.

A fixação e a regressão em geral são condições relativas: uma pessoa raramente se fixa ou regride completamente. Mais propriamente, a personalidade tende a incluir infantilismos, isto é, formas imaturas de comportamento, e predisposição a manifestar conduta infantil quando frustrada. As fixações e as regressões são responsáveis pela irregularidade no desenvolvimento da personalidade.

## Estágios de Desenvolvimento

A criança atravessa uma série de estágios dinamicamente diferenciados durante os primeiros cinco anos de vida, depois dos quais a dinâmica fica mais ou menos estabilizada por uns cinco ou seis anos – o período de latência. Com o advento da adolescência, a dinâmica irrompe outra vez e depois gradualmente se acomoda à medida que o adolescente entra na idade adulta. Para Freud, *os primeiros anos de vida são decisivos para a formação da personalidade.*

Cada estágio de desenvolvimento durante os primeiros cinco anos é definido em termos dos modos de reação de uma zona específica do corpo. Durante o primeiro estágio, que dura cerca de um ano, a boca é a principal região de atividade dinâmica. O estágio *oral* é seguido pelo desenvolvimento de catexias e de anticatexias em relação às funções eliminativas, o chamado estágio *anal*. Ele acontece no segundo ano de vida e é seguido pelo estágio *fálico*, em que os órgãos sexuais se tornam as zonas erógenas mais importantes. Esses estágios – oral, anal e fálico – são chamados de estágios pré-genitais. A criança então atravessa um prolongado período de latência, os chamados anos de tranqüilidade, dinamicamente falando. Durante esse período, os impulsos tendem a ser mantidos em um estado de repressão. O ressurgimento da dinâmica na adolescência reativa os impulsos pré-genitais. Se eles forem satisfatoriamente deslocados e sublimados pelo ego, a pessoa passa para o estágio final da maturidade, o estágio *genital*.

O modelo desenvolvimental de Freud baseia-se na suposição da sexualidade infantil. Isto é, os estágios representam uma seqüência normativa de diferentes modos de gratificar os impulsos sexuais, e é a maturação física a responsável pela seqüência de zonas erógenas e de estágios correspondentes. Os estágios são chamados de "psicossexuais" porque são as pulsões sexuais que levam à aquisição das características psicológicas. Freud é freqüentemente mal-entendido nesse ponto. Quando usou o termo "sexualidade", ele não estava se referindo exclusivamente à sexualidade genital; melhor dizendo, as forças sexuais que induzem os estágios desenvolvimentais refletem tipos diferentes de prazer corporal. Os locais de prazer corporal mudam conforme a maturação física que leva a uma seqüência normativa de zonas erógenas, cada uma com um conjunto diferente de ações e objetos característicos. Essa relação entre o físico e o psicológico continua, pois muitos dos traços de caráter associados a um estágio específico são transformações de atos físicos característicos daquele estágio específico. Por exemplo, o bebê que literalmente tenta engolir tudo durante o estágio oral pode-se tornar o adulto crédulo que aceita ou figurativamente "engole" tudo o que as outras pessoas dizem. Ou o bebê que morde agressivamente pode-se tornar o adulto sarcástico, com um humor "mordaz". Esses exemplos podem parecer extremos, mas observem que o processo de fixação em si é muito razoável. Na verdade, a noção de uma continuação ou de um retorno a modos estabelecidos de comportamento é a essência das abordagens da teoria da aprendizagem ao comportamento e à personalidade (ver Capítulos 12, 13 e 14). Com essa introdução, agora passamos a tratar de cada estágio.

### O Estágio Oral

A principal fonte de prazer derivado da boca é comer. Comer envolve a estimulação tátil dos lábios e da cavidade oral e do engolir, ou, se o alimento é desagradável, do cuspir. Mais tarde, quando surgem os dentes, a boca é usada para morder e mastigar. Esses dois modos de atividade oral, incorporar alimento e morder, são os protótipos de muitos outros traços de caráter que se desenvolvem. O prazer derivado da incorporação oral pode ser deslocado para outros modos de incorporação, tais como o prazer da aquisição de conhecimentos ou possessões. Uma pessoa crédula, por exemplo, está fixada no nível incorporativo oral da personalidade: essa pessoa vai engolir quase tudo o que lhe disserem. A agressão mordaz ou oral pode ser deslocada na forma de sarcasmo e de argumentatividade. Por meio de vários tipos de deslocamentos e sublimações, assim como de defesas contra os impulsos orais primitivos, esses modos prototípicos de funcionamento oral constituem a base para o desenvolvimento de uma vasta rede de interesses, atitudes e traços de caráter.

Além disso, já que o estágio oral ocorre em uma época na qual o bebê é completamente dependente da mãe para sobreviver, surgem nesse período sentimentos de dependência. Tais sentimentos de dependência tendem a persistir por toda a vida, apesar dos posteriores desenvolvimentos do ego, e podem aflorar sempre que a pessoa se sentir ansiosa e insegura. Freud acreditava que o sintoma de dependência mais extremo é o desejo de voltar ao útero.

## O Estágio Anal

Depois que o alimento foi digerido, os resíduos se acumulam na extremidade inferior do trato intestinal e são reflexamente eliminados quando a pressão sobre os esfíncteres anais atinge um certo nível. A expulsão das fezes remove o desconforto e produz um sentimento de alívio. Quando é iniciado o treinamento para deixar as fraldas, em geral durante o segundo ano de vida, a criança tem sua primeira experiência decisiva com a regulação externa de um impulso instintual. Ela precisa aprender a adiar o prazer que vem de aliviar tensões anais. Dependendo do método específico de treinamento para deixar as fraldas usado pela mãe e de seus sentimentos em relação à defecação, as conseqüências desse treinamento podem ter efeitos importantes sobre a formação de traços e valores específicos. Se a mãe for muito rígida e repressiva em seus métodos, a criança pode reter as fezes e ter prisão de ventre. Se esse modo de reação se generalizar para outras maneiras de se comportar, a criança vai desenvolver um caráter retentivo. Ela se tornará obstinada e avarenta. Ou sob a coerção de medidas repressivas, a criança pode expressar sua raiva, expelindo as fezes nos momentos mais inadequados. Esse é o protótipo de todos os tipos de traços expulsivos – crueldade, destrutividade desenfreada, ataques de raiva e desorganização desleixada, para mencionar apenas alguns. Por outro lado, se a mãe é o tipo de pessoa que apela para que a criança evacue e elogia-a extravagantemente quando ela o faz, a criança vai adquirir a noção de que toda a atividade de produzir fezes é extremamente importante. Essa idéia pode ser a base para a criatividade e a produtividade. Inúmeros outros traços de caráter têm raízes no estágio anal.

## O Estágio Fálico

Durante este estágio de desenvolvimento da personalidade, os sentimentos sexuais e agressivos associados ao funcionamento dos órgãos genitais ficam muito claros. Os prazeres da masturbação e a vida de fantasia que acompanham a atividade auto-erótica montam o cenário para o aparecimento do *complexo*

*de Édipo*. Freud considerava a identificação do complexo de Édipo como uma de suas grandes descobertas. O complexo de Édipo recebeu o nome do rei de Tebas que matou o pai e casou com a mãe.

Definindo brevemente: o complexo de Édipo consiste em uma catexia sexual no progenitor do sexo oposto e em uma catexia hostil no progenitor do mesmo sexo. O menino quer possuir a mãe e afastar o pai; a menina quer possuir o pai e afastar a mãe. Esses sentimentos se expressam nas fantasias da criança durante a masturbação e na alteração dos atos de amor e rebelião em relação aos pais. O comportamento da criança de três a cinco anos é marcado em grande extensão pela operação do complexo de Édipo, e embora seja modificado e sofra repressão depois dos cinco anos, ele permanece sendo uma força vital na personalidade por toda a vida. As atitudes em relação ao sexo oposto e em relação a pessoas de autoridade, por exemplo, são grandemente condicionadas pelo complexo de Édipo.

A história e o destino do complexo de Édipo diferem para homens e mulheres. A princípio, ambos os sexos amam a mãe porque ela satisfaz suas necessidades e ressentem-se do pai porque o consideram um rival pelas afeições da mãe. Esses sentimentos persistem no menino, mas mudam na menina. Vamos considerar primeiro a seqüência de eventos que caracteriza o desenvolvimento do complexo de Édipo masculino.

O desejo incestuoso do menino pela mãe e seu crescente ressentimento em relação ao pai fazem-no entrar em conflito com os pais, especialmente com o pai. Ele imagina que seu rival dominador vai machucá-lo, e seus medos podem realmente ser confirmados pelas ameaças de um pai rancoroso e punitivo. Seus medos relativos ao que o pai pode fazer com ele centram-se em ataques a seus órgãos genitais, pois eles são a fonte de seus sentimentos de desejo. Ele tem medo de que o pai ciumento remova os órgãos ofensores. O medo da castração ou, como Freud chamou, a *ansiedade de castração* induz à repressão do desejo sexual pela mãe e da hostilidade em relação ao pai. A repressão também ajuda o menino a se identificar com o pai. Ao identificar-se com o pai, o menino também obtém certa satisfação vicária de seus impulsos sexuais dirigidos à mãe. Ao mesmo tempo, seu sentimento erótico perigoso pela mãe é convertido em uma afeição terna e inofensiva por ela. Por último, a repressão do complexo de Édipo faz com que o superego sofra seu desenvolvimento final. Nas palavras de Freud, o superego é o herdeiro do complexo de Édipo masculino. Ele é a proteção contra o incesto e a agressão.

A seqüência de eventos no desenvolvimento e na dissolução do complexo de Édipo feminino é mais complicada. Em primeiro lugar, a menina troca seu objeto de amor original, a mãe, por um novo objeto, o pai. Isso ocorre porque ela fica desapontada ao descobrir que o menino possui um órgão sexual protuberante, o pênis, enquanto ela tem somente uma cavidade. Dessa descoberta traumática, decorrem várias conseqüências importantes. Primeiro, ela vê a mãe como responsável por sua condição castrada, o que enfraquece sua catexia na mãe. Segundo, ela transfere seu amor para o pai porque ele tem o órgão valorizado que ela aspira compartilhar com ele. Entretanto, seu amor pelo pai e por outros homens está também misturado a um sentimento de inveja, pois eles possuem uma coisa que ela não tem. A *inveja do pênis* é o equivalente feminino da ansiedade de castração no menino, e as duas ansiedades são chamadas de *complexo de castração*. Ela imagina que perdeu algo valioso, enquanto o menino tem medo de perder. Em certa extensão, a falta de um pênis é compensada quando a mulher tem um bebê, especialmente se o bebê for do sexo masculino.

Na menina, o complexo de castração inicia o complexo de Édipo ao enfraquecer sua catexia na mãe e instituir uma catexia no pai. O complexo de Édipo do menino é reprimido ou de outra forma modificado pela ansiedade de castração. Em contraste, o complexo de Édipo da menina tende a persistir, embora sofra alguma modificação devido às barreiras realistas que a impedem de gratificar seu desejo sexual pelo pai. Mas ele não é fortemente reprimido, como no menino. Essas diferenças na natureza dos complexos de Édipo e de castração são as bases para muitas diferenças psicológicas entre os sexos.

A proposta de Freud da inveja do pênis foi amplamente atacada, e nós examinaremos várias rejeições nos capítulos seguintes. Entre as reações contra Freud, destaca-se a afirmação de que ele confundiu expectativas culturais com necessidades biológicas. Afinal de contas, Freud escreveu que "a distinção anatômica (entre os sexos) tem de se expressar em conseqüências psíquicas" (1933, p. 124). Entretanto, para fazer justiça a Freud, devemos observar que ele considerava as diferenças sexuais como "supradeterminadas" (i. e., como o produto de várias forças diferentes). No mesmo texto em que aparece a citação anterior, Freud escreveu o seguinte:

> "Mas nós devemos ter o cuidado de não subestimar a influência dos costumes sociais, que igualmente forçam as mulheres a situações passivas ... Vocês podem tomar como um exemplo de injustiça masculina se eu afirmar que a inveja e o ciúme desempenham um papel ainda maior na vida mental da mulher do que na do homem. Não é que eu pense que essas características estejam ausentes nos homens ou que eu ache que elas não tenham outras raízes nas mulheres além da inveja do pênis; mas eu estou inclinado a atribuir sua maior quantidade nas mulheres a esta última influência ... Nós não pretendemos que essas afirmações tenham mais do que uma validade média; também nem sempre é fácil distinguir o que deve ser atribuído à influência da função sexual e o que deve ser atribuído à influência da educação social ... Os determinantes da escolha objetal da mulher muitas vezes são tornados irreconhecíveis pelas condições sociais ... Mas não esqueçam que eu só estou descrevendo as mulheres uma vez que sua natureza é determinada por sua função sexual. É verdade que essa influência vai muito longe; mas nós não ignoramos o fato de que uma mulher pode ser um ser humano em outros aspectos, também." (1933, p. 116-135)

Apesar desses cuidadosos qualificativos, está claro que a conclusão de Freud de que a menina tem três possíveis linhas de desenvolvimento – a inibição sexual ou a neurose, um complexo de masculinidade, ou a "feminilidade normal" (i. e., narcisismo, vaidade, vergonha ou modéstia, pouco senso de justiça, interesse social mais tênue, e menor capacidade de sublimar os instintos) – não soa, como ele próprio colocou, muito "amigável"!

Freud supunha que cada pessoa é inerentemente bissexual: cada sexo é atraído para membros do mesmo sexo, assim como para membros do sexo oposto. Essa é a base constitucional da homossexualidade, embora, na maioria das pessoas, os impulsos homossexuais permaneçam latentes. Tal condição de bissexualidade complica o complexo de Édipo ao induzir catexias sexuais no progenitor do mesmo sexo. Conseqüentemente, os sentimentos do menino pelo pai e os sentimentos da menina pela mãe teriam um caráter ambivalente, ao invés de univalente. A suposição da bissexualidade foi apoiada por investigações das glândulas endócrinas, que mostram que hormônios sexuais masculinos e femininos estão presentes em ambos os sexos.

A emergência e o desenvolvimento dos complexos de Édipo e de castração são eventos principais do período fálico e deixam um grande número de depósitos na personalidade.

### O Estágio Genital

As catexias dos períodos pré-genitais têm um caráter narcísico. Isso significa que o indivíduo obtém gratificação a partir da estimulação e da manipulação do próprio corpo, e que as outras pessoas só são catexizadas porque proporcionam formas adicionais de prazer corporal para a criança. Durante a adolescência, parte desse auto-amor, ou narcisismo, é canalizada para escolhas objetais genuínas. O adolescente começa a amar os outros por motivos altruístas e não simplesmente devido a razões egoístas ou narcísicas. Atração sexual, socialização, atividades grupais, planejamento vocacional e preparação para casar e criar uma família, tudo isso começa a se manifestar. Pelo final da adolescência, essas catexias altruístas, socializadas, tornam-se bem estabilizadas devido aos habituais deslocamentos, sublimações e identificações. A pessoa se transforma, de um bebê narcisista que busca o prazer, em um adulto socializado e orientado para a realidade. Entretanto, não devemos pensar que os impulsos pré-genitais são deslocados pelos genitais. O que acontece é que as catexias dos estágios oral, anal e fálico se fundem com os impulsos genitais. A principal função biológica do estágio genital é a reprodução; os aspectos psicológicos ajudam na obtenção desse fim ao oferecer certa medida de estabilidade e segurança.

Apesar do fato de Freud diferenciar quatro estágios no desenvolvimento da personalidade, ele não supôs rompimentos bruscos ou transições abruptas na passagem de um estágio para outro. A organização final da personalidade representa contribuições dos quatro estágios.

## PESQUISA CARACTERÍSTICA E MÉTODOS DE PESQUISA

Os dados empíricos sobre os quais Freud baseou suas teorias consistiam principalmente nas verbalizações e no comportamento expressivo de pacientes sob tratamento psicológico. Embora Freud conhecesse os métodos exatos da ciência do século XIX e tivesse estabelecido uma reputação substancial como investigador médico antes de mudar sua atenção para a psicologia, ele não empregou técnicas experimentais ou observacionais controladas em suas investigações da mente humana. Ele não fez parte do movimento da psicologia experimental iniciado por Fechner em 1860 e transformado em uma ciência por Wundt nas duas décadas seguintes. Conhecia esse movimento e a filosofia de Fechner o influenciou, mas Freud não foi um psicólogo experimental. Ele não realizou experimentos psicológicos controlados, nem coletou dados e analisou-os quantitativamente como outros psicólogos do século XIX estavam fazendo. Procuramos em vão por uma tabela ou gráfico em seus extensos textos. Freud também nunca empregou um teste diagnóstico, ou qualquer outro tipo de avaliação objetiva da personalidade. Suas teorias germinaram enquanto ele ouvia os fatos e as fantasias verbalizados por personalidades perturbadas.

Uma anedota do final da vida de Freud ilustra essa posição a respeito da validação experimental de suas proposições. Em 1934, Saul Rosenzweig enviou a Freud os resultados de alguns experimentos que pareciam apoiar a teoria psicanalítica da repressão (Rosenweig, 1933). Freud replicou "polidamente, mas um tanto sumariamente, que, embora achasse a investigação interessante, via nela pouco valor, 'porque a riqueza de observações confiáveis' sobre as quais se baseia a psicanálise 'torna-as independentes da verificação experimental. *Entretanto, mal ela não faz*'" (Gay, 1988, p. 523, itálicos acrescentados). Gay acrescenta que Freud ocasionalmente citava apoios experimentais para a sua posição, mas de modo geral acreditava que suas horas analíticas ofereciam "provas suficientes de suas idéias". Gay conclui que esta posição "foi no mínimo um erro tático". Muitos críticos alegam que tal atitude representa muito mais do que um erro tático; na verdade, ela é anticientífica e impede que a posição de Freud seja aceita no panteão das teorias científicas.

No entanto, seria um sério erro dizer que as verbalizações das pessoas em tratamento foram os únicos ingredientes usados por Freud para criar suas teorias. Tão importante quanto esses dados brutos certamente foi a atitude rigorosamente crítica com que Freud analisou as associações livres de seus pacientes. Hoje nós diríamos que ele analisou esse material bruto pelo método da consistência interna. As inferências feitas a partir de uma parte do material eram comparadas com evidências que apareciam em outras partes, de modo que as conclusões finais sobre o caso se baseavam em uma rede entrelaçada de fatos e de inferências. Freud procedia em seu trabalho como um detetive, reunindo evidências, ou um advogado apresentando um caso para o júri. Tudo tinha de encaixar-se coerentemente antes de Freud achar que tinha encontrado a interpretação correta. Devemos lembrar, além disso, que o material produzido por um caso atendido cinco horas por semana, durante dois ou três anos, tinha imensas proporções, e que Freud tinha amplas oportunidades de verificar e reverificar suas posições antes de decidir sobre a interpretação final. Em contraste, o sujeito dos experimentos psicológicos típicos realizados sob condições controladas é observado ou testado por apenas uma ou duas horas, em média. Certamente, duas das contribuições mais importantes de Freud para a estratégia de pesquisa foram o estudo intensivo do caso único e o uso do método da consistência interna para testar hipóteses.

Inúmeras vezes Freud foi obrigado a revisar suas teorias, porque novas descobertas não podiam ser explicadas adequadamente por suas teorias correntes. Ele ficava relutante em abandonar uma posição sistemática depois de tê-la formulado, mas a história da teoria psicanalítica da personalidade, de seu começo na década de 1890 ao final da década de 1920, demonstra muito conclusivamente que as visões de Freud eram finalmente determinadas pelo peso da evidência *conforme ele a via*. Embora seus associados próximos possam ter tido certa influência em suas idéias, parece razoavelmente claro que o teste supremo da validade de suas teorias era sua autocrítica e sua disposição de ser guiado por novas evidências. A onda de ataques indignados à psicanálise, que começou assim que Freud enunciou sua teoria da etiologia sexual da histeria e que continuou pelo resto de sua

vida, não influenciou seu pensamento. Poucas vezes em sua vida ele respondeu aos seus críticos. Nem a falta de apoio de seus colegas mais próximos fez com que Freud alterasse suas teorias. Ele parecia ser dotado de uma imensa autonomia intelectual, o que sem dúvida é um dos pré-requisitos da grandeza.

## O Credo Científico de Freud

As idéias de Freud sobre como o cientista deve trabalhar para desenvolver uma ciência foram apresentadas sucintamente em um de seus raros pronunciamentos sobre esse tópico. Ele escreve:

"Nós ouvimos freqüentemente a afirmação de que as ciências deveriam ser fundamentadas em conceitos básicos claros e nitidamente definidos. Na verdade, nenhuma ciência, nem mesmo a mais exata, começa com tais definições. O verdadeiro início da atividade científica consiste mais exatamente em descrever fenômenos e depois prosseguir para agrupá-los, classificá-los e correlacioná-los. Mesmo no estágio da descrição não é possível evitar aplicar certas idéias abstratas ao material sob exame, idéias derivadas de algum lugar mas que certamente não derivam das novas observações sozinhas. Tais idéias – que mais tarde se tornarão os conceitos básicos da ciência – são ainda mais indispensáveis à medida que o material vai sendo trabalhado. Elas a princípio necessariamente possuem certo grau de indefinição; não pode haver nenhuma clara delimitação de seu conteúdo. À medida que elas permanecem nessa condição, chegamos a um entendimento de seu significado, fazendo repetidas referências ao material de observação do qual elas parecem ter sido derivadas, mas ao qual, de fato, elas foram impostas. Assim, estritamente falando, elas têm o caráter de convenções – embora tudo dependa de não serem arbitrariamente escolhidas e sim determinadas por suas relações significativas com o material empírico, com as relações que parecemos sentir antes de podermos reconhecer e demonstrar claramente. É só depois de uma investigação mais completa do campo da observação que seremos capazes de formular seus conceitos científicos básicos com crescente precisão, e progressivamente modificá-los para que se tornem úteis e consistentes em uma grande área. Então, realmente, pode ter chegado o momento de confiná-los em definições. O avanço do conhecimento, entretanto, não tolera qualquer rigidez, mesmo em definições. A física fornece uma excelente ilustração da maneira pela qual até os 'conceitos básicos' que foram estabelecidos na forma de definições têm seu conteúdo constantemente alterado." (1915, p. 117)

Portanto, Freud preferia o tipo mais aberto e informal de construção de teoria indutiva, que permanece razoavelmente próximo dos apoios empíricos sobre os quais se baseia, ao invés do tipo de teoria dedutiva mais formal que começa com conceitos nitidamente definidos e postulados e corolários cuidadosamente enunciados, dos quais as hipóteses testáveis são derivadas e, subseqüentemente, testadas. Além disso, como mostra essa citação, Freud estava inteiramente consciente da importância da "mente preparada" do cientista para poder fazer o melhor uso dos dados empíricos. Essas "idéias abstratas" poderiam vir de várias fontes; no caso de Freud, vinham de amplas leituras dos clássicos e de outras literaturas, de seu passatempo de arqueologia, de suas observações como pai de seis filhos, de experiências cotidianas de todo tipo e, acima de tudo, talvez, de seu hábito vitalício de auto-análise.

Existe certo debate sobre se Freud defendia o reducionismo e o determinismo biológicos. Sulloway (1979) argumentou que a teoria de Freud foi uma continuação do trabalho revolucionário de Charles Darwin sobre a evolução e seleção naturais. Sulloway chamou Freud de um "criptobiólogo" cujas teorias psicanalíticas estavam enraizadas em suposições e abordagens biológicas. Dessa perspectiva, o trabalho de Freud baseava-se na evolução, e o próprio Freud é mais bem-compreendido por meio da expressão que se tornou o título do livro de Sulloway, "O Biólogo da Mente". Na opinião de Sulloway, grande parte dessa influência foi exercida pela associação de Freud com Wilhelm Fliess e sua biologia sexual. Na verdade, Sulloway argumentou que a psicanálise era, em grande parte, uma transformação das idéias fliessianas. Os conhecimentos de Sulloway são impressionantes, mas sua reconstrução intelectual de Freud foi convincentemente contestada por Robinson (1993).

Parisi (1987, 1988; ver também Silverstein, 1985, 1988, 1989) igualmente contesta a concepção de Freud como um reducionista e determinista biológico. Parisi argumentou que Freud fracassou em sua tentativa, mais notavelmente no *Projeto para uma psicologia científica*, de construir uma teoria da mente baseada na ciência natural. Mas Freud estava "ricamente enganado", e seu fracasso nos ajudou a compreender as "limitações conceituais" da teorização sobre o comportamento humano que ele próprio passou a reconhecer. Parisi escreve:

"A neurociência contemporânea tende a supor que as explicações da vida psicológica, para que tenham mérito, têm de ser consistentes com a neurofisiologia. Freud concluiu exatamente o oposto: para que tenhamos uma ciência natural da psicologia, ela tem de ser consistente com a experiência . . . Ele sabia o que a ciência natural deve ser..., mas também estava agudamente consciente da natureza dos fenômenos que lhe interessavam . . . Freud chegou à conclusão de que não é possível reduzir esses fenômenos às suas raízes biológicas . . . os fenômenos psicológicos são irredutíveis a fenômenos biológicos." (1987, p. 237)

Freud argumentava que as *"idéias são causais"* e os *"sintomas se reduzem a idéias"* (Parisi, 1987, p. 238). De maneira semelhante, segundo Parisi, Freud rejeitava a teoria darwiniana conforme a entendia, porque não acreditava que a biologia oferecesse o nível primário de explicação; na verdade, nem a biologia nem a psicologia são primárias. Esse é um argumento um tanto desorientador. Em essência, Parisi concluiu que Freud resistiu à tentação de reduzir sua teoria de mente à neurologia ou à seleção natural porque essa redução distorceria o fenômeno da vida mental. Parisi acredita que lucraríamos seguindo a orientação de Freud.

Vamos examinar agora algumas das técnicas empregadas por Freud para coletar dados. Elas foram usadas, evidentemente, na situação terapêutica, pois era nela que Freud coletava seus dados.

## Associação Livre e Análise de Sonhos

Após uma breve tentativa com o método da hipnose (1887-1889), que estava muito em voga na época, especialmente na França, Freud ficou sabendo de um novo método que fora usado com sucesso por seu amigo e colega Dr. Joseph Breuer no tratamento de um caso de histeria. Esse método, que Breuer chamava de catarse ou "cura pela fala", consistia em o paciente relatar os detalhes do aparecimento de cada um dos sintomas, depois do que os sintomas desapareciam. A partir desse método, Freud gradualmente desenvolveu seu método inigualável da associação livre. Ernest Jones chamou tal desenvolvimento de "uma das duas grandes façanhas da vida científica de Freud", a outra sendo a sua auto-análise.

Em essência, o método da associação livre requer que o paciente diga tudo o que lhe vem à consciência, por mais ridículo ou inadequado que possa soar. Diferentemente do método catártico, o método da associação livre não pára na origem dos sintomas. Ele permite, na verdade exige, que os pacientes falem sobre qualquer coisa que lhes ocorrer, sem restrições e sem qualquer tentativa de produzir um discurso lógico, organizado e significativo. O papel do terapeuta é, em grande extensão, um papel passivo. O terapeuta fica sentado, escutando, ocasionalmente estimula quando o fluxo verbal do paciente se esgota, mas não interrompe quando o paciente está falando. A fim de reduzir ao máximo a influência de distrações externas, o paciente normalmente fica deitado em um divã, em uma sala tranqüila.

Freud observou que, quando prevaleciam essas condições, o paciente eventualmente começava a falar sobre as memórias de suas experiências infantis iniciais. Tais memórias proporcionaram a Freud seu primeiro *insight* real sobre a formação da estrutura da personalidade e seu desenvolvimento subseqüente. Esse método de reconstruir o passado a partir de verbalizações atuais pode ser comparado com o método desenvolvimental de observar o desenvolvimento da personalidade do período de bebê à idade adulta.

Talvez o *insight* mais original de Freud sobre os vôos indisciplinados das verbalizações de seus pacientes tenha sido que cada declaração estava associada de alguma maneira significativa e dinâmica à declaração precedente, de modo que da primeira à última havia uma cadeia contínua de associações. Tudo o que o paciente dizia se relacionava, sem exceção, ao que fora dito previamente. Podia haver numerosos circunlóquios e bloqueios verbais, mas eventualmente a história da mente da pessoa e sua presente organização

seriam divulgadas para o ouvinte que seguisse a cadeia de associações por meio do labirinto verbal.

A análise dos sonhos não é um método separado do método da associação livre; ele é uma conseqüência natural da instrução dada ao paciente para que fale sobre tudo o que lhe vier à mente. Os primeiros pacientes de Freud lembravam os sonhos espontaneamente e prosseguiam para associar livremente sobre eles. Freud logo percebeu que esses sonhos relatados e as associações livres concomitantes eram fontes de informação especialmente ricas sobre a dinâmica da personalidade humana. Em resultado desse *insight*, que testou com os próprios sonhos, Freud formulou a famosa teoria de que o sonho é uma expressão do funcionamento e dos conteúdos mais primitivos da mente humana (1900). O processo primitivo que cria o sonho foi chamado por Freud de processo primário. Como vimos, o processo primário tenta realizar um desejo ou descarregar uma tensão ao induzir uma imagem do objetivo desejado. Uma vez que as defesas não estão tão vigilantes durante o sono, é mais fácil negociar uma expressão de compromisso de um desejo inconsciente. Esse compromisso assume a forma de um sonho. Os sonhos, portanto, têm duas funções. Primeiro, eles servem como os "guardiães do sono" para o sonhador, ao distinguir os desejos cujo conteúdo traumático de outra forma o faria acordar. Segundo, eles oferecem ao analista a "via régia para o inconsciente". A missão do analista é reverter os processos de trabalho onírico e a formação de símbolo que transformaram o "conteúdo latente" subjacente no "conteúdo manifesto" superficial experienciado pelo sonhador. A interpretação dos símbolos é o mais conhecido desses dois instrumentos, talvez devido à natureza sexual de muitos dos símbolos comuns. Por exemplo, Freud escreveu:

"Todos os objetos alongados, como bastões, troncos de árvores e guarda-chuvas . . . podem representar o órgão masculino . . . Caixas, estojos, baús, armários e fornos representam o útero, assim como objetos ocos, navios e naves de qualquer tipo. As salas, nos sonhos, geralmente são mulheres . . . Nos sonhos dos homens as gravatas freqüentemente aparecem como símbolo do pênis . . . Um símbolo muito recente do órgão masculino nos sonhos merece ser mencionado: o avião, cujo uso neste sentido é justificado por sua conexão com voar e às vezes por sua forma." (1900, p. 354-357)

Freud, entretanto, deixou clara a relativa importância dessas duas técnicas:

"Eu gostaria de emitir uma advertência expressa sobre superestimar a importância dos símbolos na interpretação dos sonhos, sobre restringir o trabalho de traduzir os sonhos meramente a traduzir símbolos, e sobre abandonar a técnica de fazer uso das associações do sonhador. As duas técnicas de interpretação dos sonhos devem ser complementares; mas tanto na prática quanto na teoria o primeiro lugar continua cabendo . . . aos comentários feitos pelo sonhador." (1900, p. 359-360)

Ao fazer seus pacientes associarem livremente sobre os sonhos, Freud conseguiu penetrar nas regiões mais inacessíveis da mente humana e descobrir os fundamentos da personalidade.

## Estudos de Caso de Freud

A vasta quantidade de material bruto a partir da qual Freud criou sua teoria da personalidade nunca será conhecida. As poucas histórias de caso que Freud escolheu publicar representam apenas uma fração infinitesimal dos casos tratados por ele. A ética profissional impediu-o parcialmente de apresentar seus casos ao mundo, pois sempre havia o risco de o público curioso descobrir a identidade de seus pacientes.

Além das histórias de caso que aparecem em *Estudos Sobre a Histeria* (1895), que escreveu em colaboração com Breuer antes que a teoria psicanalítica assumisse uma forma definida em sua mente, Freud publicou apenas seis relatos de caso. Um deles, o chamado Caso Schreber (1911), não foi paciente de Freud. Freud baseou sua análise em um relato autobiográfico de um caso de paranóia, escrito pelo Juiz Daniel Schreber. Um outro estudo de caso referia-se a uma fobia em um menino de cinco anos de idade, o Pequeno Hans (1909a), que foi tratado pelo pai, um médico, sob a orientação e as instruções de Freud. Nos outros quatro casos, Freud foi o terapeuta. Eles são conhecidos como "Dora" (1905b), o "Homem dos Ratos" (1909b), o "Homem dos Lobos" (1918) e um caso de homossexualidade feminina (1920b). Cada um desses casos foi apresentado para destacar os aspectos importantes de um ou mais dos conceitos teóricos de Freud.

Dora foi publicado, disse Freud, para mostrar como a análise dos sonhos nos permite descobrir as partes escondidas e reprimidas da mente humana e para demonstrar que os sintomas histéricos são motivados pelo impulso sexual. Após um relato bastante longo dos fatores históricos e do quadro clínico atual, Freud apresenta uma análise detalhada de dois dos sonhos de Dora. Grande parte do material consiste no relato exato das associações livres de Dora e das interpretações de Freud, e apresenta um quadro notavelmente lúcido da maneira exata de interpretar os sonhos. Nessa história de caso, como nas outras, nós vemos como Freud tecia a urdidura desenhada da personalidade a partir dos fios verbais emaranhados de uma pessoa sofredora, e percebemos seu talento incomum para enxergar relações entre verbalizações amplamente discrepantes. Operando a partir da suposição de que tudo o que a pessoa diz ou faz é significativo e encaixa-se no quadro total da organização da personalidade, Freud era um observador vigilante; a declaração ou o ato mais comum era minuciosamente esquadrinhado em busca de um significado mais profundo.

Freud não considerava seu talento para a observação como incomum, de nenhuma maneira, como indica a seguinte citação:

"Quando estabeleci para mim a tarefa de trazer à luz o que os seres humanos mantêm escondido dentro de si mesmos, não pelo poder compelidor da hipnose, mas ao observar o que eles dizem e o que eles mostram, pensei que a tarefa era mais difícil do que realmente é. Aquele que tem olhos para ver e ouvidos para escutar pode convencer-se de que nenhum mortal é capaz de manter um segredo. Se seus lábios estão selados, ele conversa com as pontas dos dedos; ele se trai em cada poro. E, assim, a tarefa de tornar consciente os recessos mais escondidos da mente é uma tarefa muito possível de realizar." (1905b, p. 77-78)

A notável capacidade de Freud de fazer inferências de grande importância a partir do comportamento comum é claramente observada naquele que provavelmente é um de seus textos mais populares, *A Psicopatologia da Vida Cotidiana* (1901). Esse livro está repleto de exemplos da importância dinâmica de simples lapsos da fala, erros de memória, acidentes e vários tipos de equívocos.

A teoria de Freud da sexualidade infantil foi formulada com base em memórias adultas. O caso do Pequeno Hans deu a Freud a primeira oportunidade de verificar a teoria, usando observações sobre uma criança pequena. Hans temia que um cavalo o mordesse se ele se aventurasse na rua. A partir de anotações cuidadosas mantidas pelo pai do menino, muitas das quais são apresentadas textualmente no relato publicado, Freud conseguiu mostrar que essa fobia era uma expressão de dois dos mais importantes complexos da infância inicial: o complexo de Édipo e o complexo de castração. O caso do Pequeno Hans exemplifica e corrobora a teoria da sexualidade infantil proposta por Freud em 1905. (Ver Brown, 1965, para uma reinterpretação persuasiva do caso do Pequeno Hans de um ponto de vista de condicionamento.)

No caso do Homem dos Ratos, que sofria da revoltante obsessão de que sua namorada e seu pai seriam castigados, tendo uma quantidade significativa de roedores vorazes amarrados às suas nádegas, Freud juntou a dinâmica envolvida e as conexões de pensamento de um neurótico obsessivo. Embora a apresentação seja apenas fragmentária, esse caso ilustra claramente como Freud resolveu as aparentes contradições, distorções e os absurdos nas divagações desconexas de uma personalidade doente e transformou-as em um padrão logicamente coerente. Ao relatar esse caso, Freud nos diz que ele se baseia em notas feitas na noite do dia do tratamento e não em notas feitas durante a sessão analítica. Freud se opunha à tomada de notas por parte do terapeuta durante o período de tratamento porque sentia que a retirada da atenção do terapeuta iria interferir no progresso da terapia. Ele acreditava, de toda maneira, que o terapeuta se lembraria do material importante e esqueceria os detalhes triviais.

A análise de Freud do caso Schreber baseia-se no relato do próprio Schreber de sua paranóia. Freud justificou o uso desse livro autobiográfico, dizendo que a paranóia é um tipo de transtorno em que a história de caso escrita é tão satisfatória quanto um conhecimento pessoal do caso. O sintoma característico da paranóia é o sistema delirante e tortuoso construído pelo paciente. Os delírios de Schreber consistiam em pensar que ele era o Redentor e que estava sendo transformado em uma mulher. Em uma análise intrincada desses dois delírios, Freud mostrou que eles estavam relacionados e que a força motriz de ambos, assim como dos outros aspectos do caso, era a homossexualidade latente. Nesse estudo de caso, Freud apresentou sua famosa hipótese do relacionamento causal entre a homossexualidade e a paranóia. O pendor de Freud para derivar uma generalização de imensa importância a partir de um rol de fatos específicos é maravilhosamente retratado no caso de Schreber.

O Homem dos Lobos é um relato de uma neurose infantil que aflorou durante a análise de um jovem e estava relacionada dinamicamente à presente condição do paciente. Freud observou que a análise de uma experiência ocorrida há cerca de quinze anos antes tinha vantagens, assim como desvantagens, quando comparada à análise de um evento logo depois de ele ocorrer. A principal desvantagem é a não-confiabilidade da memória relativa àquela experiência. Por outro lado, se tentamos analisar crianças muito jovens, há a desvantagem de elas não saberem se expressar verbalmente. O Homem dos Lobos é o equivalente adulto do Pequeno Hans, e ambas as abordagens, a reconstrutiva e a genética, revelaram-se fontes valiosas de evidência empírica para as teorias da psicanálise. O principal aspecto dessa história de caso é uma longa análise de um sonho com lobos que o paciente lembrava de sua infância inicial, e que foi interpretado como sendo causado pela reação da criança à *cena primária*, o termo usado por Freud para quando a criança observa ou fantasia os pais tendo relações sexuais. (Para uma discussão desse caso ver Gardner, 1971).

O último caso relatado por Freud foi um que ele teve de interromper porque a resistência da paciente a desistir de sua homossexualidade foi tão forte que nenhum progresso pôde ser feito. No entanto, como mostra a história de caso publicada, Freud conseguiu chegar a um completo entendimento da origem e do desenvolvimento da homossexualidade. A homossexualidade, em ambos os sexos, deve-se a dois fatores principais: uma bissexualidade inerente a todas as coisas vivas e a uma inversão do complexo de Édipo. Ao invés de amar o pai e identificar-se com a mãe, essa mulher identificou-se com o pai e catexizou a mãe. No caso da homossexualidade masculina, haveria uma identificação com a mãe e um amor pelo pai. Esse caso também contém algumas das idéias de Freud sobre o suicídio, já que a razão para essa mulher procurar Freud, em primeiro lugar, foi uma tentativa de autodestruição.

É impossível dizer com certeza que essas histórias de caso específicas que Freud decidiu tornar públicas foram as fontes empíricas reais das teorias que elas exemplificam, ou se elas foram meramente exemplos convenientes e claros das formulações teóricas que já tinham tomado forma na mente de Freud. Realmente não faz muita diferença se o caso Schreber, por exemplo, foi *o* caso que revelou a Freud a dinâmica da paranóia, ou se ele fez a descoberta fundamental com base em casos anteriores e apenas a aplicou a esse caso específico. De qualquer forma, o tipo de material coletado por Freud, as técnicas empregadas por ele e a maneira pela qual ele pensava são revelados nesses seis estudos de caso. Qualquer pessoa que deseje conhecer o material bruto com o qual Freud trabalhava deveria lê-los.

Não devemos confundir tais histórias de caso com a aplicação da teoria psicanalítica para um melhor entendimento da literatura e das artes, ou para propósitos de crítica social. Freud não aprendeu sobre sublimação a partir de seu estudo sobre a vida de Leonardo da Vinci, e não descobriu o complexo de Édipo lendo Sófocles, Shakespeare ou Dostoevsky. Nem ele compreendeu a irracionalidade básica do ser humano observando o comportamento humano religioso ou político. A interpretação de uma obra literária ou a análise de uma instituição social, usando-se os *insights* da teoria psicanalítica, podem ter ajudado a confirmar a utilidade dos *insights* e até a validar sua autenticidade e universalidade, mas as produções literárias e as instituições sociais em si não fizeram parte dos dados empíricos de Freud.

### Auto-Análise de Freud

O material "dragado" de seu próprio inconsciente constituiu uma fonte importante de dados empíricos para Freud. Conforme relatado por Ernest Jones (1953), Freud começou a auto-análise no verão de 1897 com a análise de um de seus sonhos. A partir desse autoescrutínio investigativo, Freud confirmou para sua própria satisfação a teoria dos sonhos e a teoria da sexualidade infantil. Ele encontrou em sua personalidade aqueles conflitos, contradições e irracionalidades que observara em seus pacientes, e sua experiência, talvez mais do que qualquer outra, convenceu-o da correção essencial de suas idéias. De fato, Freud relutava em aceitar a validade de qualquer hipótese antes de testá-la em si próprio. Freud continuou sua auto-análise por toda a vida, reservando a última meia hora de cada dia para essa atividade.

## PESQUISA ATUAL

Não há dúvida nenhuma de que a teoria psicanalítica de Freud tem um enorme valor intelectual e impacto heurístico. Mas não está claro se a teoria existe em uma forma que permita a predição e a testagem experimental. Conflito, defesa, sexualidade, agressão e "a psicopatologia da vida cotidiana" são temas que parecem relevantes para a nossa vida. Mas será que esse senso de relevância pode ser validado por alguma corroboração experimental? Será que as forças e as contraforças que por definição existem fora da consciência estão sujeitas à mensuração, e será que os motivos e os relacionamentos que existem em um estado de esquecimento motivado estão sujeitos à regra da desconfirmabilidade? Em resumo, em que extensão a teoria freudiana é testável?

Grunbaum (1984, 1986, 1993) argumentou que algumas das hipóteses de Freud são, de fato, falsificáveis, mas que os dados clínicos não são válidos como evidência científica em testes dessas hipóteses. Em conseqüência, existem poucas evidências apoiando as hipóteses psicanalíticas. Westen (1990), entretanto, observa que Grunbaum "subestima consideravelmente" as evidências experimentais que apóiam as proposições psicanalíticas (ver Robinson, 1993, e Sachs, 1989, para amplas refutações de Grunbaum). Examinemos agora algumas das evidências experimentais.

Há muitos anos, de fato, existem tentativas de submeter hipóteses derivadas da teoria psicanalítica à testagem de laboratório. Nós já referimos o trabalho de Rosenzweig, por exemplo. A pesquisa inicial foi revisada por Sears (1943, 1944), Hilgard (1952) e Blum (1953). Essas revisões, todavia, são principalmente de valor histórico, porque grande parte da pesquisa inicial foi realizada com metodologia inadequada e um entendimento insuficiente da teoria psicanalítica (Horwitz, 1963). Kline (1972) concluiu que "uma parte grande demais do que é distintivamente freudiano foi confirmada para ser possível a rejeição de toda a teoria psicanalítica" (p. 350). Hans Eysenck, um implacável inimigo da psicanálise, em colaboração com Glenn Wilson, reexaminou os dados sobre os quais Kline baseou sua conclusão e afirmou: "não existe absolutamente nenhuma evidência em favor da teoria psicanalítica" (1974, p. 385). Fisher e Greenberg (1977), ao contrário, acreditam que as evidências, geralmente falando, favorecem Freud. Uma revisão anual intitulada *Psychoanalysis and Contemporary Science*, editada por Holt e Peterfreund, tem circulado desde 1972.

Em vez de tentar revisar todos os testes experimentais das proposições psicanalíticas realizados nos últimos anos, nós examinaremos o programa de pesquisa que tem recebido a maior atenção.

## Ativação Psicodinâmica Subliminar

Lloyd Silverman (1966, 1976, 1982, 1983; Silverman, Lachman & Milich, 1982; Weinberger & Silverman, 1987) desenvolveu um programa de pesquisa para testar hipóteses derivadas da noção freudiana geral de que o comportamento anormal ou desviante pode ser intensificado ou atenuado quando os conflitos relativos a desejos inconscientes sexuais e agressivos são atiçados ou diminuídos, respectivamente. A dificuldade nessa pesquisa, evidentemente, é desenvolver um método para se ter acesso ao material conflitual em um nível inconsciente. Como veremos, Silverman desenvolveu um método para esse propósito, o qual ele chamou de ativação psicodinâmica subliminar. Antes de examinarmos a pesquisa em si, certos fundamentos são necessários.

Silverman (1976) começa chamando a atenção para a distinção entre proposições clínicas e metapsicológicas dentro da psicanálise. As "proposições clínicas" referem-se a declarações baseadas em dados empíricos tais como o comportamento dos pacientes durante a hora analítica. As proposições clínicas podem ser dinâmicas, referindo-se à motivação subjacente ao comportamento, ou genéticas, referindo-se às origens do comportamento em experiências iniciais. Como exemplo de uma proposição dinâmica, Silverman ofereceu a proposição psicanalítica de que muitas depressões envolvem um desejo inconsciente, conflitual e hostil em relação a alguém que desapontou a pessoa deprimida, quando a depressão resulta em voltar defensivamente a hostilidade contra o *self*. Da mesma forma, uma proposição genética é a que as pessoas que experienciaram a perda de um outro significativo tendem a responder com depressão a desapontamentos subseqüentes. Observem que as proposições clínicas baseiam-se exclusivamente na co-variância observada dos comportamentos. As "proposições metapsicológicas", em contraste, "*vão além dos dados empíricos*, ao relacionar desejos a 'instintos' ou 'pulsões instintuais', e ao tentar especificar em uma 'linguagem de energia' a maneira pela qual os motivos afetam o comportamento" (p. 622). Silverman argumentou que as proposições clínicas representam o núcleo da psicanálise, mas que a maioria dos críticos da teoria psicanalítica focaliza as proposições metapsicológicas. O programa de pesquisa de Silverman foi planejado para aplicar aqueles "controles investigatórios adequados" característicos do método experimental às proposições clínicas centrais da teoria psicanalítica.

O método de estimulação subliminar envolve mostrar a uma pessoa uma figura ou frase escrita tão rapidamente que ela não consegue reconhecer o que é. A breve exposição (0,004 segundos) é feita por um instrumento chamado taquistoscópio. Foi claramente demonstrado em várias investigações que, embora a pessoa não esteja consciente daquilo que foi apresentado taquistoscopicamente, o material mostrado pode afetar os sentimentos e o comportamento de maneiras demonstráveis.

Como exemplo da metodologia, nós descreveremos experimentos com pessoas deprimidas. Segundo a teoria psicanalítica, a depressão é produzida voltando-se os sentimentos agressivos inconscientes em relação aos outros contra o próprio *self*. Se essa hipótese estiver correta, uma pessoa deprimida deveria se sentir ainda mais deprimida quando os desejos agressivos inconscientes forem ativados. Para estimular esses desejos, é mostrada uma figura agressiva a pessoas deprimidas. Por exemplo, um homem rosnando e segurando uma adaga, e uma mensagem verbal do tipo CANIBAIS COMEM PESSOAS. Os estímulos foram mostrados aos sujeitos, como podemos lembrar, por apenas 0,004 segundos. Antes e depois da apresentação, o indivíduo faz uma auto-avaliação de seus sentimentos. Os mesmos sujeitos, em uma sessão diferente, foram expostos a uma figura neutra, por exemplo, uma pessoa lendo um jornal e uma mensagem verbal, por exemplo, AS PESSOAS ESTÃO CAMINHANDO, e foram solicitadas a fazer auto-avaliações antes e depois da apresentação. Silverman (1976) escreve: "A apresentação subliminar do conteúdo destinado a estimular desejos agressivos levou a uma intensificação de sentimentos depressivos que não estavam evidentes depois da apresentação subliminar do conteúdo neutro" (p. 627).

Para mostrar que o efeito do material foi específico para o conteúdo agressivo, como exige a teoria psicanalítica da depressão, e não poderia ter sido produzido por um tipo diferente de material emocional, o grupo de Silverman realizou o seguinte experimento. Em uma ocasião, pacientes deprimidos foram expostos subliminarmente a uma figura agressiva e, em outro momento, a uma figura de uma pessoa defecando. Esta última figura estimularia desejos anais conflituais, que segundo a teoria freudiana estão ligados à gagueira. Os deprimidos ficaram ainda mais deprimidos depois da apresentação da figura agressiva, mas não depois da apresentação da figura anal. O efeito oposto foi mostrado por um grupo de gagos. Eles gaguejaram mais depois de ver subliminarmente a figura anal, mas não a agressiva.

Silverman também demonstrou que os sintomas anormais podiam ser *reduzidos*, diminuindo-se os desejos conflituais. Nesses experimentos foram testados pacientes esquizofrênicos. Eles foram expostos taquistoscopicamente à mensagem impressa MAMÃE E EU SOMOS UM SÓ. Seus sintomas anormais foram reduzidos por essa mensagem subliminar e não por outras mensagens de controle. Por que a mensagem MAMÃE teve um efeito benéfico? Por três razões, diz Silverman. Primeiro, a unidade com a mãe afasta sentimentos hostis inconscientes em relação a ela. Segundo, a fantasia de unidade implica um suprimento ininterrupto de nutrição (maternagem) da mãe. E terceiro, a fantasia diminui a ansiedade de separação. Ao contrário, quando os esquizofrênicos foram expostos a mensagens que continham hostilidade em relação à mãe ou medo de perdê-la, seus sintomas anormais aumentaram.

O leitor pode-se perguntar o que aconteceria se as mensagens destinadas a ativar desejos inconscientes fossem mostradas em condições normais, isto é, em que os sujeitos pudessem facilmente reconhecer e compreender a mensagem. A resposta é que as mensagens conscientemente percebidas não tiveram nenhum efeito sobre os sintomas dos pacientes. Aparentemente, os desejos inconscientes só podem ser

atiçados por alguma coisa da qual a pessoa não tem consciência.

Os efeitos psicodinâmicos subliminares também foram demonstrados em amostras não-patológicas. Geisler (1986) expôs universitárias a estímulos destinados a intensificar o conflito edípico ("Amar o papai é errado"), a reduzir o conflito edípico ("Amar o papai é certo"), ou a ser neutros ("As pessoas estão caminhando"). Ela descobriu que os estímulos de intensificação do conflito realmente afetavam a memória para materiais neutros subseqüentemente apresentados (como opostos aos sexuais). Esse efeito só existia para aqueles sujeitos que eram propensos a conflito edípico e à repressão (ver Dauber, 1984, para um estudo semelhante com universitárias deprimidas). Em um estudo com universitários do sexo masculino, Silverman, Ross, Adler e Lustig (1978) apresentaram estímulos destinados a intensificar o conflito edípico ("Bater no papai é errado"), a reduzir o conflito edípico ("Bater no papai é certo") ou a ser neutros ("As pessoas estão caminhando"). Os escores dos sujeitos em arremesso de dardo foram medidos antes e depois da exposição taquistoscópica aos estímulos. Conforme predito, os dois estímulos experimentais tiveram efeitos fortes e opostos. O estímulo "errado" levou a uma queda nos escores de arremesso de dardo, mas o estímulo "certo" levou a um aumento nos escores. O efeito foi o mesmo quando os escores pós-estímulo foram comparados com os escores pré-estímulo nas mesmas condições ou com escores obtidos após a apresentação do estímulo neutro.

Os trabalhos subseqüentes de Silverman e de seus colegas (Silverman & Weinberger, 1985) centraram-se na potência do estímulo "Mamãe e eu somos um só" para produzir melhora terapêutica em vários contextos. Na verdade, Silverman sugeriu que esse estímulo simbiótico serve como um "agente terapêutico ubíquo" (Silverman, 1978).

Silverman incorporou vários controles experimentais ao seu programa de pesquisa. Por exemplo, os estudos freqüentemente eram replicados, e conduzidos de modo *duplo-cego* (i. e., nem o sujeito nem o experimentador sabiam em que condição estava o sujeito). A ordem de apresentação dos estímulos controle e experimentais era contrabalanceada, e era tomado cuidado para confirmar que os sujeitos não conseguiam relatar acuradamente os conteúdos dos estímulos aos quais eram expostos. Apesar desses controles, Balay e Shevrin (1988) fizeram várias objeções. Por exemplo, eles revisaram as questões psicofísicas e de mensuração feitas por examinadores anteriores. Além disso, eles sugeriram que a replicação real dos achados é rara no programa de pesquisa de Silverman, porque os pesquisadores empregam medidas ou medidas de resultado diferentes em diferentes estudos. Eles também salientaram que a mudança relatada em muitos dos estudos era um artefato estatístico. Isto é, a patologia na verdade não era reduzida nos sujeitos expostos a estímulos experimentais como "Mamãe e eu somos um só"; de fato, os sujeitos expostos a estímulos *neutros* como "As pessoas estão caminhando" *aumentavam* sua patologia. Isso produz a ilusão de apoio para o efeito predito do estímulo experimental, quando de fato o que se observa é um efeito negativo não-predito e contra-intuitivo do estímulo neutro. (Observem que esse não foi o caso no experimento de arremesso de dardo de Silverman e colaboradores (1978), em que os efeitos dos estímulos "errado" e "certo" foram na direção predita nos três estudos relatados.) Finalmente, Balay e Shevrin questionaram a interpretação dos achados de Silverman: O que as mensagens subliminares realmente fazem? Como elas ativam os resíduos inconscientes de conflitos infantis? Em resumo, Balay e Shevrin estavam preocupados com a "falta de uma base teórica e empírica sólida" no programa de pesquisa de Silverman (1988, p. 173; ver Weinberger [1989] para uma réplica, e Balay e Shevrin [1989] para uma refutação; ver também Holender [1986] para uma crítica geral do processamento inconsciente da informação).

Nesta, como na maioria das tentativas de oferecer apoio experimental para a psicanálise, todavia, as questões estão longe de estar claras. Com base em uma meta-análise de 64 estudos, Hardaway (1990, p. 190) descobriu "um efeito de tratamento moderado e confiável do estímulo MAMÃE E EU SOMOS UM SÓ que se generaliza por meio de laboratórios e de populações de sujeitos. As críticas, afirmando que há carência de estudos bem-planejados nessa literatura, são claramente o resultado de amostragem incompleta e tendenciosa". Apesar dessa controvérsia, a metodologia de ativação subliminar psicodinâmica de Silverman oferece os apoios experimentais mais convincentes para a teoria da psicanálise de Freud.

## Nova Visão 3

O estudo experimental da repressão tem uma longa história na psicologia (D'Zurilla, 1965; Rosenzweig & Mason, 1943; Zeller, 1950). Esse trabalho continua sendo feito, mas nos últimos anos grande parte dele centrou-se nos níveis de consciência e nos processos cognitivos em geral, em vez de proposições freudianas sobre a defesa motivada (Kihlstrom, 1990; Westen, 1990).

A pesquisa cognitiva começou na década de 40 com a "Nova Visão" na percepção (ver Bruner, 1973; Dixon, 1971), que investigou o impacto dos motivos, das defesas e das expectativas nos processos e resultados perceptuais. Esse trabalho permaneceu amplamente não-integrado ao restante da psicologia, apesar dos esforços de Erdelyi (1974) e outros, até Shevrin e Dickman (1980) argumentarem que o inconsciente é uma "suposição necessária" para virtualmente qualquer teoria ou pesquisa psicológica. O trabalho subseqüente sobre o inconsciente, embora claramente consistente com a tradição freudiana, evoluiu dentro do foco da psicologia cognitiva no processamento seletivo da informação, e a área de pesquisa passou a ser conhecida como o *inconsciente cognitivo*. Conforme Kihlstrom (1990, p. 447) coloca, "a pesquisa sobre a percepção subliminar, o esquecimento motivado e assim por diante oferece pouco apoio para a concepção freudiana de vida mental não-consciente, porque as proposições testadas raramente são exclusivas da teoria freudiana... por exemplo, que os conteúdos inconscientes são de natureza sexual e agressiva, e que os processos inconscientes são primitivos e irracionais". Nessa pesquisa cognitiva, o inconsciente é descrito em termos de estados emocionais sutis, "conhecimento procedural" sobre como as ações são realizadas, comportamento rotineiro que ocorre sem o envolvimento da nossa atenção e a influência mútua dos estados mentais e objetos, e nem todos precisam estar completamente representados na consciência para exercer alguma influência.

Uma série de artigos na edição de junho de 1992 da *American Psychologist* oferece um bom resumo dessa nova onda de pesquisa sobre o inconsciente (ver Loftus e Klinger, 1992, para uma introdução; ver também Epstein, 1994, e a edição especial de dezembro de 1994 do *Journal of Personality*, dedicada à "psicodinâmica e cognição social"). O foco desses artigos não é se o inconsciente existe, mas quão "inteligente" (i. e., complexo e flexível) ou "tolo" é o inconsciente. Bruner (1992) descreveu como a Nova Visão original impôs uma "visão construtivista da percepção". Sua mensagem preconizava que a percepção não era neutra e sim influenciada por outros processos mentais concorrentes. O foco não se fixava no inconsciente ou em Freud, mas simplesmente em como alguns objetos se tornam "mais fenomenologicamente importantes" do que outros. Os adeptos da "Nova Visão" subseqüentemente se dividiram naqueles interessados na cognição e naqueles interessados nas defesas do ego e nos processos psicodinâmicos. Bruner conclui que o inconsciente "não é muito" inteligente e que o processamento perceptual pré-consciente ocorre apenas na extensão em que é necessário.

Erdelyi foi a força propulsora por trás da Nova Visão 2 que emergiu na década de 70. O objetivo dessa segunda onda era forjar vínculos entre Freud e a emergente psicologia cognitiva. Em contraste com esse ímpeto cognitivo, Erdelyi (1992) argumentou que os fenômenos inconscientes não são simples e nem tolos. Apesar de demonstrações de laboratório de que a percepção inconsciente é "limitada no alcance semântico, as memórias inconscientes... são amplamente complexas e influentes. As memórias patogênicas e os hábitos desadaptados com os quais lida a psicanálise não envolvem lampejos de estímulos ou *inputs* despercebidos, mas estruturas de memória declarativa e procedural altamente complexas que são inacessíveis à consciência do sujeito" (p. 786). Assim, a questão dos constrangimentos experimentais sobre a complexidade dos processos e dos conteúdos inconscientes que podem ser manipulados continua a limitar a aceitação da pesquisa de laboratório.

Greenwald provocou esse intercâmbio com sua sugestão de que "está a caminho uma terceira Nova Visão" (1992, p. 766). Ele concluiu que há pouca dúvida de que as pessoas ocasionalmente percebem fatos sem ter consciência disso, mas que esses processos não são muito sofisticados. Ao contrário das elaboradas defesas e transformações hipotetizadas por Freud, o inconsciente cognitivo de Greenwald "não é particularmente inteligente". Greenwald resumiu evidências de cognição sem atenção e de cognição não-relatada verbalmente (ver artigo influente de Nisbett e Wilson, 1977, sobre este último ponto). Greenwald

insere esses processos em um modelo de cognição de rede neural (ou conexionista ou de processamento distribuído em paralelo).

Kihlstrom (Kihlstrom, Barnhardt & Tataryn, 1992) ofereceu um ótimo resumo desse intercâmbio e da distinção entre a pesquisa sobre o inconsciente cognitivo e a teoria freudiana sobre o inconsciente dinâmico:

> "O inconsciente psicológico documentado pela psicologia científica contemporânea é muito diferente daquele que Sigmund Freud e seus colegas psicanalíticos tinham em mente na Viena do fim de século. Seu inconsciente era *quente* e *úmido;* ele fervilhava com luxúria e raiva; ele era alucinatório, primitivo e irracional. O inconsciente da psicologia contemporânea é *mais bondoso e mais gentil* do que aquele e mais ligado à realidade e racional, mesmo que não seja inteiramente frio e seco." (p. 789; itálicos acrescentados)

Assim, a hora terapêutica freudiana e o laboratório experimental permanecem separados por seus constrangimentos conceituais e procedurais distintivos.

## *STATUS* ATUAL E AVALIAÇÃO

Nenhuma outra teoria psicológica foi submetida a tal escrutínio e muitas vezes a críticas tão amargas quanto a psicanálise. De todos os lados e por todos os motivos concebíveis, Freud e sua teoria foram atacados, injuriados, ridicularizados e caluniados. O único caso comparável na ciência moderna em que tanto a teoria quanto o teórico foram tão ardentemente difamados é o de Charles Darwin, cuja doutrina evolutiva chocou a Inglaterra vitoriana. As principais ofensas de Freud consistiram em atribuir desejos lascivos e destrutivos aos bebês, impulsos incestuosos e pervertidos a todos os seres humanos e em explicar o comportamento humano em termos da motivação sexual. As pessoas "decentes" ficaram enfurecidas com as idéias de Freud sobre o indivíduo e chamaram-no de libertino e pervertido.

Freud também foi criticado em termos morais como sendo um covarde intelectual. A posição original de Freud durante a década de 1890 era de que a histeria resultava da memória reprimida de abuso sexual na infância. Em 21 de abril de 1896 ele fez uma conferência sobre isso na Sociedade de Psiquiatria e Neurologia de Viena. Em 21 de setembro de 1897, todavia, Freud escreveu a seu confidente Wilhelm Fliess que ele já não acreditava mais na sua "teoria da sedução". Ele agora defendia que os relatos de sedução de seus pacientes eram produto de seus desejos fantasiados de contato sexual. Esse foi um momento divisor de águas no desenvolvimento das teorias de Freud, porque mudou a base dos sintomas das ações dos adultos no mundo objetivo para os desejos sexuais intrapsíquicos das crianças. A teoria de Freud da sexualidade infantil decorreu diretamente de tal transformação.

Em *The Assault on Truth*, Masson (1984) afirmou que a posição original de Freud é que era exata, que o próprio Freud sabia disso na época, e que a sua renúncia a ela se constituía em um ato covarde, originado por sua incapacidade de lidar com o desprezo público que ela gerara. A dupla conseqüência foi que a teoria de Freud teve uma base falaciosa e que os analistas subseqüentes foram levados a ignorar a realidade e as terríveis conseqüências do abuso sexual infantil. Além disso, é claro, Masson está acusando Freud de mentiroso e covarde. Essas são acusações provocativas, para dizer o mínimo, e Freud delas tem sido fielmente defendido (p. ex., Robinson, 1993). Mas o que precisamos reconhecer é que os méritos intelectuais das idéias de Freud são independentes de suas origens e de sua história pessoal. A história intelectual é fascinante, mas a questão central continua sendo o poder da teoria.

Foi justamente isso, a integridade intelectual do modelo, que Frederick Crews atacou recentemente de forma violenta. Crews conclui que "não existe literalmente nada a ser dito, em termos científicos ou terapêuticos, em favor de todo o sistema freudiano ou de qualquer um de seus dogmas componentes" (1996, p. 63). O artigo de 1996 oferece uma introdução para o "veredito" de Crews de que Freud conjurou "um emaranhado de quase-entidades pseudo-explanatórias" (p. 64), de que a investigação das associações livres é "um jogo de salão divertido, mas dispendioso" (p. 66) e que todo o empreendimento deve ser visto como uma pseudociência (ver Begley, 1994, para uma perspectiva em relação a uma série anterior de comentários de Crews).

De uma perspectiva diferente, a teoria freudiana foi criticada como excessivamente aliada à visão mecanicista e determinista da ciência do século XIX; em conseqüência, ela não é suficientemente humanista. A teoria é considerada por muitos, atualmente, como uma abordagem que pinta um quadro triste demais da natureza humana. As feministas como Beauvoir (1953), Friedan (1963), Greer (1971) e Millett (1970) atacaram vigorosamente as especulações de Freud sobre a psicologia feminina, especialmente o conceito da inveja do pênis, embora uma figura proeminente no movimento das mulheres (Mitchell, 1975) tenha vindo em defesa de Freud (ver Robinson, 1987, para uma avaliação das críticas e defensoras feministas de Freud).

Não é nossa intenção revisar as críticas dirigidas à psicanálise. Grande parte delas não foi nada além do "som e fúria" de pessoas perturbadas. A maioria das críticas já está desatualizada por avanços subseqüentes no pensamento de Freud (ver discussão no Capítulo 5 de recentes avanços na psicanálise). E agora podemos ver que uma porção considerável das críticas se baseava em interpretações erradas e em distorções da psicanálise. Além disso, revisar as críticas à psicanálise de maneira adequada exigiria um livro pelo menos tão grande quanto este. Em vez disso, nós discutiremos várias críticas freqüentemente dirigidas à psicanálise e ainda amplamente discutidas.

Uma dessas críticas afirma que existem graves falhas nos procedimentos empíricos por meio dos quais Freud validou suas hipóteses. Ele teria feito suas observações em condições não-controladas. Freud reconheceu que não mantinha um relato textual do que ele e o paciente faziam durante a hora de tratamento, mas que trabalhava a partir de anotações feitas várias horas mais tarde. É impossível dizer quão fielmente essas notas refletiam os eventos como eles realmente tinham ocorrido. Julgando a partir de experimentos sobre a fidedignidade dos testemunhos, não é improvável a existência de várias distorções e omissões nos registros. A suposição de Freud de que o material significativo seria lembrado e os incidentes triviais, esquecidos, nunca foi provada e parece improvável.

Críticos dos métodos de Freud também fazem objeções ao fato de ele aceitar tudo o que os pacientes diziam sem tentar corroborar aquilo com alguma forma de evidência externa. Eles acham que Freud deveria ter obtido evidências com parentes e conhecidos, documentos, dados de teste e informações médicas. Entretanto, Freud afirmava que o importante para o entendimento do comportamento humano era um conhecimento completo do inconsciente que só podia ser obtido a partir da associação livre e da análise dos sonhos.

Dado então o que seguramente era um registro incompleto e mais do que provavelmente imperfeito, Freud prosseguia para fazer inferências e chegar a conclusões por uma linha de raciocínio que raramente foi explicitada. Em geral, o que encontramos nos textos de Freud é o resultado final de seu pensamento – as conclusões, sem os dados originais sobre os quais se basearam, sem um relato de seus métodos de análise, e sem uma apresentação sistemática, quer qualitativa quer quantitativa, de seus achados empíricos. O leitor é convidado a acreditar implicitamente na validade de suas operações indutivas e dedutivas. Conseqüentemente, é praticamente impossível repetir qualquer uma das investigações de Freud com alguma certeza de estarmos prosseguindo de acordo com o planejamento original. Isso pode ajudar a explicar por que outros investigadores chegaram a conclusões bem diferentes, e por que existem aparentemente tantas interpretações do mesmo fenômeno.

Freud absteve-se de quantificar seus dados empíricos, o que torna impossível pesar a fidedignidade e a significação estatística de suas observações. Em quantos casos, por exemplo, ele encontrou alguma associação entre paranóia e homossexualidade, entre histeria e fixação no estágio oral, entre um desejo e uma fobia, entre a cena primária e a instabilidade adulta? Quantos casos de um determinado tipo ele estudou e de que classes e *backgrounds* vinham esses casos? Que medidas e critérios eram usados para designar um caso para uma categoria clínica específica? Será que Freud alguma vez comparou suas interpretações com a de um outro psicanalista competente para estabelecer a fidedignidade do seu julgamento? Essas e outras numerosas perguntas de natureza semelhante preocupam o psicólogo quantitativamente orientado.

A relutância de Freud em seguir as convenções de um relato inteiramente científico de seus dados deixa a porta aberta para muitas dúvidas relativas ao *status* científico da psicanálise (Hook, 1960). Será que Freud encontrava em seus casos aquilo que queria encontrar neles? Seriam suas inferências guiadas mais por suas tendenciosidades do que pelo material à mão? Será que ele selecionava apenas as evidências que estavam de acordo com suas hipóteses e desconsiderava os exemplos negativos? As associações livres de seus pacientes eram realmente livres ou eles diziam aquilo que Freud queria ouvir? Teria Freud criado uma elaborada teoria da personalidade que se afirmava valer para todos baseada em inferências feitas a partir das verbalizações de um número relativamente pequeno de pacientes atípicos? Que evidências sólidas Freud realmente tinha para apoiar suas especulações grandiloqüentes? Que salvaguardas ele empregava contra a influência insidiosa da tendenciosidade? Perguntas desse tipo têm lançado dúvidas sobre a validade da teoria psicanalítica.

Lawrence Kubie, um proeminente psicanalista, resumiu da seguinte maneira as limitações da psicanálise como uma ciência básica:

> "Em geral, elas (as limitações) podem ser resumidas, dizendo-se que o planejamento básico do processo de análise tem uma validade científica essencial, mas que as dificuldades de se registrar e reproduzir observações primárias, a conseqüente dificuldade de derivar-se a estrutura conceitual básica, as dificuldades de examinar-se com igual facilidade o relacionamento circular do inconsciente para o consciente e do consciente para o inconsciente, as dificuldades de avaliar-se quantitativamente a multiplicidade de variáveis e, finalmente, a dificuldade de estimar-se as coisas que aumentam e as coisas que diminuem a precisão de suas hipóteses e a validade de suas predições estão entre os problemas científicos que ainda precisam ser resolvidos." (1953, p. 143-144)

Por outro lado, Paul Meehl faz uma declaração eloqüente que conclui: *"quando testes adequados se tornarem disponíveis para nós, uma porção considerável da teoria psicanalítica escapará à refutação"* (1978, p. 831).

Um outro tipo de crítica ataca a teoria em si e diz que a teoria é "ruim" porque muitas partes suas não têm, e não podemos fazer com que tenham, conseqüências empíricas. Por exemplo, é impossível derivar quaisquer proposições empíricas da postulação de um instinto de morte. Assim sendo, o instinto de morte "permanece oculto na escuridão metafísica" e não tem nenhum significado para a ciência. Embora possamos usar o instinto de morte para "explicar" certos fenômenos, como suicídio ou acidentes, tais explicações depois-do-fato pouco significam. É como apostar em um cavalo depois de ele ter corrido. Uma boa teoria, por outro lado, permite ao seu usuário predizer antecipadamente o que vai acontecer. Algumas pessoas podem preferir juntar e organizar uma grande quantidade de dados aparentemente não-relacionados sob o nome único de instinto de morte, mas preferências desse tipo indicam apenas os interesses do sistematizador e não a "verdade" do nome. Usado dessa maneira, o instinto de morte é pouco mais do que um *slogan*.

A teoria freudiana realmente não oferece um conjunto de regras relacionais para chegarmos a uma expectativa exata do que vai acontecer se ocorrerem certos eventos. Qual é exatamente a natureza do relacionamento entre experiências traumáticas, sentimentos de culpa, repressão, formação de símbolos e sonhos? O que conecta a formação do superego ao complexo de Édipo? Essas e milhares de outras perguntas ainda precisam ser respondidas com referência à rede emaranhada de conceitos e suposições conjurados por Freud.

A teoria fica omissa sobre o intrincado problema de como medir quantitativamente as catexias e anticatexias. De fato, não existe nenhuma especificação sobre como podemos estimar, mesmo nos termos mais aproximados, diferenças de quantidade. Quão intensa tem de ser uma experiência para ser traumática? Quão frágil tem de ser o ego para ser dominado por um impulso instintual? De que maneira as várias quantidades interagem uma com a outra para produzir um determinado resultado? E, no entanto, tudo depende da análise final justamente dessas especificações. Sem elas, nenhuma lei pode ser derivada.

Se aceitarmos que a teoria psicanalítica é culpada de pelo menos duas faltas sérias – primeiro, que ela é uma teoria "ruim", e segundo, que ela ainda não foi substanciada por procedimentos cientificamente respeitáveis – (e também atentos ao fato de que muitas outras críticas poderiam ter sido citadas), podemos perguntar por que a teoria psicanalítica é levada a sério e por que não foi relegada ao esquecimento há muito tempo. Como podemos explicar seu *status* influente no mundo de hoje?

O fato é que todas as teorias do comportamento são teorias bastantes deficientes e decepcionam em termos de prova científica. A psicologia tem um longo caminho pela frente antes de poder ser chamada de ciência exata. Conseqüentemente, o psicólogo precisa selecionar a teoria que pretende seguir por outras razões que não a adequação formal e a evidência fatual.

O que a teoria psicanalítica tem a oferecer? Algumas pessoas gostam da linguagem pitoresca que Freud usa para projetar suas idéias. Elas são atraídas por sua maneira habilidosa de empregar alusões literárias e mitológicas para apresentar noções muito obscuras e por seu talento para se expressar ou criar uma figura de linguagem para iluminar um ponto difícil para o leitor. Seu texto tem uma excitante qualidade literária, rara entre os cientistas. Seu estilo combina com a excitação de suas idéias. Muitas pessoas acham os conceitos de Freud fascinantes e sensacionais. O sexo, é claro, é um tópico atraente e tem um valor de sensação mesmo quando discutido em trabalhos científicos. A agressão e a destrutividade são quase tão absorventes quanto o sexo. (Na verdade, as novelas, os programas de entrevistas e os filmes na televisão testemunham a presença constante dos temas sexuais e agressivos na nossa sociedade!) É muito natural, então, que as pessoas se sintam atraídas pelos textos de Freud.

Mas um belo estilo literário e um assunto excitante não são as razões principais para a grande estima dedicada a Freud. As razões, mais exatamente, seriam: suas idéias são desafiadoras, sua concepção do indivíduo é ao mesmo tempo ampla e profunda, e sua teoria tem relevância para a nossa época. Freud pode não ter sido um cientista rigoroso ou um teórico de primeira linha, mas ele foi um observador paciente, meticuloso e penetrante, e um pensador tenaz, disciplinado, corajoso e original. Acima de todas as outras virtudes de sua teoria, está a seguinte: ela tenta considerar indivíduos "de carne e osso", vivendo parcialmente em um mundo de realidade e parcialmente em um mundo de "faz-de-conta", assolados por conflitos e contradições internas, mas capazes de pensamento e ação racionais, movidos por forças das quais eles têm pouco conhecimento e por aspirações que estão além de seu alcance, alternadamente confusos e lúcidos, frustrados e satisfeitos, esperançosos e desesperados, egoístas e altruístas – em resumo, um ser humano complexo. Para muitas pessoas, esse quadro do indivíduo tem uma validade essencial.

# CAPÍTULO 3

# A Teoria Analítica de Carl Jung

| | |
|---|---|
| INTRODUÇÃO E CONTEXTO | 84 |
| HISTÓRIA PESSOAL | 85 |
| A ESTRUTURA DA PERSONALIDADE | 88 |

O Ego   88
O Inconsciente Pessoal   88
O Inconsciente Coletivo   88
O *Self*   92
As Atitudes   92
As Funções   93
Interações entre os Sistemas da Personalidade   94

| | |
|---|---|
| A DINÂMICA DA PERSONALIDADE | 96 |

Energia Psíquica   96
O Princípio da Equivalência   98
O Princípio da Entropia   98
O Uso da Energia   99

| | |
|---|---|
| O DESENVOLVIMENTO DA PERSONALIDADE | 99 |

Causalidade *Versus* Teleologia   100
Sincronicidade   100
Hereditariedade   100
Estágios de Desenvolvimento   101
Progressão e Regressão   102
O Processo de Individuação   103
A Função Transcendente   103
Sublimação e Repressão   103
Simbolização   104

| | |
|---|---|
| PESQUISA CARACTERÍSTICA E MÉTODOS DE PESQUISA | 105 |

Estudos Experimentais de Complexos   105
Estudos de Caso   105
Estudos Comparativos de Mitologia, Religião e as Ciências Ocultas   106
Sonhos   107

| | |
|---|---|
| PESQUISA ATUAL | 108 |

A Tipologia de Jung   108
O Indicador de Tipo Myers-Briggs   109

| | |
|---|---|
| *STATUS* ATUAL E AVALIAÇÃO | 111 |

## INTRODUÇÃO E CONTEXTO

Carl Jung era um jovem psiquiatra em Zurique quando leu *A interpretação dos Sonhos* de Freud, logo depois de ter sido publicado em 1900. Imensamente impressionado pelas idéias de Freud, que usou e verificou em sua própria prática, Jung enviou-lhe cópias de seus textos que, em geral, apoiavam o ponto de vista freudiano. Em 1906 começou uma correspondência regular entre os dois. Quando Jung fez sua primeira visita a Freud em Viena, no ano seguinte, eles conversaram sem parar por treze horas! Freud decidiu que Jung seria seu sucessor, "seu príncipe herdeiro" conforme ele escreveu a Jung. Quando foi fundada a Associação Psicanalítica Internacional, em 1910, Jung tornou-se seu primeiro presidente, uma posição que manteve até 1914. Em 1909, Freud e Jung viajaram juntos para a Clark University, em Worcester, Massachusetts, tendo sido ambos convidados a dar uma série de conferências na celebração do 20º ano de fundação da universidade. Três anos mais tarde, entretanto, o relacionamento pessoal entre Freud e Jung começou a esfriar. Finalmente, em 1913, eles terminaram sua correspondência pessoal e, alguns meses mais tarde, sua correspondência profissional. Em abril de 1914, Jung renunciou à presidência da associação e, em agosto de 1914, ele se retirou como membro. O rompimento foi então completo. Freud e Jung nunca mais se viram.

Algumas citações das 359 cartas escritas por Jung e Freud durante os anos de 1906-1913 revelam a dinâmica do fascinante relacionamento entre os dois homens tão obstinados (todas as citações são de McGuire, 1974). Em 7 de abril de 1907, após seu primeiro encontro, Freud escreveu: "você me inspirou confiança no futuro, pois percebi que sou tão substituível quanto qualquer outra pessoa, e não poderia esperar ninguém melhor do que você, agora que passei a conhecê-lo, para continuar e completar meu trabalho" (p. 27). Mas, nessa mesma carta, um pouco depois, Freud referiu-se às diferenças a respeito da sexualidade que contribuiriam substancialmente para sua cisão final: "Eu aprecio seus motivos para tentar adoçar a maçã azeda, mas acho que você não terá sucesso. Mesmo se chamarmos o inconsciente de "psicóide" ele ainda será o inconsciente, e mesmo se não chamarmos de "libido" a força propulsora na concepção ampliada de sexualidade, ela ainda será a libido... Nós

estamos sendo solicitados, nem mais nem menos, a abjurar da nossa crença na pulsão sexual. A única resposta é professá-la abertamente" (p. 28).

Cinco anos mais tarde, quando Jung voltou de uma série de palestras em Nova York, ele escreveu a Freud: "Eu descobri que a minha versão da (psicanálise) conquistou muitas pessoas que até agora tinham sido afastadas pelo problema da sexualidade na neurose" (11 de novembro de 1912, p. 515). Freud replicou: "Eu o saúdo por seu retorno da América, não tão afetuosamente como na última ocasião em Nuremburg – você conseguiu me tirar aquele hábito... Você diminuiu muito a resistência com as suas modificações, mas eu o aconselharia a não colocar isso na coluna dos créditos porque, como você sabe, quanto mais se afastar do que é novo na (psicanálise), mais certo que será aplaudido e menor a resistência que encontrará" (p. 324).

A essa altura o fim estava próximo. Em 18 de dezembro de 1912, Jung escreveu:

"Posso dizer-lhe algumas palavras sinceramente? . . . Sou suficientemente objetivo para enxergar através de seu truquezinho . . . Veja, meu querido professor, enquanto você disser essas tolices eu não dou a mínima para as minhas ações sintomáticas; elas se reduzem a nada em comparação com as formidáveis falhas de meu irmão Freud. Não sou nem um pouco neurótico . . . Você sabe, claro, quão longe um paciente pode ir com a auto-análise: não por sua neurose – exatamente como você. Se você chegar a se livrar totalmente de seus complexos e parar de bancar o pai que aponta continuamente os pontos fracos dos filhos e der uma boa olhada nos seus próprios e mudá-los, eu prometo modificar-me . . . Sem dúvida, você ficará furioso com esse sinal peculiar de amizade, mas acho que ainda assim vai lhe fazer bem. Com meus melhores votos (!!)." (p. 534-535)

Em 3 de janeiro de 1913, Freud replicou: "nenhum de nós precisa ter vergonha de sua própria parcela de neurose. Mas aquele que fica gritando que é normal, enquanto se comporta anormalmente, nos faz desconfiar que não tem *insight* nenhum de sua doença. Dessa maneira, eu proponho que abandonemos inteiramente as nossas relações pessoais. Eu não perderei nada com isso, pois meu único laço emocional com você há bastante tempo já é apenas um frágil fio – o efeito remanescente de desapontamentos passados... sinta-se totalmente livre e poupe-me de seus pretensos 'sinais de amizade' (p. 539). Conforme Jung replicou três dias mais tarde: "O resto é silêncio."

Existem muitos relatos sobre o relacionamento entre Freud e Jung, incluindo os dos dois participantes (Freud, 1914, 1925; Jung, 1961), do biógrafo de Freud, Ernest Jones (1955) e outros (Weigert, 1942; Dry, 1961; Kerr, 1993). Os artigos publicados por Jung, enquanto ele ainda estava influenciado por Freud, e suas subseqüentes críticas à psicanálise freudiana foram reunidos no Volume 4 das *Obras Completas*. Dois outros artigos sobre Freud estão incluídos no Volume 15.

Embora as causas da ruptura no relacionamento outrora íntimo sejam complexas e "supradeterminadas", envolvendo incompatibilidades pessoais e intelectuais, uma razão importante foi Jung ter rejeitado o pansexualismo de Freud: "A razão imediata foi que Freud... identificou seu método com sua teoria sexual, o que considerei inadmissível" (comunicação pessoal de Jung, 1954). Jung então partiu para criar sua própria teoria da psicanálise e seu próprio método de psicoterapia, que se tornou conhecido como *psicologia analítica*. As linhas de sua abordagem tinham sido estabelecidas antes de Jung conhecer Freud, e ele nela trabalhou consistentemente durante o período em que esteve associado a Freud (Jung, 1913).

## HISTÓRIA PESSOAL

Antes de discutir as características relevantes e distintivas do ponto de vista de Jung, vamos revisar brevemente alguns aspectos de sua vida. Carl Gustav Jung nasceu em Kesswyl, uma cidade no Lago Constance, no Cantão de Thurgau, Suíça, em 26 de julho de 1875, e cresceu na Basiléia. Seu pai era pastor da Igreja Reformada Suíça. Jung ingressou na Universidade da Basiléia com a intenção de se tornar um filologista clássico e, se possível, um arqueólogo, mas parece que um sonho despertou seu interesse pelo estudo das ciências naturais e, incidentalmente, pela medicina. Depois de obter seu diploma médico na Universidade da Basiléia, ele se tornou assistente no Burghölzli Mental Hospital, em Zurique, e na Clínica Psiquiátri-

ca de Zurique, iniciando assim sua carreira na psiquiatria. Ele foi assistente e mais tarde colaborador de Eugen Bleuler, o eminente psiquiatra que desenvolveu o conceito de esquizofrenia, e estudou brevemente com Pierre Janet, o aluno e sucessor de Charcot em Paris. Em 1909 ele desistiu de seu trabalho no Burghölzli e, em 1913, de sua docência em psiquiatria na Universidade de Zurique, a fim de dedicar-se inteiramente à prática privada, à sua formação, à pesquisa, a viagens e a escritos. Por muitos anos ele coordenou um seminário em inglês para alunos de língua inglesa e, depois que se aposentou do ensino ativo, foi criado em Zurique um instituto de formação com seu nome. Em 1944 foi fundada uma cadeira de psicologia médica especialmente para Jung na Universidade da Basiléia, mas sua saúde enfraquecida o obrigou a renunciar à cadeira depois de um ano. Ele morreu em 6 de junho de 1961, em Zurique, aos 85 anos de idade. Ainda não foi publicada nenhuma biografia completa de Jung comparável à biografia de Freud por Ernest Jones. Uma autobiografia, *Memórias, Sonhos, Reflexões* (1961) foi publicada no ano da morte de Jung. Uma parte dela foi escrita diretamente por Jung e outra parte foi gravada e editada por sua secretária confidencial, Aniela Jaffé, suplementada por materiais de conferências proferidas por Jung. *Memórias, Sonhos, Reflexões* é principalmente uma biografia interior ou espiritual, embora também contenha uma grande quantidade de informações sobre os eventos externos da vida de Jung. O tom do livro é estabelecido pela frase de abertura: "A minha vida é a história da auto-realização do inconsciente." Material biográfico sobre Jung pode ser encontrado em Frieda Fordham (1953), Bennett (1961), Dry (1961), Jaffé (1971, 1979), D. S. Wehr (1987), G. Wehr (1971), von Franz (1975), Hannah (1976), Stern (1976) e van der Post (1976). Mas nenhum desses livros pode ser considerado uma biografia definitiva.

Por sessenta anos Carl Jung dedicou-se, com grande energia e singularidade de propósito, a analisar os processos vastos e profundos da personalidade humana. Seus escritos são volumosos e a extensão de sua influência, incalculável. Ele é conhecido não apenas por psicólogos e psiquiatras, mas também por pessoas instruídas em todas as profissões. Ele recebeu muitas homenagens, entre as quais diplomas honorários das Universidades de Harvard e de Oxford. Ele fazia freqüentemente conferências nos Estados Unidos e tem muitos seguidores e admiradores nesse país. Praticamente toda a obra de Jung está hoje disponível em uma edição de 20 volumes em língua inglesa (Jung, 1953-1978). Além das cartas de Freud/Jung previamente mencionadas, foram publicados dois volumes de cartas de Jung (Jung, 1973b, 1975). Também existe um volume contendo entrevistas e encontros com Jung (McGuire, 1977).

Embora a teoria de Jung da personalidade normalmente seja identificada como uma teoria psicanalítica devido à ênfase que dá aos processos inconscientes, ela difere em alguns aspectos notáveis da teoria de Freud da personalidade. Talvez o aspecto mais proeminente e distintivo da visão de Jung dos seres humanos é que ela combina teleologia com causalidade. O comportamento humano é condicionado não apenas pela história individual e racial (causalidade), mas também pelas metas e aspirações (teleologia). Tanto o passado como realidade quanto o futuro como potencialidade orientam o nosso comportamento presente. A visão de Jung é prospectiva no sentido em que olha para a frente, para a linha de desenvolvimento futuro da pessoa, e retrospectiva, no sentido em que leva em conta o passado. Parafraseando Jung: "a pessoa vive por metas, assim como por causas". Essa insistência no papel do destino ou do propósito no desenvolvimento humano separa Jung de Freud muito claramente. Para Freud, existe apenas a interminável repetição de temas instintuais até o momento da morte. Para Jung, existe um desenvolvimento constante e freqüentemente criativo, a busca da totalidade e completude, e o anseio de renascimento.

A teoria de Jung também se distingue de todas as outras abordagens à personalidade pela forte ênfase colocada nas fundações raciais e filogenéticas da personalidade. Jung vê a personalidade individual como o produto e o continente de sua história ancestral. Os seres humanos modernos foram moldados em sua presente forma pelas experiências cumulativas de gerações passadas, estendendo-se às origens obscuras e desconhecidas do ser humano. As fundações da personalidade são arcaicas, primitivas, inatas, inconscientes e provavelmente universais. Freud enfatiza as origens infantis da personalidade, ao passo que Jung enfatiza as origens raciais da personalidade. Os seres humanos nascem com muitas predisposições legadas por seus ancestrais; essas predisposições orientam sua conduta e determinam em parte aquilo de que se tor-

narão conscientes e à que responderão em seu mundo experiencial. Em outras palavras, existe uma personalidade racialmente pré-formada e coletiva que funciona seletivamente no mundo da experiência e é modificada e elaborada pelas experiências vividas. A personalidade de um indivíduo resulta de forças internas agindo sobre e sendo influenciadas por forças externas.

Esse grande respeito pelo nosso passado racial e a sua influência sobre as pessoas hoje significam que Jung, mais do que qualquer outro psicólogo, sondou a história humana para descobrir o máximo possível sobre as origens e a evolução racial da personalidade. Ele estudou mitologia, religião, símbolos e rituais antigos, os costumes e as crenças dos povos primitivos, assim como os sonhos, as visões, os sintomas dos neuróticos, e as alucinações e os delírios dos psicóticos, em sua busca das raízes e dos desenvolvimentos da personalidade humana. Sua aprendizagem e erudição, tanto em amplitude de conhecimento quanto em profundidade de entendimento, provavelmente ainda não foram superadas pelos psicólogos atuais.

Dry (1961) identificou alguns dos importantes desenvolvimentos intelectuais do século XIX que presumivelmente influenciaram Jung. Primeiro, havia os filósofos, especialmente Schopenhauer, von Hartmann e Nietzsche, com suas concepções do inconsciente, da polaridade trabalhando para a unidade e da substituição do raciocínio pela vontade ou intuição para compreender a realidade. Havia na época

> "as recém-desenvolvidas psiquiatrias alemã e francesa...; as descobertas científicas de outros campos, especialmente da biologia; a ampla aceitação da teoria evolutiva...; a aplicação das idéias evolutivas ao homem, incluindo o estudo de sua organização social e a religião, e a controvérsia entre os proponentes da unidade psíquica e da difusão cultural na exploração das semelhanças (entre diferentes sociedades); os achados fascinantes da arqueologia; e as grandes tradições literária, histórica e teológica da Alemanha, com um forte matiz de romantismo." (p. 19-20)

Dry também acha que a neutralidade e a estabilidade da Suíça favoreciam uma vida de reflexão e solidão.

Agora apresentaremos as principais características da teoria de Jung da personalidade. Embora as formulações teóricas sejam encontradas em toda a sua

TEORIAS DA PERSONALIDADE **87**

*Carl Gustav Jung.*

volumosa obra, os Volumes 7, 8 e 9, Parte 1 das *Obras Completas,* contêm as declarações mais sistemáticas de sua posição.

## A ESTRUTURA DA PERSONALIDADE

A personalidade total, ou a psique, conforme chamada por Jung, consiste em vários sistemas diferenciados, mas interatuantes. Os principais são o *ego*, o *inconsciente pessoal* e seus *complexos*, e o *inconsciente coletivo* e seus arquétipos, a *anima* e o *animus*, e a *sombra*. Além desses sistemas interdependentes, existem as *atitudes* de introversão e extroversão e as *funções* do pensamento, do sentimento, da sensação e da intuição. Finalmente, existe o *self*, que é o centro de toda a personalidade.

### O Ego

O ego é a mente consciente. Ele é constituído por percepções, memórias, pensamentos e sentimentos conscientes. O ego é responsável pelos nossos sentimentos de identidade e de continuidade, e, do ponto de vista da pessoa, considera-se que esteja no centro da consciência.

### O Inconsciente Pessoal

O inconsciente pessoal é uma região adjacente ao ego. Ele consiste em experiências que outrora foram conscientes, mas que agora estão reprimidas, suprimidas, esquecidas ou ignoradas, e em experiências que foram a princípio fracas demais para deixar uma impressão consciente na pessoa. Os conteúdos do inconsciente pessoal, como os do material pré-consciente de Freud, são acessíveis à consciência, e existe um grande trânsito de duas vias entre o inconsciente pessoal e o ego.

### Complexos

Um complexo é um grupo organizado ou uma constelação de sentimentos, pensamentos, percepções e memórias que existem no inconsciente pessoal. Ele tem um núcleo que age como uma espécie de magneto que atrai ou "constela" várias experiências (Jung, 1934).

Considerem, por exemplo, o *complexo materno* (Jung, 1954a). O núcleo se deriva parcialmente de experiências raciais com mães e parcialmente das experiências da criança com a mãe. As idéias, os sentimentos e as memórias relacionadas à mãe são atraídas para o núcleo e formam um complexo. Quanto mais forte a força emanando do núcleo, mais experiências ela vai atrair. Assim, dizemos que uma pessoa cuja personalidade é dominada pela mãe tem um forte complexo materno. Seus pensamentos, sentimentos e ações serão orientados pela concepção de mãe, o que a mãe diz e faz terá um grande valor para ela, e a imagem da mãe será predominante em sua mente. Um complexo pode-se comportar como uma personalidade autônoma com uma vida mental e um motor próprios. Ele pode assumir o controle da personalidade e utilizar a psique para seus próprios fins – assim como Tolstoi teria sido dominado pela idéia da simplificação e Napoleão, pela sede de poder.

O núcleo e muitos dos elementos associados são inconscientes em qualquer momento específico, mas qualquer uma das associações pode-se tornar consciente e com freqüência realmente se torna.

### O Inconsciente Coletivo

O conceito de um inconsciente coletivo, ou *transpessoal*, é um dos aspectos mais originais e controversos da teoria de Jung da personalidade. Ele é o sistema mais poderoso e influente da psique e, em casos patológicos, domina o ego e o inconsciente pessoal (Jung, 1936, 1943, 1945).

O inconsciente coletivo é o reservatório de traços de memória latentes herdados do nosso passado ancestral, um passado que inclui não apenas a história racial dos seres humanos como uma espécie separada, mas também seus ancestrais pré-humanos ou animais. O inconsciente coletivo é o resíduo psíquico do desenvolvimento evolutivo humano, um resíduo que se acumula em conseqüência de repetidas experiências ao longo de muitas gerações. Ele é quase totalmente separado de tudo o que é pessoal na vida do indivíduo e aparentemente é universal. Todos os seres humanos têm mais ou menos o mesmo inconsciente coletivo. Jung atribui a universalidade do inconsciente coletivo à semelhança da estrutura do cérebro em todas as raças humanas, e essa semelhança, por sua vez, deve-se a uma evolução comum.

As memórias ou as representações raciais não são herdadas como tal; nós herdamos a *possibilidade* de reviver experiências de gerações passadas. São predisposições que nos fazem reagir ao mundo de uma maneira seletiva. Tais predisposições são projetadas no mundo. Por exemplo, uma vez que os seres humanos sempre tiveram mães, todo bebê nasce predisposto a perceber e a reagir a uma mãe. O conhecimento da mãe, individualmente adquirido, é a realização de uma potencialidade herdada que foi inserida no cérebro humano pelas experiências passadas da raça. Assim como os humanos nascem com a capacidade de enxergar o mundo em três dimensões e desenvolvem essa capacidade por meio da experiência e do treinamento, eles também nascem com muitas predisposições para pensar, sentir e perceber segundo padrões e conteúdos definidos que se realizam por meio de experiências individualizadas. Os humanos são predispostos a ter medo do escuro ou de cobras porque os seres humanos primitivos encontravam muitos perigos no escuro e foram vítimas de cobras venenosas. Esses medos latentes podem nunca se desenvolver nos humanos modernos, a menos que sejam reforçados por experiências específicas, mas, sem dúvida, a tendência está lá e torna a pessoa mais suscetível a tais experiências. Algumas idéias, tal como a idéia de um Ser Supremo, formam-se facilmente, porque a predisposição foi firmemente gravada no cérebro e precisa de muito pouco reforço da experiência individual para emergir na consciência e influenciar o comportamento. Essas memórias latentes ou potenciais dependem de estruturas e de caminhos herdados que ficaram gravados no cérebro em resultado das experiências cumulativas da humanidade. Negar a herança dessas memórias primordiais, afirma Jung, é negar a evolução e a herança do cérebro.

O inconsciente coletivo é a base herdada, racial, de toda a estrutura da personalidade. Sobre ela são erigidos o ego, o inconsciente pessoal e todas as outras aquisições individuais. O que uma pessoa aprende em resultado de experiências é substancialmente influenciado pelo inconsciente coletivo, que exerce uma influência orientadora ou seletiva sobre o comportamento da pessoa desde o início da vida: "A forma do mundo em que ela nasce já é inata nela como uma imagem virtual" (Jung, 1945, p. 188). Essa imagem virtual se torna uma percepção ou idéia concreta ao identificar-se com os objetos do mundo que correspondem à imagem. As nossas experiências no mundo são moldadas, em grande extensão, pelo inconsciente coletivo, embora não completamente, pois de outra forma não existiria variação e nem desenvolvimento.

As duas regiões inconscientes da mente, a pessoal e a coletiva, podem ser imensamente úteis para os humanos: "Ele (o inconsciente) contém possibilidades que estão fora do acesso da mente consciente, pois tem ao seu dispor todos os conteúdos subliminares, todas aquelas vivências que foram esquecidas ou ignoradas, assim como a sabedoria e a experiência de incontáveis séculos, armazenadas em seus órgãos arquetípicos" (Jung, 1943, p. 114). Por outro lado, se a sabedoria do inconsciente for ignorada pelo ego, o inconsciente pode perturbar os processos racionais conscientes, apoderando-se deles e dando-lhes formas distorcidas. Os sintomas, as fobias, os delírios e as outras irracionalidades originam-se de processos inconscientes negligenciados.

### *Arquétipos*

Os componentes estruturais do inconsciente coletivo recebem vários nomes: *arquétipos, dominantes, imagens primordiais, imagos, imagens mitológicas* e *padrões de comportamento* (Jung, 1943). Um arquétipo é uma forma universal de pensamento (idéia) que contém um grande elemento de emoção. Essa forma de pensamento cria imagens ou visões que correspondem na vida normal de vigília a algum aspecto da situação consciente. Por exemplo, o arquétipo da mãe produz a imagem de uma figura de mãe que é então identificada com a mãe real. Em outras palavras, o bebê herda uma concepção pré-formada de uma mãe genérica que determina em parte como ele perceberá a *sua* mãe. A percepção do bebê também é influenciada pela natureza da mãe e por suas experiências com ela. Assim, a experiência do bebê é o produto conjunto de uma predisposição interna para perceber o mundo de uma certa maneira e da natureza real daquele mundo. Os dois determinantes normalmente se ajustam compativelmente, porque o próprio arquétipo é um produto de experiências raciais com o mundo, e essas experiências são muito semelhantes às de qualquer outro indivíduo em qualquer época e parte do mundo. Isto é, a natureza das mães – o que elas fazem – continua muito parecida desde o início da história da raça, de modo que o arquétipo de mãe herdado pelo bebê é congruente com a mãe real com a qual ele interage.

Como se origina um arquétipo? Ele é um depósito mental permanente de uma experiência que foi repetida constantemente por muitas gerações. Por exemplo, incontáveis gerações viram o sol fazer sua excursão diária de um horizonte para outro. A repetição dessa impressiva experiência eventualmente fixou-se no inconsciente coletivo como um arquétipo do deus-sol, o corpo celeste poderoso, dominante, que dá a luz e é deificado e adorado pelos humanos. Certas concepções e imagens de uma deidade suprema são ramificações do arquétipo do sol.

De maneira similar, os humanos têm sido expostos em sua existência a inumeráveis exemplos de forças naturais poderosas: terremotos, cachoeiras, inundações, furacões, relâmpagos, incêndios na floresta e assim por diante. Dessas experiências, desenvolveu-se um arquétipo de energia, uma predisposição para perceber e ser fascinado pelo poder e um desejo de criar e controlar o poder. O deleite da criança por bombinhas, a preocupação dos jovens com carros velozes e o interesse obsessivo do adulto pela liberação das energias ocultas dos átomos têm suas raízes no arquétipo de energia. Os humanos são *impulsionados* por esse arquétipo a buscar novas fontes de energia. A nossa atual época da energia representa a ascendência do arquétipo da energia. Isto é, os arquétipos funcionam como centros de energia autônomos altamente carregados que tendem a produzir em cada geração a repetição e a elaboração dessas mesmas experiências. Berger (1977) sugeriu que os arquétipos são os equivalentes humanos de detectores de características que foram descobertos em animais inferiores.

Os arquétipos não estão necessariamente isolados uns dos outros no inconsciente coletivo. Eles se interpenetram e fundem-se. Assim, o arquétipo do herói e o arquétipo do velho sábio podem-se fundir para produzir a concepção do "rei filósofo", uma pessoa respeitada por ser simultaneamente um líder herói e um visionário sábio. Às vezes, como pareceu acontecer com Hitler, existe a fusão dos arquétipos do demônio e do herói, de modo que obtemos um líder satânico.

Como já vimos, o núcleo de um complexo pode ser um arquétipo que atrai experiências. O arquétipo pode então penetrar na consciência por meio dessas experiências associadas. Os mitos, os sonhos, as visões, os rituais, os sintomas neuróticos e psicóticos, e os trabalhos de arte contêm uma grande quantidade de material arquetípico e constituem a melhor fonte de conhecimento em relação aos arquétipos. Jung e seus adeptos realizaram um trabalho prodigioso sobre representações arquetípicas nas religiões, nos mitos e nos sonhos.

O conceito junguiano de arquétipos não é estranho à psicologia. Nós mencionamos previamente conexões com as abordagens genética e evolutiva ao comportamento introduzidas no Capítulo 8. Além disso, considerem o conceito de "prontidão". Segundo essa posição, as associações formadas durante a aprendizagem não são necessariamente arbitrárias; mais propriamente, os animais estão predispostos a associar certas conseqüências a certas classes de estímulos. Por exemplo, Garcia e Koelling (1966) descobriram que ratos estavam preparados para associar doença a estímulos de sabor, mas a associar dor a estímulos de luz e som. Essas conexões fazem sentido no ambiente natural dos ratos e, portanto, proporcionam uma vantagem evolutiva. Seligman (1971) ofereceu uma teoria de prontidão para fobias, segundo a qual os humanos estão predispostos a aprender rapidamente reações de medo a objetos-estímulo que eram perigosos para seus ancestrais. Essa pré-programação teria um valor de sobrevivência evolutiva e conceitualmente é muito semelhante à explicação dos arquétipos de Jung.

Supõem-se que existam muitos arquétipos no inconsciente coletivo. Alguns dos que foram identificados são os arquétipos de nascimento, renascimento, morte, poder (energia), mágica, unidade, o herói, a criança, Deus, o demônio, o velho sábio, a mãe terra e o animal.

Embora todos os arquétipos possam ser considerados como sistemas dinâmicos autônomos que podem ser relativamente independentes do restante da personalidade, alguns arquétipos evoluíram tanto que merecem ser tratados como sistemas separados dentro da personalidade. Eles são a *persona*, a *anima* e o *animus* e a *sombra*.

## A Persona

A *persona* é uma máscara adotada pela pessoa em resposta às demandas das convenções e das tradições sociais e às suas próprias necessidades arquetípicas internas (Jung, 1945). É o papel atribuído a alguém pela sociedade, o papel que a sociedade espera que a pessoa desempenhe na vida. O propósito da máscara é causar uma impressão definida nos outros e muitas vezes, embora não necessariamente, oculta a verdadeira natureza da pessoa. A *persona* é a personalidade *pública*, aqueles aspectos que apresentamos ao mundo ou que a opinião pública impõe ao indivíduo, em contraste com a personalidade *privada* existente por trás da fachada social.

Se o ego se identifica com a *persona*, como acontece freqüentemente, o indivíduo se torna mais consciente do papel que está desempenhando do que de seus sentimentos genuínos ("inflação da *persona*"). Ele se aliena de si mesmo e toda a sua personalidade assume uma qualidade plana ou bidimensional. Ele se torna a mera aparência de um humano, um reflexo da sociedade ao invés de um ser humano autônomo.

O núcleo do qual a *persona* se desenvolve é um arquétipo. Esse arquétipo, como todos os arquétipos, origina-se das experiências da raça. Nesse caso, as experiências consistem em interações sociais em que a assunção de um papel social teve um propósito útil para os humanos ao longo de sua história como animais sociais. (A *persona* é parecida com o superego de Freud em alguns aspectos.)

## A Anima e o Animus

É bastante reconhecido e aceito que o ser humano é essencialmente um animal bissexual. Em um nível fisiológico, o macho secreta tanto hormônios masculinos quanto femininos, assim como a fêmea. No nível psicológico, as características masculinas e as femininas são encontradas em ambos os sexos. A homossexualidade é apenas uma das condições, mas talvez a mais notável, que deu origem à concepção de bissexualidade humana.

Jung atribuiu o lado feminino da personalidade do homem e o lado masculino da personalidade da mulher a arquétipos. O arquétipo feminino no homem é chamado de *anima*, e o arquétipo masculino na mulher é chamado de *animus* (Jung, 1945, 1954b). Esses arquétipos, embora possam ser condicionados pelos cromossomos sexuais e pelas glândulas sexuais, são os produtos das experiências raciais do homem com a mulher e da mulher com o homem. Em outras palavras, ao viver com a mulher ao longo das épocas, o homem se feminilizou; ao viver com o homem, a mulher se masculinizou.

Tais arquétipos não só fazem com que cada sexo manifeste características do outro sexo, mas também agem como imagens coletivas que motivam cada sexo a responder aos membros do outro sexo e a compreendê-los. O homem apreende a natureza da mulher por meio de sua *anima*, e a mulher apreende a natureza do homem por meio de seu *animus*. Mas a *anima* e o *animus* também podem levar a desentendimento e à discórdia se a imagem arquetípica for projetada sem consideração pelo caráter real do parceiro. Isto é, se um homem tentar identificar sua imagem idealizada de mulher com uma mulher real e não levar em conta as discrepâncias entre o ideal e o real, ele pode sofrer um amargo desapontamento quando perceber que as duas não são idênticas. Tem de haver um compromisso entre as necessidades do inconsciente coletivo e as realidades do mundo externo para que a pessoa seja razoavelmente bem-ajustada.

## A Sombra

O arquétipo da sombra consiste nos instintos animais que os humanos herdaram em sua evolução a partir de formas inferiores de vida (Jung, 1948a). Conseqüentemente, a sombra representa o lado animal da natureza humana. Como um arquétipo, a sombra é responsável por nossa concepção do pecado original; quando é projetada para fora, ela se torna o diabo ou um inimigo.

O arquétipo da sombra também é responsável pelo aparecimento, na consciência, de pensamentos, sentimentos e ações desagradáveis e socialmente repreensíveis, que podem então ser escondidos da visão pública pela *persona* ou reprimidos no inconsciente pessoal. Assim, o lado sombra da personalidade, que deve sua origem a um arquétipo, permeia os aspectos privados do ego e também uma grande parte dos conteúdos do inconsciente pessoal.

A sombra, com seus instintos animais vitais e apaixonados, dá à personalidade uma qualidade encorpada ou tridimensional. Ela ajuda a completar a pessoa inteira. (O leitor deve ter notado uma semelhança entre a sombra e o conceito freudiano de id.)

## O Self

Em seus primeiros textos, Jung considerava o *self* como equivalente à psique ou à personalidade total. Entretanto, quando começou a explorar as fundações raciais da personalidade e descobriu os arquétipos, ele encontrou um que representava o anseio humano de unidade (Wilhelm & Jung, 1931). Esse arquétipo expressa-se por meio de diversos símbolos, e o principal deles é a *mandala* ou o círculo mágico (Jung, 1955a). Em seu livro *Psicologia e Alquimia* (1944), Jung desenvolve uma psicologia da totalidade baseada no símbolo da mandala. O principal conceito dessa psicologia da unidade total é o *self*.

O *self* é o ponto central da personalidade, em torno do qual todos os outros sistemas estão constelados. Ele mantém esses sistemas unidos e dá à personalidade unidade, equilíbrio e estabilidade:

"Se imaginarmos a mente consciente com o ego como seu centro, como estando oposto ao inconsciente, e acrescentarmos agora ao nosso quadro mental o processo de assimilar o inconsciente, podemos pensar nessa assimilação como uma espécie de aproximação do consciente e do inconsciente, em que o centro da personalidade total já não coincide com o ego, mas com um ponto médio entre o consciente e o inconsciente. Esse seria o ponto de um novo equilíbrio, um novo centramento da personalidade total, um centro virtual que, devido à sua posição focal entre o consciente e o inconsciente, garante uma fundação nova e mais sólida para a personalidade." (Jung, 1945, p. 219)

O *self* é a meta da vida, uma meta que as pessoas buscam incessantemente, mas raramente alcançam. Como todos os arquétipos, ele motiva o comportamento humano e provoca uma busca de integralidade, especialmente pelos caminhos oferecidos pela religião. As experiências religiosas verdadeiras são o mais próximo da qualidade de ser si mesmo que a maioria dos seres humanos vai atingir, e as figuras de Cristo e Buda

são as expressões mais altamente diferenciadas do arquétipo de *self* que podemos encontrar no mundo moderno. Não surpreende que Jung tenha descoberto o o *self* em seus estudos e observações das religiões do oriente, em que a busca de unidade e unicidade com o mundo por meio de várias práticas ritualísticas, como a Yoga, está mais avançada do que nas religiões ocidentais.

Antes que um *self* possa emergir, é necessário que os vários componentes da personalidade se tornem totalmente desenvolvidos e específicos. Por essa razão, o arquétipo do *self* não se torna evidente até que a pessoa tenha atingido a meia-idade. Nessa época, ela começa a fazer um sério esforço para mudar o centro da personalidade do ego consciente para um que esteja a meio caminho entre a consciência e a inconsciência. Essa região intermediária é a província do *self*.

O conceito de *self* provavelmente é a descoberta psicológica mais importante de Jung, e representa a culminação de seus estudos intensivos dos arquétipos.

## As Atitudes

O que controla o funcionamento do ego? A postulação de Jung das atitudes e das funções permitiu-lhe explicar a orientação e os processos característicos do ego. Ele distinguiu duas importantes atitudes ou orientações da personalidade, a atitude de *extroversão* e a atitude de *introversão*. A atitude extrovertida orienta a pessoa para o mundo externo, objetivo; a atitude introvertida orienta a pessoa para o mundo interior, subjetivo (1921). Observe que Jung não está usando esses termos como eles são usados no vernáculo: eles se referem a uma orientação para dentro ou para fora, e não para níveis baixos ou elevados de sociabilidade.

Essas duas atitudes opostas estão ambas presentes na personalidade, mas habitualmente uma delas é dominante e consciente, enquanto a outra é subordinada e inconsciente. Se o ego é predominantemente extrovertido em sua relação com o mundo, o inconsciente pessoal será introvertido.

Curiosamente, foi a tentativa de Jung de entender as diferentes explicações de Freud e de Adler para os sintomas neuróticos que o levou à distinção entre introversão e extroversão (Jung, 1917). Freud centrou-se nos relacionamentos neuróticos com pessoas e objetos externos. Adler, como veremos no Capítulo 4, estava preocupado com o senso subjetivo de inferioridade do indivíduo e suas tentativas subseqüentes de compensá-lo. Jung usou o termo extroversão para se referir à orientação externa característica de Freud e introversão para a orientação interna de Adler. O próprio Jung era bastante introvertido, uma realidade que, indubitavelmente, contribuiu para seus problemas com Freud.

## As Funções

Além das diferenças de perspectiva resumidas pelas atitudes, Jung introduziu dois pares de funções para explicar as diferenças nas estratégias empregadas pelas pessoas para adquirir e processar a informação (nós atualmente chamaríamos essas tendências de *estilos cognitivos*). Existem quatro funções psicológicas fundamentais: *pensamento, sentimento, sensação* e *intuição*. O pensamento é ideacional e intelectual. Ao pensar, os seres humanos tentam compreender a natureza do mundo e a si mesmos. O sentimento é uma função de avaliação: é o valor das coisas, quer positivo quer negativo, com referência ao sujeito. A função de sentimento dá aos humanos suas experiências subjetivas de prazer e dor, de raiva, medo, tristeza, de alegria e amor. A sensação é a função perceptual ou de realidade. Ela transmite os fatos ou as representações concretas do mundo. A intuição é a percepção por meio de processos inconscientes e de conteúdos subliminares. A pessoa intuitiva vai além de fatos, sentimentos e idéias em sua busca da essência da realidade.

A natureza das quatro funções pode ser esclarecida pelo seguinte exemplo. Suponha que uma pessoa está parada na beira do Grand Canyon do rio Colorado. Se predominar a função do sentimento, ela vai experienciar um senso de admiração, de grandeza e de beleza arrebatadoras. Se ela estiver controlada pela função da sensação, verá o *canyon* simplesmente como ele é ou como uma fotografia o representaria. Se a função do pensamento controlar seu ego, ela tentará compreender o *canyon* em termos de teoria e princípios geológicos. Finalmente, se prevalecer a função intuitiva, o espectador tenderá a ver o Grand Canyon como um mistério da natureza que possui um significado profundo, que é parcialmente revelado ou sentido como uma experiência mística.

Que existem exatamente quatro funções psicológicas, nem mais nem menos, "eu concluí", escreveu Jung, "em bases puramente empíricas":

> "Mas como mostra a seguinte consideração, essas quatro, juntas, produzem uma espécie de totalidade. A sensação estabelece o que realmente está presente, o pensamento nos permite reconhecer seu significado, o sentimento nos diz qual é o seu valor e a intuição aponta possibilidades referentes à sua origem e ao seu destino em uma dada situação. Dessa maneira, podemos orientar-nos em relação ao mundo imediato tão completamente como quando localizamos geograficamente um lugar pela latitude e longitude." (1931b, p. 540-541)

O pensamento e o sentimento são chamados de funções racionais porque utilizam a razão, o julgamento, a abstração e a generalização. Elas permitem que os humanos procurem legitimidade no universo. A sensação e a intuição são consideradas funções irracionais porque se baseiam na percepção do concreto, do particular e do acidental.

Embora as pessoas tenham todas as quatro funções, elas não são igualmente bem-desenvolvidas. Habitualmente, uma das quatro funções é mais diferenciada do que as outras três e desempenha um papel dominante na consciência. Esta é chamada de função *superior*. A menos diferenciada das quatro é chamada de função *inferior*. Ela é reprimida e inconsciente e expressa-se em sonhos e fantasias. A função inferior é sempre o outro membro do par que contém a função superior. Se o pensamento for superior, por exemplo, o sentimento deve ser inferior. Quanto mais uma dada função domina o funcionamento consciente, mais a função inferior fica submersa no inconsciente. Em essência, Jung está designando uma função como superior quando ela é a mais desenvolvida das quatro. A base para essa superioridade não estava clara para Jung, embora ele tenha sugerido que as pessoas podem ter uma tendência inata para uma determinada atitude ou função mais desenvolvida. Sejam quais forem suas origens, os pais, em especial, devem respeitar essas tendências e não tentar transformar os filhos em algo que eles não são.

O fato de que o funcionamento consciente de cada pessoa tende a ser guiado por uma das duas atitudes mais uma das quatro funções monta o cenário para uma taxonomia de oito tipos. Introversão ou extroversão como uma atitude dominante pode-se combinar com pensamento, sentimento, sensação ou intuição como uma função superior, produzindo assim um tipo pensante introvertido, um tipo sensorial extrovertido, e assim por diante. Jung reconheceu que pode haver graus de superioridade, dependendo da extensão em que uma determinada atitude ou função domina a consciência, mas ele acreditava que os tipos puros eram úteis como exemplo. Por exemplo, ele esclareceu melhor suas diferenças em relação a Freud sugerindo que Freud era um tipo pensante extrovertido, enquanto ele mesmo era um tipo intuitivo introvertido.

Jung (1921) dedicou grande parte do *Tipos Psicológicos* à descrição dos oito tipos possíveis. Vamos considerar dois dos oito como ilustrações (ver Hall & Nordby, 1973). O tipo pensante extrovertido é o cientista típico, preocupado em entender os fenômenos naturais e em explicá-los por meio de princípios gerais, leis naturais e fórmulas. Essas pessoas reprimem seu lado de sentimento, de modo que podem parecer distantes, frias, desligadas e superiores. O tipo sentimental introvertido é mais comumente encontrado entre as mulheres do que entre os homens. Essas pessoas escondem seus sentimentos e freqüentemente são descritas como distantes, inescrutáveis ou melancólicas. Elas muitas vezes parecem ter poderes misteriosos ou carisma. Elas têm sentimentos intensos que podem irromper em explosões emocionais. O aforismo "as águas paradas são profundas" se aplica a essas pessoas.

O funcionamento da personalidade se torna ainda mais complexo pelo fato de que um membro do par da função que não contém as funções superior e inferior serve como um *auxiliar* para a função superior (ver p. 405-407 em Jung, 1921). Por exemplo, se o pensamento ou o sentimento é a superior, a sensação ou a intuição vai ser a auxiliar. Esse arranjo faz sentido, dado que as funções irracionais governam a percepção ou a aquisição de informação, enquanto as funções racionais controlam o julgamento ou o processamento da informação. O ego precisa de uma estratégia para perceber e para julgar o mundo, de modo que tanto uma função racional quanto uma irracional devem influenciar seu funcionamento consciente. A influência decisiva para a orientação da consciência

vem da função superior, com a auxiliar tendo um papel complementar, não-antagonista. Tais combinações permitem a Jung oferecer descrições mais específicas, como quando ele distingue entre o pensamento "prático", que ocorre quando a sensação é a auxiliar, e o pensamento "especulativo", que surge quando a intuição é a auxiliar.

Vamos resumir o amplo poder descritivo da combinação junguiana das atitudes e funções. A introversão ou a extroversão tenderá a dominar o ego. À medida que aumenta essa dominação, o grau de submersão da outra atitude no inconsciente também aumenta. A função superior vai governar a orientação da consciência, com o outro membro desse par de função enterrado no inconsciente como o inferior. Do par de função remanescente, uma servirá como auxiliar para a função superior e a outra como auxiliar para a inferior. Se, por exemplo, um homem for do tipo pensante introvertido, com a sensação como sua auxiliar, então o sentimento deve ser sua função inferior, com a intuição como sua auxiliar. Existem duas possibilidades para a atitude dominante, quatro possibilidades para a função superior e duas possibilidades para a auxiliar da função superior (porque a auxiliar deve vir do par de função que não contém a função superior). Em conseqüência, podem existir dezesseis tipos ou orientações. Jung reconheceu que são comuns as gradações, mas os tipos puros oferecem uma estrutura potencialmente muito útil para conceitualizar diferenças individuais.

Se as quatro funções forem colocadas eqüidistantemente na circunferência de um círculo, o centro do círculo representa a síntese das quatro funções inteiramente diferenciadas. Nessa síntese não existe nenhuma função superior ou inferior, e nenhuma auxiliar. Todas elas têm força igual na personalidade. Tal síntese só pode ocorrer quando o *self* se realizar plenamente. Uma vez que a realização completa do *self* é impossível, a síntese das quatro funções representa uma meta ideal almejada pela personalidade.

## Interações entre os Sistemas da Personalidade

Os vários sistemas e as atitudes e funções que constituem a personalidade total interagem de três maneiras diferentes. Um sistema pode *compensar* a fraqueza de outro sistema, um sistema pode *se opor* a outro sistema, ou dois ou mais sistemas podem *se unir* para formar uma síntese.

A compensação pode ser ilustrada pela interação das atitudes contrastantes de extroversão e de introversão. Se a extroversão for a atitude dominante ou superior do ego consciente, então o inconsciente vai compensar, desenvolvendo a atitude reprimida da introversão. Isso significa que, se a atitude extrovertida for frustrada de alguma maneira, a atitude inferior inconsciente de introversão vai assumir o controle da personalidade e manifestar-se. Um período de intenso comportamento extrovertido é comumente seguido por um período de comportamento introvertido. Os sonhos também são compensatórios, de modo que os sonhos de uma pessoa predominantemente extrovertida terão uma qualidade introvertida, e, inversamente, os sonhos de um introvertido tenderão a ser extrovertidos.

A compensação também ocorre entre as funções. Uma pessoa que enfatiza o pensamento ou o sentimento na mente consciente será um tipo intuitivo ou sensorial inconscientemente. Da mesma forma, o ego e a *anima* em um homem e o ego e o *animus* em uma mulher terão uma relação compensatória. O ego do homem normal é masculino, enquanto a *anima* é feminina; e o ego da mulher normal é feminino, enquanto o *animus* é masculino. Em geral, todos os conteúdos da mente consciente são compensados pelos conteúdos da mente inconsciente. O princípio de compensação proporciona uma espécie de equilíbrio entre elementos contrastantes que impede a psique de se tornar neuroticamente desequilibrada.

Virtualmente todos os teóricos da personalidade supõem que a personalidade contém tendências polares que podem entrar em conflito. Jung não é exceção. Ele acreditava que uma teoria psicológica da personalidade precisa basear-se no princípio da oposição ou do conflito, porque as tensões criadas por elementos conflitantes são a própria essência da vida. Sem tensão não haveria energia e conseqüentemente nenhuma personalidade.

A oposição existe entre todos os elementos da personalidade: entre o ego e a sombra, entre o ego e o inconsciente pessoal, entre a *persona* e a *anima* ou o *animus*, entre a *persona* e o inconsciente pessoal, entre o inconsciente coletivo e o ego, e entre o inconsciente coletivo e a *persona*. A introversão se opõe à extroversão, o pensamento se opõe ao sentimento, e a

sensação se opõe à intuição. O ego é como uma peteca atirada de um lado para outro, entre as exigências externas da sociedade e as exigências internas do inconsciente coletivo. Em resultado dessa luta, desenvolve-se uma *persona*, ou máscara. A *persona* então se descobre sob o ataque de outros arquétipos no inconsciente coletivo. A mulher no homem, isto é, a *anima*, invade a natureza masculina do homem e o *animus* invade a feminilidade da mulher. A luta entre as forças racionais e irracionais da psique nunca cessa. O conflito é um fato onipresente da vida.

Será que a personalidade sempre precisa ser uma casa dividida contra si mesma? Jung acreditava que não. Os elementos polares não só se opõem uns aos outros, mas também se atraem e se buscam. A situação é análoga à de um marido e uma mulher que brigam um com o outro, mas se mantêm unidos pelas próprias diferenças que provocam os desentendimentos. A união de opostos é realizada pelo que Jung chamou de *função transcendente* (ver a seguir). A operação dessa função resulta na síntese de sistemas contrários para formar uma personalidade equilibrada, integrada. O centro dessa personalidade integrada é o *self*.

## Um Exemplo de Interação entre os Sistemas da Personalidade

Para ilustrar os tipos de interações que ocorrem dentro da psique, vamos considerar as relações entre a *anima* e os outros sistemas da personalidade. Jung disse: "a natureza integral do homem pressupõe a mulher... seu sistema está sintonizado com a mulher desde o início..." (Jung, 1945, p. 188). O bebê do sexo masculino, equipado com seu arquétipo de mulher, é instintivamente atraído para a primeira mulher que experiencia, usualmente a mãe. O estabelecimento de um estreito relacionamento é estimulado, por sua vez, pela mãe. Entretanto, à medida que a criança cresce, esses vínculos maternos se tornam restritivos e frustrantes, senão realmente perigosos para a criança, de modo que o complexo materno que se formou no ego é reprimido no inconsciente pessoal.

Ao mesmo tempo em que esse desenvolvimento está ocorrendo, traços e atitudes femininos que foram implantados no ego pela *anima* também são reprimidos por serem estranhos ao papel que a sociedade espera que ele desempenhe como homem. Em outras palavras, sua feminilidade inata é reprimida por uma contraforça emanando da *persona* e de outros arquétipos.

Como resultado desses dois atos de repressão, os sentimentos da criança pela mãe e sua feminilidade são levados do ego para o inconsciente pessoal. Assim, a percepção que o homem tem das mulheres e seus sentimentos e comportamentos em relação a elas são dirigidos pelas forças combinadas do inconsciente pessoal e coletivo.

A tarefa de integração imposta ao ego em conseqüência dessas vicissitudes do arquétipo da mãe e do arquétipo feminino (a *anima*) é encontrar uma mulher que se assemelhe à *imago* da mãe e que também preencha as necessidades de sua *anima*. Se escolher uma mulher que difira de um ou de ambos desses modelos inconscientes, ele está fadado a ter problemas, porque seus sentimentos positivos conscientes por ela serão perturbados por sentimentos negativos inconscientes. Eles farão com que se sinta insatisfeito com ela, e ele a culpará por várias falhas e dificuldades imaginadas, sem perceber as razões reais de seu descontentamento. Se a função transcendente estiver operando bem, ela unirá todos os seus impulsos contraditórios e o fará escolher uma companheira com quem ele poderá ser feliz.

Todas as decisões importantes na vida requerem que seja dada uma devida consideração aos fatores inconscientes, e também aos conscientes, para que tudo dê certo. Jung disse que muito desajustamento e infelicidade se devem a um desenvolvimento unilateral da personalidade, que ignora facetas importantes da natureza humana. Essas facetas negligenciadas criam perturbações na personalidade e na conduta irracional.

Para Jung, a personalidade é uma estrutura extremamente complexa. Não só existem numerosos componentes – o número de possíveis arquétipos e complexos, por exemplo, é imenso – mas também as interações entre esses componentes são intrincadas e complicadas. Nenhum outro teórico da personalidade apresentou uma descrição tão rica e complexa da estrutura da personalidade.

# A DINÂMICA DA PERSONALIDADE

Jung imaginou a personalidade, ou psique, como um sistema de energia parcialmente fechado. Dizemos que é incompletamente fechado porque a energia de fontes exteriores precisa ser acrescentada ao sistema, por exemplo, pela alimentação. A energia também é subtraída do sistema, por exemplo, pela realização de trabalho muscular. Também é possível que estímulos ambientais produzam mudanças na distribuição de energia dentro do sistema. Isso acontece, por exemplo, quando uma mudança súbita no mundo externo reorienta a nossa atenção e percepção. O fato de que a dinâmica da personalidade está sujeita a influências e a modificações de fontes externas significa que a personalidade não pode atingir um estado de perfeita estabilização, como poderia acontecer se ela fosse um sistema completamente fechado. Ela só pode tornar-se relativamente estabilizada.

## Energia Psíquica

A energia pela qual o trabalho da personalidade é realizado se chama *energia psíquica* (Jung, 1948b). A energia psíquica é uma manifestação da energia de vida, que é a energia do organismo como um sistema biológico. Ela se origina da mesma maneira que toda a energia vital, a saber, dos processos metabólicos do corpo. O termo de Jung para a energia vital é *libido*, mas ele também usa libido paralelamente com energia psíquica. Jung não assumiu uma posição definida sobre a relação da energia psíquica com a energia física, mas ele acreditava que provavelmente existe algum tipo de ação recíproca entre as duas.

A energia psíquica é um constructo hipotético; ela não é uma substância ou um fenômeno concreto. Conseqüentemente, não pode ser medida ou sentida. A energia psíquica encontra sua expressão concreta na forma de forças reais ou potenciais. Desejar, querer, sentir, prestar atenção e buscar são exemplos de forças reais na personalidade; disposições, aptidões, tendências, inclinações e atitudes são exemplos de forças potenciais.

### Valores Psíquicos

A quantidade de energia psíquica investida em um elemento da personalidade é chamada de *valor* desse elemento. O valor é uma medida de intensidade. Quando falamos que atribuímos um grande valor a uma determinada idéia ou sentimento, queremos dizer que a idéia ou o sentimento exerce uma considerável força instigadora e orientadora do comportamento. Uma pessoa que valoriza a verdade gastará muita energia na busca da verdade. Quem atribui um grande valor ao poder estará altamente motivado a obter poder. Inversamente, se algo tem um valor trivial, terá pouca energia associada.

O valor absoluto de uma idéia ou sentimento não pode ser determinado, mas seu valor relativo pode. Uma maneira simples, embora não necessariamente acurada, de determinar valores relativos é perguntar a uma pessoa se ela prefere uma coisa à outra. A ordem de preferência pode ser tomada como uma medida aproximada das forças relativas de seus valores. Ou pode ser imaginada uma situação experimental para testar se um indivíduo se esforçará mais por um incentivo do que por outro. Observar cuidadosamente uma pessoa por um certo período de tempo para ver o que ela faz transmite um quadro bastante bom de seus valores relativos. Se uma pessoa passa mais tempo lendo do que jogando cartas, podemos supor que a leitura é mais valorizada do que o jogo de cartas.

### O Poder Constelador de um Complexo

Tais observações e testes, por mais úteis que possam ser para a determinação de valores conscientes, não lançam muita luz sobre os valores inconscientes. Eles precisam ser determinados por uma avaliação do "poder constelador do elemento nuclear de um complexo". O poder constelador de um complexo consiste no número de grupos de itens que são trazidos para associação pelo elemento nuclear do complexo. Assim, se alguém tem um forte complexo patriótico, isso significa que o núcleo, amor pelo seu país, vai produzir constelações de experiências em torno disso. Uma dessas constelações pode consistir em eventos importantes na história da nação, enquanto outro pode ser um sentimento positivo em relação aos líderes e heróis nacionais. Uma pessoa muito patriótica estará predisposta a associar qualquer experiência nova a uma das constelações associadas ao patriotismo.

Jung discute três métodos para avaliar o poder constelador de um elemento nuclear: (1) a observação direta mais deduções analíticas, (2) os indicadores de complexo e (3) a intensidade da expressão emocional.

Por meio de observação e de inferência, podemos chegar a uma estimativa do número de associações vinculadas a um elemento nuclear. Um homem com um forte complexo materno tenderá a introduzir sua mãe ou algo associado à mãe em suas conversas, seja isso apropriado ou não. Ele preferirá histórias e filmes em que as mães desempenham um papel importante, e valorizará o Dia das Mães e outras ocasiões em que pode homenageá-la. Tenderá a imitar a mãe adotando suas preferências e interesses e sentir-se-á atraído por suas amigas. E terá preferência por mulheres mais velhas a mulheres de sua idade.

Um complexo nem sempre se manifesta publicamente. Ele pode aparecer em sonhos ou de alguma forma obscura, de modo que será necessário empregar evidências circunstanciais para descobrir o significado subjacente da experiência. É isso o que queremos dizer com dedução analítica.

Um indicador de complexo é qualquer perturbação de comportamento, indicando a presença de um complexo. Pode ser um lapso da fala, por exemplo, quando um homem diz "mãe" quando queria dizer "esposa". Pode ser um bloqueio de memória incomum, como acontece quando alguém não consegue lembrar o nome de um amigo porque o nome se parece muito com o de sua mãe ou com algo associado a ela. Os indicadores de complexo também aparecem no teste de associação de palavras.

Jung descobriu a existência dos complexos em 1903, por meio de experimentos com o teste de associação de palavras (Jung, 1973a). Esse teste, agora amplamente empregado na avaliação da personalidade, consiste em uma lista-padrão de palavras que são lidas uma de cada vez para a pessoa que está sendo testada. O sujeito é instruído a responder com a primeira palavra que lhe vier à mente. Se a pessoa levar um tempo incomumente longo para responder a uma palavra específica, isso indica que ela está associada de alguma maneira a um complexo. A repetição da palavra-estímulo e a incapacidade de responder a ela também são indicadores de complexos.

A intensidade da reação emocional de alguém a uma situação também é uma outra medida da força de um complexo. Se o coração bater mais rápido, a respiração se tornar mais profunda, e o sangue sumir da face, essas são ótimas indicações de um forte complexo envolvido. Ao combinar medidas fisiológicas como pulsação, respiração e mudanças elétricas na condutividade da pele com o teste de associação de palavras, é possível determinar de maneira bastante precisa a força dos complexos de uma pessoa.

## O Princípio da Equivalência

Jung baseou sua visão da psicodinâmica em dois princípios fundamentais: o princípio da equivalência e o da entropia (Jung, 1948b). O princípio da equivalência afirma que, se for gasta energia para provocar uma determinada condição, a quantidade gasta aparecerá em outro lugar do sistema. Os alunos de física reconhecerão esse princípio como a primeira lei da termodinâmica, ou o princípio da conservação da energia. Conforme aplicado ao funcionamento psíquico por Jung, o princípio afirma que, se um valor específico se enfraquecer ou desaparecer, a soma de energia representada pelo valor não será perdida, mas reaparecerá em um novo valor. O rebaixamento de um valor inevitavelmente significa a elevação de outro. Por exemplo, à medida que diminui a valorização que uma criança atribui à família, seu interesse por outras pessoas e coisas aumentará. Uma pessoa que perde o interesse por um passatempo normalmente descobre que um outro assumiu o seu lugar. Se um valor for reprimido, sua energia pode ser usada para criar sonhos ou fantasias. É possível, evidentemente, que a energia perdida de um valor seja distribuída entre vários outros valores.

Em termos do funcionamento da personalidade total, o princípio da equivalência afirma que, se for removida energia de um sistema, por exemplo, do ego, ela vai aparecer em algum outro sistema, talvez na *persona*. Ou, se cada vez mais valores se expressarem no lado sombra da personalidade, ele se fortalecerá à custa de outras estruturas da personalidade. Da mesma forma, a desenergização do ego consciente é acompanhada pela energização do inconsciente. A energia está continuamente fluindo de um sistema da personalidade para outro. Essas redistribuições de energia constituem a dinâmica da personalidade.

Sem dúvida, o princípio da conservação da energia não se aplica de uma maneira estrita a um sistema como a psique, que é apenas parcialmente fechado. A energia é acrescentada ou subtraída da psique, e o ritmo em que é acrescentada ou subtraída varia consideravelmente. Em conseqüência, a elevação ou queda de um valor pode dever-se não apenas a uma transferência de energia de uma parte do sistema para outra, mas pode depender também da adição de energia de fontes externas à psique ou da subtração de energia quando é realizado um trabalho muscular. Ficamos física e mentalmente revigorados depois de comer uma refeição ou descansar, e ficamos física e mentalmente cansados depois de um período de exercício ou trabalho. São essas trocas de energia entre a psique e o organismo ou o mundo externo, assim como a redistribuição de energia dentro da psique, que tanto interessavam a Jung e a todos os psicólogos dinâmicos.

## O Princípio da Entropia

O princípio da entropia, ou a segunda lei da termodinâmica, estabeleceu que, quando dois corpos de diferentes temperaturas são colocados em contato, o calor vai passar do corpo mais quente para o corpo mais frio. Como um outro exemplo, a água flui de um nível mais alto para um nível mais baixo quando existe um canal. A operação do princípio da entropia resulta em um equilíbrio de forças. O objeto mais quente perde energia térmica para o mais frio até os dois objetos atingirem a mesma temperatura. Nesse ponto, a troca de energia pára, e dizemos que os dois objetos estão em equilíbrio térmico.

O princípio da entropia conforme adaptado por Jung para descrever a dinâmica da personalidade afirma que a distribuição de energia na psique busca um equilíbrio. Assim, tomando o exemplo mais simples, se dois valores (intensidades de energia) tiverem forças desiguais, a energia tenderá a passar do valor mais forte para o mais fraco até ser atingido um equilíbrio. Entretanto, uma vez que a psique não é um sistema fechado, pode ser acrescentada ou subtraída energia de qualquer um dos valores opostos, o que perturba o equilíbrio. Embora um equilíbrio permanente de forças na personalidade jamais possa ser atingido, esse é o estado ideal almejado pela distribuição da energia. Tal estado ideal em que a energia total está regularmente distribuída em todos os sistemas totalmente desenvolvidos é o *self*. Quando Jung afirmou que a auto-realização é a meta do desenvolvimento psíquico, ele quis dizer, entre outras coisas, que a dinâmica da personalidade busca um perfeito equilíbrio de forças.

O fluxo de energia dirigido de um centro de alto potencial para um de baixo potencial é um princípio fundamental que governa a distribuição de energia entre os sistemas da personalidade. A operação desse princípio significa que um sistema fraco tenta melhorar seu *status* à custa de um sistema forte. Esse processo cria tensão na personalidade. Se o ego consciente, por exemplo, é supervalorizado em relação ao inconsciente, muita tensão será gerada na personalidade pela tentativa por parte da energia de passar do sistema consciente para o inconsciente. Da mesma forma, a energia da atitude superior, quer seja extroversão quer seja introversão, tende a mover-se na direção da atitude inferior. Um extrovertido superdesenvolvido sofre pressão para desenvolver a parte introvertida de sua natureza. É uma regra geral na psicologia junguiana que qualquer desenvolvimento unilateral da personalidade cria conflito, pressão e tensão, e que um desenvolvimento equilibrado de todos os constituintes da personalidade produz harmonia, relaxamento e contentamento.

A produção de energia requer diferenças de potencial entre os vários componentes de um sistema. Em conseqüência, nenhuma energia seria produzida em um estado de perfeito equilíbrio. Um sistema perde a força e pára quando todas as suas partes estão em perfeito equilíbrio, ou perfeita entropia. Portanto, é impossível que um organismo vivo atinja uma entropia perfeita. Essa situação representa uma ironia fascinante. Assim como o "instinto de morte" de Freud se referia ao desejo da pessoa de retornar a um estado inorgânico, a meta de Jung de movimento rumo à condição de ser si mesmo implica avançar para uma parada final da personalidade.

## O Uso da Energia

A energia psíquica total disponível para a personalidade é usada para dois propósitos gerais. Parte dela é gasta na realização do trabalho necessário para a manutenção da vida e a propagação da espécie. Essas são as funções inatas, instintivas, conforme exemplificado pela fome e pelo sexo. Elas operam segundo leis biológicas naturais. Qualquer energia que excede a necessária para os instintos pode ser empregada em atividades culturais e espirituais. De acordo com Jung, tais atividades constituem os propósitos mais elevados da vida. À medida que a pessoa se torna mais eficiente em satisfazer suas necessidades biológicas, sobra mais energia para a busca de interesses culturais. Além disso, conforme o corpo que envelhece faz menos demandas de energia, mais energia fica disponível para atividades psíquicas.

## O DESENVOLVIMENTO DA PERSONALIDADE

O aspecto mais relevante da teoria de Jung da personalidade, fora o conceito do inconsciente coletivo com seus arquétipos, é a sua ênfase no caráter progressista do desenvolvimento da personalidade. Jung acreditava que os humanos estão constantemente progredindo ou tentando progredir de um estágio de desenvolvimento menos completo para um mais completo. Ele também acreditava que a humanidade, como espécie, está constantemente desenvolvendo formas mais diferenciadas de existência.

Qual é a meta do desenvolvimento? Que objetivo os seres humanos e a humanidade buscam? A suprema meta desenvolvimental buscada pelas pessoas é resumida pelo termo *auto-realização*. Auto-realização significa a diferenciação e a fusão harmoniosa mais plenas e completas de todos os aspectos de uma personalidade humana total. Isso significa que a psique desenvolveu um novo centro, o *self*, que ocupa o espaço do antigo centro, o ego. Toda a evolução, conforme se manifesta no desenvolvimento psíquico, desde os primeiros organismos primitivos até o aparecimento dos humanos, é uma marcha de progresso. O progresso não parou com a criação dos humanos; assim como os humanos representam um avanço em relação a todas as outras espécies de animais, os humanos civilizados também representam uma melhora em relação aos humanos primitivos. Até os humanos civilizados ainda têm muito pela frente antes de atingir o fim da jornada evolutiva. Era o futuro dos humanos o que Jung achava tão interessante e desafiador, e sobre isso ele teve muito a dizer em seus extensivos textos.

## Causalidade *Versus* Teleologia

A idéia de uma meta que orienta e dirige o destino humano é essencialmente uma explicação teleológica ou finalista. O ponto de vista teleológico explica o presente em termos do futuro. De acordo com esse ponto de vista, a personalidade humana é compreendida em termos de para onde está indo, e não de onde esteve. Por outro lado, o presente pode ser explicado pelo passado. Esse é o ponto de vista da causalidade, que afirma que os eventos presentes são as conseqüências ou os efeitos de condições ou causas antecedentes. Nós examinamos o passado da pessoa para explicar seu comportamento presente.

Jung afirmava que ambos os pontos de vista são necessários na psicologia se quisermos buscar um entendimento completo da personalidade. O presente é determinado não só pelo passado (causalidade), mas também pelo futuro (teleologia). Em sua busca de entendimento, os psicólogos precisam ter as duas faces do deus Jano. Com uma, eles podem olhar para o passado da pessoa; com a outra, eles podem olhar para o seu futuro. As duas visões, quando combinadas, transmitem um quadro completo da pessoa.

Jung admitia que a causalidade e a teleologia são meramente modos arbitrários de pensamento empregados pelo cientista para ordenar e compreender fenômenos naturais. A causalidade e a teleologia não são em si mesmas encontradas na natureza. Ele salientou que uma atitude puramente causal tende a produzir resignação e desespero nos humanos, uma vez que, do ponto de vista da causalidade, eles são prisioneiros de seu passado. Eles não podem desfazer o que já foi feito. A atitude finalista, por outro lado, dá aos humanos um sentimento de esperança e algo pelo que viver (cf. Frankl, 1959, que endossou a frase de Nietzsche: "Quem tem um *porquê* pelo qual viver pode suportar quase qualquer *como*".)

## Sincronicidade

Tardiamente em sua vida, Jung (1952a) propôs um princípio que não era nem causalidade e nem teleologia. Ele o chamou de *princípio da sincronicidade*. Esse princípio se aplica a eventos que ocorrem juntos no tempo, mas não são a causa um do outro, por exemplo, quando um pensamento corresponde a um evento objetivo. Quase todo mundo já experienciou essas coincidências. Estamos pensando em uma pessoa e a pessoa aparece, ou sonhamos com a doença ou a morte de um amigo ou parente e mais tarde ficamos sabendo que o evento ocorreu no exato momento do sonho. Jung indicou a vasta literatura sobre telepatia mental, clarividência e outros tipos de fenômenos paranormais como evidência do princípio da sincronicidade. Ele acreditava que muitas dessas experiências não podem ser explicadas como coincidências casuais; em vez disso, elas sugerem a existência de um outro tipo de ordem no universo além da descrita pela causalidade. Os fenômenos sincrônicos são atribuídos à natureza dos arquétipos. Um arquétipo tem um caráter *psicóide,* isto é, ele é tanto psicológico quanto físico. Conseqüentemente, um arquétipo pode trazer à consciência uma imagem mental de um evento físico mesmo que não exista nenhuma percepção direta dele. O arquétipo não causa ambos os eventos; ele possui uma qualidade que permite que ocorra a sincronicidade. O princípio da sincronicidade parece ser uma evolução em relação à idéia de que um pensamento *causa* a materialização da coisa pensada. (Existe um ótimo ensaio sobre sincronicidade em *From the life and work of C. G. Jung* [1971] de Aneila Jaffé. Ver também Progoff [1973].)

## Hereditariedade

A hereditariedade tem um papel importante na psicologia junguiana. Em primeiro lugar, ela é responsável pelos instintos biológicos que buscam a autopreservação e a reprodução. Os instintos constituem o lado animal da natureza humana. Eles são os vínculos com um passado animal. Um instinto é um impulso interno para agir de uma certa maneira quando surge uma determinada condição tissular. A fome, por exemplo, evoca atividades de busca e ingestão de alimento. As idéias de Jung sobre os instintos não são diferentes das defendidas pela biologia moderna (Jung, 1929, 1948c).

Entretanto, Jung desviou-se bastante da posição da biologia moderna quando afirmou que existe, além de uma herança de instintos biológicos, uma herança de "experiências" ancestrais. Essas experiências ou, falando com maior exatidão, a potencialidade de se ter a mesma ordem de experiências de nossos ancestrais, são herdadas na forma de *arquétipos*. Como vimos, um arquétipo é uma memória racial que se tornou parte da hereditariedade humana ao se repetir freqüente e universalmente ao longo de muitas gerações. Ao aceitar a noção de herança cultural, Jung aliou-se à doutrina de Lamarck dos caracteres adquiridos, uma doutrina cuja validade foi questionada pela maioria dos geneticistas contemporâneos. Entretanto, conforme Hall e Nordby (1973) apontam, os arquétipos não requerem explicação em termos do processo lamarckiano de herdar características adquiridas. Por exemplo, os primeiros humanos que, devido a uma mutação genética, possuíam uma predisposição para ter medo de cobras ou do escuro provavelmente tiveram uma vantagem de sobrevivência. Isso, por sua vez, pode ter proporcionado uma vantagem reprodutiva e levado finalmente a uma característica da espécie. De maneira semelhante, outros conteúdos do inconsciente coletivo poderiam ter-se desenvolvido por meio do processo de seleção natural.

## Estágios de Desenvolvimento

Jung não especificou detalhadamente, como fez Freud, os estágios pelos quais a personalidade passa desde o período de bebê até a idade adulta. Mas ele descreveu quatro estágios gerais de desenvolvimento. Não apresentaremos o último estágio, a Velhice, porque Jung o considerava um período relativamente pouco importante, em que as pessoas idosas gradualmente mergulham no inconsciente.

### Infância

A vida da criança é determinada por atividades instintuais necessárias à sobrevivência. O comportamento durante a infância também é governado pelas exigências parentais. Os problemas emocionais experienciados pelas crianças pequenas geralmente refletem "influências perturbadoras em casa" (1928, p. 54). Em um nítido contraste com Freud, Jung não enfatizou o poder determinante da infância para o comportamento subseqüente.

### Idade Adulta Jovem

A puberdade serve como o "nascimento psíquico" da personalidade. Não só emerge a sexualidade, mas também a criança se diferencia dos pais. O adolescente precisa aprender a enfrentar o mundo e a preparar-se para a vida. A extroversão é a atitude primária, e a consciência domina a vida mental à medida que o jovem se dedica às tarefas de encontrar um companheiro e uma vocação (cf. discussão no Capítulo 4 das três tarefas de vida de Adler, mais a discussão no Capítulo 5 das crises básicas de Erikson de identidade vs. confusão de papéis e intimidade vs. isolamento). O adolescente precisa lidar com questões de sexualidade, assim como de poder ou insegurança.

### Meia-Idade

Pelo final da casa dos 30, a maioria das pessoas já lidou com as questões da idade adulta jovem, tendo casado e estabelecido-se em uma profissão. Nesse ponto, surge uma preocupação bem diferente, a necessidade de significado. As pessoas precisam encontrar um propósito em sua vida e uma razão para a sua existência. Na terminologia de Jung, elas passam de uma atitude extrovertida para uma introvertida, e começam a buscar a auto-realização. Esse é o momento da "crise da meia-idade". Os interesses e as atividades juvenis perdem seu valor e são substituídos por novos interesses, mais culturais e menos biológicos. A pessoa de meia-idade torna-se mais introvertida e menos impulsiva. A sabedoria e a sagacidade tomam o lugar do vigor físico e mental. Os valores da pessoa são sublimados em símbolos sociais, religiosos, cívicos e filosóficos. Ela se torna mais espiritual.

Tal transição é o evento mais decisivo na vida de uma pessoa. Também é um dos mais perigosos, porque, se alguma coisa dá errado durante a transferência de energia, a personalidade pode-se tornar permanentemente perturbada. Isso acontece, por exemplo, quando os valores culturais e espirituais da meia-idade não utilizam toda a energia anteriormente investida em metas instintuais. Nesse caso, a energia em excesso está livre para perturbar o equilíbrio da psique.

Jung teve muito sucesso, tratando pessoas de meia-idade cujas energias não encontravam saídas satisfatórias (Jung, 1931a). Em parte, isso talvez se deva ao fato de Jung ter passado por um "período ocioso" de 1913 a 1917, os anos cercando seu 40º aniversário. Esse foi o período que se seguiu ao seu afastamento de Freud. Pelo relato do próprio Jung, nesses anos, ele se afastou do ensino universitário e imergiu em seu inconsciente pessoal e coletivo. Alguns estudiosos (p. ex., Jaffé, 1971; van der Post, 1975) sugeriram que esse "período tempestuoso" foi uma viagem autocontrolada de exploração (cf. auto-análise de Freud). Outros (p. ex., Ellenberger, 1970; Stern, 1976) argumentaram que Jung não tinha controle completo durante esse período, estando à beira de um surto psicótico. Seja qual for a verdade, é certo que Jung emergiu desse período com idéias convincentes sobre a natureza e o funcionamento do inconsciente.

A necessidade de significado era um conceito importante para Jung, e oferece mais um contraste com Freud. Freud (1927) argumentara que a crença em Deus era uma ilusão, isto é, uma crença estimulada pela realização do desejo, com um protótipo infantil e a função defensiva de tornar "tolerável a nossa impotência". Jung tinha uma posição bem diferente, baseada na utilidade e não na prova. Jung escreveu:

> "Uma vez que não podemos descobrir o trono de Deus no céu com um radiotelescópio . . . as pessoas supõem que essas idéias 'não são verdade' . . . O homem moderno pode afirmar que não precisa delas, e reforçar sua opinião insistindo que não existe nenhuma evidência científica de sua verdade. Mas . . . por que deveríamos nos preocupar com evidências? Mesmo que não soubéssemos as razões da nossa necessidade de sal na comida, nós não obstante nos beneficiaríamos de seu uso . . . Por que, então, devemos privar-nos de idéias que seriam úteis nas crises e dariam significado à nossa existência? . . . O homem, positivamente, precisa de idéias e convicções gerais que dêem sentido à sua vida e que lhe permitam encontrar um lugar para si mesmo no universo." (1964, p. 87-88)

## Progressão e Regressão

O desenvolvimento pode ter um movimento progressivo, para a frente, ou regressivo, para trás. Por progressão, Jung queria dizer que o ego consciente está se ajustando satisfatoriamente tanto às exigências do ambiente externo quanto às necessidades do inconsciente. Na progressão normal, forças opostas se unem em um fluxo coordenado e harmonioso de processos psíquicos.

Quando o movimento para a frente é interrompido por alguma circunstância frustrante, isso impede a libido de ser investida em valores extrovertidos ou orientados para o ambiente. Em conseqüência, a libido faz uma regressão para o inconsciente e investe-se de valores introvertidos. Isto é, valores objetivos do ego são transformados em valores subjetivos. A regressão é a antítese da progressão.

Entretanto, Jung acreditava que um deslocamento regressivo de energia não tem necessariamente um efeito permanentemente mau sobre o ajustamento. De fato, isso pode ajudar o ego a encontrar um caminho para desviar-se do obstáculo e avançar novamente. Isso é possível porque o inconsciente, tanto o pessoal quanto o coletivo, contém o conhecimento e a sabedoria do passado individual e racial, que foram reprimidos ou ignorados. Ao regredir, o ego pode descobrir conhecimentos úteis no inconsciente que permitirão à pessoa superar a frustração. Os humanos devem prestar especial atenção aos seus sonhos, pois eles são revelações de material inconsciente. Na psicologia junguiana, o sonho é visto como um poste sinalizador que aponta o caminho para o desenvolvimento de recursos potenciais.

A interação da progressão e da regressão no desenvolvimento pode ser exemplificada pelo seguinte exemplo esquemático. Um jovem que se desvencilhara da dependência em relação aos pais encontra uma barreira intransponível. Ele procura os pais para conselhos e encorajamento. Ele, na verdade, não vai voltar para os pais em um sentido físico, mas sua libido vai regredir para o inconsciente e reativar as imagos parentais lá localizadas. Essas imagos parentais podem então proporcionar-lhe o conhecimento e o encorajamento necessários para superar a frustração.

## O Processo de Individuação

Que a personalidade tem a tendência a desenvolver-se na direção de uma unidade estável é um aspecto central da psicologia de Jung. O desenvolvimento é um desdobrar-se da totalidade original não-diferenciada com que nascem os seres humanos. A meta suprema desse desdobrar-se é a realização da condição de ser si mesmo.

Para realizar tal meta, é necessário que os vários sistemas da personalidade se tornem completamente diferenciados e inteiramente desenvolvidos. Se alguma parte da personalidade for negligenciada, os sistemas negligenciados e menos desenvolvidos agirão como centros de resistência que tentarão capturar energia de sistemas mais desenvolvidos. Se houver muitas resistências, a pessoa tornar-se-á neurótica. Isso vai acontecer quando os arquétipos não puderem se expressar por meio do ego consciente ou quando o envoltório da *persona* se tornar tão espesso que abafará o resto da personalidade. Um homem que não oferece uma saída satisfatória para seus impulsos femininos, ou uma mulher que contém sua inclinações masculinas estão armando problemas, porque a *anima* ou o *animus* nessas condições tenderão a encontrar maneiras indiretas e irracionais de se expressar. Para ter uma personalidade sadia e integrada, todos os sistemas precisam atingir o grau mais pleno de diferenciação, desenvolvimento e expressão. O processo por meio do qual isso é atingido chama-se *processo de individuação* (Jung, 1939, 1950).

## A Função Transcendente

Quando a diversidade foi atingida por meio da operação do processo de individuação, os sistemas diferenciados são integrados pela *função transcendente* (Jung, 1916b).

Essa função tem a capacidade de unir todas as tendências opostas dos vários sistemas e de buscar a meta ideal de integralidade perfeita (condição de ser si mesmo). A meta da função transcendente é a revelação da pessoa essencial e "a realização de todos os seus aspectos, da personalidade originalmente escondida no idioplasma embrionário; a produção e o desdobramento da integralidade original, potencial"

(Jung, 1943, p. 108). Outras forças na personalidade, notavelmente a repressão, podem se opor à operação da função transcendente. No entanto, apesar de toda oposição, vai ocorrer a propulsão progressiva e unificadora do desenvolvimento. A expressão inconsciente de um desejo de integralidade é encontrada em sonhos, mitos e outras representações simbólicas. Um desses símbolos, que está sempre aparecendo em mitos, sonhos, arquitetura, religião e artes é o símbolo da mandala. A mandala é uma palavra em sânscrito que significa círculo. Jung estudou exaustivamente a mandala porque ela é o emblema perfeito da unidade e da totalidade completas nas religiões orientais e ocidentais.

## Sublimação e Repressão

A energia psíquica é deslocável. Isso significa que ela pode ser transferida de um processo em um determinado sistema para outro processo no mesmo sistema ou em um diferente. Essa transferência é feita de acordo com os princípios dinâmicos básicos de equivalência e de entropia. Se o deslocamento é governado pelo processo de individuação e pela função transcendente, é chamado de *sublimação*. A sublimação descreve o deslocamento de energia dos processos mais primitivos, instintivos e menos diferenciados para processos superiores culturais, espirituais e mais diferenciados. Por exemplo, quando a energia é retirada da pulsão sexual e investida em valores religiosos, dizemos que a energia foi sublimada. Sua forma mudou, no sentido de que um novo tipo de trabalho está sendo realizado; nesse caso, o trabalho religioso substitui o trabalho sexual.

Quando a descarga de energia, quer pelos canais instintuais, ou sublimados, é bloqueada, dizemos que foi *reprimida*. A energia reprimida não pode simplesmente desaparecer; ela precisa ir para algum lugar, segundo o princípio da conservação da energia. Conseqüentemente, ela passa a residir no inconsciente. Ao acrescentar energia ao material inconsciente, o inconsciente pode ficar mais carregado que o ego consciente. Se isso acontecer, a energia do inconsciente tenderá a fluir para o ego, segundo o princípio da entropia, e perturbar os processos racionais. Em outras palavras, processos inconscientes altamente energizados tentarão romper a repressão. Se conseguirem, a pessoa vai-se comportar de maneira irracional e impulsiva.

A sublimação e a repressão são exatamente opostas em caráter. A sublimação é progressiva; a repressão é regressiva. A sublimação faz a psique avançar; a repressão a faz retroceder. A sublimação é integrativa; a repressão é desintegrativa. Mas já que a repressão é regressiva, ela pode permitir que os indivíduos encontrem as respostas para seus problemas em seus inconscientes e assim possam avançar novamente.

## Simbolização

Um símbolo, na psicologia junguiana, tem duas funções importantes. Por um lado, ele representa uma tentativa de satisfazer um impulso instintual que foi frustrado; por outro, ele é uma corporificação de material arquetípico. O desenvolvimento da dança como uma forma de arte é um exemplo de uma tentativa de satisfazer simbolicamente um impulso frustrado como a pulsão sexual. Uma representação simbólica de uma atividade instintual nunca pode ser inteiramente satisfatória, todavia, porque não alcança o objeto real e a descarga de toda a libido. A dança não toma completamente o lugar de formas mais diretas de expressão sexual; conseqüentemente, as simbolizações mais adequadas de instintos frustrados estão sempre sendo buscadas. Jung acreditava que a descoberta de símbolos melhores, isto é, símbolos que descarreguem mais energia e reduzam mais a tensão, permite à civilização avançar para níveis culturais cada vez mais altos.

Entretanto, um símbolo também desempenha o papel de uma resistência a um impulso. À medida que a energia está sendo drenada por um símbolo, ela não pode ser usada para descarga impulsiva. Quando alguém está dançando, por exemplo, essa pessoa não está envolvida em uma atividade sexual direta. Desse ponto de vista, um símbolo é o mesmo que uma sublimação. Ambos envolvem deslocamentos da libido.

A capacidade de um símbolo de representar linhas futuras de desenvolvimento da personalidade, especialmente na busca de integralidade, desempenha um papel altamente significativo na psicologia junguiana. Essa é uma contribuição distintiva e original à teoria do simbolismo. Jung voltava sempre em seus textos a uma discussão do simbolismo e tornou-o assunto de alguns de seus livros mais importantes. A essência da teoria de Jung do simbolismo é encontrada em sua citação: "O símbolo não é um sinal que esconde alguma coisa que todo mundo conhece. Seu significado não é esse; pelo contrário, ele representa uma tentativa de elucidar, por meio de analogia, alguma coisa que ainda pertence inteiramente ao domínio do desconhecido ou alguma coisa que ainda está por vir a ser" (Jung, 1916a, p. 287).

Os símbolos são representações da psique. Eles não só expressam a sabedoria racial e individualmente adquirida armazenada pela humanidade, mas também podem representar níveis de desenvolvimento que estão muito além do presente *status* da humanidade. O destino de uma pessoa e a maior evolução de sua psique são marcados pelos símbolos. O conhecimento contido em um símbolo não é diretamente aprendido pelos humanos; eles precisam decifrar o símbolo para descobrir sua importante mensagem.

Os dois aspectos de um símbolo, um retrospectivo e orientado pelos instintos, o outro prospectivo e orientado pelas metas supremas da humanidade, são dois lados da mesma moeda. Um símbolo pode ser analisado de qualquer lado. O tipo retrospectivo de análise expõe a base instintual de um símbolo; o tipo prospectivo revela os anseios da humanidade por completude, renascimento, harmonia, purificação e assim por diante. O primeiro é um tipo de análise redutivo, causal, e o outro, teleológico, finalístico. Ambos são necessários para uma completa elucidação do símbolo. Jung acreditava que o caráter prospectivo de um símbolo era negligenciado em favor da visão de que ele é unicamente um produto de impulsos frustrados.

A intensidade psíquica de um símbolo é sempre maior que o valor da causa que o produziu. Isso quer dizer que existe tanto uma força impulsionadora quanto uma força atrativa por trás da criação de um símbolo. O impulso é dado pela energia instintual, a atração é exercida por metas transcendentais. Nenhuma delas, sozinha, é suficiente para criar um símbolo. Conseqüentemente, a intensidade psíquica de um símbolo é o produto combinado de determinantes causais e finalistas e, portanto, é maior do que o fator causal isolado.

## PESQUISA CARACTERÍSTICA E MÉTODOS DE PESQUISA

Jung foi um estudioso e um cientista. Ele descobria seus fatos em todo lugar: em mitos antigos e em contos de fada modernos; na vida primitiva e na civilização moderna; nas religiões dos mundos oriental e ocidental; na alquimia, astrologia, telepatia mental e clarividência; nos sonhos e nas visões das pessoas normais; na antropologia, história, literatura e nas artes; e na pesquisa clínica e experimental. Em incontáveis artigos e livros, ele apresentou os dados empíricos nos quais suas teorias se baseiam. Jung insistiu que estava mais interessado em descobrir fatos do que em formular teorias: "Eu não tenho nenhum sistema, falo de fatos" (comunicação pessoal aos autores, 1954).

Uma vez que é completamente impossível revisar a vasta quantidade de material empírico reunido por Jung em seus numerosos textos, teremos de nos resignar à apresentação de uma minúscula porção da sua pesquisa característica.

### Estudos Experimentais de Complexos

Os primeiros estudos de Jung que atraíram a atenção de psicólogos empregavam o teste de associação de palavras em conjunto com medidas fisiológicas da emoção (Jung, 1973a). No teste de associação de palavras, uma lista-padrão de palavras é lida para o sujeito, uma de cada vez, e a pessoa é instruída a responder com a primeira palavra que lhe vier à mente. O tempo gasto para responder a cada palavra é medido por um cronômetro. Nos experimentos de Jung, as mudanças na respiração eram medidas por um pneumógrafo preso ao peito do sujeito, e as mudanças na condutividade elétrica da pele, por um psicogalvanômetro preso à palma da mão. Essas duas medidas são evidências adicionais de reações emocionais que podem acontecer diante de palavras específicas da lista, pois sabemos bem que a respiração e a resistência da pele são afetadas pela emoção.

Jung utilizou tais medidas para descobrir complexos nos pacientes. Uma longa demora para responder à palavra-estímulo mais mudanças respiratórias e na resistência da pele indicam que a palavra tocou em um complexo. Por exemplo, se a respiração de uma pessoa se torna irregular, sua resistência a uma corrente elétrica diminui devido ao suor nas palmas das mãos e a resposta à palavra *mãe* demora incomumente, esses fatores sugerem a presença de um complexo materno. Se a reação a outras palavras relacionadas à "mãe" for semelhante, isso confirma a existência desse complexo. Outras indicações de que uma palavra-estímulo fora associada a um complexo incluíam repetir ou entender mal a palavra, fazer movimentos corporais, dar respostas rimadas, gaguejar, dar respostas inventadas ou ser incapaz de responder. Em muitos aspectos, o teste de associação de palavras de Jung foi o primeiro exemplo de um teste clínico formal. Ele incorporava muitas das características dos atuais testes "projetivos", tais como um conjunto-padrão de materiais-estímulo ao qual o sujeito respondia conforme achava adequado, respostas normativas às palavras para diferentes tipos de sujeitos, e um período de questionamento em que o sujeito discutia as palavras-estímulo que tinham produzido respostas incomuns.

### Estudos de Caso

Conforme observamos no capítulo precedente, Freud publicou seis longos estudos de caso. Em cada um deles, Freud tentou caracterizar a dinâmica de uma condição patológica específica, por exemplo, Dora e histeria, Schreber e paranóia. Com exceção de alguns breves estudos de caso publicados antes de seu rompimento com Freud, Jung não escreveu qualquer estudo de caso comparável aos de Freud. Em *Symbols of Transformation* (1952b), Jung analisou as fantasias de uma jovem mulher americana que conhecia apenas por um artigo do psicólogo suíço Theodore Flournoy. Esse não é um estudo de caso, assim como também não o é a análise de uma longa série de sonhos em *Psychology and Alchemy* (1944) ou a análise de uma série de pinturas feitas por um paciente em *A Study in the Process of Individuation* (1950). Nesses casos, Jung usou o método comparativo, empregando história, mito, religião e etimologia para mostrar a base arquetípica dos sonhos e das fantasias. Após sua ruptura com Freud, o método comparativo proporcionou a Jung seus dados básicos e o principal suporte para seus conceitos. O leitor talvez não consiga assimilar volumes arcanos de difícil leitura como *Psychology and Alchemy* (1944), *Alchemical studies* (1942-1957), *Aion* (1951) e *Mysterium Conjunctionis* (1955b). O leitor encontrará, todavia, um exemplo facilmente digerível da metodologia comparativa de Jung em *Flying saucers: a modern myth of things seen in the sky* (1958), escrito por Jung no final de sua vida.

## Estudos Comparativos de Mitologia, Religião e as Ciências Ocultas

Já que é difícil encontrar evidências dos arquétipos apenas em fontes contemporâneas, Jung dedicou muita atenção às pesquisas em mitologia, religião, alquimia e astrologia. Suas investigações o levaram a áreas que poucos psicólogos exploraram, e ele adquiriu um vasto conhecimento de assuntos obscuros e complexos, como religião hindu, taoísmo, *yoga*, confucionismo, a missa cristã, astrologia, pesquisa psíquica, mentalidade primitiva e alquimia.

Um dos mais impressionantes exemplos da tentativa de Jung de documentar a existência de arquétipos raciais é encontrado em *Psychology and Alchemy* (1944). Jung acreditava que o rico simbolismo da alquimia expressa muitos, se não todos, os arquétipos dos humanos. Em *Psychology and Alchemy* ele examina uma extensa série de sonhos de um paciente (de um outro terapeuta) em comparação com a intricada tapeçaria do simbolismo alquímico e conclui que em ambos aparecem os mesmos aspectos básicos. É um *tour de force* de análise simbólica que tem de ser lida em sua totalidade para ser apreciada. Os poucos exemplos que apresentaremos pretendem apenas dar ao leitor uma idéia do método de Jung.

O material clínico consiste em mais de mil sonhos e visões de um homem jovem. A interpretação de uma seleção desses sonhos e visões ocupa a primeira metade do livro. O resto do livro contém um relato acadêmico da alquimia e sua relação com o simbolismo religioso.

Em um dos sonhos, algumas pessoas estão caminhando para a esquerda em torno de um quadrado. O sonhador não está no centro, mas em um dos lados. Elas dizem que um gibão vai ser reconstruído (p. 119). O quadrado é um símbolo do trabalho do alquimista, que consistia em separar a unidade caótica original do material fundamental em quatro elementos e em recombiná-los em uma unidade superior e mais perfeita. A unidade perfeita é representada por um círculo, ou mandala, que aparece nesse sonho como o caminhar em torno de um quadrado. O gibão ou macaco representa a misteriosa substância transformadora da alquimia, uma substância que transforma o material-base em ouro. Esse sonho significa, portanto, que o paciente precisa deslocar seu ego consciente do centro de sua personalidade para permitir que as pulsões primitivas reprimidas sejam transformadas. O paciente só pode alcançar a harmonia interior integrando todos os elementos de sua personalidade, assim como o alquimista só podia atingir seu objetivo (o que ele jamais fez) pela mistura adequada de elementos básicos. Em um outro sonho, um copo com uma massa gelatinosa está sobre uma mesa diante do sonhador (p. 168). O copo corresponde ao aparato de alquimia usado para destilação, e os conteúdos, à substância amorfa que o alquimista espera transformar no *lapis* ou pedra filosofal. Os símbolos alquímicos, nesse sonho, indicam que o sonhador está tentando ou esperando transformar-se em algo melhor.

Quando o sonhador sonha com água, ela representa o poder regenerativo da *aquavitae* do alquimista; quando ele sonha em encontrar uma flor azul, a flor representa o local de nascimento da *filius philosophorum* (a figura hermafrodita da alquimia); e quando ele sonha que está atirando moedas de ouro no chão, está expressando seu desprezo pelo ideal do alquimista. Quando o paciente desenha uma roda, Jung vê uma conexão entre ela e a roda do alquimista, que representava o processo de circulação dentro da retorta química, pela qual se supunha que ocorria a transformação do material. De maneira semelhante, Jung interpreta um diamante que aparece no sonho do paciente como o ambicionado *lapis,* e um ovo, como a caótica *matéria-prima* com a qual o alquimista começou a trabalhar.

Por toda a série de sonhos, conforme Jung demonstra, existem grandes paralelos entre os símbolos empregados pelo sonhador para representar seus problemas e suas metas e os símbolos usados pelos alquimistas medievais para representar suas diligências. O aspecto surpreendente da série de sonhos é que eles retratam de maneira mais ou menos exata os aspectos materiais da alquimia. Jung consegue apontar duplicações exatas de objetos nos sonhos e nas ilustrações encontradas em antigos textos de alquimia. Ele conclui, a partir disso, que a dinâmica da personalidade do alquimista medieval conforme projetada em suas investigações químicas e a dinâmica do paciente são exatamente as mesmas. Essa correspondência exata de imagens prova a existência de arquétipos universais. Além disso, Jung, que executou investigações antropológicas na África e em outras partes do mundo, encontrou os mesmos arquétipos expressos nos mitos de raças primitivas. Eles também se expressam na religião e na arte, tanto modernas quanto primitivas: "As formas que a experiência assume em cada indivíduo podem ser infinitas em suas variações, mas, como os símbolos alquímicos, todas são variantes de certos tipos centrais, e estes ocorrem universalmente" (Jung, 1944, p. 463).

## Sonhos

Jung, como Freud, prestou muita atenção aos sonhos. Ele os considerava como sendo prospectivos assim como retrospectivos em conteúdo, e compensatórios para aspectos da personalidade do sonhador negligenciados na vida de vigília. Por exemplo, um homem que negligencia sua *anima* terá sonhos em que aparecem figuras de *anima*. Jung também diferenciava os sonhos "grandes", em que existem muitas imagens arquetípicas, dos sonhos "pequenos", cujos conteúdos estão mais estreitamente relacionados às preocupações conscientes do sonhador.

### O Método da Amplificação

Este método foi desenvolvido por Jung para explicar certos elementos dos sonhos considerados como possuindo um rico significado simbólico. Ele contrasta com o método da associação livre. Ao associar livremente, a pessoa em geral dá uma série de respostas verbais lineares a um elemento do sonho. O elemento do sonho é meramente o ponto de partida para associações subseqüentes, e as associações podem e normalmente se afastam do elemento. No método da amplificação, o sonhador é solicitado a ficar atento ao elemento e a fazer múltiplas associações a ele. As respostas dadas formam uma constelação em torno de um determinado elemento do sonho e constituem os significados multifacetados que ele tem para o sonhador. Jung supunha que um símbolo verdadeiro é aquele que tem muitas faces e jamais é completamente cognoscível. Os analistas também podem ajudar a amplificar o elemento informando o que sabem sobre ele. Eles podem consultar textos antigos, mitologia, contos de fadas, textos religiosos, etnologia e dicionários etimológicos para ampliar os significados do elemento simbólico. Há muitos exemplos de amplificação na obra de Jung, como o peixe (1951) e a árvore (1954c).

### O Método da Série de Sonhos

Freud, podemos lembrar, analisava os sonhos um de cada vez fazendo o paciente associar livremente a cada componente sucessivo do sonho. Depois, usando o material do sonho e as associações livres, ele chegava a uma interpretação do significado do sonho. Jung, embora respeitando essa abordagem, desenvolveu um outro método para interpretar os sonhos. Em lugar de um único sonho, Jung utilizava uma série de sonhos obtidos de uma pessoa:

> "Eles (os sonhos) formam uma série coerente no curso da qual o significado gradualmente se desdobra mais ou menos espontaneamente. A série é o contexto que o próprio sonhador proporciona. É como se não apenas um texto, mas também vários estivessem diante de nós, lançando luz de todos os lados sobre os termos desconhecidos, de modo que uma leitura de todos os textos é suficiente para elucidar as passagens difíceis em cada texto individual . . . Sem dúvida, a interpretação de cada passagem individual talvez seja apenas uma conjetura, mas a série como um todo nos dá todas as pistas de que precisamos para corrigir quaisquer possíveis erros nas passagens precedentes." (1944, p. 12)

Na psicologia, isso é chamado de método de consistência interna e é amplamente empregado com material qualitativo como sonhos, histórias e fantasias. O uso que Jung fez disso é apresentado em seu livro *Psychology and Alchemy* (1944), em que é analisada uma série extremamente longa de sonhos.

### O Método da Imaginação Ativa

Neste método, o sujeito deve concentrar sua atenção em uma imagem onírica impressionante, mas ininteligível, ou em uma imagem visual espontânea, e observar o que acontece com a imagem. As faculdades críticas devem ser suspensas e os acontecimentos, observados e anotados com absoluta objetividade. Quando essas condições são fielmente observadas, a imagem normalmente sofre uma série de mudanças que iluminam uma grande quantidade de material inconsciente. O seguinte exemplo foi tirado de *Essays on a Science of Mythology* (1949), de Jung e Kerenyi:

> "Eu vi um pássaro branco com as asas abertas. Ele pousou na figura de uma mulher, vestida de azul, que estava sentada como uma estátua antiga. O pássaro pousou em sua mão, e nela havia um grão de trigo. O pássaro tomou-o em seu bico e voou novamente para o céu." (p. 229)

Jung salientou que o fluxo de imagens pode ser representado por desenho, pintura e modelagem. Nesse exemplo, a pessoa fez uma pintura para acompanhar a descrição verbal. Na pintura, a mulher foi retratada com seios grandes, o que sugeriu a Jung que a visão representava uma figura materna. (Uma série fascinante de 24 desenhos de uma mulher durante sua análise é reproduzida em Jung, 1950.)

As fantasias produzidas pela imaginação ativa normalmente têm uma forma melhor do que os sonhos noturnos, porque são recebidas por uma consciência vigil ao invés de adormecida.

## PESQUISA ATUAL

A teoria de Jung não estimulou muitas pesquisas empíricas, em grande parte devido à dificuldade de quantificar muitos de seus constructos. Mas em duas áreas acumulou-se um corpo de pesquisa digno de nota.

### A Tipologia de Jung

A intenção de Jung não era desenvolver uma tipologia formal para distinguir os indivíduos. Ele estava mais preocupado em descrever os processos cognitivos ou as potencialidades que todos possuem e precisam desenvolver. No entanto, sua discussão das atitudes e das funções proporcionou o ímpeto para pesquisas fascinantes sobre as diferenças individuais, notavelmente de Helson e Carlson.

Helson (1973) dedicou-se à dinâmica e à estrutura. Ela discutiu o relacionamento entre o ego e o inconsciente conforme revelado por autoras de ficção caracterizadas por modos de escrever heróicos (i. e., uma ênfase na realização, assertividade e agressão in-

tencional) e ternos (i. e., uma ênfase nos relacionamentos e sentimentos ternos). Helson concluiu que as autoras de ficção tendem à introversão, à intuição e ao sentimento, e inferiu que os modos heróico e terno representam "a 'voz' das funções de intuição e de sentimento, respectivamente" (p. 510). Helson (1978) avaliou papéis, necessidades e preocupações do conteúdo expressos em 79 artigos de críticos de livros infantis. Uma análise de agrupamento subseqüente revelou quatro agrupamentos de críticos, representando elucidação, apreciação, contestação e manutenção de padrões. Uma classificação quádrupla dos artigos produzida por valores elevados ou baixos nos primeiros dois desses agrupamentos correspondia às quatro funções de Jung. Os artigos com valor alto em elucidação e baixo em apreciação correspondiam ao pensamento junguiano, enquanto os artigos com valor baixo-alto refletiam uma orientação para o sentimento. Da mesma forma, artigos com valor baixo-baixo sugeriam sensação, e artigos com valor alto-alto revelavam uma abordagem intuitiva à crítica. Outros trabalhos de Helson (1982) descrevem quatro "estilos de processamento da informação" paralelos às quatro funções de Jung. Ela apresentou uma descrição geral da influência das diferenças de tipo na crítica literária, argumentando que os comentários dos críticos são orientados por suas funções dominantes e auxiliares. Ela também estava sintonizada com a expansão da consciência que Jung disse ocorrer durante a individuação, e usou o crítico I. A. Richards como um exemplo de alguém que se dedicou ao pensamento, à sensação, à intuição e depois ao sentimento durante o curso de sua carreira como crítico. Helson concluiu sugerindo "proveitosas explorações com o roteiro da elegante teoria de Jung" (p. 416).

Carlson e Levy (1973) usaram o Indicador de Tipo Myers-Briggs (MBTI – *Myers-Briggs Type Indicator*, (ver próxima seção) para classificar sujeitos segundo os tipos junguianos básicos. Eles então confirmaram várias predições baseadas nas descrições de Jung das características desses tipos. Por exemplo, os tipos pensantes introvertidos eram significativamente melhores na memória a curto prazo para dígitos emocionalmente neutros, mas os tipos sentimentais extrovertidos eram significativamente mais acurados na memória de reconhecimento de nomes e expressões faciais afetivamente significativas. Da mesma forma, tipos intuitivos extrovertidos estavam super-representados entre voluntários do serviço social, comparados a uma amostra equivalente de não-voluntários.

Os trabalhos subseqüentes de Carlson (1980) examinaram diferenças tipológicas na memória para experiências pessoais significativas, novamente usando o MBTI para categorizar sujeitos. Em um dos estudos, os sujeitos foram solicitados a descrever sua experiência mais vívida de cada um de sete afetos. Quando juízes familiarizados com a teoria tipológica foram solicitados a predizer se feitos de memória vinham de tipos pensantes introvertidos ou de tipos sentimentais extrovertidos, uma designação correta para a categoria tipológica foi feita para 13 dos 15 sujeitos. Além disso, os extrovertidos tinham significativamente mais memórias "sociais", e os introvertidos mais memórias "individuais", para as emoções de alegria, excitação e vergonha. Igualmente, os tipos sentimentais tinham significativamente mais lembranças emocionalmente vívidas do que os tipos pensantes nessas mesmas três emoções. Carlson também descobriu que os tipos intuitivos tendiam significativamente mais do que os tipos sensoriais a gerar constructos interpessoais inferenciais (em uma oposição a concretos) no teste REP de George Kelly (ver Capítulo 10). Da mesma forma, os intuitivos faziam comentários mais participativos ao iniciar um relacionamento hipotético, mas os tipos sensoriais ofereciam autodescrições mais concretas. Carlson concluiu que seus resultados apoiavam "duas suposições básicas da teoria tipológica junguiana – o relacionar-se social dos extrovertidos... e a qualidade 'emocional' do julgamento sentimental" (p. 807). Em geral, os resultados "apoiaram claramente as hipóteses tiradas da teoria tipológica junguiana" (p. 809).

## O Indicador de Tipo Myers-Briggs

Conforme observamos anteriormente, Jung descreveu as atitudes e funções não como a base para uma tipologia, mas como potencialidades existentes em todas as pessoas, em graus variados. Essas potencialidades precisam se desenvolver no processo de avançar para a auto-realização. Mas o modelo realmente sugere uma tipologia, e foram feitas várias tentativas de desenvolver testes de lápis-e-papel para classificar as pessoas de acordo com essa tipologia (Kersey & Bates, 1978; Wheelwright, Wheelwright & Buehler, 1964).

O mais influente dos testes derivados da teoria de Jung foi o Indicador de Tipo Myers-Briggs (MBTI; Myers & McCaulley, 1985; Myers & Myers, 1980). O MBTI identifica 16 tipos baseados nas distinções de Jung entre extroversão – introversão (E-I), pensamento – sentimento (T-F, correspondendo às palavras em inglês, *thinking* e *feeling*) e sensação – intuição (S-N), mais a distinção de Isabel Myers entre julgar e perceber (J-P). A distinção J-P avalia se a orientação de um indivíduo em relação ao mundo exterior vem do par de função racional (julgar) ou do irracional (perceber). Os extrovertidos têm uma orientação externa dominante, de modo que, nos extrovertidos, o escore J-P indica que o par da função contém a função dominante. Uma pessoa que recebe uma classificação ESTJ no MBTI, por exemplo, teria o pensamento (T) como função dominante, porque essa pessoa prefere o pensamento do par de função racional, e o J indica que o par de função racional ou de julgamento é dominante. Os introvertidos têm uma orientação interna dominante, de modo que, nos introvertidos, o escore J-P indica a função auxiliar. Uma pessoa que recebe uma classificação ISTJ, por exemplo, teria a sensação (S) como função dominante, porque essa pessoa prefere a sensação do par de função irracional, e o J indica que o par de função racional ou de julgamento contém a função auxiliar, em vez da dominante. Além disso, a preferência J-P indica uma constelação de atitudes e de comportamentos preferidos, exatamente como indicam as preferências I-E, T-F e S-N. O Manual do MBTI fornece as seguintes estimativas de freqüência de preferências específicas nos Estados Unidos: cerca de 75% da população preferem E e S. Aproximadamente 55-60% preferem J. Cerca de 60% dos homens preferem T, e aproximadamente 65% das mulheres preferem F.

A Tabela 3.1 contém resumos de MBTI de 16 tipos possíveis. Em geral, os I são caracterizados por uma profundidade de concentração e uma preferência pelo mundo interior das idéias; os E são caracterizados pela amplitude de interesses e sentem-se mais à vontade no mundo externo das pessoas e coisas. Os S baseiam-se nos fatos, enquanto os N conseguem entender possibilidades e relações. Os T enfatizam a análise lógica e impessoal, e os F são calorosos e simpáticos e baseiam seus julgamentos em valores pessoais. Finalmente, os J tendem a ser organizados, e os P tendem a ser adaptáveis e espontâneos.

## TABELA 3.1 Os 16 Tipos

| Tipos Sensoriais | | Tipos Intuitivos | |
|---|---|---|---|
| **ISTJ** Sério, quieto, obtém sucesso pela concentração e meticulosidade. Prático, organizado, objetivo, lógico, realista e confiável. Cuida para que tudo esteja bem organizado. Assume responsabilidades. Decide o que deve ser feito e trabalha perseverantemente para isso, independentemente de protestos ou distrações. | **ISFJ** Quieto, cordial, responsável e conscencioso. Trabalha dedicadamente para cumprir suas obrigações. Empresta estabilidade a qualquer projeto ou grupo. Meticuloso, esmerado, acurado. Seus interesses normalmente não são técnicos. Capaz de ser paciente com detalhes necessários. Leal, respeitoso, perceptivo, preocupado com como as outras pessoas se sentem. | **INFJ** Obtém sucesso pela perseverança, originalidade e por fazer o que for necessário ou desejado. Esforça-se ao máximo em seu trabalho. Tranquilamente convincente, consciencioso, preocupado com os outros. Respeitado por seus princípios firmes. Costuma ser respeitado e seguido por suas claras convicções sobre como servir melhor ao bem comum. | **INTJ** Em geral tem uma mente original e muita motivação para realizar as sua idéias e propósitos. Em campos que o interessam, tem grande capacidade de organizar uma tarefa e executá-la, com ou sem ajuda. Cético, crítico, independente, determinado, às vezes obstinado. Precisa aprender a ceder em pontos menos importantes para ganhar nos mais importantes. |
| **ISTP** Observador imparcial – quieto, reservado, observando e analisando a vida com curiosidade objetiva e inesperados lampejos de bom humor. Em geral interessado em causa e efeito, em como e por que as coisas mecânicas funcionam, e em organizar os fatos usando princípios lógicos. | **ISFP** Discreto, tranquilamente cordial, sensível, bondoso, modesto em relação às próprias capacidades. Evita desentendimentos, não impõe aos outros seus valores e opiniões. Geralmente não se interessa em liderar, e é um seguidor leal. Não se preocupa muito em fazer logo as coisas, porque usufrui do momento presente e não quer estragá-lo por pressa ou por esforços indevidos. | **INFP** Cheio de entusiasmos e lealdades, mas raramente os menciona, a não ser que conheça bem a outra pessoa. Preocupa-se com aprendizagem, idéias, linguagem e projetos independentes e pessoais. Tende a assumir tarefas demasiadamente e, de alguma maneira, consegue realizá-las. Amistoso, mas geralmente muito absorvido no que está fazendo para ser sociável. Pouca preocupação com possessões ou ambiente físico. | **INTP** Quieto e reservado. Gosta especialmente de atividades teóricas e científicas. Gosta de resolver problemas com lógica e análise. Em geral, interessa-se principalmente por idéias, não gosta muito de festas ou de bater papo. Costuma ter interesses claramente definidos. Precisa de uma profissão em que exista algum interesse sólido e útil. |
| **ESTP** Bom em resolver problemas na hora em que surgem. Não se preocupa, usufrui das situações que lhe acontecem. Tende a gostar de coisas mecânicas e de esportes, junto com amigos. Adaptável, tolerante, geralmente conservador em seus valores. Não gosta de longas explicações. É melhor no manuseio de objetos reais, que podem ser trabalhados, manipulados, desmontados ou montados. | **ESFP** Sociável, calmo, tolerante, amistoso, gosta de tudo e torna a vida mais divertida para os outros por seu bom astral. Gosta de esportes e de fazer os fatos acontecerem. Percebe o que está acontecendo e participa de bom grado. Acha mais fácil lembrar fatos do que dominar teorias. É melhor em situações em que são necessários o senso comum e a capacidade prática tanto com pessoas quanto com situações. | **ENFP** Calorosamente entusiasta, bom astral, engenhoso, imaginativo. Capaz de fazer quase tudo que lhe interessa. Rápido em solucionar qualquer dificuldade e pronto a ajudar qualquer pessoa com um problema. Muitas vezes conta com sua capacidade de improvisar, ao invés de com uma preparação antecipada. Normalmente é capaz de encontrar razões convincentes para tudo o que deseja. | **ENTP** Rápido, engenhoso, bom em muitas atitudes e situações. Uma companhia estimulante, atento e sem papas na língua. Pode defender qualquer lado de uma questão, só para se divertir. Capaz de resolver problemas novos e desafiadores, mas pode negligenciar nas atividades rotineiras. Tende a passar de um novo interesse para outro. Hábil em encontrar razões lógicas para aquilo que deseja. |
| **ESTJ** Prático, realista, objetivo, com uma capacidade natural para negócios ou mecânica. Não se interessa por fatos e objetos para os quais não vê utilidade, mas é capaz de se dedicar quando necessário. Gosta de organizar e dirigir atividades. Pode dar um bom administrador, especialmente se lembrar de considerar os sentimentos e os pontos de vista alheios. | **ESFJ** Amistoso, conservador, popular, conscencioso, um cooperador nato, um membro ativo de comitês. Precisa de harmonia e pode ser bom em criá-la. Está sempre fazendo algo de bom para alguém. Trabalha melhor com encorajamento e elogios. Principal interesse é por fatos que afetam direta e visivelmente a vida das pessoas. | **ENFJ** Responsivo e responsável. Geralmente sente uma preocupação real por aquilo que os outros pensam ou querem e tenta lidar com as situações com a devida consideração pelos sentimentos alheios. Capaz de apresentar uma proposta ou liderar uma discussão grupal com facilidade e tato. Sociável, popular, simpático. Responde a elogios e críticas. | **ENTJ** Cordial, franco, decidido, líder em atividades. Geralmente bom em tudo o que requer raciocínio e conversa inteligente, como falar em público. Costuma ser informado e gosta de aumentar seus conhecimentos. Às vezes pode parecer mais positivo e confiante do que justifica sua experiência em uma determinada área. |

*Introvertidos* / *Extrovertidos* (margem esquerda) — *Introvertidos* / *Extrovertidos* (margem direita)

*Fonte:* Reimpressa com a permissão de Myers e McCaulley, 1985.

A teoria tipológica subjacente ao MBTI segue Jung ao acreditar que as pessoas nascem com uma predisposição para um tipo específico. Como conseqüência, elas tendem a desenvolver suas funções preferidas e auxiliares e a deixar de lado as funções não-preferidas durante a primeira parte de suas vidas. Na meia-idade, elas conseguem controlar melhor as duas outras funções, e esses processos menos desenvolvidos podem eventualmente entrar na consciência a serviço dos processos dominantes. A ênfase na pesquisa e na aplicação do MBTI, todavia, continua no tipo conforme medido.

O Manual do MBTI e as publicações relacionadas contêm muitas informações referentes à aplicação dos elementos de tipologia aos ambientes de aconselhamento, educação e trabalho. J. G. Carlson (1985), Carlyn (1977), Murray (1990) e Thompson e Borrello (1986) apresentam evidências da fidedignidade e validade do MBTI (ver também o intercâmbio entre J. G. Carlson [1989a, 1989b] e Healy [1989a, 1989b]). Mas ainda resta a pergunta sobre se o MBTI oferece uma ponte para testes experimentais dos conceitos junguianos.

Um crescente número de pesquisadores tem demonstrado que as escalas do MBTI realmente são úteis nos ambientes experimentais. A pesquisa de Carlson, discutida anteriormente, certamente se encaixa nessa categoria. Hicks (1985) usou escores do MBTI em uma investigação do "erro fundamental de atribuição". Esse erro se refere a uma tendência cognitiva comum em observadores de concluir que os autores de ensaios literários realmente acreditam naquilo que escrevem, mesmo quando os observadores sabem que os autores foram instruídos a apoiar aquela determinada idéia. Hicks predisse que os tipos intuitivos, com sua capacidade de se imaginar em situações hipotéticas, e os pensantes, que são ótimos em análises impessoais objetivas, deveriam ser mais resistentes a esse erro fundamental de atribuição. Tal predição foi apoiada pelo achado de que os tipos pensantes intuitivos, entre todos os tipos, eram os que menos cometiam o erro de supor que os criadores de testes acreditavam naquilo que escreviam quando havia evidências do contrário. Da mesma forma, Ward e Loftus (1985) descobriram, em uma tarefa de testemunho ocular, que os tipos intuitivos introvertidos tinham melhor memória do que os tipos sensoriais extrovertidos quando as perguntas do teste eram consistentes com aquilo que os sujeitos realmente tinham testemunhado visualmente. Entretanto, quando uma pergunta enganadora se referiu a um sinal de trânsito de parar que não estivera presente, os tipos intuitivos introvertidos cometeram significativamente mais erros de lembrança do que os tipos sensoriais extrovertidos. Em geral, os tipos introvertidos e intuitivos, quer isoladamente ou em combinação, tendiam mais a aceitar tanto informações consistentes quanto enganadoras. Isso levava à maior exatidão no primeiro caso e a à menor exatidão no segundo.

Outras pesquisas indicam que as escalas do MBTI pontuadas como variáveis contínuas em vez de tipologias ou-ou têm utilidade preditiva. Por exemplo, Cann e Donderi (1986) descobriram que os escores de intuição correlacionavam-se com a proporção de sonhos categorizados como arquetípicos ($r = 0,37$) e os escores de introversão correlacionavam-se com a freqüência dos sonhos comuns ($r = 0,39$). Tomado como um todo, então, o MBTI é promissor como uma medida das preferências junguianas e como um estímulo para trabalhos experimentais.

## *STATUS* ATUAL E AVALIAÇÃO

A psicologia junguiana tem muitos admiradores e proponentes no mundo todo. Muitos deles são psicanalistas praticantes que usam o método de psicoterapia de Jung e aceitam seus postulados fundamentais em relação à personalidade. Alguns são teóricos que elaboraram as idéias de Jung. Entre estes estão Gerhard Adler (1948), Michael Fordham (1947), Esther Harding (1947), Erich Neumann (1954, 1955), Herbert Read (1945), Jolande Jacobi (1959) e Frances Wickes (1950). Jung também recebeu um grande apoio de leigos, como por exemplo de Paul Mellon dos Mellons de Pittsburgh, que foi presidente da Fundação Bollingen (que recebeu esse nome em homenagem à residência de campo de Jung no Lago Zurique). A Fundação Bollingen financia a publicação de livros junguianos por meio da Princeton University Press. O projeto mais ambicioso da Fundação Bollingen até agora é a tradução e a publicação das obras completas de Jung em inglês, sob a supervisão editorial de Read, Fordham e Adler. Finalmente, centros de influência para a disseminação das idéias de Jung podem ser encontrados nos Institutos Junguianos, estabelecidos em várias cidades.

A influência de Jung fora dos campos da psiquiatria e da psicologia tem sido considerável. O historiador Arnold Toynbee reconhece que deve a Jung por ele ter aberto "uma nova dimensão na esfera da vida". O escritor Philip Wylie é um grande admirador de Jung, assim como o autor e crítico Lewis Mumford, e o antropólogo Paul Radin. Hermann Hesse também admirava Jung (Serrano, 1966). Talvez o maior impacto de Jung tenha sido sobre o pensamento religioso moderno (Progoff, 1953). Jung foi convidado a proferir as conferências Terry na Yale University, sobre *Psicologia e Religião* (1938). Jung foi severamente criticado por apoiar o nazismo (Feldman, 1945), embora ele e seus seguidores tenham negado vigorosamente as acusações e afirmado que Jung foi mal-interpretado (Harms, 1946; *Saturday Review*, 1949; Jaffé, 1971; Cohen, 1975).

Jung foi atacado por psicanalistas da escola freudiana, começando pelo próprio Freud. Ernest Jones (1959) opinou que depois dos "grandes estudos de Jung sobre associação e demência precoce, ele decaiu para uma pseudofilosofia da qual jamais emergiu" (p. 165). Glover (1950), um psicanalista inglês, talvez seja o responsável pelo ataque mais completo à psicologia analítica. Ele ridicularizou o conceito de arquétipo como metafísico e impossível de provar. Ele acreditava que os arquétipos podem ser inteiramente explicados em termos da experiência e que é absurdo postular uma herança racial. Glover disse que Jung não tinha conceitos desenvolvimentais para explicar o crescimento da mente. A principal crítica de Glover, todavia, e uma que ele reiterou várias vezes, é que a psicologia de Jung seria um retrocesso a uma psicologia obsoleta da consciência. Ele acusou Jung de destruir o conceito freudiano do inconsciente e de erigir em seu lugar um ego consciente. Glover não pretendeu ser imparcial e nem objetivo em sua avaliação da psicologia junguiana. (Para outra comparação das visões de Freud & Jung, ver Gray, 1949; também Dry, 1961.) Selesnick (1963) argumentou que Jung, durante sua associação com Freud, influenciou o pensamento de Freud de várias maneiras significativas.

Que influência teve a teoria de Jung da personalidade sobre o desenvolvimento da psicologia científica? Muito pouca, pelo que podemos perceber, exceto pelo teste de associação de palavras e os conceitos de introversão e extroversão. O teste de associação de palavras não começou com Jung. Galton normalmente recebe os créditos pela invenção do teste, que foi introduzido na psicologia experimental por Wundt. Conseqüentemente, quando Jung proferiu conferências sobre o método da associação de palavras na Clark University, em 1909, ele não soou estranho para os psicólogos da audiência. Além disso, os estudos de Jung sobre a associação de palavras empregavam uma metodologia quantitativa, experimental, que estava fadada a ser bem aceita por psicólogos que se orgulhavam de ser científicos. O uso do teste de associação de palavras é discutido em vários exames da psicologia clínica e das técnicas projetivas (Bell, 1948; Levy, 1952; Rotter, 1951; Anastasi, 1988).

Mais difícil é explicar o interesse da psicologia pela tipologia de Jung. Foram criados vários testes de introversão – extroversão, e existe muita literatura psicológica sobre o assunto. Eysenck (ver Capítulo 9) identificou a introversão – extroversão como uma das três dimensões primárias da personalidade, as outras duas sendo o *neuroticismo* e o *psicoticismo*. Outros estudos da tipologia de Jung foram realizados por Gorlow, Simonson e Krauss (1966) e Ball (1967). Como discutimos previamente, os testes que avaliam as quatro funções psicológicas de pensamento, sentimento, sensação e intuição, juntamente com as atitudes de introversão e extroversão foram construídos por Gray e Wheelwright (1964) e Myers e Briggs (1962).

A psicologia analítica não foi alvo da crítica minuciosa sofrida pela psicanálise freudiana por parte dos psicólogos. Nem ela encontrou um lugar substancial nas histórias-padrão da psicologia. Boring, em seu *History of Experimental Psychology*, dedicou seis páginas a Freud e quatro *linhas* a Jung. Peters, em sua revisão e condensação do *History of Psychology* de Brett, após uma discussão bastante completa de Freud, dedicou uma página a Adler e uma a Jung. Ele considera o trabalho final de Jung tão misterioso que é quase impossível discuti-lo. Embora existam algumas exceções (Watson & Evans, 1991, dedicam 20 páginas a Jung), o retrato mais típico continua sendo o de Leahey (1992), que tem um capítulo inteiro sobre Freud, mas menciona Jung apenas de passagem.

Por que a psicologia ignorou a psicologia analítica de Jung quando o mundo em geral o respeita e homenageia tanto? Uma razão importante é que a psicologia de Jung baseia-se em achados clínicos e em fontes históricas e míticas em vez de em investigações experimentais. Ela não atraiu o experimentalista inflexível mais do que o freudianismo. De fato, Jung tem tido muito menos apelo do que Freud, porque em seus textos existem tantas discussões sobre ocultismo, misticismo e religião, que os psicólogos aparentemente se sentem repelidos. (Essa crítica enfureceu Jung. Ele insistiu que seu interesse pelas ciências ocultas da alquimia e astrologia e pela religião não implica, em qualquer sentido, uma aceitação dessas crenças. Elas são estudadas e aparecem em seus textos porque contêm evidências para a sua teoria. Não cabe a Jung dizer se Deus existe ou não; que a maioria das pessoas acredita em Deus é tão verdadeiro quanto o fato de que a água corre morro abaixo: "Deus é um fato psíquico e não-físico óbvio, isto é, um fato que pode ser estabelecido psiquicamente, mas não fisicamente" [1952c, p. 464].) Além disso, ele aceita idéias fora de moda como características adquiridas e teleologia. Seu estilo de apresentação de idéias já foi considerado desconcertante, obscuro, confuso e desorganizado por muitos psicólogos. (Sugestões sobre como ler Jung são encontradas em *A Primer of Jungian Psychology*, de Hall e Nordby, 1973.) Como conseqüência, as teorias de Jung parecem ter estimulado muito pouco interesse entre os psicólogos e ainda menos na pesquisa. O fato de Jung ser considerado um psicanalista também contribuiu para que a psicologia negligenciasse seu sistema. Quando pensamos na psicanálise, geralmente pensamos em Freud e apenas secundariamente em Jung e Adler. A estatura olímpica de Freud na psicanálise desvia a atenção de outros astros no campo.

Embora Jung não tenha tido muita influência direta sobre a psicologia, talvez certos progressos na psicologia devam mais a Jung do que imaginamos. As influências indiretas são difíceis de avaliar porque as idéias que passam a circular podem ser devidas à influência de uma única pessoa ou podem surgir mais ou menos espontaneamente nas mentes de algumas pessoas aproximadamente no mesmo momento, devido ao clima intelectual predominante. Não podemos negar que muitas das idéias de Jung estão circulando atualmente, quer ele seja responsável ou não. Tomemos, por exemplo, a concepção de auto-realização. Este ou conceitos semelhantes são encontrados nos textos de Goldstein, Rogers, Allport e Maslow, para nomear apenas aqueles psicólogos cujas idéias são apresentadas neste livro. Em lugar nenhum vemos Jung recebendo o crédito por ter desenvolvido o conceito. Isso, em si mesmo, não significa que Jung não teve nenhuma influência, quer direta, quer indiretamente sobre esses homens. Eles podem ter tomado o conceito emprestado de Jung, inconscientemente, ou de outros que foram influenciados por Jung. Ou consideremos a idéia de desenvolvimento como progredir de um estado global para um estado diferenciado e para um estado integrado, que encontramos em Jung e em Murphy (1947). Será que Jung influenciou Murphy (o oposto é impossível, porque as idéias de Jung foram enunciadas antes das de Murphy) ou será que Jung influenciou alguém mais que influenciou Murphy, ou será que não existe nenhuma conexão entre os dois homens além do fato de serem figuras contemporâneas que viveram na civilização ocidental? Não existe nenhuma evidência de uma coisa ou de outra. Será que o otimismo que caracteriza muitas idéias recentes, por exemplo, as de Rogers e Allport, é um reflexo do otimismo de Jung ou um reflexo da época? Será que a ênfase de Jung no comportamento orientado para um objetivo montou o cenário para outras teorias intencionais, ou será que o propósito, como um conceito teórico, está atualmente na moda por ter sido o século XIX tão mecanicista? Essas são perguntas difíceis de responder.

Para se tornar mais aceitável para os psicólogos cientificamente orientados, a psicologia junguiana precisa que as hipóteses derivadas da teoria sejam testadas experimentalmente. Nós temos em mente não o tipo clínico de estudo (Adler, 1949; Fordham, 1949, Hawkey, 1947; Kirsch, 1949) ou estudos tipológicos (p. ex., Eysenck, Gray & Wheelwright, e Myers – Briggs), mas uma abordagem mais experimental, como a encontrada no trabalho de Bash (1952), Melhado, (1964), Meier (1965) e Dallett (1973). Quando tiverem sido feitos mais estudos desse tipo, o *status* das teorias de Jung entre os psicólogos provavelmente vai melhorar, porque eles preferem teorias que geram hipóteses testáveis e que instigam pesquisas. É preciso muita engenhosidade para formular proposições empíricas a partir da complexidade da teoria junguiana.

Considerando tudo, a teoria de Jung da personalidade, conforme desenvolvida em seus prolíficos textos e conforme aplicada a uma ampla variedade de fenômenos humanos, é uma realização notável. A originalidade e a audácia do pensamento de Jung têm poucos paralelos na história científica recente, e nenhuma outra pessoa, fora Freud, abriu mais janelas conceituais para o que Jung chamaria de "a alma do homem".

# CAPÍTULO 4

# Teorias Psicológicas Sociais: Adler, Fromm, Horney e Sullivan

INTRODUÇÃO E CONTEXTO ............................................................................. 116

*ALFRED ADLER* ............................................................................................ 117
FINALISMO FICCIONAL .................................................................................. 120
BUSCA DE SUPERIORIDADE ........................................................................... 121
SENTIMENTOS DE INFERIORIDADE E COMPENSAÇÃO .................................... 121
INTERESSE SOCIAL ........................................................................................ 122
ESTILO DE VIDA ............................................................................................ 123
O *SELF* CRIATIVO ......................................................................................... 125
NEUROSE ...................................................................................................... 125
PESQUISA CARACTERÍSTICA E MÉTODOS DE PESQUISA ................................. 126
    Ordem de Nascimento e Personalidade    126
    Memórias Iniciais    126
    Experiências da Infância    127
PESQUISA ATUAL ........................................................................................... 127
    Interesse Social    127

*ERICH FROMM* ............................................................................................ 128

*KAREN HORNEY* .......................................................................................... 133
HORNEY E FREUD .......................................................................................... 133
ANSIEDADE BÁSICA ....................................................................................... 135
AS NECESSIDADES NEURÓTICAS .................................................................... 136
TRÊS SOLUÇÕES ........................................................................................... 137
ALIENAÇÃO ................................................................................................... 137

*HARRY STACK SULLIVAN* ............................................................................. 138
A ESTRUTURA DA PERSONALIDADE ................................................................ 140
    Dinamismos    141
    Personificações    142
    Processos Cognitivos    143
A DINÂMICA DA PERSONALIDADE .................................................................. 143
    Tensão    143
    Transformações de Energia    144

| | |
|---|---|
| O DESENVOLVIMENTO DA PERSONALIDADE | 144 |
| Estágios de Desenvolvimento 145 | |
| Determinantes do Desenvolvimento 146 | |
| PESQUISA CARACTERÍSTICA E MÉTODOS DE PESQUISA | 147 |
| A Entrevista 147 | |
| Pesquisa sobre a Esquizofrenia 148 | |
| *STATUS* ATUAL E AVALIAÇÃO | 149 |

## INTRODUÇÃO E CONTEXTO

As teorias psicanalíticas da personalidade formuladas por Freud e Jung foram nutridas pelo mesmo clima positivista que moldou o curso da física e da biologia do século XIX. O indivíduo era visto principalmente como um sistema complexo de energia que se mantinha por meio de transações com o mundo externo. Os propósitos finais dessas transações eram a sobrevivência individual, a propagação da espécie e o contínuo desenvolvimento evolutivo. Os vários processos psicológicos que constituem a personalidade atendem a esses fins. Segundo a doutrina evolutiva, algumas personalidades estão mais bem preparadas do que outras para realizar essas tarefas. Conseqüentemente, o conceito de variação e a distinção entre ajustamento e desajustamento condicionaram o pensamento dos primeiros psicanalistas. Até a psicologia acadêmica entrou na órbita do darwinismo e preocupou-se com a mensuração das diferenças individuais nas capacidades e com o valor adaptativo ou funcional dos processos psicológicos.

Ao mesmo tempo, outras tendências intelectuais que discordavam de uma concepção puramente biofísica do ser humano estavam começando a tomar forma. Durante os últimos anos do século XIX, a sociologia e a antropologia começaram a emergir como disciplinas independentes, e seu rápido crescimento durante o presente século foi fenomenal. Enquanto os sociólogos estudavam os seres humanos vivendo em um estado de civilização avançada e consideraram-nos como produtos de classe e casta, instituições e cultura popular, os antropólogos se aventuraram em áreas remotas do mundo, onde encontraram evidências de que os seres humanos são quase infinitamente maleáveis. De acordo com essas novas ciências sociais, o indivíduo é principalmente um produto da sociedade em que vive. A personalidade é moldada mais por circunstâncias sociais do que por fatores biológicos.

Gradualmente, essas doutrinas sociais e culturais incipientes começaram a penetrar na psicologia e na psicanálise e a erodir as fundações nativistas e fisicalistas das ciências. Vários seguidores de Freud que estavam insatisfeitos com o que consideravam como a sua miopia em relação aos condicionantes sociais da personalidade abandonaram sua fidelidade à psicanálise clássica e começaram a reformular a teoria psicanalítica de acordo com linhas ditadas pela nova orientação desenvolvida pelas ciências sociais. Entre aqueles que deram à teoria psicanalítica um olhar de século XX de psicologia social, estão as quatro pessoas cujas idéias formam o conteúdo do presente capítulo: Alfred Adler, Karen Horney, Erich Fromm e Harry Stack Sullivan. Alfred Adler pode ser considerado como a figura ancestral do "novo olhar psicológico social", porque já em 1911 ele discordou de Freud em relação à questão da sexualidade. A seguir, Adler desenvolveu uma teoria em que o interesse social e a busca de superioridade eram os pilares conceituais mais substanciais. O próprio Fromm reconheceu que Adler foi o primeiro psicanalista a enfatizar a natureza social fundamental dos seres humanos. Mais tarde, Horney e Fromm passaram a atacar a forte orientação instintivista da psicanálise e insistiram na relevância das variáveis psicológicas sociais para a teoria da personalidade. Finalmente, Harry Stack Sullivan, em sua teoria das relações interpessoais, consolidou a posição de uma teoria da personalidade baseada em processos sociais. Embora cada uma das teorias tenha suas suposições e seus conceitos distintivos, existem numerosos paralelos entre elas salientados por vários autores (H. L. & R. R. Ansbacher, 1956; James, 1947; Ruth Munroe, 1955).

Neste capítulo, enfatizaremos Adler, Horney e Sullivan, baseados na clareza de seus constructos e em sua subseqüente influência no campo. Dos quatro teóricos, Sullivan foi o mais independente das doutrinas psicanalíticas predominantes. Apesar de inicialmente ter usado a estrutura freudiana, em seu trabalho posterior ele desenvolveu um sistema teórico que se desviava claramente do freudiano. Sullivan foi profundamente influenciado pela antropologia e pela psicologia social. Tanto Horney quanto Fromm, por outro lado, permaneceram bem dentro da província da psicanálise em seu pensamento. Adler, embora um separatista da escola freudiana, continuou mostrando durante toda a vida o impacto de sua associação inicial com Freud. Horney e Fromm são habitualmente referidos como revisionistas ou neofreudianos, embora Fromm objetasse esses rótulos. Nenhum deles desenvolveu uma nova teoria da personalidade; eles se consideravam renovadores e reelaboradores de uma teoria antiga. Sullivan foi muito mais um inovador; foi um pensador extremamente original que atraiu um grande grupo de discípulos dedicados e desenvolveu o que é às vezes chamado de uma nova escola de psiquiatria.

## *ALFRED ADLER*

Alfred Adler nasceu em Viena em 1870, em uma família de classe média, e morreu em Aberdeen, Escócia, em 1937, durante uma viagem como conferencista. Ele obteve seu diploma de medicina em 1895, na Universidade de Viena. Inicialmente especializou-se em oftalmologia e depois, após um período de prática em medicina geral, tornou-se psiquiatra. Foi um dos membros fundadores da Sociedade Psicanalítica de Viena e mais tarde seu presidente. Entretanto, Adler logo começou a ter idéias que discordavam das de Freud e de outros na Sociedade de Viena e, quando essas diferenças ficaram muito agudas, ele foi convidado a apresentar suas idéias à sociedade. Isso ele fez em 1911. Em conseqüência das veementes críticas e denúncia da posição de Adler por outros membros da sociedade, ele renunciou à presidência e alguns meses depois desligou-se da psicanálise freudiana (H. L. & R. R. Ansbacher, 1956, 1964; Colby, 1951; Jones, 1955).

Ele então formou seu próprio grupo, que passou a ser conhecido como Psicologia Individual e atraiu seguidores no mundo todo. Durante a Primeira Guerra Mundial, Adler serviu como médico no exército austríaco. Depois da guerra, ele se interessou pela orientação infantil e criou as primeiras clínicas de orientação relacionadas ao sistema escolar vienense. Ele também inspirou a criação de uma escola experimental em Viena, onde foram aplicadas suas teorias de educação (Furtmüller, 1964).

Em 1935, Adler estabeleceu-se nos Estados Unidos, onde continuou sua prática como psiquiatra e trabalhou como Professor de Psicologia Médica no Long Island College of Medicine. Adler foi um escritor prolífico e um palestrante incansável. Ele publicou muitos livros e artigos durante a vida. *The Practice and Theory of Individual Psychology* (1927) é provavelmente a melhor introdução à teoria de Adler da personalidade. Os sumários mais curtos das idéias de Adler aparecem em *Psychologies of 1930* (1930) e no *International Journal of Individual Psychology* (1935). Heinz e Rowena Ansbacher (1956, 1964) editaram e comentaram dois volumes contendo uma extensa seleção dos textos de Adler. Esses dois volumes são a melhor fonte de informação sobre a Psicologia Individual de Adler. O volume de 1964 contém um ensaio biográfico de Carl Furtmüller. Heinz Ansbacher (1977) contribui com um capítulo sobre a Psicologia Individual e Henri Ellenberger (1970b) contribui com uma extensa discussão da vida e do pensamento de Adler. Além disso, foram publicadas quatro biografias de Adler (Bottome, 1939; Hoffman, 1994; Orgler, 1963; Sperber, 1974).

A história pessoal de Adler é um claro exemplo da luta para superar a inferioridade, que se tornou o tema central em sua teoria. Quando criança, ele era frágil, desajeitado, sem atrativos e inicialmente um mau aluno. Foi atropelado por carruagens em várias ocasiões, e teve raquitismo e pneumonia. Esta última doença levou um médico a dizer ao pai de Adler: "Seu garoto está perdido". Foi esse evento, segundo Adler, o responsável por sua decisão de ser médico (Orgler, 1963, p. 16). Adler reconheceu que sua capacidade de compensar todas essas deficiências serviu como um modelo para a sua teoria da personalidade. Isso se reflete na declaração: "Aqueles que conhecem o trabalho da minha vida podem ver claramente a concordância entre os fatos da minha infância e as idéias que expressei" (Bottome, 1939, p. 9).

Em um nítido contraste com a suposição central de Freud de que o comportamento humano é motivado por instintos inatos e com o principal axioma de Jung de que a conduta humana é governada por arquétipos inatos, Adler supôs que os seres humanos são motivados primariamente por impulsos sociais. Os humanos, segundo Adler, são seres inerentemente sociais. Eles se relacionam com outras pessoas, envolvem-se em atividades sociais cooperativas, colocam o bem-estar social acima do interesse egoísta e adotam um estilo de vida de orientação predominantemente social. Adler não disse que os humanos se tornam socializados meramente por estarem expostos aos processos sociais. O interesse social é inato, mas os tipos específicos de relacionamentos com pessoas e instituições sociais que se desenvolvem são determinados pela natureza da sociedade em que a pessoa nasce. Em um certo sentido, então, Adler é tão biológico em seu ponto de vista quanto Freud e Jung. Os três supõem que a pessoa tem uma natureza inerente que dá forma à sua personalidade. Freud enfatizou o sexo, Jung enfatizou padrões primordiais de pensamento e Adler enfatizou o interesse social. Esta ênfase nos determinantes sociais do comportamento, ignorada ou minimizada por Freud e Jung, é provavelmente a maior contribuição de Adler à teoria psicológica. Ela chamou a atenção dos psicólogos para a importância das variáveis sociais e ajudou a desenvolver o campo da psicologia social em uma época em que a psicologia precisava de encorajamento e apoio, especialmente das fileiras da psicanálise.

Por mais que enfatizássemos a distinção entre Adler e Freud, não estaríamos exagerando. Adler escreveu que "a diferença básica decisiva entre a psicanálise e a Psicologia Individual... é que Freud parte da suposição de que, por sua natureza, o homem só quer satisfazer seus desejos – o princípio do prazer – e portanto, do ponto de vista da cultura, precisa ser considerado totalmente mau... (Ao contrário, acreditava Adler) o destino indestrutível da espécie humana é o interesse social" (Ansbacher & Ansbacher, 1964, p. 210-211). Por sua parte, Freud reconheceu e rejeitou esse movimento rumo aos determinantes culturais da personalidade. Em uma passagem característica dirigida a Adler e Jung, Freud (1914, p. 62) escreveu: "A verdade é que essas pessoas selecionaram alguns tons culturais da sinfonia da vida e mais uma vez deixa-

ram de ouvir a melodia poderosa e primordial dos instintos."

A segunda maior contribuição de Adler à teoria da personalidade é o seu conceito do *self* criativo. Diferentemente do ego de Freud, que consiste em um grupo de processos psicológicos servindo aos fins dos instintos inatos, o *self* de Adler é um sistema subjetivo altamente personalizado, que interpreta e torna significativas as experiências do organismo. Além disso, ele busca experiências que ajudarão a realizar o estilo de vida único da pessoa; se essas experiências não são encontradas no mundo, o *self* tenta criá-las. Esse conceito de um *self* criativo era novo na teoria psicanalítica. Ele ajudou a compensar o extremo "objetivismo" da psicanálise clássica, que dependia quase inteiramente das necessidades biológicas e dos estímulos externos para explicar a dinâmica da personalidade. Como veremos em outros capítulos, o conceito de *self* desempenhou um papel importante em recentes formulações relativas à personalidade. A contribuição de Adler para essa nova tendência a reconhecer o *self* como uma causa importante do comportamento é muito significativa.

O terceiro aspecto da psicologia de Adler que a separa da psicanálise clássica é a sua ênfase na singularidade da personalidade. Adler via cada pessoa como uma configuração única de motivos, traços, interesses e valores; cada ato realizado pela pessoa tem a marca característica de seu estilo de vida distintivo. A esse respeito, Adler pertence à tradição de William James e William Stern.

A teoria de Adler da pessoa minimizava o instinto sexual que, na teorização inicial de Freud, desempenhara um papel quase exclusivo na dinâmica do comportamento. A esse monólogo freudiano sobre sexo, Adler acrescentou outras vozes significativas. Os humanos são primariamente criaturas sociais, não sexuais. Eles são motivados pelo interesse social, não pelo interesse sexual. Suas inferioridades não se limitam ao domínio sexual, mas podem estender-se a todas as facetas da existência, tanto físicas quanto psicológicas. Eles se esforçam para desenvolver um estilo de vida único, em que a pulsão sexual desempenha um papel menor. De fato, a maneira pela qual a pessoa satisfaz as necessidades sexuais é determinada pelo seu estilo de vida, e não vice-versa. O fato de Adler destronar o sexo foi para muitas pessoas um alívio

*Alfred Adler.*

bem-vindo depois do monótono pansexualismo de Freud.

Finalmente, Adler considerava a consciência como o centro da personalidade. Isso o transforma em um pioneiro no desenvolvimento de uma psicologia orientada para o ego. Os humanos são seres conscientes; eles geralmente estão cientes das razões de seu comportamento. Eles têm consciência de suas inferioridades e das metas que buscam. Mais do que isso, os humanos são indivíduos autoconscientes capazes de planejar e orientar suas ações com total consciência de seu significado para a sua auto-realização. Essa é a completa antítese da teoria de Freud, que virtualmente reduziu a consciência ao *status* de não-ser, uma mera espuma flutuando no grande mar do inconsciente.

Alfred Adler, como outros teóricos da personalidade cuja principal formação foi em medicina e que praticavam a psiquiatria, começou sua teorização no campo da psicologia anormal. Ele formulou uma teoria da neurose antes de ampliar seu alcance teórico para incluir a personalidade normal, um passo dado na década de 20 (H.L. & R. R. Ansbacher, 1956). A teoria de Adler da personalidade é uma teoria extremamente econômica, no sentido de que alguns conceitos básicos sustentam toda a estrutura teórica. Por essa razão, o ponto de vista de Adler pode ser rapidamente esboçado sob algumas afirmações gerais. São elas: (1) finalismo ficcional, (2) busca de superioridade, (3) sentimentos de inferioridade e compensação, (4) interesse social, (5) estilo de vida e (6) o *self* criativo.

## FINALISMO FICCIONAL

Logo depois de Adler ter-se desligado do círculo que cercava Freud, ele caiu sob a influência filosófica de Hans Vaihinger. Em seu livro de 1911, *The Philosophy of "As If"* (tradução inglesa, 1925), Vaihinger propôs a curiosa e intrigante noção de que os humanos vivem de acordo com idéias puramente ficcionais, sem nenhum equivalente na realidade. Essas ficções, por exemplo, "todos os homens são criados iguais", "a honestidade é a melhor política" e "os fins justificam os meios", permitem que os humanos lidem com a realidade de forma mais efetiva. São constructos ou suposições e não hipóteses que podem ser testadas e confirmadas. Elas podem ser dispensadas quando deixam de ser úteis.

Adler tomou essa doutrina filosófica de positivismo idealista e deu-lhe a forma de suas próprias idéias. Freud, podemos lembrar, enfatizava as experiências e os fatores constitucionais durante a infância inicial como determinantes da personalidade. Adler descobriu em Vaihinger a refutação para esse rígido determinismo histórico; isto é, os humanos são mais motivados por suas expectativas em relação ao futuro do que pelas experiências do passado. Tais metas não existem no futuro como parte de algum desígnio teleológico – nem Vaihinger e nem Adler acreditavam em predestinação ou fatalidade – em vez disso, elas existem subjetivamente ou mentalmente, aqui e agora, como metas ou ideais que afetam o presente comportamento. Se uma pessoa acredita, por exemplo, que existe um céu para as pessoas virtuosas e um inferno para as pecadoras, essa crença exercerá uma considerável influência em sua conduta. Essas metas ficcionais eram, para Adler, as causadoras subjetivas dos eventos psicológicos. Conforme ele colocou: "A pergunta mais importante sobre a mente sadia e a enferma não é 'de onde?', mas 'para onde'?" (Ansbacher & Ansbacher, 1956, p. 91).

Como Jung, Adler identificava a teoria de Freud com o princípio da causalidade, e a sua própria teoria com o princípio do finalismo:

"A Psicologia Individual insiste absolutamente na indispensabilidade do finalismo para o entendimento de todos os fenômenos psicológicos. As causas, as energias, os instintos, os impulsos e assim por diante não servem como princípios explanatórios. A meta final, sozinha, explica o comportamento do homem. As experiências, os traumas e os mecanismos de desenvolvimento sexual não podem nos dar uma explicação, mas a perspectiva em que são considerados, a maneira individual de vê-los, que subordina toda a vida à meta final, podem." (1930, p. 400).

Essa meta final pode ser uma ficção, isto é, um ideal impossível de realizar, mas continua sendo um estímulo muito real para a busca humana e para a explicação final da conduta. Mas Adler acreditava que a pessoa normal pode libertar-se da influência dessas ficções e enfrentar a realidade quando necessário, atitude que a pessoa neurótica é incapaz de tomar.

## BUSCA DE SUPERIORIDADE

Qual é a meta final almejada por todos os seres humanos e que dá consistência e unidade à personalidade? Por volta de 1908, Adler já tinha chegado à conclusão de que a agressão era mais importante do que a sexualidade. Um pouco mais tarde, o impulso agressivo foi substituído pelo "desejo de poder". Adler identificava o poder com a masculinidade e a fraqueza com a feminilidade. Nesse estágio de seu pensamento (cerca de 1910), apresentou a idéia do "protesto masculino", uma forma de supercompensação empregada tanto por homens quanto por mulheres quando se sentem inadequados e inferiores. Mais tarde, Adler abandonou o "desejo de poder" em favor da "busca de superioridade", à qual permaneceu fiel desde então. Assim, houve três estágios em seu pensamento com relação à meta final dos seres humanos: ser agressivo, ser poderoso e ser superior.

Adler deixou bem claro que por superioridade ele não queria dizer distinção social, liderança ou uma posição preeminente na sociedade. Por superioridade, Adler queria dizer algo muito parecido com o conceito de *self* de Jung ou o princípio da auto-realização de Goldstein. É a busca de uma completude perfeita. É "a grande pulsão ascendente":

> "Eu comecei a ver claramente em cada fenômeno psicológico a busca de superioridade. Ela acompanha o crescimento físico e é uma necessidade intrínseca da própria vida. Está na raiz de todas as soluções dos problemas da vida e manifesta-se na maneira como enfrentamos esses problemas. Todas as nossas funções seguem sua direção. Elas buscam a conquista, a segurança, o crescimento, quer na direção certa, quer na errada. O ímpeto de menos para mais jamais cessa. Sejam quais forem as premissas com as quais sonham todos os nossos filósofos e psicólogos – autopreservação, princípio do prazer, compensação – todas elas são apenas vagas representações, tentativas de expressar a grande pulsão ascendente." (1930, p. 398)

De onde vem a busca de superioridade ou perfeição? Adler disse que ela é inata. Não só é parte da vida, mas também é a própria vida. Do nascimento até a morte, a busca de superioridade leva a pessoa de um estágio de desenvolvimento para o próximo. É um princípio dinâmico, predominante. Não existem pulsões separadas, pois cada pulsão recebe sua energia da busca de completude. Adler reconheceu que a busca de superioridade pode manifestar-se de inúmeras maneiras diferentes, e que cada pessoa tem seu modo concreto de atingir ou tentar atingir a perfeição. A pessoa neurótica, por exemplo, busca auto-estima, poder e auto-engrandecimento – em outras palavras, metas egoístas – ao passo que a pessoa normal busca metas de caráter primariamente social.

Como, precisamente, surgem no indivíduo as formas específicas de busca de superioridade? Para responder essa pergunta, é necessário discutir o conceito de Adler de sentimentos de inferioridade.

## SENTIMENTOS DE INFERIORIDADE E COMPENSAÇÃO

Muito cedo em sua carreira, enquanto ainda estava interessado em medicina geral, Adler propôs a idéia da inferioridade e da supercompensação de órgão (tradução inglesa, 1917). Na época, ele estava interessado em encontrar a resposta para a perene pergunta de por que as pessoas, quando ficam doentes ou sentem alguma dor, ficam doentes ou sentem dor em uma região específica do corpo. Uma pessoa desenvolve um problema cardíaco, outra, um problema pulmonar, e uma terceira, artrite. Adler sugeriu que a razão do lugar de uma determinada doença era uma inferioridade básica naquela região, uma inferioridade existente em virtude de hereditariedade ou de alguma anormalidade desenvolvimental. Ele então observou que uma pessoa com um órgão defeituoso geralmente tenta compensar essa fraqueza, fortalecendo-o por meio de um treinamento intensivo. O exemplo mais famoso de compensação da inferioridade de órgão é Demóstenes, que gaguejava quando criança e tornou-se um dos maiores oradores do mundo. Um outro exemplo mais recente é o de Theodore Roosevelt, que foi doentio em sua infância e transformou-se, por meio de exercícios sistemáticos, em um homem fisicamente robusto.

Logo depois de ter publicado sua monografia sobre a inferioridade de órgão, Adler ampliou o conceito para incluir quaisquer sentimentos de inferioridade, desde os decorrentes de incapacidades psicológicas ou sociais subjetivamente sentidas aos originados de fraquezas ou deficiências corporais reais. Nessa época, Adler equiparou a inferioridade à falta de virilidade ou feminilidade, cuja compensação era chamada de "o protesto masculino". Entretanto, ele mais tarde subordinou essa idéia à visão mais geral de que os sentimentos de inferioridade surgem de um senso de incompletude ou imperfeição em qualquer esfera da vida. Por exemplo, a criança é motivada por seus sentimentos de inferioridade a buscar um nível superior de desenvolvimento. Quando ela atinge esse nível, começa a sentir-se inferior novamente e inicia mais uma vez o movimento ascendente. Adler afirmou que os sentimentos de inferioridade não são um sinal de anormalidade; eles são a causa de toda melhora na condição humana. Evidentemente, os sentimentos de inferioridade podem ser agravados por condições especiais, como no caso da criança mimada ou rejeitada. Nesse contexto, podem ocorrer certas manifestações anormais, como o desenvolvimento de um complexo de inferioridade ou de um complexo de superioridade compensatório. Mas, em circunstâncias normais, o sentimento de inferioridade ou um senso de incompletude é a grande força propulsora da humanidade. Em outras palavras, o ser humano é impulsionado pela necessidade de superar sua inferioridade e pressionado pelo desejo de ser superior.

Adler não foi um proponente do hedonismo. Embora acreditasse que os sentimentos de inferioridade eram dolorosos, ele não pensava que o alívio desses sentimentos era necessariamente prazeroso. A perfeição, não o prazer, era para ele a meta da vida.

## INTERESSE SOCIAL

Durante os anos iniciais de sua teorização, quando estava proclamando a natureza agressiva e ávida de poder dos seres humanos e a idéia do protesto masculino como uma supercompensação da fragilidade feminina, Adler foi severamente criticado por enfatizar pulsões egoístas e ignorar motivos sociais. A busca da superioridade soava como o grito de guerra do super-homem nietzscheano, um bom acompanhamento para

o *slogan* darwiniano da sobrevivência dos mais adaptados.

Adler, um defensor da justiça social e da democracia social, ampliou sua concepção dos humanos para incluir o fator do interesse social (1939). Embora o interesse social inclua questões como cooperação, relações interpessoais e sociais, identificação com o grupo, empatia e assim por diante, ele é muito mais amplo do que tudo isso. Em seu sentido essencial, o interesse social consiste em o indivíduo ajudar a sociedade a alcançar a meta de uma sociedade perfeita: "O interesse social é a verdadeira e inevitável compensação de todas as fraquezas naturais dos seres humanos" (Adler, 1929b, p. 31).

A pessoa está inserida em um contexto social desde o primeiro dia de vida. A cooperação se manifesta no relacionamento entre o bebê e a mãe, e a partir daí a pessoa está continuamente envolvida em uma rede de relações interpessoais que moldam a personalidade e oferecem saídas concretas para a busca de superioridade. A busca de superioridade se torna socializada; o ideal de uma sociedade perfeita toma o lugar da ambição puramente pessoal e do ganho egoísta. Ao trabalhar pelo bem comum, os humanos compensam suas fraquezas individuais.

Adler acreditava que o interesse social é inato; os humanos são criaturas sociais por natureza, não por hábito. Entretanto, como qualquer outra aptidão natural, essa predisposição inata não aparece espontaneamente, mas precisa ser orientada e treinada para se realizar. Uma vez que acreditava nos benefícios da educação, Adler dedicou grande parte de seu tempo a estabelecer clínicas de orientação infantil, a melhorar as escolas e a educar o público com relação aos métodos adequados de criação dos filhos.

É interessante traçar nos textos de Adler a mudança decisiva, embora gradual, em sua concepção do ser humano desde os primeiros anos de sua vida profissional, quando estava associado a Freud, até seus últimos anos, quando tinha granjeado uma reputação internacional. Para o jovem Adler, os humanos eram impulsionados por uma insaciável ânsia de poder e dominação, para compensar um sentimento de inferioridade arraigado e oculto. Para o Adler mais velho, os humanos eram motivados por um interesse social inato, que os fazia subordinar o ganho pessoal ao bem-estar público. A imagem da pessoa perfeita vivendo em uma sociedade perfeita eclipsou o quadro da pessoa forte e agressiva dominando e explorando a sociedade. O interesse social substituiu o interesse egoísta.

## ESTILO DE VIDA

Estilo de vida é o *slogan* da teoria de Adler da personalidade, o tema recorrente em todos os seus textos posteriores (p. ex., 1929a, 1931) e a característica mais distintiva de sua psicologia. O estilo de vida é *o* princípio do sistema, segundo o qual funciona a personalidade individual; é o todo que comanda as partes. O estilo de vida é o princípio idiográfico mais importante de Adler: é o princípio que explica a singularidade da pessoa. Todos têm um estilo de vida, mas não existem duas pessoas com o mesmo estilo,

Exatamente o que significa o conceito? Essa é uma pergunta difícil de responder, porque Adler tinha muito a dizer a respeito e apresentou postulações diferentes e às vezes conflitantes sobre isso em seus inúmeros textos. E, além disso, é difícil diferenciá-lo de outro conceito adleriano, o de *self criativo.*

Todas as pessoas têm a mesma meta, a da superioridade, mas existem inumeráveis maneiras de buscá-la. Uma pessoa tenta tornar-se superior, desenvolvendo o intelecto, enquanto outra dedica todos os seus esforços à busca da perfeição muscular. O intelectual tem um estilo de vida, a atleta, outro. O intelectual lê, estuda, pensa; ele leva uma vida mais sedentária e mais solitária do que a pessoa ativa. O intelectual organiza detalhes da existência, hábitos domésticos, recreações, rotina diária, relações com a família, amigos e conhecidos, e atividades sociais, de acordo com a meta da superioridade intelectual. Tudo o que ele faz é feito com um olho em sua meta suprema. Todo o comportamento da pessoa se origina de seu estilo de vida. A pessoa percebe, aprende e retém aquilo que se ajusta ao seu estilo de vida, e ignora o restante.

O estilo de vida determina como a pessoa enfrenta os três "problemas de vida" da idade adulta: relações sociais, ocupação, e amor e casamento. As versões preliminares desses problemas durante a infância centram-se nas amizades, na escola e no sexo oposto. Quando as tentativas do indivíduo de lidar com essas tarefas são orientadas pelo interesse social, ele está no "lado útil da vida". Se a superioridade pessoal substitui o interesse social como meta, a pessoa se distancia das tarefas da vida e fica no lado "inútil" da vida (ver Figura 4.1, p. 124).

Ansbacher e Ansbacher (1964) estabelecem uma analogia entre a concepção de Adler da vida humana como movimento e a análise que o físico faz do movimento, em termos de direção e velocidade. O comportamento humano ocorre no espaço social, e sua direção depende do grau de interesse social. Da mesma forma, o componente de velocidade ou de energia da vida humana pode ser descrito em termos do grau de atividade do indivíduo. Adler acreditava que "um ser humano não pode ser tipificado ou classificado... cada indivíduo deve ser estudado à luz de seu desenvolvimento peculiar" (Ansbacher & Ansbacher, 1964, p. 68). No entanto, "somente para propósitos de ensino," Adler descreveu quatro estilos de vida diferentes, cada um conceitualizado em termos do grau de interesse social e atividade. O tipo "dominante" tem muita atividade, mas pouco interesse social. Tais pessoas tentam lidar com os problemas da vida dominando-os. O tipo "obtentor", que "certamente é o mais freqüente", espera que lhe dêem tudo de que precisa. O tipo "evitante" tenta não ser derrotado pelos problemas da vida evitando os próprios problemas. Tanto o segundo quanto o terceiro tipos têm pouco interesse social e atividade. O quarto tipo de Adler, o "socialmente útil", é ativo a serviço dos outros. Essas pessoas enfrentam as tarefas da vida e tentam resolvê-las de uma maneira consistente de acordo com as necessidades dos outros indivíduos. Arthur Ashe poderia servir como exemplo desse estilo de vida positivo. É interessante observar a correspondência entre esses tipos e os tipos gerais propostos por outros teóricos. Por exemplo, os tipos dominante, obtentor e evitante são mais ou menos análogos às estratégias de ir contra, aproximar-se, e afastar-se dos outros, conforme descritas por Karen Horney.

O estilo de vida se forma muito cedo na infância, por volta dos quatro ou cinco anos, e a partir daí as experiências são assimiladas e utilizadas segundo esse estilo de vida único. As atitudes, os sentimentos e as

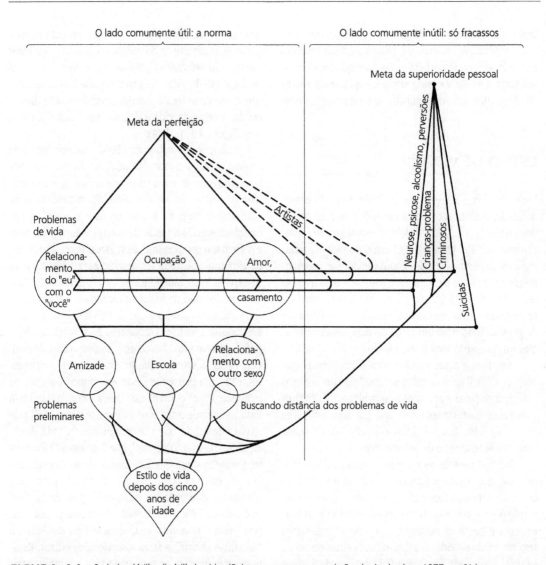

**FIGURA 4.1** Os lados 'útil' e 'inútil' da vida. (Reimpressa com a permissão de Ansbacher, 1977, p. 61.)

percepções tornam-se fixos e mecanizados em uma idade bem inicial, e é praticamente impossível que o estilo de vida mude depois disso. A pessoa pode adotar novas maneiras de expressar seu estilo de vida único, mas elas são apenas exemplos concretos e particulares do mesmo estilo básico encontrado desde a tenra idade.

O que determina o estilo de vida do indivíduo? Em seus textos iniciais, Adler disse que ele é amplamente determinado pelas inferioridades específicas da pessoa, quer fantasiadas ou reais. O estilo de vida é uma compensação de uma inferioridade particular. Se a criança é fisicamente frágil, seu estilo de vida assumirá a forma de fazer aquelas atividades que produzirão força física. O estilo de vida conquistador de Napoleão foi determinado por sua estatura física insignificante, e a ânsia predatória de Hitler de dominar o mundo, por sua impotência sexual. Essa explicação simples da conduta humana, que agradou a tantos leitores de Adler e foi amplamente aplicada à análise de caráter nas décadas de 20 e 30, não satisfez o próprio Adler. Era simples demais e também mecanicista. Ele procurou um princípio mais dinâmico e encontrou o *self* criativo.

## O *SELF* CRIATIVO

O conceito de *self* criativo é a realização suprema de Adler como teórico da personalidade. Quando ele descobriu o poder criativo do *self*, todos os seus outros conceitos ficaram subordinados a ele. Aqui, finalmente, estava a fonte de energia, a pedra filosofal, o elixir da vida, a causa primeira de tudo o que era humano perseguida por Adler. O *self* unitário, consistente e criativo é soberano na estrutura da personalidade.

Como todas as primeiras causas, o poder criativo do *self* é difícil de descrever. Podemos ver seus efeitos, mas não podemos vê-lo. É algo que intervém entre os estímulos que agem sobre a pessoa e as respostas dadas pela pessoa a esses estímulos. Em essência, a doutrina de um *self* criativo afirma que os humanos fazem sua própria personalidade. Eles a constroem a partir do material bruto da hereditariedade e da experiência:

> "A hereditariedade apenas dota (o homem) com certas capacidades. O ambiente apenas lhe transmite certas impressões. Essas capacidades e impressões, e a maneira como ele as 'experiencia' – isto é, a interpretação que faz dessas experiências – são os blocos construtores, ou em outras palavras sua atitude perante a vida, que determinam seu relacionamento com o mundo externo." (Adler, 1935, p. 5)

O *self* criativo é o fermento que age sobre os fatos do mundo e transforma esses fatos em uma personalidade subjetiva, dinâmica, unificada, pessoal e unicamente estilizada. O *self* criativo dá significado à vida; ele cria a meta, assim como os meios para a meta. O *self* criativo é o princípio ativo da vida humana, e não é muito diferente do conceito mais antigo de alma.

Em resumo, podemos dizer que Adler criou uma teoria humanista da personalidade que era a antítese da concepção de Freud do indivíduo. Ao dotar os humanos de altruísmo, humanitarismo, cooperação, criatividade, singularidade e consciência, Adler devolveu aos seres humanos um senso de dignidade e valor que a psicanálise tinha em grande parte destruído. Em lugar do triste quadro materialista que horrorizou e repeliu tantos leitores de Freud, Adler ofereceu um retrato do ser humano mais satisfatório, mais esperançoso, e muito mais lisonjeiro. A concepção de Adler da natureza da personalidade coincidiu com a idéia popular de que os indivíduos podem ser os senhores, não as vítimas, de seu destino.

## NEUROSE

Utilizando esses princípios, Adler ofereceu um relato intrigante da neurose. Apesar de suas diferenças com Freud, Adler concordava que os sintomas neuróticos são interpretáveis e fundamentalmente defensivos. Ao contrário do indivíduo sadio, o neurótico supercompensa rigidamente as inferioridades percebidas. Suas metas grandiosas centram-se no auto-engrandecimento e no interesse pessoal, ao invés do interesse social. Adler estabeleceu uma analogia entre o neurótico e o criminoso que constrói um álibi:

> "A neurose é inteiramente uma manobra encobridora. Por trás da doença, está a tentativa patológica e ambiciosa do paciente de ver a si mesmo como algo extraordinário . . . Os sintomas são um grande monte de lixo no qual o paciente se esconde. A superioridade fictícia do paciente data da época em que ele foi mimado . . . Enquanto vemos claramente o que ele faz, ele, sem perceber, está ocupado em erigir seus obstáculos; como um criminoso empedernido, ele está tentando assegurar um álibi . . . Sempre termina em 'o que eu não teria realizado se não tivesse sido impedido pelos sintomas'. A nossa tarefa é tornar conceitual o que nele estava não-conceitualizado." (Ansbacher & Ansbacher, 1964, p. 198-199)

Observem a similaridade entre essa passagem e o famoso sumário de Freud sobre a terapia psicanalítica: "Onde era o Id, ficará o Ego".

O neurótico desenvolve os sintomas como uma proteção contra o esmagador senso de inferioridade que está tentando evitar tão desesperadamente. Essa tentativa incessante de proteger o *self* da inferioridade se transforma em um círculo vicioso, pois a falta de interesse social que levou ao problema também impede sua solução. (Como veremos mais adiante neste capítulo, tal dilema é muito semelhante ao círculo vicioso da insegurança e da alienação descrito tão eloqüentemente por Karen Horney.) A incapacidade do neurótico de lidar com os problemas da vida o leva a criar "salvaguardas". Essas salvaguardas são análogas aos mecanismos de defesa freudianos, mas servem para proteger o neurótico da baixa auto-estima gerada pela inferioridade e pelo fracasso nas tarefas de vida, não da ansiedade gerada por um conflito entre pulsões instintuais e proibições morais. Adler descreveu três categorias gerais de salvaguardas. As *desculpas* se referem a qualquer tentativa de evitar a culpa pelos fracassos na vida. A *agressão* envolve culpar os outros pelos fracassos. O *distanciamento* inclui protelações, alegações de impotência ou tentativas de evitar problemas. Essas salvaguardas têm um sabor bem cognitivo e contemporâneo. Além disso, observem sua semelhança com os mecanismos de defesa específicos descritos por Anna Freud (ver Capítulo 5) e com as descrições de Karen Horney de aproximar-se, ir contra ou afastar-se das outras pessoas (ver mais adiante neste capítulo).

## PESQUISA CARACTERÍSTICA E MÉTODOS DE PESQUISA

As observações empíricas de Adler foram feitas amplamente no *setting* terapêutico e consistem principalmente em reconstruções do passado, conforme lembrado pelo paciente, e em avaliações do comportamento presente, com base em relatos verbais. Em grande extensão, essas observações centravam-se no que Adler chamou de os "três portões de entrada para a vida mental": ordem de nascimento, memórias iniciais e sonhos. Só há espaço para mencionar alguns exemplos das atividades investigativas de Adler.

### Ordem de Nascimento e Personalidade

De acordo com seu interesse pelos determinantes sociais da personalidade, Adler observou que as personalidades do primogênito, do filho do meio e do caçula em uma família tendiam a ser bem diferentes (1931, p. 144-154). Ele atribuiu tais diferenças às experiências distintivas que cada criança tem como membro de um grupo social.

O filho primogênito ou mais velho recebe muita atenção até o nascimento do segundo filho; ele é então subitamente destronado de sua posição privilegi-

ada e precisa dividir a afeição dos pais com o novo bebê. Essa experiência pode condicionar o filho mais velho de várias maneiras, tais como odiar pessoas, proteger-se de súbitos reveses do destino e sentir-se inseguro. Os primogênitos também tendem a interessar-se pelo passado, quando eram o centro das atenções. Os neuróticos, os criminosos, os bêbados e os perversos, observa Adler, geralmente são primogênitos. Se os pais manejam sabiamente a situação preparando a criança para o aparecimento de um rival, o primogênito tem maior probabilidade de transformar-se em uma pessoa responsável, protetora.

O segundo filho, ou o filho do meio, caracteriza-se por ser ambicioso. Ele está constantemente tentando superar o mais velho. Ele também tende a ser rebelde e invejoso, mas de um modo geral é mais bem-ajustado do que o primogênito ou o caçula.

O caçula é o filho mimado. Depois do primogênito, é mais provável que se torne uma criança-problema e um adulto neurótico desajustado.

Embora os primeiros testes da teoria de Adler da ordem de nascimento não tenham sido muito confirmatórios (Jones, 1931), o trabalho mais sofisticado de Schachter (1959) apoiou a tese adleriana e foi o início de uma grande quantidade de pesquisas sobre o assunto. Muitas pesquisas sobre a ordem de nascimento foram realizadas nas décadas de 60 e 70 (para bibliografias, ver Forer, 1977; Vockell, Felker & Miley, 1973), embora uma revisão de Schooler tenha relatado uma "ausência geral de achados consistentes" (1972, p. 174; ver também Forer, 1976). Mais recentemente, a ordem de nascimento foi incluída como um componente do ambiente não-compartilhado que desempenha um papel extremamente importante nos modelos genéticos de comportamento da personalidade (ver Capítulo 8; Hoffman, 1991; Plomin & Daniels, 1987).

### Memórias Iniciais

Adler sentia que as lembranças mais antigas que uma pessoa podia relatar eram uma chave importante para entender o seu estilo de vida básico (1931). Por exemplo, uma jovem começou o relato de suas primeiras lembranças dizendo: "Quando eu tinha três anos de idade, meu pai..." Isso indica que ela está mais interessada no pai do que na mãe. Ela depois prossegue dizendo que o pai trouxe para casa um casal de pôneis para sua irmã mais velha e para ela, e que a irmã mais velha levou seu pônei pela rua puxando-o pelo cabresto, enquanto ela era arrastada para a lama pelo próprio pônei. Esse é o destino da criança mais jovem – vir em segundo lugar na rivalidade com a irmã mais velha – e isso a motiva a tentar superá-la. Seu estilo de vida é de uma ambição impulsionadora, de uma ânsia de ser a primeira, de um profundo sentimento de insegurança e desapontamento e de um forte pressentimento de fracasso.

Um jovem que estava sendo tratado por graves ataques de ansiedade lembrou esta cena inicial: "Quando eu tinha uns quatro anos de idade, estava sentado à janela, olhando alguns pedreiros que construíam uma casa no lado oposto da rua, enquanto minha mãe tricotava meias." Essa lembrança indica que o jovem foi mimado quando criança, porque sua lembrança inclui a solícita mãe. O fato de ele estar olhando para outras pessoas que estão trabalhando sugere que seu estilo de vida é de um espectador, mais do que de um participante. Isso é corroborado pelo fato de ele ficar ansioso sempre que tenta escolher uma profissão. Adler sugeriu que ele pensasse em uma profissão na qual pudesse utilizar sua preferência por olhar e observar. O paciente seguiu o conselho de Adler e tornou-se um bem-sucedido negociante de objetos de arte.

Adler também usou esse método com grupos, além de usá-lo com indivíduos, e descobriu que era uma maneira fácil e econômica de estudar a personalidade. As primeiras lembranças são usadas como uma técnica projetiva (Bruhn, 1984, 1985; Mayman, 1968; Mosak, 1958). Além disso, foram desenvolvidos vários instrumentos de pesquisa para avaliar as memórias iniciais (Altman & Rule, 1980; Kihlstrom & Harackiewicz, 1982). Talvez o uso contemporâneo mais interessante das memórias iniciais seja sua incorporação à nova onda de pesquisa cognitiva (p. ex., Bruhn, 1990; Kihlstrom & Harackiewicz, 1982; Strauman, 1990). Em particular, o conceito de Cantor e Kihlstrom (1985, 1987, 1989) de inteligência social inclui as categorias de conhecimento declarativo-semântico, conhecimento declarativo-episódico e de conhecimento procedural. A memória autobiográfica, que tem uma clara relação com a ênfase de Adler nas memórias iniciais, é um dos componentes dos episódios que constituem o nosso conhecimento declarativo-episódico.

## Experiências da Infância

Adler estava particularmente interessado nos tipos de influências iniciais que predispõem a criança a um estilo de vida defeituoso. Ele descobriu três fatores importantes: (1) crianças com inferioridades, (2) crianças mimadas e (3) crianças negligenciadas. As crianças com enfermidades físicas ou mentais carregam um carga muito pesada e tendem a sentir-se inadequadas para enfrentar as tarefas de vida. Elas se consideram um fracasso e muitas vezes são. Entretanto, se tiverem pais compreensivos e encorajadores, podem compensar suas inferioridades e transformar sua fraqueza em força. Muitas pessoas proeminentes começaram a vida com alguma fragilidade orgânica que conseguiram compensar. Adler alertava continuamente, e com veemência, contra os perigos de se mimar uma criança, pois considerava isso a pior maldição que uma criança pode sofrer. As crianças mimadas não desenvolvem um sentimento social: elas se tornam déspotas que esperam que a sociedade se conforme aos seus desejos autocentrados. Adler as considerava a classe potencialmente mais perigosa da sociedade. A negligência também tem conseqüências infelizes. A criança maltratada na infância se torna, quando adulta, um inimigo da sociedade. Seu estilo de vida é dominado pela necessidade de vingança. Essas três condições – enfermidade orgânica, mimos e rejeição – produzem concepções errôneas do mundo e resultam em um estilo de vida patológico.

## PESQUISA ATUAL

Nós já mencionamos a pesquisa contemporânea sobre a ordem de nascimento e as lembranças mais antigas. Além disso, estão sendo realizadas pesquisas sobre a mensuração e os correlatos do interesse social.

### Interesse Social

Foram desenvolvidos dois instrumentos para a mensuração do interesse social: *Social Interest Scale* (SIS; Crandall, 1975) e *Social Interest Index* (SII; Greever, Tseng & Friedland, 1973). O SIS fornece um índice global do interesse social, e o SII inclui subescalas separadas para amizade, amor, trabalho e auto-significado. Crandall (p. ex., 1980, 1981, 1984) apresenta uma variedade de dados de valorização para o SIS. Por exemplo, os escores no SIS correlacionam-se com medidas de auto-relato de ajustamento e bem-estar (Crandall, 1980), e os indivíduos com escores elevados são mais cooperativos e menos hostis do que aqueles com escores baixos (Crandall, 1981). Os estudos demonstrando que os indivíduos com maior interesse social têm mais amigos íntimos (Watkins & Hector, 1990), e que os escores predizem correlações com outras características de personalidade (Mozdzierz & Semyck, 1980) oferecem um apoio semelhante para o SII.

Existem dois problemas nessa pesquisa. Primeiro, os escores nas duas medidas apresentam apenas uma frágil relação. Leak, Miller, Perry e Williams (1985) sugerem que o SIS e o SII compartilham apenas cerca de 10% de variância comum. Isso pode acontecer porque o interesse social é um "constructo muitíssimo heterogêneo" ou pode refletir problemas fundamentais de mensuração. Segundo, as relações obtidas com comportamentos de critério tendem a ser frágeis. As medidas de interesse social não têm um poder preditivo consistente com o papel central atribuído ao interesse social na teoria de Adler.

## ERICH FROMM

Erich Fromm nasceu em Frankfurt, Alemanha, em 1900, e estudou psicologia e sociologia nas Universidades de Heidelberg, Frankfurt e Munique. Depois de receber seu Ph.D. em Heidelberg em 1922, fez formação psicanalítica em Munique e no famoso Instituto Psicanalítico de Berlim. Ele foi para os Estados Unidos em 1933 como palestrante do Instituto Psicanalítico de Chicago e depois iniciou sua prática privada na cidade de Nova York. Ensinou em várias universidades e institutos nos Estados Unidos e no México. Em 1976, Fromm mudou-se para a Suíça, onde morreu em 1980. Ver Evans (1966) e Hausdorff (1972) para detalhes sobre o desenvolvimento pessoal e intelectual de Fromm. Seus livros receberam uma considerável atenção não só de especialistas nos campos da psicologia, sociologia, filosofia e religião, mas também do público em geral.

Fromm foi profundamente influenciado pela obra de Karl Marx, especialmente por um trabalho inicial, *The Economic and Philosophical Manuscripts,* de 1844. Esse trabalho, em uma tradução inglesa de T. B. Bottomore, está incluído no *Marx's Concept of Man* de Fromm (1961). Em *Beyond the Chains of Illusion* (1962), Fromm comparou as idéias de Freud e de Marx, observando suas contradições e tentando uma síntese. Fromm considerava Marx um pensador mais profundo do que Freud, e usou a psicanálise principalmente para preencher as lacunas em Marx. Fromm (1959) escreveu uma análise altamente crítica, inclusive polêmica, da personalidade e da influência de Freud e, ao contrário, um elogio incondicional a Marx (1961). Embora Fromm pudesse ser acuradamente chamado de um teórico marxista da personalidade, ele preferia o rótulo de *humanista dialético*. A obra de Fromm foi inspirada por seus profundos conhecimentos de história, sociologia, literatura e filosofia. Podemos dizer que seus muitos livros (p. ex., 1950, 1951, 1956, 1970, 1973, 1976) influenciaram os leitores leigos mais do que os psicólogos acadêmicos.

O tema essencial de toda a obra de Fromm é que a pessoa se sente solitária e isolada porque se separou da natureza e das outras pessoas. Essa condição de isolamento não é encontrada em outras espécies animais; ela é distintiva da situação humana. A criança, por exemplo, liberta-se dos laços primários com os pais e em resultado sente-se isolada e desamparada. O servo conquista finalmente a sua liberdade apenas para se descobrir à deriva em um mundo predominantemente alienígena. Como servo, ele pertencia a alguém e sentia-se relacionado com o mundo e com as outras pessoas, mesmo que não fosse livre. Em seu livro *Escape from Freedom* (1941), Fromm desenvolveu a tese de que, conforme os humanos conquistaram mais liberdade através dos tempos, eles passaram a se sentir mais sozinhos. A liberdade se torna então uma condição negativa da qual eles tentam escapar.

Qual é a resposta para esse dilema? A estratégia sadia é a pessoa unir-se a outras no espírito do amor e do trabalho compartilhado. A opção não-sadia é a pessoa tentar "escapar da liberdade". É possível escapar por três meios. A primeira fuga é pelo *autoritarismo*, por uma submissão masoquista a pessoas mais poderosas ou por uma tentativa sádica de tornar-se a autoridade poderosa. Uma segunda fuga é pela *des-*

Erich Fromm.

*trutividade*, pela tentativa de escapar da impotência, destruindo os agentes e as instituições sociais que produzem um senso de desamparo e isolamento. Quanto mais o impulso de crescimento da pessoa for frustrado, mais destrutiva ela se tornará. Essa análise corresponde perfeitamente ao crescente predomínio da violência gratuita entre os membros das classes desfavorecidas na nossa sociedade. O terceiro modo de escapar é pela *conformidade de autômato*, em que a pessoa renuncia ao seu estado de ser ela mesma adotando um "pseudo *self*" com base nas expectativas alheias. Observem como essa dinâmica é semelhante aos processos descritos por Karen Horney e Carl Rogers (ver Capítulo 11) e à "inflação da *persona*" de Carl Jung (ver Capítulo 3). No caso sadio, o ser humano usa sua liberdade para desenvolver uma sociedade melhor. Nos casos não-sadios, ele passa a viver uma nova servidão.

*Escape from Freedom* foi escrito sob a sombra da ditadura nazista e mostra que essa forma de totalitarismo atraía as pessoas porque lhes oferecia uma nova segurança. Mas, como Fromm salientou em livros subseqüentes (1947, 1955, 1964), qualquer forma de sociedade criada pelo ser humano, seja o feudalismo, capitalismo, fascismo, socialismo ou seja o comunismo, representa uma tentativa de resolver a contradição básica dos humanos. Essa contradição consiste em a pessoa ser tanto uma parte da natureza quanto separada dela, em ser simultaneamente um animal e um ser humano. Como animais, temos certas necessidades fisiológicas que precisam ser satisfeitas. Como seres humanos, possuímos autoconsciência, razão e imaginação. As experiências exclusivamente humanas são os sentimentos de ternura, amor e compaixão; atitudes de interesse, responsabilidade, identidade, integridade, vulnerabilidade, transcendência e liberdade; e valores e normas (1968). Os dois aspectos da pessoa, animal e ser humano, constituem as condições básicas da existência humana: "*A compreensão da psique do homem deve basear-se na análise das necessidades humanas decorrentes das condições de sua existência*" (1955, p. 25).

Cinco necessidades específicas têm origem nas condições da existência humana: a necessidade de relacionar-se, a necessidade de transcendência, a necessidade de enraizamento, a necessidade de identidade e a necessidade de uma estrutura de orientação. A necessidade de relacionar-se decorre do fato de que

os humanos, ao se tornarem humanos, foram arrancados da união primária do animal com a natureza: "O animal está equipado pela natureza para lidar com todas aquelas condições que vai encontrar" (1955, p. 23), mas o ser humano, com seu poder de raciocinar e imaginar, perdeu essa interdependência íntima com a natureza. Em lugar daqueles laços instintivos com a natureza que os animais possuem, os seres humanos precisam criar seus próprios relacionamentos, dos quais os mais satisfatórios são os baseados no amor produtivo. O amor produtivo sempre implica cuidado, responsabilidade, respeito e entendimento mútuos.

A necessidade de transcendência se refere à necessidade do ser humano de erguer-se acima de sua natureza animal, de tornar-se uma pessoa criativa em vez de permanecer uma criatura. Se os impulsos criativos forem frustrados, a pessoa se torna destruidora. Fromm salientou que o amor e o ódio não são impulsos antitéticos; ambos são respostas à necessidade da pessoa de transcender sua natureza animal. Os animais não amam e nem odeiam, mas os humanos sim.

O ser humano quer ter raízes naturais; ele quer ser uma parte integral do mundo, sentir que pertence a. Quando criança, ele está enraizado na mãe, mas, se esse relacionamento persiste depois da infância, passa a ser considerado uma fixação perniciosa. As pessoas encontram as raízes mais satisfatórias e saudáveis em um sentimento de afinidade com outros homens e mulheres. Mas também queremos ter um senso de identidade pessoal, ser indivíduos únicos. Se não conseguimos alcançar essa meta por meio do esforço criativo individual, podemos obter certa marca de distinção, identificando-nos com outra pessoa ou grupo. O escravo se identifica com o senhor; o cidadão, com o país; o trabalhador, com a companhia. Nesse caso, o senso de identidade decorre de pertencer a alguém e não de ser alguém.

Os humanos também precisam ter uma estrutura de referência, uma maneira estável e consistente de perceber e compreender o mundo. A estrutura de referência desenvolvida pode ser primariamente racional, primariamente irracional, ou ter elementos de ambas.

Finalmente, Fromm (1973) introduziu uma sexta necessidade básica, a necessidade de excitação e estimulação. Ao descrever essa necessidade, ele fez uma distinção entre estímulos simples e ativadores. Os estímulos simples produzem uma resposta automática, quase reflexa, e é melhor considerá-los em termos de pulsões; por exemplo, quando estamos com fome, comemos. Nós freqüentemente ficamos entediados com os estímulos simples. Os estímulos ativadores, ao contrário, impõem a busca de objetivos. Os estímulos ativadores de Fromm soam como a busca do *proprium* de Allport (ver Capítulo 7) e como as metanecessidades de Maslow (ver Capítulo 11).

Para Fromm, essas necessidades são puramente humanas e puramente objetivas. Elas não são encontradas nos animais e não se derivam da observação daquilo que os humanos dizem querer. Também não são criadas pela sociedade; melhor dizendo, elas foram sendo inseridas na natureza humana pela evolução. Qual é então a relação da sociedade com a existência do ser humano? Fromm acreditava que as manifestações específicas dessas necessidades, as maneiras reais pelas quais a pessoa realiza potencialidades internas, são determinadas pelos "arranjos sociais de acordo com os quais ela vive" (1955, p. 14). A personalidade se desenvolve em concordância com as oportunidades que uma determinada sociedade oferece à pessoa. Em uma sociedade capitalista, por exemplo, uma pessoa pode obter um senso de identidade pessoal, tornando-se rica, ou desenvolver um senso de enraizamento, tornando-se um empregado responsável e digno de confiança em uma grande companhia. Em outras palavras, o ajustamento de uma pessoa à sociedade normalmente representa um compromisso entre necessidades internas e exigências externas. Ela desenvolve um caráter social ao responder aos requerimentos da sociedade.

Fromm identificou e descreveu cinco tipos de caráter social encontrados na sociedade atual: receptivo, explorador, açambarcador, comerciante e produtivo. Esses tipos representam as diferentes maneiras como os indivíduos se relacionam com o mundo e com os outros. Só o último deles foi considerado por ele como sadio e como expressando o que Marx chamou de "atividade consciente livre". Todo indivíduo é uma mistura desses cinco tipos de orientação em relação ao mundo, embora uma ou duas das orientações possam estar mais evidentes do que as outras. Assim, é possível que uma pessoa seja um tipo produtivo-açambarcador ou um tipo improdutivo-açambarcador. Um tipo produtivo-açambarcador poderia ser uma pessoa que adquire terras ou dinheiro para ser mais produti-

va; um tipo improdutivo-açambarcador seria uma pessoa que acumula bens apenas pelo prazer de acumular, sem qualquer benefício para a sociedade.

Fromm (1964) também descreveu um sexto par de tipos de caráter: o *necrófilo*, que é atraído pela morte, *versus* o *biófilo*, que é apaixonado pela vida. Fromm observou que aquilo que poderia ser considerado um paralelo entre essa formulação e os instintos de vida e morte de Freud na verdade não o é. Para Freud, tanto o instinto de vida quanto o de morte são inerentes à biologia do ser humano, ao passo que para Fromm a vida é a única potencialidade primária. A morte é meramente secundária e só entra em cena quando as forças de vida são frustradas.

Em seu livro final, Fromm (1976) acrescentou uma distinção entre as orientações de "ter" e de "ser" em relação à vida. Uma orientação de ter reflete a preocupação competitiva da pessoa com possuir e consumir recursos. Essa orientação é favorecida pelas sociedades tecnológicas. O modo de ser, ao contrário, focaliza aquilo que a pessoa é, não o que ela tem, e o compartilhar, em vez do competir. Essa orientação só vai se desenvolver se a sociedade a encorajar.

Do ponto de vista do funcionamento adequado de uma determinada sociedade, é absolutamente essencial que o caráter da criança seja moldado para se adaptar às necessidades da sociedade. A tarefa dos pais e da educação é fazer com que a criança queira agir como tem de agir para que um dado sistema econômico, político e social seja mantido. Assim, em um sistema capitalista, o desejo de economizar deve ser implantado nas pessoas, de modo que exista capital para expandir a economia. Uma sociedade que desenvolveu um sistema de crédito precisa dar um jeito para que as pessoas sintam uma compulsão interna a pagar suas contas prontamente. Fromm deu inúmeros exemplos dos tipos de caráter que se desenvolvem em uma sociedade democrática e capitalista (1947).

Ao fazer exigências contrárias à sua natureza, a sociedade deforma e frustra os seres humanos. Ela os aliena de sua "situação humana" e nega-lhes o cumprimento das condições básicas da existência. Tanto o capitalismo quanto o comunismo, por exemplo, tentam transformar o indivíduo em um robô, em um escravo do salário, em uma nulidade, e geralmente conseguem levar a pessoa à insanidade, à conduta anti-social ou a atos autodestrutivos. Fromm não hesitou em estigmatizar a sociedade como estando doente quando deixa de satisfazer as necessidades básicas dos seres humanos (1955).

Fromm também salientou que, quando uma sociedade muda em algum aspecto importante, como ocorreu quando o feudalismo se transformou em capitalismo, ou quando o sistema de fábricas substituiu o artesão individual, tal mudança tende a produzir deslocamentos no caráter social das pessoas. A antiga estrutura de caráter não se ajusta à nova sociedade, o que aumenta o senso de alienação e desespero das pessoas. Os laços tradicionais são cortados, e, até que a pessoa consiga desenvolver novas raízes e relações, ela se sente perdida. Durante esses períodos transicionais, a pessoa torna-se presa fácil de todos os tipos de panacéias que oferecem um refúgio contra a solidão. (Conforme descrito no próximo capítulo, Erik Erikson tratou de maneira análoga as conseqüências negativas que ocorrem quando a pessoa precisa tentar funcionar em uma sociedade que enfatiza valores inconsistentes com a orientação segundo a qual ela foi socializada.)

O problema das relações de uma pessoa com a sociedade preocupava muito Fromm, e ele retornou a isso inúmeras vezes. Ele estava inteiramente convencido da validade das seguintes proposições: (1) os seres humanos têm uma natureza essencial, inata; (2) a sociedade é criada pelos humanos para realizar essa natureza essencial; (3) nenhuma sociedade, de todas que foram criadas até hoje, atende às necessidades básicas da existência humana; e (4) é possível criar tal sociedade.

Que tipo de sociedade Fromm defendia?

"(Uma) em que os homens se relacionem amorosamente, com raízes em laços de fraternidade e solidariedade...; uma sociedade que dê ao homem a possibilidade de transcender a natureza, criando, ao invés de destruir; em que todos obtenham um senso de *self* ao experienciar-se como o sujeito de seus poderes, como contraponto à conformidade; em que exista um sistema de orientação e devoção, sem que o homem precise distorcer a realidade e adorar ídolos." (1955, p. 362)

Fromm sugeriu inclusive um nome para essa sociedade perfeita: Socialismo Comunitário Humanista. Nessa sociedade, todos teriam oportunidades iguais de se tornarem plenamente humanos. Não haveria solidão, nenhum sentimento de isolamento, nenhum desespero. As pessoas encontrariam um novo lar, adequado à "situação humana". Tal sociedade atingiria o objetivo de Marx de transformar a alienação de uma pessoa sob um sistema de propriedade privada em uma oportunidade de auto-realização como um ser humano social, produtivamente ativo, sob o socialismo. Fromm ampliou o projeto da sociedade ideal, definindo como a nossa presente sociedade tecnológica pode ser humanizada (1968). As idéias de Fromm foram agudamente criticadas por Schaar (1961).

Embora as idéias de Fromm se originassem de suas observações de pessoas em tratamento e de suas amplas leituras em história, economia, sociologia, filosofia e literatura, ele realizou uma investigação empírica em grande escala. Em 1957, Fromm iniciou um estudo em psicologia social em um vilarejo mexicano para testar sua teoria do caráter social. Ele treinou entrevistadores mexicanos para administrar um questionário profundo que podia ser interpretado e pontuado para importantes variáveis motivacionais e caracterológicas. Esse questionário foi suplementado pelo Método das Manchas de Tinta de Rorschach, que revela atitudes, sentimentos e motivos mais profundamente reprimidos. Por volta de 1963 a coleta de dados foi concluída, e em 1970 os achados foram publicados (Fromm & Maccoby, 1970).

Foram identificados três tipos principais de caráter social: o produtivo-açambarcador, o produtivo-explorador e o improdutivo-receptivo. Os indivíduos que pertenciam ao tipo produtivo-açambarcador eram os proprietários de terra; ao produtivo-explorador, os comerciantes; e ao improdutivo-receptivo, os trabalhadores pobres. Uma vez que pessoas com estruturas de caráter semelhantes tendem a casar entre si, os três tipos constituíam uma estrutura de classe bastante rígida no vilarejo.

Antes que a influência da tecnologia e da industrialização atingisse o vilarejo, havia apenas duas classes principais: os proprietários de terra e os camponeses. O tipo produtivo-explorador só existia como um tipo desviante. Mas foi esse tipo que tomou a iniciativa de tornar os frutos da tecnologia disponíveis para os habitantes do vilarejo, tornando-se assim símbolos de progresso e líderes da comunidade. As pessoas que pertenciam a esse tipo forneciam entretenimento barato na forma de filmes, rádio, televisão e produtos manufaturados. Em conseqüência, os pobres camponeses foram arrancados de seus tradicionais valores culturais sem ganhar muitas das vantagens materiais de uma sociedade tecnológica. O que eles ganharam na verdade era falso, se comparado ao que tinham anteriormente: os filmes substituíram os festivais, o rádio substituiu as bandas locais, as roupas prontas substituíram as roupas feitas à mão, e os utensílios e móveis produzidos em massa substituíram os artesanais. O principal foco do estudo, entretanto, era ilustrar a tese de Fromm de que o caráter (personalidade) afeta e é afetado pela estrutura social e pela mudança social.

## KAREN HORNEY

Karen Horney nasceu em Hamburgo, Alemanha, em 16 de setembro de 1885, e morreu na cidade de Nova York, em 4 de dezembro de 1952. Ela fez sua formação médica na Universidade de Berlim e trabalhou no Instituto Psicanalítico de Berlim de 1918 a 1932. Ela foi analisada por Karl Abraham e Hans Sachs, dois dos mais preeminentes analistas didatas europeus na época. Convidada por Franz Alexander, ela foi para os Estados Unidos e trabalhou como diretora-associada do Instituto Psicanalítico de Chicago por dois anos. Em 1934, mudou-se para Nova York, onde praticou a psicanálise e ensinou no Instituto Psicanalítico de Nova York. Insatisfeita com a psicanálise ortodoxa, ela e outros com convicções similares fundaram a Associação para o Avanço da Psicanálise e o Instituto Americano de Psicanálise. Ela foi decana desse instituto até a sua morte.

A história profissional de Horney foi detalhada em várias publicações recentes (Quinn, 1987; Rubins, 1978; Sayers, 1991), e alguns de seus diários foram publicados (Horney, 1980). Essas publicações também esclarecem eventos centrais na rica vida pessoal de Horney, incluindo seu relacionamento com o pai e a mãe, o irmão, o marido Oskar, os filhos, e Erich Fromm, assim como seus problemas emocionais e sua luta com a ortodoxia psicanalítica em que os homens dominavam.

## HORNEY E FREUD

Durante os anos que antecederam e que se seguiram a 1930, Horney publicou uma série de artigos criticando Freud e propondo sua própria psicologia feminina. Essa era uma continuação daqueles desafios à ortodoxia que fizeram com que ela fosse rebaixada e subseqüentemente se retirasse do Instituto Psicanalítico de Nova York. Mas Horney achava que suas idéias se enquadravam na estrutura da psicologia freudiana e não constituíam uma abordagem inteiramente nova ao entendimento da personalidade. Ela escreveu: "Nada de importância no campo da psicologia e da psicoterapia foi feito sem basear-se nos achados fundamentais de Freud" (1939, p. 18).

Ela aspirava a eliminar as falácias no pensamento de Freud – falácias que tinham raízes, acreditava ela, em sua orientação biológico-mecanicista – para que a psicanálise pudesse realizar suas plenas potencialidades como uma ciência dos seres humanos: "A minha convicção, resumidamente, é que a psicanálise deve superar as limitações decorrentes de ser uma psicologia instintivista e genética" (1939, p. 8).

Seguindo Adler, Horney também acreditava que a pouca ênfase de Freud nos inter-relacionamentos entre as pessoas o levara a uma ênfase excessiva e errônea na motivação sexual e no conflito. Ela transformou o foco instintual de Freud em um foco cultural. As pessoas internalizam estereótipos culturais negativos na forma de ansiedade básica e de conflitos internos, de tal maneira que o indivíduo com um problema emocional é "um enteado da nossa cultura". Para Horney, as preocupações com segurança e alienação intrapsíquica e interpessoal constituem as forças motivacionais primárias da personalidade. Essas preocupações podem levar-nos a erigir uma *estrutura protetora*, em uma tentativa de obter o que está fadado a ser um falso senso de segurança. Em conseqüência, "no centro das perturbações psíquicas estão tentativas inconscientes de lidar com a vida apesar dos medos, do desamparo e do isolamento. Eu as chamei de 'tendências neuróticas'" (1942, p. 40).

Horney objetava vigorosamente o conceito de Freud de inveja do pênis como o fator determinante na psicologia feminina. Freud, podemos lembrar, ob-

*Karen Horney.*

servou que as atitudes e os sentimentos distintivos das mulheres e seu conflito mais profundo originavam-se de seu sentimento de inferioridade genital e de seu ciúme do homem. Ela acreditava que a psicologia feminina baseia-se na falta de confiança e em uma ênfase exagerada no relacionamento amoroso, e tem pouco a ver com a anatomia de seus órgãos sexuais. (As idéias de Horney sobre a psicologia feminina foram reunidas e publicadas depois de sua morte [1967].)

Segundo Horney, o complexo de Édipo não é um conflito sexual-agressivo entre a criança e o progenitor, mas uma ansiedade decorrente de perturbações básicas, como, por exemplo, rejeição, superproteção e punição no relacionamento da criança com a mãe e com o pai. A agressão não é inata, como Freud afirmou, e sim um meio pelo qual os seres humanos tentam proteger sua segurança. O narcisismo não é realmente auto-amor, mas auto-inflação e supervalorização devidas a sentimentos de insegurança. Horney também discordou dos seguintes conceitos freudianos: compulsão à repetição; id, ego e superego; ansiedade; e masoquismo (1939). No lado positivo, Horney endossou as doutrinas de Freud de determinismo psíquico, motivação inconsciente e de motivos emocionais não-racionais.

## ANSIEDADE BÁSICA

Segundo Horney, as crianças experienciam naturalmente ansiedade, desamparo e vulnerabilidade – Adler, de maneira muito semelhante, descreveu a inferioridade como uma experiência infantil. Sem uma orientação amorosa para ajudar as crianças a lidar com as ameaças impostas pela natureza e pela sociedade, elas podem desenvolver a *ansiedade básica*, que é o principal conceito teórico de Horney. A ansiedade básica se refere ao

> "sentimento da criança de estar isolada e desamparada em um mundo potencialmente hostil. Uma ampla variedade de fatores adversos no ambiente pode produzir essa insegurança em uma criança: dominação direta ou indireta, indiferença, comportamento errante, falta de respeito pelas necessidades individuais da criança, falta de orienta-

ção real, atitudes depreciativas, admiração demais ou ausência de admiração, inexistência de um carinho consistente, ter de tomar partido nas discórdias parentais, responsabilidade exagerada ou insuficiente, superproteção, isolamento em relação a outras crianças, injustiça, discriminação, promessas não cumpridas, atmosfera hostil e assim por diante." (1945, p. 41)

O termo de Horney para todos esses fatores adversos é *mal básico*. O estudante pode observar como esse conceito é semelhante às condições que Erik Erikson descreve como contribuindo para um senso de desconfiança básica (ver Capítulo 5). Em geral, Horney sugeriu que tudo o que perturba a segurança da criança em relação aos pais produz ansiedade básica.

O mal básico experienciado pela criança naturalmente provoca ressentimento, ou *hostilidade básica*. Isso, por sua vez, produz um dilema ou conflito para a criança, porque expressar a hostilidade poderia fazer com que ela fosse punida e poria em risco o amor recebido dos pais. Esse conflito entre o ressentimento e a necessidade de amor substitui o conflito freudiano entre impulso instintual e proibição internalizada. Esse dilema e o resultante senso de alienação são muito semelhantes à dinâmica subseqüentemente descrita por Carl Rogers (ver Capítulo 11). As crianças lidam com sua hostilidade, reprimindo-a. Horney (1973, p. 86) sugeriu que a repressão pode ser estimulada por três estratégias diferentes:

> "Eu tenho de reprimir minha hostilidade porque preciso de você."
>
> "Eu tenho de reprimir minha hostilidade porque tenho medo de você."
>
> "Eu tenho de reprimir minha hostilidade porque tenho medo de perder você."

Independentemente de sua causa, a repressão exacerba o conflito, levando a um círculo vicioso. A ansiedade produz uma necessidade excessiva de afeição. Quando tais necessidades não são satisfeitas, a criança se sente rejeitada e a ansiedade e a hostilidade se intensificam. Uma vez que essa nova hostilidade também precisa ser reprimida a fim de proteger o senso de segurança da criança, seja ele qual for, a ansiedade aumenta e a necessidade de repressão leva à mais hostilidade. Então, o círculo vicioso se perpetua. A criança, e mais tarde o adulto perturbado, fica aprisionada num círculo de angústia cada vez mais intensa e de comportamento improdutivo.

A criança insegura, ansiosa, desenvolve várias estratégias para lidar com seus sentimentos de isolamento e desamparo (1937). Ela pode ficar hostil e tentar se vingar daqueles que a rejeitaram ou maltrataram. Ou pode tornar-se excessivamente submissa, a fim de recuperar o amor que sente ter perdido. Ela pode desenvolver um quadro irrealista e idealizado de si mesma, para compensar seus sentimentos de inferioridade (1950). A criança pode tentar comprar o amor dos outros ou usar ameaças para obrigar as pessoas a gostarem dela. Ela pode mergulhar na autopiedade para obter a simpatia dos outros.

Se a criança não puder conseguir amor, pode tentar obter poder sobre os outros. Dessa maneira, ela compensa seu sentimento de desamparo, encontra uma saída para a hostilidade e consegue explorar as pessoas. Ou a criança se torna altamente competitiva, considerando a vitória mais importante que a realização. Ela também pode voltar a agressão contra si mesma e passar a se desprezar.

## AS NECESSIDADES NEURÓTICAS

Qualquer uma dessas estratégias pode-se tornar um aspecto mais ou menos permanente da personalidade. Em outras palavras, uma determinada estratégia pode assumir o caráter de uma pulsão ou necessidade na dinâmica da personalidade. Horney apresentou uma lista de dez necessidades que surgem quando tentamos encontrar soluções para o problema dos relacionamentos humanos perturbados (1942). Ela chamou tais necessidades de "neuróticas" porque são soluções irracionais para o problema:

1. *A necessidade neurótica de afeição e aprovação*. Essa necessidade caracteriza-se por um desejo indiscriminado de agradar os outros e cumprir suas expectativas. O mais importante para a pessoa é que os outros tenham uma boa opinião a seu respeito, e ela é extremamente sensível a qualquer sinal de rejeição ou frieza.
2. *A necessidade neurótica de um "parceiro" que assuma a vida da pessoa*. A pessoa com essa necessidade é uma parasita. Ela supervalori-

za o amor e tem um medo extremo de ser abandonada e deixada sozinha.

3. *A necessidade neurótica de restringir sua vida a limites estreitos*. Tal pessoa não é exigente, contenta-se com pouco, prefere permanecer na obscuridade e valoriza a modéstia acima de tudo.
4. *A necessidade neurótica de poder*. Essa necessidade se expressa na busca do poder pelo amor ao poder, em um desrespeito essencial pelos outros, em uma glorificação indiscriminada da força e em um desprezo pela fraqueza. As pessoas que temem exercer o poder abertamente podem tentar controlar os outros pela exploração e pela superioridade intelectual. Outra variedade da pulsão de poder é a necessidade de acreditar na onipotência da vontade. Essas pessoas acham que podem realizar qualquer ação, simplesmente exercendo o poder de sua vontade.
5. *A necessidade neurótica de explorar os outros*.
6. *A necessidade neurótica de prestígio*. A autovalorização da pessoa é determinada pela quantidade de reconhecimento público recebido.
7. *A necessidade neurótica de admiração pessoal*. As pessoas com essa necessidade têm um quadro inflado de si mesmas e querem ser admiradas nesta base, e não por aquilo que realmente são.
8. *A ambição neurótica de realização pessoal*. Tais pessoas querem ser as melhores e obrigam-se a realizações cada vez maiores como resultado de sua insegurança básica.
9. *As necessidades neuróticas de auto-suficiência e independência*. Tendo-se desapontado nas tentativas de encontrar relacionamentos carinhosos e satisfatórios com os outros, a pessoa se afasta e não quer vincular-se a nada e a ninguém. Tais indivíduos se tornam "solitários".
10. *A necessidade neurótica de perfeição e não-vulnerabilidade*. Temerosas de cometer erros e ser criticadas, as pessoas com essa necessidade tentam tornar-se inexpugnáveis e infalíveis. Estão constantemente buscando falhas em si mesmas para poder corrigi-las antes que se tornem óbvias para os outros.

Essas dez necessidades são as origens dos conflitos internos. A necessidade de amor do neurótico, por exemplo, é insaciável; quanto mais recebe, mais quer. Conseqüentemente, os neuróticos nunca estão satisfeitos. Da mesma forma, sua necessidade de independência nunca pode ser inteiramente satisfeita porque outra parte de sua personalidade quer ser amada e admirada. A busca de perfeição é uma causa perdida desde o início. Todas as necessidades recém-citadas são irrealistas.

## TRÊS SOLUÇÕES

Em uma publicação posterior (1945), Horney classificou essas dez necessidades em três grupos: (1) aproximar-se das pessoas, por exemplo, necessidade de amor; (2) afastar-se das pessoas, por exemplo, necessidade de independência; e (3) ir contra as pessoas, por exemplo, necessidade de poder. Aproximar-se das pessoas, às vezes chamado de *aquiescência* ou solução de auto-anulação, representa a tentativa de lidar com a insegurança por meio do raciocínio: "Se você me ama, não vai me magoar." Afastar-se das pessoas, chamado de *retraimento* ou solução de renúncia, representa a tentativa da criança de resolver seu conflito de insegurança, dizendo: "Se eu me retraio, nada pode me magoar." Ir contra as pessoas, chamado de *agressão* ou solução expansiva, é a criança, dizendo: "Se eu tenho poder, ninguém pode me magoar" (Horney, 1937, p. 96-99). Cada uma dessas "tendências neuróticas" superenfatiza um dos elementos envolvidos na ansiedade básica: o desamparo no aproximar-se das pessoas, o isolamento no afastar-se das pessoas, e a hostilidade no ir contra as pessoas. Cada uma das anotações representa uma orientação básica em relação aos outros e a si mesmo. Horney encontra nessas diferentes orientações a base do conflito interno. A diferença essencial entre um conflito normal e um conflito neurótico é o grau: "A disparidade entre as questões conflitantes é bem menor para a pessoa normal do que para o neurótico" (1945, p. 31). Em outras palavras, todo mundo tem esses conflitos, mas algumas pessoas, principalmente devido a experiências iniciais com rejeição, negligência, superproteção e outros tipos de tratamento parental infeliz, têm-nos em uma forma agravada.

Enquanto a pessoa normal consegue resolver os conflitos, integrando as três orientações, uma vez que elas não são mutuamente exclusivas, a pessoa neurótica, devido à maior ansiedade básica, precisa utilizar soluções irracionais e artificiais. Ela conscientemente reconhece apenas uma das tendências e nega ou reprime as outras duas. Horney concordava com Adler que o neurótico não é flexível.

## ALIENAÇÃO

Em seus últimos livros, Horney (1945, 1950) enfatizou uma estratégia alternativa de manejo por parte do neurótico: ele pode, defensivamente, afastar-se do *self* real e buscar alguma alternativa idealizada. No processo, Horney enfatiza a *alienação* como a conseqüência da tentativa da criança de lidar com a ansiedade básica. A ansiedade e a hostilidade levam a criança a considerar o seu "*self* real" como inadequado, sem valor e indigno de amor. Dada essa auto-imagem negativa, emerge um "*self* desprezado". A criança responde defensivamente a essa autodescrição desprezível, criando e lutando para manter uma imagem idealizada da pessoa que deveria ser. Esse "*self* idealizado" existe em conjunção com uma série de auto-expectativas rígidas, criando o que Horney chamou de "a tirania do deveria" e a "busca da glória". O neurótico busca a auto-estima que não possui, tentando chegar a uma versão irrealista da pessoa que "deveria" ser. Novamente, são notáveis os paralelos com os rígidos finalismos ficcionais do neurótico, conforme previamente descrito por Adler, e com a adesão da pessoa desajustada a condições de valor, conforme subseqüentemente descrito por Carl Rogers.

Além dessas estratégias centrais, Horney (1945, Capítulo 8) descreveu uma série de abordagens auxiliares ao conflito neurótico. Assim, os neuróticos podem desenvolver defensivamente "pontos cegos" ou "compartimentos", uma vez que escolhem não enxergar discrepâncias entre seu comportamento e seu *self* idealizado. Ou podem empenhar-se em "racionalização", "cinismo" ou "autocontrole excessivo". Todos esses artifícios inconscientes servem como pseudo-soluções para o conflito básico do neurótico. Como uma estratégia final, o neurótico pode tentar lidar com conflitos internos, externalizando-os. Isto é, os neuróticos podem recorrer à "tendência a experienciar processos internos como se ocorressem fora deles e, como regra, considerar esses fatores externos como responsáveis por suas dificuldades" (1945, p. 116). A pessoa diz, com efeito: "Eu não quero explorar os outros, eles é que querem me explorar". Essa solução cria conflitos entre a pessoa e o mundo externo.

Todos esses conflitos são evitáveis ou solucionáveis se a criança for criada em um lar em que existe segurança, confiança, amor, respeito, tolerância e carinho. Isto é, Horney, diferentemente de Freud e Jung, não achava que o conflito estivesse inserido na natureza do ser humano, sendo portanto inevitável. O conflito decorre das condições sociais: "A pessoa que tende a se tornar neurótica é aquela que experiencia de forma acentuada as dificuldades culturalmente determinadas, principalmente por meio das experiências da infância" (1937, p. 290).

# HARRY STACK SULLIVAN

Harry Stack Sullivan foi o criador de um novo ponto de vista, conhecido como a *teoria interpessoal da psiquiatria*. Seu princípio central, no que diz respeito a uma teoria da personalidade, é que a personalidade é "o padrão relativamente duradouro de situações interpessoais recorrentes que caracteriza uma vida humana" (1953, p. 111). A personalidade é uma entidade hipotética que não pode ser isolada de situações interpessoais, e o comportamento interpessoal é tudo o que podemos observar como personalidade. Portanto, é inútil, acreditava Sullivan, falar do indivíduo como o objeto de estudo, porque o indivíduo não existe e não pode existir à parte de suas relações com outras pessoas. Desde o primeiro dia de vida, o bebê é parte de uma situação interpessoal, e pelo resto de sua vida ele continua sendo membro de um campo social. Mesmo os eremitas, que renunciaram à sociedade, levam consigo para a solidão as memórias de antigos relacionamentos pessoais que continuam influenciando seu pensamento e seus atos.

Embora Sullivan não negasse a importância da hereditariedade e da maturação para formar e moldar o organismo, ele sentia que tudo que é distintamente humano é produto de interações sociais. Além

disso, as experiências interpessoais de uma pessoa podem alterar e realmente alteram seu funcionamento puramente fisiológico, de modo que mesmo o organismo perde seu *status* como entidade biológica e torna-se um organismo social, com suas maneiras socializadas próprias de respiração, digestão, eliminação, circulação e assim por diante.

Para Sullivan, a ciência da psiquiatria está aliada à psicologia social, e sua teoria da personalidade traz a marca de sua forte preferência pelos conceitos e variáveis desse ramo da psicologia. Ele escreveu:

> "A ciência geral da psiquiatria parece-me cobrir praticamente o mesmo campo estudado pela psicologia social, porque a psiquiatria científica tem de ser definida como o estudo das relações interpessoais, e isso acaba exigindo o uso da estrutura conceitual que agora chamamos de teoria de campo. Dessa perspectiva, a personalidade é vista como hipotética. O que pode ser estudado é o padrão de processos que caracteriza a interação de personalidades em determinadas situações ou campos recorrentes que 'incluem' o observador." (1950, p. 92)

Harry Stack Sullivan nasceu em uma fazenda perto de Norwich, Nova York, em 21 de fevereiro de 1892, e morreu em 14 de janeiro de 1949, em Paris, França, a caminho de casa depois de um encontro do conselho executivo da Federação Mundial de Saúde Mental em Amsterdam. Ele recebeu seu diploma de médico do Chicago College of Medicine and Surgery em 1917, e serviu nas forças armadas durante a Primeira Guerra Mundial. Depois da guerra trabalhou como oficial médico do Conselho Federal de Educação Vocacional e a seguir no Serviço de Saúde Pública. Em 1922, Sullivan foi para o Hospital Saint Elizabeth, em Washington, D. C., onde sofreu a influência de William Alanson White, um dos líderes da neuropsiquiatria americana. De 1923 até o início da década de 30, ele trabalhou na escola de medicina da Universidade de Maryland e no Hospital Sheppard e Enoch Pratt, em Towson. Foi durante esse período de sua vida que Sullivan conduziu investigações sobre a esquizofrenia que estabeleceram sua reputação como clínico. Ele deixou Maryland para abrir um consultório na Park Avenue, em Nova York, com o propósito expresso de estudar o processo obsessivo em pacientes de consultório. Na época, ele começou sua formação analítica

TEORIAS DA PERSONALIDADE **139**

*Harry Stack Sullivan.*

formal com Clara Thompson, uma aluna de Sandor Ferenczi. Esse não foi o primeiro contato de Sullivan com a psicanálise. Ele tivera cerca de 75 horas de análise enquanto ainda era estudante de medicina. Em 1933, ele se tornou presidente da Fundação William Alanson White, e aí trabalhou até 1943. Em 1936, ele ajudou a fundar e tornou-se diretor da Washington School of Psychiatry, o instituto de formação da fundação. O jornal *Psychiatry* começou a ser publicado em 1938, para promover a teoria das relações interpessoais de Sullivan. Ele foi co-editor e depois editor até a sua morte. Sullivan trabalhou como consultor para o Selective Service Systems em 1940-1941; participou, em 1948, do Tensions Project da UNESCO, estabelecido pelas Nações Unidas para estudar as tensões que afetam o entendimento internacional; e foi indicado como membro da comissão preparatória internacional do Congresso Internacional de Saúde Mental no mesmo ano. Sullivan foi um estadista científico, assim como um proeminente porta-voz da psiquiatria, o líder de uma escola importante de formação de psiquiatras, um terapeuta notável, um teórico intrépido, e um cientista médico produtivo. Por sua vívida personalidade e pensamento original, ele atraiu muitas pessoas que se tornaram seus discípulos, alunos, colegas e amigos.

Além de William Alanson White, as principais influências no desenvolvimento intelectual de Sullivan foram Freud, Adolph Meyer e a Escola de Sociologia de Chicago, que consistia em George Herbert Mead, W. I. Thomas, Edward Sapir, Robert E. Park, E. W. Burgess, Charles E. Merriam, William Healy e Harold Lasswell. Sullivan se sentia especialmente ligado a Edward Sapir, um dos pioneiros na defesa de um relacionamento de trabalho mais estreito entre a antropologia, a sociologia e a psicanálise. Sullivan começou a formular sua teoria das relações interpessoais em 1929 e em meados da década de 30 já tinha consolidado seu pensamento.

Durante sua vida, Sullivan publicou apenas um livro, apresentando a sua teoria (1947). Entretanto, ele manteve cadernos detalhados e muitas de suas aulas para os alunos da Washington School of Psychiatry foram gravadas. Esses cadernos e gravações, assim como outros materiais não publicados, foram entregues à Fundação Psiquiátrica William Alanson White. Cinco livros baseados no material de Sullivan foram publicados, os primeiros três com introduções

e comentários de Helen Swick Perry e Mary Gravell, e os dois últimos, apenas da Sra. Perry. *The Interpersonal Theory of Psychiatry* (1953) consiste principalmente em uma série de palestras proferidas por Sullivan no inverno de 1946-1947 e representa seu relato mais completo de sua teoria das relações interpessoais. *The Psychiatric Interview* (1954) baseia-se em duas séries de palestras proferidas por Sullivan em 1944 e 1945, e *Clinical Studies in Psychiatry* (1956), em palestras proferidas em 1943. Os artigos de Sullivan sobre esquizofrenia, a maioria dos quais remonta à época em que trabalhava no Hospital Sheppard e Enoch Pratt, foram reunidos e publicados sob o título *Schizophrenia as a Human Process* (1962). O último volume foi *The Fusion of Psychiatry and Social Science* (1964). O primeiro e o último volumes dessa série são os mais pertinentes para entendermos a teoria psicológica social de Sullivan da personalidade.

Patrick Mullahy, um filósofo e discípulo de Sullivan, editou vários livros sobre a teoria das relações interpessoais. Um deles, *A Study of Interpersonal Relations* (1949), contém um grupo de artigos de pessoas associadas à Washington School e ao Instituto William Alanson White, na cidade de Nova York. Todos os artigos foram originalmente impressos no *Psychiatry*, incluindo três de Sullivan. Outro livro, intitulado *The Contributions of Harry Stack Sullivan* (1952) consiste em um grupo de artigos apresentados em um simpósio memorial por representantes de várias disciplinas, incluindo psiquiatria, psicologia e sociologia. Esse livro contém um relato sucinto de Mullahy da teoria interpessoal, e uma bibliografia completa dos textos de Sullivan até 1951. Os resumos das idéias de Sullivan também aparecem em três outros livros de Mullahy (1948, 1970, 1973). A teoria interpessoal de Sullivan foi examinada detalhadamente por Dorothy Blitsten (1953), e sua vida e obra, por Chapman (1976) e Perry (1982).

## A ESTRUTURA DA PERSONALIDADE

Sullivan insistia repetidamente que a personalidade é uma entidade puramente hipotética, "uma ilusão", que não pode ser observada ou estudada à parte de situações interpessoais. A unidade de estudo é a situação interpessoal, e não a pessoa. A organização da personalidade consiste em eventos interpessoais, ao invés de intrapsíquicos. A personalidade só se manifesta quando a pessoa está se comportando em relação a um ou mais indivíduos. Essas pessoas não precisam estar presentes; elas podem ser inclusive figuras ilusórias ou inexistentes. Uma pessoa pode ter um relacionamento com um herói popular como Paul Bunyan ou com um personagem ficcional como Anna Karenina, ou com ancestrais ou descendentes ainda não nascidos: "A psiquiatria é o estudo de fenômenos que ocorrem em situações interpessoais, em configurações formadas por duas ou mais pessoas, das quais todas, com exceção de uma, podem ser completamente ilusórias" (1964, p. 33). Perceber, lembrar, pensar, imaginar, e todos os outros processos psicológicos têm um caráter interpessoal. Mesmo os sonhos noturnos são interpessoais, uma vez que normalmente refletem os relacionamentos do sonhador com outras pessoas.

Embora Sullivan desse à personalidade um *status* apenas hipotético, ele afirmava que ela é o centro dinâmico de vários processos que ocorrem em uma série de campos interpessoais. Além disso, ele atribuiu um *status* substantivo a alguns desses processos, identificando-os e nomeando-os, e conceitualizando algumas de suas propriedades. Os principais são os *dinamismos,* as *personificações* e os *processos cognitivos*.

## Dinamismos

Um dinamismo é a menor unidade que pode ser empregada no estudo do indivíduo. É definido como "o padrão relativamente duradouro de transformações de energia, que recorrentemente caracteriza o organismo em sua duração como um organismo vivo" (Sullivan, 1953, p. 103). Uma transformação de energia é qualquer forma de comportamento. Ele pode ser manifesto e público, como falar, ou oculto e privado, como pensar e fantasiar. Uma vez que um dinamismo é um padrão de comportamento persistente e recorrente, ele é mais ou menos como um hábito. A definição de Sullivan de padrão é original: "um invólucro contendo diferenças particulares insignificantes" (1953, p. 104). Isso significa que uma nova característica pode ser acrescentada a um padrão sem mudar esse padrão, desde que não seja significativamente diferente dos outros conteúdos do invólucro. Se for

significativamente diferente, vai transformar o padrão em um novo padrão. Por exemplo, duas maçãs podem ser bem diferentes e ainda assim serem identificadas como maçãs, porque as diferenças não são significativas. Entretanto, uma maçã e uma banana são diferentes em aspectos significativos e, portanto, formam dois padrões diferentes.

Os dinamismos com um caráter distintivamente humano são aqueles que caracterizam as relações interpessoais. Por exemplo, alguém pode-se comportar de uma maneira habitualmente hostil em relação a uma certa pessoa ou grupo de pessoas, o que expressa um dinamismo de ódio. Um homem que tende a buscar relacionamentos lascivos com mulheres manifesta um dinamismo de luxúria. Uma criança que tem medo de estranhos tem um dinamismo de medo. Qualquer reação habitual em relação a uma ou mais pessoas, seja na forma de um sentimento, uma atitude, ou seja uma ação manifesta, constitui um dinamismo. Todas as pessoas têm os mesmos dinamismos básicos, mas o modo de expressão de um dinamismo varia de acordo com a situação e a experiência de vida do indivíduo.

Um dinamismo normalmente emprega uma determinada zona do corpo, como a boca, as mãos, o ânus e os genitais para interagir com o ambiente. Uma zona consiste em um aparelho receptor para receber estímulos, um aparelho efetuador para realizar uma ação, e um aparelho conector chamado *edutor,* no sistema nervoso central, que conecta o mecanismo receptor com o mecanismo efetuador. Assim, quando o mamilo é colocado na boca do bebê, ele estimula a mucosa sensível dos lábios, que emitem impulsos ao longo dos caminhos nervosos até os órgãos motores da boca que produzem movimentos de sugar.

A maioria dos dinamismos tem o propósito de satisfazer as necessidades básicas do organismo. Entretanto, existe um dinamismo importante que se desenvolve em resultado da ansiedade. É o dinamismo do *self* ou do auto-sistema.

### O Auto-Sistema

A ansiedade é um produto das relações interpessoais, sendo transmitida originalmente da mãe para o bebê, e posteriormente por ameaças à segurança da pessoa. Para evitar ou minimizar a ansiedade real ou potencial, as pessoas adotam vários tipos de medidas protetoras e controles para supervisionar seu comportamento. A pessoa aprende, por exemplo, que pode evitar punições conformando-se aos desejos dos pais. Essas medidas de segurança formam o auto-sistema ou sistema de *self* que sanciona certos modos de comportamento (o *self* eu-bom), proíbe outros (o *self* eu-mau) e exclui da consciência outros modos que são estranhos e desagradáveis demais para serem sequer considerados (o *self* não-eu). Por meio desses processos, o auto-sistema age como um filtro da consciência. Sullivan empregou o termo *atenção seletiva* para a recusa do inconsciente a prestar atenção a eventos e sentimentos geradores de ansiedade. Esse processo tem uma semelhança óbvia com os mecanismos de defesa descritos por Freud (ver Capítulo 2) e com o modelo de autodefesa apresentado por Carl Rogers (ver Capítulo 11).

O auto-sistema, como guardião da segurança, tende a isolar-se do resto da personalidade; ele exclui informações que são incongruentes com sua presente organização e deixa, portanto, de beneficiar-se da experiência. Uma vez que o *self* protege a pessoa da ansiedade, ele é muito valorizado e protegido de críticas. Conforme o auto-sistema cresce em complexidade e independência, ele impede que a pessoa faça julgamentos objetivos de seu próprio comportamento e atenua contradições óbvias entre o que a pessoa realmente é e o que o auto-sistema diz que ela é. Observem como esta dinâmica é semelhante à descrita por Horney anteriormente neste capítulo. Em geral, quanto mais experiências de ansiedade a pessoa tem, mais inflado fica o auto-sistema e mais ele se dissocia do restante da personalidade. Embora o auto-sistema sirva ao útil propósito de reduzir a ansiedade, ele interfere na capacidade da pessoa de viver construtivamente com os outros.

Sullivan acreditava que o auto-sistema é um produto dos aspectos irracionais da sociedade. Com isso ele queria dizer que fazemos com que a criança pequena fique ansiosa por motivos que não existiriam em uma sociedade mais racional; ela é forçada a adotar maneiras não-naturais e irrealistas de lidar com sua ansiedade. Embora Sullivan reconhecesse que o desenvolvimento de um auto-sistema é absolutamente necessário para evitar a ansiedade na sociedade moderna, e talvez em qualquer tipo de sociedade que o ser humano seja capaz de construir, ele também reconheceu que o auto-sistema, como o conhecemos hoje,

é "o principal obstáculo a mudanças favoráveis na personalidade" (1953, p. 169). Talvez com ironia, ele escreveu: "O *self* é o conteúdo da consciência sempre que a pessoa está plenamente satisfeita consigo mesma, com o prestígio que goza entre seus pares, e com o respeito e a deferência que deles recebe" (1964, p. 217).

## Personificações

Uma personificação é a imagem que o indivíduo tem de si mesmo ou de outra pessoa. É um complexo de sentimentos, atitudes e concepções que decorrem de experiências de satisfação de necessidades e de ansiedade. Por exemplo, o bebê desenvolve uma personificação de uma boa mãe ao ser amamentado e cuidado por ela. Qualquer relacionamento interpessoal que envolva satisfação tende a criar uma imagem favorável do agente que satisfaz. Por outro lado, a personificação do bebê de uma mãe má resulta de experiências com ela envolvendo ansiedade. A mãe ansiosa é personificada como a mãe má. Finalmente, essas duas personificações da mãe, juntamente com quaisquer outras existentes, tais como a mãe sedutora ou a mãe superprotetora, fundem-se para formar uma personificação complexa.

As imagens que levamos em nossa mente raramente são descrições acuradas das pessoas às quais se referem. Elas se formam, em primeiro lugar, para lidar com as pessoas em situações interpessoais bastante isoladas, mas, uma vez formadas, normalmente persistem e influenciam as nossas atitudes em relação a outras pessoas. Assim, uma pessoa que personifica seu pai como um homem mesquinho e ditatorial pode projetar essa mesma personificação em outros homens mais velhos, como professores, policiais e empregadores. Conseqüentemente, algo que tem como função reduzir a ansiedade no início da vida pode interferir posteriormente nas relações interpessoais. Essas imagens carregadas de ansiedade distorcem nossas concepções de pessoas presentemente significativas. As personificações do *self* como o eu-bom e o eu-mau seguem os mesmos princípios das personificações dos outros. A personificação eu-bom resulta de experiências interpessoais recompensadoras e a personificação eu-mau, de situações ansiogênicas. E como as personificações de outras pessoas, as autopersonificações tendem a atrapalhar a auto-avaliação objetiva.

As personificações compartilhadas por várias pessoas chamam-se *estereótipos*. São concepções consensualmente validadas, isto é, idéias com ampla aceitação entre os membros de uma sociedade, transmitidas de uma geração para outra. Exemplos de estereótipos comuns na nossa cultura são o professor distraído, o artista inconvencional e o executivo de negócios astuto e insensível.

## Processos Cognitivos

A contribuição notável de Sullivan relativa ao lugar da cognição nas questões da personalidade é sua classificação tripla da experiência. A experiência, disse ele, ocorre em três modos: *prototáxico, paratáxico* e *sintáxico*. A experiência prototáxica "pode ser considerada como a série descontínua de estados momentâneos do organismo sensível" (1953, p. 29). Esse tipo de experiência é semelhante ao que James chamou de "fluxo de consciência", as sensações, as imagens e os sentimentos brutos que fluem através da mente de um ser sensível. Eles não têm nenhuma conexão necessária entre si e não possuem nenhum significado para a pessoa que experiencia. O modo prototáxico de experiência é encontrado em sua forma mais pura nos primeiros meses de vida e é a pré-condição necessária para o aparecimento dos outros dois modos.

O modo paratáxico de pensamento consiste em ver as relações causais entre os eventos que ocorrem aproximadamente no mesmo momento, mas que não estão logicamente relacionados. O eminente escritor tcheco Franz Kafka retratou um caso interessante de pensamento paratáxico em um de seus contos. Um cachorro que vivia em um canil cercado por uma cerca alta estava urinando certo dia quando um osso foi atirado por cima da cerca. O cachorro pensou: "Meu ato de urinar fez esse osso aparecer". A partir daí, sempre que ele queria algo para comer, erguia a perna. Sullivan acreditava que grande parte do nosso pensamento não avança além do nível da parataxe; nós vemos conexões causais entre experiências que nada têm a ver uma com a outra. Todas as superstições, por exemplo, são exemplos de pensamento paratáxico. O pensamento paratáxico tem muito em comum com o processo chamado por Skinner de comportamento supersticioso (ver Capítulo 12).

O terceiro e mais elevado modo de pensamento é o sintáxico, que consiste na atividade simbólica consensualmente validada, especialmente de natureza verbal. Um símbolo consensualmente validado é aquele que possui um significado-padrão para um grupo de pessoas. As palavras e os números são os melhores exemplos de tais símbolos. O modo sintáxico produz ordem lógica entre as experiências e permite que as pessoas se comuniquem umas com as outras.

Além dessa formulação dos modos de experiência, Sullivan enfatizou a importância da previsão no funcionamento cognitivo: "O homem, a pessoa, vive com seu passado, seu presente e seu futuro próximo sendo claramente relevantes para explicar seu pensamento e ação" (1950, p. 84). A previsão depende da nossa memória do passado e da interpretação do presente.

Embora os dinamismos, as personificações e os processos cognitivos não completem a lista dos constituintes da personalidade, eles são os principais aspectos estruturais distintivos do sistema de Sullivan.

# A DINÂMICA DA PERSONALIDADE

Sullivan, em comum com muitos outros teóricos da personalidade, concebia a personalidade como um sistema de energia cujo principal trabalho consiste em atividades que reduzirão a tensão. Ele disse que não há necessidade de acrescentar o termo "mental" à energia ou tensão, pois ele os utiliza exatamente com o mesmo sentido que têm na física.

## Tensão

Sullivan começou com a concepção familiar do organismo como um sistema de tensão, que teoricamente pode variar entre os limites do relaxamento absoluto, ou euforia, como Sullivan preferia chamar, e a tensão absoluta, exemplificada no terror extremo. Existem duas fontes principais de tensão: (1) as tensões que surgem das necessidades do organismo e (2) as tensões que resultam de uma ansiedade. As necessidades estão relacionadas às exigências fisicoquímicas da vida; são aquelas condições, como falta de alimento, água ou oxigênio, que produzem um desequilíbrio na economia do organismo. As necessidades podem ter um caráter geral, como a fome, ou estar mais especificamente relacionadas à alguma zona do corpo, como a necessidade de sugar do bebê. As necessidades se organizam segundo uma ordem hierárquica; as inferiores precisam ser satisfeitas antes que as superiores possam ser acomodadas. Um resultado da redução da necessidade é uma experiência de satisfação: "As tensões podem ser vistas como necessidades de transformações específicas de energia que dissiparão a tensão, freqüentemente com uma mudança concomitante de estado 'mental', uma mudança de consciência, à qual podemos aplicar genericamente o termo *satisfação* (1950, p. 85). A conseqüência típica do fracasso prolongado em satisfazer as necessidades é um sentimento de apatia que produz uma redução geral das tensões.

A ansiedade é a experiência de tensão resultante de ameaças reais ou imaginárias à própria segurança. Muita ansiedade reduz a eficiência do indivíduo em satisfazer suas necessidades, perturba as relações interpessoais e produz confusão no pensamento. A ansiedade varia em intensidade, dependendo da gravidade da ameaça e da efetividade das operações de segurança empregadas pelas pessoas. Uma ansiedade grave é como uma pancada na cabeça: não transmite nenhuma informação à pessoa e traz confusão total e inclusive amnésia. As formas menos graves de ansiedade podem ser informativas. De fato, Sullivan acreditava que a ansiedade é a primeira grande influência educativa na vida. A ansiedade é transmitida ao bebê por "aquela que faz a maternagem", que expressa ansiedade em seu jeito, tom de voz e comportamento geral. Sullivan admitiu não saber como ocorria essa transmissão, embora provavelmente se realize por algum tipo de processo empático, de natureza obscura. Em conseqüência da ansiedade transmitida pela mãe, outros objetos no ambiente circundante ficam carregados de ansiedade pela operação do modo parataxico de associar experiências contíguas. O mamilo da mãe, por exemplo, transforma-se em um mamilo mau que produz reações de rejeição no bebê. O bebê aprende a afastar-se de atividades e objetos que aumentam a ansiedade. Quando o bebê não pode escapar da ansiedade, ele tende a adormecer. Esse dinamismo do desligamento sonolento, como Sullivan o chama, é o equivalente da apatia, que é o dinamismo despertado por necessidades insatisfeitas. De fato, esses dois dinamismos não podem ser objetivamente diferenciados. Sullivan disse que uma das grandes tarefas da psicologia é descobrir as vulnerabilidades básicas à

ansiedade nas relações interpessoais, em vez de tentar lidar com os sintomas resultantes da ansiedade.

## Transformações de Energia

A energia é transformada pelo trabalho. O trabalho pode ser uma ação manifesta, envolvendo os músculos estriados do corpo ou pode ser mental, tal como perceber, lembrar e pensar. Essas atividades manifestas ou ocultas têm como meta o alívio de tensão. Elas, em grande medida, são condicionadas pela sociedade em que a pessoa é criada: "O que qualquer um pode descobrir ao investigar seu passado é que padrões de tensões e de transformações de energia que constituem sua vida são, em uma extensão verdadeiramente assombrosa, reflexos de sua educação para viver em uma determinada sociedade" (Sullivan, 1950, p. 83).

Sullivan não acreditava que os instintos fossem fontes importantes de motivação humana, e não aceitava a teoria de Freud da libido. O indivíduo tende a se comportar de determinada maneira como resultado de interações com as pessoas e não porque possui imperativos inatos para certos tipos de ação.

## O DESENVOLVIMENTO DA PERSONALIDADE

Sullivan detalhou bem a seqüência de situações interpessoais às quais a pessoa é exposta do período de bebê à idade adulta, e as maneiras como essas situações contribuem para a formação da personalidade. Mais do que qualquer outro teórico da personalidade, com as possíveis exceções de Freud e Erikson, Sullivan considerava a personalidade de uma perspectiva de estágios definidos de desenvolvimento. Ao passo que Freud mantinha a posição de que o desenvolvimento é amplamente um desdobramento do instinto sexual, Sullivan defendia persuasivamente uma visão mais psicológica social do desenvolvimento da personalidade, que reconhecesse devidamente as contribuições notáveis dos relacionamentos humanos. Embora Sullivan não rejeitasse os fatores biológicos como condicionantes do desenvolvimento da personalidade, ele os subordinava aos determinantes sociais do desenvolvimento psicológico. Além disso, ele era da opinião de que às vezes essas influências sociais se opõem às necessidades biológicas da pessoa e têm efeitos prejudiciais sobre a personalidade. Sullivan jamais deixou de reconhecer as influências deletérias da sociedade. De fato, como qualquer outro teórico psicológico social, Sullivan foi um crítico agudo e incisivo da sociedade contemporânea.

## Estágios de Desenvolvimento

Sullivan delineou seis estágios no desenvolvimento da personalidade antes do estágio final da maturidade. Esses seis estágios são típicos das culturas européias ocidentais e podem ser diferentes em outras sociedades. São eles: (1) infância, (2) meninice, (3) idade juvenil, (4) pré-adolescência, (5) adolescência inicial e (6) adolescência final.

A infância se estende do nascimento ao aparecimento da fala articulada. Nesse período a zona oral é a zona primária de interação entre o bebê e seu ambiente. A amamentação oferece ao bebê sua primeira experiência interpessoal. A característica do ambiente que se destaca durante o período de bebê é o objeto que alimenta o bebê faminto, ou o mamilo do seio da mãe ou o bico da mamadeira. O bebê desenvolve várias concepções do mamilo ou bico do seio, dependendo das experiências que tem com ele. São elas (1) o mamilo bom, que sinaliza a amamentação e é um sinal de que a satisfação está chegando; (2) o mamilo bom, mas insatisfatório, porque o bebê não está com fome; (3) o mamilo errado, porque não dá leite e é um sinal para a rejeição e a subseqüente busca de outro mamilo; e (4) o mamilo mau da mãe ansiosa, que é um sinal para a esquiva.

Os outros aspectos característicos da infância são (1) o aparecimento dos dinamismos de apatia e desligamento sonolento; (2) a transição de um modo de cognição prototáxico para um paratáxico; (3) a organização de personificações, como a mãe má, ansiosa, que rejeita e frustra, e a mãe boa, tranqüila, que aceita e satisfaz; (4) a organização da experiência por meio da aprendizagem e a emergência dos rudimentos do auto-sistema; (5) a diferenciação do corpo do bebê, de modo que ele aprende a satisfazer suas tensões independentemente da pessoa que faz a maternagem, sugando o polegar, por exemplo; e (6) a aprendizagem de movimentos coordenados, envolvendo mão e olho, mão e boca e ouvido e voz.

A transição da infância para a meninice é possibilitada pela aprendizagem da linguagem e pela organização da experiência no modo sintáxico. A meninice se estende da emergência da fala articulada ao aparecimento da necessidade de companheiros para brincar. O desenvolvimento da linguagem permite, entre outras aquisições, a fusão de diferentes personificações, por exemplo, a mãe boa e a má, e a integração do auto-sistema em uma estrutura mais coerente. O auto-sistema começa a desenvolver a concepção de gênero: o menino se identifica com o papel masculino prescrito pela sociedade, e a menina, com o papel feminino. O desenvolvimento da capacidade simbólica permite que a criança brinque de ser adulta; Sullivan chamou de *dramatizações* esses desempenhos "como se". Isso também permite que a criança se dedique a várias atividades, manifestas e ocultas, que têm o propósito de evitar a punição e a ansiedade. Sullivan as chama de *preocupações*.

Um evento dramático da meninice é a *transformação malevolente*, o sentimento de que vivemos entre inimigos. Esse sentimento, caso se torne suficientemente forte, impossibilita a criança de responder positivamente aos gestos afetuosos das outras pessoas. A transformação malevolente distorce as relações interpessoais da criança, levando-a ao isolamento. Ela diz, de fato, "Era uma vez, tudo era adorável, mas isso foi antes de eu ter de lidar com pessoas". A transformação malevolente é causada por experiências dolorosas e ansiosas com pessoas, e pode levar à regressão ao estágio menos ameaçador do período de bebê.

A sublimação, que Sullivan definiu como "a substituição involuntária de um padrão de comportamento que encontra ansiedade ou colide com o auto-sistema, de um padrão de atividade socialmente mais aceitável, que satisfaz partes do sistema motivacional que causaram problemas" (1953, p. 193), aparece durante a meninice. O excesso de tensão que não é descarregado pela sublimação é gasto em desempenhos simbólicos, por exemplo, em sonhos noturnos.

O estágio juvenil se estende pela maioria dos anos iniciais do ensino fundamental. É um período para socializar-se, adquirir experiências de subordinação social a figuras de autoridade fora da família, tornar-se competitivo e cooperativo, aprender o significado de ostracismo, desprezo e sentimento grupal. A criança aprende a não prestar atenção às circunstâncias externas que não a interessam, a supervisionar seu comportamento por meio de controles internos, a formar estereótipos em atitudes, a desenvolver modos novos e mais efetivos de sublimação e a distinguir mais claramente entre a fantasia e a realidade.

Um grande evento desse período é a emergência da concepção de orientação na vida:

"A pessoa está orientada na vida na extensão em que formulou, ou pode facilmente ser levada a formular (ou tem *insight* disso), os seguintes tipos de dados: as tendências integradoras (necessidades) que costumeiramente caracterizam suas relações interpessoais; as circunstâncias apropriadas à sua satisfação e descarga relativamente livres de ansiedade; e as metas, mais ou menos remotas, pela aproximação das quais a pessoa vai privar-se de oportunidades intercorrentes de satisfação ou de aumento do próprio prestígio." (1953, p. 243)

O período relativamente breve da pré-adolescência é marcado pela necessidade de um relacionamento íntimo com um igual do mesmo sexo, um amigo em quem possamos confiar e que enfrente conosco as tarefas e os problemas da vida. Esse é um período extremamente importante, porque assinala o início de relacionamentos humanos genuínos com outras pessoas. Em períodos anteriores, a situação interpessoal se caracteriza pela dependência da criança em relação a uma pessoa mais velha. Durante a pré-adolescência, a criança começa a formar relacionamentos de amizade nos quais existem igualdade, mutualidade e reciprocidade entre os membros. Sem uma companhia íntima, o pré-adolescente torna-se vítima de uma solidão desesperada.

O principal problema do período da adolescência inicial é o desenvolvimento de um padrão de atividade heterossexual. As mudanças psicológicas da puberdade são experienciadas pelo jovem como sentimentos de desejo sensual. O dinamismo do desejo sensual emerge desses sentimentos e começa a afirmar-se na personalidade. O dinamismo do desejo sensual envolve primariamente a zona genital, mas outras zonas de interação, como a boca e as mãos, também participam do comportamento sexual. Existe uma separação entre a necessidade erótica e a necessidade de intimidade; a necessidade erótica toma como seu objeto um membro do sexo oposto, enquanto a necessidade de intimidade permanece fixada em um membro do mesmo sexo. Se essas duas necessidades não se divorciarem, o jovem vai apresentar uma orientação homossexual, em vez de heterossexual. Sullivan salientou que muitos dos conflitos da adolescência decorrem das necessidades opostas de gratificação sexual, de segurança e de intimidade. A adolescência inicial persiste até que a pessoa encontre algum padrão estável de desempenho que satisfaça suas pulsões genitais.

Sullivan escreveu: "A adolescência final se estende da criação do padrão de atividade genital preferida, por meio de inumeráveis passos educativos e edutivos, até o estabelecimento de um repertório plenamente humano ou maduro de relações interpessoais, conforme permitem as oportunidades pessoais e culturais" (1953, p. 297). Em outras palavras, o período da adolescência final constitui uma iniciação bastante prolongada em privilégios, deveres, satisfações e responsabilidades da vida social e da cidadania. Gradualmente ocorre o aperfeiçoamento das relações interpessoais, e o desenvolvimento da experiência no modo sintáxico permite a ampliação dos horizontes simbólicos. O auto-sistema se estabiliza, são aprendidas sublimações de tensões mais efetivas, e instituídas medidas de segurança mais enérgicas contra a ansiedade.

Quando o indivíduo deu todos esses passos e atingiu o estágio final da idade adulta, ele foi transformado, principalmente pelas relações interpessoais, de um organismo animal em uma pessoa humana. Nós não somos animais cobertos por uma camada de civilização e humanidade, mas animais que foram tão drasticamente alterados que já não somos animais, mas seres humanos, ou, se preferirem, animais humanos.

## Determinantes do Desenvolvimento

Embora Sullivan rejeitasse firmemente qualquer doutrina instintivista inflexível, ele reconhecia a importância da hereditariedade na provisão de certas capacidades, entre as quais se destacam as capacidades de receber e elaborar experiências. Ele também aceitava o princípio de que o treinamento não pode ser efetivo antes que a maturação tenha constituído a base estrutural. Assim, a criança não pode aprender a caminhar antes que os músculos e a estrutura óssea tenham atingido um nível de crescimento que suporte uma postura ereta. A hereditariedade e a maturação proporcionam o substrato biológico para o desenvolvimento da personalidade, isto é, as capacidades, as predisposições e as inclinações. A cultura opera por meio de um sistema de relações interpessoais para tornar manifestas as capacidades e os desempenhos reais (transformações de energia) pelos quais a pessoa atinge a meta da redução de tensão e a satisfação de necessidades.

A primeira influência educativa é a da ansiedade, que obriga o jovem organismo a discriminar entre tensão crescente e decrescente e a orientar sua atividade na direção desta última. A segunda grande força educacional é a da tentativa e sucesso. O sucesso, como muitos psicólogos salientaram, tende a fixar a atividade que levou à gratificação. O sucesso pode ser comparado ao recebimento de recompensas, tais como o sorriso da mãe ou o elogio do pai. Da mesma forma, o fracasso pode ser comparado a uma punição, como o olhar severo da mãe ou as palavras de desaprovação do pai. Também podemos aprender por meio da imitação e da inferência.

Sullivan não acreditava que a personalidade já estivesse estabelecida em tenra idade. Ela pode mudar em qualquer momento, à medida que surgirem novas situações interpessoais, porque o organismo é extremamente plástico e maleável. Embora predomine o ímpeto evolutivo da aprendizagem e do desenvolvimento, podem ocorrer regressões quando o sofrimento, a ansiedade e o fracasso se tornam intoleráveis.

## PESQUISA CARACTERÍSTICA E MÉTODOS DE PESQUISA

Harry Stack Sullivan, em comum com outros psiquiatras, adquiriu seu conhecimento empírico da personalidade trabalhando com pacientes que sofriam de diferentes transtornos de personalidade, mas principalmente com esquizofrênicos e obsessivos. Quando ainda era um jovem psiquiatra, Sullivan descobriu que o método da associação livre não funcionava satisfatoriamente com esquizofrênicos porque despertava uma ansiedade excessiva. Foram tentados outros métodos, mas esses também provocavam uma ansiedade

que interferia no processo de comunicação entre paciente e terapeuta. Conseqüentemente, Sullivan passou a estudar as forças que impediam e facilitavam a comunicação entre duas pessoas. Ao fazer isso, ele descobriu que o psiquiatra era muito mais do que um observador; ele era também um participante ativo de uma situação interpessoal. O psiquiatra tinha suas próprias apreensões para manejar, tais como competência profissional e problemas pessoais. Como resultado dessa descoberta, Sullivan desenvolveu sua concepção do terapeuta como um *observador participante*:

> "A teoria das relações interpessoais enfatiza muito o método da observação participante e dá uma importância secundária aos dados obtidos por outros métodos. Isso, por sua vez, implica que a habilidade na entrevista psiquiátrica face a face, ou pessoa a pessoa, é de importância fundamental." (1950, p. 122)

## A Entrevista

A entrevista psiquiátrica é o termo de Sullivan para o tipo de situação interpessoal, face a face, que ocorre entre o paciente e o terapeuta. Pode haver apenas uma entrevista, ou uma seqüência de entrevistas com um paciente, estendendo-se por um longo período de tempo. Sullivan definiu a entrevista como "um sistema, ou uma série de sistemas, de *processos interpessoais*, surgindo da observação participante em que o entrevistador deriva certas conclusões sobre o entrevistado" (1954, p. 128). Como a entrevista é conduzida e como o entrevistador chega a conclusões a respeito do paciente constituem o assunto do livro de Sullivan, *The Psychiatric Interview* (1954).

Sullivan dividiu a entrevista em quatro estágios: (1) início formal, (2) reconhecimento, (3) investigação detalhada e (4) término.

A entrevista é primariamente uma comunicação verbal entre duas pessoas. Não só o que a pessoa diz, mas também a sua maneira de dizer aquilo – entonações, ritmo da fala, e outros comportamentos expressivos – são as principais fontes de informação para o entrevistador. O entrevistador deve estar atento a mudanças sutis nas vocalizações do paciente (p. ex., mudanças no volume) porque essas pistas muitas vezes são evidências vitais referentes a problemas focais e a mudanças de atitude em relação ao terapeuta. No início, o entrevistador deve evitar fazer muitas perguntas e deve manter uma atitude de observação tranqüila. O entrevistador deve tentar determinar as razões da vinda do paciente e alguma ocorrência sobre a natureza de seus problemas.

O período de reconhecimento visa a descobrir quem é o paciente. O entrevistador faz isso por meio de um interrogatório intensivo sobre o passado, o presente e o futuro do paciente. Esses fatos sobre a vida do paciente são os dados pessoais ou as informações biográficas. Sullivan não defende um tipo de questionamento rígido, estruturado, que adote uma lista-padrão de perguntas. Por outro lado, ele insiste que o entrevistador não deve deixar o paciente falar sobre questões irrelevantes e triviais. O paciente deve ficar sabendo que a entrevista é um procedimento sério e que ele não deve perder tempo. O entrevistador também não deve tomar notas durante as entrevistas, em nenhum momento do curso do tratamento, porque tomar notas provoca distração demais e tende a inibir o processo de comunicação.

Pelo final dos primeiros dois estágios do processo de entrevista o psiquiatra deve ter formado algumas hipóteses prévias relativas aos problemas do paciente e suas origens. Durante o período de questionamento detalhado, o psiquiatra tenta definir qual das várias hipóteses é a correta. Ele faz isso ouvindo e fazendo perguntas. Sullivan sugeriu algumas áreas a serem investigadas – questões de treinamento esfincteriano, atitudes em relação ao corpo, hábitos de alimentação, ambição e atividades sexuais – mas novamente não insistiu sobre uma lista formal de perguntas a ser seguida rigidamente.

À medida que tudo correr tranqüilamente, o entrevistador provavelmente não aprenderá nada sobre as vicissitudes de uma entrevista, entre as quais se destaca o impacto das atitudes do entrevistador sobre a capacidade de comunicação do paciente. Mas quando o processo de comunicação se deteriorar, o entrevistador será forçado a se perguntar: "O que eu disse ou fiz que deixou o paciente ansioso?" Sempre existe muita reciprocidade entre as duas partes – o termo de Sullivan para isso é *emoção recíproca* – e cada uma está continuamente refletindo os sentimentos da outra. Cabe ao terapeuta reconhecer e controlar as próprias atitudes no interesse de uma comunicação máxima. Em outras palavras, ele jamais deve esquecer

seu papel como um perito observador participante. Uma série de entrevistas chega ao término quando o entrevistador faz uma declaração final sobre o que descobriu, prescreve um curso de ação para o paciente e avalia para ele os prováveis efeitos da prescrição sobre sua vida.

## Pesquisa sobre a Esquizofrenia

A principal contribuição de pesquisa de Sullivan na psicopatologia consiste em uma série de artigos sobre a etiologia, a dinâmica e o tratamento da esquizofrenia. A maior parte destes estudos foi realizada durante seu período de trabalho no Hospital Sheppard e Enoch Pratt, em Maryland, e eles foram publicados em jornais psiquiátricos nos anos de 1924-1931. Eles revelam o grande talento de Sullivan para fazer contato com a mente do psicótico e compreendê-la. A empatia era um traço extremamente desenvolvido na personalidade de Sullivan, e ele a empregou de forma excelente ao estudar e tratar as vítimas da esquizofrenia. Para Sullivan, essas vítimas não eram casos sem esperança a serem trancafiados nas últimas alas das instituições para doentes mentais; eles podem ser tratados com sucesso se o psiquiatra estiver disposto a ser paciente, compreensivo e observador.

Enquanto Sullivan estava no Hospital Sheppard e Enoch Pratt, ele criou uma ala especial para pacientes. Ela consistia em uma suíte de dois quartos e uma sala de estar para seis esquizofrênicos do sexo masculino. Essa ala estava isolada do resto do hospital e tinha uma equipe de seis atendentes do sexo masculino, escolhidos a dedo e treinados por Sullivan. Ele sempre atendia cada paciente com um atendente presente na sala, pois descobriu que isso era seguro para o paciente. Nenhuma enfermeira do sexo feminino – de fato, nenhuma mulher – podia entrar na ala. Sullivan acreditava na efetividade de uma enfermaria homogênea com pacientes do mesmo sexo, do mesmo grupo de idade e com o mesmo problema psiquiátrico.

O papel de Sullivan como um psiquiatra político também estava evidente em algumas de suas atividades de pesquisa. Ele acreditava que a pessoa tinha "de servir para poder estudar". Ele fez pesquisa sobre os negros do sul com Charles S. Johnson, e sobre os negros de Washington com E. Franklin Frazier (Sullivan, 1964). Seu trabalho durante a guerra consistiu em criar procedimentos para fazer triagem de recrutas, aumentar o moral, e desenvolver uma liderança efetiva. E já mencionamos seu grande interesse em trabalhar por um mundo livre de tensões e conflitos.

## *STATUS* ATUAL E AVALIAÇÃO

As quatro teorias apresentadas neste capítulo fazem parte de um mesmo grupo porque todas enfatizam a influência das variáveis sociais no desenvolvimento da personalidade. Todas elas, de uma maneira ou outra, constituem uma reação contra a posição instintivista da psicanálise freudiana, embora todos os teóricos reconheçam seu débito para com o pensamento seminal de Freud. Todos subiram nos ombros de Freud e acrescentaram seus próprios braços à sua eminente altura. Eles investiram a personalidade de dimensões sociais de importância igual, se não superior, às dimensões biológicas propostas por Freud e Jung. Além disso, essas teorias ajudaram a colocar a psicologia na esfera das ciências sociais.

Apesar da área comum que partilham, cada teoria enfatiza agrupamentos um pouco diferentes de variáveis sociais. Erich Fromm dedica a maior parte de sua atenção a descrever como a estrutura e a dinâmica de uma determinada sociedade moldam seus membros para que seu caráter social se adapte aos valores e necessidades comuns daquela sociedade. Karen Horney, embora reconhecendo a influência do contexto social em que a pessoa vive, se detém nos fatores íntimos, dentro do ambiente familiar, que moldam a personalidade. A esse respeito, a teoria interpessoal de Sullivan se assemelha às idéias de Horney mais do que às de Fromm. Para Sullivan, os relacionamentos humanos da infância, da meninice e da adolescência são de importância suprema, e ele é muito eloqüente e persuasivo quando descreve o nexo entre "aquela que faz a maternagem" e o bebê. Adler, por outro lado, percorre toda a sociedade procurando fatores que sejam relevantes para a personalidade e encontra-os em todo lugar.

Embora as quatro teorias se oponham vigorosamente à doutrina freudiana dos instintos e à fixidez da natureza humana, nenhuma das quatro adota a posição ambientalista radical de que a personalidade de um indivíduo é criada unicamente pelas condições da sociedade em que ele nasce. Cada teoria, à sua própria maneira, concorda que existe isso que chamamos de natureza humana que o bebê traz consigo, amplamente na forma de predisposições ou potencialidades bastante gerais, ao invés de necessidades e traços específicos. Essas potencialidades generalizadas, exemplificadas pelo interesse social de Adler e pela necessidade de transcendência de Fromm, são realizadas de maneiras concretas por agências educativas formais e informais da sociedade. Em condições ideais, essas teorias concordam, o indivíduo e a sociedade são interdependentes; a pessoa trabalha para promover as metas da sociedade, e a sociedade, por sua vez, ajuda a pessoa a atingir suas próprias metas. Em resumo, a postura adotada por esses quatro teóricos não é nem exclusivamente social ou sociocêntrica, nem exclusivamente psicológica ou psicocêntrica; ela tem um caráter genuinamente psicológico social.

Além disso, cada teoria afirma não apenas que a natureza humana é plástica e maleável, mas também que a sociedade é igualmente plástica e maleável. Se uma determinada sociedade não atende às necessidades da natureza humana, ela pode ser mudada pelos humanos. Em outras palavras, os humanos criam o tipo de sociedade que, em sua opinião, vai beneficiá-los mais. Obviamente são cometidos erros no desenvolvimento das sociedades, e quando esses erros se cristalizam na forma de instituições e costumes sociais, pode ser difícil modificá-los. Mas todos os teóricos foram otimistas em relação à possibilidade de mudança, e cada um, à sua maneira, tentou fazer mudanças fundamentais na estrutura da sociedade. Adler defendeu a democracia social, lutou por melhores escolas, montou centros de orientação infantil, insistiu em reformas no tratamento dos criminosos e proferiu muitas palestras sobre os problemas sociais e suas curas. Fromm e Horney, por meio de seus textos e palestras, apontaram o caminho para uma sociedade melhor. Fromm, em especial, detalhou algumas das reformas básicas que precisavam ser feitas para se ter uma sociedade mais sadia. Sullivan, quando morreu, estava ativamente envolvido em promover melhoras sociais por meio da cooperação internacional. Todos os quatro, como psicoterapeutas, tiveram ampla experiência com as vítimas de uma ordem social imperfeita; conseqüentemente, eles falavam com conhecimento pessoal e experiência prática em seus papéis como críticos e reformadores.

Outra suposição que cada teoria faz é que a ansiedade é socialmente produzida. O ser humano não é por natureza "o animal ansioso". Ele fica ansioso pelas condições em que vive – pelo espectro do desemprego, pela intolerância e injustiça, pela ameaça da guerra, por pais hostis. Removam essas condições, dizem os nossos teóricos, e secarão as fontes das quais brota a ansiedade. O ser humano também não é destrutivo por natureza, como Freud acreditava. Ele se torna destrutivo quando suas necessidades básicas são frustradas, mas mesmo em condições de frustração podem ser tomados outros caminhos, como submissão ou retraimento.

Todas as teorias, com exceção da de Sullivan, sublinharam os conceitos do indivíduo único e do *self* criativo. Apesar de tentativas da sociedade de arregimentar as pessoas, cada pessoa consegue manter certo grau de individualidade criativa. Na verdade, é devido aos poderes criativos inerentes da pessoa que ela consegue efetuar as mudanças na sociedade. As pessoas criam diferentes tipos de sociedade em diferentes partes do globo e em diferentes momentos da história, em parte porque elas são diferentes. Os humanos não são apenas criativos: eles são também autoconscientes. Eles sabem o que querem e lutam conscientemente para atingir suas metas. A idéia da motivação inconsciente não recebe muito peso por parte desses teóricos psicológicos sociais.

Em geral, as teorias desenvolvidas por Adler, Fromm, Horney e Sullivan ampliaram o alcance da psicologia freudiana ao criar espaço para os determinantes sociais da personalidade. Vários críticos, todavia, desprezaram a originalidade dessas teorias psicológicas sociais. Eles dizem que tais teorias apenas desenvolvem um pouco mais um aspecto da psicanálise clássica: o ego e suas defesas. Freud viu claramente que os traços de personalidade muitas vezes representavam as defesas ou as estratégias habituais da pessoa contra as ameaças internas e externas ao ego. As necessidades, as tendências, os estilos, as orientações, as personificações, os dinamismos e assim por diante, nas teorias tratadas neste capítulo, acomodam-se na teoria freudiana sob o nome de defesas do ego. Portanto, concluem esses críticos, nada de novo foi acrescentado a Freud e muita coisa foi subtraída.

Ao reduzir a personalidade ao sistema único do ego, o teórico psicológico social isolou a personalidade das fontes vitais do comportamento humano, fontes que têm sua origem na evolução dos seres humanos como espécie. Ao ampliar o caráter social da personalidade humana, eles alienaram os humanos de sua grande herança biológica.

Uma crítica feita às vezes à concepção do ser humano desenvolvida por Adler, Fromm e Horney (a crítica não se aplica a Sullivan) é o fato de ela ser muito adocicada e idealista. Em um mundo que foi dilacerado por duas grandes guerras, para não mencionar as muitas outras formas de violência e irracionalidade manifestadas pelas pessoas, a imagem de um indivíduo racional, autoconsciente e socializado surpreende como singularmente inadequada e inválida. Podemos, é claro, culpar a sociedade e não os humanos por esse deplorável estado de coisas, e é isso que tais teóricos fazem. Mas foram os seres humanos racionais que criaram os tipos de arranjos sociais responsáveis pela irracionalidade e infelicidade humanas. Esse é o grande paradoxo dessas teorias. Se as pessoas são tão autoconscientes, tão racionais e tão sociais, por que criaram tantos sistemas sociais imperfeitos?

Foi salientado por um filósofo, Isaac Franck (1966), que a concepção da pessoa apresentada por Fromm e por outros psicólogos sociais e humanistas é menos um produto de pesquisa e mais o resultado de suas preconcepções normativas. Eles são moralistas e não cientistas. Franck insiste que as tendências e os traços humanos são eticamente neutros, e assim não podemos deduzir prescrições éticas de declarações fatuais sobre os seres humanos. Mas é difícil encontrar um teórico da personalidade, de Freud a Fromm, que não faça julgamentos moralistas e éticos, aberta ou encobertamente, sobre os efeitos prejudiciais do ambiente social sobre os humanos. E muitos deles chegam a prescrever remédios. É difícil para um observador participante permanecer neutro, por mais científico que seja.

Outra crítica menos devastadora, mas que tem mais peso para os psicólogos, conforme diferenciados dos psicanalistas, é o fracasso dessas teorias psicológicas sociais em especificar os meios exatos pelos quais uma sociedade molda seus membros. Como uma pessoa adquire caráter social? Como aprendemos a ser membros da sociedade? Essa evidente negligência do processo de aprendizagem, em teorias que dependem tanto do conceito de aprendizagem para explicar como se forma a personalidade, é vista como uma omissão importante. Seria suficiente apenas estar exposto a uma condição da sociedade para que tal condição afetasse a personalidade? Existiria uma fixação mecânica de um comportamento socialmente aprovado e uma eliminação igualmente mecânica de um comportamento socialmente desaprovado? Ou será que a pessoa reage ao meio social com *insight* e percepção, selecionando as características que em sua opinião produzirão uma melhor organização da personalidade e rejeitando outras características que sente serem inconsistentes com sua auto-organização? De modo geral, essas teorias não falam sobre a natureza do processo de aprendizagem.

Embora tais teorias psicológicas sociais não tenham estimulado muitas pesquisas em comparação com outras teorias, elas serviram para estimular um clima intelectual em que poderia florescer a pesquisa psicológica social, o que realmente aconteceu. Adler, Fromm, Karen Horney e Sullivan não só são os responsáveis pela ascensão da psicologia social, mas também sua influência tem sido considerável. Eles contribuíram imensamente para o quadro dos seres humanos como seres sociais. Esse é seu grande valor no cenário contemporâneo.

# CAPÍTULO 5

# Erik Erikson e a Teoria Psicanalítica Contemporânea

INTRODUÇÃO E CONTEXTO ................................................................................ 154
PSICOLOGIA DO EGO ........................................................................................ 155
    Anna Freud    155
RELAÇÕES OBJETAIS ......................................................................................... 157
    Heinz Kohut    159
A FUSÃO DA PSICANÁLISE E DA PSICOLOGIA ................................................... 160
    George Klein    161
    Robert White    162
*ERIK H. ERIKSON* ............................................................................................. 165
HISTÓRIA PESSOAL ........................................................................................... 165
A TEORIA PSICOSSOCIAL DO DESENVOLVIMENTO ........................................... 168
    I.    Confiança Básica *Versus* Desconfiança Básica    169
    II.    Autonomia *Versus* Vergonha e Dúvida    171
    III.    Iniciativa *Versus* Culpa    171
    IV.    Diligência *Versus* Inferioridade    172
    V.    Identidade *Versus* Confusão de Identidade    173
    VI.    Intimidade *Versus* Isolamento    174
    VII.    Generatividade *Versus* Estagnação    174
    VIII.    Integridade *Versus* Desespero    175
UM NOVO CONCEITO DE EGO ............................................................................ 175
PESQUISA CARACTERÍSTICA E MÉTODOS DE PESQUISA .................................. 177
    Histórias de Caso    177
    Situações Lúdicas    177
    Estudos Antropológicos    179
    Psico-História    180
PESQUISA ATUAL ............................................................................................... 181
    *Status* da Identidade    182
    Outros Estágios    183
    *Status* Intercultural    183
*STATUS* ATUAL E AVALIAÇÃO ............................................................................ 184

## INTRODUÇÃO E CONTEXTO

O que aconteceu com a teoria da personalidade de Freud depois de sua morte em 1939? Essa é a pergunta da qual trataremos no presente capítulo. Antes de começar a discussão, devemos observar que muitas ocorrências aconteceram com a teoria psicanalítica enquanto Freud ainda estava vivo. Para confirmar isso, só temos de comparar as *Conferências Introdutórias* publicadas em 1917 com as *Novas Conferências Introdutórias* publicadas em 1933. Em 1917 não havia nem id, nem ego ou superego. Também não havia o instinto de morte e seus derivados, a agressão e a autodestruição. Em 1917, a ansiedade era o *resultado* da repressão; em 1933, ela era a *causa* da repressão. Por volta de 1933, Freud tinha desenvolvido uma nova teoria do complexo de Édipo feminino. Entretanto, seria errado concluir, a partir dessas comparações, que a teoria psicanalítica esteve em contínuo fluxo e mudança durante a vida de Freud. Muitos dos conceitos originais permaneceram os mesmos. A elaboração e a ampliação regular das idéias básicas, em vez de revisões radicais, marcaram o curso do trabalho de Freud.

Há aqueles que acham que Freud se tornou mais especulativo à medida que envelhecia, e que suas especulações sobre as origens, as estruturas e as dinâmicas da mente – o que Freud chamava de "metapsicologia" – estavam muito distantes de suas formulações teóricas, estreitamente ligadas a dados obtidos da observação clínica direta de pacientes. Outros, todavia, salientam que as sementes de sua metapsicologia já tinham sido plantadas no *Projeto para uma Psicologia Científica* (1895) e no Capítulo 7 de *A Interpretação dos Sonhos* (1900), e que Freud sempre teve interesse em chegar a uma teoria geral da mente ou da personalidade, e não apenas em criar uma teoria da neurose.

Embora Freud estivesse cercado por vários homens e mulheres criativos, ele foi o mestre construtor da teoria psicanalítica enquanto viveu. Ele estabeleceu as fundações, orientou seu curso de desenvolvimento e assumiu total responsabilidade por suas revisões importantes. Freud era receptivo a idéias propostas por seus associados no movimento psicanalítico e muitas vezes dava-lhes o crédito por novos *insights*, mas fazia questão absoluta de preservar os pilares conceituais sobre os quais a teoria estava baseada.

Quem quer que tentasse solapar esses pilares ou substituí-los era excluído do movimento psicanalítico. Inevitavelmente, vários psicanalistas separaram-se do movimento e desenvolveram suas próprias teorias. Entre eles, destacam-se Adler, Jung, Rank e Reich. Mas seria incorreto dizer, como alguns disseram, que Freud era ditatorial ou pessoalmente vingativo em relação aos dissidentes. No caso de Jung, por exemplo, a correspondência entre ele e Freud (McGuire, 1974) revela que Freud fez um grande esforço, e um esforço cordial, para convencer Jung da incorreção de suas (de Jung) idéias. (Entre parênteses, poderíamos observar que foi uma sorte Freud não ter conseguido convencê-lo.) Uma teoria, afinal de contas, é fruto da imaginação de uma única pessoa; ela não pode ser concebida por um comitê.

Após a morte de Freud em 1939, seus seguidores se defrontaram com a difícil tarefa de decidir o que fazer com relação ao futuro desenvolvimento da teoria psicanalítica. O curso escolhido foi amplificar aspectos do sistema de Freud, tornar mais explícitos alguns de seus postulados, esclarecer as definições de alguns dos conceitos básicos, ampliar a variedade de fenômenos explicados pela psicanálise e empregar métodos observacionais diferentes da entrevista psicanalítica para validar proposições derivadas da teoria freudiana. Também foram instituídas mudanças na terapia psicanalítica, mas esse aspecto da psicanálise está fora do escopo do presente volume.

Em grande parte da literatura psicanalítica, tanto passada quanto presente, os parágrafos de abertura de um artigo ou capítulo são dedicados a uma apresentação do que Freud disse sobre o tópico em consideração. O autor, a seguir, amplia o assunto e apresenta novas evidências ou argumentos. Os textos de Freud são a maior autoridade, e as suas citações estão presentes por todo o artigo ou livro para justificar os pontos defendidos pelo autor. Apesar dessa grande lealdade às idéias de Freud por parte de seus seguidores – e de sua compreensível tendência a tratar o formidável corpo de sua obra como textos sagrados – podemos detectar algumas tendências novas na literatura psicanalítica desde a morte de Freud. Nós discutiremos algumas delas.

Também devemos observar a crescente aproximação entre a psicologia e a psicanálise. Não é nenhum segredo que a maioria dos psicólogos era hostil às idéias de Freud antes da Segunda Guerra Mundial, mas por motivos que discutiremos neste capítulo, essa hostilidade diminuiu. As idéias de Freud não só permeiam a psicologia, mas também os psicólogos têm feito contribuições teóricas e empíricas à psicanálise.

O principal foco deste capítulo serão os textos de Erik Erikson. Ele, provavelmente mais do que qualquer outra figura contemporânea, exemplifica como a psicanálise clássica foi elaborada, ampliada e aplicada. Seus extensos textos também oferecem uma ponte entre a psicologia e a psicanálise.

## PSICOLOGIA DO EGO

O desenvolvimento mais notável na teoria psicanalítica desde a morte de Freud certamente é a emergência de uma nova teoria do ego, às vezes referida como psicologia do ego. Embora Freud considerasse o ego o executivo da personalidade total, pelo menos no caso da pessoa sadia, ele nunca lhe outorgou uma posição autônoma; o ego sempre permaneceu subserviente aos desejos do id. Naquele que foi seu pronunciamento final sobre a teoria psicanalítica, Freud (1940) reiterou o que já dissera tantas vezes: "Esta porção mais antiga (o id) do aparelho mental permanece a mais importante durante toda a vida" (p. 14). O id e seus instintos expressam "o verdadeiro propósito da vida do organismo". Não existe dúvida sobre o que Freud pensava sobre o relacionamento entre o ego e o id: o id é o membro dominante da parceria.

### Anna Freud

Ao contrário da posição de Freud, alguns teóricos psicanalíticos propuseram uma ênfase maior no papel do ego na personalidade total. O primeiro desses teóricos foi a filha de Freud, Anna. A vida e o *status* especial de Anna Freud dentro da psicanálise foram examinados por vários autores (p. ex., Coles, 1992; Dyer, 1983; Roazen, 1968, 1969, 1971; Sayers, 1991; Young-Bruehl, 1988), e suas publicações foram compiladas em oito volumes editados pela International Universities Press.

A história de Anna Freud está inevitavelmente entrelaçada com a do pai. Por exemplo, Anna nasceu em 1895, o ano da publicação final do livro em colaboração com Breuer, *Estudos Sobre a Histeria*, e o ano em que Freud escreveu seu *Projeto para uma Psicologia Científica*. Mais tarde, Anna iniciou sua prática como analista em 1923, o ano em que seu pai publicou *O Ego e o Id*. Mas esse também foi o ano da primeira cirurgia de Freud por causa de seu câncer oral. Anna dedicou-se cada vez mais a ele, sendo sua enfermeira, secretária e companhia durante seus 16 anos de vida restantes.

A posição de Anna Freud dentro da psicanálise gerou várias ironias fascinantes. Por exemplo, é notável que a busca de Sigmund Freud de um herdeiro intelectual, amargamente malsucedida com colegas como Carl Jung, tenha tido sucesso com a própria filha. Sigmund Freud conduziu a análise didática de Anna, e ela acabou se tornando a guardiã intelectual do pai, mas seu próprio trabalho demonstrou como o modelo de seu pai podia ser proveitosamente expandido. Além disso, foi Anna quem realmente estudou as crianças e os períodos da infância sobre os quais Freud tinha erigido interpretações tão elaboradas, baseado em lembranças clínicas de pacientes adultos. Esse trabalho convenceu Anna Freud de que as técnicas analíticas propostas por seu pai precisavam ser modificadas para a análise de crianças. A associação livre era quase inútil com crianças, por exemplo, e a transferência passou a ser um fenômeno bem mais complicado. Mas a modificação mais importante de Anna Freud talvez tenha sido conceitual, além de técnica. Seu trabalho na Inglaterra, com crianças devastadas pelos eventos traumáticos da Segunda Guerra Mundial, convenceu-a de que um foco exclusivo no conflito intrapsíquico é inadequado com crianças: as realidades externas passada e presente de uma criança influenciam imensamente seu comportamento e sua patologia. Anna e seus colegas criaram centros terapêuticos residenciais para essas crianças (p. ex., Hampstead Nurseries e Bulldogs Bank). Algumas de suas interpretações do comportamento dessas crianças contrastam nitidamente com as interpretações oferecidas por seu pai. Por exemplo, um grupo de crianças evacuadas de um campo de concentração nazista demonstrava medo de grandes caminhões, e Anna interpretou essa fobia em termos da semelhança entre esses veículos e os caminhões vistos previamente no campo de concentração. Tal inferência direta é uma alternativa notável à interpretação edípica de seu pai da fobia de cavalos do Pequeno Hans.

Anna Freud é mais conhecida pelo trabalho sobre o ego e seus mecanismos de defesa, descritos no clássico livro *O Ego e os Mecanismos de Defesa*, que ela publicou em 1936. Ao contrário dos psicólogos do ego que vieram depois, ela conceitualizou o ego de uma maneira consistente com a visão analítica ortodoxa dos inter-relacionamentos entre id, ego e superego. Isto é, o papel do ego é negociar a gratificação dos impulsos instintuais e, ao mesmo tempo, acomodar limitações morais internalizadas, mas com mais autonomia do que Sigmund Freud propusera. Anna Freud apresentou uma discussão sistemática das estratégias defensivas às quais o ego pode recorrer, ampliando para dez os mecanismos defensivos propostos por seu pai: regressão, repressão, formação reativa, isolamento, anulação, projeção, introjeção, volta contra si mesmo, transformação no contrário e sublimação.

A segunda maior contribuição teórica de Anna Freud foi a extensão do desenvolvimento infantil para incluir seqüências maturacionais além da expressão dos impulsos sexuais e agressivos e das defesas contra eles. Essas seqüências, que ela chamou de *linhas desenvolvimentais*, envolvem uma progressão da dependência irracional de limites externos para um domínio mais racional de pessoas, de situações e de impulsos. Assim, as linhas desenvolvimentais refletem a gradual aquisição da criança do domínio do ego, e proporcionam uma base para a teoria de estágios de Erik Erikson, descrita mais adiante neste capítulo. Como exemplo, considerem a linha desenvolvimental do egocentrismo para o companheirismo. Segundo a análise de Anna Freud, a criança inicialmente tem uma orientação egoísta em que as outras crianças são vistas somente como rivais. Subseqüentemente, as outras crianças são vistas como brinquedos sem vida. Gradualmente, elas passam a ser vistas como potenciais auxiliares e parceiros, cuja ajuda pode ser útil em determinadas tarefas. Eventualmente, a criança se torna capaz de conceitualizar outras crianças como indivíduos com seus próprios direitos e como alvos legítimos de uma variedade de emoções e interações. Outras linhas desenvolvimentais importantes descrevem a progressão da dependência para a autoconfiança emocional, do aleitamento para a alimentação racional, das fraldas para o controle da bexiga e do intestino, da irresponsabilidade para a responsabili-

dade no manejo corporal, do corpo para o brinquedo e do brincar para o trabalhar (A. Freud, 1965). Mais tarde em sua carreira, ela propôs outras linhas indo de caminhos físicos de descarga para caminhos mentais, de objetos animados para inanimados, e da irresponsabilidade para a culpa (A. Freud, 1973). A importância central atribuída às linhas desenvolvimentais por Anna Freud é revelada na seguinte passagem:

"Com completo equilíbrio temporal e harmonia entre as várias linhas, o resultado não poderia deixar de ser uma personalidade completamente harmoniosa, bem-equilibrada . . . De fato, o progresso em qualquer linha está sujeito à influência de três lados: a variação em dados inatos, que proporciona o material bruto do qual se diferenciam o id e o ego; as condições e as influências ambientais, que com freqüência diferem amplamente do que é apropriado e favorável ao crescimento normal; as interações entre forças internas e externas, que constituem a experiência individual de cada criança . . . é essa variedade de progresso nas linhas, isto é, os fracassos e os sucessos desenvolvimentais, que podemos considerar responsável pelas inumeráveis variações nos caracteres e nas personalidades humanas." (A. Freud, 1973, p. 69)

Apesar das modificações, Anna Freud via suas formulações como consistentes com a ênfase de Sigmund Freud nos impulsos instintuais. Ao contrário, a nova teoria de ego proposta por Heinz Hartmann (1958, 1964) não só abrange tópicos como o desenvolvimento do princípio da realidade na infância, as funções integrativas ou sintetizadoras do ego, os processos auxiliares do ego de perceber, lembrar, pensar e agir, e as defesas do ego, mas também, de modo mais importante, apresenta o conceito da autonomia do ego. As discussões das funções autônomas do ego normalmente começam citando um dos últimos artigos de Freud, em que ele escreveu: "Mas não devemos ignorar o fato de que o id e o ego são originalmente um só, e isso não implica uma supervalorização mística da hereditariedade se acreditarmos que, mesmo antes de o ego existir, suas subseqüentes linhas de desenvolvimento, tendências e reações já estão determinadas" (Freud, 1937, p. 343-344). Partindo dessa citação, Hartmann postula a existência de uma fase indiferenciada no início da vida, durante a qual se formam o id e o ego. O ego não emerge de um id inato, mas cada sistema tem suas origens em predisposições inerentes, e cada um tem seu próprio curso de desenvolvimento. Além disso, afirma-se que os processos do ego são operados por energias sexuais e agressivas neutralizadas. As metas desses processos do ego podem ser independentes de objetivos puramente instintuais. Portanto, o ego e os instintos se desenvolvem e funcionam de maneira independente e complementar. Assim como os instintos têm bases biológicas, também existem "aparatos de ego inatos" que permitem que o indivíduo se adapte ao ambiente. A adaptação é um processo recíproco que envolve mudança no *self* (mudança "autoplástica") e mudança no mundo (mudança "aloplástica"). O leitor deve observar a semelhança entre esse modelo e a distinção de Piaget entre acomodação e assimilação, e também entre o conceito de Bandura do determinismo recíproco (ver Capítulo 14). Como salienta Westen (1990), Hartmann foi, em grande extensão, um psicólogo cognitivo.

As defesas do ego não precisam ter um caráter patológico ou negativo: elas podem ter propósitos sadios na formação da personalidade. Hartmann acredita que uma defesa pode tornar-se independente de sua origem ao combater os instintos e ter uma função de ajustamento e organização. Os teóricos do ego também atribuem ao ego uma esfera livre de conflitos. Isso significa que alguns processos do ego não estão em conflito com o id, o superego ou o mundo externo. Esses processos do ego, é claro, podem ser incompatíveis um com o outro, de modo que a pessoa tem de decidir qual é a melhor entre várias maneiras de resolver um problema ou de fazer uma adaptação.

Paralelo à emergência dessa nova concepção de um ego autônomo, está um crescente interesse pelas funções adaptativas do ego, isto é, as maneiras não-defensivas do ego de lidar com a realidade, ou o que Freud chamou de "teste de realidade". Para fazer adaptações efetivas ao mundo, o ego tem à sua disposição os processos cognitivos de perceber, lembrar e pensar. Uma conseqüência dessa nova ênfase nos processos cognitivos do ego foi aproximar a psicanálise da psicologia, uma tendência discutida mais adiante neste capítulo. Entre os líderes dessa perspectiva adaptativa, estão Rapaport (1960), Gill (1959) e Klein (1970). Ver Blanck e Blanck (1974, 1979) para discussões gerais da psicologia do ego.

Tal tendência de tratar o ego como um sistema autônomo cuja origem é paralela ao id e é dotado de funções e de fontes de energia autônomas foi questionada por outros psicanalistas. Nacht (1952), por exemplo, deplora essa nova "psicologia do ego", que considera estéril e regressiva. O psicólogo Robert R. Holt (1965) fez uma avaliação crítica do conceito de autonomia do ego, conforme apresentado em textos de Hartmann e Rapaport, e concluiu que ele nunca chegaria a ocupar um lugar importante no pensamento psicanalítico. Holt escreve: "Em vez disso, deveríamos estar preocupados em descrever os papéis relativos da pulsão, dos estímulos e das pressões externas, e de várias estruturas internas na determinação do comportamento, e as complexas interações entre eles" (p. 157). Poderíamos salientar que foi exatamente isso o que Freud disse e fez durante toda a sua vida.

Essa nova teoria do ego atraiu muitos psicólogos, pois centra-se nos temas tradicionais da psicologia: percepção, memória, aprendizagem e pensamento. Ela também atrai porque enfatiza os processos e os comportamentos característicos da pessoa normal, em contraposição aos processos e comportamentos desviantes de uma população de pacientes. Além disso, a teoria do ego tende a enfatizar os aspectos racionais, conscientes e construtivos da personalidade humana, em contraste com a ênfase colocada pela psicanálise clássica no inconsciente e no irracional. Finalmente, a teoria do ego é considerada mais "humanista" do que a teoria psicanalítica ortodoxa.

## RELAÇÕES OBJETAIS

Um outro grupo de teóricos que apresentou revisões ainda mais radicais da psicanálise ortodoxa enfatiza o papel das *relações objetais* na formação e no funcionamento da personalidade. Segundo Westen (1990, p. 26), a emergência desse ponto de vista representa "indubitavelmente o maior desenvolvimento da psicanálise desde Freud". Esse foco nas relações objetais e no conceito do *self* levou Eagle (1984, p. 3) a escrever: "Algumas das proposições outrora consideradas as mais fundamentais da psicanálise foram nitidamente reformuladas" (ver também Cashdan, 1988).

Freud propôs que a "escolha objetal" ocorre quando as pessoas "catexizam" ou investem energia instintual em objetos que podem ser usados para gratificar impulsos instintuais. Eagle (1984, p. 10) descreve da seguinte maneira a teoria instintual de Freud:

"Os objetos e as relações objetais são importantes primariamente como meios e veículos de descarga de pulsões libidinais e agressivas. A esse respeito, os primeiros na verdade têm um *status* secundário e derivado . . . nós não desenvolveríamos nenhum interesse por objetos ou relações objetais e nenhuma das funções de ego de teste de realidade se os objetos não fossem necessários para a gratificação das pulsões e se a gratificação imediata fosse possível . . . somos forçados a nos relacionar com objetos. Mas . . . o nosso interesse pelos objetos e o nosso relacionamento com eles continuam direta ou indiretamente ligados ao seu uso e à relevância na gratificação pulsional."

Para os teóricos das relações objetais, ao contrário, os objetos são representações internalizadas de pessoas reais, não "meras saídas para a descarga de um instinto. As relações objetais são primárias, *não* derivadas de descarga instintual, e elas funcionam para dar estrutura ao *self*" (McAdams, 1994, p. 96). Como conseqüência, os teóricos das relações objetais enfatizam a aquisição e a importância das representações do *self* e dos outros. No processo, o foco muda da primazia freudiana da descarga instintual para a primazia dos relacionamentos interpessoais.

W. R. D. Fairbairn, por exemplo, conceitualizou os seres humanos como primariamente preocupados com a busca de objetos, em vez de com a busca do prazer. Ele escreveu: "Podemos dizer que a psicologia se reduz a um estudo dos relacionamentos do indivíduo com seus objetos, ao mesmo tempo em que, de modo semelhante, podemos dizer que a psicopatologia se reduz mais especificamente a um estudo dos relacionamentos do ego com seus objetos internalizados" (1952, p. 60). Fairbairn reinterpretou muitos dos postulados de Freud em termos das atividades do ego de busca de objeto (Eagle, 1984). Por exemplo, a repressão age sobre estruturas cindidas do ego e sobre objetos internalizados que são intoleráveis, não sobre impulsos instintuais. Os estágios psicossexuais refletem técnicas adotadas pelo ego para regular os relacionamentos com objetos, não para permitir a descarga de uma "família" de impulsos libidinais. A agressão é uma resposta à privação e à frustração, não um instinto ativado. O ego tem suas próprias metas dinâmicas, e o conflito reflete cisões no ego, não incompatibilidades entre id e ego. Além disso, o ego está presente no nascimento, tem sua própria estrutura dinâmica, e é a fonte de sua própria energia. De fato, só existe o ego; não existe id. As principais funções do ego são buscar e estabelecer relações com os objetos no mundo externo. Em resumo, Fairbairn propôs que o desenvolvimento e o comportamento do indivíduo refletem o relacionamento do ego com objetos externos e internalizados. A questão central no desenvolvimento da personalidade não é a canalização e a recanalização dos impulsos instintuais, mas a progressão da dependência infantil e a identificação primária com objetos para um estado de diferenciação do *self* em relação ao objeto.

A primeira relação do bebê é com a mãe e, subseqüentemente, com o pai, com iguais, e com parceiros. Assim, as teorias das relações objetais estão essencialmente preocupadas com relacionamentos interpessoais. As frustrações e as perdas que invariavelmente ocorrem nas relações com esses vários objetos deixam um resíduo de representações internalizadas dos objetos perdidos. Essas imagens internalizadas sobrevivem no inconsciente. Elas se aglutinam para formar o *self* do indivíduo, elas entram em conflito umas com as outras, e proporcionam uma base para os relacionamentos interpessoais subseqüentes. O próprio Freud introduziu esse modelo de relações objetais em suas discussões sobre luto, melancolia e complexo de Édipo, mas os teóricos das relações objetais propõem que a internalização de objetos perdidos é um fenômeno bem mais disseminado. As inconsistências entre esses objetos internalizados podem levar a cisões dentro do ego, e os objetos internos fantasiados podem interferir na formação de relacionamentos interpessoais maduros.

Outros profissionais fizeram contribuições importantes ao desenvolvimento das abordagens de relação objetal (p. ex., Bowlby, 1969, 1973; Guntrip, 1971; Kernberg, 1976). Particularmente notável entre eles é Margaret Mahler (p. ex., 1968; Mahler, Pine & Bergman, 1975). Mahler descreveu seis estágios pelos quais as crianças passam no processo de avançar de um estado de indiferenciação entre o "eu" e o "não-eu" para um estado de separação e individuação em que reconhecem sua identidade corporal e psicológica. Outros pesquisadores conduziram investigações empíricas fascinantes das relações objetais (p. ex., Blatt & Lerner, 1983; ver Westen, 1990, para uma introdução).

## Heinz Kohut

O mais influente dos teóricos das relações objetais é Heinz Kohut (1966, 1971, 1977, 1984), e também foi ele quem ofereceu o modelo mais claro do *self* e de seu papel na patologia. Em essência, Kohut substituiu o conflito pelo *self* como o fator central na personalidade e na psicopatologia. Nesse processo, ele também ofereceu as conexões mais claras com os teóricos tradicionais da personalidade.

Como veremos mais adiante neste capítulo, Kohut seguiu Erik Erikson em sua crença de que a família e a sociedade com as quais as pessoas se deparam hoje em dia diferem substancialmente daquelas experienciadas pelos pacientes de Freud. As famílias, na época de Freud, eram ameaçadoras por serem excessivamente próximas e íntimas. Hoje em dia, ao contrário, as famílias são ameaçadoras por serem excessivamente distantes e não-envolvidas. Os pais estão muito distantes emocionalmente e preocupados demais com as próprias necessidades narcísicas. Em conseqüência, eles são modelos menos do que satisfatórios de uma condição sadia de "ser si mesmo" e de relacionamentos interpessoais gratificantes. A recepção de reações empáticas de pessoas significativas é tão importante para a saúde do *self* como é a presença de oxigênio para a saúde do corpo. Na análise de Kohut, os nossos medos mais profundos refletem não a ansiedade de castração ou os impulsos conflituais do id, mas o potencial de perda dos objetos de amor.

O modelo de Kohut da personalidade originou-se de suas tentativas de compreender as pessoas "narcisicamente perturbadas". Tais pessoas são deficientes em autocontrole e auto-estima, e Kohut traçou sua patologia até um senso de *self* traumaticamente danificado. O modelo de *self* de Kohut é bipolar, e os dois pólos têm *ambição* de poder e sucesso, e *metas e valores idealizados*. Esses dois pólos estão ligados por um "arco de tensão" constituído pelos *talentos e habilidades básicas* do indivíduo. Esse *self* bipolar se desenvolve à medida que a criança interage com *objetos do self*, ou com pessoas que são tão importantes que ela

as incorpora como parte de si mesma. Tal assimilação no *self* ocorre por um processo de *internalização transmutante*, em que a criança adota aqueles que são percebidos como os aspectos desejáveis dos objetos do *self*. O principal objeto do *self* durante os dois primeiros anos de vida tende a ser a mãe. A mãe serve como um objeto *espelhante* do *self* quando confirma e admira empaticamente a força, a saúde, a grandeza e a condição da criança de ser especial. Essa afirmação do agir e poder da criança contribui para a formação do pólo de ambição do *self* bipolar. Mais tarde, a mãe e/ou o pai servem como objetos do *self idealizáveis* ou *idealizados* que modelam perfeição, poder, força, calma e cuidado. Esses apegos ajudam a estabelecer o pólo de metas e os valores idealizados do *self*.

Observem que a questão-chave durante esse processo não é a satisfação pulsional, mas a presença ou a ausência de relacionamentos empáticos e amorosos. Um espelhamento e uma idealização sadios produzem o tipo ideal de personalidade, a pessoa com um *self autônomo*. Essas pessoas se caracterizam por níveis sadios de auto-estima e por relacionamentos interpessoais mutuamente gratificantes. A exposição a objetos do *self* deficientes produz crianças com um *self* não-coeso, vazio ou danificado. Kohut (Kohut & Wolf, 1978) descreveu quatro instâncias prototípicas desses fracassos: o *self subestimulado* caracteriza uma pessoa entorpecida e vazia que pode buscar sensações e abusar de substâncias. Essa síndrome se desenvolve quando os objetos do *self* habitualmente deixam de oferecer espelhamento e idealização. O *self fragmentado* é inseguro, frágil e com auto-estima baixa. Esse tipo de *self* se desenvolve quando os objetos do *self* infligem humilhações e feridas narcísicas à criança. O *self superestimulado* desenvolve fantasias irrealistas de grandeza em conseqüência de objetos do *self* que foram excessivamente indulgentes em seu espelhamento. Essas pessoas evitam situações em que poderiam ser o centro das atenções. Finalmente, as pessoas com um *self sobrecarregado* percebem o mundo como um lugar hostil e perigoso. Essa atitude reflete objetos do *self* que fracassaram em seu papel idealizável de modelar força e calma.

Para Kohut, a principal meta desenvolvimental e terapêutica era substituir o *self* fragmentado por um *self* coeso, em contraste com a meta de Freud de substituir o id pelo ego. Além disso, são as ambições, os ideais e a auto-estima que funcionam como as forças motivacionais primárias em nossa vida. Tal posição está consideravelmente distante da psicanálise clássica de Sigmund Freud. Conforme descreveu Westen (1990), existem áreas importantes de controvérsia entre os teóricos da psicanálise clássica e os teóricos das relações objetais do *"self"*. Primeiro, os teóricos das relações objetais dispensaram amplamente o modelo da pulsão instintual. Os seres humanos são vistos como buscando objetos, não prazer. Segundo, a correspondência entre o *self* e o modelo estrutural freudiano de id, ego e superego não está nem um pouco clara. Terceiro, a coesão do *self* é inconsistente com as noções psicanalíticas fundamentais de conflito e compromisso; as dificuldades nas relações objetais não se reduzem facilmente a conflitos entre desejos sexuais ou agressivos e proibições do superego.

## A FUSÃO DA PSICANÁLISE E DA PSICOLOGIA

A psicanálise e a psicologia tiveram um *background* comum na ciência do século XIX, mas permaneceram independentes por muitos anos em virtude de seus interesses diferentes. Em seus primeiros anos, a psicologia estava preocupada em investigar os elementos e os processos da consciência. A sensação, a percepção, a memória e o pensamento eram os tópicos que mais a interessavam. A psicanálise, por outro lado, era uma psicologia do inconsciente; seus interesses estavam nas áreas de motivação, emoção, conflito, sintomas neuróticos, sonhos e traços de caráter. Além disso, a ciência da psicologia cresceu em um ambiente acadêmico e de laboratório, enquanto a psicanálise cresceu em um ambiente clínico. Portanto, os representantes das duas disciplinas tiveram pouco contato uns com os outros.

Gradualmente, a lacuna entre as duas disciplinas começou a diminuir e, após a Segunda Guerra Mundial, a interpenetração da psicologia e da psicanálise cresceu em um ritmo acelerado. Shakow e Rapaport (1964) e Hall e Lindzey (1968) discutiram as razões da aproximação entre elas. Por um lado, a psicanálise, que Freud sempre considerou um ramo da psicologia, passou a interessar-se mais pelo comportamento "normal", culminando na criação de uma psicologia do ego. A extensão em que progrediu a "psicologiza-

ção" da psicanálise é indicada pelo título do livro de ensaios em homenagem ao pai da psicologia do ego, Heinz Hartmann: *Psychoanalysis: a general psychology (Psicanálise: uma psicologia geral)* (Loewenstein e colaboradores, 1966). Rotular a psicanálise de "uma psicologia geral" vai além da afirmação de Freud de que ela era uma parte, mas não o todo da psicologia.

A psicologia, por sua vez, começou a interessar-se pela motivação e pela personalidade, e o campo da psicologia clínica floresceu durante e após a Segunda Guerra Mundial. Os psicólogos encontraram na psicanálise muitos ensinamentos que eram relevantes para seus novos interesses. Mesmo antes da guerra, alguns psicólogos, como Kurt Lewin e Henry Murray, realizaram pesquisas empíricas relacionadas à psicanálise e em parte inspiradas por ela. Durante a década de 30, os esforços feitos por psicólogos como Neal Miller, Hobart Mowrer e Robert Sears para aproximar a teoria do reforço de Hull e alguns aspectos da psicanálise colocaram mais experimentalistas em contato com as concepções freudianas da personalidade.

Do lado teórico, David Rapaport (1959, 1960) criou um modelo conceitual da psicanálise estreitamente entrelaçado com vários conceitos psicológicos tradicionais. De fato, Rapaport foi uma das figuras-chave na crescente interpenetração entre a psicanálise e a psicologia. Klein, Erikson e outros reconheceram a grande influência de Rapaport sobre seu pensamento. Os simpósios incluindo psicólogos e psicanalistas interessados em examinar as relações mútuas entre os dois campos também foram úteis para reduzir a lacuna de comunicação (Bellak, 1959; Frenkel-Brunswik e colaboradores, 1954; Pumpian-Mindlin, 1952).

Um dos fatores mais importantes nessa aproximação certamente foi a oportunidade oferecida aos psicólogos de obter uma formação competente em psicanálise com psicanalistas qualificados. Nos anos seguintes à Segunda Guerra Mundial, os institutos psicanalíticos e locais como a Clínica Menninger em Topeka, Kansas, e o Centro Austen Riggs em Stockbridge, Massachusetts, abriram suas portas a um seleto grupo de psicólogos pós-graduados. Antes disso, a formação psicanalítica só era possível para pessoas com diploma em medicina. Pelo menos, esse era o caso nos Estados Unidos. A monopolização da psicanálise pela profissão médica é uma ironia em vista do fato de que o próprio Freud se opunha energicamente à psicanálise se tornar exclusivamente uma especialidade médica e defendia vigorosamente uma política de portas abertas na formação de psicanalistas (1926a). Muitos dos primeiros psicanalistas não eram médicos.

Os psicólogos que fizeram formação psicanalítica voltaram às universidades podendo oferecer aos alunos um entendimento melhor e mais favorável da psicanálise. Eles também iniciaram programas de pesquisa com uma orientação psicanalítica. Também não devemos ignorar o papel do Instituto Nacional de Saúde Mental do Departamento de Saúde, Educação e Previdência Social. Esse instituto doou grandes somas de dinheiro para o treinamento e a pesquisa na psicologia de orientação psicanalítica. Sem esse apoio financeiro talvez não tivesse ocorrido um progresso tão grande na união desses dois campos.

## George Klein

George Klein pode ser tomado como um exemplo dos psicólogos que, nos anos pós-guerra, combinaram uma formação tradicional em psicologia com um treinamento em psicanálise. Esses indivíduos trouxeram para a psicanálise os valores da experimentação e da quantificação em laboratório e um respeito pela construção das teorias, assim como uma sólida base nos processos cognitivos. Eles receberam da psicanálise a orientação teórica e os *insights* sobre a pessoa que estavam faltando em seu *background* educacional. A psicanálise já não é mais considerada estranha à psicologia acadêmica em grande parte devido aos esforços pioneiros desses psicólogos.

Klein graduou-se em psicologia na Universidade de Colúmbia, onde fez investigações experimentais sobre o comportamento animal e a percepção humana, áreas altamente respeitáveis da psicologia. Depois de ser dispensado da Força Aérea em 1946, ele foi para a Clínica Menninger, um dos poucos lugares nos Estados Unidos onde os psicólogos podiam obter um treinamento psicanaliticamente orientado em psicologia clínica. Como muitos outros psicólogos daquele período, Klein submeteu-se a uma psicanálise pessoal e mais tarde formou-se no Instituto Psicanalítico de Nova York. Mas a sua principal identificação continuou sendo com a psicologia. Como professor de psicologia e um dos fundadores do Centro de Pesquisa em Saúde Mental da Universidade de Nova York, Klein, em colaboração com outros psicólogos e alunos de graduação, conduziu um programa de pesquisa sobre tópicos profundamente influenciados pelo pensamento psicanalítico. Em 1959, Klein começou a publicação de uma série de artigos, *Psychological Issues*, que oferecia um fórum para a apresentação de achados de pesquisa e de questões teóricas relevantes para a psicanálise.

Foram quatro as principais contribuições de Klein à fusão da psicologia com a psicanálise. Primeiro, ele e seus colaboradores demonstraram que hipóteses clinicamente derivadas podiam ser investigadas em laboratório sob condições rigorosamente controladas. Segundo, ele e seus colaboradores ofereceram aos candidatos a doutorado em psicologia interessados na psicanálise a oportunidade de realizarem seus estudos em um ambiente orientado para a pesquisa. Terceiro, por ele ser um membro reconhecido e aceito da psicologia tradicional, os textos de Klein ajudaram a diminuir a hostilidade que muitos psicólogos sentiam em relação ao que consideravam uma psicanálise "não-científica". Finalmente, Klein fez contribuições importantes à teoria psicanalítica, contribuições que também ajudaram a tornar a teoria mais aceitável para os psicólogos.

Como dissemos anteriormente, Klein foi apenas um entre muitos psicólogos que se tornaram importantes para derrubar as barreiras entre a psicologia e a psicanálise. Como mencionamos em outro capítulo, Henry Murray e seus muitos alunos brilhantes em Harvard foram uma grande força, talvez a maior, na introdução da psicanálise dentro da psicologia acadêmica. Mas Murray tinha formação médica e psicanalítica e não era um psicólogo com formação tradicional. Além disso, ele criou uma teoria da personalidade que, embora fortemente influenciada pela psicanálise, era uma teoria exclusivamente sua. Por outro lado, Klein e muitos como ele eram e continuaram sendo psicólogos, apesar de seu treinamento em psicanálise. Eles não só se esforçaram para tornar a psicanálise mais científica, mas também contribuíram para a elaboração e modificação da psicanálise clássica. Eles não estavam preocupados em formular uma nova teoria.

Embora as atividades de pesquisa de Klein abrangessem várias áreas, ele é mais conhecido por seus estudos sobre as diferentes maneiras como percebemos uma situação, lembramos um evento passado ou resolvemos um problema: "O nosso foco é o sujeito que percebe e a maneira como ele organiza a experiência" (Klein, 1970, p. 142).

Em uma série de estudos perceptuais, descobriu-se que algumas pessoas empregavam a estratégia de "nivelar" suas percepções, ao passo que outras empregavam a estratégia de "aguçar" suas percepções. Os niveladores, comparados aos aguçadores, por exemplo, faziam piores estimativas dos tamanhos de quadrados que gradualmente aumentavam em tamanho. Os niveladores tendiam a fazer a mesma estimativa de tamanho para quadrados grandes e pequenos. Eles não percebiam a diferença. Os aguçadores variavam em suas estimativas, de modo que eram muito mais acurados. Klein chamou essas estratégias de *controles* ou *atitudes cognitivas*. Em experimentos subseqüentes, descobriu-se que as pessoas se comportavam consistentemente em diferentes tipos de tarefa. As pessoas niveladoras, ao estimar o tamanho, eram menos capazes de descobrir rostos escondidos em uma figura porque estavam menos conscientes, do que as aguçadoras, das diferenças na figura. Essa consistência pessoal no uso de uma determinada estratégia é chamada de *estilo cognitivo*. Foram identificadas várias outras estratégias cognitivas (Gardner e colaboradores, 1959).

Para Klein, as necessidades, os motivos, as pulsões e as emoções não são os únicos processos que dirigem e controlam o comportamento. Na verdade, eles talvez nem sejam os mais importantes. A maneira como a estrutura cognitiva de uma pessoa é organizada, o fato de ela ser uma niveladora ou uma aguçadora, também dirige e controla o comportamento e assim ajuda a determinar sua efetividade na adaptação ao mundo.

Embora Klein reconhecesse que sua pesquisa sobre os processos cognitivos era motivada pela teoria do ego de Hartmann e outros, podemos salientar que esses estudos seguem mais a tradição da psicologia acadêmica do que a tradição da psicanálise. Eles poderiam ter sido planejados e executados sem recorrer à teoria psicanalítica do ego.

Os psicólogos com formação psicanalítica não só fizeram investigações em laboratório das hipóteses freudianas, mas também se empenharam em dissecar e reformular a teoria psicanalítica. George Klein, por exemplo, dedicou os últimos anos de sua vida a separar o que ele chamava de a teoria clínica da psicanálise de sua metapsicologia (Klein, 1976; ver também Gill & Holzman, 1976). A metapsicologia se refere a especulações sobre a estrutura, a dinâmica, as origens e o desenvolvimento da personalidade. A metapsicologia de Freud, afirma Klein, baseia-se na concepção do ser humano da ciência natural. Ela trata o indivíduo como um sistema biológico, isto é, um organismo, consistindo em estruturas (id, ego e superego) carregadas de energias instintuais. As energias nas diferentes estruturas entram em conflito umas com as outras (catexia *versus* anticatexia), resultando no acúmulo de tensões. A meta do organismo é descarregar as tensões e voltar a um estado de repouso. Ao tentar atingir essa meta, as energias instintuais sofrem o que Freud chamou de vicissitudes de vários tipos, incluindo repressão, deslocamento, projeção e formação reativa. A metapsicologia, na visão de Klein, é impessoal e mecanicista.

A teoria clínica de Freud, conforme descrita por Klein, é uma teoria da pessoa, ao invés de uma teoria do organismo. Ela é pessoal e humanista. Tenta compreender os problemas do indivíduo e interpretar sua experiência e seu comportamento em termos de *suas* metas, intenções, direções e propósitos. Ela procura razões, em vez de causas. Klein acha que as duas teorias, a clínica e a metapsicológica, devem ser claramente diferenciadas – o que em sua opinião Freud não fez – porque apresentam visões bem diferentes do indivíduo. A primeira é psicológica e humana, mas a última é biológica e física. De fato, Klein descartaria totalmente a metapsicologia, porque ela não tem nenhum propósito útil para o psicólogo e pode ser inclusive um obstáculo ao entendimento adequado do indivíduo. Uma vez que Freud foi repetidamente criticado por psicólogos por seu modelo despersonalizado, a rejeição de Klein da metapsicologia eliminou da teoria psicanalítica esse importante impedimento à sua aceitação pelos psicólogos. Gill (1976) juntou-se a Klein nesse empreendimento, afirmando desafiadoramente "que a metapsicologia não é psicologia".

Os outros psicólogos que contribuíram para a reformulação da teoria psicanalítica são Schafer (1976) e Holt (1976). Um dos mais influentes desse grupo foi Robert White.

## Robert White

White (1963a) reuniu-se aos psicólogos do ego ao propor não só que o ego tem sua própria energia intrínseca, mas também que há satisfações intrínsecas do ego que são independentes do id ou de gratificações instintuais. Notável entre essas satisfações autônomas do ego está o senso de competência da pessoa ao realizar tarefas adaptativas.

Em um artigo imensamente influente, White definiu a competência como "uma capacidade do organismo de interagir efetivamente com seu ambiente" (1959, p. 297). Ele prossegue, argumentando que a motivação para obter competência não pode ser explicada pelas tradicionais teorias do *drive* (Clark Hull) ou do instinto (Sigmund Freud). Os modelos clássicos de redução da pulsão funcionam bem para motivos de sobrevivência como fome e sexo, mas não são adequados para explicar a tendência de uma ampla variedade de organismos, observada na década de 50, de se empenharem em comportamentos exploratórios. Diferentemente de outras pulsões, o comportamento exploratório não se relaciona a uma necessidade ou déficit orgânico, não leva a uma resposta consumatória e parece trazer crescente excitação em vez de redução da excitação. De maneira semelhante, argumentou White, o impulso para a competência não se encaixa em modelos pulsionais ortodoxos.

A motivação para a competência também não se encaixa no modelo psicanalítico clássico de motivação instintual. As abordagens psicológicas do ego, como o "instinto de dominar" de Hendrick e as funções autônomas de Hartmann existindo em uma "esfera livre de conflitos", inicialmente parecem compatíveis com a motivação para a competência, mas as tentativas de explicação em termos de energias instintuais neutralizadas não são mais bem-sucedidas do que as tentativas comportamentalistas ortodoxas de incluir a exploração como uma pulsão primária. Mais uma vez, as suposições necessárias de uma fonte somática e de uma redução de tensão não correspondem à realidade do fenômeno. Em vez disso, White propõe uma motivação distinta para se tornar competente, baseada na "necessidade intrínseca do organismo de lidar com o ambiente" (1959, p. 318), e ele chama essa motivação de eficiência. A motivação para a eficiência é deixada de lado quando as pulsões cuja satisfação é necessária para a sobrevivência exigem a atenção do organismo, mas "a motivação para a eficiência é persistente, no sentido de que ocupa regularmente o tempo livre de vigília entre os episódios de crise homeostática" (1959, p. 321).

Essa motivação é facilmente vista em crianças brincando. O brincar de uma criança pode ser compreendido como "a agradável tarefa de desenvolver uma familiaridade efetiva com seu ambiente. Isso envolve descobrir os efeitos que ela pode ter sobre o ambiente e os efeitos que o ambiente pode ter sobre ela. Na extensão em que esses resultados são preservados pela aprendizagem, vão criando uma crescente competência no manejo do ambiente. O brincar da criança pode, portanto, ser visto como um ato muito sério" (1959, p. 321).

A aplicação mais compeledora do modelo de eficiência de White é sua tentativa de reconceitualizar os estágios freudianos psicossexuais de desenvolvimento. White (1960) ergue duas objeções ao modelo de estágio freudiano. Primeiro, o modelo de libido de Freud é inadequado para explicar o desenvolvimento emocional das crianças. Observem que White não está rejeitando o modelo de Freud; mais propriamente, ele está argumentando que a libido aumenta devido ao desenvolvimento do senso de competência da criança. Isto é, os aspectos-chave do desenvolvimento só podem ser compreendidos da perspectiva das mudanças na competência real da criança e em seu senso subjetivo de competência. Esse senso subjetivo de competência é conceitualizado como "o produto cumulativo da nossa história de eficácias e ineficácias" (1960, p. 103-104; cf. a história de reforço de Skinner, discutida no Capítulo 12). Segundo, os protótipos desenvolvimentais freudianos (i. e., o bebê no seio, a criança no banheiro, a criança fálica preocupada com impulsos genitais em relação aos pais, e o adulto maduro preocupado com relacionamentos heterossexuais), mesmo quando traduzidos em termos interpessoais mais contemporâneos, oferecem modelos inadequados de desenvolvimento.

Considerem o estágio oral freudiano. White concorda que "se alguém está determinado a usar um único modelo para tudo o que acontece durante o primeiro ano, o modelo da criança que se alimenta é claramente a escolha adequada" (1960, p. 112). Mas esse modelo único não pode explicar outros comportamentos, como o brincar e o crescente interesse da criança por alimentar-se a si mesma. Na verdade, a maioria dos pais vai-se divertir com a descrição de Gesell da "perigosa jornada" da colher quando a criança tenta levá-la do prato à boca. Se a gratificação oral fosse a única questão, as crianças não tentariam interferir ou assumir o controle quando os adultos querem alimentá-las. Mas as crianças realmente tentam assumir o controle dessa função e, aparentemente, adoram fazer isso. O brincar e a crescente autoconfiança são inexplicáveis de um ponto de vista libidinal, mas são inteiramente consistentes com um modelo de competência que enfatiza o que a criança ganha de suas interações cada vez mais efetivas com o ambiente. Em resumo, a versão psicossexual do estágio oral representa "uma lamentável supergeneralização de uma essência muito boa" (1960, p. 113), e White propõe que empreguemos modelos complementares: oral e de competência.

Da mesma forma, White sugere que o negativismo da criança nos "terríveis dois anos" deve ser compreendido como "uma crise *intrínseca* no desenvolvimento da competência social", não como um deslocamento de problemas no treinamento esfincteriano. Os adultos muitas vezes se impressionam com as tentativas das crianças de dois ou três anos de fazer as atividades sozinhas, chegando a ficar zangadas quando um adulto demonstra a "maneira certa" de fazê-las, ou com as crianças que se negam a atender aos pedidos dos pais de compartilhar. Para White, essas tentativas de estabelecer autonomia são mais bem-compreendidas como manifestações da motivação para estabelecer competência do que como derivados do treinamento esfincteriano. Observem como essa orientação é consistente com o foco de Adler nas crescentes tentativas da criança de compensar sentimentos de inferioridade (ver Capítulo 4).

White reconhece prontamente a "qualidade claramente sexual de algumas das atividades e interesses da criança" durante aquele que Freud chamou de estágio fálico, mas ele não vê a sexualidade como a única questão nesse estágio. Muitas das questões são fundamentalmente assexuais. A linguagem, a ação, a imaginação e a iniciativa são de importância intrínseca para a criança nesse estágio, e essas preocupações devem ser compreendidas em termos da busca da criança de um senso maior de competência. Na verdade, White está mais preocupado com a competência e suas vicissitudes do que com "os instintos de Freud e suas vicissitudes"! Além disso, o protótipo freudiano representa uma situação sem esperança para a criança, pois os pais inevitavelmente prevalecem no conflito edípico, assim como inevitavelmente triunfam no embate sobre o treinamento esfincteriano.

White rejeitava a suposição de Freud de que o período de latência é um momento de tranqüilidade sexual: "Dessa vez, quase podemos dizer que Freud subestimou a importância do sexo" (1960, p. 127). Além disso, o fato de Freud agrupar de seis a oito anos da vida da criança em um período relativamente sem importância obscurece numerosos eventos significativos. Muitos desses eventos, tais como as exigências de produtividade e os relacionamentos interpessoais que acompanham o ingresso na escolarização formal, refletem e influenciam o emergente senso de competência da criança. Os resíduos dos estágios pré-genitais podem ser consolidados ou alterados por eventos durante esse período, e a "força de ego" do adulto é grandemente afetada pelos eventos dessa época importante. Em uma clássica declaração abrandada, White conclui: "O tratamento dado por Freud ao período de latência não foi uma de suas aventuras mais felizes" (1960, p. 127).

A esta altura, o leitor provavelmente está antecipando a avaliação que White faz do estágio genital. Para Freud, as ações e as escolhas objetais durante a idade adulta são amplamente reexpressões de conflitos e de impulsos infantis. Ao contrário, White considerava reais os problemas da adolescência e da idade adulta. Em parte, White atribuiu essa perspectiva às suas "preferências ocupacionais":

> "Minha vida profissional se passa entre adolescentes cujos problemas sexuais e relações sociais em geral não são esmagadores. Nós conversamos sobre seus planos de estudo, suas capacidades e limitações, suas lutas com assuntos que precisam ser aprendidos e com habilidades que precisam ser conquistadas, suas tendências profissionais, planos de carreira, e preocupações com a sociedade moderna como o cenário de seus futuros empreendimentos. Nós falamos, em outras palavras, principalmente sobre sua competência, e eu não acredito que o entendimento seria maior, interpretando-se essas preocupações como deslocamentos de pulsões instintuais, mecanismos de defesa ou relações interpessoais. Elas são reais." (1960, p. 134)

Além disso, White levava a sério a máxima de Freud de que o indivíduo maduro é capaz de "amar e trabalhar", mas não conseguia entender o último em termos do primeiro: "Infelizmente, o turbilhão do orgasmo, que envolve o clímax, é um modelo completamente errado para o trabalho" (1960, p. 135).

Em resumo, White argumenta persuasivamente que o modelo libidinal de Freud deve ser suplementado por um modelo de competência: "Nós devemos tentar ser tão perspicazes ao detectar as vicissitudes do senso de competência como Freud foi com a sexualidade, a agressão e a defesa" (1960, p. 137). Além de seu apelo intuitivo, nós percebemos vínculos entre o modelo de competência de White e outras posições teóricas. Encontraremos novamente a noção de competência quando discutirmos o princípio de domínio e competência de Gordon Allport (ver Capítulo 7) e especialmente quando apresentarmos o constructo de auto-eficácia, mais situacionalmente específico, de Albert Bandura (ver Capítulo 14).

# *ERIK H. ERIKSON*

## HISTÓRIA PESSOAL

A escolha de Erik H. Erikson como a figura central neste capítulo sobre a teoria psicanalítica contemporânea é uma escolha óbvia. Nenhuma outra pessoa, depois da morte de Sigmund Freud, trabalhou tão conscienciosamente para elaborar e ampliar a estrutura da psicanálise estabelecida por ele e para reformular seus princípios para um entendimento do mundo moderno. O mundo muda, e a menos que as teorias acompanhem essas mudanças, elas eventualmente se tornam estagnadas e irrelevantes. Só precisamos ler Freud cronologicamente para ver como suas idéias acompanharam a evolução dos tempos. Após a morte de Freud, Erikson, mais do que qualquer outra pessoa discutida neste capítulo, cumpriu essa função. Ele insuflou uma nova vida na teoria psicanalítica.

Duas citações de *Childhood and Society* (1950, 1963) indicam como a versão de Erikson da psicanálise avançou além da de Freud. A primeira revela como Erikson reconceitualizou o instinto freudiano: "Os 'instintos inatos' do homem são fragmentos pulsionais que precisam ser reunidos, receber significado e ser organizados durante uma infância prolongada, por meio de métodos de treinamento e de escolarização da cri-

ança que variam de cultura para cultura e são determinados pela tradição" (1963, p. 95). Isto é, os seres humanos chegam com um "equipamento *instintivo* mínimo", e esses instintos são "extremamente variáveis e extraordinariamente plásticos" (1963, p. 95-96). A segunda citação revela quanto Erikson considerou as mudanças no mundo durante os 50 anos decorridos entre a publicação de *A Interpretação dos Sonhos* (1900) e *Childhood and Society* (1950):

"Eu enfoquei o problema da identidade de ego e seu ancoramento em uma identidade cultural por sentir que ela é aquela parte do ego que, no final da adolescência, integra os estados infantis de ego e neutraliza a autocracia do superego infantil . . . o paciente de hoje sofre muito com o problema que consiste em que deveria acreditar e quem ele deveria – ou, na verdade, poderia – ser ou tornar-se; enquanto o paciente da psicanálise inicial sofria muito com as inibições que o impediam de ser quem ele achava que sabia que era . . . O estudo da identidade, então, torna-se tão estratégico na nossa época como o estudo da sexualidade foi na época de Freud . . . Os achados de Freud referentes à etiologia sexual da parte neurótica de uma perturbação mental são tão verdadeiros para os nossos pacientes como eram para os dele; assim como a carga da perda de identidade que se destaca em nossas considerações provavelmente pesava sobre os pacientes de Freud tanto quanto pesa sobre os nossos, como mostrariam as reinterpretações. Portanto, os períodos diferentes nos permitem ver, em um exagero temporário, diferentes aspectos de partes da personalidade essencialmente inseparáveis." (p. 279-283)

Alguns críticos podem dizer que as elaborações de Erikson se desviam tão nitidamente da forma e do espírito da psicanálise que não se incluem na tradição freudiana. Mas nós pretendemos fazer uma comparação exaustiva das idéias de Erikson com as de Freud, para determinar se ele é ou não um verdadeiro freudiano. Essa questão, de qualquer maneira, é uma questão trivial. O leitor pode encontrar, se desejar, uma versão das diferenças entre Erikson e Freud em Roazen (1976). Independentemente do que os outros possam dizer, Erikson se considerava um psicanalista freudiano. Treinado em psicanálise em sua própria raiz, Viena, analisado por Anna Freud, psicanalista com longos anos de prática, membro das organizações oficiais da psicanálise, e psicanalista didata por 35 anos, Erikson sentia que suas idéias estavam consoantes com a doutrina básica da psicanálise estabelecida por Freud. Se Erikson tivesse de ser identificado por algum nome, ele provavelmente preferiria ser chamado de pós-freudiano.

As contribuições mais significativas de Erikson se incluem sob dois aspectos: (1) uma teoria psicossocial do desenvolvimento, da qual emerge uma concepção ampliada do ego e (2) estudos psico-históricos que exemplificam sua teoria psicossocial nas vidas de indivíduos famosos.

É importante que o leitor tenha em mente o que quer dizer psicossocial quando usado junto com desenvolvimento. Significa especificamente que os estágios de vida de uma pessoa, do nascimento até a morte, são formados por influências sociais interagindo com um organismo que está amadurecendo física e psicologicamente. Nas palavras de Erikson, existe "um mútuo ajuste entre o indivíduo e o ambiente – isto é, entre a capacidade do indivíduo de se relacionar com um espaço de vida de pessoas e de instituições em constante expansão, por um lado, e, por outro, a prontidão dessas pessoas e instituições em torná-lo parte de uma preocupação cultural contínua" (1975, p. 102).

Erik H. Erikson.

Erikson não pretendia que sua teoria psicossocial substituísse a teoria psicossexual de Freud nem a teoria de desenvolvimento cognitivo de Piaget. Erikson reconheceu que eles estavam preocupados com outros aspectos do desenvolvimento. O leitor deve observar que, embora as teorias de Freud e de Piaget parem antes da idade adulta, como a teoria interpessoal de Sullivan do desenvolvimento (ver Capítulo 4), a de Erikson vai até a velhice. Devemos observar que o esquema de Erikson, como os de Freud, Piaget e Sullivan, é uma teoria de *estágios*. Isso significa que existem idades mais ou menos definidas, em que aparecem novas formas de comportamento em resposta a novas influências sociais e maturacionais. Nem todas as teorias de desenvolvimento são necessariamente teorias de estágios. A teoria do condicionamento operante de Skinner, por exemplo, supõe que o desenvolvimento é contínuo, ao invés de ocorrer em etapas.

Erikson acreditava que sua história pessoal de vida tinha muita relação com o desenvolvimento de sua perspectiva teórica. Ele aparentemente experienciou muitos dos conflitos, confusões e crises sobre os quais escreveu mais tarde. Sua vida e obra foram tema de dois livros. O primeiro deles é de Robert Coles (1970), um antigo colega e grande admirador de Erikson. O outro é de Paul Roazen (1976), mais crítico em sua análise. Erikson refere-se à sua história de vida em alguns de seus textos.

Nascido em Frankfurt, Alemanha, em 15 de junho de 1902, de pais dinamarqueses – a família de sua mãe era judia – Erikson nunca conheceu seu pai verdadeiro, pois seus pais se separaram antes de ele nascer. Sua mãe casou-se com um pediatra, Dr. Homburger, que adotou Erikson e cujo nome Erikson passou a usar. Foi só bem mais tarde, em 1939, quando se tornou um cidadão americano, que Erikson adotou o nome pelo qual é conhecido – Erik Homburger Erikson.

Ao concluir seu curso secundário, Erikson estava em dúvida sobre o que queria fazer. Como muitos outros jovens alemães da época, ele passou um ano viajando pela Europa em busca de inspiração ou de orientação sobre o que deveria fazer profissionalmente. Ele finalmente optou por arte, para a qual tinha talento e inclinação. Nesse ponto de sua vida (estava então com 25 anos), aconteceu um fato que iria modificá-la drasticamente. Ele foi convidado para ensinar em uma pequena escola particular de Viena. Essa escola tinha sido criada para crianças que estavam em psicanálise ou para filhos de pais que estavam sendo psicanalisados. Era uma escola progressista, e os professores e os alunos tinham completa liberdade para desenvolver o currículo. Erikson ficou tão interessado na educação das crianças que se matriculou e formou-se em uma escola que treinava professores no método Montessori. O método Montessori enfatiza o desenvolvimento da iniciativa da criança por meio do brincar e do trabalho. Essa experiência teve uma influência definitiva sobre Erikson.

Uma influência ainda mais profunda foi sua inevitável exposição à psicanálise. Ele passou a relacionar-se com o círculo de Freud, submeteu-se a uma análise didática com Anna Freud e estudou psicanálise no Instituto Psicanalítico de Viena, no qual se formou em 1933. Ele agora encontrara sua identidade profissional.

Enquanto estudava psicanálise e ensinava na escola, Erikson casou-se com Joan Serson, uma dançarina canadense e sua colega na escola. Eles decidiram mudar-se para a Dinamarca. Quando isso não funcionou satisfatoriamente, eles foram para os Estados Unidos, estabelecendo-se em Boston, em 1933. Erikson tornou-se o primeiro psicanalista infantil daquela cidade. Ele também recebeu um cargo na Escola de Medicina de Harvard e trabalhou como consultor para várias agências. Enquanto estava em Boston, Erikson fez pesquisas com Henry A. Murray na Clínica Psicológica de Harvard. Depois de três anos em Boston, Erikson aceitou um cargo no Instituto de Relações Humanas da Universidade de Yale e passou a dar aulas na Escola de Medicina. Em 1938, um convite para observar crianças índias na reserva Sioux em Dakota do Sul mostrou-se irresistível. Em 1939, Erikson foi para a Califórnia, onde ingressou no Institute of Child Welfare da Universidade da Califórnia, em Berkeley, que estava realizando um estudo longitudinal em grande escala do desenvolvimento da criança. Ele também retomou seu trabalho como psicanalista, reservando um tempo para observar os índios Yurok da Califórnia do Norte.

Durante esses anos na Califórnia, Erikson escreveu seu primeiro livro, *Childhood and Society* (1950; edição revisada, 1963). Esse livro teve um impacto imediato e importante. Apesar de Erikson ter publicado outros nove livros desde então, *Childhood and Society* geralmente é considerado o mais significativo, porque apresenta os temas que preocupariam Erikson pelo resto da vida.

Após demitir-se de seu cargo de professor na Universidade da Califórnia, como protesto contra um juramento especial de lealdade exigido dos membros da faculdade (esse juramento foi mais tarde declarado inconstitucional), Erikson ingressou no Centro Austen Riggs em Stockbridge, Massachusetts, um centro importante de residência em psiquiatria. Em 1960, Erikson foi nomeado professor em Harvard, onde seu curso sobre o ciclo vital era muito popular entre os alunos. Erikson aposentou-se em 1970 e mudou-se para um subúrbio de San Francisco. Os Erikson voltaram para Massachusetts em 1987, depois da fundação, em Cambridge, do Centro Erik Erikson. Erikson morreu em 12 de maio de 1994, em Harwich, Massachusetts (ver Hopkins, 1995).

Passemos agora a uma discussão das formulações teóricas de Erikson.

## A TEORIA PSICOSSOCIAL DO DESENVOLVIMENTO

O desenvolvimento, como salientamos, avança em estágios – oito, ao todo, segundo o esquema de Erikson.* Os primeiros quatro estágios ocorrem durante o período de bebê e da infância, e os três últimos durante os anos adultos e a velhice. Nos textos de Erikson, é dada uma ênfase especial ao período da adolescência, pois é nele que se faz a transição da infância para a idade adulta. O que acontece durante esse estágio é da maior importância para a personalidade adulta. *Identidade, crises de identidade* e *confusão de identidade* são indubitavelmente os conceitos mais conhecidos de Erikson.

Esses estágios consecutivos, devemos observar, não seguem um esquema cronológico rígido. Erikson achava que cada criança tinha seu próprio ritmo cronológico, e que seria enganador especificar uma duração exata para cada estágio. Além disso, um estágio não é

atravessado e então deixado para trás. Em vez disso, cada estágio contribui para a formação da personalidade total. Nas palavras de Erikson: "tudo que cresce tem um plano básico, e... desse plano básico surgem as partes, cada parte tendo seu momento de ascendência especial, até que todas elas tenham surgido para formar o todo que funciona" (1968, p. 92). Isso é conhecido como o *princípio epigenético*, um termo tomado emprestado da embriologia.

Ao descrever os oito estágios do desenvolvimento psicossocial, nós reunimos e parafraseamos materiais de quatro fontes. Em *Childhood and Society* (1950, 1963) e mais tarde em *Identity: Youth and Crisis* (1968), Erikson apresentou os estágios em termos da *qualidade básica de ego* que emerge durante cada estágio. Em *Insight and Responsibility* (1964), ele discutiu as *virtudes* ou forças do ego que aparecem em estágios sucessivos. Em *Toys and Reasons* (1976), ele descreveu a *ritualização* peculiar a cada estágio. Por ritualização, Erikson se referia a uma maneira lúdica e culturalmente padronizada de fazer ou experienciar alguma vivência na interação cotidiana dos indivíduos. O propósito básico dessas ritualizações é transformar o indivíduo que está amadurecendo em um membro efetivo e conhecido de uma comunidade. Infelizmente, as ritualizações podem tornar-se rígidas e pervertidas e transformar-se em *ritualismos*.

A mais recente síntese de Erikson sobre os estágios foi apresentada em *O Ciclo de Vida Completo* (1985). Dois gráficos dessa publicação servem como um bom resumo dos estágios. O primeiro (ver Figura 5.1 adiante) descreve as características e as conseqüências mais importantes de cada estágio. O estudante deve consultá-lo ao ler as seguintes descrições. O núcleo de cada estágio é uma "crise básica", representando o desafio que o contato com uma nova faceta da sociedade traz para o ego em desenvolvimento. Por exemplo, o ingresso da criança na escola durante o quarto estágio garante que ela vai enfrentar a questão da diligência *versus* inferioridade, bem como um novo complexo de agentes sociais. Portanto, os estágios descritos por Erikson são psicossociais, em contraste com os estágios psicossexuais descritos por Freud.

O segundo gráfico (ver Figura 5.2, p. 170) pretende mostrar a questão importante, mas freqüentemente ignorada, de que a crise básica que constitui o núcleo de cada estágio não existe só durante aquele estágio. Cada crise é mais relevante durante um está-

---

*N. de T. Joan Erikson, esposa e colaboradora mais íntima de Erikson, revisou seu livro *O Ciclo de Vida Completo* (Erik Erikson, Artes Médicas, 1998), acrescentando um nono estágio, o da velhice avançada, que passa a ter uma importância crescente à medida que a longevidade humana aumenta.

| | A | B | C | D | E | F | G | H |
|---|---|---|---|---|---|---|---|---|
| Estágios | Estágios e modos psicossexuais | Crises psicossociais | Raio de relações significativas | Forças básicas | Patologia central, antipatias básicas | Princípios relacionados de ordem social | Ritualizações de união | Ritualismo |
| I. Período de bebê | Oral-respiratório, corporal-cinesté-sico (modos incorporativos) | Confiança básica vs. desconfiança básica | Pessoa maternal | Esperança | Retraimento | Ordem cósmica | Numinosas | Idolismo |
| II. Infância inicial | Anal-uretral, muscular (retentivo-eliminativo) | Autonomia vs. vergonha, dúvida | Pessoais parentais | Vontade | Compulsão | "Lei e ordem" | Judiciosas | Legalismo |
| III. Idade do brincar | Infantil-genital, locomotor (intrusivo, inclusivo) | Iniciativa vs. culpa | Família básica | Propósito | Inibição | Protótipos ideais | Dramáticas | Moralismo |
| IV. Idade escolar | "Latência" | Diligência vs. inferioridade | "Vizinhança", escola | Competência | Inércia | Ordem tecnológica | Formais (Técnicas) | Formalismo |
| V. Adolescência | Puberdade | Identidade vs. confusão de identidade | Grupo de iguais e outros grupos; modelos de liderança | Fidelidade | Repúdio | Visão de mundo ideológica | Ideológicas | Totalismo |
| VI. Idade adulta jovem | Genitalidade | Intimidade vs. isolamento | Parceiros de amizade, sexo, competição, cooperação | Amor | Exclusividade | Padrões de cooperação e competição | Associativas | Elitismo |
| VII. Idade adulta | (Procriatividade) | Generatividade vs. estagnação | Trabalho dividido e família e lar compartilhados | Cuidado | Rejeição | Correntes de educação e tradição | Geracionais | Autoritarismo |
| VIII. Velhice | (Generalização de modos sensuais) | Integridade vs. desespero | "Gênero humano" "Meu gênero" | Sabedoria | Desdém | Sabedoria | Filosóficas | Dogmatismo |

**FIGURA 5.1** Resumo dos oito estágios. Reimpressa com a permissão de Erikson (1985, p. 32-33).

gio específico, mas tem raízes em estágios prévios e conseqüências em estágios subseqüentes. Por exemplo, a identidade *versus* a confusão de identidade é a crise definidora da adolescência, mas a formação da identidade começa nos primeiros quatro estágios, e o senso de identidade negociado durante a adolescência evolui durante e influencia os três estágios finais. Em conseqüência, os espaços "vazios" na Figura 5.2, na verdade, não estão vazios, e considerá-los vazios é compreender mal a natureza dos estágios de Erikson. Vamos agora examinar cada estágio individualmente.

## I. CONFIANÇA BÁSICA *VERSUS* DESCONFIANÇA BÁSICA

A confiança básica mais inicial se estabelece durante o estágio oral-sensorial, e é demonstrada pelo bebê em sua capacidade de dormir pacificamente, de ali-

mentar-se confortavelmente e de excretar de forma relaxada. A cada dia, à medida que suas horas de vigília aumentam, o bebê vai-se familiarizando com experiências sensuais, e essa familiaridade coincide com um senso de bem-estar. As situações de conforto e as pessoas responsáveis por tais confortos tornam-se familiares e identificáveis para o bebê. Devido à confiança do bebê e à familiaridade com a pessoa maternal, ele atinge um estado de aceitação em que essa pessoa pode ausentar-se por um momento. Essa realização social inicial por parte do bebê é possível porque ele está desenvolvendo uma certeza e uma confiança internas de que a pessoa maternal retornará. As rotinas diárias, a consistência e a continuidade no ambiente do bebê proporcionam a primeira base para um senso de identidade psicossocial. Pela continuidade de experiências com adultos, o bebê aprende a depender deles e a neles confiar; mas, talvez ainda mais importante, ele aprende a confiar em si mesmo. Essa segurança vai contrabalançar a parte negativa

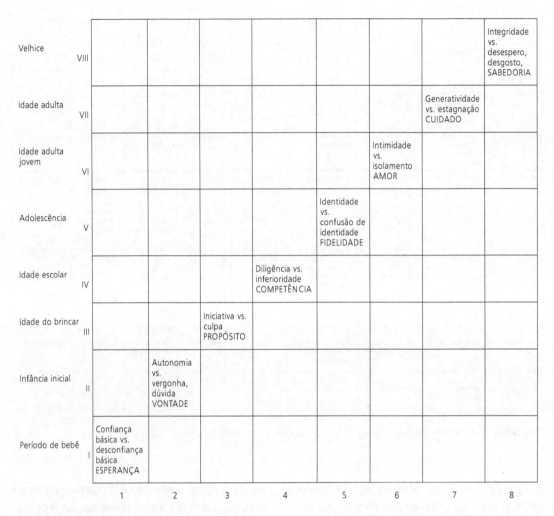

**FIGURA 5.2** Seqüência dos oito estágios. Reimpressa com a permissão de Erikson (1985, p. 56-57).

da confiança básica – a saber, a desconfiança básica, que, em princípio, é essencial para o desenvolvimento humano.

A razão adequada de confiança e de desconfiança resulta na ascendência da *esperança*: "A esperança é a virtude inerente ao estado de estar vivo mais primitiva e a mais indispensável" (Erikson, 1964, p. 115). Os fundamentos da esperança estão nas relações iniciais do bebê com os *progenitores maternais dignos de confiança*, que dão respostas às suas necessidades e proporcionam experiências satisfatórias como tranqüilidade, nutrição e carinho. Todas as confirmações de esperança originam-se no mundo mãe-criança. Por meio de um crescente número de experiências em que a esperança do bebê é confirmada, ele recebe inspira-

ção para novas esperanças. Simultaneamente, ele desenvolve a capacidade de abandonar as esperanças frustradas e antever expectativas em futuras metas e perspectivas. Ele aprende quais esperanças estão dentro da esfera do possível e dirige suas expectativas de acordo com isso. Conforme amadurece, ele descobre que as esperanças que outrora eram altas prioridades foram superadas por um nível mais elevado de esperanças mais avançadas. Erikson afirmou: "A esperança é a crença duradoura na possibilidade de se atingir desejos fervorosos, apesar dos sombrios impulsos e das fúrias que assinalam o início da existência" (1964, p. 118).

O primeiro estágio da vida, o período de bebê, é o estágio da ritualização de uma divindade. O que Erikson queria dizer com isso é o senso do bebê da presença abençoada da mãe que o olha, segura-o, toca-o, sorri para ele, alimenta-o, diz seu nome e, de outra forma, "reconhece-o". Essas repetidas interações são altamente pessoais e, ainda, culturalmente ritualizadas. O reconhecimento do bebê pela mãe afirma e certifica o bebê e sua mutualidade com a mãe. A falta de reconhecimento pode causar *alienação* na personalidade do bebê – um senso de *separação* e *abandono*.

Cada um dos estágios iniciais estabelece uma ritualização que continua na infância e aí contribui para os rituais da sociedade. A forma pervertida do ritual da divindade materna se expressa na vida adulta pela idolatria de um herói, ou *idolismo*.

## II. AUTONOMIA *VERSUS* VERGONHA E DÚVIDA

Durante o segundo estágio da vida (o estágio anal-muscular no esquema psicossexual), a criança aprende o que se espera dela, quais são seus privilégios e obrigações, e quais são as limitações que precisa aceitar. O desejo da criança de experiências novas e mais orientadas para atividades dá lugar a uma necessidade dupla: uma necessidade de autocontrole e uma necessidade da aceitação do controle de outras pessoas no ambiente. Para subjugar a teimosia da criança, os adultos utilizarão a propensão humana à vergonha, universal e necessária, embora encorajem a criança a desenvolver um senso de autonomia e a eventualmente afirmar sua independência. Os adultos que exercem controle também precisam ser firmemente reasseguradores. A criança deve ser encorajada a experienciar situações que exigem a livre escolha autônoma. A vergonha excessiva só vai induzir a criança ao descaramento ou obrigá-la a tentar escapar impunemente sendo fechada, dissimulada e furtiva. Esse é o estágio que promove a liberdade da auto-expressão e a amorosidade. Um senso de autocontrole produz na criança um duradouro sentimento de boa vontade e orgulho; um senso de perda do autocontrole, por outro lado, pode causar um sentimento permanente de vergonha e dúvida.

A virtude da *vontade* emerge durante o segundo estágio da vida. A vontade própria treinada e o exemplo de vontade superior apresentado pelos outros são as duas origens da virtude da vontade. A criança aprende consigo mesma e com os outros o que é esperado e esperável. A vontade é responsável pela gradual aceitação da criança daquilo que é lícito e necessário. Os elementos da vontade são gradualmente aumentados pelas de experiências que envolvem consciência e atenção, manipulação, verbalização e locomoção. A vontade é a força crescente de fazer escolhas livres, de decidir, de exercer a autocontenção e concentrar-se.

Erikson chamou a ritualização desse estágio de *judiciosa*, porque a criança começa a julgar a si mesma e os outros e a diferenciar o certo e o errado. Ela percebe que certos atos e palavras são certos ou errados, o que a prepara para a experiência, no próximo estágio, de sentir culpa. A criança também aprende a distinguir entre o "nosso tipo" e outros considerados diferentes; assim, os outros que não são como nós podem ser imediatamente avaliados como errados ou maus. Essa é a base ontogenética da alienação mundial conhecida como *espécie dividida*. Em outros textos, Erikson chamou isso de *pseudo-espécie*, a origem do preconceito intra-humano.

Esse período de ritualização judiciosa na infância é a origem, no ciclo de vida, do ritual *judicial*. Na idade adulta, esse ritual é exemplificado pelo julgamento no tribunal e pelos procedimentos por meio dos quais se estabelece a culpa ou a inocência.

O ritualismo perverso desse estágio é o *legalismo*, a vitória da lei rigidamente aplicada – a punição vence a compaixão. O legalista sente satisfação ao ver os condenados punidos e humilhados, independentemente de ser essa a intenção da lei.

## III. INICIATIVA *VERSUS* CULPA

O terceiro estágio psicossocial da vida, correspondente ao estágio psicossexual genital-locomotor, é o da iniciativa, uma época de crescente maestria e responsabilidade. A criança, nesse estágio, apresenta-se como claramente mais avançada e mais "organizada", tanto física quanto mentalmente. A iniciativa se combina com a autonomia para fazer com que ela seja ativa, determinada e capaz de planejar sua tarefas e metas. O perigo desse estágio é o sentimento de culpa que pode obcecar a criança por uma busca muito entusiasmada de metas, incluindo fantasias genitais e o uso de meios agressivos e manipulativos para chegar a essas metas. A criança está ansiosa para aprender e aprende bem nessa idade; ela desenvolve seu senso de obrigação e de desempenho.

O *propósito* é a virtude que surge nesse estágio desenvolvimental. A principal atividade da criança nessa idade é o brincar, e o propósito é o resultado de seu brincar, de suas explorações, tentativas e fracassos, e das experimentações com seus brinquedos. Além de jogos físicos, ela faz jogos mentais, assumindo os papéis dos pais e de outros adultos em um mundo de faz-de-conta. Ao imitar as imagens desses adultos, ela percebe até certo ponto como é ser como eles. O brincar proporciona à criança uma realidade intermediária; ela aprende qual é o propósito dos fatos, a conexão entre um mundo interno e um externo, e como as memórias do passado se aplicam a metas do futuro. Portanto, o brincar imaginativo e desinibido é vitalmente importante para o desenvolvimento da criança: "O propósito, então, é a coragem de imaginar e buscar metas valorizadas não-inibidas pela derrota das fantasias infantis, pela culpa e pelo medo cortante da punição" (Erikson, 1964, p. 122).

Essa idade do brincar é caracterizada pela ritualização *dramática*. A criança participa ativamente de dramatizações, usando figurinos, imitando personalidades adultas e fingindo ser qualquer coisa, de um cachorro a um astronauta. O estágio inicial da ritualização contribui para o elemento dramático que será encontrado nos rituais (tal como o teatro como um ritual próprio) pelo resto da vida da pessoa. A alienação interior que pode resultar desse estágio da infância é um senso de *culpa*.

A contraparte negativa da ritualização dramática é o ritualismo da *personificação* por toda a vida. O adulto desempenha papéis ou atua a fim de apresentar uma imagem que não representa sua verdadeira personalidade.

## IV. DILIGÊNCIA *VERSUS* INFERIORIDADE

Durante o quarto estágio do processo epigenético (no esquema de Freud, o período de latência), a criança precisa controlar sua imaginação exuberante e dedi-car-se à educação formal. Ela desenvolve um senso de aplicação e aprende as recompensas da perseverança e da diligência. O interesse por brinquedos e pelo brincar é gradualmente superado por um interesse por situações produtivas e pelos implementos e instrumentos usados para trabalhar. O perigo desse estágio é a criança desenvolver um senso de inferioridade se for (ou fizerem com que se sinta) incapaz de dominar as tarefas que inicia ou que lhe são dadas pelos professores e pelos pais.

Durante o estágio da diligência emerge a virtude da *competência*. As virtudes dos estágios prévios (esperança, vontade e propósito) proporcionaram à criança uma visão de futuras tarefas, embora uma visão ainda não muito específica. A criança agora precisa ter uma instrução específica em métodos fundamentais para familiarizar-se com um modo de vida técnico. Ela está pronta e disposta a conhecer e a usar os instrumentos, as máquinas e os métodos preparatórios para o trabalho adulto. Assim que tiver desenvolvido suficiente inteligência e capacidade para o trabalho, é importante que se dedique a esse trabalho para evitar sentimentos de inferioridade e regressão do ego. O trabalho, nesse sentido, inclui muitas e variadas formas, como ir à escola, fazer tarefas domésticas, assumir responsabilidades, estudar música, aprender habilidades manuais, assim como participar de jogos e esportes. O importante é a criança aplicar sua inteligência e sua abundante energia em *algum* empreendimento e direção.

Um senso de competência é obtido quando nos dedicamos ao trabalho e concluímos tarefas, o que acaba nos trazendo *habilidade*. Os fundamentos da competência preparam a criança para um futuro senso de habilidade; sem isso, a criança sentir-se-ia inferior. Durante essa época, ela está ansiosa para aprender as técnicas da produtividade: "A competência, então, é o livre exercício da destreza e da inteligência na conclusão de tarefas, não-prejudicado pela inferioridade infantil" (Erikson, 1964, p. 124).

A idade escolar é o estágio da ritualização *formal*, quando a criança aprende a ter um desempenho metódico. Observar e aprender métodos de desempenho proporcionam à criança um senso global de qualidade que envolve habilidade e perfeição. Tudo o que a criança fizer – seja um trabalho na escola ou sejam tarefas em casa – ela faz do jeito certo.

O ritualismo distorcido na idade adulta é o *formalismo*, que consiste na repetição de formalidades sem significado e em rituais vazios.

## V. IDENTIDADE *VERSUS* CONFUSÃO DE IDENTIDADE

Durante a adolescência, o indivíduo passa a experienciar um sentido da própria identidade, um sentimento de que é um ser humano único, que está preparado para se encaixar em algum papel significativo na sociedade. A pessoa se torna consciente das características individuais inerentes, de situações, pessoas e objetos dos quais gosta ou não gosta, de metas futuras antecipadas e da força e do propósito de controlar o próprio destino. Essa é uma época na vida em que queremos definir o que somos no presente e o que desejamos ser no futuro. É o momento de fazer planos vocacionais.

O agente interno ativador na formação da identidade é o ego, em seus aspectos conscientes e inconscientes. O ego, nesse estágio, tem a capacidade de selecionar e integrar talentos, aptidões e habilidades na identificação com pessoas semelhantes a nós e na adaptação ao ambiente social. Ele também é capaz de manter suas defesas contra ameaças e ansiedades, à medida que aprende a decidir quais impulsos, necessidades e papéis são mais apropriados e efetivos. Todas essas características selecionadas pelo ego são reunidas e integradas por ele para formar a própria identidade psicossocial.

Devido à difícil transição da infância à idade adulta, por um lado, e à sensibilidade à mudança social e histórica, por outro, o adolescente, durante o estágio da formação da identidade, tende a sofrer mais profundamente do que nunca em virtude da confusão de papéis, ou da *confusão de identidade*. Esse estado pode fazer com que ele se sinta isolado, vazio, ansioso e indeciso. O adolescente sente que precisa tomar decisões importantes, mas é incapaz de fazer isso. Ele pode sentir que a sociedade o pressiona para tomar decisões; assim, ele fica ainda mais resistente. Ele se preocupa imensamente com como os outros o vêem e tende a ser muito inibido e envergonhado.

Durante a confusão de identidade, o adolescente pode sentir que está regredindo, ao invés de progredir, e, de fato, um periódico recuo à infantilidade parece ser uma alternativa agradável ao complexo envolvimento necessário em uma sociedade adulta. O comportamento do adolescente é inconsistente e imprevisível durante esse estado caótico. Em um momento, ele reluta em comprometer-se com os outros por medo de ser rejeitado, desapontado ou enganado. No momento seguinte, o adolescente quer ser um seguidor, um amante ou um discípulo, sejam quais forem as conseqüências de tal comprometimento.

O termo *crise de identidade* refere-se à necessidade de resolver o fracasso transitório em formar uma identidade estável, ou a uma confusão de papéis. Cada estado sucessivo, de fato, "é uma crise potencial devida a uma mudança radical em perspectiva" (Erikson, 1968, p. 96). Mas a crise de identidade pode parecer especialmente perigosa porque todo o futuro do indivíduo, assim como a próxima geração, parece depender dela.

Também é especialmente perturbador o desenvolvimento de uma *identidade negativa*, isto é, o senso de possuir um conjunto de características más ou potencialmente indignas. A maneira mais comum de lidar com a identidade negativa é projetar as características más em outras pessoas: "Elas são más, não eu." Tal projeção pode resultar em diversas patologias sociais, incluindo preconceito, crime e discriminação contra vários grupos de pessoas, mas também é uma parte importante da prontidão do adolescente para o envolvimento ideológico.

Nessa época adolescente, desenvolve-se a virtude da *fidelidade*. Apesar de serem agora sexualmente maduros e de muitas maneiras responsáveis, os adolescentes não estão ainda adequadamente preparados para serem pais. O equilíbrio de ego se depara com uma situação precária: por um lado, é esperado que a pessoa tenha um padrão adulto de vida, mas, por outro, ela não tem a liberdade sexual do adulto. O comportamento oscila entre atos impulsivos, irrefletidos e esporádicos e uma restrição compulsiva. Durante essa época difícil, todavia, o jovem busca um conhecimento interno e um entendimento de si mesmo, e tenta formular um conjunto de valores. O conjunto particular de valores que emerge é o que Erikson denomina fidelidade: "A fidelidade é a capacidade de manter lealdades livremente empenhadas, apesar das inevitáveis contradições dos sistemas de valor" (1964, p. 125).

A fidelidade é a base sobre a qual se forma um senso de identidade contínuo. A substância da fidelidade é adquirida pela "confirmação" de ideologias e verdades e também pela afirmação de companheiros. A evolução da identidade baseia-se na necessidade inerente ao ser humano de sentir que pertence a um gênero particular ou "especial" de pessoas. Por exemplo, precisamos saber que pertencemos a um grupo étnico ou religioso especial, em que podemos participar dos costumes, dos rituais e das ideologias, ou, na verdade, que preferimos participar de movimentos destinados a mudar ou renovar a estrutura social. A identidade do jovem dá definição ao seu ambiente.

A ritualização do estágio adolescente é a *ideologia*. A ideologia é a solidariedade de convicção que incorpora ritualizações de estágios de vida prévios em um conjunto coerente de idéias e ideais. A alienação resultante da ausência de uma ideologia integrada é a confusão de identidade.

A perversão da ritualização de ideologia que pode ocorrer é o *totalismo*. O totalismo é a preocupação fanática e exclusiva com o que parece ser inquestionavelmente certo ou ideal.

## VI. INTIMIDADE *VERSUS* ISOLAMENTO

Neste estágio, os jovens adultos estão preparados e dispostos a unir sua identidade a outras pessoas. Eles buscam relacionamentos de intimidade, parceria e associação, e estão preparados para desenvolver as forças necessárias para cumprir esses comprometimentos, ainda que para isso tenham de fazer sacrifícios. Agora, pela primeira vez na vida, o jovem pode viver uma *genitalidade* sexual verdadeira, em mutualidade com a pessoa amada. A vida sexual, nos estágios anteriores, restringia-se a uma busca de identidade sexual e a um anseio por intimidades transitórias. Para que a genitalidade tenha uma importância social duradoura, é preciso que o indivíduo tenha alguém para amar e relacionar-se sexualmente, alguém com quem possa compartilhar um relacionamento confiável. O perigo do estágio da intimidade é o isolamento, a evitação dos relacionamentos, quando a pessoa não está disposta a comprometer-se com a intimidade. Um senso temporário de isolamento também é uma condição

necessária para fazer escolhas, mas é claro que isso também pode resultar em graves problemas de personalidade.

A virtude do *amor* passa a existir durante o estágio de desenvolvimento da intimidade. O amor é a virtude dominante do universo. Ele aparece de muitas formas nos estágios anteriores, começando com o amor do bebê pela mãe, depois as paixões do adolescente e finalmente o amor que o adulto manifesta, importando-se com os outros. Embora o amor esteja aparente nos estágios anteriores, o desenvolvimento da verdadeira intimidade só acontece *depois* da adolescência. Os jovens adultos agora são capazes de comprometer-se com um relacionamento em que seu modo de vida é mutuamente compartilhado com um parceiro íntimo. Erikson escreveu: "O amor, então, é a mutualidade de dedicação, subjugando para sempre os antagonismos inerentes à função dividida" (1964, p. 129). Embora a identidade do indivíduo se mantenha em um relacionamento íntimo, sua força de ego depende do parceiro com quem está preparado para compartilhar a criação dos filhos, a produtividade e a ideologia de seu relacionamento.

A ritualização correspondente desse estágio é a *associativa*, isto é, um compartilhar conjunto de trabalho, amizade e amor. O ritualismo correspondente, o *elitismo*, expressa-se pela formação de grupos exclusivos que são uma forma de narcisismo comunal.

## VII. GENERATIVIDADE *VERSUS* ESTAGNAÇÃO

O estágio da generatividade caracteriza-se pela preocupação com o que é gerado – progênie, produtos, idéias e assim por diante – e com o estabelecimento de orientações para as gerações que estão por vir. Essa transmissão dos valores sociais é uma necessidade para o enriquecimento dos aspectos psicossexuais e psicossociais da personalidade. Quando a generatividade é fraca ou não recebe expressão, a personalidade regride e sente-se empobrecida e estagnada.

A virtude do *cuidado* se desenvolve durante esse estágio. O cuidado se expressa pela preocupação com os outros, por querer cuidar das pessoas que precisam e compartilhar com elas o próprio conhecimento e experiência. Isso é feito por meio da criação dos filhos e do ensino, da demonstração e da supervisão. Os seres humanos, como espécie, têm uma necessidade inerente de ensinar, uma necessidade comum às pessoas em todas as profissões. O ser humano se sente satisfeito e realizado ao ensinar crianças, adultos, empregados e até animais. Os fatos, a lógica e as verdades são preservados através de gerações por essa paixão por ensinar. O cuidado e o ensino são responsáveis pela sobrevivência das culturas, pela reiteração de seus costumes, rituais e lendas. O avanço de cada cultura deve sua progressão àqueles que se importam o suficiente para instruir e viver uma vida exemplar. O ensino também instila no ser humano um senso vital de ser necessário aos outros, um senso de importância que o impede de absorver-se excessivamente em si mesmo. Durante a vida, o indivíduo acumula múltiplas experiências e conhecimentos, tais como educação, amor, vocação, filosofia e estilo de vida. Todos esses aspectos da vida precisam ser preservados e protegidos, pois são experiências preciosas. Preservam-se essas experiências transcendendo-as ou passando-as aos outros: "O cuidado é a crescente preocupação com aquilo que foi gerado por amor, necessidade ou acidente; ele supera a ambivalência presente na obrigação irreversível" (1964, p. 131).

A ritualização desse estágio é a *geracional*, que é a ritualização de paternidade/maternidade, produção, ensino, cura e assim por diante, papéis em que o adulto age como transmissor de valores ideais para os jovens.

As distorções da ritualização geracional se expressam pelo ritualismo do *autoritarismo*. O autoritarismo é o confisco ou a usurpação da autoridade incompatível com o cuidado.

## VIII. INTEGRIDADE *VERSUS* DESESPERO

O último estágio do processo epigenético do desenvolvimento é denominado integridade. A melhor maneira de descrevê-lo é como um estado que a pessoa atinge depois de ter cuidado de coisas e pessoas, produtos e idéias, e de ter-se adaptado aos sucessos e fracassos da existência. Por meio dessas realizações, os indivíduos podem colher os benefícios dos primeiros sete estágios da vida e perceber que sua vida teve certa *ordem e significado* dentro de uma *ordem maior*.

Embora aquele que atinge um estado de integridade esteja consciente dos vários estilos de vida dos outros, ele preserva com dignidade um estilo de vida pessoal e defende-o de potenciais ameaças. Esse estilo de vida e a integridade da cultura tornam-se assim o "patrimônio da alma".

A contraparte essencial da integridade é um certo desespero em relação às vicissitudes do ciclo de vida individual e a condições sociais e históricas, para não falar do vazio da existência diante da morte. Isso pode agravar o sentimento de que a vida não tem sentido, de que o fim está próximo, de um medo – e até de um desejo – da morte. O tempo agora é curto demais para voltar atrás e tentar estilos de vida alternativos.

A *sabedoria* é a virtude resultante do encontro da integridade com o desespero nesse último estágio da vida. A atividade física e mental das funções diárias está diminuindo a essa altura do ciclo de vida. A simples sabedoria afirma e transmite a integridade das experiências acumuladas nos anos anteriores: "A sabedoria, então, é a preocupação desprendida com a vida em si, diante da morte em si" (Erikson, 1964, p. 133).

O fato de a pessoa envelhecida ser menos adaptável a mudanças não impede uma certa recreatividade e curiosidade que permitem um fechamento da experiência acumulada em anos de conhecimento e de julgamento. Os que estão no estágio da sabedoria podem representar para as gerações mais jovens um estilo de vida caracterizado por um sentimento de inteireza e completude. Esse sentimento de inteireza pode contrabalançar o sentimento de desespero e desgosto e o sentimento de estar acabado, conforme as situações presentes da vida vão passando. O senso de inteireza também alivia o sentimento de desamparo e dependência que pode marcar o fim da vida.

A ritualização da velhice pode ser chamada de *integral*; isso se reflete na sabedoria das idades. Buscando um ritualismo correspondente, Erikson sugere o *sapientismo*, "a tola pretensão de ser sábio".

## UM NOVO CONCEITO DE EGO

Freud, podemos lembrar, concebia o ego como o executivo da personalidade, um executivo cujos deveres eram satisfazer os impulsos do id, lidar com as exigências sociais e físicas do mundo externo, e tentar corresponder aos padrões perfeccionistas do superego. Assediado por três lados, o ego recorre a várias defesas para não ser esmagado. Esse conceito de um ego defensivo, criado por Freud e elaborado por Anna Freud (1946), foi modificado por Hartmann e outros (ver p. 156-157) para incluir as funções adaptativas e integrativas.

Como demonstra a discussão precedente dos estágios de vida de Erikson, ele dotou o ego de várias qualidades que vão muito além de qualquer concepção psicanalítica prévia do ego. Essas qualidades são confiança e esperança, autonomia e vontade, diligência e competência, identidade e fidelidade, intimidade e amor, generatividade e cuidado, e integridade. Tais qualidades, reconhecidamente humanas, geralmente não são discutidas na literatura psicanalítica. Quando são, a discussão normalmente consiste em rastrear essas qualidades até suas origens infantis. Erikson zombava da ênfase exclusiva na *originologia*, como a chamava, ou no *reducionismo*, como outros chamaram.

Erikson afirmava estar consciente das conotações "idealistas" de palavras como confiança, esperança, fidelidade, integridade e assim por diante. Ele as escolheu porque elas conotam, em várias línguas, valores humanos universais, que em culturas primitivas e antigas, assim como na vida moderna, reúnem três esferas mutuamente essenciais: o ciclo de vida individual, a seqüência de gerações e a estrutura social básica.

O tipo de ego descrito por Erikson pode ser chamado de *ego criativo*, embora ele não usasse essa palavra. O ego pode encontrar, e realmente encontra, soluções criativas para os novos problemas que o assediam em cada estágio da vida. Ele sabe, em cada estágio, usar uma combinação de prontidão interna e oportunidade externa, e o faz com vigor e mesmo com um senso de alegria. Quando ameaçado, o ego reage com renovado esforço, em vez de desistir. O ego parece ser imensamente robusto e plástico. Os poderes de recuperação, observou Erikson, são inerentes ao ego jovem. O ego, de fato, lucra com o conflito e com a crise. Ele pode ser, e normalmente é, o mestre e não o escravo do id, do mundo externo e do superego. Na verdade, Erikson falou muito pouco sobre o id e o superego, ou sobre motivação inconsciente e estratégias irracionais.

Como psicanalista praticante, Erikson, evidentemente, estava consciente da vulnerabilidade do ego, das defesas irracionais que ele erige, das conseqüências devastadoras do trauma, da ansiedade e da culpa. Mas ele também via o ego do paciente como habitualmente capaz de lidar de forma efetiva com seus problemas, com certa ajuda do psicoterapeuta. Essa concentração na força potencial do ego caracteriza todos os textos de Erikson.

A concepção de ego de Erikson era bastante socializada e histórica. Além dos fatores genéticos, fisiológicos e anatômicos que ajudam a determinar a natureza do ego do indivíduo, também existem importantes influências culturais e históricas. Uma das contribuições mais criativas de Erikson à teoria do ego foi colocá-lo em um contexto cultural e histórico – em uma estrutura de espaço e tempo.

Erikson também especulou sobre as dimensões que uma nova identidade de ego poderia assumir (1974). Uma identidade, segundo ele, precisava estar ancorada em três aspectos da realidade. O primeiro é a *fatualidade*: "um universo de fatos, dados e técnicas que podem ser verificados com os métodos observacionais e com as técnicas de trabalho da época" (1974, p. 33). Depois, existe um *senso de realidade*, que também pode ser chamado de *universalidade*, porque combina o prático e o concreto em uma imagem de mundo visionária. Gandhi, por um lado, tinha esse senso de realidade. A terceira dimensão é a *realidade*, "uma nova maneira de relacionar-se, de ativar-se e incentivar-se mutuamente a serviço de metas comuns" (1974, p. 33). Mas, então, talvez com ironia, Erikson acrescentou uma quarta dimensão, a sorte ou o acaso. Essa nova identidade de ego, ao mesmo tempo, criaria uma nova imagem de mundo em que um senso mais amplo de identidade comum gradualmente supera a pseudo-espécie que ajudou a causar preconceito, discriminação, ódio, crime, guerra, pobreza e escravidão. Só o tempo dirá se essa imagem de mundo é alcançável, mas sem a visão, diria Erikson, nenhuma nova realidade pode passar a existir.

## PESQUISA CARACTERÍSTICA E MÉTODOS DE PESQUISA

As observações de pacientes em tratamento constituem a principal fonte de dados dos teóricos psicanalíticos. Embora geralmente Erikson derivasse suas formulações dessas observações, ele também observou crianças e adolescentes normais em situações lúdicas, fez várias incursões em território índio e estudou a vida de figuras históricas. Ele provavelmente é mais conhecido por seus estudos psico-históricos, e seus livros sobre Lutero (1958) e Gandhi (1969) são muito lidos.

### Histórias de Caso

Embora Erikson não publicasse muitos estudos de caso de seus pacientes, os poucos que apareceram (1963) demonstram um raro *insight* da dinâmica da personalidade e uma compaixão pelas pessoas perturbadas, especialmente pelas crianças com problemas. Seu talento notável para estabelecer *rapport* com os pacientes está claramente evidente, e seu estilo refinado transforma esses estudos de caso em eventos literários, assim como em trabalhos científicos.

### Situações Lúdicas

Ao fazer psicoterapia com crianças, Erikson, como outros, descobriu que as crianças geralmente revelavam melhor suas preocupações quando brincavam com brinquedos do que por meio de palavras. Isso o levou a desenvolver uma situação lúdica padronizada, utilizando brinquedos e blocos, que empregou em um estudo não-clínico de 150 meninos e 150 meninas entre dez e doze anos de idade: "Eu preparei uma mesa para brincar e uma seleção aleatória de brinquedos e convidei os meninos e as meninas do estudo, um de cada vez, a entrar e a imaginar que a mesa era um estúdio de cinema e os brinquedos, atores e cenários. Eu então lhes pedi que 'criassem sobre a mesa uma cena emocionante de um filme imaginário'" (1963, p. 98). Depois, a criança era solicitada a contar uma história sobre a cena que tinha construído.

Ao estudar uma variedade de conexões entre configurações lúdicas e a história de vida dessas crianças, Erikson ficou pasmo com as nítidas diferenças no uso do espaço para brincar nas cenas criadas pelos meninos e pelas meninas. Os meninos, em geral, construíam estruturas altas com os blocos; as meninas tendiam a usar a mesa como o interior de uma casa em que colocavam a mobília e as pessoas. Elas raramente usavam os blocos para construir paredes ou estruturas. As cenas dos meninos incluíam muita ação implícita – tráfego movendo-se pelas ruas, policiais que bloqueavam o tráfego, animais e índios. As cenas das meninas eram mais pacíficas, embora muitas vezes a tranqüilidade fosse quebrada por um intruso que era sempre um animal, menino ou homem – nunca uma menina ou uma mulher. As meninas não tentavam bloquear essas intrusões, erigindo paredes ou fechando portas. Erikson comentou que "a maioria dessas intrusões tem um elemento de humor ou excitação prazerosa" (1963, p. 105). Ele observou que as meninas preferiam utilizar o espaço interno, ao passo que os meninos utilizavam preferencialmente o espaço externo. O leitor deve ser informado de que várias tentativas de replicar as observações de Erikson sobre as diferenças sexuais na criação lúdica de forma geral não tiveram sucesso (Caplan, 1979; Cramer & Hogan, 1975).

Ao interpretar as diferenças entre os sexos, Erikson enfatizou o que chamava de "o plano básico do corpo" – significando que, pelo menos nas crianças pré-púberes, a configuração anatômica dos órgãos sexuais em amadurecimento influenciava fortemente o uso lúdico do espaço na elaboração de configurações exteriores e interiores. Estas, evidentemente, contêm temas profundamente influenciados pelos papéis sexuais tradicionais. Essas interpretações parecem concordar com a máxima de Freud de que "anatomia é destino", com a implicação de que as diferenças sexuais são inatas e resistentes à mudança.

As diferenças sexuais surgem em parte como um produto dos fenômenos desenvolvimentais que Erikson chama de *zonas psicossexuais, modos dos órgãos* e *modalidades sociais*. Embora esse segmento de sua teoria não seja muito conhecido, é importante porque proporciona o "vínculo primário" entre os estágios psicossexuais enfatizados por Freud e os estágios psicossociais pelos quais Erikson é conhecido. As *zonas* correspondem às zonas erógenas identificadas por Freud. Cada uma dessas zonas libidinais é dominada durante seu estágio de maior sensibilidade por um *modo* principal de funcionamento. Assim, a boca primariamente incorpora, o ânus e a uretra tanto retêm quanto eliminam, o falo se introduz, e a vagina contém. Cada um desses modos físicos dá origem a uma correspondente *modalidade* de interação social. Durante o estágio oral-sensório, por exemplo, existem dois modos incorporativos. O primeiro, em que o bebê consegue segurar objetos na boca, produz a modalidade de *pegar*. O segundo, em que o bebê pode usar seus novos dentes para morder objetos, produz a modalidade de *agarrar*. Da mesma forma, os modos de retenção e eliminação do estágio anal-uretral-muscular transformam-se na capacidade e no desejo de *agarrar-se a e deixar ir*. Essas modalidades se referem a apegos e comprometimentos, assim como os modos se referem à interação com objetos.

Até este ponto, a progressão desenvolvimental é semelhante para meninos e meninas. Entretanto, conforme mostra a Figura 5.3 (ver adiante), os caminhos desenvolvimentais através do estágio infantil-genital divergem para meninos e meninas como uma função de suas diferentes zonas de órgãos e modos físicos. Quando reforçada pela cultura, a intrusão do menino o predispõe a *fazer*, no sentido da iniciativa e da conquista, e a intrusão da menina a predispõe a *agarrar*, por meio da atração e do apelo. Em sua apresentação de 1975, todavia, Erikson fez questão de enfatizar que ambos os sexos têm as duas modalidades a seu dispor: esse estágio é dominado, "em ambos os sexos, por combinações de modos e modalidades intrusivas e inclusivas". Erikson não renunciou totalmente aos conceitos de inveja do pênis nas meninas e de ansiedade de castração nos meninos nesse estágio, mas ele mudou a ênfase no desenvolvimento feminino "do senso exclusivo de perda de um órgão externo para um senso incipiente de potencial interno vital – o 'espaço interno', então – que de jeito nenhum se opõe a uma plena expressão de vigorosa intrusividade na locomoção e em padrões gerais de iniciativa" (1975, p. 38). Os modos genitais que emergem depois da puberdade são necessariamente intrusivos para os homens e inclusivos para as mulheres. Sob a força de pressões culturais, as diferentes modalidades podem contribuir para a exploração da mulher como aquela que espera – e de quem se espera – continuar dependente e cuidando das crianças. O correspondente conjunto de forças pode levar o menino a papéis de competição ou de exploração. Erikson enfatizou que esses resultados não precisam ocorrer.

A Figura 5.3 apresenta o esquema original de Erikson para ilustrar esse processo. Os círculos pequenos dentro dos círculos grandes representam as três zonas de órgãos: a boca em cima, o ânus embaixo e os genitais do lado. Da mesma forma, os números arábicos se referem aos modos: 1 e 2 para os dois modos incorporativos, 3 para retenção e 4 para eliminação, 5 para intrusão e 1 novamente para a inclusão. Finalmente, os números romanos se referem a estágios: I e II para o estágio oral-sensório, III para o estágio anal-uretral-muscular, IV para o estágio infantil-genital-locomotor e V para um estágio genital rudimentar. A seqüência desenvolvimental normativa para os meninos segue a diagonal de I.1 para IV.5. A seqüência normativa para as meninas é de I.1 para III.3 e III.4, depois IV.1 e IV.2.

Erikson (1975), subseqüentemente, discutiu objeções erguidas por críticas feministas a essas interpretações. Ele salienta que nunca disse que semelhanças ou diferenças psicológicas entre os sexos eram determinadas unicamente por fatos biológicos. A biologia, embora demarcando potenciais vitais, interage com variáveis culturais e psicológicas para produzir um determinado efeito comportamental. Conseqüentemente, o que os homens fazem e o que as mulheres fazem com seus potenciais masculino e feminino não é rigidamente controlado por suas respectivas anatomias e fisiologias, mas está sujeito a diferenças de personalidade, a papéis sociais e a aspirações.

Expandindo a máxima de Freud, Erikson (1975) escreveu que "anatomia, a história e a personalidade são o nosso destino combinado". Mas ele reconheceu preocupações típicas distintivas de mulheres e de homens. Ecoando sua discussão de zonas, modos e modalidades, ele sugeriu que "assim como o controle da natalidade atinge o núcleo da condição feminina, as implicações do controle de armas atingem o núcleo da identidade masculina, conforme ela emergiu ao longo da evolução e da história" (1975, p. 245). Assim como o controle da natalidade permitiria à mulher escolher papéis além da maternidade, o controle de armas permitiria que o homem escolhesse papéis além daqueles definidos pela imagem da tecnologia e da conquista. Erikson não se desculpou por sua postulação de modalidades separadas para homens e mulheres. Soando quase junguiano em sua sugestão de que os seres humanos, como espécie, precisam de

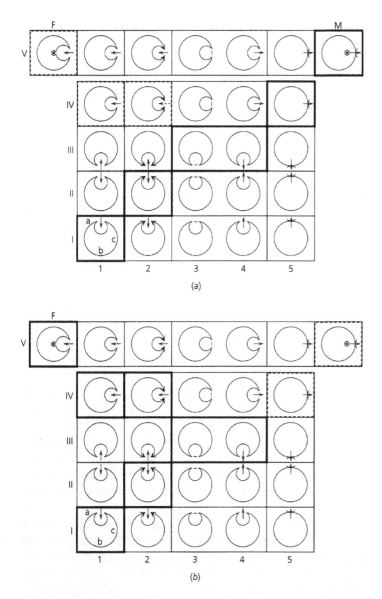

**FIGURA 5.3** Zonas, modos e modalidades como fatores no desenvolvimento de (a) meninos e (b) meninas. (Reimpressa com a permissão de Erikson, 1963, p. 89).

ambas as potencialidades, ele descreveu sua visão de uma ordem mundial que só pode-se desenvolver "por meio de um envolvimento igual das mulheres e de seus modos especiais de experiência no planejamento e no governo, em geral, até agora monopolizados por homens" (1975, p. 247).

As situações lúdicas, na análise infantil, têm um papel semelhante ao do sonho na análise do adulto. Embora Erikson não enfatizasse os sonhos em seus textos, ele escreveu um artigo teórico muito importante sobre os sonhos (1954), usando um sonho de Freud para ilustrar suas idéias.

### Estudos Antropológicos

Erikson foi um dos poucos psicanalistas que estudaram a relação dos traços de caráter adultos com a maneira pela qual a criança foi educada em grupos primitivos. Em 1937, Erikson acompanhou a Dakota do Sul um representante de campo do *Commissioner of Indian Affairs* para tentar descobrir por que as crianças Sioux demonstravam uma apatia tão acentuada. Ele descobriu que a criança Sioux estava aprisionada no dilema de tentar conciliar os valores tribais tradicionais, nela inculcados durante sua educação inicial, com os valores do homem branco, ensinados nas escolas dirigidas pelo *Indian Service*. Incapazes de conciliá-los, muitas crianças simplesmente evitavam a questão, retraindo-se para um estado de apatia.

Mais tarde, Erikson foi a Klamath River, na Califórnia do Norte, onde vivem os índios Yurok. Ele estava especialmente interessado em fazer correlações entre as práticas de treinamento infantil e os traços de personalidade dos pescadores que viviam à beira de um rio, em uma comparação com os caçadores das planícies. Por exemplo, a aquisição e a retenção de posses era uma contínua preocupação dos Yurok. O reforço desse comportamento começava muito cedo na vida da criança, que era ensinada a ser abstêmia, a subordinar seus impulsos a considerações econômicas e a engajar-se em fantasias sobre pescar salmões e ganhar dinheiro.

## Psico-História

Erikson definiu a psico-história como "o estudo da vida individual e coletiva com os métodos combinados da psicanálise e da história" (1974, p. 13). Seu livro sobre Lutero (1958) tinha o subtítulo de *A study in Psychoanalysis and History*.

O interesse de Erikson por "psicanalisar" os indivíduos famosos começou com seus capítulos sobre a infância de Hitler e a juventude de Maxim Gorky em *Childhood and Society* (1950, 1963). Esses ensaios iniciais foram seguidos por dois outros livros, *Young Man Luther* (1958) e *Gandhi's Truth* (1969). Ele também escreveu sobre George Bernard Shaw (1968), Thomas Jefferson (1974), William James (1968) e, em muitos de seus textos, sobre Freud. O próprio Freud sondou a vida de pessoas famosas, incluindo Leonardo da Vinci (1910a), Daniel Schreber, um jurista alemão (1911), Dostoevsky (1928), Moisés (1939), e Woodrow Wilson, em colaboração com William Bullit, (1967). Há um debate considerável sobre o papel que Freud desempenhou na colaboração sobre Wilson.

## História de Caso e História de Vida

Erikson deu um passo metodológico gigante no estudo de figuras históricas quando imaginou que seria possível aplicar os mesmos métodos usados para reconstruir o passado de um paciente na psicanálise à reconstrução do passado de uma pessoa histórica. A história de caso se torna história. Mas ele também percebeu, ao fazer a transição da história de caso para a história de vida, que o psicanalista precisa levar em consideração o que os pacientes fazem no mundo fora da clínica, como é o seu mundo, que limitações seu mundo lhes impõe e também que oportunidades lhes oferece. Ele perguntou a si mesmo: o que os pacientes podem fazer sendo o mundo como é? Em conseqüência de seu pensamento sobre a vida de figuras históricas, ele percebeu que as técnicas da psicanálise "precisavam suplementar seus achados clínicos com o estudo do funcionamento psicossocial" (1975, p. 105).

Mas os grandes homens e mulheres diferem dos pacientes, uma vez que mudam o mundo formulando uma nova visão de mundo que captura a imaginação das pessoas e incita-as à ação. Uma grande diferença entre a história de vida de uma pessoa famosa e a história de caso de um paciente é a seguinte: em uma história de caso, tentamos explicar por que uma pessoa se desmontou; em uma história de vida, tentamos explicar como uma pessoa conseguiu permanecer inteira apesar dos conflitos, dos complexos e das crises. Essa, evidentemente, é uma questão imensamente importante. Deve haver muitos Hitlers vagando pelas ruas ou confinados a instituições mentais ou penais, mas só houve um ou possivelmente alguns Hitlers bem-sucedidos (pelo menos por um período) nos tempos modernos. Por que o mesmo conflito ou crise destrói uma pessoa e fortalece outra?

Ao estudar figuras históricas como Lutero e Gandhi, Erikson não estava interessado em seus traumas infantis como tal, nem considerava seu comportamento adulto apenas uma fixação em ou uma regressão a complexos infantis. Em vez disso, ele tentou mostrar como os traumas da vida inicial eram reencenados, em uma versão transformada, nos atos da vida adulta. É suficientemente simples estabelecer que Gandhi ou Lutero, ou qualquer outro homem, por falar no assunto, experienciavam conflitos e culpa por sentimentos sensuais em relação à mãe e sentimentos hostis em relação ao pai. Para Erikson, o complexo ou a crise de Édipo é apenas a forma infantil de um conflito geracional. O importante é como esse conflito é representado, de várias formas, durante a vida. Os grandes homens parecem ser capazes de representá-lo de tal maneira que inspiram e motivam muitos outros a tornarem-se seus seguidores. Gandhi foi uma inspiração para milhões de hindus que queriam ficar livres do domínio britânico, assim como Lutero, 400 anos antes, foi para milhões de europeus que queriam ficar livres da autoridade de Roma. Em estudos psico-históricos de grandes indivíduos, tenta-se mostrar como as vicissitudes de sua história desenvolvimental pessoal mudaram o curso da história.

O que o grande homem faz é personificar e oferecer às pessoas uma visão de mundo integradora e libertadora que, ao mesmo tempo, é necessária para sua identidade grandiosamente conflituada e proporciona-lhe um senso de uma identidade coletiva nova e mais ampla. Uma visão de mundo comum une as pessoas para dentro de uma força efetiva de mudança. A personalidade e a visão de mundo de Lutero levaram à Reforma, as de Gandhi, à libertação da Índia, as de Jefferson, à democracia americana, as de Lenin, ao comunismo russo e as de Mao, ao comunismo chinês.

### Metodologia Psico-Histórica

Erikson estabeleceu regras bastante rigorosas sobre como realizar um estudo psico-histórico (1975). Primeiro, é essencial ter em mente que a interpretação de qualquer declaração que uma pessoa faz sobre sua vida deve considerar várias questões. Em que ponto de sua vida a pessoa fez a declaração? Como a declaração feita em um determinado momento se encaixa na história de vida total? O que estava acontecendo em seu mundo na época em que a informação foi registrada? Como esses eventos mundiais contemporâneos se articulam com o processo histórico global? Por exemplo, Erikson teve de enfrentar essas perguntas quando analisou e interpretou a autobiografia de Gandhi, escrita quando este tinha quase 60 anos.

Além disso, a interpretação de um evento em uma história de vida precisa ser *"compatível com o estágio desenvolvimental* em que se acredita ter ocorrido" (1975, p. 128) e também ser plausível com relação à continuidade de vida da pessoa. A probabilidade de

um evento ter realmente ocorrido na vida de uma pessoa é reforçada se pudermos mostrar que ele ocorre comumente *"na cultura contemporânea* da comunidade e... *na história dessa cultura"* (1975, p. 132-133). Assim, é tão importante para o biógrafo conhecer a sociedade, passada e presente, em que a pessoa vive como é estar informado sobre os eventos da vida da pessoa. A pessoa é feita pela história, tanto quanto a faz.

As interpretações psico-históricas são inevitavelmente influenciadas pelo nosso humor no momento em que fazemos as interpretações e pela tradição intelectual em que fomos treinados. Isso significa que se alguém com uma orientação intelectual diferente – digamos, um junguiano ou um existencialista – escrevesse sobre a vida de Lutero ou Gandhi, suas interpretações seriam diferentes das de Erikson. (A mesma diversidade, evidentemente, também é encontrada nas interpretações do comportamento dos pacientes por pessoas de diferentes linhas teóricas.) Mesmo dois freudianos não concordam em suas interpretações, como mostram os contrastantes relatos sobre Lutero escritos por Norman O. Brown (1959) e Erikson (1958). (Ver Domhoff, 1970, para uma interessante comparação desses "dois Luteros".)

Erikson também salientou que "qualquer psico-historiador... projeta nos homens e nos tempos que estuda algumas porções não-vividas e muitas vezes os *selves* não-realizados de sua própria vida" (1975, p. 148). Esta observação sugere que o psico-historiador, assim como o psicoterapeuta, deve ser psicanalisado para ter consciência de seus conflitos e complexos pessoais antes de escrever ou avaliar biografias.

Em conseqüência dos estudos psico-históricos seminais de Erikson, a psico-história tornou-se uma disciplina independente com numerosos praticantes. (Ver, p. ex., McAdams, 1994, e uma discussão no Capítulo 7 deste livro.) Erikson sentia-se um pouco ambivalente em relação a essa nova "indústria" da qual ele foi o empreendedor.

## PESQUISA ATUAL

O modelo de Erikson dos estágios psicossexuais gerou uma variedade de estratégias de avaliação e ricas investigações empíricas. Nós começaremos com a medida mais conhecida de *status* da identidade, desenvolvida por James Marcia. Depois, examinaremos pesquisas sobre dois outros estágios psicossexuais, e concluiremos comentando o recente trabalho sobre o *status* intercultural do modelo de estágios de Erikson.

## *Status* de Identidade

James Marcia (1966) desenvolveu uma medida de *status* da identidade amplamente utilizada com adolescentes e jovens adultos. Marcia começou identificando quatro "pontos de concentração" ao longo de um contínuo de realização da identidade de ego: identidade realizada, moratória, execução e difusão de identidade. Ele definiu esses *status* em termos da extensão em que o indivíduo experienciou uma *crise* de identidade, ou "empenhou-se na escolha entre alternativas significativas" (1966, p. 551), e desenvolveu um *compromisso* de identidade, ou investimento em determinadas metas e comportamentos.

Marcia empregou uma entrevista semi-estruturada para estabelecer o grau de crise e de compromisso apresentado pelo indivíduo nas áreas da escolha ocupacional e de ideologia política e religiosa. (Ele mais tarde acrescentou o domínio da sexualidade. Ver, p. ex., Slugoski, Marcia & Koopman, 1984). A pessoa que está com a *identidade realizada* experienciou um período de crise, durante o qual explorou alternativas entre várias possibilidades e subseqüentemente comprometeu-se nos domínios de ocupação, na ideologia e na sexualidade. O indivíduo em *moratória* está atualmente em um período de crise. Seus compromissos são ainda muito vagos, mas ele parece estar lutando para formar tais compromissos. Essa pessoa ainda está envolvida em questões adolescentes e nos desejos parentais. Está tentando negociar um compromisso entre os desejos parentais, as exigências sociais e as capacidades pessoais. Uma pessoa em *execução* fez compromissos, apesar de não ter experienciado uma crise. As atitudes e as metas dessa pessoa refletem rigidamente as dos pais. Finalmente, o indivíduo em *difusão de identidade* pode ou não ter experienciado uma crise. A marca característica dessa pessoa é a falta de compromisso e a ausência de preocupação em relação à ocupação, ideologia e sexualidade. Marcia (1966, p. 553) apresenta os seguintes exemplos de respostas a uma pergunta sobre quão dispostos estariam os universitários do sexo masculino a desistir de uma carreira planejada se surgisse alguma situação melhor:

> Identidade realizada: "Bem, eu poderia desistir, mas duvido. Não sei se haveria para mim 'alguma coisa melhor'."
>
> Moratória: "Acho que, se tivesse certeza, poderia responder melhor a essa pergunta. Teria de ser alguma coisa na área geral, alguma coisa relacionada."
>
> Execução: "Não muito disposto. Isso é o que eu sempre quis fazer. Meus pais estão felizes, assim como eu."
>
> Difusão de identidade: "Oh, claro. Se surgisse alguma coisa melhor, eu mudaria na hora."

Os pesquisadores identificaram vários correlatos de diferenças no *status* da identidade. Slugoski e colaboradores (1984) descobriram que tanto os sujeitos realizados quanto os sujeitos em moratória revelavam uma maior complexidade cognitiva do que os sujeitos em execução e difusão. Os sujeitos neste último *status*, o mais inferior, tendiam a ser mais rígidos, concretos e impulsivos. Da mesma forma, os sujeitos no *status* mais elevado da identidade eram mais abertos, mais cooperativos e ficavam mais à vontade com temas polêmicos. Os sujeitos em execução, ao contrário, tendiam a ser antagonistas ou aquiescentes em suas interações, presumivelmente como um meio de proteger-se de pontos de vista contrários. Outras pesquisas apresentam um quadro semelhante das características de estilo cognitivo dos indivíduos em execução (p. ex., Blustein & Phillips, 1990; Cella, DeWolfe & Fitzgibbon, 1987; Marcia, 1967; Read, Adams & Dobson, 1984; Schenkel & Marcia, 1972). Consistentemente com Slugoski e colaboradores (1984), Waterman (1982; ver também 1985) relatou que os sujeitos em execução apresentam um relacionamento mais estreito com os pais, e os indivíduos em difusão de identidade apresentam uma maior distância em relação aos pais.

Finalmente, as pesquisas empregando o instrumento de Marcia e várias outras medidas foram geralmente consistentes com as sugestões de Marcia referentes ao curso desenvolvimental da formação da identidade de ego (p. ex., Adams & Fitch, 1982; Constantinople, 1969; Waterman, Geary & Waterman,

1974). No entanto, as anomalias na seqüência e as preocupações com bases conceituais levaram Cote e Levine (1988) a criticar o modelo de Marcia, tanto como um modelo eriksoniano quanto como um modelo geral do desenvolvimento da identidade (ver Waterman, 1988, para uma réplica).

## Outros Estágios

Orlofsky (p. ex., 1976, 1978; Orlofsky, Marcia & Lesser, 1973) propôs uma análise dos *status* de intimidade com base em uma entrevista semelhante à de Marcia para a identidade. As entrevistas de Orlofsky buscam definir a presença e a profundidade dos relacionamentos com amigos do mesmo sexo e do sexo oposto. Com essas informações, os indivíduos são designados como íntimos, pré-íntimos, estereotipados, pseudo-íntimos (um subtipo de estereotipado) ou isolados. Como exemplos desses *status*, considerem as duas definições seguintes: "O indivíduo íntimo tenta desenvolver relacionamentos pessoais mútuos e tem vários amigos próximos com os quais discute seus problemas pessoais e os deles. Ele tem um relacionamento íntimo com uma ou mais amigas do sexo feminino... O sujeito isolado caracteriza-se por uma acentuada limitação do espaço de vida, com a ausência de qualquer relacionamento pessoal duradouro" (Orlofsky e colaboradores, 1973, p. 213). Essas distinções de intimidade revelaram-se úteis em vários estudos (p. ex., Kahn, Zimmerman, Csikszentmihalyi & Getzels, 1985; Levitz-Jones & Orlofsky, 1985).

McAdams (p. ex., McAdams, 1993; McAdams & de St. Aubin, 1992; McAdams, de St. Aubin & Logan, 1993; Van der Water & McAdams, 1989) desenvolveu um modelo de generatividade definido como "a meta pessoal e societal de prover para a próxima geração" (McAdams, 1994, p. 679). Ele sugere que a exigência cultural e o desejo interno promovem uma preocupação com a próxima geração durante a idade adulta. Essa preocupação, associada à crença de que a bondade e o valor humanos farão progredir as futuras gerações, leva a um compromisso generativo. O compromisso pode manifestar-se em vários tipos de ação criativa. McAdams e seus alunos apresentam evidências de que a preocupação, o compromisso e a ação generativos estão positivamente associados, conforme prediz o modelo. Talvez ainda mais interessantemente, McAdams sugere que os adultos narram um roteiro generativo para si mesmos. Isto é, eles tecem uma história, relatando como suas tentativas de ser generativos se encaixam na sociedade da qual fazem parte. Observem como esse modelo é consistente com a opinião de Erikson de que o indivíduo "ajusta-se perfeitamente" à sua sociedade, e também com a pergunta persistente de Allport: "Como deve ser escrita uma história de vida psicológica?" (ver Capítulo 7).

## *Status* Intercultural

As teorias de estágio, como as propostas por Freud e Erikson, geralmente são criticadas como inseparáveis da cultura. Embora a crítica só possa ser aplicada a Erikson com certo senso de ironia, dadas suas investigações antropologicamente sofisticadas das tribos de índios americanos Sioux e Yukon, assim como da "identidade americana" (1950, 1963), vários estudos relataram variação nos constructos eriksonianos por meio de grupos culturais (p. ex., McClain, 1975; Ochse & Plug, 1986).

Ochse e Plug criaram um questionário de auto-relato para medir os componentes da personalidade que, segundo Erikson, aparecem durante os sete primeiros estágios. Esse questionário foi aplicado a uma amostra diversa de homens e de mulheres brancos e negros na Universidade da África do Sul. As mulheres brancas resolveram mais cedo sua crise de identidade e manifestavam um grau de intimidade maior do que os homens brancos. As indicações de uma resolução negativa da crise de identidade entre as mulheres negras no grupo de idade de 25-39 anos foram atribuídas à sua falta de oportunidade de desenvolver intimidade. Um desenvolvimento psicossocial sadio estava relacionado a um sentimento de bem-estar nos sujeitos brancos, mas a relação entre bem-estar e os componentes da personalidade era mais frágil nas pessoas negras. Ochse e Plug concluíram que "existem indicações de que nos homens negros o senso de identidade só se desenvolve bem tarde na idade adulta. Também é sugerido que as mulheres negras experienciam sentimentos (fortemente relacionados) de falta de autodefinição, falta de intimidade e ausência de bem-estar na idade adulta-média e que pode ocorrer, nessa época, uma resolução (relativamente negativa) da crise de identidade" (1986, p. 1249). Mas eles alertam que seus resultados para os sujeitos negros são enfraquecidos por tamanhos pequenos de amostra e de considerações psicométricas.

Os achados de Ochse e Plug geralmente são consistentes com um recente estudo longitudinal de Whitbourne, Zuschlag, Elliot e Waterman (1992). Esses autores observaram mudanças nos escores de estágio que refletiam "envelhecimento" e também os efeitos de realidades "históricas, sociais e culturais específicas". Como conseqüência, escrevem eles, "todas as questões psicossociais podem alcançar ascendência em qualquer momento da vida do indivíduo, dependendo de fatores únicos específicos da trajetória biológica, psicológica ou social daquele indivíduo" (p. 270). Isto é, o caminho normativo diagonal por meio do gráfico epigenético de Erikson (ver Figura 5.2 neste capítulo) não se aplica a todos os indivíduos. Essa conclusão é consistente com trabalhos recentes enfatizando o impacto do "ambiente não-compartilhado" (ver Capítulo 8). Isso representa uma modificação do modelo de Erikson, é claro, mas também reitera a afirmação de Erikson de que "a anatomia, a história e a personalidade são o nosso destino combinado".

## *STATUS* ATUAL E AVALIAÇÃO

O *status* atual de Erikson como pensador, estudioso, professor e escritor é de muito prestígio, não só nos círculos acadêmicos e profissionais aos quais ele está associado, mas também no mundo em geral. O nome de Erikson é tão conhecido como os de Piaget e Skinner. Diferentemente de seu mentor, Freud, e diferentemente de um outro professor de Harvard, B. F. Skinner, Erikson não foi uma figura controversa. Seus textos são singularmente isentos de críticas adversas a outros pontos de vista – de fato, eles têm um forte tom ecumênico – e suas idéias também não têm sofrido críticas muito adversas. Existe algo de muito carismático nesse homem e em seus textos que afeta muitas pessoas.

A reputação de Erikson entre os psicólogos deriva-se quase exclusivamente de sua explicação do desenvolvimento psicossocial durante todo o período de vida, do nascimento à senilidade, em particular de seus conceitos de identidade e de crise de identidade. Os psicólogos, de modo geral, preferem os estágios

de Erikson aos estágios psicossexuais de Freud. Mas a reputação de Erikson não depende somente de suas formulações teóricas. Ele também é grandemente admirado por suas observações agudas e suas interpretações sensatas, pelos méritos literários de seus textos e por sua profunda compaixão por tudo o que é humano.

Erikson tem sido criticado por sua visão excessivamente otimista do ser humano, exatamente como Freud é criticado por sua visão pessimista. Embora os termos otimismo e pessimismo não tenham lugar na avaliação de um ponto de vista científico, pois aquilo que acontece ocorre independentemente dos nossos sentimentos, Erikson respondeu a essa crítica, salientando que "para cada passo psicossocial, eu postulo uma crise e um conflito específicos, denotando... uma ansiedade... vitalícia" (1975, p. 259). E a seguir, ele conclui que sem ansiedade, conflito e crise, não haveria nenhuma força humana.

Erikson foi censurado por diluir a teoria freudiana ao concentrar-se nas forças do ego, no racional e no consciente à custa do id, do irracional e do inconsciente. Mesmo que essa censura se justificasse, ela realmente não seria pertinente. O mero fato de que Erikson pode divergir significativamente de Freud, um fato que o próprio Erikson negaria, não justifica um repúdio das idéias de Erikson. As teorias de Freud não são a medida máxima da verdade, nem ele jamais afirmou que eram. As formulações de Erikson relativas ao desenvolvimento psicossocial precisam ser avaliadas em termos das evidências, a favor e contra, e não em termos de quanto discordam de ou concordam com qualquer outra teoria.

Uma alegação mais sutil acusa Erikson de apoiar o *status quo* quando ele diz que o indivíduo precisa aprender a conformar-se ou ajustar-se à sociedade em que vive. Na verdade, Erikson disse que as pessoas precisam encontrar sua *identidade* dentro dos potenciais (de estabilidade ou mudança) de sua sociedade, enquanto seu *desenvolvimento* deve engrenar com os requerimentos da sociedade ou sofrer as conseqüências.

A possibilidade de Erikson ser ou não um conservador e um tradicionalista não tem relação alguma com a validade de suas idéias. Mas é interessante ele ter escolhido exemplificar seu esquema desenvolvimental psicossocial por meio de um cuidadoso exame da vida de dois homens, Lutero e Gandhi, que dificilmente poderiam ser chamados de conformistas, pois mudaram radicalmente as sociedades em que viviam. Além disso, em sua vida pessoal, Erikson assumiu uma postura enérgica contra a injustiça social, notavelmente na controvérsia sobre o juramento de lealdade na Universidade da Califórnia. O leitor talvez tenha interesse em ler as conversas entre Erikson e o líder radical dos Panteras Negras, Huey Newton (K. T. Erikson, 1973).

Uma crítica com mais mérito que as anteriores se centra na qualidade dos fundamentos empíricos nos quais a teoria se baseia. Ninguém pode questionar a numerosa variedade de dados observacionais reunidos por Erikson. Ele trabalhou durante muitos anos como psicanalista, em consultório particular e como membro de equipe de muitos hospitais e clínicas. Ele observou as brincadeiras das crianças normais em condições padronizadas. Ele fez observações em primeira mão de duas culturas indígenas. E explorou detalhadamente a vida de duas figuras históricas. Como artista e como cientista, Erikson tinha um olho treinado.

No entanto, apesar dessas qualidades, as descrições baseadas em observações pessoais, embora consistindo nos dados brutos de qualquer empreendimento científico, não são suficientes. Sabe-se bem – na verdade o próprio Erikson reconheceu – que a observação pode ser muito subjetiva. Uma pessoa pode ver aquilo que quer ver. Nem a concordância entre vários observadores, conhecida tecnicamente como validação consensual, constitui prova. A história da ciência oferece muitos exemplos das armadilhas da validação consensual.

A observação e a descrição devem levar à mensuração e à experimentação controladas, mas não foi isso o que Erikson fez. O trabalho de Marcia foi um começo. Erikson, evidentemente, não está sozinho nisso. As poucas teorias da personalidade são apoiadas por uma sólida base de dados quantitativos e experimentais. Grande parte do que Erikson escreveu parece ter validade aparente, isto é, parece soar verdadeiro para o leitor comum. Quem pode negar a realidade da crise de identidade e da confusão durante a adolescência, por exemplo? Além disso, as formulações de Erikson oferecem uma rica fonte de hipóteses que podem ser e estão sendo quantificadas e testadas experimentalmente. Este, em si mesmo, é um feito notável.

# ÊNFASE NA ESTRUTURA DA PERSONALIDADE

Os teóricos da personalidade descritos nesta seção do livro compartilham uma preocupação central com a estrutura da personalidade. A dinâmica e o desenvolvimento também recebem atenção, mas a característica definidora dos membros dessa família de teorias é a busca de uma taxonomia – um conjunto sistemático de características que possa ser usado para resumir a personalidade de um indivíduo. Raymond Cattell, condizentemente com seu *background* em química, foi explícito em sua tentativa de desenvolver uma "tabela periódica" de elementos de personalidade. Henry Murray também empregou um análogo químico, buscando uma estrutura conceitual para as características pessoais e forças situacionais que permitisse aos psicólogos formular "compostos comportamentais". Hans Eysenck desenvolveu um modelo mais generalizado da personalidade, mas seu foco continua claramente nas tendências comportamentais conceitualizadoras que nos permitem predizer reações a vários eventos-estímulo. Gordon Allport foi único em sua tentativa de capturar a personalidade e a "história de vida psicológica" do indivíduo. Apesar de seu foco nas idiossincrasias, com a conseqüente impossibilidade de qualquer taxonomia geral, sua abordagem está baseada na identificação da estrutura de personalidade do indivíduo.

Aqui cabe um alerta. O foco na estrutura da personalidade adotado por essas teorias levou alguns observadores a concluir que elas ignoram a situação como um determinante do comportamento. Esse não é o caso. Todos esses teóricos, cada um à sua maneira, adotam uma abordagem interacionista: o comportamento é visto como uma função conjunta das características da pessoa e dos aspectos situacionais.

Dada sua ênfase na estrutura da personalidade, não surpreende que esses quatro teóricos se preocupem muito com a mensuração da personalidade. Cada um foi influente na sua maneira pessoal de desenvolver os testes de personalidade, assim como foi influenciado pelos outros. Um atributo final compartilhado por esses teóricos é um ancoramento biológico no estudo da personalidade. Eysenck foi o mais explícito a tal respeito, mas os outros três teóricos também reconhecem o papel determinante da fisiologia e distinguem entre motivos biológicos e adquiridos.

A Tabela 2 (ver p. 188) apresenta uma comparação dimensional desses teóricos.

**TABELA 2** Comparação Dimensional de Teorias Estruturais

| Parâmetro Comparado | Murray | Allport | Cattell | Eysenck |
|---|---|---|---|---|
| Propósito | A | A | M | B |
| Determinantes inconscientes | A | B | M | M |
| Processo de aprendizagem | M | M | A | A |
| Estrutura | A | A | A | A |
| Hereditariedade | M | M | A | A |
| Desenvolvimento inicial | A | B | M | M |
| Continuidade | A | B | M | M |
| Ênfase organísmica | A | A | M | M |
| Ênfase no campo | A | M | M | M |
| Singularidade | A | A | M | M |
| Ênfase molar | M | M | M | M |
| Ambiente psicológico | A | M | B | B |
| Autoconceito | M | A | A | B |
| Competência | M | A | M | B |
| Afiliação grupal | M | B | M | M |
| Ancoramento na biologia | A | A | M | A |
| Ancoramento nas ciências sociais | A | B | B | B |
| Motivos múltiplos | A | A | A | B |
| Personalidade ideal | M | A | B | B |
| Comportamento anormal | M | B | M | M |

*Nota:* A indica alto (enfatizado), M indica moderado e B indica baixo (pouco enfatizado).

# CAPÍTULO 6

# A Personologia de Henry Murray

INTRODUÇÃO E CONTEXTO ........................................................................... 190
HISTÓRIA PESSOAL ....................................................................................... 191
A ESTRUTURA DA PERSONALIDADE ............................................................... 194
    Definição de Personalidade    195
    Procedimentos e Séries    195
    Programas e Planos Seriados    196
    Habilidades e Realizações    196
    Elementos Estáveis de Personalidade    196
A DINÂMICA DA PERSONALIDADE ................................................................... 198
    Necessidade    198
    Pressão    202
    Redução de Tensão    203
    Tema    204
    Necessidade Integrada    204
    Unidade-Tema    205
    Processos de Reinância    205
    Esquema de Valor-Vetor    205
O DESENVOLVIMENTO DA PERSONALIDADE ..................................................... 206
    Complexos Infantis    206
    Determinantes Genético-Maturacionais    209
    Aprendizagem    209
    Determinantes Socioculturais    210
    Singularidade    210
    Processos Inconscientes    210
    O Processo de Socialização    210
PESQUISA CARACTERÍSTICA E MÉTODOS DE PESQUISA ..................................... 211
    Estudo Intensivo de Pequenos Números de Sujeitos Normais    211
    O Conselho Diagnóstico    212
    Instrumentos de Mensuração da Personalidade    212
    Estudos Representativos    213
PESQUISA ATUAL ........................................................................................... 215
    McClelland e os Motivos Sociais    215
    Interacionismo    216
    "Onde Está a Pessoa?"    217
    Psicobiografia    218
*STATUS* ATUAL E AVALIAÇÃO .......................................................................... 219

## INTRODUÇÃO E CONTEXTO

Entre os teóricos da personalidade, Henry A. Murray destaca-se por sua sofisticação na ciência biológica, na prática clínica e na psicologia acadêmica. Como uma rica força integrativa para esses diversos talentos, Murray possuía um brilhante estilo de redação, decorrente de um profundo e permanente interesse pela literatura e pelas humanidades. A teoria que se desenvolveu dessas fontes mostra um respeito considerável pela importância determinante dos fatores biológicos, uma plena apreciação da complexidade individual do organismo humano e um interesse por representar o comportamento de maneira que a investigação controlada seja uma conseqüência natural dessas formulações. Em quatro aspectos, no mínimo, Murray representa um ponto de mudança no estudo da personalidade. Ele levou a psicologia profunda da clínica para a universidade. No processo, ele determinou claramente que forma deveria ter a pesquisa sobre a personalidade. Reconheceu a importância de se desenvolver uma taxonomia da motivação. E ele enfatizou a necessidade de se conceitualizar o comportamento como uma interação de forças individuais e ambientais. Em parte devido a essas ênfases, Murray foi "uma anomalia entre os psicólogos acadêmicos, e sua carreira está cercada de controvérsias" (Triplet, 1992, p. 299).

O foco de sua teoria está nos indivíduos em toda a sua complexidade. Esse ponto de vista é salientado pelo termo "personologia", que Murray e colaboradores (1938) introduziram como um nome para seus esforços e para os esforços daqueles que estavam primariamente preocupados com uma compreensão completa do caso individual. Ele enfatizou consistentemente a qualidade orgânica do comportamento, indicando que um segmento do comportamento não pode ser compreendido isoladamente do restante da pessoa em funcionamento. Ao contrário de muitos outros teóricos que compartilhavam dessa crença, Murray estava plenamente disposto a realizar as abstrações necessárias para permitir vários tipos de estudo especializado, sempre enfatizando que a tarefa da reconstrução deve ocorrer depois de a análise estar completa. Um outro contraste com alguns teóricos holistas é a sua orientação "de campo". Murray insistia que o contexto ambiental do comportamento precisa ser totalmente compreendido e analisado antes de ser possível uma explicação adequada do comportamento individual. Murray dava uma ênfase geral à importância dos determinantes ambientais e desenvolveu uma elaborada série de conceitos destinados a representar essas forças ambientais.

O passado, ou a história, do indivíduo é tão importante na visão de Murray quanto o presente e seu ambiente. Sua teoria compartilha com a psicanálise a suposição de que os eventos que ocorreram no período de bebê e na infância são determinantes cruciais do comportamento adulto. Outra semelhança entre essa posição e a psicanálise está na considerável importância atribuída à motivação inconsciente e no profundo interesse pelo relato verbal subjetivo, ou livre, do indivíduo, incluindo suas produções imaginativas.

De muitas maneiras, o aspecto mais distintivo dessa teoria é seu tratamento altamente diferenciado e cuidadosamente especificado da motivação. O esquema de Murray de conceitos motivacionais tem sido influente e amplamente utilizado. Outro aspecto incomum da teoria é a ênfase consistente nos processos fisiológicos coexistentes e funcionalmente vinculados que acompanham todos os processos psicológicos. Seu conceito de "reinância", que discutiremos mais adiante, serve para manter o teórico continuamente orientado para o cérebro como o lugar da personalidade e de todas as suas partes componentes. Murray sempre enfatizou a importância da descrição detalhada como um prelúdio necessário para investigações e formulações teóricas complicadas. Consistente com esse ponto de vista está seu profundo interesse pela taxonomia e as exaustivas classificações que estabeleceu para muitos aspectos do comportamento.

Murray fez sérios esforços para chegar a um compromisso entre as exigências freqüentemente conflitantes da complexidade clínica e a economia investigativa. Ele criou meios para representar, pelo menos em parte, a grande diversidade do comportamento humano. Ao mesmo tempo, ele se centrou na tarefa de construir operações para avaliar variáveis que ocupam um papel central em seu esquema teórico. Essa ênfase dupla levou naturalmente a uma aproximação entre a prática clínica e o laboratório de psicologia.

## HISTÓRIA PESSOAL

Fizemos um rápido esboço da personologia de Murray, mas o que podemos dizer do homem que criou essa teoria? Henry Murray nasceu na cidade de Nova York em 13 de maio de 1893, e foi educado na Groton School e no Harvard College, recebendo em 1915 seu grau de bacharel em história. Murray foi até esta época um aluno indiferente, e costumava brincar que em Harvard ele "tinha se especializado nos três Rs – rum, rixas e romantismo" (Robinson, 1992, p. 27). Seu interesse inicial pela psicologia foi diminuído pela primeira palestra da classe introdutória de Hugo Munsterberg: "Na faculdade, um início de interesse pela psicologia foi cortado pela frieza da abordagem do professor Munsterberg. Na metade de sua segunda palestra, eu comecei a procurar a saída mais próxima" (Murray, 1940, p. 152). Depois da graduação em Harvard, ele se matriculou no Columbia College of Physicians and Surgeons, onde se formou como o primeiro de sua classe, em 1919. Em 1920, recebeu o grau de mestre em biologia no Columbia e trabalhou brevemente como professor de fisiologia na Universidade de Harvard. Depois disso, fez uma residência de dois anos em cirurgia, no Hospital Presbiteriano de Nova York. Então ingressou na equipe do Rockfeller Institute for Medical Research na cidade de Nova York, onde trabalhou como pesquisador-assistente em embriologia, por dois anos. Seguiu-se um período de estudo na Universidade de Cambridge, onde realizou pesquisas bioquímicas que lhe deram um Ph.D. em bioquímica, em 1927. Quando recebeu seu grau de doutor, Murray já tinha publicado 21 artigos em importantes jornais médicos ou bioquímicos (Anderson, 1988). Assim, em um notável paralelo com a carreira inicial de Freud, Murray estava a caminho de uma bem-sucedida carreira como pesquisador em ciência biológica. Em vez de seguir essa carreira, Murray voltou-se para a psicologia, mas não pelas razões práticas que impulsionaram Freud.

O ímpeto para essa conversão foi o livro de Carl Jung, *Psychological Types*, que Murray encontrou casualmente em uma livraria, em 1923, no dia em que ele foi posto à venda nos Estados Unidos. Murray imergiu no livro e em outras obras de Jung e Freud. Dois outros eventos importantes ocorreram logo depois. Murray conheceu Christiana Morgan, com quem iniciou um relacionamento intenso que duraria toda a vida (ver Robinson, 1992; ver também Douglas, 1993, para uma perspectiva diferente de Christiana Morgan), e leu *Moby Dick*, de Melville. Murray ficou tão envolvido pela psicologia profunda que escreveu a Jung em 1924, pedindo para visitá-lo. Em 1925, ele passou três semanas em Zurique com Jung, durante suas férias de Páscoa de Cambridge. O interesse de Murray pela psicologia foi confirmado por esse encontro com Jung, "a primeira inteligência pura, global... que encontrei":

> "Nós conversamos durante horas, velejando pelo lago e fumando diante da lareira de seu refúgio faustiano. 'As grandes comportas do mundo das maravilhas se abriram', e eu vi coisas com as quais a minha filosofia jamais sonhara. Dentro de um mês uma série de problemas complicados estava resolvida, e eu fui embora tendo escolhido a psicologia profunda. Eu tinha experienciado o inconsciente, algo que não se pode tirar dos livros." (Murray, 1940, p. 153)

Assim, profundamente interessado pela psicologia, Murray voltou ao seu país e ao Instituto Rockfeller, onde permaneceu por um ano como associado. Em 1927, ele aceitou um convite para lecionar psicologia na Universidade de Harvard. Essa escolha não-convencional de um homem incomum, sem formação em psicologia acadêmica, por parte de um departamento acadêmico, foi obra de Morton Prince, que acabara de fundar a Clínica Psicológica de Harvard. A clínica estava explicitamente comprometida a dedicar-se ao estudo e ao ensino da psicologia anormal e dinâmica. Prince, buscando um jovem e promissor estudioso para orientar o futuro da clínica, escolheu Murray. Em 1928, Murray passou a professor-assistente e diretor da Clínica Psicológica e, em 1937, a professor-associado. Essa foi uma decisão difícil, pois professores influentes como Edwin Boring e Karl Lashley objetavam fortemente o fato de Murray endossar a psicanálise e adotar uma metodologia divergente. Conforme observa Triplet (1992, p. 305): "A posição de Murray era complicada pelo fato de ele permanecer à margem de uma disciplina que estava, ela própria, à margem da aceitação." Murray foi um dos membros fundadores da Sociedade Psicanalítica de Boston, e por volta de 1935 concluiu sua formação

Henry Murray.

em psicanálise, com Franz Alexander e Hans Sachs. Um relato fascinante de sua análise didática e de suas atitudes em relação à psicanálise foi apresentado em um simpósio sobre psicólogos e psicanálise (Murray, 1940).

Durante os quase 15 anos transcorridos antes que a guerra começasse, a Clínica Psicológica de Harvard, sob a liderança intelectual e espiritual de Henry Murray, foi o cenário de um empreendimento teórico e empírico intensamente criativo. Murray reuniu em torno dele um grupo de jovens alunos capazes, cujos esforços conjuntos para formular e investigar a personalidade humana foram extremamente proveitosos. O livro *Explorations in Personality* (1938) contém um registro parcial da criatividade dessa época, mas os resultados mais importantes ocorreram na forma de valores, concepções e intenções de indivíduos como Donald W. MacKinnon, Saul Rosenzweig, R. Nevitt Sanford, Silvan S. Tomkins e Robert W. White. Na Clínica, pela primeira vez, a teoria psicanalítica recebeu uma atenção acadêmica séria, e foi feito um grande esforço para traduzir os brilhantes *insights* clínicos de Freud em operações experimentais que permitissem certo grau de confirmação ou rejeição empírica. Murray não só criou um senso de entusiasmo e iminente descoberta entre seus alunos, mas também a Clínica abriu suas portas para estudiosos maduros de uma variedade de campos (Erik Homburger Erikson, Cora DuBois, Walter Dyk, H. Scudder McKeel), de modo que o empreendimento tinha uma aura nitidamente interdisciplinar.

Em 1943, essa era teve fim quando Murray deixou Harvard para juntar-se ao Corpo Médico do Exército. Como major e, subseqüentemente, tenente-coronel, ele estabeleceu e dirigiu um serviço de avaliação para o Office of Strategic Services. Sua organização recebeu a difícil tarefa de avaliar os candidatos para missões complexas, secretas e perigosas. As atividades desse grupo foram resumidas em *Assessment of Men* (Office of Strategic Services, Equipe de Avaliação, 1948). Por seu trabalho no Exército, ele recebeu a Legião de Mérito, em 1946. Em 1947, ele voltou à Harvard em tempo parcial, para fazer palestras sobre psicologia clínica no recém-formado Departamento de Relações Sociais. Em 1950, foi nomeado professor de psicologia clínica. Em 1949, ele criou a Clínica Psicológica Anexa na Universidade de Harvard, onde ele e alguns colegas e alunos realizaram estudos sobre a personalidade, reunindo 88 detalhados históricos de caso. Murray tornou-se professor emérito em 1962. Ele recebeu da Associação Psicológica Americana o *Distinguished Scientific Contribution Award*, e o *Gold Medal Award* da Fundação Psicológica Americana, por uma vida de contribuição ao campo. Henry Murray morreu de pneumonia em 23 de junho de 1988, aos 95 anos de idade (ver Smith & Anderson, 1989).

Além de revisar e expandir suas idéias teóricas, Murray esteve atento a alguns dos maiores problemas da vida contemporânea, incluindo a abolição da guerra e a criação de um estado mundial (Murray, 1960a, 1961, 1962b). Murray era um ardente defensor do poder da imaginação criativa temperada pela razão para resolver qualquer problema do ser humano. Ele sempre criticou severamente a psicologia por projetar uma imagem negativa dos seres humanos e por seu "narcisismo maligno". Murray defendia firmemente uma psicologia humanista e otimista.

A formação e a pesquisa médica e biológica de Murray contribuíram para o profundo respeito que ele sempre demonstrou pela importância dos fatores físicos e biológicos no comportamento. Sua experiência em diagnóstico médico resultou obviamente na crença de que a personalidade deve ser avaliada por uma equipe de especialistas e que, nessa avaliação, devemos ouvir seriamente aquilo que o sujeito diz sobre si mesmo. Seu interesse pela taxonomia ou classificação do comportamento assim como sua convicção de que o cuidadoso estudo de casos individuais é essencial para o futuro progresso psicológico também são altamente congruentes com seu *background* médico. Seu detalhado conhecimento da mitologia (1960b) e das grandes criações literárias da nossa época e de épocas passadas e, especialmente, seu conhecimento perito de Melville e sua obra, proporcionaram-lhe uma fonte inesgotável de idéias sobre o ser humano e sua potencialidade para o bem e para o mal. A mente apurada de Alfred North Whitehead foi um modelo de lógica e de pensamento sintético, enquanto o truculento mas brilhante Lawrence J. Henderson serviu como um modelo de rigor e de orientação crítica. Seu débito para com esses homens e numerosos outros, incluindo várias gerações de alunos, é amplamente reconhecido em quatro documentos muito pessoais (1940, 1959, 1967, 1968a) e em um volume de ensaios escrito em homenagem a Murray (White, 1963b). Com uma herança tão complexa, não surpreende que sua teoria seja uma estrutura elaborada e múltipla.

Está claro, para todos que o conheceram, que o talento e a dedicação de Henry Murray ao estudo da personalidade humana se revelam apenas parcialmente em seus trabalhos publicados. Seus comentários casuais e suas livres especulações sobre uma variedade interminável de tópicos, que eram uma parte tão integral dos almoços na Clínica Psicológica, inspiraram pesquisas muito proveitosas em inúmeros colegas e alunos. Infelizmente, nem todas essas mensagens caíram em solo fértil, e só podemos lamentar que a palavra falada não tenha sido preservada para enriquecer a palavra escrita. A tendência de Murray a revelar apenas frutos ocasionais de seu intelecto está claramente demonstrada nas publicações originadas de seus vinte e cinco anos de intensivo estudo de Herman Melville. Esses anos de estudo dedicado deram-lhe uma reputação sem paralelo entre os que estudaram Melville; no entanto, ele só publicou alguns artigos sobre esse escritor tão cativante. Um deles é uma brilhante análise do significado psicológico de *Moby Dick* (Murray, 1951c), outro uma introdução a e uma penetrante análise de *Pierre* (Murray, 1949a), um dos romances mais intrigantes e desorientadores de Melville.

Dada a inadequação dos registros escritos, achamos que a teorização e a pesquisa de Murray estão melhor representadas em *Explorations of Personality* (1938). Esse livro resume o pensamento e a pesquisa da equipe da Clínica Psicológica no final de sua primeira década de existência. Um registro parcial de parte da pesquisa subseqüente está em *A Clinical Study of Sentiments* (1945), escrito com sua colaboradora de longa data, Christiana Morgan, e em *Studies of Stressful Interpersonal Disputations* (1963). As maiores mudanças sofridas por suas convicções teóricas nos anos subseqüentes estão muito bem apresentadas em um capítulo escrito conjuntamente com Clyde Kluckhohn (1953), em um capítulo publicado em *Toward a General Theory of Action* (1951a), em um artigo publicado em *Dialectica* (1951b), em uma palestra que ele proferiu na Universidade de Siracusa (1958), em um capítulo escrito para *Psychology: a study of a science* (1959) e em um artigo escrito para a *International*

*Encyclopedia of The Social Sciences* (1968b). O *Manual do Teste de Apercepção Temática* (1943) é a melhor introdução a este instrumento de personalidade, planejado conjuntamente com Christiana Morgan (Morgan & Murray, 1935), que se tornou um dos instrumentos empíricos mais importantes e mais amplamente utilizados do clínico e do investigador da personalidade. A grande sensibilidade e engenhosidade demonstradas por Murray na criação de meios de avaliar e analisar as capacidades e as tendências direcionais humanas são claramente reveladas em *Assessment of Men* (Equipe de Avaliação do Office of Strategic Services, 1948). A melhor introdução ao trabalho de Murray é uma coleção de seus textos editada por Shneidman (Murray, 1981). As publicações recentes de Anderson (1988, 1990) e Triplet (1992) lançam luz sobre a carreira de Murray, bem como as de Lindzey (1979) e Murray (1967). Uma biografia de Robinson (1992) centra-se no relacionamento de Murray com Christiana Morgan. O legado de Murray é capturado em uma série de volumes editados sobre as Conferências de Henry A. Murray sobre Personalidade, na Michigan State University (Aronoff, Rabin & Zucker, 1987; Rabin, Aronoff, Barclay & Zucker, 1981; Rabin, Zucker, Emmons & Frank, 1990; Zucker, Aronoff & Rabin, 1984; Zucker, Rabin, Aronoff & Frank, 1992).

## A ESTRUTURA DA PERSONALIDADE

A natureza da personalidade e suas aquisições e conquistas ocuparam uma porção considerável da atenção teórica de Murray. Suas idéias sobre a estrutura da personalidade foram muito influenciadas pela teoria psicanalítica, mas em muitos aspectos elas são surpreendentemente diferentes de uma visão freudiana ortodoxa. Murray temia um pouco a palavra "estrutura", por suas conotações de permanência, regularidade e legitimidade. Ele reconhecia que a personalidade normalmente está em um estado de fluxo. Agora examinaremos a definição de Murray da personalidade e os conceitos que ele elaborou na tentativa de representar a natureza da personalidade.

## Definição de Personalidade

Embora Murray propusesse muitas definições de personalidade em diferentes momentos, os principais componentes dessas definições podem ser resumidos da seguinte maneira:

1. A personalidade de um indivíduo é uma abstração formulada pelos teóricos e não simplesmente uma descrição do comportamento do indivíduo.
2. A personalidade de um indivíduo refere-se a uma série de eventos que idealmente abrangem toda a sua vida: "A história da personalidade *é* a personalidade".
3. Uma definição de personalidade deve refletir os elementos duradouros e recorrentes do comportamento, bem como os elementos novos e únicos.
4. A personalidade é o agente organizador ou governador do indivíduo. Suas funções são integrar os conflitos e as limitações aos quais o indivíduo está exposto, satisfazer suas necessidades e fazer planos para a conquista de metas futuras.
5. A personalidade está localizada no cérebro: "Nenhum cérebro, nenhuma personalidade."

Assim, as tentativas de Murray de definir a personalidade deixam claro que ele estava fortemente orientado para uma visão que desse um peso adequado à história do organismo, à função organizadora da personalidade, aos aspectos recorrentes e novos do comportamento do indivíduo, à natureza abstrata ou conceitual da personalidade e aos processos fisiológicos subjacentes aos psicológicos.

## Procedimentos e Séries

Os dados básicos do psicólogo são os procedimentos, que são interações sujeito-objeto ou interações sujeito-sujeito com duração suficiente para incluir os elementos significativos de uma dada seqüência comportamental. Nas palavras de Murray:

" . . . procedimentos são as coisas que observamos, tentamos representar com modelos e explicar, as coisas que tentamos predizer, os fatos em comparação com os quais testamos a adequação das nossas formulações." (Murray, 1951b, p. 269-270)

Embora em certos ambientes seja possível definir exatamente um procedimento, por exemplo, uma resposta verbal e sua réplica, normalmente podemos dar apenas uma definição bem geral. Nessa linha, Murray sugeriu que "idealmente, a duração de um procedimento é determinada (1) pela iniciação e (2) pelo término de um padrão de comportamento dinamicamente significativo" (Murray, 1951b, p. 269).

Essa concepção de que a unidade básica do psicólogo consiste em procedimentos reflete a convicção de Murray de que o comportamento está inextricavelmente preso a uma dimensão temporal. Assim, o procedimento é um compromisso entre as limitações práticas impostas pelo intelecto e pelas técnicas do investigador e o dado empírico de que o comportamento existe em uma dimensão temporal. Murray sugeriu que os procedimentos fossem classificados como *internos* (devanear, resolver problemas, planejar solitariamente) ou *externos* (interagir com pessoas ou objetos no ambiente). Os procedimentos externos têm dois aspectos: um aspecto subjetivo *experiencial* e um aspecto objetivo *comportamental*.

Para muitos propósitos, a representação do comportamento em termos de procedimentos é perfeitamente adequada. Entretanto, em certas circunstâncias é necessário incluir em uma unidade ou formulação única um comportamento que ocorre ao longo de um período de tempo mais longo. Essa unidade funcional mais longa de comportamento é conhecida como *série* (ou *serial*):

"Uma sucessão intermitente direcionalmente organizada de procedimentos pode ser chamada de série. Assim, uma série (tal como uma amizade, um casamento, uma carreira nos negócios) é uma unidade funcional relativamente longa que só pode ser formulada em termos aproximados. Precisamos obter registros de procedimentos críticos ao longo de seu curso e observar índices de desenvolvimento, como as mudanças de disposição, o aumento de conhecimento, o aumento da capacidade, a melhoria na qualidade do trabalho realizado, e assim por diante. Nenhum procedimento de série pode ser entendido sem referência àqueles que conduziram a ele e sem referência às metas e às expectativas do ator, ao seu planejamento do futuro." (Murray, 1951b, p. 272)

Portanto, a representação do comportamento em termos de séries torna-se necessária quando certos procedimentos estão tão intimamente relacionados que é impossível estudá-los separadamente sem destruir seu significado total.

## Programas e Planos Seriados

Os *programas seriados* cumprem uma função muito importante para o indivíduo. São os arranjos ordenados de submetas que se estendem para o futuro talvez meses ou anos e que, se tudo correr bem, levarão finalmente a algum estado final desejado. Assim, o indivíduo tem o objetivo de tornar-se médico, mas, entre a situação presente e essa meta, estão anos de estudo e de treinamento especial. Se ele desenvolver uma série de submetas, cada uma visando a aproximá-lo do diploma de medicina, isso seria referido como um programa seriado.

Com a mesma importância, temos os *planos*, que são meios para reduzir o conflito entre as necessidades e as metas concorrentes, organizando a expressão dessas tendências em momentos diferentes. Por meio dos planos, o indivíduo pode dar o máximo de expressão às suas várias metas. Se a pessoa é eficiente na construção de planos, pode diminuir muito a quantidade e a intensidade de seus conflitos.

Murray colocou os programas e os planos seriados sob o termo *ordenação*, que inclui o processo de planejar e também o resultado do processo – um programa ou um plano estabelecido. A ordenação é um processo mental superior no mesmo nível da cognição. A meta da cognição é um entendimento conceitual completo do ambiente, mas, depois que a situação externa foi suficientemente entendida, o processo de ordenação se afirma para organizar a política e o planejamento de estratégias e táticas. Essa discussão demonstra uma notável antecipação do trabalho contemporâneo sobre personalidade e cognição. Nancy Cantor (1990), por exemplo, descreveu como os indivíduos interpretam *tarefas de vida* em termos de *esquemas* acessíveis que os levam a desenvolver *estraté-*

*gias* cognitivas para resolver os problemas que a vida apresenta.

## Habilidades e Realizações

Ao contrário de muitos psicólogos da personalidade, Murray demonstrava um consistente interesse pela habilidade e pela realização e considerava essas qualidades uma parte importante da personalidade. Esses componentes do indivíduo têm a função central de mediadores entre as disposições para a ação e os resultados finais para os quais tais disposições estão orientadas. Em praticamente toda a sua pesquisa da personalidade, os sujeitos foram avaliados em várias áreas diferentes de habilidade e de realização: física, mecânica, liderança, social, econômica, erótica e intelectual.

## Elementos Estáveis de Personalidade

Mesmo se aceitarmos a personalidade como um fenômeno em constante mudança, ainda existem certas estabilidades ou estruturas que aparecem ao longo do tempo e são cruciais para entendermos o comportamento. Ao representar essas estruturas mentais, Murray tomou emprestados da psicanálise os termos ego, id e superego, mas introduziu certos elementos distintivos ao desenvolver esses conceitos.

Murray concordava com Freud na concepção do *id* como o repositório de impulsos primitivos e inaceitáveis. Aqui está a origem da energia, a fonte de todos os motivos inatos, o *self* cego e não-socializado. Mas Murray insistia que o id também inclui impulsos que são aceitáveis para o *self* e para a sociedade. O id não só contém impulsos tanto para o bem quanto para o mal, mas também a força dessas tendências varia entre os indivíduos. Assim, a tarefa de controlar ou dirigir as tendências de seu id varia em dificuldade para diferentes indivíduos: "Alguns 'egos' estão sentados na sela de um dócil pônei Shetland, outros estão escarranchados em um potro selvagem das planícies" (Murray & Kluckhohn, 1953, p. 26).

A reconceitualização de Murray do id altera substancialmente o modelo de Freud da dinâmica id-ego. Segundo Murray, "parece melhor pensar no id como consistindo em todas as energias, emoções e necessidades (valores-vetor) básicas da personalidade, algumas das quais são plenamente aceitáveis enquanto outras são totalmente inaceitáveis. Mas a maioria delas é aceitável quando expressa em uma forma culturalmente aprovada, em direção a um objeto culturalmente aprovado, em um lugar culturalmente aprovado e em um momento culturalmente aprovado. Assim, a função do ego não é tanto a de suprimir as necessidades instintuais quanto a de adequá-las, moderando sua intensidade e determinando os modos e os momentos de sua realização" (Murray & Kluckhohn, 1953, p. 24). O paralelo com a transformação eriksoniana das pulsões freudianas em "fragmentos pulsionais" é notável. Em conseqüência, o *ego* não é unicamente um inibidor e repressor. O ego deve não só conter ou reprimir certos impulsos e motivos, mas também, mais significativamente, ele deve arranjar, organizar e controlar o aparecimento dos impulsos. O ego, consistentemente com a teoria psicanalítica, é visto como o organizador e integrador central do comportamento. Parte dessa organização, todavia, tem por objetivo facilitar ou promover a expressão de certos impulsos do id. A força e a efetividade do ego são determinantes importantes do ajustamento do indivíduo.

O *superego*, na teoria de Murray, assim como na de Freud, é considerado um implante cultural. Ele é um subsistema internalizado que age no indivíduo para regular o comportamento de uma maneira muito semelhante à dos agentes que cercavam a pessoa no passado. Esses agentes, tipicamente os pais, mas também os seus substitutos, os professores, as personalidades públicas e os personagens de ficção, agem como representantes da cultura, de modo que a internalização de suas prescrições representa um movimento na direção de internalizar prescrições culturais. Em contraposição a Freud, o superego para Murray se desenvolve em camadas, variando de representações infantis grosseiras a um ordenamento racional de princípios éticos. Portanto, o conflito pode existir dentro do próprio superego.

Intimamente relacionado ao superego, está o *ideal de ego*, que consiste em uma imagem idealizada do *self* – um *self* desejado, ou um conjunto de ambições pessoais buscado pelo indivíduo. O ideal de ego pode estar inteiramente divorciado do superego, como no caso do indivíduo que deseja ser um mestre do crime, ou pode estar estreitamente relacionado, de modo que

a pessoa busca suas ambições pessoais de uma maneira que se conforma exatamente às sanções da sociedade. Se o superego é dominante, e o ideal de ego é suprimido, a pessoa pode tentar atender "à vontade de Deus" ou "ao bem-estar da sociedade", desistindo de suas ambições pessoais.

É importante observar que a concepção de Murray do superego e do ideal de ego permite maior liberdade para alterações e para desenvolvimento nos anos seguintes à infância do que a visão psicanalítica ortodoxa. No desenvolvimento normal, a relação entre essas três instituições se modifica, de modo que, onde antes o id governava supremo, o superego e eventualmente o ego passam a ter papéis determinantes. No mais feliz dos casos, um superego benigno e um ego forte e engenhoso se combinam para permitir a expressão adequada dos impulsos do id em circunstâncias culturalmente aprovadas.

A redefinição de Murray do triunvirato estrutural freudiano do id, ego e superego nos permite escapar do cenário pessimista de Freud do conflito eterno. Mas Murray continuou firmemente comprometido com a defesa freudiana da psicologia profunda, da sexualidade, da fantasia, dos mecanismos de defesa e da necessidade de considerar as bases não-racionais de comportamento. Ele também abraçou a noção do determinismo da infância. Freud, escreveu ele, "obedeceu ao meu primeiro mandamento: ele começou do começo" (Murray, 1959, p. 13). Sua própria dinâmica familiar levou Murray a rejeitar a caracterização do pai como um rival aterrorizante e onipotente pela afeição de uma mãe querida. Além disso, a lista de necessidades de Murray é uma clara indicação de que ele considerava limitado demais o sistema motivacional de Freud. Ele escreveu que a divisão de Freud dos instintos em *Eros* e *Thanatos* era "irracional, sentimental e inadequadamente diferenciada" (Murray, 1967, p. 304). Ademais, sua elaboração do ideal de ego tem muito em comum com o modelo de Erik Erikson, com o constructo de *proprium* de Gordon Allport e com abordagens cognitivas contemporâneas. Finalmente, é importante notar que Murray acreditava que Freud valorizava muito pouco a pesquisa sistemática, os fatores sociais e as diferenças culturais (Murray, 1940). Em resumo, então, Murray concordava com Freud que devemos prestar atenção às forças inconscientes e aos eventos da infância como determinantes do comportamento. Essa aceitação formou a base sobre a qual ele erigiu seu próprio método para um sistema da personalidade.

Em uma revisão posterior de sua teoria, Murray (1959) enfatizou os elementos estáveis mais positivos da personalidade. Ele acreditava que existem processos formativos e construtivos que não só são úteis para a sobrevivência ou como defesas contra a ansiedade, mas também possuem suas próprias energias, objetivos e realizações. Uma pessoa *necessita* ser criativa e imaginativa, precisa compor e construir, para continuar psicologicamente sadia. A imaginação criativa, de fato, pode ser a característica mais forte da personalidade, e aquela que geralmente tem menos oportunidades de se expressar.

## A DINÂMICA DA PERSONALIDADE

É na representação dos anseios, da busca, do desejo, das aspirações e da vontade que as contribuições de Murray à teoria psicológica foram mais distintivas. Seria justo dizer que sua posição é primariamente uma psicologia motivacional. Esse foco no processo motivacional é perfeitamente congruente com a convicção de Murray de que, no estudo das tendências direcionais da pessoa, está a chave para a compreensão do comportamento humano: "a coisa mais importante que temos de descobrir sobre uma pessoa... é a *direcionalidade* (ou as direcionalidades) supra-ordenada de suas atividades, sejam elas mentais, verbais ou físicas" (Murray, 1951, p. 276). O interesse de Murray pela direcionalidade levou a um sistema de constructos motivacionais complexo e cuidadosamente delineado. Seus interesses taxonômicos ficam claros na paciente e atenta classificação dos elementos do comportamento humano em termos de seus determinantes ou motivos subjacentes.

Murray certamente não foi o primeiro a enfatizar a importância da análise motivacional. Entretanto, suas formulações apresentam vários elementos distintivos. Enquanto a tendência predominante na psicologia ia na direção da simplicidade e de um pequeno número de conceitos, ele insistia que uma compreensão adequada da motivação humana deveria basear-se em um sistema que empregasse um número de variáveis suficientemente grande para refletir, pelo menos parcialmente, a imensa complexidade dos motivos humanos em estado natural. Ele também se esforçou para definir empiricamente suas variáveis que, apesar de imperfeitas, superam de longe a efetividade operacional da maioria dos esquemas precedentes no campo da motivação humana. O resultado desses esforços é um conjunto de conceitos que tenta ousadamente transpor a lacuna entre a descrição clínica e as demandas da pesquisa empírica.

Ao examinar a teoria de Murray da motivação, começaremos com uma discussão do conceito de *necessidade*, que desde o início foi o foco de seus esforços conceituais. Discutiremos a seguir conceitos relacionados, como *pressão, redução de tensão, tema, necessidade integrada, unidade-tema* e *reinância*. Finalmente, trataremos de seus conceitos de *valor* e *vetor*, que representam uma virada mais recente em sua teorização.

### Necessidade

Embora o conceito de necessidade tenha sido amplamente utilizado na psicologia, nenhum outro teórico o analisou com tanto cuidado ou propôs uma taxonomia tão completa de necessidades quanto Murray. O detalhe da análise de Murray desse conceito é sugerido por sua definição:

"Uma necessidade é um constructo (uma ficção conveniente ou um conceito hipotético) que representa uma força . . . na região do cérebro, uma força que organiza a percepção, a apercepção, a intelecção, a conação e a ação de maneira a transformar em certa direção uma situação insatisfatória existente. Uma necessidade às vezes é provocada diretamente por um certo tipo de processo interno . . . mas, com maior freqüência (quando em um estado de prontidão) pela ocorrência de uma de algumas pressões comumente efetivas (forças ambientais) . . . Assim, ela se manifesta por levar o organismo a buscar ou a evitar encontrar, ou, quando encontrar, a prestar atenção e a responder a certos tipos de pressão . . . Cada necessidade é caracteristicamente acompanhada por um determinado sentimento ou emoção e tende a usar certos modos . . . para incrementar sua tendência. Ela pode ser fraca ou intensa, momentânea ou duradoura. Mas geralmente persiste e dá origem a um certo curso de ação manifesta (ou fantasia), que . . . modifica a circunstância iniciadora de maneira a provocar uma situação final que acalma (aplaca ou satisfaz) o organismo." (Murray, 1938, p. 123-124)

A partir dessa definição, vemos que o conceito de necessidade, e o mesmo vale para o conceito de personalidade, recebe um *status* abstrato ou hipotético, estando entretanto vinculado a processos fisiológicos subjacentes no cérebro. Também imaginamos que as necessidades podem tanto ser despertadas internamente quanto acionadas por uma estimulação externa. Em qualquer caso, a necessidade produz atividade por parte do organismo e mantém tal atividade até a situação organismo-ambiente ser alterada de modo a reduzir a necessidade. Algumas necessidades são acompanhadas por determinadas emoções ou sentimentos, e são freqüentemente associadas a atos instrumentais específicos que são efetivos para produzir o estado final desejado.

Murray afirmou que a existência de uma necessidade pode ser inferida com base (1) no efeito ou no resultado final do comportamento, (2) no padrão ou no modo específico do comportamento envolvido, (3) na atenção seletiva e na resposta a uma determinada classe de objetos-estímulo, (4) na expressão de uma determinada emoção ou no afeto e (5) na expressão de satisfação quando é atingido um determinado efeito, ou de desapontamento quando o efeito não é atingido (1938, p. 124). Os relatos subjetivos sobre sentimentos, intenções e metas são critérios adicionais. Dada a definição geral e os critérios acima para inferir ou classificar necessidades, Murray estudou intensivamente um pequeno número de sujeitos para chegar a uma lista experimental de 20 necessidades. Embora essa lista tenha sofrido considerável modificação e elaboração, as 20 necessidades originais continuam altamente representativas. Essas variáveis foram apresentadas no *Explorations in Personality* (1938), com um esboço dos fatos pertinentes a cada necessidade, incluindo itens de questionário para medir a necessidade, as emoções concomitantes, e ilustrações da necessidade. As 20 necessidades estão brevemente listadas e definidas na Tabela 6.1 (ver p. 200).

## Tipos de Necessidade

Até o momento, vimos como Murray define necessidade, examinamos os critérios propostos por ele para a sua identificação e apresentamos uma lista típica de necessidades. Além disso, é importante considerar as bases para distinguir entre diferentes tipos de necessidade. Em primeiro lugar, existe a distinção entre necessidades primárias e secundárias. As *necessidades primárias,* ou *viscerogênicas,* estão ligadas a eventos orgânicos característicos e referem-se tipicamente a satisfações físicas: necessidades de ar, água, alimento, sexo, lactação, micção e defecação. As *necessidades secundárias,* ou *psicogênicas,* derivam-se presumivelmente das primárias e caracterizam-se pela ausência de uma conexão focal com qualquer processo orgânico ou satisfação física específicos: necessidades de aquisição, construção, realização, reconhecimento, exibição, dominação, autonomia e deferência.

Em segundo lugar, temos a distinção entre as *necessidades aparentes* e as *necessidades ocultas,* isto é, as necessidades manifestas e as necessidades latentes. Aqui, Murray estava diferenciando as necessidades que podem ser expressas de forma mais ou menos direta e imediata e aquelas que geralmente são contidas, inibidas ou reprimidas. Poderíamos dizer que as necessidades manifestas costumam expressar-se no comportamento motor, enquanto as necessidades ocultas normalmente pertencem ao mundo da fantasia ou dos sonhos. A existência de necessidades ocultas é em grande parte o resultado do desenvolvimento de estruturas internalizadas (superego) que definem a conduta adequada ou aceitável. Certas necessidades não podem ser expressas livremente sem violar as convenções ou os padrões que foram tomados da sociedade por meio dos pais, e essas necessidades geralmente operam em um nível oculto.

Em terceiro lugar temos as *necessidades focais* e as *necessidades difusas.* Algumas necessidades estão estreitamente ligadas a classes limitadas de objetos ambientais, ao passo que outras são tão generalizadas que se aplicam à qualquer situação ambiental. Murray salientou que, a menos que exista certa fixação incomum, uma necessidade está sempre sujeita à mudança nos objetos para os quais é dirigida e na maneira como eles são abordados. Isto é, a esfera de eventos ambientais para os quais a necessidade é re-

## 200 HALL, LINDZEY & CAMPBELL

**TABELA 6.1** Lista Ilustrativa das Necessidades de Murray

| Necessidade | Breve Definição |
| --- | --- |
| Afiliação | Aproximar-se de um outro aliado (um outro que se parece com o sujeito ou que gosta do sujeito) e ter prazer em cooperar e retribuir. Agradar e granjear a afeição de um objeto catexizado. Aproximar-se de um amigo e permanecer fiel a ele. |
| Agressão | Superar pela força a oposição. Lutar. Vingar-se de uma injúria. Atacar, ferir ou matar alguém. Punir ou opor-se a alguém pela força. |
| Altruísmo | Ser compassivo e gratificar as necessidades de um objeto desamparado: um bebê ou qualquer pessoa frágil, incapacitada, cansada, inexperiente, vacilante, derrotada, humilhada, solitária, abatida, doente, mentalmente confusa. Ajudar quem está em perigo. Alimentar, ajudar, apoiar, consolar, proteger, confortar, cuidar, curar. |
| Autodefesa física | Evitar dor, ferimento físico, doença e morte. Escapar de situações perigosas. Tomar medidas preventivas. |
| Autodefesa psíquica | Evitar humilhação. Livrar-se de situações embaraçosas ou evitar condições que possam levar a menosprezo, escárnio, zombarias ou indiferença por parte dos outros. Deixar de agir por medo do fracasso. |
| Autonomia | Libertar-se, livrar-se de restrições, sair do confinamento. Resistir à coerção e à restrição. Evitar ou desistir de atividades prescritas por autoridades dominadoras. Ser independente e livre para agir segundo os próprios impulsos. Não ter vínculos nem responsabilidades. Desafiar as convenções. |
| Contra-reação | Dominar ou compensar um fracasso por meio de um empenho renovado. Anular uma humilhação pela ação retomada. Superar fraquezas, reprimir o medo. Apagar uma desonra pela ação. Buscar obstáculos e dificuldades a superar. Manter o auto-respeito e o orgulho em um nível elevado. |
| Deferência | Admirar e apoiar um superior. Elogiar, honrar e louvar. Submeter-se de bom grado à influência de alguém admirado. Emular e seguir exemplos. Conformar-se aos costumes. |
| Defesa | Defender-se de ataques, críticas e acusações. Esconder ou justificar uma má ação, um fracasso ou uma humilhação. Vingar o ego. |
| Divertimento | Agir por pura "diversão", sem outros propósitos. Gostar de rir e de fazer piadas. Tentar relaxar e livrar-se do estresse de formas agradáveis. Participar de jogos, esportes, danças, festas e carteados. |
| Dominação | Controlar o seu ambiente humano. Influenciar ou dirigir o comportamento de outros por meio de sugestão, sedução, persuasão ou ordens. Dissuadir, reprimir ou proibir. |
| Entendimento | Fazer ou responder perguntas gerais. Interessar-se por teorias. Especular, formular, analisar e generalizar. |
| Exibição | Causar uma impressão. Ser visto e ouvido. Excitar, surpreender, fascinar, entreter, chocar, intrigar, divertir ou encantar os outros. |
| Humilhação | Submeter-se passivamente a uma força externa. Aceitar injúria, culpa, críticas, punição. Render-se. Resignar-se ao destino. Admitir inferioridade, erros, transgressões ou derrotas. Confessar e reparar. Culpar, menosprezar ou mutilar o *self*. Buscar e sentir prazer com dor, punição, doença e desgraça. |
| Ordem | Colocar os objetos em ordem. Buscar limpeza, arrumação, organização, equilíbrio, asseio, ordem e precisão. |
| Realização | Realizar alguma atividade difícil. Dominar, manipular ou organizar objetos físicos, seres humanos ou idéias. Fazer isso tão rapidamente e tão independentemente quanto possível. Superar obstáculos e atingir um padrão elevado. Superar a si mesmo. Competir e ultrapassar os outros. Aumentar a autoconsideração pelo exercício bem-sucedido do talento. |

(continua)

## TABELA 6.1 Continuação[a]

| Necessidade | Breve Definição |
| --- | --- |
| Rejeição | Separar-se de um objeto negativamente catexizado. Excluir, abandonar, expelir ou permanecer indiferente a um objeto inferior. Esnobar ou romper com alguém. |
| Segurança | Ter as próprias necessidades satisfeitas pela ajuda carinhosa de um objeto aliado. Ser cuidado, apoiado, sustentado, cercado, protegido, amado, aconselhado, orientado, mimado, perdoado, consolado. Permanecer próximo de um protetor dedicado. Ter sempre alguém que apóia. |
| Sensualização | Buscar e sentir prazer com impressões sensuais. |
| Sexo | Buscar e desenvolver um relacionamento erótico. Ter relações sexuais. |

[a]Adaptada de Murray, 1938, p. 152-226.

levante pode ser ampliada ou reduzida, e os atos instrumentais vinculados à necessidade podem aumentar ou diminuir. Se a necessidade está firmemente ligada a um objeto inadequado, isso se chama *fixação* e é costumeiramente considerado patológico. Entretanto, como Murray indicou, uma necessidade que não demonstra nenhuma preferência objetal duradoura, pulando de objeto para objeto, pode ser tão patológica quanto uma fixação.

Em quarto lugar, temos as *necessidades pró-ativas* e as *necessidades reativas*. A necessidade pró-ativa é amplamente determinada a partir do interior, é uma necessidade que se torna "espontaneamente cinética" em resultado de algo que existe dentro da pessoa e não de algo que está no ambiente. As necessidades reativas, por outro lado, são ativadas em resultado de ou em resposta a algum evento ambiental. A distinção aqui é principalmente entre uma resposta provocada por uma estimulação apropriada e uma resposta produzida na ausência de qualquer variação importante de estímulo. Murray também usou esses conceitos para descrever a interação entre duas ou mais pessoas quando uma delas pode ser identificada como o *pró-ator* (inicia a interação, faz as perguntas, em geral, proporciona os estímulos aos quais a outra deve responder) e a outra pode ser identificada como o *reator* (reage aos estímulos oferecidos pelo pró-ator).

Em quinto lugar, existe a distinção entre *atividade de processo, necessidades modais* e *necessidades de efeito*. Os psicólogos americanos, com sua ênfase convencional na função e na utilidade, têm enfatizado consistentemente as necessidades de efeito – necessidades

que levam a algum estado ou a um resultado final desejado. Mas Murray insistia na importância igual da atividade de processo e das necessidades modais – tendências a realizar certos atos no interesse do desempenho em si. A operação aleatória, não-coordenada, não-funcional de vários processos (visão, audição, pensamento, fala e assim por diante) que ocorre a partir do nascimento chama-se atividade de processo. É o "puro prazer da função", fazer por fazer. As necessidades modais, por outro lado, envolvem praticar alguma ação com um certo grau de excelência ou qualidade. Ainda é a atividade o que se busca e aprecia, mas ela agora só é recompensadora quando realizada com um certo grau de perfeição.

### Inter-Relação de Necessidades

É evidente que as necessidades não operam em completo isolamento uma da outra, e a natureza dessa interação ou influência mútuas é de crucial importância teórica. Murray aceitava o fato de que existe uma hierarquia de necessidades, com certas tendências tendo precedência sobre outras. O conceito de *predominância* é usado para referir-se a necessidades que "se tornam dominantes rapidamente se não são satisfeitas" (Murray, 1951a, p. 452). Assim, nas situações em que duas ou mais necessidades são simultaneamente despertadas e motivam respostas incompatíveis, é a necessidade predominante (como dor, fome, sede) que comumente será traduzida em ação, pois as necessidades predominantes não podem ser adiadas. Uma satisfação mínima dessa necessidade é necessária antes que as outras necessidades possam operar. Em sua investigação da personalidade, Murray habitualmente empregava uma série de conceitos para representar *conflitos* envolvendo necessidades importantes. Assim, em sua pesquisa, é costume obter para cada sujeito estimativas da intensidade do conflito em certas áreas-chave, como, por exemplo, autonomia *versus* aquiescência, realização *versus* prazer.

Em certas circunstâncias, as necessidades múltiplas podem ser gratificadas por um único curso de ação. Nos casos em que o resultado de diferentes necessidades é o mesmo em termos comportamentais, Murray falava da *fusão* de necessidades. Outra relação importante entre as necessidades é referida pelo conceito de *subsidiação*. Uma necessidade subsidiária é aquela que opera a serviço de outra; por exemplo, o indivíduo pode mostrar necessidades agressivas, mas elas podem ter como objetivo apenas facilitar as necessidades aquisitivas. No caso em que a operação de uma necessidade é meramente instrumental para a gratificação de outra, nós falamos da primeira necessidade como subsidiária à segunda. Traçar cadeias de subsidiação pode ser muito valioso para revelar os motivos dominantes ou essenciais do indivíduo.

### Níveis de Análise

É importante reconhecer que as necessidades de Murray representam um constructo generalizado. Ele estabeleceu uma distinção entre necessidade e *meta:* a meta representa o objetivo específico adotado pela pessoa como uma expressão da necessidade. Murray (1951b) usou o exemplo de uma necessidade geral de dominação e uma meta específica de ser eleito prefeito da cidade. Murray (1938, p. 127) escrevera previamente: "Quando se afirma que um indivíduo tem uma forte necessidade de Agressão, digamos, isso significa apenas que sinais dessa necessidade recorreram com relativa freqüência no passado. Essa é uma afirmação abstrata que requer maiores explicações", porque não indica como ou em relação a quais objetos a necessidade se expressará. Ela também omite, como logo veremos, o papel crítico da pressão ambiental.

Murray também empregou o conceito de Freud de *catexia* para referir-se ao poder de um objeto de evocar uma necessidade positiva ou negativa em uma pessoa. Ele afirmou que "uma personalidade é amplamente revelada nos objetos que catexiza... Dessa ma-

neira, podemos compor um retrato razoavelmente adequado da personalidade social" (1938, p. 106). Isso permitiu que Murray resolvesse um dilema que confundia muitos estudiosos e teóricos da personalidade: o foco deve estar em características individuais específicas ou em constructos gerais? Murray escreveu:

> "O problema é generalizar para propósitos científicos a natureza dos objetos catexizados, pois parece que não podemos lidar com entidades concretas em sua plena particularidade. Não tem nenhum significado científico dizer que um S (sujeito) gosta de Bill Snooks, ou dos trabalhos de Fred Fudge, ou entrou para o clube Gamma, ou pertence aos Adventistas da Décima Segunda Hora, embora para os cavalheiros envolvidos com o S nessas associações, isso possa ser importante. Na nossa opinião, o importante é saber que existe algum objeto catexizado, mas o objeto, como tal, não tem nenhum *status* científico até ser analisado e formulado como um composto de atributos psicologicamente relevantes. A teoria da pressão, esperamos, é um passo nessa direção." (1938, p. 107-108)

Nós examinamos como Murray escolheu representar a motivação do indivíduo. Mas tais motivações pessoais estão intimamente ligadas a eventos que ocorrem fora do indivíduo, e precisamos, portanto, verificar como Murray representa esses importantes acontecimentos ambientais.

### Pressão

Assim como o conceito de "necessidade" representa os determinantes significativos do comportamento dentro da pessoa, o conceito de "pressão" representa os determinantes efetivos ou significativos do comportamento no ambiente. Em termos simples, uma pressão é uma propriedade ou atributo de um objeto ou pessoa do ambiente que facilita ou impede os esforços do indivíduo para atingir uma determinada meta. As pressões estão ligadas a pessoas ou objetos que têm implicações diretas nos esforços do indivíduo para satisfazer as necessidades: "A *pressão* de um objeto é aquilo que o objeto pode *fazer para o sujeito* ou *pelo sujeito* – o poder que tem de afetar o bem-estar do sujeito de uma maneira ou outra. A catexia de um objeto, por outro lado, é aquilo que o objeto pode *fazer o sujeito fazer*" (1938, p. 121). Ao representar o ambiente em termos de pressão, o investigador espera extrair e classificar as porções significativas do mundo em que o indivíduo vive. Nós certamente saberemos muito mais sobre o que um indivíduo provavelmente vai fazer quando compreendermos não apenas seus motivos ou tendências direcionais, mas também sua maneira de ver ou interpretar seu ambiente. É esta última função que os conceitos de pressão pretendem cumprir.

Murray desenvolveu várias listas de pressões para propósitos específicos. Na Tabela 6.2 temos uma dessas classificações, apresentando eventos ou influências significativos da infância. Na prática, tais pressões não só são identificadas como operando na experiência de um dado indivíduo, mas também recebem uma avaliação quantitativa para indicar sua força ou importância na vida da pessoa.

É importante distinguir entre a significação dos objetos ambientais conforme são percebidos ou interpretados pelo indivíduo (*pressão beta*) e as propriedades desses objetos ambientais conforme existem na realidade ou são revelados pela investigação objetiva (*pressão alfa*). O comportamento do indivíduo está mais estreitamente relacionado à pressão beta, mas é importante descobrir aquelas situações em que há uma grande discrepância entre a pressão beta à qual o indivíduo está reagindo e a pressão alfa que realmente existe.

## Redução de Tensão

Já vimos que Murray concebia o indivíduo como acionado por um complexo conjunto de motivos. Além disso, ele afirmava que, quando uma necessidade é despertada, o indivíduo fica em um estado de tensão,

**TABELA 6.2** Lista Abreviada de Pressões[a]

| | |
|---|---|
| 1. Falta de apoio familiar | 4. Retenção, objetos que retêm |
| Discórdia cultural | 5. Rejeição, indiferença e escárnio |
| Discórdia familiar | 6. Contemporâneo rival, competidor |
| Disciplina volúvel | 7. Nascimento de um irmão |
| Separação parental | 8. Agressão |
| Ausência de um progenitor: pai, mãe | Maus tratos por homem ou mulher mais velhos |
| Doença de um progenitor: pai, mãe | Maus tratos por parte de contemporâneos |
| Morte dos pais: pai, mãe | Contemporâneos brigões |
| Inferioridade paternal: pai, mãe | 9. Dominação, coerção e proibição |
| Dissemelhança parental: pai, mãe | Disciplina |
| Pobreza | Treinamento religioso |
| Lar instável | 10. Carinho, indulgência |
| 2. Perigo ou infortúnio | 11. Socorro, necessidades de ternura |
| Falta de apoio físico, altura | 12. Deferência, elogios, reconhecimento |
| Água | 13. Afiliação, amizades |
| Solidão, escuridão | 14. Sexo |
| Intempéries, relâmpagos | Exposição |
| Fogo | Sedução: homossexual, heterossexual |
| Acidente | Intercurso parental |
| Animal | 15. Engano ou traição |
| 3. Ausência ou perda: | 16. Inferioridade |
| De nutrição | Física |
| De possessões | Social |
| De companheirismo | Intelectual |
| De variedade | |

[a]Adaptada de Murray, 1938, p. 291-292.

e a satisfação da necessidade envolve redução da tensão. Finalmente, o organismo vai aprender a prestar atenção a objetos e a realizar atos que no passado estavam associados à redução de tensão.

Apesar de Murray concordar com essa formulação convencional, ele afirmava que esse é um quadro incompleto. O indivíduo não só aprende a responder de maneira a reduzir a tensão e experienciar satisfação, mas também aprende a responder de maneira a criar tensão, que mais tarde precisará ser reduzida, o que aumentará o prazer. Um exemplo de aumentar a tensão de modo a derivar uma satisfação maior da atividade são as preliminares que antecedem a consumação sexual. Um outro bom exemplo é a busca de sensação de Zuckerman, um motivo que examinaremos no Capítulo 9.

Devemos notar que essa formulação se aplica apenas às necessidades de efeito. Na atividade de processo e nas necessidades modais, a satisfação é intrínseca à atividade e pode ser tão intensa no início e no meio como no final.

Murray aceitava a proposição de que as pessoas agem *pretendendo* aumentar a satisfação e diminuir a tensão. Entretanto, essa é apenas uma intenção ou crença por parte do ator. Nem sempre o ato que a pessoa acredita reduzir a tensão e levar à satisfação vai atingir tal meta. Além disso, o ser humano não é motivado para aumentar a satisfação *em geral*: é sempre uma tensão específica, relevante para uma necessidade particular, que ele tenta reduzir. Portanto, a satisfação é em grande parte uma conseqüência ou resultado de estados de necessidade e suas conseqüências comportamentais.

## Tema

Um tema é simplesmente uma unidade comportamental molar e interativa. Ele inclui a situação instigadora (pressão) e a necessidade que está operando. Assim, ele lida com a interação entre as necessidades e as pressões e permite uma visão do comportamento mais global e menos segmental. Por meio desse conceito, o teórico pode representar as situações que instigam ou levam à operação de determinadas necessidades, assim como a conseqüência ou os resultantes da operação dessas necessidades.

Os temas variam de formulações simples de uma única interação sujeito-objeto a formulações mais gerais e aproximadas de transações mais longas. Eles também incluem formulações que representam a combinação de um número de temas simples (*temas seriais*). O tema, como uma unidade analítica, é uma conseqüência natural da convicção de Murray de que as relações interpessoais devem ser formuladas como uma unidade que apresenta dois elementos. Isto é, o teórico não só precisa representar o sujeito que é o foco do interesse, mas também precisa representar, inteiramente, a natureza da pessoa com quem o sujeito está interagindo. O teórico deve ter a mesma preocupação com os detalhes do sujeito e do objeto para predizer interações sociais concretas entre ambos.

É importante reconhecer que Murray usou os temas tanto para definir episódios comportamentais simples, que ele via como as unidades molares básicas da psicologia, como para caracterizar indivíduos. Vamos considerar dois exemplos de episódios citados por Murray. Primeiro, um indivíduo que é esnobado por outro poderia responder da mesma forma. Isso seria codificado como pressão de rejeição, desencadeando a necessidade de rejeição no indivíduo. Segundo, uma pessoa poderia esforçar-se muito para ter sucesso depois de um fracasso. Isso seria conceitualizado como uma necessidade de realização, seguindo-se à pressão do fracasso. Qualquer um dos episódios poderia ser momentâneo, ou poderia recorrer como uma resposta característica da pessoa a uma determinada pressão. Murray acreditava que "a biografia de um homem pode ser retratada abstratamente como uma rota histórica de temas... Com efeito, um indivíduo apresenta a tendência a reagir de maneira semelhante a situações semelhantes, e isso se intensifica à medida que ele envelhece. Assim, existe a mesmice (consistência) bem como a mudança" (Murray, 1938, p. 43). Observem que a descrição de Murray do indivíduo é uma descrição interacionista: o que importa é a sua reação característica a uma determinada pressão, e não uma tendência comportamental livremente flutuante.

## Necessidade Integrada

Embora as necessidades não estejam necessariamente vinculadas a objetos específicos no ambiente, é freqüente que, com a experiência, o indivíduo passe a associar determinados objetos a certas necessidades. Igualmente, determinados modos de resposta, ou meios de abordar ou evitar esses objetos, podem ser adquiridos e associados à necessidade. Quando ocorre essa integração da necessidade e da imagem ou pensamento do objeto ambiental, bem como de atos instrumentais, Murray fala de uma *necessidade integrada*. Uma necessidade integrada é uma "disposição temática" bem-estabelecida – a necessidade de um certo tipo de interação com um certo tipo de pessoa ou objeto. Quando existe uma necessidade integrada, o despertar da necessidade geralmente levará a pessoa a buscar de maneira apropriada o objeto ambiental correspondente à imagem que faz parte do integrado de necessidades. Nas palavras de Murray (1938, p. 110): "É uma constelação interna que estabelece um canal pelo qual uma necessidade é realizada. Comparado a ele, o conceito de necessidade é altamente abstrato."

## Unidade-Tema

A unidade-tema é essencialmente o padrão único de necessidades e de pressões relacionadas, derivado da experiência infantil, que dá significado e coerência à porção maior do comportamento do indivíduo. Ela opera amplamente como uma força inconsciente. Nem sempre é possível descobrir uma unidade-tema, embora normalmente possamos chegar a uma formulação desenvolvimental que lança luz sobre todo o comportamento do indivíduo ou sobre a maior parte dele, e sem o que não seria possível trazer muita ordem ao comportamento. Murray referiu-se à unidade-tema de uma pessoa como a "chave para a sua natureza única" e sugeriu:

> "Uma *unidade-tema* é um composto de necessidades dominantes inter-relacionadas – colaborativas ou conflitantes – que estão ligadas à pressão à qual o indivíduo foi exposto em uma ou mais ocasiões específicas, gratificantes ou traumáticas, na infância inicial. O tema pode representar uma experiência infantil primária ou uma subseqüente formação reativa àquela experiência. Mas, independentemente de sua natureza e gênese, ele se repete de muitas formas durante a vida." (1938, p. 604-605)

## Processos de Reinância

Um processo de reinância é o acompanhamento fisiológico de um processo psicológico dominante. Nós já vimos na definição de Murray de personalidade, bem como na nossa discussão do conceito de necessidade, que ele enfatizava a importância dos processos fisiológicos ou neurológicos subjacentes aos fenômenos que interessam o psicólogo. Essa clara intenção de localizar ou encaminhar todos os processos psicológicos à função cerebral levou ao desenvolvimento de um conceito específico, a reinância, destinado a manter em primeiro plano na atenção do teórico esta identidade de cérebro-personalidade. Ao definir esse conceito, Murray escreveu:

> "Talvez seja conveniente referir-se aos processos mutuamente dependentes que constituem as configurações dominantes no cérebro como processos de reinância, e também designar a totalidade desses processos que ocorrem durante um momento único (um segmento temporal unitário de processos cerebrais) como uma reinância . . . Em certa extensão, a necessidade reinante domina o organismo." (1938, p. 45)

Murray também deixou claro que todos os processos conscientes são reinantes, mas que nem todos os processos reinantes são conscientes. Assim, a consciência é apenas uma propriedade de um processo psicológico dominante, e pode ou não estar presente em um determinado caso.

## Esquema de Valor-Vetor

Uma das deficiências dos conceitos de necessidade e pressão, conforme elaborados anteriormente, é que eles não demonstram respeito suficiente pela inserção do comportamento, pela extensão em que determinadas necessidades estão ligadas a pressões específicas e a outras necessidades. Murray tentou representar mais adequadamente essa interação entre os determinantes do comportamento. Ele argumentou que as necessidades sempre operam a serviço de algum valor ou com a intenção de provocar algum estado final, e que o valor, portanto, deve fazer parte da análise dos motivos:

"Uma vez que a observação e a experiência confirmam o fato de que a agressão, bem como qualquer outro tipo de ação, tem um efeito (função) que pode ser melhor definido como uma entidade valorizada (sua construção, conservação, expressão ou reprodução), nomear a entidade valorizada em conjunção com a atividade nomeada deve contribuir muito para o nosso entendimento da dinâmica do comportamento." (1951b, p. 288)

Nesse esquema, Murray propôs que as tendências comportamentais fossem representadas em termos de vetores que representam amplas "direções físicas ou psicológicas de atividade". Os valores aos quais os vetores servem são representados por uma série de conceitos de valor. Embora o esquema não estivesse completamente concebido, Murray fez listas experimentais de valores e vetores. Os vetores consistem em rejeição, recepção, aquisição, construção, conservação, expressão, transmissão, expulsão, destruição, defesa e evitação. Os valores consistem no corpo (bem-estar físico), propriedade (objetos úteis, riqueza), autoridade (poder de tomar decisões), associação (afeição interpessoal), conhecimento (fatos e teorias, ciência, história), forma estética (beleza, arte), e ideologia (sistema de valores, filosofia, religião). Na prática, a intenção é enquadrar esses vetores e valores em uma matriz de linhas e colunas que se intersecionam, de modo que cada célula na matriz representa um comportamento que corresponde a um vetor específico a serviço de um valor específico (ver Figura 6.1 adiante).

## O DESENVOLVIMENTO DA PERSONALIDADE

Nós examinamos o elaborado conjunto de conceitos desenvolvido por Murray para representar as disposições ou os anseios do indivíduo, e também os conceitos propostos por ele para representar eventos ambientais significativos. Assim, podemos agora representar o indivíduo em qualquer ponto do tempo como um integrado complexo de necessidades e pressões ou vetores e valores, estruturas de personalidade, ha-

bilidades, realizações e sentimentos. Entretanto, também vimos que a "história do organismo é o organismo", e isso indica claramente que representar o indivíduo em um determinado ponto do tempo não é suficiente. O estudo longitudinal do indivíduo é extremamente importante, e Murray tinha muito a dizer sobre o caminho do desenvolvimento psicológico.

As variáveis que já examinamos podem ser aplicadas, é claro, em qualquer ponto do desenvolvimento. Mas, além desses conceitos, Murray elaborou e refinou a concepção psicanalítica de "complexo", para representar um conjunto particularmente importante de experiências da infância inicial. Embora o tratamento dado por Murray ao desenvolvimento tenha um forte cunho de teorização psicanalítica, ele introduziu novas dimensões no uso dessas concepções. Ele também foi especialmente inventivo ao criar meios para medir algumas das variáveis importantes.

Ao discutir o desenvolvimento, começaremos considerando os complexos infantis e logo após apresentaremos um breve sumário da posição de Murray com relação a várias questões teóricas, incluindo determinantes genético-maturacionais, aprendizagem, determinantes socioculturais, singularidade do indivíduo, papel dos fatores inconscientes e processo de socialização.

### Complexos Infantis

Murray (1938) descreveu detalhadamente as pressões da infância e as necessidades e as catexias resultantes. Ele também observou que a nossa lembrança desses eventos depende de possuirmos a linguagem: só lembramos aquilo que foi verbalizado (discutiremos uma suposição semelhante de George Kelly no Capítulo 9). Embora os eventos do período pré-verbal não sejam lembráveis, Murray os considera "em muitos casos tão determinantes como os eventos posteriores, se não mais" (1938, p. 361). O *status* pré-verbal desses eventos apresenta um dilema empírico, porque os métodos usuais de avaliação ou mensuração são inadequados. O investigador depende da observação externa da criança e de vagas reconstruções que o indivíduo pode fazer depois de desenvolver a linguagem. A utilização destas duas fontes de dados levou ao isolamento de certas áreas de experiência como possu-

| | Vetores (tendências de ação) | | | | | | | | | | |
|---|---|---|---|---|---|---|---|---|---|---|---|
| Valores (metas) | Rejeição (1) | Recepção (2) | Aquisição (3) | Construção (4) | Conservação (5) | Expressão (6) | Transmissão (7) | Expulsão (8) | Destruição (9) | Defesa (10) | Evitação (11) |
| A. Corpo (bem-estar) físico | | | | | | Esquia, joga tênis | | | | | |
| B. Propriedades (objetos úteis, riquezas) | | | | | | Mantém uma casa confortável | | | | | |
| C. Autoridade (poder de tomar decisões) | | | | | | É chefe do departamento de física | | | | | |
| D. Associação (afeição interpessoal) | | | | | | Gosta de atividades com a esposa e os filhos | | | | | |
| E. Conhecimento (fatos e teorias, ciência, história) | Rejeita material irrelevante para o assunto do artigo | Absorve informações que atraem a atenção | Pesquisa novas idéias no laboratório e na biblioteca | Desenvolve uma nova teoria | Armazena novas informações na memória | Escreve um artigo sobre uma nova teoria | Discute o artigo com colegas | Apaga as idéias incorretas | Ataca as idéias erradas de outras pessoas | Defende os próprios conceitos | Evita críticas ocultando certos procedimentos |
| F. Forma estética (beleza, arte) | | | | | | Freqüenta concertos, pinta paisagens | | | | | |
| G. Ideologia (sistema de valores, filosofia, religião) | | | | | | Estuda religiões comparadas | | | | | |

**FIGURA 6.1** Uma interpretação do sistema de valor-vetor de Murray. A coluna 6 indica as formas que pode tomar a tendência de ação, ou o vetor, da expressão. A linha E sugere como a pessoa poderia buscar a meta (valor) do conhecimento, usando todas as suas tendências de ação. (De Murray, 1951, conforme adaptada por Hall, Lindzey, Loehlin & Manosevitz, 1985, p. 323.)

indo uma importância especial para o desenvolvimento da criança e, mais tarde, do adulto. Murray sugeriu que estas são

> "cinco condições ou atividades extremamente agradáveis, cada uma das quais é terminada, frustrada ou limitada (em algum ponto do desenvolvimento) por forças externas: (1) a existência segura, passiva e dependente dentro do útero (rudemente interrompida pela dolorosa experiência do nascimento); (2) o prazer sensual de sugar um bom alimento do seio da mãe (ou da mamadeira), enquanto aconchegado segura e dependentemente em seus braços (interrompido pelo desmame); (3) o livre usufruir das sensações

prazerosas que acompanham a defecação (restringido pelo treinamento esfincteriano); (4) as agradáveis impressões dos sentidos que acompanham a micção...; e (5) a emocionante excitação decorrente da fricção genital (proibida por ameaças de punição)." (1938, p. 361-362)

Todas essas áreas foram indicadas pelos psicanalistas como trazendo problemas especiais para a criança em crescimento. Aqui, as contribuições de Murray representam uma elaboração e clarificação das idéias freudianas ortodoxas.

Nos casos em que os efeitos dessas experiências infantis sobre o comportamento posterior são claros e extensos, estamos falando de um *complexo*. Na verdade, presumimos que todas as pessoas têm "complexos" de variável gravidade e, que só nos casos extremos, isso implica uma anormalidade. Nos termos de Murray, um complexo é "um conjunto de necessidades integradas duradouras (derivado de uma das condições prazerosas antes mencionadas) que determina (inconscientemente) o curso do desenvolvimento posterior" (1938, p. 363).

Murray definiu e sugeriu maneiras de mensurar cinco complexos: claustral, oral, anal, uretral e de castração. Cada um deles representa o resultado de acontecimentos envolvendo uma das cinco áreas de experiência prazerosa recém-citadas.

Os *complexos claustrais* representam resíduos da experiência uterina ou pré-natal do indivíduo. Essa área de experiência foi tratada por analistas, incluindo Freud e Rank. Murray reuniu e sistematizou essas idéias, elaborou-as e rotulou-as adequadamente. Ele sugeriu que sob esse título geral existem três tipos específicos de complexo:

"1) um complexo constelado no desejo de reinstalar condições semelhantes às existentes antes do nascimento; 2) um complexo centrado na ansiedade da ausência de apoio e do desamparo, e 3) um complexo ansiosamente dirigido contra a sufocação e o confinamento." (1938, p. 363)

Depois de apresentar uma especificação geral dos complexos, Murray detalhou sintomas ou critérios em termos dos quais cada um dos três tipos de complexo poderia ser identificado. O *complexo claustral simples* (reinstalação das condições uterinas) é caracterizado pela catexia do claustro (um recinto parecido com o útero), de objetos nutridores ou maternais, da morte, do passado; e pela resistência à mudança, por necessidades de passividade, evitação de danos, isolamento e socorro. Assim, o quadro global é de uma pessoa passiva, dependente, orientada para o passado e geralmente resistente à novidade ou à mudança. O *complexo do medo da falta de apoio* se manifesta nos medos de espaços abertos, de cair, de afogar-se, de terremoto, de fogo e da falta de apoio familiar. O *complexo de egressão* tem relação com escapar ou partir e manifesta-se na catexia de espaços abertos e ar fresco, na necessidade de mudar-se e viajar, na catexia de mudanças, na claustrofobia e em uma grande necessidade de autonomia. Portanto, o indivíduo que apresenta esse complexo é em muitos aspectos o oposto

da pessoa que apresenta o complexo claustral simples.

Os complexos orais representam derivativos de experiências anteriores de alimentação. Novamente, Murray propõe três subcomplexos específicos, todos envolvendo a boca, mas cada um implicando um tipo diferente de atividade. O *complexo de socorro oral* envolve atividade oral em combinação com tendências passivas e dependentes. A existência desse complexo pode ser inferida a partir de automatismos orais como sugar; catexia de objetos orais como o mamilo, o seio ou o polegar; comer e beber compulsivos; necessidade de passividade e socorro; catexia de palavras e objetos nutridores; e necessidades agressivas inibidas. O *complexo de agressão oral* combina a atividade oral com a agressão e manifesta-se em automatismos orais como morder; catexia de objetos orais sólidos (carne, ossos); fortes necessidades agressivas; ambivalência em relação a figuras de autoridade; projeção da agressão oral (ver o ambiente como cheio de objetos agressivos mordedores); necessidade de evitação de danos; fobia de objetos que mordem; e gagueira. O *complexo de rejeição oral* envolve cuspir e ter nojo de atividades e objetos orais. Mais especificamente, ele se revela em uma catexia negativa de certos alimentos, pouca necessidade de comida, medo de infecção ou ferimento orais, necessidade de isolamento e autonomia e desagrado em relação a objetos nutridores.

Os *complexos anais* derivam-se de eventos associados ao ato de defecar e ao treinamento esfincteriano. Murray sugeriu, seguindo Freud e Abraham, que aqui existem dois complexos específicos, um relacionado primariamente à tendência a expelir e o outro à tendência a reter. O *complexo de rejeição anal* inclui diarréia e catexia de fezes, envolve a necessidade de agressão, principalmente por meio da desordem, da sujeira ou do lambuzo, e está associado à teoria anal do nascimento, à necessidade de autonomia e à sexualidade anal. O *complexo de retenção anal* envolve uma catexia subjacente de fezes, mas isso está escondido por trás de um aparente nojo, pudicícia e reação negativa à defecação. Esse complexo também está associado à teoria anal do nascimento e à sexualidade anal, bem como à necessidade de autonomia, embora, neste caso, a necessidade de autonomia se manifeste pela resistência à sugestão em vez de pela busca de independência ou liberdade. Existe uma grande necessidade de ordem e limpeza, e também uma necessidade de reter possessões. Esse complexo, evidentemente, reafirma a famosa trilogia freudiana de "parcimônia, limpeza e obstinação", sugerida como típica do "caráter anal".

Originalmente, Murray (1938) considerava menos importante o *complexo uretral*. Ele indicou inicialmente que o complexo envolvia molhar a cama, sujar-se (pela uretra) e erotismo uretral. A pesquisa pós-guerra convenceu-o da importância central dessa área de experiência para muitos indivíduos, e ele subseqüentemente apresentou uma nova descrição do complexo e uma série de meios empíricos para avaliá-lo. Ele também sugeriu que a síndrome fosse chamada de *complexo de Ícaro*, em função da figura mitológica que voou perto demais do sol, desobedecendo os conselhos do pai, em resultado do que suas asas artificiais derreteram e ele mergulhou para a morte. Murray (1955) publicou uma detalhada história de caso de um Ícaro americano. Em suas formulações finais, ele indicou que o indivíduo icariano costuma apresentar catexia de fogo, uma história de enurese, um anseio de imortalidade, forte narcisismo e uma grandiosa ambição que se dissolve diante do fracasso.

O *complexo de castração* também recebeu menos atenção nos textos iniciais de Murray do que os primeiros três complexos. Ele sugeriu que o complexo deveria receber um significado ou importância mais limitados do que comumente lhe é atribuído por psicanalistas:

> "Parece-nos melhor confinar o termo castração ao seu significado literal; a ansiedade evocada pela fantasia de que o pênis poderia ser cortado fora. Esse complexo ocorre com bastante freqüência, mas não parece possível que seja a raiz de toda a ansiedade neurótica. Ele geralmente é o resultado das fantasias associadas à masturbação infantil." (1938, p. 385).

Qualquer um desses complexos pode persistir por toda a vida da pessoa na forma de traços de caráter, isto é, as maneiras características de se comportar.

### Determinantes Genético-Maturacionais

Em uma formulação posterior de suas idéias, Murray (1968b) atribuiu um papel importante aos fatores genéticos e maturacionais no desenvolvimento da personalidade. Ele falou em processos genético-maturacionais como sendo responsáveis por programar uma sucessão de épocas na vida do indivíduo. Durante as primeiras épocas – infância, adolescência e idade adulta jovem – novas composições estruturais emergem e multiplicam-se. Os anos intermediários são marcados por recomposições conservadoras das estruturas e das funções já existentes. Na idade final, senescência, a capacidade de formar novas composições e recomposições diminui e a atrofia das formas e das funções existentes aumenta. Dentro de cada período existem numerosos programas menores de eventos comportamentais e experienciais, que operam sob a orientação de processos maturacionais geneticamente controlados.

Murray atribuía tais desenvolvimentos a processos metabólicos. Na primeira idade, o anabolismo supera o catabolismo; na segunda, os dois são aproximadamente iguais; e, na terceira, o catabolismo é maior que o anabolismo. Murray preferia um modelo metabólico porque "ele se ajusta a uma concepção da realidade que *não* é expressa em termos de estruturas espaciais da matéria como tal, mas em termos das propriedades operantes interdependentes da matéria – isto é, em termos de processo, tempo e energia" (1968b, p. 9). Além disso, esse é um modelo que explica progressão, criatividade e auto-realização, o que não acontece em uma formulação puramente psicanalítica.

### Aprendizagem

Não podemos ignorar os fatores genéticos ao discutir a aprendizagem, pois Murray acreditava que eles são responsáveis pela presença de centros de prazer (hedônicos) e de desprazer (anedônicos) no cérebro. A aprendizagem consiste em descobrir o que gera prazer e o que gera sofrimento para o indivíduo. Os "geradores" hedônicos e anedônicos podem ser classificados de várias maneiras. Eles podem ser *retrospectivos* (memórias de experiências passadas que foram maravilhosas ou angustiantes), *espectivos* (experiências atuais) ou *prospectivos* (antecipação de futuros prazeres ou sofrimentos). Os geradores atuais podem ser classificados em termos de estarem localizados predominantemente na pessoa, no ambiente, ou em uma transação interpessoal. Esses geradores podem ser subdivididos. Por exemplo, os geradores na pessoa podem estar localizados no corpo, em algum centro emocional do cérebro, em algum tipo de processo psicológico ou nos julgamentos da consciência.

Murray rejeitou especificamente o conceito de hábito como tendo importância primária no desenvolvimento da personalidade. Ao invés de ser uma criatura de hábitos, o indivíduo está continuamente procurando novas maneiras de expressar-se, ávido por novas formas de estimulação, novas aventuras e novas realizações, e pode ser transformado por *insights* espirituais (Murray, 1968, p. 12).

## Determinantes Socioculturais

Murray, em um acentuado contraste com a maioria dos teóricos, que tendia fortemente para a teoria psicanalítica, deliberadamente atribuiu aos fatores ambientais um papel importante no desenvolvimento. Nós já vimos que, diferentemente da maioria dos estudiosos da motivação, ele desenvolveu um conjunto elaborado de conceitos (pressões) destinado a representar o ambiente do indivíduo. Ele o fez parcialmente com base na teoria de Darwin de que o grupo, mais que o indivíduo, é a unidade evolutiva. A sobrevivência dos mais aptos se aplica a grupos rivais. Correspondentemente, Murray escreveu: "Esta teoria da evolução grupal nos ajuda a compreender por que o homem é uma criatura social..., e por que, como criatura social, ele é tanto humano como brutal" (1959, p. 46). Além disso, ele fez freqüentes referências ao fato de que o caminho do desenvolvimento não pode ser adequadamente entendido sem um quadro completo do ambiente social em que o processo se desenrola. Consistentemente, seus conceitos de "procedimento" e "tema" implicam uma crença interacionista – uma convicção de que o pleno entendimento do comportamento só acontecerá quando tanto o sujeito quanto o objeto estiverem adequadamente representados. Todas essas considerações deixam claro que Murray aceitava e acentuava a importância de uma visão "de campo" do comportamento.

## Singularidade

Apesar da atenção que dedicou às categorias gerais de análise, Murray sempre afirmou a singularidade essencial de cada pessoa e, inclusive, de cada evento

comportamental, como um fato auto-evidente. Seu respeito pela observação naturalista e seus talentos literários criativos e intuitivos permitiam-lhe entender e expressar compelidoramente a individualidade e a alusiva complexidade de cada sujeito ou evento. Em suas palavras:

> "Cada procedimento deixa atrás de si algum traço de sua ocorrência – um novo fato, o germe de uma idéia, uma reavaliação de alguma coisa, um apego mais afetuoso a alguém, uma leve melhora em uma habilidade, uma renovação de esperança, uma outra razão para o desânimo. Assim, lentamente, em gradações praticamente imperceptíveis – às vezes por meio de um súbito pulo para a frente ou de um escorregão para trás – a pessoa muda dia a dia. Uma vez que seus amigos e familiares também mudam, podemos dizer que, sempre que ela se encontra com um deles, ambos estão diferentes. Em resumo, cada procedimento é em alguns aspectos único." (Murray & Kluckhohn, 1953, p. 10).

## Processos Inconscientes

Entre os psicólogos acadêmicos, Murray foi um dos primeiros a aceitar o papel insidioso e difuso dos determinantes inconscientes do comportamento (Murray, 1936). Como observamos, em sua primeira afirmação teórica importante (1938), ele deixou claro que nem todos os processos de reinância têm correlatos conscientes. Naturalmente, aqueles que não os têm determinam o comportamento sem que o indivíduo tenha consciência disso. Além de não ter consciência de certas tendências que influenciam o comportamento, o indivíduo ativamente se defende ou tira da consciência algumas dessas tendências. Portanto, Murray não só aceitava o papel dos determinantes inconscientes do comportamento, mas também reconhecia a operação dos mecanismos freudianos de repressão e de resistência.

## O Processo de Socialização

Murray sugeriu que a personalidade humana é um compromisso entre os impulsos do indivíduo e as exigências e os interesses de outras pessoas. Essas exigências de outras pessoas são representadas coletivamente pelas instituições e pelos padrões culturais aos quais o indivíduo está exposto, e o processo pelo qual seus impulsos entram em um acordo com essas forças é referido como o processo de socialização. Os conflitos entre o indivíduo e os padrões aprovados do meio social são costumeiramente resolvidos por meio de alguma adaptação do indivíduo aos padrões do grupo. Só ocasionalmente, e no caso de indivíduos incomuns, é que a pessoa consegue modificar os padrões culturais de modo a aliviar o conflito com seus impulsos. Em geral, é a personalidade que é mais maleável e, portanto, o conflito normalmente é reduzido, alterando-se a pessoa.

Um elemento essencial para se atingir as metas da socialização é o desenvolvimento de um superego adequado. Como vimos, ao internalizar aspectos de figuras de autoridade às quais esteve exposta, a pessoa desenvolve uma estrutura interna que serve para recompensá-la e puni-la quando ela se comporta apropriadamente ou inadequadamente em termos do padrão cultural, conforme interpretado pelas figuras de autoridade. Isso implica que os pais, como as figuras de autoridade mais importantes, sejam os principais agentes do processo de socialização. A efetividade dos pais ao recompensar padrões de comportamento apropriados e ao punir padrões desaprovados determinará amplamente o sucesso desse processo desenvolvimental. Um importante componente do papel dos pais como socializadores é a efetividade com que eles desenvolvem um relacionamento mutuamente afetuoso com a criança, de modo que a mera aprovação ou desaprovação seja uma condição significativamente motivadora para controlar o comportamento da criança.

A socialização não deixa de ter suas qualidades negativas. Um indivíduo pode ser exageradamente socializado, e toda uma sociedade pode estar exposta a processos de socialização que são debilitantes em vez de preparatórios para uma vida produtiva. Conforme Murray sugeriu, o ser humano é fundamentalmente um animal, e, na extensão em que a socialização nega essa natureza fundamental, biológica, ela pode destruir a espontaneidade criativa e o vigor essencial para os avanços humanos mais importantes.

## PESQUISA CARACTERÍSTICA E MÉTODOS DE PESQUISA

Salientamos que a pesquisa de Murray distinguiu-se principalmente por sua originalidade. Isso torna singularmente difícil caracterizar de modo representativo as investigações que ele inspirou e conduziu. Antes de iniciar a difícil tarefa de selecionar investigações representativas para um sumário, vamos examinar brevemente várias qualidades distintivas da abordagem geral de Murray à personalidade. O leitor interessado encontrará diversos artigos em que Murray apresenta sua concepção de como a pesquisa da personalidade deveria ser conduzida (Murray, 1947, 1949b, 1963).

### Estudo Intensivo de Pequenos Números de Sujeitos Normais

O estudo em grande escala do comportamento humano, em que os achados consistem em tendências grupais ou em relações globais que caracterizam insuficientemente qualquer indivíduo desse grupo, representa um caminho muito limitado para o entendimento do comportamento humano. Murray estava convencido, com a sabedoria do naturalista e do clínico, que um estudo completo e detalhado de sujeitos individuais traria um entendimento adequado do comportamento. Assim como o estudo de caso tem sido uma assistência indispensável ao crescimento e desenvolvimento da ciência médica, o futuro da psicologia depende da disposição dos investigadores de dedicar tempo e esforços ao entendimento completo de casos individuais. As relações grupais só são importantes quando acompanhadas por uma cuidadosa investigação dos desvios dentro do grupo e das condições que causam ou acompanham os desvios. Relatar um achado que caracteriza 80% de um grupo especificado não tem muito valor a menos que possamos dar alguma explicação de por que os outros 20% não se ajustam a esse padrão. A consistente ênfase de Murray nesse ponto foi uma das suas principais contribuições aos métodos de pesquisa.

Se estamos interessados no sujeito individual e também preocupados com as razões pelas quais alguns dos sujeitos representam exceções a relacionamentos gerais, está claro que precisamos reunir uma grande quantidade de informações sobre cada sujeito. Portanto, foi inevitável que a posição de Murray o levasse ao estudo intenso de seus sujeitos. Isso, evidentemente, teve o resultado natural de reduzir o número de sujeitos que podem ser estudados em um dado período e o número total de estudos que podem ser realizados por um investigador em um determinado número de anos.

Uma outra qualidade distintiva de sua pesquisa foi a ênfase no estudo de *indivíduos normais em ambientes naturais*. Em geral, o estudo intensivo de casos individuais é reservado para o ambiente clínico, onde a patologia dos pacientes os torna assunto de especial interesse, ou onde as exigências diagnósticas e terapêuticas requerem informações extensivas. Portanto, a escolha de Murray do sujeito normal como o foco de sua pesquisa foi um complemento natural para as histórias de caso dos ambientes psiquiátricos.

Murray (1958) acreditava que a preocupação suprema do personologista deve ser explicar e predizer as *atividades do indivíduo na vida cotidiana*. Por essa razão, ele não deve contentar-se em limitar as predições à subcultura do laboratório ou tentar compreender o indivíduo, simplesmente validando um teste em comparação com outro.

Ele também foi um dos pioneiros da *cooperação interdisciplinar na pesquisa da personalidade*. A equipe da Clínica Psicológica de Harvard habitualmente incluía representantes de psiquiatria, psicologia, antropologia e outras disciplinas, quando isso ainda era muito raro.

## O Conselho Diagnóstico

Murray colocava grande ênfase na importância do observador ou psicólogo como um instrumento na pesquisa psicológica. Embora possamos usar escalas de avaliação, conjuntos de categorias ou testes psicológicos para avaliar a personalidade, na base de todos esses instrumentos ainda está a observação sensível do investigador ou clínico. Devido ao *status* fundamental do observador, Murray estava convencido de que é necessário prestar mais atenção às suas fraquezas e tentar seriamente melhorar seus poderes de observação. Tais considerações o levaram a referir-se ao

psicólogo como o "instrumento de precisão" mais importante na pesquisa psicológica.

Um meio evidente de conferir e melhorar a qualidade da observação é ter múltiplos observadores, todos examinando os mesmos dados sob uma perspectiva diferente. Portanto, usar vários investigadores para estudar o mesmo indivíduo (ou indivíduos) é singularmente recompensador, pois elimina as limitações colocadas pela tendenciosidade de determinados observadores ou as limitações trazidas por conjuntos especializados de dados. O resultado final de tal observação em grupo não só é presumivelmente superior ao da observação individual, mas também os membros do grupo terão seus poderes de observação aguçados e melhorados devido à função corretiva da observação dos outros.

Essas considerações levaram Murray a criar o *conselho diagnóstico*, que envolve muitos observadores, todos estudando os mesmos sujeitos de diferentes pontos de vista, com a oportunidade de uma discussão e síntese finais das informações obtidas dos diferentes pontos de vista. Após um período de observação individual, durante o qual cada investigador estuda os sujeitos por meio de suas técnicas especializadas, é feita uma conferência para cada sujeito. Nesse momento, cada investigador apresenta seus dados e sua interpretação, e os outros observadores têm plena oportunidade de apresentar as próprias observações e interpretações e apoiar ou sugerir modificações no relato. Cada observador é responsável por reunir e apresentar a síntese de um caso, mas todos os membros do conselho têm uma oportunidade ilimitada de contribuir para o produto final.

## Instrumentos de Mensuração da Personalidade

Ninguém fez mais contribuições significativas para a avaliação da personalidade do que Murray. Ele criou várias formas engenhosas de mensurar a personalidade, e apenas um pequeno número delas foi sistematicamente explorado. Os volumes *Explorations in Personality* e *Assessment of Men* ilustram bem a engenhosidade e a diversidade dos instrumentos que ele planejou ou ajudou a desenvolver. Um deles, o *Teste de Apercepção Temática*, tornou-se, juntamente com o *Teste de Rorschach*, a técnica projetiva mais amplamente utilizada nos dias de hoje (Lindzey, 1961; Murstein, 1963; Zubin, Eron & Schumer, 1965; ver Kaplan & Saccuzzo, 1993, para uma revisão recente). Além disso, o sistema de necessidades de Murray foi a base para muitos outros inventários de personalidade amplamente utilizados. Entre eles destacam-se o *Edwards Personal Preference Schedule* (Edwards, 1954, 1959), o *Personality Research Form* (Jackson, 1967) e o *Jackson Personality Inventory* (Jackson, 1976a,b).

Quase todos os instrumentos de Murray são congruentes com sua convicção fundamental de que um conhecimento fundamental do comportamento humano não virá do estudo de organismos inferiores ou do estudo de humanos em condições altamente limitadas, e sim do complexo estudo do comportamento individual. Isto é, Murray defendia a coleta de dados ricos e multiformes, capazes de refletir uma ampla variedade de tendências comportamentais e capacidades. Ele estava convencido de que uma das vantagens naturais do psicólogo é o fato de ele lidar com um organismo falante, e que isso deve ser plenamente aproveitado. Ao contrário do biólogo, do zoólogo ou do físico, o psicólogo lida com um sujeito capaz de relatar muitos feitos sobre processos internos que operam sobre eventos externos que atraem a atenção e sobre os determinantes mais importantes do comportamento. É verdade que esses relatos devem ser cuidadosamente avaliados e nem sempre podem ser tomados literalmente, mas, sem dúvida, representam um início crucial na tentativa de desvendar os segredos do comportamento humano.

Dado esse interesse pela subjetividade, é muito natural que Murray fosse pioneiro na criação de instrumentos de personalidade que exploram todo o conteúdo mental do sujeito. Seus instrumentos tipicamente não limitam as alternativas de resposta do sujeito por meio de categorias predeterminadas, mas permitem e encorajam uma exposição completa e subjetiva por parte do sujeito. Essas técnicas liberam totalmente a imaginação e a fantasia. Elas proporcionam ao investigador uma totalidade de dados que é ao mesmo tempo ricamente promissora e complexamente desencorajadora.

## Estudos Representativos

Murray e seus colaboradores da Clínica Psicológica realizaram extensas pesquisas. Murray iniciou *Explo-*

*rations in Personality* com o compromisso de adotar "a história de um único homem como uma unidade" de investigação (1938, p. 3). Um dos mais claros legados de Murray foi a decisão de muitos de seus alunos de estudar a personalidade "longitudinalmente", examinando em profundidade a vida do indivíduo (p. ex., White, 1963b, 1975, 1981). Sua agenda de pesquisa foi levada adiante por antigos alunos, como Donald MacKinnon, do Institute for Personality Assessment and Research (IPAR), em Berkeley. Além disso, como observamos anteriormente neste capítulo, a tradição de pesquisa de Murray é reconhecida nas *Henry A. Murray Lectures in Personality* na Michigan State University e na série de volumes gerados por essas conferências.

Três exemplos da pesquisa de Murray merecem ser mencionados. Primeiro, o Capítulo 6 de *Explorations in Personality* contém mais de 200 páginas de relatos de pesquisa de Murray e seus colaboradores. As pesquisas relatadas incluem entrevistas sobre a infância e o seu desenvolvimento sexual, questionários para medir necessidades e habilidades especiais, correlações entre as necessidades de Murray e a possibilidade de hipnotização, níveis de aspiração, os estudos experimentais de Rosenzweig sobre repressão e reação à frustração, emocionalidade e resposta galvânica de pele, e os estudos de Erikson de universitários do sexo masculino em situações de dramatização. Esse trabalho mereceria um estudo mais profundo, tanto por seu interesse inerente e seu significado histórico quanto porque ilustra a amplitude e a criatividade da abordagem de Murray à personalidade.

Em seu segundo livro importante, *The Assessment of Men* (*Office of Strategic Services Assessment Staff*, 1948), Murray descreveu procedimentos de avaliação que ele e sua equipe empregaram no *United States Office of Strategic Services* durante a Segunda Guerra Mundial. A maioria desses procedimentos representava uma tentativa de compreender a personalidade dos candidatos que estavam sendo selecionados para missões secretas no exterior. Tal trabalho foi notável por sua orientação pragmática multidimensional. As avaliações envolviam testes de auto-relato, entrevistas, observações e testes situacionais. Por exemplo, as habilidades de "liderança" dos candidatos eram ostensivamente medidas por quão efetivamente eles chefiavam vários auxiliares em uma tarefa de construção. Os "auxiliares", todavia, tinham sido orientados para obstruir o projeto de várias maneiras, e todo o exercício na verdade fora planejado para medir reações à frustração. Como o trabalho experimental anterior em Harvard, essas práticas de avaliação prenunciaram muitas pesquisas e estratégias de avaliação contemporâneas.

Finalmente, o projeto de pesquisa mais interessante de Murray não se qualificaria como pesquisa para muitos psicólogos, mas permite um *insight* penetrante da sua conceitualização da personalidade. É o artigo *In Nomine Diaboli* (1951c), em que ele apresenta uma interpretação psicológica de *Moby Dick*, de Melville.

A maior parte do artigo é dedicada a desenvolver e a documentar várias hipóteses referentes ao significado dos personagens na história. A primeira hipótese afirma, em termos bem simples, que o Capitão Ahab representa Satã ou o Diabo e suas forças do mal. Em termos psicológicos, Ahab representa as forças primitivas e amplamente malignas do id. Essa hipótese é apoiada com seus característicos cuidado e atenção aos detalhes, em uma série de passagens como a seguinte:

"Que a intenção de Melville era criar Ahab à imagem de Satã dificilmente pode ser questionada. Ele disse a Hawthorne que seu livro fora exposto ao fogo do inferno e secretamente batizado, não em nome de Deus, mas em nome do Diabo. O nome de seu trágico herói é uma homenagem a um governante do Antigo Testamento que 'fez mais para provocar a ira do Senhor Deus de Israel do que todos os reis de Israel que estavam diante dele'. O acusador do rei Ahab, o profeta Elias, também é ressuscitado para desempenhar seu papel original, embora muito brevemente, no testamento de Melville. Somos informados de que o Capitão Ahab é um homem 'ímpio, semelhante a um deus', que espiritualmente está fora da cristandade. Ele é um poço de blasfêmia e desafio, de escárnio e desprezo pelos deuses – aos seus olhos, 'jogadores de críquete e pugilistas'. Correm boatos de que ele certa vez cuspiu no cálice sagrado no altar da igreja católica de Santa. 'Eu jamais o vi ajoelhar-se', disse Stubb. Ele é 'um velho que

parece uma anaconda'. Seu sadismo auto-assertivo é a antítese da submissão masoquista preconizada pelo frei Mapple." (Murray, 1951c, p. 441-442)

A segunda hipótese é que Moby Dick é a antítese das forças desenfreadas do mal – o superego. Como tal, a baleia representa não só as forças morais dentro do indivíduo, mas também as instituições convencionais da sociedade de Melville:

"Em termos de conceitos psicológicos, Ahab é o capitão das disposições culturalmente reprimidas da natureza humana, aquela parte da personalidade que os psicanalistas chamam de 'Id'. Se isso é verdade, seu oponente, a Baleia Branca, só pode ser a instituição interna responsável por essas repressões: o superego freudiano. Esta, então, é a minha segunda hipótese: Moby Dick é uma baleia genuína que esguicha, salta para fora da água, mergulha, uma baleia que, devido à sua brancura, seu porte e beleza, e por causa de um ato instintivo que acabou despedaçando seu atacante, recebeu a projeção da consciência presbiteriana do Capitão Ahab, e estaria, portanto, corporificando a concepção calvinista do Antigo Testamento de uma divindade amedrontadora e seus rígidos mandamentos, a ética puritana derivada da América do século XIX, e a sociedade que defendia essa ética. Igualmente, e mais especificamente, ela simboliza os pais zelosos cujos sermões e corretivos justificados fizeram penetrar tanto as proibições, que um jovem sério dificilmente poderia ultrapassar a barreira, a não ser talvez bem longe, entre polinésios tolerantes e indulgentes. A ênfase deve estar naquela parede de inibição inconsciente (e, portanto, inescrutável) que aprisionou as paixões arrebatadoras do puritano. 'Como o prisioneiro pode sair', exclama Ahab, 'a não ser varando a parede? Para mim, a Baleia Branca é essa parede, empurrada para o meu lado . . . Eu vejo nela uma força ultrajante, com uma inescrutável malícia sustentando-a.' Como símbolo de uma consciência da Nova Inglaterra pura, sombria e inconquistável, íntegra e infratora, o que poderia ser melhor do que um cachalote branco e negro, inconquistável, que mergulha e salta para fora d'água?"* (p. 443-444)

Essas são, então, as maiores revelações da análise de Murray. Para transmitir uma impressão adequada da força e da beleza das suas interpretações, precisamos nos reportar ao artigo original.

Novamente, alguns podem questionar se isso de fato é uma pesquisa psicológica. Certamente não existe nenhum grupo de controle, nenhuma distribuição de números, nenhum índice de fidedignidade, nenhuma análise estatística. No entanto, apesar dessas violações rituais, Murray formulou uma pergunta psicológica interessante e reuniu evidências relativas a essa pergunta. Além disso, no processo de apresentar a pergunta e seus achados, ele empregou suposições referentes ao comportamento humano que são uma parte integral da teoria que acabamos de expor. O mais importante de tudo é o fato de que essas passagens contêm especulações e generalizações sobre o comportamento humano que certamente terão um efeito generativo sobre o leitor. Poucos experimentalistas na psicologia não se beneficiariam do contato com tais idéias, apresentadas neste artigo de forma tão vívida e provocativa.

## PESQUISA ATUAL

A abordagem de Murray à personalidade inspirou muitas pesquisas. A esse respeito, o valor heurístico de sua teoria foi substancial. Nesta seção, examinaremos os programas de pesquisa derivados do modelo de Murray.

### McClelland e os Motivos Sociais

O programa de pesquisa mais diretamente associado a Murray é o estudo de David McClelland da necessidade de realização. A conexão com Murray, na verdade, existe em três níveis. Primeiro, o motivo de realização foi uma das necessidades originais identificadas por Murray, que o definiu como o impulso de superar

obstáculos e atingir padrões elevados. Em segundo lugar, McClelland acredita que nós não estamos diretamente conscientes dos nossos motivos básicos. Em conseqüência, ele abraçou a proposta de Murray de que medimos as necessidades conforme elas existem nas fantasias da pessoa, não em nosso comportamento ou auto-relatos. Em terceiro lugar, de acordo com este último ponto, McClelland empregou uma versão modificada do Teste de Apercepção Temática (TAT) de Murray para medir a motivação para a realização.

O TAT foi desenvolvido (Morgan & Murray, 1935) a partir da crença de Murray de que existem muitos motivos humanos básicos fora da percepção consciente. Isso certamente apresenta um importante problema de mensuração. Como podemos esperar que uma pessoa nos diga quanto de uma tendência ela possui se ela não está consciente da existência daquele motivo? Esse é o clássico dilema da psicologia profunda. A solução de Murray foi desenvolver o TAT de acordo com o que passou a ser conhecido como a *hipótese projetiva*. Se apresentarmos a alguém uma figura ambígua e se lhe perguntarmos o que está na figura, a resposta será um reflexo do que é importante para a pessoa ou dos temas que ela usa para organizar o mundo. Murray chegou ao ponto de descrever o TAT como "uma imagem de raio X do eu interior". O TAT contém um conjunto de figuras ambíguas às quais a pessoa responde como um exercício de imaginação. É mostrada uma figura ao testando e ele é solicitado a contar uma história, descrevendo os personagens que estão na figura, o que eles estão fazendo e pensando, o que os conduziu àquela cena e qual será o resultado. A suposição básica de avaliação de Murray era que o herói ou personagem central da história representa a pessoa que está contando a história, e que as necessidades, as pressões e o tema do herói de fato caracterizam a pessoa que cria o relato (ver Lindzey, 1952, 1959, 1961, para avaliações do TAT).

McClelland modificou o TAT para medir a necessidade de realização (NAch, *need for achievement*). Ele e seus colegas (McClelland, Atkinson, Clark & Lowell, 1953) criaram um procedimento confiável de pontuação para quantificar as imagens de NAch nas histórias narradas sobre figuras como as do TAT. A NAch é definida pelo desejo de sair-se melhor do que os outros, e a categoria central de pontuação era se algum personagem na história contada pela pessoa queria ter um desempenho superior ao dos outros, atingir

---

*N. de T. Na comparação da consciência com a baleia, Murray faz um fascinante jogo com as palavras, infelizmente intraduzível para o português.

algum padrão interno de excelência, fazer alguma coisa única, ou envolver-se em algum projeto a longo prazo.

Os correlatos de NAch elevada identificados por McClelland foram tão inovadores como seu procedimento de mensuração. Indo muito além da pesquisa usual de laboratório dos psicólogos, McClelland (1961) argumentou que sociedades inteiras podem diferir nos níveis de NAch. Em um procedimento engenhoso, ele aplicou seu esquema de avaliação do TAT para codificar as imagens de NAch em livros didáticos da escola elementar em vários países. Os níveis resultantes de imagens apresentaram correlação com um índice de crescimento econômico. Os colaboradores de McClelland também encontraram relações entre as imagens de realização na literatura inglesa e as importações de carvão através de Londres entre 1550 e 1800, bem como entre os níveis de NAch dos livros de leitura infantis e as flutuações no número de patentes nos Estados Unidos emitidas entre 1810 e 1950.

McClelland também buscou conexões no nível do indivíduo. Isto é, ele argumentou que os indivíduos com NAch elevada assumem riscos moderados, têm altas aspirações e assumem responsabilidade pessoal por seu desempenho. Essas características devem predispor as pessoas ao sucesso nos negócios (McClelland, 1985), e há evidências de que uma NAch elevada está associada à produtividade nos negócios. Por exemplo, Wainer e Rubin (1969) descobriram que os líderes das companhias de pesquisa e desenvolvimento mais bem-sucedidas tinham níveis mais elevados de NAch do que os líderes de companhias similares menos bem-sucedidas. McClelland e Boyatzis (1982) relataram que os níveis de NAch medidos na época em que futuros gerentes foram contratados pela American Telephone and Telegraph (AT&T) estavam associados à promoção até o nível 3 na companhia depois de 16 anos. A promoção além desse ponto, todavia, não estava associada aos níveis de NAch. McClelland sugeriu que em uma grande companhia hierárquica como a AT&T, a NAch só contribuía até certo ponto para a promoção. Nos níveis mais elevados, um motivo diferente, o *motivo de poder*, poderia ser mais importante.

Se a motivação para a realização indica o desejo de uma pessoa de sair-se melhor, então a motivação de poder indica o desejo da pessoa de ter um impacto sobre os outros e sentir-se forte. Winter (1973) desenvolveu um sistema de codificação para as imagens

de poder nas histórias do TAT. Usando esse sistema, Winter (1987) analisou a motivação de poder nos discursos inaugurais dos presidentes norte-americanos. Os dois presidentes com a motivação de poder mais elevada foram Harry Truman e John Kennedy. Curiosamente, Winter encontrou correlações positivas significativas entre os escores de motivação de poder e as avaliações de "grandeza presidencial", número de decisões tomadas historicamente significativas e probabilidade de levar os Estados Unidos à guerra. Em uma arena mais mundana, McAdams, Rothman e Lichter (1982) relataram uma tendência a escores mais elevados em motivos de poder entre as pessoas que tipicamente adotam papéis de liderança e/ou atingem posições de grande influência.

Também existem relações fascinantes entre a motivação para o poder e duas facetas da nossa vida pessoal, os relacionamentos românticos e a saúde física. No primeiro domínio existem notáveis diferenças entre os sexos. Stewart e Rubin (1976) relataram uma acentuada instabilidade nos relacionamentos românticos entre os homens com grande necessidade de poder. McAdams (1984) também encontrou uma associação entre uma grande motivação para o poder nos homens e maior insatisfação no casamento e no namoro, menor estabilidade nos namoros e níveis mais elevados de divórcio. No caso das mulheres, todavia, a motivação para o poder estava positivamente associada à satisfação conjugal (Veroff, 1982). A relação com a saúde é complicada (McClelland, 1979), e poucos estudos foram relatados. McClelland e Jemmot (1980) descobriram que os alunos com grande motivação para o poder, grande autocontrole e muito estresse relacionado ao poder/realização relatavam mais doenças físicas, e doenças mais graves, do que os outros alunos.

Agora trataremos de três tendências recentes na pesquisa da personalidade. Embora nenhuma delas tenha sido iniciada diretamente por Henry Murray, todas estão ligadas ao seu modelo e são inteiramente consistentes com ele.

## Interacionismo

Como veremos no próximo capítulo, sobre Gordon Allport, um dos eventos seminais das últimas três décadas de pesquisa sobre a personalidade ocorreu em 1968, quando Walter Mischel publicou *Personality and*

*Assessment*. Mischel argumentou que existiam escassas evidências da utilidade de traços gerais de personalidade como preditores de comportamento. Uma razão aparente para isso, concluiu Mischel, era a realidade de que o comportamento tende a ser *situacionalmente específico*, isto é, o nosso comportamento está amplamente sob o controle das características específicas da situação em que nos encontramos, e não de qualquer traço geral de personalidade que possuímos. Em conseqüência, agimos de uma maneira consistente (p. ex., agressivamente ou solicitamente) em muitas situações diferentes porque percebemos essas situações como equivalentes, não porque possuímos uma característica geral de personalidade (como agressão ou solicitude).

O grande valor da posição de Mischel foi o fato de constituir um desafio *empírico*. Ele não estava interessado em argumentos teóricos sobre os méritos das diferentes abordagens: ele só era persuadido por dados que indicassem uma consistência situacional cruzada do comportamento ou a utilidade preditiva dos traços de personalidade. Como veremos no próximo capítulo, Mischel recebeu várias respostas. Uma das respostas mais importantes defendia uma abordagem *interacionista*: o comportamento deveria ser conceitualizado e investigado como uma função conjunta das características da situação e dos atributos da pessoa (ver, p. ex., Endler e Magnusson, 1976a,b; Magnusson & Endler, 1977a; Ozer, 1986).

Interacionismo significava coisas diferentes para muitas pessoas. Endler (1981) fez uma distinção entre interacionismo mecanicista e interacionismo recíproco. O interacionismo mecanicista tem uma definição estatística. Ele ocorre quando o efeito de uma variável de personalidade depende do nível de uma variável situacional (ou quando o efeito de uma variável situacional depende do nível de uma variável de personalidade). Por exemplo, Leonard (1975) investigou se a semelhança entre duas pessoas está associada a quanto elas gostam uma da outra. Ele descobriu que as pessoas com auto-estima elevada gostavam mais do seu parceiro quando ele era semelhante, mas que as pessoas com baixa auto-estima gostavam mais do parceiro quando ele era dessemelhante. Em outras palavras, a auto-estima (um atributo de personalidade) interage com a semelhança (uma característica situacional) para determinar a atração (ver Blass, 1984, para outros bons exemplos). Alternativamente, podemos dizer que a auto-estima serve como uma *variável moderadora* para o relacionamento entre semelhança e atração. Bowers (1973) revisou uma série de estudos sobre a importância relativa de pessoas, situações e interações na determinação do comportamento. Em 14 de 18 comparações, ele descobriu que a interação pessoa-situação determina mais a variância comportamental do que a variável da pessoa ou da situação isoladamente.

O interacionismo recíproco, ao contrário, sugere que a pessoa, a situação e o comportamento têm uma influência mútua recíproca (isso antecipa claramente uma posição que Albert Bandura chama de determinismo recíproco; ver Capítulo 14). De acordo com essa abordagem, é impossível considerar pessoas e situações como causas separadas do comportamento, porque elas são interdependentes. O ponto-chave que o aluno deve reconhecer nesse contexto é que o interacionismo recíproco não é novo. Ele é uma clara expressão da abordagem que Henry Murray estava defendendo quando propôs que o comportamento fosse analisado em termos de combinações de necessidade-pressão, ou temas. Isso não pretende sugerir que há algo de errado com o interacionismo recíproco. Mas o fato de Murray ter identificado dimensões coincidentes de necessidade e de pressão proporciona um veículo para o interacionismo recíproco que não foi suficientemente apreciado.

## "Onde Está a Pessoa?"

Em um influente artigo publicado em 1971, Rae Carlson lamentou que "as práticas metodológicas correntes sejam incapazes de abordar questões de real importância na personalidade" (p. 203). Além disso, ela escreveu que "o presente empobrecimento da pesquisa da personalidade é perturbador, porque sugere que a meta de estudar as pessoas como uma totalidade foi abandonada" (p. 207). Essa foi uma crítica pessoal de Carlson, mas ela também estava claramente ecoando a posição de Murray de 33 anos antes.

Carlson estava seguindo a orientação de Murray também em outro aspecto. Ela citou a afirmação de Kluckhohn e Murray (1949, p. 35) de que cada homem é "como *todos* os outros homens, como *alguns* outros homens e como *nenhum* outro homem". Carlson concordou com Murray que essas três abordagens devem ser vistas como complementares e utilizou-as para examinar todos os artigos publicados no *Journal of Personality* e no *Journal of Personality and Social Psychology* durante 1968. Dos 226 artigos revisados, 57% desconsideravam as variáveis do sujeito e tratavam os sujeitos como "todos os outros homens", enquanto 43% consideravam as diferenças grupais (p. ex., ansiedade elevada *versus* baixa ou homem *versus* mulher) em uma abordagem "como alguns outros homens". Para consternação de Carlson, *"nenhum estudo publicado tentou sequer uma investigação mínima da organização de variáveis de personalidade dentro do indivíduo"* (1971, p. 209). Ela concluiu que a adesão a estratégias convencionais de pesquisa levou "ao abandono do campo da personalidade normal como um empreendimento científico primário" (p. 210). Ela resumiu seu exame citando a observação de Murray de que a razão básica pela qual a pesquisa da personalidade tem sido enganadora ou trivial é que os pesquisadores falharam em coletar informações pertinentes suficientes sobre os sujeitos.

Carlson (1984) replicou seu exame com 113 estudos publicados em 1982 no *Journal of Personality and Social Psychology*. Suas conclusões foram igualmente pessimistas, pois apenas 7% dos estudos satisfaziam o que ela considerava como os três critérios mais importantes para um estudo da personalidade: foco no indivíduo, tentativa de estudar o sujeito por pelo menos dois meses e uso de materiais biográficos ou documentos pessoais. Segundo Carlson, os pesquisadores mantêm "uma percepção errada da tarefa. A personalidade não é equivalente a 'variáveis de personalidade' ou a 'diferenças individuais'. Até os mais cuidadosos estudos de processos componentes não conseguem produzir conhecimentos sobre o desenvolvimento e a organização dinâmica da personalidade, como sabemos pelo menos desde *Explorations in Personality*" (1984, p. 1308; mas ver Kenrick, 1986, para uma réplica mordaz). O legado de Murray persiste.

## Psicobiografia

Os progressos recentes na subdisciplina da psicobiografia representam a mais clara resposta ao apelo de Carlson para redescobrirmos a pessoa na pesquisa sobre a personalidade.

A psicobiografia original foi o estudo de Sigmund Freud sobre Leonardo da Vinci (1910a; ver Elms, 1988, para uma análise), mas muitos fatos novos acontece-

ram desde então. O livro seminal de Runyan (1982), *Life Histories and Psychobiography*, proporcionou grande parte do ímpeto para o atual trabalho nesse campo. Runyan também fez revisões recentes da história da psicobiografia (1988, 1990) e a introdução de McAdams (1988) à edição especial do *Journal of Personality* sobre "Psicobiografia e Narrativas de Vida" é uma boa introdução ao campo. Embora algumas psicobiografias tenham empregado explicitamente o conceito de Murray de tema (p. ex., Alexander, 1988), outros trabalhos empregaram motivos sociais (Winter & Carlson, 1988), a teoria de Erik Erikson do desenvolvimento da personalidade (Stewart, Franz & Layton, 1988) e a teoria do roteiro de Tompkins (1979, 1987; p. ex., Alexander, 1990; Carlson, 1988).

Também houve um progresso substancial na metodologia da psicobiografia. Runyan (1988) divide o processo de compreender a vida de um indivíduo em oito passos, variando do exame das evidências (como diários e cartas) até o exame de "fatores sociais, políticos, psicológicos e históricos". Ele argumenta que o ímpeto para uma nova psicobiografia pode vir do desenvolvimento em qualquer um desses oito passos, e ilustra essa seqüência com um estudo do rei George III.

Alexander (1988, p. 266) descreve uma série de orientações para o estudo "das importantes seqüências de meios-fins que caracterizam as fantasias de cada pessoa." Como sugere essa citação, Alexander vincula seu trabalho ao de Murray e ao uso que Allport faz de documentos pessoais (ver Capítulo 7). Ele sugere que tanto podemos "deixar que os dados se revelem" como "fazer uma pergunta aos dados". A primeira abordagem requer a identificação dos materiais mais importantes. Seguindo o método psicanalítico de Freud, Alexander sugere que os psicobiógrafos prestem atenção ao material digno de nota por sua primazia, freqüência, singularidade, negação, ênfase, omissão, erro, isolamento ou incompletude. A segunda abordagem de Alexander centra-se em algum aspecto especial do sujeito, tal como seu nível de introversão ou sua atitude em relação ao sucesso. Observar todos os incidentes relativos a esse aspecto no material existente sobre o sujeito, depois codificar e contar os tipos de seqüências, resultados e afetos nos dão uma indicação das circunstâncias na vida do sujeito em que a introversão ou o sucesso ocorrem ou não.

Independentemente da abordagem específica adotada, a psicobiografia oferece um veículo para devolver a pessoa à pesquisa da personalidade e para implementar a preocupação de Murray com as histórias individuais de vida. McAdams (1990), por exemplo, oferece uma introdução às teorias de personalidade que adota a pessoa como a unidade de estudo. Alhures, McAdams (1988, p. 1) resume muito bem este ponto: "Mais uma vez, está certo estudar a 'pessoa inteira'. Melhor, os personologistas contemporâneos insistem, como fizeram pioneiros como Gordon Allport e Henry Murray, que tal empreendimento é a *raison d'etre*\* do personologista.

## *STATUS* ATUAL E AVALIAÇÃO

Já vimos que as concepções teóricas de Murray sofreram um constante processo de reexame e modificação. No entanto, mesmo diante desse constante fluxo, certos elementos continuaram firmes. Em nenhum momento, seu profundo interesse pelo processo motivacional esmoreceu, nem ele demonstrou qualquer inclinação a abandonar suas atividades descritivas e taxonômicas. Igualmente, sua teoria sempre enfatizou a importância das fontes inconscientes de motivação e a relação entre os processos psicológicos com os processos cerebrais.

As formulações de Murray foram consideradas úteis não só por seus alunos, mas também por muitos outros investigadores e clínicos interessados no estudo da personalidade. Seus conceitos de necessidade e pressão têm sido amplamente utilizados, especialmente por clínicos e investigadores que empregam o Teste de Apercepção Temática. Poucas pessoas interessadas nos detalhes de classificar o comportamento humano deixaram de ganhar algum ensinamento com as várias classificações importantes propostas por Murray. Tanto no desenvolvimento de instrumentos específicos como na apresentação de um ponto de vista, seu trabalho tem tido muita relação com desenvolvimentos contemporâneos nessa área. Tão importante como essas contribuições substantivas, tem sido a capacidade de Murray de intrigar, entusiasmar e inspirar seus

alunos e colegas. O entusiasmo e a convicção que transmitia aos seus alunos sem dúvida são responsáveis, em uma extensão considerável, pelo fato de eles terem desempenhado um papel tão importante no desenvolvimento da pesquisa da personalidade.

Que aspectos de sua posição teórica tiveram mais influência? Talvez o componente mais distintivo da posição de Murray, conforme sugerido anteriormente, seja o seu tratamento cuidadoso e sensível do processo motivacional. Tem havido uma forte tendência, por parte de recentes teóricos da personalidade, de lidar com a motivação seguindo por um de dois caminhos bem simples. O primeiro caminho atribui um número notavelmente pequeno de motivos essenciais a todos os comportamentos, de modo que tudo pode ser visto como originando-se dos motivos principais. O segundo caminho supõe que o número de motivos é grande, e que cada indivíduo é impulsionado por motivos tão complexos e tão singularmente diferentes dos motivos de outros indivíduos que não é possível especificarmos motivos que possam ser utilmente aplicados a mais de uma pessoa. Essa alternativa nega a utilidade de qualquer tentativa de uma classificação geral de motivos. A posição de Murray está claramente entre esses extremos fáceis. Ele reconhecia a complexidade da motivação humana e afirmava firmemente que o processo não pode ser adequadamente representado em termos de dois, três, quatro ou cinco motivos gerais. Entretanto, ele insistia que existem motivos com suficiente generalidade para serem usados proveitosamente para representar o comportamento de todos ou da maioria dos indivíduos dentro de grupos especificados. Assim, ele enfrentou realisticamente a tarefa de desenvolver uma série de constructos que fariam justiça à complexidade do comportamento humano, mas, ao mesmo tempo, seriam cuidadosamente especificados, de modo a poderem ser usados repetidamente por diferentes investigadores. O resultado, como vimos, é uma classificação de motivos provavelmente muito mais útil do que qualquer outra classificação comparável.

A teoria de Murray e sua pesquisa desempenharam um papel crucial para promover um interesse mais sério pela teoria psicanalítica por parte dos psicólogos acadêmicos. Quando Murray ingressou na Clínica Psicológica de Harvard, a psicanálise era realmente uma estranha e uma invasora no domínio da psicologia. Os anos subseqüentes viram Freud firmemente

---

\*N. de T. Razão de ser.

centrado como um dos gigantes intelectuais do nosso tempo, e essa mudança é em grande parte atribuída à importância do exemplo de Murray.

Como vimos, sua teoria possuía a característica singular de uma simultânea ênfase na importância do passado do organismo e do contexto presente em que ocorre o comportamento. Em um mundo psicológico em que a maioria dos teóricos desenvolveu conscientemente uma preocupação com o tempo contemporâneo, ou voltou-se para o passado do organismo como a única chave para se entender o comportamento, é decididamente saudável termos uma posição em que essas duas classes de determinantes são devidamente valorizadas. Seu interesse pelo tempo ou ambiente em que o comportamento ocorre levou ao sistema distintivo de conceitos de pressão, que permite que o investigador represente o ambiente percebido assim como o ambiente objetivo. Uma tarefa é falar de modo geral sobre a importância do ambiente, e outra bem diferente é enfrentar a labuta penosa e difícil de especificar categorias em termos das quais os aspectos significativos do ambiente podem ser representados. Murray é um dos pouquíssimos teóricos que realizaram essa tarefa.

Os aspectos negativos da teoria de Murray são em vários sentidos a imagem espelhada dos positivos. A uma extensão considerável, as principais críticas à teoria relacionam-se estreitamente à originalidade, incorporatividade e complexidade da teoria. Nós já concordamos que a acusação mais séria que pode ser feita a uma teoria é que ela não conduz à pesquisa. Os críticos podem dizer que no sistema de Murray existe claramente um conjunto de conceitos e um conjunto relacionado de definições empíricas, mas que *não* existe um conjunto de suposições psicológicas claramente enunciadas ligadas a esses conceitos de maneira a produzir conseqüências testáveis.

Em defesa da teoria, devemos admitir que suas suposições e conceitos realmente oferecem um ponto de vista geral referente ao comportamento que claramente tem muita relação com a maneira específica de abordar determinados problemas de pesquisa. Além disso, as variáveis definidas são aplicáveis à maioria ou a muitos desses problemas. Podemos afirmar, com considerável justiça, que essas funções são mais ou menos tudo o que a maioria das teorias de personalidade apresenta neste momento.

Alguns críticos acham que a teoria é tão amplamente incorporativa que perde o poder ou o vigor que estariam presentes em um ponto de vista mais limitado ou especializado. Assim, as próprias qualidades que tornam a teoria complexa e, ao mesmo tempo, protegem-na de muitas das críticas usuais às teorias de personalidade poderiam combinar-se para reduzir a efetividade da teoria como um ponto de vista compelidor. É como se a teoria dissesse tanto que nenhuma coisa isolada é dita com uma relevância e convicção suficientes para destacá-la do restante da teoria ou para fazer com que a teoria se destaque de outras.

Apesar da amplitude e da diversidade das formulações teóricas de Murray, está claro que ele dedicou mais atenção ao processo motivacional que ao processo de aprendizagem. Isso levou alguns críticos a acreditar que a teoria de Murray é incapaz de explicar como os motivos se transformam e desenvolvem-se. Embora sua classificação de motivos seja singularmente útil e seus métodos de medir a motivação, de importância central, ele disse relativamente pouco sobre o processo exato pelo qual esses motivos se desenvolvem.

A paciência e a habilidade de Murray como taxonomista o levaram a criar tantas distinções finas e classificações detalhadas que alguns observadores acham que ele foi desnecessariamente complexo em sua abordagem ao estudo do comportamento. Certamente é verdade que o número de categorias diferentes desenvolvidas por ele, associado à sua tendência a modificá-las freqüentemente e a introduzir novos termos para descrever esses conceitos, deixa o leitor casual consideravelmente confuso. Embora possamos afirmar que a tarefa de um taxonomista é representar a realidade acuradamente e não necessariamente tornar os leitores felizes, devemos admitir que muitas das variáveis de Murray não tiveram uma aplicação extensiva e prolongada a dados empíricos.

Em geral, os textos de Murray e sua pesquisa não fizeram furor no mundo psicológico existente. Ele era poeta demais e positivista de menos. Estava à vontade com sua imaginação, disposto a falar livremente sobre questões que não ofereciam nenhuma possibilidade imediata de tradução empírica e disposto a tornar públicas suas especulações desenfreadas. Nenhuma dessas qualidades leva à aceitação imediata por parte dos profissionais, que ainda são muito sensíveis em relação à sua posição suspensa entre as ciências naturais e as humanas. Existe uma forte tendência no experimentalista de descartar como mera subjetividade os problemas e as questões formulados por contemporâneos que não querem ficar amarrados por métodos e técnicas manipuláveis. Assim, compreensivelmente, muitos investigadores têm considerado os textos de Murray pouco respeitosos em relação à técnica experimental, e perturbadores nas considerações complexas que introduzem como necessárias a um entendimento adequado do comportamento humano. Henry Murray foi um psicólogo? A resposta de Triplet (1992, p. 305) – "Pelos padrões de hoje, a resposta a essa pergunta provavelmente é não" – pode representar uma visão de consenso. Mas nós discordamos vigorosamente. Independentemente de empregarmos medidas objetivas (p. ex., indicações acadêmicas, publicações em jornais de psicologia, prêmios e homenagens por contribuições à psicologia e citações em publicações significativas) ou índices mais problemáticos e importantes (como o número e a qualidade de alunos e associados), Murray não só foi um psicólogo, mas também foi um dos psicólogos mais influentes de seu século.

Em qualquer avaliação final das contribuições de Murray, precisamos combinar a teoria, o homem e sua pesquisa. Não há dúvida de que essa combinação introduziu uma nota de vívida originalidade em uma área de pesquisa que precisava imensamente dessa qualidade. No final das contas, um dos maiores inimigos do progresso empírico e teórico é a fixação em eventos estáveis, mas triviais, e não houve um crítico mais implacável da investigação e da formulação triviais na pesquisa da personalidade do que Henry Murray. Sua mensagem foi clara: "A superficialidade é o grande pecado da personologia americana" (Murray, 1981, p. 311).

# CAPÍTULO 7

# Gordon Allport e o Indivíduo

INTRODUÇÃO E CONTEXTO ............................................................................... 224
HISTÓRIA PESSOAL .......................................................................................... 224
A ESTRUTURA E A DINÂMICA DA PERSONALIDADE ............................................. 228
    Personalidade, Caráter e Temperamento    228
    Traço    229
    Intenções    232
    O *Proprium*    232
    Autonomia Funcional    233
    A Unidade da Personalidade    236
O DESENVOLVIMENTO DA PERSONALIDADE ....................................................... 236
    O Bebê    236
    A Transformação do Bebê    237
    O Adulto    238
PESQUISA CARACTERÍSTICA E MÉTODOS DE PESQUISA ......................................... 239
    Idiográfico *Versus* Nomotético    239
    Medidas Diretas e Indiretas da Personalidade    240
    Estudos do Comportamento Expressivo    241
    Cartas de Jenny    244
PESQUISA ATUAL .............................................................................................. 245
    O Interacionismo e o "Debate Pessoa-Situação" Revisitados    245
    Idiográfica e Idiotética    246
    Allport Revisitado    248
*STATUS* ATUAL E AVALIAÇÃO ............................................................................ 250

## INTRODUÇÃO E CONTEXTO

Há cinco décadas, as melhores mentes da psicologia estavam buscando inflexivelmente um maior rigor e quantificação, ou então tentavam ansiosamente traçar os motivos inconscientes até seu esconderijo oculto. Em meio a essas tendências, Gordon Allport seguia serenamente seu próprio caminho, defendendo a importância do estudo qualitativo do caso individual e enfatizando a motivação consciente. Essa relutância em seguir as correntes de pensamento contemporâneas fazia com que as formulações de Allport parecessem às vezes arcaicas ou antiquadas, mas, em outras ocasiões, ele parecia ser o campeão de idéias inovadoras e singularmente radicais. Apesar de seu iconoclasmo, ele representa, talvez melhor que qualquer outro teórico contemporâneo, a síntese do pensamento psicológico tradicional e da teoria da personalidade.

Sua posição sistemática representa uma destilação e elaboração de idéias derivadas em parte de fontes altamente respeitadas como a psicologia da Gestalt, William Stern, William James e William McDougall. Da teoria da Gestalt e de Stern, vieram uma desconfiança das costumeiras técnicas analíticas da ciência natural e um profundo interesse pela singularidade do indivíduo e pela congruência de seu comportamento. James está refletido não só no brilhante estilo de redação de Allport, na sua orientação ampla e relativamente humanista em relação ao comportamento humano e no interesse pelo *self*, mas também em certas dúvidas sobre o poder supremo dos métodos psicológicos de representar adequadamente e de compreender completamente o enigma do comportamento humano. Semelhante à posição de McDougall, temos a grande ênfase de Allport na importância das variáveis motivacionais, sua pronta aceitação do importante papel desempenhado pelos fatores genéticos ou constitucionais e seu proeminente uso dos conceitos de "ego". Além dessas influências focais, fica claro, a partir dos textos de Allport, que ele respeitava profundamente a mensagem do passado e conhecia bem os problemas clássicos enfrentados no século passado pelos psicólogos de laboratório.

## HISTÓRIA PESSOAL

Allport, um dos quatro filhos de um médico, nasceu em Indiana em 1897, mas cresceu em Cleveland, onde foi educado em escolas públicas. Ele estudou na Universidade de Harvard na mesma época em que seu irmão mais velho, Floyd, estudava psicologia nessa universidade. Depois de formar-se em economia e filosofia em 1919, Allport passou um ano no Robert College, em Istambul, ensinando sociologia e inglês. Ele então voltou a Harvard e conseguiu seu Ph.D. em psicologia em 1922. Durante os dois anos seguintes, ele estudou em Berlim, Hamburgo e Cambridge, na Inglaterra. Essa vasta experiência em ambientes acadêmicos estrangeiros deve ter contribuído para o sólido interesse de Allport por questões internacionais, sempre tão evidentes nas atividades de sua longa carreira. Isso também levou Allport a servir por mais de uma década como um dos principais intérpretes da psicologia alemã na América. Ao retornar da Europa, ele aceitou um cargo de professor no Departamento de Ética Social da Universidade de Harvard. Também parece haver uma continuidade entre esse primeiro cargo docente de Allport na América e sua persistente preocupação com problemas sociais e éticos. Decorridos dois anos, ele aceitou o cargo de professor-assistente de psicologia no Dartmouth College, mas foi convidado a voltar a Harvard em 1930, onde permaneceu até a sua morte, em 9 de outubro de 1967, um mês antes de seu 70° aniversário. No ano anterior à sua morte, ele foi nomeado o primeiro *Richard Cabot Professor of Social Ethics*. Allport foi uma das figuras centrais no movimento interdisciplinar que levou à formação do Departamento de Relações Sociais na Universidade de Harvard, em uma tentativa de efetuar uma integração parcial da psicologia, da sociologia e da antropologia. (Para uma breve autobiografia, ver Allport, 1967.)

Por ter ensinado tantos anos na universidade, não surpreende que em grande parte de seus textos Allport manifeste uma deliberada intenção didática. Ao contrário da maioria dos escritores técnicos, cujo principal objetivo parece ser a construção de declarações irrepreensíveis que desafiam os esforços do crítico para

Gordon W. Allport.

encontrar um ponto onde atingi-los, Allport parecia muito mais interessado em apresentar questões de uma maneira saliente, provocativa. Isso às vezes levava a exageros ou ao foco em uma questão específica, com a relativa exclusão de outros pontos pertinentes. Assim, poderíamos dizer que Allport é um dos teóricos psicológicos mais ardentemente criticados, mas também devemos dizer que as questões erguidas por ele habitualmente passavam a interessar os psicólogos.

Durante sua carreira, Allport recebeu praticamente todas as homenagens profissionais que os psicólogos têm a oferecer. Ele foi eleito presidente da Associação Psicológica Americana, presidente da *Eastern Psychological Association*, e presidente da *Society for the Psychological Study of Social Issues*. Em 1963 ele recebeu a medalha de ouro da Fundação Psicológica Americana, e em 1964, o prêmio da Associação Psicológica Americana por contribuições científicas importantes. A amplitude e a diversidade de seu trabalho acadêmico estão claramente evidentes em seus inúmeros livros e inumeráveis monografias, artigos, prefácios e revisões, muitas vezes em colaboração com outros psicólogos. Ele também foi co-autor de dois testes amplamente utilizados, *The A-S Reaction Study* e *A Study of Values*. (Muitas dessas publicações estão listadas na bibliografia. A lista completa de sua obra pode ser encontrada em *The Person in Psychology*, 1968.)

Como podemos caracterizar as convicções teóricas de Allport? Para começar, seus textos revelam uma incansável tentativa de fazer justiça à complexidade e à singularidade do comportamento humano individual. Apesar da estonteante complexidade do indivíduo, as principais tendências da natureza da pessoa mostram uma congruência ou unidade subjacente. Além disso, pelo menos no caso do indivíduo normal, os determinantes conscientes do comportamento são de uma importância esmagadora. A congruência do comportamento e a importância dos motivos conscientes levaram Allport a enfatizar naturalmente aqueles fenômenos em geral indicados pelos termos *self* e *ego*. Consistentemente com a ênfase nos fatores racionais, temos a convicção de Allport de que o indivíduo é uma criatura mais do presente que do passado. Seu conceito de "autonomia funcional", a ser discutido posteriormente, representa uma tentativa deliberada de libertar o teórico ou o investigador de uma preocupação desnecessária com a história do organismo.

Em termos amplos, a sua visão do ser humano é uma visão em que são enfatizados os elementos positivos e conscientes da motivação, e o comportamento é visto como internamente consistente e determinado por fatores contemporâneos.

Para Allport, existe uma descontinuidade entre o normal e o anormal, a criança e o adulto, o animal e o humano. Algumas teorias, como a psicanálise, podem ser muito efetivas como representações do comportamento perturbado ou anormal; todavia, elas têm pouca utilidade para explicar o comportamento normal. Em uma linha semelhante, as teorias que fornecem uma conceitualização perfeitamente adequada do bebê ou da criança pequena não são adequadas como representações do comportamento adulto. Allport sempre se opôs a tomar muito conhecimento emprestado das ciências naturais. Ele acreditava que métodos de estudo e modelos teóricos que se mostraram úteis nas ciências físicas só podem ser enganadores no estudo do complexo comportamento humano. Essa convicção está claramente revelada em uma discussão (Allport, 1947) sobre os vários tipos de modelos atualmente populares na teorização psicológica. Ele examinou o modelo mecânico, o modelo animal e o modelo da criança e concluiu que nenhum deles oferece uma base adequada para a construção de uma teoria útil do comportamento humano. Consistentemente com tal desconfiança, temos sua crença de que a ênfase prematura na importância do operacionismo, uma preocupação detalhada em especificar as operações de mensuração implicadas por qualquer conceito empírico, pode impedir o progresso na psicologia. Ele achava "simplesmente absurdo" o positivismo que leva à concepção de um organismo vazio. Ele também desprezava o "empiricismo imoderado" e, por essa razão, criticava severamente os estudos fatoriais analíticos da personalidade.

A ênfase de Allport na racionalidade, na unidade da personalidade e nas descontinuidades, bem como seu repúdio a qualquer abordagem mecanicista da ciência natural, mostram bem como ele se afastou de Freud. Em muitos aspectos, o seu modelo é o primeiro modelo não-freudiano da personalidade. O contraste ficará ainda mais claro quando examinarmos sua rejeição do determinismo da infância em favor de metas futuras e preocupações presentes, bem como seu foco no indivíduo psicologicamente maduro. Para Allport, era mais uma questão de sermos maduros até certo ponto, em vez de sermos neuróticos até certo ponto.

Allport contava uma história sobre si mesmo para ilustrar como a psicologia freudiana profunda era estranha para ele. Em 1920, Allport estava voltando aos Estados Unidos e parou em Viena para visitar seu irmão Fayette. Ele conta:

"Com uma imatura presunção, característica dos 22 anos de idade, eu escrevi a Freud anunciando que estava em Viena e sugeri que ele certamente ficaria satisfeito em me conhecer. Recebi uma resposta manuscrita muito gentil, convidando-me para ir ao seu consultório em um determinado horário. Logo depois de entrar na famosa sala vermelha com quadros de sonhos nas paredes, fui convidado ao seu consultório interno. Ele não me disse nada, sentou-se em silêncio expectante, esperando que eu explicasse por que o procurara. Eu não estava preparado para o silêncio, e tive de pensar rápido e encontrar um assunto adequado para conversar. Contei-lhe um episódio que acontecera no bonde, a caminho de seu consultório. Um garotinho com cerca de quatro anos de idade manifestara uma clara fobia de sujeira. Ele ficava repetindo para a mãe: 'Eu não quero sentar lá . . . não deixe que aquele homem sujo se sente ao meu lado'. Para ele, tudo era *schmutzig* (imundo). Sua mãe era uma *hausfrau* (dona-de-casa) rígida, com uma aparência tão dominante e decidida que para mim a causa e o efeito estavam claros.

Quando acabei minha história, Freud fixou seus bondosos olhos terapêuticos em mim e disse: 'E esse garotinho era você?' Estupefato e sentindo-me um pouco culpado, dei um jeito de mudar de assunto. Embora me divertisse o fato de Freud ter entendido erroneamente a minha motivação, isso também desencadeou um profundo encadeamento de idéias. Eu percebi que ele estava acostumado a defesas neuróticas e que a minha motivação manifesta (uma espécie de rude curiosidade e ambição juvenil) tinha-lhe escapado . . . Essa experiência me ensinou que a psicologia profunda, apesar de todos os seus méritos, pode ir fundo demais, e que os psicólogos fariam bem em reconhecer plenamente os motivos manifestos antes de sondar o inconsciente." (1967, p. 7-8)

Curiosamente, muitos autores sugeriram que Allport, um homem meticuloso, *era* como aquele garotinho!

A aplicação do método e dos achados psicológicos em um "ambiente de ação", onde se tenta melhorar condições sociais indesejáveis, sempre interessou Allport profundamente. Durante muitos anos, ele lutou para não deixar a psicologia encapsulada dentro das paredes do laboratório, e seu trabalho nos campos do preconceito e das relações internacionais estão entre os exemplos mais proveitosos da aplicação da psicologia às questões sociais. É interessante observar que, como em muitos outros teóricos que enfatizaram vigorosamente a singularidade e a individualidade do comportamento humano, existe um pessimismo subjacente por parte de Allport referente ao poder supremo do método e da teoria psicológicos de desvendar o mistério do comportamento humano. O enigma colocado pelo indivíduo complexo é grande demais para ser completamente entendido por meio das concepções e dos métodos práticos dos psicólogos. Portanto, embora Allport aceitasse a importância e a inevitabilidade de uma abordagem experimental aos problemas psicológicos, ele tinha reservas em relação ao sucesso final desse esforço.

Como indicamos, os textos de Allport revelam uma consistência básica de ponto de vista. Entretanto, ele próprio nunca afirmou ser um sistematizador. Ele dizia que seu trabalho sempre estava orientado para *problemas* empíricos em vez de buscar uma unidade teórica ou metodológica. Ele defendia uma teoria aberta da personalidade, não uma teoria fechada ou parcialmente fechada. Allport considerava-se um pluralista sistemático, trabalhando na direção de um ecletismo sistemático: "Um pluralista, na psicologia, é um pensador que não excluirá qualquer atributo da natureza humana que pareça importante por ele mesmo" (1964, p. 75). Em 1966, Allport propôs uma posição epistemológica para a pesquisa da personalidade, a qual chamou de "realismo heurístico". Essa posição "aceita a suposição de senso comum de que as pessoas são seres reais, que cada uma tem uma organização neuropsíquica real, e que o nosso trabalho é compreender tal organização tanto quanto possível" (1966, p. 8). Para ele, a personalidade era um enigma a ser solucionado da maneira mais adequada possível com os instrumentos disponíveis na metade do século XX. Ele adotou a mesma abordagem com os outros problemas a que se propôs: rumor, rádio, preconceito, a psicologia da religião, a natureza das atitudes e outros tópicos de interesse humano. A todas essas áreas de problemas, ele aplicava conceitos de maneira eclética e pluralista, buscando aquela que lhe parecia a explicação mais adequada possível em nosso presente estado de conhecimento. Assim, as questões de adequação formal de sua teoria não tinham grande importância para ele.

## A ESTRUTURA E A DINÂMICA DA PERSONALIDADE

Nos capítulos precedentes, nós em geral apresentamos separadamente a estrutura da personalidade e a dinâmica da personalidade. Mas, no caso da teoria de Allport, essa distinção parece em grande parte inaplicável. A estrutura da personalidade é primariamente representada em termos de traços, e, ao mesmo tempo, o comportamento é motivado ou impulsionado pelos traços. Assim, estrutura e dinâmica são, de modo geral, a mesma coisa.

Allport publicou duas formulações importantes de seu ponto de vista – a primeira em *Personality: A Psychological Interpretation* (1937); a segunda em *Pattern and Growth in Personality* (1961). Entre 1937 e 1961, Allport fez várias mudanças conceituais e terminológicas em sua teoria. O presente relato baseia-se em seu volume de 1961, sempre que ele diferir do livro de 1937, e em artigos que ele publicou depois de 1961 que modificaram a teoria.

O ecletismo de Gordon Allport em lugar nenhum se reflete melhor do que na rica variedade de conceitos que para ele desempenhavam um papel útil na descrição do comportamento humano. Ele considerava conceitos tão segmentais como reflexos específicos e tão amplos como traços cardinais ou o *proprium* (*self*) como importantes para se entender o comportamento, e via os processos referidos por esses conceitos como operando dentro do organismo de uma maneira hierárquica, de modo que os mais gerais normalmente têm precedência sobre os mais específicos. Nas declarações mais detalhadas de sua teoria, Allport (1937, 1961) sugeriu que cada um dos seguintes conceitos possui alguma utilidade: reflexo condicionado, hábito, traço, *self* e personalidade.

Embora todos esses conceitos sejam reconhecidos e recebam certa importância, a maior ênfase da teoria está nos traços, com as atitudes e as intenções recebendo um *status* quase equivalente. Na verdade, a teoria de Allport muitas vezes é referida como uma psicologia do traço. Nessa teoria, os traços ocupam a posição do constructo motivacional mais importante. O traço era para Allport o que a necessidade era para Murray e o instinto era para Freud. Antes de prosseguirmos para um exame mais detalhado do conceito de traço, examinemos a definição de Allport de personalidade.

### Personalidade, Caráter e Temperamento

Para Allport, as definições não eram questões a serem tratadas levianamente. Antes de chegar à sua própria definição de *personalidade*, ele listou e discutiu meia centena de propostas de várias autoridades do campo (1937). Ele as classificou conforme se referiam à (1) etimologia ou história inicial do termo; (2) significados teológicos; (3) significados filosóficos; (4) significados jurídicos; (5) significados sociológicos; (6) aparência externa; e (7) significados psicológicos. Após esse detalhado sumário e crítica, Allport tentou combinar os melhores elementos das definições anteriores, enquanto evitava suas deficiências maiores. Primeiro, ele sugeriu que uma pessoa poderia definir brevemente a personalidade como "o que um homem realmente é". Entretanto, ele mesmo concordou que isso é abreviado demais para ter utilidade e prosseguiu para uma definição mais conhecida: "A personalidade é a organização dinâmica, dentro do indivíduo, daqueles sistemas psicofísicos que determinam seus ajustamentos únicos ao ambiente" (1937, p. 48).

Certos aspectos dessa definição merecem uma ênfase especial. O termo "organização dinâmica" enfatiza o fato de que a personalidade está constantemente se desenvolvendo e mudando, embora, ao mesmo tempo, exista uma organização ou sistema que une e relaciona os vários componentes da personalidade. O termo "psicofísico" lembra o leitor de que a personalidade "não é nem exclusivamente mental nem exclusivamente neural. A organização envolve a operação do corpo e da mente, inextricavelmente fundidos em uma unidade pessoal" (1937, p. 48). A palavra "determinam" deixa claro que a personalidade é constituída por tendências determinantes que desempenham um papel ativo no comportamento do indivíduo: "A personalidade *é* alguma coisa e *faz* alguma coisa... Ela é o que está *por trás* de atos específicos e *dentro* do indivíduo" (1937, p. 48).

O que foi dito até agora deixa claro que para Allport a personalidade não é apenas um constructo do observador ou algo que só existe quando há uma outra pessoa para reagir a ela. Longe disso; a personalidade tem uma existência real envolvendo concomitantes neurais ou fisiológicos. O cuidado e o detalhe com que Allport desenvolveu sua definição de personalidade estão refletidos na freqüência com que outros teóricos e investigadores a tomaram emprestada.

Embora os termos *personalidade* e *caráter* tenham sido muitas vezes usados intercambiavelmente, Allport demonstrou que tradicionalmente a palavra caráter tinha relação com um código de comportamento em termos do qual os indivíduos ou seus atos são avaliados. Assim, ao descrever o caráter de um indivíduo, muitas vezes se emprega a palavra "bom" ou "mau". Allport sugeriu que caráter é um conceito ético e afirmou: "nós preferimos definir o caráter como a personalidade avaliada, e a personalidade como o caráter sem valorização" (1961, p. 32).

*Temperamento* e personalidade também são freqüentemente confundidos. Mas aqui temos novamente uma clara base para distingui-los em termos do uso comum. Temperamento comumente se refere àquelas disposições estreitamente ligadas a determinantes biológicos ou fisiológicos, que, portanto, mudam relativamente pouco com o desenvolvimento. O papel da hereditariedade naturalmente é um pouco maior aqui do que no caso de outros aspectos da personalidade. O temperamento é a matéria-prima, juntamente com a inteligência e o físico, da qual é criada a personalidade.

Dadas essas importantes distinções, agora podemos examinar os conceitos mais típicos da teoria de Allport.

## Traço

Em suas declarações de 1937, Allport diferenciou os traços individuais dos comuns, mas incluiu ambos sob uma única definição. Isso resultou em certa confusão e ambigüidade, de modo que em 1961 ele fez algumas alterações terminológicas e definiu separadamente o que antes chamara de traços individuais e comuns. O termo traço foi reservado para os traços comuns, e um novo termo, *disposição pessoal*, foi introduzido para substituir o traço individual. Allport também se referiu às disposições pessoais como traços *morfogênicos*.

O traço é definido como uma "estrutura neuropsíquica capaz de tornar muitos estímulos funcionalmente equivalentes, e de iniciar e orientar formas equivalentes (significativamente consistentes) de comportamento adaptativo e expressivo" (1961, p. 347). Uma disposição pessoal ou traço morfogênico é definido como uma "estrutura neuropsíquica generalizada (peculiar ao indivíduo) capaz de tornar muitos estímulos funcionalmente equivalentes, e de iniciar e orientar formas consistentes (equivalentes) de comportamento adaptativo e estilístico" (1961, p. 373).

Podemos observar que a única diferença real entre essas duas definições é que os traços, diferentemente das disposições pessoais, não são designados como peculiares ao indivíduo. Isso significa que um traço pode ser compartilhado por vários indivíduos. No entanto, um traço está tão dentro do indivíduo quanto uma disposição. Ambos são estruturas neuropsíquicas, ambos têm a capacidade de tornar muitos estímulos funcionalmente equivalentes, e ambos orientam formas consistentes de comportamento.

Podemos perguntar, então, por que são necessárias as duas definições? A resposta está nas implicações para a pesquisa empírica. Com o conceito de traços comuns, podemos fazer o que Allport chama de estudos comparativos do mesmo traço, conforme ele se expressa em diferentes indivíduos ou grupos de indivíduos. Com o conceito de disposições pessoais, o investigador pode estudar uma pessoa e determinar o que Allport chama de "a individualidade padronizada única da pessoa". Uma das abordagens segue a tradição da psicologia diferencial de orientação psicométrica, e a outra, a tradição da psicologia clínica. Na pesquisa de Allport e na pesquisa de seus alunos foram empregadas ambas as abordagens.

Embora os traços e as disposições existam realmente na pessoa, eles não podem ser observados diretamente, precisando ser inferidos a partir do comportamento. Allport escreve:

"Um ato específico é sempre o produto de muitos determinantes, não apenas de tendências duradouras, mas também de pressões momentâneas na pessoa e na situação. É somente a ocorrência repetida de atos com a mesma significação (equivalência de resposta), seguindo-se a uma variedade definível de estímulos com a mesma significação pessoal (equivalência de estímulos), que torna necessária a inferência de traços e de disposições pessoais. Essas tendências não estão sempre ativas, mas são persistentes mesmo quando latentes e têm limiares de ativação relativamente baixos." (1961, p. 374)

Essa citação sugere dois pontos importantes no modelo de traços de Allport. Primeiro, os traços são "tendências" livres, e sua expressão é levemente diferente porque ocorre em face de "condições determinantes" diferentes. Segundo, os traços são inferidos a partir do comportamento, não diretamente observados. Nós fazemos essas inferências baseados na *freqüência* com que a pessoa exibe um determinado tipo de comportamento, na *variedade de situações* em que aquele comportamento é exibido, e na *intensidade* do comportamento quando exibido. Por exemplo, podemos inferir que uma pessoa é sarcástica se ela freqüentemente faz comentários sarcásticos ou faz tais comentários em discussões na sala de aula, encontros sociais e discussões políticas, e/ou se um ou mais comentários feitos pela pessoa são extremamente sarcásticos.

Allport (1961) citou o exemplo de um "superpatriota" chamado McCarley, que tinha uma fobia de comunistas como um de seus traços mais marcantes.

A Figura 7.1 ilustra a concepção de Allport desse traço. Observem como o traço é um rótulo genérico para a ligação entre uma série de estímulos equivalentes e uma série de respostas equivalentes. A fobia de comunistas de McCarley não é livremente flutuante e difusa; ela só emerge em face de certos estímulos e só expressa-se por meio de uma série limitada de respostas. Tal formulação está estreitamente ligada ao "intervalo de conveniência" de George Kelly (Capítulo 10): as tendências de personalidade só são relevantes para certos eventos. A Figura 7.1 também é semelhante ao que Skinner (Capítulo 12) chamará de generalização de estímulo e generalização de resposta: isto é, um comportamento reforçado em uma situação se espalha para situações semelhantes e para respostas semelhantes. A diferença, evidentemente, é que Allport considerava importante a conexão em si, e explicava os agrupamentos em termos da "equivalência de significado" (1961, p. 323) dos elementos. Allport explicou que os "efeitos de transferência" (ou a "consistência situacional cruzada", como tem sido chamada mais recentemente), em que um dado comportamento ocorre em vários ambientes, ocorre não devido a "elementos objetivamente idênticos" nos dois ambientes, e sim devido à equivalência percebida de significado.

É necessário não somente indicar à que o traço e a disposição se referem, mas também distingui-los de conceitos relacionados. Os hábitos também são tendências determinantes, mas os traços ou as disposições são mais gerais tanto nas situações apropriadas a eles como nas respostas às quais conduzem. O traço, em uma considerável extensão, na verdade representa o resultado da combinação ou da integração de

**FIGURA 7.1** Generalidade de um traço. A extensão do traço é determinada pela equivalência de estímulos que o ativam e pela equivalência de respostas que ele provoca. (Reimpressa com a permissão de Allport, 1961, p. 322.)

dois ou mais hábitos. Um pouco mais difícil é a distinção entre traço ou disposição e *atitude*. Uma atitude também é uma predisposição; ela também pode ser única; ela pode iniciar ou orientar o comportamento; e ela é o produto de fatores genéticos e de aprendizagem. No entanto, restam certas distinções entre os conceitos. Primeiro, a atitude está ligada a um determinado objeto ou à classe de objetos, enquanto o traço ou a disposição não. Assim, a generalidade do traço é quase sempre maior que a da atitude. De fato, à medida que aumenta o número de objetos em relação aos quais a atitude se refere, ela passa a se assemelhar cada vez mais a um traço ou disposição. A atitude pode variar em generalidade, de altamente específica à relativamente geral, enquanto o traço ou a disposição sempre são gerais. Segundo, a atitude normalmente envolve avaliação (aceitação ou rejeição) do objeto em relação ao qual se dirige, enquanto o traço não. Ao resumir isso, Allport sugeriu:

> "Tanto *atitude* como *traço* são conceitos indispensáveis na psicologia. Entre eles, ambos cobrem os principais tipos de disposição com os quais lida a psicologia da personalidade. De passagem, todavia, devemos salientar que uma vez que a *atitude* tem a ver com as orientações das pessoas quando definem as facetas do ambiente (incluindo pessoas, cultura e sociedade), ela é o conceito preferido na *psicologia social*. Mas no campo da personalidade nós estamos interessados na estrutura da pessoa e, portanto, o *traço* passa a ser o conceito preferido." (1961, p. 348)

Finalmente, Allport distinguiu entre traços (ou disposições pessoais) e *tipos* em termos da extensão em que eles se ajustam ao indivíduo. Podemos dizer que uma pessoa possui um traço, mas não um tipo. Os tipos são construções idealizadas do observador, e o indivíduo pode ajustar-se a eles, mas somente à custa de sua identidade pessoal. A disposição pessoal pode representar a singularidade da pessoa, ao passo que o tipo vai escondê-la. Assim, para Allport, os tipos representam distinções artificiais que não têm muita semelhança com a realidade, e os traços são um reflexo verdadeiro do que realmente existe. Mas Allport reconheceu que a postulação dos tipos pode estimular a pesquisa, embora o objetivo dessa pesquisa seja a especificação de traços complexos.

## Disposições Cardeais, Centrais e Secundárias

Conforme indicamos, as disposições pessoais representam predisposições generalizadas de comportamento. Mas precisamos saber se todas as disposições possuem aproximadamente o mesmo grau de generalidade e, senão, como distinguir os vários graus. Allport sugeriu uma distinção entre disposições pessoais cardeais, centrais e secundárias. Uma *disposição cardeal* é tão geral que parece que podemos relacionar à sua influência quase todos os atos de uma pessoa que a possui. Essa variedade de disposição é relativamente incomum e observada em poucas pessoas. Mais típicas são as *disposições centrais*, que representam tendências altamente características do indivíduo, entram em ação com freqüência e são muito fáceis de inferir. Allport sugeriu que o número de disposições centrais pelos quais uma personalidade pode ser conhecida com bastante exatidão é surpreendentemente pequeno – talvez de cinco a dez. A *disposição secundária* é de ocorrência mais limitada, é menos crucial para a descrição da personalidade e mais focalizada nas respostas que provoca, bem como nos estímulos aos quais é apropriada.

Allport discutiu outras questões cruciais referentes aos traços e às disposições. Será que eles servem apenas para orientar ou dirigir o comportamento, ou também têm um papel na iniciação ou instigação do comportamento? Não há uma resposta simples para essa pergunta. Alguns traços são claramente mais impelidores, têm um papel motivacional mais crucial do que outros. Portanto, existe uma considerável variação entre os traços na extensão em que exercem influências impulsionadoras sobre o indivíduo. Além disso, podemos raciocinar que, em certo sentido, sempre existe uma estimulação prévia relacionada à ativação do traço; por exemplo, um estímulo externo ou algum tipo de estado interno sempre precede a operação do traço. Entretanto, está claro que a maioria dos traços não é um pálido reflexo de estímulos externos. De fato, o indivíduo busca ativamente estímulos que tornem apropriada a operação do traço. A pessoa com uma acentuada disposição para a sociabilidade não espera uma situação adequada para expressar esse traço; em vez disso, ela cria situações para interagir com outras pessoas.

Precisamos examinar também a *independência dos traços* (disposições). Em que extensão eles existem como sistemas de comportamento que operam sem levar em consideração outros sistemas? A operação de um determinado traço é sempre condicionada por outros traços e por seu estado, e relativa a eles? Allport argumentava que o traço é identificável não por sua rígida independência, mas por sua qualidade focal. Portanto, ele tende a ter um centro em torno do qual opera a sua influência, mas o comportamento ao qual ele leva é claramente influenciado simultaneamente por outros traços. Não existe nenhuma fronteira nítida delimitando os traços. Esse entrelaçamento de vários traços também explica em parte o fato de não ser possível planejar métodos plenamente satisfatórios de classificá-los.

Está claro que as inferências presentes na identificação de um traço envolvem *consistência*. Portanto, por definição, uma disposição só é conhecida por meio de certas regularidades ou consistências na maneira de o indivíduo se comportar. Allport foi rápido em salientar que sua teoria dos traços não precisa ter uma consistência completa. O simples fato de existirem traços múltiplos, sobrepostos e simultaneamente ativos sugere que podemos esperar com certa freqüência inconsistências aparentes no comportamento do organismo. Além disso, o fato de que as disposições pessoais são singular e individualmente organizadas implica que podem incluir elementos que pareceriam inconsistentes quando vistos de uma perspectiva normativa ou externa. Assim, podemos observar no comportamento uma aparente inconsistência que, na verdade, reflete uma consistência interna singularmente organizada. A teoria de Allport envolve menos a observação de uma correspondência ou consistência exatas no comportamento do que a existência de um congruência sutil que une, freqüentemente de um modo difícil de detectar, as várias manifestações comportamentais do indivíduo. Não sugerimos que todas (ou algumas) personalidades são perfeitamente integradas. A dissociação e a repressão podem existir na vida de qualquer um. Mas ordinariamente existe mais consistência do que os costumeiros métodos de investigação psicológica estão equipados para descobrir.

Uma conseqüência interessante e útil do interesse de Allport pelos traços é a sua meticulosa categorização de quase 18.000 termos tirados de um dicionário. Em colaboração com Odbert (1936), esses termos foram classificados primariamente conforme representavam traços autênticos de personalidade, atividades presentes (estados temporários) ou termos avaliativos. Obviamente, 18.000 termos são impossíveis de manejar como uma taxonomia da personalidade. Além disso, Allport não estava interessado em estabelecer um conjunto de traços comuns a ser aplicado aos indivíduos. Curiosamente, esses termos, mais a suposição subjacente de que as maneiras pelas quais os indivíduos diferem serão indexadas na linguagem da cultura, proporcionaram as bases para Raymond Cattell e outros criarem taxonomias formais (ver Capítulo 8).

## Intenções

Mais importante do que a busca do passado ou da história do indivíduo é a simples pergunta sobre o que o indivíduo pretende ou busca em seu futuro. As esperanças, os desejos, as ambições, as aspirações e os planos da pessoa estão todos representados sob o termo geral "intenção", e aqui se manifesta uma das diferenças características entre Allport e a maioria dos outros teóricos contemporâneos da personalidade. Essa teoria afirma que aquilo que o indivíduo está tentando fazer (e aceitamos que a pessoa é capaz de nos dizer o que está tentando fazer) é a chave mais importante para como a pessoa vai-se comportar no presente. Enquanto outros teóricos voltaram-se para o passado, buscando a chave que desvendaria o enigma do comportamento presente, Allport voltou-se para o futuro pretendido. A esse respeito, suas idéias se parecem com as de Alfred Adler e Carl Jung, embora não haja nenhuma razão para acreditarmos que ele tenha sofrido uma influência direta dessas fontes.

## O *Proprium*

Embora Allport tenha sido chamado de um psicólogo do "ego" ou mesmo do "*self*", essa caracterização não é inteiramente exata. Em 1943 (*The Ego in Contemporary Psychology*), e novamente em 1955 (*Becoming: Basic Considerations for a Psychology of Personality*), ele revisou os principais significados do ego e do *self* em textos psicológicos. Em seu texto básico anterior (1937), ele tinha em grande parte evitado problemas erguidos por estes conceitos, mas acabou fazendo diretamente a pergunta crucial: "Será que o conceito de *self* é necessário?" Sua resposta foi cautelosa. Ansioso para evitar a confusão e as conotações especiais desses termos, ele propôs que todas as funções do *self* ou do ego que foram descritas fossem chamadas de funções próprias da personalidade. Tais funções (incluindo senso corporal, auto-identidade, auto-estima, auto-extensão, senso de ser quem se é, pensamento racional, auto-imagem, anseios próprios, estilo cognitivo e função de conhecer) são todas porções verdadeiras e vitais da personalidade. Elas têm em comum uma vivacidade fenomenal e um "senso de importância". Juntas, podemos dizer que constituem "o *proprium*". É nessa região da personalidade que encontramos a raiz da consistência que marca as atitudes, as intenções e as avaliações. O *proprium* não é inato, mas se desenvolve ao longo do tempo.

Allport identificou sete aspectos no desenvolvimento do *proprium* ou condição de ser si mesmo (1961, Capítulo 6). Durante os primeiros três anos, aparecem três desses aspectos: um senso de *self* corporal, um senso de auto-identidade contínua, e auto-estima ou orgulho. Entre os quatro e seis anos de idade, aparecem dois outros aspectos: a extensão do *self* e a auto-imagem. Em algum momento entre os seis e 12 anos, a criança percebe que é capaz de lidar com os problemas por meio da razão e do pensamento. Durante a adolescência, surgem as intenções, os propósitos a longo prazo e as metas distantes. Esses são chamados de *anseios próprios* e constituem o *proprium*.

Ao abordar o enigma dessa maneira, Allport esperava evitar a posição de muitos teóricos que aceitam como verdade o que precisa ser provado, para os quais o *self* ou ego é como um homúnculo, um "homem dentro do peito", que organiza, influencia e administra o sistema da personalidade. Ele admitiu a importância de todas as funções psicológicas atribuídas ao *self* e ao ego, mas queria a todo custo evitar a teoria factótum ou de "agente". Para ele, *self* e ego podem ser usados como adjetivos para indicar as funções próprias dentro da esfera total da personalidade (muitas funções não são próprias, mas meramente "oportunistas"), porém ele acreditava que nenhum dos termos precisa ser usado como substantivo. Não existe um ego ou *self* que age como uma entidade distinta do restante da personalidade. O senso de *self* está presente "sempre que os estados pessoais são vistos como 'peculiarmente meus'" (1961, p. 137). Uma indicação final da importância do *proprium* é o papel que Allport lhe atribui na organização da *consciência genérica* madura. A consciência do *"eu tenho de"* da infância é vista em termos muito freudianos como a internalização das regras parentais e culturais. Gradualmente, conforme emerge a auto-imagem e os anseios próprios se desenvolvem, tal consciência do dever evolui para uma *consciência genérica do "eu deveria"*, governada não por proibições externas ou medo do castigo, mas pela estrutura positiva dos anseios próprios. Como em vários outros modelos (p. ex., Carl Rogers e Albert Bandura), a maturidade para Allport implica uma crescente confiança em padrões pessoais ou internos de comportamento.

## Autonomia Funcional

Ao abordar o problema complexo e controverso da motivação humana, Allport especificou o que considerava necessário para uma teoria adequada. Primeiro, a teoria reconhece a contemporaneidade dos motivos humanos. O que quer que nos impulsiona a pensar ou agir impulsiona-nos agora. Segundo, ela é uma teoria pluralista, aceitando vários tipos de motivos. Allport definitivamente não era um reducionista, buscando reduzir todos os motivos a umas poucas pulsões orgânicas. Terceiro, ela investe com força dinâmica processos cognitivos como planejamento e intenção. E, finalmente, a teoria reconhece a singularidade concreta dos motivos de um indivíduo (1961, Capítulo 10).

Tal teoria, acreditava Allport, está contida no conceito de *autonomia funcional*. Esse é facilmente o mais controverso dos conceitos introduzidos por Allport. Em muitos aspectos, tem uma posição central no seu sistema, pois vários dos pontos distintivos de sua teoria derivam-se naturalmente dessa posição. O princípio afirma simplesmente que uma dada atividade ou forma de comportamento pode-se tornar um fim ou uma meta em si mesma, apesar de ter sido iniciada por alguma outra razão. Qualquer comportamento, complexo ou simples, embora possa ter-se derivado originalmente de tensões orgânicas ou segmentais, pode ser capaz de sustentar-se indefinidamente na ausência de qualquer reforço biológico. O enunciado formal do conceito é o seguinte: "A autonomia funcional vê os motivos adultos como variados e como sistemas contemporâneos auto-sustentadores, originados de sistemas antecedentes, mas funcionalmente independentes deles" (1961, p. 227).

O leitor deve distinguir cuidadosamente o princípio da autonomia funcional da noção comum de que um dado comportamento pode ser continuado por um motivo diferente daquele que originalmente o provocou; por exemplo, o caçador inicialmente caça para comer, mas, quando existe comida em abundância, ele caça para expressar uma agressão inata. Essa formulação atribui ao comportamento um motivo mais primitivo ou preexistente, justamente o que Allport queria evitar. A autonomia funcional implica que o caçador continuará a caçar mesmo na ausência de um significado instrumental, isto é, mesmo se não houver nenhuma agressão ou outras necessidades mais básicas atendidas por esse ato. Um caçador pode simplesmente "gostar" de caçar.

Ao apresentar essa idéia, Allport (1937, 1961) comentou que ela ecoa formulações anteriores: por exemplo, a bem-conhecida máxima de Woodworth (1918) de que os mecanismos podem ser transformados em pulsões, a afirmação de Stern (1935) de que os fenomotivos podem tornar-se genomotivos, e a sugestão de Tolman (1935) de que os "objetos-meios" podem "estabelecer-se por si mesmos". Poderíamos sugerir que formulações como a "pulsão de manipulação" de Harlow e colaboradores (1950) e a "irreversibilidade parcial" proposta por Solomon e Wynne (1954) pretendem explicar fenômenos bem parecidos com aqueles que desempenharam um papel importante na formulação do conceito de autonomia funcional.

Ao justificar o conceito, Allport indicou observações de várias áreas, todas sugerindo uma tendência por parte do organismo de persistir em uma determinada resposta, mesmo que a razão original para iniciar a resposta já não esteja mais presente. Ele salientou a circularidade do comportamento infantil e do comportamento neurótico entre os adultos, os elementos repetitivos no efeito de Zeigarnik (a observação de que tarefas incompletas tendem a ser mais lembradas do que tarefas concluídas), as regularidades ou os ritmos temporais freqüentemente observados no comportamento de animais e de seres humanos, o poder motivador de interesses e valores adquiridos que não parecem ter nenhum ancoramento em motivos fundamentais. Também existem evidências tiradas da psicologia comparativa. Um estudo de Olson (1929) revelou que, quando foi colocado um irritante nas orelhas de ratos, eles coçavam constantemente, tentando retirar a substância estranha. Muito depois de o irritante ter sido removido, quando não havia mais qualquer evidência de irritação na pele, eles continuavam a se coçar e sem nenhuma redução aparente no ritmo. Assim, a coceira começou como uma tentativa funcional de lidar com um estado físico, mas, com repetição suficiente, ela parece ter-se tornado parte integral do comportamento do organismo, apesar de não ter mais uma função biológica. Uma das importantes pesquisas realizadas por Selye (1952) e colaboradores sugere igualmente que as respostas adaptativas podem estabelecer-se por si mesmas, até em detrimento do organismo. Semelhantes a esse são os estudos de Anderson (1941a-d) sobre o que ele chamou de "externalização da pulsão". Nesses estudos, os ratos foram ensinados a andar por uma rampa em alta velocidade sob uma forte pulsão de fome e recompensados com comida no final da rampa. Após um grande número de tentativas reforçadas, os ratos não pareciam mostrar a extinção habitual da resposta quando colocados na mesma situação sob baixa pulsão ou em estado de saciedade; isto é, mesmo não estando mais famintos, eles continuavam andando pela rampa no mesmo ritmo rápido. Assim, temos novamente o espetáculo de um organismo realizando um ato por claras razões biológicas; no entanto, quando essas razões são removidas, o comportamento continua sem aparente interrupção. Anderson diria que tais fenômenos resultam do fato de que aspectos da situação-estímulo foram condicionados para proporcionar uma recompensa secundária; Allport diria, segundo o princípio da autonomia funcional, que o comportamento continua simplesmente porque foi repetido tantas vezes que se tornou um fim ou um motivo em si mesmo, uma parte do "estilo de vida" do rato.

Depois de ter enunciado esse princípio (1937), Allport foi vigorosamente atacado por Bertocci (1940), que fez várias perguntas importantes. Em primeiro lugar, será verdade que qualquer forma de comportamento, se repetida com freqüência suficiente, torna-se autônoma? Há limites ou condições para essa generalização? Segundo, se qualquer forma de comportamento é potencialmente capaz de se tornar um motivo duradouro, o que impede que o indivíduo desenvolva uma espécie de anarquia psicológica em que os motivos conflitantes e antitéticos passam a fazer parte do organismo, podendo dilacerá-lo?

Tais perguntas levaram Allport a esclarecer e a expandir sua posição. Ele reconheceu dois níveis de autonomia funcional; uma ele chamou de *perseverativa*, a outra, de *própria*. A autonomia funcional perseverativa inclui adições, mecanismos circulares, atos repetitivos e rotinas. Sua perseveração é explicada em termos de extinção retardada, circuitos automantenedores no sistema nervoso, reforço parcial e coexistência de múltiplos determinantes. A autonomia funcional própria refere-se a interesses, valores, sentimentos, intenções, motivos-mestres, disposições pessoais, auto-imagem e estilo de vida adquiridos. Allport admitiu que não é fácil explicar como esse tipo de autonomia funcional se estabelece.

Ele ofereceu três princípios para explicar as origens da autonomia funcional própria. Primeiro, existe o *princípio de organizar o nível de energia*. Allport sugeriu que as pessoas sadias precisam de atividades para absorver a energia que resta depois que suas necessidades oportunistas foram gratificadas: "É preciso haver motivos para consumir as energias disponíveis; e se os motivos existentes não forem suficientes, novos motivos serão criados" (1961, p. 250). Segundo, Allport citou Robert White (ver Capítulo 5) e Abraham Maslow (ver Capítulo 11) em apoio aos *princípios de domínio e competência*. Esses princípios sugerem que os motivos que levam a sentimentos de competência tendem a se tornar auto-sustentadores. Finalmente, o *princípio da padronização própria* sugere que os motivos mais consistentes com o *self* ou que melhor o expressam se tornam autônomos. Em outras palavras: "a auto-estrutura o exige". Por exemplo:

> "Um jovem pretende ser um médico, um homem do mundo, um político, ou um eremita. Nenhuma dessas ambições é inata. Todas elas são interesses adquiridos. Nós afirmamos que elas não existem agora devido a reforços remotos. Elas existem porque uma auto-imagem, gradualmente formada, exige esse foco motivacional específico." (1961, p. 252)

Allport rejeitava as posições de que o *"self"* explica a autonomia funcional própria, porque isso implica que algum "homenzinho dentro do peito" molda os motivos da pessoa. Allport opunha-se energicamente a explicações em termos de um *self* separado, porque isso se refere demais à idéia de uma "alma" que orienta o destino da pessoa.

O que, então, é responsável pelos motivos próprios e por sua organização em um padrão coerente e consistente? A resposta de Allport era que faz parte da natureza essencial dos seres humanos o fato de os motivos mudarem e desenvolverem-se no curso da vida, tornando-se unificados. O leitor pode achar que essa resposta ecoa o *arquétipo da unidade* de Jung.

O fato de o *proprium* ser um fenômeno desenvolvimental, derivado de estados primitivos e da experiência passada, realmente parece implicar uma ligação direta com o passado, apesar da autonomia funcional. Uma vez que as formas de comportamento que se tornarão autônomas são determinadas por uma organização que deve muito ao passado do organismo, parece que o passado retém um papel central. Mas, no final, a questão mais importante aqui parece ser se as motivações adultas maduras mantêm um laço funcional com suas origens na infância ou na biologia. Ainda que exista ambigüidade em relação ao *status* exato do conceito de autonomia funcional, está claro que Allport argumentava vigorosamente que a maioria dos motivos adultos não tem mais qualquer relação funcional com as raízes históricas do motivo.

Uma outra pergunta freqüentemente formulada sobre esse princípio é se todos os motivos adultos são funcionalmente autônomos. Allport dizia que não. Existem pulsões como a fome, a respiração e a eliminação, as ações reflexas, os equipamentos constitucionais, como força corporal, e os hábitos que não são motivacionais, são simplesmente atos instrumentais, infantilismos e fixações, algumas neuroses e psicoses e sublimações. Além disso, muitas atividades adultas precisam de um constante reforço primário para a sua perseveração. Entretanto, a extensão em que as motivações de um indivíduo são autônomas é uma medida da maturidade do indivíduo.

A pergunta mais importante que pode ser feita sobre qualquer conceito, certamente, é o que ele fará pela pessoa que o utilizar. As conseqüências da autonomia funcional estão claras, e é em termos delas que os psicólogos deveriam decidir se querem abraçar ou não o conceito. Muito importante é o fato de *ele permitir uma separação relativa do passado do organismo*.

Se os motivos atuais não dependem completamente de motivos mais básicos ou primários para a sua continuidade, então o investigador pode legitimamente afastar-se do passado do indivíduo e centrar-se no presente e no futuro. A história do indivíduo torna-se uma questão de relativa indiferença, se ele no presente está impulsionado por desejos e intenções independentes daqueles que o motivaram em períodos anteriores. Uma outra conseqüência significativa desse princípio é que ele torna mais ou menos inevitável a grande, surpreendente e única *individualidade* tão enfatizada na teoria de Allport. Se qualquer forma de comportamento instrumental pode-se tornar, potencialmente, um fim em si mesmo, sabemos que existe suficiente heterogeneidade de comportamentos e exigências ambientais para levar a uma incrível complexidade e singularidade de motivos. À medida que a estrutura motivacional adulta do indivíduo se livra da comunalidade que pode ter existido no nascimento, podemos esperar que os motivos de diferentes indivíduos mostrem pouca semelhança.

## A Unidade da Personalidade

Tendo decomposto os seres humanos psicológicos em uma série de traços e disposições, de atitudes e hábitos, de valores, de intenções e motivos, nos deparamos com a tarefa de montar novamente Humpty Dumpty.* Allport, embora reconhecendo que essa é uma tarefa muito difícil, buscou uma solução com sua habitual persistência e perspicácia. Existem, de fato, vários conceitos unificadores. No período de bebê existe um alto grau de unidade dinâmica que gradualmente cede espaço para a diferenciação. A diferenciação é então compensada pelo processo aprendido de integração. Allport chamou isso de "a dialética de dividir e unir". Os mecanismos homeostáticos com os quais o organismo está equipado preservam uma unidade, ou pelo menos um equilíbrio, fundamental, embora estático, não de crescimento. A mobilização de energias para seguir um curso integrado de conduta (o princípio da convergência) é uma forma de unificação, embora geralmente transitória e focaliza-

da. As disposições cardeais por definição conferem unidade à personalidade, assim como o reconhecimento de que os traços e as disposições são interdependentes: "Eles se entrelaçam como uma tapeçaria". Embora reconhecendo a contribuição de cada um desses princípios para a unificação da personalidade, Allport atribuiu o principal papel unificador às funções do *proprium*.

# O DESENVOLVIMENTO DA PERSONALIDADE

Até o momento, vimos o que compõe a personalidade e examinamos em termos amplos as disposições que acionam o comportamento. Nesta seção, veremos como essas estruturas emergem e como o indivíduo é representado diferentemente nos diversos estágios desenvolvimentais. Já está claro, a partir da nossa discussão sobre a autonomia funcional, que essa teoria propõe mudanças importantes entre o período de bebê e a idade adulta.

## O Bebê

Comecemos com o indivíduo no nascimento. Enquanto Allport era radical quando falava sobre o comportamento adulto, ele era superconservador ao discutir o comportamento do bebê. De fato, as formulações de Allport sobre os dois ou três primeiros anos de vida da criança praticamente não surpreendem. É somente no desenvolvimento da auto-identidade que as idéias começam a assumir uma aparência nova e inesperada. Mas estamos nos adiantando em nossa história; voltemos ao neonato conforme visto por essa teoria.

Allport considerava o recém-nascido uma criatura quase inteiramente constituída por hereditariedade, pulsão primitiva e existência reflexa. Ele ainda não desenvolveu aqueles atributos distintivos que aparecem mais tarde como resultado de transações com o ambiente. Significativamente, Allport não considerava o neonato como possuindo uma personalidade. No nascimento, o bebê está inatamente dotado de certas potencialidades físicas e temperamentais, embora sua realização precise esperar o crescimento e a maturação. Além disso, ele é capaz de responder com alguns reflexos altamente específicos, como sugar e engolir,

---

*N. de T. Humpty Dumpty é o personagem de uma história infantil, com a forma de um ovo, que cai de um muro e se espatifa irremediavelmente.

a estímulos claramente delimitados. Finalmente, ele apresenta uma ação maciça ou respostas grosseiras indiferenciadas, nas quais quase todo ou todo o aparelho muscular do indivíduo parece estar envolvido.

Dado esse equipamento, como a criança é acionada ou motivada para a ação? Inicialmente, Allport supunha que existia um fluxo geral de atividade que era a fonte original do comportamento motivado. Nesse ponto do desenvolvimento, a criança é amplamente uma criatura de tensões segmentais e com sentimentos de prazer-dor. Um modelo biológico do comportamento ou uma teoria baseada na importância da recompensa, na lei do efeito ou no princípio do prazer é perfeitamente aceitável como uma orientação para os primeiros anos de vida. Assim, motivada pela necessidade de minimizar a dor e maximizar o prazer, e com essas condições determinadas em grande parte pela redução de tensões viscerais, segmentais, a criança prossegue em seu desenvolvimento.

Apesar de o indivíduo não possuir no nascimento as qualidades distintivas que mais tarde constituirão sua personalidade, esse estado é alterado muito cedo e de maneira gradual. Allport achava que já no primeiro ano de vida o bebê começa a mostrar qualidades distintivas, por exemplo, diferenças na motilidade e na expressão emocional, que tendem a persistir e a fundir-se em modos mais maduros de ajustamento aprendidos mais tarde. Portanto, parte do comportamento do bebê é reconhecível como precursora de padrões subseqüentes da personalidade. Allport concluiu que o bebê, por volta da segunda metade do primeiro ano de vida, está definitivamente começando a mostrar qualidades distintivas que presumivelmente representam atributos de personalidade permanentes. No entanto, ele afirmava que "em certo sentido, o primeiro ano de vida é o menos importante para a personalidade, desde que não ocorram danos sérios para a saúde" (1961, p. 78).

## A Transformação do Bebê

O processo de desenvolvimento acontece ao longo de múltiplas linhas. Uma grande variedade de mecanismos ou princípios é considerada apropriada por Allport para descrever as mudanças que ocorrem entre o período de bebê e a idade adulta. Ele discutiu especificamente diferenciação, integração, maturação, imi-

tação, aprendizagem, autonomia funcional e extensão do *self*. Ele aceitava inclusive o papel explanatório dos mecanismos psicanalíticos e do trauma, embora tais processos não tenham um papel teórico central no que ele chamou de personalidade *normal*.

A respeito da teoria da aprendizagem, Allport era completamente eclético. Ele afirmava que as inumeráveis observações feitas pelos investigadores, as conclusões a que chegaram e as teorias resultantes de aprendizagem, todas elas provavelmente são verdadeiras em certo sentido e até certo grau. Assim, o condicionamento, a teoria do reforço e a hierarquia dos hábitos são princípios válidos, especialmente quando aplicados à aprendizagem animal, do bebê e oportunista. Eles são inadequados para explicar a aprendizagem do *proprium*, que requer princípios como identificação, fechamento, *insight* cognitivo, auto-imagem e subsidiação aos sistemas ativos do ego. O próprio Allport não fez nenhuma contribuição sistemática à teoria da aprendizagem. Mas ele propôs a autonomia funcional como um fato básico na motivação humana, que deve ser explicado em termos de princípios de aprendizagem que ainda não foram adequadamente coordenados em um esquema teórico amplo. Talvez essa importante contribuição ao assunto seja a sua crítica mais aguda às teorias da aprendizagem (p. ex., Allport, 1946) que reivindicam uma validade mais universal do que ele lhes concederia.

Portanto, temos um organismo que no nascimento é uma criatura da biologia, transformado em um indivíduo que opera em termos de um ego crescente, uma estrutura de traços cada vez mais ampla e um cerne de futuras metas e aspirações. Nessa transformação, é crucial, evidentemente, o papel desempenhado pela autonomia funcional. Tal princípio deixa claro que aquilo que é inicialmente apenas um meio para uma meta biológica pode-se transformar em um motivo autônomo que dirige o comportamento com toda a força de uma pulsão inatamente presente. Em grande parte devido a essa descontinuidade entre a estrutura motivacional inicial e posterior do indivíduo, nós temos essencialmente duas teorias da personalidade. A primeira, um modelo biológico ou da redução de tensão, é adequada no nascimento e vai-se tornando cada vez menos adequada até que, com a crescente consciência do *self*, o indivíduo desenvolve motivos que não têm nenhuma relação estreita com aqueles que previamente motivavam o comportamen-

## O Adulto

Temos agora, no indivíduo maduro, uma pessoa cujos maiores determinantes do comportamento são um conjunto de traços organizados e congruentes. Eles surgem de várias maneiras do escasso equipamento motivacional que caracteriza o bebê recém-nascido. O caminho exato do desenvolvimento dessas tendências não nos interessa muito, pois elas, segundo o princípio da autonomia funcional, já não estão derivando sua força motivacional de fontes primitivas, quaisquer que fossem elas. Segundo Allport, "o que impulsiona o comportamento, impulsiona agora", e não precisamos saber a história da pulsão para compreender sua operação. Em uma extensão considerável, o funcionamento desses traços é consciente e racional. Os indivíduos normais sabem, como regra, o que estão fazendo e por quê. Seu comportamento se ajusta a um padrão congruente, e, no âmago desse padrão, estão as funções que Allport chamou de próprias. Um entendimento completo do adulto não é possível sem o conhecimento de suas metas e aspirações. Seus motivos mais importantes não são ecos do passado e sim acenos do futuro. Na maioria dos casos, saberemos mais sobre aquilo que uma pessoa vai fazer se conhecermos seus planos conscientes do que suas memórias reprimidas.

Allport garantiu que o quadro que acabamos de delinear é um pouco idealizado. Nem todos os adultos atingem a plena maturidade. Existem indivíduos crescidos cujas motivações ainda cheiram a berçário. Nem todos os adultos parecem orientar seu comportamento em termos de princípios claros e racionais. Entretanto, a extensão em que eles evitam motivações inconscientes e o grau em que seus traços são independentes das origens infantis representam medidas de sua normalidade e maturidade. É só no indivíduo seriamente perturbado que encontramos um adulto agindo sem saber porque está agindo, um adulto cujo comportamento está mais estreitamente ligado a eventos que ocorreram na infância do que a eventos ocorrendo aqui e agora ou no futuro.

Ao contrário da maioria dos teóricos da personalidade, cujo interesse se centra no lado negativo do "livro-caixa" do ajustamento, Allport examinou detalhadamente as qualidades que permitem um ajustamento mais do que "adequado" ou "normal" (1961, Capítulo 12). A *personalidade madura* precisa possuir antes de tudo uma *extensão do self*. Isto é, sua vida não deve estar limitada a um conjunto de atividades estreitamente ligadas às suas necessidades e a seus deveres imediatos. A pessoa deve ser capaz de participar de uma ampla variedade de atividades diferentes e apreciá-las. As satisfações e as frustrações devem ser muitas e diversas, em vez de poucas e estereotipadas. Uma parte importante dessa extensão do *self* envolve uma projeção no futuro – planejar, esperar. Para a maturidade, o indivíduo também precisa ser capaz de *relacionar-se calorosamente com outros* em contatos tanto íntimos como não-íntimos, e possuir uma *segurança emocional* fundamental e uma *aceitação do self*. Ele deve ser *realisticamente orientado* tanto em relação a si mesmo (auto-objetivação) como em relação à realidade externa. Os dois componentes principais da auto-objetivação são o *humor* e o *insight*. Está claro que o que queremos dizer com *insight* é a capacidade do indivíduo de compreender-se, embora não esteja claro como podemos assegurar um padrão adequado com o qual comparar as crenças do indivíduo. Um senso de humor implica não só a capacidade de divertir-se e rir nos lugares costumeiros mas também a capacidade de manter relações positivas consigo mesmo e com os objetos amados, sem deixar de ver as incongruências e os absurdos a eles relacionados. Finalmente, o indivíduo maduro possui uma *filosofia de vida* unificadora. Embora os indivíduos devam poder ser objetivos e divertir-se com os eventos comuns da vida, também deve haver uma grande seriedade subjacente que dá propósito e significado a tudo o que eles fazem. A religião representa uma das fontes mais importantes de filosofia unificadora, embora certamente não seja a única fonte de tais temas integradores. O comprometimento de Allport com esses critérios está bem representado na seguinte citação: "Nós afirmamos que algum tipo de contínuo crescimento e desenvolvimento até o estágio da maturidade é o que dá forma à busca dos seres humanos. Sugerimos que as metas da psicoterapia sejam estruturadas nesses termos e que os seis critérios de maturidade que descrevemos sejam especificamente aceitos como os objetivos de todos os conselheiros, pais e terapeutas que ajudam os outros na estrada da vida" (1961, p. 305).

## PESQUISA CARACTERÍSTICA E MÉTODOS DE PESQUISA

Ao examinar a pesquisa de Allport, é importante distinguir entre a que tem certa relação direta com suas convicções teóricas e a que se originou de outras orientações, tal como a sua preocupação com a pesquisa de "ação", por exemplo, o preconceito (Allport, 1954, 1968) e a religião (Allport, 1950b, 1968). Igualmente, seu uso e desenvolvimento de métodos para medir a personalidade conforme exemplificados no *A-S Reaction Study* e no *A Study of Values* foram ditados apenas em parte por suas convicções teóricas. Apesar de defender métodos e estudos "idiográficos", grande parte de seu trabalho foi "nomotética". Nesta seção, começaremos examinando a distinção entre idiográfico e nomotético, depois apresentaremos métodos diretos e indiretos de medir a personalidade, e finalmente discutiremos estudos do comportamento expressivo e um estudo de um caso individual como os melhores exemplos de investigações que espelham aspectos centrais de sua posição teórica.

### Idiográfico *Versus* Nomotético

Allport enfatizou que o investigador pode escolher estudar o comportamento em termos de princípios gerais, variáveis universais e um grande número de sujeitos, ou pode centrar-se no caso individual, usando métodos e variáveis adequados à singularidade de cada pessoa. Ao nomear essas duas abordagens ao estudo do comportamento, Allport tomou emprestados do filósofo alemão Windelband os termos *idiográfico* (individual) e *nomotético* (universal). Mais tarde, contudo, Allport (1962) sugeriu novos termos: *morfogênico* para substituir idiográfico e *dimensional* para substituir nomotético. Ele argumentou que existe um lugar na psicologia para ambas as abordagens, mas a ênfase, especialmente na psicologia americana, foi de forma tão esmagadora nos métodos nomotéticos que é necessária uma reorientação drástica. Tal reorientação é particularmente urgente, pois a abordagem

morfogênica leva a uma melhor predição e entendimento. De fato, só conhecendo a pessoa como pessoa é que poderemos predizer o que *ela* fará em qualquer situação dada.

Essa ênfase na abordagem morfogênica é uma conseqüência lógica de vários aspectos da posição teórica de Allport. Em primeiro lugar, sua ênfase na singularidade de cada pessoa obriga os investigadores a selecionar métodos de estudo que não escondam nem embacem sua individualidade. Em segundo lugar, e estreitamente relacionada, está a ênfase na importância das disposições pessoais (traços individuais) como os determinantes primários do comportamento. Se essas disposições são as unidades "reais" da personalidade, e se são características apenas de uma única pessoa, então certamente a abordagem mais efetiva ao estudo do comportamento será um método que estude o indivíduo.

Allport reconheceu a importância de desenvolver métodos válidos para estudar o caso individual, mas devemos observar que ele e outros fizeram apenas um início no desenvolvimento de tais métodos. Como observamos antes, Allport, em seu trabalho, usou mais freqüentemente métodos dimensionais do que métodos morfogênicos.

As técnicas de comparação empregadas por Allport e Vernon (1933) em seus estudos do comportamento expressivo são um método que preserva a individualidade padronizada de cada sujeito. Dois outros métodos, análise estrutural e análise de conteúdo, foram usados por Allport (1965) e seus alunos na investigação dos traços de uma mulher a partir de cartas escritas por ela. Allport (1962) chamou a atenção para as abordagens morfogênicas desenvolvidas por outros investigadores: a metodologia Q (Stephenson, 1953), os questionários individualizados (Shapiro, 1961), as escalas de auto-ancoramento (Kilpatrick & Cantril, 1960), o teste de repertório de constructo de papel (Kelly, 1955) e a análise fatorial inversa. O interesse de Allport em documentos pessoais (1942) com certeza está intimamente relacionado a essa ênfase na abordagem morfogênica ao comportamento.

Em uma enérgica réplica, Holt (1962) contestou vários pontos essenciais de Allport. Examinaremos três deles aqui. Primeiro, Holt rejeitou a afirmação de Allport de que a personologia deveria ser "uma arte, dedicada a retratos em palavras que busquem evocar no leitor a emoção do reconhecimento, o sentimento gratificante (ainda que ilusório) de compreender indivíduos únicos" em favor da posição de que ela deveria ser "uma ciência, que nos permite estudar as mesmas pessoas em toda a sua singularidade e derivar desse estudo proposições gerais sobre a estrutura, o desenvolvimento e outros aspectos significativos da personalidade" (1962, p. 389). Em segundo lugar, Holt salientou a impossibilidade lógica de descrever traços individuais. Criar um mundo único para cada traço levaria a uma completa "Torre de Babel", em que a comunicação e a ciência seriam impossíveis. A alternativa, usar um conjunto único de palavras existentes, na verdade, é uma versão encoberta da abordagem nomotética. É impossível "capturar toda a riqueza da realidade". Os conceitos científicos envolvem abstração, e jamais se ajustam perfeitamente à realidade. Finalmente, Holt adotou o determinismo como uma suposição necessária para o trabalho científico. O estudo científico do individual (seja ele o furacão, a estrela ou a pessoa individual) é possível, e existem leis no caso individual: "Só é difícil saber, a partir do estudo de um único caso, por mais completo que ele seja, quais *são* as leis" (1962, p. 396).

Resumindo, podemos dizer que Allport, consistentemente com sua posição teórica, exortou os psicólogos a dedicar mais tempo e energia do que costumavam ao estudo do caso individual. Allport enfatizou que a maior obrigação de um pesquisador psicológico é levar seus *insights*, independentemente de como foram derivados, "de volta ao individual". Essa ênfase foi tão bem aceita pelos psicólogos contemporâneos que aquela que fora outrora uma posição desviante é hoje amplamente aceita.

## Medidas Diretas e Indiretas da Personalidade

A partir da década de 30, a psicologia testemunhou uma expansão e um desenvolvimento sem precedentes dos métodos de avaliação da personalidade. O principal impacto da teoria psicanalítica foi sentido na psicologia acadêmica durante esse período e, naturalmente, levou a um maior interesse por instrumentos que pareciam sensíveis a motivos e a conflitos inconscientes. Diante dessa tendência, as técnicas projetivas tornaram-se imensamente populares, enquanto as técnicas de auto-relato, incluindo entrevistas e questionários, tiveram diminuída a sua popularidade. Allport não via essa tendência com uma simpatia irrestrita. Ele escreveu:

"Em nenhum momento, estes métodos (projetivos) perguntam ao sujeito quais são seus interesses, o que ele quer fazer, ou o que ele está tentando fazer. Os métodos também não perguntam diretamente sobre a relação do sujeito com seus pais ou figuras de autoridade. Eles inferem esse relacionamento inteiramente por meio de uma suposta identificação. Essa abordagem indireta e sub-reptícia à motivação é tão popular que muitos clínicos e centros universitários gastam muito mais tempo nesse tipo de método diagnóstico do que em qualquer outro . . . provavelmente é verdade que a maioria dos psicólogos prefere avaliar as necessidades e os conflitos de uma pessoa indo pelo caminho mais comprido. O argumento, evidentemente, é que todo mundo, mesmo um neurótico, pode-se acomodar bastante bem às exigências da realidade. Somente em uma situação projetiva não-estruturada é que ele vai revelar suas ansiedades e necessidades mais secretas . . . essa afirmação intransigente . . . parece assinalar a culminação de um século de irracionalismo e, portanto, de desconfiança. Será que o sujeito não tem o direito de ser acreditado? . . . Essa atmosfera predominante da teoria criou uma espécie de desprezo pela 'superfície psíquica' da vida. O relato consciente do indivíduo é rejeitado como não merecendo confiança, e o ímpeto contemporâneo de seus motivos é desconsiderado em favor de uma busca de sua conduta no passado, em estágios formativos anteriores. O indivíduo perde seu direito de ser acreditado. E embora esteja ativamente levando sua vida no presente e voltado para o futuro, a maioria dos psicólogos fica ativamente procurando o passado . . . Não é o indivíduo bem-integrado, consciente de suas motivações, que se revela na testagem projetiva. É a personalidade neurótica, cuja fachada não corresponde aos medos e às hostilidades reprimidas. Tal sujeito é apanhado de surpresa pelos instrumentos projetivos; mas o sujeito bem-ajustado não dá uma resposta significativamente diferente." (1953, p. 108-110)

A posição de Allport em relação a tal questão é inteiramente consistente com a importância que ele atribuía aos determinantes conscientes e racionais do comportamento. Sua convicção de que o indivíduo normal se comporta em termos de motivos conhecidos e razoáveis o levou a afirmar que as técnicas projetivas só contribuem de forma significativa no caso do indivíduo neurótico ou perturbado, para os quais a importância dos motivos inconscientes pode realmente ser considerável. Segundo Allport, os métodos diretos e indiretos proporcionarão um quadro consistente no caso do indivíduo normal, ao passo que pode haver uma considerável discrepância entre os métodos diretos e indiretos no caso da pessoa seriamente desajustada. Ele ponderou que

> "um indivíduo normal, bem-ajustado, que busca firmemente suas metas, nos testes projetivos fará uma destas duas escolhas: 1) revelará um material idêntico ao do relato consciente – e, nesse caso, o método projetivo não é necessário; ou 2) não dará nenhuma evidência de seus motivos dominantes." (1953, p. 111)

Allport concluiu que os métodos indiretos podem revelar determinantes inconscientes importantes do comportamento, mas apenas se comparados com o resultado dos métodos diretos. Disso decorre que os métodos indiretos não deveriam ser usados, exceto em conjunção com métodos diretos. Para a pessoa normal, os métodos diretos permitem uma compreensão muito mais completa e útil da estrutura motivacional do sujeito do que o método indireto. A eficiência e a simplicidade imensamente maiores dos métodos diretos não devem ser ignoradas em uma comparação desses métodos.

Allport criou e usou métodos de questionário consistentes com o ponto de vista que acabamos de apresentar. Por outro lado, sua ênfase no uso de documentos pessoais como uma abordagem à personalidade e seus estudos do comportamento expressivo são contribuições à avaliação indireta da personalidade.

## Estudos do Comportamento Expressivo

No início da década de 30, Allport e seus colaboradores realizaram uma série de investigações visando demonstrar a importância e a consistência do comportamento expressivo. Ao definir essa área de estudo, Allport distinguiu dois componentes presentes em toda resposta humana. Primeiro, existe o componente adaptativo ou de manejo, primariamente ligado ao valor funcional do ato, ao efeito que ele produz ou ao objetivo a que ele leva. Segundo, existe o componente expressivo, que se refere à maneira ou ao estilo de realização do ato. Milhões de pessoas realizam os mesmos atos adaptativos, mas não encontramos duas pessoas que realizem tais atos exatamente do mesmo modo ou com o mesmo estilo. Considerando a ênfase da teoria de Allport nos elementos individuais e únicos do comportamento, não surpreende que ele estivesse profundamente interessado no comportamento expressivo – o componente pessoal ou idiossincrático que aparece até nas respostas mais estereotipadas.

A teoria de Allport não só parece levar naturalmente a um interesse pelo comportamento expressivo, mas também promete que o estudo desse aspecto do comportamento será de grande importância. Se todo o comportamento do indivíduo é congruente e inter-relacionado, então até os atos mais triviais estarão relacionados a aspectos centrais da constituição do indivíduo. Conseqüentemente, podemos estudar os atos expressivos mais insignificantes do indivíduo para obter informações sobre os aspectos mais centrais do comportamento. Ao comparar componentes expressivos e adaptativos, Allport afirmou:

> "A porção expressiva da conduta resulta, então, de determinantes muito profundos funcionando, como regra, inconscientemente e sem esforço. A porção adaptativa, por outro lado, é um sistema mais limitado, circunscrito pelo propósito do momento, extremamente dependente do estímulo e do esforço voluntário ou de hábitos e habilidades. A razão para um presente ato de conduta deve ser buscada nos presentes desejos e intenções do indivíduo (embora estes também possam originar-se de traços e interesses pessoais profundos); mas o estilo de execução é sempre guiado diretamente e sem interferência por disposições pessoais profundas e duradouras." (1937, p. 466)

Assim, em consonância com sua teoria, Allport estudou os aspectos expressivos do comportamento como um meio de assegurar um pronto acesso a fontes importantes de motivação e de conflito no indivíduo.

O estilo do comportamento não é determinado unicamente por fatores de personalidade. Allport aceitava o papel de determinantes socioculturais, estados ou humores temporários, condições orgânicas e outras variáveis. As contribuições desses múltiplos fatores não diminuem a importância do comportamento expressivo como uma fonte de evidência referente à personalidade; eles servem apenas para tornar um pouco mais complexa a tarefa empírica do investigador ou diagnosticador. O comportamento expressivo pode ser classificado em termos do tipo de ato envolvido, por exemplo, expressão facial, modo de andar, voz e caligrafia. Allport argumentou que nunca deveríamos prestar atenção exclusivamente a um tipo de comportamento expressivo, pois todos são significativos e aumentam o nosso conhecimento sobre o indivíduo.

A investigação mais extensiva de Allport nessa área foi realizada em colaboração com Philip E. Vernon (Allport & Vernon, 1933) e visava especialmente ao problema da consistência do comportamento expressivo. Em uma parte dessa investigação, um grupo de 25 sujeitos bastante heterogêneos foi estudado em três sessões diferentes, cada sessão separada por um período de aproximadamente quatro semanas. Durante cada sessão, o sujeito respondia a um grande número de testes diferentes que mediam a velocidade com que ele lia e contava; a velocidade de caminhada e passeio; a extensão da passada; a estimativa de tamanhos e distâncias conhecidos; a estimativa de pesos; a força do aperto de mão; a velocidade e a pressão dos dedos, das mãos e da perna ao tamborilar; o desenho de quadrados, círculos e outras figuras; várias medidas de caligrafia; tensão muscular, e assim por diante. Além disso, os observadores avaliavam a intensidade da voz, a fluência da fala, a quantidade de movimento durante a fala natural e o cuidado com a aparência. É óbvio que os investigadores tinham um número extremamente grande de medidas derivadas que empregavam em sua análise.

Allport e Vernon começaram por examinar a fidedignidade de repetição (consistência de uma medida em duas ocasiões diferentes) das várias medidas expressivas. Em geral, essas fidedignidades pareciam ser razoavelmente elevadas, as intercorrelações sendo mais ou menos equivalentes às fidedignidades de repetição para os instrumentos de mensuração psicológicos convencionais. Em face dessa consistência, os autores concluíram: "Hábitos gestuais simples, conforme os medimos, são características estáveis dos indivíduos em nosso grupo experimental" (1933, p. 98). A seguir, eles examinaram a relação entre os escores nas mesmas tarefas realizadas por diferentes grupos musculares, lado esquerdo e direito do corpo, braços e pernas, e assim por diante, e descobriram uma consistência praticamente igual. O achado é de considerável importância, pois tende a sugerir um fator integrador geral ou central que produz um estilo consistente, independentemente da manifestação periférica escolhida.

As variáveis mais importantes de todas as tarefas foram então intercorrelacionadas. A primeira impressão obtida a partir da matriz de correlações foi que as intercorrelações eram positivas com maior freqüência do que poderíamos esperar pelo acaso. Assim, as evidências iniciais sugerem a existência de certa generalidade subjacente aos escores do indivíduo. Os dados não permitiram a aplicação da análise fatorial convencional, de modo que os investigadores realizaram uma espécie de análise de agrupamento em que identificaram grupos de correlações ou fatores, consistindo naquelas variáveis que apresentavam intercorrelações significativas. Eles estavam interessados não só na significância estatística, mas também no significado psicológico do agrupamento em questão.

No final, três fatores grupais explicavam a maioria das intercorrelações observadas. O primeiro deles foi chamado de "fator grupal areal" e incluía variáveis como a área da escrita total, a área das figuras do quadro-negro, a área dos quadrados com os pés, a superestimação de ângulos, e a extensão das marcas (sinais escritos de resposta) de auto-avaliação. Isso parece ser uma espécie de "expansividade motora". O segundo agrupamento foi chamado de "fator grupal centrífugo" e inclui variáveis como superestimação da distância em relação ao corpo com as pernas, extensão de cubos, velocidade verbal, subestimação de pesos e subestimação de distâncias em relação ao corpo com as mãos. Allport e Vernon ficaram menos contentes com esse fator do que com o anterior, mas concluíram: "O fator grupal baseia-se principalmente em medidas centrífugo-centrípetas... Assim, o fator grupal pode ser interpretado como uma 'tendência expansiva' geral, liberdade e 'extroversão' do movimento expressivo, o oposto da motilidade introvertida, contida e pedante" (1933, p. 112). O terceiro agrupamento foi chamado de "fator grupal de ênfase" e incluía medidas como a intensidade da voz, o movimento durante a fala, a pressão da caligrafia, a pressão do tamborilar, a superestimação de ângulos, a pressão da mão em repouso. Os investigadores concluíram que esse é um fator relativamente heterogêneo, mas que um fator comum de ênfase parece estar por trás da maioria das medidas. Eles sugeriram: "A simples pressão ou tensão física parece ser significativa apenas como parte de uma tendência mais ampla e mais psicológica de fazer movimentos enfáticos" (1933, p. 112).

Allport e Vernon, não completamente satisfeitos com suas comparações grupais, seguiram essa análise com quatro histórias de caso em que os movimentos expressivos dos sujeitos eram examinados no contexto de suas personalidades conhecidas. Eles disseram: "Somos forçados à surpreendente conclusão de que virtualmente nenhuma medida contradiz a impressão subjetiva das personalidades. As medidas registram fielmente o que o senso comum indica. Até as medidas que não correspondem estatisticamente se ajustam ao quadro de tal maneira que são facilmente inteligíveis e psicologicamente congruentes" (1933, p. 180). Além disso, eles descobriram que os juízes eram capazes de combinar (encontrar o correspondente), com mais acertos do que o acaso permite, amostras de caligrafia e curvas quimógrafas (indicando a pressão exercida ao escrever) com esboços de personalidade. Allport e Vernon fazem uma declaração final interessante: "Existem graus de unidade no movimento, assim como existem graus de unidade na vida mental e na personalidade. Certamente não é insensato supor que, uma vez que a personalidade está organizada, o movimento expressivo é harmonioso e autoconsistente, e, quando a personalidade está desintegrada, o movimento expressivo é autocontraditório" (1933, p. 182).

Após um exame final dos achados positivos de suas investigações, Allport e Vernon concluíram:

"A partir dos nossos resultados, parece que os gestos e a caligrafia de um homem refletem um estilo individual essencialmente estável e constante. Suas atividades expressivas não parecem estar dissociadas e mutuamente não-relacionadas, e sim organizadas e bem-padronizadas. Além disso, as evidências indicam que existe uma congruência

entre o movimento expressivo e as atitudes, os traços, os valores e outras disposições da personalidade 'interna'. Embora a questão da organização da personalidade, como um todo, esteja além do escopo deste volume, está claro que os fundamentos de uma solução adequada desse importante problema não podem ser oferecidos pela doutrina anárquica da especificidade, mas apenas pelas teorias positivas e construtivas da consistência." (1933, p. 248)

Uma série de estudos de Allport e Cantril (1934) tentou avaliar a extensão em que os juízes conseguiam avaliar a personalidade com exatidão baseados apenas na voz. Mais de 600 juízes foram empregados no julgamento de 16 oradores. Foram usadas três técnicas diferentes de julgamento: esboços de personalidade, encontrar o orador correspondente à descrição da personalidade e avaliar os oradores em atributos medidos independentemente. Os atributos julgados incluíam características físicas e expressivas, como idade, altura, compleição, aparência em fotografias e caligrafia, assim como interesses e traços, por exemplo, vocação, preferência política, extroversão e ascendência.

Os resultados dos estudos foram consistentes ao indicar que os juízes conseguiam relacionar a voz a características de personalidade e a certas características físicas com uma exatidão maior que o acaso. Uma comparação de julgamentos baseados na voz natural com julgamentos baseados na voz no rádio revelou que nas duas condições os juízes conseguiram um sucesso maior que o casual, mas que a voz natural levava a avaliações um pouco mais exatas do que a voz no rádio. Um exame das diferentes características pessoais avaliadas revelou que os juízes foram mais consistentes e mais acurados em suas estimativas dos interesses e dos traços do que das características físicas e da caligrafia. Os autores concluíram: "Os traços e as disposições mais organizados não apenas são avaliados mais consistentemente do que características externas como o físico e a aparência, mas também são avaliados mais *corretamente*" (Allport & Cantril, 1934, p. 51).

Allport, generalizando a partir dos resultados das suas investigações e das de outros, afirmou:

"Os aspectos expressivos do corpo não são ativados independentemente. Qualquer um deles é afetado da mesma maneira que qualquer outro. Portanto, até certo ponto, Lavater tem razão ao dizer que 'o mesmo espírito se manifesta em todos.'

"Mas a consistência jamais é perfeita. Um canal de expressão não é uma réplica exata de todos os outros. Se fosse assim, os métodos monossintomáticos de psicodiagnóstico estariam plenamente justificados. A personalidade completa trair-se-ia igualmente bem em qualquer aspecto. A caligrafia contaria toda a história, assim como os olhos, as mãos ou os membros. A concordância comprovada não justifica uma interpretação tão simples do caso.

"A unidade de expressão, como seria de esperar, acaba sendo inteiramente uma questão de grau, exatamente como a unidade da personalidade é uma questão de grau. Não devemos esperar que os aspectos expressivos do corpo reflitam mais consistência do que a própria personalidade possui (nem devemos esperar que reflitam menos). A expressão é padronizada de maneiras complexas, exatamente como a própria personalidade é padronizada. Existem consistências mais importantes e consistências secundárias, muita congruência e algum conflito e contradição. Os psicodiagnósticos precisam então prosseguir como prossegue qualquer outro ramo da psicologia da personalidade, para o estudo de fenômenos complexos em um nível complexo." (1937, p. 480-481)

## Cartas de Jenny

Na década de 40, chegaram às mãos de Allport 301 cartas escritas para um jovem casal por uma mulher de meia-idade, Jenny Masterson (um pseudônimo), ao longo de um período de 12 anos. Allport reconheceu a importância psicológica das cartas e usou-as por muitos anos em suas aulas sobre personalidade, em Harvard, para estimular discussões na turma. Elas foram publicadas de forma resumida no *Journal of Abnormal and Social Psychology* (Anônimo, 1946).

Allport e seus alunos fizeram vários tipos de análise dessas cartas para determinar os traços mais notáveis de Jenny. Baldwin (1942) foi o primeiro a usar as cartas. Ele criou um método que chamou de *análise da estrutura pessoal*. O primeiro passo consistia em ler as cartas a fim de identificar os tópicos e temas proeminentes sobre os quais Jenny escrevia. Baldwin

descobriu que ela freqüentemente escrevia sobre seu filho, Ross, sobre dinheiro, natureza e arte, e, é claro, sobre seus próprios sentimentos. O passo seguinte foi encontrar relações entre esses tópicos, observando a freqüência com que ocorriam juntos. Quando Jenny escrevia sobre Ross, por exemplo, quão freqüentemente ele era mencionado junto com dinheiro, arte, mulheres e assim por diante? Vários agrupamentos ou constelações estatisticamente significativos emergiram da análise. Dois desses agrupamentos giravam em torno de ver Ross sob uma luz favorável e sob uma luz desfavorável. Quando ele era mencionado favoravelmente em uma carta, os temas de natureza e arte e das lembranças de Jenny de seu passado também tendiam a ocorrer mais freqüentemente na mesma carta do que ocorreria ao acaso. Quando Ross era mencionado desfavoravelmente, outros tópicos eram o egoísmo de Ross, os auto-sacrifícios de Jenny, e outras mulheres, mencionadas sob uma luz desfavorável. Allport comentou que o estudo de Baldwin mostrava "que a quantificação da estrutura de uma única personalidade é possível por meio de apoios estatísticos aplicados à análise de conteúdo" (1965, p. 199), mas ele também se perguntou "se esse modo tão trabalhoso de classificar agrupamentos de idéias acrescenta algo de novo às interpretações feitas pela leitura criteriosa do material" (p. 198-199).

O próprio Allport usou uma abordagem mais de senso comum para a análise dos traços de Jenny conforme revelados em suas cartas. Ele pediu a 36 pessoas que lessem as cartas de Jenny e caracterizassem-na em termos de seus traços. Elas usaram um total de 198 nomes de traços. Uma vez que muitos desses nomes eram sinônimos ou altamente relacionados, Allport pôde agrupá-los sob oito itens e um grupo residual de 13 termos. As oito categorias são:

1. Briguento-desconfiado
2. Autocentrado
3. Independente-autônomo
4. Dramático-intenso
5. Estético-artístico
6. Agressivo
7. Cínico-mórbido
8. Sentimental

Houve uma considerável concordância entre os juízes, quase todos eles percebendo como muito proeminentes na personalidade de Jenny os traços de desconfiança, egocentrismo e autonomia.

Allport reconhecia que uma lista de traços não é uma estrutura: "A personalidade de Jenny certamente não é uma soma de oito ou nove traços separados" (1965, p. 195). Correspondentemente, ele perguntou aos juízes se percebiam algum outro tema unificador marcando quase todo o seu comportamento verbal, e recebeu uma diversidade tão grande de respostas que foi impossível decidir sobre algum traço cardeal. Allport também admitiu que os psicanalistas criticariam sua análise dos traços, pois ela não chegava à dinâmica subjacente (motivações) do comportamento de Jenny. Entretanto, ele defendeu sua posição salientando a consistência do comportamento de Jenny, o que nos permite predizer sua futura conduta a partir do que ela fez no passado.

As avaliações de Allport desses estudos da análise de conteúdo estão resumidas na seguinte declaração:

"A análise de conteúdo (quer escrito à mão quer à máquina) não oferece nenhuma chave de ouro para o enigma de Jenny. Entretanto, ela realmente objetiva, quantifica e, em certa extensão, purifica impressões do senso comum. Ao nos manter perto dos dados (as palavras de Jenny), ela nos alerta para não deixar que algum *insight* favorito 'abafe' as evidências. E ela chama a nossa atenção para ocasionais revelações novas que estão além do senso comum sem ajuda. Em resumo, ao focalizar o mundo fenomenológico de Jenny, ela nos permite fazer inferências de primeira ordem mais seguras sobre a estrutura de personalidade subjacente à sua experiência existencial." (1965, p. 204)

## PESQUISA ATUAL

### O Interacionismo e o "Debate Pessoa-Situação" Revisitados

A publicação de Walter Mischel (1968), *Personality and Assessment,* foi um dos eventos mais importantes na recente literatura sobre a personalidade. É importante observar dois pontos antes de examinarmos brevemente o debate em si. Primeiro, como pretende indicar a palavra *revisitados* no título desta seção, a controvérsia de forma nenhuma era nova (p. ex., Epstein & O'Brien, 1985; Pervin, 1978, 1985). Allport lidou com a questão em toda a sua carreira, e um exemplo disso é a sua rejeição do conceito de "elementos idênticos" como a base da consistência situacional cruzada (1961, p. 319-324) e a sua discussão dos estudos de Hartshorne e May (1928) sobre a honestidade. Segundo, muitos pesquisadores (p. ex., Eysenck, 1981b) enfatizaram que o debate é artificial porque tanto os fatores da personalidade quanto as forças situacionais são necessários para um entendimento do comportamento e que sua importância relativa depende das circunstâncias específicas em consideração (cf. Anastasi, 1958, sobre hereditariedade e ambiente). Embora o debate tenha ocupado o campo por duas décadas, ele agora evoluiu para questões diferentes de pesquisa (ver, p. ex., Kenrick & Funder, 1988; Pervin, 1985). Entretanto, o debate merece ser mencionado aqui porque uma das questões mais importantes foi debatida em termos allportianos.

Mischel (1968) apresentou basicamente um desafio empírico. Ele propôs que a utilidade preditiva dos traços globais da personalidade não tinha sido demonstrada. Além disso, há poucas evidências de que o comportamento tenha uma consistência situacional cruzada, como parece implicar a noção de uma personalidade permanente e transituacional. Na ausência de qualquer demonstração do contrário, sugere Mischel, a conclusão mais razoável é que o comportamento é situacionalmente específico, não consistente em situações cruzadas.

O desafio de Mischel provocou muitas respostas. Alguns pesquisadores salientaram que a conclusão alternativa implícita de que as situações explicam a maior parte da variância no comportamento, uma vez que os traços de personalidade aparentemente não explicam, estava errada. Assim, Funder e Ozer (1983) afirmaram que, mesmo com forças situacionais tão ostensivamente poderosas, como as subjacentes às mudanças de atitude sob uma aquiescência forçada e a intervenção de espectadores e obediência, a porcentagem da variância comportamental explicada não excedia a reconhecida por Mischel para os traços de personalidade. Igualmente, Bowers (1973) resumiu os estudos que aplicaram análises da variância à variância comportamental dividida. Ele relatou que a interação dos fatores da personalidade com as forças situacionais tinha o maior impacto sobre o comportamento. Outros investigadores sugeriram importantes reconceitualizações da controvérsia. Epstein (p. ex., 1979) propôs que o comportamento é muito mais consistente quando comportamentos simples são agregados em unidades maiores (ver Mischel, 1984; Mischel & Peake, 1982, 1983, para réplicas). Da mesma forma, Moskowitz (1982) demonstrou que constructos de traços amplos e limitados eram caracterizados por padrões de consistência diferentes.

Mas a resposta a Mischel que gerou mais atenção veio de Daryl Bem e Andrea Allen (1974). Eles notaram um aparente paradoxo entre as nossas intuições, que sugeriam que as pessoas realmente apresentam consistência situacional cruzada, e a literatura empírica, que indica o oposto. Bem e Allen acreditavam que as intuições, em vez da pesquisa, estavam mais de acordo com a realidade. O problema, argumentaram eles, é que a literatura é vítima da falácia nomotética salientada primeiro por Gordon Allport. Isto é, os pesquisadores supõem implicitamente que qualquer dimensão de traço é "universalmente aplicável a todas as pessoas". Em conseqüência, acabam investigando conceitos que fazem sentido para eles, mas que não existem na fenomenologia ou no comportamento de seus sujeitos! Em outras palavras, uma amostra de comportamentos e de situações que, para um experimentador vêm juntos, pode não pertencer a uma "classe de equivalência" para os sujeitos. Na extensão em que isso é verdade, a pesquisa resultante não conseguirá encontrar consistência situacional cruzada, não porque ela não existe, mas porque está sendo procurada no lugar errado. Conforme Bem e Allen colocam: "O veredito tradicional de inconsistência de forma nenhuma é uma inferência sobre os indivíduos; ele é uma declaração da discordância entre um investigador e um grupo de indivíduos e/ou da discordância entre os indivíduos do grupo" (p. 510). Ao contrário da estratégia de pesquisa, as nossas intuições operam de maneira idiográfica. Nós não começamos impondo rótulos a uma pessoa; em vez disso, nós primeiro organizamos seu comportamento em tendências racionais e depois tentamos compreender isso.

Em conseqüência dessa análise, Bem e Allen só esperavam encontrar consistência para "parte das pessoas dentro de parte do tempo". Eles coletaram dados sobre a consistência situacional cruzada do caráter amistoso e consciencioso, em uma tentativa de apoiar essa afirmação. Primeiro, dividiram sua amostra em sujeitos que relatavam ser consistentes nos traços e sujeitos que relatavam não ser. Eles então coletaram exemplos de comportamento amistoso e de compor-

tamento consciencioso. Relataram uma concordância substancial entre os diferentes indicadores de caráter amistoso para os sujeitos que tinham relatado ser consistentemente amistosos, mas uma concordância mínima para os sujeitos que tinham indicado não ser consistentes nesse traço. Resultados semelhantes foram obtidos para o caráter consciencioso. Em conseqüência de sua análise, Bem e Allen concluíram que os pesquisadores realmente devem prestar mais atenção às situações, conforme afirmara Mischel. Mas os pesquisadores também devem prestar uma imensa atenção às pessoas. E vale a pena prestar atenção a Gordon Allport. (Ver Chaplin & Goldberg, 1984, que não conseguiram replicar Bem e Allen. Ver também Zuckerman, Bernieri, Koestner & Rosenthal, 1989, para uma sofisticada réplica de Bem e Allen.)

## Idiográfica e Idiotética

O legado mais duradouro de Allport talvez tenha sido sua defesa de uma abordagem "idiográfica" à personalidade. Isto é, Allport acreditava que o estudo da personalidade não fazia sentido a menos que seu objetivo fosse compreender a "singularidade padronizada" de cada indivíduo. Ele fundamentalmente se opunha ao "desmembramento da personalidade" garantido por qualquer comparação de fragmentos de comportamento entre pessoas. Em conseqüência, Allport aceitava a proposição de que "a psicologia busca leis gerais, mas (ele chamou) atenção especial para aquelas leis e princípios que mostram como ocorre a singularidade" (1961, p. 572). Em outras palavras, ele propôs partir do comportamento dos indivíduos como uma fonte de palpites, depois buscar generalizações sobre tal comportamento e, finalmente, "voltar ao indivíduo" (1962, p. 407). É este último passo, confrontar as "nossas vacilantes leis da personalidade" com "a pessoa concreta" (1962, p. 407), que captura a essência da prescrição de Allport para a personalidade.

Apesar de ocasionais apoios a Allport (p. ex., Tyler, 1978), é claro que têm havido várias segundas opiniões sobre essa prescrição. A objeção central é a de que uma abordagem idiográfica é incompatível com uma abordagem científica (Eysenck, 1954; Holt, 1962; Skaggs, 1945). Entretanto, nos últimos anos, vários psicólogos da personalidade adotaram a posição idiográfica de Allport. Três deles serão examinados aqui brevemente (ver também a discussão no Capítulo 6 sobre a pesquisa da história de vida).

Saul Rosenzweig (p. ex., 1986) acreditava que a meta da teoria da personalidade (e da psicologia clínica) é compreender os indivíduos como distintos dos outros, mas também relacionados aos outros. Ele propôs que isso fosse feito por meio de normas *nomotéticas* (ou universais), *demográficas* (ou grupais) e *idiodinâmicas* (ou individuais). Ao contrário do foco de Allport nos traços do indivíduo único, Rosenzweig focalizou a "organização dinâmica única de eventos através do tempo" (1986, p. 242) que distingue cada pessoa. Ele usou essa análise para localizar a psicologia em relação a outras ciências físicas e sociais.

Talvez a mais influente das propostas idiográficas seja a de James Lamiell. Em um artigo amplamente citado, Lamiell (1981) propôs uma estratégia empírica para combinar a busca de Allport de princípios nomotéticos com a descrição idiográfica da personalidade de um indivíduo. Lamiell argumentou que o tradicional paradigma de pesquisa das diferenças individuais atribui escores a um atributo da pessoa, combinando valores em uma série de respostas ou observações, cada um deles recebendo um peso por sua relevância para o atributo de interesse. Por exemplo, o nível de extroversão de uma pessoa poderia ser definido como a soma de seu escore em cada uma das 24 perguntas do auto-relato, cada pergunta recebendo um peso 1 de relevância implícita. No próximo passo crucial, o escore seria interpretado pela comparação com o escore médio de um conjunto representativo de respondentes. Na prática, isso é equivalente a obter escores de traços somando-se as respostas aos itens de um teste de personalidade e depois comparando-se esse escore total com as normas do teste. Lamiell argumentou persuasivamente que esses escores entre pessoas nada dizem sobre a personalidade do indivíduo. Além disso, ele afirmou que é impossível chegarmos a uma conclusão significativa sobre a consistência do comportamento de um indivíduo a partir dessas medidas agregadas (ver Rorer &Widiger, 1983, para um argumento semelhante). Como conseqüência, o método empregado por pesquisadores da personalidade é fundamentalmente incompatível com sua apregoada meta de compreender os indivíduos.

Lamiell sugeriu substituirmos esse método por outro, que ele chamou de estratégia de mensuração idiotética. Tal estratégia diverge de duas maneiras importantes da estratégia das diferenças individuais recém-descrita. Primeiro, o conjunto de itens pelo qual combinamos as respostas deve ser específico para o indivíduo que está sendo avaliado. Em princípio, isso pode valer também para a estratégia das diferenças individuais, mas, na prática, quase sempre é usado um conjunto comum de itens. Segundo, e extremamente importante, o significado do escore total de um indivíduo dependeria não de uma comparação com o escore médio de um conjunto de respondentes, mas de onde o escore total se situa dentro do intervalo total de escores possível para aquele indivíduo. Isto é, uma medida idiograficamente definida da rebeldia de Mary em determinada ocasião dependeria de quão rebelde foi o seu comportamento se comparado à *sua* rebeldia máxima e mínima. O que Lamiell quer dizer é que os pesquisadores podem, e realmente devem, conceitualizar e medir cada indivíduo por ele mesmo, não por meio de comparações com outros indivíduos. Isso, por sua vez, permitiria aos pesquisadores investigar a consistência dos indivíduos ao longo do tempo, em vez de focalizar medidas agregadas para conjuntos de indivíduos. No processo, seria possível cumprir o requerimento de Allport, Bem e Allen (1974) de evitarmos qualquer suposição de que um dado atributo é relevante para todos, ou mesmo, para outros indivíduos.

Recentemente, Lamiell (1981, p. 287) propôs que "o 'tipo de pessoa' que *somos* está diretamente refletido no tipo de pessoa que *não somos, mas poderíamos ser*, e está apenas incidentalmente, se é que está, refletido no tipo de pessoa que alguém mais é" (ver Lamiell, 1987, para uma discussão mais completa). Lamiell concluiu que o tipo de pesquisa sistemática que ele propõe é idiográfica no sentido de que faz justiça aos indivíduos, mas também é nomotética no sentido de que tenta confirmar a aplicabilidade de princípios gerais aos indivíduos. Isto é, tal pesquisa seria *idiotética*. Lamiell estava claramente respondendo à exortação de Allport de que a nossa pesquisa deveria acabar "voltando ao indivíduo".

Pelham (1933) oferece uma ilustração final de uma pesquisa idiográfica. Ele incluiu como idiográfica qualquer abordagem que adote um método "dentro-do-sujeito" em vez de "entre-sujeitos". Tal abordagem, argumentou ele, revela-se muito mais útil do que os críticos (p. ex., Paunonen & Jackson, 1985) têm afirmado. Em especial, escreveu Pelham, as técnicas idiográficas trazem vantagens práticas. Além disso, já que a "vida mental é primariamente uma experiência "dentro-do-sujeito" em vez de "entre-sujeitos"... as técnicas idiográficas capturam a integridade da realidade fenomenológica de maneira que as técnicas nomotéticas tipicamente não capturam" (Pelham, 1993, p. 666). Pelham apresentou dados consistentes com sua análise sobre a relação entre a autopercepção e as avaliações dos iguais.

## Allport Revisitado

Em uma de suas últimas publicações, Allport (1966) "revisitou" seu conceito de traços. Cerca de 20 anos depois, vários outros autores também voltaram ao modelo de traços de Allport, usando-o como um trampolim teórico para discussões estimulantes. Examinemos três desses esforços.

Zuroff (1986) lançou a irônica pergunta: "Gordon Allport foi um teórico do traço?" Seu artigo tentava "reabilitar Allport, demonstrando que ele não foi um teórico do traço, pelo menos no sentido em que o termo é atualmente entendido pela maioria dos psicólogos" (p. 993). A confusão não é de Allport; pelo contrário, ela está no entendimento contemporâneo errado da definição de traços de Allport. Conforme Zuroff salienta, e como vimos antes, a definição de Allport de traços não implica uma consistência geral, situacional cruzada, do comportamento. Pelo menos no caso das disposições pessoais, Allport predisse que as pessoas manifestarão uma autoconsistência de comportamento ao longo do tempo e em situações relevantes e não consistência em todas as situações ou em conjuntos de situações compilados por um pesquisador. Bem e Allen (1974) estavam ecoando esse ponto quando introduziram o conceito de classes de equivalência. Allport propôs que precisamos dos traços para nos referir à conexão entre um conjunto de respostas "equivalentes" e um conjunto de situações provocantes "funcionalmente equivalentes". Os vínculos intra e entre conjuntos derivam-se de seu significado compartilhado. A essa luz, conforme salientou Zuroff (1986), a teoria de Allport claramente se qualifica como uma teoria "interacionista", para usar um termo atual dos psicólogos. Isto é, o comportamento é determinado tanto pela pessoa quanto pela situação, e os próprios traços são definidos em termos interacionistas.

Nesse ponto, Zuroff referiu-se à distinção de Magnusson e Endler (1977) entre a interação pessoa-situação em um sentido mecanicista e em um sentido dinâmico. A primeira se refere à necessidade de incluir tanto as pessoas quanto as situações em explicações ou predições do comportamento, mas a segunda se refere a um *processo* pelo qual as situações afetam o comportamento de um indivíduo. Zuroff (1986) argumentou que o traço de Allport é interacionista em um sentido mecanicista, mas não em um sentido dinâmico. Mas também poderíamos argumentar que a referência de Allport ao significado subjacente proporciona exatamente o mecanismo dinâmico que Zuroff via como ausente.

O restante do artigo de Zuroff apresenta uma proveitosa discussão da utilidade dos constructos de traço (ver também Buss, 1989). Zuroff (1986, p. 999) acrescentou, adequada e ironicamente, que Walter Mischel, no seu livro de 1968, que levou muitos a rejeitarem o modelo de traços ostensivamente ingênuo de Allport em favor de uma abordagem interacionista ao comportamento, supostamente sofisticada e mais acurada, introduzira o que pode ser considerado "uma reformulação contemporânea do conceito de traço de Allport". Mischel (1984, p. 362) propôs um foco em consistências específicas ou locais: "Em vez de buscar altos níveis de consistência de situação para situação para muitos comportamentos em uma ampla variedade de contextos, ou de procurar médias amplas, poderíamos tentar identificar "agrupamentos" ou conjuntos únicos de comportamentos prototípicos temporariamente estáveis... que caracterizam a pessoa mesmo no decorrer de períodos mais longos de tempo, mas não necessariamente na maioria das situações ou em todas as situações possivelmente relevantes."

Um recente artigo integrativo de Nancy Cantor (1990) poderia ser visto como uma tentativa de proporcionar o "processo" que Zuroff via como faltando na teoria de Allport. Na verdade, o trabalho de Cantor é fascinante precisamente porque ela demonstra conexões entre a psicologia allportiana do traço e o trabalho contemporâneo sobre motivação social. Cantor propôs que uma abordagem cognitiva (ou de "fazer") à expressão, manutenção e desenvolvimento da personalidade complementa uma abordagem de traço (ou de "ter") à estrutura da personalidade. As unidades cognitivas descritas por Cantor representam unidades de análise contextualizadas de "nível médio", no sentido de que proporcionam a expressão de disposições de personalidade mais generalizadas (ver Briggs, 1989, e Wakefield, 1989). Cantor introduziu esquemas, tarefas e estratégias para explicar a "estrutura *intencional* da personalidade-em-contexto" (1990, p. 737; ver também Little, 1989).

Um *esquema* é uma estrutura de conhecimento referente a um comportamento passado em algum domínio. Uma pessoa com um esquema de "*self*-como-tímido", por exemplo, tem certas memórias que a predispõem a perceber situações em certos termos e a responder de certas maneiras. Ela considerava os esquemas como "os portadores cognitivos das disposições... um registro da *expressão* particular do indivíduo de (por exemplo) timidez" (1990, p. 737-738). Essa descrição lembra a "necessidade integrada" de Henry Murray. Além disso, a elaboração de um esquema de timidez por parte de Cantor soa muito parecida com a definição de Allport do traço como o vínculo entre um conjunto de estímulos funcionalmente equivalentes e um conjunto de respostas equivalentes: o esquema de timidez de um indivíduo registra "os tipos específicos de pessoas e de interações que o deixam nervoso, os atos específicos de timidez mais característicos de sua timidez e o subconjunto de situações ou contextos de vida aos quais ele está mais predisposto a responder com timidez" (p. 738).

Os indivíduos diferem não só em seus esquemas, mas também nas *tarefas de vida* às quais esses esquemas dão origem. Cantor sugeriu que as tarefas de vida podem ser universais, refletindo um significado evolutivo, desenvolvimental ou sociocultural. Além disso, as pessoas têm tarefas de vida individualizadas, auto-articuladas. Observem aqui o aparente paralelo com os traços comuns e as disposições pessoais de Allport. Ela descreveu as tarefas de vida específicas como "prontamente vinculadas ao componente motivacional de disposições características" (p. 740), sugerindo assim um paralelo com a distinção de Murray entre necessidades gerais e metas específicas. Cantor apresenta uma análise persuasiva das tarefas de vida e sua fluidez desenvolvimental. Nessa detalhada análise das tarefas, ela estava complementando as sugestões de teóricos como Allport e Murray.

Cantor ficou ainda mais específica ao discutir as *estratégias* que os indivíduos empregam para trabalhar nas tarefas da vida. Ela acreditava que, mesmo quando os indivíduos compartilham tarefas, eles usam caminhos comportamentais únicos para realizá-las. A

existência dessas metas e a sua busca por parte do indivíduo sugerem claramente os "anseios próprios" de Allport. A descrição de Cantor de como "o trabalho estratégico envolve uma fusão e uma interação recíprocas da cognição e da emoção para atingir uma meta importante do *self*" (p. 743), como no caso do "pessimismo defensivo", é uma extensão muito útil do conceito de Allport.

O aspecto mais atraente da abordagem de Cantor é sua explícita discussão dos diferentes níveis de análise que caracterizam as variáveis cognitivas. Assim, ela descreveu "um ordenamento natural de generalidade, de esquemas de nível relativamente superior que se aplicam a muitos domínios e períodos da vida (o '*self*-como-realizador'), a tarefas mais delimitadas para períodos específicos da vida ('tornar-se sócio de uma firma de advocacia'), a estratégias muito específicas condicionalmente ligadas a determinados contextos ou interações ('manejar a ansiedade antes de um julgamento importante com pessimismo defensivo')" (p. 746). Tal hierarquia permite a Cantor resolver a coexistência aparentemente paradoxal da estabilidade da personalidade e da mudança da personalidade. Isto é, ela aceitava a evidência longitudinal de uma considerável estabilidade no nível das disposições amplas da personalidade, mas também acreditava que "ocorrem mudanças críticas durante a vida na microestrutura de conteúdo de esquemas, nas prioridades de tarefas de vida e nas regras de estratégia" (p. 747).

Um exemplo final de uma "abordagem neo-allportiana à personalidade" é dada por David Funder (1991). Funder observou que uma conseqüência do debate pessoa-situação foi uma imagem de traços globais como "idéias antiquadas, bastante originais, mas não-relevantes para a moderna pesquisa sobre a personalidade" (p. 31). Ao contrário das "modernas reconceitualizações" da personalidade, a "teoria neo-allportiana de traços globais" de Funder sugere que os psicólogos da personalidade ficariam mais bem-servidos com a idéia de disposições globais e estruturadas em linguagem cotidiana. Por exemplo, uma das 17 afirmações de Funder propõe que os traços globais têm um poder explanatório real precisamente porque não são redundantes com comportamentos específicos. Segundo Funder, "a explicação tem relação com o movimento do específico (comportamento) para o geral (traço)" (p. 36). Isso não significa que os traços são explicações suficientes do comportamento; eles têm uma história desenvolvimental e estão inseridos em uma hierarquia de generalidade. "Mas os traços permanecem pontos de parada importantes na regressão explanatória" (p. 36). Além disso, Funder concluiu que os traços globais, intuitivamente acessíveis, permanecem "o nível apropriado de análise em que a investigação deve *começar*, e que investigações mais específicas sempre devem lembrar de *informar*" (p. 37). Funder ecoou Allport em sua crença de que os traços globais proporcionam a nossa melhor oportunidade de compreender os "indivíduos em sua totalidade e em funcionamento".

## *STATUS* ATUAL E AVALIAÇÃO

Segundo Allport (1968, p. 377), a maior parte de seu trabalho profissional pode ser compreendida como uma tentativa de responder a uma pergunta: "Como deve ser escrita a história da vida psicológica?" Sua tentativa de responder a essa indagação foi orientada pela crença de que a "singularidade padronizada" dos atributos de um indivíduo é a realidade psicológica central. Conforme ele escreveu, "embora Bill possa ser comparado proveitosamente em muitas dimensões com o ser humano médio ou com seu grupo natural, ele ainda tece todos esses atributos em um sistema idiomático único... O que quer que seja a individualidade, ela não é a mixórdia residual deixada após as dimensões gerais terem sido exauridas. A organização da vida de Bill é antes de tudo, supremamente, e o tempo todo, o fato primário da sua natureza humana" (1962, p. 410).

Em contraposição a muitos teóricos, Allport jamais desenvolveu uma escola de seguidores, embora os traços de sua influência possam ser encontrados no trabalho de antigos alunos como A. L. Baldwin, J. S. Bruner, H. Cantril, G. Lindzey, D. G. McGranahan, T. Pettigrew e M. B. Smith. A maioria dos desenvolvimentos em sua teoria está ligada às contribuições do próprio Allport, que foram contínuas por quase meio século. Começando com sua busca de uma unidade apropriada para a descrição da personalidade, que levou à sua concepção do traço, e com um interesse simultâneo pela transformação desenvolvimental sofrida pelos motivos, que culminou no conceito de autonomia funcional, ele modificou progressivamente a teoria, passando a enfatizar cada vez mais a intencionalidade e as funções (próprias) do ego.

Um dos mais surpreendentes fenômenos dos últimos 60 anos na psicologia foi a morte e o subseqüente renascimento dos conceitos de *self* e de ego. Talvez nenhum outro psicólogo tenha tido um papel tão influente na restauração e na purificação do conceito de ego como Allport. Ele não só colocou o conceito em um contexto histórico, mas também tentou mostrar, persistentemente, a necessidade funcional de empregar algum conceito desse tipo de uma maneira discriminante em qualquer tentativa de representar o complexo comportamento humano normal. Um outro aspecto novo da posição de Allport foi sua ênfase na importância dos determinantes conscientes do comportamento e, como um corolário disso, sua defesa dos métodos diretos de avaliação da motivação humana. Além disso, Allport defendeu ardorosamente o estudo detalhado do caso individual. Embora outros tenham compartilhado dessa convicção, Allport, com sua monografia sobre o uso de documentos pessoais na psicologia (1942), sua ênfase nos métodos idiográficos, suas *Letters from Jenny*, e sua publicação de histórias de caso como editor do *Journal of Abnormal and Social Psychology*, é claramente uma das figuras mais importantes em um movimento que levou à atual aceitação do caso individual como um objeto legítimo de investigação psicológica.

Finalmente, a posição de Allport é notável por sua ênfase no futuro e no presente, com a relativa exclusão do passado. É fácil para um investigador ou terapeuta esquecer a importância dos determinantes situacionais e presentes do comportamento, em favor da determinação histórica. Conseqüentemente, tem sido muito bom ter os textos de Allport como um constante lembrete de que o passado não é o todo do indivíduo em funcionamento.

Já examinamos suficientemente o lado positivo desse "livro-caixa". Vamos agora dar uma olhada no negativo. Em muitos aspectos, essa teoria é singularmente vulnerável a críticas, e nunca houve escassez de críticos ativos, tais como Bertocci (1940), Coutu (1949), Seward (1948) e Skaggs (1945). Como sugerimos anteriormente, Allport geralmente estava mais preocupado em apresentar seu ponto de vista de forma vívida e efetiva do que em se proteger de críticas. A inadequação formal da teoria provocou muitos comentários negativos. Qual é exatamente a base axiomática de sua posição? O que constitui suposição e o que está aberto a testes empíricos? De que maneira se inter-relacionam as suposições feitas pela teoria, e onde estão as cuidadosas definições empíricas que permitem ao investigador traduzir conceitos em termos de observação? Intimamente relacionada a essas perguntas, mas muitíssimo mais importante, está a questão da variedade e da quantidade de investigação gerada pela teoria. Devemos admitir que, com a possível exceção do campo do comportamento expressivo, essa teoria não foi uma geradora eficiente de proposições para testes empíricos. Como a maioria das outras teorias da personalidade, ela está mais à vontade quando tenta explicar relações conhecidas do que quando tenta fazer predições sobre eventos não-observados. Assim, embora os próprios textos e investigações de Allport tenham levado a uma grande quantidade de pesquisas relacionadas, como, por exemplo, sobre preconceito, atitudes sociais e religiosas, e rumor, sua teoria falha tristemente como um gerador formal de pesquisa.

Muitos psicólogos acham que uma das razões pelas quais a teoria tem dificuldade em fazer predições é que o conceito de autonomia funcional não pode ser demonstrado empiricamente e, muito menos, predizer eventos não-observados. Nós já nos referimos a um certo embaraço criado para esse conceito quando a noção de *propriateness* foi introduzida como um critério para determinar o que se torna autônomo. A base da autonomia funcional é um fracasso em observar a extinção ou o abandono esperado de uma dada resposta, e, independentemente de quanto tempo observemos uma dada resposta que falhou em extinguir-se, sempre existe a possibilidade de críticas. O detrator pode dizer que nós deveríamos ter observado por mais tempo para verificar a extinção, ou pode explicar a aparente autonomia da resposta em termos de alguma motivação subjacente que não foi adequadamente entendida pelo investigador. Sempre é possível explicar qualquer exemplo concreto de autonomia funcional em termos de outras formulações teóricas, mas, da mesma forma, os exemplos de outros princípios teóricos podem ser explicados em termos de princípios alternativos. Talvez a crítica mais séria a esse princípio é que Allport não ofereceu nenhuma explicação adequada do processo ou do mecanismo subjacente à autonomia funcional. Ele nos diz que o fenômeno ocorre, mas não explica satisfatoriamente como ou por quê.

Um outro aspecto da teoria que sofreu um pesado tiroteio de críticas é a suposição de Allport de uma descontinuidade parcial entre o normal e o anormal, entre o bebê e o adulto, e entre o animal e o humano. A maioria dos psicólogos está tão firmemente convencida de que aprendemos tanto sobre o comportamento normal estudando sujeitos anormais que qualquer tentativa de sugerir que o anormal é descontínuo em relação ao normal parece quase uma heresia. De fato, a extensão em que os psicólogos tomaram emprestados conceitos desenvolvidos por meio da observação de animais inferiores torna a suposição de descontinuidades dentro da espécie humana ainda mais difícil de aceitar. Consistente com sua visão do comportamento humano, adulto, normal, como distinto do comportamento animal inferior, infantil ou anormal, é a preferência de Allport por um modelo de ser humano que enfatiza aspectos positivos ou normativamente valorizados do comportamento. A influência da psicanálise e da psicologia comparativa tem sido tão forte que uma teoria que insiste em enfatizar motivos socialmente aceitáveis em vez de necessidades primitivas, como sexo e agressão, soa atualmente um tanto vitoriana. O próprio Allport diria que ele não nega a importância dos motivos biológicos ou dos motivos inconscientes, mas que deseja dar o devido lugar ao papel dos motivos socializados e dos processos racionais, que ele acredita ter sido negligenciado por uma era transitória de irracionalismo. Ainda que possa ser assim, muitos críticos da teoria afirmam que a posição de Allport representa os humanos em termos excessivamente parecidos com os usados pelo indivíduo comum para explicar seu próprio comportamento.

Nenhum psicólogo contemporâneo pode demorar-se muito na "singularidade" sem incorrer na fúria de muitos colegas preocupados em abstrair e medir o comportamento. O que Coutu (1949) chamou de "a falácia da personalidade única" representa um importante desacordo entre as crenças de Allport e as da maioria dos cientistas sociais contemporâneos. Eles estão convencidos de que a individualidade pode ser explicada em termos de princípios gerais ou comuns adequados, e de que focalizar o individual e o único no presente estado de desenvolvimento da psicologia só pode levar a especulações estéreis.

Sanford (1963) também criticou severamente o conceito de "singularidade". Ele insistiu que a ciência não pode explicar eventos únicos, singulares, mas que ela procura uniformidades e regularidades estatísticas, e tenta generalizar. Ele observou que os clínicos e outras pessoas intimamente envolvidas no estudo de personalidades individuais não seguiram a recomendação de Allport de tentar compreender a organização singularmente padronizada de cada pessoa. Ao invés disso, eles tentam descobrir princípios gerais na análise do caso individual. A resposta de Allport a essa crítica foi a de que podemos descobrir uniformidades na vida de uma pessoa, e que podemos fazer generalizações para aquela pessoa. Mas permanece o fato de que, fora Jenny, Allport não seguiu seu próprio conselho. (Mesmo no caso de Jenny, não foi feita uma tentativa real de estabelecer sua singularidade como ser humano.) Sua pesquisa foi do tipo nomotética.

Uma outra objeção à teoria, intimamente relacionada ao seu fracasso em generalizar proposições empíricas, é a sua incapacidade de especificar um conjunto de dimensões para usar no estudo da personalidade. Os traços individuais, por definição, não podem ser afirmados de uma forma geral, e o investigador, se usa a abordagem idiográfica, precisa começar novamente a tarefa de planejar variáveis para cada sujeito estudado. Obviamente, esse estado de coisas é desencorajador para a pessoa interessada em pesquisa.

Finalmente, os psicólogos contemporâneos, impressionados com a contribuição dos determinantes socioculturais ao comportamento, não conseguem representar adequadamente esses fatores na teoria de Allport. Eles afirmam que a teoria dá total atenção à inter-relação de todos os comportamentos, mas não reconhece a inter-relação entre o comportamento e a situação ambiental em que ele opera. Allport atribuiu crédito excessivo ao que se passa dentro do organismo e crédito insuficiente ao impacto sedutor e constrangedor das forças externas.

Allport, do seu jeito compreensivo característico, ouviu as críticas e respondeu a elas. Ele reconheceu,

em seu importante artigo *Traits Revisited* (1966) que "minhas idéias anteriores parecem ter negligenciado a variabilidade induzida pelos fatores ecológicos, sociais e situacionais" (p. 9). "Esse descuido", prosseguiu ele, "precisa ser reparado por meio de uma teoria adequada que relacione mais acuradamente os sistemas interior e exterior." Mas Allport não tentou oferecer essa teoria, e de fato pareceu sugerir que tal teoria não invalidaria nem substituiria seu ponto de vista. Ele não acreditava que os traços podem ser explicados em termos de efeitos de interação. As situações ambientais e as variáveis socioculturais podem ser forças causais distais, mas "o fator interveniente da personalidade é sempre a causa proximal da conduta humana". Allport afirmava que é o dever da psicologia estudar a pessoa-sistema porque é a pessoa quem aceita, rejeita ou permanece não-influenciada pelo sistema social. O tolerante ecletismo de Allport é visto nessa solução para a controvérsia pessoa-sociedade.

> "O teórico da personalidade deveria ser tão bem-treinado na ciência social que pudesse ver o comportamento de um indivíduo como ajustando-se a qualquer sistema de interação; isto é, ele deveria ser capaz de considerar adequadamente tal comportamento na cultura em que ocorre, em seu contexto situacional e em termos da teoria de papel e da teoria de campo. Ao mesmo tempo, ele não deveria perder de vista o fato de que existe uma padronização interna e subjetiva de todos esses atos contextuais." (1960a, p. 307).

Talvez o atributo mais notável dos textos de Allport seja que, apesar de seu pluralismo e ecletismo, eles conseguiram criar um senso de novidade e exercer uma grande influência. Seu trabalho se destaca como um monumento a um estudioso sábio e sensível, que estava determinado a representar os aspectos positivos do comportamento humano em termos que respeitassem a singularidade de cada organismo vivo.

# CAPÍTULO 8

# A Teoria de Traço Fatorial-Analítica de Raymond Cattell

INTRODUÇÃO E CONTEXTO ................................................................................. 254
    Análise Fatorial    254
HISTÓRIA PESSOAL ........................................................................................... 256
A NATUREZA DA PERSONALIDADE: UMA ESTRUTURA DE TRAÇOS ...................... 258
    Traços    259
    Traços de Capacidade e de Temperamento    260
    A Equação de Especificação    263
    Traços Dinâmicos    265
    Cattell e Freud    269
O DESENVOLVIMENTO DA PERSONALIDADE ......................................................... 270
    Análise da Hereditariedade-Ambiente    272
    Aprendizagem    272
    Integração da Maturação e da Aprendizagem    273
    O Contexto Social    273
PESQUISA CARACTERÍSTICA E MÉTODOS DE PESQUISA ........................................ 274
    Um Estudo Fatorial Analítico de um Único Indivíduo    275
    O Modelo de Personalidade dos Sistemas VIDAS    276
PESQUISA ATUAL .............................................................................................. 277
    Os Cinco Grandes Fatores da Personalidade    277
    Genética do Comportamento    281
    Teoria Evolutiva da Personalidade    283
*STATUS* ATUAL E AVALIAÇÃO ............................................................................ 286

## INTRODUÇÃO E CONTEXTO

No presente capítulo trataremos de um método empírico específico, a técnica da análise fatorial, e de uma posição teórica cujo desenvolvimento dependeu muito do uso deste método, a teoria da personalidade de Raymond B. Cattell. Hans Eysenck (ver Capítulo 10) também dependia muito deste instrumento estatístico, e a análise fatorial com certeza é amplamente utilizada como um instrumento empírico comum por investigadores contemporâneos de várias orientações teóricas. Entretanto, a teoria de Cattell é de longe a teoria da personalidade mais elaborada baseada na análise fatorial. Antes de podermos compreendê-la, precisamos nos familiarizar brevemente com o método da análise fatorial em si.

### Análise Fatorial

As idéias essenciais da análise fatorial foram introduzidas por Spearman (1904), um famoso psicólogo inglês, mais conhecido por seu trabalho com as capacidades mentais (Spearman, 1927). Ele sugeriu que se examinássemos dois testes relacionados de capacidade, poderíamos esperar encontrar dois tipos de fator contribuindo para o desempenho nesses testes. Primeiro, existe um fator geral (p. ex., fluência verbal, inteligência geral, nível educacional) que é importante para ambos os testes. Segundo, existe um fator específico (p. ex., memória visual, percepção espacial, informação específica) que é único para cada teste. O método de análise fatorial foi desenvolvido como um meio de determinar a existência de fatores gerais e ajudar a identificá-los. A técnica de Spearman para isolar fatores simples foi revisada com a introdução de Thurstone (1931) de uma análise de múltiplos fatores. Isso abriu caminho para o estudo de problemas muito mais complexos e tem sido desde então o principal método de análise fatorial.

Não é necessário um entendimento detalhado da análise fatorial para os propósitos da exposição deste capítulo; entretanto, é essencial que o leitor aprecie a lógica geral existente por trás da técnica. Tipicamente, o teórico fatorial começa a estudar o comportamento com um grande número de escores para cada um de um grande número de sujeitos. Dados estes índices superficiais, o investigador então aplica a técnica de análise fatorial para descobrir quais são os fatores subjacentes que determinam ou controlam a variação nas variáveis superficiais. Assim, ele espera identificar um pequeno número de fatores básicos cuja operação explica a maior parte da variação no grande número de medidas que o investigador tinha ao começar.

O resultado da análise fatorial não só isola os fatores fundamentais como também oferece para cada medida ou conjunto de escores uma estimativa da extensão em que cada um dos fatores contribui para esta medida. Esta estimativa é comumente conhecida como a *carga fatorial* ou *saturação* da medida, e é simplesmente uma indicação de quanto da variação nessa medida específica deve ser atribuída a cada um dos fatores. O significado psicológico de um fator e a natureza ou rótulo a ele ligados são amplamente determinados pela natureza das medidas específicas que têm as cargas mais altas neste fator. Tendo identificado estes fatores básicos, é possível para o teórico fatorial desenvolver um meio de mensurar esses fatores mais eficientemente do que seria possível por meio das medidas originais.

Assim, o teórico fatorial começa com uma grande variedade de medidas comportamentais, identifica os fatores subjacentes a essas medidas e então tenta criar um meio mais eficiente de avaliar esses fatores. Os fatores do analista fatorial são em concepção muito pouco diferentes dos componentes ou das variáveis subjacentes dos outros teóricos da personalidade. Eles são simplesmente tentativas de formular variáveis que expliquem a grande complexidade do comportamento exterior. É na técnica empregada para derivar essas variáveis que está a novidade da abordagem.

O leitor deve lembrar que embora os fatores grupais ou comuns sejam de especial interesse para o analista fatorial, não são os únicos tipos de fator. Burt (1941) apresentou uma descrição amplamente aceita dos tipos de fator que podem ser derivados da aplicação da análise fatorial. Ele sugeriu que existem *fatores gerais* ou universais que contribuem para o desempenho em todas as medidas, e que também existem *fatores grupais* que desempenham um papel em mais de uma, mas não em todas as medidas. Além disso, existem *fatores específicos* ou singulares que contribuem para apenas uma das medidas, e finalmente existem *fatores de erro* ou acidentais que aparecem em

TEORIAS DA PERSONALIDADE **255**

*Raymond Bernard Cattell.*

uma administração isolada de uma medida isolada e devem ser atribuídos a uma mensuração falha ou à falta de controle experimental.

Devemos mencionar aqui uma outra questão que se mostrou um tanto controversa entre os analistas fatoriais – a distinção entre sistemas de fatores *ortogonais* e *oblíquos* (e a noção relacionada de *fatores de segunda ordem*). Podemos especificar na análise fatorial que os fatores extraídos não terão correlação entre si (em um sentido geométrico, em ângulos retos um em relação ao outro, ou "ortogonais") ou podemos permitir que emerjam fatores correlacionados, ou "oblíquos". O primeiro procedimento tem sido preferido por alguns analistas fatoriais na esfera da personalidade devido à sua simplicidade e eficiência. Mas outros, incluindo Cattell, defendem os fatores oblíquos, afirmando que as verdadeiras influências causais na esfera da personalidade podem apresentar intercorrelação e que somente o uso de um sistema de fator oblíquo permitirá a emergência de um quadro sem distorções.

O uso de fatores oblíquos tem uma implicação adicional. Se obtivermos fatores intercorrelacionados, poderemos reaplicar os mesmos métodos fatoriais analíticos às correlações entre os fatores, produzindo os chamados fatores *de segunda ordem*. Por exemplo, o fatoramento de testes de capacidade freqüentemente leva a fatores de primeira ordem como "fluência verbal", "capacidade numérica", "visualização espacial" e assim por diante, que tendem a ser inter-relacionados. Podemos então prosseguir para o fatoramento das correlações entre estes fatores de primeira ordem, talvez encontrando um único fator de segunda ordem de "inteligência geral", ou talvez fatores "verbais" e "não-verbais" amplos, ou algo parecido.

Como em qualquer outro procedimento, pode haver abuso da análise fatorial, e os melhores investigadores nesta área enfatizam o fato de que não existe nenhum substituto para as boas idéias ou o conhecimento detalhado dos fenômenos que estão sendo investigados. Assim, Thurstone (1948), ao discutir o trabalho de seu laboratório psicométrico, afirma:

> "Nós passamos mais tempo planejando os testes experimentais para o estudo de um fator do que em todo o trabalho computacional, incluindo as correlações, o fatoramento e a análise da estrutura. Se temos várias hipóteses sobre fatores postu-

lados, planejamos e inventamos novos testes que podem ser crucialmente diferenciadores para as várias hipóteses. Esta é uma tarefa inteiramente psicológica, sem cálculos. Ela exige tanto *insight* psicológico quanto podemos reunir entre alunos e professores. Freqüentemente achamos que nossos palpites foram errados, mas ocasionalmente os resultados são surpreendentemente encorajadores. Eu menciono este aspecto do trabalho fatorial na esperança de neutralizar a impressão geral de que a análise fatorial só se preocupa com álgebra e estatística. Ambas devem ser nossas servas na investigação das idéias psicológicas. Se não temos nenhuma idéia psicológica, provavelmente não descobriremos nada de interessante, porque mesmo que os resultados fatoriais estejam claros e nítidos, a interpretação deve ser tão subjetiva quanto em qualquer outro trabalho científico." (p. 402)

Para uma discussão completa da análise fatorial, o leitor deve procurar Carroll (1993), Comrey (1973), Harman (1967), e Nesselroade e Cattell (1988). Para informações sobre métodos fatoriais analíticos confirmatórios mais recentes, o leitor pode consultar McArdle (1996) e Nesselroade e Baltes (1984).

Basta da lógica da análise fatorial. Para uma ilustração importante das diversas maneiras pelas quais este método pode ser aplicado à análise teórica e empírica da personalidade, vamos examinar a teoria da personalidade de Raymond B. Cattell.

## HISTÓRIA PESSOAL

Em Raymond Cattell encontramos um investigador cujo profundo interesse pelos métodos quantitativos não limitou o espectro de seu interesse pelas informações e pelos problemas psicológicos. Para ele, a análise fatorial é um instrumento para esclarecer uma variedade de problemas, todos os quais foram ordenados dentro de uma estrutura sistemática. Sua teoria representa uma importante tentativa de reunir e organizar os achados de estudos fatoriais analíticos da personalidade. Ele presta certa atenção aos achados dos investigadores que usam outros métodos de estudo, embora a essência de sua posição esteja baseada nos resultados da análise fatorial, pois é aqui que ele deriva as variáveis que considera mais importantes para explicar o comportamento humano. Ele é semelhante a Gordon Allport no sentido de que a sua posição pode corretamente ser chamada de uma "teoria do traço", e a Kurt Lewin em sua capacidade de traduzir idéias psicológicas em formas matemáticas explícitas. Todavia, entre os teóricos discutidos neste volume, talvez o que mais se assemelhe a Cattell seja Henry Murray. Ambos têm uma visão ampla da personalidade e desenvolveram sistemas teóricos grandes e inclusivos, que incorporam muitas classes diferentes de variáveis. Ambos buscam um mapeamento empírico de amplas extensões do domínio da personalidade, e isto, em ambos os casos, resultou em um grande número de constructos, que têm vínculos operacionais com dados, e muitas vezes, nomes estranhos. Além disso, ambos os teóricos colocam grande ênfase nos constructos motivacionais: "necessidades", para Murray, e "traços dinâmicos", para Cattell. Ambos empregam substancialmente formulações psicanalíticas, e ambos dão um *status* teórico sistemático ao ambiente, bem como à pessoa. Uma diferença notável entre eles, é claro, é o profundo comprometimento de Cattell com uma metodologia estatística específica, a análise fatorial.

Raymond Bernard Cattell nasceu em Staffordshire, Inglaterra, em 1905, e sua formação foi toda na Inglaterra. Ele recebeu seu B.Sc. em química da Universidade de Londres em 1924, e seu Ph.D. em psicologia, sob a orientação de Spearman, desta mesma instituição, em 1929. Foi palestrante no University College of the South West, Exeter, Inglaterra, de 1928 a 1931, e diretor da City Psychological Clinic em Leicester, Inglaterra, de 1932 a 1937. Esta combinação incomum de um posto acadêmico seguido imediatamente por uma extensiva experiência em um ambiente clínico sem dúvida explica parcialmente a subseqüente amplitude de interesse de Cattell. Em 1937, ele recebeu um D.Sc. da Universidade de Londres por suas contribuições para a pesquisa da personalidade. Ele trabalhou como pesquisador-associado com E. L. Thorndike no Teachers College, Universidade de Colúmbia, durante o período de 1937-1938, e depois foi o professor de psicologia G. Stanley Hall na Universidade de Clark até ir para a Universidade de Harvard como palestrante, em 1941. Em 1944, ele aceitou uma posição na Universidade de Illinois, onde permane-

ceu até a sua aposentadoria em 1973, como professor de pesquisa em psicologia e diretor do Laboratory of Personality and Group Behavior Research. Em 1973, tornou-se professor-visitante na Universidade do Havaí. Atualmente, ele é professor de psicologia no Forest Institute of Professional Psychology em Honolulu, Havaí. Em 1953, Cattell recebeu o prêmio Wenner-Gren da Academia de Ciência de Nova York por seu trabalho sobre a psicologia do pesquisador. Ele foi um dos fundadores da Society for Multivariate Experimental Psychology em 1960, e seu primeiro presidente.

Como todos os outros teóricos que enfatizam o método da análise fatorial, Cattell deve muito ao trabalho pioneiro de Spearman e aos amplos progressos de Thurstone. Suas formulações teóricas estão estreitamente relacionadas às de McDougall, cujo interesse em deslindar as dimensões subjacentes do comportamento e ênfase no sentimento em relação ao *self* são vistos em roupagem moderna nos textos de Cattell. Os detalhes de muitas das idéias teóricas de Cattell, especialmente as relacionadas ao desenvolvimento, estão intimamente ligados às formulações de Freud e às de autores psicanalíticos que vieram depois.

Durante um período de quarenta anos, Cattell publicou um número surpreendente de livros e artigos, que não apenas cobrem o campo da pesquisa da personalidade e mensuração mental como tratam também de tópicos dos campos tradicionais da psicologia experimental, psicologia social e genética humana. A simples estatística desta produção é assombrosa. Cattell publicou mais de 400 artigos de pesquisa, cerca de 40 livros, e mais de uma dúzia de testes diferentes para medir a personalidade, a inteligência e a psicopatologia.

Desta riqueza de publicações nós podemos selecionar algumas que constituem marcos importantes no tratamento sistemático dado por Cattell à personalidade. O primeiro destes volumes intitula-se *Description and measurement of personality* (1946) e tenta apresentar, de um ponto de vista secional cruzado, fundamentos descritivos para uma teoria adequada da personalidade. O segundo se chama *Personality: A systematic, theoretical, and factual study* (1950) e tenta desenvolver os fundamentos estabelecidos no livro anterior, apresentando uma visão sintética do importante fenômeno da personalidade, incluindo as perspectivas desenvolvimental e secional cruzada. O terceiro é *Personality and motivation structure and measurement* (1957). Um relato semipopular de sua teoria e pesquisa na área da personalidade está incluído em *The scientific analysis of personality* (1966a), que foi atualizado com Paul Kline e publicado em 1977 como *The scientific analysis of personality and motivation*. Este livro, juntamente com *Human motivation and the dynamic calculus* (Cattell, 1985) e o recente capítulo de Cattell no *Handbook of personality* (Cattell, 1990), de Pervin, oferece o melhor sumário atual da posição de Cattell. Mas devemos alertar o leitor de que estes últimos volumes contêm materiais difíceis. As imensas contribuições de Cattell à teoria multivariada, à mensuração e à pesquisa estão resumidas em *The handbook of multivariate experimental psychology* (Nesselroade & Cattell, 1988). Cattell resumiu sua abordagem à teoria da aprendizagem em *Personality and learning theory*, que apareceu em dois volumes: *The structure of personality in its environment* (1979) e *A systems theory of maturation and structured learning* (1980). Outros volumes notáveis incluem *Personality and mood by questionnaire* (Cattell, 1973a), *Motivation and dynamic structure* (Cattell & Child, 1975), *The inheritance of personality and ability* (Cattell, 1982) e *Structured personality-learning theory* (Cattell, 1983). A produtividade de Cattell como estudioso foi extraordinária. Em anos recentes, Cattell (1972, 1987) propôs uma nova moralidade baseada no conhecimento e na investigação científica. Esta abordagem, chamada de *Beyondism*, é uma combinação de ética, religião e organização social.

Os testes psicológicos de Cattell incluem *The Culture Free Test of Intelligence* (1944), *The O-A Personality Test Battery* (1954), *The Clinical Analysis Questionnaire* (Cattell, 1973a), *The Motivation Analysis Test* (Cattell, Horn & Sweney, 1970) e o *Sixteen Personality Factor Questionnaire* (Cattell, Saunders & Stice, 1950; ver também Cattell, Eber & Tatsuoka, 1970).

## A NATUREZA DA PERSONALIDADE: UMA ESTRUTURA DE TRAÇOS

O sistema de constructos proposto por Cattell está entre os mais complexos de todas as teorias que examinaremos. Embora estes conceitos derivem seu tom

característico e, em muitos casos, sua definição empírica de estudos que empregam a análise fatorial, alguns deles representam derivações de achados experimentais ou simples estudos observacionais do comportamento. Mas esta situação é considerada por Cattell como apenas um expediente, como revela a seguinte citação:

> "O nosso conhecimento da psicologia dinâmica decorre amplamente de métodos clínicos e naturalistas, e secundariamente de experimentos controlados. Achados dos primeiros, e até dos últimos, estão no processo de ser colocados sobre uma base mais sólida, pela aplicação de métodos estatísticos mais refinados. Em particular, os experimentos e as conclusões clínicas precisam ser refundamentados em concepções reais daqueles traços (notavelmente pulsões) que são realmente unitários, e isso requer fundamentos da pesquisa fatorial analítica." (1950, p. 175)

Cattell acha que a tarefa detalhada de definir a personalidade deve esperar uma especificação completa dos conceitos que o teórico planeja empregar em seu estudo do comportamento. Assim, ele deliberadamente apresenta apenas uma definição bem geral:

> "A personalidade é aquilo que permite uma predição do que uma pessoa fará em uma dada situação. A meta da pesquisa psicológica da personalidade é portanto estabelecer leis sobre o que diferentes pessoas farão em todos os tipos de situações ambientais sociais e gerais . . . A personalidade está . . . relacionada a todos os comportamentos do indivíduo, tanto os manifestos quanto os que acontecem sob a pele." (1950, p. 2-3)

Está claro que esta ênfase no estudo da personalidade incluindo "todos" os comportamentos não é um ataque à abstração ou segmentação necessárias que ocorrem no estudo empírico habitual. É simplesmente um lembrete de que o significado de pequenos segmentos de comportamento só pode ser inteiramente entendido quando visto dentro da estrutura mais ampla do organismo inteiro em funcionamento.

Cattell vê a personalidade como uma estrutura complexa e diferenciada de *traços*, com sua motivação grandemente dependente de um subconjunto destes, os chamados *traços dinâmicos*. Quando tivermos examinado os variados conceitos de traço e certas noções relacionadas, como a *equação de especificação* e a *treliça dinâmica*, teremos em entendimento bem amplo de sua concepção da personalidade. Uma discussão de seu tratamento do desenvolvimento da personalidade, uma consideração de suas idéias sobre o contexto social da personalidade, e uma breve olhada em alguns de seus métodos de pesquisa característicos completarão o quadro. Na conclusão desta discussão, o leitor apreciará o significado da máxima de Cattell: "A ciência requer mensuração".

## Traços

O traço é de longe o conceito mais importante de Cattell. De fato, os conceitos adicionais que examinaremos são em grande parte vistos como casos especiais deste termo geral. Exceto talvez por Gordon Allport, Cattell examinou este conceito e sua relação com outras variáveis psicológicas mais detalhadamente do que qualquer outro teórico. Para ele, um traço é uma "estrutura mental", uma inferência feita a partir do comportamento observado para explicar a regularidade ou a consistência neste comportamento.

Central no ponto de vista de Cattell é a distinção entre *traços de superfície*, que representam agrupamentos de variáveis manifestas que parecem ocorrer juntas, e *traços de origem*, que representam variáveis subjacentes que entram na determinação de múltiplas manifestações de superfície. Assim, se encontramos alguns eventos comportamentais que parecem ocorrer juntos, podemos preferir considerá-los como uma única variável. Em um ambiente médico, isso seria referido como uma síndrome, mas aqui chamamos de traço de superfície. Os traços de origem, por outro lado, só são identificados por meio da análise fatorial, que permite ao investigador estimar as variáveis ou os fatores que são a base deste comportamento exterior ou de superfície.

É evidente que Cattell considera os traços de origem mais importantes do que os traços de superfície. Isso não só porque os traços de origem prometem maior economia de descrição, já que presumivelmente existem menos deles, como especialmente porque

"os traços de origem prometem ser as influências estruturais reais por trás da personalidade, necessários para lidarmos com problemas desenvolvi-

mentais, psicossomáticos e problemas de integração dinâmica . . . como a pesquisa está mostrando atualmente, esses traços de origem correspondem às influências unitárias reais –fatores fisiológicos, temperamentais; graus de integração dinâmica; exposição a instituições sociais – sobre os quais muito mais pode ser descoberto depois que forem definidos." (1950, p. 27).

Os traços de superfície são produzidos pela interação dos traços de origem e geralmente podemos esperar que sejam menos estáveis que os fatores. Cattell admite que os traços de superfície tendem a parecer mais válidos e significativos para o observador comum do que os traços de origem, porque correspondem aos tipos de generalização que podem ser feitos com base na simples observação. Entretanto, no final das contas são os traços de origem que se mostram mais úteis para explicar o comportamento.

Qualquer traço sozinho certamente pode representar o resultado da operação de fatores ambientais, de fatores de hereditariedade, ou de alguma mistura dos dois. Cattell sugere que embora os traços de superfície representem o resultado de uma mistura destes fatores, no mínimo é possível que os traços de origem possam ser divididos entre aqueles que refletem fatores de hereditariedade, ou mais amplamente fatores constitucionais, e aqueles derivados de fatores ambientais. Os traços resultantes da operação de condições ambientais são chamados de *traços de molde ambiental;* os que refletem fatores de hereditariedade são chamados de *traços constitucionais:*

"Se os traços de origem encontrados pela fatoração são influências puras, independentes, como sugerem as evidências presentes, um traço de origem não poderia dever-se tanto à hereditariedade quanto ao ambiente, mas decorreria de um ou de outro . . . Assim, os padrões decorrentes de condições ou influências internas podem ser chamados de traços de origem constitucionais. O termo 'inato' é evitado, porque tudo o que sabemos é que a origem é fisiológica e está dentro do organismo, o que significará inato apenas em certa fração dos casos. Por outro lado, um padrão poderia ser fixado na personalidade por alguma coisa externa a ela . . . Tais traços de origem, aparecendo como fatores, podem ser chamados de traços de molde ambiental, porque decorrem do efeito modelador das instituições sociais e das realidades físicas que constituem o padrão cultural." (1950, p. 33-34)

Os traços também podem ser divididos em termos da modalidade por meio da qual se expressam. Se eles têm relação com acionar o indivíduo rumo a alguma meta, são *traços dinâmicos*. Se têm relação com a efetividade com a qual o indivíduo atinge a meta, são *traços de capacidade*. Ou podem ter relação amplamente com aspectos constitucionais da resposta, como velocidade, energia ou reatividade emocional, e neste caso são referidos como *traços de temperamento*. Em seus textos mais recentes, além destas modalidades importantes dos traços, Cattell tem enfatizado muito estruturas mais transitórias ou flutuantes dentro da personalidade, incluindo *estados* e *papéis*. Ao discutir as idéias de Cattell sobre a estrutura da personalidade, achamos que convém discutir primeiro os traços de capacidade e temperamento relativamente estáveis e duradouros, e depois os traços dinâmicos, que tendem a ser intermediários em termos de estabilidade, e finalmente os papéis e estados, que mudam mais.

## Traços de Capacidade e de Temperamento

Na visão de Cattell, existem três fontes mais importantes de dados sobre a personalidade: os registros de vida, ou *dados-L* (L de "life", vida); o questionário de auto-avaliação, ou *dados-Q*; e o teste objetivo, ou *dados-T*. Os primeiros, os dados-L, podem em princípio envolver registros reais do comportamento da pessoa na sociedade, tais como registros escolares e registros de tribunais, embora na prática Cattell habitualmente os substituísse por avaliações de outras pessoas que conheciam o indivíduo em ambientes da vida real. A auto-avaliação (dados-Q), em contraste, envolve as declarações da própria pessoa sobre seu comportamento, e assim pode oferecer um "interior mental" para os registros externos dos dados-L. O teste objetivo (dados-T) baseia-se em uma terceira possibilidade, a criação de situações especiais em que o comportamento da pessoa pode ser objetivamente pontuado. Essas situações podem ser tarefas de lápis

e papel ou podem envolver vários tipos de aparelhos. Cattell e seus associados foram extremamente férteis ao planejar e adaptar esses testes; um compêndio (Cattell & Warburton, 1967) lista mais de 400 deles.

Cattell tentou localizar traços gerais de personalidade, realizando estudos fatoriais analíticos separados e usando as três fontes de dados recém-citados, partindo da suposição de que se os mesmos traços de origem emergissem de todos os três, isso constituiria uma forte evidência presuntiva de que os traços de origem são unidades funcionais verdadeiras e não meros artifícios do método. O resultado de umas vinte ou trinta análises fatoriais realizadas por Cattell e seus associados levou à conclusão de que uma estrutura de fator semelhante emerge dos dados de avaliação do comportamento e dos dados de questionário, mas fatores muito diferentes tendem a emergir dos dados do teste objetivo. As populações amostradas nestes estudos incluíram vários grupos de idade (adultos, adolescentes e crianças) e vários países (Estados Unidos, Grã-Bretanha, Austrália, Nova Zelândia, França, Itália, Alemanha, México, Brasil, Argentina, Índia e Japão), de modo que presumivelmente os fatores têm certa generalidade. Conforme discutimos mais detalhadamente adiante, outros investigadores, usando procedimentos um pouco diferentes, encontraram conjuntos diferentes de fatores replicáveis no domínio da personalidade (Comrey & Jamison, 1966; Guilford & Zimmerman, 1956; Norman, 1963); mas mesmo que os fatores de Cattell constituam apenas alguns conjuntos de dimensões ao longo das quais a personalidade pode ser descrita, eles são pelo menos um conjunto em torno do qual foram reunidas informações empíricas consideráveis.

Um determinante crítico do resultado de uma análise fatorial é o ponto de partida, as variáveis de superfície com as quais começamos, e Cattell enfatizou consideravelmente a importância de amostrar adequadamente toda a *esfera da personalidade* no início da pesquisa exploratória. Cattell começou seu estudo da avaliação do comportamento com a lista de Allport e Odbert (1936) com cerca de 4.500 nomes de traços de um dicionário completo. Estes foram condensados em 171, agrupando-se sinônimos e eliminando-se termos raros e metafóricos. Os nomes restantes dos traços foram intercorrelacionados e novamente reduzidos por meio de procedimentos de agrupamento empírico, produzindo trinta e cinco traços de superfície. Cattell subseqüentemente acrescentou outros traços de superfície, com base em sua leitura da literatura experimental e do anormal, em um total de 46 (Cattell & Kline, 1977). Cattell referiu-se a estes 46 traços de superfície como a "esfera-padrão reduzida da personalidade" (ver Cattell, 1957, p. 813-817, para uma lista). As avaliações dos iguais nesses traços forneceram a base para a sua análise fatorial inicial dos dados-L. Por meio desta análise, Cattell identificou 15 fatores, que interpretou como os traços de origem dos dados-L da personalidade. Usando esses fatores como modelos, Cattell escreveu e selecionou milhares de perguntas destinadas a avaliar a personalidade. Por meio de uma série de análises fatoriais de auto-relatos dos sujeitos nestes itens, ele os reduziu a 16 fatores, que interpretou como os traços de origem dos dados-Q da personalidade. Cattell determinou que 12 dos 16 correspondiam a 12 dos 15 traços de origem dos dados-L. Cattell considerou esta como uma razoável correspondência entre a estrutura de fator, e portanto a estrutura da personalidade, nos domínios de dados -L e -Q.

A metade superior da Tabela 8.1 (ver p. 262) resume estes 16 traços, que são medidos pelo teste de personalidade mais popular de Cattell, o *Sixteen Personality Factor Test* (16 PF). Os traços rotulados $Q_1$-$Q_4$ são os únicos exclusivos dos dados-Q, e os primeiros 12 são comuns a L e Q. Em trabalhos posteriores, Cattell identificou 7 traços de origem adicionais, e estes estão listados na metade inferior da Tabela 8.1. Quatro destes novos fatores são comuns aos dados L e Q, e são designados como D, J, K e P para preencher os pontos alfabéticos ausentes na lista original dos 16. Os três restantes, $Q_5$, $Q_6$ e $Q_7$ surgem apenas com dados-Q.

*Muitos dos títulos de fator, podemos notar, ilustram a predileção característica de Cattell por inventar novos termos. Alguns dos títulos de fator são essencialmente descritivos, outros refletem as hipóteses de Cattell referentes à origem ou à natureza subjacente do fator. Parmia, por exemplo, significa "imunidade parassimpática". Premsia é uma contração de "sensibilidade emocional protegida" (protected emotional sensitivity), autia sugere uma qualidade autista, ou auto-absorvi-*

da, em pessoas em que se destaca este fator, e assim por diante (Tabela 8.1). Em qualquer caso, Cattell vê os nomes dos fatores como aproximados e experimentais, e na prática costuma referir-se aos fatores por meio de letras ou números de identificação. Além destes vinte e três fatores, Cattell propõe doze fatores do domínio da psicopatologia (Cattell, 1973a).

Esses fatores de avaliação e questionário enquadram-se principalmente na classe dos traços de temperamento, embora *B* (inteligência) seja classificado como um fator de capacidade. Os fatores derivados de testes objetivos difundem-se mais amplamente através dos domínios de capacidade, temperamento e dinâmico. Os vinte e um traços de origem dos dados-*T* identificados pela análise de fator dos escores em muitos testes objetivos de personalidade aparecem na Tabela 8.2 (ver p. 264). Um exemplo de fator de teste objetivo na esfera do temperamento é apresentado na Tabela 8.3 (ver p. 264). Como é característico dos fatores de dados-*T* de Cattell, surge junto uma curiosa série de medidas, embora certa coerência esteja evidente. Os temas de emocionalidade e conformidade parecem atravessar muitas das medidas na Tabela 8.3. Cattell relatou que o fator apresenta boa correlação com as avaliações psiquiátricas de ansiedade e com a *Taylor Manifest Anxiety Scale* (Cattell & Scheier, 1961).

Este fator específico é interessante também por outra razão. Podemos lembrar que os fatores encontrados por Cattell nos dados L e Q tendiam a ser geralmente semelhantes, mas que os fatores dos dados-*T* de um modo geral não combinavam com eles. Mas acontece que alguns dos fatores dos dados-*T* pareciam corresponder a fatores *de segunda ordem* em dados de questionário e de avaliação. O fator de dados-*T* recém-descrito parece alinhar-se muito bem com um fator de temperamento de segunda ordem, também chamado de ansiedade, que carrega os fatores de primeira ordem *C*, baixa força de ego; *O*, propensão à culpa; *H*, timidez; e *L*, desconfiança. Outro caso destes de correspondência envolve um fator de dados de teste que carrega medidas de fluência, confiança e inexatidão, e que mostra grande concordância com um fator de segunda ordem de questionário e avaliação, extroversão-introversão (ou, como Cattell prefere, exvia-invia). Esse fator de segunda ordem carrega

## TABELA 8.1  Resumo dos Principais Traços de Origem de Cattell

| Índice de Traços de Origem | Descrição de Escores Baixos | Descrição de Escores Altos |
|---|---|---|
| A | *Sizia*: Reservado, imparcial, crítico, distante, rígido | *Affectia*: expansivo, caloroso, tranqüilo, participante |
| B | *Pouca inteligência*: obtuso | *Grande inteligência*: brilhante |
| C | *Menor força de ego*: à mercê dos sentimentos, emocionalmente menos estável, perturba-se facilmente, instável | *Maior força de ego*: emocionalmente estável, maduro, enfrenta a realidade, calmo |
| E | *Submissão*: humilde, brando, facilmente levado, dócil, amoldável | *Dominação*: assertivo, agressivo, competitivo, obstinado |
| F | *Desurgency*: sóbrio, taciturno, sério | *Surgency*: despreocupado, alegre, entusiástico |
| G | *Menor força de superego*: oportunista, desconsidera regras | *Maior força de superego*: consciencioso, persistente, moralista, sério |
| H | *Threctia*: tímido, acanhado, sensível a ameaças | *Parmia*: aventureiro, desinibido, socialmente ousado |
| I | *Harria*: obstinado, autoconfiante, realista | *Premsia*: terno, sensível, apegado, superprotegido |
| L | *Alaxia*: confiante, aceita condições | *Protension*: desconfiado, difícil de enganar |
| M | *Praxernia*: prático, preocupações "sensatas" | *Autia*: imaginativo, boêmio, desligado |
| N | *Simplicidade*: direto, despretencioso, genuíno, mas socialmente desajeitado | *Esperteza*: astuto, polido, socialmente consciente |
| O | *Adequação tranqüila*: autoconfiante, plácido, seguro, complacente, sereno | *Propensão à culpa*: apreensivo, auto-reprovador, inseguro, preocupado, perturbado |
| $Q_1$ | *Temperamento conservador*: conservador, respeita idéias tradicionais | *Radicalismo*: experimentador, liberal, livre-pensador |
| $Q_2$ | *Aderência ao grupo*: dependente do grupo, um "membro" e seguidor fiel | *Auto-suficiência*: auto-suficiente, engenhoso, prefere as próprias decisões |
| $Q_3$ | *Pouca integração de auto-sentimento*: autoconflito indisciplinado, indulgente, segue os próprios impulsos, desligado das regras sociais | *Grande força de auto-sentimento*: controlado, exerce sua vontade, socialmente exato, compulsivo, segue a auto-imagem |
| $Q_4$ | *Baixa tensão érgica*: relaxado, tranqüilo, letárgico, não-frustrado, sossegado | *Alta tensão érgica*: tenso, frustrado, pressionado, esgotado |

*D: Excitabilidade insegura*
Eu fico com a cabeça transbordando de idéias de coisas que quero fazer a seguir.
   (a) Sempre          (b) Freqüentemente     (c) Praticamente nunca
As pessoas que eu quero nunca parecem muito interessadas em mim.
   (a) Verdadeiro           (b) Variável     (c) Falso
*J: Coasthenia* vs. *Zeppia*
Eu gosto de reunir um grupo e liderá-lo em alguma atividade.
   (a) Verdadeiro           (b) Variável     (c) Falso
As pessoas dizem que eu
   (a) Costumo ser uma matraca     (b) Intermediário     (c) Sou quieto e difícil de compreender
*K: Socialização madura* vs. *rusticidade*
Eu prefiro peças de teatro que sejam
   (a) Emocionantes         (b) Intermediário     (c) Sobre temas socialmente importantes
Quando eu começo uma nova atividade, gosto de
   (a) Aprender à medida que avanço     (b) Intermediário     (c) Ler um livro sobre o assunto escrito por um especialista

*(continua)*

**TABELA 8.1** Continuação

*P: Despreocupação alegre*
Eu raramente deixo minha mente vagar por fantasias e faz-de-conta
    (a) Verdadeiro          (b) Variável          (c) Falso
Eu adoro falar com meus amigos sobre
    (a) Eventos locais          (b) Intermediário          (c) Grandes artistas e quadros
*Q5: Dedicação grupal com inadequação percebida*
Eu gosto de projetos em que possa empregar todas as minhas energias
    (a) Sim          (b) Talvez          (c) Não
Em uma situação em que sou subitamente exigido eu me sinto
    (a) Mal          (b) Intermediário          (c) Confiante na minha capacidade de manejá-la
*Q6: Bravata social*
Sou bom em inventar uma boa justificativa quando pareço ter agido mal.
    (a) Sim          (b) Talvez          (c) Não
Nunca fui considerado uma pessoa impetuosa e ousada.
    (a) Verdadeiro          (b) Variável          (c) Falso
*Q7: Auto-expressão explícita*
Não fico perturbado ao expressar minhas idéias em encontros públicos.
    (a) Verdadeiro          (b) Variável          (c) Falso
Em muitas atividades que realizo parece que não sei bem o que quero fazer a seguir.
    (a) Sim          (b) Talvez          (c) Não

*Fonte:* Reimpressa com a permissão de Cattell & Kline, 1977, p. 342-344.

*F,* despreocupado; *A,* expansivo; e *H,* aventureiro. Cattell identificou oito fatores de segunda ordem usando os dezesseis traços originais e um total de doze usando o conjunto expandido de vinte e três traços de origem.

Assim, Cattell sugere que parte da falta de correspondência entre as fontes de dados pode significar apenas que as diferentes abordagens de mensuração estão amostrando dados em níveis bem diferentes de generalidade, de modo que não encontramos nenhuma correspondência um-a-um de fatores, e sim um grau bastante modesto de alinhamento entre os níveis. De qualquer forma, está claro que a esperança inicial de Cattell de encontrar estruturas idênticas de fator em todas as três fontes de dados foi realizada apenas parcialmente.

## A Equação de Especificação

Uma vez que podemos descrever a personalidade em termos de capacidade, temperamento e outros tipos de traço, como podemos reunir estas informações em um caso específico para predizer a resposta de um indivíduo em uma determinada situação? Cattell sugere que podemos fazer isso por meio de uma *equação de especificação* na forma

$$R = s_1 T_1 + s_2 T_2 + s_3 T_3 + \dots + s_n T_n$$

Isso significa simplesmente que a resposta específica pode ser predita a partir das características da pessoa específica (os traços $T_1$ a $T_n$), cada uma ponderada por sua relevância na presente situação (os índices situacionais $s_1$ a $s_n$). Se um determinado traço é altamente relevante para uma determinada resposta, o $s$ correspondente será grande; se o traço é totalmente irrelevante, o $s$ será zero; se o traço diminui ou inibe a resposta, o sinal de $s$ será negativo. A forma da equação implica que cada traço tem um efeito independente e aditivo sobre a resposta. O modelo é extremamente simples. Cattell não nega que talvez sejam necessários modelos mais elaborados; ele apenas sugere que os modelos lineares simples geralmente fornecem aproximações muito boas em relação aos mais complexos e proporcionam um lugar lógico por onde começar:

"Às vezes se diz que o analista fatorial reduz as interações da personalidade a interações aditivas,

**TABELA 8.2**  Principais Fatores de Teste de Personalidade Objetivo: Títulos Breves Combinados para Uso em Sumário

| U.I. 16 | Ego narcisista *vs.* não-assertividade disciplinada, segura |
| U.I. 17 | Inibição-timidez *vs.* confiança |
| U.I. 18 | Esperteza maníaca *vs.* passividade |
| U.I. 19 | Independência *vs.* submissão |
| U.I. 20 | Comention (conformidade gregária) *vs.* objetividade |
| U.I. 21 | Exuberância *vs.* refreamento |
| U.I. 22 | Cortetia (prontidão cortical) *vs.* pathemia |
| U.I. 23 | Mobilização de energia *vs.* regressão |
| U.I. 24 | Ansiedade *vs.* ajustamento |
| U.I. 25 | Realismo *vs.* tensinflexia (tendência psicótica) |
| U.I. 26 | Auto-sentimento narcisista *vs.* despretensão |
| U.I. 27 | Apatia cética *vs.* envolvimento |
| U.I. 28 | Astenia de superego *vs.* segurança bruta |
| U.I. 29 | Responsividade sincera *vs.* falta de vontade |
| U.I. 30 | Impassibilidade *vs.* dissofrustance |
| U.I. 31 | Prudência *vs.* variabilidade impulsiva |
| U.I. 32 | Exvia (extroversão) *vs.* invia (introversão) |
| U.I. 33 | Desânimo (pessimismo) *vs.* atitude alegre |
| U.I. 34 | Onconautia (caráter não-prático) *vs.* caráter prático |
| U.I. 35 | Stolparsonia (sonolência) *vs.* excitação |
| U.I. 36 | Auto-sentimento *vs.* auto-sentimento frágil |

*Fonte:* Reimpressa com a permissão de Cattell & Kline, p. 347. U.I. = Universal Index (Índice Universal).

**TABELA 8.3**  Um Típico Fator de Dados-T, U.I. 24, Ansiedade

*Medidas Carregadas*

Disposição a admitir fraquezas comuns
Tendência a concordar
Irritabilidade
Modéstia em desempenho não experimentado
Grande severidade crítica
Poucas preferências de leitura questionáveis
Grande emocionalidade nos comentários
Muitos sintomas de tensão de ansiedade verificados

*Fonte:* Baseada em Hundleby, Pawlik e Cattell, 1965. U.I. = Universal Index.

quando de fato elas podem ser multiplicativas ou catalisadoras em certo sentido. Não podemos duvidar que provavelmente existem casos em que um fator não apenas se soma a outro como facilita imensamente o segundo fator . . . Relacionada a isso está a suposição geral de linearidade, ao passo que novamente é provável que em alguns casos a relação do fator com o desempenho seja curvilinear. Devidamente consideradas, estas limitações são estímulos para novas investigações, e não críticas ao método fatorial analítico como tal. Precisamos aprender a caminhar antes de correr. O fato é que o modelo fatorial analítico em sua presente forma simples certamente parece proporcionar melhores predições e maior constância de análise do que qualquer outro método experimentado. À medida que progredir, ele sem dúvida será modificado para atender às necessidades especiais das possibilidades recém-indicadas." (Cattell, 1956, p. 104)

A equação de *especificação* implica tanto uma representação multidimensional da pessoa quanto da situação psicológica. A pessoa é descrita por seus escores em um conjunto de traços – um perfil de traços. A situação psicológica é descrita por um conjunto de índices de situação, como um outro perfil. Colocados juntos, eles fazem a predição. Cattell salienta que a equação de especificação pode ser considerada como uma versão multidimensional da formulação de Kurt Lewin do comportamento como uma função da pessoa e do ambiente: $C = f(P, ME)$. Na equação de especificação, a pessoa $P$ é diferenciada em uma série de $T$'s e o ambiente psicológico $ME$ em uma série de $s$'s.

A formulação da equação de especificação presta-se bem ao uso aplicado. Assim, em uma situação de emprego, podemos manter um arquivo de funções profissionais descritas como perfis de $s$'s. Um candidato à função poderia então ser testado e descrito como um perfil de $T$'s, que pode por sua vez ser combinado com os vários conjuntos de $s$'s para encontrarmos a colocação profissional em que este indivíduo provavelmente terá o melhor desempenho. Ou, em um ambiente acadêmico, poderia ser desenvolvida uma equação de especificação para predizer a realização acadêmica a partir de variáveis de capacidade e personalidade (compare com Cattell & Butcher, 1968).

## Traços Dinâmicos

São de três tipos os traços dinâmicos importantes no sistema de Cattell: atitudes, ergs e sentimentos. Os *ergs* correspondem aproximadamente a pulsões com base biológica. Os *sentimentos* focalizam um objeto social, como a nossa escola, nossa mãe ou nosso país. Eles são adquiridos por meio de aprendizagem, e servem como "submetas a caminho da meta érgica final" (Cattell, 1985, p. 14). As *atitudes* são traços dinâmicos de superfície; eles são as manifestações ou combinações específicas de motivos subjacentes. Nós agora examinaremos esses três tipos de traços dinâmicos, seu inter-relacionamento na *treliça dinâmica* e seu papel no conflito e no ajustamento.

## *Atitudes*

Uma atitude, para Cattell, é a variável dinâmica manifesta, a expressão observável de uma estrutura dinâmica subjacente, a partir da qual inferimos os ergs, os sentimentos e seus inter-relacionamentos. Uma atitude de um determinado indivíduo em determinada situação é um interesse de certa intensidade em algum curso de ação em relação a algum objeto. Assim, a atitude de um jovem "Eu quero muito casar com uma mulher" indica uma intensidade de interesse ("quero muito") em um curso de ação ("casar") em relação a um objeto ("uma mulher"). A atitude não precisa ser declarada verbalmente; na verdade, Cattell preferiria medir a força do interesse do jovem por meio de vários instrumentos, diretos e indiretos. Estes poderiam incluir o aumento de sua pressão arterial diante da foto de uma noiva, sua capacidade de lembrar itens de uma lista de boas e más conseqüências do casamento, suas informações inadequadas sobre as perspectivas matrimoniais do homem na nossa sociedade, e assim por diante. De fato, Cattell e seus colaboradores intercorrelacionaram cerca de sessenta ou setenta instrumentos diferentes para medir a força de uma atitude em uma série de estudos que buscavam desenvolver uma bateria de testes eficiente para medir componentes de atitudes conscientes e inconscientes (ver, p. ex., Cattell, Radcliffe & Sweney, 1963). Cinco fatores de componentes de atitudes, designados como Alfa até Epsilon, foram descritos e especulativamente relacionados a conceitos psicanalíticos (id, força de ego, superego, componente fisiológico, e conflito; em seu trabalho posterior, Cattell [1985] identificou dois componentes adicionais que não descreveremos aqui). Na prática, normalmente são medidos dois componentes de segunda ordem da força da atitude – um relacionado aos aspectos relativamente conscientes e *integrados* de uma atitude (refletindo componentes de ego e superego) e um relacionado aos aspectos inconscientes e *não-integrados* (refletindo os outros componentes). Os aspectos integrados representam aquelas partes de um interesse que foram articuladas e realizadas, mas os aspectos não-integrados jamais entraram em acordo com a realidade e se manifestam na fantasia e na fisiologia. Os aspectos integrados e não-integrados de uma atitude podem não ter correlação entre si. A discrepância entre os componentes integrados e não-integrados é uma medida do desajustamento ou conflito em um indivíduo.

As atitudes, é claro, são tão numerosas quando nos propusermos a especificar. Em sua pesquisa, Cattell trabalhou principalmente com uma amostra de cerca de cinqüenta atitudes e interesses variados. Uma possível limitação à generalidade de sua pesquisa nesta área está no fato de grande parte dela basear-se nessa amostra de atitudes selecionada um tanto arbitrariamente.

## Ergs

Nos termos mais simples, um erg é um traço de origem dinâmico, constitucional. É este conceito que permite a Cattell representar adequadamente a importância dos impulsores do comportamento inatamente determinados, mas modificáveis. Sua grande ênfase na motivação érgica reflete sua convicção de que os determinantes hereditários do comportamento foram subestimados pelos psicólogos americanos contemporâneos. Ele define um erg como

> "uma disposição psicofísica inata que permite ao seu possuidor reagir (atenção, reconhecimento) a certas classes de objetos mais facilmente que a outras, a experienciar uma emoção específica em relação a elas, e a iniciar um curso de ação que cessa mais completamente em uma atividade específica para uma meta do que em qualquer outra. O padrão também inclui caminhos preferidos de subsidiação do comportamento até a meta preferida." (1950, p. 199)

Como Cattell indica, esta definição tem quatro partes importantes que se referem à resposta perceptual, à resposta emocional, a atos instrumentais que levam à meta e à satisfação da meta em si.

Cattell considera que dez ergs foram razoavelmente bem-estabelecidos por seus pesquisadores fatoriais analíticos (Cattell & Child, 1975). Estes ergs são: fome, sexo, gregariedade, protecionismo parental, curiosidade, fuga (medo), pugnacidade (belicosidade), aquisitividade, auto-asserção e sexo narcisista. (Este último deriva seu nome de uma noção psicanalítica; o conteúdo do fator tem a ver com auto-indulgência geral – fumar, beber, entregar-se à preguiça e assim por diante.)

## Sentimentos

Um sentimento é um traço de origem dinâmico, moldado pelo ambiente. Assim, ele é paralelo ao erg, exceto por ser o resultado de fatores experienciais ou socioculturais, não de determinantes constitucionais. Nas palavras de Cattell, os sentimentos são "importantes estruturas adquiridas de traços dinâmicos, que fazem com que seu possuidor preste atenção a certos objetos ou classes de objetos, e sinta e reaja de certa maneira em relação a eles" (1950, p. 161).

Os sentimentos, na visão de Cattell, tendem a organizar-se em torno de objetos culturais importantes, como instituições sociais ou pessoas, em relação às quais surgem elaboradas constelações de atitudes durante a experiência de vida do indivíduo. Entre os sentimentos encontrados nas pesquisas de Cattell e seus associados com populações adultas jovens (especialmente do sexo masculino) estão a carreira ou profissão, os esportes e os jogos, os interesses mecânicos, a religião, os pais, o cônjuge ou o namorado, e o *self* (ver Cattell & Kline, 1977, p. 181, para uma lista de vinte e sete sentimentos hipotetizados). O último deles, o auto-sentimento ou sentimento do *self* é um dos mais estáveis e mais consistentemente relatados em diferentes estudos, e, como veremos, desempenha um papel particularmente importante na teorização de Cattell.

## A Treliça Dinâmica

Os vários traços dinâmicos estão inter-relacionados em um padrão de *subsidiação* (Cattell tomou emprestado de Murray este termo). Isso significa que certos elementos são subsidiários a outros, ou servem como meios para seus fins. Em geral, as atitudes são subsidiárias aos sentimentos, e os sentimentos são subsidiários aos ergs, que são as forças impulsionadoras básicas na personalidade. Estes vários relacionamentos podem ser expressos na *treliça dinâmica*, representada pictoricamente na Figura 8.1. Esta treliça representa uma porção da estrutura motivacional de um homem americano hipotético. À direita do diagrama estão os impulsos biológicos básicos, os ergs. No meio do diagrama estão as estruturas de sentimento, cada uma subsidiária a vários ergs. Assim, o sentimento em relação à esposa baseia-se na expressão dos ergs de sexo, gregariedade, proteção e auto-asserção; o sentimento em relação a Deus expressa os ergs de auto-submissão e apelo; e assim por diante. À esquerda do diagrama estão as atitudes em relação a cursos específicos de ação relacionados aos objetos designados – ver um determinado filme, por exemplo, ou viajar para Nova York. Observem que cada atitude é subsidiária a, e portanto expressa, um ou mais sentimentos e, através deles, vários ergs; às vezes as atitudes também expressam ergs diretamente. Assim, o desejo de ver o filme está ligado a sentimentos em relação ao *hobby* do homem, fotografia, e em relação ao seu país (talvez o filme tenha um tema patriótico). Também parece haver um vínculo cruzado com sua esposa e o estilo de cabelo dela (talvez ele pareça mais bonito no escuro). Também há uma expressão direta do erg de curiosidade, além do indireto via fotografia. Observem que por meio dos sentimentos em relação ao *hobby*, à esposa e ao país, o desejo de ver esse filme pode expressar em maior ou menor grau os ergs de curiosidade, sexo, gregariedade, proteção, auto-asserção, segurança e desagrado – em alguns casos ao longo de múltiplos caminhos. Observem também que os sentimentos às vezes podem ser subsidiários a outros sentimentos – como a conta no banco para a esposa ou o partido político para o país.

Estes caminhos múltiplos e sobrepostos entre os ergs, os sentimentos e as atitudes expressas são a base para inferirmos ergs a partir dos sentimentos. Se observamos que um certo subconjunto de atitudes tende a variar em força entre diferentes indivíduos, ou em um indivíduo ao longo do tempo, inferimos um erg ou uma estrutura de sentimento subjacente. De fato, é isso o que Cattell faz: medidas de algumas atitudes são obtidas (pelos métodos descritos anteriormente) e fatoradas, e os fatores interpretados como representando ergs ou sentimentos.

## O Self

O *self* é um dos sentimentos, mas um sentimento especialmente importante, pois quase todas as atitudes

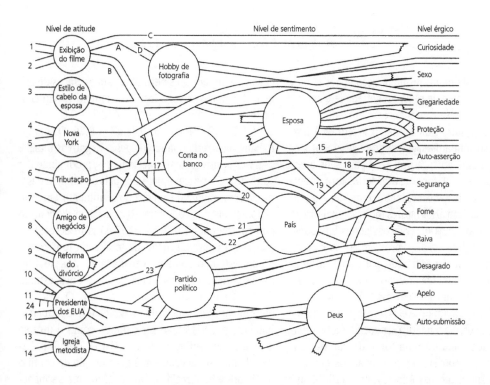

**FIGURA 8.1** Porção de uma treliça dinâmica ilustrando a subsidiação (Cattell, 1950, p. 158).

tendem a refletir o sentimento de *self* em maior ou menor grau. Ele, por sua vez, está ligado à expressão da maioria ou de todos os ergs ou outros sentimentos. Em alguns estudos (ver, p. ex., Cattell & Horn, 1963), também emergiram sentimentos distintos de superego e de *self* ideal. De qualquer forma, Cattell considera que o sentimento ou sistema de sentimentos centrado no *self* desempenha um papel crucial na integração da personalidade, ao inter-relacionar a expressão dos vários ergs e sentimentos:

> "Em primeiro lugar, a preservação do *self* como uma empresa em funcionamento, fisicamente sadia e intacta, é obviamente um pré-requisito para a satisfação de qualquer sentimento ou erg que o indivíduo possui! O mesmo vale para a preservação do *self* social e ético que a comunidade respeita . . . Dinamicamente, o sentimento em relação a manter o *self* correto de acordo com certos padrões de conduta, satisfatório para a comunidade e o superego, é portanto uma instrumentalidade necessária para a satisfação da maioria dos nossos outros interesses de vida.

A conclusão a que isso nos leva é que o auto-sentimento deve aparecer na treliça dinâmica . . . bem à esquerda e portanto entre os últimos sentimentos a atingir um desenvolvimento completo. Ele contribui para todos os sentimentos e satisfações érgicas, e isso também explica sua força dinâmica no controle, como o 'sentimento mestre', de todas as outras estruturas.' (Cattell, 1966a, p. 272)

## Conflito e Ajustamento

Cattell sugeriu que uma maneira útil de expressar o grau de conflito que um determinado curso de ação apresenta para uma pessoa é por meio de uma equação de especificação que expressa o envolvimento dos traços de origem dinâmicos da pessoa (ergs e sentimentos) na ação. Assim, tomando o nosso exemplo anterior, vamos supor que o interesse de um determinado jovem em casar tenha a seguinte equação de especificação, em que os $E$'s representam os ergs e os $M$'s os sentimentos:

$$I_{casar} = 0,2E_{curiosidade} + 0,6E_{sexo} + 0,4E_{gregariedade} - 0,3E_{medo} + 0,3M_{pais} - 0,4M_{carreira} + 0,5M_{self}$$

Casar, para este homem, promete recompensas potenciais para seus ergs de sexo, gregariedade e curiosidade; ele acha que seus pais aprovariam e que seria bom para a sua auto-estima. Mas o jovem está um tanto temeroso com a perspectiva deste casamento, e ele representa uma ameaça potencial para seus interesses profissionais. A força exata desta atitude em qualquer momento dado evidentemente dependerá das forças atuais dos vários fatores motivacionais, mas podemos fazer algumas observações gerais baseados em seus índices situacionais. Por exemplo, se os termos da equação de especificação para uma atitude forem predominantemente positivos, a atitude tenderá a se fixar como um aspecto estável da estrutura motivacional do indivíduo; se eles forem predominantemente negativos, ela tenderá a ser abandonada. Uma atitude fixa representará uma fonte de conflito na extensão em que contém termos negativos em sua equação de especificação. De fato, Cattell (1985) sugere que um índice possível do grau de conflito inerente a uma determinada atitude é a razão da soma

dos pesos situacionais negativos para os traços de origem dinâmicos envolvidos. No exemplo recém-citado, esta razão seria $(0,3 + 0,4) / (0,2 + 0,6 + 0,4 + 0,3 + 0,5 + 0,3 + 0,4) = 0,7/2,7 = 0,26$. O conflito máximo ocorreria quando os pesos negativos totais e os pesos positivos totais fossem iguais, produzindo um valor de 0,5. Por exemplo, se os pais do homem desaprovassem, mudando o peso do sentimento em relação aos pais de $+0,3$ para $-0,3$, a razão do conflito aumentaria para $1,0/2,7 = 0,37$. O grau de conflito inerente a uma personalidade total seria representado por este tipo de razão, calculada em relação a todas as atitudes estáveis da pessoa (na prática, estimada a partir de uma amostra delas). O grau de ajustamento ou o nível de integração de uma personalidade poderia então ser definido como o inverso do índice de conflito calculado. Cattell (1985, p. 32-38) chama esta abordagem à mensuração do conflito de "conflito endurecido", ou o conflito que permanece depois que uma decisão foi tomada. Também existe o "conflito ativo", ou o conflito envolvido na escolha da ação que será realizada. Por exemplo, um homem decidindo com qual de duas mulheres vai casar enfrentará mais conflito quanto mais semelhantes forem as duas atitudes ou tendências. Além disso, existe uma discrepância entre os componentes integrados e não-integrados de uma dada atitude. Finalmente, Cattell analisou fatorialmente uma variedade de medidas de conflito para encontrar componentes do conflito (Cattell & Sweney, 1964), de uma maneira essencialmente paralela ao seu trabalho com os componentes de atitudes discutidos anteriormente.

### Estados, Papéis e Tendências

Os conceitos a serem discutidos nesta seção constituem um desenvolvimento recente na teorização de Cattell e, conseqüentemente, algumas de suas formulações ainda não estão firmemente cristalizadas.

Certos padrões dentro da personalidade vêm e vão em uma extensão muito maior do que outros: os estados de ânimo mudam, a pessoa adota um determinado papel ou o abandona, e tendências mentais momentâneas são adotadas em relação a uma série de aspectos do ambiente. Todos estes fatores influenciam o comportamento; portanto, eles precisam ser incluídos na equação de especificação, que termina como uma série de termos de capacidade mais termos de temperamento, mais termos de ergs e sentimentos, mais termos de papel, mais termos de tendências. A personalidade ainda é um perfil, mas um perfil envolvendo todos os tipos de fatores que podem afetar a resposta em um determinado momento do tempo.

Embora os papéis e as tendências não tenham sido muito explorados empiricamente por Cattell e seus associados, muito trabalho foi feito em relação aos estados – especialmente o estado de ansiedade (Cattell & Scheier, 1961). Podemos lembrar que a ansiedade também foi estudada por Cattell como um traço. Estas duas abordagens de forma nenhuma são incompatíveis: o nível de ansiedade de uma pessoa pode ser característico, como um traço, e apesar disso flutuar consideravelmente de acordo com as influências situacionais e organísmicas, como um estado.

Os estados são investigados pela análise fatorial de maneira semelhante aos traços, a diferença estando no fato de que os traços habitualmente são estudados por meio de correlações entre escores de teste, e os estados, por meio de correlações entre as *mudan-*

*ças* nos escores de teste – ao longo do tempo ou em resposta a determinadas situações. Assim, se as mesmas pessoas tendem a ter um alto escore, digamos, em irritabilidade e falta de confiança, isso ajudará a definir um fator de traço, mas se ambas as medidas tendem a aumentar ou diminuir juntas, isso ajudará a definir um fator de estado.

Vários outros fatores de estado, além da ansiedade, foram investigados por Cattell e seus colegas. Estes incluem exvia, depressão, excitação, fadiga, estresse, regressão e culpa (ver Cattell, 1977, Capítulo 11).

### Cattell e Freud

A essa altura já percebemos que Cattell emprega várias dimensões de traço para responder a perguntas sobre a estrutura e a dinâmica da personalidade. Cattell pretende que sua abordagem substitua os modelos anteriores "pré-científicos" e "especulativos" introduzidos por Freud, Jung e outros. Ele reconhece os "intelectos notáveis" desses teóricos anteriores, assim como o fato de o trabalho deles basear-se em observação e dados (clínicos). Cattell, todavia, está comprometido com a posição de que "o método científico *assegura* a exatidão daquilo que é descoberto" (Cattell & Kline, 1977, p. 3), em contraste com a incerteza das conclusões anteriores. "É possível que homens imensamente perspicazes possam encontrar a verdade" (Cattell & Kline, 1977, p. 3), mas não podemos confiar na fidedignidade ou validade de suas afirmações por causa de seus processos imperfeitos de registro de dados, amostragem e inferência. Cattell espera que "os modernos procedimentos científicos possam desenvolver seus próprios conjuntos de resultados, os quais separarão, da confusa massa de especulações, o joio do trigo" (Cattell & Kline, 1977, p. 7). Sob essa luz, é interessante observar certas convergências entre a abordagem fatorial analítica de Cattell e a abordagem psicanalítica de Freud. Por exemplo, os primeiros três componentes das atitudes têm uma semelhança notável com o triunvirato freudiano de id, ego e superego. O alfa, ou "id consciente", refere-se à parte de uma atitude que reflete um componente de "eu desejo" que é apenas parcialmente consciente, pode ser um tanto irracional e não foi testado diante da realidade. A porção beta, ou "ego", de uma atitude reflete a força do interesse desenvolvido consciente e deliberadamente. O componente gama, ou "superego", tem uma qualidade de "eu tenho de estar interessado". Embora eles certamente não sejam equivalentes às estruturas freudianas correspondentes, Cattell (Cattell & Kline, 1977, p. 331) conclui que "eles realmente confirmam a abordagem psicanalítica clássica que vê todos os comportamentos como uma função do equilíbrio entre ego, id e superego."

A distinção de Cattell entre os componentes integrados e não-integrados das atitudes também reflete claramente a conclusão de que nem sempre nós estamos inteiramente conscientes das razões para os nossos atos e interesses. "Conforme Freud descobriu, não basta simplesmente perguntar às pessoas por que elas fazem isso ou aquilo" (Cattell, 1985, p. 17). Em vez de empregar a associação livre como a "regra fundamental" para descobrir os motivos subjacentes, não-reconhecidos, Cattell baseia-se na análise fatorial. Como vimos, Cattell também utiliza o constructo do conflito, embora ele tente quantificá-lo em seu próprio sistema. Além disso, Cattell está seguindo Freud em sua crença de que as metas conscientes e os comportamentos específicos "subsidiam" ou estão a serviço de metas érgicas inatas subjacentes. Isso fica claro na treliça dinâmica, conforme descrito anteriormente neste capítulo. Cattell propõe que as linhas na treliça dinâmica refletem caminhos de gratificação ou expressão de motivos subjacentes. Além disso, ele emprega uma versão do modelo hidráulico de Freud de redução de tensão. Isto é, Cattell propõe que a "obstrução do caminho", em que o indivíduo é impedido de seguir caminhos estabelecidos dentro da treliça, leva à energização de modos de expressão alternativos de ergs e sentimentos subjacentes. Por exemplo, se a pessoa representada na nossa Figura 8.1 for impedida de viajar para Nova York, o bloqueio da oportunidade de expressar seus ergs de auto-asserção e gregariedade estimulará saídas alternativas para estas pulsões básicas.

Finalmente, Cattell sugere que os sentimentos nos permitem esgotar a energia impulsiva, érgica, de maneiras socialmente sancionadas. Isso, é claro, lembra a sublimação freudiana. Além disso, Cattell propõe que os indivíduos controlam o comportamento anti-social provocado por ergs e sentimentos por meio do superego, do auto-sentimento e do ego (o leitor deve notar a semelhança entre estas estratégias de controle e as estratégias de Bandura de engajamento e desengajamento seletivos de autojulgamento, conforme

descrito no Capítulo 14). O superego se refere a "uma série de atitudes dirigidas ao comportamento moral" (Cattell, 1985, p. 39), conforme Freud sugeriu; isso é medido no *Motivation Analysis Test* (MAT) e também como o fator $G$ no 16 PF. O auto-sentimento não foi descrito por Freud: "Ele visa manter a aceitabilidade social do *self* e, na verdade, até a sua existência física. As atitudes carregadas são controlar o impulso, manter a reputação social, ser são, ser normal no sexo, e conhecer melhor a própria natureza" (Cattell, 1985, p. 39). Em muitos aspectos, esta unidade é análoga ao *proprium* de Allport (ver Capítulo 7). O auto-sentimento é medido no MAT e como o fator $Q3$ no 16 PF. O terceiro fator de controle, o ego, "tem essencialmente as características descritas por Freud" (Cattell, 1985, p. 40). Ele permite o controle dos impulsos e a persistência, e sua meta é a maior satisfação global do indivíduo. O ego é medido pelo fator $C$ no 16 PF. Os paralelos entre os dois constructos de ego estão mais aparentes na especificação de Cattell das habilidades que o ego precisa desenvolver: avaliar a força de e a competição entre vários ergs e sentimentos (compare com a resolução do conflito id-superego no modelo de Freud); avaliar as probabilidades nas situações externas (compare com o teste de realidade); chegar a uma decisão (compare com o processo secundário); e implementar uma decisão (compare com a força e adaptação do ego).

É esperado que o auto-sentimento, o superego e o ego ocupem posições proeminentes nas equações de especificação para muitas atitudes. Eles, mais os constructos recém-descritos, deixam claro que a abordagem fatorial analítica de Cattell valida de forma notável a abordagem psicanalítica de Freud.

## O DESENVOLVIMENTO DA PERSONALIDADE

É possível estudar o desenvolvimento da personalidade em um nível puramente descritivo, mapeando a mudança nas estruturas de personalidade ao longo da vida. Alternativamente, podemos estudar o desenvolvimento em um nível teórico, em termos das influências genéticas e ambientais envolvidas, e as leis da maturação e da aprendizagem que descrevem como elas interagem para moldar o indivíduo em desenvolvimento. Cattell fez as duas coisas.

Em suas investigações dos traços dinâmicos e de temperamento, Cattell e seus associados realizaram estudos fatoriais analíticos nos níveis adulto e infantil, em um esforço para desenvolver instrumentos capazes de medir os mesmos fatores de personalidade em diferentes idades. De modo geral, ele encontrou fatores semelhantes em idades que variavam dos quatro anos à idade adulta. A Tabela 8.4 ilustra quais, dos vinte e três traços de origem, foram encontrados utilizando-se o *Pre-school Personality Quiz* (PSPQ; para crianças de 4 a 6 anos), o *Early School Personality Quiz* (ESPQ; de 6 a 8 anos); o *Child's Personality Questionnaire* (CPQ; de 8 a 12 anos), o *High School Personality Questionnaire* (HSPQ; de 12 a 15 anos) e o 16 PF adulto. Como todos os psicólogos sabem, é difícil saber com certeza se as medidas pretendidas do "mesmo" traço realmente medem a mesma coisa em diferentes idades, uma dificuldade produzida pelo fato de esperarmos que um determinado aspecto da personalidade seja expresso por meio de comportamentos um pouco diferentes em idades diferentes. Cattell sugeriu que uma maneira de lidar com essa dificuldade é realizar estudos com grupos de idade intermediários; assim, ele comparou separadamente versões fatoradas de seu questionário de personalidade para adultos e para crianças de onze anos, aplicando ambos a um grupo intermediário de dezesseis anos (Cattell & Beloff, 1953). Os resultados destes estudos foram um tanto equívocos: geralmente existem combinações muito boas, mas também há outras menos convincentes (Cattell, 1973, Capítulo 3). Novos trabalhos nesta linha talvez produzissem instrumentos de mensuração da personalidade para diferentes idades genuinamente comparáveis e, portanto, a possibilidade de um verdadeiro mapeamento das tendências desenvolvimentais nos traços de personalidade.

**TABELA 8.4**  Fatores de Vários Grupos de Idade

| Fator | PSPQ | ESPQ | CPQ | HSPQ | 16 PF |
|---|---|---|---|---|---|
| A | * | * | * | * | * |
| B | * | * | * | * | * |
| C | * | * | * | * | * |
| D | * | * | * | * | * |
| E | ? | * | * | * | * |
| F | * | * | * | * | * |
| G | ? | * | * | * | * |
| H | ? | * | * | * | * |
| I | * | * | * | * | * |
| J | * | * | * | * | * |
| K | | | ? | ? | * |
| L | | | | | * |
| M | | | | | * |
| N | * | * | * | | * |
| O | * | * | * | * | * |
| P | | | | | * |
| $Q_1$ | | | | | * |
| $Q_2$ | | | | * | * |
| $Q_3$ | | | * | * | * |
| $Q_4$ | * | * | * | * | * |
| $Q_5$ | | | | | * |
| $Q_6$ | | | | | * |
| $Q_7$ | | | | | * |

*Fonte:* Reimpressa com a permissão de Cattell & Kline, 1977, p. 52.

## Análise da Hereditariedade-Ambiente

Cattell, por muitos anos, interessou-se ativamente em avaliar o peso relativo das influências genéticas e ambientais sobre os traços de personalidade. Ele desenvolveu um método para este propósito, que chamou de *Multiple Abstract Variance Analysis*, ou MAVA (1960, 1982). O MAVA envolve reunir dados sobre as semelhanças entre gêmeos e irmãos criados juntos em suas próprias famílias ou adotados por famílias diferentes, e depois analisar os dados para estimar as proporções de variação individual em cada traço associadas a diferenças genéticas, a diferenças ambientais e a pelo menos algumas das correlações e interações entre hereditariedade e ambiente. Uma versão preliminar do MAVA foi experimentada por Cattell e seus colegas em escala limitada (Cattell, Blewett & Beloff, 1955; Cattell, Stice & Kristy, 1957). Uma tendência observada nos estudos iniciais é teoricamente interessante: as correlações hereditariedade-ambiente pareciam ser predominantemente negativas. Cattell interpreta isso como evidência de uma *lei de coerção para a média biossocial*, isto é, uma tendência das influências ambientais de se oporem sistematicamente à expressão da variação genética, como quando os pais (ou outros agentes sociais) tentam fazer com que crianças diferentes sigam a mesma norma de comportamento, encorajando as tímidas e refreando as mais desregradas.

## Aprendizagem

Em um agudo contraste com a maioria dos teóricos da personalidade, que tratam da aprendizagem implicitamente ou de passagem, Cattell (1979, 1980, 1985, 1990) desenvolveu uma elaborada "teoria da aprendizagem estruturada", contendo cinco princípios ou tipos de aprendizagem. Os primeiros dois são os conhecidos condicionamento clássico e instrumental (operante) do psicólogo experimental. O tratamento que Cattell dá a eles é bastante convencional: o condicionamento clássico tem importância ao vincular respostas emocionais a deixas ambientais, e o condicionamento instrumental, ao estabelecer meios para a satisfação de metas érgicas. O condicionamento instrumental desempenha um papel substancial no desenvolvimento da treliça dinâmica, que consiste em relações (as atitudes e os sentimentos servem como o meio de atingir metas érgicas) de subsidiação (i. e., meios-fim). Uma forma de condicionamento instrumental de especial interesse na aprendizagem da personalidade é o que Cattell chama de *aprendizagem de confluência*, em que um comportamento ou uma atitude satisfaz simultaneamente mais de uma meta. Assim, uma atitude passa a ser vinculada a vários sentimentos, e um sentimento a vários ergs, dando à treliça dinâmica sua estrutura característica.

O terceiro tipo de aprendizagem chama-se *aprendizagem de integração*. Esta parece ser essencialmente uma forma mais elaborada de aprendizagem instrumental. Na aprendizagem de integração, o indivíduo aprende a maximizar a satisfação a longo prazo expressando alguns ergs em um dado momento e suprimindo, reprimindo ou sublimando outros. A aprendizagem de integração é um aspecto-chave da formação dos sentimentos do *self* e do superego. Observem como esse tipo de aprendizagem é semelhante à dinâmica freudiana do ego e ao cronograma de Murray.

O quarto tipo de aprendizagem chama-se *modificação de meta érgica*. Isto ocorre quando a meta érgica e o caminho para a meta são modificados, e é análogo ao processo que Freud chamou de sublimação. O quinto tipo de aprendizagem, a economia de energia, refere-se ao processo de abandonar passos desnecessários nos comportamentos aprendidos.

Segundo Cattell, a *aprendizagem da personalidade* é mais bem-descrita como uma mudança multidimensional em resposta à experiência em uma situação multidimensional. Uma maneira de estudar empiricamente a aprendizagem da personalidade é por meio de um procedimento chamado *análise da aprendizagem de caminho*. Começamos com duas coisas: primeiro, com informações sobre mudanças de traços ocorrendo em algumas pessoas, possivelmente em resposta a um período de ajustamentos comuns de vida e, segundo, com uma análise teórica de vários possíveis caminhos de ajustamento (como regressão, sublimação, fantasia, sintomas neuróticos) que as pessoas podem tomar em resposta a situações de vida conflituais. Se pudermos estimar a freqüência com que cada um desses indivíduos tomou cada caminho de ajustamento, poderemos resolver uma equação de matriz para descobrir qual é o efeito médio de cada caminho sobre cada um dos traços. Isso é teoricamente interessante em si mesmo e tem um valor prático:

ao resolver a equação na direção oposta, no caso de indivíduos novos, mas comparáveis, e de informações sobre suas mudanças de traços, podemos estimar a freqüência com que eles tomaram cada um dos vários caminhos de ajustamento.

Conforme indicado anteriormente, a suposição orientadora na análise da aprendizagem de caminho é que "toda aprendizagem é uma mudança multidimensional em uma situação multidimensional" (Cattell, 1985, p. 43), uma perspectiva multivariada que não caracteriza as abordagens "reflexológicas" do condicionamento clássico e da aprendizagem operante. A abordagem de matriz de Cattell ainda não foi implementada com dados reais.

## Integração da Maturação e da Aprendizagem

Cattell tentou reunir as mudanças de personalidade devidas às influências ambientais e à maturação genética em um único esquema teórico (Cattell, 1973b). Ele cunhou o termo *tréptico* para designar mudanças devidas à influência ambiental, incluindo a aprendizagem e outras mudanças induzidas por agentes externos como estimulação geral, dieta, drogas e assim por diante. Ele propõe como uma meta a divisão das curvas de mudança desenvolvimental de vários traços em componentes genéticos e trépticos e em vários subcomponentes destes. Sua estratégia geral para chegar a isso é o uso comparativo do método MAVA mencionado anteriormente. As comparações podem envolver várias idades ou vários grupos culturais ou subculturais. Assim, se a variação tréptica de um traço na população é grande durante os anos pré-escolares, diminui durante os anos em que as crianças estão na escola pública recebendo uma educação relativamente padrão, e aumenta novamente na idade adulta, poderíamos tirar conclusões sobre as forças que agem sobre o traço diferentes das que tiraríamos no caso em que os componentes genéticos e trépticos são constantes durante este intervalo de idade. Da mesma forma, se os componentes genéticos e trépticos variam (ou *não* variam) substancialmente entre diferentes grupos religiosos ou tradições éticas, novamente podemos saber alguma coisa sobre as forças que agem sobre o desenvolvimento do traço em questão.

Esta análise é muito complexa, pois as fontes de influência genética e tréptica sobre um traço podem

correlacionar-se de várias maneiras e podem interagir ao longo do tempo. Assim, a influência genética pode levar a certos comportamentos que podem provocar determinados tipos de influências trépticas que podem por sua vez aumentar ou inibir o desenvolvimento ulterior do traço. De modo geral, Cattell trata destas questões em um nível esquemático e teórico, mas sugeriu várias abordagens estatísticas para resolvê-las empiricamente (Cattell, 1973b).

## O Contexto Social

Até o momento, focalizamos os indivíduos e seu desenvolvimento em uma interação com o ambiente imediato. Aqui, suspenderemos essa restrição e examinaremos os esforços de Cattell para enfatizar adequadamente os determinantes socioculturais do comportamento.

Cattell sugere o uso de dimensões objetivas para descrever grupos, assim como são usados traços para descrever os indivíduos. Essas dimensões representam a *sintalidade* do grupo (Cattell, 1948), que é equivalente à personalidade do indivíduo. Assim, uma tarefa importante para o indivíduo que estuda a personalidade em relação à matriz sociocultural é a descrição da sintalidade dos vários grupos que influenciam a personalidade do indivíduo. É só por meio de uma representação adequada da personalidade do indivíduo *e* da sintalidade do grupo que podemos conhecer detalhadamente a interação entre essas duas estruturas.

Existem muitas instituições sociais que exercem uma influência moldadora ou modificadora sobre a personalidade, mas a mais importante delas, sem dúvida, é a família. Além dessa fonte de influência primária, existem outras instituições cujo papel merece consideração, como a ocupação, a escola, o grupo de amigos, a religião, o partido político e a nação. Essas instituições podem produzir efeitos sobre a personalidade de três maneiras. Primeiro, pode haver uma intenção deliberada de produzir um determinado tipo de caráter ou personalidade. Isto é, a definição do comportamento socialmente desejável pode incluir especificação de traços de personalidade, e a instituição pode envolver uma tentativa autoconsciente de produzir tais características. Segundo, os fatores situacionais ou os ecológicos podem produzir efeitos que não são pretendidos pela sociedade ou pelas instituições.

Terceiro, em resultado de padrões de comportamento estabelecidos durante o primeiro ou o segundo processos, o indivíduo pode considerar necessárias outras modificações da personalidade a fim de expressar ou gratificar os motivos importantes.

Portanto, um entendimento adequado do desenvolvimento da personalidade precisa incluir uma especificação da contribuição de várias instituições sociais, variando da família à nação ou ao grupo cultural. Além disso, esse passo só pode ser dado quando forem isoladas as dimensões apropriadas para descrever e diferenciar esses grupos e instituições. Nós consideramos que a análise fatorial desempenha um papel tão crucial na descrição da sintalidade quanto na descrição da personalidade individual. O trabalho inicial no estudo da sintalidade de pequenos grupos (Cattell & Wispe, 1948; Cattell, Saunders & Stice, 1953) levou à descrição de vários fatores: habilidade de fala extrovertida *versus* retraimento; relaxamento realista, informado, *versus* agressividade rígida, diligente; intencionalidade inquestionada e vigorosa *versus* inadaptação autoconsciente; desconfiança na comunicação interna, e assim por diante. Dadas as variáveis de sintalidade grupal como essas e os meios de medi-las objetivamente, torna-se possível examinar relacionamentos entre grupos, variando nessas dimensões e nas personalidades individuais descritas pelos traços de origem que já consideramos.

Cattell (1949) também ofereceu um conjunto de dimensões para descrever a sintalidade das nações. Nesse caso, dez fatores foram derivados do estudo de 70 nações por meio de 72 medidas diversas. Desses dez fatores, apenas oito pareciam possuir uma importância clara: tamanho, pressão cultural, afluência esclarecida, diligência previdente, ordem vigorosa e obstinada, filistinismo burguês, budismo-mongolismo e integração e moral culturais. Muitas dessas dimensões de sintalidade nacional, embora não todas, reapareceram em fatoramentos subseqüentes de variáveis econômicas e culturais dentro das nações e entre elas (Cattell, 1953; Cattell & Adelson, 1951; Cattell & Gorsuch, 1965).

Cattell reuniu suas idéias sobre o relacionamento entre a personalidade individual e a sintalidade grupal em uma série de 28 proposições, apresentadas em um importante artigo teórico (1961) e em um capítulo (1966b). Ele conclui que o relacionamento entre as personalidades individuais dos membros do grupo e a sintalidade do grupo é mediado por variáveis de *estrutura de grupo*, das quais a mais completamente discutida é o *papel* que representam. Um subconjunto de dimensões de sintalidade são as dimensões de *sinergia*, que representam para o grupo o que os traços dinâmicos são para o indivíduo. Além disso, podemos escrever uma equação de especificação para a sinergia grupal em termos dos interesses dos membros individuais do grupo.

Cattell (1979, 1985) destaca ainda mais o influente papel do ambiente em seu recente *modelo econético*. Cattell propõe que qualquer evento psicológico tem "cinco assinaturas": da pessoa, do estímulo, do ato, da situação ambiental e do observador. Ele representa essas cinco influências em uma Matriz de Relação de Dados Básicos com cinco dimensões. Essa abordagem exige que o pesquisador considere separadamente o "estímulo focal" ao qual a pessoa presta atenção e a "situação ambiental" em que ocorre a resposta, refutando efetivamente a freqüente crítica de que os teóricos da personalidade ignoram o papel da situação na geração do comportamento. A econética, o estudo da ecologia ambiental, requer a construção de uma "matriz de sintalidade cultural" representando a sintalidade de uma cultura em dimensões comuns, mais uma "matriz de relevância pessoal" que indica quanto os indivíduos consideram cada uma das dimensões de sintalidade cultural. O produto dessas duas matrizes produz uma "matriz de impacto" que indica quanto cada pessoa tem a ver com cada elemento cultural. As matrizes adicionais indicam a relevância dos traços dinâmicos para as dimensões culturais e a força dos traços dinâmicos em cada indivíduo. O produto de todas as matrizes resume a interação dos indivíduos com a cultura. Tal modelo praticamente ainda não foi testado, mas revela a direção do atual pensamento de Cattell.

## PESQUISA CARACTERÍSTICA E MÉTODOS DE PESQUISA

Nesta seção, nós mencionaremos brevemente certos aspectos distintivos das idéias de Cattell sobre a pesquisa da personalidade. Além disso, resumiremos uma investigação que ilustra a flexibilidade com que Cattell aplica seu instrumento preferido de análise fatorial – neste caso, ao estudo dos traços dinâmicos de um único indivíduo. O leitor vai lembrar que já temos uma considerável familiaridade com a pesquisa de Cattell como resultado de freqüentes referências ao seu trabalho empírico na discussão de seus conceitos teóricos.

Anteriormente, mencionamos a convicção de Cattell de que no futuro a *pesquisa em grande escala* produzirá os avanços mais significativos nesta área. Associada a isso, está a sua crença de que a maioria dos psicólogos evita insensatamente a necessidade de uma *descrição cuidadosa* da personalidade, em favor de uma generalização impressiva e do estudo dos fenômenos desenvolvimentais. Grande parte de seu trabalho, especialmente referente à identificação dos traços de origem e de superfície, pode ser considerada simplesmente uma tentativa de realizar essa tarefa de descrição e oferecer uma base sólida para futuras investigações e generalizações.

Um dos mais novos aspectos dos textos de Cattell tem sido sua constante ênfase nos diferentes tipos de estudos de correlação que o investigador pode realizar. Primeiro, salienta ele, existem os estudos com a *técnica-R*, que representam a abordagem costumeira do psicólogo. Aqui, um grande número de indivíduos é comparado em termos de seu desempenho em dois ou mais testes. A pergunta fundamental é se os indivíduos com escores elevados em um dos testes tendem a ter escores elevados no outro, e se o coeficiente resultante representa a extensão em que os escores nos testes co-variam ou condizem. Segundo, existe a *técnica-P*, em que os escores do mesmo indivíduo em várias medidas são comparados em diferentes ocasiões ou momentos. Aqui estamos querendo saber quão consistente é o comportamento do indivíduo, e a estatística resultante é um índice de quão estreitamente os diferentes aspectos do comportamento do mesmo indivíduo co-variam ou condizem. Terceiro, existe a *técnica-Q*, em que dois indivíduos são correlacionados em um grande número de medidas diferentes. Nesse caso, o coeficiente resultante representa uma medida de semelhança ou co-variância entre os dois indivíduos; se essas correlações forem feitas para muitas pessoas, o investigador pode chegar a uma tipologia, ou a um agrupamento de pessoas semelhantes nessas medidas. (A *técnica-Q*, a propósito, não tem nenhuma relação com os *dados-Q*; o uso da mesma

letra é apenas uma coincidência.) Uma quarta técnica, na verdade uma variante da primeira, é chamada de *técnica-R diferencial*, e é como a técnica-R comum, exceto que as mensurações são repetidas duas vezes e as *mudanças* entre elas são correlacionadas e fatoradas. Conforme observamos, esse método é especialmente útil no estudo dos estados psicológicos.

Além das técnicas citadas, Cattell descreveu e discutiu muitos outros *designs* teoricamente possíveis (o leitor interessado deve consultar o tratamento da "caixa de dados" em Cattell, 1966b.) Entretanto, os quatro *designs* que mencionamos são os que têm sido mais amplamente empregados na prática.

## Um Estudo Fatorial Analítico de Um Único Indivíduo

Na seção precedente, fizemos uma distinção entre a técnica-R e a técnica-P. Na primeira, o procedimento fatorial analítico usual, são calculadas correlações para muitas pessoas, e os fatores obtidos são traços comuns. Mas na técnica-P são calculadas correlações para muitas medidas repetidas da mesma pessoa, e os fatores representam traços únicos daquele indivíduo. Conforme Cattell coloca:

> "Assim, uma descoberta da técnica-R do padrão do traço de origem de dominância poderia mostrar que, para a maioria das pessoas, ele se expressa com maior carga, digamos, na reação aos insultos e na interferência com subordinados, ao passo que para um determinado indivíduo analisado pela técnica-P, ele também revelaria ter uma alta carga, digamos, no tocar piano, porque esse indivíduo aprendeu a expressar a dominância, tocando piano." (Cattell & Cross, 1952, p. 250)

Para ilustrar a possibilidade de uma abordagem fatorial analítica ao indivíduo único, descreveremos um estudo executado por Cattell e Cross (1952) em que 20 atitudes de um estudante universitário de teatro, de 24 anos, foram medidas duas vezes por dia durante um período de 40 dias, e depois intercorrelacionadas em oito ocasiões e analisadas fatorialmente. Os fatores resultantes representam os traços de origem dinâmicos dessa pessoa, e podemos observar como eles são parecidos com ou diferentes daqueles que as pessoas em geral obtiveram em estudos da técnica-*R*, e como suas flutuações do dia-a-dia refletem os eventos da vida da pessoa durante o período estudado.

Esse tipo de estudo apresenta problemas especiais de método. O sujeito precisa ser cooperativo e confiável, precisamos ter medidas que possam ser aplicadas repetidas vezes ao mesmo indivíduo, sem mostrar grandes efeitos da própria testagem repetida, e precisamos trabalhar com traços que mostrem uma apreciável flutuação no dia-a-dia.

As 20 atitudes foram selecionadas da amostra de atitudes usada nos estudos da técnica-*R* de Cattell e medidas por três técnicas: uma medida de preferência, em que o sujeito faz escolhas entre pares de declarações, cada um descrevendo um curso de ação relevante para alguma atitude; uma medida de fluência, em que o sujeito tem 30 segundos para listar o máximo possível de satisfações que poderiam ser derivadas de um curso de ação relevante para uma atitude; e uma medida de inibição retroativa, executada em conjunção com a tarefa de fluência, em que seis números de três dígitos foram apresentados ao sujeito antes da mensuração da fluência e observou-se a quantidade de interferência na atitude. Obteve-se um escore combinado para cada atitude em cada ocasião, e as atitudes foram intercorrelacionadas nas diferentes ocasiões e fatoradas. Sete dos oito fatores interpretáveis foram considerados como correspondendo a seis *ergs* e a um sentimento encontrados em estudos anteriores com a técnica-*R*: medo, sexo, auto-asserção, protecionismo parental, apelo e narcisismo, além do auto-sentimento. O fator extra foi identificado como fadiga, que desde então apareceu como um fator de estado em vários estudos do laboratório de Cattell.

Assim, a estrutura de fator comum de uma população serve razoavelmente bem para descrever essa pessoa específica; de qualquer forma, a partir dessa análise não surgiu nenhum fator único maciço. Podemos especular – como os autores fazem – sobre o possível significado de alguns dos desvios das cargas desse indivíduo em relação ao padrão da população, mas não está claro se esses desvios excedem aqueles que esperaríamos encontrar entre um estudo com a técnica-*R* e um outro, com um tamanho de amostra de 80.

Tendo identificado os fatores, é possível estimar escores nesses fatores para cada sessão, e um gráfico deles ao longo do período do experimento, mostrado na Figura 8.2 (ver adiante), apresenta algumas reflexões interessantes dos eventos da vida do sujeito, conforme registrado em um diário que ele manteve durante o experimento. Alguns dos incidentes mais importantes estão indicados na linha base da Figura 8.2 – ensaios para uma peça na qual ele faria um papel principal, um resfriado forte, as noites da própria peça, um acidente bastante sério sofrido por seu pai, uma carta em que uma tia o censura por não desistir dos próprios interesses para ajudar a família e sua preocupação com a aparente hostilidade de um conselheiro da faculdade. Podemos notar especialmente os nítidos picos de fadiga durante os ensaios e a peça em si; a queda na ansiedade depois da peça, quando ele estava começando a mergulhar nos estudos e a ter algum tempo livre para namorar (observem o aumento do erg de sexo); o aumento nos sentimentos parentais na época do acidente do pai – e a interessante queda posterior quando a tia o censura; e, finalmente, as oscilações dos traços de origem relacionados ao *self* (auto-asserção, narcisismo, auto-sentimento) no período crítico dos desempenhos na peça.

## O Modelo de Personalidade dos Sistemas VIDAS

Uma outra iniciativa de Cattell merece menção por ilustrar a direção tomada por seu pensamento nos últimos anos. Agora (1985, 1990), ele descreve seu modelo de personalidade geral como uma teoria de sistemas de descrição de vetor-id (VIDAS). Cattell adota essa designação porque analisa a estrutura da personalidade em *ids* (i. e., os traços fatoriais por trás do comportamento) agindo em *vetores* (i. e., combinações ponderadas, como em uma equação de especificação), dentro de um *sistema* fechado. O complicado diagrama apresentado na Figura 8.3 (ver p. 278) resume a concepção VIDAS da personalidade. Cattell está tentando mostrar como o "fluxo" do comportamento é definido pela mútua interação dos estímulos, dos sentimentos, dos ergs e da estrutura de ego. Deixemos que Cattell (1985, p. 93) descreva como seu sistema funciona:

"Como mostra a Figura [8.3], os traços do modelo VIDAS estão reunidos em 11 órgãos importantes. Primeiro temos E, a fonte de energia de todos os ergs, que tem um compartimento secundário para os ergs que estão em estado de excitação

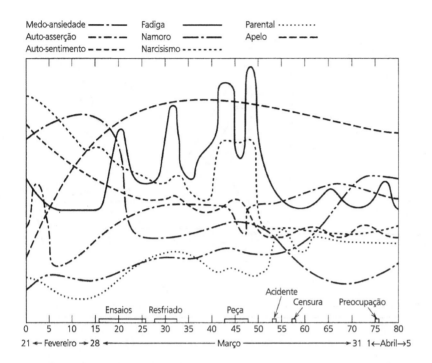

**FIGURA 8.2** Mudanças na força dos traços de origem dinâmicos em um indivíduo ao longo de 80 sessões de teste. (Cattell, 1966a, p. 229)

como resultado da estimulação pelo aparelho perceptual, P, e a memória, M. A fonte de memória de engramas* armazenados, principalmente (sentimentos), também tem suas partes derivadas, M, os (sentimentos) presentemente ativados, e LM, um mecanismo de aprendizagem que gera novos (sentimentos) em resultado da interação de M, E e P. Em relação a isso, nós temos uma extensão do órgão perceptual, P, em PD, que tem a tarefa de avaliar a extensão da recompensa dinâmica de várias ações realizadas... Finalmente, supervisionando as interações de E, M e P, está o ego controlador, D, com a ajuda do reservatório de estado geral, GS, que exerce uma orientação geral na solução dos conflitos dinâmicos. Agindo juntamente com o ego estão todos os traços não-dinâmicos, T's, que apresentam poderes limitantes que o ego precisa levar em conta.

"Quando a decisão sobre um ato externo é tomada por D em resultado dos processos internos que iniciam com o codificador perceptual, P, o caráter do ato é parcialmente determinado pelos traços não-dinâmicos, T, que participam da moldagem do ato por meio de A, o determinante da produção."

Essa abordagem ainda não foi implementada e, atualmente, representa teoria, em vez de pesquisa empírica, mas oferece um novo pacote significativo e provocativo de unidades de personalidade.

## PESQUISA ATUAL

### Os Cinco Grandes Fatores da Personalidade

Um dos progressos mais importantes na personalidade nos últimos anos é a emergência dos Cinco Gran-

---

*N. de T. Um engrama é um traço hipotético deixado no sistema nervoso em resultado da aprendizagem. O conceito de engrama é empregado para explicar a retenção.

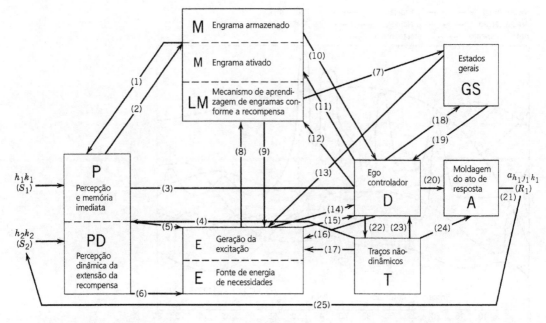

**FIGURA 8.3** O modelo completo de personalidade dos sistemas VIDAS. (Reimpressa com a permissão de Cattell, 1985, p. 95).

des como um modelo geral para descrever a estrutura da personalidade. Esse modelo, originado do trabalho de Cattell, serve como uma base conceitual para grande parte do trabalho contemporâneo na mensuração da personalidade. Como veremos, existem diversas versões dos Cinco Grandes, e o modelo não foi adotado universalmente, mas complementa a abordagem biológica/genética como uma das duas orientações dominantes no trabalho contemporâneo sobre a personalidade. Existem várias discussões excelentes sobre os Cinco Grandes, e nós examinaremos aqui principalmente John (1990) e Goldberg (1993), bem como Digman (1990), Goldberg (1990), e McCrae e John (1992).

O desenvolvimento dos Cinco Grandes na verdade começa com Allport e Odbert (1936), que tentaram identificar possíveis diferenças individuais extraindo todos os termos relevantes do *Webster's Unabridged Dictionary* (dicionário completo). Allport trabalhou com base em uma "hipótese léxica", primeiramente articulada por Sir Francis Galton, de que as diferenças individuais mais importantes estarão codificadas na linguagem. Allport e Odbert extraíram cerca de 18.000 termos, dos quais 4.500 se referiam a traços generalizados e estáveis. Aproximadamente na mesma época, Thurstone (1934) analisou fatorialmente avaliações de iguais, usando 60 adjetivos comuns. Thurstone identificou cinco fatores, antecipando assim o modelo contemporâneo dos Cinco Grandes.

Raymond Cattell (1943) usou os termos descritivos de Allport e Odbert como um ponto de partida para suas análises da estrutura da personalidade, como vimos anteriormente. Mas, quando outros pesquisadores repetiram as análises de Cattell, apenas cinco fatores foram obtidos confiavelmente (p. ex., Digman & Takemoto-Chock, 1981; Norman, 1963; Tupes & Christal, 1961). Conforme comenta Goldberg (1993, p. 27), Cattell pode ser o pai intelectual dos Cinco Grandes, mas "ele negou consistentemente essa paternidade e ainda não adotou o modelo".

Foi Donald Fiske (1949) que primeiro extraiu cinco fatores replicados, usando variáveis de avaliação tiradas do trabalho de Cattell. Tupes e Christal (1958, 1961) reanalisaram os dados de avaliação de oito amostras e identificaram cinco "fatores relativamente fortes e recorrentes". Eles rotularam esses fatores como (I) *surgency** (ou loquacidade assertiva), (II) cordialidade, (III) confiabilidade, (IV) estabilidade emocional e (V) cultura. Esse foi o primeiro conjunto de fatores de personalidade a ser chamado de Cinco Grandes (Goldberg, 1981).

Warren Norman (1963) também confirmou um modelo de cinco fatores, usando um conjunto selecionado de variáveis de Cattell. Ele empregou essencialmente os mesmos rótulos de Tupes e Christal para esses fatores, renomeando o fator III como "conscienciosidade". Norman desconfiava que a amostragem e os problemas estatísticos no trabalho de Cattell limitavam os achados e acreditava que a análise de um conjunto mais representativo de termos, descrevendo traços, produziria dimensões adicionais, mas Goldberg (1990), subseqüentemente, não conseguiu confirmar essa conjetura. Norman (1967) extraiu 18.125 termos de personalidade da edição de 1961 do *Webster's Third New International Dictionary*. Ele eliminou aproximadamente metade deles como inadequados e depois separou os 8.081 termos restantes em três classes: traços estáveis; estados e atividades temporárias; e papéis, relacionamentos e efeitos sociais. Observem

a semelhança com as categorias empregadas por Cattell, bem como com sua suposição de que a personalidade pode ser considerada em diferentes níveis. Norman examinou os 2.800 termos de *traço*, que depois reduziu para aproximadamente 1.600. Ele dividiu esses termos em dez *classes* amplas, uma para cada pólo alternativo nas Cinco Grandes dimensões. A seguir, dividiu os termos de cada uma das dez classes em um total de 75 *categorias* semânticas mais estreitas. Como um passo final, ele combinou termos semelhantes em um total de 571 *conjuntos de sinônimos*. Em essência, então, Norman usou os Cinco Grandes para construir uma hierarquia de termos descritivos da personalidade.

Seguindo o trabalho de Norman, Goldberg (1981, 1990, 1993) realizou uma série de estudos investigando a estrutura subjacente dos termos (adjetivos) que descrevem traços. Apesar de seu ceticismo inicial, ele também identificou cinco fatores amplos, que representou usando um conjunto de 100 agrupamentos de sinônimos.

Os programas de pesquisa recém-descritos convergem para uma estrutura de Cinco Grandes ao utilizar hipóteses léxicas para estudar termos descritivos de traços. Um programa de pesquisa separado, de McCrae e Costa (p. ex., 1987, 1989a, 1990; Costa & McCrae, 1988a,b, 1992a, 1995a) também identificou uma estrutura de Cinco Grandes ao investigar as questões de personalidade em vez de termos descritivos. Eles usaram os seguintes rótulos para os cinco fatores: neuroticismo, extroversão, cordialidade, conscienciosidade e franqueza. John (1990, p. 96) salienta que "OCEAN" serve como um artifício mnemônico útil para lembrar esses cinco nomes (as iniciais das palavras inglesas). McCrae e Costa desenvolveram o NEO-PI para medir essa estrutura. Assim, na verdade, existem dois modelos paralelos de cinco fatores: um do trabalho léxico e outro do trabalho com questionários de personalidade. Uma das marcas registradas da abordagem de McCrae e Costa é a especificação de seis *facetas* específicas para cada um dos Cinco Grandes fatores (p. ex., Costa, McCrae & Dye, 1991). As seis facetas subjacentes à extroversão, por exemplo, são cordialidade, gregariedade, assertividade, atividade, busca de excitação, e emoções positivas. As seis facetas da conscienciosidade incluem competência, ordem, respeito, busca de realização, autodisciplina e deliberação. O NEO-PI Revisado (NEO-PI-R; Costa & Mc-

---

*N. de T. *Surgency* é um traço de personalidade caracterizado por bom humor, sociabilidade, confiabilidade e responsividade social.

Crae, 1992b) fornece medidas da personalidade em ambos os níveis. Em conseqüência deste refinamento, Costa e McCrae oferecem uma abordagem hierárquica articulada à estrutura da personalidade. É essa estrutura que serve como base para grande parte da pesquisa contemporânea.

Antes de apresentar as amostras de pesquisas que empregam a orientação dos Cinco Grandes, devemos observar que existem dissidentes. Cattell, por exemplo, nunca se convenceu de que cinco fatores é um número suficiente. Cinco de seus fatores de segunda ordem correspondem bem aos Cinco Grandes (ver John, 1990, p. 88) e ele claramente prefere trabalhar em um nível de maior especificidade. Hans Eysenck (1991, 1992b), cuja teoria consideramos no Capítulo 9, propõe três dimensões básicas de personalidade: extroversão, neuroticismo e psicoticismo. Ele argumenta que a extroversão e o neuroticismo correspondem aos Cinco Grandes fatores do mesmo nome, mas que a cordialidade e a conscienciosidade dos Cinco Grandes devem ser reunidas em seu fator de psicoticismo (ver Costa & McCrae, 1992a, 1995a, para uma réplica). Da mesma forma, Zuckerman (1992; Zuckerman, Kuhlman, Joireman, Teta & Kraft, 1993; Zuckerman, Kuhlman, Thornquist & Kiers, 1991), cujo trabalho também consideramos no Capítulo 9, propõe seu próprio sistema de cinco fatores.

Alguns psicólogos também objetaram os Cinco Grandes por motivos conceituais. Carlson (1992, p. 644) teme que os Cinco Grandes estejam induzindo os pesquisadores da personalidade a valorizar "a pureza psicométrica acima do poder conceitual" e que isso não é adequado para aqueles "que supõem que a personalidade inclui sentimentos, motivos e contextos interpessoais e sociais, bem como a integração desses traços no curso do desenvolvimento individual". Em resumo, argumenta ela, "os defensores do Cinco Grandes limitariam a pessoalidade ao estreito redil procrustiano de sua própria metodologia" (ver também Loevinger, 1994). McAdams (1992) destaca seis limitações do modelo de cinco fatores: (a) não trata de constructos essenciais do funcionamento da personalidade; (b) é limitado para predizer comportamentos específicos e descrever a vida do indivíduo; (c) não apresenta explicações causais; (d) não considera o contexto; (e) não considera a organização e a integração da personalidade; e (f) adota uma abordagem comparativa para descrever os indivíduos. Várias dessas objeções, como a, d, e, e f, representam dis-

cordâncias filosóficas sobre como a pesquisa da personalidade deveria prosseguir. A introdução de facetas acomoda bastante a segunda objeção, e poderíamos argumentar que o trabalho atual, especialmente nas áreas da genética do comportamento, está começando a tratar do terceiro ponto.

A crítica mais elaborada vem de Jack Block (1995a; ver réplicas de Costa & McCrae, 1995b, e Goldberg & Saucier, 1995, e a resposta de Block, 1995b). Block levanta uma série de argumentos metodológicos, estatísticos e conceituais relativos ao desenvolvimento e ao uso dos Cinco Grandes. Block (1995a, p. 204) pergunta: "Será que os cinco amplos 'domínios' ou dimensões globais adotados e focalizados são singularmente abrangentes e suficientemente incisivos para oferecer uma estrutura satisfatória para a pesquisa e avaliação da personalidade?" A resposta de Block é não. Como no caso dos outros críticos, a objeção básica de Block é que os pesquisadores deveriam prestar atenção à estrutura e ao funcionamento intra-individuais, no processo de adotar um conjunto mais amplo de orientações conceituais e metodológicas do que permite a abordagem dos Cinco Grandes.

Em vez de tentar uma revisão sistemática da crescente literatura sobre os Cinco Grandes, nós os ilustraremos, mencionando vários estudos representativos. Uma das metas de McCrae e Costa tem sido demonstrar que nos Cinco Grandes estão incluídas outras abordagens de mensuração. Por exemplo, eles (McCrae & Costa, 1989b) demonstram que existe uma correspondência substancial entre os Cinco Grandes fatores e os quatro índices do *Myers-Briggs Type Indicator* (MBTI). Especificamente, a extroversão apresenta uma alta correlação com a introversão-extroversão do MBTI e a franqueza, com a sensação-intuição do MBTI; em menor extensão, a cordialidade se correlaciona com o pensamento-sentimento do MBTI, e a conscienciosidade se correlaciona com o julgamento-percepção do MBTI. Não existe um equivalente do neuroticismo no MBTI. Da mesma forma, McCrae e Costa (1989c) apresentam correlações que demonstram que os dois eixos subjacentes ao circumplexo interpessoal podem ser definidos em termos de extroversão e cordialidade. Eles concluem que a extroversão e a cordialidade podem, portanto, ser usadas "para definir o plano de comportamento interpessoal" (p. 592). De maneira semelhante, eles argumentam que o domínio afetivo pode ser estruturado em termos de extroversão e neuroticismo, e que as atitudes podem ser compreendidas em termos de cordialidade e franqueza. Eles concluem (p. 593) que o modelo de cinco fatores "oferece uma estrutura mais ampla na qual orientar e interpretar o circumplexo, e que o círculo interpessoal permite uma proveitosa elaboração de dois dos cinco fatores." Em essência, McCrae e Costa estão defendendo o uso dos Cinco Grandes para estruturar o nosso entendimento da contribuição das características da pessoa em vários domínios comportamentais.

Alguns outros exemplos servem para ilustrar a variedade de pesquisas provocada pelo modelo dos Cinco Grandes. Costa, McCrae e Dye (1991) demonstraram que as medidas do NEO-PI de extroversão correlacionam-se positivamente, e o neuroticismo negativamente, com a auto-estima. Da mesma forma, as pessoas que estão felizes e satisfeitas com a vida tendem a ter escores altos em extroversão e baixos em neuroticismo (McCrae & Costa, 1991a). Costa (1991) propôs que a abordagem dos Cinco Grandes pode ajudar as pessoas a selecionar formas apropriadas de terapia (ver também McCrae & Costa, 1991b). E, finalmente, Costa e Widiger (1994; Widiger & Costa, 1994) sugeriram que o modelo dos cinco fatores pode ser usado para compreendermos as distinções entre vários transtornos de personalidade. Sejam quais forem suas limitações, o modelo dos Cinco Grandes foi imensamente bem-sucedido em promover as pesquisas e provocar discussões sobre estratégias na investigação dos fenômenos da personalidade.

## Genética do Comportamento

Um dos avanços recentes mais entusiasmantes na pesquisa da personalidade envolve o estudo das bases genéticas das características da personalidade (p. ex., Plomin, 1986). Como vimos antes, Cattell há muito tempo se preocupa em identificar as contribuições genéticas aos traços de origem. Nós veremos uma ênfase ainda maior na fisiologia e na genética no modelo de Hans Eysenck da personalidade, discutido no próximo capítulo. Uma vez que grande parte da pesquisa genética não está ligada a qualquer teoria ou atributo específico e dada a ênfase inicial de Cattell nas bases biológicas da personalidade, no presente capítulo, nós introduzimos as abordagens genéticas do comportamento à personalidade.

A genética do comportamento baseia-se na suposição de que as diferenças entre um conjunto de indivíduos em alguma característica, tal como a extroversão, devem-se a diferenças no material genético e/ou nas experiências dos indivíduos. Quanto maiores as diferenças, ou a *variabilidade*, entre os indivíduos nos genes que contribuem para as diferenças em uma característica, maior a *herdabilidade* dessa característica. Em outras palavras, a herdabilidade de uma característica, como a extroversão, pode ser definida como a razão da variabilidade genética de um grupo de pessoas comparada à variabilidade total da extroversão nessas pessoas. Como tal, um índice de herdabilidade para a extroversão estima a porcentagem da variabilidade nos escores de extroversão devida à variabilidade genética. Quanto mais próxima de 1,0 a herdabilidade, maior a contribuição das diferenças genéticas para as diferenças observadas. As herdabilidades são instrumentos extremamente úteis. Mas, antes de começarmos, devemos conhecer três limitações de qualquer coeficiente de herdabilidade: ele é apenas uma estimativa, é específico para a amostra de pessoas sendo estudada e aplica-se à amostra como um todo, e não a cada indivíduo.

A avaliação da herdabilidade talvez seja mais fácil de compreender se pensarmos em gêmeos idênticos e em fraternos. Os gêmeos idênticos (ou monozigóticos) vêm de um único óvulo fertilizado, mas os gêmeos fraternos (ou dizigóticos) vêm de óvulos diferentes. Disso decorre que os pares de gêmeos idênticos têm um material genético idêntico, mas os pares de gêmeos fraternos, em média, compartilham apenas metade de seus genes. As diferenças de escore entre gêmeos idênticos, em uma característica como a extroversão, por exemplo, devem-se a diferenças em suas experiências, porque seu material genético é idêntico. As semelhanças em extroversão nesses gêmeos, todavia, baseiam-se em alguma combinação de genes idênticos e experiências semelhantes. As diferenças de extroversão entre gêmeos fraternos devem-se a diferenças na genética e na experiência, e a semelhança nesses pares também reflete alguma combinação de genes compartilhados e de experiências compartilhadas.

Uma das maneiras mais comuns de estimar a herdabilidade de uma característica é usar modelos estatísticos que comparam a semelhança de pares de gêmeos idênticos com a semelhança de pares de gêmeos fraternos em alguma característica. Os estudos recentes conseguiram incluir quatro amostras separadas: pares de gêmeos idênticos e fraternos criados juntos e pares de gêmeos idênticos e fraternos criados separados. Presumivelmente, os gêmeos criados juntos experienciam um ambiente mais semelhante do que os gêmeos criados separados. Apesar desse avanço, determinar o grau de semelhança dos ambientes experienciados pelos pares de gêmeos permanece uma grande dificuldades nessas análises.

Uma complicação final lida com conceitualizações do ambiente. Assim como o material genético pode ser compartilhado ou não por gêmeos fraternos, também o ambiente experienciado pelos gêmeos pode ser compartilhado ou não-compartilhado. Os fatores ambientais compartilhados tornam os gêmeos semelhantes, e os fatores ambientais não-compartilhados tornam os gêmeos dessemelhantes. O *status* socioeconômico, as crenças religiosas e as filosofias dos pais na criação dos filhos operam como fatores compartilhados. A ordem de nascimento, os acidentes, a saúde, o tratamento parental diferenciado e os amigos ou professores diferentes operam como fatores não-compartilhados. O ambiente compartilhado torna os gêmeos (ou os irmãos em geral) semelhantes, e o ambiente não-compartilhado os torna dessemelhantes. Como veremos, um achado surpreendente de estudos recentes da genética do comportamento da personalidade é que o ambiente não-compartilhado é muito mais influente do que o ambiente compartilhado.

Nós agora traremos dados reais para ilustrar maneiras diferentes de estimar a herdabilidade, o ambiente compartilhado e o ambiente não-compartilhado. Primeiro, vamos comparar a semelhança dos pares de gêmeos idênticos criados juntos com a semelhança de pares de gêmeos idênticos criados separados. Uma vez que todos os pares de gêmeos idênticos compartilham os mesmos genes, a extensão em que os gêmeos idênticos criados juntos são mais semelhantes que os criados separados é uma estimativa da extensão em que o ambiente age para produzir semelhança na personalidade. Bouchard (1981), entretanto, relatou que a correlação média entre 11 escores de personalidade para membros de pares de gêmeos idênticos criados juntos foi de 0,54, mas que a média para pares de gêmeos idênticos criados separados foi de 0,56. O fato de estas correlações não serem de 1,00 indica que a genética não é o único determinante da personalidade. Os fatores ambientais certamente desempenham um papel importante, mas observem que o ambiente está agindo para tornar os pares de gêmeos dessemelhantes, não semelhantes. Essa conclusão é corroborada pelo fato de que a correlação média é levemente menor para os gêmeos criados juntos. Esses dados sugerem que ser criado junto (i. e., compartilhar um ambiente) não leva à maior semelhança de personalidade. Assim, esse estudo propõe que existe uma herdabilidade substancial para os traços de personalidade, mas que o ambiente compartilhado não é um determinante maior da semelhança de personalidade.

Em segundo lugar, vamos comparar a semelhança das características de personalidade para os membros de pares de gêmeos idênticos e fraternos. Loehlin e Nichols (1976) relataram correlações entre pares de gêmeos idênticos e pares de gêmeos fraternos em duas dimensões importantes da personalidade segundo Hans Eysenck, a extroversão e o neuroticismo. As correlações para a extroversão foram de 0,60 para os gêmeos idênticos e de 0,25 para os fraternos, e as correlações para o neuroticismo foram de 0,52 para os gêmeos idênticos e de 0,24 para os fraternos. Uma estimativa simples da herdabilidade de um traço é obtida multiplicando-se por dois a diferença entre as correlações de gêmeos idênticos e fraternos. Com os dados de Loehlin e Nichols, as estimativas de herdabilidade são $2(0,60 - 0,25) = 0,70$ para a extroversão e $2(0,52 - 0,24) = 0,56$ para o neuroticismo. Em outras palavras, mais de dois terços da variabilidade observada nos escores de extroversão e mais da metade da variabilidade do neuroticismo são atribuídos a diferenças genéticas.

Um menos a estimativa de herdabilidade proporciona uma estimativa da contribuição ambiental, e a correlação dos gêmeos idênticos menos dois, vezes a diferença entre as correlações dos gêmeos idênticos e fraternos proporciona uma estimativa da importância do ambiente familiar compartilhado. No exemplo de Loehlin e Nichols, as contribuições ambientais são consideráveis (0,30 para a extroversão e 0,44 para o neuroticismo), mas não há nenhuma evidência da contribuição de uma família compartilhada para qualquer característica. As estimativas para o ambiente compartilhado são na verdade levemente negativas: $0,60 - 2(0,60 - 0,25) = -0,10$ para a extroversão e $0,52 - 2(0,52 - 0,24) = -0,04$ para o neuroticismo.

Os dados mais recentes relatados por Bouchard e McGue (1990) sobre gêmeos idênticos e fraternos criados separados levaram a conclusões semelhantes.

Usando escalas do *California Psychological Inventory*, Bouchard e McGue encontraram uma correlação média de 0,45 para os gêmeos idênticos e de 0,18 para os fraternos. Usando a fórmula apresentada antes, eles relataram uma herdabilidade média um pouco acima de 0,50. Seus achados os levaram a "uma conclusão realmente extraordinária: o grau de semelhança entre os gêmeos (idênticos) nas características de personalidade auto-relatadas não parece depender de os gêmeos terem sido criados juntos ou separados... Aproximadamente 50% da variância nas características de personalidade auto-relatadas estão associadas a fatores genéticos, o que significa que os fatores ambientais são responsáveis por um parte igual da variância. Todavia... os fatores do ambiente familiar comum não têm uma influência substancial sobre a personalidade adulta" (1990, p. 286).

Esses achados levaram Plomin e Daniels a concluir que "o ambiente familiar compartilhado é responsável por uma porção desprezível da variância ambiental relevante para o desenvolvimento da personalidade" (1987, p. 5). O ambiente proporciona um componente maior da variabilidade na personalidade, mas é muito importante observar que "influências ambientais psicologicamente relevantes tornam as crianças de uma família diferentes, e não iguais, entre si" (Plomin & Daniels, 1987, p. 1). Plomin e Daniels sugerem que os pesquisadores e os teóricos enfoquem as experiências "específicas para cada criança" (p. 9) e que "a criança, e não a família, deve ser considerada a unidade de socialização" (p. 15).

Como um exemplo final de estudos sobre gêmeos, considerem Tellegen e colaboradores (1988). O aspecto notável desse estudo é que ele inclui escores em um inventário de personalidade com 11 escalas para quatro amostras separadas: gêmeos idênticos e fraternos criados juntos e gêmeos idênticos e fraternos criados separados. Esse planejamento abrangente permitiu a Tellegen e colaboradores obter estimativas sofisticadas das influências da herdabilidade, do ambiente não-compartilhado e do ambiente compartilhado que estamos examinando. Suas conclusões foram muito consistentes com o que estamos vendo. As correlações médias para os gêmeos idênticos criados juntos e separados foram muito semelhantes (0,52 e 0,49, respectivamente). Isso sugere que o efeito do ambiente compartilhado é muito pequeno, uma vez que a ausência de um ambiente compartilhado é tudo

o que distingue o último grupo do primeiro. Existem algumas diferenças entre as escalas, mas Tellegen e seus colaboradores estimaram a contribuição global do ambiente compartilhado em cerca de 0,05. Além disso, as correlações médias sugeriram uma herdabilidade de aproximadamente 0,50, consistente com a que tínhamos calculado previamente. E dez das 11 escalas diversas tinham herdabilidades entre 0,40 e 0,55, sugerindo uma notável consistência do efeito. Em resumo, os achados surpreendentes, mas consistentes, em todos esses estudos de gêmeos são que (a) os fatores genéticos são responsáveis por cerca de metade da variabilidade nas características de personalidade e (b) "o ambiente comum geralmente desempenha um papel muito modesto na determinação de muitos traços de personalidade" (Tellegen e colaboradores, 1988, p. 1037). Tais achados corroboram modelos de personalidade que enfatizam os determinantes únicos de cada personalidade (p. ex., Gordon Allport; ver Capítulo 7) e contestam modelos que enfatizam as experiências familiares compartilhadas.

Os estudos de gêmeos indicam claramente que existe uma grande contribuição genética para as diferenças individuais em várias características de personalidade. Existem outras metodologias para investigar o papel da genética, principalmente os estudos de adoção. Tais estudos levam a conclusões semelhantes sobre o grande papel das contribuições genéticas e o pequeno papel do ambiente compartilhado, embora geralmente produzam estimativas mais baixas de herdabilidade (ver Plomin, Chipuer & Loehlin, 1990). Além disso, não examinaremos trabalhos que investigam os mecanismos pelos quais os genes influenciam a personalidade. Dadas as sólidas evidências da herdabilidade dos traços, entretanto, é importante perguntar por que essa influência funciona. Nós agora examinaremos brevemente as pressões evolutivas que talvez tenham levado à variação nas características de personalidade.

## Teoria Evolutiva da Personalidade

Vários pesquisadores investigaram a base evolutiva das diferenças individuais (p. ex., Arnold Buss, 1988; David Buss, 1991; Loehlin, 1992; Tooby & Cosmides, 1990). Mas nesta seção nós enfocaremos o trabalho de David Buss. Buss (1984) identificou três preocupações básicas da psicologia da personalidade: Que características são típicas dos humanos? Quais são as características mais importantes nas quais os humanos diferem? Qual é o relacionamento entre a natureza humana (i. e., as características típicas da espécie) e as diferenças individuais? Ele sugeriu que a biologia evolutiva oferece uma estrutura para investigarmos esses temas. Em particular, ele via um paralelo com a distinção na biologia evolutiva entre "pensamento tipológico" e "pensamento da população". A primeira abordagem, conforme enfatizado pela sociobiologia, enfatiza as características típicas da espécie e sua importância adaptativa. Isso é análogo à preocupação, na personalidade, com as tendências "nucleares" compartilhadas pelas pessoas. Esta última abordagem, conforme ilustrado pela genética do comportamento, estuda as bases genéticas e adaptativas da variação observada entre os membros de uma espécie. Isso é análogo à preocupação, na personalidade, em conceitualizar e medir aquelas dimensões comportamentais ao longo das quais as pessoas diferem.

Buss (1984) identificou três critérios da biologia evolutiva para determinar se uma característica faz parte da natureza humana. Primeiro, ela deve ser universal. Segundo, ela deve ser "inata, incondicionada, e relativamente difícil de modificar" (p. 1139). Terceiro, ela deve ter uma função adaptativa, isto é, deve capacitar o indivíduo a funcionar bem em seu nicho ecológico. Da mesma forma, Buss sugeriu quatro critérios da biologia evolutiva para determinar quais diferenças individuais são importantes. O primeiro desses critérios é a herdabilidade. Ele argumentou que "as diferenças entre os indivíduos que podem ser atribuídas a diferenças genéticas são importantes porque proporcionam a variação necessária para a evolução" (p. 1140). Segundo, um traço tem importância intrínseca se contribui para o ajustamento inclusivo ou para a perpetuação genética por meio da prole. Terceiro, a seleção sexual sugere que os traços consensualmente valorizados proporcionarão uma base para a escolha do parceiro e, portanto, são importantes. Finalmente, os traços são importantes se proporcionam uma base para o acasalamento combinativo, para a escolha de um parceiro com base em sua semelhança com aquele que escolhe. Buss concluiu que prestar atenção aos dois conjuntos de critérios pode ajudar os psicólogos da personalidade a tratar de sua "tarefa descritiva relativamente negligenciada" e simultaneamente ajudá-los a superar a tendên-

cia a "estudar... traços isolados sem fundamentos lógicos explícitos" (p. 1144).

Em um artigo subseqüente, Buss endossou explicitamente a teoria evolutiva como a base para estudar a personalidade: "A teoria evolutiva promete evitar o excesso de teorias da personalidade aparentemente arbitrárias ao ancorar uma teoria da natureza humana em processos que sabemos que governam toda vida... As teorias da personalidade inconsistentes com a teoria evolutiva têm pouca chance de estarem certas" (1991, p. 461). Ele raciocinou que a sobrevivência e a reprodução individuais são os dois problemas adaptativos básicos que os humanos têm encontrado em sua história evolutiva. Compreender as adaptações que desenvolvemos para lidar com esses problemas deve indicar aos psicólogos da personalidade a direção de dimensões importantes da natureza humana e das diferenças individuais. Dessa maneira, o pensamento evolutivo "limita asserções um tanto soltas sobre motivação" (1991, p. 468).

Como exemplo, Buss discutiu as Cinco Grandes dimensões da personalidade. De sua perspectiva evolutiva, identificou três explicações para a proeminência dessas dimensões comportamentais. Elas podem refletir "diferenças fundamentais nas estratégias usadas pelos humanos para atingir metas típicas da espécie", podem representar variações evolutivas pouco importantes que são "neutras com relação à seleção natural" ou podem capturar "as dimensões mais importantes da paisagem social à qual os seres humanos têm tido de adaptar-se" (1991, p. 471). Como exemplo dessa terceira possibilidade, Buss raciocinou que os nossos ancestrais teriam de ter sido sensíveis à cordialidade e à conscienciosidade dos outros ao formar ligações sociais. Como exemplo da primeira possibilidade, ele descreve as diferenças individuais herdáveis em extroversão e agressão (o oposto da cordialidade) que nossos ancestrais poderiam ter desenvolvido para abordar parceiros e outros recursos. Buss propôs que a teoria da personalidade deveria seguir a teoria evolutiva ao especificar as principais metas perseguidas pelos humanos para aumentar o sucesso reprodutivo, os mecanismos psicológicos que evoluíram no decorrer da solução desses problemas e as estratégias comportamentais individuais e típicas da espécie desenvolvidas pelos humanos para atingir essas metas adaptativas. Ele concluiu, em termos bem claros, que "a metateoria evolutiva, adequadamente concebida, oferece à psicologia da personalidade a grande estrutura que ela busca" (1991, p. 486).

Buss também considerou as abordagens evolutivas que a psicologia poderia usar para investigar as origens das diferenças individuais dentro do período de vida do indivíduo. DeKay e Buss (1992) sugerem três possibilidades. Primeiro, as diferenças individuais podem resultar de experiências diferenciais durante o desenvolvimento, tais como a presença ou a ausência do pai. Segundo, as diferenças no ambiente atual obviamente podem levar a diferenças comportamentais, como o ciúme ser mais provável em uma pessoa com um cônjuge relativamente desejável. (O aluno deve comparar essas duas possibilidades com a descrição de Skinner da história do reforço e das contingências da recompensa; ver Capítulo 12. Observe também que o terceiro dos mecanismos ambientais propostos por Skinner, as contingências da sobrevivência, refere-se explicitamente às pressões evolutivas responsáveis pela natureza humana, conforme discutido por Buss, Tooby e Cosmides e outros estudiosos da teoria evolutiva da personalidade.) Terceiro, as "diferenças individuais reativas" surgem quando um indivíduo seleciona uma estratégia para atingir uma meta típica da espécie com base em suas características anatômicas. Citando Tooby e Cosmides (1990), DeKay e Buss (1992) oferecem o seguinte exemplo: os indivíduos mesomórficos são mais capazes de executar uma estratégia agressiva, ao passo que os ectomórficos vão forçosamente cultivar habilidades diplomáticas" (p. 187).

Finalmente, vamos considerar o trabalho de Buss sobre a teoria das estratégias sexuais (Buss, 1994; Buss & Schmitt, 1993). Buss (1994) propôs que os homens e as mulheres desenvolveram mecanismos diferentes subjacentes às suas estratégias de acasalamento a curto e a longo prazo. Essas diferenças surgiram porque os homens e as mulheres encontraram problemas adaptativos diferentes no acasalamento. Segundo Buss e Schmitt (1993), "os homens, historicamente, eram limitados em seu sucesso reprodutivo primariamente pelo número de mulheres férteis que conseguiam inseminar... (ao passo que) as mulheres, historicamente, eram limitadas em seu sucesso reprodutivo não pelo número de homens aos quais podiam ter acesso sexual, mas primariamente pela quantidade e qualidade dos recursos externos que conseguiam assegurar para elas mesmas e seus filhos e, talvez, secunda-

riamente, pela qualidade dos genes do homem" (1993, p. 206). Como conseqüência, homens e mulheres desenvolveram conjuntos distintos de problemas subjacentes às suas estratégias de acasalamento a curto prazo e a longo prazo (ver Tabela 8.5, p. 286). A resultante teoria das estratégias sexuais afirma que as diferenças homem-mulher no comportamento de acasalamento existem porque são evolutivamente vantajosas à luz de diferentes problemas de acasalamento encontrados durante a evolução humana, não por serem culturalmente especificadas.

A teoria das estratégias sexuais dá origem a várias hipóteses (todas citadas em Buss, 1994). Por exemplo, "o acasalamento a curto prazo é mais importante para os homens que para as mulheres" e "os homens que buscam um acasalamento a curto prazo minimizam compromisso e investimento". "Os homens que buscam um acasalamento a curto prazo resolverão o problema de identificar mulheres férteis, ao passo que os homens que buscam um acasalamento a longo prazo resolverão o problema de identificar mulheres reprodutivamente valiosas". Uma vez que a beleza, a juventude e a saúde estão vinculadas à fertilidade e ao valor reprodutivo, esses aspectos são atraentes para os homens. Buss relata dados de levantamentos em grande escala, de diferentes culturas, consistentes com essas hipóteses. Além disso, "os homens que buscam um acasalamento a longo prazo resolverão o problema da certeza da paternidade". Essa hipótese levou a estudos interessantes sobre fidelidade e ciúme. Por exemplo, descobriu-se que os homens valorizam mais que as mulheres a castidade e a fidelidade masculina. Da mesma forma, Buss, Larsen, Westen e Semmelroth (1992) descobriram que os homens ficariam mais chateados que as mulheres se a parceira tivesse relações sexuais com outro homem do que se ela estabelecesse um vínculo emocional com outro homem. O padrão inverso valia para as mulheres, que indicaram que ficariam mais chateadas se o parceiro estabelecesse um vínculo emocional com outras mulheres. Ambos os padrões também foram confirmados por medidas de perturbação fisiológica.

As mulheres têm enfrentado problemas diferentes dos enfrentados pelos homens na história evolutiva da nossa espécie. Como conseqüência, Buss (1994) hipotetizou que aquelas que buscam um parceiro a curto prazo serão "mais seletivas do que os homens" e preferirão "homens dispostos a partilhar recursos ime-

**TABELA 8.5** Problemas de Seleção de Parceiro/a Enfrentados por Homens e Mulheres em Contextos de Acasalamento a Curto e a Longo Prazos

| Tipo de Acasalamento | Problemas Enfrentados pelos Homens | Problemas Enfrentados pelas Mulheres |
|---|---|---|
| Curto prazo | 1. Número de parceiras<br>2. Identificar quais mulheres estão sexualmente acessíveis<br>3. Minimizar custos, riscos e compromissos<br>4. Fertilidade | 1. Extração imediata de recursos<br>2. Avaliar parceiros a curto prazo como possíveis parceiros a longo prazo<br>3. Qualidade dos genes<br>4. Troca de parceiro, expulsão de parceiro ou parceiro extra |
| Longo prazo | 1. Confiança na paternidade<br>2. Valor reprodutivo da mulher<br>3. Compromisso<br>4. Boas habilidades parentais<br>5. Qualidade dos genes | 1. Identificar homens que sejam capazes de investir<br>2. Identificar homens que estejam dispostos a investir<br>3. Proteção física<br>4. Compromisso<br>5. Boas habilidades parentais<br>6. Qualidade dos genes |

*Fonte:* Reimpressa com a permissão de Buss & Schmitt, 1993.

diatos". Em apoio a essas predições, Buss relatou que elas não gostam de potenciais parceiros a curto prazo que já estejam em um relacionamento ou que sejam promíscuos, e gostam da força física em um potencial parceiro a curto prazo. Da mesma forma, uma amostra de mulheres relatou um desagrado especial por homens que são sovinas desde o início de um relacionamento. Finalmente, ele propôs que "as mulheres que buscam um parceiro a longo prazo preferirão homens capazes de prover recursos à sua prole". Em apoio a isso, ele relatou que uma amostra de mulheres enfatizou mais a probabilidade de sucesso profissional e financeiro em um parceiro a longo prazo do que em um parceiro a curto prazo, e também mais do que os homens. Além disso, em 36 das 37 culturas amostradas por ele, Buss descobriu que as mulheres valorizavam mais do que os homens as perspectivas financeiras de um parceiro em potencial.

Podemos certamente contestar muitos dos achados com base na tendenciosidade de amostragem, no tamanho pequeno de amostra ou nas características de demanda. Entretanto, as hipóteses e os dados em si não são especialmente surpreendentes. O que surpreende é que Buss os fundamenta em processos evolutivos, e não em processos contemporâneos ou culturais.

## *STATUS* ATUAL E AVALIAÇÃO

Está bem claro que, ao longo dos anos, Cattell desenvolveu uma teoria da personalidade ampla, diversificada e complexa. Como uma realização intelectual, puramente, ela deve ser considerada juntamente com as outras teorias descritas neste livro. Está igualmente claro que Cattell e seus colaboradores produziram um volume de dados empíricos relacionados à sua teoria que excede o inspirado pela maioria das teorias da personalidade discutidas por nós. E, no entanto, as revisões do trabalho de Cattell invariavelmente parecem revelar uma mistura de admiração e desconforto. Uma perceptiva avaliação de Goldberg (1968) sugere que essa ambivalência pode envolver uma confusão entre Cattell, o estrategista, e Cattell, o tático:

"Virtualmente todas as críticas prévias a Cattell centraram-se em Cattell, o tático, e deixaram de lado Cattell, o estrategista – uma falha semelhante a ignorar Freud pelo fato de considerar que a associação livre é uma técnica de mensuração inadequada. Cattell tem sido claramente criticado porque seus esforços para mapear 'todo o domínio da estrutura da personalidade' o impediram de centrar sua atenção em qualquer porção delimitada da tarefa total." (p. 618)

E isso parece correto. A própria amplitude dos interesses teóricos de Cattell tendia a enviá-lo para um novo projeto antes que o anterior estivesse solidamente concluído. As grandes porções da estrutura teórica de Cattell repousam sobre fundamentos empíricos vacilantes (Becker, 1960). Mas as grandes porções de qualquer teoria abrangente da personalidade *precisam* repousar sobre fundamentos vacilantes, pelo menos durante a vida do teórico se é ele que faz grande parte do trabalho. Uma boa pesquisa da personalidade é lenta e cara. Cattell merece grande parte do crédito por uma porção tão grande de sua teoria ter os fundamentos empíricos que tem.

A teoria de Cattell não é popular como são as teorias de Freud, Roger ou Sullivan, ou inclusive as de Allport ou Murray, já que atraiu um grupo pequeno, mas ativo de seguidores. Isso se deve parcialmente ao mecanismo técnico um tanto proibitivo da análise fatorial, incluindo os debates sobre suas controvérsias, que tende a afastar o leitor casual. Conforme Cattell (1990, p. 101) afirmou: "Desde o início, os psicólogos recuaram diante das complexidades da análise fatorial, como as hostes de bárbaros recuaram diante da Grande Muralha da China. A história dos avanços da teoria experimental multivariada da personalidade é, portanto, uma história extraordinária de isolamento em relação às especulações dominantes sobre a personalidade." Parcialmente, a falta de popularidade ocorre porque as afirmações empíricas, às vezes exageradas, e a ocasional rejeição de abordagens alternativas não são bem-calculadas para conquistar o leitor sofisticado. Isso é uma grande pena, porque é exatamente este último que teria mais o que apreciar na riqueza das idéias teóricas de Cattell e no brilhan-

te tesouro de fatos brutos que seu laboratório acumulou ao longo dos anos. Ao contrário do que acontece com outras teorias da personalidade, a teoria de Cattell não tende a se desenvolver como uma abstração teórica enquanto a avaliação empírica vem muito atrás. De fato, quase não existe uma separação clara entre a teoria e o experimento.

Em uma área da psicologia caracterizada por sensibilidade e subjetividade, os teóricos fatoriais introduziram uma aura bem-vinda de praticalidade e ênfase no concreto. Enquanto muitos teóricos da personalidade contentam-se em elaborar conceitos e suposições até um ponto em que o investigador fica aprisionado em um emaranhado de implicações conflitantes e vagas, os teóricos fatoriais tendem a apresentar suas convicções em termos de um conjunto simples e lúcido de dimensões ou fatores. Assim, a simplicidade e a clareza são virtudes cardeais desse ramo da teoria.

O teórico fatorial não só é econômico e explícito em suas formulações, mas é também operacional. Mais do que qualquer outro ramo da teoria psicológica, essa posição preocupa-se detalhadamente em chegar a definições empíricas claras e não-ambíguas. O teórico fatorial tomou muito emprestado da habilidade tradicional do psicometrista ao planejar meios adequados de mensuração, e tende a fazer perguntas embaraçosas, mas importantes sobre unidimensionalidade, consistência interna e repetibilidade, que certamente têm um efeito benéfico sobre os colegas menos preocupados com os detalhes da mensuração.

Enquanto a maioria dos teóricos da personalidade chegou à sua concepção das variáveis cruciais da personalidade por meio de um processo em grande parte intuitivo e inespecificado, estes teóricos oferecem um procedimento objetivo e replicável para a determinação de variáveis subjacentes. Embora possamos questionar a afirmação de que as variáveis são determinadas pela análise fatorial e não pelos testes que são inseridos na análise fatorial, não é possível contestar a afirmação de que a análise fatorial no mínimo oferece um teste para sabermos se a variável que já foi concebida, e estava representada na medida inicial, realmente existe. Em outras palavras, mesmo que a análise fatorial dependa de idéias anteriores, ela oferece um meio de avaliar a utilidade dessas idéias. Em contraposição, muitos teóricos da personalidade originaram hostes de variáveis de personalidade sem sequer submetê-las à prova empírica.

A maioria das teorias da personalidade deve mais ao ambiente clínico do que à sala de computação. Conseqüentemente, não surpreende que muitos psicólogos tenham tratado a teoria fatorial de Cattell como uma intrusa no cenário da personalidade. Uma das críticas mais freqüentes e vigorosas alega que os teóricos do fator criam sistemas de artefatos que não têm nenhuma relação verdadeira com qualquer indivíduo e, portanto, distorcem e representam mal a realidade. Esse ponto de vista foi enunciado efetivamente por Allport (1937):

> "Uma população inteira (quanto maior melhor) é colocada no moinho, e a mistura é tão bem feita que o que sai é uma cadeia de fatores em que cada indivíduo perdeu sua identidade. Suas disposições estão misturadas às disposições de todas as outras pessoas. Os fatores assim obtidos representam apenas tendências médias. Não fica demonstrado se algum fator é realmente uma disposição orgânica em algum indivíduo. Tudo o que podemos dizer com certeza é que um fator é um componente empiricamente derivado da personalidade média, e que a personalidade média é uma completa abstração. Essa objeção ganha força quando refletimos que os fatores derivados dessa maneira raramente se assemelham às disposições e aos traços identificados por métodos clínicos quando o indivíduo é estudado intensivamente." (p. 244)

Como vimos, a análise fatorial *pode* lidar com o indivíduo único, mas este último ponto ainda vale. A essência dessa objeção é que os fatores derivados não são psicologicamente significativos e, conseqüentemente, que eles não se ajustam às observações de outros estudiosos do comportamento humano. Assim, a maioria dos psicólogos simplesmente não considera úteis os fatores do analista fatorial para descrever o comportamento individual.

Outra crítica popular é que aquilo que sai da análise fatorial não é nada mais nada menos do que aquilo que foi colocado. Os analistas fatoriais objetam a

subjetividade e eliminam-na no lugar onde ela normalmente é encontrada, mas eles, na verdade, estão simplesmente levando a subjetividade ou a intuição de volta ao ponto em que decidimos quais testes ou medidas serão introduzidos na matriz de correlações. A crítica parece claramente válida quando o teórico afirma que o método da análise fatorial, aplicado à qualquer coleção de variáveis, é suficiente para produzir as dimensões fundamentais da personalidade. Entretanto, o conceito de Cattell de amostrar uma esfera definida da personalidade proporciona uma base racional para uma abordagem mais amplamente explanatória.

Outros críticos salientam a inevitável subjetividade envolvida em nomear os fatores que resultam da análise fatorial. Particularmente, se os elementos que compõem o fator são muito diversos, como freqüentemente é o caso, o investigador pode ter de recorrer a muita imaginação e engenhosidade para chegar a um título global para a variável, um título que o clínico normalmente empregaria para descrever um caso único extensivamente estudado. Os dois últimos pontos podem ser generalizados como uma afirmação de que a preocupação pelo rigor e controle empíricos, professada pelo analista fatorial, não está uniformemente disseminada pelo processo de pesquisa. Assim, esses críticos asseveram que, embora a análise fatorial possa ser executada com grande cuidado e atenção aos detalhes, nem sempre é dada a mesma atenção aos passos que levam aos escores a partir dos quais os fatores são derivados, ou ao processo pelo qual o eventual fator é interpretado.

Muitos psicólogos acham que as teorias fatoriais não são teorias. Alguns dos sistemas simplesmente especificam variáveis ou fatores importantes, mas sem nenhuma indicação do processo desenvolvimental ou oferecimento das detalhadas suposições sobre o comportamento que seriam necessárias para permitir predições referentes a dados não-observados. Como vimos, essa crítica não se aplica à posição de Cattell.

Um problema mais substancial refere-se às informações extremamente complexas requeridas pela teoria e pelas equações de Cattell. O modelo é detalhado e conceitualmente atraente. A ironia está no fato de ser exatamente a sua complexidade que o torna em grande parte impraticável. A quantidade de informações sobre os traços duradouros e os estados temporários do indivíduo que o pesquisador ou psicólogo aplicado deve possuir, mais os pesos de relevância necessários para predizer qualquer comportamento específico, virtualmente impedem a implementação do modelo completo.

Sejam quais forem as dificuldades da teoria fatorial de Cattell, está claro que sua ênfase na clareza e em padrões adequados de mensuração representa uma influência muito saudável. Poderíamos discutir se o *conteúdo* da teoria contribuirá proveitosamente ou não para as futuras teorias da personalidade, mas o *estilo* ou modo de abordagem de Cattell certamente terá um impacto sobre o desenvolvimento de futuras teorias.

# CAPÍTULO 9

# A Teoria de Traço Biológico de Hans Eysenck

INTRODUÇÃO E CONTEXTO ........................................................................ 292
HISTÓRIA PESSOAL ..................................................................................... 295
A DESCRIÇÃO DO TEMPERAMENTO ........................................................... 297
    Extroversão e Neuroticismo    297
    Psicoticismo    300
MODELOS CAUSAIS ...................................................................................... 301
    Eysenck (1957)    301
    Eysenck (1967)    303
PESQUISA CARACTERÍSTICA E MÉTODOS DE PESQUISA ............................. 306
PESQUISA ATUAL ......................................................................................... 310
    Gray    310
    Zuckerman    312
*STATUS* ATUAL E AVALIAÇÃO ...................................................................... 312

## INTRODUÇÃO E CONTEXTO

O modelo de Eysenck da personalidade é distintivo em vários aspectos. Ele propõe que "o estudo da personalidade tem dois aspectos interligados" (1990, p. 244). O primeiro aspecto é *descritivo* ou taxonômico, e enfoca o estabelecimento de unidades a serem usadas para resumir as maneiras pelas quais os indivíduos diferem. O segundo refere-se aos elementos *causais*, e é aqui que Eysenck faz uma de suas contribuições distintivas. Ele reconhece o papel crítico desempenhado pela aprendizagem e pelas forças ambientais, mas afirma que nós também precisamos explicar o fato de que o efeito de uma dada situação varia para diferentes indivíduos. Além disso, precisamos reconhecer o papel determinante, causal, desempenhado pelos fatores biológicos. A abordagem de Eysenck à personalidade é virtualmente única no sentido de que especifica uma cadeia causal em que um substrato biológico é responsável pelas diferenças individuais em dimensões fundamentais da personalidade. O comportamento resulta da posição da pessoa nessas dimensões, combinada com as circunstâncias às quais ela está exposta. Isto é, o comportamento reflete tipicamente uma interação das tendências da pessoa e das forças ambientais. Assim, Eysenck focaliza as "dimensões biológicas da personalidade", e sua abordagem é "biossocial" no sentido de que o funcionamento característico do sistema nervoso central predispõe os indivíduos a responder de certas maneiras ao ambiente. Eysenck pode estar errado acerca das dimensões básicas da estrutura da personalidade, e pode estar errado sobre as diferenças fisiológicas responsáveis por essas dimensões, mas ele está certo ao afirmar que um modelo adequado da personalidade precisa incluir uma taxonomia descritiva e especificar mecanismos biológicos que contribuem para as diferenças observadas nessas dimensões descritivas.

Nesse sentido, a posição de Eysenck distingue-se por ser uma boa teoria em um sentido formal. Isto é, ele explica o comportamento em um determinado nível em termos de processos que operam em um nível mais fundamental. Por exemplo, os hábitos de trabalho dos introvertidos e dos extrovertidos são uma função das diferenças de sensibilidade à estimulação, que, por sua vez, são uma função de diferenças fisiológicas subjacentes. Nós seguiremos a orientação de Eysenck (1990; H. J. Eysenck & Eysenck, 1985), mantendo a distinção entre os componentes descritivos e causais de sua teoria.

Segundo, ao desenvolver seu modelo para a descrição da organização da personalidade, Eysenck distingue entre os conceitos de traço e tipo. Um *traço* se refere a um conjunto de comportamentos relacionados que co-variam ou ocorrem juntos repetidamente. Uma pessoa com um traço de sociabilidade vai a festas, conversa com amigos, gosta de passar tempo com pessoas e assim por diante. Um *tipo* é um constructo de ordem superior ou supra-ordenado, compreendendo um conjunto de traços correlacionados. Um extrovertido, por exemplo, é sociável, assertivo e aventureiro. Ambos os conceitos se referem a dimensões contínuas, em contraposição à tendência a pensar em um tipo como categorias distônicas. A distinção é que um tipo é mais geral e inclusivo. O modelo de Eysenck da personalidade inclui três dimensões tipológicas básicas: introversão *versus* extroversão, neuroticismo *versus* estabilidade e psicoticismo *versus* controle dos impulsos. Como Cattell, Eysenck conclui que seus três fatores emergem consistentemente de estudos fatoriais analíticos de questionários de personalidade. Por exemplo, tanto Eysenck quanto os defensores do modelo dos Cinco Grandes (ver Capítulo 8) incluem a extroversão e o neuroticismo como dimensões básicas. Eysenck (H. J. Eysenck & Eysenck, 1985; Eysenck, 1992a, b; ver réplica de Costa & McCrae, 1992c) explica a discrepância entre o seu modelo e o dos Cinco Grandes argumentando que as Cinco Grandes dimensões de cordialidade e conscienciosidade são traços do terceiro nível que se combinam como parte do seu (de Eysenck) tipo de psicoticismo. Da mesma forma, ele considera a quinta das Cinco Grandes dimensões, variadamente rotulada como abertura à experiência e cultura, como uma dimensão cognitiva que não se ajusta às suas próprias dimensões temperamentais. A pessoa pode situar-se em qualquer localização entre os dois extremos em cada tipo, e Eysenck considera as três dimensões como distribuídas de uma forma essencialmente normal dentro da população. A Figura 9.1 (ver p. 294) ilustra os relacionamentos entre os três tipos e seus traços definidores.

A Figura 9.1 também demonstra a crença de Eysenck (1947, 1990) de que um modelo de personalidade deve ser hierárquico. Ele propõe uma hierarquia, contendo quatro níveis. No nível inferior, estão as *respostas específicas*, tais como falar diante da classe em

Hans J. Eysenck.

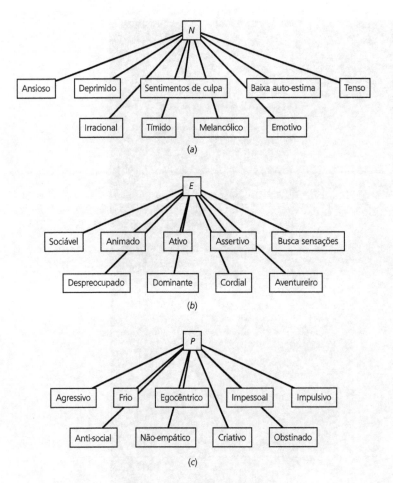

**FIGURA 9.1** Traços que constituem o conceito de tipo de (a) neuroticismo, (b) extroversão, e (c) psicoticismo. (Reimpressa com a permissão de H. J. Eysenck, 1985, p. 14-15.)

uma ocasião isolada. No segundo nível, estão as *respostas habituais*, que incluem comportamentos freqüentes ou recorrentes, como falar diante da classe com regularidade. O terceiro nível é o dos *traços*, que são definidos em termos de conjuntos intercorrelacionados de respostas habituais. Uma pessoa sociável, por exemplo, fala diante da classe, gosta de conversar com outras pessoas, gosta de ir a festas, e assim por diante. No nível superior de generalidade, estão os *tipos*, que, por sua vez, são definidos como conjuntos intercorrelacionados de traços. Na Figura 9.1, por exemplo, o tipo de psicoticismo inclui os traços agressivo, impulsivo e anti-social. Eysenck identifica os três tipos, usando a análise fatorial (ver Capítulo 8). Em termos de análise fatorial, um traço é um fator primá-

rio, e um tipo, um fator de segunda ordem. Assim, o traço de Eysenck corresponde ao traço de origem de Cattell, e o tipo de Eysenck, ao fator de segunda ordem de Cattell. Eysenck propõe que o psicoticismo, a extroversão e o neuroticismo estruturam as diferenças individuais de temperamento, ou o domínio não-cognitivo da personalidade. Ele reconhece a inteligência como uma característica separada que estrutura diferenças individuais dentro do domínio cognitivo. É importantíssimo compreender que Eysenck não está afirmando que esses três "superfatores" descrevem exaustivamente a personalidade ou são uma base suficiente para predizer comportamentos específicos: "Para pintar o quadro descritivo do temperamento de uma pessoa, sempre serão necessários alguns *traços primários* além dos superfatores ou dimensões importantes da personalidade" (H. J. Eysenck & Eysenck, 1985, p. 185). A Figura 9.1 ilustra esse ponto. O leitor deve notar o paralelo entre a confiança de Eysenck nos traços para detalhar a estrutura descritiva geral estabelecida pelos tipos e a expansão da descrição da personalidade proporcionada pelos Cinco Grandes traços de personalidade, por meio da adição de seis facetas, incluindo as cinco características supra-ordenadas (ver Capítulo 8).

Eysenck (1990; ver também 1991 para uma discussão dos "critérios" para dimensões e sistemas dimensionais aceitáveis da personalidade) apresenta três argumentos ao defender o papel crítico que os fatores biológicos desempenham na determinação das diferenças individuais nos três tipos. Primeiro, esses mesmos fatores emergiram consistentemente em investigações da estrutura da personalidade em culturas amplamente divergentes (Barratt & Eysenck, 1984); tal unanimidade cultural cruzada é difícil de explicar a não ser em termos biológicos. Segundo, os indivíduos tendem a manter suas posições nessas dimensões ao longo do tempo (Conley, 1984a,b, 1985). Terceiro, há evidências de um componente herdável substancial nas diferenças individuais nas três dimensões (Eaves, Eysenck & Martin, 1989; Loehlin, 1989). Os dois últimos achados sugerem claramente para Eysenck que as forças biológicas contribuem para as diferenças individuais nas tipologias. Além disso, existe um grande corpo de trabalho que apóia diretamente as bases biológicas da extroversão e do neuroticismo (Bullock & Gilliland, 1993; Eysenck, 1967; H. J. Eysenck & Eysenck, 1985; Gale & Eysenck, 1989; Matthews & Amelang, 1993; Smith, 1983; Smith, Rockwell-Tischer & Davidson, 1986; Stelmack, 1981, 1990; Stelmack & Geen, 1992; Stelmack, Houlihan & McGarry-Roberts, 1993; Sternberg, 1992; Strelau & Eysenck, 1987).

Finalmente, Eysenck estipula que uma teoria da personalidade deve ser testável e, contrariamente à prática atual, que ela deve ser rigorosamente avaliada em termos do equilíbrio de evidências que a apóiam e contradizem-na. Já que não conseguimos fazer isso, "a ausência de um paradigma na psicologia é particularmente óbvia e instrutiva no campo da personalidade. Seguindo o exemplo de Hall e Lindzey (1970), a maioria dos livros didáticos atualmente apresenta uma série de capítulos organizados em torno de um autor específico, explicando suas teorias, citando alguns exemplos de trabalhos mais ou menos relevantes para elas, mas evitando a tarefa cientificamente importante e, na verdade, essencial de julgar a *adequação* da teoria em termos do trabalho empírico a ela dedicado, e de comparar a adequação de uma teoria, nessa linha, com a das outras. Assim, o que temos não é a evolução de um paradigma, mas um leilão de idéias, estranho ao espírito da ciência, que conduz a uma escolha arbitrária em termos de preconceitos preexistentes por parte do estudante" (Eysenck, 1983, p. 369). Acostumado à controvérsia e às afirmações ousadas, Eysenck segue argumentando que seu modelo tridimensional oferece "pelo menos o início de um paradigma no campo da personalidade", e propõe que os testes de personalidade sejam avaliados, correlacionando-se os resultados com suas (de Eysenck) medidas de psicoticismo (P), extroversão (E) e neuroticismo (N). Essa estratégia traria o duplo benefício de determinar a extensão da contribuição única à mensuração da personalidade para qualquer teste, e também ofereceria uma métrica comum para compararmos escores em testes de personalidade. Eysenck afirma que P, E e N são "mais fundamentais" do que outras dimensões propostas, e que, portanto, abrem caminho para a "unificação do campo", ao proporcionar uma métrica comum e uma base unificada para gerar predições sobre o relacionamento entre a personalidade e variáveis experimentais ou sociais. Eysenck é claramente um defensor sincero da sua própria posição, mas provavelmente não mais sincero do que alguém como B. F. Skinner. Sua defesa agressiva não deve obscurecer a sensatez fundamental de seu argumento de que uma teoria da personalidade adequada deve gerar hipóteses testáveis (p. ex., 1991, 1992a). A esse respeito, o modelo de Eysenck teve um sucesso exemplar.

## HISTÓRIA PESSOAL

Eysenck publicou dois artigos autobiográficos (1980, 1982a) e Gibson (1981) escreveu uma biografia. No que se segue, nos baseamos principalmente em Eysenck (1982a). Hans Jurgen Eysenck nasceu em Berlim, Alemanha, em 4 de março de 1916, em plena Primeira Guerra Mundial, e foi criado durante o tumulto econômico e social que se seguiu à derrota da Alemanha. Ele odiava o "regime assassino" de Hitler, com o qual se chocava repetidamente. Eysenck foi criado como protestante, mas relata que "muito cedo, toda a minha simpatia foi para os judeus perseguidos, e todo o meu ódio para os seus perseguidores" (1982a, p. 287). Essas simpatias fizeram com que passasse a ser chamado de "judeu branco", e Eysenck conta que só o seu tamanho e a sua capacidade atlética (ele se destacou nacionalmente em tênis e em vários outros esportes) o protegiam. Os pais de Eysenck eram artistas do teatro de variedades que se divorciaram quando ele estava com dois anos de idade, e ele foi criado pela avó. Essa "pessoa muito amada" foi assassinada em um campo de concentração no início da década de 40. Eysenck escreve que seu ódio pelo hitlerismo o levou a desenvolver simpatias políticas pela esquerda, mais tarde atenuadas pelo reconhecimento de que ambos os extremos políticos tinham problemas. Seu interesse pela política durou toda a vida.

Em 1934, quando fez 18 anos, Eysenck recusou-se a ingressar no exército alemão e emigrou para Londres. Ele pretendia estudar física subatômica na Universidade de Londres, mas escolheu a psicologia quando lhe disseram que carecia dos pré-requisitos para a física. Ele conta que se sentiu "arremessado aos lobos. Eu acabei resignado com o meu destino, mas a princípio meus sentimentos em relação à psicologia como ciência eram tudo menos lisonjeiros" (1982a, p. 290). O interesse inicial de Eysenck pela ciência natural e pela física continuou caracterizando sua abordagem à psicologia, assim como o interesse de Cattell pela química influenciou profundamente sua carreira na psicologia. Eysenck estudou com o eminente psicólogo Sir Cyril Burt, mas conta que Burt tinha um comportamento "bastante anormal" em relação a ele, tanto pessoalmente quanto profissionalmente: "Burt foi provavelmente o psicólogo mais talentoso de sua geração, mas tinha sérios transtornos psiquiátricos" (1982a, p. 290).

Eysenck recebeu seu Ph.D. em 1940, mas seu *status* como um "estrangeiro inimigo" prejudicou suas perspectivas de emprego. Por meio de uma série fortuita de eventos, ele começou a trabalhar como psicó-logo-pesquisador no Mill Hill Emergency Hospital, uma instalação psiquiátrica da Segunda Guerra Mundial. Eysenck começou lá suas pesquisas, defendendo a análise dimensional, em vez da análise categórica, em grupos diagnósticos separados. Ele identificou as duas dimensões mais importantes nos pacientes neuróticos, extroversão-introversão e neuroticismo-estabilidade, que subseqüentemente aplicou também às "pessoas normais". Além disso, Eysenck manteve seu interesse pela terapia comportamental, embora a oposição do seu diretor-psiquiatra o impedisse de trabalhar abertamente nessa área. Depois da guerra, Eysenck tornou-se diretor do Departamento de Psicologia no novo Instituto de Psiquiatria criado no Maudsley Hospital, bem como professor de psicologia na Universidade de Londres. Foi então que começou a todo vapor a pesquisa de Eysenck em terapia do comportamento (Eysenck, 1957a, 1960), a pesquisa que o levou à "grande batalha" com o Sistema Psiquiátrico Britânico. Sob a coordenação de Eysenck, o departamento tornou-se um centro de formação clínica e pesquisa em mensuração da personalidade e genética do comportamento. Em 1994, Eysenck recebeu o *William James Fellow Award* da Sociedade Psicológica Americana. A citação destacava Eysenck "pelo alcance de seu intelecto visionário, pela qualidade de suas realizações acadêmicas... pela fidelidade aos fatos e, acima de tudo, por sua coragem inabalável".

Eysenck foi incrivelmente produtivo. A lista de suas publicações passava de 650 em 1981 (Eysenck, 1982a), e seu ritmo de publicação não diminuiu nos últimos anos. Estão incluídos livros populares (p. ex., 1953a, 1957b, 1964a, 1965, 1972; H. J. Eysenck & Eysenck, 1983; Eysenck & Gudjonsson, 1989), declarações teóricas (1947, 1952, 1953b, 1967, 1981b, 1983, 1990; H. J. Eysenck & Eysenck, 1985; H. J. Eysenck & S. B. G. Eysenck, 1969, 1976) e declarações sobre sua posição em relação à inteligência (1971b, 1979; H. J. Eysenck & Kamin, 1981), psicanálise (1963; H. J. Eysenck & Wilson, 1974), fumo e doença (1985; H. J. Eysenck & O'Connor, 1979) e terapia do comportamento (1957a, 1960, 1976a, b; H. J. Eysenck & Rachman, 1965).

## A DESCRIÇÃO DO TEMPERAMENTO

### Extroversão e Neuroticismo

Examinemos agora a evolução da abordagem tipológica de Eysenck aos componentes temperamentais da estrutura da personalidade. Eysenck coloca seu modelo em uma perspectiva histórica ao descrever como dois dos tipos mais importantes de personalidade, extroversão e neuroticismo, podem ser traçados por meio da história até os sistemas de temperamento descritos em termos de quatro humores pelos autores gregos Hipócrates e Galeno (H. J. Eysenck & Eysenck, 1985; ver também Stelmack & Stalikas, 1991). A clássica teoria dos humores foi descrita inicialmente por Hipócrates (460 a.C.). Baseando-se em trabalhos anteriores de Empédocles e dos pitagóricos, Hipócrates descreveu quatro humores (sangue, fleuma, bile negra e bile amarela). Esses humores, por sua vez, eram reflexos de quatro elementos cósmicos (terra, água, ar e fogo), cada um com uma qualidade específica (frio para o ar, calor para o fogo, úmido para a água e seco para a terra). A idéia de que toda matéria é composta por esses quatro elementos parece bem menos absurda quando traduzimos terra, água, ar e fogo em três formas contemporâneas de matéria – sólida, líquida e gasosa – mais energia. Hipócrates propôs que a maneira pela qual esses elementos se combinavam determinava a saúde e o caráter de um indivíduo. O sangue, por exemplo, estava associado a molhado e quente, e a bile negra estava associada a frio e seco. Galeno (170 a.C.) ampliou tal modelo, argumentando que o excesso de qualquer humor era responsável pelas qualidades emocionais distintivas do indivíduo: "A pessoa sangüínea, sempre cheia de entusiasmo, devia seu temperamento à força do sangue; a tristeza do melancólico se devia ao funcionamento excessivo da bile negra; a irritabilidade do colérico era atribuída à predominância da bile amarela no corpo; e a aparente lentidão e apatia da pessoa fleumática se devia à influência da fleuma" (H. J. Eysenck & Eysenck, 1985, p. 42).

Eysenck argumenta que, sob sua aparente absurdidade, tais idéias corporificam "as três principais noções que caracterizam o trabalho atual sobre a personalidade" (H. J. Eysenck & Eysenck, 1985, p. 42). Primeiro, a melhor maneira de descrever o comportamento é em termos de *traços* que caracterizam as pessoas em graus variados. Segundo, esses traços se combinam para definir *tipos* mais fundamentais. Terceiro, as diferenças individuais nesses tipos baseiam-se em fatores *constitucionais* (i. e., genéticos, neurológicos e bioquímicos). Em uma grande extensão, essas três noções servem como o credo de Eysenck.

O capítulo seguinte dessa resenha histórica foi escrito em 1798, quando Immanuel Kant publicou *Anthropologie*, que Eysenck descreve como "essencialmente um manual de psicologia". Kant elaborou a descrição dos quatro tipos temperamentais, e organizou-os em termos de dois contrastes fundamentais: o melancólico tem *sentimentos* fracos e o sangüíneo tem sentimentos fortes; da mesma forma, a pessoa fleumática apresenta pouca *atividade* e a pessoa colérica apresenta atividade intensa (ver Figura 9.2). Mas Kant ainda via os quatro tipos como independentes, e foi Wilhelm Wundt (1874) que introduziu um sistema descritivo dimensional, em vez de categórico, em seu *Elements of Physiological Psychology*. Wundt afirmou que os quatro tipos refletiam um *status* característico alto ou baixo nas duas dimensões de *mutabilidade* e *força das emoções* (ver Figura 9.2, p. 298). Assim, o colérico e o melancólico têm emoções fortes, e o sangüíneo e o colérico estão inclinados a mudanças rápidas. Na visão de Wundt, então, os indivíduos são definidos em termos de sua posição em um espaço bidimensional em que os quatro temperamentos representam posições extremas nos quatro quadrantes. Esse sistema prediz "com excepcional exatidão" o modelo original bidimensional de Eysenck: as emoções fortes *versus* fracas de Wundt correspondem à dimensão neurótica *versus* estável de Eysenck, e o eixo mutável *versus* imutável corresponde à dimensão de extroversão *versus* introversão de Eysenck. Conforme salientam Stelmack e Stalikas (1991), a distinção entre Kant e Wundt também antecipa o desacordo entre Eysenck e Gray sobre a localização dos eixos que definem os tipos fundamentais de personalidade (ver discussão mais adiante neste capítulo).

A contribuição final na evolução da taxonomia descritiva de Eysenck vem de Carl Jung. Em 1921, Jung propôs que a introversão-extroversão é um par de atitudes básicas, em que o introvertido está orientado para o mundo interno e o extrovertido está orientado para o mundo externo. Além disso, o extrovertido é sociável, mutável e despreocupado; todas

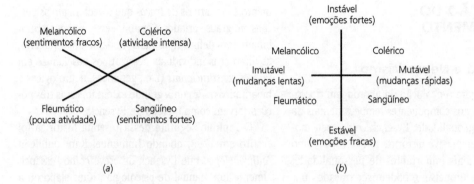

**FIGURA 9.2** Esquemas dos quatro temperamentos por (a) Immanuel Kant e (b) Wilhelm Wundt. (Reimpressa com a permissão de Stelmack & Stalikas, 1991, p. 262)

essas características são consistentes com a articulação de Wundt do extremo mutável. Igualmente, Jung afirmou que a introversão e a extroversão provavelmente levavam a formas diferentes de doença mental diante do estresse. Os introvertidos são suscetíveis à *psicastenia*, uma síndrome associada a nervosismo, ansiedade flutuante e aquilo que atualmente chamamos de fobia ou neurose obsessivo-compulsiva. Os extrovertidos, ao contrário, tendem a desenvolver transtornos *histéricos* – sintomas físicos sem nenhuma base orgânica. O modelo de Jung também incluía um contraste implícito entre neuroticismo e normalidade, de modo que o seu modelo completo inclui duas dimensões independentes de introversão *versus* extroversão e neuroticismo *versus* normalidade. Esse modelo corresponde ao espaço de personalidade bidimensional de Eysenck, em que os eixos definidores são introversão-extroversão e neuroticismo-estabilidade. O modelo bidimensional de Eysenck, conforme apresentado na Figura 9.3, serve para integrar os modelos

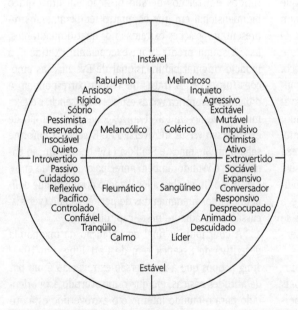

**FIGURA 9.3** Relação entre os quatro temperamentos e o moderno sistema dimensional de neuroticismo-extroversão. (Reimpressa com a permissão de H. J. Eysenck & Eysenck, 1985, p. 50.)

descritivos anteriores oferecidos por Hipócrates, Galeno, Kant, Wundt e Jung.

Para testar o modelo de Jung, Eysenck (1947) examinou os arquivos clínicos de 700 pacientes neuróticos do Mill Hill Emergency Hospital. Ele submeteu 39 itens relevantes da história e do comportamento dos clientes a uma análise fatorial, que revelou dois fatores bipolares. Ele interpretou um dos fatores como neuroticismo geral, e o outro fator distinguia pacientes cujos sintomas neuróticos estavam associados à ansiedade ou a sintomas histéricos. Eysenck introduziu o termo distimia para referir-se aos transtornos de ansiedade que Jung chamara de psicastenia, e manteve a designação de histeria para a outra classe de transtornos. Mais importante, ele encontrou apoio no padrão de traços que caracterizava os dois grupos neuróticos para a afirmação de Jung de que a introversão é característica dos distímicos e a extroversão caracteriza os histéricos. Eysenck generalizou esses resultados (ver Eysenck, 1953b, para um sumário de pesquisas adicionais) para argumentar que as dimensões de extroversão (E) e neuroticismo (N) proporcionam uma estrutura básica para descrever as diferenças individuais de temperamento: "Embora não querendo negar a existência e a importância de fatores adicionais a E e N, nós acreditamos que os dois fatores contribuem mais para uma descrição da personalidade do que qualquer conjunto de dois fatores fora do campo cognitivo" (H. J. Eysenck & Eysenck, 1975, p. 3-4).

Eysenck desenvolveu uma série de questionários de auto-relato no formato lápis-e-papel para medir diferenças individuais nessas duas dimensões. O primeiro dos questionários foi o *Maudsley Personality Inventory* (Eysenck, 1959b). Ele foi substituído pelo *Eysenck Personality Inventory* (EPI; H. J. Eysenck & Eysenck, 1965) e mais tarde pelo *Eysenck Personality Questionnaire* (EPQ; H. J. Eysenck & Eysenck, 1975). Eysenck afirma que a informação descritiva trazida por esses testes é consistente, e escreve no manual do EPQ: "O que quer que tenha sido descoberto sobre correlatos de E e N com o uso das escalas mais antigas aplica-se com igual força às novas escalas" (H. J. Eysenck & Eysenck, 1975, p. 3). No entanto, as questões, medindo o traço de impulsividade que carregava na escala de extroversão do EPI, foram mudadas para a escala de psicoticismo no EPQ, contestando

assim a afirmação de "igual força" de Eysenck (ver Rocklin & Revelle, 1981; Campbell & Reynolds, 1982).

No manual do EPQ, Eysenck apresenta a seguinte descrição do extrovertido e do introvertido típicos:

"O extrovertido típico é sociável, gosta de festas, tem muitos amigos, precisa ter pessoas com as quais conversar e não gosta de ler ou de estudar sozinho. Ele precisa de excitação, assume riscos, geralmente confia nas pessoas, age no impulso do momento e, de modo geral, é um indivíduo impulsivo. Ele gosta de piadas, sempre tem uma resposta pronta, e geralmente gosta de mudanças; ele é descuidado, despreocupado, otimista, e gosta de 'rir e divertir-se'. Ele prefere ficar em movimento e fazer tarefas, tende a ser agressivo e a perder a calma facilmente; seus sentimentos não são mantidos sob grande controle e ele nem sempre é uma pessoa confiável.

"O introvertido típico é uma pessoa quieta, retraída, introspectiva, que gosta mais de livros do que de pessoas; ele é reservado e distante, exceto com amigos íntimos. Ele tende a planejar antecipadamente, 'olha bem antes de saltar' e desconfia do impulso do momento. Ele não gosta de excitação, lida com os problemas do cotidiano com seriedade adequada e gosta de um modo de vida bem-organizado. Ele guarda seus sentimentos sob grande controle, raramente se comporta de maneira agressiva e não perde a calma facilmente. Ele é confiável, um tanto pessimista, e valoriza muito padrões éticos." (H. J. Eysenck & Eysenck, 1975, p. 5)

Se o leitor voltar à Figura 9.1, verá que tal descrição inclui muitos dos traços que o tipo geral de extroversão incorpora. De maneira semelhante, Eysenck descreve:

"o N elevado típico é um indivíduo ansioso, preocupado, rabugento e freqüentemente deprimido. Ele tende a dormir mal e a sofrer de vários transtornos psicossomáticos. Ele é extremamente emotivo, reagindo exageradamente a todos os tipos de estímulo e tem dificuldade para acalmar-se depois de uma experiência emocionalmente intensa. Suas fortes reações emocionais atrapalham um ajustamento adequado, fazendo-o reagir de maneira irracional e às vezes rígida . . . Se o indivíduo com N elevado tivesse de ser descrito com uma única palavra, poderíamos dizer que ele é preocupado: sua principal característica é uma constante preocupação com ações e fatos que poderiam dar errado e uma forte reação emocional de ansiedade diante desses pensamentos. O indivíduo estável, por outro lado, tende a responder emocionalmente de forma lenta e geralmente fraca; a retornar rapidamente ao estado anterior depois da excitação emocional; ele normalmente é calmo, tranqüilo, controlado e despreocupado." (H. J. Eysenck & Eysenck, 1975, p. 5)

Eysenck enfatiza que essas descrições se referem ao aspecto *fenotípico* ou expresso da personalidade. O comportamento observado é uma função da interação entre características constitucionais e o ambiente experienciado. Nesse aspecto importante, Eysenck oferece um modelo *biossocial* da personalidade.

## Psicoticismo

Em anos mais recentes, Eysenck (H. J. Eysenck & Eysenck, 1976) ampliou seu modelo descritivo bidimensional original, acrescentando uma terceira dimensão descritiva de psicoticismo. A dimensão de psicoticismo compreende o contínuo do comportamento normal, passando pelo comportamento criminoso e psicopático e chegando ao estado esquizofrênico e outros estados psicóticos em que é perdido o contato com a realidade e em que existem sérios transtornos de cognição, afeto e comportamento. Essa orientação é consistente com a abordagem dimensional geral de Eysenck à conceitualização e à mensuração da psicopatologia. Além disso, o psicoticismo é *poligênico* (H. J. Eysenck & Eysenck, 1976, p. 29), no sentido de que o *status* de uma pessoa nos traços constituintes reflete a presença ou a ausência de vários genes de "efeito pequeno". Tais genes funcionam de uma maneira aditiva, de modo que o número total herdado pelo indivíduo determina seu grau de psicoticismo. Eysenck também postula a existência de outros genes, que exercem um "efeito grande": "Quando o número de genes de valor pequeno é menor do que o requerido para que se desenvolva uma psicose característica, ou quando o estresse externo não foi suficiente para proporcionar uma interação que produza esse estado, teremos indivíduos demonstrando graus variados de 'estado esquizóide' ou esquizotipos – psicopatas, sociopatas, criminosos, drogaditos, etc. Quando os genes de efeito grande estão presentes (normalmente apenas um) temos os quadros clássicos discutidos nos manuais de psiquiatria" (H. J. Eysenck & Eysenck, 1976, p. 29). A interação de características predisponentes que se manifestam na psicose quando desencadeadas por estressores ambientais colocam o modelo de psicose de Eysenck na categoria geral dos modelos psicopatológicos de diátese-estresse.

A abordagem dimensional de Eysenck, combinada com seu modelo hierárquico de traços constituintes subjacentes a um tipo mais geral de psicoticismo, justifica sua afirmação de que o psicoticismo oferece uma dimensão útil para a descrição de comportamentos não-socializados, incomuns e malcontrolados em indivíduos não-clínicos. O EPQ contém uma escala planejada para medir diferenças individuais nessa dimensão. Mas devemos observar que existe uma considerável controvérsia em relação à interpretação adequada dos escores elevados na dimensão de psicoticismo. Por exemplo, Claridge (1967, 1972, 1981, 1983, 1986) sugeriu que é melhor interpretar os escores em psicoticismo em termos de psicopatia ou comportamento anti-social (ver também Thornquist & Zuckerman, 1995, para uma recente revisão comparativa de modelos de psicopatia).

Eysenck propõe que a pessoa com um escore elevado em psicoticismo (P) deve ser compreendida como tendo herdado uma vulnerabilidade para desenvolver transtornos psicóticos diante dos estresses desenvolvimentais, e são os traços associados a essa vulnerabilidade que servem para definir a pessoa que obtém altos escores na escala de psicoticismo. Aqui está a descrição de Eysenck do "padrão característico" das pessoas que obtêm altos escores P:

"Um indivíduo com um escore elevado, então, pode ser descrito como sendo solitário, não se importando com as pessoas; ele geralmente traz problemas, não se adaptando a lugar nenhum. Ele pode ser cruel e desumano, sem sentimento e empatia, e totalmente insensível. Ele é hostil com os outros, mesmo com parentes e amigos, e agressivo até com as pessoas amadas. Ele gosta de coisas estranhas e incomuns, e não se importa com o perigo; ele gosta de fazer os outros de bobos e de irritá-los. Essa é uma descrição de um adulto com escores P elevados; no que se refere às crianças, nós obtivemos um quadro bastante congruente de uma criança estranha, isolada e perturbadora, glacial e carecendo de sentimentos humanos por seus semelhantes e pelos animais; agressiva e hostil, mesmo com as pessoas mais próximas e queridas. Essas crianças tentam compensar a falta de sentimento buscando sensações em 'excessos excitantes', sem pensar nos perigos envolvidos. A socialização é um conceito relativamente desconhecido tanto para os adultos como para as crianças; empatia, sentimentos de culpa, sensibilidade a outras pessoas são noções estranhas e pouco familiares para eles." (H. J. Eysenck & Eysenck, 1975, p. 5-6)

Os indivíduos situados no intervalo moderado apresentariam esses comportamentos em um grau menor. Eysenck também toma o cuidado de salientar que a escala P indica "comportamentos normais... nós nos preocupamos com variáveis de personalidade subjacentes aos comportamentos que só se tornam patológicos em casos extremos" (H. J. Eysenck & Eysenck, 1975, p. 6).

A descrição de Eysenck do neuroticismo permaneceu relativamente estável ao longo do tempo, mas ele modificou sua descrição da extroversão. A extroversão, originalmente, era conceitualizada em termos da combinação dos traços de sociabilidade e impulsividade (S. B. G. Eysenck & Eysenck, 1963). Mas com a introdução no EPQ de uma escala para o psicoticismo, o traço da impulsividade foi modificado para contribuir para o psicoticismo. Alguns dos itens do questionário de impulsividade que tinham contribuído para a extroversão no EPI foram usados como marcadores de psicoticismo no EPQ. No processo de fazer tal mudança, foi articulado um outro componente da impulsividade, chamado de aventureirismo (S. B. G. Eysenck, Pearson, Easting & Allsopp; ver S. B. G. Eysenck & Eysenck, 1977, 1978, para uma perspectiva adicional), e este se tornou um traço componente da extroversão (ver Brody, 1988). O aventureirismo reflete um interesse por atividades perigosas e excitantes e, como tal, tem muito em comum com o traço de busca de sensação que também contribui para a extroversão. Eysenck (H. J. Eysenck & Eysenck, 1985) argumenta que a impulsividade no sentido amplo, assim como

características como a busca de sensação, ocupa um "nível intermediário" entre os níveis de tipo e traço em sua hierarquia. A pesquisa e a mensuração nesse nível intermediário são ambíguas, e Eysenck prefere claramente prosseguir ou no nível de tipo ou no nível de traço. Nem todos os pesquisadores concordam com esse conselho (p. ex., Revelle, Humphreys, Simon & Gilliland, 1980; ver também uma réplica de M. W. Eysenck & Folkard, 1980).

## MODELOS CAUSAIS

A taxonomia tridimensional de Eysenck oferece um sistema para a descrição de diferentes tipos de indivíduos em termos de seus padrões de comportamento característicos. O que ainda precisa ser respondido, todavia, é a pergunta *causal* de por que um determinado indivíduo fica predisposto a apresentar um determinado conjunto de comportamentos. Tomando emprestada a linguagem da genética, o psicoticismo, a extroversão e o neuroticismo se referem aos componentes observados ou aos *fenotípicos* da personalidade. A tentativa de Eysenck de especificar os fatores subjacentes ou *genotípicos* responsáveis pelas variações observadas no comportamento depende da identificação de diferenças fisiológicas que co-variam com o *status* alto ou baixo nas dimensões tipológicas. Eysenck propôs dois modelos explanatórios. O primeiro modelo (Eysenck, 1957a) explicava as diferenças entre introvertidos e extrovertidos em termos de diferenças no sistema nervoso central em níveis de processos neurais inibitórios e excitatórios. O segundo modelo (Eysenck, 1967) explicava as diferenças entre (a) introvertidos e extrovertidos em termos de níveis de excitação cortical e (b) neuróticos e estáveis em termos de níveis de ativação cerebral visceral.

### Eysenck (1957)

Esse modelo começa com o psicólogo russo Ivan Pavlov. Pavlov investigou o processo que passou a ser chamado de condicionamento pavloviano ou clássico, apresentando a um cachorro um estímulo neutro como uma campainha imediatamente antes de colocar pó de comida em sua boca. O pó de comida provocaria uma resposta salivar reflexa e, após um número suficiente de emparelhamentos de campainha e pó de comida, a campainha eliciava uma resposta salivar quando apresentada sozinha. Conforme descrito por Monte (1995), os cães de Pavlov diferiam em sua capacidade de adquirir a resposta salivar à campainha. Além disso, o temperamento dos cães parecia estar relacionado à sua capacidade de condicionamento. Os cachorros sociáveis e ativos eram os piores sujeitos, porque ficavam letárgicos quando amarrados pelas correias experimentais. Pavlov propôs que as diferenças existiam porque os cães diferiam em seus índices relativos de processos corticais excitatórios e inibitórios: os "maus" sujeitos eram caracterizados por mais processos excitatórios, mas esses processos se esgotavam rapidamente durante a monótona tarefa de condicionamento, produzindo sonolência e um mau desempenho de aprendizagem. Os "bons" sujeitos eram caracterizados por mais processos inibitórios, e esses processos facilitavam a aquisição de respostas inibitórias (i. e., aprender a não responder ao membro de um par de estímulos que não fosse reforçado pelo pó de comida).

Eysenck (1957) rejeitou grande parte do sistema explanatório de Pavlov. Ele manteve a distinção entre processos neurais excitatórios e inibitórios como a base da diferença entre os introvertidos e os extrovertidos, mas aplicou-a de maneira diferente. Especificamente, ele propôs que os introvertidos são caracterizados por mais processos neurais excitatórios e os introvertidos são caracterizados por mais processos inibitórios. Eysenck (1957a, p. 114) resumiu essa posição em seu postulado tipológico:

> "Os indivíduos nos quais o potencial excitatório é gerado lentamente e nos quais os potenciais excitatórios assim gerados são relativamente fracos estão predispostos a desenvolver padrões extrovertidos de comportamento e a desenvolver transtornos histérico-psicopáticos em casos de colapso neurótico; os indivíduos nos quais o potencial excitatório é gerado rapidamente e nos quais os potenciais assim gerados são fortes estão predispostos a desenvolver padrões introvertidos de comportamento e a desenvolver transtornos distímicos em caso de colapso neurótico. Da mesma forma, os indivíduos nos quais a inibição reativa se desenvolve rapidamente, nos quais são geradas inibições reativas fortes e nos quais a inibição reativa se dissipa lentamente estão predispostos a desenvolver padrões extrovertidos de comportamento e a desenvolver transtornos histérico-psicopáticos em caso de colapso neurótico; inversamente, os indivíduos nos quais a inibição reativa se desenvolve lentamente, nos quais são geradas inibições reativas fracas e nos quais a inibição reativa se dissipa rapidamente estão predispostos a desenvolver padrões introvertidos de comportamento e a desenvolver transtornos distímicos em caso de colapso neurótico."

Assim, a distinção causal fundamental entre introvertidos e extrovertidos é que os introvertidos têm uma razão baixa de processos inibitórios para excitatórios, e os extrovertidos têm uma razão elevada de processos neurais inibitórios para excitatórios. Alguns resultados experimentais diretos são consistentes com essa proposta. Por exemplo, Spielmann (1963) descobriu que os extrovertidos apresentavam pausas involuntárias de descanso mais freqüentes do que os introvertidos durante uma tarefa de datilografia. Esse resultado é consistente com a predição de que os extrovertidos experienciam um aumento da inibição cortical durante uma tarefa contínua. Da mesma forma, Claridge (1967; ver também Bakan, Belton & Toth, 1963) descobriu que os distímicos tinham um desempenho melhor do que os histéricos em uma tarefa monótona de vigilância auditiva, envolvendo a detecção de três dígitos ímpares sucessivos, presumivelmente porque a acumulação de pausas involuntárias de descanso nos histéricos extrovertidos os fazia perder mais dos eventos distintivos.

Além disso, se os processos neurais excitatórios podem ser compreendidos como facilitando a aquisição de respostas condicionadas, então uma predição básica a partir do modelo de 1957 de Eysenck é que, todas as outras coisas sendo iguais, os introvertidos têm um sistema nervoso que lhes permite condicionar-se mais facilmente do que os extrovertidos. Tal predição decorre de uma combinação do modelo de Eysenck com o modelo de aprendizagem de Clark Hull. De forma extremamente simplificada, Hull sugere que a aprendizagem é facilitada por uma grande motivação ("drive") e pela prática reforçada ("força de hábito"), mas é prejudicada pela acumulação de processos inibitórios durante a prática. Se os introvertidos têm uma razão baixa de processos inibitórios para excitatórios e os extrovertidos têm uma razão elevada, então os introvertidos têm uma dupla vantagem no modelo de Hull: os introvertidos têm *drive* alto, que facilita a aprendizagem, e têm poucos processos inibitórios, que interferem na aprendizagem.

Franks (1956) testou essa predição, comparando a aquisição de uma resposta de piscar o olho, classicamente condicionada, em sujeitos distímicos, histéricos e normais. Um sopro de ar (estímulo incondicionado: EI) no canto do olho induzia os sujeitos a piscar (resposta incondicionada: RI), e um tom musical (estímulo condicionado: EC) soava imediatamente antes do sopro. O tom e o sopro eram emparelhados 30 vezes, entremeados com 18 apresentações do tom sozinho. Os distímicos introvertidos deram mais piscadas condicionadas (resposta condicionada: RC) do que os extrovertidos-histéricos ou os normais, consistentemente com a predição de Eysenck. Um estudo subseqüente de Franks (1957) confirmou esse efeito. Infelizmente, Franks (1963) e outros não conseguiram replicar tais achados, lançando dúvidas sobre a validade da predição. Eysenck (1966, 1967) respondeu que o efeito dependia de três parâmetros experimentais. Primeiro, ele argumentou que a apresentação de 1957 de seu modelo tinha especificado que a inibição só se desenvolveria durante aquelas tentativas não-reforçadas em que o tom era apresentado sem o sopro de ar. O procedimento de *reforço parcial* de Franks de entremear tentativas reforçadas com tentativas de teste deu aos extrovertidos a oportunidade de desenvolver fortes efeitos inibitórios; os introvertidos têm uma vantagem sob o reforço parcial, porque são mais capazes do que os extrovertidos de livrar-se da inibição que desenvolvem. Segundo, um sopro fraco de ar (EI) deve levar à mais inibição, favorecendo os introvertidos, mas um *EI forte* deve levar à mais excitação, favorecendo os extrovertidos. Finalmente, um *intervalo* curto entre o tom (EC) e o sopro de ar (EI) favorece os introvertidos porque leva a maiores efeitos inibitórios nos extrovertidos. Eysenck (1966) relata um estudo de Levey que manipulou esses três parâmetros. Levey descobriu uma tendência nos introvertidos de condicionar-se mais prontamente do que os extrovertidos com o reforço parcial, mas a diferença não era estatisticamente significativa. Os introvertidos realmente se condicionavam mais rapidamente do que os extrovertidos com um intervalo curto de EC-EI e com um EI fraco (i. e., um sopro de ar de 3 libras por polegada quadrada [3-PSI-*pounds per square inch*] *versus* 6 libras por polegada quadrada [6-PSI]), apoiando a predição revisada de Eysenck. As explicações condicionais de Eysenck complicam sua predição inicial de que os introvertidos condicionam-se mais prontamente do que os extrovertidos. Além disso, vários autores argumentaram que as revisões de Eysenck, especialmente com relação à intensidade do EI, não poderiam ser facilmente derivadas de sua declaração original de 1957 sobre a teoria (p. ex., Brody, 1972). O efeito interativo da intensidade do EI, todavia, é consistente com o modelo de Eysenck de 1967, do qual trataremos agora.

## Eysenck (1967)

O segundo modelo causal de Eysenck difere do primeiro em três aspectos importantes. Primeiro, ele relaciona diferenças entre introvertidos e extrovertidos a diferenças em níveis de excitação em vez de excitação-inibição, e ele localiza as estruturas do sistema nervoso central nas quais ocorrem essas diferenças. Segundo, ele oferece uma explicação neurológica para as diferenças de neuroticismo-estabilidade observadas. Terceiro, ele descreve um relacionamento curvilinear entre a intensidade da estimulação externa e o grau de excitação cortical, com curvas diferentes para introvertidos e extrovertidos.

Em sua declaração de 1967 sobre a teoria, Eysenck relaciona diferenças em introversão-extroversão a níveis de atividade no sistema ativador reticular ascendente (*ascending reticular activating system* – ARAS). Em termos muito gerais, a atividade no ARAS serve para estimular o córtex cerebral, levando à maior excitação cortical (ver Figura 9.4 para o diagrama original de Eysenck). Devido à maior atividade do ARAS, os introvertidos caracterizam-se por níveis mais altos de excitação cortical, e essas diferenças neurológicas servem como uma base causal para diferenças observadas na tipologia de introversão-extroversão. Isto é, os introvertidos têm limiares mais baixos de excitação do ARAS em relação aos extrovertidos. Além disso, as diferenças individuais em emocionalidade ou neuroticismo dependem de níveis de atividade no *sistema nervoso autônomo* (SNA), que consistem no hipocampo, na amígdala, no cíngulo, no septo e no hipotálamo (ver Figura 9.4, p. 304). Essas estruturas,

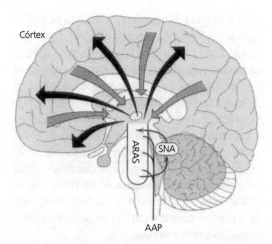

**FIGURA 9.4** Localizações anatômicas do ARAS e do SNA (SNA = sistema nervosos autônomo; AAP = *ascending afferent pathways* [vias aferentes ascendentes]; ARAS = *ascending reticular activating system* [sistema ativador reticular ascendente]). (Reimpressa com a permissão de Eysenck, 1967, p. 231.)

freqüentemente referidas como sistema límbico, foram relacionadas a estados emocionais por meio da operação do sistema nervoso autonômico. Os indivíduos neuróticos caracterizam-se por níveis mais elevados de ativação e por limiares mais baixos no SNA. A independência desses dois sistemas causais e das resultantes dimensões de extroversão e neuroticismo é complicada por um vínculo unilateral entre o ARAS e o SNA. Quando uma pessoa é corticalmente estimulada, necessariamente não ocorre uma ativação emocional (i. e., do SNA). A ativação emocional, todavia, garante que vai ocorrer a excitação cortical.

O terceiro aspecto novo do modelo de Eysenck de 1967 especifica um relacionamento curvilinear entre a estimulação e a excitação cortical, com os introvertidos atingindo seu ponto de excitação máxima em um nível mais baixo de estimulação do que os extrovertidos. No modelo mais novo de Eysenck, os introvertidos são postulados como mais excitados e mais excitáveis do que os extrovertidos. Ao desenvolver esse conceito, Eysenck novamente se vale do trabalho de Pavlov, dessa vez adotando o conceito de Pavlov de "força do sistema nervoso" (Gray, 1964; Teplov, 1964). Conforme descrito por Teplov, um *sistema nervoso forte* consegue tolerar uma estimulação intensa, e é menos sensível à estimulação do que um sistema nervoso fraco. Um *sistema nervoso fraco* está cronicamente em um alto nível de excitação e tem uma capacidade limitada de tolerar estimulação adicional. Ao descrever sistemas nervosos fortes e fracos, Teplov emprega o conceito de Pavlov de *inibição transmarginal*. Esse conceito sugere que a resposta ao estímulo aumenta à medida que aumenta a intensidade do estímulo, mas só até certo ponto. Além desse ponto, que é o ponto de inibição transmarginal, a magnitude da resposta diminui na proporção em que aumenta a intensidade do estímulo. Esse decréscimo ocorre para proteger o sistema nervoso de uma superexcitação. Um indivíduo com um sistema nervoso fraco atinge tal limiar protetor em um nível mais baixo de intensidade de estímulo do que um indivíduo com um sistema nervoso forte. Na adaptação de Eysenck, os introvertidos se comportam como indivíduos com sistemas nervosos fracos, e os extrovertidos se comportam como indivíduos com sistemas nervosos fortes. Isto é, a excitação cortical aumenta à medida que aumenta a intensidade do estímulo em ambos os tipos, mas o ritmo de aumento é mais rápido nos introvertidos, devido ao seu ARAS mais sensível. Em conseqüência, os introvertidos atingem o ponto de inibição transmarginal em um nível de excitação mais baixo do que os extrovertidos (ver Figura 9.5 adiante). Os introvertidos são mais sensíveis à estimulação externa do que os extrovertidos e ficam superestimulados mais facilmente do que os extrovertidos. Devido à tendência resultante dos introvertidos de evitar a estimulação excessiva e

**FIGURA 9.5** Relacionamento entre a intensidade do estímulo e os processos excitatórios em introvertidos e extrovertidos. (Reimpressa com a permissão de Brody, 1972, p. 57).

dos extrovertidos de buscar estimulação, Eysenck diz que os introvertidos são "arredios diante de estímulos" e que os extrovertidos são "famintos por estímulos". Essa sensibilidade à estimulação é uma característica-chave dos introvertidos, porque os faz afastar-se de qualquer fonte de estimulação intensa. As outras pessoas podem ser uma fonte de estimulação intensa, de modo que os introvertidos tendem a evitá-las. A baixa sociabilidade que os leigos consideram um atributo fundamental da introversão é, portanto, um derivado da extrema sensibilidade do introvertido à estimulação no modelo de Eysenck. Em comparação com a população média, o tom hedônico é maximizado para os introvertidos em baixos níveis de estimulação e para os extrovertidos, em altos níveis de estimulação (ver Figura 9.6).

As curvas de inibição transmarginal de Eysenck levaram a predições de comportamento diferencial para introvertidos e extrovertidos em qualquer situação que possa ser escalada em termos de grau de estimulação. Por exemplo, a explicação de Eysenck (1966) de que os introvertidos se condicionam mais pronta-

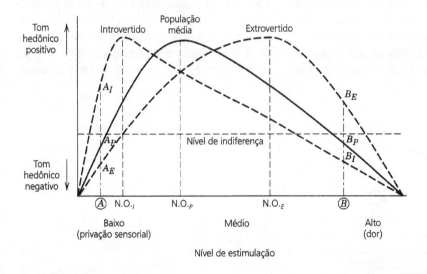

**FIGURA 9.6** Relacionamento entre nível de estimulação sensorial e tom hedônico, mostrando a mudança esperada de nível ótimo (N.O.) para os sujeitos introvertidos à esquerda e para os sujeitos extrovertidos à direita. (De Eysenck, 1971a, p. 69.)

mente do que os extrovertidos com um EI fraco, mas que os extrovertidos se condicionam mais rapidamente com um EI mais intenso, ajusta-se à estrutura da inibição transmarginal: se o EI de 3-PSI estiver na porção inferior do eixo de intensidade do estímulo (onde a curva do introvertido está acima da curva do extrovertido) e o EI de 6-PSI estiver na extremidade superior do eixo de intensidade do estímulo (onde a curva de excitação do extrovertido está mais alta do que a curva do introvertido) e se a aprendizagem depende da excitação, então o achado de Levey é consistente com o modelo. Da mesma forma, o achado de Campbell e Hawley (1982) de que os introvertidos preferem estudar nas áreas da biblioteca menos estimuladoras, e os extrovertidos, em locais mais estimuladores, ajusta-se ao modelo de inibição transmarginal. Eysenck se refere à sua teoria como "hipotético-dedutiva": isto é, ele acredita que ela está enunciada de uma maneira que permite aos pesquisadores gerar hipóteses testáveis. Nós agora examinaremos outros exemplos de pesquisas geradas pela teoria.

## PESQUISA CARACTERÍSTICA E MÉTODOS DE PESQUISA

Como acabamos de discutir, Eysenck (1967) propôs que os introvertidos extremos possuem altos níveis de excitação cortical e que os extrovertidos extremos possuem níveis relativamente baixos de excitação cortical. Igualmente, os neuróticos extremos possuem altos níveis de ativação do sistema nervoso autônomo (portanto, autonômica), enquanto os estáveis extremos possuem baixos níveis de ativação do sistema nervoso autônomo. A combinação dos dois extremos gera uma classificação quádrupla em que os introvertidos neuróticos possuem a excitação global mais elevada (i. e., elevada em ativação límbica e elevada em excitação cortical), os extrovertidos estáveis possuem a excitação global mais baixa (i. e., baixa em ativação límbica e baixa em excitação cortical), e os introvertidos estáveis (baixa, elevada) bem como os extrovertidos neuróticos (elevada, baixa) situam-se no intervalo intermediário. McLaughlin e Eysenck (1967) testam essa hierarquia de excitação combinada, integrando-a com a lei de Yerkes-Dodson (1908; Broadhurst, 1959).

A lei de Yerkes-Dodson sugere que existe uma relação curvilinear entre motivação e desempenho: isto é, o desempenho, em uma variedade de tarefas, é prejudicado quando a motivação é baixa demais ou alta demais, e o desempenho é maximizado em algum nível intermediário de motivação "ótima" (ver Figura 9.7). Imagine que você vai fazer um exame final em um curso sob duas circunstâncias bem diferentes. Se você está no curso apenas para passar, e o seu desempenho até o momento é suficientemente bom para ter certeza de que vai passar no exame independentemente do seu desempenho no final, sua motivação para estudar e sair-se bem será menor do que seria se as situações fossem diferentes, e sua nota final provavelmente será mais baixa do que seria se você estivesse mais motivado. Mas, ao contrário, se você precisa tirar A no exame para ser admitido à faculdade, seu nível de motivação será tão alto que poderá atrapa-

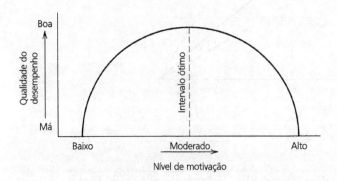

**FIGURA 9.7** Lei de Yerkes-Dodson relacionando motivação e desempenho. (Baseada em Monte, 1995, p. 810.)

lhar seu desempenho, levando novamente a uma nota mais baixa do que se não sentisse tanta pressão. "Ratear" ou perturbar-se em uma competição atlética são outros exemplos de desempenho prejudicado em função da motivação excessiva. Para complicar ainda mais, a lei de Yerkes-Dodson refere-se a uma família de curvas, relacionando a motivação ao desempenho. O nível ótimo de motivação é mais baixo em uma tarefa mais difícil do que em uma tarefa mais simples, presumivelmente porque o desempenho em tarefas mais complexas se perturba mais facilmente.

McLaughlin e Eysenck combinaram a lei de Yerkes-Dodson com a hierarquia da excitação combinada proposta por Eysenck, equiparando a "excitação" de Eysenck à "motivação" de Yerkes e Dodson. Isto é, se a lei de Yerkes-Dodson é verdadeira, se a hierarquia da excitação proposta por Eysenck está correta e se faz sentido equiparar a excitação à motivação, então os introvertidos neuróticos seriam os piores entre os quatro tipos em uma tarefa bem difícil, porque seu alto nível de excitação os deixaria excessivamente motivados. Inversamente, os extrovertidos neuróticos seriam os melhores dos quatro tipos na tarefa difícil devido ao seu baixo nível de excitação/motivação. O desempenho dos outros dois tipos estaria em algum ponto intermediário. Entretanto, em uma tarefa um pouco mais fácil, os extrovertidos neuróticos ou os introvertidos estáveis teriam o melhor desempenho, dados seus níveis intermediários de excitação/motivação. Os participantes do experimento foram primeiro classificados em um dos quatro tipos de personalidade. Depois, eles foram solicitados a realizar uma tarefa de aprendizagem difícil ou fácil de pares associados. Nessa tarefa, eram apresentados aos sujeitos pares de sílabas sem sentido de estímulo-resposta, e eles precisavam aprender a dar a resposta correta quando cada estímulo era apresentado. Em ambas as tarefas, os membros-estímulo dos pares eram trigramas como JET, COW, FUR, BUS e VOL. Na tarefa mais fácil, os membros-resposta incluíam trigramas significativos mais distinguíveis como SAH, GED e TAQ. A tarefa mais difícil, entretanto, continha trigramas de resposta que eram difíceis de distinguir, como WOD, ZOW e WOT.

Os resultados confirmaram a predição. Conforme ilustrado na Figura 9.8 (ver p. 308), os extrovertidos estáveis e os introvertidos neuróticos se saíram mal na tarefa fácil, presumivelmente porque os primeiros

estavam muito pouco excitados e os últimos estavam excitados demais. O desempenho na tarefa fácil foi melhor no caso dos extrovertidos neuróticos. Mas, na tarefa difícil, o desempenho foi melhor no caso dos extrovertidos estáveis, o grupo com a menor excitação. O desempenho nesta tarefa deveria ter sido pior no caso dos introvertidos neuróticos altamente excitados. De fato, o desempenho dos introvertidos estáveis foi um pouco pior do que o dos introvertidos neuróticos. Mas essa diferença não foi estatisticamente significativa, e os resultados, como um todo, confirmam solidamente a teoria da excitação de Eysenck.

O artigo de McLaughlin e Eysenck é um dos muitos estudos (p. ex., Campbell & Hawley, 1982) na literatura de Eysenck que não tenta medir níveis de excitação; em vez disso, ele parte de suposições sobre diferenças de excitação para fazer predições sobre o comportamento que, por sua vez, são testados. Uma estratégia diferente é empregada por Geen (1984), que mede excitação e desempenho em introvertidos e extrovertidos, bem como níveis preferidos de estimulação por barulho. O modelo de Eysenck (1967) prediz que os extrovertidos, devido aos seus níveis mais baixos de excitação cortical, preferem e saem-se melhor com níveis de estimulação mais altos. Mas o que acontece com os níveis de excitação quando introvertidos e extrovertidos estão em seus níveis preferidos de estimulação? E o que acontece com o desempenho quando introvertidos e extrovertidos estão em, abaixo e acima de seus níveis preferidos de estimulação? Geen usou sujeitos do sexo masculino classificados como introvertidos ou extrovertidos com base em escores extremos no EPI. Os sujeitos foram solicitados a realizar uma tarefa de aprendizagem de pares associados enquanto ouviam barulhos ocasionais pelos fones de ouvido. Os sujeitos na condição de *escolha* foram solicitados a escolher o nível de barulho que iriam ouvir. Os introvertidos na condição *igual* ouviam o mesmo volume de barulho que o sujeito introvertido prévio tinha selecionado, e os extrovertidos nessa condição ouviam o volume que o extrovertido prévio tinha escolhido. Os introvertidos na condição *diferente* ouviam o mesmo volume de ruído que o sujeito extrovertido prévio tinha selecionado, e os extrovertidos nessa condição ouviam o volume que o introvertido prévio tinha escolhido. Estas condições *iguais* e *diferentes* tinham por objetivo controlar qualquer efeito da escolha do sujeito. O ritmo de pulsação e a condu-

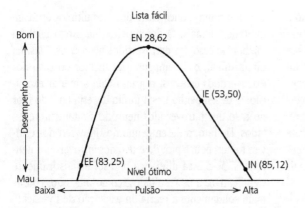

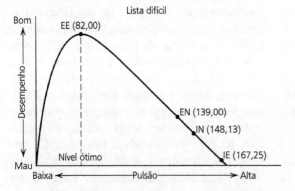

**FIGURA 9.8** Relacionamento do número de erros com o critério e o nível hipotetizado de excitação para as listas fácil e difícil. (Reimpressa com a permissão de McLaughlin & Eysenck, 1967, p. 131.)

tância da pele serviam como medidas dos níveis de excitação dos sujeitos.

O relacionamento entre as várias medidas confirmaram solidamente o modelo de Eysenck. Conforme predito, os extrovertidos escolheram níveis de barulho significativamente mais altos dos que os introvertidos. Os introvertidos que selecionaram seus próprios níveis de barulho tinham os mesmos níveis de excitação dos introvertidos que receberam o nível de barulho selecionado pelo introvertido prévio; igualmente, os extrovertidos nas condições de escolha e de mesmo nível projetado não diferiam em excitação. Portanto, fazer uma escolha não afetou a excitação. Os introvertidos que receberam o nível de ruído dos introvertidos ficaram mais excitados do que os extrovertidos que receberam o nível de ruído dos introvertidos, e os introvertidos que receberam o nível de barulho dos extrovertidos ficaram mais excitados do que

os extrovertidos que receberam o nível de ruído dos extrovertidos. Isto é, conforme Eysenck prediria, a excitação era maior nos introvertidos do que nos extrovertidos. Na tarefa de aprendizagem, os introvertidos que receberam o nível mais elevado de ruído dos extrovertidos levaram um tempo significativamente mais longo para aprender a tarefa do que os introvertidos que escolheram seu próprio nível ou do que os introvertidos que receberam um nível de ruído dos introvertidos. Também existia a tendência nos extrovertidos que receberam o nível de ruído mais baixo dos introvertidos de apresentar um desempenho pior do que os extrovertidos que escolheram ou receberam um nível de ruído dos extrovertidos, mas a diferença não era estatisticamente significativa.

Tais resultados são altamente consistentes com o modelo de Eysenck, mas existe certa ambigüidade, porque não há maneira de dizer, com esse planejamento, o que teria acontecido se os introvertidos tivessem sido expostos a um nível de ruído mais baixo do que o preferido por eles, ou se os extrovertidos tivessem sido expostos a um nível de ruído mais alto do que o preferido. Geen eliminou a ambigüidade em seu segundo experimento. Um quarto dos introvertidos e um quarto dos extrovertidos foram solicitados a selecionar seu nível de ruído preferido. Além disso, cada um dos introvertidos foi solicitado a indicar o nível de ruído mais baixo considerado aceitável, e cada extrovertido foi solicitado a selecionar o nível de ruído mais alto considerado aceitável. Esse procedimento estabeleceu quatro níveis de intensidade de ruído: alto (o nível mais alto aceitável pelos extrovertidos), moderadamente alto (o nível ótimo ou preferido pelos extrovertidos), moderadamente baixo (o nível preferido ou ótimo dos introvertidos) e baixo (o nível mais baixo aceitável pelos introvertidos). As seis condições restantes do experimento 2 de Geen consistiam em introvertidos designados para os três níveis de ruído diferentes daquele escolhido pelos introvertidos (i. e., alto, moderadamente alto e baixo) e em extrovertidos designados para os três níveis de ruído não preferidos pelos extrovertidos (i. e., alto, moderadamente baixo e baixo).

Como no experimento 1, o nível de ruído preferido pelos introvertidos era significativamente mais baixo do que o nível de ruído preferido pelos extrovertidos. A Figura 9.9 apresenta os dados sobre a excitação com base nos ritmos de pulsação. Como no experimento 1, os níveis de excitação são mais altos para os introvertidos do que para os extrovertidos nos dois níveis de ruído intermediários, mas a excitação é virtualmente idêntica para introvertidos e extrovertidos quando eles estão em seu nível preferido de estimulação. Além disso, não existe nenhuma diferença de excitação entre introvertidos e extrovertidos nos níveis de ruído mais alto e mais baixo. Em muitos aspectos, essas duas curvas empíricas correspondem às curvas teóricas para introvertidos e extrovertidos no gráfico de inibição transmarginal de Eysenck. A Tabela 9.1 (ver p. 310) apresenta as tentativas médias em comparação com o critério para oito grupos na tarefa de aprendizagem de pares associados. O desempenho foi melhor (i. e., as tentativas médias em comparação com o critério de aprendizagem foram as mais baixas) quando introvertidos e extrovertidos estavam em seu nível de estimulação preferido. Quando introvertidos e extrovertidos estão superestimulados ou subestimulados seu desempenho se deteriora. A única

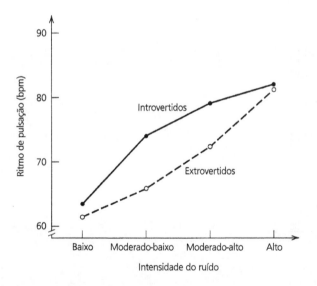

**FIGURA 9.9** Ritmos médios de pulsação de introvertidos e extrovertidos: experimento 2. (Reimpressa com a permissão de Geen, 1984, p. 1309.)

**TABELA 9.1**  Tentativas Médias em Comparação com o Critério: Experimento 2

| Condição de Ruído | Extrovertidos | Introvertidos |
|---|---|---|
| Baixo | $8,0_{ab}$ | $7,1_{bc}$ |
| Moderado-baixo | $8,0_{ab}$ | $5,0_{c}$ |
| Moderado-alto | $5,3_{c}$ | $8,9_{ab}$ |
| Alto | $8,2_{ab}$ | $9,9_{a}$ |

*Nota:* Os elementos com subscritos comuns não são significativamente diferentes no nível de 0,05 por um teste de intervalo múltiplo de Duncan.
*Fonte:* Reimpressa com a permissão de Geen, 1984, p. 1309.

exceção são os introvertidos na condição baixa, quando o desempenho foi pior do que no nível ótimo, mas a diferença não atingiu significância. Tomados como um todo, os resultados de Geen apóiam solidamente as predições de Eysenck em relação às diferenças de excitação, desempenho e preferência de estimulação entre introvertidos e extrovertidos.

## PESQUISA ATUAL

O modelo de Eysenck da personalidade proporcionou o ímpeto para vários outros programas de pesquisa impressivos. Nós agora discutiremos dois deles, os propostos por Gray e Zuckerman.

### Gray

Gray (1967, 1972, 1981, 1982, 1987) concorda com Eysenck que um espaço bidimensional captura grande parte da variância na personalidade, mas ele não aceita a extroversão e o neuroticismo como os eixos definidores desse espaço. Em vez disso, ele (Gray, 1981) propõe uma rotação de 45 graus nos eixos de Eysenck (ver Figura 9.10). Os dois novos eixos resultantes são a *ansiedade*, que vai do quadrante extrovertido estável de Eysenck (baixa ansiedade) para o

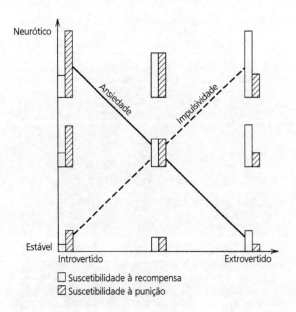

**FIGURA 9.10**  A modificação feita por Gray nos eixos de extroversão-neuroticismo de Eysenck. (Reimpressa com a permissão de Eysenck, 1983, p. 373.)

seu quadrante introvertido neurótico (alta ansiedade), e a *impulsividade*, que vai do quadrante introvertido estável (baixa impulsividade) para o quadrante extrovertido neurótico (alta impulsividade). Os dois eixos de Gray também têm fundamentos neurológicos e conseqüências comportamentais. Os indivíduos ansiosos são altamente sensíveis a sinais de punição, não-recompensa e novidade. O sistema fisiológico subjacente à ansiedade é o sistema de inibição comportamental (BIS – *behavioral inhibition system*). O BIS consiste em "um conjunto interatuante de estruturas, compreendendo o sistema septo-hipocampal (SHS – *septo-hippocampal system*), seus aferentes monoaminérgicos do tronco cerebral e sua projeção neocortical no lobo frontal" (Gray, 1981, p. 261). Em contraste, os níveis crescentes de impulsividade refletem uma crescente sensibilidade a sinais de recompensa e de não-punição. O sistema neurológico subjacente à impulsividade é um sistema de ativação comportamental (BAS – *behavioral activation system*) menos bem-definido. Da perspectiva de Gray, a extroversão e o neuroticismo são "conseqüências secundárias" das interações entre a ansiedade e a impulsividade. Isto é, os indivíduos nos quais o BIS é mais poderoso do que o BAS são introvertidos, e os indivíduos nos quais o BAS é relativamente mais poderoso do que o BIS são extrovertidos: "Assim, a E-I reflete a força *relativa* dos dois sistemas. O N, no entanto, reflete sua força *conjunta*: um aumento na sensibilidade de qualquer sistema traz um aumento para o N" (1981, p. 261). Matematicamente, as posições de Eysenck e Gray são equivalentes, mas Gray argumenta que seu modelo é mais consistente com dados neurológicos e comportamentais. Eysenck (1983, p. 375) discorda, concluindo que "o apoio em favor do sistema rotacional de Gray é decididamente frágil". Ele aceitaria uma rotação de talvez 10 ou no máximo 15 graus, mas não de 45 graus. Interessantemente, Gray (1981) afirma que o valor de 45 graus para a rotação pretendia ser apenas "esquemático", e há indicações de que uma rotação menor seria "mais apropriada". Zuckerman, Kraft, Joireman e Kuhlman (1996, p. 3) relatam uma comunicação pessoal com Gray em que ele "agora afirma que nunca pretendeu que a colocação dos eixos significasse uma relação de 45 graus com E e N, mas reconheceu que a ansiedade está mais próxima do eixo N do que do eixo E (extremidade baixa [cerca de 30 graus]) e que a impulsividade está

mais próxima do eixo E (extremidade alta) do que do eixo N. Na verdade, conforme revela a Figura 10.3, o modelo original de Eysenck, relacionando E e N a características dos quatro temperamentos, coloca "ansioso" e "impulsivo" exatamente nessas localizações! Há poucas razões para escolhermos entre os modelos de Eysenck e de Gray, pelo menos em um nível descritivo, embora as descrições de Eysenck de agrupamentos de traços associados aos tipos sejam um aspecto muito útil de seu modelo. Os dois modelos realmente fazem predições diferentes. Por exemplo, Eysenck prediz que os introvertidos apresentarão um condicionamento superior com um EI atraente ou recompensador, mas Gray prediz o oposto (ver Brody, 1988, para uma revisão comparativa).

Em vários pontos, o aspecto mais interessante da alternativa de Gray é sua discussão da suscetibilidade às pistas de recompensa e punição como a característica comportamental subjacente nos indivíduos impulsivos e ansiosos. Eysenck (1983, p. 377) admite que "esses estudos apóiam levemente uma visão vinculando extroversão e suscetibilidade à recompensa, e introversão e suscetibilidade à punição". A possibilidade de haver diferenças individuais confiáveis na sensibilidade a pistas de recompensa e punição gerou um corpo de pesquisa substancial nos últimos anos. Por exemplo, Bachorowski e Newman (1990) investigaram a interação entre ansiedade, impulsividade e o tempo gasto em traçar círculos, em condições de meta comportamental e ausência de meta. Eles empregaram uma versão modificada da teoria de Gray, mas usaram os escores de extroversão e neuroticismo do EPQ* para definir impulsividade e ansiedade. Bachorowski e Newman predisseram que, quando os sujeitos fossem instruídos a traçar um círculo tão lentamente quanto possível, os impulsivos (E+ N+) traçariam mais rapidamente do que os não-impulsivos (E– N–) quando a tarefa incluísse uma meta comportamental concreta de uma linha siga-pare. Inversamente, eles predisseram que os sujeitos ansiosos (E– N+) manifestariam uma inibição motora pior do que os sujeitos não-ansiosos (E+ N–) em uma condição de ausência de meta que presumivelmente promoveria alguma incerteza. Os resultados apoiaram as suas

---

*N. de T. "EP" (em "Psicofisiologia") poderia ser incluído na relação inicial de siglas usadas na Figura: *efferent pathways* – vias eferentes, ou "VE".

predições (ver também Bachorowski & Newman, 1985; Wallace, Newman & Bachorowski, 1991; Pickering, Diaz & Gray, 1995). Finalmente, nós observamos que Zinbarg e Revelle (1989) testaram hipóteses derivadas dos modelos de personalidade e condicionamento de Spence, Eysenck, Gray e Newman. Os resultados indicaram que a impulsividade e a ansiedade estão mais consistentemente e mais fortemente associadas a diferenças individuais de desempenho do que a extroversão e o neuroticismo. Além disso, o padrão de resultados foi inconsistente com as teorias de Eysenck e Gray, mas não com a de Newman.

## Zuckerman

Zuckerman (1978, 1979, 1983, 1984, 1989, 1991) desenvolveu o modelo de um traço que chamou de busca de sensação. A busca de sensação correlaciona-se com as medidas de Eysenck de extroversão e psicoticismo, mas Zuckerman afirma que esse traço não pode ser incluído na tipologia de Eysenck. A busca de sensação tem quatro componentes: *de emoção e aventura*, buscar sensações excitantes em atividades de risco; *de experiências*, buscar excitamento por meio da mente, dos sentidos e de um estilo de vida não-conformista; *de desinibição*, buscar sensações pela estimulação social e por meio de comportamentos desinibitórios como beber; e de *suscetibilidade à monotonia*, evitar situações e atividades monótonas e tediosas. Os escores na escala total da busca de sensação ou em suas subescalas apresentam relacionamentos significativos com uma variedade de comportamentos como uso de drogas, atividade sexual, participar de esportes perigosos e uma preferência por comidas estimulantes. Com base em achados, como correlações negativas da busca de sensação com monoamino oxidase, dopamina-beta-hidroxilase e noradrenalina, Zuckerman (1983) desenvolveu uma teoria biológica para explicar diferenças individuais na busca de sensação. Em sua versão de 1984 do modelo, a elevada busca de sensação está associada a baixos níveis de atividade de noradrenalina ou excitabilidade. Essas pessoas buscam estimulação para compensar seus níveis de noradrenalina mais baixos do que os níveis ótimos.

Nos últimos anos, Zuckerman (1991, 1995; Zuckerman e colaboradores, 1996) propôs um modelo psicobiológico geral (ver Figura 9.11 adiante) para explicar os traços na concepção de personalidade dos "cinco fatores alternativos" desenvolvida por ele (Zuckerman, Kuhlman, Joireman, Teta & Kraft, 1993). O modelo propõe que "traços biologicamente baseados de afeto positivo e 'de expectativa de recompensa generalizada' são uma base para os componentes de sociabilidade e de atividade do traço de extroversão, e que os traços disfóricos, particularmente a ansiedade e a 'expectativa de punição generalizada', são subjacentes ao neuroticismo (emocionalidade geral)... A hostilidade está associada à agressão, e juntas elas constituem um fator importante da personalidade no nosso modelo de cinco fatores... Mas a hostilidade também está associada ao fator disfórico geral, ou de emocionalidade negativa, subjacente ao neuroticismo. Segundo o meu modelo, o principal mecanismo subjacente ao traço de busca de sensação não-socializada impulsiva (ImpUSS) é a desinibição vs. inibição. Esse traço descreve a tendência a responder com um comportamento de abordagem impulsiva na presença de sinais tanto de recompensa quanto de punição, ou uma relativa insensibilidade a sinais de punição nessa situação" (Zuckerman e colaboradores, 1996, p. 1-2). Esse é um dos poucos modelos que promete rivalizar com o desenvolvido por Eysenck em termos de amplitude descritiva e de poder explanatório.

## *STATUS* ATUAL E AVALIAÇÃO

O modelo de Hans Eysenck da personalidade tem três características definidoras. Primeiro, ele se baseia em uma descrição hierárquica do componente temperamental da personalidade em termos de traços específicos mais as três dimensões tipológicas gerais de psicoticismo, extroversão e neuroticismo. Assim, ele especifica um sistema descritivo tridimensional para a personalidade. Além disso, oferece testes escritos para medir as diferenças individuais nessas dimensões. Segundo, Eysenck dá uma explicação causal para diferenças observadas nas três tipologias e seus traços componentes, em termos de características neurológicas subjacentes. No domínio da introversão-extroversão, por exemplo, a característica fundamental ou genotípica é a quantidade de excitação cortical. Isso gera um nível característico de sensibilidade à estimulação ambiental. Dentro dos limites impostos pela inibição transmarginal, a sensibilidade à estimu-

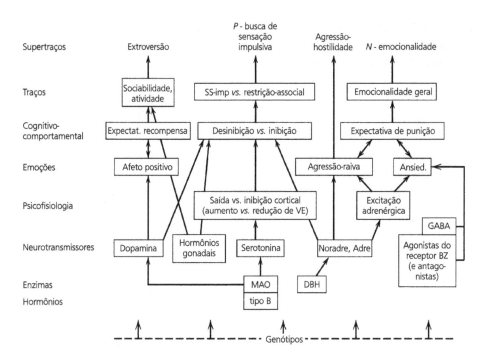

**FIGURA 9.11** Modelo psicobiológico de Zuckerman da personalidade (Noradre = noradrenalina; Adre = adrenalina; GABA = ácido gama-aminobutírico; MAO = monoaminoxidase; SS-IMP = busca de sensação impulsiva) (Reimpressa com a permissão de Zuckerman, 1991, p. 407.)

lação afeta o condicionamento, a vigilância e várias outras tarefas. No nível fenotípico ou observável, os indivíduos podem ser escalados nos traços e tipos. Segundo esse modelo "biossocial", o comportamento observado é uma função da interação entre os fatores biológicos e o ambiente ao qual o indivíduo está exposto. Terceiro, o modelo de Eysenck é estruturado de uma maneira que permite testes experimentais de hipóteses derivadas, e o próprio Eysenck estava comprometido com o processo científico de avaliar as teorias em termos de seu grau de confirmação experimental. Os experimentos provocados pelo modelo de Eysenck não confirmaram uniformemente suas proposições, mas apoiaram claramente seu argumento de que uma teoria adequada da personalidade precisa incorporar todas as três características. Independentemente do destino do seu modelo, e isso representa uma realização e tanto.

Apesar dos aspectos positivos de sua teoria, precisamos apontar vários problemas. Primeiro, as hipóteses derivadas da teoria nem sempre foram confirmadas. Além disso, alguns pesquisadores, trabalhando na tradição eysenckiana, concluíram que certos efeitos preditos pela teoria dependem de variáveis adicionais como a hora do dia (p. ex., Anderson & Revelle, 1994; Revelle e colaboradores, 1980). Segundo, Eysenck ocasionalmente faz suposições ad hoc para preservar o modelo. Terceiro, a tentativa de especificar uma explicação biológica para as características fenotípicas não foi inteiramente satisfatória, e as explicações estão se tornando obsoletas. Por exemplo, a "excitação" não pode ser considerada uma variável fisiológica unitária. Quarto, a tentativa de explicar a socialização em termos da maior condicionabilidade dos introvertidos fica comprometida por modificações no modelo de 1967, que limita a vantagem de condicionamento dos introvertidos a certas condições. Além disso, a primazia da estrutura tridimensional de Eysenck não foi demonstrada convincentemente.

Dada essa revisão, dois sumários de Nathan Brody parecem adequados como conclusão. Primeiro: "Parece, para este autor, que nenhum outro teórico da personalidade chegou mais perto de entender a forma que deve ter uma teoria da personalidade geralmente satisfatória" (1972, p. 70). Segundo: "Nos últimos 15 anos, as inadequações empíricas da teoria biológica de Eysenck tornaram-se mais manifestas, mas ainda é verdade que praticamente não existe nenhuma outra teoria rival de escopo comparável" (1988, p. 158).

# ÊNFASE NA REALIDADE PERCEBIDA

Esta seção do livro trata de dois teóricos, George Kelly e Carl Rogers. Ambos foram descritos, em momentos diversos, como teóricos fenomenológicos, cognitivos, humanistas, existenciais, e inclusive como teóricos da aprendizagem, embora eles próprios tenham repudiado esses rótulos. O título da nossa seção deriva-se do fato de a questão central em ambas as teorias ser a maneira como o indivíduo usa sua experiência para construir ou interpretar a realidade à qual ele vai responder. Essa ênfase está refletida na elevada pontuação que ambas as teorias recebem na Tabela 3, no item ambiente psicológico. Na Tabela 3 também estão aparentes outras semelhanças

**TABELA 3**  Comparação Dimensional de Teorias da Realidade Percebida

| Parâmetro Comparado | Kelly | Rogers |
|---|---|---|
| Propósito | A | A |
| Determinantes inconscientes | M | B |
| Processo de aprendizagem | M | M |
| Estrutura | B | B |
| Hereditariedade | B | B |
| Desenvolvimento inicial | B | B |
| Continuidade | B | B |
| Ênfase organísmica | M | A |
| Ênfase no campo | A | A |
| Singularidade | M | M |
| Ênfase molar | M | A |
| Ambiente psicológico | A | A |
| Autoconceito | B | A |
| Competência | A | B |
| Afiliação grupal | M | M |
| Ancoramento na biologia | B | B |
| Ancoramento na ciência social | M | M |
| Motivos múltiplos | B | B |
| Personalidade ideal | B | A |
| Comportamento anormal | M | M |

*Nota:* A indica alto (enfatizado), M indica moderado e B indica baixo (pouco enfatizado).

entre Kelly e Rogers, tais como a forte ênfase no propósito e no campo dentro do qual ocorre o comportamento, mais uma relativa falta de ênfase em estrutura, hereditariedade, desenvolvimento inicial, continuidade e biologia. Além disso, ambos os modelos incorporam uma crítica explícita às tradicionais abordagens à motivação. Os motivos específicos são descartados como rótulos desnecessários sem nenhuma utilidade explanatória, embora Rogers construa seu modelo em torno de uma força unitária que ele chama de tendência realizadora, e o modelo de Kelly se baseie no motivo implícito de antecipar resultados com exatidão.

Em geral nós não examinamos estratégias terapêuticas neste texto, mas vale a pena observar que Rogers e Kelly adotam posturas clínicas distintas. Rogers é bem-conhecido por sua abordagem centrada no cliente, em que o terapeuta cria um ambiente não-ameaçador no qual o cliente se sente livre para explorar problemas e encontrar suas próprias respostas. A abordagem de Kelly não é tão conhecida, mas é igualmente distintiva. Ele vê os neuróticos como "maus cientistas", presos a teorias sobre o mundo que levam a predições incorretas sobre as conseqüências de seu comportamento. Ao contrário de Freud, que enfatiza a fixação em um estágio desenvolvimental específico, Kelly propõe que ficamos "pendurados" em modos de interpretar o mundo que simplesmente não funcionam. Na verdade, como logo veremos, Kelly provavelmente é o teórico mais não-freudiano deste livro. Tanto Rogers quanto Kelly são otimistas na crença de que as pessoas não são vítimas de suas biografias e estão livres para escolher mudar. Kelly chega ao ponto de sugerir que a personalidade é como uma muda de roupas: se não serve direito, troque por uma nova! Sua terapia de papel fixo sugere alternativas enquanto oferece a segurança que permite às pessoas experimentarem novas roupas psicológicas.

Essas orientações terapêuticas levam a duas diferenças importantes entre Kelly e Rogers. Primeiro, o modelo de Rogers baseia-se muito no autoconceito. Ele descreve um "projeto genético" que nos predispõe a certas características e enfatiza o processo pelo qual o condicionamento social nos aliena do nosso verdadeiro *self*. Kelly, em claro contraste, vê o *self* como um fenômeno muito mais fluido. Segundo, Rogers identifica determinadas características das personalidades sadias, mas, para Kelly, ser sadio se reduz simplesmente a ser capaz de antecipar as conseqüências do comportamento.

Os dois capítulos que vêm a seguir examinam as duas teorias. Nós também salientamos as numerosas semelhanças, diferenças e redefinições de conceitos familiares que Kelly e Rogers oferecem. No processo, apresentamos as posições relacionadas de Kurt Lewin, Kurt Goldstein e Abraham Maslow.

# CAPÍTULO 10

# A Teoria do Constructo Pessoal de George Kelly

INTRODUÇÃO E CONTEXTO ............................................................................... 318

*KURT LEWIN* .................................................................................................... 319
A ESTRUTURA DA PERSONALIDADE ................................................................. 319
    O Espaço de Vida    320
    Diferenciação    321
    Conexões entre as Regiões    322
    O Número de Regiões    323
    A Pessoa no Ambiente    324
A DINÂMICA DA PERSONALIDADE ...................................................................... 324
    Energia    325
    Tensão    325
    Necessidade    325
    Tensão e Ação Motora    326
    Valência    326
    Força ou Vetor    326
    Locomoção    327
O DESENVOLVIMENTO DA PERSONALIDADE ...................................................... 328

*GEORGE KELLY* ............................................................................................... 329
HISTÓRIA PESSOAL ........................................................................................... 329
SUPOSIÇÕES BÁSICAS ...................................................................................... 331
    Alternativismo Construtivo    331
    Homem-Cientista    332
    Foco no Constructor    333
    Motivação    333
    Ser Si Mesmo    334
CONSTRUCTOS PESSOAIS ................................................................................ 334
    Escalas    335
O POSTULADO FUNDAMENTAL E SEUS COROLÁRIOS ...................................... 336
O CONTÍNUO DA CONSCIÊNCIA COGNITIVA ..................................................... 340
CONSTRUCTOS SOBRE MUDANÇA .................................................................... 340
PESQUISA CARACTERÍSTICA E MÉTODOS DE PESQUISA ................................. 341
PESQUISA ATUAL .............................................................................................. 343
*STATUS* ATUAL E AVALIAÇÃO .......................................................................... 344

## INTRODUÇÃO E CONTEXTO

As ciências mais antigas da física e da química com freqüência influenciaram o curso de ciências mais novas, como a psicologia, fornecendo-lhes maneiras de conceber e pensar sobre os fenômenos naturais. À medida que novos pontos de vista se desenvolvem na física e na química, é quase inevitável, considerando a unidade básica de todas as ciências, que eles sejam absorvidos pelas ciências menos maduras e aplicados em suas áreas especiais. Não surpreende, portanto, que o conceito de campo da física, iniciado pelo trabalho de Faraday, Maxwell e Hertz sobre campos eletromagnéticos no século XIX e culminando na poderosa teoria de Einstein da relatividade no século XX, tenha tido um impacto sobre o pensamento psicológico moderno.

A primeira manifestação importante da influência da teoria física de campo sobre a psicologia apareceu no movimento conhecido como psicologia da Gestalt, iniciado por três psicólogos alemães, Max Wertheimer, Wolfgang Köhler e Kurt Koffka, nos anos imediatamente precedentes à Primeira Guerra Mundial. O princípio mais importante da psicologia da Gestalt é que o comportamento é determinado pelo campo psicofísico, que consiste em um sistema organizado de pressões ou tensões (forças) análogas a um campo gravitacional ou eletromagnético. A nossa maneira de perceber um objeto, por exemplo, é determinada pelo campo total em que o objeto está inserido.

Embora a psicologia da Gestalt seja uma teoria psicológica geral, ela se ocupa primariamente da percepção, da aprendizagem e do pensamento, e não da personalidade. Mas Kurt Lewin criou uma teoria de campo da personalidade (1935, 1936, 1951). Apesar de profundamente influenciado pela psicologia da Gestalt e também pela psicanálise, sua teoria é uma formulação inteiramente original. Nós começaremos considerando brevemente a teoria de Lewin da personalidade, e depois trataremos de George Kelly, cuja teoria é o foco do capítulo.

Kurt Lewin.

# KURT LEWIN

Kurt Lewin nasceu em 9 de setembro de 1890, em uma pequena vila na província prussiana de Posen. O segundo de quatro filhos, seu pai possuía e administrava um loja que vendia todo tipo de mercadorias. A família mudou-se para Berlim em 1905, onde Lewin completou o ensino secundário. Ele então ingressou na Universidade de Freiburg, pretendendo estudar medicina, mas logo desistiu da idéia e, depois de um semestre na Universidade de Munique, voltou a Berlim em 1910 para estudar psicologia na universidade de lá. Ele foi aluno de Carl Stumpf, um psicólogo experimental extremamente respeitado. Depois de obter seu doutorado em 1914, Lewin serviu no exército alemão por quatro anos na infantaria, passando de soldado raso a tenente. No final da guerra, ele voltou à Universidade de Berlim como instrutor e assistente de pesquisa no Instituto Psicológico. Max Wertheimer e Wolfgang Köhler, dois dos três fundadores da psicologia da Gestalt, também estavam na Universidade de Berlim na época. Em 1926, Lewin foi promovido a professor. Durante sua permanência na Universidade de Berlim, Lewin e seus alunos publicaram uma série de brilhantes artigos experimentais e teóricos (De Rivera, 1976).

Quando Hitler subiu ao poder, Lewin trabalhava como professor-visitante na Universidade de Stanford. Ele voltou à Alemanha para encerrar seus negócios e depois retornou aos Estados Unidos, onde residiu pelo restante de sua vida. Ele lecionou psicologia da criança na Universidade de Cornell por dois anos (1933-1935), antes de ser chamado pela Universidade Estadual de Iowa como professor de psicologia na *Child Welfare Station*. Em 1945, Lewin aceitou o cargo de professor e diretor do *Research Center for Group Dynamics* no Instituto de Tecnologia de Massachusetts. Na mesma época, ele se tornou diretor da *Commission of Community Interrelations of the American Jewish Congresss* engajando-se na pesquisa de problemas da comunidade. Ele morreu de ataque cardíaco, subitamente, em Newtonville, Massachusetts, em 12 de fevereiro de 1947, aos 56 anos de idade.

As principais características da teoria de campo de Lewin podem ser resumidas conforme segue: (1) o comportamento é uma função do campo que existe no momento em que ocorre o comportamento, (2) a análise começa com a situação como um todo, a partir do qual as partes componentes são diferenciadas, e (3) a pessoa concreta em uma situação concreta pode ser representada matematicamente. Lewin também enfatizou forças subjacentes (necessidades) como determinantes do comportamento, e expressou uma preferência por descrições psicológicas, não físicas ou fisiológicas, do campo. Um campo é definido como "a totalidade de fatos coexistentes que são concebidos como mutuamente interdependentes" (Lewin, 1951, p. 240).

## A ESTRUTURA DA PERSONALIDADE

O primeiro passo para definir a pessoa como um conceito estrutural é representá-la como uma entidade separada de tudo o mais no mundo. Essa separação pode ser feita em palavras, como em uma definição de dicionário, ou por uma representação espacial da pessoa. Já que as representações espaciais podem ser tratadas matematicamente e as definições verbais não, Lewin preferiu definir espacialmente os seus conceitos estruturais. Dessa maneira, ele tentou matematizar seus conceitos desde o início.

A separação da pessoa do resto do universo é realizada desenhando-se uma figura fechada. As fronteiras da figura definem os limites da entidade conhecida como a pessoa. Tudo o que está dentro das fronteiras é $P$ (a pessoa); tudo o que está fora das fronteiras é não-$P$.

O passo seguinte na representação da realidade psicológica é desenhar uma outra figura fechada maior, que circunda a pessoa. A forma e o tamanho dessa figura circundante não são importantes uma vez que ela preenche as duas condições: ser maior do que a pessoa e circundá-la. Para essa representação, Lewin preferia uma figura de forma levemente elíptica. Também é necessária uma outra qualificação. A nova figura não pode compartilhar qualquer parte da fronteira do círculo que representa a pessoa. Deve haver um espaço entre a fronteira da pessoa e a fronteira da figura maior. Com exceção dessa restrição, o círculo pode ser colocado em qualquer lugar dentro da elipse. Os tamanhos relativos das duas formas não são importantes.

Nós agora temos o desenho de um círculo circundado por uma elipse que não chega a tocar nele (Figura 10.1). A região entre os dois perímetros é o *ambiente psicológico*, A. A área total dentro da elipse, incluindo o círculo, é o *espaço de vida*, V. O espaço dentro da elipse representa os aspectos não-psicológicos do universo. Por uma questão de conveniência, chamaremos essa região de mundo físico, embora ela não se restrinja apenas a fatos físicos. No mundo não-psicológico, por exemplo, também existem fatos sociais.

## O Espaço de Vida

Embora nós tenhamos começado com a pessoa e depois tenhamos a cercado com um ambiente psicológico, estaria mais de acordo com a regra de Lewin de ir do geral para o particular se tivéssemos começado com o espaço de vida e diferenciado-o da pessoa e do ambiente. Com efeito, o espaço de vida é o universo do psicólogo; é o todo da realidade psicológica. Ele contém a totalidade de fatos *possíveis* capazes de determinar o comportamento de um indivíduo. Ele inclui *tudo* o que precisa ser conhecido para se compreender o comportamento concreto de um determinado ser humano em um ambiente psicológico específico em dado momento. O comportamento é uma função do espaço de vida, $C = f(V)$: "A tarefa da psicologia dinâmica é derivar inequivocamente o comportamento de um determinado indivíduo da totalidade dos fatos psicológicos que existem no espaço de vida em um dado momento" (Lewin, 1936).

O fato de o espaço de vida ser cercado pelo mundo físico não significa que ele seja uma parte do mundo físico. O espaço de vida e o espaço além dele são regiões diferenciadas e separadas de uma totalidade maior. A possibilidade dessa totalidade maior, o universo, ser finita ou infinita, caos ou cosmos, não preocupa a psicologia, exceto em um aspecto muito importante. Os fatos que existem na região externa e adjacente à fronteira do espaço de vida, uma região que Lewin chama de "o invólucro exterior do espaço de vida", podem influenciar materialmente o ambiente psicológico. Isto é, os fatos não-psicológicos podem alterar e realmente alteram os fatos psicológicos. Lewin sugeriu chamar o estudo dos fatos no invólucro exterior de "ecologia psicológica" (1951, Capítulo VIII). O primeiro passo em uma investigação psicológica é estabelecer a natureza dos fatos que existem na fronteira do espaço de vida, uma vez que eles ajudam a determinar o que é e o que não é possível, o que pode ou não acontecer no espaço de vida.

Os fatos no ambiente psicológico também podem produzir mudanças no mundo físico. Existe uma comunicação bidirecional entre as duas esferas. Conseqüentemente, dizemos que a fronteira entre o espaço de vida e o mundo externo tem a propriedade de *permeabilidade*. As implicações de uma fronteira permeável entre o espaço de vida e o mundo físico são de extrema importância. Uma vez que um fato no mundo não-psicológico pode mudar radicalmente todo o curso de eventos no espaço de vida, a predição apenas a partir de leis psicológicas geralmente é ineficaz. Nunca podemos ter certeza, antecipadamente, de que um fato do invólucro exterior não vai penetrar na fronteira do espaço de vida e virar tudo de pernas para o ar no ambiente psicológico. Um encontro casual, um telefonema inesperado ou um acidente de automóvel podem mudar o curso de vida de uma pessoa. Portanto, como Lewin enfatiza, é melhor o psicólogo tentar compreender a situação psicológica momentânea, concreta, descrevendo-a e explicando-a em termos teóricos de campo do que tentando predizer como uma pessoa vai-se comportar em um momento futuro.

Uma outra propriedade do espaço de vida deve ser destacada. Embora a pessoa esteja cercada pelo

$(P + A =$ Espaço de vida, $V)$

**FIGURA 10.1**

ambiente psicológico, ela não é uma parte dele, nem está incluída nele. O ambiente psicológico termina no perímetro do círculo, exatamente como o mundo não-psicológico termina no perímetro da elipse. Entretanto, a fronteira entre a pessoa e o ambiente também é uma fronteira permeável. Isso significa que os fatos ambientais podem influenciar a pessoa, $P = f(A)$ e que os fatos pessoais podem influenciar o ambiente, $A = f(P)$. Antes de examinar a natureza dessa influência, precisamos fazer uma outra diferenciação dentro da estrutura da pessoa e do ambiente.

## Diferenciação

Até este ponto, a pessoa foi representada como um círculo vazio. A representação seria apropriada se a pessoa fosse uma unidade perfeita, o que ela não é. Lewin afirmava que a estrutura da pessoa é heterogênea, não homogênea, que ela está subdividida em partes separadas, mas intercomunicantes. Para representar essa situação, a área dentro do círculo é dividida em zonas.

O procedimento é o seguinte. Primeiro, dividir a pessoa em duas partes, desenhando um círculo concêntrico dentro do círculo maior. A parte externa representa a *região perceptual-motora* (P-M), a parte central representa a *região intrapessoal*. A região intrapessoal está completamente cercada pela área perceptual-motora, de modo que ela não tem nenhum contato direto com a fronteira que separa a pessoa do ambiente. O segundo passo é dividir a região intrapessoal em células (Figura 10.2). As células adjacentes à região perceptual-motora são chamadas de células *periféricas*, $p$; as que estão no centro do círculo são chamadas de células *centrais, c*.

Em essência, a pessoa é definida como uma região diferenciada no espaço de vida. Agora vamos examinar o ambiente psicológico. Um ambiente homogêneo ou indiferenciado é aquele em que todos os fatos são igualmente influentes sobre a pessoa. Nesse ambiente, a pessoa teria perfeita liberdade de movimento, uma vez que não haveria nenhuma barreira para impedi-la. Essa completa liberdade de movimento obviamente não representa o verdadeiro estado de coisas. Portanto, é necessário subdividir o ambiente em regiões parciais (ver Figura 10.3, p. 322).

Existe uma diferença entre a diferenciação do ambiente e a diferenciação da pessoa. Não é necessário distinguir *tipos* diferentes de regiões ambientais. O ambiente não contém nada comparável a uma camada perceptual-motora ou a uma esfera intrapessoal. Todas as regiões do ambiente são semelhantes. Mas devemos salientar que, na representação concreta de uma pessoa específica, em uma situação psicológica concreta e em um determinado momento, devem ser conhecidos o número exato e as posições relativas das sub-regiões ambientais, bem como o número exato e as posições relativas da esfera intrapessoal, se quisermos compreender o comportamento. Uma análise estrutural completa e acurada revela a totalidade dos fatos psicológicos possíveis na situação momentânea. Uma análise dinâmica, o tópico da próxima seção deste capítulo, nos diz quais dos fatos possíveis vão realmente determinar o comportamento.

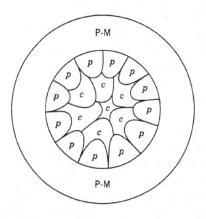

**FIGURA 10.2**

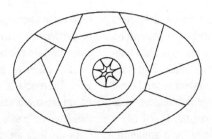

**FIGURA 10.3**

## Conexões entre as Regiões

O espaço de vida está agora representado por uma pessoa diferenciada cercada por um ambiente diferenciado. Tal diferenciação foi feita desenhando-se linhas que servem como fronteiras entre as regiões. Mas não pretendemos que essas fronteiras representem barreiras impenetráveis que dividem a pessoa e o ambiente em regiões independentes e desconectadas. A permeabilidade, como já salientamos, é uma das propriedades de uma fronteira. Sendo assim, o espaço de vida consiste em uma rede de sistemas interconectados.

O que queremos dizer com regiões conectadas? Para responder a esta pergunta, vamos supor que cada uma das sub-regiões do ambiente contém um fato psicológico, e que o mesmo fato não aparece em mais de uma região ao mesmo tempo. (O uso que Lewin faz da palavra *fato* neste contexto pode soar estranho para alguns ouvidos. Um fato, para Lewin, não é apenas alguma coisa observável como uma cadeira ou um jogo de futebol; é também alguma coisa que talvez não seja diretamente observável, mas que pode ser inferida a partir de algo observável. Em outras palavras, existem fatos empíricos e fenomenais e fatos hipotéticos ou dinâmicos. Qualquer coisa, quer sentida quer inferida, é um fato aos olhos de Lewin. Um evento, por outro lado, é o resultado da interação de vários fatos. Uma cadeira e uma pessoa são fatos, mas uma pessoa sentando-se em uma cadeira é um evento.) Dizemos que duas regiões estão conectadas quando um fato em uma região está em comunicação com um fato em outra região. Por exemplo, dizemos que uma pessoa está conectada com o ambiente porque um fato contido nele pode alterar, modificar, deslocar, intensificar ou minimizar os fatos dentro da pessoa. Em linguagem comum, o ambiente pode mudar a pessoa e vice-versa. Lewin também diz que duas regiões estão conectadas quando os fatos de uma região são acessíveis aos fatos de outra região. A acessibilidade é o equivalente espacial da influência.

O nosso problema imediato, então, é como representar a extensão da influência ou a acessibilidade entre as regiões. Há várias maneiras de fazer isso. Uma delas é colocar as regiões próximas quando a influência de uma sobre a outra é grande, e colocá-las separadas quando a influência é fraca. A influência diminui à medida que o número de regiões intervenientes diminui. Esse tipo de representação pode ser chamado de dimensão *proximidade-distância*.

Duas regiões podem estar muito próximas, inclusive compartilhar uma fronteira comum, e, no entanto, não influenciar ou ser acessível uma à outra. O grau de conexão ou interdependência não é apenas uma questão do número de fronteiras que precisa ser cruzado; mas também depende da força da resistência oferecida pela fronteira. A resistência de uma fronteira, ou sua permeabilidade, é representada pela largura da linha da fronteira. Uma linha muito fina representa uma fronteira frágil; uma linha grossa representa uma fronteira impermeável. Esse tipo de representação pode ser chamado de dimensão *firmeza-fragilidade*.

Uma terceira maneira de representar as interconexões entre as regiões é levar em conta a natureza do meio de uma região. O meio de uma região é a qualidade de sua superfície. Lewin distinguiu várias propriedades do meio, a mais importante das quais é a dimensão de *fluidez-rigidez*. Um meio fluido é aquele que responde rapidamente a qualquer influência agindo sobre ele. É flexível e maleável. Um meio rígido resiste à mudança. É duro e inelástico. Duas regi-

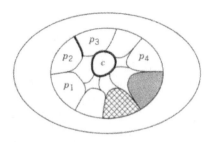

**FIGURA 10.4**

ões que estão separadas uma da outra por uma região cuja qualidade de superfície é extremamente rígida não poderão comunicar-se. É semelhante a uma pessoa tentando cruzar um pântano ou atravessar uma mata cerrada.

Utilizando os conceitos de proximidade-distância, firmeza-fragilidade e fluidez-rigidez, podemos representar a maioria das conexões possíveis no espaço de vida.

Esses mesmos conceitos se aplicam também à pessoa. Por exemplo, uma pessoa inacessível está firmemente separada do ambiente por uma parede grossa. A Figura 10.4 (ver acima) retrata uma pessoa complexamente estruturada. As células *p1* e *p2* estão estreitamente conectadas, enquanto *p2* e *p3* estão separadas uma da outra por uma fronteira impermeável. A região *c* tem pouca ou nenhuma acessibilidade a qualquer outra região. É como se essa área estivesse dissociada do restante da pessoa. A célula quadriculada é impenetrável à influência devido à qualidade túrgida de sua superfície, enquanto a área cinzenta é facilmente influenciada. A região *p4* está remotamente conectada com *p1, p2* e *p3*. A Figura 10.5 retrata um ambiente psicológico complexamente estruturado.

Devemos lembrar que esses desenhos representam situações momentâneas. Não existe nada de fixo ou estático neles, que mudam constantemente em resultado de forças dinâmicas. Não podemos caracterizar a pessoa como sendo de uma determinada maneira por um longo período de tempo. Uma fronteira firme pode dissolver-se subitamente, uma fronteira frágil pode enrijecer-se. As regiões distantes podem aproximar-se. Um meio rígido se suaviza, enquanto um meio flexível endurece. Mesmo o número de regiões pode aumentar ou diminuir de momento a momento. Conseqüentemente, as representações espaciais estão continuamente tornando-se obsoletas, porque a realidade psicológica está sempre mudando. Lewin não se interessava muito por traços fixos, hábitos rígidos ou outras constantes da personalidade. Os conceitos desse tipo são característicos do pensamento aristotélico que Lewin deplorava (1935, Capítulo 1).

## O Número de Regiões

O número de regiões no espaço de vida é determinado pelo número de fatos psicológicos separados que existem em um dado momento do tempo. Quando há

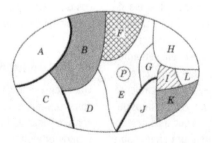

**FIGURA 10.5**

apenas dois fatos, a pessoa e o ambiente, existem apenas duas regiões no espaço de vida. Se o ambiente contém dois fatos, por exemplo, o fato do jogar e o fato do trabalhar, então o ambiente tem de ser dividido em uma área de jogar e em uma área de trabalhar. Se existem vários tipos diferentes de fatos de jogar, por exemplo, o fato de jogar futebol, o fato de jogar xadrez e o fato de jogar dardos, então a área de jogar deve ser dividida em tantas sub-regiões quantos são os fatos de jogar. Da mesma forma, pode haver diferentes tipos de fatos de trabalho, cada um dos quais deve ter sua região separada. O número de regiões na pessoa também é determinado pelo número de fatos pessoais existentes. Se só existe o fato de sentir fome, a esfera intrapessoal consistirá apenas em uma região. Mas, se, além do fato da fome, também existir a necessidade de terminar um determinado trabalho, a região intrapessoal tem de ser dividida em duas regiões. Como veremos mais adiante, os principais fatos da região intrapessoal são chamados de *necessidades*, enquanto os fatos do ambiente psicológico são chamados de *valências*. Cada necessidade ocupa uma célula separada na região intrapessoal e cada valência ocupa uma região separada no ambiente psicológico.

## A Pessoa no Ambiente

Anteriormente, quando discutimos a colocação da pessoa no ambiente, dissemos que não fazia diferença onde o círculo era colocado dentro da elipse desde que suas duas fronteiras não se tocassem. Isso vale apenas para um ambiente indiferenciado, homogêneo, onde todos os fatos estão na mesma região, isto é, onde todos os fatos são idênticos. Assim que o ambiente se diferencia em regiões separadas por fronteiras, o lugar onde colocamos o círculo faz uma considerável diferença. Em qualquer região que o coloquemos, os fatos dessa região estão mais próximos da pessoa e têm maior influência sobre ela do que os fatos de qualquer outra região. O entendimento de uma situação psicológica concreta requer, portanto, que saibamos onde a pessoa está em seu ambiente psicológico. Fisicamente a pessoa pode estar sentada em uma sala de aula, mas, psicologicamente, estar jogando beisebol no *playground*. Alguns fatos que existem na sala de aula, como aquilo que a professora está falando, podem não causar nenhum efeito sobre um garoto, ao passo que um bilhete da menina da

mesa ao lado pode facilmente desviar seu pensamento do jogo de beisebol.

A maneira como as regiões que constituem o espaço de vida estão interconectadas representa o grau de influência ou acessibilidade entre as regiões. Exatamente como se expressa essa influência ou acessibilidade? No exemplo anterior do garoto que é acessível ao bilhete da menina, mas é inacessível ao que a professora está dizendo, acessibilidade significa que o menino pode passar mais facilmente para a região da menina do que para a região da professora. Quando a menina realiza a ação de passar um bilhete para o menino, ele pode sair da região do beisebol e entrar na região dela. Ele fez o que Lewin chama de *locomoção*. As duas regiões estão estreitamente conectadas, acessíveis uma à outra e mutuamente influentes se locomoções podem ser feitas facilmente entre elas.

Uma locomoção no ambiente psicológico não significa que a pessoa tenha de fazer um movimento físico através do espaço; de fato, a maioria das locomoções que interessam à psicologia envolve muito pouco movimento físico. Existem locomoções sociais como juntar-se a um clube, locomoções profissionais como ser promovido, locomoções intelectuais como resolver um problema, e muitos outros tipos.

Nós vemos agora que uma propriedade importante do ambiente psicológico é ele ser uma região em que a locomoção é possível: "Podemos tratar todas as coisas como um ambiente no qual, rumo ao qual ou para longe do qual a pessoa, como um todo, pode realizar locomoções" (Lewin, 1936, p. 167). Ao realizar uma locomoção, a pessoa segue por um caminho através do ambiente. A direção do caminho e as regiões através das quais ele passa são determinadas em parte pela força das fronteiras e pela fluidez das regiões e, em parte, por fatores dinâmicos que serão discutidos mais adiante.

Vamos examinar agora alguns conceitos dinâmicos de Lewin que, tomados juntos, constituem o que ele chama de *psicologia de vetor*.

## A DINÂMICA DA PERSONALIDADE

Uma representação estrutural do espaço de vida é como um mapa de estrada. Um bom mapa de estrada contém todas as informações necessárias para planejarmos qualquer tipo de viagem, exatamente como uma boa representação estrutural de pessoas e de seu ambiente contém todos os fatos necessários para explicarmos qualquer tipo possível de comportamento. Mas assim como um mapa de estrada não pode nos dizer que viagem a pessoa vai querer fazer, um quadro detalhado do espaço de vida também não nos dirá como a pessoa vai-se comportar. Os conceitos estruturais ou tipológicos sozinhos não conseguem explicar o comportamento concreto em uma situação psicológica real. Para esse tipo de entendimento precisamos de conceitos dinâmicos. Os principais conceitos dinâmicos de Lewin são energia, tensão, necessidade, valência e força ou vetor.

## Energia

Lewin, como a maioria dos teóricos da personalidade, supõe que a pessoa é um sistema complexo de energia. O tipo de energia que realiza o trabalho psicológico é chamado de *energia psíquica*. Uma vez que a teoria de Lewin tem um caráter exclusivamente psicológico, não é necessário que ele trate da questão da relação da energia psíquica com outros tipos de energia.

A energia psíquica é liberada quando o sistema psíquico (a pessoa) tenta voltar ao equilíbrio depois de ter sido arremessado a um estado de desequilíbrio. O desequilíbrio é produzido por um aumento da tensão em uma parte do sistema relativo ao restante do sistema, como resultado de estimulação externa ou de mudança interna. Quando a tensão em todo o sistema fica novamente equilibrada, a saída de energia é interrompida e o sistema total entra em repouso.

## Tensão

A tensão é um estado da pessoa ou, falando mais precisamente, é um estado de uma região intrapessoal relativo a outras regiões intrapessoais. Quando Lewin se referiu às propriedades dinâmicas de uma região ou célula da esfera intrapessoal, ele chamou a região de *sistema.*

A tensão em um determinado sistema tende a igualar-se à quantidade de tensão em sistemas circundantes (cf. o princípio de entropia de Carl Jung). Os meios psicológicos pelos quais a tensão se equaliza são chamados de *processos*. Um processo pode ser pensar, lembrar, sentir, perceber, agir ou algo parecido. Por exemplo, uma pessoa que se depara com a tarefa de resolver um problema fica tensa em um de seus sistemas. Para resolver o problema e assim reduzir a tensão, ela se empenha no processo de pensar. O processo de pensar continua até ser encontrada uma solução satisfatória, momento em que a pessoa retorna a um estado de equilíbrio. Quando a intenção pode ser lembrar um nome, o processo de memória entra em ação, lembra o nome e faz com que a tensão desapareça.

## Necessidade

O aumento de tensão ou a liberação de energia em uma região intrapessoal é causado pelo surgimento de uma necessidade. Uma necessidade pode ser uma condição fisiológica, como fome, sede ou sexo; pode ser um desejo de alguma coisa, como um emprego ou um cônjuge; ou pode ser uma intenção de fazer alguma coisa, como concluir uma tarefa ou cumprir um compromisso. Uma necessidade é, portanto, um conceito motivacional e equivale a termos como motivo, desejo, pulsão e impulso.

Lewin evitou sistematicamente discutir a natureza, a fonte, o número e os tipos de necessidades, porque ele não estava nem um pouco satisfeito com o conceito. Ele achava que o termo *necessidade* acabaria sendo trocado na psicologia por um conceito mais adequado, mais observável e mensurável. Ele também não achava importante fazer uma lista de necessidades, como tantos psicólogos fazem. Em primeiro lugar, a lista seria quase infinitamente longa e, em segundo lugar, o único elemento que realmente importa na descrição da realidade psicológica é representar aquelas necessidades que realmente existem na situação momentânea. Elas são as únicas necessidades que estão produzindo efeitos. Em um nível abstrato, podemos dizer que todo mundo pode sentir fome, mas só quando a pulsão de fome está realmente perturbando o equilíbrio da pessoa é que ela precisa ser levada em conta.

Lewin também distinguiu as necessidades das *quase-necessidades*. Uma necessidade se deve a um estado interno, como a fome, enquanto uma quase-necessidade é equivalente a uma intenção específica, como satisfazer a fome, comendo em um determinado restaurante. Lewin achava que as necessidades de uma pessoa são determinadas em grande extensão pelos fatores sociais (1951, p. 289).

## Tensão e Ação Motora

Até o momento, nos preocupamos principalmente com a dinâmica interna dos sistemas de tensão, isto é, com a interdependência e a comunicação dinâmica entre sistemas. Qual é a relação da tensão com a ação? Poderíamos conjecturar que a energia fluindo de uma região intrapessoal para a motora resultaria diretamente em uma locomoção psicológica. Mas Lewin rejeitou essa idéia. A tensão, pressionando sobre a fronteira exterior da pessoa, não pode causar uma locomoção. Portanto, em vez de ligar a necessidade ou a tensão diretamente à ação por meio da ação motora, ele ligou a necessidade a certas propriedades do ambiente que então determinam o tipo de locomoção que vai ocorrer. Essa é uma maneira muito engenhosa de conectar a motivação ao comportamento.

Dois conceitos adicionais são necessários para tal propósito: *valência* e *força*.

## Valência

A valência é a propriedade conceitual de uma região do ambiente psicológico. É o valor daquela região para a pessoa. Existem dois tipos de valor: positivo e negativo. Uma região de valor positivo é aquela que contém um objeto-meta que reduzirá a tensão quando a pessoa entrar na região. Por exemplo, uma região que contenha comida terá uma valência positiva para uma pessoa que está com fome. Uma região de valor negativo é aquela que vai aumentar a tensão. Para uma pessoa que tem medo de cachorros, qualquer região que contenha um cachorro terá uma valência negativa. As valências positivas atraem, as valências negativas repelem.

Uma valência está coordenada com uma necessidade. Isso significa que o fato de uma determinada região do ambiente ter um valor positivo ou negativo depende diretamente de um sistema em um estado de tensão. As necessidades conferem valores ao ambiente. Elas organizam o ambiente em uma rede de regiões convidativas e repelentes. Mas a rede de valências também depende de fatores exteriores que fogem do escopo das leis psicológicas. A presença ou a ausência dos objetos dos quais precisamos obviamente desempenha um papel importante na estruturação do ambiente psicológico. O fato de a comida estar presente e ser reconhecível, que tipo de comida ela é e

em que quantidade, sua disponibilidade, e sua proximidade em relação a objetos que possuem valência negativa, todos esses são fatores não-psicológicos que influenciam a valência de uma região para uma pessoa que está com fome.

Uma valência é uma quantidade variável: ela pode ser fraca, média ou forte. A força de uma valência depende da força da necessidade mais todos os fatores não-psicológicos mencionados antes.

Uma valência não é uma força. Ela dirige a pessoa através de seu ambiente psicológico, mas não proporciona a força motivadora para a locomoção. Como já vimos, um sistema em um estado de tensão também não produz uma locomoção. Precisamos de um outro conceito, que é o conceito de *força* ou *vetor*.

## Força ou Vetor

Ocorre uma locomoção sempre que uma força de potência suficiente age sobre a pessoa. Uma força está coordenada com uma necessidade, mas não é uma tensão. A força existe no ambiente psicológico, enquanto a tensão é uma propriedade de um sistema intrapessoal.

As propriedades conceituais da força são direção, potência e ponto de aplicação. Essas três propriedades são representadas matematicamente por um *vetor*. A direção para a qual esse vetor aponta representa a direção da força, o comprimento do vetor representa a potência da força, e o lugar onde a ponta da flecha se insere na fronteira externa da pessoa representa o ponto de aplicação. Um vetor é sempre desenhado no lado de fora da pessoa e nunca dentro, porque as forças psicológicas são propriedades do ambiente, e não da pessoa.

Se existe apenas um vetor (força) agindo sobre uma pessoa, haverá uma locomoção ou uma tendência a mover-se na direção do vetor. Se dois ou mais vetores estão empurrando a pessoa em várias direções diferentes, a locomoção conseqüente será o resultante de todas as forças.

Agora podemos ver a relação da valência com o vetor. Uma região que possui uma valência positiva é uma região em que as forças que agem sobre a pessoa estão dirigidas para essa região. Uma região de valência negativa é aquela em que os vetores estão apontando na direção oposta. Em outras palavras, a direção de um vetor é diretamente determinada pela

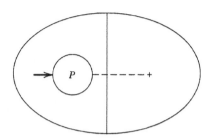

**FIGURA 10.6**

localização de uma região com valência positiva ou negativa. A potência de um vetor está relacionada à potência de uma valência, à distância psicológica entre a pessoa e a valência, e à potência relativa de outras valências.

Podemos observar, entre parênteses, que o conceito de necessidade é o único conceito com o qual todos os outros constructos dinâmicos estão coordenados. Uma necessidade libera energia, aumenta a tensão, confere valor e cria força. É o conceito central ou nuclear de Lewin, em torno do qual se agrupam todos os outros conceitos.

## Locomoção

Agora estamos em posição de representar o caminho específico que uma pessoa fará ao mover-se através de seu ambiente psicológico. Por exemplo, uma criança passa diante de uma confeitaria, olha a vitrine e fica com vontade de comer um doce. A visão do doce desperta uma necessidade, e essa necessidade dá início a três estados. Ela libera energia e, então, desperta tensão em uma região intrapessoal (o sistema que quer doce). Ela confere uma valência positiva à região em que o doce está localizado. Ela cria uma força que empurra a criança na direção do doce.

Digamos que a criança tem de entrar na confeitaria e comprar o doce. Essa situação está representada na Figura 10.6 (ver acima). Mas suponhamos que a criança não tem dinheiro; então a fronteira entre ela e o doce será uma barreira intransponível. Ela vai-se aproximar o máximo possível do doce, talvez encostando o nariz no vidro, sem conseguir alcançá-lo (Figura 10.7).

Ela pode dizer a si mesma: "Se eu tivesse dinheiro, poderia comprar um doce. Talvez a mamãe me dê algum dinheiro." Em outras palavras, é criada uma nova necessidade ou quase-necessidade, a intenção de conseguir algum dinheiro com a mãe. Essa intenção, por sua vez, desperta uma tensão, um vetor, e uma valência que estão representados na Figura 10.8 (ver p. 328). Foi desenhada uma estreita fronteira entre a criança e a mãe, a partir da suposição de que ela precisa ir para casa, encontrar a mãe e pedir-lhe dinheiro. Uma outra fronteira foi desenhada entre a mãe e o doce para representar o esforço necessário para voltar à confeitaria e fazer a compra. A criança vai ao doce por intermédio da mãe.

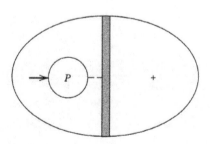

**FIGURA 10.7**

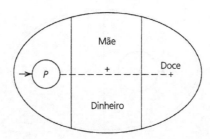

**FIGURA 10.8**

Se a mãe se recusar a dar dinheiro à criança, ela pode pensar em pedir emprestado a uma amiga. Nesse caso, a região que contém a mãe fica cercada por uma barreira impenetrável, e é feito um novo caminho, ligando a região que contém a amiga e a região em que se encontra o doce (Figura 10.9).

Essa representação topológica poderia ser complicada interminavelmente pela introdução de novas regiões ambientais, de fronteiras com graus variados de firmeza e de necessidades adicionais com seus sistemas de tensão, valências e vetores coordenados.

## O DESENVOLVIMENTO DA PERSONALIDADE

Embora Lewin não rejeitasse a idéia de que a hereditariedade e a maturação desempenham um papel no desenvolvimento, em nenhum momento ele discutiu com detalhes sua possível influência, e também não lhes atribuiu um lugar em suas representações conceituais. Isso está de acordo com a preferência de Lewin por uma teoria puramente psicológica. Uma vez que a hereditariedade e a maturação situam-se no domínio dos fatos biológicos e, portanto, existem fora do espaço de vida juntamente com os fenômenos físicos e sociais, Lewin as ignorou. O desenvolvimento, para ele, é um processo contínuo em que é difícil reconhecer estágios separados. Lewin também acreditava que uma escala de idade para descrever o desenvolvimento não é realmente adequada para se compreender o crescimento psicológico. A escala de idade terá eventualmente de ser abandonada em favor de graus de diferenciação, organização, integração e assim por diante. Além disso, a psicologia precisa dedicar-se à tarefa de descobrir os fatos coexistentes e dinamicamente relacionados que representam as condições para a mudança no momento em que ela ocorre. Não basta dizer que a criança de seis anos de idade pratica ações que a de três não. Precisamos explicar a mudança, usando os conceitos da teoria de campo.

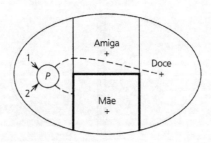

**FIGURA 10.9**

## GEORGE KELLY

A essência da abordagem da Gestalt, incluindo a abordagem gestáltica de Lewin à personalidade, é a suposição de que o comportamento é uma função do campo no qual ocorre o comportamento. O espaço de vida, ou a realidade psicológica do indivíduo, é o que determina seu comportamento. De maneira muito semelhante, a abordagem de George Kelly à personalidade baseia-se na suposição de que os indivíduos constroem a realidade à qual respondem, e a resposta está baseada no uso que o indivíduo faz de sua experiência em contextos prévios similares para antecipar as conseqüências do comportamento. Apesar da semelhança óbvia entre as abordagens de Lewin e de Kelly, logo se tornam aparentes as diferenças básicas. Por exemplo, Kelly fez uma suposição crítica crucial de que os seres humanos tentam antecipar acuradamente as conseqüências de suas ações; na verdade, essa busca torna-se a marca registrada do funcionamento sadio. Além disso, o comportamento é quase uma reflexão posterior para Kelly, ao passo que Lewin descreve detalhadamente as forças e os vetores. Da mesma forma, Kelly não achava importante discutir as necessidades específicas ou os outros motivos. A construção da realidade, ou "interpretação" nos termos de Kelly, baseia-se no sistema de constructos pessoais bipolares desenvolvido pelo indivíduo. A personalidade, por sua vez, deve ser compreendida em termos dos sistemas de constructos distintivos dos indivíduos; isto é, a personalidade reflete diferenças individuais nas tendências de interpretação e não nas tendências de comportamento. Essa abordagem singular requer uma redefinição de vários conceitos psicológicos familiares. A linguagem de Kelly pode ser difícil de compreender, mas o valor heurístico de seu modelo merece o esforço do aluno.

## HISTÓRIA PESSOAL

Maher (1969) oferece uma breve biografia da vida de Kelly, e o leitor também pode procurar Sechrest (1977) e o obituário escrito por Thompson (1968). O que se segue está baseado nessas três fontes. George Kelly nasceu em 28 de abril de 1905, em uma fazenda próxima de Perth, Kansas. Seu pai fora educado para ser ministro, mas mudou-se para essa fazenda logo depois de seu casamento. A escolarização inicial de Kelly foi irregular, mas seus pais supriam a educação dos filhos em casa. Eles finalmente decidiram mandá-lo para Wichita para cursar o ensino médio, e ele morou longe de casa a maior parte do tempo depois dos 13 anos. Kelly passou três anos na Friends University, uma escola *Quaker*, e formou-se com um B. A. em física e em matemática no Park College, em 1926. Ele pretendia estudar engenharia mecânica, mas seu crescente interesse pelos problemas sociais, estimulado por sua participação em debates entre escolas, levou-o a estudar sociologia educacional na Universidade de Kansas. Recebeu seu M.A. em 1928, com uma tese de mestrado sobre a distribuição das atividades no tempo de lazer entre os trabalhadores de Kansas City. Após um período de tempo em que ensinou matérias variadas e experimentou ser um engenheiro aeronáutico, Kelly recebeu uma bolsa de estudo de intercâmbio, em 1929. Ele viajou para a Universidade de Edinburgo, onde recebeu o grau de bacharel em educação em 1930. Kelly então voltou aos Estados Unidos, onde se matriculou em um programa de graduação em psicologia na Universidade Estadual de Iowa. Ele recebeu seu Ph.D. depois de apenas um ano, e casou-se com Gladys Thompson dois dias depois da formatura.

No outono de 1931, Kelly foi para o Fort Hays Kansas State College, onde ficou por treze anos. Foi durante esse período que ele se voltou para a psicologia clínica e conseguiu apoio legislativo para estabelecer um programa de clínicas itinerantes, que lhe permitiu atender estudantes perturbados nas escolas de todo o estado e desenvolver novas abordagens de problemas clínicos. Kelly publicou uma série de seis artigos sobre questões clínicas práticas entre 1935 e 1940. Em *The Autobiography of a Theory*, Kelly (1963) descreveu como chegou a uma "psicologia do próprio homem", com um foco na escolha e na iniciação pessoal de ações. No processo, ele voltou a uma perspectiva freudiana, que tinha ridicularizado durante o curso de graduação. Mas, gradualmente, ele passou a sentir-se desconfortável com seus "*insights*" freudianos, decidindo, em vez disso, que seus clientes precisavam de uma nova abordagem à vida e às futuras contingências. Ele também se desencantou com a importância do "*self*", acreditando que a questão central era ajudar os clientes a "imaginar novas hipóteses sobre outras maneiras de viver" (1963, p. 55).

George Kelly.

A ênfase em novos comprometimentos e redefinições de si mesmo, em tornar-se diferente do que se é atualmente, montou o cenário para a teoria de Kelly da personalidade. Também foi durante esse período que Kelly chegou à conclusão de que as queixas que os professores e os pais faziam sobre seus alunos e filhos tinham pouco valor descritivo para se entender o mundo da pessoa que estava sendo diagnosticada. Kelly também começou a oferecer aos clientes esboços de pessoas diferentes e pedir-lhes que experimentassem, fingindo ser essa outra pessoa. Isso tornou-se a base da terapia de papel fixo de Kelly e também levou-o a estabelecer sua analogia do homem-cientista. Em resumo, esta foi uma época fértil, durante a qual Kelly desenvolveu os fundamentos dos *insights* clínicos e de personalidade que publicou posteriormente.

Durante a Segunda Guerra Mundial, Kelly recebeu um posto no *Aviation Psychology Branch* do *Bureau of Medicine and Surgery* da Marinha. Depois da guerra, ele trabalhou como professor-associado na Universidade de Maryland. Em 1946, tornou-se professor e diretor de psicologia clínica na Universidade Estadual de Ohio. Juntamente com Julian Rotter, Kelly levou o programa de psicologia clínica dessa universidade a uma posição de proeminência nacional. Foi aí, em 1955, que Kelly publicou sua obra mais importante, *The Psychology of Personal Constructs*. Ele deixou essa universidade em 1965 para assumir a *Riklis Chair of Behavioral Science* na Universidade de Brandeis, onde morreu prematuramente em 1967. Durante sua carreira, Kelly foi presidente das Divisões Clínica e Consultiva da Associação Psicológica Americana e do *American Board of Examiners in Professional Psychology*. Ele também proferiu palestras por todos os Estados Unidos e pelo mundo afora.

## SUPOSIÇÕES BÁSICAS

Kelly fundamentou sua teoria em uma série de suposições, e elas constituem um bom ponto de partida para a nossa discussão da teoria.

## Alternativismo Construtivo

Esse é o título do primeiro capítulo da apresentação mais importante de Kelly (1955) de sua teoria. Kelly supôs que nós poderíamos compreender de várias maneiras o mundo que nos cerca; isto é, sempre existem perspectivas alternativas que podemos escolher quando lidamos com o mundo. Conforme Kelly coloca: *"Nós supomos que todas as nossas presentes interpretações do universo estão sujeitas à revisão ou à recolocação... sempre existem algumas construções alternativas entre as quais podemos escolher ao lidar com o mundo. Ninguém precisa pintar a si mesmo como em uma situação sem saída; ninguém precisa ser completamente encurralado pelas circunstâncias; ninguém precisa ser a vítima da sua biografia. Nós chamamos essa posição filosófica de *alternativismo construtivo"* (1955, p. 15). Observem como tal posição é otimista, e como é extraordinariamente diferente da posição freudiana de determinismo da infância ou da posição de Skinner da história de reforço e controle de estímulos. Em muitos aspectos, a suposição de Kelly lembra a posição de Alfred Adler de que as falhas do homem "se devem a uma concepção errônea da vida. Ele não precisa ser oprimido por elas. Ele pode mudar. O passado está morto. Ele está livre para ser feliz." Na verdade, Kelly (1964) citou aprovadoramente a "filosofia do 'como se'" de Hans Vaihinger, e observou no mesmo artigo o paralelo com Adler. Kelly estava propondo que as pessoas são livres para escolher como querem ver o mundo, e seu comportamento decorre dessas escolhas.

Existem muitas implicações importantes nessa posição. Por exemplo, ela representa uma combinação do que geralmente é chamado de livre arbítrio e determinismo: em qualquer momento dado do tempo, o nosso comportamento é determinado pela nossa construção da realidade, mas somos livres para mudar tal construção ao longo do tempo. Kelly não estava sugerindo que as construções ou as interpretações alternativas estão certas ou erradas, e sim que elas têm implicações diferentes para o comportamento. As pessoas diferem, e diferem também através do tempo, porque são guiadas por construções ou interpretações alternativas do mundo. O aluno pode notar como essa suposição é semelhante à descrição de Henry Murray (ver Capítulo 6) da pressão beta. Observe também como passa a ser crítico que o clínico compreenda a construção que o cliente faz da realidade.

## Homem-Cientista

Os teóricos freqüentemente adotam metáforas em sua tentativa de compreender o comportamento. Por exemplo, Freud empregou a metáfora da vida mental como um campo de batalha entre impulsos e proibições. Kelly adotou a metáfora do homem-cientista. Ele achava que devemos pensar nas pessoas vivendo suas vidas de uma maneira análoga a cientistas formulando e testando teorias. Isto é, assim como os cientistas, os indivíduos desenvolvem hipóteses sobre as conseqüências de seu comportamento e avaliam a validade dessas hipóteses em termos da exatidão de suas predições: o que eu esperava que acontecesse quando agi daquela maneira de fato aconteceu? Exatamente como um cientista, o indivíduo está tentando predizer e controlar as conseqüências do comportamento, saber o que vai acontecer. Os cientistas tentam construir teorias que levem a predições cada vez melhores, e os indivíduos tentam construir sistemas antecipatórios que lhes permitam compreender cada vez melhor o que vai acontecer se eles agirem de certa maneira. O bom cientista muda as hipóteses que são refutadas pelos dados, e a pessoa sadia muda constructos pessoais que se originam de predições refutadas pela experiência. A pessoa não-sadia, pelo contrário, é um "mau cientista": ela tem uma teoria sobre conseqüências (principalmente conseqüências interpessoais) que não funciona, mas não consegue mudála. Conforme Kelly colocou: "A pessoa vive sua vida tentando alcançar o que vem a seguir e os únicos canais que ela tem para conseguir aquilo são as suas construções pessoais daquilo que pode realmente estar acontecendo" (1955, p. 228).

Kelly (1963, p. 60-61) descreveu como ele chegou a essa conclusão na seguinte passagem:

> "Uma das minhas tarefas na década de 30 era orientar alunos que estavam fazendo mestrado. Uma tarde típica poderia me encontrar conversando com um aluno às 13 horas, fazendo todas aquelas coisas que os orientadores têm de fazer – estimu-

lar o aluno a identificar as questões, a observar, a familiarizar-se com o problema, a criar hipóteses indutivamente ou dedutivamente, a fazer alguns testes preliminares, a relacionar os dados às suas predições, a controlar seus experimentos de modo a saber o que levou a que, a generalizar cautelosamente e a revisar seu pensamento à luz da experiência.

> "Às 14 horas, eu poderia ter uma sessão com um cliente. Nessa entrevista eu não estaria assumindo o papel do cientista, mas ajudando a pessoa perturbada a encontrar algumas soluções para seus problemas de vida. Então o que eu faria? Bem, eu tentaria fazer com que ele identificasse as questões, observasse, se familiarizasse com o problema, criasse hipóteses, fizesse alguns testes, relacionasse resultados a antecipações, controlasse suas aventuras de modo a saber o que levou a que, generalizasse cautelosamente, e revisasse seus dogmas à luz da experiência.

> "Às 15 horas eu atenderia um outro aluno. Provavelmente ele estaria: desinteressado e relutante; esperando planejar um experimento que sacudiria o mundo antes sequer de olhar para seu primeiro sujeito para ver em primeira mão com o que estava lidando; atirando-se a uma expedição irrefletida e grandiosa de busca de dados. Então eu tentaria novamente fazer com que ele identificasse as questões, observasse objetivamente, se familiarizasse com o problema, criasse hipóteses – tudo o que eu tivera de fazer às 13 horas.

> "Às 16 horas outro cliente! Adivinhem! Ele estaria: desinteressado e relutante; esperando projetar uma personalidade completamente nova antes de se aventurar em sua primeira mudança de comportamento; atirando-se a uma atuação irrefletida para escapar ao problema, etc, etc. Mas essa, é claro, não era a minha hora de ciência; era a minha hora de psicoterapia. E o que eu fizera com aquele aluno da hora anterior obviamente não fora psicoterapia – fora ciência!

> "Devo dizer que esse tipo de coisa aconteceu por um longo tempo antes de me ocorrer que na verdade eu fazia a mesma coisa a tarde inteira."

A chave para se compreender o comportamento humano é reconhecer que as pessoas estão tentando antecipar as conseqüências de suas ações, e a chave para a personalidade é identificar os constructos pessoais que as pessoas usam para gerar suas predições.

## Foco no Constructor

Como vimos, a ênfase de Kelly foi em como o indivíduo constrói, interpreta, ou compreende o mundo. No processo de chegar a esse entendimento, todavia, ele precisa cuidar para não confundir a nossa maneira de interpretar a realidade com como a realidade realmente é ou deveria ser vista. Quando uma pessoa faz alguma declaração sobre o mundo, nós devemos compreender essa declaração como revelando mais sobre a pessoa que a emitiu do que sobre a realidade. Kelly argumentou que as declarações sobre as pessoas ou outros aspectos do mundo devem ser considerados como proposições ou hipóteses, mas tanto os psicólogos como as pessoas leigas cometem o erro de tratá-las como afirmações factuais a serem endossadas ou rejeitadas. Kelly estava argumentando que nós acabamos prisioneiros da nossa linguagem e explica isso na seguinte passagem:

"Ocasionalmente posso dizer sobre mim mesmo . . . 'Eu sou introvertido'. 'Eu', o sujeito, 'sou introvertido', o predicado. A forma de linguagem da declaração coloca claramente o ônus de ser um introvertido sobre o sujeito – eu. O que eu realmente sou, dizem as palavras, é introvertido . . . Mas a interpretação adequada da minha declaração é que eu me vejo ou interpreto como introvertido, ou, se estou apenas sendo recatado ou desonesto, estou levando meu interlocutor a ver-me ou interpretar em termos de introversão. O ponto que se perde nessa confusão de palavras é o fato psicológico de que me identifiquei em termos de um constructo pessoal – 'introversão'. Se meu interlocutor é suficientemente sem crítica para ser enganado por essa sutileza de palavras, ele pode perder muito tempo acreditando que precisa me ver como introvertido ou discordando disso . . . Mas, além disso, se eu digo a meu respeito que sou introvertido, posso ficar preso na minha própria armadilha sujeito-predicado. Até o *self* interior – eu mesmo – fica sobrecarregado

pelo ônus de realmente ser um introvertido ou de encontrar alguma maneira de livrar-se da introversão que pesa sobre minhas costas . . . Eu me deparo com o dilema de ter de continuar a declarar que sou introvertido ou que não sou – ou um ou outro. Mas será que isso necessariamente é assim: a introversão não poderia se revelar um constructo totalmente irrelevante?

" . . . Quando eu digo que o sapato do pé esquerdo do professor Lindzey é 'introvertido', todo mundo olha para o seu sapato, como se ele fosse responsável por essa afirmação. Ou se eu digo que a cabeça do professor Cattell é 'discursiva', todo mundo olha para ele, como se a proposição tivesse saído da cabeça dele, e não da minha. Não olhem para a cabeça dele! Não olhem para aquele sapato! Olhem para mim: eu sou o responsável pela declaração. Depois de entender o que eu quero dizer, vocês podem olhar para ver se compreendem sapatos e cabeças, interpretando-os como eu faço. Não será fácil fazer isso, pois significa abandonar uma das maneiras mais antigas de pensar e de falar consigo mesmo." (1958, p. 70-72)

## Motivação

Os componentes motivacionais das teorias da personalidade destinam-se a explicar as forças que compelem as pessoas a agir de certas maneiras. Entretanto, de modo parecido com Carl Rogers (ver Capítulo 11) e B. F. Skinner (ver Capítulo 12), Kelly propôs que "motivação" é um constructo desnecessário e redundante. Ele tinha duas objeções fundamentais. Primeiro, os modelos motivacionais são usados para explicar por que uma pessoa é ativa ao invés de inerte. Mas, segundo Kelly, as pessoas são ativas por definição, de modo que não precisamos explicar o "porquê" delas serem ativas: elas são ativas porque estão vivas! A motivação também é usada para explicar por que as pessoas agem de uma maneira e não de outra. Kelly argumentou que as pessoas agem como agem não devido a forças que atuam sobre elas ou dentro delas, mas devido às alternativas que percebem em função de sua interpretação do mundo. Em conseqüência, devemos dirigir a nossa atenção para o entendimento de como a interpretação individual da realidade canaliza o comportamento, e não para as forças motivadoras que compelem esse comportamento. Segundo, coerente com a ênfase no constructor, Kelly rejeitava os motivos como rótulos que impomos aos outros. Esses rótulos têm mais utilidade para compreendermos a visão de mundo da pessoa que os oferece do que o comportamento da pessoa que está sendo rotulada.

Kelly (1958, p. 81) resumiu sua posição acerca da motivação conforme segue: "As teorias motivacionais podem ser divididas em dois tipos: teorias do 'empurrão' e teorias do 'puxão'. Nas teorias do empurrão, nós encontramos termos como pulsão, motivo, ou até estímulos. As teorias do puxão usam constructos como propósito, valor ou necessidade. Em termos de uma metáfora bem-conhecida, essas são as teorias do forçado, por um lado, e as teorias da cenoura, por outro. Mas a nossa teoria não é nenhuma delas. Já que preferimos examinar a natureza do próprio animal, provavelmente é melhor chamar a nossa teoria de teoria do jumento."

### Ser Si Mesmo

De uma forma ou outra, o autoconceito do indivíduo ocupa um papel central na maioria das teorias da personalidade. Não existe nenhum "agente" interno na teoria de Kelly análogo ao ego nas abordagens de Freud ou de Murray, mas ele falou sobre os constructos de papel nuclear que usamos para compreender nosso comportamento. Além disso, Kelly ergueu duas objeções a formulações sobre o *self*. Primeiro, elas geralmente funcionam como máscaras atrás das quais nos escondemos de nós mesmos e dos outros. Pensar em si mesmo como "introvertido" é impor um rótulo de *self* que cria expectativas de comportamento. Em muitos aspectos, isso é semelhante à idéia de Jung da "inflação da persona". Segundo, Kelly via a auto-imagem como fluida, não como uma realidade predeterminada ou uma verdade que de alguma forma devemos revelar. Se a interpretação da pessoa de quem ela é se mostrar problemática ou ineficaz, a pessoa deve mudá-la. Mais uma vez, deixemos que Kelly (1964, p. 157-158) fale por si mesmo:

"Muito se fala atualmente sobre ser si mesmo. Imaginamos que é saudável ser si mesmo. Embora seja um pouco difícil para mim entender como

alguém poderia ser qualquer outra coisa, suponho que o que se quer dizer é que a pessoa não deveria tentar ser aquilo que ela não é. Isso me parece uma maneira muito sem graça de viver: de fato, eu estaria inclinado a argumentar que todos nós estaríamos bem melhor se tentássemos ser aquilo que não somos...

"O que estou dizendo é que o que conta não é tanto o que o homem é, e sim o que se aventura a tornar-se. Para dar o salto, ele precisa fazer mais do que se revelar: ele precisa arriscar-se à certa confusão. Então, assim que consegue vislumbrar uma maneira diferente de vida, ele precisa encontrar uma maneira de superar o momento paralisante de ameaça, pois é nesse instante que ele se pergunta qual é a realidade – se ele é o que era um pouco antes ou o que está prestes a ser."

## CONSTRUCTOS PESSOAIS

Vimos que a teoria de Kelly depende da compreensão de como os indivíduos interpretam seu mundo. A unidade fundamental empregada por Kelly para esse propósito é o *constructo pessoal*: "Um constructo é a maneira pela qual algumas coisas são interpretadas como sendo parecidas e no entanto diferentes de outras" (Kelly, 1955, p. 105). Como veremos adiante neste capítulo, os constructos são definidos por identificar uma distinção em que dois objetos são semelhantes e diferentes de um terceiro objeto. Por exemplo, uma pessoa poderia pensar em seu pai e em sua mãe como inteligentes, mas em seu melhor amigo como não-inteligente. Dizer que uma pessoa é inteligente implica que pelo menos uma outra pessoa também é inteligente e no mínimo outra não é inteligente.

Esse exemplo ilustra o aspecto distintivo dos constructos: eles são bipolares. Assim, o constructo do último parágrafo é *inteligente* versus *não-inteligente*. A nossa interpretação básica do mundo é em termos dicotômicos, alternativas ou-ou, não em termos de escalas ou contínuos; o nosso julgamento fundamental é se um objeto é bom ou mau, não quão bom ele é. Além disso, cada constructo tem um intervalo muito limitado de aplicação, ou *intervalo de conveniência*. O constructo *inteligente* versus *não-inteligente*, por exemplo, é útil para fazer predições sobre pessoas, sobre cães e gatos e sobre ratos de laboratório, mas não sobre árvores; as árvores estão fora do intervalo de conveniência deste constructo. Da mesma forma, o *foco de conveniência* de um constructo se refere à classe de objetos para a qual ele é mais relevante (as pessoas, presumivelmente, no nosso exemplo de inteligente vs. não-inteligente). Os constructos diferem em *permeabilidade*, ou na facilidade com que podem ser estendidos a novos objetos ou eventos. Os constructos também podem ser preemptivos, constelatórios ou proposicionais. No caso de um constructo *preemptivo*, nada mais sobre o objeto importa. Em época de guerra, por exemplo, a distinção essencial que um soldado precisa fazer é inimigo vs. amigo. Se alguém é interpretado como inimigo, não importa se essa pessoa é homem ou mulher, simpática ou antipática. O uso de um constructo *constelatório* desencadeia outros constructos, sem informações adicionais. Uma pessoa que chamamos de sexista, por exemplo, poderia, além de interpretar uma pessoa como mulher e não como homem, vê-la como passiva em vez de ativa, como emotiva em vez de não-emotiva e como caprichosa em vez de lógica. As outras poderiam usar homem *versus* mulher como um constructo *proposicional*; nesse caso, designar uma pessoa como mulher não levaria a nenhum outro julgamento. Uma distinção final é entre constructo *nuclear* e *periférico*. Os constructos nucleares são centrais para o senso da pessoa de quem ela é, e como tal são relativamente resistentes à mudança. Os constructos periféricos são menos fundamentais, e como tal são mais suscetíveis à mudança.

O sistema de constructos pessoais do indivíduo é usado para compreender o mundo. Apesar de Kelly referir-se aos constructos como moldes, ou como análogos a grandes óculos que distorcem e estruturam o mundo de certas maneiras, o leitor não deve supor que eles são apenas mecanismos perceptivos. Pelo contrário, eles mal começam a capturar as nuanças envolvidas na percepção do mundo físico. O sistema de constructos estrutura a realidade para que possamos antecipar eventos: "Criar constructos pode ser visto como amarrar conjuntos de eventos em feixes convenientes, de fácil manejo para a pessoa que tem de carregá-los. Os eventos, quando assim amarrados, tendem a tornar-se predizíveis, manejáveis e controlados" (1955, p. 126). Kelly está sugerindo que um constructo oferece um "caminho de movimento", no sentido de uma escolha dicotômica entre percepções alternativas ou ações alternativas. Os constructos limitam as nossas possibilidades e oferecem-nos "caminhos de liberdade de movimento".

## Escalas

A natureza dicotômica dos constructos parece contrária à experiência, porque todos nós achamos que interpretamos o mundo em termos de gradações, não de alternativas exclusivas. Os nossos conhecidos variam em inteligência, cordialidade, dominação, etc. (um conjunto de diferenças nas quais se baseiam os modelos de traço da personalidade), e parece artificial ignorar essas distinções. Uma analogia com o computador pode ajudar. Um computador baseia-se em distinções exclusivas; um *bit* tem uma carga positiva ou negativa, e não há gradações envolvidas. No entanto, combinando-se *bits*, podemos construir programas de computador de incrível complexidade. Da mesma forma, Kelly (1955, p. 142-145) descreveu como os constructos dicotômicos podem ser usados para se construir *escalas* supra-ordenadas, contínuas. Suponha que empregamos o constructo inteligente *versus* não-inteligente para observar três pessoas em dez ocasiões diferentes. A primeira pessoa pode ter mostrado um comportamento inteligente em oito das ocasiões, a segunda, em cinco das ocasiões, e a terceira, em duas das ocasiões; a combinação das ocasiões nos permite escalar essas três pessoas em termos de seu grau de comportamento inteligente, criando o que Kelly chama de "escala de acumulação".

Imagine também um tipo mais complicado de escala. Suponha que uma pessoa tem um constructo supra-ordenado de bom *versus* mau que inclui constructos subordinados de jovem *versus* velho, republicano *versus* democrata, homem *versus* mulher e psicólogo *versus* não-psicólogo, em que a primeira alternativa sempre é "bom". Se atribuirmos a cada pessoa um ponto em uma escala de "bondade" para cada característica boa, então um jovem psicólogo republicano tem um escore total de 4, uma jovem psicóloga democrata recebe um escore de 2, e uma velha não-psicóloga democrata recebe um escore de 0. Dessa maneira, a pessoa converteu um conjunto de constructos bipolares no que Kelly chama de uma "escala aditiva". Kelly ofereceu numerosos exemplos de escalas, mas essa extensão importante e razoável de seu modelo básico é freqüentemente ignorada.

## O POSTULADO FUNDAMENTAL E SEUS COROLÁRIOS

Kelly (1955, p. 46-104) enunciou sua teoria na forma de um postulado fundamental e 11 corolários (ver Tabela 10.1). Nós anteriormente consideramos temas relativos aos corolários de dicotomia, intervalo e modulação, e trataremos agora das nove declarações restantes.

### Postulado Fundamental

Os processos de uma pessoa são psicologicamente canalizados pelas maneiras por meio das quais ela antecipa eventos.

Esse postulado é o núcleo da posição de Kelly. Nele, Kelly propõe que o entendimento que a pessoa tem do mundo e seu comportamento neste mundo ("processos") são dirigidos ("canalizados") por uma rede existente de expectativas em relação ao que vai acontecer se ela agir de determinada maneira ("antecipa eventos"). Os vários outros aspectos desse postulado são dignos de nota. Primeiro, Kelly não estava sugerindo que é assim que as pessoas verdadeiramente são: ele estava dizendo "vamos supor" que é assim que as pessoas funcionam e ver quão bem podemos explicar tal comportamento. Segundo, ele levou a sério o foco na pessoa: o postulado focaliza o indivíduo, não "alguma parte da pessoa, ou algum grupo de pessoas ou algum processo específico manifestado no comportamento da pessoa" (1955, p. 47). Nessa atitude, Kelly é consistente com outros teóricos da personalidade. Finalmente, Kelly referiu-se à antecipação porque acredita que os indivíduos, como os protótipos de cientista que são, buscam a predição: "A antecipação é tanto

**TABELA 10.1**  O Postulado Fundamental de Kelly e os 11 Corolários

Postulado fundamental: os processos de uma pessoa são psicologicamente canalizados pelas maneiras por meio das quais ela antecipa eventos.

Corolário de construção: uma pessoa antecipa eventos ao interpretar suas reproduções.

Corolário de individualidade: as pessoas diferem umas das outras na sua interpretação dos eventos.

Corolário de organização: cada pessoa desenvolve caracteristicamente um sistema de interpretação que abrange relacionamentos ordinais entre constructos, para ajudar na antecipação de eventos.

Corolário de dicotomia: o sistema de interpretação de uma pessoa é composto por um número finito de constructos dicotômicos.

Corolário de escolha: uma pessoa escolhe aquela alternativa, em um constructo dicotomizado, pela qual ela antecipa a maior possibilidade de extensão e definição de seu sistema.

Corolário de intervalo: um constructo é conveniente apenas para a antecipação de um intervalo finito de eventos.

Corolário de experiência: o sistema de interpretação de uma pessoa varia conforme ela interpreta sucessivamente as reproduções de eventos.

Corolário de modulação: a variação no sistema de interpretação de uma pessoa é limitada pela permeabilidade dos constructos dentro daquele intervalo de conveniência onde estão as variantes.

Corolário de fragmentação: uma pessoa pode empregar sucessivamente uma variedade de subsistemas de interpretação inferencialmente incompatíveis entre si.

Corolário de comunalidade: na extensão em que uma pessoa emprega uma interpretação da experiência que é semelhante à empregada por outra pessoa, seus processos psicológicos são semelhantes aos da outra pessoa.

Corolário de sociabilidade: na extensão em que uma pessoa interpreta os processos de construção de outra, ela pode desempenhar um papel em um processo social envolvendo a outra pessoa.

*Fonte:* Adaptada de Kelly, 1955, p. 103-104.

o empurrão quanto o puxão da psicologia dos constructos pessoais" (1955, p. 49).

## Corolário de Construção

Uma pessoa antecipa eventos ao interpretar suas reproduções.

Kelly esclareceu sua posição básica nesse corolário. Os dois termos-chave aqui são "interpretar" e "reproduções". Por "interpretar" Kelly quer dizer usar o sistema de constructos pessoais para dar uma interpretação a um evento, e tal interpretação dá significado ao evento. Por "reprodução" Kelly quer dizer usar a experiência para identificar temas recorrentes nos significados de eventos. Nós então usamos o nosso entendimento desse evento para fazer predições sobre o que provavelmente acontecerá, com base no que aconteceu em eventos similares no passado. Construir expectativas com base na experiência, não a simples categorização de eventos, está no âmago do modelo de Kelly. Poderíamos pensar nisso como uma versão "cognitiva" da história de reforço de Skinner. Uma analogia ainda melhor é com as antecipações e as expectativas introduzidas pelos teóricos da aprendizagem social (ver Capítulo 14).

## Corolário de Organização

Cada pessoa desenvolve caracteristicamente um sistema de interpretação que abrange relacionamentos ordinais entre constructos, para ajudar na antecipação de eventos.

Cada indivíduo organiza seus constructos em um sistema hierárquico que caracteriza sua personalidade. Esse sistema muda ou evolui continuamente de acordo com a experiência. O termo-chave nesse corolário é "relacionamentos ordinais", pelo qual Kelly quer dizer que um constructo pode incluir outro como um de seus elementos. Ele usou um constructo de bom *versus* mau para ilustrar duas maneiras pelas quais isso pode ocorrer (ver Figura 10.10). Primeiro, bom *versus* mau pode incluir o constructo de inteligente *versus* burro ao "ampliar sua clivagem". Nesse exemplo, "bom" incluiria todas as coisas inteligentes bem como outras características, como moral e bravo. "Mau" incluiria todas as coisas burras bem como imorais e covardes. Na terminologia de Kelly, bom *versus* mau é um constructo superordinal, e inteligente *versus* burro é um constructo subordinal. Alternativamente, um constructo superordinal de avaliativo *versus* descritivo pode "abstrair por meio da linha de clivagem" do constructo subordinal de inteligente *versus* burro. Nesse caso, todo o constructo de inteligente *versus* burro está incluído como um tipo "avaliativo" de constructo. Ao contrário, um outro constructo de claro *versus* escuro poderia ser considerado apenas "descritivo".

Kelly estava sugerindo que as pessoas sistematizam seus constructos, organizando-os em hierarquias. Essa organização é fluida, e os relacionamentos

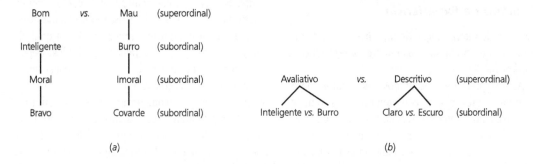

**FIGURA 10.10** Dois tipos de relacionamentos ordinais entre constructos: (a) estendendo a linha de clivagem; (b) abstraindo por meio da linha de clivagem.

ordinais podem inclusive inverter-se com o passar do tempo. A questão para Kelly não era a autoconsistência das estruturas psicológicas, mas o desenvolvimento de um sistema que levasse em conta a antecipação acurada de eventos ao identificar temas que se repetem.

### Corolário de Fragmentação

Uma pessoa pode empregar sucessivamente uma variedade de subsistemas de interpretação inferencialmente incompatíveis entre si.

O sistema de interpretação está continuamente em fluxo, e a evolução do sistema de interpretação é tal que os constructos específicos de uma pessoa e os comportamentos específicos resultantes podem não ser completamente consistentes ao longo do tempo. Uma vez que a pessoa busca continuamente um sistema de interpretação que produza melhor antecipação, o comportamento em certo momento pode parecer incompatível com o comportamento imediatamente precedente, porque os constructos governantes mudaram. Kelly via isso como um corolário importante, porque ele deixa claro que a única maneira de se compreender o comportamento é em termos do sistema de interpretação corrente ou "reinante", não do comportamento imediatamente antecedente. O comportamento nem sempre será consistente ao longo do tempo ou das situações, mas ele sempre será consistente com o atual sistema de interpretação ou constructos.

### Corolário de Experiência

O sistema de interpretação de uma pessoa varia conforme ela interpreta sucessivamente as reproduções de eventos.

As interpretações que damos aos eventos representam hipóteses sobre as conseqüências dos comportamentos, e nós usamos os resultados reais para "validar" o sistema de constructos, exatamente como o cientista usa os dados para validar uma teoria. Nós revisamos continuamente as nossas antecipações diante dos resultados e, nesse processo, o sistema de constructos sofre uma evolução progressiva. Kelly usou "experiência" para referir-se à sucessiva interpretação de eventos, não à seqüência de eventos em si: "Não é o que acontece ao redor dele que torna um homem

experiente; é a sucessiva interpretação e reinterpretação daquilo que acontece, à medida que acontece, que enriquece a experiência de sua vida" (1955, p. 73). A reprodução de eventos da qual depende o comportamento envolve a experiência de abstrair temas recorrentes de uma seqüência de eventos únicos. Os resultados inesperados e a violação das expectativas nos obrigam a modificar os nossos sistemas de constructos. Por fim, o leitor deve notar que a discussão de Kelly da experiência incluiu o tópico usual da aprendizagem. Como a motivação, a aprendizagem faz parte do processo geral de antecipação e de reinterpretação no sistema de Kelly.

### Corolário de Escolha

Uma pessoa escolhe aquela alternativa, em um constructo dicotomizado, pela qual ela antecipa a maior possibilidade de extensão e definição de seu sistema.

Esse é o mais difícil dos corolários de Kelly. O postulado fundamental descreve como o comportamento é canalizado pelos constructos, e o corolário de escolha revela que o comportamento se reduz a uma escolha entre definir melhor o sistema de constructos existente e agir de uma maneira que amplie o intervalo de conveniência do sistema de constructos. Imaginem uma aluna que precisa escolher entre dois cursos. Um deles é o seu campo mais importante de estudo, de modo que ela tem uma boa idéia do que esperar. Selecionar esse curso seria a escolha "segura", porque definiria melhor sua capacidade existente de antecipar os resultados. O outro curso é em um campo no qual ela não tem nenhum conhecimento. Selecionar esse curso seria arriscado ou "temerário", porque a faria imergir em uma situação na qual ela tem pouca base para antecipar os resultados. Depois de designar os eventos para os pólos dos constructos, nós nos deparamos com a "escolha elaborativa" a ser orientada pelo pólo/comportamento seguro ou arriscado. Segundo Kelly (1955, p. 65), o indivíduo "coloca valores relativos nas extremidades de suas dicotomias" e então precisa escolher uma das alternativas. A vida não é apenas interpretação; é escolha baseada nessa interpretação, e a escolha será feita em favor da alternativa que parece no momento oferecer a melhor base para melhorar a subseqüente antecipação de eventos. Tal corolário separa Kelly claramente dos outros teóricos: ele afirmava que a busca de uma antecipação cada vez melhor dos eventos, não o prazer, o reforço, a autodefesa ou a autoconsistência, é "a essência da vida humana em si" (1955, p. 68). Observem também como a terminologia de Kelly de "extensão e definição" é semelhante à discussão de Carl Rogers (ver Capítulo 11) da maneira como a tendência de realização serve para "manter e realçar" o organismo.

Os meios usados pelos indivíduos para fazer a escolha elaborativa não estão claros, mas Kelly descreveu um ciclo C-P-C (circunspecção-preempção-controle) que as pessoas tipicamente atravessam ao decidir como agir. Retornemos à aluna que está tentando decidir em qual curso vai se matricular. Seu primeiro passo é o da circunspecção, ou identificar todos os constructos disponíveis possíveis. Por exemplo, o curso é no nível introdutório ou superior, difícil ou fácil, conhecido ou desconhecido, e assim por diante. O segundo passo é a preempção, ou identificar uma dimensão como a dimensão crítica. A nossa aluna, por exemplo, poderia decidir que a questão mais importante é se o curso é conhecido ou desconhecido. O passo final é o do controle, em que é feita uma escolha entre os pólos opostos do constructo selecionado. A aluna pode decidir que quer ampliar sua perspectiva e, portanto, fazer o curso que é desconhecido.

Kelly também descreveu um ciclo de criatividade para gerar novos constructos. Essa seqüência começa quando a pessoa "afrouxa" sua atual construção do mundo a fim de experimentar novas e flexíveis interpretações dele. Na terapia, o processo de exploração pode ser facilitado pelo uso de sonhos, fantasias ou associação livre. De alguma forma, a pessoa explora, por ensaio e erro, uma nova abordagem. O truque, escreveu Kelly, "é deixar nascer essas interpretações sem perder de vista o que elas são e sem assustar-se com suas monstruosas implicações" (1965, p. 128). Na outra extremidade do ciclo, a pessoa começa a "apertar" o constructo, testando sua consistência em comparação com constructos existentes e validando as resultantes antecipações comportamentais. Kelly sugeriu que tal processo cíclico está profundamente envolvido no empreendimento da pesquisa psicológica.

## Corolário de Individualidade

As pessoas diferem umas das outras na sua interpretação dos eventos.

As diferenças fundamentais entre os indivíduos residem na sua interpretação alternativa dos eventos e na antecipação das conseqüências, conforme controladas por seus sistemas de constructos distintos. Em outras palavras, as pessoas diferem não apenas porque foram expostas a eventos diferentes, mas também porque desenvolveram abordagens diferentes na antecipação dos mesmos eventos.

## Corolário de Comunalidade

Na extensão em que uma pessoa emprega uma interpretação da experiência que é semelhante à empregada por outra pessoa, seus processos psicológicos são semelhantes aos da outra pessoa.

Assim como as interpretações diferentes de eventos levam a diferenças individuais, uma interpretação similar dos eventos leva as pessoas a se comportarem de maneira semelhante. Observe que Kelly está propondo que as ações semelhantes decorrem não da exposição a eventos idênticos, mas de interpretações semelhantes de eventos. Usando essa abordagem, Kelly explicou semelhanças dentro da cultura em termos de expectativas semelhantes, tanto expectativas em relação ao que os outros farão como expectativas em relação ao que os outros esperam que nós façamos.

## Corolário de Sociabilidade

Na extensão em que uma pessoa interpreta os processos de construção de outra, ela pode desempenhar um papel em um processo social, envolvendo a outra pessoa.

A apresentação mais importante de Kelly (1955) de sua posição enfatizou, em uma grande extensão, os relacionamentos interpessoais e terapêuticos, e o corolário de sociabilidade é crítico para o entendimento desses relacionamentos. Ao contrário do corolário da comunalidade, esse corolário discute o entendimento e não a semelhança real. Kelly acreditava que as pessoas só podem se envolver em relacionamentos significativos se compreendem os processos de interpretação umas das outras. A ausência do entendimento impede a comunicação e a interação efetivas. O chamado conflito de gerações entre pais e adolescentes pode ser maravilhosamente explicado nesses termos.

Kelly (1955, p. 97) definiu um papel como "um processo psicológico baseado na interpretação que o ator faz de aspectos dos sistemas de interpretação das pessoas às quais ele tenta reunir-se em um empreendimento social". Em outras palavras, um papel é um padrão de comportamento que reflete o entendimento da pessoa de como os outros do grupo pensam. Uma elaboração do conceito de Kelly de papel está além do escopo deste texto, mas ele proporciona a base de sua terapia de papel fixo e do *Role Construct Repertory Test*, discutido mais adiante neste capítulo.

## O CONTÍNUO DA CONSCIÊNCIA COGNITIVA

Kelly deixou claro que nem todos os constructos existem em uma forma verbal, e eles podem não estar facilmente acessíveis à consciência. Entretanto, em vez de reverter a uma noção do inconsciente, ele introduziu o que chamou de contínuo da "consciência cognitiva". Os constructos pré-verbais, os constructos submersos e os elementos suspensos caracterizam-se por uma baixa consciência cognitiva e poderiam, sob outros aspectos, ser descritos como "inconscientes".

Os constructos são tipicamente representados e modificados como palavras. Mas assim como Henry Murray descreveu complexos pré-verbais, Kelly indicou que é possível que constructos pessoais se estabeleçam antes que a pessoa tenha a capacidade de representá-los. Já que os constructos *pré-verbais* não estão codificados em uma forma lingüística, eles não podem ser articulados, mas continuam exercendo influência sobre o comportamento. Dado o período de tempo em que foram estabelecidos, esses constructos tendem a centrar-se em dependência, confiança e outras preocupações infantis.

Cada constructo é definido em termos de dois pólos, mas ocasionalmente as pessoas agem como se um pólo do constructo não estivesse disponível. Por exemplo, uma pessoa pode interpretar o mundo em termos de infelicidade, sem o aparente reconhecimento de que logicamente deve existir também um pólo de felicidade. Quando um pólo está consideravelmente menos disponível do que o outro, Kelly disse que ele foi *submerso*. Uma vez que esse pólo está indisponível, podemos considerá-lo inconsciente.

Um pólo de um constructo fica submerso por alguma razão, e isso lembra muito o conceito freudiano de repressão como esquecimento motivado, mas Kelly preferiu conceitualizar a repressão em termos de elementos *suspensos*. No sistema de Kelly, as idéias e as memórias só estarão disponíveis se existirem constructos para representá-las. À medida que o sistema de constructos se modifica, alguns elementos podem ficar indisponíveis para a consciência, porque a pessoa não tem como recuperá-los e representá-los. O elemento continuará existindo em uma forma suspensa e poderá ser recuperado se mudanças posteriores no sistema de constructos proporcionarem acesso a ele. Por exemplo, um homem pode empregar um constructo de bom *versus* mau para interpretar a memória de seu pai gritando com ele. Se esse constructo mudar, a memória pode ficar indisponível, mas pode reemergir quando o homem mais tarde desenvolver um constructo de abusivo *versus* apoiador. Mais uma vez, todavia, não é o afeto que orienta o processo de suspensão, como acontece no modelo freudiano: "A nossa teoria não coloca a ênfase no lembrar o que é agradável ou esquecer o que é desagradável; ela enfatiza que nós lembramos o que está estruturado e esquecemos o que não está estruturado. Em contraposição com algumas noções de repressão, a suspensão implica que a idéia ou o elemento da experiência é esquecido simplesmente porque a pessoa não consegue, no momento, tolerar nenhuma estrutura em que a idéia tenha significado" (1955, p. 473). Em resumo, Kelly propôs que os constructos diferem no nível de consciência cognitiva, variando dos claramente articulados, com dois pólos salientes, àqueles cuja estrutura os torna relativamente inacessíveis.

## CONSTRUCTOS SOBRE MUDANÇA

Kelly também propôs redefinições de várias palavras conhecidas referentes ao afeto, em termos da inadequação do sistema de constructos existente e da mudança subseqüente. Por exemplo, ele definiu *ansiedade* como "o reconhecimento de que os eventos com os quais nos deparamos estão fora do intervalo de conveniência do nosso sistema de constructos" (Kelly, 1955, p. 495). A ansiedade resulta de depararmo-nos não com um evento aversivo, mas com um evento incognoscível. Além disso, a ansiedade pode proporcionar o ímpeto para a reorganização e o desenvolvimento sadio do sistema de constructos ou pode levar a pessoa a manobras defensivas que resultam em pólos submersos ou elementos suspensos, conforme discutido na seção anterior. A apreensão que os universitários freqüentemente sentem quando se deparam com a nova realidade da vida universitária se ajusta bem à concepção de ansiedade de Kelly. Um exemplo menos óbvio de ansiedade seria quando um aluno acostumado a receber notas medíocres recebe um A em um exame; isso certamente não é um evento ruim, mas é suficientemente inesperado para produzir um estado de ansiedade. Da mesma forma, a *hostilidade* reflete não assertividade em um sentido violento, mas assertividade em um sentido cognitivo: "o continuado esforço de extorquir evidência validacional em favor de um tipo de predição social que já provou ser um fracasso" (1955, p. 510). A *ameaça* se refere à "consciência de uma mudança iminente de grande alcance nas nossas estruturas nucleares" (1955, p. 489). Talvez o mais interessante em tudo isso é que Kelly definiu *culpa* como a "percepção do aparente desalojamento da pessoa de sua estrutura de papel nuclear" (1955, p. 502). As estruturas de papel nuclear se referem a como a pessoa compreende seu relacionamento com as outras pessoas significativas; portanto, existe culpa quando a pessoa percebe que violou uma expectativa ou um relacionamento de papel importante. Uma mãe recente que percebe que não tratou o filho de maneira aceitável ou o filho que percebe que abandonou os pais idosos sentirão a culpa que Kelly descreve. O leitor deve notar como a dinâmica da culpa é semelhante aos processos que Freud descreve em termos do superego (ver Capítulo 2), que Rogers descreve em termos de ansiedade (ver Capítulo 11) e que Bandura descreve em termos de auto-sistema (ver Capítulo 14). Essas são redefinições provocativas, e ilustram convincentemente o valor heurístico da abordagem de Kelly.

## PESQUISA CARACTERÍSTICA E MÉTODOS DE PESQUISA

Kelly produziu poucos trabalhos empíricos, mas descreveu um instrumento de avaliação notável para identificar constructos pessoais. Este instrumento, o *Role Construct Repertory Test*, ou Rep Test (a Figura 10.11 ilustra a forma em grade do teste), provocou uma quantidade substancial de pesquisas.

O *Rep Test* foi planejado para revelar os constructos de papel que a pessoa emprega para estruturar suas expectativas de interação social. Em outras palavras, que constructos empregamos para interpretar outros sociais significativos? O primeiro passo para realizar o *Rep Test* é o sujeito identificar outras pessoas que assumem vários papéis. Os papéis que poderiam ser empregados no teste, em número de 20, estão listados na Figura 10.11. A primeira tarefa do sujeito é identificar uma pessoa separada que assuma cada papel. Segundo, a pessoa que está administrando o teste seleciona três das pessoas e pede aos sujeitos que pensem de que maneiras importantes duas das pessoas são semelhantes e diferentes da terceira. As colunas na Figura 10.11 ilustram alguns desses triplos. O triplo na coluna adjacente aos papéis pede ao sujeito que compare *self*, pai e mãe. Por exemplo, um respondente poderia dizer que seu pai e sua mãe são ambos assertivos (o pólo "emergente"), mas que ele é passivo. Nesse caso, assertivo *versus* passivo é escrito na base da coluna como o primeiro constructo de papel do respondente. A segunda comparação é entre o *self*, uma pessoa atraente e uma pessoa bem-sucedida. O respondente poderia identificar ele mesmo e a pessoa bem-sucedida como ponderados e a pessoa atraente como avoada, produzindo assim um segundo constructo. Tal processo continua até que a pessoa que está administrando o teste acredite ter provocado um número suficiente de constructos. A esta altura, o testando já identificou um conjunto relevante de constructos de papel. Ele é então solicitado a considerar todos os ocupantes de papel em cada constructo, colocando um X na célula da pessoa a quem se aplica o pólo emergente do constructo. Assim, todas as pessoas consideradas assertivas receberiam um X na primeira coluna.

O *Rep Test* proporciona muitas informações. Os constructos revelam os mecanismos de interpretação que o respondente utiliza para compreender as outras pessoas, e as colunas da grade indicam como cada constructo é aplicado a um conjunto representativo de indivíduos-alvo. As linhas, por sua vez, demonstram como o testando conceitualiza esses indivíduos-alvo. O leitor talvez queira experienciar o *Rep Test*, completando a grade em branco na Figura 10.11.

Existem diversas versões alternativas e sistemas de pontuação mais complicados do *Rep Test* (p. ex., Bannister & Mair, 1968; Landfield & Epting, 1987). Por exemplo, uma pessoa pode identificar dois constructos distintos, mas empregá-los de maneira redun-

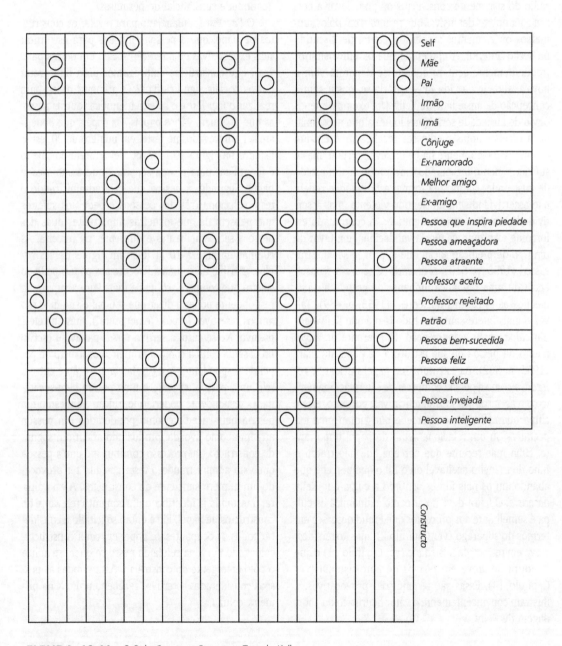

**FIGURA 10.11** O Role Construct Repertory Test de Kelly.

dante. Se o nosso respondente do exemplo indicasse que praticamente todas as pessoas-alvo que eram assertivas eram também ponderadas, e que todas as pessoas passivas eram também avoadas, então os dois constructos seriam funcionalmente redundantes. Quanto mais constructos únicos a pessoa empregar, maior a sua *complexidade cognitiva* (p. ex., Bieri, 1955).

## PESQUISA ATUAL

No 20º aniversário da morte de Kelly, Jankowicz (1987; ver também Davisson, 1978) publicou um artigo intitulado *"Whatever became of George Kelly?"* A resposta de Jankowicz (p. 483) é que as "idéias de Kelly sobrevivem como um tema organizador central para um pequeno grupo de entusiastas." Esse grupo está centrado principalmente na Inglaterra, onde a figura mais importante é um dos antigos alunos de Kelly, Donald Bannister (p. ex., Bannister, 1977, 1985; Bannister & Fransella, 1966, 1971; Bannister & Mair, 1968; Fransella & Bannister, 1977; ver também Fransella & Dalton, 1990; Fransella & Thomas, 1988; Winter, 1992). Nos Estados Unidos, a figura central é A. W. Landfield (Landfield, 1982; 1988; Landfield & Epting, 1987; Landfield & Leitner, 1980; ver também Epting, 1984). Existem vários outros programas de pesquisa sistemática para a aplicação de uma abordagem de constructo pessoal em domínios terapêuticos, tal como o trabalho de Viney (Viney, 1993; Viney, Crooks & Walker, 1995; Viney, Walker, Robertson, Lilley & Ewan, 1994; ver também Neimeyer & Neimeyer, 1990).

Os pesquisadores recém-mencionados adotaram em grande parte um foco aplicado. Entretanto, nos últimos anos, alguns pesquisadores adotaram uma abordagem de constructo pessoal à pesquisa de laboratório. Por exemplo, Leitner e Cado (1982) descobriram que os indivíduos com as atitudes mais negativas em relação aos homossexuais eram aqueles que viam a homossexualidade como invalidando constructos pessoais importantes. Esses são os indivíduos que, da perspectiva de Kelly, se sentem mais ameaçados ou estressados pela homossexualidade. Leitner e Cado mediram o estresse homossexual, ou a mudança na interpretação do *self* quando há homossexualidade envolvida. A mudança seria a diferença entre o *self*

interpretado "como eu sou agora" e "como eu seria se fosse homossexual". Da mesma forma, Tobacyk e Downs (1986) encontraram e replicaram um relacionamento significativo entre os escores kellyanos de ameaça e subseqüentes aumentos no estado de ansiedade no caso de uma apresentação musical importante. Nessa pesquisa, a ameaça foi medida como a discrepância entre a colocação do *"self"* e "o *self* se você acabou de ter um mau desempenho diante do seu júri musical mais importante" em 40 constructos centrais bipolares. Como um aparte, o leitor deve notar a semelhança entre essa metodologia e os escores de discrepância de *self-self* ideal empregados em algumas pesquisas rogerianas (ver Capítulo 11). Isso também é, em muitos aspectos, a imagem espelhada da abordagem de Bandura à mensuração da auto-eficácia (ver Capítulo 14).

Finalmente, Baldwin, Critelli, Stevens e Russell (1986) empregaram uma versão do *Rep Test* planejada para provocar constructos de papel sexual. Os sujeitos fizeram uma versão do *Rep Test* em que os alvos de papel incluíam "três pessoas que você considera muito femininas" e "três pessoas que você considera muito masculinas". Eles foram solicitados a descrever "um jeito feminino" em que duas das pessoas designadas como femininas eram parecidas e diferentes de uma terceira pessoa. Foram feitas seis dessas comparações para formar seis constructos femininos. De modo semelhante, foram construídos seis constructos masculinos. Cada um dos 12 alvos de papel recebeu uma avaliação em cada constructo, e os sujeitos indicaram quão desejável cada constructo era para eles. As auto-avaliações somadas nos constructos de feminilidade e de masculinidade geraram escores de feminilidade e de masculinidade para os sujeitos. Os escores de "Rep-Sexo" são distintos dos escores de masculinidade e feminilidade no *Bem Sex Role Inventory*, no sentido de que refletem "a extensão da identificação do indivíduo com sua concepção singular de masculinidade e feminilidade" (p. 1086), em vez de padrões tradicionais ou culturais. Os autores também conseguiram demonstrar alguma validade nesses escores, como no achado de que os escores de feminilidade no Rep-Sexo se correlacionavam significativamente com o ajustamento auto-relatado por mães recentes. Tomados como um conjunto, esses estudos demonstram a potencial utilidade das estratégias conceitual e de mensuração de Kelly.

## *STATUS* ATUAL E AVALIAÇÃO

Há muito a recomendar na teoria de Lewin. Existe, antes de tudo, a imensa atividade investigativa estimulada pelas idéias de Lewin. Ele abriu muitas portas novas para o psicólogo, portas que levaram a regiões da personalidade e do comportamento social previamente fechadas para o experimentador. O trabalho sobre substituição, nível de aspiração, efeitos da interrupção sobre a memória, regressão, conflito e dinâmica de grupo foi iniciado por Lewin. A importância de muitos desses fenômenos psicológicos foi estabelecida pelas observações dos psicanalistas, mas foi Lewin quem criou uma atmosfera teórica adequada e planejou métodos para investigá-los.

Lewin possuía o valioso talento de ser capaz de tornar explícitas e concretas algumas das mais implícitas e elusivas suposições sobre a personalidade. Ele viu, por exemplo, a necessidade de explicar detalhadamente as suposições básicas dos teóricos psicanalíticos sobre a substituição de uma atividade por outra. Quando isso foi feito em termos de uma organização de sistemas de tensão separados cujas fronteiras possuíam a propriedade de permeabilidade, foi aberto o caminho para o ataque experimental. A sua capacidade de pensar de forma rigorosa e esclarecedora sobre conceitos era um dos pontos fortes de Lewin, e ele iluminou muitos problemas que jaziam à sombra de conceitualizações incompletas e de teorizações confusas. Ele estava convencido de que a ciência da psicologia, para ser útil aos seres humanos, teria de penetrar na dimensão significativa da conduta humana e explorá-la experimentalmente. Embora Lewin pudesse ser incompreensível em sua teorização, ele raramente deixava de lado os casos concretos e as prescrições práticas para a pesquisa.

Além disso, ele reconheceu claramente que uma teoria que abrange os aspectos vitais do comportamento humano tem de ter um alcance multidimensional. Em outras palavras, tem de ser uma teoria de campo, que abarque uma rede de variáveis interligadas em vez de pares de variáveis. Essa ênfase no campo era necessária nas décadas de 20 e 30, para contrabalançar a influência e o prestígio de uma psicologia supersimplificada e ingênua de estímulo-resposta. Enquanto a psicologia da Gestalt estava atacando e esmagando os baluartes da psicologia estrutural que defendiam a análise mental em elementos, a psicologia topológica e vetorial de Lewin competia com uma forma de comportamentalismo bastante estéril, que reduzia a conduta humana a simples conexões de estímulo-resposta. A teoria de Lewin ajudou a criar uma estrutura de referência subjetiva cientificamente respeitável em um momento no qual o objetivismo era a voz dominante na psicologia. Os assim chamados determinantes internos da conduta, como aspirações, valores e intenções, tinham sido sumariamente descartados por uma psicologia "objetiva" em favor de reflexos condicionados, da aprendizagem por repetição e do provocar e eliminar automáticos dos vínculos de estímulo-resposta. O comportamentalismo tinha quase conseguido reduzir o ser humano a um autômato, um marionete mecânico que dançava de acordo com a melodia dos estímulos externos ou pulava ao ser aguilhoado pelos impulsos fisiológicos internos, um robô destituído de espontaneidade e de criatividade, uma pessoa vazia.

A teoria de Lewin foi uma das que ajudaram a reviver a concepção do indivíduo como um campo de energia complexo, motivado por forças psicológicas e comportando-se seletiva e criativamente. O homem vazio foi reabastecido com necessidades psicológicas, intenções, esperanças e aspirações. O robô foi transformado em um ser humano vivo. O crasso e árido materialismo do comportamentalismo foi substituído por um quadro mais humanístico das pessoas. Enquanto a psicologia "objetiva" talhava muitas de suas proposições empíricas para serem testadas em cães, gatos e ratos, a teoria de Lewin levou à pesquisa sobre o comportamento humano conforme expresso em ambientes mais ou menos naturais. As crianças brincando, os adolescentes em atividades grupais, os trabalhadores em fábricas, as pessoas planejando refeições, essas foram algumas das situações naturais de vida em que hipóteses derivadas da teoria de campo de Lewin foram testadas empiricamente. Com essa pesquisa vital sendo feita sob a égide persuasiva da teoria de campo, não surpreende que o ponto de vista de Lewin se tenha tornado tão popular. O poder heurístico da teoria, independentemente de sua adequação formal ou de suas pretensões de ser um modelo matemático, justifica a grande estima que a teoria de campo de Lewin tem recebido.

Um tanto paradoxalmente, Lewin tem sido amplamente ignorado pela atual geração de psicólogos, em parte provavelmente porque sua abordagem topológica parece tão estranha. Apesar disso, suas idéias e seus *insights* permanecem vigorosos e apropriados. As evidências dessa fertilidade foram oferecidas pelos três simpósios que constituíram a Pré-conferência realizada pela *Society of Personality and Social Psychology* na convenção anual de 1996 pela Sociedade Psicológica Americana. A Pré-conferência intitulou-se: *"Up to the roots: The role of Lewian thought in contemporary personality and social psychology"*. Conforme ilustrado nesses artigos (p. ex., Funder, 1996; McAdams, 1996; Steele, 1996), a abordagem de Lewin permanece relevante.

A abordagem de constructo pessoal de George Kelly à personalidade teve uma espécie de renascimento nos últimos anos. Em parte, isso pode ser atribuído ao *Zeitgeist* cognitivo que domina a psicologia atualmente. Além do fato de nós agora termos uma orientação com a qual recuperar essa teoria previamente "suspensa", existe muito que atrai na abordagem de Kelly. Sua premissa básica de que os indivíduos diferem fundamentalmente na sua maneira de interpretar a realidade e nos resultados que antecipam como conseqüência soa verdadeira. Parece inegável que nós realmente impomos as nossas expectativas ao mundo, e que essas expectativas servem para canalizar o nosso comportamento. Kelly nos prestou um serviço ao dirigir a nossa atenção para a maneira como criamos o mundo ao qual respondemos. Entretanto, existem vários pontos que podemos objetar em sua teoria.

Primeiro, a maior força de Kelly é sua ajuda para compreendermos como os indivíduos interpretam ou constroem a realidade. Ele disse muito pouco sobre como os indivíduos adquirem seus constructos e como esses constructos originam o comportamento. O corolário de experiência fala sobre a aquisição de constructos, mas de uma maneira muito geral. Ficamos sabendo que as pessoas desenvolvem constructos que lhes permitem antecipar resultados, mas não temos como saber que direção seguirá esse processo de aquisição. Os que apóiam a teoria de Kelly podem argumentar que isso é análogo a queixar-se de que a teoria da aprendizagem não especifica o que é aprendido, mas o fato é que Kelly nos diz muito pouco sobre o que governa a natureza dos constructos que formamos, a maneira como designamos objetos e eventos para pólos, ou a probabilidade de a pessoa responder a predições inexatas e à ansiedade com mudança construtiva, em oposição à suspensão, submersão ou hostilidade. É como se nos dissessem que os bons cientistas "nascem prontos, não se fazem". Igualmente, ficamos sabendo que baseamos o nosso comportamento em conseqüências antecipadas, seguindo o corolário de escolha e o ciclo C-P-C, mas não nos dizem o que governa essas escolhas ou o movimento através do ciclo. Isso nos lembra a objeção de que os modelos cognitivos da aprendizagem deixam o rato "perdido em pensamentos".

Segundo, existe uma pobreza emocional no modelo de Kelly da personalidade. Talvez em função dos clientes com os quais trabalhava, Kelly enfatizou a lógica e a racionalidade. No processo de articular essa faceta do comportamento humano, ele ignorou as paixões, que também desempenham um papel central na vida humana. Grande parte do apelo persistente da teoria freudiana é o destaque que ela dá à paixão humana, e não existe nada disso em Kelly. Essa falta de atenção à emocionalidade e aos mecanismos de excitação deixa uma imagem fraca e desbotada do comportamento humano. Da mesma forma, Kelly sugeriu que as pessoas sadias sempre agem em seus melhores interesses, mas grande parte da intriga no comportamento humano origina-se de casos em que tal suposição parece não se sustentar.

Finalmente, a plasticidade que Kelly atribuiu à personalidade é problemática. Os constructos de papel nuclear existem para dar estrutura à personalidade, mas não podemos contar com muito mais que permaneça. Não existem metas, valores, unidades estruturais ou tendências comportamentais. Em resumo, não existe nenhum alicerce para a personalidade. Quer enfatizem as predisposições fisiológicas ou o condicionamento social, outros teóricos pintam um quadro bem mais claro de uma pessoa sólida e permanente; o retrato de Kelly é vago. A fluidez que Kelly atribui às pessoas é um aspecto provocativo e otimista de sua teoria, mas isso também nos deixa sem saber bem onde estamos.

Mas todas as teorias têm limitações, e Kelly articulou uma perspectiva provocante e característica da personalidade. Ninguém nos fez compreender melhor o processo pelo qual os indivíduos constroem o mundo ao qual respondem. A teoria pode ter um intervalo de conveniência limitado, mas esse intervalo é consideravelmente útil: os indivíduos são distintivos porque sua maneira particular de compreender a realidade social e física os leva a expectativas distintivas em relação às conseqüências de suas ações.

# CAPÍTULO 11

# A Teoria de Carl Rogers Centrada na Pessoa

INTRODUÇÃO E CONTEXTO ................................................................................... 348

*KURT GOLDSTEIN* ............................................................................................... 349
A ESTRUTURA DO ORGANISMO ............................................................................ 350
A DINÂMICA DO ORGANISMO ............................................................................. 352
    Equalização    352
    Auto-Realização    352
    "Chegar a um Acordo" com o Ambiente    353
O DESENVOLVIMENTO DO ORGANISMO ................................................................ 354

*ABRAHAM MASLOW* .......................................................................................... 354
SUPOSIÇÕES SOBRE A NATUREZA HUMANA ......................................................... 356
HIERARQUIA DE NECESSIDADES ........................................................................... 358
SÍNDROMES ........................................................................................................ 361
AUTO-REALIZADORES ........................................................................................... 362

*CARL ROGERS* ................................................................................................... 363
HISTÓRIA PESSOAL .............................................................................................. 365
A ESTRUTURA DA PERSONALIDADE ...................................................................... 367
    O Organismo    367
    O *Self*    368
    Organismo e *self*: Congruência e Incongruência    369
A DINÂMICA DA PERSONALIDADE ........................................................................ 369
O DESENVOLVIMENTO DA PERSONALIDADE ......................................................... 371
PESQUISA CARACTERÍSTICA E MÉTODOS DE PESQUISA ......................................... 374
    Estudos Qualitativos    374
    Análise de Conteúdo    375
    Escalas de Avaliação    375
    Estudos com a Técnica-Q    376
    Estudos Experimentais do Autoconceito    380
    Outras Abordagens Empíricas    380
PESQUISA ATUAL ................................................................................................. 380
    Teoria da Dissonância Cognitiva    381
    Teoria da Autodiscrepância    382
    Autoconceito Dinâmico    383
*STATUS* ATUAL E AVALIAÇÃO ............................................................................... 384

Nós começamos este capítulo com um breve relato da teoria organísmica conforme desenvolvida por Kurt Goldstein. Depois examinamos duas outras formulações de teoria organísmica, a de Abraham Maslow e a de Carl Rogers. A figura de destaque deste capítulo será Rogers.

## INTRODUÇÃO E CONTEXTO

No século XVII, Descartes dividiu o indivíduo em duas entidades separadas, mas interatuantes: corpo e mente. No século XIX, Wundt, aderindo à tradição do associacionismo britânico, atomizou a mente, reduzindo-a a partículas elementares de sensações, sentimentos e imagens. Posteriormente, houve repetidas tentativas de voltar a unir a mente e o corpo e tratar o organismo como um todo unificado, organizado. Uma tentativa notável que atraiu muitos seguidores nos últimos anos é conhecida como o ponto de vista organísmico ou holístico. Esse ponto de vista encontrou expressão na psicobiologia de Adolf Meyer (Meyer, 1948; Rennie, 1943), na orientação médica denominada psicossomática (Dunbar, 1954) e no trabalho fundamental de Coghill sobre o desenvolvimento do sistema nervoso em relação ao comportamento (1929). Os precursores médicos mais importantes do conceito organísmico são Hughlings Jackson, o proeminente neurologista inglês (1931) e Claude Bernard, o famoso fisiologista francês (1957). Jan Smuts, o estadista e soldado sul-africano, foi o proponente filosófico mais importante da teoria organísmica, e seu livro notável, *Holism and Evolution* (1926), tem sido muito influente. O general Smuts cunhou a palavra *holismo* a partir da raiz grega *holos*, que significa completo, integral, inteiro. Na psicologia, a teoria organísmica foi exposta por J. R. Kantor (1924, 1933, 1947), R. H. Wheeler (1940), Heinz Werner (1948) e Gardner Murphy (1947). A teoria organísmica nutriu-se do artigo de John Dewey que marcou época, *The reflex arc concept in psychology* (1896). Aristóteles, Goethe, Spinoza e William James foram mencionados como providenciando a sementeira na qual germinou a teoria organísmica. Embora nem todos esses autores tenham apresentado teorias organísmicas completas, seus conceitos apontam nessa direção.

Estreitamente relacionado ao ponto de vista organísmico está o movimento da Gestalt iniciado por Wertheimer, Koffka e Köhler, que, nos anos imediatamente anteriores à Primeira Guerra Mundial, lideraram uma revolta contra o tipo de análise mental realizado na época por Wundt e seus seguidores. O movimento representou um novo tipo de análise da experiência consciente. Partindo do campo perceptual como um todo, eles então o diferenciam em figura e fundo e depois estudam as propriedades de cada um deles e suas mútuas influências. Na área da aprendizagem, eles substituíram a doutrina da associação pelo conceito de *insight*. Uma pessoa aprende uma tarefa como um todo significativo, e não de maneira fragmentada. Embora a psicologia da Gestalt tenha tido uma imensa influência sobre o pensamento moderno e certamente seja compatível com a teoria organísmica, ela não pode ser considerada, estritamente falando, uma psicologia organísmica. A razão disso é que a psicologia da Gestalt, conforme desenvolvida por Wertheimer, Koffka e Köhler, tende a restringir sua atenção aos fenômenos da percepção consciente e diz muito pouco sobre o organismo ou a personalidade como um todo. A teoria organísmica tomou emprestados muitos de seus conceitos da psicologia da Gestalt, e os dois pontos de vista estão nos termos mais amigáveis. A psicologia organísmica pode ser considerada a extensão dos princípios gestálticos ao organismo como um todo.

Kurt Goldstein, o eminente neuropsiquiatra, apresenta uma introdução útil às teorias organísmicas. Influenciado largamente por suas observações e investigações de soldados com lesão cerebral durante a Primeira Guerra Mundial e por seus estudos anteriores de perturbações da fala, Goldstein chegou à conclusão de que nenhum sintoma específico apresentado por um paciente podia ser compreendido unicamente como o produto de uma determinada lesão ou doença orgânica, mas tinha de ser considerado como uma manifestação do organismo total. O organismo sempre se comporta como um todo unificado, e não como uma série de partes diferenciadas. A mente e o corpo não são entidades separadas: a mente não consiste em faculdades ou elementos independentes e o corpo em órgãos e processos independentes. O organismo é uma unidade singular. O que acontece em uma parte afeta o todo. O psicólogo estuda o organismo de uma perspectiva, o fisiologista de outra. Mas ambas as disciplinas precisam operar dentro da estrutura da teoria organísmica, porque qualquer evento, quer psicológico, quer fisiológico, sempre ocorre no contexto do organismo total, a menos que ele se tenha isolado artificialmente desse contexto. As leis do todo governam o funcionamento das partes diferenciadas do todo. Conseqüentemente, é necessário descobrir as leis segundo as quais o organismo todo funciona para podermos entender o funcionamento de qualquer um dos componentes. Esse é o princípio básico da teoria organísmica.

Os principais aspectos da teoria organísmica, no que se refere à psicologia da pessoa, podem ser resumidos da seguinte maneira:

1. A teoria organísmica enfatiza a unidade, a integração, a consistência e a coerência da personalidade normal. A organização é o estado natural do organismo; a desorganização é patológica e normalmente provocada pelo impacto de um ambiente opressivo ou ameaçador ou por anomalias intra-orgânicas.

2. A teoria organísmica começa com o organismo como um sistema organizado e analisa-o diferenciando o todo em seus membros constituintes. Um membro nunca é abstraído do todo ao qual pertence e estudado como uma entidade isolada; ele é sempre considerado como tendo uma qualidade de associação dentro do organismo total. Os teóricos organísmicos acreditam que é impossível compreender o todo estudando diretamente partes e segmentos isolados, porque o todo funciona segundo leis que não podem ser encontradas nas partes.

3. A teoria organísmica supõe que o indivíduo é motivado por uma pulsão soberana e não por uma pluralidade de pulsões. O termo de Goldstein para esse motivo soberano é *auto-atualização* ou *auto-realização*, que significa que os humanos estão sempre tentando realizar suas potencialidades inerentes por todos os caminhos abertos para eles. Tal singularidade de propósito dá direção e unidade à nossa vida.

4. Embora a teoria organísmica não considere o indivíduo como um sistema fechado, ela tende a minimizar a influência primária e diretiva do ambiente externo sobre o desenvolvimento normal e a enfatizar as potencialidades inerentes de crescimento do organismo. O organismo seleciona os aspectos do ambiente aos quais ele vai reagir e – exceto em circunstâncias raras e anormais – o ambiente não pode forçar o indivíduo a se comportar de maneira inapropriada à sua natureza. Se o organismo não conseguir controlar o ambiente, ele tentará se adaptar a ele. Em geral, a teoria organísmica considera que as potencialidades do organismo, se puderem se desdobrar de maneira ordenada por terem um ambiente apropriado, produzirão uma personalidade sadia e integrada, embora as forças ambientais malignas possam a qualquer momento destruir ou incapacitar a pessoa. Não existe nada de inerentemente "mau" no organismo; um ambiente inadequado o torna "mau".

5. A teoria organísmica pensa que temos mais a aprender a partir do estudo compreensivo de uma pessoa do que pela investigação extensiva de uma função psicológica isolada observada em muitos indivíduos. Por essa razão, a teoria organísmica tende a ser mais popular entre os psicólogos clínicos, que se preocupam com a pessoa total, do que entre psicólogos experimentais, primariamente interessados em processos ou em funções separadas, como a percepção e a aprendizagem.

Agora apresentaremos a teoria organísmica desenvolvida por Kurt Goldstein.

## *KURT GOLDSTEIN*

Kurt Goldstein fez sua formação em neurologia e psiquiatria, na Alemanha, e atingiu uma posição de eminência como cientista-médico e professor antes de migrar para os Estados Unidos em 1935, depois que os nazistas subiram ao poder. Ele nasceu na Alta Silesia, na época uma parte da Alemanha, mas atualmente uma parte da Polônia, em 6 de novembro de 1878, e formou-se em medicina na Universidade de Breslau, Baixa Silesia, em 1903. Ele estagiou com vários cientistas-médicos famosos durante alguns anos, antes de aceitar uma posição de ensino e pesquisa no Hospital Psiquiátrico de Koenigsberg. Durante seus oito anos nesse cargo, Goldstein pesquisou muito e escreveu numerosos artigos que estabeleceram sua reputação e levaram-no, aos 36 anos de idade, ao posto de professor de neurologia e psiquiatria e diretor do Instituto Neurológico da Universidade de Frankfurt. Durante a Primeira Guerra Mundial, ele se tornou diretor do *Military Hospital for Brain Injured Soldiers*, e foi então possível estabelecer um instituto de pesquisa sobre os efeitos secundários das lesões cerebrais. Foi nesse instituto que Goldstein fez os estudos fundamentais que estabeleceram a base para o seu ponto de vista organísmico (Gelb & Goldstein, 1920). Em 1930, ele foi para a Universidade de Berlim como professor de neurologia e psiquiatria e também foi diretor do Departamento de Neurologia e Psiquiatria no Hospital Moabit. Quando Hitler dominou a Alemanha, Goldstein foi preso e depois libertado com a condição de deixar o país. Ele foi para Amsterdam, onde concluiu seu livro mais importante, *Der Aufbau des Organismus*, traduzido para o inglês com o título *The Organism* (1939). Indo para os Estados Unidos em 1935, ele trabalhou por um ano no Instituto Psiquiátrico de Nova York, depois tornou-se chefe do Laboratório de Neurofisiologia no Hospital Montefiore, na cidade de Nova York, e professor clínico de neurologia no *College of Physicians and Surgeons* da Universidade de Colúmbia. Durante esse período, ele realizou palestras sobre psicopatologia no Departamento de Psicologia da Universidade de Colúmbia e foi convidado para proferir as palestras *William James* na Universidade de Harvard, que foram publicadas com o título *Human Nature in the Light of Psychopathology* (1940). Durante os anos da guerra, ele trabalhou como professor clínico de neurologia na *Tufts Medical School* em Boston e publicou um livro sobre os efeitos secundários das lesões cerebrais na guerra (1942). Em 1945, ele voltou à cidade de Nova York e abriu seu consultório como neuropsiquiatra e psicoterapeuta. Associou-se à Universidade de Colúmbia e à *New School for Social Research*, e foi professor-convidado na Universidade de Brandeis, viajando semanalmente para Waltham. Aí, ele se associou a dois outros teóricos holísticos, Andras Angyal e Abraham Maslow. Seu último

livro foi sobre linguagem e perturbações da linguagem (1948), uma área que ele pesquisara durante toda sua vida profissional. Nos seus últimos anos, Goldstein identificou-se mais com a fenomenologia e a psicologia existencial. Ele morreu na cidade de Nova York, em 19 de setembro de 1965, aos 86 anos de idade. Sua autobiografia (1967) apareceu postumamente. Um volume memorial (Simmel, 1968) contém uma bibliografia completa dos textos de Goldstein.

## A ESTRUTURA DO ORGANISMO

O organismo consiste em membros diferenciados e articulados: os membros não se separam e nem se isolam uns dos outros, a não ser em condições anormais ou artificiais, como, por exemplo, uma forte ansiedade. A organização primária do funcionamento organísmico é a da figura e do fundo. Uma figura é qualquer processo que emerge e destaca-se de um fundo. Em termos de percepção, é aquilo que ocupa o centro da consciência que está atenta. Quando, por exemplo, uma pessoa está olhando para um objeto em uma sala, a percepção do objeto se torna uma figura contra o fundo do resto da sala. Em termos de ação, a figura é a principal atividade que o organismo está realizando. Quando estamos lendo um livro, a leitura é a figura que se destaca de outras atividades, como mexer no cabelo, mascar a ponta do lápis, ouvir as vozes da sala ao lado e respirar. Uma figura tem uma fronteira ou contorno definido que a encerra e separa do que a cerca. O fundo é contínuo; ele não só cerca a figura como se estende por trás dela.

O que faz uma figura emergir do fundo do organismo total? Ela é determinada pela tarefa exigida no momento pela natureza do organismo. Assim, quando um organismo faminto se depara com a tarefa de conseguir comida, qualquer processo que ajude na realização da tarefa será uma figura. Pode ser a lembrança de onde a comida foi encontrada no passado, uma percepção de objetos alimentícios no ambiente, ou uma atividade que produza alimento. Mas se o organismo mudar, por exemplo, se a pessoa faminta ficar assustada, emergirá um novo processo como figura apropriada à tarefa de lidar com o medo. Novas figuras emergem como tarefas da mudança do organismo.

TEORIAS DA PERSONALIDADE 351

Kurt Goldstein.

Embora Goldstein não tenha dito muito sobre a estrutura do organismo além da diferenciação entre figura e fundo, ele realmente salientou que existem três tipos diferentes de comportamento: os *desempenhos*, que são atividades voluntárias, experienciadas conscientemente; as *atitudes*, que são sentimentos, estados de ânimo e outras experiências internas; e os *processos*, que são funções corporais que só podem ser experienciadas indiretamente (1929, p. 307 ff.).

Goldstein também utilizou muito a distinção estrutural entre comportamento concreto e abstrato. O comportamento concreto consiste em reagir a estímulos de maneira bastante automática ou direta, enquanto o comportamento abstrato consiste em agir em função do estímulo. Por exemplo, no comportamento concreto, percebemos a configuração do estímulo e reagimos a ela conforme nos parece no momento, ao passo que no comportamento abstrato a pessoa pensa sobre o padrão de estímulos, no que ele significa, na sua relação com outras configurações, em como ele pode ser usado e quais são suas propriedades conceituais. A diferença entre comportamento concreto e abstrato é a diferença entre reagir diretamente a um estímulo e reagir a ele depois de pensar sobre o estímulo. Esses dois tipos de comportamento dependem de atitudes contrastantes em relação ao mundo.

## A DINÂMICA DO ORGANISMO

Os principais conceitos dinâmicos apresentados por Goldstein são (1) o processo de equalização ou a centração do organismo, (2) a auto-realização e (3) o chegar a um acordo com o ambiente.

### Equalização

Goldstein postulou um suprimento de energia disponível muito constante, que tende a ser distribuído igualmente por todo o organismo. Essa energia constante, igualmente distribuída, representa o estado "médio" de tensão no organismo e é ao estado médio que o organismo sempre retorna ou tenta retornar após um estímulo que muda a tensão. O retorno ao estado médio é o *processo de equalização*. Por exemplo, ouvimos um som vindo da direita e voltamos a cabeça

nessa direção. O virar da cabeça equaliza a distribuição de energia no sistema que foi desequilibrado pelo som. Comer quando se tem fome, descansar quando se está cansado, e espreguiçar-se depois de ficar tolhido em um espaço exíguo são outros exemplos conhecidos do processo de equalização.

A meta de uma pessoa normal, sadia, não é simplesmente descarregar a tensão, mas equalizá-la. O nível em que a tensão se torna equilibrada representa a centração do organismo. Esse centro é o que permite ao organismo desempenhar mais efetivamente o seu trabalho de lidar com o ambiente e de realizar-se em outras atividades de acordo com a sua natureza. A centração plena ou o equilíbrio completo é um estado holístico ideal e é provavelmente alcançada raras vezes.

O princípio da equalização explica a consistência, a coerência e a ordenação do comportamento apesar de estímulos perturbadores. Goldstein não acreditava que as fontes de perturbação fossem primariamente intra-orgânicas, exceto em circunstâncias anormais e catastróficas que produzem isolamento e conflito interno. Em um ambiente adequado, o organismo sempre permanecerá mais ou menos em equilíbrio. As redistribuições de energia e o desequilíbrio do sistema resultam de interferências ambientais e às vezes de conflito interno. Como resultado da maturação e da experiência, a pessoa desenvolve modos preferenciais de comportar-se que mantêm em um mínimo as interferências e os conflitos e preservam o equilíbrio do organismo. A vida de um indivíduo se torna mais centrada e menos sujeita às mudanças fortuitas do mundo interno e externo à medida que ele fica mais velho.

### Auto-Realização

Este é o motivo-mestre de Goldstein; na verdade, é o único motivo que o organismo possui. O que parece ser motivos diferentes, como fome, sexo, poder, conquistas e curiosidade, é meramente a manifestação do propósito soberano da vida, realizar-se. Quando as pessoas estão com fome, elas se realizam comendo; quando desejam poder, elas se realizam, obtendo poder. A satisfação de qualquer necessidade específica está em primeiro plano quando é um pré-requisito para a auto-realização do organismo total. A auto-realização é a tendência criativa da natureza humana. É o princípio orgânico pelo qual o organismo se torna mais desenvolvido e mais completo. A pessoa ignorante que deseja conhecimento sente um vazio interior; ela se sente incompleta. Ao ler e estudar, o desejo de conhecimento é satisfeito e o vazio desaparece. Dessa forma, foi criada uma nova pessoa, uma pessoa em quem a aprendizagem tomou o lugar da ignorância. O desejo se tornou uma realidade. Qualquer necessidade é um estado de déficit que motiva a pessoa a supri-lo. É como um buraco que precisa ser preenchido. O preenchimento ou a realização de uma necessidade é o que queremos dizer com auto-atualização ou auto-realização.

Embora a auto-realização seja um fenômeno de natureza universal, os fins específicos buscados pelos seres humanos variam de pessoa para pessoa. Isso acontece porque elas têm potencialidades inatas diferentes que dão forma aos seus fins e dirigem as linhas de seu desenvolvimento e crescimento individuais, bem como ambientes e culturas diferentes aos quais precisam ajustar-se e nos quais precisam garantir os suprimentos necessários para o crescimento.

Como podemos determinar as potencialidades do indivíduo? Goldstein disse que a melhor maneira de fazer isso é descobrir o que a pessoa prefere e o que ela faz melhor. Suas preferências correspondem às suas potencialidades. Isso significa que, para saber o que as pessoas estão tentando realizar, precisamos saber do que elas gostam e quais são seus talentos. O jogador de beisebol está realizando aquelas potencialidades que são desenvolvidas quando ele joga beisebol; o advogado, aquelas potencialidades que são realizadas pela prática do direito.

Em geral, Goldstein enfatizou a motivação consciente mais que a inconsciente. O inconsciente, aos seus olhos, é o fundo para o qual o material consciente recua quando deixa de ser útil para a auto-realização em uma situação definida, e do qual emerge quando novamente se torna adequado e apropriado para a auto-realização: "Todas as peculiaridades que Freud enumera como características do inconsciente correspondem plenamente às mudanças que o comportamento normal sofre pelo isolamento provocado pela doença" (1939, p. 323).

## "Chegar a um Acordo" com o Ambiente

Embora Goldstein, como teórico organísmico, tenha enfatizado os determinantes internos do comportamento e o princípio de que o organismo encontra o ambiente mais apropriado para a auto-realização, ele não adotou a posição extrema de que o organismo está imune aos eventos do mundo externo. Ele reconheceu a importância do mundo objetivo como uma fonte de perturbação com a qual o organismo precisa lidar, e como uma fonte de suprimentos pela qual o organismo realiza seu destino. Isto é, o ambiente se impõe ao organismo, estimulando-o ou superestimulando-o de forma a perturbar o equilíbrio orgânico, mas, por outro lado, o organismo perturbado busca no ambiente aquilo de que precisa para equalizar a tensão interna. Em outras palavras, existe uma interação entre o organismo e o ambiente.

A pessoa tem de chegar a um acordo com o ambiente, tanto porque ele lhe proporciona os meios pelos quais a auto-realização pode ser obtida quanto porque ele contém obstruções na forma de ameaças e de pressões que impedem a auto-realização. Às vezes, a ameaça vinda do ambiente pode ser tão grande que o comportamento do indivíduo fica congelado pela ansiedade, e ele não consegue fazer qualquer progresso na busca de sua meta. Outras vezes, a auto-realização pode ser impedida porque o ambiente não possui aqueles objetos ou condições necessários para a realização.

Goldstein nos diz que o organismo normal, sadio, é aquele "em que a tendência para a auto-realização vem de dentro e supera a perturbação decorrente do choque com o mundo, não por ansiedade e sim pelo prazer da conquista" (1939, p. 305). Essa declaração tocante sugere que chegar a um acordo com o ambiente consiste primariamente em dominá-lo. Se isso não puder ser feito, a pessoa terá de aceitar as dificuldades e ajustar-se às realidades do mundo externo da melhor maneira possível. Se a discrepância entre as metas do organismo e as realidades do ambiente for grande demais, o organismo entra em colapso, ou desiste de algumas de suas metas e tenta realizar-se em um nível inferior de existência.

## O DESENVOLVIMENTO DO ORGANISMO

Embora o conceito de auto-realização sugira que existem padrões ou estágios de desenvolvimento por meio dos quais a pessoa progride, Goldstein não disse muito sobre o curso do crescimento, exceto por algumas generalidades sobre o comportamento se tornar cada vez mais ordenado e mais ajustado ao ambiente conforme a pessoa fica mais velha. Goldstein sugeriu que existem tarefas peculiares a certos níveis de idade, mas não especificou quais são ou se são as mesmas para todos os indivíduos. A importância da hereditariedade também é sugerida, mas sua relativa contribuição não é explicitada. Goldstein também não apresentou uma teoria da aprendizagem. Ele falou sobre a "reorganização" de antigos padrões em padrões novos e mais efetivos, a "repressão de atitudes e de impulsos que estão em oposição ao desenvolvimento da personalidade *global*", a aquisição de maneiras preferidas de comportamento, a emergência da figura em relação ao fundo, a fixação de padrões de comportamento por estímulos traumáticos ou pela prática repetitiva com estímulos isolados, as mudanças de ajuste e as formações substitutas, mas essas noções não foram reunidas dentro de uma teoria sistemática de aprendizagem. Elas são extremamente compatíveis com uma teoria gestáltica de aprendizagem.

Goldstein disse que, se uma criança é exposta a situações com as quais é capaz de lidar, ela vai desenvolver-se normalmente por meio da maturação e do treinamento. À medida que surgirem novos problemas, ela formará novos padrões para lidar com eles. As reações que já não forem úteis para a meta da auto-realização serão abandonadas. Entretanto, se as condições do ambiente forem árduas demais para as capacidades da criança, ela desenvolverá reações inconsistentes com o princípio da auto-realização. Nesse caso, o processo tende a ficar isolado do padrão de vida da pessoa. O isolamento de um processo é a condição primária para o desenvolvimento de estados patológicos. Por exemplo, os seres humanos não são agressivos e nem submissos por natureza, mas, para cumprir sua natureza, eles às vezes precisam ser agressivos e outras vezes submissos, dependendo das circunstâncias. Entretanto, se a pessoa desenvolver um hábito sólido e fixo de agressão ou submissão, isso tenderá a ter uma influência destrutiva sobre a personalidade ao afirmar-se em momentos inadequados e de maneiras contrárias aos interesses da pessoa total.

Não podemos fazer justiça aqui à riqueza dos dados empíricos de Goldstein, nem podemos transmitir ao leitor a exata medida de seus *insights* sobre as razões da conduta humana. Mas podemos orientar o investigador que desejar pesquisar de maneira organísmica com um conjunto de direções: (1) estudar a pessoa total; (2) fazer estudos intensivos de casos individuais, usando testes, entrevistas e observações em condições naturais; não depender apenas de um tipo de evidência; (3) tentar compreender o comportamento da pessoa em termos de princípios sistêmicos como auto-realização, chegando a um acordo com o ambiente, e de atitudes abstratas *versus* concretas em vez de respostas específicas a estímulos específicos; (4) utilizar tanto métodos qualitativos como quantitativos na coleta e na análise de dados; (5) não empregar controles experimentais e condições padronizadas que destruam a integridade do organismo e tornem-no não-natural e artificial; (6) jamais esquecer que o organismo é uma estrutura complexa e que o seu comportamento resulta de uma vasta rede de determinantes.

# ABRAHAM MASLOW

Abraham Maslow (ver especialmente *Motivation and Personality* [1954, edição revisada, 1970], *Toward a Psychology of Being* [1968a], e *The Farther Reaches of Human Nature* [1971]) adotou um ponto de vista holístico-dinâmico que tem muito em comum com o de Goldstein, que foi seu colega na Universidade de Brandeis. Maslow considerava que sua posição caía dentro da ampla província da psicologia humanista, que caracterizava como a "terceira força" na psicologia americana, as outras duas sendo o comportamentalismo e a psicanálise.

Maslow nasceu em Brooklyn, Nova York, em 1 de abril de 1908. Todos os seus diplomas foram conseguidos na Universidade de Winscosin, onde fez pesquisas sobre o comportamento dos primatas. Por 14 anos (1937-1951), ele trabalhou na faculdade do Brooklyn College. Em 1951, Maslow foi para a Universidade de Brandeis, onde permaneceu até 1969, quando tornou-se *resident fellow* da Fundação Laugh-

TEORIAS DA PERSONALIDADE **355**

*Abraham Maslow.*

lin em Menlo Park, Califórnia. Maslow sofreu um ataque cardíaco fatal em 8 de junho de 1970.

Depois de sua morte, surgiram vários livros sobre sua vida e obra. Entre eles, estão um elogioso volume memorial, algumas notas não-publicadas por Maslow, uma bibliografia completa de seus textos (B.G. Maslow, 1972) e um retrato intelectual por um colega próximo (Lowry, 1973a). Lowry (1973b) também reuniu em um volume os artigos embrionários de Maslow. Outros livros sobre Maslow foram escritos por Goble (1970) e Wilson (1972), e Lowry publicou os diários de Maslow (Maslow, 1982).

Em vez de analisar a teoria de Maslow em termos de estrutura, dinâmica e desenvolvimento, nós discutiremos quatro aspectos distintivos de suas idéias acerca da personalidade: suas suposições sobre a natureza humana, sua hierarquia de necessidades, sua descrição de síndromes e seu estudo da auto-realização. É importante não esquecer que Maslow, diferentemente de Goldstein, valeu-se de investigações de pessoas sadias e criativas para chegar a certas formulações sobre a personalidade.

## SUPOSIÇÕES SOBRE A NATUREZA HUMANA

Maslow censurava a psicologia por sua "concepção pessimista, negativa e limitada" do ser humano. Segundo ele, a psicologia detivera-se mais nas fragilidades do que nas forças humanas, explorara mais minuciosamente os pecados enquanto negligenciara as virtudes. A psicologia vira a vida em termos de um indivíduo tentando desesperadamente evitar a dor em vez de agir ativamente para obter prazer e felicidade. Onde está a psicologia, perguntava Maslow, que leva em conta a alegria, a exuberância, o amor e o bem-estar na mesma extensão em que trata da miséria, do conflito, da vergonha e da hostilidade? A psicologia "restringiu-se voluntariamente apenas à metade de sua legítima jurisdição, e à pior metade, à metade mais sombria". Maslow tentou suprir a outra metade do quadro, a metade melhor e mais favorável, e oferecer um retrato da pessoa completa.

Ele escreveu:

"Permitam-me tentar apresentar brevemente, e a princípio dogmaticamente, a essência desta nova concepção do homem psiquiatricamente sadio. Em primeiro lugar, e o mais importante de tudo, está a sólida crença de que o homem tem uma natureza essencial própria, o esqueleto de uma estrutura psicológica que pode ser tratada e discutida analogamente com sua estrutura física, de que ele tem necessidades, capacidades e tendências geneticamente baseadas, algumas das quais são características de toda a espécie humana, atravessando todas as linhas culturais, e algumas das quais são exclusivas do indivíduo. Essas necessidades são aparentemente boas ou neutras, em vez de más. Segundo, está envolvida a concepção de que o desenvolvimento plenamente sadio, normal e desejável consiste em realizar a sua natureza, em cumprir todas essas potencialidades e em desenvolver-se até a maturidade ao longo das linhas ditadas por sua natureza essencial oculta, encoberta e vagamente vislumbrada, desenvolvendo-se a partir do interior ao invés de ser moldado pelo exterior. Terceiro, agora vemos claramente que a psicopatologia em geral resulta da negação, da frustração ou da distorção da natureza essencial do homem. Por essa concepção, o que é bom? Tudo o que conduz a esse desenvolvimento desejável na direção da realização da natureza interior do homem. O que é mau ou anormal? Tudo o que frustra, bloqueia ou nega a natureza essencial do homem. O que é psicopatológico? Tudo o que perturba, frustra ou distorce o curso da auto-realização. O que é psicoterapia ou, por falar no assunto, qualquer tipo de terapia? Qualquer meio que ajude a pessoa a voltar ao caminho da auto-realização e do desenvolvimento ao longo das linhas ditadas por sua natureza interior." (1954, p. 340-341)

Em uma outra apresentação de suas suposições básicas, Maslow acrescentou esta importante declaração:

"Esta natureza interior não é forte, irresistível e inconfundível como os instintos dos animais. É frágil, delicada, sutil e facilmente dominada por hábitos, pressão cultural e atitudes erradas em relação a ela. Apesar de frágil, ela raramente desaparece na pessoa normal – talvez nem mesmo na pessoa doente. Mesmo negada, ela continua às escondidas, pressionando eternamente para realizar-se." (1968a, p. 4).

Maslow também escreveu: "Todas as evidências que temos (principalmente evidências clínicas, mas também outros tipos de evidência de pesquisa) indicam que é razoável supor que praticamente em todos os seres humanos, e certamente em quase todo bebê recém-nascido, existe um desejo ativo de saúde, um impulso para o crescimento ou para a realização das potencialidades humanas" (1967b).

Nessas passagens eloqüentes e representativas, Maslow fez algumas suposições surpreendentes em relação à natureza humana, entre as quais a de que as pessoas têm uma natureza inata que é essencialmente boa ou pelo menos neutra. Ela não é inerentemente má. Não é verdade que os instintos são maus ou anti-sociais e precisam ser domados pelo treinamento e pela socialização.

À medida que a personalidade se desdobra, pela maturação em um ambiente benigno e pelos esforços ativos por parte da pessoa para realizar a sua natureza, os poderes criativos do ser humano se manifestam cada vez mais claramente. Quando os humanos são miseráveis ou neuróticos, é porque o ambiente os tornou assim por meio da ignorância e da patologia social, ou porque eles distorceram seu pensamento. Maslow acreditava que muitas pessoas temem e resistem a tornar-se seres humanos completos (auto-realizados). A destrutividade e a violência, por exemplo, não são inatas nos seres humanos. Eles se tornam destrutivos quando sua natureza interior é distorcida, negada ou frustrada. Maslow (1968b) distinguia entre a violência patológica e a agressão sadia que luta contra a injustiça, o preconceito e outros males sociais.

Maslow sugeriu que interpretássemos a neurose como um "fracasso do crescimento pessoal". Isto é, a neurose significa que a pessoa "não conseguiu ser o que poderia ter sido, e diríamos, inclusive, o que *deveria* ter sido, biologicamente falando, isto é, se ela tivesse crescido e se desenvolvido sem nenhum impedimento" (Maslow, 1971, p. 33).

Maslow fez a si mesmo a pergunta óbvia que os teóricos do crescimento precisam enfrentar. Se todos nós temos o impulso de realizar o nosso potencial, o que interfere nisso? Por que não estamos todos nos auto-realizando? Nós já vimos que a exposição a um ambiente não-sadio oferece uma resposta a essa pergunta (mais adiante neste capítulo veremos que Carl Rogers respondeu a essa pergunta de maneira semelhante, mas que ele tentou identificar o processo no ambiente que o torna não-sadio). Tal posição levou Maslow a examinar honestamente o relacionamento entre os seres humanos e a sociedade. Ele escreveu: "(1) Uma vez que chamamos de doente o homem que está basicamente frustrado ou impedido, e (2) uma vez que essa frustração básica só é possível por forças fora do indivíduo, (3) a doença no indivíduo só pode vir de uma doença na sociedade A sociedade boa ou sadia seria então definida como aquela que permite a emergência dos propósitos superiores do homem ao satisfazer todas as suas necessidades básicas" (1970, p. 58). Em parte, como veremos, tudo isso ocorre porque a motivação para o crescimento é frágil (i. e., menos "prepotente") se comparada à motivação para satisfazer necessidades básicas.

Duas defesas internas também nos impedem de estar em contato conosco. Primeiro, o *complexo de Jonas* se refere à nossa tendência a temer e a tentar fugir do nosso destino e das possibilidades "constitucionalmente sugeridas". Tememos as "possibilidades divinas" em nós mesmos, e não nos permitimos ser grandes. A resposta de Maslow quando os alunos se sentiam embaraçados por essa atitude era perguntar: "Se não for você, então quem?" (1971, p. 36). A grandeza nos outros e o potencial de grandeza em nós mesmos geralmente são esmagadores e produzem o que os gregos chamavam de medo de *hubris*, ou pecado do orgulho. Nós fugimos ao nosso crescimento e em conseqüência estabelecemos baixos níveis de aspiração. Segundo, ocorre uma *dessacralização* quando aprendemos a negar as qualidades impressionantes, simbólicas e poéticas de pessoas ou atividades. Disso decorrem a falta de confiança e a falta de respeito. De uma maneira que lembra a discussão de Jung sobre a intuição, Maslow sugeriu que os indivíduos sadios ou auto-realizadores precisam aprender a ressacralizar seu mundo.

## HIERARQUIA DE NECESSIDADES

Maslow (1967a, 1970) propôs uma teoria da motivação humana com base em uma *hierarquia de necessidades* (ver Figura 11.1). Quanto mais baixo o nível de uma necessidade na hierarquia, mais *preponderante* ou dominante é essa necessidade. Em outras palavras, quando várias necessidades estão ativas, a necessidade mais inferior será a mais compelidora. À medida que as necessidades são satisfeitas, emergem necessidades novas e superiores. Além disso, as necessidades dos níveis inferiores da hierarquia trazem uma *motivação de deficiência*, porque são acionadas por um déficit ou falta na pessoa, enquanto as necessidades nos níveis superiores trazem uma *motivação de crescimento*, porque fazem a pessoa buscar metas e crescimento pessoais. Essa progressão é análoga, em muitos aspectos, à progressão do funcionamento oportunista ao funcionamento próprio descrita por Gordon Allport. Maslow considerava as necessidades de sua hierarquia como *instintóides*, ou "instintos fracos". Isto é, nós herdamos os impulsos, mas aprendemos suas metas ou seus modos de expressão. A gratificação sadia das necessidades não ocorre por meio de associações arbitrárias, mas de tudo o que satisfaz de forma "intrinsecamente adequada". Em muitos aspectos, as necessidades instintóides de Maslow são semelhantes aos "fragmentos de pulsão" descritos por Erikson.

O nível mais baixo na hierarquia de Maslow é o das necessidades *fisiológicas*. Elas incluem fome, sexo, sede e outras pulsões com base somática. Na extensão em que as necessidades fisiológicas estejam insatisfeitas, elas passam a dominar a pessoa. Tais necessidades são preemptivas, no sentido de que empurram todas as outras necessidades para segundo plano. A ausência ou o desaparecimento de todas as outras necessidades em uma pessoa que está dominada pela fome, por exemplo, alguém que é vítima de guerra ou de um desastre natural, não é paradoxal; é conseqüência da preponderância das necessidades fisiológicas. Observe que essas necessidades correspondem em muitos aspectos aos instintos descritos por Freud. À medida que as necessidades fisiológicas são gratificadas, emergem novas necessidades. Conforme Maslow colocou, "um desejo satisfeito não é mais um desejo. O organismo é dominado e o seu comportamento é organizado apenas por necessidades insatisfeitas. Se a fome é saciada, ela deixa de ter importância na dinâmica atual do indivíduo" (1970, p. 38).

O próximo conjunto de necessidades a emergir é o das necessidades de *segurança*. Elas incluem segurança, estabilidade, dependência, proteção, ausência de medo, necessidade de estrutura, etc. Tais necessidades estão mais óbvias nos bebês e nas crianças, como no medo que a criança pequena tem de estranhos. As necessidades de segurança estão grandemente satisfeitas para a maioria dos adultos que vivem em uma sociedade hospitaleira. Tais necessidades só são vistas durante desastres naturais ou sociais, ou no comportamento neurótico, como no transtorno obsessivo-compulsivo.

**FIGURA 11.1** Hierarquia de necessidades de Maslow.

O terceiro conjunto de necessidades a emergir é o das necessidades de *pertencimento e amor*. Elas representam a necessidade de amigos, família e de "relações afetuosas com as pessoas em geral". Maslow atribuiu essas necessidades à "nossa tendência profundamente animal de agrupar-se, congregar-se, reunir-se, pertencer a" (1970, p. 44). A crescente urbanização e a despersonalização das gerações recentes podem estar contribuindo para a frustração dessas necessidades. De uma maneira que lembra a discussão de Erik Erikson do conflito básico de Intimidade *versus* Isolamento, Maslow sugeriu que "a frustração dessas necessidades é o núcleo mais comumente encontrado nos casos de desajustamento e de patologia mais graves" (1970, p. 44).

O quarto nível da hierarquia inclui dois conjuntos de necessidades de *estima*, representando as nossas necessidades de auto-estima e de estima dos outros. O primeiro conjunto inclui desejo de força, conquistas, domínio e competência, confiança e independência. O segundo conjunto inclui as necessidades de respeito e estima dos outros, incorporando os desejos de fama, *status*, dominação, atenção e dignidade. Essas necessidades, conforme Maslow salientou, são semelhantes aos constructos encontrados nas teorias de Adler, Horney, Allport e Rogers. As dinâmicas também são similares, como na sugestão de Maslow (semelhante à de Adler) de que a frustração das necessidades de auto-estima produz sentimentos de inferioridade, o que, por sua vez, dá origem a tendências compensatórias ou neuróticas. Da mesma forma, ele seguiu Carl Rogers ao salientar os "perigos de basear-se a auto-estima nas opiniões de outros em vez de na verdadeira capacidade, competência e adequação na tarefa" (1970, p. 46).

O nível mais alto de necessidades é o de *auto-realização*. Maslow afirmou que quando todas as quatro necessidades básicas, de deficiência, foram satisfeitas, "logo se desenvolve um novo descontentamento e inquietude, a menos que o indivíduo esteja fazendo aquilo que *ele,* individualmente, é talhado para fazer... O que um homem *pode* ser, ele *deve* ser" (1970, p. 46). Maslow tomou esse termo emprestado de Goldstein, e ele reconhecia seu relacionamento com outros constructos, como o arquétipo de *self* de Jung e a tendência realizadora de Rogers. No uso específico que Maslow faz do termo, auto-realização se refere ao "desejo de tornarmo-nos cada vez mais aquilo que somos idiossincraticamente, de tornarmo-nos tudo aquilo que somos capazes de tornar-nos" (1970, p. 46). É importante reconhecer que a auto-realização não envolve uma deficiência ou a falta de algum elemento externo; ela representa um "crescimento intrínseco daquilo que já está no organismo... o desenvolvimento então vem de dentro e não de fora, e, paradoxalmente, o maior motivo é atingir um estado de não-motivação e de ausência de esforço" (1970, p. 134-135).

As pessoas auto-realizadoras não são motivadas primariamente por necessidades básicas, elas são metamotivadas por metanecessidades ou Valores-do-ser. Maslow estava sugerindo que os auto-realizadores, que ele chamou de "mais inteiramente humanos", são orientados por valores intrínsecos, não pela busca de objetos desejados. Observe como isso lembra a descrição da "busca de superioridade" de Adler. O estudo de Maslow da auto-realização começou com sua "devoção de alto QI" a dois de seus professores, Ruth Benedict e Max Wertheimer. É só nessas pessoas eminentes que vemos a expressão da faceta mais profunda e mais autêntica da natureza humana, os Valores-do-ser. As metanecessidades são instintóides, ou biologicamente necessárias, assim como as quatro necessidades básicas. Isto é, as metanecessidades são necessárias para evitar doenças, ou "metapatologia", e para atingir a plena humanidade. A Tabela 11.1 (ver p. 360) apresenta a lista de Maslow dos Valores-do-ser e das patologias correspondentes. Interessantemente, Maslow descreveu a Tabela 11.1 como uma "espécie de tabela periódica", útil para identificar patologias ainda não descobertas. Como um ponto final, Maslow notou que, embora as necessidades básicas sejam preponderantes em relação às metanecessidades, as metanecessidades são igualmente potentes: elas não existem em uma hierarquia generalizada de predominância. Mas os indivíduos realmente parecem desenvolver suas próprias hierarquias de metanecessidades com base em outros componentes de sua personalidade.

Maslow ofereceu várias qualificações para a hierarquia de necessidades recém-descrita. Por exemplo, além das necessidades *conativas* contidas na hierarquia, nós também possuímos necessidades *cognitivas*, especialmente os desejos de saber e compreender, bem como uma necessidade *estética* verdadeiramente básica. Não está completamente claro como essas ne-

# 360 HALL, LINDZEY & CAMPBELL

**TABELA 11.1** Valores-do-Ser e Metapatologias Específicas

| Valores-do-Ser | Privação Patogênica | Metapatologias Específicas |
|---|---|---|
| 1. Verdade | Desonestidade | Descrença; desconfiança; cinismo; ceticismo; suspeita |
| 2. Bondade | Maldade | Total egoísmo; ódio, repulsa, nojo; só confia e pensa em si mesmo; nihilismo; cinismo |
| 3. Beleza | Feiúra | Vulgaridade; infelicidade específica, inquietude, perda do gosto, tensão, fadiga; filistinismo; desolação |
| 4. Unidade; inteireza | Caos, Atomismo, perda de conexão | Desintegração; "o mundo está se desintegrando"; arbitrariedade |
| 4A. Dicotomia-transcendência | Dicotomias preto-e-branco; perda de gradações, de graus; polarização forçada; escolhas forçadas | Pensamento preto-no-branco; pensamento ou/ou; ver tudo como um duelo ou uma guerra, ou como um conflito; baixa sinergia; visão simplista da vida |
| 5. Vivacidade; processo | Amortecimento; mecanização da vida | Amortecimento; robotização; sentir-se totalmente determinado; perda da emoção; tédio (?); perda do gosto pela vida; vazio experiencial |
| 6. Singularidade | Mesmice; uniformidade; intercambialidade | Perda do sentimento de *self* e de individualidade; sentir-se intercambiável, anônimo, não realmente necessário |
| 7. Perfeição | Imperfeição; desleixo; mau acabamento; má qualidade | Desânimo (?); desesperança; nada pelo que trabalhar |
| 7A. Necessidade | Acidente; ocasionalismo; inconsistência | Caos; impredizibilidade; perda da segurança; vigilância |
| 8. Completude; finalidade | Incompletude | Sentimentos de incompletude com perseveração; desesperança; a pessoa deixa de lutar e enfrentar; não vale a pena tentar |
| 9. Justiça | Injustiça | Insegurança; raiva; cinismo; desconfiança; ilegalidade; visão do mundo como uma selva; total egoísmo |
| 9A. Ordem | Ilegalidade; caos; colapso da autoridade | Insegurança; cautela; perda de segurança, de predizibilidade; necessidade de vigilância, prontidão, tensão, estar em guarda |
| 10. Simplicidade | Complexidade confusa; caráter desconexo; desintegração | Supercomplexidade; confusão; desorientação, conflito, perda de orientação |
| 11. Riqueza; totalidade; abrangência | Pobreza; coarctação | Depressão; inquietude; perda do interesse pelo mundo |
| 12. Ausência de esforço | Muito esforço | Fadiga, tensão, esforço, falta de jeito, inabilidade, falta de graça, rigidez |
| 13. Divertimento | Ausência de humor | Severidade; depressão; ausência paranóide de humor; perda do gosto pela vida; falta de alegria; perda da capacidade de divertir-se |
| 14. Auto-suficiência | Contingência; acidente; ocasionalismo | Dependência do (?) percebedor (?); ele se torna sua responsabilidade |
| 15. Significado | Falta de significado | Falta de significado; desespero; a vida não tem sentido |

*Fonte:* Reimpressa com a permissão de Maslow, 1971, p. 318-319.

cessidades subordinadas se encaixam na hierarquia, mas sua semelhança com as metanecessidades sugere que elas servem como um componente ou como uma pré-condição para a auto-realização. Além disso, pode haver exceções para a ordem das necessidades básicas. A inversão mais comum ocorre quando a auto-estima é mais importante para uma pessoa do que o amor. Às vezes também encontramos "pessoas com uma criatividade aparentemente inata", nas quais a pulsão para a criatividade emerge não como parte da auto-realização, mas apesar da falta de gratificação das necessidades básicas. Alternativamente, as necessidades menos predominantes podem simplesmente se perder nas pessoas que experienciaram a vida em um nível muito baixo. As pessoas podem escolher arriscar-se à privação de uma necessidade inferior a serviço de uma superior, como no caso da pessoa que desiste de um emprego para preservar seu auto-respeito. Mas a necessidade mais preponderante eventualmente se reafirma. Finalmente, Maslow introduziu o que chamou de "maior tolerância à frustração por meio da gratificação inicial. As pessoas que tiveram satisfeitas as suas necessidades básicas durante a vida, especialmente em seus anos iniciais, parecem desenvolver um poder excepcional de suportar a frustração presente ou futura dessas necessidades" (1970, p. 53).

Maslow também qualificou sua declaração de que uma necessidade superior emerge quando uma necessidade inferior é satisfeita. De fato, uma necessidade não precisa estar completamente satisfeita antes que emerja a próxima; e Maslow propôs "porcentagens decrescentes de satisfação à medida que subimos na hierarquia de preponderância". Por exemplo, é como se a pessoa média satisfizesse cerca de 85% das necessidades fisiológicas, 70% das necessidades de segurança, 50% das necessidades de amor, 40% das necessidades de auto-estima e 10% das necessidades de auto-realização.

Finalmente, Maslow apresentou algumas complicações razoáveis de seu modelo. Primeiro, ele não colocou as necessidades como completamente conscientes ou inconscientes. Embora tipicamente não estejamos conscientes das nossas necessidades básicas, podemos tomar consciência delas com certo esforço. Ecoando Cattell, Maslow sugeriu que os nossos desejos conscientes do dia-a-dia são *indicadores de superfície de necessidades mais básicas* (1970, p. 56). Segundo, Maslow reconheceu a realidade da diversidade

cultural e não afirmou que sua hierarquia fosse universal. Mas ele realmente sugeriu que a hierarquia é mais universal e mais básica do que os desejos conscientes superficiais e os comportamentos aos quais normalmente prestamos atenção. Terceiro, Maslow concordou com Freud que a maioria dos comportamentos é superdeterminada ou multimotivada por todas as necessidades básicas. Valendo-se de sua pesquisa inicial com animais, ele ofereceu como ilustrações a alimentação e o comportamento sexual. Finalmente, alguns comportamentos não são motivados, mas determinados pelo campo externo, ou são um reflexo do estilo da pessoa.

## SÍNDROMES

Maslow acreditava que poderíamos compreender melhor a organização da personalidade por meio do conceito de *síndrome* da personalidade, um termo que ele tomou emprestado da medicina. Ele descreveu uma síndrome como "um complexo estruturado e organizado de especificidades aparentemente diversas (comportamentos, pensamentos, impulsos de ação, percepções, etc.) que, quando estudadas cuidadosamente e validamente, mostram ter uma unidade comum que pode ser chamada variadamente de significado dinâmico, expressão, 'qualidade', função ou propósito semelhante" (1970, p. 303). Tomando emprestado um termo de Allport, uma síndrome leva a um grupo de sentimentos e comportamentos "funcionalmente equivalentes" e relativamente resistentes à mudança. Maslow indicou que cada síndrome consiste em muitos níveis de generalidade. Ele sugeriu que pensássemos em uma grande caixa contendo caixas menores, que, por sua vez, contêm caixas ainda menores e assim sucessivamente. Por exemplo, ele descreveu uma síndrome de segurança. Ela pode conter 14 subsíndromes, uma das quais poderia ser poder-submissão. Uma pessoa insegura poderia expressar a necessidade de poder de muitas maneiras, uma delas o preconceito. A tendência ao preconceito seria então uma subsíndrome da necessidade de poder. A análise poderia continuar, identificando subsíndromes subjacentes ao preconceito, e assim por diante. Infelizmente, o conceito de Maslow de síndromes de personalidade é pouco discutido no restante de sua obra, e um pouco ambíguo. Por exemplo, como as síndromes se desenvolvem e quais são os possíveis tipos de síndrome? Os exemplos de Maslow de síndromes de auto-estima e segurança sugerem que as necessidades de sua hierarquia oferecem os núcleos das síndromes. Essa estratégia permitiria ao aluno traçar paralelos entre as síndromes e os tipos de caráter freudianos ou os complexos junguianos.

A análise de Maslow das síndromes também segue muitas das outras teorias neste livro ao reconhecer a artificialidade da exigência de que analisemos ou características gerais ou características específicas de personalidade. As características específicas se encaixam nas características mais gerais, e podemos trabalhar proveitosamente em qualquer nível particular sem distorcer a estrutura da pessoa total. Segundo Maslow, essa estratégia "nos permite ser sofisticados tanto acerca do particular quanto do todo, sem cair em um particularismo sem sentido ou em uma generalidade vaga e inútil... ela nos permite estudar simultânea e efetivamente o caráter único e o caráter comum" (1970, p. 317-318).

## AUTO-REALIZADORES

Maslow talvez seja mais conhecido por seus estudos de indivíduos auto-realizadores. Ele acreditava que, se os psicólogos estudarem exclusivamente pessoas incapacitadas, neuróticas, que sofreram paradas em seu desenvolvimento, eles provavelmente produzirão uma psicologia incompleta. A fim de desenvolver uma ciência mais completa e abrangente da pessoa humana, os psicólogos também precisam estudar pessoas que realizaram suas potencialidades integralmente. Maslow fez exatamente isso; ele estudou intensiva e profundamente um grupo de pessoas auto-realizadoras. Elas são aves raras, conforme Maslow descobriu quando estava formando seu grupo. Alguns de seus sujeitos eram personagens históricos, como Lincoln, Jefferson, Walt Whitman, Thoureau e Beethoven. Outros estavam vivos na época em que foram estudados, como Eleanor Roosevelt, Einstein e amigos e conhecidos do investigador. Essas pessoas foram investigadas clinicamente para se descobrir que características as distinguiam das pessoas comuns. Essas características distintivas são as seguintes: (1) Elas são re-

alisticamente orientadas. (2) Elas aceitam a si mesmas, as outras pessoas e o mundo natural como são. (3) Elas são muito espontâneas. (4) Elas se centram em problemas e não em si mesmas. (5) Elas têm um ar de destacamento e uma necessidade de privacidade. (6) Elas são autônomas e independentes. (7) Sua apreciação das pessoas e das coisas é nova em vez de estereotipada. (8) A maioria teve experiências místicas ou espirituais profundas, embora não necessariamente de caráter religioso. (9) Elas se identificam com a humanidade. (10) Seus relacionamentos íntimos com algumas pessoas especialmente amadas tendem a ser profundos e intensamente emocionais em vez de superficiais. (11) Seus valores e atitudes são democráticos. (12) Elas não confundem os meios com os fins. (13) Seu senso de humor é filosófico em vez de hostil. (14) Elas têm um grande fundo de criatividade. (15) Elas resistem a conformar-se à cultura. (16) Elas transcendem o ambiente em vez de simplesmente lidar com ele.

Maslow também investigou a natureza do que ele chama de "experiências de pico". Foram obtidos relatos sobre a experiência mais maravilhosa da vida da pessoa. Descobriu-se que as pessoas que estão passando por experiências de pico se sentem mais integradas, mais em união com o mundo, mais donas de si, mais espontâneas, menos conscientes do espaço e tempo, mais perceptivas, e assim por diante. (Maslow, 1968a, Capítulos 6 e 7).

Em resumo, observe que Maslow (1966) criticava a ciência. Ele achava que a ciência mecanicista clássica, representada pelo comportamentalismo, não é adequada para estudar a pessoa inteira. Ele defendia uma ciência humanista, não como uma alternativa à ciência mecanicista, e sim como um complemento dela. Essa ciência humanista lidaria com questões de valor, individualidade, consciência, propósito, ética e "as maiores capacidades da natureza humana".

Parece que a contribuição notável de Maslow ao ponto de vista organísmico está na sua preocupação com as pessoas sadias ao invés de doentes, e em seu sentimento de que os estudos destes dois grupos geram tipos diferentes de teoria. Goldstein, como especialista médico e psicoterapeuta, entrou em contato com pessoas deficientes e desorganizadas, mas, apesar dessa amostra tendenciosa, ele criou uma teoria que abarca todo o organismo e que se aplica tanto aos doentes quanto aos sadios. Maslow escolheu o curso mais direto de estudar as pessoas sadias, cuja inteireza e unidade de personalidade estão claramente aparentes. Como auto-realizadoras, as pessoas observadas por Maslow são a corporificação da teoria organísmica.

## CARL ROGERS

Nas edições anteriores, nós chamamos o ponto de vista de Rogers de "teoria do *self*", mas isso não parece mais caracterizar com exatidão a sua posição. Está claro, agora, que a ênfase deve estar no organismo, não no *self*. Na verdade, o *self* ou o autoconceito, como veremos, pode ser um quadro distorcido da autêntica natureza da pessoa.

Rogers também se identificou com a orientação humanista da psicologia contemporânea. A psicologia humanista se opõe ao que considera como o triste pessimismo e desespero inerentes à visão psicanalítica do ser humano, por um lado, e à concepção de robô do ser humano retratada no comportamentalismo, por outro. A psicologia humanista é mais esperançosa e otimista em relação ao ser humano. Ela acredita que a pessoa, qualquer pessoa, contém dentro de si o potencial para um desenvolvimento sadio e criativo. O fracasso em realizar esse potencial se deve às influências coercitivas e distorcedoras do treinamento parental, da educação e de outras pressões sociais. Mas os efeitos prejudiciais podem ser superados se o indivíduo estiver disposto a aceitar a responsabilidade por sua própria vida.

A teoria de Rogers também tem algo em comum com a psicologia existencial. Ela é basicamente fenomenológica, no sentido de que Rogers enfatizou as experiências das pessoas, seus sentimentos e valores e tudo o que está contido na expressão "vida interior".

A teoria de Rogers da personalidade, como as de Freud, Jung, Adler, Sullivan e Horney, originou-se de suas experiências no relacionamento terapêutico com pacientes. O maior estímulo para seu pensamento psicológico, ele reconhecia, era "a continuada experiência clínica com indivíduos que se percebem, ou são percebidos por outros, como precisando de ajuda pessoal. Desde 1928, por um período agora de aproximadamente 30 anos, eu passei provavelmente uma média de 15 a 20 horas por semana, exceto nos períodos de férias, tentando entender e ajudar terapeuticamente estes indivíduos... Dessas horas e do meu relacionamento com essas pessoas, eu obtive todo o conhecimento que possuo sobre o significado da terapia, a dinâmica dos relacionamentos interpessoais e a estrutura e o funcionamento da personalidade" (1959, p. 188).

Aos olhos do mundo psicológico, Carl Rogers é identificado com o método de psicoterapia que ele criou e desenvolveu. Essa terapia é chamada de não-diretiva ou centrada no cliente. Nas palavras de seu criador, a terapia bem-sucedida centrada no cliente, realizada em condições ótimas,

" . . . significa que o terapeuta foi capaz de estabelecer um relacionamento intensamente pessoal e subjetivo com o cliente – relacionando-se não como um cientista com um objeto de estudo, não como um médico, esperando diagnosticar e curar – mas como uma pessoa com outra pessoa. Significa que o terapeuta acha que o cliente é uma pessoa de autovalor incondicional; de valor independentemente de sua condição, comportamento ou sentimentos. Significa que o terapeuta é autêntico, não se escondendo atrás de uma fachada defensiva, mas encontrando o cliente com os sentimentos que ele, o terapeuta, está experienciando. Significa que o terapeuta é capaz de soltar-se ao entender o cliente; que nenhuma barreira interna o impede de sentir como é ser este cliente em cada momento do relacionamento; e que ele consegue transmitir parte de seu entendimento empático ao cliente. Significa que o terapeuta fica à vontade ao entrar inteiramente nesse relacionamento, sem saber cognitivamente onde ele vai levar, satisfeito por criar um clima que permitirá ao cliente a maior liberdade possível para ser ele mesmo.

"Para o cliente, essa terapia ótima significa uma exploração de sentimentos cada vez mais estranhos, desconhecidos e perigosos nele mesmo, a exploração só sendo possível porque ele está gradualmente percebendo que é aceito incondicionalmente. Assim, ele entra em contato com os elementos de sua experiência que no passado foram negados à consciência como excessivamente ameaçadores e perigosos para a estrutura do *self*. Ele se percebe experienciando esses sentimentos inteiramente, completamente, no relacionamento,

Carl Rogers.

de modo que naquele momento ele é o seu medo, ou sua raiva, ou sua ternura, ou sua força. E à medida que vive esses variados sentimentos, em todos os seus graus de intensidade, ele descobre que os experienciou ele mesmo, que ele é todos esses sentimentos. Ele percebe que seu comportamento está mudando de modo construtivo, de acordo com seu *self* recentemente experienciado. Ele se dá conta de que já não precisa temer aquilo que a experiência pode conter, mas pode recebê-la livremente como parte de seu *self* que está mudando e desenvolvendo-se." (1961, p. 185)

A partir dessas experiências, Rogers inicialmente desenvolveu uma teoria de terapia e de mudança da personalidade. O principal aspecto dessa conceitualização do processo terapêutico é que, quando os clientes percebem que o terapeuta tem uma consideração positiva incondicional por eles e um entendimento empático de sua estrutura interna de referência, inicia-se um processo de mudança. Durante tal processo, os clientes ficam cada vez mais conscientes de seus verdadeiros sentimentos e experiências, e seu autoconceito se torna mais congruente com as experiências totais do organismo (1959, p. 212-221).

Se fosse atingida uma congruência completa, o cliente tornar-se-ia uma pessoa com um funcionamento pleno. Ser tal pessoa inclui características como abertura à experiência, ausência de defensividade, consciência acurada, autoconsideração incondicional e relações harmoniosas com os outros (1959, 1961).

Rogers via o processo terapêutico como um exemplo de relação e comunicação interpessoais. Isso o levou a formular uma teoria geral do relacionamento interpessoal (1959, 1961). O principal postulado de sua teoria foi apresentado por Rogers conforme segue:

"Supondo-se (a) uma disposição mínima por parte de duas pessoas para estar em contato; (b) uma capacidade e disposição mínimas por parte de cada uma para receber comunicações da outra; e (c) supondo-se que o contato continue por um período de tempo; então hipotetizamos que o seguinte relacionamento é verdade:

"Quanto maior a congruência da experiência, a consciência e a comunicação por parte de um indivíduo, mais o relacionamento resultante envol-

verá uma tendência à comunicação recíproca com uma qualidade de crescente congruência; uma tendência a um entendimento mutuamente mais acurado das comunicações; melhor ajustamento psicológico e funcionamento em ambas as partes; satisfação mútua no relacionamento." (1961, p. 344)

Podemos notar que apenas uma das pessoas no relacionamento precisa sentir congruência para que ocorram mudanças na outra pessoa.

As teorias precedentes foram aplicadas por Rogers à vida familiar (1972), à educação e aprendizagem (1969), a grupos de encontro (1970) e à tensão e conflito grupais (1977).

A terapia não-diretiva goza de considerável popularidade entre os conselheiros psicológicos, parcialmente porque está historicamente ligada à psicologia, e não à medicina. É fácil de aprender e requer pouco ou nenhum conhecimento de diagnóstico e dinâmica da personalidade para ser usada. Além disso, o curso do tratamento é relativamente breve se comparado, por exemplo, à psicanálise, e alguns clientes já se beneficiam após poucas sessões.

Entretanto, a psicoterapia não é a nossa preocupação neste livro, e nós a mencionamos apenas porque a teoria da personalidade de Rogers evolui de suas experiências como terapeuta centrado no cliente. Suas observações terapêuticas lhe proporcionaram "um precioso filão de material observacional de raro valor para o estudo da personalidade" (1947, p. 358). A formulação de uma teoria da personalidade ajudou a iluminar e a elucidar as práticas terapêuticas de Rogers.

## HISTÓRIA PESSOAL

Carl Rogers nasceu em Oak Park, Illinois, em 8 de janeiro de 1902, "o filho do meio de uma família grande e unida, em que o trabalho duro e um cristianismo protestante extremamente conservador (beirando o fundamentalismo) eram quase igualmente reverenciados" (1959, p. 186). Quando Carl estava com 12 anos, sua família mudou-se para uma fazenda e ele passou a interessar-se pela agricultura científica. Esse interesse pela ciência acompanhou-o até a faculdade: nos primeiros anos, ele gostava das ciências físicas e biológicas. Depois de formar-se na Universidade de Wisconsin em 1924, ele freqüentou o *Union Theological Seminary* na cidade de Nova York, onde foi exposto a um ponto de vista liberal e filosófico referente à religião. Transferindo-se para o *Teachers College* da Universidade de Colúmbia, ele foi influenciado filosoficamente por John Dewey e apresentado à psicologia clínica por Leta Hollingworth. Obteve seu grau de mestre em 1928 e o doutorado em 1931 pela Colúmbia. Sua primeira experiência prática na psicologia clínica e na psicoterapia foi como interno no *Institute for Child Guidance*, que tinha uma orientação fortemente freudiana. Rogers observou que "a clara incompatibilidade do pensamento freudiano altamente especulativo do Instituto com as idéias extremamente estatísticas e thorndikeanas do Teachers College foi agudamente sentida" (1959, p. 186).

Depois de receber seu grau de doutor em psicologia, Rogers reuniu-se à equipe do *Rochester Guidance Center* e mais tarde tornou-se seu diretor:

"A equipe era eclética, de *backgrounds* diversos, e a nossa discussão freqüente e contínua dos métodos de tratamento baseava-se na nossa experiência prática cotidiana com crianças, adolescentes e adultos que eram nossos clientes. Foi o início de um esforço, que tem tido significado para mim desde então, para descobrir a ordem existente na nossa experiência de trabalho com pessoas. O volume sobre o *Clinical Treatment of the Problem Child* (1939) foi um resultado desse esforço." (Rogers, 1959, p. 186-187)

Durante esse período, Rogers foi influenciado por Otto Rank, um psicanalista que rompera com os ensinamentos ortodoxos de Freud.

Em 1940, Rogers aceitou um convite para ser professor de psicologia na Universidade Estadual de Ohio. Essa mudança de um ambiente clínico para um ambiente acadêmico foi estimulante para Rogers. Sob o estímulo oferecido por alunos intelectualmente curiosos e críticos, Rogers sentiu-se impelido a explicitar suas idéias sobre psicoterapia, o que fez no livro *Counseling and Psychotherapy* (1942). Em 1945, Rogers foi para a Universidade de Chicago como professor de psicologia e secretário-executivo do *Counseling Center*. Aí, ele elaborou seu método de psicoterapia centrada no cliente, formulou uma teoria da personalidade e realizou pesquisas sobre psicoterapia (Rogers, 1951; Rogers & Dymond, 1954). De 1957 a 1963, Rogers foi professor de psicologia e psiquiatria na Universidade de Wisconsin. Durante esses anos, ele liderou um grupo de pesquisa que estudou de forma intensiva e controlada a psicoterapia com pacientes esquizofrênicos em um hospital para doentes mentais (Rogers, 1967a). Começando em 1964, ele associou-se ao *Center for Studies of the Person* em La Jolla, Califórnia. Rogers morreu em 4 de fevereiro de 1987, de ataque cardíaco, após uma operação de fratura de bacia. Rogers recebeu numerosas honras, incluindo a presidência da Associação Psicológica Americana, seu *Distinguished Scientific Contribution Award* e seu *Distinguished Professional Award*. Ambos os prêmios foram recebidos no primeiro ano em que a Associação passou a oferecê-los. Apesar do notável reconhecimento profissional, a descrição de Rogers de si mesmo como um "mosca" parece extremamente apropriada. A autobiografia de Rogers aparece no volume 5 da *History of Psychology in Autobiography* (1967b).

Nós examinaremos agora a teoria de Rogers da personalidade. Essa teoria foi originalmente apresentada em *Client-centered therapy* (1951), elaborada e formalizada em um capítulo escrito para *Psychology: a study of a science* (1959), e descrita mais informalmente em *On Becoming a Person* (1961), *Carl Rogers on Personal Power* (1977), *Freedom to Learn* (1983), e *A Way of Being* (1980). Este último volume é uma visão geral muito útil das atividades e das observações de Rogers em seus últimos anos. Segundo Rogers, a teorização deveria ocorrer assim:

"Eu cheguei à conclusão, à que outros chegaram antes, de que em um novo campo talvez precisemos primeiro mergulhar nos eventos, abordar os fenômenos com o mínimo possível de preconcepções, usar a abordagem observacional e descritiva do naturalista a esses eventos e fazer aquelas inferências de baixo nível que parecem as mais inerentes ao próprio material." (1961, p. 128)

A seguinte citação revela que Rogers também via sua teoria, assim como teorias propostas por outros, como tentativas:

"No momento de sua formulação, toda teoria contém uma quantidade desconhecida (e talvez naquele momento incognoscível) de erro e de inferências equivocadas . . . Fico perturbado ao ver como mentes de pequeno calibre aceitam imediatamente uma teoria – quase qualquer teoria – como um dogma de verdade. Se a teoria pudesse ser vista como realmente é –- uma tentativa falível, alterável, de construir uma rede de fios finos como teia de aranha, que conterá os fatos sólidos – então a teoria serviria, como deve, como um estímulo para continuarmos pensando criativamente . . . Para Freud, parece bem claro que suas teorias altamente criativas nunca foram mais do que isso. Ele continuava mudando, alterando, revisando, dando novo significado a antigos termos – sempre com mais respeito pelos fatos que observava do que pelas teorias que construíra. Mas nas mãos de discípulos inseguros (assim me parece), *os fios finos como teia de aranha se transformam em correntes de ferro de dogma.*" (1959, p. 190-191, itálicos acrescentados)

Como um ponto introdutório final, é importante notar o paradoxo de que, embora as dinâmicas descritas por Rogers sejam surpreendentemente semelhantes às observadas em outras teorias, suas suposições sobre a natureza humana só são similares às de Abraham Maslow. Por exemplo, a fenomenologia de Rogers e sua posição radical sobre a motivação são muito parecidas com a orientação adotada por George Kelly, mas sua suposição de que o desafio essencial para os seres humanos é "ser aquele *self* que verdadeiramente se é" é diametralmente oposta à fluida abordagem de Kelly à teoria e à terapia. Ainda mais intrigantes são os paralelos entre Rogers e Freud e entre Rogers e Skinner, três teóricos que seriam tipicamente considerados como companheiros bem estranhos. Como veremos, Rogers e Freud empregaram ambos um modelo de psicopatologia em que o conflito desencadeia ansiedade, que por sua vez leva à defesa. Mas os modelos funcionam de modo muito diferente, devido às diferentes suposições dos teóricos sobre a natureza humana. Rogers (1961, p. 194-195), em uma passagem que claramente se refere a Freud, escreveu que "a natureza básica do ser humano, quando funcionando livremente, é construtiva e confiável. Para mim essa é uma conclusão inescapável, resultante de um quarto de século de experiência em psicoterapia... Eu tenho pouca simpatia pelo conceito bastante predominante de que o homem é basicamente

irracional e de que seus impulsos, se não controlados, levarão à destruição dos outros e do *self*. O comportamento do homem é requintadamente racional, avançando com sutil e ordenada complexidade para as metas que seu organismo está tentando atingir. A tragédia, para a maioria de nós, é que nossas defesas nos impedem de ter consciência dessa racionalidade, de modo que conscientemente estamos avançando em uma direção, enquanto organismicamente estamos avançando em outra". Da mesma forma, a busca de Rogers de "relacionamentos funcionais" é análoga à "análise funcional" de Skinner, e as "condições de valor" de Rogers são claramente poderosos reforços sociais. Mas Rogers supunha que os indivíduos têm características e potenciais que os reforços podem obrigá-los a negar. Além disso, Rogers escreveu que é "impossível para mim negar a realidade e a importância da escolha humana. Para mim não é uma ilusão que o homem é em certo grau o arquiteto de si mesmo" (1980, p. 57). Ele prosseguiu, enfatizando que a mudança social baseia-se "no desejo e na potencialidade humanos de mudança, não de condicionamento" e reconhecendo "a liberdade e a dignidade essenciais da pessoa humana e sua capacidade de autodeterminação" (1980, p. 57-59). Em conseqüência dessas diferentes suposições, Rogers é menos pessimista do que Freud e menos mecanicista do que Skinner.

## A ESTRUTURA DA PERSONALIDADE

Embora Rogers não parecesse enfatizar os constructos estruturais, preferindo dedicar sua atenção à mudança e ao desenvolvimento da personalidade, dois desses constructos são de importância fundamental para a sua teoria e podem inclusive ser considerados como a base sobre a qual repousa toda a teoria: o *organismo* e o *self*.

### O Organismo

O organismo, psicologicamente concebido, é o foco de toda a experiência. A experiência inclui tudo o que está acontecendo dentro do organismo em qualquer momento dado e que está potencialmente disponível para a consciência. Essa totalidade de experiência constitui o *campo fenomenal*. O campo fenomenal é a estrutura de referência do indivíduo que só pode ser conhecida pelo próprio indivíduo. "Ele não pode ser conhecido por outra pessoa exceto pela inferência empática e jamais pode ser perfeitamente conhecido" (Rogers, 1959, p. 210). Como o indivíduo se comporta depende do campo fenomenal (realidade subjetiva) e não de condições estimuladoras (realidade externa).

O campo fenomenal, devemos observar, não é idêntico ao campo da consciência: "A consciência é a simbolização de algumas das nossas experiências" (Rogers, 1959, p. 198). Assim, o campo fenomenal, em qualquer momento dado, é constituído por experiências conscientes (simbolizadas) e inconscientes (não-simbolizadas). Mas o organismo pode discriminar e reagir a uma experiência não-simbolizada. Seguindo McCleary e Lazarus (1949), Rogers chamou isso de *subcepção*.

A experiência pode não ser simbolizada corretamente, e, nesse caso, a pessoa vai-se comportar de modo inadequado. Mas a pessoa tende a comparar suas experiências simbolizadas com o mundo conforme ele é. Tal testagem da realidade proporciona um conhecimento confiável do mundo, de modo que ela consegue se comportar realisticamente. Entretanto, algumas percepções continuam não-testadas ou são inadequadamente testadas, e isso pode fazer com que a pessoa se comporte de forma irrealista e inclusive prejudicial para si mesma. Embora Rogers não lidasse com a questão de uma realidade "verdadeira", está claro que as pessoas precisam ter alguma concepção de um padrão de realidade externo ou impessoal, pois, de outra forma, elas não poderiam testar uma imagem interna da realidade, comparando-a a uma imagem "objetiva". Surge então a questão de como as pessoas podem diferenciar uma imagem subjetiva que não é uma representação correta da realidade de uma que é. O que permite às pessoas separar o fato da ficção em seu mundo subjetivo? Esse é o grande paradoxo da fenomenologia.

Rogers resolveu o paradoxo, afastando-se da estrutura conceitual da fenomenologia pura. Aquilo que uma pessoa experiencia ou pensa, na verdade, não é realidade para a pessoa: é meramente uma hipótese provisória sobre a realidade, uma hipótese que pode ou não ser verdade. A pessoa suspende o julgamento até testar a hipótese. Qual é esse teste? Ele consiste em verificar a exatidão da informação recebida, sobre a qual a hipótese da pessoa se baseia, comparando-a com outras fontes de informação. Por exemplo, uma pessoa que deseja salgar sua comida depara-se com dois frascos idênticos, um dos quais contém sal, e o outro, pimenta. A pessoa acredita que o frasco com os furinhos maiores contém sal, mas, não tendo certeza absoluta, ela vira um pouquinho do conteúdo nas costas da mão. Se as partículas são brancas em vez de pretas, a pessoa fica razoavelmente certa de que é sal. Uma pessoa muito cautelosa pode até provar, pois pode tratar-se de pimenta branca, em vez de sal. O que temos aqui é uma testagem das idéias da pessoa em comparação com uma variedade de dados sensoriais. O teste consiste em verificar informações menos certas com conhecimentos mais diretos. No caso do sal, o teste final é o sabor; um tipo específico de sensação define aquilo como sal.

É claro, o exemplo anterior descreve uma condição ideal. Em muitos casos, a pessoa aceita suas experiências como representações fiéis da realidade e não as trata como hipóteses sobre a realidade. Em conseqüência, a pessoa com freqüência termina com uma série de concepções erradas sobre si mesma e sobre o mundo externo: "A pessoa total", escreveu Rogers, "é aquela que está completamente aberta aos dados da experiência interna e aos dados da experiência do mundo externo" (1977, p. 250).

## O *Self*

Uma porção do campo fenomenal gradualmente se diferencia. É o *self*. O *self*, ou autoconceito, denota

> "a *gestalt* conceitual organizada e consistente composta por percepções das características do 'eu' e pelas percepções dos relacionamentos do 'eu' com os outros e com vários aspectos da vida, juntamente com os valores associados a essas percepções. É uma *gestalt* que está disponível à consciência, mas não necessariamente consciente. É uma *gestalt* fluida e mutante, um processo, mas em qualquer momento dado é uma entidade específica." (Rogers, 1959, p. 200)

O *self*, evidentemente, é um dos constructos centrais na teoria de Rogers, e ele explicou de forma interessante como isso aconteceu:

"Pessoalmente falando, eu comecei meu trabalho com a noção estabelecida de que o 'self' era um termo vago, ambíguo e cientificamente sem significado, que fora excluído do vocabulário do psicólogo com a partida dos introspeccionistas. Conseqüentemente, eu custei a reconhecer que, quando os clientes têm a oportunidade de expressar seus problemas e suas atitudes em seus próprios termos, sem qualquer orientação ou interpretação, eles tendiam a falar em termos do *self* . . . Parecia claro . . . que o *self* era um elemento importante na experiência do cliente, e que em um sentido curioso sua meta era se tornar esse 'self real'." (1959, p. 200-201)

Além do *self* como ele é (a estrutura do *self*), existe um *self* ideal, que é aquilo que a pessoa gostaria de ser.

### Organismo e *Self*: Congruência e Incongruência

A importância básica dos conceitos estruturais para a teoria de Rogers, organismo e *self*, fica clara em sua discussão da congruência e da incongruência entre o *self*, conforme percebido, e a experiência real do organismo (1959, p. 203, 205-206). Quando as experiências simbolizadas que constituem o *self* espelham fielmente as experiências do organismo, dizemos que a pessoa é ajustada, madura e funciona de modo completo. Essa pessoa aceita toda a variedade de experiências organísmicas sem ameaça ou ansiedade. Ela é capaz de pensar realisticamente. A incongruência entre o *self* e o organismo faz com que os indivíduos se sintam ameaçados e ansiosos. Eles se comportam defensivamente, e seu pensamento se torna limitado e rígido.

Na teoria de Rogers, estão implícitas duas outras manifestações de congruência-incongruência. Uma delas é a congruência ou a falta dela entre a realidade subjetiva (o campo fenomenal) e a realidade externa (o mundo conforme ele é). A outra é o grau de correspondência entre o *self* e o *self* ideal. Se a discrepância entre o *self* e o *self* ideal for grande, a pessoa fica insatisfeita e desajustada.

Como se desenvolve a incongruência e como o *self* e o organismo podem ficar mais congruentes eram as maiores preocupações de Rogers, e foi ao esclareci-

mento dessas questões vitais que ele dedicou grande parte de sua vida profissional. Como ele lidou com tais questões será discutido na seção sobre o desenvolvimento da personalidade.

## A DINÂMICA DA PERSONALIDADE

Segundo Rogers, "o organismo tem uma tendência e uma busca básica – realizar, manter e melhorar o organismo que experiencia" (1951, p. 487). A tendência realizadora é seletiva, prestando atenção apenas àqueles aspectos do ambiente que prometem levar a pessoa construtivamente na direção da realização e da completude. Por um lado, existe uma única força motivadora, o impulso auto-realizador; por outro, existe uma única meta de vida, auto-realizar-se ou ser uma pessoa completa.

O modelo de Rogers baseia-se na suposição de que os organismos têm um motivo fundamental para melhorar. Valendo-se de suas raízes agrícolas, Rogers ofereceu a seguinte analogia:

"A tendência realizadora pode, é claro, ser frustrada ou deformada, mas ela não pode ser destruída sem destruir o organismo. Eu lembro que, na minha infância, o depósito onde guardávamos o nosso suprimento de batatas para o inverno ficava no porão, mais de dois metros abaixo de uma pequena janela. As condições eram desfavoráveis, mas as batatas começavam a brotar – brotos de um branco opaco, completamente diferentes dos brotos verdes e fortes que surgiam quando as batatas eram plantadas no solo na primavera. Mas esses brotos tristes, esguios, cresciam 60 ou 90 centímetros buscando a luz distante da janela. Os brotos, em seu crescimento bizarro e inútil, eram uma espécie de expressão desesperada da tendência direcional que estou descrevendo. Eles jamais se tornariam plantas, nunca amadureceriam, nunca realizariam seu verdadeiro potencial. Mas, nas circunstâncias mais adversas, eles lutavam para existir . . . Ao tratar clientes cujas vidas foram terrivelmente deformadas . . . eu penso freqüentemente nesses brotos de batata. As condições em que essas pessoas se desenvolveram foram tão desfavoráveis que suas vidas muitas vezes parecem anormais, deformadas, quase inumanas. Entretanto, podemos confiar que nelas existe a tendência direcional." (1980, p. 118-119)

O organismo se realiza segundo as linhas determinadas pela hereditariedade. Ele se torna mais diferenciado, mais expandido, mais autônomo e mais socializado à medida que amadurece. Esta tendência básica de crescimento – realizar-se e expandir-se – é vista com mais clareza quando o indivíduo é observado durante um longo período de tempo. Existe um movimento para a frente na vida de todas as pessoas; essa tendência a prosseguir é a única força na qual o terapeuta pode realmente confiar para conseguir melhoras no cliente.

Ao endossar a tendência realizadora, Rogers foi levado à interessante posição de rejeitar constructos motivacionais específicos. Ele escreveu:

"A ciência não progrediu, postulando forças, atrações, repulsões, causas, e assim por diante, para explicar por que as coisas acontecem . . . a ciência progrediu e encontrou caminhos mais proveitosos quando se limitou à questão de 'como' as coisas acontecem. Quando foi proposta a teoria de que a natureza abomina um vácuo, e que isso explica por que o ar se apressa em preencher qualquer vácuo ou vácuo parcial, isso provocou poucas pesquisas efetivas. Mas quando a ciência começou a descrever, em termos empíricos, os relacionamentos funcionais entre um vácuo parcial e a pressão atmosférica fora do recipiente, os resultados foram significativos . . . Eu duvido de que os psicólogos façam progressos em sua ciência enquanto sua teoria básica centrar-se na formulação de que o homem busca comida porque tem uma pulsão ou motivo de fome . . . Eu acredito que, quando desenvolvermos e testarmos hipóteses sobre as condições que são antecedentes necessários e suficientes para certos comportamentos, quando compreendermos as variáveis complexas que estão por trás de várias expressões da tendência realizadora do organismo, o conceito de motivos específicos desaparecerá." (1963, p. 7-8)

Fiel a essa posição, Rogers identificou o "relacionamento funcional" entre certas condições e a melhora

terapêutica (ou qualquer crescimento psicológico). O terapeuta precisa ser genuíno ou congruente; precisa aceitar o cliente, importar-se com ele e valorizá-lo (proporcionar o que mais adiante chamaremos de "consideração positiva incondicional"); e precisa entender empaticamente o cliente. Tais condições criam um "clima de mudança" em que o cliente se sente livre para reconhecer e agir de acordo com a sua tendência realizadora.

Rogers acrescentou um novo aspecto ao conceito de crescimento quando observou que a tendência a avançar só pode operar quando as escolhas são *claramente percebidas* e *adequadamente simbolizadas*. Uma pessoa não pode realizar-se a menos que consiga discriminar entre os comportamentos progressivos e os regressivos. Não existe uma voz interior que nos diga qual é o caminho do progresso, nenhuma necessidade organísmica que nos faça avançar. As pessoas precisam conhecer antes de poder escolher, mas, quando conhecem, elas sempre escolhem crescer em vez de regredir.

Rogers escreveu que "o comportamento é basicamente a tentativa intencional do organismo de satisfazer suas necessidades conforme experienciadas, no campo conforme percebido" (1951, p. 491). Essa proposição, referindo-se, como se refere, a "necessidades" no plural, não contradiz a noção de um motivo único. Embora existam muitas necessidades, todas elas são subservientes à tendência básica do organismo de manter-se e de melhorar.

Rogers permaneceu fiel a tal posição fenomenológica, empregando os termos qualificativos "conforme experienciadas" e "conforme percebido". Entretanto, ao discutir essa proposição, ele admitiu que as necessidades podem evocar comportamentos apropriados mesmo que não sejam experienciadas conscientemente (adequadamente simbolizadas). De fato, Rogers (1977) menosprezou o papel da consciência ou autoconsciência no funcionamento do indivíduo sadio. Ele escreveu: "Na pessoa que está funcionando bem, a consciência tende a ser uma coisa reflexiva, em vez de um claro holofote de atenção focalizada. Talvez seja mais exato dizer que em tal pessoa a consciência é simplesmente um reflexo de parte do fluxo do organismo naquele momento. É só quando o funcionamento é perturbado que surge uma consciência agudamente autoconsciente" (p. 244-245).

Em 1959, Rogers introduziu uma distinção entre a tendência realizadora do organismo e uma tendência auto-realizadora:

"Seguindo o desenvolvimento da auto-estrutura, esta tendência geral para a realização também se expressa na realização daquela porção da experiência do organismo que é simbolizada no *self*. Se o *self* e a experiência total do organismo são relativamente congruentes, a tendência realizadora permanece relativamente unificada. Se o *self* e a experiência são incongruentes, a tendência geral a realizar o organismo pode funcionar em contradição com o subsistema daquele motivo, a tendência a realizar o *self*." (1959, p. 196-197)

Apesar do caráter monístico da teoria motivacional de Rogers, ele destacou duas necessidades que merecem atenção especial: a necessidade de consideração positiva e a necessidade de autoconsideração. Ambas são necessidades aprendidas. A primeira se desenvolve no período de bebê em conseqüência de o bebê ser amado e cuidado; a última se estabelece em virtude de o bebê receber consideração positiva dos outros (1959, p. 223-224). As duas necessidades, como veremos na próxima seção, também podem funcionar em contradição com a tendência realizadora, distorcendo as experiências do organismo.

## O DESENVOLVIMENTO DA PERSONALIDADE

O organismo e o *self*, embora possuam a tendência inerente a realizar-se, estão sujeitos a fortes influências do ambiente, e especialmente do ambiente social. Rogers, diferentemente de outros teóricos com orientação clínica como Freud, Sullivan e Erikson, não ofereceu um cronograma de estágios significativos pelos quais a pessoa passa em sua jornada do período de bebê à maturidade. Em vez disso, ele investigou como as avaliações de um indivíduo pelos outros, particularmente durante a infância, tendem a favorecer o distanciamento entre as experiências do organismo e as experiências do *self*.

Se essas avaliações sempre tivessem um sinal positivo (o que Rogers chamou de consideração positiva incondicional), não ocorreria nenhum distanciamento ou incongruência entre o organismo e o *self*. Rogers disse: "Se um indivíduo *experienciasse* apenas *consideração positiva incondicional*, não se desenvolveria nenhuma *condição de valor*, a *auto-estima* seria incondicional, as necessidades de *consideração positiva* e *auto-estima* jamais discordariam da *avaliação organísmica*, e o indivíduo funcionaria de modo completo" (1959, p. 224).

Mas já que as avaliações que os pais e outras pessoas fazem do comportamento da criança às vezes são positivas e às vezes são negativas, a criança aprende a diferenciar entre ações e sentimentos que são valiosos (aprovados) e ações e sentimentos indignos (desaprovados). As experiências indignas tendem a ser excluídas do autoconceito mesmo que sejam organismicamente válidas. Isso resulta em um autoconceito em desacordo com a experiência organísmica. A criança tenta ser aquilo que os outros querem que ela seja em vez de tentar ser aquilo que realmente é: "Ela valoriza uma experiência positiva ou negativamente só devido às condições de valor que absorveu dos outros, não porque a experiência melhora ou não é capaz de melhorar seu organismo" (1959, p. 209).

Isso é o que acontece no seguinte caso: um menino tem uma auto-imagem de ser um bom menino e de ser amado pelos pais, mas também gosta de atormentar sua irmãzinha, pelo que é punido. Como resultado dessa punição, ele é levado a revisar sua auto-imagem e seus valores de uma das seguintes maneiras: (a) "Eu sou um menino mau." (b) "Meus pais não gostam de mim" ou (c) "Eu não gosto de implicar com a minha irmã". Cada uma dessas auto-atitudes pode conter uma distorção da verdade. Vamos supor que ele adote a atitude de "Eu não gosto de implicar com a minha irmã", negando assim seus reais sentimentos. A negação não significa que os sentimentos deixaram de existir; eles ainda influenciarão seu comportamento de várias maneiras, mesmo que não sejam conscientes. Então existirá um conflito entre os valores conscientes introjetados e espúrios e os inconscientes genuínos. Se cada vez mais dos valores "verdadeiros" da pessoa forem substituídos por valores tirados ou tomados emprestados de outros, ainda que sejam percebidos como sendo da própria pessoa, o *self* tornar-se-á uma casa dividida contra si mesmo. Essa pessoa vai sentir-se tensa, desconfortável e esquisita. Ela vai sentir como se não soubesse realmente quem é e o que quer.

Então, durante a infância, o autoconceito se torna cada vez mais distorcido devido às avaliações dos outros. Conseqüentemente, uma experiência organísmica que está em desacordo com esse autoconceito distorcido é sentida como uma ameaça e evoca ansiedade. Para proteger a integridade do autoconceito, essas experiências ameaçadoras têm negada a simbolização ou recebem uma simbolização distorcida.

Negar uma experiência não é o mesmo que ignorá-la. Negar significa falsificar a realidade, dizendo que ela não existe ou percebendo-a de maneira distorcida. As pessoas podem negar seus sentimentos agressivos porque eles são inconsistentes com a imagem que têm de si mesmas como pacíficas e amigáveis. Nesse caso, os sentimentos negados podem se expressar por meio de uma simbolização distorcida, por exemplo, sendo projetados em outras pessoas. Rogers salientou que as pessoas muitas vezes mantêm e destacam firmemente uma auto-imagem que discorda totalmente da realidade. A pessoa que sente que não vale nada vai excluir da consciência as evidências que contradizem essa imagem ou vai reinterpretar as evidências para torná-las congruentes com seu senso de inutilidade. Por exemplo, alguém que recebe uma promoção no trabalho dirá que "o patrão ficou com pena de mim" ou "eu não mereço isso". Algumas pessoas podem inclusive sair-se mal nessa nova posição para provar a si mesmas e ao mundo que elas não prestam.

Como podemos negar uma ameaça à auto-imagem sem primeiro termos consciência da ameaça? Rogers propôs que existem níveis de discriminação abaixo do nível de reconhecimento consciente e que o objeto ameaçador pode ser percebido inconscientemente ou "subceptado" antes de ser percebido. Por exemplo, o objeto ou a situação ameaçadora pode produzir reações viscerais, como um coração disparado, que serão conscientemente experienciadas como sensações de ansiedade, sem que a pessoa seja capaz de identificar a causa da perturbação. Os sentimentos de ansiedade evocam o mecanismo da negação, que impede que a experiência ameaçadora se torne consciente.

A brecha entre o *self* e o organismo não só resulta em defensividade e distorção, mas também afeta as relações da pessoa com os outros. As pessoas defensivas tendem a sentir-se hostis em relação àquelas cujo comportamento, aos seus olhos, representa seus próprios sentimentos negados.

Como podemos corrigir essa brecha entre o *self* e o organismo e entre o *self* e os outros? Rogers apresentou as três seguintes proposições.

Primeiro, "sob certas condições", envolvendo primariamente a completa ausência de qualquer ameaça à auto-estrutura, podem ser percebidas e examinadas as experiências que são inconsistentes com ela, e a estrutura do *self* pode ser revisada para assimilar e incluir tais experiências" (Rogers, 1951, p. 517).

Na terapia centrada no cliente, a pessoa se encontra em uma situação não-ameaçadora porque o terapeuta aceita completamente tudo o que ela fala. Essa atitude calorosa de aceitação por parte do terapeuta encoraja o cliente a explorar seus sentimentos inconscientes e trazê-los à consciência. Lenta e hesitantemente, ele explora os sentimentos não-simbolizados que ameaçam sua segurança. Na segurança do relacionamento terapêutico, os sentimentos até então ameaçadores podem agora ser assimilados à auto-estrutura. A assimilação pode exigir uma drástica reorganização do autoconceito do cliente, para que fique de acordo com a realidade da experiência organísmica: "Ele *será*, de modo mais unificado, aquilo que ele organismicamente *é*, e essa parece ser a essência da terapia" (1955, p. 269). Rogers admitiu que algumas pessoas são capazes de realizar esse processo sem se submeter à terapia.

Um benefício social importante obtido pela aceitação e assimilação de experiências que tiveram negada a simbolização é que a pessoa passa a compreender e a aceitar melhor os outros. Tal idéia é apresentada na seguinte proposição: "Quando o indivíduo percebe e aceita em um sistema consistente e integrado todas as suas experiências sensoriais e viscerais, ele necessariamente compreende melhor os outros e aceita-os melhor como indivíduos diferentes" (1951, p. 520). Quando uma pessoa se sente ameaçada por impulsos sexuais, ela pode tender a criticar aqueles que percebe como se comportando de modo sexual. Por outro lado, quando aceita os próprios sentimentos sexuais e hostis, a pessoa será mais tolerante quando os outros os expressarem. Conseqüentemente, os relacionamentos sociais vão melhorar e a incidência de conflito social vai diminuir. Rogers acreditava que as implicações sociais dessa proposição "são tantas que estimulam a imaginação" (p. 522). Esta pode ser inclusive a chave para uma eventual abolição da discórdia internacional.

Nesta última proposição, Rogers salientou como é importante, para um ajustamento sadio, manter um contínuo exame dos próprios valores: "À medida que o indivíduo percebe e aceita mais as experiências orgânicas em sua auto-estrutura, ele descobre que está substituindo seu atual sistema de valores – baseado tão amplamente em introjeções distorcidamente simbolizadas – por um processo de valoração contínuo" (1951, p. 522). A ênfase recai sobre as duas palavras, *sistema* e *processo*. Em um sistema existe a conotação de alguma coisa fixa e estática, enquanto um processo significa que algo está ocorrendo. Para um ajustamento sadio e integrado, nós precisamos estar constantemente avaliando experiências para ver se elas requerem uma mudança na estrutura de valor. Qualquer conjunto fixo de valores tenderá a impedir a pessoa de reagir efetivamente a novas experiências. Precisamos ser flexíveis para nos ajustar apropriadamente às condições mutantes da vida.

Em relação a isso, Rogers perguntou se um processo contínuo de avaliar as próprias experiências em termos puramente pessoais não levaria a uma anarquia social. Ele acreditava que não. Todas as pessoas têm "basicamente as mesmas necessidades, incluindo a necessidade de ser aceito pelos outros" (p. 524). Conseqüentemente, seus valores possuem um "alto grau de comunalidade" (p. 524).

A seguinte passagem de Rogers (1959, p. 226-227) é um bom resumo de seu modelo desenvolvimental:

"É, portanto, devido às percepções distorcidas decorrentes das condições de valor que o indivíduo se afasta da integração que caracteriza seu estado de bebê . . . Essa, em nossa opinião, é a alienação básica do homem. Ele não foi fiel a si mesmo, à sua valoração da experiência organísmica natural, mas, para preservar a consideração positiva dos outros, ele passou a falsificar alguns dos valores que experiencia e a percebê-los apenas em termos baseados no seu valor para os outros. Entretanto, essa não foi uma escolha consciente, mas um desenvolvimento natural – e trágico – no período de bebê. O caminho do desenvolvimento para a maturidade psicológica, o caminho da terapia, é desfazer tal alienação no funciona-

mento do homem, dissolver as condições de valor, conseguir um *self* congruente com a experiência e restaurar um processo de valoração organísmico unificado como o regulador do comportamento."

Segundo o modelo de Rogers, a psicopatologia ou a perturbação emocional acontece em indivíduos que foram expostos a uma consideração positiva condicional. As condições de valor associadas levaram à incongruência *self*-experiência. Essa incongruência, que é análoga ao conflito id-superego no modelo de Freud, gera ansiedade conforme se aproxima da consciência. O indivíduo responde com negação e distorção, porque a consciência da incongruência poria em risco a consideração positiva recebida do *self* e dos outros. A meta da defesa, assim, é manter o autoconceito (artificial ou inexato). Tal modelo se ajusta muito bem a vários comportamentos aparentemente paradoxais. Considerem a mulher espancada que continua em um relacionamento claramente patológico. Por que ela não termina o casamento? Por que ela racionaliza o comportamento do marido? De acordo com essa análise, ela continua porque reconhecer a depravação do relacionamento poria em risco sua única via existente de receber consideração positiva. Ironicamente, ela pode negar seus sentimentos e distorcer o comportamento e os motivos do marido a fim de preservar seu único canal para receber atenção.

Ao contrário, os indivíduos que experienciam a consideração positiva incondicional mantêm ou reinstalam a congruência *self*-experiência. Devido à ausência de conflito ou incongruência, tais indivíduos não precisam depender de defesas. Rogers caracterizou essas pessoas sadias como *funcionando plenamente*. Como acontece na definição de Maslow da pessoa auto-realizadora, a pessoa que funciona plenamente exibe um processo ou modo de vida em vez de uma meta ou estado final. Os indivíduos que estão vivendo essa "boa vida" parecem ter três características (Rogers, 1961, p. 184-192). Primeiro, já que não há necessidade de defender-se de nenhuma experiência, a pessoa desenvolve *uma crescente abertura à experiência*. Isto é, não existe defensividade, e ela consegue reconhecer e expressar todos os seus sentimentos. Segundo, tal pessoa tem uma *vida cada vez mais existencial*. Não existe rigidez e nenhum preconceito sobre o que ela deveria fazer ou ser e, por isso, "vive intensamente cada momento". Finalmente, a pessoa que funciona plenamente tem uma *crescente confiança no organismo*. Ela toma suas próprias decisões e confia nelas. Ela desenvolverá um senso de que "fazer o que 'é sentido como certo' prova ser um guia competente e confiável para comportamentos verdadeiramente satisfatórios". À medida que se torna mais aberta a todas as suas experiências, ela é capaz de fazer aquilo que "sente vontade" de fazer, não de uma maneira hostil ou arrogante, mas de maneira confiante. Em essência, tal pessoa está aberta aos seus sentimentos e livre de defesas. Ela é livre para agir de acordo com suas inclinações, porque pode aceitar as conseqüências e pode corrigi-las se não forem satisfatórias.

Ao concluir esse relato dos principais aspectos da teoria de Rogers, o leitor poderia perguntar-se por que ela se chama "centrada na pessoa" e não "centrada no organismo". A resposta é bastante simples. Em um indivíduo com funcionamento pleno, a pessoa *é* o organismo. Em outras palavras, não faz diferença como ela é chamada. Prefere-se "pessoa" porque envolve uma conotação mais psicológica. A pessoa é o organismo *que experiencia*. Pessoa e *self* também coincidem quando o *self* é completamente congruente com o organismo. Tudo se reduz a isso: o organismo, um sistema vivo, holístico, que se desenvolve, é a realidade psicológica básica. Qualquer desvio dessa realidade ameaça a integridade da pessoa.

## PESQUISA CARACTERÍSTICA E MÉTODOS DE PESQUISA

Rogers foi um investigador pioneiro na área de aconselhamento e psicoterapia e merece muito crédito por estimular e realizar pesquisas sobre a natureza dos processos que ocorrem durante o tratamento clínico. Os estudos bem-controlados de psicoterapia são extremamente difíceis de planejar e executar, devido à natureza sutil e privada do ambiente psicoterapêutico. Os terapeutas têm relutado em subordinar o bem-estar do paciente às necessidades da pesquisa, permitindo a invasão da privacidade do consultório. Mas Rogers demonstrou que gravar as sessões de terapia, com a permissão do paciente, não é prejudicial ao curso do tratamento. De fato, o paciente e o terapeuta logo ignoram a presença do microfone e comportam-se com muita naturalidade. A acumulação de uma série de transcrições exatas das sessões de terapia por Rogers e seus associados possibilitou estudar o curso do tratamento de forma objetiva e quantitativa. Em grande parte devido aos esforços de Rogers, os psicólogos aprenderam muito sobre os processos da psicoterapia. (Ver, p. ex., Rogers, 1967a; Rogers & Dymond, 1954; Seeman & Raskin, 1953; Cartwright & Lerner, 1963; e para uma revisão crítica, Wylie, 1978.)

Embora os estudos empíricos realizados por Rogers e seus associados visassem primariamente a compreender e elucidar a natureza da psicoterapia e avaliar seus resultados, muitos de seus achados se relacionam diretamente à teoria da personalidade desenvolvida por Raimy (1943) e Rogers. De fato, a formulação sistemática de Rogers da sua teoria foi ditada pelos achados de pesquisa; não era um ponto de vista preconcebido que determinava a natureza e a direção quer da terapia quer da pesquisa. Sobre esse ponto, Rogers disse: "O *self* é há muitos anos um conceito impopular na psicologia, e os que trabalham terapeuticamente segundo uma orientação centrada no cliente certamente não tinham nenhuma inclinação inicial a usar o *self* como um conceito explanatório" (1951, p. 136).

### Estudos Qualitativos

Muitas das idéias de Rogers sobre a personalidade foram explicadas por um procedimento qualitativo e indicativo, que consiste em demonstrar por extratos de gravações das verbalizações do cliente qual é a sua auto-imagem e que mudanças ocorrem nela durante a terapia. A literatura sobre terapia não-diretiva ou centrada no cliente está cheia de exemplos desse tipo (Rogers, 1942, 1949, 1951, 1961, p. 73-106, 1976a, p. 401-418; Rogers & Dymond, 1954; Rogers & Wallen, 1946; Muench & Rogers, 1946; Snyder e colaboradores, 1947). O próprio Rogers parecia preferir esse modo de apresentar suas idéias, embora, é claro, ele não considerasse os excertos das gravações como prova da validade de sua teoria da personalidade. Eles eram mais usados para familiarizar o leitor com fenômenos típicos que ocorrem durante as sessões de terapia e para indicar os tipos de experiência que precisam ser explorados.

## Análise de Conteúdo

Esse método de pesquisa consiste em formular um conjunto de categorias por meio das quais as verbalizações de um cliente podem ser classificadas e contadas. Em um estudo pioneiro, Porter (1943) estabeleceu as bases para grande parte do trabalho posterior sobre a categorização do conteúdo gravado de entrevistas de aconselhamento, mostrando que o método de análise produz resultados confiáveis. Em um outro estudo inicial de um aluno de Rogers (Raimy, 1948), foram analisadas as mudanças características na auto-referência durante a terapia. Para esse propósito, Raimy usou as seguintes categorias: auto-referência positiva ou aprovadora, auto-referência negativa ou desaprovadora, auto-referência ambivalente, auto-referência ambígua, referências a objetos externos e pessoas, e perguntas. Os registros transcritos de 14 casos que tinham tido de duas a vinte e quatro entrevistas foram relacionados e classificados nas seis classes recém-citadas, e foi contado o número em cada categoria nos sucessivos estágios de aconselhamento. Descobriu-se que, no início da terapia, os clientes davam uma preponderância de auto-referências desaprovadoras ou ambivalentes e que, à medida que o aconselhamento prosseguia, ocorriam flutuações na auto-aprovação, com crescente ambivalência. Na conclusão do aconselhamento, os clientes avaliados como tendo melhorado estavam fazendo um número preponderante de declarações de auto-aprovação, enquanto os que não tinham melhorado ainda estavam ambivalentes e desaprovadores em relação a si mesmos.

Em um outro grupo de estudos empregando análise de conteúdo, foi feita uma tentativa de testar a proposição de que, conforme as pessoas passam a se aceitar mais, elas também aceitam mais os outros. Foram formuladas as categorias de sentimentos positivos, negativos e ambivalentes em relação ao *self* e aos outros, e essas categorias foram aplicadas a casos em terapia. Em um estudo (Seeman, 1949), o número de auto-referências positivas aumentou e o número de auto-referências negativas diminuiu durante a terapia, sem qualquer mudança concomitante nos sentimentos em relação aos outros. Um outro investigador (Stock, 1949), usando um método semelhante de análise de conteúdo, não encontrou nenhuma evidência de que as mudanças no auto-sentimento ocorrem antes e produzem mudanças nos sentimentos em relação aos outros. Em uma terceira investigação (Sheerer, 1949), foi obtido certo apoio positivo para a proposição, embora as mudanças nas atitudes em relação aos outros não fossem nem tão acentuadas nem tão regulares como os aumentos na aceitação do *self*. Uma investigação de Gordon e Cartwright (1954) da proposição, em que foram empregados vários testes e escalas em lugar da análise de conteúdo, não apoiou a hipótese de que uma crescente aceitação do *self* leva a uma crescente aceitação dos outros.

Mas é interessante a existência de uma correlação bastante significativa, 0,51, no estudo de Sheerer, e 0,66 no estudo de Stock, entre as concepções do *self* e as concepções dos outros. Isso significa que um indivíduo que pensa bem de si mesmo tende a pensar bem dos outros, e que aquele que desaprova si mesmo tende a desaprovar os outros. Correlações de magnitude semelhante foram encontradas por Phillips (1951) em uma investigação de auto-sentimentos e sentimentos em relação aos outros em vários grupos de pessoas que não estavam em terapia.

Medinnus e Curtis (1963) observaram que a maioria dos estudos sobre auto-aceitação e aceitação dos outros foi realizada com estudantes universitários ou com pessoas em terapia. Para aumentar a generalização, eles investigaram mães normais. As mães que se aceitavam tendiam mais a aceitar os filhos do que as mães que não se aceitavam. Depois de examinar muitos estudos, Wylie (1961, 1978) concluiu que as evidências disponíveis de forma geral apóiam a hipótese de que a auto-aceitação está associada à aceitação dos outros, embora ela ache que a maioria dos estudos tem sérias falhas que tornam equívocos os achados.

## Escalas de Avaliação

Uma das principais contribuições de Rogers e seus colaboradores à investigação da psicoterapia é a mensuração do processo e da mudança durante a terapia pelo uso de escalas de avaliação. Apesar de não excluir a importância de avaliar-se o resultado da terapia, Rogers pensava que se pode aprender mais sobre a efetividade terapêutica estudando as atitudes e o comportamento do terapeuta em relação às mudanças no cliente. Para esse propósito, foram desenvolvidos dois tipos de escalas de avaliação: as que avaliam as atitudes do terapeuta e as que medem a mudança no cliente. Um exemplo das primeiras é a seguinte escala de congruência desenvolvida por Kiesler (Rogers, 1967a, p. 581-584):

**Estágio 1.** Existem claras evidências de uma discrepância entre o que o terapeuta experiencia do cliente e a comunicação corrente.

**Estágio 2.** O terapeuta comunica informações ao cliente em resposta ao questionamento do cliente, mas a resposta tem uma qualidade falsa, enganadora, ou de "meia-verdade".

**Estágio 3.** O terapeuta não nega seus sentimentos em relação ao cliente, mas também não comunica seus exatos sentimentos em relação a ele.

**Estágio 4.** O terapeuta comunica informações ao cliente, quer espontaneamente quer em resposta ao seu questionamento, ao invés de retê-las por motivos pessoais ou profissionais.

**Estágio 5.** O terapeuta comunica aberta e livremente seus sentimentos, tanto positivos quanto negativos, em relação ao cliente em um determinado momento – sem traços de defensividade ou refúgio no profissionalismo.

Um exemplo de uma escala para medir o processo terapêutico é a desenvolvida por Gendlin (Rogers, 1967a, p. 603-611) para avaliar a qualidade do relacionamento:

**Estágio 1.** Recusa de um relacionamento.

**Estágio 2.** Aceitação física de um relacionamento sem aceitação manifesta.

**Estágio 3.** Qualidade de aceitação parcial do relacionamento ou qualidade paralela intermitente do relacionamento.

**Estágio 4.** Paralelo e simultâneo, o relacionamento como um contexto da terapia.

**Estágio 5.** O relacionamento como terapia específica, e não apenas como um contexto geral para a terapia.

**Estágio 6.** O relacionamento está pronto para ser uma realidade permanente e, portanto, pode estar se aproximando do término.

O uso mais ambicioso dessas escalas ocorreu em um estudo de psicoterapia com esquizofrênicos (Rogers, 1967a). Embora Rogers e seus associados estivessem interessados em descobrir se a terapia centrada no cliente funcionaria com pacientes do hospital estadual, esse foi primariamente um estudo dos relacionamentos terapêuticos e não da esquizofrenia. As escalas de avaliação foram preenchidas por terapeutas, pacientes e juízes que não tinham nenhuma informação sobre os casos, a não ser excertos das transcrições de sessões de terapia. Os achados são muitos extensos para serem resumidos aqui. Mas podemos comentar os mais importantes.

As escalas de avaliação mostraram ter uma fidedignidade satisfatória, exceto aquela que media a consideração positiva incondicional. Os juízes independentes conseguiram fazer avaliações confiáveis depois de ler uma série bastante curta de excertos da transcrição de toda a terapia. Houve uma correlação negativa entre a avaliação do terapeuta do relacionamento terapêutico e a avaliação do paciente ou do avaliador imparcial. Rogers comentou esse resultado inesperado:

"É um achado moderador esse de que os nossos terapeutas – competentes e conscienciosos como são – têm percepções excessivamente otimistas e, em alguns casos, seriamente inválidas, dos relacionamentos em que estão envolvidos. O paciente, com toda a sua psicose, ou o brilhante e jovem universitário sem nenhum conhecimento de terapia, acabaram tendo percepções mais úteis (e provavelmente mais exatas) do relacionamento." (1967a, p. 92)

De modo geral, houve pouco movimento de processo (melhora) durante a terapia nesse grupo de oito esquizofrênicos crônicos e oito agudos.

## Estudos com a Técnica-Q

O aparecimento do psicólogo inglês William Stephenson na Universidade de Chicago foi extremamente vantajoso para Rogers e seus associados. Os métodos de pesquisa que ele desenvolveu foram adaptados para a investigação do autoconceito pelo método do caso único. Esses métodos são referidos por Stephenson como técnica-Q.

Existe uma diferença entre a técnica-Q de Stephenson e a base lógica sobre a qual ela repousa, que Stephenson chama de metodologia-Q. As hipóteses lógicas são derivadas da teoria pela metodologia-Q, e tais hipóteses podem então ser testadas pela técnica-Q. Entretanto, o investigador pode empregar a técnica-

Q sem usar a metodologia-Q. É isso o que Rogers e seus associados fizeram. A diferença entre o tipo de pesquisa estimulado por Stephenson e aquela realizada sob a influência de Rogers aparece claramente quando comparamos os estudos de Nunnally (1955), um aluno de Stephenson, com os de Butler e Haigh (1954), alunos de Rogers. Eles investigaram as mudanças nas autoconcepções antes e depois da terapia. Ao planejar seu experimento, Nunnally usou a metodologia-Q e todo o complemento de técnicas-Q, incluindo análise fatorial, ao passo que Butler e Haigh usaram apenas a classificação-Q e as correlações interpessoais. Além disso, Nunnally empregou um caso único, como Stephenson recomenda, e Butler e Haigh empregaram vários casos.

O que é a técnica-Q? Essencialmente, é um método para estudar sistematicamente as noções de uma pessoa sobre si mesma, embora possa ser usado também para outros propósitos. A pessoa recebe uma pilha de declarações e é solicitada a classificá-las em uma distribuição pré-organizada ao longo de um contínuo, desde aquelas mais características da pessoa que está classificando até as menos características. A distribuição se aproxima de uma distribuição normal e é exatamente a mesma para todos os sujeitos em um dado experimento. Esse aspecto constante facilita o manejo estatístico dos resultados, uma vez que todas as classificações são forçadas a uma distribuição cuja média e desvio-padrão são os mesmos.

Podem ser feitas classificações não apenas de como as pessoas se vêem no momento, mas também de como elas gostariam de ser, a chamada classificação *ideal*, de como elas eram aos 15 anos de idade, de como suas mães as vêem, e assim por diante. Pode haver tantas classificações ou variáveis diferentes, como são chamadas, quantas o investigador resolver usar. Bowdlear (1955), por exemplo, usou 25 classificações em seu estudo de um paciente epiléptico em terapia. Os resultados desse planejamento multivariado podem ser analisados por métodos correlacionais, da análise fatorial e da análise da variância.

Os itens para uma classificação-Q podem ser reunidos de várias maneiras. Eles podem ser formulados de modo a conformar-se a uma teoria específica da personalidade, e Stephenson apresenta muitos exemplos em seu livro (1953), ou podem ser selecionados de uma população de itens obtidos de protocolos terapêuticos, de autodescrições, de inventários de personalidade e assim por diante.

Para ilustrar como Rogers e seus associados usaram a técnica-Q, vamos examinar o estudo realizado por Butler e Haigh (1954). Esses investigadores queriam testar a suposição de que as pessoas que buscam aconselhamento estão insatisfeitas consigo mesmas e que, após um aconselhamento bem-sucedido, sua insatisfação será menor. Os itens da classificação-Q para esse estudo foram escolhidos aleatoriamente de vários protocolos terapêuticos. Eles consistiam em itens como "Eu sou uma pessoa submissa", "Eu sou muito trabalhador", "Eu sou simpático" e "Eu sou uma pessoa impulsiva". Antes de começar o aconselhamento, cada cliente era solicitado a classificar as afirmações de duas maneiras, de acordo com as seguintes instruções:

*Autoclassificação*. Classifique estes cartões para descrever a si mesmo como você se vê hoje, começando por aqueles que são menos parecidos com você e chegando aos que são mais parecidos.

*Classificação ideal*. Agora classifique estes cartões para descrever sua pessoa ideal – a pessoa que você realmente gostaria de ser.

As distribuições das duas classificações foram então correlacionadas para cada pessoa. A correlação média entre a autoclassificação e a classificação ideal no grupo de sujeitos foi zero, o que mostra que não existe nenhuma congruência entre como as pessoas se vêem e como elas gostariam de ser. Um grupo de controle com sujeitos semelhantes aos do grupo de clientes, mas não interessados em fazer aconselhamento, fez as mesmas classificações. A correlação média entre a autoclassificação e a classificação ideal nesse grupo foi de 0,58, o que prova que um grupo que não está em tratamento está muito mais satisfeito consigo mesmo do que aquele que busca terapia. Depois de concluir o aconselhamento (uma média de 31 sessões por pessoa), os clientes foram novamente solicitados a fazer as classificações. A correlação média entre as duas classificações foi de 0,34, um aumento significativo em relação à média anterior ao aconselhamento, embora ainda inferior à correlação do grupo de controle. O grupo de controle também foi retestado após um intervalo de tempo equivalente ao do grupo de clientes, e sua correlação média de ideal de *self* não mudou. Um outro grupo que buscara terapia, mas fora solicitado a esperar 60 dias antes de começar o tratamento, não mostrou nenhuma mudança em suas correlações de ideal de *self* durante o período de espera.

Para verificar a permanência da mudança que ocorrera na auto-estima dos clientes durante a terapia, foi realizado um estudo de seguimento com os clientes, de seis meses a um ano após o término da terapia. A correlação média entre a autoclassificação e a classificação ideal foi aproximadamente a mesma do encerramento da terapia, 0,31 *versus* 0,34. Os investigadores concluíram que a auto-estima, que eles definem como a congruência entre a autoclassificação e a classificação ideal, aumenta como um resultado direto do aconselhamento centrado no cliente. Pode

ocorrer ao leitor que o aumento na correlação média de zero para 0,34 poderia ter sido o resultado de uma mudança do autoconceito na direção do ideal, ou de uma mudança do ideal na direção do autoconceito, ou de mudanças em ambas as direções. Em um outro estudo (Rudikoff, 1954), descobriu-se que o ideal diminuía um pouco na direção da auto-imagem durante a terapia, o que sugere que ambos os tipos de mudança realmente ocorrem.

É interessante observar algumas das mudanças nas correlações individuais ocorridas entre pré-aconselhamento, pós-aconselhamento e seguimento. Algumas das correlações começam muito baixas, aumentam nitidamente durante a terapia e permanecem assim durante o período de seguimento. A seguinte pessoa, identificada como Oak, exemplifica esse padrão:

|  | Pré-aconselhamento | Pós-aconselhamento | Seguimento |
|---|---|---|---|
| Oak | 0,21 | 0,69 | 0,71 |

Outras permanecem baixas o tempo todo, como as de Baac:

|  | Pré-aconselhamento | Pós-aconselhamento | Seguimento |
|---|---|---|---|
| Baac | -0,31 | 0,04 | -0,19 |

Outras, ainda, começam baixas, aumentam após o aconselhamento e depois regridem durante o período de seguimento:

|  | Pré-aconselhamento | Pós-aconselhamento | Seguimento |
|---|---|---|---|
| Beel | 0,28 | 0,52 | -0,04 |

Para um outro tipo de pessoa, a correlação começa baixa, aumenta durante a terapia, e continua a aumentar após seu término:

|  | Pré-aconselhamento | Pós-aconselhamento | Seguimento |
|---|---|---|---|
| Bett | -0,37 | 0,39 | 0,61 |

Poderíamos pensar que esses diferentes padrões de mudança estão relacionados à melhora evidenciada durante a terapia. Esse não é o caso. Quando os sujeitos foram divididos em um grupo melhorado e um grupo *não-melhorado*, conforme a avaliação de conselheiros e protocolos de testes projetivos, os dois grupos não diferiam em suas correlações de ideal de *self* no término do aconselhamento, embora na época da administração das classificações-Q no seguimento o grupo *melhorado* tendesse a apresentar correlações um pouco mais altas.

Butler e Haigh explicaram o fracasso em encontrar uma relação entre correlações de ideal de *self* e

melhora em termos do que eles chamam de "classificações defensivas". Uma classificação defensiva é aquela em que as pessoas dão uma imagem distorcida de si mesmas, para parecer que são mais bem-ajustadas do que realmente são. Por exemplo, em um outro estudo, a maior correlação de ideal de *self* encontrada, um 0,90 extremamente elevado, foi obtida por uma pessoa que era claramente patológica.

A questão da defensividade recebeu uma considerável atenção de Rogers e seus associados, porque levanta sérios problemas relativos à validade dos auto-relatos. É verdade, por exemplo, que quando alguém diz que está satisfeito consigo mesmo realmente está?

A estrutura de referência interna nos dá uma imagem acurada da personalidade? Haigh (1949) estudou o comportamento defensivo e descobriu que ele pode assumir muitas formas, incluindo negação, retraimento, justificação, racionalização, projeção e hostilidade. Durante a terapia centrada no cliente, algumas pessoas mostraram uma redução na defensividade, ao passo que outras mostraram um aumento. Mas Haigh tendia a minimizar a importância dos comportamentos defensivos. Ele supunha que a maioria deles consistia em um engano intencional por parte do cliente para salvar as aparências. Essa visão contrasta nitidamente com a teoria psicanalítica dos mecanismos de defesa, que supõe que eles operam inconscientemente.

Um estudo realizado por Friedman (1955) esclareceu melhor o problema da defensividade. Três grupos de homens brancos classificados como normal, psiconeurótico e esquizofrênico-paranóide fizeram classificações-Q (do *self* e do ideal de *self*). A correlação média para os 16 sujeitos normais foi 0,63; para os 16 sujeitos neuróticos, 0,03; e para os 16 sujeitos psicóticos, 0,43. Em outras palavras, os pacientes psicóticos manifestavam consideravelmente mais auto-estima do que os neuróticos, e não muito menos do que os sujeitos normais. Friedman concluiu que "empregar uma alta correlação entre as concepções do *self* e do ideal de *self* como o único critério de ajustamento, contudo, levaria à categorização de muitas pessoas desajustadas, especialmente esquizofrênicos-paranóides, como ajustadas" (p. 73).

O achado de Friedman de que os esquizofrênicos-paranóides mostram quase tanta congruência em suas classificações do ideal de *self* quanto os sujeitos normais foi confirmado por Havener e Izard (1962). Em um estudo de adolescentes do sexo feminino com problemas de comportamento, Cole, Oetting e Hinkle (1967) descobriram que alguns dos sujeitos classificaram o *self* como *superior* ao ideal de *self*. Isso parece ser uma outra indicação de classificação defensiva.

Um outro estudo em que uma medida de defensividade estava correlacionada a auto-atitudes e à avaliação da personalidade por observadores externos foi realizado por Chodorkoff (1954). Chodorkoff obteve auto-relatos de 30 estudantes universitários, fazendo-os classificar 125 itens em 13 pilhas, dos mais característicos aos menos característicos. Quatro juízes que tinham acesso a informações biográficas, a protocolos de Rorschach e um resumo dos escores no Rorschach, a dados de teste de associação de palavras e protocolos do Teste de Apercepção Temática (TAT) fizeram uma classificação-Q para cada sujeito, usando os mesmos 125 itens. Uma medida da defesa perceptual foi obtida, expondo-se palavras ameaçadoras e neutras, começando com uma exposição subliminar e aumentando-a gradualmente até o sujeito ser capaz de reconhecer todas as palavras. As medidas da defesa perceptual foram calculadas, encontrando-se a diferença entre os limiares de reconhecimento para as palavras neutras e os limiares para as palavras ameaçadoras.

Chodorkoff estava interessado em testar as seguintes hipóteses: (1) quanto maior a concordância entre a autodescrição da pessoa e a descrição da pessoa pelos outros, menos defesa perceptual ela manifestará; (2) quanto maior a concordância entre a autodescrição da pessoa e uma avaliação feita por juízes, mais adequado será o ajustamento pessoal do indivíduo; e (3) quanto mais adequado o ajustamento pessoal, menos defesa perceptual a pessoa vai demonstrar. Foram empregadas duas medidas de ajustamento: (1) a lista de verificação *Munroe Inspection Rorschach* e (2) as avaliações feitas por juízes em 11 escalas de ajustamento.

Os resultados confirmaram todas as hipóteses. Quanto maior a concordância entre as autodescrições e as descrições dos outros, menos defesa perceptual havia e melhor era o ajustamento pessoal. Os sujeitos mais bem-ajustados também apresentavam menos defesa perceptual.

Esses estudos indicam que a defensividade é uma variável importante nos autojulgamentos da pessoa, e que os auto-relatos não transmitem a mesma imagem da personalidade que é obtida de juízes externos.

Uma outra variável que afeta as auto-avaliações é a desejabilidade social (Milgram & Helper, 1961). Um traço considerado desejável recebe uma auto-avaliação melhor do que um considerado indesejável. O fator de desejabilidade social influencia a discrepância entre as auto-avaliações e as avaliações do ideal de *self*. Por exemplo, em um estudo de molestadores de crianças, Frisbie, Vanasek e Dingman (1967) descobriram que termos de traços com um caráter avaliativo não mostravam discrepância entre as avaliações do *self* e as ideais, enquanto termos não-avaliativos puramente descritivos produziam grandes discrepâncias.

Um exame crítico e abrangente dos estudos de classificação-Q do ideal de *self* foi realizado por Wylie (1974, p. 128-149).

## Estudos Experimentais do Autoconceito

O interesse atual pelo autoconceito transcendeu seu *locus* original na situação de terapia e tornou-se assunto de investigação em condições de laboratório. Ademais, as hipóteses testáveis relativas ao autoconceito foram derivadas de outras teorias além da de Rogers. Por exemplo, Pilisuk (1962) predisse, com base na teoria de Heider do equilíbrio cognitivo, que os sujeitos adversamente criticados por seu desempenho em uma tarefa não mudariam suas auto-avaliações. Essa predição foi confirmada. Os sujeitos usaram várias racionalizações para manter uma auto-imagem favorável diante das críticas.

Que o autoconceito pode ser modificado sob certas condições é revelado por outros estudos. Partindo da teoria da dissonância de Festinger, Bergin (1962) realizou o seguinte experimento. Os sujeitos primeiro fizeram auto-avaliações da masculinidade. Depois, eles foram informados de que sua masculinidade era vista por outros de uma maneira discrepante da auto-avaliação. Quando a comunicação discrepante era bastante digna de crédito, os sujeitos mudavam suas auto-avaliações para torná-las mais consoantes com a opinião dos outros. Quando a opinião comunicada podia ser desacreditada, suas auto-avaliações não mudavam substancialmente.

## Outras Abordagens Empíricas

Embora as descrições qualitativas, a análise de conteúdo de protocolos terapêuticos e o uso da técnica-Q constituam as principais abordagens empíricas de Rogers e seus associados ao estudo da personalidade, eles também empregaram vários outros métodos. Esses métodos consistem em abordar a pessoa a partir de uma estrutura de referência externa. Testes-padrão como o Rorschach (Carr, 1949; Haimowitz, 1950; Haimowitz & Haimowitz, 1952; Mosak, 1950; Muench, 1947; Rogers, 1976a), o TAT (Dymond, 1954; Grummon & John, 1954; Rogers, 1967a), o *Minneso-*

*ta Multiphasic* (Mosak, 1950; Rogers, 1967a), o *Bell Adjustment Inventory* (Muench, 1947; Mosak, 1950) e o *Kent-Rosanoff Word Association* (Muench, 1947) foram usados com clientes em terapia. Um dos alunos de Rogers também usou índices fisiológicos para medir tensão e emoção (Thetford, 1949, 1952).

## PESQUISA ATUAL

Como vimos, Rogers gerou ou estimulou uma quantidade substancial de pesquisas. Esse fluxo ficou mais lento nos últimos anos, mas não parou. Uma série de estudos de Cramer (1990), por exemplo, examinou a relação entre o ajustamento psicológico (operacionalizado como auto-estima) e os níveis de apoio social facilitador (operacionalizados como nível e incondicionalidade de aceitação, empatia e congruência da outra pessoa) em estudantes universitários que mantinham relacionamento íntimos no presente. Consistentemente com a análise de Rogers das condições que geram crescimento psicológico, Cramer relatou que a facilitação inicial (especialmente a incondicionalidade da aceitação) do parceiro estava associada à auto-estima subseqüente.

Ainda mais impressionante é uma análise longitudinal de Harrington, Block e Block (1987) da teoria da criatividade de Rogers. Segundo Rogers, a criatividade construtiva é mais provável na presença de três condições: abertura à experiência, *locus* interno de avaliação e capacidade de brincar com elementos e conceitos. As condições internas são, por sua vez, favorecidas por duas condições externas, segurança psicológica e liberdade psicológica. Harrington e colaboradores (1987) investigaram a extensão em que medidas de práticas de educação infantil de pais de crianças de 4 anos e meio em 106 famílias correlacionavam-se com os diferentes índices posteriores de potencial criativo das crianças. Os três índices de práticas de educação dos filhos correlacionavam-se significativamente com o potencial criativo pré-escolar e com o potencial criativo adolescente (as correlações variavam de 0,38 a 0,49) em um padrão consistente com a teoria de Rogers. Além disso, o relacionamento com o potencial criativo adolescente permaneceu igual depois de terem sido removidas as influências de sexo, potencial criativo pré-escolar e inteligência pré-escolar. Os autores concluem que esses resultados "são obviamente consistentes com a teoria de Rogers dos ambientes criativos" (1987, p. 855).

Além destes testes diretos do modelo de Rogers, sua suposição implícita de que as pessoas buscam a autoconsistência está ligada a uma série de programas de pesquisa atuais. Tais programas situam-se em uma área cinza entre a psicologia da personalidade e a psicologia social, pois lidam com o *self*, mas não focalizam a pessoa inteira, apesar de estar clara a sua contribuição à tentativa de compreender a personalidade e refinar as teorias da personalidade. Existem muitas pesquisas contemporâneas sobre o *self*, mas nós limitaremos a nossa discussão neste capítulo a dois programas que enfatizam a consistência: a teoria de Festinger da dissonância cognitiva e a análise de Higgins das autodiscrepâncias. Nós também introduzimos um trabalho psicológico social recente sobre a existência e a função de um autoconceito dinâmico.

## Teoria da Dissonância Cognitiva

Leon Festinger (1957) propôs que as pessoas que possuem duas crenças inconsistentes, ou o que ele chamou de cognições dissonantes, experienciam um desagradável estado de tensão que ficam motivadas a reduzir. Por exemplo, um homem pode dizer a si mesmo e aos outros que acredita em direitos iguais para as mulheres, mas também pode nunca votar em uma candidata do sexo feminino. Essas duas cognições são dissonantes, e a teoria prediz que elas vão se combinar para fazer seu portador sentir-se inquieto, motivado a resolver tal inconsistência. Ele pode fazer isso mudando seu comportamento de votar, mudando sua crença ou tentando justificar a discrepância. Tal justificativa poderia ocorrer se o homem decidisse que teria votado em uma mulher se houvesse uma candidata qualificada, ou se ele afirmasse que a integridade da unidade familiar tradicional requer que não nos apressemos a distribuir cargos para as mulheres. Essas declarações poderiam ser verdade, mas o ponto é que o homem as faz de maneira motivada, defensiva. Como aconteceu com Rogers (e Freud), nós encontramos uma situação em que um observador externo não pode saber facilmente se o comportamento é defensivo ou legítimo. Como um exemplo alternativo, considerem a aluna que acredita que "colar" é errado, mas que cola em uma prova se tem a oportunidade.

Sua atitude e sua ação são dissonantes. Ela não pode mudar o comportamento (ela já colou), mas precisa reduzir a discrepância, a fim de remover o desagradável estado de tensão. Ela pode tentar justificar o comportamento, dizendo que o exame não era importante ou que aquilo só aconteceu porque dessa vez ela não estava preparada, ou que não foi nada de importante pois aquela matéria não fazia parte de sua área de estudo. Mas, interessantemente, ela também pode reduzir a dissonância, mudando seu comportamento, concluindo que colar nem sempre é tão ruim.

Festinger acredita que é melhor descrever as pessoas como seres que racionalizam, e não como seres racionais. As cognições inconsistentes são análogas ao *self* e à experiência no modelo de Rogers, o estado de tensão é análogo à ansiedade no modelo de conflito de Rogers, e a justificativa é análoga às defesas de Rogers da distorção ou negação. Tal analogia está longe de ser perfeita, é claro, porque as cognições dissonantes podem ser algo muito diferente do que Rogers quer dizer com *self* e experiência. Mas a confiança básica na autoconsistência, conforme provocada por um estado de excitação, é muito semelhante.

O paralelo fica ainda mais interessante à luz dos achados de que um estado de excitação negativa é um pré-requisito para que ocorra a dissonância. Por exemplo, Zanna e Cooper (1974) deram uma pílula de placebo a grupos de sujeitos antes da indução de dissonância, dizendo a diferentes grupos que a pílula os deixaria tensos, relaxados ou não teria efeito nenhum. Os sujeitos foram então induzidos a escrever uma redação oposta às suas atitudes. Os sujeitos mudaram sua atitude na direção da redação escrita, conforme prediz a teoria da dissonância, quando informados de que a pílula não teria nenhum efeito. Nenhum efeito de dissonância ocorreu nos sujeitos informados de que a pílula os estimularia, presumivelmente porque eles "atribuíram erradamente" à pílula a sua excitação por escrever a redação. Finalmente, os sujeitos informados de que a pílula os relaxaria mostraram uma mudança de atitude ainda maior do que os membros do primeiro grupo, presumivelmente porque esperavam estar relaxados e, portanto, ficaram ainda mais perturbados pela excitação sentida. Cooper, Zanna e Taves (1978) replicaram esse experimento, dizendo aos sujeitos que eles estavam recebendo um placebo, quando de fato alguns estavam recebendo um tranqüilizante, alguns, um estimulante e alguns, um placebo. Os efeitos de dissonância ocorreram quando os sujeitos receberam o placebo, não ocorreram quando eles receberam um tranqüilizante, e foram intensificados quando eles receberam o estimulante. Aparentemente, um estado de excitação é necessário para que ocorra a dissonância, exatamente como a ansiedade é um gatilho necessário para a defesa no modelo de Rogers.

Um outro vínculo com Rogers é sugerido por duas modificações da teoria da dissonância. Aronson (1969) propôs que o componente mais excitante de uma cognição dissonante é sua inconsistência com o autoconceito. Em conseqüência, a motivação para restaurar a consistência por meio da autojustificativa deverá ser mais intensa quando a inconsistência puser em risco alguma faceta central da autodefinição. Alternativamente, a autojustificativa provocada pela dissonância deverá ser mais predominante entre os indivíduos com auto-estima elevada. Essa "visão da consistência afirma que o nosso nível geral de auto-estima opera como um padrão em comparação com o qual a consistência avaliativa de um ato é avaliada. Quanto mais inconsistente é o ato de acordo com aquele padrão, mais pressão haverá para justificá-lo como um meio de restaurar a consistência auto-avaliativa" (Steele, Spencer & Lynch, 1993, p. 886). Ao contrário dessa abordagem de *autoconsistência* à dissonância, Steele (Steele & Liu, 1983; Steele, Spencer & Lynch, 1993) ofereceu uma abordagem de *auto-afirmação*. A teoria da auto-afirmação postula um motivo para manter a percepção de integridade global do auto-sistema. Como conseqüência, a autojustificativa descrita pela teoria da dissonância representa uma tentativa não de restaurar a consistência, mas de restaurar a integridade da auto-imagem. Já que as pessoas com auto-estima elevada possuem "mais recursos com os quais afirmar" sua auto-imagem ameaçada, elas são "mais resistentes à ameaça à auto-imagem" produzida pela dissonância pós-decisão e, portanto, é menos provável que se empenhem em autojustificativa (Steele e colaboradores, 1993, p. 886). Assim, existem diferenças individuais na resistência à ameaça. Consistentemente com esse modelo, Steele e colaboradores (1993) descobriram que os indivíduos com auto-estima elevada, quando lembrados de seus recursos, exibiam menos autojustificativa depois de uma decisão ameaçadora para a auto-estima. Steele conclui que "a dissonância não é fundamentalmente a aflição da inconsistência psicológica, ou, mais particularmente, a aflição da auto-inconsistência, mas a angústia de um senso de auto-integridade ameaçada" (Steele e colaboradores, 1993, p. 893).

## Teoria da Autodiscrepância

A essência do modelo de Rogers é a existência de duas versões de congruência/incongruência: entre o *self* e a experiência, em que o primeiro representa a autodefinição do indivíduo e o segundo representa a realidade mental do indivíduo, e entre o *self* e o *self* ideal, em que o último denota "o autoconceito que o indivíduo mais gostaria de possuir, o que ele mais valoriza" (Rogers, 1959, p. 200). A teoria da autodiscrepância de E. T. Higgins (1987, 1989) está construída em torno das discrepâncias existentes entre três domínios alternativos do *self*: "(a) o *self real*, que é a nossa representação dos atributos que alguém (nós mesmos ou outra pessoa) acredita que nós realmente possuímos; (b) o *self ideal*, que é a nossa representação dos atributos que alguém (nós mesmos ou outra pessoa) gostaria que nós, idealmente, possuíssemos (i. e., a representação das esperanças, das aspirações ou dos desejos de alguém para nós); e (c) o *self obrigatório*, que é a nossa representação dos atributos que alguém (nós mesmos ou outra pessoa) acredita que devemos ou temos de possuir (i. e., uma representação do senso de dever, das obrigações ou responsabilidades de alguém" (1987, p. 320-321). O exemplo de Higgins da distinção entre o *self* ideal e o *self* obrigatório é o conflito que algumas mulheres experienciam entre seu próprio desejo de ser uma profissional bem-sucedida e a crença de outra pessoa de que elas deveriam ser donas-de-casa e mães. Observem que Higgins propõe duas origens para cada domínio do *self*: o nosso próprio ponto de vista e o ponto de vista de alguma outra pessoa significativa (a distinção de Rogers entre a necessidade de consideração positiva e a necessidade de autoconsideração se refere essencialmente a esses dois pontos de vista). Combinar os três domínios com os dois pontos de vista gera a possibilidade de "seis tipos básicos de representações de estado de *self*: real/próprio, real/de outro, ideal/próprio, ideal/de outro, obrigatório/próprio e obrigatório/de outro". (Observe que a "condição de valor" de Rogers e a "tirania do deveria" de Horney representam a internalização ou a transformação do "obrigatório/de outro" de Higgins no "obrigatório/próprio".) Voltando ao exemplo de Higgins, o desejo de uma mulher de ser uma profissional bem-sucedida seria uma representação do ideal/próprio, e a insistência de seus pais em que ela fique em casa como esposa e mãe seria uma representação do obrigatório/de outro. As duas primeiras representações compreendem o que Higgins chama de *autoconceito*, e as quatro restantes compreendem o que ele chama de *autoguias*. A teoria da autodiscrepância afirma que "nós estamos motivados a atingir uma condição em que o nosso autoconceito combine com os nossos autoguias pessoalmente relevantes" (Higgins, 1987, p. 321).

A teoria da autodiscrepância segue Rogers e a teoria da dissonância ao sugerir que as discrepâncias têm conseqüências emocionais e motivacionais. Se a excitação se tornar forte demais, a pessoa pode tentar reduzi-la, mudando o seu comportamento ou reconceitualizando eventos correntes ou passados. Mas a teoria é distintiva ao propor que as discrepâncias crônicas entre determinados pares de representação estão associadas a predisposições motivacionais específicas. Por exemplo, as discrepâncias real/próprio *versus* ideal/próprio e real/próprio *versus* ideal/de outro tornam a pessoa vulnerável a emoções de abatimento e tristeza. Mais especificamente, uma discrepância real/próprio *versus* ideal/próprio provavelmente levará a desapontamento e insatisfação, porque a pessoa acredita que suas esperanças e seus desejos não se realizaram. Por outro lado, uma discrepância real/próprio *versus* ideal/de outro produz vulnerabilidade à vergonha e embaraço, porque a pessoa fracassou em atender às esperanças e desejos de um outro significativo. Um exemplo da primeira discrepância ocorreria se uma pessoa que estivesse esperando ir para a faculdade fosse reprovada no vestibular, enquanto a última poderia ocorrer se uma pessoa não conseguisse ingressar na única faculdade que seus pais consideravam digna dela. Ao contrário, as discrepâncias entre representações real/próprio e obrigatório/próprio tornam a pessoa vulnerável a emoções de agitação. Uma discrepância real/próprio *versus* obrigatório/próprio produziria vulnerabilidade à culpa e/ou autodesprezo, porque a pessoa violou um padrão moral pessoalmente aceito, mas uma discrepância real/próprio *versus* obrigatório/de outro deixa a pessoa sentindo-se temerosa, ameaçada ou ressentida, devido a sanções ou punições antecipadas. Um exemplo de uma discre-

pância real/próprio *versus* obrigatório/próprio seria um aluno não tirar as notas que se sente capaz de tirar; e não tirar as notas que seus pais esperavam ilustraria uma discrepância real/próprio *versus* obrigatório/de outro.

A teoria da autodiscrepância de Higgins é complicada, especialmente quando ele introduz parâmetros governando a disponibilidade e a acessibilidade das discrepâncias. Mas ele publicou vários achados confirmatórios, e sua teoria da autodiscrepância é uma extensão contemporânea provocativa do modelo original de Rogers.

## Autoconceito Dinâmico

As limitações de espaço impedem uma discussão extensa de outros trabalhos recentes que desafiam a suposição de um autoconceito unitário. Markus e Wurf (1987) oferecem a melhor introdução para este trabalho sobre o que chamam de *autoconceito dinâmico*. Markus e Wurf observam a conexão entre a pesquisa contemporânea e a teoria da personalidade de Rogers e entre as teorias propostas por Erikson, Horney, Maslow, Murray e Sullivan. Por exemplo, Markus e Nurius (1986, p. 954) sugeriram que os *selves possíveis* "representam as idéias dos indivíduos sobre o que eles poderiam tornar-se, o que eles gostariam de tornar-se e o que eles temem tornar-se". Nessa abordagem, o *autoconceito funcional* se refere "ao conjunto de autoconcepções presentemente ativas no pensamento e na memória" (p. 957). Como um outro exemplo, Markus e Kitayama (1991) distinguem entre construções *independentes* e *interdependentes* do *self*. A visão independente, predominante nas culturas ocidentais, baseia-se na suposição de que cada indivíduo tem atributos únicos que deve descobrir e expressar. A construção interdependente baseia-se não na suposição da autonomia do indivíduo, mas no papel da pessoa na unidade social mais ampla. Nesta última visão, o que é único no indivíduo não é o seu *self* interior, mas sua configuração de relacionamentos. Segundo Markus e Kitayama, existem conseqüências cognitivas, emocionais e motivacionais importantes dessas construções alternativas do *self*. Apesar de Markus e Wurf se referirem a esse corpo de trabalho como oferecendo uma "perspectiva psicológica social", ele certamente não deve ser ignorado por aqueles que estudam a teoria da personalidade.

## *STATUS* ATUAL E AVALIAÇÃO

A teoria organísmica, como uma reação ao dualismo mente-corpo, à psicologia das faculdades e ao comportamentalismo estímulo-resposta, foi imensamente bem-sucedida. Existe alguém na psicologia atualmente que não seja um proponente dos princípios mais importantes da teoria organísmica de que o todo é mais do que a soma de suas partes, de que aquilo que acontece para uma parte acontece para o todo, e de que não existem compartimentos separados dentro do organismo? Que psicólogo acredita que existe uma mente separada do corpo, uma mente que obedece a leis diferentes das que regem o corpo? Quem acredita que existem eventos isolados, processos insulados, funções sem conexão? Muito poucos psicólogos, se é que algum, têm atualmente um ponto de vista atomista. Todos nós somos psicólogos organísmicos, independentemente do que somos além disso.

Nesse sentido, a teoria organísmica é mais uma atitude, orientação ou estrutura de referência do que uma teoria sistemática do comportamento. Ela diz, com efeito, que uma vez que tudo se relaciona ao todo, o verdadeiro entendimento resulta da colocação correta de um fenômeno dentro do contexto do sistema total. Ela faz com que o investigador leve em conta uma rede de variáveis em vez de pares de variáveis, considere o evento que está estudando como um componente de um sistema, em vez de como um acontecimento isolado. Compreender as leis pelas quais o organismo opera é de fato a suprema preocupação dos cientistas, é o ideal que todos buscam. O ponto de vista organísmico, conforme aplicado na área da psicologia humana, afirma que a pessoa total é a unidade natural de estudo. Uma vez que o ser humano normal, sadio, ou qualquer outro organismo, por falar no assunto, sempre funciona como um todo organizado, a pessoa deve ser estudada como um todo organizado.

Uma teoria organísmica da personalidade é definida pela atitude do teórico, não pelos conteúdos do modelo de personalidade construídos. Se a teoria focaliza o organismo todo como um sistema unificado, em vez de traços, pulsões ou hábitos, então a teoria pode ser chamada de organísmica. Goldstein, Maslow, Allport, Murray, Rogers, Freud, Jung e praticamente todos os outros teóricos contemporâneos adotam uma orientação organísmica, embora existam diferenças radicais entre essas teorias. O que Goldstein encontra no organismo não é precisamente o que Allport ou Freud encontram aí, embora os três possam ser classificados adequadamente como organísmicos em sua orientação geral.

Poucas falhas podem ser encontradas na abordagem organísmica, já que ela é tão universalmente aceita. Mas podemos avaliar uma teoria organísmica *específica,* como a de Goldstein.

Algumas críticas mais ou menos específicas foram feitas à teoria de Goldstein. Ele foi criticado por não distinguir suficientemente entre o que é inerente ao organismo e o que foi colocado nele pela cultura. Kattsoff (1942), por exemplo, levantou essa questão. O conceito de Goldstein de auto-realização foi considerado como tendo um caráter geral demais para ser útil para predições específicas. Skinner (1940) considerou a auto-realização um conceito metafísico, porque ele não pode ser testado experimentalmente. Alguns psicólogos reclamam que Goldstein aparentemente não considera a análise estatística, preferindo uma abordagem qualitativa como investigador. Esses psicólogos acham que a análise qualitativa é extremamente subjetiva, e que é difícil repetir uma investigação quando ela está expressa em termos puramente qualitativos. Outros psicólogos não concordam com as críticas de Goldstein ao uso de testes psicológicos. Eles acham que os testes devem ser aplicados e pontuados de uma maneira padronizada e que eles não devem ser modificados para atender às necessidades de casos individuais. Goldstein foi criticado por enfatizar demais a maturação e dar muito pouca atenção à aprendizagem e por exagerar a importância da atitude abstrata no funcionamento psicológico. Finalmente, foi contestada a tentativa de compreender a personalidade normal, estudando-se pacientes com lesão cerebral.

A versão de Maslow da teoria organísmica pode acabar sendo mais influente do que todas as outras. Maslow foi um escritor e um palestrante incansável e articulado. Além disso, ele se tornou um dos líderes da psicologia humanista, que atrai tantos psicólogos. Ao ler Maslow às vezes é difícil desenhar a linha entre o inspiracional e o científico. Alguns críticos acreditam que a psicologia humanista é mais uma substituição secular da religião do que uma psicologia científica. Outros acham que as contribuições dos humanistas aos fundamentos empíricos da psicologia não foram proporcionais aos seus textos especulativos. Alguns psicólogos acusam os humanistas de aceitar como verdade o que ainda é hipotético, de confundir teoria com ideologia e de substituir a pesquisa pela retórica. Apesar dessas críticas ao tipo de psicologia que Maslow representa, existem muitos psicólogos que foram atraídos por esse ponto de vista porque ele tenta lidar com preocupações humanas vitais e contemporâneas.

Não houve nenhuma grande mudança no ponto de vista teórico de Rogers depois de 1959, embora ele se tornasse mais firme ao apresentar suas idéias, mais seguro de sua validade essencial, mais consciente de sua aplicabilidade para ajudar a resolver os problemas do mundo moderno, e mais convencido de que há esperança para o futuro da humanidade (Rogers, 1977, 1980). A terapia centrada no cliente é um método de tratamento estabelecido e amplamente utilizado. A teoria centrada na pessoa, conforme formulada por Rogers, serve como um estímulo formidável para as atividades investigativas. Nem todos os achados empíricos são favoráveis à teoria de Rogers e nem toda a pesquisa sobre o *self* pode ser atribuída diretamente a Rogers. No entanto, ninguém foi mais influente na criação de uma tradição intelectual em que a pesquisa sobre o *self* poderia florescer. Seu ditado de que "o melhor ponto de vista para se compreender o comportamento é o da estrutura interna de referência do próprio indivíduo" tem sido um ponto de reunião para muitos psicólogos. Sua consideração apaixonada pelos valores humanistas na pesquisa psicológica conforme apresentada em tantos textos seus e em seu famoso debate com B. F. Skinner (Rogers, 1956) ajudou a polarizar o pensamento dos psicólogos. Seu otimismo, sua fé implícita na bondade inerente do ser humano e sua firme crença de que as pessoas perturbadas podem ser ajudadas são atitudes que atraíram muitas pessoas que consideram o comportamentalismo frio demais e a psicanálise pessimista demais. A existência de uma "terceira força" na psicologia, tão viável quanto o comportamentalismo e a psicanálise, deve-se em grande parte a Carl Rogers.

Já observamos que as visões teóricas de Rogers, como as de Freud, Jung, Adler, Horney e Sullivan, originaram-se de sua experiência profissional com pessoas emocionalmente perturbadas. Mas existe uma diferença muito significativa entre Rogers e esses outros teóricos com uma base clínica. A partir de 1940,

quando Rogers aceitou um cargo como professor de psicologia na Universidade Estadual de Ohio, sua identificação primária foi com a psicologia acadêmica. Não é nenhum segredo que os avanços no ambiente universitário e o prestígio profissional são grandemente determinados pela produtividade da pesquisa da pessoa e pelas atividades de pesquisa dos seus alunos. Além disso, o psicólogo acadêmico tem de enfrentar o escrutínio crítico de seus colegas. Que Rogers passou nesses testes com grande sucesso é atestado pela quantidade e qualidade de suas publicações, pelo número de alunos que teve e pelas honras recebidas de seus colegas psicólogos. Ele foi um dos primeiros três psicólogos escolhidos para receber um *Distinguished Scientific Contribution Award* da Associação Psicológica Americana em 1956. Por outro lado, apesar de sua associação com o processo acadêmico por muitos anos, Rogers criticava agudamente a estrutura universitária tradicional. Ele achava que conseguira seguir seu caminho sem ser influenciado, tanto quanto possível, pelas pressões e políticas dos departamentos acadêmicos. Em certa extensão, tal isolamento se reflete no cinismo de Rogers a respeito da nossa instituição educacional e sua forçada segregação de sentimentos e de intelecto. Usando uma expressão que poderia ser o resumo de sua teoria, Rogers deplorou "*os gritos silenciosos dos sentimentos negados* ecoando em todas as salas de aula e corredores universitários" (Rogers, 1980, p. 251; itálicos acrescentados).

A principal crítica que muitos psicólogos fazem à teoria de Rogers é que ela se baseia em um tipo ingênuo de fenomenologia. Existem abundantes evidências mostrando que fatores não-disponíveis para a consciência motivam o comportamento e que aquilo que uma pessoa diz de si mesma está distorcido por defesas e enganos de vários tipos. Os auto-relatos carecem notoriamente de confiabilidade, não só porque as pessoas talvez pretendam enganar seus ouvintes, mas também porque elas não conhecem toda a verdade sobre si mesmas. Rogers foi criticado por ignorar o inconsciente, cuja potência para controlar a conduta humana foi comprovada por investigações psicanalíticas durante um período de oito décadas. Rogers acredita que não há necessidade de sondar, de interpretar, de realizar análises extensas e intricadas dos sonhos, ou de escavar camada após camada da psique – porque a pessoa se revela naquilo que diz sobre si mesma.

Mas a crítica de ingenuidade não pode ser feita com tanta veemência contra Rogers. Na teoria de Rogers, está explicitamente reconhecido o conceito de um organismo que tem muitas experiências das quais não está consciente. Algumas dessas experiências não-simbolizadas não têm acesso à consciência por serem inconsistentes com a auto-imagem. Se isso não é repressão, no sentido psicanalítico, a distinção entre isso e repressão é tão pequena que pode ser ignorada. A principal diferença entre Rogers e a psicanálise está na convicção de Rogers de que a repressão pode ser evitada, em primeiro lugar, por pais que dão à criança uma consideração positiva incondicional. Ou, se o dano já foi feito, pode ser corrigido mais tarde pela intervenção terapêutica em que o terapeuta valoriza o cliente. Quando recebe uma consideração positiva incondicional, o cliente eventualmente descobre seu verdadeiro *self*. Esse verdadeiro *self* é aquele completamente congruente com o organismo que experiencia. Os psicanalistas objetariam que a consideração positiva incondicional, mesmo que pudesse ser mantida consistentemente pelo terapeuta, não seria suficiente para superar a repressão no paciente. A análise e a interpretação do que o paciente está pensando e sentindo, dos sonhos e da transferência são necessárias para penetrar nas defesas e tornar consciente o que está inconsciente. Mesmo nas condições terapêuticas mais favoráveis, uma porção das nossas experiências continua inconsciente.

Rogers (1977) modificou sua visão do inconsciente, sugerindo que os processos organísmicos inconscientes realmente orientam, e devem orientar, grande parte do nosso comportamento. Tais processos não são anti-sociais e impulsivos no sentido freudiano; eles são guias confiáveis para obtermos realização pessoal e desenvolvermos relações interpessoais calorosas. Rogers parece estar dizendo: "Confie no seu inconsciente".

Uma outra crítica focaliza o fracasso de Rogers em descrever a natureza do organismo. Se o organismo é a realidade psicológica básica, quais são as características dessa realidade? Quais, precisamente, são as potencialidades do organismo que podem ser realizadas? Outros teóricos postularam elementos como instintos de vida e de morte (Freud), arquétipos (Jung), necessidades (Murray, Fromm e Maslow), *drives* (Miller e Dollard) e traços (Allport e Cattell), mas Rogers não postulou nada além da tendência realizadora muito geral.

Rogers poderia ter respondido a esse tipo de crítica dizendo que, como fenomenólogo, ele está interessado apenas nas experiências que fluem do organismo e na abertura da pessoa a essas experiências, e não no próprio organismo. Evidentemente, é prerrogativa do teórico colocar uma teoria dentro de uma estrutura e ignorar o que está fora dessa estrutura, por considerá-lo pouco importante ou irrelevante. Todos os teóricos exercem tal direito.

Seja qual for o futuro da teoria de Rogers, ela serviu muito bem ao propósito de tornar o *self* um objeto de investigação empírica. Muitos psicólogos deram *status* teórico ao *self*, mas é de Rogers o crédito por suas formulações sobre o *self* fenomenal terem levado diretamente a predições e atividades investigativas. Heuristicamente, sua teoria tem sido uma força extremamente potente e disseminada.

# ÊNFASE NA APRENDIZAGEM

Os três teóricos discutidos nesta seção final do texto distinguem-se por uma ênfase no papel central desempenhado pela aprendizagem na aquisição daquelas tendências características de comportamento que constituem os componentes estruturais e dinâmicos em outras teorias da personalidade. Eles diferem claramente em sua articulação dos princípios que governam a aprendizagem. Skinner estabelece uma vigorosa descrição do condicionamento instrumental, segundo o qual o comportamento é "selecionado e mantido por suas conseqüências". A essência do modelo de Skinner é sua especificação dos parâmetros que governam a operação de reforço. Dollard e Miller explicam a aprendizagem por meio de estímulo-resposta. No processo, eles reconceitualizam vários aspectos importantes do modelo psicodinâmico de Freud. Finalmente, Bandura articula um modelo de aprendizagem cognitivo social em que a aprendizagem observacional é o principal meio pelo qual as pessoas desenvolvem seus repertórios comportamentais. Grande parte do relato de Bandura baseia-se na suposição de que o comportamento humano é guiado pelas conseqüências antecipadas pelo indivíduo.

Outras diferenças acompanham as posições características desses teóricos a respeito dos princípios de aprendizagem. Por exemplo, Skinner jamais teria descrito a si mesmo como um teórico da personalidade; em vez disso, ele tentou oferecer uma estrutura alternativa para explicar os processos que outros teóricos descreviam como partes distintivas da personalidade de um indivíduo. Bandura trabalha na fronteira entre a personalidade e a psicologia social. Dos três, seria mais provável que Dollard e Miller se referissem ao seu trabalho como uma teoria da personalidade. Além disso, Bandura enfatiza os processos cognitivos em sua exposição. Dollard e Miller também tentaram explicar os processos cognitivos, mas Skinner recusou-se firmemente a explicar o comportamento em termos de processos cognitivos não-observados. Os três teóricos têm metas extremamente práticas, mas a orientação prática levou Skinner a uma posição claramente radical, em que só os eventos ambientais observáveis e manipuláveis desempenham um papel causal.

A Tabela 4 (ver p. 388) apresenta um resumo comparativo de Skinner, Dollard e Miller, e Bandura. As três posições são classificadas como "altas" no processo de aprendizagem. Todos os teóricos também enfatizam a continuidade e dão pouca atenção à singularidade, mas estão aparentes várias diferenças. Por exemplo, Skinner está sozinho em sua ênfase no papel desempenhado pela hereditariedade. Bandura se destaca por sua ênfase no autoconceito e no papel desempenhado pela competência na orientação do comportamento.

**TABELA 4** Comparação Dimensional das Teorias de Aprendizagem

| Parâmetro Comparado | Skinner | Dollard e Miller | Bandura |
|---|---|---|---|
| Propósito | B | B | M |
| Determinantes inconscientes | B | M | B |
| Processo de aprendizagem | A | A | A |
| Estrutura | B | B | M |
| Hereditariedade | A | B | B |
| Desenvolvimento inicial | M | A | M |
| Continuidade | A | A | A |
| Ênfase organísmica | B | B | M |
| Ênfase no campo | B | B | M |
| Singularidade | B | B | B |
| Ênfase molar | B | B | M |
| Ambiente psicológico | B | B | M |
| Autoconceito | B | B | A |
| Competência | B | B | A |
| Afiliação grupal | B | M | M |
| Ancoramento na biologia | M | M | B |
| Ancoramento na ciência social | B | A | M |
| Motivos múltiplos | B | M | B |
| Personalidade ideal | B | B | B |
| Comportamento anormal | M | M | M |

*Nota:* A indica alto (enfatizado), M indica moderado, B indica baixo (pouco enfatizado).

Cada uma dessas posições foi criticada por apresentar teorias da personalidade incompletas, como veremos. Entretanto, nenhum dos três teóricos adotou isso como uma meta explícita, e em grande extensão estamos forçando Skinner e Bandura a papéis que eles não buscaram. Apesar disso, as três teorias têm muito a oferecer aos que estudam a personalidade. Sugerimos ao leitor que examine cada posição e compare-a com declarações teóricas apresentadas anteriormente neste livro.

# CAPÍTULO 12

# O Condicionamento Operante de B. F. Skinner

INTRODUÇÃO E CONTEXTO ............................................................................................ 390
HISTÓRIA PESSOAL ....................................................................................................... 390
ALGUMAS CONSIDERAÇÕES GERAIS ............................................................................ 394
    Legitimidade do Comportamento    394
    Análise Funcional    395
A ESTRUTURA DA PERSONALIDADE ............................................................................... 398
A DINÂMICA DA PERSONALIDADE ................................................................................ 399
O DESENVOLVIMENTO DA PERSONALIDADE ................................................................ 401
    Condicionamento Clássico    401
    Condicionamento Operante    402
    Esquemas de Reforço    403
    Comportamento Supersticioso    404
    Reforço Secundário    405
    Generalização e Discriminação de Estímulo    406
    Comportamento Social    407
    Comportamento Anormal    408
PESQUISA CARACTERÍSTICA E MÉTODOS DE PESQUISA ................................................ 411
PESQUISA ATUAL ......................................................................................................... 413
*STATUS* ATUAL E AVALIAÇÃO ..................................................................................... 414

## INTRODUÇÃO E CONTEXTO

Na primeira parte deste século, a voz estridente, mas poderosa, de John B. Watson teve um imenso impacto sobre a psicologia acadêmica e sobre o público em geral. Em anos mais recentes, B. F. Skinner exerceu uma influência comparável e defendeu algumas das mesmas reformas. Skinner foi um comportamentalista ardente, convencido da importância do método objetivo, do rigor experimental, da capacidade da experimentação cuidadosa e da ciência indutiva para resolver os problemas comportamentais mais complexos. Ele aplicou seus conceitos e métodos às principais preocupações da nossa época, tanto práticas quanto teóricas.

A posição de Skinner foi muitas vezes descrita como uma teoria de estímulo-resposta, mas ele repudiava esse rótulo por duas razões. Primeiro, sua abordagem depende da conexão entre uma resposta e um evento reforçador subseqüente, não entre um estímulo e uma resposta subseqüente. Na verdade, Skinner concluiu que não existe nenhum estímulo controlador ou provocador para a maioria dos comportamentos; a marca registrada do condicionamento operante de Skinner é que o controle reside nas conseqüências do comportamento. É mais correto descrever sua abordagem como "selecionista" ao invés de "associacionista". Skinner freqüentemente enfatizava os paralelos entre a seleção operante de determinados comportamentos, por suas conseqüências durante a vida de um indivíduo, e a seleção de membros de uma população, pela seleção natural darwiniana durante o tempo evolutivo: "Os reflexos e os outros padrões inatos de comportamento se desenvolvem porque aumentam as chances de sobrevivência da *espécie*. Os operantes se fortalecem porque são seguidos por conseqüências importantes na vida do *indivíduo*" (Skinner, 1953, p. 90; citado em Catania, 1993; ver também Catania, 1992). Segundo, Skinner se distingue por um desagrado pela teoria formal, conforme ilustrado por sua rejeição da abordagem de postulado-teorema de Clark Hull à teorização. Em vez de definir a ciência em termos da busca de princípios explanatórios, "a meta da ciência de Skinner é o controle, a predição e a interpretação do comportamento – uma meta considerada atingível uma vez que o comportamento é supostamente regido por leis... Quando a descrição do relacionamento funcional controlador estiver completa, obteremos o controle e atingiremos a meta da ciência" (Holland, 1992, p. 665).

## HISTÓRIA PESSOAL

Filho de um advogado de cidade pequena, Skinner nasceu em 1904 e foi criado em Susquehanna, Pensilvânia, em um ambiente familiar carinhoso e estável. É interessante notar o que o subseqüente inventor da "caixa de Skinner", da "caixa do bebê" e de várias máquinas de ensino observa em relação à sua infância:

> "Eu estava sempre construindo coisas. Eu construí patinetes, carrinhos com direção, trenós e balsas que podiam ser impelidas por remos em lagos rasos. Eu fiz gangorras, carrosséis e pistas para trenós. Eu fiz estilingues, arcos e flechas, armas de pressão e pistolas d'água com bambus, e com um aquecedor de água velho, construí um canhão a vapor com o qual eu podia atirar balas feitas com batata e cenoura nas casas dos nossos vizinhos. Eu fiz brinquedos, diabolôs, aeroplanos em miniatura impulsionados por elásticos torcidos, papagaios retangulares e hélices de lata que podiam subir muito alto presas por um carretel de linha. Tentei, muitas vezes, fazer um planador em que eu pudesse voar. Eu inventei coisas, algumas delas no espírito das engenhocas absurdas dos cartuns que Rube Goldber publicava no Philadelphia Inquirer (o qual, como bom republicano, meu pai assinava). Por exemplo, um amigo e eu costumávamos colher bagas de sabugueiro e vendê-las de porta em porta, e eu construí um sistema de seleção que separava as bagas maduras das verdes. Trabalhei durante anos no projeto de uma máquina de movimento perpétuo." (Ela não funcionou.) (Skinner, 1967, p. 388.)

Ele ingressou em uma pequena faculdade de humanidades, Hamilton College, onde se formou em inglês e decidiu tornar-se escritor. Encorajado de várias maneiras, inclusive por uma carta de Robert Frost elogiando três de seus contos, ele resolveu passar um ano ou dois escrevendo em tempo integral, ainda morando com a família. Esse período se revelou relativamente improdutivo, e após um breve intervalo em

B. F. Skinner.

Greenwich Village e na Europa, ele desistiu de escrever e decidiu ingressar em Harvard e estudar psicologia. Embora Skinner abandonasse uma carreira em redação criativa, ele nunca abandonou seu interesse pela literatura, como testemunham vários de seus artigos subseqüentes (Skinner, 1961).

Nessa época, Harvard era um ambiente informal, mas estimulante, para um jovem psicólogo. Skinner não parece ter seguido o caminho de qualquer outro membro da faculdade, mas teve um contato significativo com muitos deles, incluindo E. G. Boring, Carroll Pratt e Henry Murray. Tão significativas quanto essas interações foram as influências de seu colega Fred Keller e do eminente biólogo experimental W. J. Crozier. Skinner recebeu seu Ph.D. em 1931 e passou cinco anos de pós-doutorado trabalhando no laboratório de Crozier, os três últimos como Junior Fellow, a posição de maior prestígio em Harvard para um jovem acadêmico. Crozier foi um dos vários biólogos rigorosos que influenciaram o pensamento de Skinner. Outros incluem Jacques Loeb, C. S. Sherrington e Ivan Pavlov. Na sua linhagem intelectual, destacam-se psicólogos como John B. Watson e E. L. Thorndike. Skinner identificou alguns filósofos da ciência cujos textos contribuíram para a sua posição comportamentalista, entre os quais Bertrand Russell, Ernst Mach, Henri Poincaré e Percy Bridgman.

Sua primeira posição acadêmica foi na Universidade de Minnesota, para onde ele se mudou em 1936. Os nove anos seguintes em Minnesota foram extraordinariamente produtivos e estabeleceram Skinner como um dos maiores psicólogos experimentais de sua época. Durante tal período de intensa atividade científica, ele encontrou tempo para começar um romance, *Walden Two* (1948), que descrevia a evolução de uma sociedade experimental baseada em princípios psicológicos. Após uma breve estada na Universidade de Indiana, ele voltou à Harvard pelo restante de sua carreira. Durante esses anos, Skinner recebeu muitas honras, incluindo o *Distinguished Scientific Award* da Associação Psicológica Americana, a condição de membro da Academia Nacional de Ciências, o *Gold Medal Award* da Fundação Psicológica Americana, proferiu as palestras *William James* em Harvard, e recebeu a *President's Medal of Science*. B. F. Skinner morreu de leucemia em 18 de agosto de 1990, apenas oito dias depois de receber o único prêmio por *Outstanding Lifetime Contribution to Psychology* dado pela Associa-

ção Psicológica Americana. Nenhum prêmio, certamente, foi mais apropriado. Holland (1992, p. 665) resumiu a contribuição de Skinner como a demonstração de que "o comportamento podia ser estudado como um assunto auto-suficiente, em vez de um reflexo de eventos mentais internos".

A publicação mais importante de Skinner foi seu primeiro volume, *The Behavior of Organisms* (1938), que continua sendo uma fonte importante de influência intelectual muitos anos após a sua publicação. O volume intitulado *Science and Human Behavior* (1953) apresenta uma introdução à sua posição e ilustra sua aplicação a uma ampla variedade de problemas práticos. Uma análise detalhada da linguagem em termos de seus conceitos aparece em *Verbal behavior* (1957), que o próprio Skinner considerava seu livro mais importante, e um exemplo inicial da aprendizagem programada foi oferecido por Holland e Skinner (1961). Seus artigos mais importantes antes de 1961 estão reunidos em uma coleção intitulada *Cumulative Record* (1961). *The Technology of Teaching* (1968) detalha sua abordagem à aprendizagem no ambiente escolar. *Contingencies of Reinforcement* (1969) reafirmou a posição científica de Skinner, incluindo sua relevância para amplos problemas sociais. Em *Beyond Freedom and Dignity* (1971), provavelmente seu livro mais controverso, Skinner argumenta que os conceitos de *liberdade* e *dignidade* são obstáculos à melhora da sociedade moderna. *About Behaviorism* (1974) resume as idéias de Skinner sobre o ramo da psicologia que é praticamente sinônimo de seu nome. Skinner publicou uma autobiografia de três volumes (1976, 1979 e 1983b) além de um relato anterior. Muitos de seus artigos posteriores aparecem em duas coleções (Skinner, 1978, 1987), e um livro final (Skinner & Vaughan, 1983) descreve estratégias usadas por Skinner para lidar com alguns dos problemas associados ao envelhecimento. Várias biografias de Skinner apareceram recentemente, incluindo Nye (1992), Richelle (1993) e uma biografia intelectual e cultural de Bjork (1993), que Francher chama de "a primeira biografia séria do mais famoso psicólogo da América desde sua morte" (1995, p. 730; ver também Morris, 1995).

O que podemos dizer em termos gerais sobre a posição de Skinner e seus aspectos distintivos? Em primeiro lugar, seria difícil encontrar um teórico que se empolgasse menos do que Skinner com o fato de ser lançado ao papel de teórico. Apesar de sua imensa influência teórica, ele *questionava a contribuição da teoria ao desenvolvimento científico*. Até quase o fim de sua carreira, Skinner viu seu próprio trabalho como ilustrando um empiricismo informado e sistemático que operava sem derivação teórica. Ele se opunha consistentemente a qualquer tentativa de preencher as lacunas entre os eventos observados com variáveis inferidas ou hipotetizadas. Sua intenção era reunir leis comportamentais sem nenhuma "ficção explanatória". Esse ponto de vista foi particularmente bem-ilustrado em dois artigos intitulados *"Are theories of learning necessary?"* (1950) e *"A case history in scientific method"* (1956).

Também podemos observar que sua *teoria deve tanto ao laboratório* quanto qualquer outra teoria discutida neste volume. Os princípios de Skinner foram derivados de experimentações precisas, e ele demonstrava mais respeito por dados bem-controlados do que qualquer teórico comparável. É fácil afirmar que as recompensas têm alguma relação com a aprendizagem, e não é muito difícil demonstrar repetidamente, em condições cuidadosamente controladas, que isso é verdade em vários ambientes diferentes. É uma outra questão, entretanto, identificar com precisão relações altamente regulares entre padrões específicos de reforço e medidas de resposta cuidadosamente especificadas. Em seus estudos de *esquemas de reforço*, Skinner fez exatamente isso e apresentou achados que têm uma regularidade e especificidade que rivalizam com os de qualquer cientista físico. Ele demonstrou que padrões específicos (esquemas) de reforço geram mudanças características e altamente replicáveis no ritmo de resposta, tanto na resposta mantida quanto na extinção.

Skinner diferia claramente do psicólogo experimental comum em sua *preocupação pelo sujeito individual*. Seus resultados eram tipicamente relatados em termos de registros individuais. Não bastava que seus estudos produzissem resultados médios que coincidiam com as expectativas e com a observação futura. A lei ou a equação comportamental precisa aplicar-se a cada sujeito observado em condições apropriadas. A atenção à aplicabilidade individual de todos os achados ou leis é especialmente valiosa em uma disciplina na qual o investigador muitas vezes não analisa além dos dados de grupo para ver se existem muitos sujeitos, se é que existe algum, cujo comportamento se conforma às generalizações grupais.

O foco de Skinner no estudo dos sujeitos individuais, ao invés de nas tendências grupais generalizadas, refletia sua crença de que o controle da lei pode ser visto no comportamento individual. É uma das maiores ironias da psicologia que os psicólogos da personalidade tenham tentado compreender os *indivíduos* estudando *grupos*, enquanto Skinner procurou desenvolver leis gerais, estudando indivíduos! A esse respeito, Skinner ecoa a busca de Gordon Allport por princípios gerais que expliquem o desenvolvimento e o comportamento dos indivíduos (ver Capítulo 7).

Embora muitos psicólogos tenham focalizado respostas que parecem estar grandemente sob o controle de estímulos (p. ex., os reflexos), Skinner escolheu dirigir sua atenção para as respostas emitidas em vez de provocadas. Essa *ênfase nos operantes* e não nos respondentes, para usar a terminologia de Skinner, constitui um outro aspecto distintivo de sua abordagem ao estudo do comportamento. Ele também acreditava que a psicologia deveria *centrar-se em eventos comportamentais simples* antes de tentar entender e predizer os eventos complexos.

Embora ele enfatizasse o estudo de organismos individuais e das respostas simples, Skinner supunha que os achados desse tipo de pesquisa têm uma grande generalidade. Em suas palavras: "Eu sugiro que as propriedades dinâmicas do comportamento operante podem ser estudadas com um único reflexo (ou pelo menos com o mínimo necessário para atestar a aplicabilidade geral dos resultados)" (Skinner, 1928, p. 45-46). Ele acreditava que os mesmos princípios gerais do comportamento serão descobertos independentemente de que organismo, estímulo, resposta e reforço o experimentador resolver estudar. Assim, o pombo e o laboratório proporcionam um paradigma que pode ser extrapolado e estendido à mais ampla variedade possível de outros organismos e situações.

Consistente com essa última observação é o fato de que a abordagem de Skinner ao estudo do comportamento, suas leis e tecnologia foram usadas em uma *ampla variedade de contextos aplicados*. Skinner e seus alunos lidaram significativamente com problemas práticos, como controle de mísseis (Skinner, 1960), tecnologia espacial (Rohles, 1966), teste comportamental de drogas psicoativas (Boren, 1966), tecnologia educacional (Skinner, 1968, 1984), desenvolvimento de culturas ou sociedades experimentais (Skinner, 1961), tratamento de psicóticos, crianças autistas e pessoas mentalmente retardadas (Krasner & Ullmann, 1965), uso de vales ou fichas (Ayllon & Azrin, 1965, 1968; Krasner, 1970; Kazdin, 1989), envelhecimento (Skinner, 1983a; Skinner & Vaughan, 1983), qualidade de vida na cultura ocidental (Skinner, 1986b), e desenvolvimento da criança (Bijou & Baer, 1966). Conseqüentemente, embora em certo aspecto Skinner seja o "mais puro" de todos os teóricos em consideração, ele também é um teórico cujo trabalho tem tido uma grande aplicação em diversos domínios comportamentais, para não mencionar apenas a própria psicologia (ver, p. ex., Morris, 1992).

Acabamos de ver um pouco das origens e das qualidades gerais das austeras formulações de Skinner, e agora examinaremos um pouco mais detalhadamente as concepções e suas aplicações.

## ALGUMAS CONSIDERAÇÕES GERAIS

Comecemos com um exame de algumas das suposições e atitudes básicas subjacentes ao trabalho de Skinner.

### Legitimidade do Comportamento

Embora *a suposição de que o comportamento é regido por leis* esteja implícita em toda pesquisa psicológica, ela muitas vezes não é explicitada, e muitas de suas implicações deixam de ser reconhecidas. Skinner, como Freud, merece reconhecimento por sua constante ênfase no ordenamento do comportamento e, talvez mais significativamente, pelo fato de comunicar sua crença nessa legitimidade a um grande segmento da sociedade. Por meio de seus textos e experimentos refinados, Skinner convenceu muitos de que o princípio do determinismo se aplica aos seres humanos e levanta sérias questões referentes à nossa concepção do homem como um agente livre com certas metas na vida. Por exemplo, Skinner salientava continuamente que, se aceitarmos esse princípio, culpar ou responsabilizar alguém por determinadas ações têm pouco significado. Um indivíduo comete crimes sérios; outro faz maravilhas a serviço da humanidade. Ambas as classes de comportamento resultam da interação de variáveis identificáveis que determinam

completamente o comportamento. O comportamento de um indivíduo é inteiramente um produto do mundo objetivo e só pode ser compreendido em termos desse mundo. Em princípio, Skinner acreditava que, também na prática, as ações de um indivíduo podem ser consideradas regidas por leis da mesma forma que o movimento de uma bola de bilhar quando recebe o impacto de uma outra bola. Quando levada até a sua conclusão lógica, essa suposição revelou-se profundamente perturbadora para muitos leitores de Skinner. Por exemplo, assim como não culpamos e nem elogiamos uma bola de bilhar pelas conseqüências de seu movimento, também não faz sentido, da perspectiva de Skinner, elogiar um indivíduo por ganhar um prêmio Nobel ou culpar outro por se tornar um assassino serial. O comportamento é o produto de forças que agem sobre o indivíduo, não de uma escolha pessoal. Talvez nenhum outro teórico, salvo Freud, tenha introduzido uma suposição tão diferente da nossa maneira habitual de ver a nós mesmos. Aceitar ou rejeitar a suposição de Skinner de que o comportamento é regido por leis tem profundas conseqüências para regras de decisão legal e políticas governamentais relativas a cidadãos desfavorecidos, entre outros domínios, para não mencionar os julgamentos pessoais sobre o nosso próprio comportamento e o comportamento dos outros. A esse respeito, como em tantos outros, Skinner é profundamente provocativo.

É claro que todos os teóricos da personalidade supõem veladamente que o comportamento é regido por leis. Mas Skinner explicou as implicações dessa suposição de um modo que a pessoa comum pudesse entender. A seguinte citação ilustra claramente as idéias de Skinner:

> "A ciência é mais do que a mera descrição de eventos conforme eles ocorrem. É uma tentativa de descobrir ordem, de mostrar que certos eventos mantêm relações legítimas com outros eventos. Nenhuma tecnologia prática pode basear-se na ciência até que essas relações tenham sido descobertas. Mas a ordem não é o único produto final possível; é uma suposição funcional que deve ser adotada desde o início. Não podemos aplicar os métodos da ciência a um assunto que supomos mover-se caprichosamente. A ciência não apenas descreve, ela prediz. Ela lida não só com o passado, mas também com o futuro. Nem a predição é

a última palavra; na extensão em que as condições relevantes podem ser alteradas, ou de outra forma controladas, o futuro pode ser controlado. Para usar os métodos da ciência no campo das questões humanas, devemos supor que o comportamento é regido por leis e determinado. Devemos esperar descobrir que aquilo que um homem faz é o resultado de condições especificáveis e que, depois de descobrir tais condições, podemos antecipar e em certa extensão determinar suas ações.

"Essa possibilidade é ofensiva para muitas pessoas. Ela se opõe a uma tradição já antiga que vê o homem como um agente livre, cujo comportamento é o produto não de uma condição antecedente especificável, mas de mudanças internas espontâneas de curso. As filosofias predominantes da natureza humana reconhecem uma 'vontade' interna que tem o poder de interferir em relacionamentos causais e torna impossíveis a predição e o controle do comportamento. Sugerir que abandonemos essa visão é ameaçar muitas crenças acalentadas – solapar o que parece ser uma concepção estimulante e produtiva da natureza humana. O ponto de vista alternativo insiste em que reconheçamos as forças coercitivas na conduta humana que preferiríamos ignorar. Isso desafia as nossas aspirações, quer materiais, quer imateriais. Independentemente de quanto possamos ganhar por supor que o comportamento humano é o assunto adequado da ciência, ninguém que seja um produto da civilização ocidental consegue fazer isso sem relutar. Nós simplesmente não queremos uma ciência assim." (Skinner, 1953, p. 6-7)

Em *Beyond Freedom and Dignity* (1971) Skinner sugeriu que, ao analisar o comportamento, o leigo geralmente atribui ao ambiente um papel causal em certos comportamentos, mas não em outros. Se um supervisor está na fábrica, é fácil atribuir o bom desempenho de um operário à presença do supervisor. Nós damos mais crédito a um operário que é igualmente diligente na ausência do supervisor, porque, nesse caso, as causas do comportamento são menos óbvias. Assim, o crédito que damos a uma pessoa tende a estar inversamente relacionado à visibilidade das causas de seu comportamento. Skinner argumentou que o comportamento do operário é regido por leis independentemente de suas causas serem óbvias para o observador casual, e que dar crédito ao indivíduo por determinadas ações só impede a busca dos fatores que controlam seu comportamento.

A suposição de que todos os comportamentos são regidos por leis implica claramente a possibilidade do controle do comportamento. Só precisamos manipular as condições que influenciam ou resultam em uma mudança de comportamento. Pode haver certa discordância sobre se "controle" necessariamente implica entendimento ou explicação, mas, em um nível puramente prático, Skinner preferia usar o termo controle porque seu significado está claro. Skinner não se interessava muito por aqueles aspectos do comportamento que são fortemente resistentes à mudança, governados primariamente pela dotação hereditária, por exemplo. Os tipos de comportamento que ele estudou são os que parecem mais plásticos, e que imaginamos que podem mudar pela manipulação das variáveis ambientais que normalmente interagem com a pessoa. O interesse de Skinner pelo comportamento origina-se não só de uma curiosidade sobre como funciona o comportamento, mas também de um intenso desejo de manipulá-lo. A palavra controle é usada em parte porque reflete corretamente essa convicção. Skinner argumentava freqüentemente que a capacidade de manipular o comportamento, se apropriadamente manejada, pode ser usada para a melhora de todos.

## Análise Funcional

Surge então a pergunta: qual é a maneira mais provável de obter esse controle? Skinner acreditava que uma *análise funcional* é a mais adequada. Por análise funcional, Skinner queria dizer *uma análise do comportamento em termos de relações de causa e efeito*, em que as próprias causas são controláveis, isto é, os estímulos, as privações, e assim por diante. Os psicólogos freqüentemente usam os termos variável independente e variável dependente nesse contexto. Uma variável independente é aquela que o experimentador manipula, e uma variável dependente é aquela que pode mudar em resultado dessa manipulação. Skinner comparou a análise funcional do comportamento a uma análise que só busca estabelecer correlações entre variáveis dependentes em vez de relacionamentos causais. No estabelecimento de correlações, como na classificação dos traços, poderíamos descobrir, por exemplo, que as pessoas agressivas também tendem a ser muito inteligentes. Mas não estaríamos querendo mostrar como a disposição agressiva ou a inteligência podem ser encorajadas ou desencorajadas. Estamos apenas conectando efeito com efeito e não estamos descobrindo variáveis antecedentes que dão origem a alguma das características. Assim, embora possamos ser capazes de predizer o comportamento até certo grau, porque podemos medir a inteligência e predizer a agressividade, não temos nenhuma indicação de quais variáveis manipular a fim de aumentar ou reduzir a agressividade.

Skinner sempre afirmou que a melhor maneira de estudar o comportamento é examinar como ele se relaciona a eventos antecedentes. Esse é um argumento aceito por muitos psicólogos. Skinner também argumentava que em uma análise funcional do comportamento *não há nenhuma necessidade de falar sobre mecanismos que operam dentro do organismo*. O comportamento pode ser explicado e controlado puramente pela manipulação do ambiente que contém o organismo que se comporta, e não há nenhuma necessidade de desmontar o organismo ou fazer inferências sobre os eventos que estão ocorrendo dentro dele. Conforme Skinner (1974, p. 182) afirmou: "Em sua busca pela explicação interna, apoiada pelo falso senso de causa associada a sentimentos e observações introspectivas, o mentalismo obscureceu os antecedentes ambientais que teriam levado a uma análise muito mais efetiva... A objeção ao funcionamento interno da mente não é ele não estar aberto à inspeção, mas estar atrapalhando a inspeção de coisas mais importantes." Tal argumento foi muito malcompreendido, e ele é central na posição de Skinner. Skinner não está propondo que os estados internos não existem, e sim que eles não podem servir como as causas em uma análise científica do comportamento. Inteligência, expectativa e outros estados mentais são eles próprios o produto de contingências prévias de reforço, e não têm nenhum *status* causal: "Quando dizemos que um homem come *porque* está com fome, fuma muito *porque* tem o hábito do cigarro, briga *por causa do* instinto de belicosidade, comporta-se brilhantemente *por causa de* sua inteligência, ou toca piano muito bem *por causa de* sua capacidade musical, parece que estamos nos referindo a causas. Mas essas afirmações, ao serem analisadas, revelam-se apenas descrições redundantes" (Skinner, 1953, p. 31). Isso não pretende ne-

gar que os "sentimentos" existem; entretanto, eles e outros estados corporais são *"produtos colaterais das nossas histórias genéticas e ambientais*. Eles não têm força explanatória" (Skinner, 1975, p. 43; ver também Skinner, 1985). Da mesma forma, Skinner rejeitou tentativas de explicar a variabilidade no comportamento por referência a estados motivacionais: "Nada se ganha ao falar sobre um estado de fome, sejam quais forem as evidências introspectivas ou fisiológicas, porque ainda precisamos explicar o estado" (Skinner, 1977b, p. 1010).

Apesar de serem inadmissíveis como causas, os estados internos são úteis como preditores. Skinner escreveu o seguinte em *About Behaviorism*: "O que uma pessoa sente é um produto das contingências das quais seu futuro comportamento também será uma função, e, portanto, existe uma conexão útil entre sentimentos e comportamento. Seria tolice excluir o conhecimento que uma pessoa tem da sua presente condição... todavia, podemos predizer o comportamento mais acuradamente se tivermos um conhecimento direto da história à qual os sentimentos serão atribuídos" (1974, p. 230). Mais uma vez, é crítico reconhecer que a meta de Skinner era desenvolver uma tecnologia que nos permitisse alterar o comportamento, não apenas predizê-lo. O problema é que os estados internos são eles próprios o produto de ações ambientais prévias, e não estão sujeitos à manipulação. Como conseqüência, eles são inúteis em uma tentativa de controlar o comportamento.

Para entender sua posição, convém examinar o que Skinner diz sobre algumas das explicações causais do comportamento comumente usadas, que dependem de eventos internos como o antecedente em uma relação de causa-efeito. Suponha que um homem entre em um restaurante, chame rapidamente o garçom e peça um hambúrguer. Quando o hambúrguer chega, ele o devora, sem parar para responder às perguntas que lhe fazem. Nós perguntamos: por que o homem está comendo? Uma explicação comum de seu comportamento é que ele está com fome. Mas como sabemos que o homem está com fome? Só sabemos que o homem realiza várias atividades que tendem a estar associadas e a ocorrer seguindo-se a determinadas condições ambientais. Mas, ao usar essa descrição, nós não estamos reconhecendo um evento de estar com fome que é antecedente a comer; em vez disso, o ato de comer rapidamente é parte do que queremos dizer com estar com fome. O termo "estar com fome" pode simplesmente descrever a coleção de atividades associadas a uma variável independente identificada (consumo de alimento), assim como o termo "jogar beisebol" é um termo usado para abarcar as atividades de arremessar, rebater, interceptar a bola e assim por diante. Cada uma dessas atividades poderia ser explicada indicando-se a seqüência de eventos anterior ao jogo de beisebol. Mas as atividades não são explicadas simplesmente pelo fato de serem descritas como parte de jogar beisebol. Nós não dizemos que um indivíduo está arremessando simplesmente porque ele está jogando beisebol. Jogar beisebol não é um evento antecedente a arremessar; mais exatamente, arremessar é uma parte de "jogar beisebol".

Objetando essa linha de raciocínio, nós poderíamos dizer que o termo "estar com fome" é usado para rotular um evento antecedente a comer (número de horas desde a última refeição) e que estar com fome é a causa de comer. Nesse sentido, estar com fome pode ser usado como um vínculo causal entre a privação de alimento e o comportamento que ocorre no restaurante. Então teremos o problema de como identificar a relação causal e as propriedades que lhe serão atribuídas.

Duas soluções para esse problema são comuns. Uma delas é dar ao evento de estar com fome um lugar no universo mental, atribuir-lhe um *status* não-físico. Isso é feito freqüentemente e dá origem à concepção da pessoa externa e da pessoa interna. A pessoa externa, ou a pessoa comportamental, como poderíamos chamar, é impulsionada e controlada pela pessoa metafísica interna. A concepção é ilustrada em declarações cotidianas do tipo: "Ele não conseguiu ter um bom desempenho por causa da fadiga mental", ou "Ela fracassou porque não estava prestando atenção à tarefa". Ou ainda mais claramente: "Ele só conseguiu fazer isso por uma tremenda força de vontade". Tais declarações dão a impressão de explicar o comportamento porque parecem referir-se a eventos que são antecedentes ao comportamento em consideração. Nós imaginamos, é claro, que os eventos ocorrem em um mundo não-físico; não é explicado como eles conseguem influenciar eventos físicos. A objeção mais séria a esse tipo de explicação é que, quando os eventos são examinados mais cuidadosamente, descobrimos que eles não têm nenhuma propriedade que os identifique a não ser a sua capacidade de produzir

o comportamento a ser explicado. O mesmo tipo de explicação é dado por povos primitivos quando explicam o movimento do sol por meio de alguma força controladora humana, quando a única evidência que eles têm da existência dessa força controladora é o movimento do próprio sol. Uma força controladora pode ser criada para explicar a ocorrência de qualquer evento imaginável. Vemos como esse tipo de explicação é vazio quando nos perguntamos quão mais confiantemente um efeito pode ser predito agora que a sua causa foi isolada. Então descobrimos que não existe nenhum isolamento, que a causa não é separável do efeito, pois não existe nenhuma outra propriedade da causa além de sua produção do efeito.

Quando não se conhecem os eventos físicos importantes na produção do comportamento, normalmente sua explicação é apresentada em termos de um evento mental. Skinner acreditava que esse é um tipo muito prejudicial de explicação, simplesmente porque ele parece enganadoramente ser satisfatório e, portanto, tende a retardar a investigação das variáveis objetivas que poderiam produzir um controle comportamental genuíno.

Um outro *status* que poderíamos atribuir a estar com fome é fisiológico. Poderíamos investigar as contrações do estômago, a concentração de açúcar no sangue, a ativação de centros cerebrais e assim por diante. Em uma explicação fisiológica, poderiam ser isolados os antecedentes causais do comportamento, e não diríamos que os eventos mentais influenciam eventos físicos. Skinner não assumiu uma posição tão firme contra as explicações fisiológicas; ele acreditava que o comportamento poderia basicamente ser predito investigando-se os efeitos de uma variável ambiental através de toda a seqüência de eventos fisiológicos que se seguem a ela. Mas Skinner enfatizou que uma ciência do comportamento não requer necessariamente um conhecimento de processos fisiológicos para ser viável; mesmo quando conhecemos os processos, o controle prático do comportamento será exercido pela manipulação de variáveis independentes "tradicionais" que estão fora do organismo. Assim, Skinner não via nenhuma razão para não tratarmos o organismo humano como uma caixa fechada – mas não vazia – com vários *inputs* e *outputs*, e acreditava que tal tratamento produziria o controle mais eficiente desses *outputs*. Como podemos ver quando examinamos o trabalho experimental de Skinner, suas idéias são solidamente apoiadas pelo sucesso de sua abordagem.

Como observamos, Skinner apresentou um programa para uma ciência descritiva, pois ligar variáveis dependentes a variáveis independentes sem nenhuma etapa interveniente leva apenas a leis ou a hipóteses universais, e não a teorias. A distinção entre elas nem sempre é muito clara, mas, em uma discussão sobre se as teorias são necessárias na ciência, Skinner tentou explicar o que constitui uma teoria. A seguinte citação mostra que ele usava o termo para descrever um sistema que relaciona um conjunto de observações a um outro conjunto de observações, por meio de um conjunto de eventos ou constructos inferidos que são descritos em termos diferentes dos que descrevem as observações e que não são, eles próprios, presentemente observados:

> "Certas suposições básicas, essenciais para qualquer atividade científica, são às vezes chamadas de teorias. Que a natureza é ordenada em vez de caprichosa é um exemplo. Certas declarações também são teorias simplesmente na extensão em que ainda não são fatos. Um cientista pode adivinhar o resultado de um experimento antes que o experimento seja executado. A predição e o enunciado posterior dos resultados podem ser compostos pelos mesmos termos no mesmo arranjo sintático, a diferença sendo o grau de confiança. Nesse sentido, nenhuma declaração empírica é totalmente não-teórica, pois as evidências nunca são completas, e provavelmente também nunca se faz uma predição inteiramente sem evidências. O termo teoria não vai se referir aqui a esse tipo de declaração, e sim a qualquer explicação de um fato observado que apele para eventos ocorrendo em algum outro lugar, em algum outro nível de observação, descrito em termos diferentes e medido, se medido, em dimensões diferentes." (1953, p. 26)

A abordagem de Skinner baseava-se na suposição de que o comportamento é ordenado e o nosso propósito primário é controlá-lo. E a melhor maneira de obter o controle é relacionar legitimamente variáveis ou *inputs* independentes que entram no organismo a variáveis ou *outputs* dependentes do organismo, e então controlar o comportamento subseqüente do organismo pela manipulação desses mesmos *inputs*

(eventos ambientais) de modo a obter um determinado *output* (resposta).

## A ESTRUTURA DA PERSONALIDADE

De todos os teóricos da personalidade examinados neste volume, Skinner era o que mostrava maior indiferença pelas variáveis estruturais. Isto não surpreende, em vista do que já dissemos sobre sua abordagem geral ao estudo do comportamento.

Skinner tratou principalmente do comportamento modificável. Conseqüentemente, ele não se interessava muito por características comportamentais que parecem ser relativamente permanentes. Essa atitude decorre principalmente de sua ênfase no controle do comportamento. A predição e a explicação podem ser atingidas conhecendo-se os aspectos permanentes e os modificáveis da personalidade. Mas o controle só pode ser atingido pela modificação; o controle implica que o ambiente possa ser variado a fim de produzir padrões diferentes de comportamento. Mas Skinner nunca afirmou que todos os fatores que determinam o comportamento estão no ambiente. Em primeiro lugar, ele argumentou que a sensibilidade de um organismo ao próprio reforço tem uma base genética, tendo evoluído devido às vantagens de sobrevivência de ser capaz de conhecer eventos importantes no ambiente. Segundo, Skinner afirmou que, em qualquer espécie ou indivíduo, alguns comportamentos podem ser mais facilmente condicionados do que outros. Ele também reconheceu que alguns comportamentos podem ter uma base inteiramente genética, de modo que a experiência não tem nenhum efeito sobre eles. Skinner via um paralelo entre as bases hereditárias e as bases ambientais do comportamento. Ele sugeriu que o processo de evolução molda os comportamentos inatos de uma espécie, exatamente como os comportamentos aprendidos do organismo são moldados pelo ambiente. No entanto, as explicações genéticas do comportamento devem ser vistas com cautela, tanto porque os fatores evolutivos que determinaram a forma de um comportamento inato não são observáveis, como porque muitos comportamentos considerados inatos poderiam na verdade ter sido moldados pela experiência (Skinner, 1969). Deve ficar claro que Skinner não afirmou que o comportamento de um indivíduo é produto unicamente do ambiente. Ele simplesmente não enfatizou a importância prática da variabilidade biológica, porque, em uma ciência puramente comportamental, essa variabilidade não pode facilmente ser colocada sob controle comportamental. Entretanto, em contraste com o que Skinner chamou de "mentalismo", a fisiologia é promissora: "O fisiologista do futuro nos dirá tudo o que podemos saber sobre aquilo que acontece dentro do organismo que se comporta. Sua explicação será um avanço importante em relação a uma análise comportamental, porque esta última é necessariamente "histórica" – isto é, está confinada a relações funcionais que apresentam lacunas temporais. Alguma coisa é feita hoje que afeta o comportamento de um organismo amanhã. Por mais claramente que esse fato possa ser estabelecido, uma etapa está faltando, e precisamos esperar pelo fisiologista para supri-la. Ele será capaz de mostrar como um organismo é modificado quando exposto a contingências de reforço e porque o organismo modificado então se comporta de uma maneira diferente, possivelmente em uma data muito posterior. O que ele descobre não invalida as leis de uma ciência do comportamento, mas torna mais completo o quadro da ação humana" (Skinner, 1974, p. 236-237).

Conforme observado acima, Skinner é igualmente inclusivo com respeito ao papel da evolução e da genética. Ele escreveu que "o organismo... faz o que é induzido a fazer por sua dotação genética ou pelas condições predominantes" (1977b, p. 1007). Ele concluiu esse mesmo artigo afirmando: "O comportamento dos organismos é um campo único em que tanto a filogenia quanto a ontogenia devem ser levadas em conta. Como todas as ciências, precisa ter seus especialistas..." (p. 1012). Conforme sugerido antes, Skinner escolheu especializar-se na "análise experimental" do comportamento.

Ao selecionar as variáveis de resposta, ele estava interessado principalmente em sua simplicidade e associação legítima ou regular com a variação ambiental. A classificação mais importante do comportamento sugerida por Skinner é a distinção entre *operante* e *respondente*. Essa distinção envolve primariamente a diferença entre as respostas provocadas e as respostas emitidas. Como vimos, o foco do interesse de Skinner estava no operante que é emitido na ausência de qualquer estímulo motivador. Um respondente, por outro lado, é provocado por um estímulo conhecido e é mais bem ilustrado por uma resposta como o reflexo pupilar ou o reflexo patelar, em que existe uma resposta conhecida e relativamente invariável associada a um estímulo específico. Nós teremos mais a dizer sobre essa distinção subseqüentemente.

## A DINÂMICA DA PERSONALIDADE

Embora Skinner evitasse conceitos estruturais, ele mostrava apenas um leve desagrado pelos conceitos dinâmicos ou motivacionais. Ele reconhecia que a pessoa nem sempre exibe o mesmo comportamento no mesmo grau quando em uma situação constante, e acreditava que o reconhecimento geral disso é a principal razão para o desenvolvimento do nosso conceito de motivação. Uma vez que o comportamento tende a ser altamente variável em algumas situações, supomos que uma força interna explique essa variabilidade. Vemos, por exemplo, que uma criança nem sempre come o alimento que lhe é apresentado e, portanto, dizemos que seu comer depende não só da presença do alimento, mas também de variações no grau de fome. Por outro lado, descobrimos que o reflexo patelar é provocado com aproximadamente o mesmo vigor sempre que o joelho recebe uma pancadinha. Assim, não sentimos nenhuma necessidade de postular uma pulsão patelar variável porque não existe nenhuma variabilidade inexplicada no vigor ou na freqüência do reflexo.

Como já sugerimos, Skinner acreditava que mesmo quando o comportamento mostra esse tipo de variabilidade ainda é desnecessário e muitas vezes enganador postular uma força energizadora interna, pois ainda resta a questão de como a intensidade da força é governada. Por exemplo, queremos saber a causa da fome da criança. É necessária uma resposta para a pergunta, pois só então poderemos estimar a intensidade da força e fazer uma predição sobre o vigor do comportamento associado. Skinner postulou que uma resposta satisfatória precisa envolver, em algum estágio, a descoberta de uma variável ambiental à qual a força interna esteja ligada, exatamente como a fome está ligada à privação de alimento. Por que se preocupar em explicar a variabilidade comportamental em termos de um estado interno, cuja intensidade precisa ser calculada com base no conhecimento da variação no ambiente? Por que não nos preocupamos simplesmente com a variável ambiental e explicamos o comportamento diretamente? Seguindo esse argumento, Skinner tratou a variabilidade no vigor do comportamento exatamente como tratou qualquer outro aspecto do comportamento: como uma conseqüência causal direta da variação em uma variável independente.

O argumento recém-apresentado poderia nos levar a acreditar que as variáveis que governam os estados *pulsionais* ou motivacionais de outros teóricos não têm nenhuma posição especial no sistema de Skinner. Mas isso é incorreto, pois elas têm uma propriedade especial, porém não a propriedade de ser a causa interna do comportamento. Descobrimos que certas variáveis afetam a probabilidade de ocorrência de grupos inteiros de padrões de comportamento. Por exemplo, considerem o caso da sede. A sede pode ser aumentada por várias operações diferentes e, por sua vez, pode influenciar várias respostas diferentes. A temperatura da sala onde um animal está encerrado pode ser aumentada, fazendo assim com que ele perca água por suar mais profusamente; ou o tempo decorrido desde que o animal recebeu água pode aumentar; ou o animal pode ser induzido a comer alimentos muito salgados. Cada uma dessas operações aumentará a sede do animal. Isso significa que aumenta a probabilidade de o animal engajar-se em um ou mais de um grupo de atividades, todas as quais são afetadas por alguma desse mesmo grupo de operações. Assim, o animal vai realizar com maior vigor uma resposta aprendida se ela produzir água, uma resposta tal como pressionar uma alavanca ou correr por um labirinto, por exemplo, e ele beberá mais vigorosamente, escolherá água em vez de comida, ou escolherá qualquer outra resposta que foi seguida por água no passado. Tais exemplos mostram que, ao dizer que certas operações aumentam a sede, nós estamos apenas dizendo que essas operações tendem a aumentar a ocorrência de respostas específicas. Em resumo, Skinner usou um termo como sede simplesmente como um artifício verbal conveniente que adquire significado por sua capacidade de abranger a relação entre um grupo de variáveis independentes e um grupo de variáveis dependentes – e o termo não

adquire nenhum outro significado além desse. Skinner não atribui um *status* causal à sede; o *status* causal é atribuído às operações que resultam no comportamento de beber. É importante notar que, diferentemente de muitos outros teóricos do reforço, Skinner não considerava os impulsos uma classe de estímulos.

Existem outros termos que podem ser tratados como impulsos porque são utilizados para ligar um grupo de variáveis independentes a um grupo de variáveis dependentes. Esses termos pertencem à área da *emoção*. Skinner não fez nenhuma distinção real entre impulsos e emoções, e usava os dois termos e justificava seu uso da mesma maneira. Considerem o exemplo de uma pessoa zangada. Não sabemos que uma pessoa está zangada por termos tido acesso à sua mente ou porque observamos que certas glândulas estão secretando certas substâncias. Em vez disso, notamos que essa pessoa apresenta determinadas características comportamentais. Ela adota uma expressão sombria, fala laconicamente, tende a um comportamento agressivo e assim por diante. Da mesma forma, sabemos que uma pessoa está com medo porque gagueja, assusta-se facilmente, está tensa e apresenta várias respostas aversivas. Esse comportamento pode ser observado quando vemos um aluno esperando do lado de fora do gabinete de um professor após um mau desempenho em uma prova. Nós notamos os aspectos do comportamento do aluno e, depois, por causa da nossa observação de algum outro comportamento associado ou porque sabemos a nota que o aluno tirou na prova, julgamos que ele está com medo. O fato de o aluno gaguejar não significa necessariamente que ele está com medo. Ele pode estar gaguejando devido a um defeito inerente em seu aparelho vocal. Mas julgamos que ele está com medo por causa das variáveis independentes (condições ambientais) e dependentes (respostas) específicas às quais a gagueira está associada. Exibir essa associação específica é estar com medo.

Assim, Skinner empregou uma série de conceitos que poderiam ser chamados de dinâmicos ou motivacionais. Tais conceitos, semelhantes aos conceitos motivacionais em outras teorias, foram empregados para explicar a variabilidade do comportamento em situações de outra forma constantes. Entretanto, no sistema de Skinner, eles ocupam uma categoria distinta porque relacionam grupos de respostas a grupos de operações, e não por serem igualados a estados de energia, propósito ou qualquer outra condição que implique que eles são antecedentes causais do comportamento.

## O DESENVOLVIMENTO DA PERSONALIDADE

Skinner tratou principalmente da mudança comportamental, da aprendizagem e da modificação do comportamento; conseqüentemente, podemos dizer que sua teoria é muito relevante para o desenvolvimento da personalidade. Como muitos outros teóricos, ele acreditava que o entendimento da personalidade viria de um exame do desenvolvimento comportamental do organismo humano em contínua interação com o ambiente. Consistentemente, essa interação tem sido o foco de um grande número de estudos experimentais cuidadosamente realizados. Um conceito-chave no sistema de Skinner é o princípio do reforço; na verdade, a posição de Skinner muitas vezes é rotulada como *teoria do reforço operante*.

### Condicionamento Clássico

Reforçar um comportamento é simplesmente executar uma manipulação que muda a probabilidade de ocorrência daquele comportamento no futuro. O achado de que certas operações mudam a probabilidade de ocorrência de respostas de uma maneira legítima é creditado principalmente a dois líderes pioneiros no estudo da modificação comportamental, I. P. Pavlov e E. L. Thorndike. Pavlov descobriu o princípio do reforço conforme se aplica ao condicionamento clássico. Ele pode ser ilustrado com um exemplo famoso. Suponha que em várias ocasiões soa uma campainha na presença de um cão faminto, e suponha também que, em cada uma dessas ocasiões, o som da campainha é imediatamente seguido pela apresentação de carne ao cão. O que observamos? Em cada apresentação da combinação campainha-carne, o cão saliva. Mas a princípio o cão só saliva quando a carne é apresentada e não antes. Entretanto, a salivação mais tarde começa a ocorrer assim que a campainha soa, antes da apresentação da carne. Nesse estágio, a resposta salivar está condicionada ao som da campainha, e descobrimos que a apresentação da carne imediatamente após o som da campainha é a operação crítica responsável pelo condicionamento. Assim, a apresentação da carne é uma operação reforçadora. Ela aumenta a probabilidade de a resposta salivar ocorrer quando soar uma campainha em uma ocasião posterior. Além disso, uma vez que sua apresentação aumenta as chances de salivação, ela é classificada como um reforço positivo.

Seguindo o desenvolvimento de uma sólida resposta condicionada, um experimentador poderia querer saber o que acontece quando o estímulo condicionado é consistentemente apresentado sem ser seguido pelo estímulo reforçador. No exemplo anterior, a campainha soaria, mas não seria acompanhada por nenhuma carne. O que acontece então é que a resposta condicionada se extingue; isto é, sua freqüência de ocorrência e sua magnitude declinam com o sucessivo soar da campainha, até nenhuma salivação ser provocada pela campainha. A resposta condicionada se extingue então completamente. *Extinção é a diminuição de resposta que ocorre quando o reforço que se segue à mesma deixa de ocorrer.*

Uma característica do condicionamento clássico é o fato de podermos localizar facilmente um estímulo identificável que estimula a resposta mesmo antes de o condicionamento começar. Por exemplo, no caso recém-citado, o estímulo oferecido pela carne elicia a salivação. Conforme observamos, Skinner chamou essa resposta de *respondente* para enfatizar o grande papel eliciador desempenhado pelo estímulo precedente. Uma outra característica dessa situação é que o reforço é manipulado em associação temporal com o estímulo ao qual a resposta está sendo condicionada, enquanto a resposta, se houver, vem mais tarde. O condicionamento é mais efetivo quando o reforço se segue ao estímulo condicionado, independentemente de a resposta ter ocorrido ou não.

Skinner aceitava a existência do condicionamento clássico e sua dependência do princípio do reforço, mas ele estava menos preocupado com isso do que com um outro tipo de aprendizagem que também depende do princípio do reforço. O outro tipo de aprendizagem, que foi investigado sistematicamente primeiro por Thorndike, chama-se condicionamento instrumental ou *operante*.

## Condicionamento Operante

Muitos investigadores acreditavam que toda a aprendizagem envolvia o processo do condicionamento clássico. Mas Skinner notou que muitas respostas não se ajustavam a esse paradigma. Existem algumas respostas que, diferentemente dos respondentes, não parecem estar ligadas a um estímulo eliciador facilmente identificável, tal como pintar um quadro ou atravessar uma rua, por exemplo. Essas respostas parecem ser espontâneas e voluntárias. Uma outra propriedade desse tipo de comportamento, que mais uma vez o diferencia do comportamento respondente, é que sua freqüência de ocorrência muda de acordo com o evento que vem a seguir. Mais especificamente, a força de uma das respostas aumenta quando a resposta ocorre e é seguida por reforço. A peculiaridade dessa classe de respostas origina o termo "operante" de Skinner. *Um operante é uma resposta que opera no ambiente e modifica-o.* A mudança no ambiente afeta a ocorrência subseqüente da resposta. Portanto, no condicionamento operante, o reforço não está associado a um estímulo eliciador como está quando os respondentes são condicionados. Em vez disso, ele está associado à resposta. Quando uma resposta salivar está condicionada ao som de uma campainha, a apresentação da carne não depende da ocorrência anterior da resposta. Por outro lado, quando uma resposta operante é condicionada, é essencial que o reforço seja apresentado *depois* da ocorrência da resposta. Só dessa maneira a freqüência da resposta vai aumentar.

Skinner modificou a posição de Thorndike de duas maneiras importantes. Primeiro, Thorndike (1898) resumira sua posição em termos da *lei de efeito*. Essa lei estabelece que as respostas que produzem um efeito satisfatório têm mais probabilidade de ocorrer novamente naquela situação específica, e que as respostas que produzem um efeito insatisfatório têm menos probabilidade de ocorrer novamente naquela situação. A meta de Skinner era construir uma psicologia baseada em fenômenos observáveis, evitando referência a eventos internos dentro do organismo. Em conseqüência, ele rejeitava qualquer referência aos efeitos satisfatórios e insatisfatórios referidos por Thorndike, preferindo referir-se simplesmente ao efeito observável de um estímulo sobre o comportamento. Skinner propôs a *lei empírica de efeito*. Isto é, um *estímulo reforçador* é um evento que aumenta a freqüência do comportamento com o qual é emparelhado, sem nenhuma referência à "satisfação" ou a qualquer outro evento interno. Segundo, Skinner observou que o modelo descrito por Thorndike requeria que o organismo produzisse o comportamento completo antes que o ambiente pudesse agir sobre ele. Mas, no mundo real, muitos comportamentos são tão complexos que é extremamente improvável que o organismo os produza em primeiro lugar. A lei de efeito não pode explicar o reforço de um comportamento que é complicado demais para ocorrer sozinho. Um adulto poderia estar preparado para reforçar uma criança a andar de bicicleta ou a ler um livro, ou reforçar um cachorro a rolar sobre si mesmo, mas é extremamente improvável que esses comportamentos ocorram sozinhos. Skinner propôs que os organismos podem aprender esses comportamentos complicados por meio da *modelagem*, usando o princípio das aproximações sucessivas. Nós começamos reforçando um comportamento que é um primeiro passo rumo ao comportamento final e, então, reforçamos gradualmente aproximações cada vez maiores do comportamento final. Por meio desse processo, os organismos podem adquirir comportamentos extremamente complicados, conforme ilustrado mais adiante neste capítulo.

Vamos tomar um exemplo bem simples de condicionamento operante. Podemos ensinar uma criança a pedir balas freqüentemente, dando-lhe balas sempre que ela pedir. Nós reforçamos positivamente a resposta de pedir balas. Também podemos extinguir a resposta de pedir balas, simplesmente não dando as balas quando a criança pedir. Descobrimos então que a freqüência da ocorrência de pedir balas diminui. Existe uma outra maneira pela qual podemos reduzir a ocorrência da resposta. Quando a criança pedir balas, nós podemos puni-la dando-lhe um tapa. Quando realizamos uma operação como esta, de acrescentar alguma coisa à situação que reduz a probabilidade da resposta, dizemos que punimos a resposta. Um *estímulo punitivo* é um estímulo que provoca aversão e que, quando ocorre depois de uma resposta operante, diminui a futura probabilidade daquela resposta. É importante observar que uma punição não é o mesmo que um reforço negativo. Um reforço aumenta a probabilidade de ocorrência de um comportamento com o qual é emparelhado, e uma punição diminui a probabilidade de um comportamento. Mas um comportamento pode ser reforçado pela remoção de um estímulo aversivo e, nesse caso, nos referimos a um reforço negativo. Por exemplo, uma mãe poderia reforçar uma criança por receber boas notas, liberando-a de lavar a louça. Da mesma forma, uma pessoa com um medo fóbico de cobras reforça a resposta de evitação, afastando-se sempre que encontra uma cobra, eliminando assim o medo aversivo despertado pela cobra. Esses dois são exemplos de reforço negativo.

Os princípios gerais que Skinner empregou para explicar a modificação do comportamento foram agora apresentados. Esses princípios derivam-se de uma quantidade maciça de pesquisas cuidadosamente controladas, e descobriu-se que eles têm ampla aplicabilidade. Pode parecer que são excessivamente simples e não têm relação alguma com o desenvolvimento da personalidade. Entretanto, Skinner argumentou persuasivamente que a personalidade não é nada além de uma coleção de padrões de comportamento e que, quando nos perguntamos sobre o desenvolvimento da personalidade, estamos apenas perguntando sobre o desenvolvimento desses padrões de comportamento. Skinner acreditava que podemos predizer, controlar e explicar os desenvolvimentos, examinando como o princípio do reforço funciona para explicar o comportamento atual de um indivíduo como um resultado do reforço de respostas prévias.

Uma vez que o princípio do reforço é tão importante, é necessário considerar detalhadamente o desenvolvimento de uma resposta específica e mostrar como ela pode ser manipulada com o uso das técnicas operantes. Suponha que colocamos um pombo faminto em uma pequena câmara bem-iluminada, isolada do ambiente externo por paredes opacas e à prova de som. Esse tipo de câmara é freqüentemente chamado de caixa de Skinner (embora não por Skinner), e constitui uma importante realização de engenharia. Ela protege o sujeito de muita variação ambiental descontrolada e também permite o controle mecânico ou automatizado de eventos-estímulo e o registro das respostas.

Em uma das paredes da câmara, a cerca de 25 cm do chão, existe um disco translúcido que pode ser iluminado por trás com uma luz vermelha. O disco está conectado por um interruptor elétrico ao aparelho externo que registra e controla os eventos que estão ocorrendo na caixa. O aparelho está eletricamente preparado de modo que sempre que alguma pressão for aplicada ao disco é registrada uma resposta e um alimento é dado ao pombo por um depósito alimentador fixado na parede da câmara, logo abaixo do disco. O pombo pode aplicar uma pressão adequada ao disco bicando-o, e essa é a resposta que queremos desenvolver e controlar.

Para que o pombo bique o disco pela primeira vez, nós modelamos o seu comportamento. A probabilidade de o pombo bicar o disco "aleatoriamente" é na verdade muito pequena, e está claro que não podemos aumentar a probabilidade pela ação do reforço alimentar até que essa resposta tenha ocorrido. A resposta de bicar é modelada, reforçando-se sucessivas aproximações da resposta de bicar. Primeiro, nós treinamos o pássaro para comer de um depósito alimentador quando ele é aberto. Esse comportamento é facilmente condicionado, e a visão do depósito alimentador aberto torna-se um estímulo para comer. Então nós apresentamos o alimento apenas quando o pássaro ergue a cabeça quando está perto do disco, depois, quando seu bico está em uma posição de bicar em relação ao disco, e assim por diante. Eventualmente, por meio dessas sucessivas aproximações, o pássaro vai bicar o interruptor pela primeira vez. O alimento, é claro, é dado imediatamente. Logo depois disso o pássaro provavelmente vai bicar o disco de novo, e o alimento é dado mais uma vez. Se o reforço for apresentado em todas as ocasiões em que o pássaro bicar, o bicar logo vai estar ocorrendo rapidamente. Esse esquema é chamado de *reforço contínuo*. Entretanto, se o depósito alimentador deixar de ser operado quando o pássaro bicar, o ritmo de bicar diminui, e em um período bem curto estará reduzido a um ritmo semelhante ao observado quando o pássaro foi colocado na câmara pela primeira vez. O bicar praticamente deixa de ocorrer; já que a resposta previamente reforçada foi extinta.

## Esquemas de Reforço

Suponha que, em vez de nunca operar o depósito alimentador, nós o operemos em algumas ocasiões. Por exemplo, o aparelho pode ser programado para que o alimento seja dado se o pombo bicar seguindo um período de tempo, tal como cinco minutos. Se o reforço for contingente a um intervalo de tempo, ele é referido como *reforço de intervalo*; se esse intervalo for imutável (p. ex., a cada cinco ou dez minutos) temos um esquema de reforço de *intervalo fixo*. Em vez de dar o reforço seguindo um intervalo constante de tempo, o investigador pode querer reforçar de acordo com um esquema de *intervalo variável* ou intermitente. Aqui, embora o reforço possa estar disponível em média nos intervalos de cinco minutos, o intervalo real vai variar aleatoriamente em torno dessa média. Assim, a cada momento existe uma probabilidade baixa e constante de ser dado o alimento. Em tais condições, o pombo responde com um ritmo regular de bicadas. A maioria das bicadas não é reforçada, mas aquelas que são servem para manter o ritmo global de resposta. Se o depósito alimentador for desconectado e o bicar deixar de ser reforçado, a resposta de bicar novamente se extingue. Dessa vez, isso acontece em um ritmo bem mais lento do que quando o reforço era contínuo, e muitas bicadas a mais são emitidas antes de a extinção se completar.

Também pode ser estabelecido um esquema de reforço em que os fatores temporais não são importantes e em que o número de recompensas obtidas pelo pássaro depende apenas de seu próprio comportamento (respostas). Esse esquema é chamado de *reforço de razão*. Aqui o reforço é determinado apenas pelo número de bicadas emitidas desde o último reforço. No primeiro exemplo, cada bicada era reforçada. É fácil mudar isso para que apenas cada $10^a$ ou $20^a$ bicada seja reforçada (ou qualquer outro número). Esse seria o reforço *de razão fixa*. Ou talvez o número pudesse variar aleatoriamente, assim como os intervalos de tempo variavam no exemplo prévio, de modo que o reforço poderia em média ser dado depois de cada quinta bicada, mas, na realidade, estar aleatoriamente distribuído em torno dessa média. Em algumas tentativas, a recompensa seria dada após a segunda ou terceira bicada e, em outras, após a sétima ou oitava. Esse seria um esquema *de razão variável*. Os esquemas de razão são análogos à situação de uma pessoa que trabalha por tarefa ou comissão, em que o pagamento depende apenas da eficiência e do esforço do trabalhador. Em todos os sistemas e máquinas de jogos de azar, está presente um esquema de razão variável. Vale a pena notar que o processo de extinção é muito mais lento com esquemas de razão do que com esquemas de intervalo. Além disso, o reforço intermitente ou variável tende a tornar uma resposta aprendida mais resistente à extinção.

A importância dos vários esquemas é, por um lado, que eles apresentam correspondência com muitas situações de aprendizagem que interessam ao investigador ou teórico da personalidade. Por outro lado, eles se relacionam a determinados padrões de aquisição e extinção das respostas que estão sendo aprendidas. Skinner e seus associados trabalharam muito e sistematicamente para descrever os efeitos de uma grande variedade de esquemas. Nós já comentamos algumas das diferenças entre os vários esquemas, e há muitas outras generalizações às quais o leitor interessado pode ter acesso (Ferster & Skinner, 1957; Skinner, 1969).

## Comportamento Supersticioso

Para que uma resposta seja reforçada, não é necessário que ela produza fisicamente o reforço. Comumente, por propósitos experimentais, é preparado um aparelho em que a resposta produz um reforço pelo seu efeito sobre o aparelho. Isso garante que aquela resposta específica em que estamos interessados é a que será reforçada. Mas nós poderíamos simplesmente dar o reforço "de modo livre", independentemente do comportamento do sujeito. Suponha que operamos o depósito alimentador a cada dez ou quinze segundos. Quando o depósito alimentador funcionar pela primeira vez, o pássaro estará envolvido em alguma seqüência específica de movimento, talvez andando em círculos no centro da câmara. O fato de o depósito alimentador surgir imediatamente após uma série de movimentos como esse garante que os movimentos serão repetidos logo depois: embora aquele comportamento não tenha produzido o reforço, ele foi imediatamente seguido pelo reforço. Podemos ver facilmente que essa diferença não seria relevante para as leis que relacionam as respostas ao reforço, porque do ponto de vista do pombo não existe como determinar se uma resposta simplesmente foi seguida pela operação do depósito alimentador, acidentalmente por assim dizer, ou se uma resposta causou a operação do depósito. Suponha que a probabilidade de andar em círculos na gaiola aumente. Isso significa que esse comportamento provavelmente estará ocorrendo quando o depósito for operado da próxima vez, e assim a seqüência será novamente reforçada. Dessa maneira, o comportamento de andar em círculos pode adquirir uma força considerável. É improvável que o andar em círculos seja seguido pela operação do depósito alimentador em todas as ocasiões em que ocorrer, mas, como vimos previamente, o reforço intermitente das respostas realmente contribui para a produção e manutenção de comportamentos extremamente estáveis.

Esse tipo de condicionamento, em que não existe nenhuma relação causal entre a resposta e o reforço, às vezes é referido como "comportamento supersticioso". Skinner sugeriu que ele explica muitas das superstições mantidas pelos humanos. Os membros de uma tribo primitiva podem dançar alguma dança ritualizada para fazer chover. Em algumas ocasiões, realmente acontece de chover após a dança. Assim, a dança da chuva é reforçada e tende a ser repetida. Os nativos acreditam que existe uma conexão causal entre a dança e a produção da chuva. Na verdade, a dança foi condicionada acidentalmente: a chuva ocasionalmente segue-se à dança. O mesmo tipo de comportamento pode ser visto em pessoas supersticiosas que carregam amuletos da sorte, pés de coelho e outros talismãs. Pode inclusive acontecer, no caso da pessoa supersticiosa que se distingue das menos supersticiosas, o fato de ela ter tido em sua história de vida muitas situações de condicionamento acidental, por simples acaso. Um outro exemplo que pode ser visto sob essa mesma luz é o suposto poder da oração. Ocasionalmente, as preces são "atendidas". O condicionamento acidental pode explicar uma maior freqüência de orações, sem que se suponha que as preces realmente produzem efeito.

O fato de um reforço casual seguindo-se a uma resposta ser suficiente para garantir o fortalecimento dessa resposta geralmente não é reconhecido, e disso às vezes decorrem sérias conseqüências. Por exemplo, uma enfermeira trabalha em uma enfermaria de hospital para crianças mentalmente perturbadas. Uma determinada criança parece ser relativamente normal e tranqüila a maior parte do tempo, de modo que a enfermeira dirige sua atenção para outros pacientes e deveres. Mas, quando ela faz isso, a criança talvez comece a gritar e a bater violentamente a cabeça contra a parede. A enfermeira provavelmente vai correr para junto da criança, beijá-la e abraçá-la, dizer palavras tranqüilizadoras, enfim, ela responderá de uma maneira carinhosa enquanto diz à criança para não fazer aquilo. Nessas condições, não devemos nos surpreender se a freqüência dessa forma anormal de comportamento da criança aumentar em vez de diminuir durante sua estada na enfermaria. Está muito claro que a resposta de gritar e bater a cabeça contra a parede é reforçada pela afeição, por palavras carinhosas e contato físico, ações que já há algum tempo foram estabelecidas como reforços positivos. A enfermeira interpreta mal o efeito de seu próprio comportamento. Os pais agem igualmente quando só dão atenção a uma criança normal quando ela busca atenção chorando ou de alguma maneira irritante ou anti-social.

## Reforço Secundário

Voltemos mais uma vez aos casos mais simples de condicionamento operante, em que as bicadas de um pombo em um disco vermelho são reforçadas pela apresentação de comida em um depósito alimentador. Suponha que, quando a resposta de bicar está firmemente estabelecida e o depósito alimentador cheio de comida foi apresentado várias vezes, passemos a utilizar uma nova resposta, talvez a compressão de um pequeno pedal. O pedal é inserido na câmara, e o aparelho é programado para que uma compressão faça com que seja apresentado o depósito alimentador *vazio*. Ao mesmo tempo, o disco vermelho é coberto, de modo que o pombo não pode vê-lo e nem bicá-lo. O que se descobriu é que o pombo então pressiona o pedal um grande número de vezes. O que aconteceu é que a apresentação do depósito alimentador adquiriu propriedades reforçadoras na primeira parte do experimento, quando foi consistentemente experienciado como parte do complexo de estímulos associado ao alimento. Devido a essa associação, o depósito alimentador se torna um *reforço condicionado* ou *secundário*. O depósito alimentador é um reforço porque sua apresentação aumenta a freqüência de emissão de uma resposta, nesse caso a compressão de um pedal, e é um reforço condicionado porque seu poder de fazer isso depende de sua associação com outro reforço. A manutenção das propriedades reforçadoras do depósito alimentador também depende de uma continuada associação com outro reforço; se a comida é permanentemente omitida do depósito alimentador, suas propriedades reforçadoras condicionadas se extinguem e a freqüência da compressão do pedal diminui. Entretanto, essas propriedades podem facilmente ser restauradas, emparelhando-se novamente o depósito alimentador com a comida.

Skinner acreditava que os reforços condicionados ou secundários são muito importantes no controle do comportamento humano. É óbvio, pelo menos nas sociedades ocidentais afluentes, que nem toda ação é mantida pela apresentação de reforços incondicionados ou primários como comida, água e sexo. Com base na experimentação animal, que demonstrou que os estímulos podem adquirir propriedades reforçadoras, é possível concluir que grande parte do comportamento humano depende de reforços condicionados. O exemplo mais comum de um reforço condicionado é o dinheiro. O dinheiro é um bom exemplo não só porque ele claramente não possui nenhum valor intrínseco, mas também porque ele é um reforço condicionado generalizado. Ele foi emparelhado com vários reforços incondicionados ou primários diferentes e, portanto, é reforçador em uma grande variedade de impulsos. O efeito reforçador extremamente generalizado do dinheiro baseia-se no fato de ele estar associado a um número imenso de outros reforços. A noção de reforço condicionado é importante no sistema de Skinner, e, como veremos mais adiante, ele a usou efetivamente para explicar a manutenção de muitas respostas que ocorrem como parte de nosso comportamento social.

## Generalização e Discriminação de Estímulo

A noção de *generalização de estímulo* também é importante no sistema de Skinner, como em todas as teorias da personalidade que se derivam da teoria da aprendizagem. Nos experimentos com pombos que descrevemos, o pombo bicava um disco vermelho. Um outro experimento que pode ser realizado depois que a resposta ao disco vermelho se estabilizou é a manipulação da cor do disco por meio de um espectro de comprimento de onda. Se isso for feito, ocorre uma mudança bem-ordenada no ritmo de bicadas. À medida que a cor projetada no disco se afastar da cor que o pássaro foi treinado para bicar, o ritmo de resposta diminui. Com cores que estão bem próximas ao vermelho no espectro, o ritmo de bicar do pássaro é quase tão alto como o ritmo de bicadas no vermelho.

Poderiam ser mudados outros aspectos da situação além da cor do disco e, na maioria dos casos, obteríamos o mesmo efeito. Talvez o brilho das luzes que iluminam a câmara ou a forma do estímulo pudessem mudar. Novamente, ocorreria um declínio sistemático no ritmo de resposta, à medida que o estímulo se afastasse cada vez mais de seu estado original. Esse fenômeno é importante por várias razões. Primeiro, ele mostra que uma resposta pode ser emitida em uma situação que é levemente diferente daquela em que foi originalmente reforçada. Segundo, ele demonstra que a magnitude daquela resposta sofre certo decréscimo em uma situação assim modificada, e se a situação é suficientemente diferente da situação de treinamento, a resposta não vai ocorrer. Nenhuma pessoa vive duas vezes exatamente a mesma situação. Entretanto, uma situação no mundo real pode ser levemente diferente de uma outra situação e ainda produzir o mesmo reforço para a mesma resposta. Assim, é adaptativo que a situação de estímulo original seja generalizada para a nova situação. Se os animais não mostrassem generalização de estímulo, nunca se manifestaria a aprendizagem. Por outro lado, é claramente não-adaptativo que um animal generalize completamente de uma situação para todas as outras. As situações muito diferentes de fato exigem respostas comportamentais bem diferentes. Se ocorresse uma generalização de estímulos total e o animal transferisse uma resposta para todas as situações, independentemente de sua semelhança com a situação original, ocorreriam constantemente respostas inadequadas. Na verdade, não haveria nenhuma aprendizagem e nenhuma razão para supormos que ocorreria uma determinada resposta em vez de outra. Assim, é importante que a pessoa apresente *discriminação de estímulo*.

Observe que Skinner não definiu generalização de estímulo e nem discriminação de estímulo em termos de processos perceptuais ou outros processos internos. Ele definiu cada uma em termos de medidas de resposta em uma situação experimental bem-controlada. Na extensão em que a resposta é mantida em uma nova situação, existe certo grau de generalização de estímulo. Na extensão em que a resposta é reduzida ou enfraquecida, existe discriminação de estímulo. O animal discrimina (deixa de responder na presença dos novos estímulos) na extensão em que ele deixa de generalizar (responde de fato aos novos estímulos).

A discriminação de estímulo pode normalmente ser aumentada, apresentando-se ao animal um determinado estímulo, como, por exemplo, o disco vermelho, na presença do qual a resposta continua sendo reforçada, e depois apresentando-se ao animal um outro estímulo, como por exemplo um disco verde, na presença do qual a resposta não é reforçada. Responder na presença do disco vermelho é mantido pela ação do reforço, enquanto responder na presença do disco verde, embora talvez começando em um ritmo elevado generalizado, é extinto. O procedimento simplesmente mostra que o controle de estímulo do bicar pode ser consideravelmente aumentado pelo treinamento apropriado.

## Comportamento Social

A maioria dos aspectos da personalidade é demonstrada em um contexto social, e o comportamento social é uma característica muito importante do comportamento humano em geral. Nós agora examinaremos o comportamento social nos humanos para compreender como Skinner usou os achados de seu refinado trabalho experimental com animais inferiores para chegar a certas conclusões sobre o desenvolvimento da personalidade nos seres humanos. Primeiro, devemos notar que Skinner não atribuiu nenhuma importância especial ao comportamento social como distinto de outros comportamentos. O comportamento social se caracteriza apenas pelo fato de envolver uma interação entre duas ou mais pessoas. À parte disso, ele não é considerado distinto de outros comportamentos, porque Skinner acreditava que os princípios que determinam o desenvolvimento do comportamento em um ambiente cercado por objetos inanimados ou mecânicos também determinam o comportamento em um ambiente cercado por objetos animados. Em cada caso o organismo em desenvolvimento interage com o ambiente e, como parte dessa interação, recebe um *feedback* que reforça positiva ou negativamente ou pune aquele comportamento. Talvez as respostas sociais e os reforços apropriados a elas sejam um pouco mais sutis ou difíceis de identificar do que o comportamento que ocorre em situações não-sociais, mas isso em si mesmo não indica nenhuma diferença importante entre os dois tipos de resposta.

Um ponto interessante acerca do comportamento social, contudo, é que os reforços que uma pessoa recebe em geral dependem inteiramente do seu *output* comportamental. Ao discutir o condicionamento no pombo, nós observamos que foram construídos esquemas de razão de modo que o ritmo de reforço do pom-bo pudesse aumentar indefinidamente com um *output* cada vez maior de respostas. O comportamento social é mais freqüentemente reforçado segundo o princípio de razão. Uma criança é recompensada por permanecer quieta com balas ou com um reforço condicionado como afeição ou um sorriso e, quanto mais a criança permanecer quieta, mais ela será reforçada. Na sociedade adulta, normalmente somos reforçados por sermos educados. Um aperto de mão ou uma saudação amigável tendem a produzir o reforço social de um gesto amistoso por parte do outro e, em alguns casos, pode levar a um emprego melhor ou a uma elevação no *status* social.

Quando falamos sobre certos aspectos da personalidade de uma pessoa no contexto do comportamento social, comumente nos referimos a esquemas gerais de comportamento ao invés de respostas específicas. Mas até o momento, ao examinar o sistema de Skinner, temos considerado apenas o desenvolvimento de respostas específicas como pressionar uma alavanca ou falar uma determinada palavra ou frase. Como isso está envolvido no entendimento de uma personalidade submissa, ou de uma ansiosa, ou ainda de uma agressiva? Skinner argumentaria que os termos normalmente utilizados para descrever os traços de personalidade só têm significado porque são basicamente redutíveis à descrição de um intervalo de respostas específicas que tendem a ser associadas em um certo tipo de situação. Assim, para determinar se uma pessoa é socialmente dominante, observamos como ela conversa em um grupo, como interage com vários indivíduos, como responde a diversos itens específicos, descrevendo situações relevantes, e assim por diante, e chegamos a uma avaliação ou julgamento globais. Cada uma das respostas *específicas* nos diz algo sobre a dominância da pessoa. O fato de respostas específicas tenderem a estar associadas em certas situações provavelmente depende de seu reforço seletivo como grupo. Uma pessoa adquire o traço geral de dominação porque algum grupo, talvez a família, valorizou muito uma classe de respostas ao dar reforço.

As respostas também tendem a estar associadas por serem funcionalmente intercambiáveis. Uma pessoa que encontramos pela primeira vez se comporta de maneira amistosa e tende a ser reforçada da mesma maneira seja qual for a resposta emitida. Em momentos anteriores, cada resposta, nesse tipo de situação, pode facilmente ter sido reforçada com igual freqüência. Por causa disso, todas as respostas tenderão a ocorrer na presente ocasião, e a diferença em seus estímulos controladores que provocam a emissão de uma certa resposta e não de outra pode ser tão sutil que, na prática, não podemos predizer a ocorrência de uma determinada resposta. Nesses casos, nos limitaríamos a predizer as características gerais do comportamento que esperamos que aconteça.

É interessante observar que a mesma situação não produz necessariamente o mesmo comportamento em diferentes indivíduos. Um exemplo disso ocorre com os empregados que querem pedir um aumento ao chefe. Uma pessoa pode apresentar-se de maneira agressiva e outra de forma muito amistosa, até obsequiosa. Se examinarmos o *background* da pessoa que reage agressivamente no escritório do seu superior, vamos descobrir que o comportamento agressivo foi reforçado com muita freqüência na história desse indivíduo e, provavelmente, reforçado em uma grande variedade de situações. No caso do outro indivíduo, o comportamento agressivo pode ter sido punido por conseqüências aversivas e o comportamento obsequioso pode ter sido reforçado positivamente. Na extensão em que as situações prévias que geraram esses comportamentos são semelhantes à situação em que os empregados pedem aumento, esperamos que as duas categorias de comportamento diferentes e opostas estejam em evidência. Evidentemente, nessa situação, só uma das abordagens pode funcionar; talvez só a pessoa obsequiosa consiga o aumento. O comportamento dessa pessoa vai então ser reforçado, enquanto o da pessoa agressiva não será reforçado. Entretanto, o jeito agressivo do indivíduo não-reforçado pode sofrer uma pequena mudança. A maior parte do comportamento fora do laboratório só é reforçada intermitentemente, e, como vimos no caso do pombo, o reforço intermitente gera um comportamento muito estável e persistente. É quase certo que a história de reforço no indivíduo agressivo foi intermitente e provavelmente será menor a amplitude da extinção do comportamento agressivo que ocorre em resultado do não-reforço. Igualmente, se os dois indivíduos pedissem aumento em outras circunstâncias, talvez para um outro empregador, a abordagem agressiva poderia ser a bem-sucedida, revertendo assim as contingências do reforço. Isso ergue um outro fator complicador. Um indivíduo pode mostrar uma capacidade

muito maior de discriminação entre os dois tipos de empregador e ajustar o seu comportamento para que seja mais apropriado a diferentes situações. Poderíamos dizer que essa pessoa tem a capacidade de avaliar os outros e ajustar seu comportamento de acordo com tal avaliação. No sistema de Skinner, os processos envolvidos nisso seriam os de reforço diferencial e discriminação.

## Comportamento Anormal

Não surpreendentemente, muitos psicólogos clínicos adotaram a abordagem e as atitudes básicas características de Skinner. Eles descobriram que essa estrutura pode ser usada para se compreender o comportamento normal e também pode ser aplicada ao estudo e controle do comportamento patológico. Quando planejamos um programa para o tratamento do comportamento anormal, nós supomos que o comportamento anormal segue os mesmos princípios de desenvolvimento do comportamento normal. Skinner afirmou muitas vezes que a meta é simplesmente substituir o comportamento anormal pelo normal, e isso pode ser feito pela manipulação direta do comportamento. Ao lidar com o comportamento anormal, Skinner não apelava para as ações ou desejos reprimidos, crise de identidade, conflitos entre o ego e o superego ou outros constructos, pois os considerava uma ficção explanatória. Em vez disso, ele tentava modificar o comportamento indesejável pela manipulação do ambiente de uma maneira determinada pelas técnicas de condicionamento operante e respondente.

Suponha que um soldado, de início medianamente corajoso, é baleado em uma batalha. Ele é hospitalizado e, depois de se recuperar, é enviado mais uma vez para a linha de frente. Quando isso acontece, o soldado fica com um braço paralisado ou cego. Um exame físico não revela nenhuma deficiência significante nos nervos e nos músculos do braço ou no equipamento sensorial. Entretanto, essa incapacidade física aparentemente sem causa tem o efeito de liberar o soldado de sua obrigação de ir para a linha de frente, pois cegueira ou paralisia garantem que ele seja enviado para um hospital ou fique em um cargo relativamente inativo.

Skinner analisaria tal situação de modo muito simples. O ferimento sofrido pelo soldado é adverso e, portanto, tem propriedades negativamente reforçadoras. Isto é, é um estímulo cuja *retirada* aumenta a magnitude da resposta que se segue imediatamente. É bastante óbvio que o ferimento é esse tipo de estímulo, pois é razoável esperar, por exemplo, que, quando o soldado está no hospital ele se comporte de maneira a curar o ferimento o mais rápido possível. Ao cumprir as ordens do médico, o soldado realmente escapa do ferimento. Também podemos esperar, dado o princípio do condicionamento clássico ou respondente, que os estímulos associados ao início do ferimento tenham passado a possuir algumas de suas propriedades negativas. Um estímulo associado ao início de um reforço negativo se torna um reforço negativo condicionado.

Podemos voltar a um experimento simples com animais para uma analogia. Suponha que um rato está preso em uma gaiola com um piso de grade que pode ser eletrificado. O rato recebe um choque por meio do piso de vez em quando, e o choque só cessa quando o rato pula sobre um pequeno obstáculo que divide a gaiola. Nós logo descobrimos que a resposta de pular sobre o obstáculo segue-se rapidamente ao início do choque elétrico. Isso acontece porque cada pulo sobre o obstáculo, que a princípio só acontece depois de muita ação aleatória, é reforçado pelo término de um reforço negativo e, tendo sido assim reforçado, ocorre mais facilmente em ocasiões subseqüentes. Um reforço negativo condicionado pode ser estabelecido muito facilmente. Uma campainha é introduzida na situação, de modo que seu início precede cada choque por alguns segundos. Isso será suficiente para assegurar que a campainha adquira propriedades reforçadoras condicionadas. Mas, para tornar mais completa a analogia com o caso do soldado, o programa experimental é mudado de modo que um pulo sobre o obstáculo, seguindo-se ao início da campainha, silencia a campainha e faz com que não aconteça o choque que ocorreria subseqüentemente. Nessa situação, é provável que o rato termine pulando sobre o obstáculo em quase todas as ocasiões em que a campainha soar. Isso leva à evitação do choque. Entretanto, podemos analisar o comportamento do rato sem referência à evitação, supondo que a campainha se tornou um reforço negativo condicionado pelo processo de condicionamento clássico, e que pular sobre o obstáculo é a resposta reforçada pelo término do reforço negativo. Assim como podemos descrever o rato como escapando do choque na situação original,

também podemos descrevê-lo como escapando da campainha na situação modificada.

Uma vez que o caso do soldado é análogo a esse, podemos ver que os estímulos associados ao evento de ter sido baleado na batalha adquiriram propriedades reforçadoras negativas. Assim, o soldado provavelmente comportar-se-ia de modo a fazer cessar tais estímulos. Um tipo de comportamento assim reforçado seria a resposta de simplesmente recusar-se a voltar para a área de batalha. Isso poderia ser interpretado como uma fuga dos estímulos associados à batalha, mas, em linguagem comum, provavelmente seria descrito como evitação de possíveis ferimentos futuros.

É muito provável que o comportamento de fuga leve à rejeição social e/ou à corte marcial, com conseqüências aversivas que em si mesmas constituiriam uma punição, como uma longa sentença de prisão ou talvez inclusive a pena de morte. Assim, quando o soldado começa a tomar o caminho óbvio da fuga, a desobedecer ordens, seu comportamento, embora levando à fuga dos estímulos aversivos associados ao seu ferimento, iria em si mesmo produzir outros estímulos aversivos baseados nas conseqüências da corte marcial ou da rejeição social. O comportamento seguido por um aumento da estimulação aversiva tende a diminuir em freqüência; nós dizemos que esse comportamento diminui em freqüência porque é punido. O caminho que envolve a desobediência de ordens, portanto, provavelmente não será seguido. O que vai acontecer é que vai surgir algum comportamento que fará cessar os dois conjuntos de reforços negativos, e tal comportamento será reforçado e mantido. Uma paralisia do braço ou uma cegueira satisfazem essas condições porque, na maioria dos exércitos, o soldado não é considerado responsável por esses padrões de comportamento e seu surgimento não é punido. Escolher essa rota é uma decorrência direta de um exame dos princípios formulados por Skinner.

Observe que, na análise acima, não há nenhuma referência ao que o soldado está pensando, sentindo ou tentando fazer. Também não existe nenhuma menção a processos conscientes ou inconscientes ou a processos fisiológicos. A análise utiliza as leis do condicionamento respondente (clássico) e operante e depende apenas de operações e comportamentos observados. Ela não recorre a variáveis operando em um nível diferente do comportamental ou a qualquer tipo de constructo teórico hipotético.

Surge então a pergunta de como o soldado pode ser curado. Há várias maneiras gerais de eliminar muitas variedades de comportamento anormal. Voltemos ao experimento do rato. Suponha que o aparelho seja agora programado para que a campainha continue a soar regularmente, mas não seja mais seguida por um choque elétrico, independentemente do comportamento do animal. Quando é introduzida essa mudança e a campainha soa pela primeira vez, o rato pula o obstáculo e o som da campainha cessa. Mas, após algumas repetições, não ocorre o pulo, e não ocorre nenhum choque. A situação pode ser analisada desta maneira: quando a campainha soa regularmente e não é seguida por um choque, como ocorre quando o rato faz terminar o som da campainha e evita o choque, ou quando o choque é descontinuado, as propriedades aversivas condicionadas da campainha se reduzem. Lembre que, ao discutir o condicionamento clássico, foi salientado que a resposta salivar condicionada se extinguia se o som da campainha não fosse seguido pela apresentação da carne. Igualmente, na presente situação, as propriedades reforçadoras negativas classicamente condicionadas do som da campainha extinguir-se-ão se ela não for seguida pelo choque. Então, uma vez que as propriedades reforçadoras condicionadas do som da campainha estão sendo reduzidas, é menos provável que ocorra a resposta operante de terminá-la, porque essa resposta só está sendo reforçada pelo término de um reforço negativo cuja força está diminuindo gradualmente. O problema com esse tipo de método é que a extinção da resposta de esquiva em geral é extremamente lenta. O animal pode pular o obstáculo por centenas ou milhares de tentativas depois que o choque foi interrompido (Solomon, Kamin & Wynne, 1953). Da mesma forma, se o soldado fosse exposto aos estímulos associados à batalha sem um reforço negativo incondicionado subseqüente, esses estímulos perderiam suas propriedades negativamente reforçadoras, e a paralisia ou a cegueira extinguir-se-iam. Entretanto, é muito improvável que o soldado se disponha voluntariamente a voltar ao campo de batalha.

Uma abordagem alternativa a esse problema é impedir que ocorra a resposta de esquiva, um procedimento às vezes chamado de *inundação* (Baum, 1970). Se for construída uma barreira de modo que o rato não possa pular o obstáculo, a campainha vai soar sem o choque, e as propriedades aversivas condicio-

nadas da campainha extinguir-se-ão rapidamente. Da mesma maneira, exigir que o soldado volte para o campo de batalha apesar de sua paralisia ou cegueira deve fazer com que as propriedades aversivas dos estímulos do campo de batalha se extingam caso não ocorra nenhum outro evento aversivo incondicionado.

Uma outra maneira de curar o soldado é modelar alguma outra resposta que não seja considerada anormal e termine com o reforço negativo condicionado. Por exemplo, o soldado poderia ser autorizado a desligar-se do exército sem medo de uma penalidade. Seguindo-se a isso, a paralisia de seu braço presumivelmente desapareceria. Ou poderia ser dito ao soldado que ele vai ser colocado em um cargo inativo independentemente da condição de seu braço. Isso seria funcionalmente equivalente a um desligamento. Em qualquer caso, o soldado escapa do reforço negativo condicionado sem ter de dar as respostas que resultam em paralisia.

Uma cura que provavelmente não teria sucesso seria punir o soldado. Suponha que o soldado fosse punido sempre que a paralisa mostrasse sinais de piora. Nesse caso, a paralisa poderia desaparecer, mas apenas para ser substituída por alguma outra resposta igualmente anormal. A razão para a ocorrência de uma nova resposta seria igual àquela que explica a ocorrência da paralisia. Seria uma resposta como cegueira ou mudez, cuja força estaria aumentada porque sua ocorrência seria seguida pelo término do reforço negativo (ser mandado de volta ao campo de batalha). A punição provavelmente não funcionaria porque não resultaria na substituição de uma resposta anormal por uma normal, nem extinguira as propriedades reforçadoras condicionadas dos estímulos associados à batalha.

Tem sido muito freqüente a crítica a Skinner de que o tipo de análise da anormalidade, e sua cura pela psicoterapia, é a análise e a cura dos sintomas ao invés das causas. As causas internas, mentais ou fisiológicas são negligenciadas e só o sintoma é tratado. Tal terapia parece desconsiderar as forças subjacentes que então exercem sua influência por meio de alguma outra saída comportamental. Entretanto, observe que essas curas podem se revelar inadequadas porque o psicoterapeuta não conseguiu compreender bem os princípios da modificação de comportamento ou não examinou apropriadamente a história do paciente para determinar os antecedentes do comportamento indesejável. Na verdade, as evidências em relação à substituição de sintomas nessas condições indicam que esse resultado não é muito provável (Krasner & Ullmann, 1965).

## PESQUISA CARACTERÍSTICA E MÉTODOS DE PESQUISA

Nós já examinamos vários aspectos nos quais o trabalho de Skinner e seus seguidores se desvia da norma contemporânea. Entre essas características, estão o estudo intensivo de sujeitos individuais, o controle automatizado das condições experimentais e o registro das respostas dos sujeitos, e um foco em eventos comportamentais simples que podem ser modificados com manipulação ambiental apropriada. Aqui nós ampliaremos certos aspectos dessa abordagem e apresentaremos algumas ilustrações de programas de pesquisa executados por Skinner e seus alunos. Existem vários livros excelentes para quem quiser examinar a pesquisa de Skinner e seus seguidores com mais detalhes, incluindo volumes editados por Honig (1966) e Honig e Staddon (1977), assim como os de Skinner, *Cumulative Record* (1966) e *Notebooks* (1980).

Já foi observada a ênfase de Skinner na experimentação com o sujeito individual. Associada a isso, está a eliminação de influências indeterminadas que poderiam afetar o comportamento do sujeito. Outros experimentadores que trabalham com animais, e cujo interesse maior está no processo de aprendizagem, usam tipicamente grupos grandes de animais em seus experimentos. Isso permite que não se preocupem muito com variáveis não-controladas, desde que estejam distribuídas aleatoriamente. Skinner argumentava que, se existem variáveis não-controladas que afetam o comportamento, elas não devem ser negligenciadas, pois merecem ser estudadas como qualquer outra variável. Além disso, Skinner acreditava que a nossa meta deveria ser o controle de comportamento do sujeito individual. Se grandes grupos de animais têm de ser usados no experimento, isso é para Skinner uma admissão de fracasso. Se os efeitos de uma manipulação intencional de uma variável independente obviamente estão sendo mascarados por uma grande quantidade de "ruído" ou variabilidade "aleatória", isso

mostra claramente que não está havendo um controle adequado. Nessas condições, Skinner deixaria de lado a idéia de manipular a variável independente original, pelo menos no momento, e tentaria em vez disso descobrir as variáveis ocultas que estão causando a variabilidade. Tal investigação pode nos fazer compreender melhor as variáveis controladoras por si mesmas e, se bem-sucedida, pode nos dar uma idéia de como reduzir a variabilidade que se impôs. Então poderemos dedicar novamente a nossa atenção aos efeitos da variável original, e a experimentação pode prosseguir em condições mais organizadas.

Uma vez obtida a estabilidade de uma resposta, um teórico do reforço operante típico determinaria uma linha de base em comparação com a qual avaliar as mudanças de resposta que poderiam ocorrer em resultado da manipulação de uma variável independente. Usualmente, a linha de base consiste em um registro da freqüência de emissão de uma resposta simples como bicar um disco ou, no caso do rato, pressionar uma alavanca. Por exemplo, um experimentador poderia treinar um pombo para bicar um disco e depois manter a resposta com um esquema de reforço intermitente. Descobriu-se que isso produz freqüências de resposta de linha de base estáveis, duráveis e também bastante sensíveis aos efeitos de variáveis introduzidas. Uma variável que pode ser introduzida, por exemplo, é um breve período de ruído intenso concomitante ao bicar. Os efeitos disso seriam medidos como uma mudança na freqüência de bicadas. Provavelmente, a freqüência de bicadas diminuiria durante a primeira apresentação do ruído, mas, com sucessivas apresentações, ele diminuiria cada vez menos e depois finalmente não seria mais afetado. O experimento seria relatado como mostrando os efeitos da variável independente de ruído sobre a variável dependente da resposta de bicar. Esse exemplo simples ilustra o método geral de experimentação tipicamente empregado.

Na prática, talvez fosse impossível gerar padrões estáveis de resposta em sujeitos individuais. Mas Skinner foi extremamente bem-sucedido em atingir esse objetivo. Devido à sua ênfase na experimentação com sujeitos individuais, ele conseguiu reduzir substancialmente fontes não-controladas de influência sobre sujeitos experimentais. Isso se deve parcialmente ao uso da caixa de Skinner à prova de som e com luz controlada para abrigar sujeitos durante o experimento. Esse invento simples isola o organismo de modo muito efetivo de influências que não são diretamente controladas pelo experimentador.

Uma área em que a influência de Skinner tornou-se pronunciada é a da *psicofarmacologia*, ou o estudo de drogas e do comportamento. A caixa de Skinner revelou-se um instrumento admirável para todos os tipos de trabalho preciso, envolvendo a observação do comportamento após a administração de agentes farmacológicos. Suponha que os efeitos comportamentais de uma determinada droga estejam sendo investigados. Um rato é treinado primeiro para pressionar uma alavanca na caixa de Skinner, sendo reforçado ao pressionar a alavanca segundo um esquema de reforço intermitente. Após algumas sessões desse treinamento, a freqüência de pressões na alavanca se torna estável. Ele não varia muito entre as sessões ou na mesma sessão. A droga é então administrada ao rato antes do início de uma nova sessão e, *durante o curso daquela sessão,* são determinados o tempo que a droga leva para fazer efeito, seu efeito sobre o comportamento e a duração desse efeito. E tudo isso pode ser feito com um único sujeito experimental, embora comumente sejam feitas replicações. Em estudos psicofarmacológicos, foram estudados os efeitos de drogas sobre o comportamento regulador, percepção, medo, esquiva e resposta apetitiva, entre outros. A caixa de Skinner permite que o experimentador investigue isso independentemente em condições básicas muito semelhantes. Até o presente momento, nenhum método de experimentação animal chegou perto do usado pelos skinnerianos para isolar determinados aspectos do comportamento e estudar os efeitos das drogas sobre eles.

Um exemplo significativo da aplicação de técnicas de condicionamento operante em um hospital para doentes mentais é oferecido por uma série de estudos de Ayllon e Azrin (1965, 1968). Esses investigadores, trabalhando com um grupo de psicóticos crônicos considerados não-responsivos aos métodos convencionais de terapia e sem possibilidade de alta, conseguiram estabelecer uma "economia de vales" efetiva para manipular o comportamento dos pacientes de uma maneira socialmente desejável. O procedimento geral envolvia identificar alguma forma de resposta tal como alimentar-se satisfatoriamente ou executar alguma tarefa e depois associar a resposta desejada com algum reforço. O termo "economia de vales" se refere ao fato de terem sido introduzidos vales como reforços condicionados, diminuindo o tempo entre a resposta desejada emitida e a apresentação do reforço incondicionado (cigarros, cosméticos, roupas, ir a um cinema, interação social, privacidade, etc.). Ayllon e Azrin conseguiram mostrar que, quando um determinado tipo de resposta, tal como concluir uma tarefa designada, era associado a um reforço condicionado (o pagamento do vale), tal resposta podia ser mantida em uma freqüência elevada, mas que, quando o reforço era removido, a freqüência de respostas caía imediatamente, embora pudesse ser reinstalado, restaurando-se a contingência de reforço. Eles dizem:

> "Os resultados dos seis experimentos demonstram que o procedimento de reforço foi efetivo para manter o desempenho desejado. Em cada experimento, o desempenho caiu a um nível próximo de zero quando a relação estabelecida entre a resposta e o reforço foi descontinuada. Por outro lado, a reintrodução do procedimento de reforço manteve efetivamente o desempenho tanto dentro quanto fora da enfermaria experimental." (1968, p. 268)

Economias de vales ou fichas também têm sido usadas extensivamente em ambientes de sala de aula com populações variadas: crianças normais, delinqüentes e crianças gravemente retardadas. Os vales podem premiar comportamentos adequados em sala de aula como permanecer sentado, prestar atenção e concluir tarefas. Os vales mais tarde são trocados por balas, cinema, períodos de brincadeiras livres, ou qualquer reforço que uma determinada criança valorize (Kazdin & Bootzin, 1972). Os resultados desses e de muitos outros estudos deixam claro que o uso sistemático e hábil de reforços pode produzir mudanças comportamentais dramáticas e benéficas mesmo nas pessoas seriamente perturbadas. Além disso, tais mudanças são altamente legítimas e adaptam-se exatamente ao que os princípios do condicionamento operante nos levam a esperar.

Muitos desses princípios foram empregados por Lovaas e seus colegas em suas tentativas de ensinar a linguagem a crianças autistas (Lovaas, Berberich, Perloff & Schaefer, 1966). As crianças autistas normalmente não se empenham em nenhuma forma de comunicação e apresentam comportamentos bizarros e muitas vezes autodestrutivos. Lovaas e colaboradores usaram a punição para eliminar comportamentos de automutilação e procedimentos de extinção para eliminar outros comportamentos indesejáveis, mas menos perigosos. O programa de treinamento da linguagem baseia-se nos conceitos de modelagem, reforço, generalização e discriminação. Por exemplo, uma criança pode inicialmente ser recompensada com um pedaço de doce por uma vocalização. Essas vocalizações são então moldadas em uma palavra – *boneca*, por exemplo. Depois que várias palavras foram aprendidas dessa maneira, é feito um treinamento da discriminação para ensinar a criança a produzir cada palavra (*boneca, caminhão*, etc.) na presença do objeto-estímulo apropriado. A criança é ensinada por vários instrutores diferentes, em um esforço para promover a generalização dos hábitos de linguagem para outros indivíduos. Os procedimentos são lentos e tediosos, mas habilidades de linguagem cada vez mais complexas podem ser ensinadas dessa maneira. Esses programas de treinamento apresentam alguns problemas, e os relatos de seguimentos são mistos. Em geral, as crianças que viviam com as famílias continuaram a melhorar, ao passo que aquelas colocadas em instituições às vezes voltaram aos seus comportamentos autistas. Apesar dessas dificuldades, todas as crianças mostraram alguma melhora em seu comportamento como resultado do treinamento (Lovaas, Koegel, Simmons & Long, 1973).

Uma das aplicações mais incomuns da abordagem operante foi feita pelo próprio Skinner (1960), em uma tentativa de desenvolver um meio de controlar a trajetória de um míssil. Durante a Segunda Guerra Mundial e por dez anos mais, foi executada uma variedade de estudos financiados pelo governo, para demonstrar se seria possível usar pombos como um meio de orientar um míssil até um alvo predeterminado. Essa fantasia de ficção científica não envolvia nada além do uso de técnicas operantes para treinar um ou mais pombos. Os sujeitos eram ensinados a responder, bicando um estímulo padronizado que representava o alvo do míssil – um navio, um setor de uma cidade ou um perfil de terra. Quando o míssil estava no alvo, o pombo bicaria o centro da área em exibição, onde a imagem era apresentada, e isso faria o míssil continuar em seu presente curso. Quando o míssil se desviava, as bicadas do pombo, seguindo a imagem do alvo, iriam para outra parte da área em exibição, e isso ativaria um sistema de controle que ajustaria o curso do míssil. Assim, digamos, quando o alvo se movesse para a esquerda e o pombo bicasse uma área à esquerda do centro, o míssil viraria para a esquerda. Os investigadores descobriram que, seguindo esquemas apropriados de reforço, os pombos bicavam acuradamente, rapidamente e por períodos surpreendentemente longos de tempo. A fim de minimizar a possibilidade de erro, eles planejaram inclusive sistemas de orientação múltiplos que envolviam três ou sete pombos. Embora os pombos nunca orientassem mísseis reais até alvos reais, seu desempenho simulado foi tal que Skinner afirmou:

> "O uso de organismos vivos para orientar mísseis, parece justo dizer, não é mais uma idéia maluca. Os pombos são mecanismos extraordinariamente sutis e complexos, capazes de desempenhos que no momento podem ser igualados a equipamentos eletrônicos, só que de peso e tamanho bem maiores, e podem ser usados confiavelmente de acordo com os princípios que emergiram da análise experimental de seu comportamento." (1960, p. 36)

## PESQUISA ATUAL

Nós já mencionamos vários exemplos da grande variedade de pesquisas geradas e provocadas por Skinner. Em vez de tentar catalogar essa pesquisa, ou a evolução do comportamentalismo nos últimos anos, sugerimos que o leitor procure outros livros de Domjan (1996) e Schwartz e Robbins (1995) para discussões atuais da teoria da aprendizagem; Rachlin (1991, 1994) e Donahoe e Palmer (1994) para discussões de abordagens contemporâneas não-cognitivas, selecionistas, ao comportamento; e Pearce (1987) e Schwartz e Lacey (1982) para relatos sobre a cognição animal derivados da posição de Skinner. Além disso, o leitor interessado pode consultar o *Journal of the Experimental Analysys of Behavior* e o *Journal of Applied Behavior Analysys*.

Um dos componentes do trabalho de Skinner merece ser discutido aqui porque revela muito sobre sua posição: seu ataque à irrefutabilidade da ciência cognitiva e ao movimento cognitivo dentro da psicologia. Em um artigo concluído na noite anterior à sua morte, Skinner descreveu a distinção entre a fisiologia, que nos diz *como* o corpo funciona, e "as ciências da variação e seleção (que) nos dizem *por que* aquele corpo funciona daquela maneira" (1990, p. 1208). As ciências da variação e seleção incluem a etologia, que trata da seleção natural do comportamento das espécies; a análise do comportamento, que trata do condicionamento operante do comportamento de um indivíduo; e a antropologia, que trata da evolução do ambiente social. Em uma análise científica do comportamento, "as histórias de variação e seleção desempenham o papel do iniciador. Não há lugar, em uma análise científica do comportamento, em uma mente ou *self*" (Skinner, 1990, p. 1209). São as contingências de reforço as responsáveis pelo comportamento, e aqueles que adotam uma abordagem cognitiva atribuem erroneamente a responsabilidade a agências internas. A analogia que Skinner empregou é a ciência de criação, que, segundo ele, interfere com o ensino adequado da biologia. De acordo com Skinner, "a ciência cognitiva é a ciência de criação da psicologia, à medida que luta para manter a posição de uma mente ou *self*" (1990, p. 1209).

Os psicólogos adotaram uma referência ao controle pessoal a partir de uma definição própria de sua área, obscurecendo, nesse processo, as contingências de reforço que de fato controlam o comportamento. O comportamento não resulta de pensamentos, sentimentos, intenções, decisões ou escolhas, como na psicologia cognitiva; os comportamentalistas "examinam os eventos antecedentes no ambiente e as histórias ambientais da espécie e do indivíduo... O ambiente *seleciona* o comportamento" (Skinner, 1985, p. 291). As pessoas não armazenam representações e não processam informações. Skinner preferia a analogia de uma bateria de armazenamento ou acumulador. Nós mudamos uma bateria quando a carregamos, mas não colocamos eletricidade nela. Da mesma forma, os organismos não possuem e não recuperam comportamentos; eles se comportam de várias maneiras em função das experiências que os alteraram. O conhecimento e as expectativas aos quais os cientistas cognitivos se referem, assim como aqueles supostos estados como desejos, necessidades e sentimentos, são "substitutos atuais da história do reforço" (Skinner, 1985, p. 296; ver também Skinner, 1977a, 1989). Skinner jogou muito bem o jogo da ciência: na ausência de qualquer demonstração da utilidade dos estados e processos, sua parcimoniosa referência ao controle ambiental do comportamento representa uma poderosa hipótese rival para modelos baseados na existência dessas causas internas.

## *STATUS* ATUAL E AVALIAÇÃO

Está claro que Skinner concordaria com os teóricos da personalidade mais idiográficos em sua ênfase na importância de *estudar os indivíduos detalhadamente* e propor leis que se apliquem inteiramente ao sujeito isolado e não apenas a dados de grupo. Relacionado a essa ênfase no indivíduo está o fato de que os achados relatados por Skinner e seus alunos apresentam um grau de legitimidade ou regularidade exata virtualmente sem paralelo entre os psicólogos. A combinação de ótima técnica de laboratório e controle experimental exato com o estudo de sujeitos individuais representa uma extraordinária realização. Aqueles que enfatizam o estudo do indivíduo geralmente carecem de rigor e de achados experimentais.

Uma realização notável desse grupo é seu estudo sistemático dos *esquemas de reforço*. Seus volumosos achados nessa área constituem a base empírica para se predizer a aquisição e a extinção de respostas aprendidas com uma exatidão muito maior do que era possível previamente. Além disso, suas classificações de diferentes tipos de esquemas possibilitaram generalizações para uma ampla variedade de situações e sujeitos. As pesquisas subseqüentes nessa tradição têm buscado uma exatidão ainda maior por meio de análises matemáticas das freqüências de comportamento em diferentes esquemas de reforço (Herrnstein, 1970). Devemos observar que os resultados da pesquisa sobre esquemas de reforço são de crucial importância para todos os teóricos e investigadores da aprendizagem, independentemente de adotarem a abordagem de Skinner.

O vigor, a clareza e o caráter explícito da posição de Skinner tornam relativamente fácil identificar os aspectos elogiáveis da teoria e aqueles que seriam objetáveis. Ninguém jamais poderia acusar Skinner de tentar evitar controvérsias ou amenizar diferenças com seus contemporâneos. Se existem diferenças significativas entre Skinner e os outros teóricos importantes, podemos ter certeza de que elas foram salientadas, e a sua posição, vigorosamente defendida.

Talvez a crítica mais comum a Skinner e seus alunos seja a de que *sua teoria não era nenhuma teoria* e, além disso, que ele tinha pouco respeito pela natureza e pelo papel da teoria na construção de uma ciência. Como vimos, Skinner em geral concordava inteiramente com essa caracterização de sua posição. Ele achava que ela não era uma teoria e não acreditava que a ciência, especialmente no estágio ocupado pela psicologia, pudesse ser ajudada, dedicando-se tempo à construção de teorias. Assim, para aqueles que acreditam que não existe isso de "nenhuma teoria", que só podemos escolher entre teorias boas ou más ou implícitas e explícitas, existia uma lacuna irredutível entre sua concepção do processo científico e a adotada por Skinner. Essa lacuna foi substancialmente reduzida com a publicação de *Contingencies of reinforcement* (1969), em que ele aceitou explicitamente seu papel como teórico sistemático.

> "Em um artigo publicado em 1950 eu perguntei: 'Os teóricos da aprendizagem são necessários?' e sugeri que a resposta era 'Não'. Eu logo me descobri representando uma posição que tem sido descrita como uma Grande Anti-Teoria. Felizmente, eu defini meus termos. A palavra 'teoria' significava 'qualquer explicação de um fato observado que apela para eventos ocorrendo em algum outro lugar, em algum outro nível de observação, descritos em termos diferentes e medidos, se medidos, em diferentes dimensões' – eventos, por exemplo, no sistema nervoso real, no sistema conceitual, ou na mente. Eu argumentei que esse tipo de teoria não tem estimulado boas pesquisas sobre a aprendizagem, que representa mal os fatos a serem explicados, transmite uma falsa segurança sobre o estado do nosso conhecimento e leva ao uso continuado de métodos que deveriam ser abandonados.

> "Quase no final do artigo, eu me refiro à 'possibilidade de teoria em um outro sentido', como uma crítica aos métodos, dados e conceitos de uma ciência do comportamento. Partes de *The Behavior of Organisms* eram teóricas nesse sentido, assim como seis artigos publicados, no último dos quais

eu insisti que 'quer alguns psicólogos experimentais gostem, quer não, a psicologia experimental está adequada e inevitavelmente comprometida com a construção de uma teoria do comportamento. Uma teoria é essencial para o entendimento científico do comportamento como um assunto de estudo'. Subseqüentemente, eu discuti tal teoria em três outros artigos e em partes substanciais de *Science and Human Behavior e Verbal Behavior*." (Skinner, 1969, p. vii-viii)

Em seu sistema, Skinner rejeitou consistentemente, como um meio explanatório, qualquer uma das formas de maquinaria mental fantasmagórica que muitos de nós, deliberada ou inadvertidamente, usam para explicar o comportamento humano. Ao fazer isso, ele prestou um grande serviço. Mas, como vimos, Skinner também rejeitou a idéia de introduzir qualquer tipo de mecanismo inferido em seu sistema, mesmo aqueles que podem ser adequadamente testados por explicações não-contraditórias e predições explícitas. A partir disso, podemos antecipar que Skinner teria dificuldade para predizer o comportamento que ocorreria em uma situação consistindo em combinações de novos estímulos ou novas configurações de estímulos conhecidos, porque ele só podia basear suas expectativas de futuro comportamento sobre as leis de comportamento que já foram formuladas. Em outras palavras, as leis do comportamento só podem ser extrapoladas para exemplos do mesmo tipo de comportamento que elas abrangem no caso geral, porque o sistema não contém nenhuma afirmação teórica que implique mais asserções empíricas do que aquelas sobre as quais elas foram construídas. Essa dificuldade em predizer novos comportamentos é uma base para as críticas da teoria da aprendizagem social de Albert Bandura a Skinner (ver Capítulo 14).

O sistema de Skinner evita perguntar o que se passa dentro do organismo, e, portanto, Skinner não pode fazer predições em situações que não estejam diretamente cobertas pelas leis do sistema. Mas Skinner reconhecia esse fato e defendia a atitude que o origina. Em seu clássico artigo "As teorias da aprendizagem são realmente necessárias?" Skinner (1950) salientou que, embora a teorização possa nos levar a novas expectativas, isso em si mesmo não é nenhuma virtude, a menos que as expectativas sejam confirmadas. E, embora seja provável que alguém eventualmente surja com uma teoria viável que ofereça as expectativas corretas, isso talvez só aconteça depois de muitos anos de pesquisas improdutivas, envolvendo a testagem de teorias inférteis de várias maneiras triviais. De qualquer maneira, as novas situações acabarão sendo investigadas, de modo que certamente não há nenhuma *necessidade* de teorização. O comportamento, em uma situação dessas, acabará sendo trazido para o sistema mesmo na ausência de uma teoria.

Como vimos, Skinner acreditava no valor de uma abordagem molecular ao estudo do comportamento. Ele buscava elementos simples do comportamento para estudar, e estava certo de que o todo não é mais do que a soma de suas partes. Conseqüentemente, não surpreende descobrir que os variados tipos de psicólogos holísticos estão convencidos de que a abordagem de Skinner ao estudo do comportamento é *simplista e elementar demais* para representar a complexidade total do comportamento humano. Esses críticos argumentam que o comportamento humano apresenta características que necessariamente fazem com que as suas áreas significativas sejam excluídas da análise de Skinner. Essencialmente, isso acontece porque o comportamento é muito mais complexo do que a análise de Skinner nos leva a supor. Skinner tentou explicar comportamentos complexos, supondo que muitos elementos de resposta estão inseridos em unidades maiores, e ele também supôs que a complexidade decorre da operação simultânea de muitas variáveis. Mas é exatamente o método de Skinner de integrar elementos comportamentais o que é questionado. No mínimo, muitos observadores acham que o sistema de Skinner não consegue explicar a "riqueza" e a "complexidade" tão características do ser humano.

A linguagem humana é um exemplo do tipo de comportamento que muitos acham não ser suscetível à análise pelos conceitos de Skinner. Segundo Skinner (1957, 1986a), a linguagem também é um exemplo do poder do condicionamento. Isto é, a fala é um comportamento verbal adquirido pelo reforço do emparelhamento de palavras "corretas" com um determinado objeto ou evento, e a gramática também é adquirida à medida que os pais respondem às construções verbais de uma criança. O pensamento, por extensão, é o comportamento não-observável que ocorre quando as pessoas falam consigo mesmas. Poderosos argumentos e dados foram propostos para mos-

trar que o sistema nervoso, caso se desenvolva normalmente, é especialmente receptivo à aquisição de uma série de regras que geram teoremas que chamamos de sentenças. Isso implica que uma linguagem não é adquirida por longos encadeamentos de termos de estímulo-resposta, cada um sendo aprendido por repetição e reforço, e sim gerada a partir de uma série de axiomas e regras que podem produzir uma sentença apropriada mesmo quando essa sentença não foi emitida previamente. Como na geometria, as regras da linguagem podem gerar teoremas ou sentenças sem nenhuma relação histórica com outras sentenças que ocorreram no passado. Lingüistas, como Chomsky (1959), enfatizaram especialmente esse ponto. Tais argumentos, que estão intimamente ligados à idéia de que certos padrões de resposta não podem ser analisados em seqüências elementares, foram propostos especialmente em conexão com a linguagem, mas alguns psicólogos acreditam que eles são igualmente relevantes para a análise de muitos outros tipos de comportamento.

Está claro, a partir do que foi dito, que Skinner geralmente realizava experimentos com organismos relativamente simples, com histórias relativamente simples e em condições ambientais relativamente simples. Raramente o sujeito era exposto a variações em mais de uma variável por vez. Os críticos, às vezes, dizem que esse é um tipo *artificial* de *experimentação*, que essas situações simples nunca ocorrem fora do laboratório e que, por causa disso, o comportamento necessariamente é bem mais complexo do que a caixa de Skinner nos levaria a acreditar. Em resposta, Skinner argumentou muito efetivamente que a ciência caracteristicamente avança de maneira gradativa. Ela quase sempre examina primeiro os fenômenos simples e constrói os fenômenos complexos de uma maneira gradual, passo a passo, pela manipulação e integração apropriadas das leis que foram derivadas dos casos mais simples ou claros em que operam. A seguinte citação de Skinner é instrutiva:

"Seremos culpados de uma indevida simplificação de condições a fim de obter este nível de rigor? Teremos realmente 'provado' que existe uma ordem comparável fora do laboratório? É difícil ter certeza das respostas para essas perguntas. Suponham que estamos observando o ritmo em que um homem bebe sua xícara de café da manhã. Temos um interruptor escondido na mão, que opera um registrador cumulativo em uma outra sala. Cada vez que o nosso sujeito bebe nós apertamos o interruptor. É improvável que o registro mostre uma curva regular. A princípio o café está quente demais, e o beber é seguido por conseqüências aversivas. À medida que ele esfria, emergem reforços positivos, mas a saciedade se estabelece. Outros eventos à mesa do café também intervêm. O beber finalmente cessa não porque a xícara está vazia, mas porque as últimas gotas estão frias.

Mas embora a nossa curva comportamental não seja bonita, também não o é a curva de esfriamento do café na xícara. Ao extrapolar os nossos resultados para o mundo em geral, não podemos fazer mais do que as ciências físicas e biológicas em geral. Devido aos experimentos realizados em condições de laboratório, ninguém duvida que o esfriamento do café na xícara seja um processo ordenado, mesmo que a curva real seja muito difícil de explicar. Da mesma forma, quando investigamos o comportamento nas condições vantajosas do laboratório, podemos aceitar sua ordenação básica no mundo em geral, mesmo que aí não possamos demonstrar as leis inteiramente." (Skinner, 1957, p. 371)

Nessa declaração, Skinner está concordando que, no laboratório comportamental, são estudados processos muito simples, e que eles nunca ocorrem dessa forma simples fora do laboratório. Mas ele também está sugerindo que esta é a maneira pela qual todas as outras ciências são praticadas, e elas não parecem sofrer nenhuma desvantagem.

Uma outra crítica freqüente refere-se à *grande proporção* do *trabalho* inicial de Skinner *executada com pombos ou ratos*, e a rapidez com que os princípios e as leis derivadas foram generalizadas para os seres humanos, com pouca ou nenhuma preocupação com diferenças e semelhanças entre as espécies. É um fato que Skinner e seus discípulos freqüentemente se comportavam como se qualquer animal de qualquer espécie, incluindo a espécie humana, pudesse, por meio do controle apropriado, ser induzido a produzir qualquer padrão de comportamento. Eles não reconheciam suficientemente o fato de que o organismo típico não é uma *tábula rasa* cujo estado final é determinado apenas pelo padrão de reforço, que é a essência do sistema de Skinner. Os críticos afirmam que existem pelo menos alguns processos comportamentais que não se ajustam a esse paradigma. O trabalho de Harlow e Harlow (1962) com o desenvolvimento social de macacos rhesus e parte do trabalho de alguns etologistas europeus com o comportamento instintivo são típicos das ilustrações usadas nesses argumentos, como é o trabalho lingüístico que já discutimos. Alguns psicólogos enfatizaram o papel dos fatores biológicos na aprendizagem, questionando se as "leis gerais de aprendizagem" são realmente possíveis. Isso não significa, é claro, que a aplicação do trabalho de Skinner ao comportamento humano seja inadequada. Existe uma imensa riqueza de evidências apoiando o argumento de Skinner de que os conceitos usados por ele têm uma extensiva aplicação ao comportamento dos seres humanos. A pergunta é quanto e onde, não "se".

Incrivelmente simples, elegantemente exatas e eminentemente práticas, não surpreende que as formulações de Skinner tenham atraído mais do que sua parcela proporcional de adeptos. O que é especialmente relevante para nós, sem dúvida, é a maneira como Skinner desafiou a abordagem tradicional à personalidade em termos de estruturas intrapsíquicas e dinâmica. Para Skinner, como vimos, os desejos, os conflitos e as defesas que estão no âmago de uma explicação freudiana são substitutos mentalistas da história de reforço e não têm nenhum *status* causal. O "conflito", por exemplo, é um evento ambiental, em vez de intrapsíquico. É um rótulo para a existência de contingências incompatíveis de reforço, não o antagonismo entre o impulso e a proibição internalizada. Da mesma forma, os compromissos defensivos que, segundo Freud, são a manifestação de um conflito inflamado, são mais claramente compreendidos como exemplos de reforço negativo; isto é, nós evitamos alguma declaração ou ação porque aprendemos que fazer isso evita ou minimiza conseqüências desagradáveis. E o método A-B-C de descobrir os *Antecedentes* de um comportamento problemático, oferecer uma definição precisa do *Comportamento* (*Behavior*) em si, e alterar as *Conseqüências* que mantêm o comportamento substitui os instrumentos terapêuticos freudianos da associação livre e transferência.

Observem que o desacordo entre Freud e Skinner não é sobre o papel da aprendizagem. Os fenômenos freudianos tão centrais como a seqüência de "escolhas objetais" que ocorre durante o desenvolvimento são claramente compreendidos em termos dos princípios de aprendizagem descritos por Skinner. A diferença é muito mais fundamental: Freud propôs que o comportamento era determinado por uma complexa dinâmica interna de afetos, impulsos, desejos, conflitos e transformações. Mas, para Skinner, as origens do comportamento são ambientais. A diferença é entre um foco nas vicissitudes dos instintos em oposição às vicissitudes dos reforços. Além disso, o modelo freudiano foi criado para oferecer uma estrutura para a explicitação posterior das origens do comportamento, enquanto a meta do modelo skinneriano é o controle e a modificação do comportamento futuro.

Skinner também contrasta claramente com os outros teóricos discutidos neste livro, e seria um exercício útil para o leitor tentar "traduzir" constructos críticos de outras teorias em termos skinnerianos. A dinâmica da inferioridade descrita por Alfred Adler, por exemplo, pode ser facilmente compreendida como um outro exemplo de reforço negativo, e a pressão beta de Henry Murray pode ser vista como um outro nome para pistas discriminativas. As "condições de valor" em que Carl Rogers se centra não são nada além de contingências de reforço, e o controle pessoal do qual Rogers depende é uma ilusão mentalista. Igualmente, a descrição de Gordon Allport de uma disposição pessoal como o vínculo entre um conjunto de estímulos "funcionalmente equivalentes" e um conjunto de respostas equivalentes pode ser reduzida, em termos skinnerianos, à existência da generalização de estímulo e generalização de resposta. O "significado" percebido que Allport emprega para explicar a conexão seria supérfluo para Skinner.

Na verdade, Skinner propôs que o constructo de traço é fundamentalmente circular, no sentido de que inferimos o traço de um certo comportamento e depois usamos o traço para explicar aquele comportamento. Assim, se observamos um aluno que está brigando, inferimos que ele é agressivo e depois explicamos a briga em termos da agressão, acabamos, assim, entrando em um círculo vicioso sem significado. Nesse exemplo, os constructos de traço são empregados de uma maneira redundante, mas eles não precisam ser assim. Muitos teóricos (p. ex., Raymond Cattell e Hans Eysenck) sugerem meios *a priori* para medir os traços e depois utilizam os traços para predizer os comportamentos subseqüentes. E, embora eles possam depender muito dos mecanismos de aprendizagem para explicar as origens das diferenças individuais nesses traços, eles usam livremente o "resíduo" dessa aprendizagem para explicar o comportamento subseqüente. Esses, é claro, são os pontos que Skinner objetava energicamente: a meta suprema é controlar o comportamento, não meramente predizê-lo, e as tendências ou estruturas são inúteis no manejo do comportamento.

Ironicamente, é precisamente nesse aspecto prático que Skinner é mais vulnerável. Ele propôs que podemos alterar o comportamento, modificando as contingências que o mantêm e levando em conta a história de reforço do indivíduo (mais as contingências de sobrevivência que moldaram todos os membros da espécie). No laboratório, onde conhecemos as histórias dos nossos animais e controlamos as contingências às quais os expomos, esse modelo é viável e eficiente. No mundo real, todavia, a situação não é tão simples. Nós podemos alterar contingências, mas geralmente não conhecemos as histórias dos indivíduos com os quais estamos em contato. Se um aluno procura um professor, queixando-se de ansiedade de teste, por exemplo, o professor provavelmente não terá nenhuma informação sobre a história de reforço do aluno. Como, então, o professor pode ajudar o aluno? Pareceria razoável ele tentar saber alguma coisa sobre a atual dinâmica e tendências do aluno, reconhecendo que essas tendências são o produto de experiências passadas, mas tentando acessar o "resíduo" da história, pois à história em si não temos acesso. Skinner afirmava que o melhor nessas circunstâncias é saber tudo o que pudermos sobre a história, mas avaliar o estado atual do indivíduo parece uma alternativa razoável. Embora a "personalidade" possa ser uma "substituta" de experiências passadas, também seria útil demonstrar que os indivíduos que diferem em dimensões *a priori* subseqüentemente podem apresentar reações diferentes a circunstâncias específicas. A tecnologia de Skinner é extremamente eficiente, e pessoas sensatas podem não concordar sobre o *status* causal de causas proximais e distantes, mas não está nem um pouco claro se as características de personalidade são irrelevantes na predição e no controle do comportamento.

# CAPÍTULO 13

# A Teoria de Estímulo-Resposta de Dollard e Miller

INTRODUÇÃO E CONTEXTO ................................................................................ 420
HISTÓRIAS PESSOAIS ........................................................................................ 422
UM EXPERIMENTO ILUSTRATIVO ....................................................................... 425
A ESTRUTURA DA PERSONALIDADE ................................................................... 430
A DINÂMICA DA PERSONALIDADE ...................................................................... 430
O DESENVOLVIMENTO DA PERSONALIDADE ...................................................... 431
    Equipamento Inato    431
    O Processo de Aprendizagem    431
    *Drive* Secundário e o Processo de Aprendizagem    432
    Processos Mentais Superiores    433
    O Contexto Social    435
    Estágios Críticos de Desenvolvimento    435
APLICAÇÕES DO MODELO .................................................................................. 437
    Processos Inconscientes    437
    Conflito    439
    Como as Neuroses São Aprendidas    441
    Psicoterapia    443
PESQUISAS CARACTERÍSTICA E MÉTODOS DE PESQUISA ...................................... 444
PESQUISA ATUAL .............................................................................................. 446
    Wolpe    446
    Seligman    449
*STATUS* ATUAL E AVALIAÇÃO .......................................................................... 454

## INTRODUÇÃO E CONTEXTO

Apresentamos aqui a teoria da personalidade que é a mais simples e clara, a mais econômica e mais ligada aos seus antepassados da ciência natural. A teoria de estímulo-resposta (E-R), pelo menos em suas origens, pode corretamente ser chamada de uma teoria de laboratório, ao contrário de outras teorias que examinamos, em que o papel da observação clínica ou naturalista é muito mais importante. Consistentes com essas origens estão a clareza, a economia de formulação e os sérios esforços da posição para dar um fundamento empírico adequado aos principais termos da teoria.

Na verdade não existe uma única teoria de E-R, e sim um agrupamento de teorias mais ou menos parecidas, embora cada uma possua certas qualidades distintivas. Esses sistemas começaram como tentativas de explicar a aquisição e a retenção de novas formas de comportamento que aparecem com a experiência. Assim, não surpreende que o processo de aprendizagem receba uma ênfase predominante. Apesar de os fatores inatos não serem ignorados, o teórico do E-R trata primariamente do processo pelo qual o indivíduo se comporta entre uma série de respostas e a grande variedade de estimulação (interna e externa) à qual ele está exposto.

Embora não seja necessário discutir detalhadamente as complexas origens da teoria de E-R, não seria apropriado introduzi-la sem mencionar as contribuições de Ivan Pavlov, John B. Watson e Edward L. Thorndike. O famoso fisiologista russo Ivan Pavlov (1906, 1927) descobriu um tipo de aprendizagem que se tornou conhecido como condicionamento clássico. Pavlov conseguiu demonstrar que pela apresentação simultânea de um estímulo incondicionado (pasta de carne) e de um estímulo condicionado (o som de um diapasão), o estímulo condicionado eventualmente provocaria uma resposta (salivação) que originalmente só podia ser iniciada pelo estímulo incondicionado. O ato de salivar ao som do diapasão era referido como uma resposta condicionada.

Nas mãos de muitos psicólogos americanos, esse processo de condicionamento clássico tornou-se um meio de construir uma psicologia objetiva que lidava apenas com observáveis. John B. Watson (1916, 1925) foi o líder do movimento. Ele rejeitou a então dominante concepção da psicologia como um tipo de ciência único, que tinha como meta descobrir a estrutura da consciência por meio da introspecção. A psicologia, propôs ele, deveria estudar o *comportamento*, usando as mesmas técnicas objetivas das outras ciências naturais. Ele aproveitou o princípio de condicionamento de Pavlov e, combinando-o com idéias que já tinha, apresentou ao mundo uma posição que chamou de "comportamentalismo". Esse ponto de vista objetivo e ambientalista logo passou a representar a psicologia americana, e mesmo hoje está estreitamente ligado aos aspectos mais distintivos da psicologia naquele país. Ao mesmo tempo em que ocorriam esses desenvolvimentos, Edward Thorndike (1911, 1932) estava demonstrando a importância da recompensa e da punição no processo de aprendizagem, e sua "lei de efeito" tornou-se um dos pilares da moderna teoria da aprendizagem. Apesar da natureza crucial das contribuições de Pavlov, a teoria da aprendizagem, com sua pesada ênfase na objetividade, sua ênfase na experimentação cuidadosa e seu forte tom funcional, existe como uma das teorias mais singularmente americanas de todas as posições que estamos examinando.

Na terceira década deste século, como resultado das idéias e investigações de Edward L. Thorndike, John B. Watson, Edward C. Tolman, Edwin R. Guthrie, Clark L. Hull, Kenneth W. Spence e outros, o interesse teórico dominante dos psicólogos americanos transferiu-se para o processo da aprendizagem. Nas duas décadas seguintes, a maioria das questões teóricas importantes na psicologia foi debatida dentro da estrutura da teoria da aprendizagem. Teóricos como Thorndike, Hull, Spence e Guthrie descreveram o processo de aprendizagem como envolvendo o *vínculo associativo* entre processos *sensoriais* e *motores*. Grande parte da controvérsia centrava-se sobre essa concepção teórica do processo da aprendizagem. Edward Tolman, um dos maiores teóricos desse período, também pensava que a tarefa empírica do teórico da aprendizagem é identificar as forças ambientais que determinam o comportamento, mas concebia a aprendizagem como o desenvolvimento de *cognições* organizadas sobre conjuntos de eventos *sensoriais*, ou estímulos. Kurt Lewin também estava no rumo de desenvolver uma teoria de tipo cognitivo, embora não se preocupasse profunda e continuamente com o processo de aprendizagem. Grande parte do trabalho experimental estimulado por esses debates teóricos envolvia a investigação de formas relativamente simples de aprendizagem, especialmente conforme elas ocorriam nos animais. Nos últimos 30 anos, os psicólogos experimentais têm mostrado um crescente interesse pelo estudo da linguagem, da memória e dos processos de pensamento complexos nos seres humanos, bem como dos processos cognitivos em outras espécies. Refletindo essa mudança de ênfase, desenvolveram-se sofisticadas teorias cognitivas e do processamento da informação que têm pouca semelhança com as teorias da associação simples.

Conforme implica o título deste capítulo, estamos preocupados aqui com formulações baseadas na teoria da associação de E-R ou cuja linhagem intelectual, embora mostrando a influência do pensamento recente sobre os processos cognitivos, deve muito à tradição comportamentalista de E-R. Mais especificamente, prestaremos uma atenção especial às tentativas de generalizar ou aplicar a posição teórica de Clark Hull (1943, 1951, 1952) aos fenômenos que interessam aos psicólogos da personalidade. Quais são as razões para concentrar o nosso interesse nas formulações influenciadas por Hull e seus textos? Em primeiro lugar, sua posição teórica é uma das mais claras e bem-desenvolvidas de todas as teorias abrangentes. O ponto de vista foi apresentado mais explicitamente e formalizado mais adequadamente do que em qualquer outra teoria comparável, tendo estimulado uma riqueza maior de investigações empíricas. Em segundo lugar, e muito importante, são principalmente os descendentes intelectuais de Hull e Spence que fizeram as tentativas mais sérias e sistemáticas de aplicar suas teorias desenvolvidas em laboratório ao entendimento da personalidade. Um aspecto que torna a teoria hulliana particularmente atraente é a atenção dedicada ao papel da motivação na determinação do comportamento e aos processos pelos quais os motivos aprendidos são adquiridos.

B. F. Skinner, uma figura importante no campo da aprendizagem, também causou um impacto acentuado em muitas áreas da psicologia, incluindo o funcionamento da personalidade. Suas contribuições foram examinadas no capítulo anterior.

Ao contrário das teorias que já discutimos, os rudimentos da posição de E-R foram desenvolvidos em conexão com dados que possuem pouca semelhança aparente com os dados de maior interesse para o psicólogo da personalidade. Talvez seja um exagero dizer que o rato branco teve mais relação com a criação dessa teoria do que os sujeitos humanos, mas certamente é verdade que membros de espécies inferiores tiveram infinitamente mais relação com o desenvolvimento da teoria do que no caso das outras teorias que consideramos. Entretanto, não devemos enfatizar exageradamente a importância do ponto de origem dessa teoria. Uma teoria deve ser avaliada em termos daquilo que faz e não de onde ela vem. Hull, o pai intelectual dessa posição, deixou clara sua intenção de desenvolver uma teoria geral do comportamento *humano* desde o início de sua busca teórica. Foi apenas por uma questão de estratégia que ele escolheu desenvolver suas idéias iniciais contra o fundo relativamente estável proporcionado pelo comportamento animal em situações experimentais cuidadosamente controladas. Assim, a essência de sua teoria não se desenvolveu a partir do estudo de organismos inferiores devido a uma convicção de que todos os problemas comportamentais poderiam ser resolvidos dessa maneira. Pelo contrário, esperava-se que a simplicidade dos organismos inferiores permitisse o estabelecimento de certos fundamentos que, quando elaborados pelo estudo do comportamento humano complexo, poderiam revelar-se o núcleo de uma teoria satisfatória do comportamento. Tal prontidão a mudar e ampliar a parte periférica de sua teoria, mantendo ao mesmo tempo certas suposições e conceitos centrais, está claramente demonstrada no trabalho de muitos dos alunos de Hull. De acordo com esse ponto de vista, não faremos aqui nenhum esforço para detalhar a teoria de Hull, centrando-nos em vez disso nas tentativas feitas para modificar ou elaborar a teoria de modo a lidar com comportamentos de crucial interesse para o psicólogo da personalidade. O exemplo notável de tal teoria derivada é o trabalho de Dollard e Miller, e o nosso capítulo dará uma atenção predominante a essa posição. O trabalho de muitos outros merecem menção, mas as limitações de espaço nos permitirão resumir brevemente as idéias de apenas dois outros indivíduos: Wolpe e Seligman.

Antes de examinar os detalhes dessas teorias, devemos mencionar o Instituto de Relações Humanas da Universidade de Yale. Essa instituição foi fundada em 1933 sob a direção de Mark May, em uma tentativa de provocar maior colaboração e integração entre psicologia, psiquiatria, sociologia e antropologia. O Instituto abrangia todos os departamentos tradicionalmente separados. A primeira década de sua existência representa um dos períodos mais proveitosos de colaboração nas ciências comportamentais que já ocorreu em qualquer universidade americana. Embora Clark Hull fornecesse as bases teóricas para o grupo, suas atividades não se centravam primariamente na psicologia experimental. Na verdade, a antropologia social, o estudo dos aspectos sociais dos humanos em sociedades não-alfabetizadas, contribuiu com elementos importantes para a estrutura intelectual do grupo, e havia um profundo interesse pela teoria psicanalítica que contribuiu para muitas das idéias teóricas e de pesquisa dos membros do grupo. Durante o período de dez anos, um grupo excepcional de jovens recebeu treinamento como alunos de graduação ou membros da equipe, e essa experiência parece ter exercido uma influência profunda e duradoura. Entre os membros notáveis do grupo estavam Judson Brown, John Dollard, Ernest Hilgard, Carl Hovland, Donald Marquis, Neal Miller, O. H. Mowrer, Robert Sears, Kenneth Spence e John Whiting. Foi o Instituto de Relações Humanas, dirigido por Mark May, infundido com as idéias de Clark Hull, e vitalizado pelo trabalho produtivo dos indivíduos recém-mencionados, que resultou nos desenvolvimentos que examinamos neste capítulo.

## HISTÓRIAS PESSOAIS

Essa teoria representa os esforços de dois indivíduos, sofisticados na investigação clínica e de laboratório, para modificar e simplificar a teoria de reforço de Hull, e fazer com que ela pudesse ser usada fácil e efetivamente para lidar com eventos do interesse do psicólogo social e clínico. Os detalhes da teoria originaram-se não só das formulações de Hull, mas também da teoria psicanalítica e dos achados e das generalizações da antropologia social. Como veremos, o conceito de hábito, que representa uma conexão E-R estável, é crucial para essa posição. De fato, a maior parte da teoria busca especificar as condições em que os hábitos se formam e dissolvem-se. O número relativamente pequeno de conceitos empregados para esse propósito tem sido usado com grande engenhosidade pelos autores para explicar fenômenos de interesse central para o clínico, como repressão, deslocamento

e conflito. Em muitos casos, os autores tentaram derivar dos textos psicanalíticos e da observação clínica um conhecimento maior do comportamento, que, por sua vez, incorporaram aos seus conceitos de E-R. Assim, uma boa parte da aplicação da teoria consiste na tradução da observação geral, ou em formulações teóricas vagas, nos termos mais assépticos da teoria de E-R. Embora a tradução não seja em si mesma uma meta particularmente importante, esse esforço freqüentemente possibilitou novos *insights* e predições referentes a eventos empíricos não-observados, e essas funções representam a ordem mais elevada de contribuição teórica.

Em alguns aspectos, John Dollard e Neal Miller apresentam contrastes surpreendentes; em outros, seus *backgrounds* mostram grande semelhança. Eles são diferentes no sentido de que Miller adiantou idéias e achados importantes principalmente no domínio da psicologia experimental, e Dollard fez contribuições antropológicas e sociológicas significativas. Entretanto, ambos foram profundamente influenciados por suas experiências no Instituto de Relações Humanas, e devem muito a Hull e Freud. Talvez a fertilidade de sua colaboração derive-se desse núcleo comum de convicções, sobre o qual ambos erigiram bases empíricas e teóricas únicas.

John Dollard nasceu em Menasha, Wisconsin, em 29 de agosto de 1900. Ele recebeu um A. B. da Universidade de Wisconsin em 1922, e depois um M.A. (1930) e um Ph.D. (1931) em sociologia da Universidade de Chicago. De 1926 a 1929, ele trabalhou como assistente do presidente da Universidade de Chicago. Em 1932, aceitou um cargo de professor-assistente de antropologia na Universidade de Yale e, no ano seguinte, tornou-se professor-assistente de sociologia no recém-formado Instituto de Relações Humanas. Em 1935, assumiu o cargo de pesquisador-associado no Instituto e, em 1948, pesquisador-associado e professor de psicologia. Tornou-se professor emérito em 1969. John Dollard morreu em 8 de outubro de 1980 (Miller, 1982). Ele fez formação psicanalítica no *Berlin Institute* e foi membro da *Western New England Psychoanalytic Society*. A convicção e a dedicação pessoais de Dollard à unificação das ciências sociais se reflete não apenas em suas publicações, mas também no fato notável de ele ter cargos acadêmicos em antropologia, sociologia e psicologia na mesma universidade. Devemos observar que sua atividade interdis-

# TEORIAS DA PERSONALIDADE 423

*John Dollard.*

ciplinar ocorreu em uma época na qual as disciplinas individuais eram muito menos receptivas à integração do que hoje. Dollard escreveu numerosos artigos técnicos nas ciências sociais, variando da etnologia à psicoterapia. É autor de vários livros que refletem esse mesmo interesse amplo. *Caste and Class in a Southern Town* (1937) é um excelente estudo de campo sobre o papel dos americanos negros em uma comunidade sulista. Ele representa um dos primeiros exemplos de análise da cultura e da personalidade. Esse estudo foi seguido por um volume relacionado, *Children of Bondage* (1940), em co-autoria com Allison Davis. Ele publicou dois volumes sobre a análise psicológica do medo, *Victory over Fear* (1942) e *Fear in Battle* (1943), e uma significativa monografia sobre o uso de material da história de vida, *Criteria for the life history* (1936). Também publicou, com Frank Auld e Alice White, *Steps in Psychotherapy* (1953), apresentando um método de psicoterapia e incluindo a descrição detalhada de um tratamento individual, e, com Frank Auld, *Scoring Human Motives* (1959).

Neal E. Miller nasceu em Milwaukee, Wisconsin, em 3 de agosto de 1909 e recebeu seu B. S. da Universidade de Washington em 1931, seu M.A. da Universidade de Stanford em 1932, e seu Ph.D. em psicologia da Universidade de Yale em 1935. De 1932 a 1935, Miller trabalhou como assistente em psicologia no Instituto de Relações Humanas, e em 1935-1936 viajou para o *Social Science Research Council* e aproveitou para fazer formação em psicanálise no Instituto de Psicanálise de Viena. De 1936 a 1940, ele foi instrutor e mais tarde professor-assistente no Instituto de Relações Humanas. Tornou-se pesquisador-associado e professor-associado em 1941. De 1942 a 1946, dirigiu um projeto de pesquisa psicológica para a Força Aérea do Exército. Em 1946, ele voltou à Universidade de Yale, assumindo o cargo de professor de psicologia *James Rowland Angell* em 1952. Ele continuou em Yale até 1966, quando se tornou professor de psicologia e chefe do Laboratório de Psicologia Fisiológica da Universidade de Rockfeller. Além de sua colaboração com John Dollard, Miller é muito conhecido na psicologia por seu cuidadoso trabalho experimental e teórico sobre a aquisição de impulsos, a natureza do reforço e o estudo do conflito. Sua pesquisa inicial foi puramente comportamentalista, mas, em meados da década de 50, Miller passou a interessar-se pelos mecanismos fisiológicos subjacentes aos impulsos e ao

reforço, e outros fenômenos relacionados. Esse trabalho foi detalhadamente apresentado em periódicos, e grande parte do trabalho inicial é resumido em três capítulos excelentes de manuais (Miller, 1944, 1951a, 1959). O trabalho recente de Miller centrou-se na medicina comportamental (Miller, 1983) e na neurociência (Miller, 1995). O respeito despertado por suas contribuições se reflete nas homenagens que ele tem recebido: membro da famosa *National Academy of Science*, presidente da Associação Psicológica Americana (1959), a medalha Warren da *Society of Experimental Psychologists* (1957) e a *President's Medal of Science* (1965).

Em 1939, vários membros da equipe do Instituto de Relações Humanas, incluindo Dollard e Miller, publicaram uma monografia intitulada *Frustration and Aggression* (Dollard, Doob, Miller, Mowrer & Sears, 1939). Esse foi um exemplo inicial e interessante do tipo de aplicação com o qual estamos preocupados neste capítulo. Os autores tentaram analisar a frustração e suas conseqüências em termos dos conceitos de E-R. Em sua monografia, eles apresentam uma formulação sistemática dessa posição, juntamente com uma quantidade considerável de novas investigações e predições referentes a eventos a serem observados. Esse trabalho não só ilustra a integração de conceitos de E-R, formulações psicanalíticas e evidências antropológicas, mas também fornece evidências das vantagens dessa união, e levou a uma série de outros estudos empíricos relacionados. Miller e Dollard escreveram juntos dois volumes representando a tentativa de aplicar uma versão simplificada da teoria de Hull aos problemas do psicólogo social (*Social Learning and Imitation*, 1941) e aos problemas do psicólogo clínico ou da personalidade (*Personality and Psychotherapy*, 1950). É principalmente o conteúdo dos volumes, especialmente do último, que constitui a base da seguinte exposição.

O núcleo da posição de ambos é uma descrição do processo de aprendizagem. Na seguinte passagem, Miller e Dollard expressam claramente sua idéia geral desse processo e seus elementos constituintes:

"O que, então, é a teoria da aprendizagem? Em sua forma mais simples, é o estudo das circunstâncias em que uma resposta e um estímulo-pista tornam-se conectados. Depois que a aprendizagem se completou, a resposta e a pista ficam uni-

Neal E. Miller.

das de tal maneira que o aparecimento da pista evoca a resposta . . . A aprendizagem ocorre de acordo com princípios psicológicos definidos. A prática nem sempre faz a perfeição. A conexão entre uma pista e uma resposta só pode ser reforçada em certas condições. O aprendiz precisa ser levado a dar a resposta e recompensado por ter respondido na presença da pista. Isso pode ser expresso de uma maneira simples, dizendo-se que, para aprender, a pessoa precisa querer alguma coisa, notar alguma coisa e conseguir alguma coisa. Colocando de forma mais exata, esses fatores são: impulso, pista, resposta e recompensa. Tais elementos do processo de aprendizagem foram cuidadosamente explorados, e descobriram-se novas complexidades. A teoria da aprendizagem tornou-se um corpo de princípios firmemente unidos, úteis para descrever o comportamento humano." (1941, p. 1-2)

Os princípios de aprendizagem que Dollard e Miller aplicaram à vida cotidiana foram descobertos em investigações controladas de laboratório, em geral envolvendo animais como sujeitos. O conhecimento desses princípios de laboratório, bem como de certas noções teóricas relacionadas, é, portanto, importante para um entendimento de sua teoria da personalidade. Uma descrição de um experimento hipotético, padronizado de acordo com os estudos pioneiros de Miller e seus colegas (Miller, 1948; Brown & Jacobs, 1949), e uma análise teórica de seu resultado servirão como um meio de introduzir o *background* necessário.

## UM EXPERIMENTO ILUSTRATIVO

Nesse experimento hipotético, cada sujeito (o sempre presente rato de laboratório) é colocado em uma caixa retangular com um piso de grade. A caixa é dividida em dois compartimentos quadrados por um "muro" ou obstáculo sobre o qual o rato pode pular facilmente. Soa uma campainha e simultaneamente uma descarga elétrica é enviada através do piso de grade. O choque elétrico é omitido com sujeitos de controle. Podemos esperar que o animal mostre uma variedade de respostas vigorosas ao choque e, eventualmente, escale o obstáculo, passando para o outro compartimento. O aparelho é preparado de tal maneira que, assim que o sujeito passa por cima do obstáculo que divide o compartimento, a campainha e o choque são suspensos. Nos 60 minutos seguintes, esse procedimento é repetido a intervalos irregulares, e observa-se que o tempo entre o início da campainha e do choque e a resposta do sujeito de pular o obstáculo torna-se progressivamente mais curto. No dia seguinte, cada sujeito é novamente colocado na caixa por uma hora. Durante a sessão, a campainha é periodicamente acionada e continua tocando até que o animal passe para o outro compartimento, mas nunca é acompanhada pelo choque. Apesar da ausência do choque, o sujeito continua pulando sobre o obstáculo sempre que a campainha soa e pode, inclusive, continuar melhorando seu desempenho.

Após várias sessões similares, é introduzido um novo aspecto no aparelho. Pular o obstáculo já não é mais seguido pela cessação da campainha. Mas, se o rato pressiona uma alavanca acoplada à base do obstáculo, a campainha é desligada. Novamente, observa-se que os animais apresentam uma atividade vigorosa, grandemente limitada a pular de um lado para outro do obstáculo. Ao mover-se assim, o rato talvez pressione a alavanca. Gradualmente, pular o obstáculo começa a desaparecer e o tempo entre o início da campainha e a pressão na alavanca também vai diminuindo cada vez mais. Finalmente, a pressão ocorre prontamente assim que soa a campainha. O comportamento desses sujeitos contrasta acentuadamente com os animais-controle, que não levaram choques e não manifestaram nenhuma mudança sistemática semelhante em seu comportamento em qualquer uma das sessões experimentais. Obviamente, como resultado dos emparelhamentos campainha-choque, os sujeitos experimentais aprenderam ou adquiriram novas respostas, ao passo que os sujeitos-controle não.

Na verdade, ocorreram vários tipos de aprendizagem. O primeiro é o *condicionamento clássico*, a forma de aprendizagem originalmente descoberta por Pavlov. O condicionamento clássico envolve um procedimento em que um estímulo inicialmente neutro (*estímulo condicionado* ou EC) é emparelhado com um *estímulo incondicionado* (EI) que provoca regularmente um padrão característico de comportamento, a *resposta incondicionada* (RI). Após repetidos emparelhamentos de EC-EI, o EC, apresentado sozinho ou em antecipação ao EI, estimula uma reação característica conhecida como a *resposta condicionada* (RC). Tipicamente, a RC é semelhante à RI, embora raramente idêntica.

Um esboço do condicionamento clássico que ocorreu em nosso experimento ilustrativo, segundo a teoria de Miller, é apresentado na Figura 13.1 (ver adiante). Entretanto, considere primeiro as conseqüências do choque em si. Entre o EI observável (choque) e o comportamento manifesto ($r_{emoc}$) que ele produz, ocorre um encadeamento de eventos internos. O choque provoca várias *respostas* internas associadas à dor (simbolizadas aqui como $r_{emoc}$). Essas $r_{emoc}$ originam, por sua vez, um padrão interno de *estímulos*. Além de ter a mesma capacidade das fontes externas de estimulação de acionar ou "ser uma pista" para novas respostas, os estímulos internos conseqüentes à $r_{emoc}$ teriam propriedades de *drive* (B) e, portanto, são identificados como *estímulos drive* ou ED.

O *drive* é um conceito motivacional no sistema hulliano e impele ou ativa o comportamento, mas não determina sua direção. Neste exemplo, o *drive* é um impulso nato ou primário, baseado na dor. Existem, é claro, vários *drives* primários além da dor, tais como fome, sede e sexo. Os últimos exemplos, ao contrário da dor, são estados de privação, provocados pela retenção de algum tipo de estímulo, como o alimento, e reduzidos pelo oferecimento do estímulo apropriado ao organismo, em vez de pela remoção de uma estimulação desagradável. Na verdade, Miller postula que qualquer estímulo interno ou externo, se suficientemente intenso, evoca um *drive* e impele à ação. Como implica essa declaração, os *drives* diferem em força, e quanto mais forte o *drive*, mais vigoroso ou persistente o comportamento que ele energiza. Em nosso experimento, por exemplo, o vigor do comportamento abertamente observável que ocorre nos sujeitos em resposta ao EI e, mais tarde, da resposta aprendida de pular o obstáculo é influenciado pelo nível de choque dado.

Inicialmente, a campainha não provoca nenhum dos comportamentos emocionais associados ao choque. Mas, após repetidas apresentações da campainha com o choque, ela obtém a capacidade de eliciar

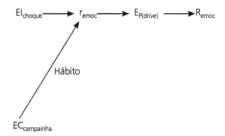

**FIGURA 13.1** Análise teórica dos processos envolvidos no condicionamento clássico de uma resposta emocional com base na dor.

$r_{emoc}$ internas semelhantes àquelas originalmente evocadas pelo EI doloroso; uma resposta condicionada (RC) foi adquirida. No sistema hulliano utilizado por Dollard e Miller, a aprendizagem que ocorreu é descrita como uma conexão associativa entre o estímulo condicionado (campainha) e a resposta ($r_{emoc}$), e é representada pelo conceito teórico de *hábito*. Como discutiremos adiante com mais detalhes, Hull postulou que, para que um hábito seja estabelecido, o estímulo e a resposta não só precisam ocorrer próximos, temporal e espacialmente, mas a resposta também deve ser acompanhada por um reforço ou recompensa. Supondo-se que a última condição seja satisfeita, a força do hábito E-R aumenta com o número de ocasiões em que o estímulo e a resposta ocorreram juntos.

As repetidas apresentações da campainha e do choque na primeira sessão do nosso experimento, em que a fuga do sujeito do choque age como o reforço, são suficientes para estabelecer um hábito relativamente forte. Uma vez que a $r_{emoc}$ classicamente condicionada foi estabelecida, a apresentação da campainha sozinha não só provoca a $r_{emoc}$, mas também aciona o resto da cadeia de eventos originalmente associados à administração do choque. Assim, o padrão distintivo de estimulação interna $E_D$ será despertado e, em combinação com a campainha, vai agir como uma pista para provocar comportamentos manifestos semelhantes aos previamente evocados pelo choque. Ademais, essas respostas observáveis são energizadas ou ativadas pelas propriedades de *drive* do $E_D$. Uma vez que o *drive* é provocado por uma resposta *aprendida* a um estímulo previamente neutro, ele é identificado como um *drive* adquirido ou *secundário*, ao contrário do *drive primário* evocado por respostas à estimulação dolorosa.

Para distinguir entre a seqüência $r_{emoc} \to E_D$ eliciada pelo choque e a seqüência classicamente condicionada eliciada pela campainha, a última é chamada de ansiedade ou *medo*. Assim, o medo é tanto uma *resposta* aprendida – a forma condicionada da resposta de dor, para usar a expressão de Mowrer – quanto um *drive* aprendido, ou secundário.

Mas, como dissemos, os sujeitos experimentais aprenderam mais do que essas reações de medo. Durante a primeira sessão, eles aprenderam rapidamente a pular sobre o obstáculo assim que a campainha e o choque eram apresentados, mesmo que inicialmente a estimulação provocasse uma variedade de respostas vigorosas das quais pular o obstáculo não era a mais proeminente. A chave para sabermos por que essa resposta dominou as outras está nas suas conseqüências: só pular o obstáculo era seguido pelo término do choque e pela cadeia de eventos internos que ele provocava. Embora haja exceções, os eventos que reduzem ou eliminam os estímulos *drive* tipicamente reforçam ou aumentam a probabilidade de aparecimento de qualquer resposta que eles regularmente acompanham, e são chamados de reforços. Inversamente, as respostas não-acompanhadas por eventos que reduzem os estímulos *drive* não tendem a se repetir. Uma vez que apenas pular o obstáculo era seguido pelo reforço – término do choque – essa resposta foi reforçada em vez das outras.

O desenvolvimento da capacidade da combinação campainha-choque de eliciar o pular o obstáculo é um exemplo de um tipo de aprendizagem em que, ao contrário do condicionamento clássico, a ocorrência do reforço é contingente à resposta ter sido dada; a resposta é instrumental para produzir o evento reforçador. O tipo de aprendizagem que ocorre nessas condições é chamado de *instrumental* ou, nas palavras de Skinner, condicionamento operante. Durante a primeira sessão do nosso experimento, dois tipos de resposta foram aprendidos: a resposta de medo classicamente condicionada e a resposta instrumental de pular o obstáculo, que fazia cessar o EI (reforçando assim, pela redução do *drive,* ambas as respostas).

Após a primeira sessão, o choque foi descontinuado e apenas a campainha foi usada. Uma vez que não foi dado nenhum choque, a cessação do choque não ocorreu mais. O procedimento em que os reforços usados para estabelecer uma resposta são retirados é conhecido como *extinção experimental,* e produz tipicamente uma rápida redução na força da resposta aprendida. Por exemplo, os ratos famintos que aprenderam a realizar um ato instrumental específico para obter comida deixam rapidamente de dar a resposta depois que a comida é descontinuada. Mas a cessação do choque no nosso experimento *não* levou ao desaparecimento da resposta de pular o obstáculo (ou, teoricamente, da $r_{emoc}$); para muitos sujeitos, a resposta inclusive continuou aumentando em força, conforme indicado por um decréscimo no tempo de resposta com sucessivas apresentações da campainha. Miller sugere que tal procedimento de "extinção" leva a pouco ou nenhum enfraquecimento das respostas aprendidas, porque, na verdade, elas *continuam* a ser reforçadas. O EC não provoca a dor e sim a seqüência de medo aprendida, e é isso que ativa o hábito instrumental subjacente ao pular o obstáculo. A ocorrência da resposta instrumental desliga a campainha, e os estímulos *drive* associados ao medo são, portanto, reduzidos em intensidade. Assim, tanto a reação de medo classicamente condicionada quanto o pular instrumental do obstáculo continuam a ser reforçados.

Mas a extinção experimental da resposta de pular o obstáculo *realmente* ocorreu quando ela se tornou ineficaz para terminar a campainha e o medo que esta eliciava. Aprisionados por esse medo, os animais aprenderam então a nova resposta efetiva de pressionar a alavanca. Assim, os sujeitos só continuaram dando a resposta que lhes permitira, no passado, escapar ao estímulo doloroso enquanto ela continuou permitindo que eles reduzissem o medo. Quando as condições mudaram, eles aprenderam uma *nova* resposta instrumental, motivada pelo *drive* de medo aprendido e reforçada pela redução do medo.

Os experimentos com planejamento semelhante indicaram que as respostas instrumentais que permitem a um sujeito evitar ou escapar de um EC ansiogênico podem enfraquecer lentamente com sucessivas apresentações deste último. Mas, se tivesse havido um número substancial de apresentações de EC-EI durante o período inicial de treinamento ou se o EI desagradável tivesse sido intenso, a resposta instrumental poderia continuar com pouca ou nenhuma redução visível em sua força por centenas de apresentações do EC (Miller, 1948). Dollard e Miller indicaram uma forte analogia entre o animal experimental que continua se assustando com eventos inofensivos como o som de uma campainha e os medos e as ansiedades neuróticas irracionais que podem ser observados nos sujeitos humanos. Se o observador tiver visto o processo de aprendizagem inicial, não existe nada de misterioso no medo que o animal tem da campainha e em seus esforços para escapar; se o observador tiver visto o processo de aprendizagem que precedeu o sintoma neurótico, não existe nada de surpreendente ou absurdo na forma de comportamento do sujeito humano. É só quando o observador entra em cena depois que o medo foi aprendido que o comportamento do sujeito parece estranho ou irracional.

Um outro princípio de aprendizagem muito utilizado por Dollard e Miller em sua teoria da personalidade pode ser ilustrado por uma variação no procedimento do nosso experimento hipotético. Após uma primeira sessão em que ocorrem os emparelhamentos campainha-choque, é realizada uma segunda sessão em que apenas a campainha é apresentada. Mas agora os sinais da campainha variam em intensidade, às vezes sendo iguais ao das primeira sessão e outras vezes mais altos ou mais baixos do que durante o treinamento. No início do sinal da campainha, os sujeitos pulam o obstáculo quando o som tem a mesma intensidade que originalmente fora emparelhada com o choque. Mas eles também tendem a responder aos outros sons, com a força da tendência de resposta estando inversamente relacionada à semelhança da intensidade da campainha com a utilizada na primeira sessão. Esses comportamentos ilustram um *gradiente de generalização de estímulo:* quando um estímulo se tornou capaz de provocar uma resposta por ser emparelhado com um estímulo incondicionado, outros estímulos terão automaticamente adquirido essa capacidade em certo grau, dependendo de sua semelhança com o estímulo original. Um fenômeno relacionado, mais difícil de demonstrar concretamente, é a *generalização de resposta*: um estímulo adquire a capacidade de eliciar não apenas a resposta que tipicamente se seguiu a ele, mas também algumas respostas semelhantes.

Foi dito que, sem a capacidade de generalização de estímulo e resposta, os organismos apresentariam pouca ou nenhuma aprendizagem. Embora, por conveniência, muitas vezes falemos no "mesmo" estímulo ocorrendo novamente e eliciando a "mesma" resposta, raramente, se é que alguma vez, os indivíduos se deparam com exatamente a mesma situação-estímulo em duas ou mais ocasiões, e as respostas nunca são completamente idênticas. Mesmo em experimentos meticulosamente controlados, é mais exato dizer que é apresentada uma classe de estímulos que provoca a capacidade de evocar uma classe de respostas.

Foi demonstrado, todavia, que os gradientes de generalização se estendem além dos limites da variação de estímulo e resposta da situação de treinamento, a força da tendência de generalização estando relacionada não só ao grau de semelhança com a situação original de aprendizagem, mas também com fatores como a quantidade de aprendizagem original e a intensidade do *drive* que está por trás da resposta. Entretanto, o gradiente de generalização pode ser limitado pelo reforço diferencial. Continuando com o nosso experimento ilustrativo, dar um choque no animal sempre que a campainha com a intensidade original for apresentada e omitir o choque sempre que a intensidade for diferente levará gradualmente à extinção do pular o obstáculo com todos os estímulos, com exceção do de treinamento. O procedimento levou à *diferenciação de estímulo*.

Como esse relato deixa claro, o destino da conexão estímulo-resposta é profundamente influenciado pelo resultado das respostas – os eventos-estímulo que se seguem imediatamente. Certos eventos resultantes reforçam a conexão, isto é, aumentam a probabilidade de que a resposta ocorra mais vigorosamente ou rapidamente na próxima ocasião em que o estímulo for apresentado. Esses eventos são classificados como reforços positivos ou recompensas. Nós também vimos que a *cessação* de outros tipos de eventos, geralmente desagradáveis, também pode reforçar respostas. Dollard e Miller procuravam princípios gerais que lhes permitissem determinar se um dado estímulo deveria ser considerado um reforço. Seguindo Hull (1943), eles sugeriram uma hipótese de redução de *drive*, que afirma que um evento que resulta em uma súbita redução dos estímulos *drive* recompensa ou reforça qualquer resposta concomitante. No que Miller (1959) descreve como sua forma mais forte, a hipótese de redução de *drive* afirma também que a redução dos estímulos *drive* não é apenas uma condição *suficiente* para que ocorra o reforço, é também uma condição *necessária*.

A versão forte da hipótese de redução de *drive* adotada por Dollard e Miller implica que a aprendizagem de uma associação de E-R ou hábito só vai ocorrer se a resposta for reforçada. A hipótese de que o reforço é necessário para que ocorra a aprendizagem gerou considerável controvérsia. Alguns teóricos, como Guthrie (1959), insistiram que a mera contigüidade de um estímulo e resposta é suficiente; outros formularam teorias de dois fatores em que é proposto que alguns tipos de aprendizagem requerem reforço além de contigüidade, enquanto outros não (ver, p. ex., Mowrer, 1947; Spence, 1956; Tolman, 1949).

A suposição de que a redução dos estímulos *drive* tem um efeito de reforço também foi criticada. O próprio Miller indicou, em várias ocasiões (ver Miller, 1959), que, embora ele considerasse a hipótese de redução de *drive* mais atraente do que qualquer uma das hipóteses rivais existentes, ele não confiava muito que ela estivesse correta. Ele apresentou em várias tentativas o que considerava uma alternativa plausível à hipótese de redução de *drive* (Miller, 1963). Pode haver no cérebro, sugere ele, um ou mais mecanismos "ativadores" ou de "siga" que são acionados por eventos que resultam na redução do estímulo *drive*. Esses mecanismos ativadores intensificam ou energizam respostas eliciadas pelas pistas-estímulo, e essas respostas vigorosas são aprendidas com base na pura contigüidade. A ativação de um mecanismo de "siga" é em si mesma uma resposta e, como outras respostas, também pode ser condicionada pela contigüidade. Assim, um estímulo previamente neutro pode adquirir a capacidade de acionar um mecanismo de "siga", em virtude de ter ocorrido previamente em conjunção com a ativação do mecanismo.

Dollard e Miller sugeriram que os principais argumentos em sua análise de E-R da personalidade não são afetados por suas hipóteses específicas sobre reforço, de modo que é possível aceitar os aspectos essenciais da sua teoria sem aceitar tais especulações. Tudo o que é necessário, afirmam eles, é supor que os eventos que resultam em uma súbita redução dos estímulos *drive* reforçam as respostas com as quais eles são contíguos, no sentido de tornar esses atos mais prepotentes. Uma vez que as evidências experimentais demonstram que os estímulos redutores do *drive* realmente têm efeitos reforçadores, com poucas exceções possíveis, essa suposição deveria ser facilmente aceita.

## A ESTRUTURA DA PERSONALIDADE

Dollard e Miller têm demonstrado bem menos interesse pelos elementos estruturais ou relativamente imutáveis da personalidade do que pelo processo de aprendizagem e desenvolvimento da personalidade. Uma vez que os aspectos estruturais não são enfatizados, que conceitos eles empregam para representar as características estáveis e duradouras da pessoa? O hábito é o conceito-chave na teoria da aprendizagem adotada por Dollard e Miller.

Um *hábito*, como vimos, é uma ligação ou associação entre um estímulo (pista) e uma resposta. Os hábitos ou as associações aprendidas podem se formar não só entre estímulos externos e respostas manifestas, mas também entre estímulos internos e respostas internas. A maior parte da teoria busca especificar as condições em que os hábitos são adquiridos, extintos ou substituídos, com pouca ou nenhuma especificação de classes de hábitos ou listas das principais variedades de hábitos das pessoas.

Embora a personalidade consista primariamente em hábitos, sua estrutura específica dependerá dos eventos únicos aos quais o indivíduo esteve exposto. Além disso, essa é uma estrutura apenas temporária: os hábitos de hoje podem se alterar como resultado da experiência de amanhã. Dollard e Miller contentam-se em especificar os princípios que governam a formação dos hábitos e deixam para os clínicos ou investigadores a tarefa de especificar os hábitos que caracterizam cada pessoa. Mas eles se preocupam ao máximo em enfatizar que uma classe importante de hábitos dos seres humanos é provocada por estímulos verbais, sejam eles produzidos pelas próprias pessoas

ou por outros, e que as respostas também são freqüentemente de natureza verbal.

Também devemos salientar que alguns hábitos podem envolver respostas internas que, por sua vez, eliciam estímulos internos com características de *drive*. (Já examinamos o medo como um exemplo de um *drive* aprendido, produzido por uma resposta.) Estes *drives* secundários também devem ser considerados porções duradouras da personalidade. Os *drives* secundários e as conexões E-R inatas também contribuem para a estrutura da personalidade. Mas, tipicamente, eles não somente são menos importantes no comportamento humano do que os *drives* secundários e outros tipos de hábitos, mas também definem o que os indivíduos têm em comum, como membros da mesma espécie, em vez de sua singularidade.

## A DINÂMICA DA PERSONALIDADE

Dollard e Miller são explícitos em definir a natureza da motivação, e eles especificam em consideráveis detalhes o desenvolvimento e a elaboração dos motivos, mas novamente não se interessam pela taxonomia ou classificação. Em vez disso, eles se centram em certos motivos importantes como a ansiedade. Nessa análise, eles tentam ilustrar o processo geral que operaria para todos os motivos.

O efeito dos *drives* sobre o sujeito humano é complicado pelo grande número de *drives* derivados ou adquiridos que eventualmente aparecem. No processo de crescimento, o indivíduo típico desenvolve um grande número de *drives* secundários que servem para instigar o comportamento: "Estes *drives* aprendidos são adquiridos com base nos *drives* primários, representam elaborações deles, e servem como uma fachada por trás da qual se escondem as funções dos *drives* inatos subjacentes" (Dollard & Miller, 1950, p. 31-32).

Na sociedade moderna típica, a estimulação dos *drives* secundários substitui em grande parte a função original da estimulação dos *drives* primários. Os *drives* adquiridos, como ansiedade, vergonha e o desejo de agradar, impelem a maioria das nossas ações. Sendo assim, a importância dos *drives* primários, na maioria dos casos, não fica clara em uma observação casual do adulto socializado. É só no processo de desenvolvimento ou em períodos de crise (o fracasso dos modos de adaptação culturalmente prescritos) que podemos observar claramente a operação dos *drives* primários.

Também deve estar óbvio que muitos dos reforços na vida cotidiana dos sujeitos humanos não são primariamente recompensas, mas eventos originalmente neutros que adquiriram valor de recompensa por terem sido consistentemente experienciados em conjunto com o reforço primário. O sorriso de uma mãe, por exemplo, torna-se uma poderosa *recompensa secundária* ou adquirida para o bebê, por sua repetida associação com alimentação, troca de fraldas e outras atividades de cuidados que trazem prazer ou removem o desconforto físico. As recompensas secundárias muitas vezes servem, sozinhas, para reforçar o comportamento. Mas a sua capacidade de reforçar não se mantém indefinidamente, a menos que elas continuem ocorrendo em ocasional conjunto com o reforço primário. Como essas mudanças ocorrem nos leva à questão geral do desenvolvimento da personalidade.

## O DESENVOLVIMENTO DA PERSONALIDADE

A transformação do simples bebê no complexo adulto é uma questão de pouco interesse para alguns teóricos, mas esse processo é elaborado por Dollard e Miller. Nós apresentaremos o tratamento que eles dão ao problema, começando com uma breve consideração do equipamento inato do bebê e depois discutindo a aquisição de motivos e o desenvolvimento dos processos mentais superiores. Além disso, consideraremos brevemente a importância do contexto social do comportamento e dos estágios desenvolvimentais.

### Equipamento Inato

No nascimento e logo depois o bebê possui um equipamento comportamental muito limitado. Primeiro, ele possui um pequeno número de *reflexos específicos*, que são, em geral, respostas segmentais a um estímulo ou classe de estímulos altamente específicos. Segundo, ele possui algumas *hierarquias inatas de resposta*, que são tendências de aparecimento de certas respostas em vez de outras, em situações-estímulo

específicas; por exemplo, pode estar inatamente determinado que, quando exposta a certos estímulos desagradáveis, a criança primeiro tentará escapar dos estímulos antes de chorar. Essa suposição implica que o assim chamado comportamento aleatório não é aleatório e sim determinado por preferências de resposta, que, no início do desenvolvimento do organismo, resultam principalmente de fatores inatos e que, com o desenvolvimento, são influenciadas por uma complexa mistura da experiência com as hierarquias inatas. Terceiro, o indivíduo processa uma série de *drives primários* que, como já vimos, são normalmente estímulos internos de grande força e persistência e habitualmente ligados a processos fisiológicos conhecidos.

Assim, inicialmente temos um indivíduo capaz de poucas respostas, relativamente segmentais, ou diferenciadas, a estímulos específicos. Esse indivíduo também possui um grupo de *drives* primários, que, em certas condições orgânicas, o impelem a agir ou a comportar-se, mas não dirigem essa atividade. A única orientação inicial de respostas origina-se de uma hierarquia inata de tendências de resposta, que impõem um controle grosseiro ou geral sobre a ordem em que determinadas respostas aparecerão em situações especificadas. Dado esse estado inicial, a nossa teoria precisa explicar (1) a extensão das presentes respostas a novos estímulos ou situações-estímulo, (2) o desenvolvimento de novas respostas, (3) o desenvolvimento de motivos novos ou derivados, e (4) a extinção ou a eliminação de associações existentes entre estímulos e respostas. Dollard e Miller acreditam que tudo isso pode ser compreendido recorrendo-se aos princípios de aprendizagem.

### O Processo de Aprendizagem

Nós observamos que Dollard e Miller sugeriram que existem quatro elementos conceituais importantes no processo de aprendizagem: *drive*, pista, resposta e reforço. Vamos agora expandir alguns dos nossos comentários anteriores sobre esses conceitos.

Uma *pista* é um estímulo que orienta a resposta do organismo ao dirigir ou determinar a natureza exata da resposta: "Elas determinam quando ele vai responder, onde ele vai responder e qual resposta ele vai dar" (Dollard e Miller, 1950, p. 32). E podem variar em tipo ou intensidade. Assim, existem pistas visuais e auditivas, mas existem também tênues lampejos de luz e lampejos cegantes de luz. Existem pistas auditivas associadas ao som de uma campainha e pistas auditivas associadas às cordas vocais humanas, mas também existem sons de campainha suaves, quase imperceptíveis, bem como sons de campainha estrondosos e estridentes. A função de pistas dos estímulos pode estar associada à variação da sua intensidade ou tipo, embora, na maioria dos casos, sua variação de tipo atenda a essa função. Qualquer qualidade que torne o estímulo distintivo serve de base para as pistas, e normalmente a capacidade de distinção baseia-se mais facilmente na variação de tipo e não de intensidade. Os estímulos podem operar como pistas não só isoladamente, mas também em combinação. Isto é, a distintividade talvez dependa não da diferença nos estímulos individuais e sim do padrão ou da combinação de vários estímulos diferentes; por exemplo, as mesmas letras individuais podem ser usadas em diferentes combinações para escrever duas ou mais palavras que terão efeitos completamente diferentes sobre o leitor. Nós já sugerimos que qualquer estímulo também pode se tornar um *drive* se for suficientemente intenso. Assim, o mesmo estímulo pode ter valor de *drive* e de pista: ele pode ao mesmo tempo provocar e dirigir o comportamento.

Um papel extremamente importante no processo de aprendizagem deve ser atribuído aos fatores *de resposta*. Conforme Dollard e Miller salientam, antes que uma dada resposta possa ser vinculada a uma determinada pista, ela precisa ocorrer. Portanto, um estágio crucial na aprendizagem do organismo é a produção da resposta apropriada. Em qualquer situação dada, certas respostas serão mais prováveis do que outras. Essa ordem de preferência, ou probabilidade de resposta, quando a situação se apresenta pela primeira vez, é referida como a *hierarquia inicial de respostas*. Se a hierarquia inicial parece ter ocorrido na ausência de qualquer aprendizagem, ela pode ser chamada de *hierarquia inata de respostas*, que já mencionamos como parte do equipamento primitivo do indivíduo. Depois que a experiência e a aprendizagem influenciaram o comportamento do indivíduo nessa situação, a ordem derivada de respostas é chamada de *hierarquia resultante*. Esses conceitos simplesmente nos lembram de que em qualquer ambiente as respostas potenciais que um indivíduo pode apresentar têm uma probabilidade diferente de ocorrer e podem ser classificadas em termos dessa probabilidade.

Com o desenvolvimento, a hierarquia de resposta torna-se intimamente associada à linguagem, porque respostas específicas ficam vinculadas a palavras, e, dessa forma, a fala pode mediar ou determinar a hierarquia específica que vai operar. Assim, a mesma situação referida como "perigosa" ou "divertida" evocará hierarquias de resposta bem diferentes. A hierarquia específica apresentada também é profundamente influenciada pela cultura em que o indivíduo foi socializado, pois cada cultura tem respostas preferidas ou mais prováveis em situações de importância social.

Uma vez que a resposta tenha sido dada, seu destino subseqüente é determinado pelos eventos que se seguem à sua ocorrência. As respostas que conseguirem provocar reforço primário ou secundário terão uma probabilidade maior de ocorrer novamente da próxima vez em que a situação for encontrada. Muitas vezes surge uma situação em que nenhuma das respostas do indivíduo será reforçadora. Essas ocorrências não só levam ao abandono ou extinção do comportamento ineficiente, mas também desempenham um papel crucial no desenvolvimento de novas respostas e uma variedade maior de comportamentos adaptativos. Esses *dilemas de aprendizagem*, conforme chamados por Dollard e Miller, precisam de novas respostas ou invocam outras que estão mais distantes na sua hierarquia, e esse é o dilema de aprender novas respostas. Se as respostas antigas do indivíduo são perfeitamente adequadas para reduzir todas as suas tensões de *drives*, não há razão para produzir novas respostas, e seu comportamento não se modifica.

### *Drive* Secundário e o Processo de Aprendizagem

Já vimos que o bebê nasce com uma variedade limitada de *drives* primários que, com o crescimento e a experiência, se transformam em um sistema complexo de *drives* secundários. Os processos de aprendizagem subjacentes à aquisição dos *drives* secundários são de modo geral os mesmos, e já foram ilustrados em nossa apresentação anterior de um experimento em que foi adquirido o *drive* aprendido de medo ou ansiedade. Vamos voltar brevemente a uma consideração dos processos pelos quais se desenvolvem esses *drives*.

Os estímulos fortes, como um choque, podem provocar respostas internas intensas, que, por sua vez, também produzem estímulos internos. Os estímulos internos agem como *pistas* para orientar ou controlar as respostas subseqüentes, e servem como um *drive* que ativa o organismo e mantém a pessoa ativa até que ocorra um reforço, ou algum outro processo, como a fadiga, intervenha. As respostas manifestas que resultam no reforço são aquelas que serão aprendidas. Uma pista previamente neutra, que ocorreu regularmente em conjunção com um estímulo produtor de *drive*, pode-se tornar capaz de provocar parte das respostas internas inicialmente só eliciadas pelo *drive*. As respostas internas aprendidas passam a acionar automaticamente estímulos *drives*. Foi estabelecido um *drive* secundário que vai motivar o organismo a uma nova aprendizagem que leva ao reforço, exatamente como os *drives* primários.

Dollard e Miller afirmam que a força das respostas internas aprendidas que acionam estímulos *drives*, e, portanto, o próprio *drive* adquirido, é uma função dos mesmos fatores que determinam a força da conexão E-R ou hábito. Assim, a intensidade do *drive* primário envolvido no reforço que leva à resposta interna produtora de *drive* e o número e o padrão de tentativas reforçadas são determinantes importantes da sua intensidade. Se, no nosso experimento ilustrativo, são empregados um choque leve e poucas tentativas, o rato vai desenvolver um medo bem menor da campainha do que se empregarmos um choque forte e uma longa série de tentativas. O gradiente de generalização de estímulo também se aplica. A resposta de medo vai-se generalizar para pistas que se assemelham à pista aprendida, com as pistas mais parecidas sendo as mais temidas. Em geral, as situações em que a resposta produtora de *drive* não é seguida por reforço levarão gradualmente à extinção da resposta. Ela também pode ser eliminada por um processo conhecido como *contracondicionamento*, em que uma resposta incompatível é condicionada à mesma pista. Se, por exemplo, um estímulo produtor de medo é emparelhado com um evento agradável, como comer, ele pode perder sua capacidade de agir como um estímulo condicionado para a reação de medo (pelo menos se o medo for relativamente leve) e tornar-se, em vez disso, uma pista para a resposta de comer.

Os estímulos associados aos *drives* adquiridos podem servir como pistas, como qualquer outro estímulo. O indivíduo pode aprender a responder com a palavra "medo" em situações que evocam medo, isto é, a rotular o *drive* secundário, e esta pista produzida pela resposta vai então mediar para a presente situação a transferência de respostas aprendidas na situação original que produziu medo. Essa transferência, envolvendo uma resposta que serve como pista, chama-se *generalização secundária*. Os indivíduos podem aprender a discriminar diferentes intensidades de estimulação *drive*, exatamente como no caso de um estímulo diferente, de modo que o valor de pista do *drive* adquirido pode depender da intensidade do *drive*.

Resumindo: as respostas internas que produzem estímulos *drive* podem associar-se a pistas novas e originalmente neutras, segundo os mesmos princípios de aprendizagem que governam a formação e a dissolução de outros hábitos. Os estímulos *drive* que essas respostas internas condicionadas acionam funcionam como qualquer outra pista e podem provocar, por exemplo, respostas que foram aprendidas em outras situações em que os mesmos estímulos *drive* foram provocados. Finalmente, esses estímulos produzidos por respostas servem como um *drive* secundário no sentido de que vão instigar ou impelir o organismo a responder, e sua redução vai reforçar ou fortalecer as respostas associadas à redução. Em outras palavras, os *drives* secundários operam exatamente como os *drives* primários.

## Processos Mentais Superiores

As interações do indivíduo com o ambiente são de dois tipos: as dirigidas e orientadas por uma única pista ou situação-pista, e as mediadas por processos internos. É esta última classe de respostas que nos interessa aqui, as mediadas pelas *respostas produtoras de pistas*. Seguindo Hull, Dollard e Miller distinguiram entre as respostas instrumentais (que possuem algum efeito imediato sobre o ambiente) e as produtoras de pistas, cuja principal função é mediar ou mostrar o caminho para uma outra resposta. Obviamente, a linguagem está envolvida na maioria das respostas produtoras de pistas, embora não necessariamente a linguagem falada.

Uma das mais importantes respostas produtoras de pistas é rotular ou nomear eventos e experiências. O indivíduo pode imediatamente aumentar a generalização ou a transferência entre duas ou mais situações-pista ao identificá-las como tendo o mesmo rótulo. Por exemplo, ao identificar duas situações completamente diferentes como "ameaçadoras", o indivíduo pode aumentar imensamente a probabilidade de se comportar da mesma maneira em ambas as situações. Ou o indivíduo pode discriminar aguçadamente duas situações semelhantes, dando-lhes nomes diferentes; por exemplo, duas pessoas que são objetivamente muito parecidas podem ser rotuladas respectivamente como "amiga" e "inimiga", e o indivíduo responderá a elas de maneiras bem diferentes. Dentro de qualquer cultura, encontramos generalizações e discriminações críticas que são enfatizadas e assim facilitadas pela estrutura da linguagem. Esse princípio é ilustrado pelos exemplos freqüentemente repetidos de tribos em que um determinado produto, como gado ou cocos, é muito importante e em que a língua contém um número imenso de rótulos diferenciados para tais objetos.

As palavras não servem apenas para facilitar ou inibir a generalização, mas elas também têm a importante função de despertar os *drives*. Ademais, as palavras podem ser usadas para recompensar ou reforçar. E, mais importante de tudo, elas servem como mecanismos de união temporal, permitindo que o indivíduo instigue ou reforce os comportamentos presentes em termos de conseqüências que estão localizadas no futuro, mas que são suscetíveis à representação verbal no presente. É claramente a intervenção verbal na seqüência *drive*-pista-resposta-reforço que torna o comportamento humano tão complexo e difícil de compreender e, ao mesmo tempo, explica grande parte da diferença entre os seres humanos e as espécies inferiores.

O raciocínio é, essencialmente, o processo de substituir atos manifestos por respostas internas, produtoras de pistas. Como tal, ele é imensamente mais eficiente do que a tentativa e erro manifestos. Ele não só tem a função de testar simbolicamente as várias alternativas, mas também possibilita respostas antecipatórias que podem ser mais efetivas do que qualquer uma das alternativas de resposta manifesta originalmente disponíveis. Por meio das respostas produtoras de pistas (pensamentos), é possível partir da situação-meta e trabalhar retrospectivamente até identificar a resposta instrumental correta, um feito que normalmente não seria possível na aprendizagem motora. O planejamento é uma variedade especial de raciocínio, em que a ênfase está na ação futura.

Para que ocorram o raciocínio ou o planejamento, o indivíduo precisa primeiro ser capaz de inibir ou atrasar a resposta instrumental direta à pista e ao estímulo *drive*. É essa inibição que oferece às respostas produtoras de pista uma oportunidade de operar, e essa resposta de "não responder" deve ser aprendida exatamente como qualquer outra resposta nova. Também é necessário que as respostas produtoras de pista sejam eficientes, realistas e, finalmente, que levem a atos instrumentais ou manifestos apropriados.

A capacidade de usar a linguagem e outras pistas produzidas por respostas é grandemente influenciada pelo contexto social em que o indivíduo se desenvolve. Nas palavras de Dollard e Miller:

> "As soluções de problemas penosamente alcançadas durante séculos de tentativa e erro, e pela ordem superior de raciocínio criativo por gênios raros, são preservadas e acumulam-se como parte da cultura . . . As pessoas recebem uma imensa quantidade de treinamento social ao juntar palavras e sentenças de maneiras que conduzam à solução adaptativa de problemas." (1950, p. 116)

É um ato raro e criativo criar o teorema de Pitágoras, mas não é uma façanha tão grande assim aprendê-lo no momento e no lugar apropriados quando ele já é conhecido. Assim, a linguagem é o meio pelo qual a sabedoria do passado é transmitida para o presente.

Em vista da imensa importância da linguagem, é muito apropriado que a criança seja treinada para prestar atenção e responder às pistas verbais e eventualmente produzi-las. O uso de símbolos verbais para a comunicação com outras pessoas presumivelmente precede seu uso no pensamento, e grande parte das interações da criança com seu ambiente tem relação com como produzir essas pistas em circunstâncias apropriadas e como entender as que são produzidas pelos outros.

A linguagem é um produto social. Se atribuímos significado ao processo de linguagem, parece razoável que o meio social no qual o indivíduo funciona tenha importância. Vamos examinar agora esse fator.

## O Contexto Social

É muito provável que qualquer teoria ou teórico influenciado pela antropologia social saliente o papel dos determinantes socioculturais do comportamento, e a presente teoria não é nenhuma exceção a essa regra. Dollard e Miller enfatizam consistentemente o fato de que o comportamento humano só pode ser compreendido com uma completa apreciação do contexto cultural em que ocorre. A psicologia da aprendizagem nos proporciona um entendimento dos *princípios de aprendizagem*, mas o antropólogo social ou seu equivalente nos proporciona as *condições de aprendizagem*. E ambas as especificações são igualmente importantes para um pleno entendimento do desenvolvimento humano:

> "Nenhum psicólogo se arriscaria a predizer o comportamento de um rato sem saber em que braço do labirinto em forma de T a comida ou o choque estão situados. É igualmente difícil predizer o comportamento de um ser humano sem conhecer as condições de seu 'labirinto', isto é, a estrutura de seu ambiente social. A cultura, conforme concebida pelos cientistas sociais, é um relato do planejamento do labirinto humano, do tipo de recompensa envolvida e das respostas que são recompensadas. Nesse sentido, ela é uma receita para a aprendizagem. Essa afirmação é facilmente aceita quando comparamos sociedades muito variadas. Mas, inclusive, dentro da mesma sociedade, os labirintos percorridos por dois indivíduos podem parecer iguais e ser na verdade bem diferentes . . . Nenhuma análise de personalidade de duas . . . pessoas diferentes pode ser acurada se não levar em conta as diferenças culturais, isto é, diferenças nos tipos de resposta em que foram recompensados." (Miller & Dollard, 1941, p. 5-6)

Conforme essa passagem implica, o teórico da aprendizagem enriquece os dados do antropólogo social, oferecendo princípios que ajudam a explicar sistematicamente a importância dos eventos culturais, enquanto o antropólogo oferece ao teórico da aprendizagem as informações necessárias para ele ajustar seus princípios à experiência real dos sujeitos humanos. Em certo sentido, esse ponto de vista argumenta que a definição empírica das variáveis psicológicas é impossível sem o conhecimento e os dados do antropólogo.

Assim, a posição de Dollard e Miller concede uma espécie de generalidade transcultural aos princípios da aprendizagem (ou pelo menos a alguns deles), mas, ao mesmo tempo, garante, e até enfatiza, que a forma exata do comportamento apresentado por um dado indivíduo será imensamente influenciada pela sociedade da qual ele é membro.

## Estágios Críticos de Desenvolvimento

Dollard e Miller supõem que o conflito inconsciente, aprendido na maior parte durante o período de bebê e da infância, é a base da maioria dos problemas emocionais graves posteriores. Eles concordam com os teóricos psicanalíticos que as experiências dos primeiros seis anos de vida são determinantes cruciais do comportamento adulto.

É importante perceber que o conflito neurótico não só é aprendido pela criança, mas também é aprendido primariamente como resultado das condições criadas pelos pais. A infeliz capacidade dos pais de prejudicar o desenvolvimento da criança origina-se em parte do fato de que as prescrições culturais referentes à criança são contraditórias ou descontínuas e, em parte, do fato de que a criança, durante o período de bebê, não está bem equipada para lidar com as exigências de aprendizagem complexas, mesmo que sejam consistentes. Assim, a sociedade exige que a criança seja agressiva em certas situações e submissa em outras situações bem parecidas, uma discriminação difícil, no melhor dos casos. Pior de tudo, essa exigência pode ser feita em um momento em que a criança ainda não domina todas as funções simbólicas da linguagem, de modo que as discriminações podem simplesmente superar sua capacidade de aprendizagem, com resultante frustração e perturbação emocional. Um conjunto semelhante de condições esmagadoras pode ocorrer na idade adulta em circunstâncias excepcionais como a guerra. Como poderia ser esperado, tais condições freqüentemente levam à neurose.

Um aspecto crucial da experiência infantil é o extremo desamparo da criança. É principalmente no período de bebê que ela é mais ou menos incapaz de manipular seu ambiente e assim é vulnerável às devastações de estímulos *drive* impelidores e às frustrações esmagadoras. No processo comum de desenvolvimento, a pessoa desenvolve mecanismos para evitar situações extremamente frustrantes. No período de bebê, a criança não tem escolha a não ser experienciá-las:

"Não surpreende, então, que ocorram agudos conflitos emocionais na infância. O bebê não aprendeu a esperar, não conhece as rotinas inescapáveis do mundo; a ter esperança, e assim assegurar a si mesmo que os momentos bons voltarão e os ruins passarão; a raciocinar e a planejar, e assim escapar da confusão presente, construindo o futuro de uma maneira controlada. Em vez disso, a criança é impelida de forma urgente, desesperada e sem planejamento, vivendo momentos de sofrimento eterno e depois descobrindo-se subitamente mergulhada em interminável bem-aventurança. A criança pequena é necessariamente desorientada, confusa, tem delírios e alucinações – em resumo, tem exatamente aqueles sintomas que reconhecemos como psicose no adulto. O período de bebê, na verdade, pode ser visto como um período de psicose temporária. Os *drives* selvagens dentro do bebê o impelem à ação. Esses *drives* não são modificados pela esperança ou pelo conceito de tempo. Os processos mentais superiores (o Ego) não podem fazer seu trabalho benigno de confortar, orientar o esforço e organizar o mundo em uma seqüência planejada. O que se foi pode nunca retornar. O sofrimento presente pode jamais acabar. Essas são as circunstâncias tumultuadas em que podem ser criados graves conflitos mentais inconscientes. Somente quando a criança foi ensinada a falar e a pensar em um nível bem elevado é que o impacto do caráter bruto e drástico dessas circunstâncias pode ser reduzido." (Dollard & Miller, 1950, p. 130-131)

Consistente com essa visão é a prescrição de que durante os primeiros estágios da vida, o principal papel dos pais é manter os estímulos *drive* em um nível baixo. Os pais devem ser permissivos, gratificadores e devem fazer poucas exigências de aprendizagem até a criança desenvolver habilidades de linguagem.

Todas as culturas fazem exigências aos indivíduos que vivem dentro delas, mas algumas dessas exigências tendem particularmente a produzir conflitos e perturbação emocional. Dollard e Miller identificam quatro situações em que a prescrição cultural, conforme interpretada pelos pais, tende especialmente a ter conseqüências desastrosas para o desenvolvimento normal: a situação de ser alimentado no período de bebê, o treinamento esfincteriano ou o abandono das fraldas, o treinamento sexual inicial e o treinamento para o controle da raiva e da agressão.

Dollard e Miller sugerem que sua análise dessas situações conflitantes é uma reafirmação das formulações de Freud em termos de seu (deles) esquema conceitual. Por essa razão, não tentaremos reproduzir aqui tudo o que eles têm a dizer sobre tais estágios críticos, só examinaremos brevemente sua análise da situação de alimentação para ilustrar como eles utilizam conceitos de aprendizagem nesse ambiente. O importante é que o leitor compreenda que essa teoria acredita que os eventos iniciais do desenvolvimento são de central importância em seus efeitos sobre o comportamento e, além disso, que a operação desses eventos é vista como perfeitamente consistente com o processo de aprendizagem que já delineamos.

Os estímulos *drive* associados à fome estão entre os primeiros fortes impulsores à atividade aos quais o indivíduo é exposto. Conseqüentemente, as técnicas que o indivíduo desenvolve para reduzir ou controlar esses estímulos têm um papel importante como um modelo para os artifícios usados posteriormente na vida para reduzir outros estímulos fortes. Nesse sentido, a teoria propõe que a situação de alimentação serve como um modelo em pequena escala que, em parte, determina os ajustamentos em grande escala do adulto. Assim, Dollard e Miller sugerem que a criança que chora quando está com fome e descobre que isso leva à alimentação pode estar dando os passos iniciais que resultarão em uma orientação ativa e manipulativa para a redução do *drive*. Por outro lado, a criança que é deixada "chorando até cansar" pode estar estabelecendo a base para uma reação passiva e apática diante de fortes estímulos *drive*. Além disso, se permitimos que os estímulos de fome aumentem sem restrição, a criança pode passar a associar um leve estímulo de fome aos estímulos intensamente dolorosos e esmagadores que experienciou subseqüentemente em tantas ocasiões e, dessa maneira, pode "reagir exageradamente" a estímulos *drive* relativamente leves: os estímulos *drive* leves adquiriram uma força de *drive* secundário equivalente aos estímulos *drive* muito intensos. Uma outra conseqüência perigosa de se permitir que a criança seja exposta a intensos estímulos *drive* de fome é que isso pode resultar no medo de ficar sozinha. Se, quando uma criança está sozinha, ela é exposta a estímulos de fome muito dolorosos e se os estímulos só diminuem quando a mãe finalmente aparece, pode acontecer que esse reforço forte (redução do estímulo de fome) habitue a resposta que precede imediatamente o aparecimento da mãe – uma resposta de medo. Assim, no futuro, quando a criança ou o adulto estiver só, vai responder com essa resposta de medo previamente reforçada e logo apresentará um padrão típico de medo do escuro ou de ficar sozinho.

Talvez o aspecto mais importante da situação de alimentação seja que seu relativo sucesso pode ter muita relação com as futuras relações interpessoais. Isso decorre do fato de que a experiência de alimentação é associada com a primeira relação interpessoal íntima – a relação entre a mãe e a criança. Se a alimentação é bem-sucedida e caracterizada pela redução e gratificação pulsional, a criança passa a associar esse estado agradável à presença da mãe, e tal relação, por um *processo de generalização de estímulo*, passa a ser vinculada a outras pessoas, de modo que sua presença se torna uma meta ou uma recompensa secundária. Se a alimentação não é bem-sucedida e é acompanhada por sofrimento e raiva, podemos esperar o contrário. O desmame e as perturbações digestivas tendem especialmente a ter conseqüências danosas para a criança à medida que introduzem sofrimento e desconforto na situação e complicam uma situação de aprendizagem que já exige a capacidade total do bebê.

Um adendo interessante a essa análise da situação de alimentação é oferecido pelos resultados de alguns experimentos muito engenhosos realizados com macacos por Harry Harlow e seus colegas (ver Harlow, 1958; Harlow & Zimmerman, 1959) depois do aparecimento do volume de Dollard e Miller. Harlow duvidou de suas suposições sobre a importância da alimentação no relacionamento desenvolvente mãe-bebê e sugeriu que o contato corporal era muito mais importante. As evidências apoiaram as idéias de Harlow em experimentos em que bebês macacos foram criados em completo isolamento, exceto pela presença de duas "mães" inanimadas. Uma das mães era feita de arame e segurava a mamadeira da qual os bebês obtinham toda a sua nutrição, e a outra era acolchoada com um tecido felpudo e oferecia uma superfície aquecida e confortável à qual os jovens macacos podiam se agarrar. Os jovens animais passavam grande parte do tempo em contato físico com sua mãe substituta de tecido felpudo ou brincando perto dela. Quando assustados, eles buscavam sua proteção e comportavam-se em relação à estrutura de pano macio de maneira semelhante à dos macacos bebês em relação às suas mães reais. A "mãe" de arame, em claro contraste, era quase completamente ignorada quando os macacos não estavam se alimentando.

O que deve ser observado nesses achados é que eles não contestam a forma essencial do relato de Dollard e Miller sobre o desenvolvimento de apegos afetuosos. Eles realmente sugerem que ao especificar as *condições* de aprendizagem, Dollard e Miller podem ter exagerado a importância da redução da fome e da sede e subestimado a significação dos atos da mãe de embalar, acariciar e abraçar seu bebê enquanto ela está amamentando ou cuidando dele de alguma outra maneira.

## APLICAÇÕES DO MODELO

A abordagem de Dollard e Miller revelou-se provocativa e útil em vários domínios. De particular interesse, contudo, é a sua aplicação a processos dinâmicos previamente explicados pela psicanálise. Nesta seção, examinaremos a aplicação dos princípios de aprendizagem de E-R a quatro desses processos: processos inconscientes, conflito, aquisição de neuroses e psicoterapia. Um quinto processo, o deslocamento, é discutido subseqüentemente como uma ilustração das pesquisas características de Dollard e Miller.

### Processos Inconscientes

Nós observamos que Dollard e Miller apresentam a linguagem como desempenhando um papel crucial no desenvolvimento humano. Em vista disso, é muito natural que aqueles determinantes do comportamento que eludem a linguagem, ou são inconscientes, desempenhem um papel central nas perturbações comportamentais. A teoria é muito consistente com formulações psicanalíticas ao aceitar fatores inconscientes como determinantes importantes do comportamento; entretanto, o relato oferecido por Dollard e Miller da origem desses processos inconscientes mostra pouca semelhança com a versão freudiana.

Os determinantes inconscientes podem ser divididos nos que nunca foram conscientes e nos que foram, mas não são mais. Na primeira categoria, estão incluídos todos aqueles *drives*, respostas e pistas aprendidos antes do advento da fala e que, conseqüentemente, não foram rotulados. Também fazem parte desse grupo certas áreas de experiência para as quais a nossa sociedade dá nomes insuficientes ou inadequados. As pistas e as respostas cinestésicas e motoras geralmente são ignoradas pelos rótulos convencionais e, por essa razão, não são facilmente discutidas e podem ser consideradas amplamente inconscientes. Em uma linha semelhante, certas áreas de experiências sexuais e outros tipos de experiências-tabu geralmente não são acompanhadas por designações apropriadas e acabam sendo muito mal representadas na consciência. Na segunda categoria, estão todas aquelas pistas e respostas que anteriormente eram conscientes, mas que pela repressão se tornaram inacessíveis à consciência. O processo envolvido na primeira categoria está suficientemente claro, e é ao fenômeno da repressão que dedicaremos a nossa atenção.

A repressão é o processo de evitar certos pensamentos, e essa esquiva é aprendida e motivada exatamente da mesma maneira que qualquer outra resposta aprendida. Nesse caso, a resposta de *não pensar* em certas coisas leva à redução do *drive* e ao reforço, tornando-se uma parte-padrão do repertório do indivíduo. Existem certos pensamentos ou memórias que adquiriram a capacidade de despertar medo (estímulos *drive* secundários), e a resposta de não pensar ou deixar de pensar neles leva a uma redução nos estímulos de medo; portanto, a resposta de não pensar é reforçada. Enquanto, na aprendizagem inicial, o indivíduo primeiro pensa no ato ou evento temido e depois experiencia o medo e abandona o pensamento com o conseqüente reforço, após a experiência, a resposta de não pensar torna-se antecipatória e ocorre antes de o indivíduo chegar a reconstruir o evento ou o desejo. Não pensar, como uma resposta antecipatória, não só mantém fora da consciência os pensamentos que despertam medo, mas também interfere com o processo de extinção normal. Isto é, se a resposta não chega a ocorrer, ela dificilmente pode ser extinta,

mesmo que a fonte original de reforço já tenha desaparecido.

Dollard e Miller acreditam que a repressão existe em um contínuo, variando de uma leve tendência a não pensar sobre certas coisas à mais forte esquiva do material ameaçador. Eles também consideram que as origens dessa tendência podem ser encontradas no treinamento infantil, que freqüentemente tende a produzir medo de certos pensamentos. Depois que se desenvolve o medo do pensamento, o processo de repressão é facilmente compreensível em termos da redução dos estímulos *drive* por não pensar. As crianças são freqüentemente punidas pelo uso de certas palavras-tabu; assim, apenas o símbolo verbal falado é suficiente para provocar a punição sem o ato. Ou a criança pode anunciar sua intenção de fazer algo errado e ser punida antes de cometer qualquer ato. Em outros casos, a criança pode pensar certas coisas que nem sequer expressa verbalmente, mas que os pais inferem corretamente a partir do comportamento expressivo ou de outras pistas, e pelas quais punem a criança. A criança muitas vezes é punida por atos executados no passado, de modo que a punição acompanha o pensamento sobre o ato e não o ato em si. Todas essas e outras experiências tendem a criar uma generalização do ato ou do comportamento manifesto que leva à punição ao mero pensamento ou representação simbólica do ato. O indivíduo não só pode generalizar do ato manifesto para o pensamento, mas também discriminar entre os dois. No indivíduo bem-ajustado, esse é um processo extremamente importante e eficiente: ele percebe que certos pensamentos jamais devem ser expressos em determinados contextos, mas sente-se relativamente livre para ter esses pensamentos privadamente.

A extensão e a gravidade da repressão dependem de muitos fatores, entre os quais as possíveis variações na força inata da resposta de medo, o grau de dependência em relação aos pais, e, portanto, a intensidade da ameaça de perda do amor à qual a criança pode ser exposta e a gravidade dos traumas ou situações amedrontadoras experienciados pela criança.

A importância crucial da consciência relaciona-se com o significado dos rótulos verbais no processo de aprendizagem, especialmente em relação à operação dos processos mentais superiores. Nós já indicamos que os processos de generalização e discriminação podem ser tornados mais eficientes por meio dos símbolos verbais, e se a nomeação é eliminada, o indivíduo claramente passa a operar em um nível intelectual mais primitivo. Assim, a pessoa se torna mais concreta e presa ao estímulo, e seu comportamento fica parecido com o da criança ou do organismo inferior, em que o papel mediador da linguagem não é muito desenvolvido.

## Conflito

Nenhum ser humano opera tão efetivamente que todas as suas tendências sejam congruentes e bem-integradas. Portanto, todas as teorias da personalidade precisam lidar, direta ou indiretamente, com os problemas trazidos para o organismo por motivos ou tendências conflitantes. O comportamento de conflito é representado por Miller e Dollard em termos de cinco suposições básicas que são extensões dos princípios que já discutimos.

Eles supõem, *primeiro*, que a tendência a aproximar-se de uma meta fica mais forte à medida que o indivíduo se aproxima dela. Isso é conhecido como o *gradiente de aproximação. Segundo,* eles supõem que a tendência a evitar um estímulo negativo torna-se mais forte à medida que o indivíduo se aproxima do estímulo. Isso é referido como o *gradiente de esquiva.* Essas suposições podem ser derivadas primariamente do princípio de generalização de estímulo, que já descrevemos. A *terceira* suposição é que o gradiente de esquiva tem um grau de inclinação maior do que o gradiente de aproximação. Isso implica que o ritmo em que as tendências de esquiva aumentam com a aproximação da meta é mais rápido do que o ritmo em que as tendências de aproximação aumentam nas mesmas condições. *Quarto*, supõe-se que um aumento no *drive* associado à aproximação ou à esquiva vai aumentar o nível geral do gradiente. Assim, ainda haverá um aumento na força da aproximação ou da esquiva conforme a meta se aproximar, mas essas tendências agora terão uma força maior em cada estágio da abordagem. *Quinto*, supõe-se que quando existem duas respostas concorrentes, vai ocorrer a mais forte. Dadas essas suposições, além dos conceitos que já discutimos, Miller e Dollard são capazes de derivar predições sobre como vai responder um indivíduo que se depara com os vários tipos de conflito.

Um dos mais importantes tipos de conflito relaciona-se com a oposição entre as tendências de aproximação e esquiva despertadas simultaneamente pelo mesmo objeto ou situação. Digamos que um jovem se sente fortemente atraído por uma mulher e, no entanto, fica embaraçado e pouco à vontade (com medo) na sua presença. Como as três primeiras suposições nos dizem, a resposta de esquiva (afastar-se da mulher) diminui mais bruscamente do que a resposta de aproximação à medida que o sujeito se afasta da meta (mulher). Isso está representado graficamente na Figura 13.2 (ver p. 440), em que as linhas tracejadas, representando as respostas de esquiva, estão em um ângulo mais agudo do que as linhas sólidas que representam as respostas de aproximação. Portanto, a tendência de esquiva pode ser maior ou mais intensa do que a resposta de aproximação perto da meta (mulher). Quando o sujeito se afastou uma certa distância (no diagrama, até um ponto além da interseção dos gradientes), a resposta de aproximação será mais forte do que a resposta de esquiva (tendo-se afastado da mulher, ele pode telefonar ou escrever para marcar um outro encontro). É no ponto em que os dois gradientes se intersecionam (digamos, quando o homem entra na sala em que está a mulher), que o indivíduo deve mostrar o máximo de hesitação e conflito, pois é aqui que as duas respostas concorrentes estão aproximadamente equilibradas. Quando a resposta de aproximação é mais forte do que a resposta de esquiva, o indivíduo vai-se aproximar sem conflito, e vice-versa quando a resposta de esquiva é mais forte. É somente quando as duas têm uma força igual que o indivíduo terá dificuldade para dar uma resposta apropriada.

Se a resposta de aproximação ou de esquiva tiver sua força aumentada, isso terá o efeito de elevar todo o nível daquele gradiente, conforme mostra o diagrama nos gradientes superiores de aproximação e esquiva. Isso naturalmente levará a um ponto diferente de interseção entre os dois gradientes. Assim, se a tendência de aproximação fica mais forte, os dois gradientes terão seu ponto de interseção mais perto da meta, o que implica que o indivíduo chegará mais perto da meta antes de hesitar em conflito. Quanto mais perto ele chegar da meta, mais forte será a resposta de esquiva, e mais intenso será seu conflito. Isto é, quanto mais perto ele chegar da mulher, mais atraído e, ao mesmo tempo, mais pouco à vontade e embara-

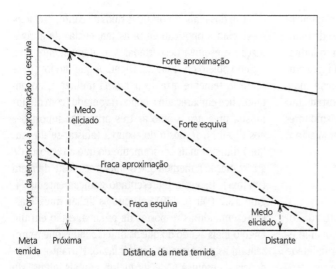

**FIGURA 13.2** Representação gráfica de situações de conflito. (Adaptada de Miller, 1951b.)

çado ele se sente. Inversamente, se a tendência de aproximação se enfraquecer (se ele passar a gostar menos da mulher), ele não chegará tão perto da meta antes que os gradientes se intersecionem (ele não vai ao encontro marcado com a mulher), e seu conflito ou perturbação serão menores, porque a intensidade das respostas de esquiva e de aproximação será menor nesse ponto. Se a tendência de esquiva aumentar (se seu desconforto aumentar), isso resultará nos dois gradientes intersecionando-se em um ponto mais distante da meta (ele pode pensar a respeito, mas não vai marcar um novo encontro) e na redução da intensidade do conflito. Em geral, quanto mais perto da meta está o ponto de interseção dos dois gradientes, mais fortes são as duas tendências concorrentes e maior o conflito. Devemos observar que, se a força da resposta de aproximação puder ser aumentada a ponto de ser mais forte do que a da resposta de esquiva na meta (na Figura 13.2 isso é representado pelos gradientes de forte aproximação e fraca esquiva), o indivíduo irá diretamente à meta e o conflito será superado. Assim, se o homem estiver tão atraído pela mulher que conseguir ficar perto dela mesmo pouco à vontade, o conflito eventualmente se resolverá.

A generalização de resposta também pode determinar o que um indivíduo faz quando se depara com um conflito de aproximação-esquiva. Dollard e Miller sugeriram várias vezes que as mesmas suposições feitas sobre a generalização de estímulo também podem valer para a generalização de resposta: que o gradiente de aproximação de respostas com graus variados de semelhança com aquela provocada pelos estímulos instigadores diminui mais rapidamente do que o gradiente de esquiva. Assim, uma criança pode ficar extremamente furiosa com os pais por eles terem proibido alguma atividade favorita, mas sentir muito medo ou culpa para expressar diretamente a agressão, dizendo palavrões ou atacando-os fisicamente. Entretanto, as tendências de esquiva da criança podem diminuir o suficiente para permitir que ela mostre seu desagrado indiretamente, indo para o seu quarto, pisando com força e batendo a porta.

Um segundo tipo de conflito é encontrado quando um indivíduo se depara com duas respostas concorrentes de esquiva. Por exemplo, um garotinho pode estar com medo de subir em alguma coisa e, ao mesmo tempo, não quer que os companheiros o chamem de covarde. Assim, quanto mais perto ele chegar da meta (quanto mais alto ele subir), mais forte será a resposta de esquiva e mais provável que ele recue. Entretanto, quanto mais ele recua mais se aproxima da outra meta (ser chamado de covarde), e a segunda resposta de esquiva aumenta enquanto a primeira diminui. Assim, a criança vai demonstrar vacilação, indo de uma meta para outra, isto é, subindo até uma certa altura e depois descendo. Se a força de uma das respostas de esquiva aumentar, isso mudará o ponto de interseção, de modo que o lugar de onde a criança vai recuar da sua meta ficará mais distante. Isso também vai aumentar a intensidade do conflito, pois os dois gradientes estarão mais fortes no ponto de interseção. Novamente, se uma das respostas for mais forte do que a outra na meta, a criança simplesmente continuará a recuar da situação mais temida até terminar a situação concorrente e o conflito ser superado: ou ela sobe até a altura necessária ou aceita o fato de que vai ser chamada de covarde.

Miller e Dollard não acham que a competição entre duas respostas de aproximação represente um dilema realista. Eles salientam que, quando o indivíduo começa a aproximar-se de uma das metas positivas, a força dessa reposta vai aumentar (de acordo com a primeira suposição) e a força da resposta concorrente vai diminuir. Portanto, o indivíduo irá diretamente para esta meta. Mesmo que a pessoa comece exatamente dividida entre as duas metas, as variações na situação-estímulo ou dentro do organismo vão alterar levemente esse equilíbrio, e, quando isso acontecer, ela continuará aproximando-se da meta mais próxima. Quando a pessoa parece estar em conflito entre duas alternativas positivas, sempre existem respostas de esquiva ocultas ou latentes.

Para uma descrição mais detalhada da teoria do conflito, o leitor deve consultar Miller (1944, 1951b, 1959), onde estão resumidos vários estudos experimentais que testaram derivações dessa posição. Em geral, os resultados desses estudos oferecem sólidas evidências da utilidade da teoria em questão.

## Como as Neuroses São Aprendidas

Dollard e Miller compartilham com os teóricos psicanalíticos uma permanente preocupação com o indivíduo neurótico. Conseqüentemente, eles dedicam uma porção substancial da sua teoria às condições que levam ao desenvolvimento das neuroses e aos procedimentos psicoterapêuticos que podem ser usados para superá-las.

No âmago de todas as neuroses, está um forte conflito inconsciente, cujas origens quase sempre podem ser encontradas na infância do indivíduo. "Os conflitos neuróticos", afirmam Dollard e Miller, "são ensinados pelos pais e aprendidos pelos filhos" (1950, p. 127). Nós já descrevemos as quatro situações críticas de treinamento que se emprestam tão facilmente a um manejo errado por parte dos pais e estabelecem

as bases de futuros problemas: a situação de alimentação, o treinamento esfincteriano ou o abandono das fraldas, o treinamento sexual e o treinamento do controle da agressão. Com muita freqüência, a criança desenvolve uma profunda ansiedade ou culpa pela expressão de suas necessidades básicas nessas áreas, e estabelece-se um conflito que tende a continuar de alguma forma na vida adulta.

Exatamente como o animal experimental do nosso estudo de laboratório aprende uma resposta instrumental dentro da sua capacidade que lhe permite escapar de estímulos que provocam ansiedade, o ser humano em um conflito de vida real tenta escapar ou evitar sentimentos de ansiedade e culpa por meio de algum tipo de "resposta instrumental". Um modo de reação bastante disponível e, portanto, freqüentemente usado é "não pensar". O indivíduo reprime as memórias e os pensamentos capazes de deixá-lo ansioso ou culpado e recusa-se a tentar compreender seu conflito e as circunstâncias que o provocaram. Ele sabe que alguma coisa está errada e freqüentemente sente-se miserável, mas não entende (porque não quer) por quê.

Uma vez que os conflitos neuróticos são inconscientes, o indivíduo não pode usar suas capacidades solucionadoras de problema para resolvê-los ou para reconhecer que as condições que o levaram ao conflito talvez nem existam mais. Por exemplo, o adulto constantemente ameaçado pelos pais em seus primeiros anos com a perda do amor e da aprovação ao menor sinal de raiva em relação a eles pode inibir tão completamente qualquer expressão de agressão que jamais descobrirá que os outros não compartilham dessas atitudes parentais. À medida que os conflitos permanecem inconscientes, é provável que continuem existindo e levem ao desenvolvimento de outras reações ou *sintomas*. Esses sintomas podem ser as conseqüências bem diretas do tumulto emocional causado pelo conflito, mas freqüentemente são comportamentos que permitem aos indivíduos um escape temporário de seus medos e ansiedades. Conforme Dollard e Miller descrevem:

"Embora de certo modo superficiais, os sintomas do neurótico são os aspectos mais óbvios de seus problemas. O paciente os conhece bem e sente que deveria livrar-se deles. As fobias, as inibições, as esquivas, as compulsões, as racionalizações e os sintomas psicossomáticos do neurótico são experienciados como um inconveniente, por ele e por todos que têm de lidar com ele ... (Ele) acredita que os sintomas são o seu transtorno. É deles que ele quer se ver livre e, não sabendo que por trás deles existe um sério conflito, gostaria de limitar (qualquer) discussão terapêutica a se ver livre dos sintomas.

"Os sintomas não resolvem o conflito básico em que a pessoa neurótica está mergulhada, mas o mitigam. Eles são respostas que tendem a reduzir o conflito e, em parte, são bem-sucedidos. Quando um sintoma é bem-sucedido, ele é reforçado, porque reduz o sofrimento neurótico. O sintoma é então aprendido como um 'hábito'." (1950, p. 15)

Como uma ilustração das relações entre conflito, repressão, sintomas e reforço, Dollard e Miller apresentaram com bastante detalhes "O Caso da Sra. A". Segue-se uma versão extremamente condensada do caso.

A Sra. A. era uma jovem que buscou ajuda psiquiátrica em virtude de alguns medos que tinham acabado com a paciência do marido e levado-o a ameaçá-la com divórcio. Seu medo mais intenso era que, se ela não contasse os batimentos cardíacos, seu coração pararia. Além disso, ela ficava ansiosa e perturbada em muitos lugares públicos e tinha cada vez mais medo de sair sozinha do apartamento. No decorrer das sessões terapêuticas, a natureza dos problemas da Sra. A. foi-se esclarecendo gradualmente. Seu maior conflito era em relação a sexo. Embora tivesse fortes apetites sexuais, seu treinamento na infância a fizera sentir-se tão culpada e ansiosa em relação a eles que negava qualquer sentimento sexual e só expressava nojo. Embora tentasse conscientemente ser uma boa esposa, ela expressava suas necessidades sexuais indiretamente em comportamentos irresponsáveis, como sair para beber em bares com outras mulheres, mostrando-se quase sedutora. Ela não sabia porque tinha esse comportamento e ficava constantemente surpresa com suas conseqüências.

Uma análise de suas reações fóbicas em locais públicos revelou que, quando saía sozinha, ela inconscientemente ficava temerosa e culpada pela possibilidade de ser sexualmente abordada e não resistir. Seu medo e culpa acerca da tentação sexual diminuíam por voltar para casa ou eram parcialmente evitados por sair acompanhada. A contagem compulsiva dos batimentos cardíacos também servia para manter suas ansiedades sexuais a um mínimo. Qualquer estímulo com conotações sexuais, incluindo os próprios pensamentos, despertavam a ansiedade. Mas esses pensamentos podiam ser banidos ou evitados se ela dedicasse sua atenção aos batimentos cardíacos. Assim que começava a contar, ela já "sentia-se melhor", de modo que o hábito era reforçado pela redução da ansiedade.

Os tipos de sintomas apresentados pela Sra. A. são exemplos de reações *aprendidas* a estados afetivamente desagradáveis. Dollard e Miller sugeriram que, além desse tipo de comportamento aprendido, existem sintomas de natureza psicossomática que são *inatos*. As respostas fisiológicas, mediadas primariamente pelo chamado sistema nervoso autônomo, são provocadas automaticamente por vários estados de *drives* intensos sem ter de ser aprendidas. Essas respostas autônomas inatas são freqüentemente despertadas por *drives* primários, mas também podem ser produzidas por *drives* secundários ou aprendidos. As palmas das mãos úmidas, o estômago embrulhado e o coração disparado do aluno ansioso que vai fazer uma prova importante são exemplos muitos conhecidos.

Há muito tempo acredita-se que, ao contrário das respostas corporais, tais como os movimentos dos braços e das pernas, as reações fisiológicas provocadas pelo sistema nervoso autônomo não estão sob o controle voluntário do indivíduo. As evidências disponíveis para Dollard e Miller também sugeriram que, embora as respostas viscerais e glandulares controladas pelo sistema nervoso autônomo possam ser *classicamente* condicionadas, elas não podem ser *instrumentalmente* condicionadas. O condicionamento instrumental ou operante, conforme observamos anteriormente, é uma forma de aprendizagem em que a ocorrência do reforço é contingente ao aparecimento de uma resposta especificada, e se uma recompensa não se segue à resposta, ela acaba sendo extinta. As respostas autônomas, segundo a visão tradicional aceita por Dollard e Miller, não eram influenciadas por suas conseqüências, não sendo nem reforçadas pela ocorrência de reforços e nem enfraquecidas por sua ausência.

Miller subseqüentemente realizou uma série de estudos em animais cuidadosamente controlados, cujos resultados aparentemente desafiavam essa visão. Um experimento de Miller e Banuazizi (1968), envolvendo respostas viscerais em ratos, é representativo dessas investigações. Dois tipos de respostas internas foram monitorados: ritmo cardíaco e contrações intestinais. Em um grupo de animais, foram escolhidas as contrações intestinais para serem condicionadas. Para metade dos sujeitos, foi dada uma recompensa cada vez que ocorriam contrações espontâneas *acima* de certa amplitude. Para a outra metade, foi dada uma recompensa para as contrações *abaixo* de uma certa magnitude. As contrações *aumentaram* sistematicamente no decorrer do treinamento nos sujeitos recompensados por respostas de grande amplitude, e *diminuíram* naqueles recompensados por respostas pequenas. Nenhuma mudança sistemática no ritmo cardíaco foi encontrada nos dois grupos. Em um outro grupo de animais, houve uma ocorrência espontânea de um ritmo cardíaco rápido ou lento na direção apropriada, mas nenhuma nas contrações intestinais. A limitação do efeito do condicionamento ao tipo específico de resposta que foi seguida pelo reforço foi considerada uma evidência impressionante de que as respostas autônomas podem ser instrumentalmente condicionadas da mesma maneira que as respostas corporais.

Esses achados revolucionários, sugerindo que a resposta autônoma pode ser instrumentalmente condicionada, ergueram várias possibilidades interessantes. Conforme Miller (1969) salientou, os sintomas psicossomáticos no ser humano poderiam ser aprendidos exatamente como outros sintomas. Uma possibilidade ainda mais fascinante é que as técnicas de condicionamento instrumental poderiam ser usadas terapeuticamente para aliviar a intensidade dos sintomas somáticos (p. ex., hipertensão arterial), quer induzidos por fatores orgânicos, quer por fatores psicológicos. (Um relato interessante dos experimentos de Miller e algumas aplicações terapêuticas baseadas em seus achados, escrito para um público leigo, podem ser encontrados no livro de Jonas de 1973, *Visceral Learning*.) Entretanto, Miller (Miller & Dworkin, 1974) relatou subseqüentemente o achado desorientador de que outros experimentos não tiveram tanto sucesso em demonstrar o condicionamento instrumen-

tal, sugerindo que a existência do fenômeno talvez não tenha sido definitivamente estabelecida.

## Psicoterapia

Dollard e Miller preocupam-se não apenas com o desenvolvimento das neuroses, mas também com o seu tratamento. A essência da sua abordagem à psicoterapia é simples:

> "Se o comportamento neurótico é aprendido, deve ser possível desaprendê-lo por meio de alguma combinação dos princípios pelos quais ele foi ensinado. Nós acreditamos que esse é o caso. A psicoterapia estabelece uma série de condições pelas quais podem ser desaprendidos hábitos neuróticos e aprendidos hábitos não-neuróticos . . . o terapeuta (agindo) como uma espécie de professor e o paciente como aprendiz." (Dollard & Miller, 1950, p. 7-8)

Os procedimentos terapêuticos defendidos por Dollard e Miller são bastante tradicionais. O terapeuta deve ser um ouvinte simpático e permissivo que encoraja o paciente a expressar todos os seus sentimentos e a associar livremente. Sejam quais forem os pensamentos do paciente, o terapeuta permanece não-punitivo e tenta ajudá-lo a compreender esses pensamentos e como eles se desenvolveram.

A contribuição mais inovadora de Dollard e Miller consiste em analisar, segundo a teoria da aprendizagem, aquilo que ocorre na psicoterapia bem-sucedida. Os medos e as culpas irrealistas não se extinguiram porque a pessoa conseguiu desenvolver técnicas para evitar pensamentos e situações que despertam essas emoções desagradáveis. Na situação terapêutica, tentam-se criar as condições que resultarão na extinção. O indivíduo é encorajado a expressar as emoções e os pensamentos proibidos e a sentir o medo e a culpa despertados por eles. Uma vez que nenhuma conseqüência desagradável se segue a essas expressões, podemos esperar que ocorra a extinção do medo neurótico. Nos estágios iniciais da terapia, é provável que os pacientes discutam problemas apenas moderadamente perturbadores, dos quais eles se permitiram ter consciência. Mas à medida que o medo e a culpa irrealistas associados a esses problemas começam a desaparecer, o efeito de extinção se generaliza para problemas semelhantes, mas mais perturbadores, e assim enfraquece a motivação para reprimi-los ou evitá-los de outras maneiras. Gradualmente, os pacientes se tornam mais capazes de enfrentar seus conflitos nucleares e o significado de seu comportamento sintomático. O terapeuta apóia constantemente os pacientes nesse processo, encorajando-os a usar rótulos verbais que os ajudam a discriminar entre pensamento e ação (seus medos internos e a realidade externa) e entre as condições de sua infância, em que eles aprenderam seus medos e conflitos, e as condições de seu mundo adulto.

Conforme as repressões se desfazem e as discriminações se desenvolvem, os pacientes se tornam mais capazes de usar seus processos mentais superiores para encontrar soluções construtivas para os seus problemas. À medida que eles descobrem maneiras melhores de se comportar, seus medos se extinguem ainda mais e seus sintomas desaparecem. Suas novas maneiras de responder são fortemente reforçadas por recompensas mais positivas e tomam o lugar dos antigos sintomas autoderrotistas. Todo o processo de desaprender e reaprender que ocorre na terapia tende a ser lento e doloroso, mas a aprendizagem que inicialmente levou o paciente ao terapeuta o foi ainda mais.

O relato teórico do processo terapêutico desenvolvido por Dollard e Miller tem várias implicações testáveis, algumas das quais foram confirmadas em estudos que analisaram os protocolos de terapia de casos reais. Um desses estudos, envolvendo o *deslocamento*, um tipo complexo de conflito, é descrito na seção seguinte.

## PESQUISA CARACTERÍSTICA E MÉTODOS DE PESQUISA

Miller e Dollard relataram uma quantidade considerável de investigações que ilustram ou testam derivações de sua posição teórica. Em seu volume *Social Learning and Imitation* (1941) são resumidos os estudos sobre sujeitos humanos e animais que representam tentativas de confirmar predições derivadas de sua teoria. Miller, como já mencionamos, realizou vários estudos experimentais relevantes para muitos aspectos da teoria e resumiu diversos deles (1944, 1951a, 1959). Aqui nós discutiremos uma série de estudos

que lidam com o conceito de deslocamento. Essas investigações não só tentam diminuir a lacuna entre a teoria psicanalítica e os conceitos de E-R, mas também oferecem evidências experimentais da operação de vários dos conceitos que já discutimos.

O conceito de deslocamento ocupa uma posição central na teoria psicanalítica, sendo comumente usado para se referir à capacidade do organismo de redirecionar as respostas ou os impulsos para um novo objeto quando eles têm sua expressão negada em relação ao objeto original. Em termos da teoria de Dollard e Miller, tal fenômeno pode ser explicado facilmente pelo conceito da generalização de estímulo. Miller, em uma série de experimentos, tentou demonstrar o fenômeno empírico, mostrar a continuidade da generalização de estímulo e do deslocamento, e oferecer um relato teórico que permitisse novas predições acerca desses eventos.

Um estudo inicial de Miller e Bugelski (1948) tentou demonstrar o deslocamento nos sujeitos humanos. Esses investigadores aplicaram a um grupo de meninos, em um acampamento de verão, uma série de questionários que avaliavam as atitudes em relação a mexicanos e japoneses. Enquanto estavam preenchendo os questionários, os meninos deixavam de participar de um evento social muito valorizado. Foi feita uma comparação das atitudes expressas em relação aos grupos de minoria antes e depois dessa frustração. Os resultados mostraram que houve um aumento significativo nas atitudes negativas expressas em relação aos dois grupos de minoria, seguindo-se à frustração. O aumento na hostilidade foi interpretado como um deslocamento da hostilidade despertada pelos experimentadores quando impediram que os meninos participassem do evento social. Em termos psicanalíticos, os sujeitos estavam deslocando a hostilidade sentida em relação aos experimentadores para os membros dos grupos de minoria; em termos de E-R, eles estavam generalizando uma resposta de um objeto-estímulo para um objeto-estímulo semelhante. De qualquer maneira, o estudo mostrou que o fenômeno em questão realmente ocorre entre os sujeitos humanos e pode ser produzido experimentalmente.

Miller raciocinou que tanto a teoria psicanalítica quanto a teoria de E-R supõem que uma dada resposta pode ser generalizada não apenas de um estímulo para outro, mas também de uma pulsão para outra. Freud, desde cedo, postulou uma considerável intercambialidade ou possibilidade de substituição entre pulsões ou instintos, e, para o teórico do E-R, as pulsões são apenas um tipo de estímulo. Portanto, é perfeitamente natural que haja generalização de pulsão bem como de estímulo. Para testar essa predição, um grupo de ratos foi treinado para correr por um labirinto sob a motivação da sede e com a recompensa de beber água. Esses mesmos animais foram então divididos em dois grupos. Os dois grupos estavam saciados de água, mas um deles fora privado de comida enquanto o outro fora alimentado até a saciedade. A predição era que a resposta de correr pelo labirinto (que fora aprendida com a sede) seria generalizada ou deslocada para o *drive* de fome. Conseqüentemente, os ratos privados de alimento correriam pelo labirinto mais rápido que os ratos sem fome. Os resultados do estudo confirmaram claramente tal predição. Também foi possível demonstrar experimentalmente que a resposta de correr pelo labirinto, originalmente reforçada pela redução dos estímulos do *drive* de sede, se extinguia quando os animais continuavam correndo pelo labirinto sem nenhuma redução dos estímulos *drives*. Também consistente com a teoria de E-R foi a observação de que, quando a resposta fora parcialmente extinta, um intervalo sem nenhuma tentativa produzia uma recuperação espontânea, ou um retorno em um nível mais alto de probabilidade de resposta. O investigador também demonstrou a generalização de resposta do *drive* de fome para os *drives* relativamente remotos de dor e medo. A maior dessemelhança entre o medo e a fome faz com que esse pareça um teste mais convincente da predição da generalização de *drives* do que o estudo anterior.

Miller incorporou esses achados experimentais como derivações de uma série de cinco suposições muito parecidas com as discutidas em relação à análise do conflito. A principal diferença entre os dois conjuntos de suposições é que as referentes ao conflito dizem respeito à distância entre o sujeito e a meta, ao passo que as presentes suposições focalizam a semelhança entre o objeto-estímulo original e certos modelos substitutos.

Esse modelo aceita o fato de que sempre que ocorre o deslocamento existe uma resposta competindo com a resposta direta, e que é mais forte do que a resposta direta. Assim, a resposta agressiva da crian-ça em relação ao pai não é suficientemente forte para superar a resposta de medo provocada pelo mesmo objeto. Por essa razão, a criança não pode expressar diretamente sua agressão em relação ao pai. Além disso, o modelo supõe que a resposta direta ao estímulo original se generaliza para os estímulos semelhantes e que a resposta concorrente mostra a mesma generalização de estímulo. Quanto mais semelhante ao novo estímulo for o estímulo original, maior será o grau de generalização. Entretanto, o gradiente de generalização da resposta concorrente (inibidora) cai ou diminui mais rapidamente do que o gradiente de generalização da resposta direta. Assim, enquanto a resposta concorrente pode ser muito mais forte do que a resposta direta diante do estímulo original, no momento em que as duas respostas tiverem sido generalizadas para estímulos com um certo grau de diferença, a ordem de força pode se inverter, isto é, a criança pode demonstrar medo em vez de raiva em relação ao pai, mas mostrar raiva em vez de medo diante de um boneco-pai.

Tais suposições não apenas permitem a derivação dos fenômenos empíricos que já resumimos (deslocamento ou generalização de estímulo e pulsão), mas também levam a várias predições adicionais, algumas sobre as relações que ainda precisam ser testadas em condições empíricas controladas. Miller relatou vários estudos que apresentam outras evidências empíricas relevantes para essa teoria, a maioria das quais é confirmatória (Miller & Kraeling, 1952; Miller & Murray, 1952; Murray & Miller, 1952).

Os estudos empíricos recém-citados e o raciocínio teórico que os acompanha demonstram muito claramente como as formulações e as investigações desses teóricos são mais metódicas do que as da maioria dos investigadores da personalidade. Percebemos, também, sua preferência por estudos paradigmáticos envolvendo sujeitos animais, mas com estudos relacionados realizados em sujeitos humanos. Está evidente que esses investigadores não só contribuíram para o entendimento do deslocamento ou da generalização de estímulo, mas levaram também a um grande número de afirmações testáveis que, quando os passos empíricos apropriados forem dados, poderão confirmar ou contestar a efetividade dessa teoria.

## PESQUISA ATUAL

As teorias pioneiras de Dollard e Miller, juntamente com as de indivíduos como O. Hobart Mowrer (1950, 1953) e Robert R. Sears (1944, 1951), têm influenciado imensamente outros esforços para estender os princípios de aprendizagem à esfera do desenvolvimento da personalidade e da psicoterapia. É impossível fazer justiça aos muitos investigadores e teóricos que contribuíram para esse empreendimento. Mas o trabalho de dois deles, Joseph Wolpe e Martin Seligman, servirá para ilustrar as direções em que se desenvolveram as abordagens da teoria da aprendizagem à personalidade.

### Wolpe

É muito interessante comparar as idéias de Wolpe com as de Dollard e Miller. Dollard e Miller, como vimos, foram profundamente influenciados pelo pensamento psicanalítico e aceitaram como válidos muitos dos *insights* oferecidos pelos freudianos. Eles tentaram combinar as duas tradições, juntando à rica literatura da teoria psicanalítica o poder e a precisão dos conceitos da teoria da aprendizagem. Wolpe rejeitou esse tipo de abordagem e sugeriu que um simples conjunto de princípios de aprendizagem estabelecido no laboratório é suficiente para explicar a aquisição de muitos fenômenos da personalidade. Ele acha que os métodos tradicionais de psicoterapia deixam igualmente a desejar em termos teóricos e práticos. Em lugar desses métodos, seriam usadas técnicas radicalmente diferentes, que passaram a ser chamadas de terapias comportamentais (Eysenck, 1959a, Skinner & Lindsley, 1954). Tais terapias comportamentais, muitas delas desenvolvidas por Wolpe, baseiam-se na aplicação direta de princípios desenvolvidos no laboratório de aprendizagem a problemas neuróticos.

Wolpe, um psiquiatra cuja formação médica foi feita na Universidade de Witwatersrand, na África do Sul (M.B., 1939; M.D., 1948), teve muitos anos de experiência prática em psicoterapia. Exceto por algumas interrupções (serviço militar ou treinamento avançado), ele trabalhou em consultório particular no seu país de origem de 1940 a 1959. Na última década desse período, ele também deu aulas de psiquiatria na Universidade de Witwatersrand, onde realizou estudos de laboratório sobre neuroses experimentais em animais e desenvolveu algumas técnicas de terapia comportamental. Esses estudos resultaram em vários artigos publicados em jornais de psiquiatria e psicologia. Ele passou o ano acadêmico de 1956-1957 como *fellow* no *Center for Advanced Study in the Behavioral Sciences* em Stanford, Califórnia. Nesse período, trabalhou em um livro, *Psychotherapy by Reciprocal Inhibition*, publicado em 1958, no qual resumiu e ampliou suas idéias sobre o desenvolvimento e tratamento das neuroses. Em 1960, Wolpe se mudou para os Estados Unidos como professor de psiquiatria, primeiro na Escola de Medicina da Universidade de Virgínia e depois, em 1965, na Escola de Medicina da Universidade de Temple. Seu continuado trabalho em terapia comportamental culminou em várias publicações, incluindo os livros *The Conditioning Therapies* (1966, em colaboração com A. Salter e L. Reyna), *Behavior Therapy Techniques* (1966, com A.A. Lazarus), *The Practice of Behavior Therapy* (1973), e *Theme and Variations: A Behavior Therapy Casebook* (1976). Wolpe foi presidente da *Association for Advancement of Behavior Therapy* em seu segundo ano, 1967-1968. Ele continua trabalhando como *Distinguished Professor of Psychology* na Universidade de Pepperdine, e continua como co-editor do *Journal of Behavior Therapy and Experimental Psychiatry*.

Como poderia ser esperado, a partir de seu *background* em psiquiatria, Wolpe limitou seu interesse pela personalidade às psiconeuroses e, inicialmente, buscou uma interpretação psicanalítica de sua etiologia. Ele descreveu os eventos que o levaram a rejeitar essa posição inicial em favor de uma abordagem de teoria da aprendizagem no prefácio de seu trabalho mais importante, *Psychotherapy by Reciprocal Inhibition*:

"A teoria das neuroses e os métodos de psicoterapia descritos neste livro originam-se diretamente da moderna teoria da aprendizagem. A cadeia de eventos que conduziu a esse relato data do ano de 1944, quando, como oficial militar médico, eu tinha muito tempo para ler. Na época um fiel seguidor de Freud, fiquei certo dia surpreso por encontrar, em *Sex and Repression in Savage Society*, de Malinowski, persuasivas evidências contra a suposição de que a teoria de Édipo tinha uma aplicação universal. A agitação que isso provocou em mim logo desapareceu, pois a questão não parecia vital; mas, aproximadamente um mês depois, eu casualmente li, em *Psychology of Early Childhood*, de C. W. Valentine, um relato de observações de crianças pequenas que lançava dúvidas sobre a validade da teoria edípica mesmo na sociedade ocidental. Dessa vez, a minha fé na 'fortaleza inabalável' do freudianismo foi seriamente abalada, e um parágrafo em um jornal sobre os russos não aceitarem a psicanálise foi suficiente para me motivar a descobrir o que eles aceitavam; a resposta foi: Pavlov. Essa resposta não me trouxe diretamente muitos esclarecimentos, mas Pavlov levou a Hull, e Hull aos estudos da neurose experimental que sugeriram os novos métodos de psicoterapia." (p. vii)

Wolpe concorda com Hans Eysenck (ver Capítulo 9) que, embora os indivíduos possam diferir no grau em que são constitucionalmente predispostos a desenvolver uma ansiedade neurótica, todo comportamento neurótico é aprendido. Sua concepção desse comportamento se afasta muito da clássica teoria psicanalítica, como eles fazem questão de salientar. As diferenças são descritas sucintamente na seguinte passagem:

"Quando nós observamos as pessoas se comportando de uma maneira aparentemente 'anormal', autodestrutiva ou desajustada, temos duas maneiras muito óbvias e bem-estabelecidas de interpretar seu comportamento. A primeira é o modelo médico; de acordo com ele, essas pessoas são doentes. Elas sofrem de alguma forma de doença, e o comportamento observado é simplesmente um sintoma (ou conjunto de sintomas) da doença. O tratamento consistiria em curar a doença subjacente; isso faria os sintomas desaparecerem automaticamente . . . A aceitação dos ensinamentos de Freud . . . deve muito ao seu uso inteligente da analogia médica – as queixas do paciente são apenas sintomas, a doença subjacente é o 'complexo' que precisa ser erradicado pela psicoterapia 'interpretativa', a fim de que os sintomas possam desaparecer para sempre. O tratamento 'sintomático', por essa razão, é inútil; recaídas e substituição de sintomas mostrarão a força do complexo sobrevivente...

"Em claro contraste com o modelo médico, nós temos o modelo comportamental, que constitui a base da terapia comportamental (Eysenck e Rachman, 1965). Esse modelo postula muito simplesmente que todo comportamento é aprendido, e que o comportamento 'anormal' é aprendido de acordo com as mesmas leis do comportamento 'normal'. Os princípios de aprendizagem e condicionamento se aplicam igualmente a ambos, permitindo-nos entender a gênese tanto do comportamento normal quanto do anormal. Assim, os 'sintomas' dos quais o paciente se queixa são simplesmente itens do comportamento que o paciente aprendeu; não existe nenhuma 'causa' ou 'complexo' subjacente produzindo e sustentando os 'sintomas' e fazendo-os reaparecer se forem eliminados por um tratamento 'puramente sintomático'. Dessa maneira de ver o problema também decorre que os comportamentos, uma vez aprendidos, também podem ser desaprendidos, ou 'extintos', como diria o pavloviano." (Eysenck, 1976b, p. 331-333)

A teoria psicanalítica postula que um conflito inconsciente entre forças instintuais e processos defensivos do ego está no âmago da neurose. Aqui, também, Wolpe discorda vigorosamente. O fenômeno nuclear é simplesmente uma reação de medo condicionado. Uma revisão de certos experimentos realizados com animais levou Wolpe a sugerir que, embora expor um indivíduo a uma situação que simultaneamente provoca fortes respostas concorrentes *possa* resultar em medo ou ansiedade neurótica, o conflito não é o ingrediente necessário na gênese das neuroses nem o mais freqüente. Mais comumente, insiste Wolpe, o fenômeno nuclear é simplesmente uma reação de medo condicionado, provocada pela conjunção, em uma ou mais ocasiões, de um estímulo inicialmente neutro com um evento fisicamente ou psicologicamente doloroso. Se o trauma é suficientemente intenso e a pessoa, especialmente vulnerável, talvez uma única experiência dessas seja suficiente para estabelecer uma reação de ansiedade muito forte e persistente.

Uma vez aprendidas, as ansiedades condicionadas são originadas não só pelo estímulo condicionado original, mas também, devido à generalização de estímulo, por outros estímulos. As reações de ansiedade evocadas por esses vários estímulos levam o indivíduo a dar novas respostas que não raramente levam à rápida redução da ansiedade. Nessas ocasiões, outros estímulos que casualmente estavam presentes no momento em que ocorreu a redução do *drive* vão adquirir a capacidade de provocar a ansiedade. Dessa maneira, as reações de medo podem se espalhar para estímulos que têm pouca ou nenhuma semelhança com aqueles envolvidos no condicionamento original.

As teorias de Wolpe sobre as neuroses humanas foram profundamente influenciadas pelos resultados de uma série de experimentos que ele realizou com gatos durante a década de 40, experimentos, esses, estimulados por investigações anteriores do psiquiatra Jules Masserman (1943). Em um dos estudos, Masserman demonstrara que os animais que haviam sido treinados para receber comida em uma dada localização e que depois receberam choques, nesse mesmo lugar, desenvolveram intensas reações de ansiedade ou "neuroses experimentais". O experimento fora planejado para demonstrar que o conflito, conforme afirma a teoria psicanalítica, é um componente importante na produção das neuroses, e seus resultados são freqüentemente citados em apoio a essa afirmação. Wolpe repetiu as condições do experimento de Masserman, mas acrescentou um outro grupo de animais. O segundo grupo recebeu choques no aparelho experimental, mas sem ter tido antes o treinamento com a comida recebido pelo grupo do conflito. O comportamento emocional provocado pelas pistas do ambiente experimental foi semelhante em ambos os grupos, um achado que levou Wolpe a acreditar que a ansiedade é tipicamente o elemento essencial na formação das neuroses, e que o conflito não precisa necessariamente estar presente.

Wolpe também tentou "curar" as neuroses de seus animais experimentais por meio de vários métodos. Uma técnica extremamente bem-sucedida, demonstrada em um estudo, era alimentar os animais em uma sala de laboratório apenas levemente parecida com aquela onde os choques tinham sido aplicados, depois em uma sala um pouco mais parecida, e assim por diante. Os animais eventualmente conseguiam comer e executar outras atividades no ambiente de treinamento sem qualquer sinal visível de perturbação emocional.

Wolpe padronizou esse método segundo um procedimento relatado muitos anos antes em um estudo de Mary Cover Jones (1924) dos medos infantis. Jones usou com sucesso uma técnica (que, em seus elementos básicos, passou mais tarde a ser chamada de *contracondicionamento*) em que as crianças recebiam uma comida atraente enquanto um objeto temido estava a certa distância delas. O objeto era progressivamente trazido para mais perto da criança até finalmente se tornar um sinal de comida, em vez de um estímulo que originava medo.

Tais achados levaram Wolpe a formular o seguinte princípio: "Se podemos fazer com que uma resposta antagonista à ansiedade ocorra na presença de estímulos ansiogênicos de modo que seja acompanhada por uma supressão completa ou parcial das respostas de ansiedade, o vínculo entre esses estímulos e as respostas de ansiedade será enfraquecido" (Wolpe, 1958, p. 71). Wolpe via esse princípio como um exemplo específico do princípio ainda mais geral da *inibição recíproca*. Conforme Wolpe usa o termo, a inibição recíproca se refere à situação em que "a eliciação de uma resposta parece provocar um decréscimo na força de evocação de uma resposta simultânea" (Wolpe, 1958, p. 29).

Wolpe acreditava que as neuroses humanas desenvolvidas no decorrer da vida cotidiana obedeciam essencialmente às mesmas leis das neuroses experimentais de seus animais de laboratório. Assim, as terapias baseadas no princípio da inibição recíproca deveriam ter sucesso com casos clínicos humanos. Comer não parecia ser uma resposta apropriada a opor contra reações de ansiedade no caso de adultos, de modo que Wolpe tinha de encontrar uma alternativa. Ele sugeriu o uso de várias respostas antagonistas à ansiedade e planejou ou adotou técnicas terapêuticas baseadas nessas respostas. As mais amplamente utilizadas são o treinamento da assertividade e a dessensibilização sistemática. O treinamento da assertividade, originalmente sugerido por Salter (1949), é um método para descondicionar a ansiedade em indivíduos que são inibidos e temerosos demais em situações interpessoais para responder adequadamente. O terapeuta tenta persuadir o indivíduo de que agir assertivamente (o que Wolpe define como "a expressão adequada de qualquer outra emoção além da ansiedade em relação a uma outra pessoa", 1973, p. 81) será vantajoso para ele, e tenta ensinar-lhe um comportamento apropriado por meio de técnicas como desempenho de papel, em situações imaginárias que são perturbadoras na vida real, e a prática de respostas assertivas. A dessensibilização sistemática emprega o relaxamento muscular profundo em oposição à ansiedade. Uma vez que a dessensibilização é a mais desenvolvida das técnicas de Wolpe e está mais ligada ao seu nome, ela será a única terapia comportamental discutida detalhadamente.

A dessensibilização sistemática é modelada segundo os procedimentos de contracondicionamento que Wolpe usava para tratar as neuroses induzidas por choques em seus animais experimentais. Os pacientes recebem inicialmente um treinamento que lhes permite relaxar voluntariamente todos os seus grandes grupos musculares. A segunda tarefa, que precisa ser realizada antes de a terapia começar, é identificar as áreas de problema do indivíduo e as situações que despertam desconforto emocional. Essa informação é obtida em entrevistas iniciais, e terapeuta e paciente, juntos, estabelecem uma ou mais *hierarquias de ansiedade*, em que uma série de situações relacionadas são classificadas de acordo com a quantidade de ansiedade que provocam.

A terapia consiste em fazer com que os indivíduos relaxem e depois imaginem tão vividamente quanto possível cada cena de sua hierarquia de ansiedade *enquanto mantêm o relaxamento*. Os pacientes começam imaginando o item menos ansiogênico de sua hierarquia e são instruídos para parar imediatamente se começarem a se sentir ansiosos. Eles então repetem essa cena até poderem imaginá-la por alguns segundos e continuar completamente relaxados. Quando a reação de ansiedade à cena se extingue, eles passam para o item seguinte. A extinção de reações leves de ansiedade à primeira cena se generaliza para esse próximo item, tornando mais fácil a extinção a essa cena, e assim sucessivamente por toda a lista de situações ansiogênicas.

Em seu volume de 1958, Wolpe relatou que de aproximadamente 200 indivíduos que ele e seus colegas tinham tratado com a dessensibilização e outras técnicas de inibição recíproca, cerca de 90% ficaram "curados" ou mostraram grande melhora, um número muito mais alto do que o relatado para terapias mais convencionais. Além disso, eram necessárias consideravelmente menos sessões para chegar a esses re-

sultados do que na psicoterapia comum. Wolpe também relatou que, embora entrevistar o indivíduo que está buscando ajuda para determinar os estímulos eliciadores de ansiedade e as hierarquias apropriadas exija uma perspicácia clínica considerável, as pessoas relativamente não-treinadas e inexperientes podem supervisionar com sucesso as sessões de dessensibilização.

Os dados de Wolpe encorajaram outros terapeutas a usar a dessensibilização para tratar uma variedade de ansiedades neuróticas, e começaram a aparecer na literatura muitos estudos de caso relatando bons resultados. Wolpe reconheceu que, por mais animadores que fossem esses relatos, o rigor científico exigia que as conclusões sobre a relativa eficácia da dessensibilização sistemática em comparação com outras técnicas terapêuticas se baseassem nos resultados de estudos experimentais cuidadosamente controlados. Os resultados desses estudos não só confirmaram que a dessensibilização pode ser usada com efeitos benéficos para tratar muitos tipos de problemas, às vezes em conjunto com outras técnicas comportamentais, mas também que o procedimento talvez seja superior ao de técnicas terapêuticas mais tradicionais.

O sucesso da dessensibilização estimulou vários investigadores a realizar testes experimentais sérios com as proposições teóricas de Wolpe e a propor teorias alternativas para explicar a efetividade da dessensibilização e as extensões ou modificações da técnica. Um resultado importante foi o desenvolvimento dos procedimentos de orientação comportamental, visando à reestruturação cognitiva ou modificação dos pensamentos destrutivos que acompanham as reações de ansiedade (p. ex., Meichenbaum, 1976). Uma conseqüência desses desenvolvimentos é que a área atualmente se caracteriza por um saudável debate teórico e que os terapeutas comportamentais têm ao seu dispor várias técnicas, incluindo a dessensibilização sistemática, cada uma das quais, isoladamente ou em combinação, pode ser especialmente útil com diferentes indivíduos ou tipos de queixas.

## Seligman

Em sua influente pesquisa e obra, Martin Seligman focaliza um conjunto mais limitado de fenômenos, mas mostra a mesma disposição de Wolpe de aplicar princípios originalmente descobertos com animais no laboratório aos problemas emocionais do ser humano. Seligman observa que no mundo natural podem ocorrer eventos desagradáveis e traumáticos, sobre os quais a pessoa ou o animal tem muito pouco controle. Quando o organismo descobre que nada pode fazer para evitar ou escapar de eventos aversivos – que reforço e comportamento não são contingentes – pode reagir com o que Seligman chama de *desamparo aprendido*. Uma das conseqüências da impotência ou desamparo é a *disrupção emocional*, muito mais intensa do que a das pessoas que experienciam os mesmos eventos desagradáveis, mas que têm certo controle sobre eles. O desamparo também leva a um decréscimo na *motivação*, o organismo comporta-se passivamente e parece "desistir", pouco fazendo para tentar escapar ao estímulo nocivo. Ainda mais sério, o desamparo pode levar a um *déficit cognitivo* que interfere na capacidade do organismo de perceber a reação entre resposta e reforço em outras situações em que o controle é possível. Seligman observou a semelhança entre o desamparo aprendido, que ele e outros demonstraram experimentalmente em laboratório com várias espécies animais, incluindo o ser humano, e o fenômeno psicopatológico da *depressão*. Os comportamentos apresentados pelo indivíduo deprimido são surpreendentemente semelhantes aos associados ao desamparo aprendido e, propõe ele, têm origens semelhantes. Os métodos que são efetivos para reduzir o desamparo experimentalmente induzido também podem ser benéficos para tratar reações depressivas. Portanto, os estudos experimentais do desamparo aprendido podem servir como um modelo de laboratório da depressão conforme ela ocorre no mundo natural.

Seligman cursou psicologia experimental na Universidade da Pensilvânia, recebendo seu diploma em 1967. Ele começou sua carreira acadêmica como professor-assistente na Universidade de Cornell, voltando à Universidade da Pensilvânia em 1970, onde é atualmente professor de psicologia.

Seligman dirigiu o programa de formação em psicologia clínica da Universidade da Pensilvânia por 14 anos. Sua atividade recente mais notável foi trabalhar como consultor em uma pesquisa sobre a experiência das pessoas com a psicoterapia, dirigida pelo *Consumer Reports* (ver Seligman, 1995a, 1996, mais o comentário seguinte ao último artigo). Seligman foi presidente da Divisão 12 da Associação Psicológica Americana (Psicologia Clínica), e foi eleito presidente da Associação Psicológica Americana em 1998. Além disso, recebeu dois prêmios de *Distinguished Scientific Contribution* da Associação Psicológica Americana, o *William James Fellow Award* da Sociedade Psicológica Americana por ciência básica, e o *James McKeen Cattell Fellow Award* pela aplicação do conhecimento psicológico, o *Laurel Award* da Associação Americana por Psicologia Aplicada e Prevenção, mais o *MERIT Award* do Instituto Nacional de Saúde Mental (Martin, 1996). Seligman escreveu 13 livros, mais notavelmente *Helplessness* (1975), *Learned Optimism* (1991) e *The Optimistic Child* (1995b).

O trabalho de Seligman sobre o desamparo aprendido teve duas fases, separadas pela transição para um modelo atributivo que explicava o desamparo no ser humano (Abramson, Seligman & Teasdale, 1978). Como uma introdução para a primeira fase, considere o seguinte experimento (Overmier & Seligman, 1967). Um animal experimental – um cão – é colocado em uma caixa dividida por uma barreira de pouca altura. Periodicamente, ouve-se um som e logo depois o cão experiencia um choque doloroso, mas fisicamente inofensivo. No início do choque, o cão gane e sai correndo e, em certo momento, pula sobre a barreira enquanto o choque ainda está sendo administrado. Quando o cão cruza a barreira, tanto o choque quanto o som cessam.Com sucessivas tentativas, o cão pula sobre a barreira para escapar do choque cada vez mais rapidamente. Finalmente, o animal espera calmamente em frente à barreira, pulando agilmente sobre ela assim que o som inicia, conseguindo, dessa forma, evitar o choque.

Um outro cão é colocado em uma rede de contenção e recebe vários choques breves, sem poder fazer nada para evitá-los ou deles fugir. Quando colocado na caixa com a barreira, no dia seguinte, o animal inicialmente age de maneira muito parecida à do cão que não tivera a experiência inicial com o choque incontrolável, mas logo ficam claras algumas diferenças. Mesmo que o animal acidentalmente pule a barreira, ele não aprende em tentativas subseqüentes a cruzar a barreira para evitar ou escapar do choque. Em vez disso, o cão deixa de ser ativo, ficando sentado ou deitado, choramingando, até o som e o choque terminarem.

Quase todos os cães sem experiência anterior com o choque aprendem a resposta de pular a barreira para escapar da estimulação aversiva ou para evitá-la. Ao contrário, a maioria dos animais que receberam inicialmente o choque incontrolável responde apaticamente ao choque na caixa com a barreira e mostra pouca ou nenhuma aprendizagem da resposta de pular a barreira. Esse efeito de desamparo aprendido não é exclusivo dos cães, tendo sido demonstrado também em gatos (Thomas & Dewald, 1977), peixes (Padilla, Padilla, Ketterer & Giacolone, 1970), ratos (Seligman & Beagley, 1975) e no homem (Hiroto, 1974; Hiroto & Seligman, 1975; Klein, Fencil-Morse &Seligman, 1976).

Em um experimento particularmente esclarecedor, Hiroto e Seligman (1975) não só demonstraram o desamparo aprendido no sujeito humano, mas também mostraram que os eventos incontroláveis e desagradáveis que induziam o desamparo não precisavam ser fisicamente desagradáveis. Três grupos de universitários foram colocados em uma situação na qual podiam evitar ou escapar de um ruído alto, movendo a mão de um lado de uma caixa para o outro. Antes dessa tarefa, um dos grupos recebera problemas de aprendizagem de discriminação que podiam ser resolvidos; outro grupo recebera problemas que ignorava serem insolúveis; e o terceiro grupo não recebera nenhum problema. Os indivíduos que tinham recebido problemas solúveis ou nenhum problema aprenderam rapidamente a evitar ou a escapar do ruído, enquanto aqueles que tinham recebido os problemas insolúveis (e, portanto, submetidos a um fracasso inevitável) não aprenderam. Segundo Seligman (1976), esses resultados revelam principalmente um *déficit motivacional* nas pessoas expostas a eventos incontroláveis, isto é, elas demonstram a incapacidade de iniciar respostas que poderiam afastar os eventos indesejáveis. Os experimentos complementares lançaram luz sobre o *déficit cognitivo*, que é um dos sintomas do desamparo aprendido. Miller e Seligman (1975) primeiro deram a dois grupos de alunos a tarefa de aprender a escapar de um ruído desagradável que ocorria periodicamente. Os alunos de um dos grupos conseguiram descobrir uma resposta que fazia o ruído cessar. O outro grupo recebeu exatamente o mesmo ruído, mas foi levado a acreditar que o término era automático e não tinha relação com suas respostas (que o reforço e seu comportamento não tinham relação ou não eram contingentes). Um terceiro grupo não recebeu nenhum pré-tratamento. Todos os alunos receberam então uma série de anagramas para

resolver. O grupo que previamente experienciara um ruído inescapável conseguiu resolver menos problemas do que os outros dois.

Além de revelar déficits motivacionais e cognitivos, os organismos submetidos a eventos aversivos incontroláveis apresentam freqüentemente uma acentuada perturbação *emocional*. Os sujeitos humanos que puderam fazer cessar uma estimulação desagradável, realizando algum ato instrumental, relataram menos estresse emocional e perturbação física do que os sujeitos manietados que receberam a mesma estimulação, mas foram forçados a suportá-la passivamente (Glass & Singer, 1972). Em experimentos com animais, os sujeitos manietados tendiam mais a desenvolver úlceras e a apresentar perda de peso, perda de apetite e outros sintomas de grave estresse emocional do que os sujeitos cujas respostas controlavam a duração dos eventos desagradáveis (Weiss, 1971).

Se os sujeitos são expostos apenas brevemente a um estresse inescapável, o desamparo aprendido é apenas um fenômeno temporário que desaparece rapidamente e, nos experimentos humanos, é apresentado apenas no ambiente de laboratório. Mas as investigações com animais demonstram que a repetida exposição pode levar não apenas a graves reações emocionais como as recém-descritas, mas também a prolongados *déficits* motivacionais e cognitivos. Os animais sem nenhuma experiência anterior em lidar com traumas parecem especialmente suscetíveis ao desamparo aprendido. Os animais criados em ambientes de laboratório benignos, por exemplo, são muito mais propensos a exibir o desamparo aprendido após a exposição a um estresse inescapável do que os animais que experienciaram as dificuldades do mundo natural (Seligman & Groves, 1970; Seligman & Maier, 1967).

Os humanos testados no laboratório também diferem em sua suscetibilidade à síndrome de desamparo. Não sabemos quais são as experiências de vida que tornam algumas pessoas particularmente propensas ao desamparo, mas foi demonstrado que existem diferenças relacionadas às respostas das pessoas em um teste de personalidade (Rotter, 1966) que media a crença no controle interno *versus* externo do reforço (Dweck & Reppucci, 1973; Hiroto, 1974). Os indivíduos "externos", aqueles que percebem que aquilo que lhes acontece na vida é uma questão de sorte e além de seu controle, tendem mais ao desamparo depois de serem expostos a eventos desagradáveis e inescapáveis do que os indivíduos "internos", aqueles que vêem o seu destino como dependendo em grande parte deles mesmos.

Uma "cura" bastante simples foi encontrada para o desamparo transitório induzido em sujeitos humanos no laboratório: dar aos sujeitos a experiência de conseguir dominar alguma tarefa logo depois de terem sido expostos aos estímulos aversivos inescapáveis (Klein & Seligman, 1976). Para os indivíduos que apresentam desamparo em situações de vida real podem ser necessários métodos terapêuticos mais complicados. Dweck (1975), por exemplo, planejou procedimentos terapêuticos para crianças "desamparadas" – aquelas que, segundo os professores e diretores das escolas, tendiam a sair-se mal em seu trabalho escolar quando ameaçadas de fracasso. Essas crianças também tendiam mais do que seus iguais não-desamparados a atribuir seus sucessos e fracassos intelectuais a forças externas a elas ou a atribuir seu fracasso à falta de capacidade (ambas causas incontroláveis) e não à sua falta de esforço (uma causa controlável). As crianças passaram por um programa prolongado, de várias sessões, em que recebiam problemas para resolver. Em um grupo, as crianças foram ensinadas a assumir a responsabilidade por seus fracassos e a atribui-los ao esforço insuficiente. Em um segundo grupo, as crianças só tiveram experiências de sucesso. Em um teste de pós-tratamento, as crianças receberam problemas difíceis e inevitavelmente não conseguiram resolver alguns. Após o fracasso, o desempenho daquelas que só tinham tido sucessos deteriorou-se, como no ambiente escolar, mas o desempenho das crianças treinadas para assumir responsabilidade pessoal manteve-se igual ou melhorou.

Seligman observou paralelos notáveis entre o desamparo aprendido, induzido no laboratório, e o fenômeno da depressão reativa, assim chamado porque o estado é presumivelmente provocado por algum evento emocionalmente perturbador, como perda do emprego, morte de uma pessoa amada ou fracasso em alguma atividade valorizada. A maioria das pessoas sofre de leves ataques de depressão de tempos em tempos, mas, para muitas, o estado pode ser grave e duradouro, trazendo inclusive a possibilidade de suicídio. As pessoas deprimidas são tipicamente lentas em sua fala e nos movimentos corporais; elas se sentem incapazes de agir ou tomar decisões; parecem

ter "desistido" e sofrer do mal que um autor (Beck, 1967) descreve como uma paralisia da vontade. Quando solicitadas a realizar alguma tarefa, as pessoas deprimidas tendem a insistir que não adianta tentar porque elas não vão conseguir, descrevendo seu desempenho como muito pior do que na realidade é. Todos esses sintomas se parecem com o desamparo aprendido. Subjacente à depressão, propõe Seligman (1975), "existe não um pessimismo generalizado, mas um *pessimismo específico quanto à capacidade das próprias ações*" (p. 122). Essa crença de que o reforço não é contingente às próprias ações é, naturalmente, o núcleo do desamparo aprendido. Assim, de acordo com a teoria de Seligman, a depressão representa um tipo de desamparo aprendido e é desencadeada pelas mesmas causas: experienciar eventos traumáticos que os melhores esforços da pessoa não conseguiram evitar ou fazer cessar, e que ela se sente incapaz de controlar.

Em um teste experimental do modelo de depressão do desamparo aprendido, Miller e Seligman (1976) fizeram com que grupos de alunos levemente deprimidos e de não-deprimidos realizassem duas séries de tarefas, uma envolvendo habilidade e a outra sorte, e antes de cada tarefa o aluno deveria dizer qual era a sua expectativa de sucesso. Na tarefa de habilidade, os alunos não-deprimidos ajustaram suas expectativas para cima e para baixo, dependendo de sucesso ou fracasso no problema anterior, mas, na tarefa de sorte, eles não mostraram quase nenhuma mudança em suas expectativas. Os alunos deprimidos mostraram pouca mudança depois do sucesso e do fracasso na tarefa de sorte ou na tarefa envolvendo habilidade. Os alunos não-deprimidos que tinham sido pré-tratados com estímulos desagradáveis inescapáveis mostraram o mesmo padrão. O desamparo induzido no laboratório e a depressão que ocorria naturalmente tiveram, portanto, o mesmo efeito: reduzir a expectativa de que o esforço pessoal influencie o resultado.

O desamparo exibido no laboratório por universitários levemente deprimidos pode ser amenizado se lhes proporcionarmos uma série de experiências de sucesso (Klein & Seligman, 1976). Os procedimentos de tratamento para pessoas mais gravemente deprimidas, baseados no modelo do desamparo aprendido, estão começando a ser desenvolvidos. As várias técnicas relacionadas às planejadas por Wolpe foram consideradas promissoras, como treinar a pessoa deprimida para ser mais assertiva (Taulbee & Wright, 1971) ou realizar uma série de tarefas graduadas que requerem cada vez mais esforço (Burgess, 1968). O segredo da terapia bem-sucedida com depressivos, sugere Seligman, é restaurar seu senso de eficácia, fazê-los perceber que eles podem controlar resultados pelo próprio comportamento.

Segundo o modelo original de Seligman, a característica de déficits presente no desamparo aprendido ocorre quando o organismo adquire (i. e., aprende) uma expectativa de futura independência entre a resposta e o resultado. O problema com esse modelo, quando aplicado ao desamparo humano no laboratório e à depressão humana, foi seu fracasso em explicar as "condições limítrofes" (Peterson & Seligman, 1984). Isto é, que fatores controlam a cronicidade e a generalidade do desamparo e da depressão, e por que a depressão está associada a uma perda de auto-estima? A revisão de Abramson e colaboradores (1978) da teoria do desamparo incorporou a explicação causal da pessoa sobre o evento incontrolável. Especificamente, ela postula que quando as pessoas encontram eventos ruins incontroláveis, elas perguntam por quê. Três dimensões explanatórias capturam a natureza de suas possíveis respostas. Primeiro, a causa pode relacionar-se com a pessoa ou com a situação (i. e.,

uma atribuição ou explicação interna *versus* externa). Segundo, a causa pode persistir ao longo do tempo ou ser temporária (uma explicação estável *versus* instável). Finalmente, a causa pode afetar uma variedade de situações ou limitar-se a um único resultado (uma explicação global *versus* específica). A Tabela 13.1 apresenta exemplos de tipos possíveis de explicações causais. Segundo a reformulação, uma atribuição interna para um evento ruim tende a produzir uma perda de auto-estima. Uma explicação estável para um evento ruim significa que uma reação depressiva tenderá a persistir. E se for invocada uma explicação global para um evento ruim, os déficits de desamparo ou a depressão tenderão a generalizar-se para muitas situações.

Os indivíduos podem ser distinguidos por estilos explanatórios característicos. As diferenças individuais nas tendências explanatórias são necessárias para explicar por que pessoas diferentes têm reações diferentes aos mesmos eventos. Os estilos característicos dos indivíduos para explicar os eventos podem ser inferidos a partir do *Attributional Style Questionnaire*, no qual os respondentes avaliam a internalidade, a estabilidade e a globalidade das suas explicações causais para uma série de eventos, tais como "Você vai fazer uma entrevista de emprego e ela corre mal". Alternativamente, o estilo explanatório pode ser infe-

---

**TABELA 13.1**  Exemplos de Explicações Causais para o Evento "Minha Conta no Banco Entrou no Negativo"

| | Explicação | |
|---|---|---|
| Estilo | Interna | Externa |
| **Estável** | | |
| Global | "Sou incapaz de fazer qualquer coisa direito." | "Todas as instituições cometem erros, cronicamente." |
| Específico | "Sempre tenho problemas em calcular meu saldo." | "Este banco sempre usou técnicas antiquadas." |
| **Instável** | | |
| Global | "Tive gripe por algumas semanas e deixei tudo descambar." | "As compras de férias fazem com que a gente vá fundo." |
| Específico | "A única vez em que não dei nenhum cheque é a única vez que a conta entra no negativo." | "Estou surpreso – meu banco nunca tinha cometido um erro antes." |

Reimpressa de Peterson e Seligman, 1984, p. 349, com permissão.

rido por meio da análise de conteúdo e da avaliação das explicações que as pessoas oferecem em cartas, diários, entrevistas ou outros documentos pessoais. Segundo essa revisão, um estilo explanatório depressivo é aquele em que o indivíduo tende a dar explicações internas, estáveis e globais para eventos ruins. Esse estilo é um fator de risco para déficits de desamparo e depressão. Curiosamente, Peterson e Seligman (1984) consideram o estilo explanatório um traço de personalidade. Eles dão três razões para essa conclusão: o estilo é inferido a partir da consistência da explicação em diferentes situações, as pessoas diferem em quão consistentemente elas dão certas explicações ao longo das situações, e as medidas de estilo explanatório apresentam uma estabilidade razoavelmente alta ao longo do tempo.

A reformulação de Seligman é um exemplo do que frequentemente é chamado de modelo de *diátese-estresse*. Isto é, a depressão resulta da combinação de uma diátese ou predisposição (neste caso, o estilo explanatório depressivo) e um estressor situacional (nesse modelo, um evento ruim incontrolável). Ambos os fatores devem estar presentes para que ocorra o resultado.

Os resultados de numerosos estudos revelaram-se consistentes com o modelo. Por exemplo, Peterson e Seligman (1984) descreveram resultados confirmatórios de estudos empregando várias estratégias de pesquisa. Nolen-Hoeksema, Girgus e Seligman (1986, 1992) relataram conexões entre o estilo explanatório e a depressão em um estudo longitudinal de crianças. Peterson, Seligman e Vaillant (1988) descobriram que o estilo explanatório pessimista aos 25 anos de idade era um fator de risco para a doença física na meia-idade (ver Peterson e Seligman, 1987, para uma discussão de possíveis mecanismos mediadores). Seligman e Schulman (1986) descobriram que o estilo explanatório de agentes de seguro principiantes predizia tanto a persistência na carreira quanto o valor em dólar das apólices vendidas por aqueles que continuavam como agentes. Da mesma forma, Peterson e Barrett (1987) relataram que um estilo explanatório pessimista predizia uma média baixa nas notas no final do primeiro ano da faculdade, mesmo depois de controlados os escores no SAT.

Duas outras revisões da reformulação foram propostas recentemente. Primeiro, Abramson, Metalsky e Alloy (1989) oferecem uma teoria da depressão do desamparo, em que as atribuições causais são desenfatizadas e o *desamparo* é uma "causa proximal suficiente dos sintomas de depressão do desamparo". O desamparo, por sua vez, se refere à "expectativa de que resultados extremamente desejados não ocorram ou ocorram resultados extremamente aversivos, associada a uma expectativa de que nenhuma resposta do repertório do sujeito mude a probabilidade de ocorrência desses resultados" (p. 359). Metalsky e Joiner (1992) e Metalsky, Joiner, Hardin e Abramson (1993) apresentam uma confirmação parcial desse novo modelo. Segundo, Seligman recentemente transferiu sua atenção do desamparo aprendido para o otimismo aprendido. Ele continua vendo a depressão como uma conseqüência de uma maneira pessimista de pensar sobre o fracasso. O otimismo aprendido é visto como um antídoto: "Aprender a pensar de modo mais otimista, quando fracassamos, nos deixa permanentemente capazes de evitar a depressão. Isso também nos ajuda a conseguir uma saúde cada vez melhor" (Seligman, 1991, p. 290; ver também 1995b). Seligman descreve as estratégias para se aprender o comportamento otimista e defende um otimismo flexível como uma abordagem à vida. Essa é uma posição fascinante, até o momento não testada.

## *STATUS* ATUAL E AVALIAÇÃO

A nossa discussão da teoria e da pesquisa de Dollard e Miller deixou claras muitas virtudes. Os principais conceitos dessa teoria são claramente expostos e geralmente vinculados a certas classes de eventos empíricos. São raras as alusões vagas ou o apelo à intuição no trabalho desses teóricos. O leitor prático e positivista terá muito a admirar em sua obra. Além disso, a evidente objetividade não impede muitos teóricos da aprendizagem de E-R de estarem prontos e ansiosos para abarcar uma ampla variedade de fenômenos empíricos com seus instrumentos conceituais. Embora suas formulações comecem no laboratório, eles não hesitam em avançar com elas até os fenômenos comportamentais mais complexos.

Uma contribuição extremamente significativa da teoria do E-R ao cenário da personalidade é o cuidadoso detalhe com que essa posição apresenta o processo de aprendizagem. Obviamente, a transformação do comportamento como resultado da experiência é uma consideração crucial para qualquer teoria adequada da personalidade, mas muitas teorias ignoram grandemente tal questão ou passam por ela com umas poucas frases estereotipadas. Nesse sentido, a teoria do E-R é um modelo a ser seguido por outras posições teóricas.

A facilidade com que Dollard e Miller extraem sabedoria da antropologia social e da psicanálise clínica representa, para muitos, um outro aspecto atraente da sua posição. Eles utilizam variáveis socioculturais mais explicitamente do que quase todos os outros teóricos discutidos, e vemos que sua teoria deve muito ao impacto da psicanálise. A facilidade e a sofisticação com que as variáveis socioculturais são introduzidas na teoria podem estar relacionadas ao fato de que essa teoria tem sido aplicada por antropólogos culturais mais amplamente do que qualquer outra teoria da personalidade, exceto a psicanálise.

A disposição a incorporar as hipóteses e as especulações de outros tipos de teoria, como a psicanálise, embora tentadora para muitos de dentro e de fora do grupo da aprendizagem, não foi universalmente aceita por aqueles que defendem a aplicação de princípios de aprendizagem aos fenômenos da personalidade. Psicólogos como Bandura (ver Capítulo 14), Wolpe e Eysenck (ver Capítulo 9), sem falar naqueles que adotam a abordagem skinneriana (ver Capítulo 12), não só vêem pouca necessidade de ir além dos princípios estabelecidos no laboratório de aprendizagem, mas também discordam ativamente das idéias de teóricos da personalidade mais tradicionais, particularmente os de orientação psicanalítica.

Embora divididos em relação a essa questão, os teóricos do E-R têm caracteristicamente enfatizado a função das teorias como guias para a investigação e a necessidade de submeter diferenças teóricas a teste experimental. Nesse aspecto, os membros desse grupo são definitivamente superiores à maioria dos teóricos da personalidade. Em geral, esses teóricos têm um melhor senso da natureza e da função da teoria em uma disciplina empírica do que qualquer outro grupo de teóricos da personalidade. Em seus textos, se comparados aos textos de outros teóricos, há menos reificação, menos discussões estéreis em relação a palavras e mais disposição a perceber as teorias como conjuntos de regras que só são usados quando são demonstravelmente mais úteis do que outros conjun-

tos de regras. Essa sofisticação metodológica, sem dúvida, é responsável pela relativa clareza e adequação formal de suas teorias.

De muitas maneiras, a teoria do E-R tipifica uma abordagem experimental e objetiva ao comportamento humano. Como tal, tem sido um alvo predileto dos muitos psicólogos convencidos de que uma compreensão adequada do comportamento humano deve envolver mais do que uma obediente aplicação dos métodos experimentais da ciência física. Esses críticos consideram que, embora suas posições teóricas pessoais possam ser vulneráveis por basear-se em observações empíricas não adequadamente controladas, as observações, pelo menos, são relevantes para os eventos com os quais se propõem a lidar. No caso da teoria do E-R, a maior parte das cuidadosas investigações não só se preocupa com comportamentos simples, em vez de complexos, mas também, e mais importante, foi realizada com uma espécie animal filogeneticamente bem distante e claramente diferente do organismo humano em muitos aspectos cruciais. De que adiantam rigor e especificações cuidadosas na situação experimental se o investigador subseqüentemente é obrigado a uma tênue suposição de continuidade filogenética a fim de aplicar os achados a eventos importantes? Nós já vimos que os teóricos do E-R consideram que os princípios de aprendizagem estabelecidos em estudos de laboratório com animais precisam ser justificados com estudos experimentais empregando sujeitos humanos. Assim, existe aqui uma concordância essencial quanto à importância de pesquisas coordenadas; a questão passa a ser a de quanta confiança podemos ter na teoria até ter sido realizada uma quantidade considerável desses estudos.

Uma crítica relacionada às abordagens da teoria da aprendizagem afirma que a maioria dos aspectos positivos dessa posição, incluindo suas cuidadosas definições, clareza e riqueza de pesquisa, só existem quando a teoria é aplicada ao comportamento animal ou a domínios muito restritos do comportamento humano. Tão logo a teoria é aplicada ao complexo comportamento humano ela fica na mesma situação das outras teorias da personalidade, com definições *ad hoc* e raciocínio por analogia, representando a regra em vez da exceção. Essa crítica sugere que o rigor e a relativa adequação formal das teorias de E-R são ilusórios, porque só existem quando seus princípios são aplicados dentro de um escopo muito limitado. Quando a teoria da aprendizagem é generalizada, os conceitos que estavam claros tornam-se ambíguos, e as definições firmes tornam-se fracas.

Talvez a objeção crítica mais importante às abordagens de E-R seja a afirmação de que elas não oferecem uma especificação anterior adequada de estímulo e resposta. Tradicionalmente, os teóricos da aprendizagem se preocupavam quase exclusivamente com o *processo* de aprendizagem, sem tentar identificar os estímulos do ambiente natural dos organismos estudados ou desenvolver uma taxonomia adequada para esses eventos-estímulo. Ademais, seus processos de aprendizagem têm sido investigados em ambientes restritos, controlados, onde é relativamente simples especificar os estímulos que eliciam o comportamento observável. O desafio para o teórico da personalidade é compreender o organismo humano operando no ambiente do mundo real, e pode ser convincentemente argumentado que, se os psicólogos não conseguem definir completamente o estímulo para o comportamento, a sua tarefa mal começou. Aproximadamente os mesmos argumentos podem ser tecidos em relação à resposta. Devemos admitir, com justiça, que teóricos como Miller e Dollard estão bem conscientes desse problema. Miller, jocosamente, sugeriu que a teoria de E-R talvez devesse ser chamada de "teoria do hífen", pois ela tem mais a dizer sobre a conexão entre o estímulo e a resposta do que sobre o estímulo ou a resposta em si. Miller e Dollard tentaram superar essa deficiência, especificando pelo menos algumas das condições sociais em que a aprendizagem ocorre, além dos princípios abstratos que a governam (ver também a teoria de Bandura no Capítulo 14).

Relacionado a essa crítica está o fato de que a teoria de E-R tem surpreendentemente pouco a dizer sobre as estruturas ou as aquisições da personalidade, e é, sem dúvida, por isso que muitos teóricos acham a teoria psicanalítica mais útil para pensar e investigar. Tal objeção também afirma que, com sua preocupação com o processo da aprendizagem, a teoria de E-R é apenas uma teoria parcial e que os componentes relativamente estáveis da personalidade são um elemento essencial em qualquer tentativa de se compreender o comportamento humano.

As críticas mais freqüentes à teoria do E-R certamente apontam para a simplicidade e molecularidade da posição. Os holistas acham que essa teoria é a própria essência de uma abordagem segmental, fragmentada e atomista ao comportamento. Eles afirmam que esses teóricos observam tão pouco do contexto do comportamento que não podem esperar entender ou predizer adequadamente o comportamento humano. Não existe nenhuma apreciação da importância do todo, e a configuração das partes é ignorada em favor de seu exame microscópico. Por exemplo, Monte (1995, p. 753) argumenta que "as pessoas reais não pensam as idéias em porções separadas, desconectadas... Portanto, é quase impossível, como salientou Freud, que a repressão possa funcionar eliminando fragmentos de pensamento descontínuos, ansiosos... Os sentimentos de desamparo que Freud descreveu tão cuidadosamente como o fator desencadeante crucial para a fuga do ego por meio da repressão não recebem nenhum peso na formulação de E-R de Dollard e Miller... O tipo de sofrimento sobre o qual Freud escreveu tão eloqüentemente não é capturado."

Nessas objeções, é difícil separar os componentes polêmicos e afetivos de seu legítimo acompanhamento intelectual. Em defesa da teoria da aprendizagem, certamente está claro que não há nada na posição de E-R dizendo que as variáveis precisam operar sozinhas ou isoladamente. A interação de variáveis é perfeitamente aceitável, de modo que pelo menos esse grau de holismo é congruente com a teoria de E-R.

Outros psicólogos acusam os teóricos de E-R de ter negligenciado a linguagem e os processos de pensamento, e afirmam que seus conceitos são inadequados para explicar a aquisição e o desenvolvimento dessas complexas funções cognitivas. Qualquer teoria aceitável da aprendizagem humana, afirmam eles, precisa incorporar os fenômenos cognitivos. Mas foi só nos últimos anos que se desenvolveram teorias adequadas da linguagem e da cognição (a maioria das quais, reconhecidamente, fora da tradição de aprendizagem animal de E-R). Não existe nenhuma barreira, em princípio, impedindo que as descobertas das teorias cognitivas sejam incorporadas aos relatos de desenvolvimento da personalidade da teoria da aprendizagem. Como veremos no Capítulo 14, a teoria da aprendizagem social de Bandura é um grande passo nessa direção.

Em resumo, a teoria do E-R é uma posição teórica e, em muitos aspectos, singularmente americana. Ela é objetiva, funcional, coloca grande ênfase na pesquisa empírica, e está apenas minimamente preocupada com o lado subjetivo e intuitivo do comportamento humano. Como tal, ela contrasta surpreendentemente com muitas das teorias discutidas, que devem muito à psicologia européia.

# CAPÍTULO 14

# Albert Bandura e as Teorias da Aprendizagem Social

| | |
|---|---|
| INTRODUÇÃO E CONTEXTO | 460 |
| *ALBERT BANDURA* | 460 |
| HISTÓRIA PESSOAL | 460 |
| RECONCEITUALIZAÇÃO DO REFORÇO | 463 |
| PRINCÍPIOS DA APRENDIZAGEM OBSERVACIONAL | 464 |

Processos de Atenção 464
Processos de Retenção 465
Processos de Produção 465
Processos Motivacionais 465

| | |
|---|---|
| DETERMINISMO RECÍPROCO | 467 |
| O AUTO-SISTEMA | 468 |

Auto-Observação 469
Processo de Julgamento 469
Auto-Reação 470

| | |
|---|---|
| APLICAÇÕES À TERAPIA | 471 |
| AUTO-EFICÁCIA | 472 |
| PESQUISA CARACTERÍSTICA E MÉTODOS DE PESQUISA | 476 |
| | |
| *WALTER MISCHEL* | 478 |
| VARIÁVEIS COGNITIVAS PESSOAIS | 480 |
| O PARADOXO DE CONSISTÊNCIA E OS PROTÓTIPOS COGNITIVOS | 482 |
| UMA TEORIA DA PERSONALIDADE DE SISTEMA COGNITIVO-AFETIVO | 483 |
| *STATUS* ATUAL E AVALIAÇÃO | 485 |

## INTRODUÇÃO E CONTEXTO

Na metade do século atual, o comportamentalismo era claramente a perspectiva dominante dentro da psicologia nos Estados Unidos: o comportamento é explicável em termos da manipulação das forças ambientais e é por elas controlado. Nas mãos de teóricos como Skinner, as tendências e as representações internas eram descartadas como epifenômenos sem nenhum *status* causal. Entretanto, logo depois da metade do século, um grupo de teóricos, que passaram a ser conhecidos como teóricos da aprendizagem social, propôs que os estímulos ambientais eram uma base inadequada para explicar o comportamento humano. Esses teóricos argumentavam que o comportamento humano só podia ser compreendido em termos de uma interação recíproca entre estímulos externos e cognições internas. Além disso, as representações simbólicas de eventos passados e da situação atual orientam o comportamento, e os processos auto-reguladores permitem que as pessoas exerçam controle sobre o próprio comportamento. No processo, o constructo central de "reforço" é substancialmente alterado: em vez de "gravar" um comportamento associado, o reforço funciona, proporcionando informações. Um reforço é efetivo à medida que a pessoa está consciente dele e antecipa que ele vai ocorrer com seu comportamento subseqüente. Os teóricos da aprendizagem social mantêm a convicção dos comportamentalistas de que, dentro dos limites impostos pela biologia, a aprendizagem explica a aquisição e a manutenção do comportamento humano. Mas essa aprendizagem só pode ser compreendida em um contexto social, e baseia-se na crença da importância causal da cognição. Neste capítulo, nós examinamos Albert Bandura como o mais proeminente dos teóricos da aprendizagem social, e também consideramos as contribuições cada vez mais influentes de Walter Mischel.

## *ALBERT BANDURA*

Albert Bandura acredita que os princípios de aprendizagem são suficientes para explicar e predizer o comportamento e a mudança comportamental. Entretanto, ele discorda das abordagens de aprendizagem à personalidade que extraem seus princípios exclusivamente de estudos de organismos simples em um ambiente impessoal, ou que retratam o comportamento humano como sendo passivamente controlado por influências ambientais. Ele nos lembra de que o ser humano é capaz de pensamento e de auto-regulação, que lhe permitem controlar seu ambiente tanto quanto ser moldado por ele. Além disso, muitos aspectos do funcionamento da personalidade envolvem a interação do indivíduo com outros, de modo que uma teoria adequada da personalidade precisa levar em conta o contexto social em que o comportamento é originalmente adquirido e continua sendo mantido. A intenção de Bandura é ampliar e modificar a teoria tradicional da aprendizagem, desenvolvendo princípios de *aprendizagem social*. Conforme Bandura descreve:

"A teoria da aprendizagem social explica o comportamento humano em termos de uma interação recíproca contínua entre determinantes cognitivos, comportamentais e ambientais. No processo de determinismo recíproco, está a oportunidade de as pessoas influenciarem seu destino e os limites da autodireção. Essa concepção do funcionamento humano, então, não lança as pessoas ao papel de objetos impotentes controlados por forças ambientais, nem ao papel de agentes livres que podem-se tornar o que quiserem. A pessoa e o seu ambiente são determinantes recíprocos um do outro." (Bandura, 1977b, p. vii)

## HISTÓRIA PESSOAL

Bandura estudou psicologia clínica na Universidade de Iowa e lá recebeu seu Ph.D., em 1952. Em Iowa, a tradição hulliana era sólida: sua faculdade consistia em indivíduos como Kenneth Spence, Judson Brown e Robert Sears, todos que tinham feito doutorado em Yale e contribuições pessoais notáveis à teoria de Hull. Após um ano de pós-doutorado em clínica, Bandura aceitou, em 1953, um cargo na Universidade de Stanford, onde atualmente é *David Starr Jordan Professor of Social Science*. Bandura foi chefe do Departamento de Psicologia de Stanford e em 1974 foi eleito presidente da Associação Psicológica Americana. Ele recebeu o *Distinguished Scientist Award* da Divisão de Psicologia Clínica da Associação Psicológica Americana,

*Albert Bandura.*

o *Distinguished Scientific Contribution Award* da Associação Psicológica Americana, e o *Distinguished Contribution Award* da *International Society for Research on Agression*.

Bandura apresentou sua teoria em uma série de livros. Com Richard Walters como autor júnior, Bandura (1959) escreveu *Adolescent Agression*, um relato detalhado de um estudo de campo em que foram usados princípios de aprendizagem social para analisar o desenvolvimento da personalidade de um grupo de meninos delinqüentes de classe média, seguido por *Social Learning and Personality Development* (1963), um volume em que ele e Walters apresentaram os princípios de aprendizagem social que tinham desenvolvido e as evidências sobre as quais basearam a teoria. Em 1969, Bandura publicou *Principles of Behavior Modification*, em que relata a aplicação de técnicas comportamentais baseadas em princípios de aprendizagem à modificação do comportamento, e em 1973 ele publicou *Agression: A Social Learning Analysis*. *Social Learning Theory* (1977b), em que Bandura "tenta apresentar uma estrutura teórica unificada para analisar o pensamento e o comportamento humanos" (p. vi), continua sendo seu relato teórico mais claro até o momento, embora seu *Social Foundations of Thought and Action* (1986) ofereça um tratamento mais detalhado da teoria. Além desses relatos teóricos, Bandura e seus alunos contribuíram com uma longa série de artigos empíricos.

Em comum com a maioria das abordagens da teoria da aprendizagem à personalidade, a teoria da aprendizagem social baseia-se na premissa de que o comportamento humano é amplamente adquirido e que os princípios de aprendizagem são suficientes para explicar o desenvolvimento e a manutenção desse comportamento. Entretanto, as teorias anteriores da aprendizagem prestaram uma atenção insuficiente não só ao contexto social em que surge esse comportamento, mas também ao fato de que muitas aprendizagens importantes ocorrem indiretamente. Isto é, ao observar o comportamento dos outros, os indivíduos aprendem a imitar aquele comportamento ou de alguma maneira modelam-se de acordo com os outros. Em seu livro de 1941, *Social Learning and Imitation*, Miller e Dollard reconheceram o papel significativo desempenhado pelos processos imitativos no desenvolvimento da personalidade e tentaram explicar certos tipos de comportamento imitativo. Mas poucas das pessoas interessadas na personalidade tentaram incorporar o fenômeno da aprendizagem observacional às suas teorias da aprendizagem, e até Miller e Dollard raramente se referem à imitação em suas publicações posteriores. Bandura tentou não somente reparar essa negligência, mas também estender a análise da aprendizagem observacional além dos limitados tipos de situação considerados por Miller e Dollard.

O artigo de 1974 de Bandura, *"Behavior Theories and the Models of Man"*, apresenta um sumário relativamente sucinto de seu ponto de vista:

> "Contrariamente à crença popular, o famoso condicionamento reflexo nos humanos é em grande parte um mito. Condicionamento é simplesmente um termo descritivo para a aprendizagem por meio de experiências emparelhadas, não uma explicação de como acontecem as mudanças. Originalmente, supunha-se que o condicionamento ocorria automaticamente. Em um exame mais cuidadoso, percebeu-se que ele era cognitivamente mediado. As pessoas não aprendem, apesar de experiências emparelhadas repetitivas, a menos que reconheçam que os eventos são correlacionados . . . As chamadas reações de condicionamento são em grande parte auto-ativadas com base em expectativas aprendidas, ao invés de automaticamente evocadas. O fator crítico, portanto, não é os eventos ocorrerem juntos no tempo, e sim as pessoas aprenderem a predizê-los e a convocar reações antecipatórias apropriadas." (p. 859)

> "As nossas teorias foram incrivelmente lentas em reconhecer que o homem pode aprender também pela observação, além de pela experiência direta . . . A forma rudimentar de aprendizagem baseada na experiência direta foi exaustivamente estudada, ao passo que o modo de aprendizagem pela observação, mais disseminado e eficiente, é grandemente ignorado. É necessária uma mudança de ênfase." (p. 863)

A carreira de Bandura foi dedicada a encorajar essa mudança.

## RECONCEITUALIZAÇÃO DO REFORÇO

Bandura ampliou muito a definição de reforço. Em vez de funcionar de maneira mecanicista, as conseqüências comportamentais alteram o comportamento subseqüente, fornecendo informações. Quando as pessoas observam os resultados de seu comportamento e do comportamento dos outros, elas desenvolvem hipóteses sobre as prováveis conseqüências de produzir aquele comportamento no futuro. Essa informação serve de guia para o comportamento subseqüente. As hipóteses exatas produzem bons desempenhos, e as hipóteses inexatas levam a um comportamento ineficaz. (Observem a semelhança com a explicação de George Kelly sobre "construir replicações"; ver Capítulo 10.) Em outras palavras, os reforços fornecem informações sobre o que uma pessoa precisa fazer para assegurar os resultados desejados e evitar os resultados punitivos. Em consequência, o reforço só pode ocorrer quando a pessoa está ciente das contingências e antecipa que elas se aplicarão a futuros comportamentos. A capacidade humana de antecipar resultados também explica o valor de incentivo dos reforços: "Ao representar simbolicamente resultados previsíveis, as pessoas podem converter futuras conseqüências em motivadores atuais do comportamento. Assim, a maioria das ações está amplamente sob controle antecipatório" (Bandura, 1977b, p. 18). Para Bandura, então, um reforço funciona principalmente como "uma operação informativa e motivacional, mais do que um reforçador mecânico de resposta" (1977b,

p. 21). Como conseqüência, ele considera o termo "regulação" mais apropriado do que "reforço".

Bandura também rejeita o entendimento skinneriano de como o reforço funciona. Na aprendizagem observacional, o reforço serve como uma influência "antecedente" ao invés de "consequente". Isto é, o reforço antecipado é um dos vários fatores que podem influenciar uma pessoa a prestar atenção a um modelo e também encorajá-la a ensaiar o comportamento que foi observado. Conforme ilustrado na Figura 14.1, a teoria skinneriana da aprendizagem sugere que o reforço age retrospectivamente para fortalecer uma resposta imitativa e sua conexão com os estímulos circundantes. Do ponto de vista de Bandura, entretanto, o reforço facilita a aprendizagem de maneira antecipatória, ao encorajar o observador a prestar atenção e a ensaiar o comportamento observado. Bandura propõe inclusive que o reforço direto não é necessário para que ocorra aprendizagem.

Além dessas modificações na mecânica da motivação, Bandura acrescenta dois outros tipos de reforço ao clássico conceito de "reforço direto" como um estímulo cuja presença aumenta a freqüência da ocorrência do comportamento com o qual é emparelhado. Primeiro, o "auto-reforço" ocorre quando o indivíduo compara seu comportamento com padrões internos. Se o comportamento está à altura desses padrões, a pessoa pode sentir satisfação ou orgulho, mas, se o comportamento viola ou não está à altura desses padrões, a pessoa responde com culpa, vergonha ou insatisfação. Como veremos durante a nossa discussão do auto-sistema, os indivíduos servem como podero-

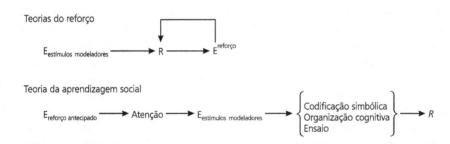

**FIGURA 14.1** Representação esquemática de como o reforço influencia a aprendizagem observacional, de acordo com a teoria do condicionamento instrumental e a teoria da aprendizagem social. (Reimpressa com a permissão de Bandura, 1977b, p. 38)

sos reforçadores para o próprio comportamento. A função de auto-reforço dá às pessoas "a capacidade de autodireção. Elas fazem coisas que originam auto-satisfação e autovalor e evitam comportar-se de maneiras que provocam autopunição" (Bandura, 1974, p. 861). Bandura está sugerindo que todo comportamento produz dois conjuntos de conseqüências: auto-avaliações e resultados externos. As conseqüências externas têm o maior efeito sobre o comportamento quando são compatíveis com as conseqüências auto-geradas. O comportamento é mantido por suas conseqüências, mas essas conseqüências não existem apenas externamente. O leitor vai notar semelhanças entre o auto-reforço de Bandura e o conceito de Gordon Allport de uma consciência genérica funcionando com base em um senso pessoal, em vez de externo, daquilo que devemos fazer. O auto-reforço também é análogo ao conceito freudiano de superego, mas Bandura (1978) argumenta que essas "entidades incorporadas" não são capazes de explicar a operação variável e a ocasional desconsideração de controles morais internos. Nós voltaremos ao auto-reforço quando discutirmos o auto-sistema de Bandura.

Como um segundo tipo novo de reforço, Bandura sugere que ocorre um "reforço indireto ou vicário" quando o indivíduo testemunha alguém experienciar conseqüências reforçadoras ou punitivas por um comportamento, e passa a antecipar conseqüências semelhantes no caso de produzir o mesmo comportamento. Assim, o indivíduo pode ser reforçado sem produzir um comportamento ou experienciar uma conseqüência. As conseqüências observadas podem mudar o comportamento da mesma maneira que as conseqüências diretamente experienciadas. Assim como Skinner sugeriu que a aprendizagem de tentativa e erro de Thorndike era uma maneira ineficiente e improvável de adquirir comportamentos complexos, Bandura também sugere que o condicionamento operante de Skinner é um meio pouco prático e perigoso de os humanos adquirirem muitos comportamentos. Ao contrário, a maior parte do comportamento humano é aprendida observacionalmente por meio da modelagem: nós observamos o comportamento dos outros e usamos essa informação como um guia para o nosso comportamento subseqüente. Veremos agora como Bandura descreve a modelagem.

## PRINCÍPIOS DA APRENDIZAGEM OBSERVACIONAL

Bandura (1962, 1977b, 1986) propõe que uma maneira fundamental de os humanos adquirirem habilidades e comportamentos é observar o comportamento dos outros. A aprendizagem observacional, ou modelagem, é governada por quatro processos constituintes: atenção, retenção, produção e motivação (ver Figura 14.2 adiante).

### Processos de Atenção

As pessoas não vão aprender nada a menos que prestem atenção a aspectos significativos do comportamento a ser modelado e que os percebam acuradamente. É mais provável que prestemos atenção a comportamentos relevantes, simples e que prometam ter algum valor funcional. Em conseqüência, um modelo vívido, atraente, competente e visto repetidamente tende a chamar mais a nossa atenção. Além disso, o que uma pessoa nota é influenciado por sua base de conhecimento e orientação atual. As características dos observadores também determinam quanto comportamento imitativo vai ocorrer em uma dada situação. As crianças extremamente dependentes, por exemplo, são mais influenciadas pelo comportamento de um modelo do que as menos dependentes (Jakubczak & Walters, 1959).

As características do modelo e do observador em geral determinam, juntas, o que vai ocorrer. Um estudo especialmente informativo mostrando a interação entre modelo e observador foi realizado por Hetherington e Frankie (1967) com crianças pequenas e seus pais. Observando os pais, os investigadores primeiro determinaram o grau de carinho e cuidado que cada um expressava em relação à criança e qual progenitor era dominante em termos dos cuidados à criança. Subseqüentemente, a criança observava cada progenitor brincar com brinquedos e jogos fornecidos pelos investigadores, e logo depois permitia-se que ela brincasse com os mesmos materiais. Era então registrada a quantidade de comportamento imitativo da criança. As crianças de ambos os sexos tendiam muito mais a imitar um progenitor carinhoso e cuidadoso do que um frio ou punitivo, mas o maior efeito foi encontra-

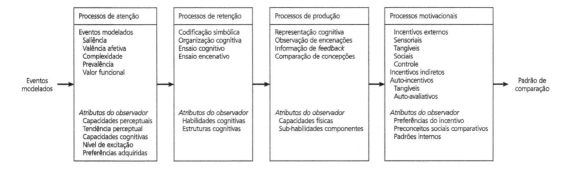

**Figura 14.2** Subprocessos que governam a aprendizagem observacional. (Reimpressa com a permissão de Bandura, 1986, p. 52.)

do nas meninas cujas mães eram carinhosas. O progenitor dominante também provocava mais comportamentos imitativos, mas quando o pai era dominante, as meninas imitavam mais a mãe do que o pai.

## Processos de Retenção

Um comportamento não pode ser reproduzido a menos que o lembremos por meio de uma codificação simbólica. A retenção do comportamento observado depende principalmente das imagens mentais e das representações verbais. A memória pode ser aumentada pela organização do material e pelo ensaio. O material retido geralmente é transformado para corresponder a algum conhecimento ou expectativa existente por parte do aprendiz.

## Processos de Produção

O aprendiz precisa ser capaz de reproduzir o comportamento que foi observado. Um comportamento observado, independentemente de quão bem é lembrado, não pode ser encenado sem as necessárias habilidades e capacidades. Às vezes, os problemas de produção decorrem de uma falta das habilidade cognitivas ou motoras necessárias, mas muitas vezes refletem a falta de *feedback* da pessoa a respeito daquilo que realmente está fazendo. Isso é verdade na aprendizagem de muitas habilidades atléticas, mas também é um problema freqüente nos comportamentos sociais. Pode ser extremamente informativo, e perturbador, ver ou ouvir fitas gravadas do nosso comportamento. Tentativa e erro, prática e *feedback*, todos contribuem para aquilo que geralmente é um processo gradual de traduzir conhecimento em ação.

## Processos Motivacionais

A teoria da aprendizagem social de Bandura enfatiza a distinção entre aquisição e desempenho porque as pessoas não encenam tudo o que aprendem. O desempenho de um comportamento observado é influenciado por três tipos de incentivo: direto, vicário (indireto) e auto-administrado. Um comportamento aprendido será encenado se levar diretamente ao resultado desejado, se observamos que foi efetivo para o modelo ou se for auto-satisfatório. Em outras palavras, é provável que tenhamos um certo comportamento se acreditarmos que será benéfico agirmos assim.

Podemos perceber bem o papel crítico que Bandura atribui à imitação no desenvolvimento da personalidade quando ele analisa sua contribuição para a aquisição de novas respostas. Em uma série de experimentos realizados com crianças, Bandura e seus colegas demonstraram que os sujeitos que tinham tido a chance de observar uma série de respostas incomuns de um indivíduo (o *modelo*) tendiam a exibir as mesmas respostas quando colocados em um ambiente semelhante. Em um estudo representativo (Bandura, Ross & Ross, 1961), crianças de escola maternal, testadas uma de cada vez, observaram um modelo adulto realizar uma série de atos agressivos, físicos e verbais em relação a uma boneca grande. Outras crianças viram um adulto não-agressivo que ficava sentado tranqüilamente na sala experimental e não prestava nenhuma atenção à boneca. Mais tarde, as crianças foram submetidas a uma leve frustração e depois colocadas sozinhas na sala com a boneca. O comportamento dos grupos tendia a ser congruente com o modelo do adulto. As crianças que tinham visto um adulto agressivo realizaram mais atos agressivos do que um grupo de controle que não tivera nenhuma experiência com o modelo, e deram mais respostas exatamente iguais às do modelo do que as crianças-controle. Além disso, as crianças que tinham observado o adulto não-agressivo deram ainda *menos* respostas agressivas do que os sujeitos-controle.

Como esse experimento ilustra, as crianças podem aprender respostas novas simplesmente observando os outros. Igualmente importante, ele mostra que a aprendizagem pode ocorrer sem que as crianças tenham tido a oportunidade de dar a resposta elas mesmas, e sem que o modelo ou elas próprias tenham sido recompensados ou reforçados pelo comportamento.

A capacidade de dar respostas novas observadas algum tempo antes, mas nunca realmente praticadas, é possível devido às habilidades cognitivas humanas. Os estímulos oferecidos pelo modelo são transformados em imagens daquilo que o modelo fez ou disse ou parecia e, ainda mais importante, são transformados em símbolos verbais que mais tarde podem ser lembrados. Essas habilidades cognitivas, simbólicas, também permitem aos indivíduos transformar aquilo que aprenderam ou combinar o que observaram em diferentes modelos em novos padrões de comportamento. Assim, ao observar os outros, podemos desenvolver soluções novas, e não simplesmente imitações obedientes.

Nas culturas humanas, o novo comportamento é freqüentemente adquirido observando-se o comportamento dos outros. Muitas vezes a instrução é bem direta: uma criança, por exemplo, aprende aquilo que vê os outros fazerem. Mas os indivíduos também podem ser influenciados por modelos apresentados em formas mais simbólicas. As representações pictóricas, como as do cinema e da televisão, são fontes de modelos extremamente influentes. Bandura, Ross e Ross (1963a), por exemplo, descobriram que as crianças que assistiam ao comportamento agressivo de um modelo adulto vivo não apresentavam uma tendência maior a imitá-lo do que as crianças que assistiam a um filme, ou mesmo a um desenho animado, do mesmo comportamento.

Bandura sugere que a exposição a modelos, além de levar à aquisição de novos comportamentos, tem outros dois tipos de efeito. Primeiro, o comportamento de um modelo pode simplesmente servir para provocar o desempenho de respostas semelhantes já existentes no repertório do observador. Esse efeito facilitador é especialmente provável quando o comportamento é de natureza socialmente aceitável. A segunda maneira como um modelo pode influenciar um observador ocorre quando o modelo está apresentando um comportamento socialmente proscrito ou desviante. As inibições do observador com relação a ter aquele comportamento podem ser reforçadas ou enfraquecidas ao observar o modelo, dependendo de o comportamento do modelo ter sido punido ou recompensado. Rosekrans e Hartup (1967), por exemplo, demonstraram que as crianças que tinham visto o comportamento agressivo de um modelo ser consistentemente recompensado apresentaram um alto grau de agressão imitativa, enquanto aquelas que viam o mesmo comportamento ser consistentemente punido praticamente não apresentaram nenhum comportamento imitativo. As crianças expostas a um modelo às vezes recompensado e às vezes punido apresentaram uma quantidade intermediária de agressão.

Os tipos de aprendizagem indireta que estamos discutindo envolvem ações situadas na categoria geral de respostas instrumentais ou operantes. Bandura (1969) indicou um outro tipo de aprendizagem, baseado na observação de um modelo, que é crucial na teoria da aprendizagem social: a aquisição indireta de *respostas emocionais classicamente condicionadas*. Observadores expostos às reações emocionais de um modelo não só experienciam reações semelhantes, mas também começam a responder emocionalmente a estímulos que produziam essas reações no modelo. Em um experimento ilustrativo de Bandura e Rosenthal (1966), os sujeitos observavam enquanto um modelo, apresentado como um sujeito real, se deparava com uma série de toques de campainha. Depois de cada toque de campainha, o modelo simulava uma variedade de reações de dor e era falsamente dito aos sujeitos que as reações eram provocadas por um forte choque aplicado imediatamente após a campainha. Conforme indicado por uma medida fisiológica de responsividade emocional, os sujeitos passaram a exibir uma resposta emocional condicionada à campainha, mesmo em tentativas de testes em que o modelo estava ausente e apesar do fato de eles nunca terem experienciado diretamente o estímulo incondicionado doloroso supostamente administrado ao modelo.

## DETERMINISMO RECÍPROCO

Bandura (1978) sugere que o comportamento humano costuma ser explicado em termos de um conjunto limitado de determinantes agindo de maneira unidirecional. Os teóricos da aprendizagem, por exemplo, sugerem que o comportamento é controlado por forças situacionais. É verdade que Skinner comenta a capacidade de contracontrole dos organismos, mas mesmo essa noção apresenta o ambiente como a força instigadora que o indivíduo tenta anular. O ambiente de Skinner serve como "uma força autônoma que automaticamente molda, orquestra e controla o comportamento" (1978, p. 344). Os teóricos da personalidade explicam o comportamento em termos de disposições e motivos internos. Mesmo nas formulações interacionistas (p. ex., Murray e Allport), a pessoa e o ambiente operam em grande parte de maneira autônoma ou unidirecional.

Ao contrário, a teoria da aprendizagem social conceitualiza o comportamento em termos de um *determinismo recíproco*: as influências pessoais, as forças ambientais e o próprio comportamento funcionam como determinantes interdependentes, ao invés de autônomos. O efeito de cada um dos três componentes é condicional aos outros. Por exemplo, o ambiente é uma potencialidade cujos efeitos dependem do entendimento que o organismo tem dele e do seu comportamento nele. Da mesma forma, a pessoa desempenha diferentes papéis e tem diferentes expectativas em diferentes situações, ela busca e cria o ambiente ao qual responde, e o próprio comportamento contribui para definir o ambiente e o entendimento da pessoa de quem ela é. Bandura está sugerindo, em parte, que as pessoas não simplesmente reagem ao ambiente externo; na verdade, os fatores externos só influenciam o comportamento pela mediação dos processos cognitivos da pessoa. Ao alterar seu ambiente ou criar auto-induções condicionais, as pessoas influenciam os estímulos aos quais respondem.

Ao longo dos anos, muitos autores reconheceram que as disposições individuais e as forças situacionais interagem para produzir comportamentos, mas os processos de interação foram conceitualizados de três maneiras muito diferentes (ver Figura 14.3). Na interação *unidirecional*, as pessoas e as situações são consideradas entidades independentes que se combinam para gerar os comportamentos. Segundo Bandura, esse ponto de vista é simplista, porque os fatores pessoais e ambientais de fato se influenciam mutuamente. Na concepção *bidirecional* de interação, as pessoas e as situações são vistas como causas interdependentes, mas o comportamento é visto apenas como uma conseqüência que não aparece no processo causal. Na visão da aprendizagem social do determinismo *recíproco*, o comportamento, as forças ambientais e as características pessoais funcionam todos como "determinantes interligados uns dos outros."

Bandura (1978) oferece três exemplos de como podem variar as contribuições relativas desses três componentes. Primeiro, se pessoas forem largadas em águas profundas, a situação vai ditar que todas comecem a nadar. Alternativamente, o comportamento pode ser o aspecto central no sistema. Por exemplo, quando uma pessoa toca músicas conhecidas de piano para

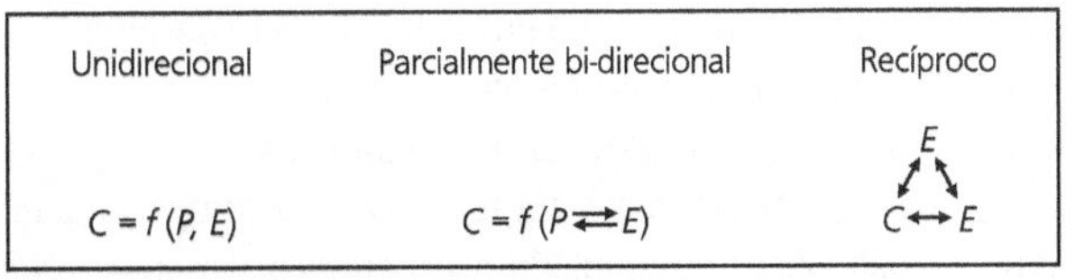

| Unidirecional | Parcialmente bi-direcional | Recíproco |
|---|---|---|
| $C = f(P, E)$ | $C = f(P \rightleftarrows E)$ | $\begin{array}{c} E \\ \diagup \diagdown \\ C \longleftrightarrow E \end{array}$ |

**FIGURA 14.3** Representação esquemática de três concepções alternativas de interação: C significa comportamento, P eventos cognitivos e outros eventos internos que podem afetar as percepções e ações, e E o ambiente externo. (Reimpressa com a permissão de Bandura, 1978, p. 345.)

seu prazer pessoal, os processos cognitivos e o ambiente contextual pouco contribuem. Finalmente, podem predominar os fatores cognitivos, como quando falsas crenças desencadeiam respostas de esquiva que tornam a pessoa desatenta ao ambiente real e não são alteradas pelo *feedback* sobre sua qualidade ineficaz e distorcida.

Bandura está dizendo que devemos ser flexíveis ao considerar as interações entre pessoa, comportamento e ambiente. Por exemplo, suponha que observamos um aluno que está falando diante da classe. Como podemos entender seu comportamento? Uma abordagem de personalidade poderia destacar que a pessoa é muito loquaz, uma abordagem de aprendizagem procuraria reforços ambientais para o comportamento de falar, e uma abordagem interacionista examinaria as contribuições da pessoa e da situação ao comportamento. Mas Bandura diz que temos de perceber o relacionamento determinante recíproco entre a pessoa, o comportamento e o ambiente. Isto é, a pessoa tem uma tendência a falar e o ambiente reforça sua loquacidade, mas também acontece que falar é um *feedback* que torna mais provável que a pessoa fale no futuro, e o comportamento de falar também contribui para tornar uma sala de aula o tipo de ambiente em que a fala ocorre. Ademais, precisamos perceber que a pessoa contribui para a natureza do ambiente, exatamente como o ambiente influencia quem a pessoa é. Pessoa, situação e comportamento estão inextricavelmente entrelaçados.

Além disso, o determinismo recíproco exige que descartemos a ficção de que um evento só pode ser compreendido como um estímulo, uma resposta ou um reforço. Por exemplo, suponha que uma garotinha pegue um biscoito da lata de biscoitos um pouco antes do jantar. O pai diz para pô-lo de volta, o que ela faz, e ele responde dizendo: "Que boa menina você é." Como podemos conceitualizar esta seqüência comportamental? O pai dizer à filha para devolver o biscoito é um estímulo, ela devolve é uma resposta, e o elogio dele é um reforço. Isso parece bastante simples, mas Bandura salienta que o comportamento continua. O próximo evento na seqüência pode ser a filha abraçar o pai. Agora, ela devolver o biscoito serve como um estímulo, o elogio dele é uma resposta e o abraço dela o reforça pelo elogio. Se ele por sua vez abraçá-la, o elogio dele é um estímulo, o abraço dela uma resposta e ele reforça o abraço dela com o abraço dele.

E assim por diante. A nossa interpretação de uma ação depende de onde a localizamos no fluxo de comportamento e no determinismo recíproco.

O determinismo recíproco também faz Bandura explicar a liberdade e o determinismo de uma maneira que soa muito parecida com a de George Kelly. Isto é, as pessoas são livres na extensão em que conseguem influenciar as futuras condições às quais responderão, mas seu comportamento também é limitado pelo relacionamento recíproco entre cognição pessoal, comportamento e ambiente. Conforme Bandura (1978, p. 356-357) afirma: "Uma vez que as concepções das pessoas, seu comportamento e seus ambientes são determinantes recíprocos um do outro, os indivíduos não são objetos impotentes controlados por forças ambientais, nem agentes inteiramente livres que podem fazer o que quiserem."

Uma análise completa do comportamento, da perspectiva do determinismo recíproco, exige que consideremos como os três conjuntos de fatores – cognitivos, comportamentais e ambientais – se influenciam mutuamente. Essa análise deixa claro que a teoria da aprendizagem social de modo algum ignora os determinantes internos, pessoais, do comportamento. Mas, em vez de conceitualizar esses determinantes como "dimensões estáticas de traços", Bandura os trata como fatores cognitivos, dinâmicos, que regulam e são regulados pelo comportamento e pelo ambiente. Bandura discute os determinantes pessoais do comportamento em termos do auto-sistema e da auto-eficácia do indivíduo. Trataremos agora dessas variáveis da pessoa.

## O AUTO-SISTEMA

Bandura não aceita a tentativa comportamentalista radical de eliminar os determinantes internos, cognitivos do comportamento pelo "desvio conceitual" de reduzi-los à conseqüência de eventos ambientais anteriores. As cognições têm claramente origens externas, mas seu papel na regulação do comportamento não pode ser reduzido à experiência anterior: "Não podemos atribuir a experiências passadas uma capacidade generalizável, esquecendo as influências atuais decorrentes do exercício dessa capacidade, não mais do que atribuiríamos as obras-primas literárias de Shakespeare à sua instrução anterior da mecânica da escrita" (Bandura, 1978, p. 350). Mas Bandura também não endossa a perspectiva das teorias do *self* em que uma "auto-imagem global" explica o comportamento em uma grande variedade de situações. "Na teoria da aprendizagem social, um auto-sistema não é um agente psíquico que controla o comportamento. Ele se refere a estruturas cognitivas que fornecem mecanismos de preferência, e a uma série de subfunções da percepção, da avaliação e da regulação do comportamento" (1978, p. 348). Também é necessário um entendimento das influências autogeradas incluídas no auto-sistema para a explicação e predição do comportamento humano. A Figura 14.4 resume os três processos componentes envolvidos na auto-regulação do comportamento pela ativação de contingências autoprescritas. Tomados como um conjunto, esses processos definem o *auto-sistema* e constituem as bases do auto-reforço do comportamento. Nós vamos examinar um componente de cada vez.

## Auto-Observação

Nós observamos continuamente o nosso próprio comportamento, notando fatores como qualidade, quantidade e originalidade daquilo que fazemos. Quanto mais complexo o comportamento que estamos observando e mais intricado o ambiente em que ele é observado, mais provável que a auto-observação inclua certa inexatidão. Os estados temporários de humor e a motivação para a mudança também podem influenciar como o nosso desempenho é monitorado e processado.

## Processo de Julgamento

O comportamento gera uma auto-reação por meio de julgamentos sobre a correspondência entre aquele comportamento e nossos padrões pessoais. Podemos definir a adequação por referência a comportamentos passados e conhecimento de normas ou por processos de comparação social. A escolha dos alvos para a comparação obviamente influencia os julgamentos que serão feitos: os autojulgamentos são intensificados quando as pessoas menos capazes são escolhidas para a comparação. Os julgamentos também variam, dependendo da importância da atividade que está sendo julgada e das atribuições individuais quanto aos determinantes do comportamento. Criticamos mais os comportamentos que são importantes e pelos quais nos consideramos responsáveis.

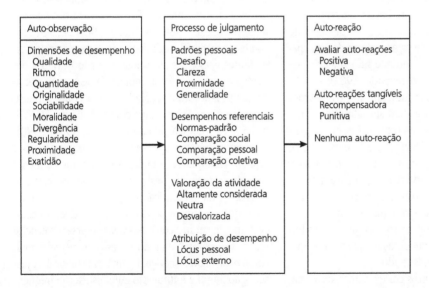

**FIGURA 14.4** Subprocessos envolvidos na auto-regulação do comportamento por meio de padrões internos e auto-incentivos. (Reimpressa com a permissão de Bandura, 1986, p. 337.)

## Auto-Reação

As auto-avaliações produzidas por meio da operação dos dois primeiros componentes criam o cenário para o indivíduo fazer uma avaliação do comportamento. As avaliações favoráveis geram auto-reações recompensadoras e os julgamentos desfavoráveis ativam auto-respostas punitivas. Os comportamentos vistos como não tendo nenhuma importância pessoal não geram nenhuma reação. As auto-reações produzidas nesse estágio alteram o comportamento subseqüente principalmente ao motivar a pessoa a se esforçar para obter algum resultado desejado (Bandura, 1991b).

A influência recíproca que Bandura descreve como existindo entre a pessoa e o ambiente é ilustrada em sua afirmação de que os sistemas de auto-reforçadores são adquiridos pelos mesmos princípios de aprendizagem responsáveis pela aquisição de outros tipos de comportamento. Assim, aquilo que os indivíduos recompensam e punem em si mesmos pode refletir as reações que seu comportamento provocou nos outros. Pais, parentes e outros agentes socializadores estabelecem padrões comportamentais, recompensando o indivíduo por viver à altura deles e expressando seu desagrado quando a pessoa falha. Essas normas externamente impostas podem ser "assumidas" pelo indivíduo e constituir a base de sistemas posteriores de auto-reforço. Podemos esperar, comenta Bandura, que os indivíduos, que quando crianças foram elogiados e admirados por níveis bastante baixos de realização, sejam mais generosos em suas auto-recompensas do que aqueles que tinham de estar à altura de altos padrões de excelência, e na verdade há evidências de que isso acontece (Kanfer & Marston, 1963).

Extensivas evidências indicam que os padrões auto-avaliativos também podem ser adquiridos indiretamente, observando-se os outros. Em um experimento representativo de Bandura e Kupers (1964), as crianças observavam um modelo que estabelecia um padrão alto ou baixo de realização para auto-recompensa. A observação posterior das crianças, realizando a mesma tarefa, mostrou que aquelas expostas ao modelo com um baixo padrão eram mais indulgentes em suas auto-recompensas do que aquelas que observaram o modelo mais rígido.

Como no caso de outros comportamentos, as características do modelo influenciam se um observador vai ou não prestar atenção e tentar emular os padrões de auto-reforço do modelo. Em certas condições, as crianças, por exemplo, são mais propensas a imitar os iguais do que os adultos (Bandura, Grusec & Menlove, 1967b) ou modelos cujos padrões de realização estejam ao seu alcance, e não fora de sua capacidade (Bandura & Whalen, 1966).

Os componentes do auto-sistema não funcionam como reguladores autônomos do comportamento, mas desempenham um papel na determinação recíproca do comportamento. Os fatores externos afetam os processos auto-reguladores de pelo menos três maneiras: primeiro, como vimos, os padrões internos em comparação com os quais o comportamento é julgado são extraídos das nossas experiências. Segundo, as influências ambientais podem alterar a maneira como julgamos o nosso comportamento. Por exemplo, as pessoas freqüentemente experienciam sanções negativas dos outros por uma auto-recompensa não merecida. Além disso, manter altos padrões é "socialmente promovido por um vasto sistema de recompensas, incluindo elogios, reconhecimento social e honras" (Bandura, 1978, p. 354). Finalmente, existem fatores externos que promovem a "ativação e o desligamento seletivos" de influências auto-reativas. Essa influência merece uma discussão mais detalhada.

Bandura está bem consciente de que o ser humano é capaz de comportamentos desumanos. Ele argumenta que "entidades incorporadas", como o superego de Freud, não conseguem explicar a "operação variável" de controles internos. Do ponto de vista da aprendizagem social, "pessoas ponderadas realizam atos condenáveis devido à dinâmica recíproca entre determinantes pessoais e situacionais, e não devido a defeitos em suas estruturas morais. O desenvolvimento de capacidades auto-reguladoras não cria um mecanismo de controle invariante dentro da pessoa" (1978, p. 354; ver também Bandura, 1977b, 1986, 1990). Quando as pessoas apresentam um comportamento repreensível, que deveria dar origem à autocondenação, elas conseguem desligar-se de uma maneira que as protege da autocrítica. A Figura 14.5 ilustra como e em que ponto isso pode ocorrer. No nível do comportamento em si, o comportamento repreensível pode tornar-se aceitável quando a pessoa o percebe mal, como ocorrendo a serviço de uma causa moral. A justificação moral e a rotulação eufemística são freqüentemente usadas para evitar a auto-reprovação e a reprovação social, e os atos que deveriam ser deplorados podem tornar-se aceitáveis quando comparados com flagrantes desumanidades. Um outro conjunto de medidas defensivas opera distorcendo o relacionamento entre uma ação e seus efeitos. Assim, o deslocamento da responsabilidade para as autoridades superiores e a difusão da responsabilidade para um grupo maior podem ser usados pela pessoa para se dissociar da culpabilidade, criando a ilusão de que ela não é pessoalmente responsável.

Um terceiro conjunto de mecanismos para desligar-se das funções de autocondenação é distorcer as conseqüências do ato. Assim, podemos minimizar, ignorar, distorcer ou de alguma maneira isolar-nos dos efeitos prejudiciais aparentes da nossa ação. Finalmente, podemos nos livrar de respostas autopunitivas esperadas, desvalorizando, desumanizando ou culpando a vítima de um ato injusto, desculpando assim o ato em si. A existência de estereótipos sociais facilita essas distorções defensivas.

Bandura (1978) sugere que os "julgamentos pessoais" operam em todos os estágios da auto-regulação, impedindo assim a "automaticidade do processo". Como conseqüência, existe uma "considerável amplitude para os fatores de julgamento pessoal ativarem ou não as influências auto-reguladoras em qualquer atividade dada" (1978, p. 355). Mas o que ele não explica é a origem, a operação e o acionamento desses julgamentos pessoais. Isto é, por que e quando escolhemos nos desligar de certos comportamentos e não de outros? É uma questão de nível de excitação ou de extremidade do comportamento? Se é, o que determina o limiar de ativação? Finalmente, o leitor deve notar o paralelo entre esses mecanismos de desligamento seletivo e os mecanismos de defesa descritos por Freud e Rogers, bem como as estratégias de salvaguarda articuladas por Alfred Adler.

## APLICAÇÕES À TERAPIA

Como poderíamos antecipar a partir dessa descrição dos princípios mais importantes da teoria da aprendizagem social, Bandura acredita que técnicas baseadas na teoria da aprendizagem podem ser extremamente efetivas para modificar os comportamentos indesejáveis. De fato, o primeiro livro de Bandura, *Principles of Behavior Modification* (1969), é quase exclusivamente dedicado a uma discussão dessas técnicas, incluindo vários métodos novos desenvolvidos por ele e seus associados para eliminar as reações infundadas de medo (Bandura, 1968; Bandura, Grusec & Menlove, 1967a; Bandura & Menlove, 1968).

Essas últimas técnicas, originadas de trabalhos experimentais sobre modelagem e aprendizagem observacional, supõem não apenas que as respostas emocionais podem ser adquiridas por experiências diretas e indiretas com eventos traumáticos, mas também que, nas circunstâncias apropriadas, elas podem ser *extintas* direta ou indiretamente. Assim, as pesso-

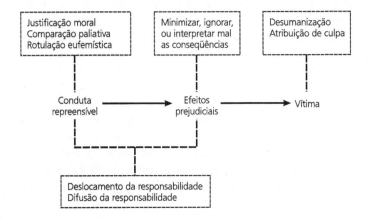

**FIGURA 14.5** Mecanismos pelos quais o comportamento é desligado das conseqüências auto-avaliativas em diferentes pontos do processo comportamental. (Reimpressa com a permissão de Bandura, 1978, p. 355.)

as com medos infundados ou exagerados devem ser capazes de reduzir suas reações defensivas e emocionais ao observar um modelo interagir destemidamente com o objeto ou com o evento ansiogênico, e de reduzi-las ainda mais ao praticar o comportamento do modelo em uma situação não-ameaçadora, sob a orientação desses trabalhos experimentais. Numerosos experimentos, usando várias técnicas de modelagem com crianças e adultos, produziram resultados muito animadores. Um estudo de Bandura, Blanchard e Ritter (1969) é de especial interesse, uma vez que incorpora vários aspectos das técnicas de dessensibilização de Wolpe às condições de modelagem e também inclui, para propósitos de comparação, uma condição de dessensibilização convencional. Adolescentes e adultos, sofrendo de grave fobia de cobras, foram divididos em três grupos de tratamentos diferentes. Aos membros do grupo de dessensibilização, foi apresentada uma série graduada de cenas imaginárias envolvendo cobras, enquanto eles estavam em profundo relaxamento. No segundo grupo, foi usada uma condição de modelagem simbólica em que os sujeitos assistiam a um filme mostrando modelos em interações progressivamente mais próximas com uma grande cobra, também enquanto mantinham um relaxamento profundo. O terceiro grupo observou um modelo vivo dar respostas semelhantes diante de uma cobra real. Depois de cada uma dessas interações, estes últimos sujeitos foram solicitados a realizar o mesmo comportamento que o modelo, inicialmente com a ajuda do modelo e mais tarde sozinhos.

Todos os sujeitos foram solicitados a realizar uma série graduada de tarefas envolvendo cobras, antes e depois do tratamento. Enquanto os sujeitos-controle, que fizeram apenas essas duas séries de testes e nenhum tratamento interveniente, não mostraram praticamente nenhuma mudança em seu comportamento, um acentuado aumento no comportamento de aproximação foi observado nos grupos de dessensibilização e modelagem simbólica após o tratamento. Mas a técnica mais bem-sucedida foi a modelagem participante, isto é, aquela em que os sujeitos foram expostos a um modelo real e foram orientados na interação com o objeto fóbico.

## AUTO-EFICÁCIA

Antes dos teóricos da aprendizagem social, as intervenções terapêuticas baseadas nos princípios da aprendizagem eram conceitualizadas em termos dos efeitos automáticos de reforços administrados imediatamente. Ao contrário, Bandura propôs que os processos cognitivos desempenham um papel importante na aquisição e na persistência dos comportamentos patológicos, exatamente como acontece no comportamento "normal". Essa foi uma proposta radical. Bandura (p. ex., 1977a) rejeitou a crença dominante de que a angústia emocional é o elemento-chave causador da incapacidade de lidar efetivamente com um objeto ou evento temido, e rejeitou a suposição paralela de que a mudança terapêutica é produzida pela eliminação da angústia emocional. Segundo Bandura, o que cria um problema para o indivíduo que está sofrendo de medo ou de um comportamento de esquiva é a crença de que ele é incapaz de lidar bem com uma situação. A mudança terapêutica, seja qual for sua forma específica, resulta do desenvolvimento de um senso de *auto-eficácia*, da expectativa de que podemos, por esforço pessoal, dominar uma situação e provocar um resultado desejado. Em outras palavras, a meta da terapia é criar e reforçar as expectativas de eficácia pessoal.

Bandura distingue entre dois componentes de auto-eficácia: uma expectativa de eficácia e uma expectativa de resultado. Conforme indicado na Figura 14.6 (ver adiante), uma expectativa de resultado se refere à crença da pessoa de que um dado comportamento levará a um resultado específico. Uma expectativa de eficácia é a convicção de que a própria pessoa é capaz do comportamento necessário para gerar o resultado. Essa distinção é importante, porque um indivíduo pode acreditar que uma ação levará a um resultado, mas duvidar de sua capacidade de realizar a ação. Bandura supõe que a auto-eficácia afeta o início e a persistência do comportamento de manejo. As pessoas temem e evitam as situações que percebem como excedendo suas habilidades de manejo, mas entram confiantemente em situações que acreditam poder dominar. Além disso, as expectativas de eficácia determinam quanto as pessoas vão se esforçar e persistir em um comportamento. A auto-eficácia percebida não garante o sucesso: "Entretanto, dadas as habilidades apropriadas e os incentivos adequados, as expectativas de eficácia são um determinante maior da atividade que a pessoa vai escolher, de quanto esforço vai dispender e de quanto tempo vai manter o esforço de lidar com situações estressantes" (Bandura, 1977a, p. 194).

Segundo a perspectiva de aprendizagem social de Bandura, as expectativas de eficácia pessoal baseiam-se em quatro fontes importantes de informação: realizações de desempenho, experiência indireta, persuasão verbal e excitação emocional. A Figura 14.7 lista essas fontes e os procedimentos terapêuticos associados usados para criar as expectativas de domínio ou maestria. As *realizações de desempenho* são o método mais efetivo de induzir o domínio, porque se baseiam em experiências reais de domínio. Ao permitir que o indivíduo experiencie repetidos sucessos, é provável que se desenvolvam fortes expectativas de eficácia, especialmente se ele puder atribuir o sucesso aos próprios esforços e não à intervenção de alguma agência externa. Bandura sugere que a modelagem participante é uma técnica especialmente útil, uma vez que permite ao indivíduo não só realizar as tarefas com resultados positivos que levam às metas desejadas, mas também permite a introdução de outros artifícios para induzir o indivíduo a persistir até ser obtido um senso de domínio ou maestria. Tais artifícios seriam a ob-

**FIGURA 14.6** Representação diagramática da diferença entre expectativas de eficácia e expectativas de resultado. (Reimpressa com a permissão de Bandura, 1977a, p. 193).

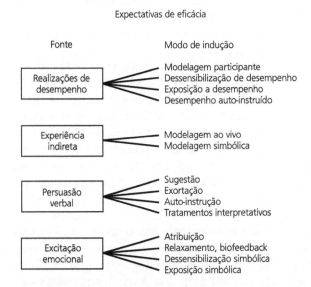

**FIGURA 14.7** Fontes mais importantes de informação sobre eficácia e as principais fontes pelas quais diferentes modos de tratamento operam. (Reimpressa com a permissão de Bandura, 1977a, p. 195.)

servação inicial de um modelo, o desempenho em uma série graduada de tarefas com a ajuda do modelo em intervalos cuidadosamente espaçados e o gradual abandono da ajuda, fazendo com que o indivíduo passe a depender cada vez mais dos próprios esforços (Bandura, Jeffery & Wright, 1974).

As evidências impressivas apoiando a hipótese de que os procedimentos que provocam mudança comportamental o fazem ao aumentar a força da auto-eficácia foram apresentadas por Bandura, Adams e Beyer (1977), em um estudo de adultos com fobia grave de cobras. Como em muitos experimentos anteriores, os sujeitos tratados pela técnica de modelagem participante, que lhes proporcionou experiências bem-sucedidas de domínio com o objeto fóbico, foram capazes, em um teste de pós-tratamento, de interagir mais estreitamente com uma cobra desconhecida do que aqueles que tinham tido apenas a experiência indireta de observar um modelo. Importantíssimo na teoria de Bandura é o relacionamento entre o resultado da terapia e as expectativas de eficácia dos participantes. Quando questionados, na conclusão do tratamento, sobre quanta certeza tinham de que seriam capazes de realizar as tarefas da série de testes, os indivíduos no grupo de modelagem participante indicaram expectativas maiores (e mais tarde seu desempenho no teste foi melhor) do que os que tinham tido apenas uma experiência indireta. Além disso, a força das expectativas de eficácia de cada indivíduo predizia com exatidão os comportamentos posteriores, independentemente do grupo de tratamento em que a pessoa estava.

A *experiência indireta* também pode aumentar a auto-eficácia, embora não tão prontamente quanto o desempenho direto. Observar alguém fazendo uma atividade ameaçadora sem conseqüências negativas pode contribuir para uma expectativa no observador de que ele vai melhorar se for persistente. A modelagem que leva a resultados bem-sucedidos é extremamente efetiva. Da mesma forma, múltiplos modelos são mais efetivos do que um único modelo (Bandura & Menlove, 1968).

A *persuasão verbal*, ou encorajar a pessoa a acreditar que ela é capaz de lidar efetivamente é bastante popular, mas geralmente se mostra menos efetiva do que as outras estratégias. Finalmente, as situações estressantes freqüentemente provocam *excitação emocional*, e essa excitação pode servir como uma pista

para desencadear uma percepção de baixa eficácia. Por exemplo, um aluno com ansiedade de teste pode experienciar sua freqüência cardíaca acelerada, quando a prova é colocada diante dele, como um sinal de que está se deparando com uma situação em que não terá sucesso. Como conseqüência, ensinar às pessoas técnicas para reduzir a excitação aversiva pode eliminar algumas das pistas que desencadeiam a percepção de baixa auto-eficácia. Dessa perspectiva, a excitação fisiológica é compreendida como uma fonte de informação e não como um estado impulsivo energizante. Seja qual for a estratégia empregada, Bandura enfatiza que o efeito sobre as expectativas de eficácia depende de como a informação é cognitivamente avaliada. As experiências de sucesso tendem a aumentar a auto-eficácia se forem percebidas como resultando de capacidades aumentadas, em vez de serem atribuídas à sorte ou a circunstâncias especiais.

Bandura argumenta que a importância da auto-eficácia não se limita a ambientes clínicos. Mas ele enfatiza que a auto-eficácia não é um "motivo geral" e sim específico para uma determinada área. Uma pessoa que tem um forte senso de auto-eficácia como aluno não vai necessariamente sentir-se eficaz em situações sociais ou atléticas: "A abordagem de aprendizagem social baseia-se então em uma microanálise de capacidades de manejo percebidas, e não em traços de personalidade ou motivos de eficiência globais. Dessa perspectiva, é tão informativo falar sobre a auto-eficácia em termos gerais quanto falar sobre um comportamento de abordagem inespecífica" (Bandura, 1977a, p. 203).

Bandura estendeu essa estratégia de pesquisa microanalítica a trabalhos subseqüentes (p. ex., Bandura, 1982, 1983; Bandura e colaboradores, 1977; Bandura & Cervone, 1983; Bandura, Reese & Adams, 1982). Tipicamente, os participantes dessas pesquisas recebem escalas de auto-eficácia representando uma série de tarefas em algumas áreas que variam em dificuldade ou tensão. Eles indicam as tarefas que acreditam serem capazes de fazer e seu grau de certeza do julgamento. Os julgamentos são então relacionados ao desempenho real. O achado típico em uma grande variedade de comportamentos é que o desempenho na tarefa está positivamente correlacionado aos julgamentos de eficácia. Alguns desses trabalhos (p. ex., Bandura, Adams, Hardy & Howells, 1980) indicam que os níveis de excitação de medo diminuem e as autopercepções de eficácia aumentam após a exposição a uma variedade de intervenções terapêuticas.

Todo esse trabalho sobre a auto-eficácia percebida sugere a Bandura (1982) uma maneira alternativa de conceitualizar a ansiedade humana. As teorias psicanalíticas explicam a ansiedade em termos de conflitos intrapsíquicos em relação à expressão de impulsos proibidos, e a teoria do condicionamento propõe que os eventos anteriormente neutros adquirem propriedades ansiogênicas por associação a experiências dolorosas. Ao contrário dessas duas posições, a origem primária da ansiedade, na teoria de aprendizagem social de Bandura, é a ineficácia percebida na capacidade de lidar com eventos potencialmente aversivos.

Bandura (1982) elabora melhor a conexão entre auto-eficácia e as reações afetivas, retornando à distinção entre expectativas de eficácia e de resultado. As pessoas podem desistir de tentar porque duvidam da sua capacidade de fazer o que é requerido ou porque imaginam que seus esforços serão inúteis devido à falta de resposta do ambiente. Isto é, um senso de futilidade pode basear-se tanto na eficácia quanto no resultado: "Em qualquer exemplo dado, a melhor maneira de predizer o comportamento seria considerar tanto as crenças de auto-eficácia quanto de resultado" (1982, p. 140). Considere as quatro combinações possíveis de julgamentos bons e maus sobre auto-eficácia e resultados, conforme ilustrado na Figura 14.8. Um alto senso de auto-eficácia, combinado com um ambiente responsivo em que o desempenho efetivo é recompensado, leva ao comportamento seguro, ativo. A baixa responsividade ambiental estimula o ativismo social, o protesto e o ressentimento em indivíduos com elevada auto-eficácia. A mesma falta de responsividade leva à apatia, à resignação e à ansiedade em indivíduos com baixa auto-eficácia. Finalmente, é a combinação de baixa auto-eficácia e um ambiente potencialmente responsivo que cria a depressão. Isto é, as pessoas desanimam quando não conseguem apresentar aqueles comportamentos que estão sendo recompensados em outras pessoas. Essa é uma análise fascinante.

O trabalho de Bandura sobre a auto-eficácia, em conjunção com suas noções de determinismo recíproco e auto-sistema, também oferece-lhe um poderoso instrumento para explicar a ação humana. Segundo esse modelo, e em contraste com uma análise skinneriana, o ser humano possui a capacidade de exercer controle sobre os eventos em sua vida. Nós não controlamos os resultados de maneira autônoma ou mecânica. Pelo contrário, as capacidades humanas distintivas de criar as representações de metas e de antecipar os resultados prováveis, conforme incorporadas na auto-eficácia e no auto-sistema, levam a um modelo de "agência interativa emergente" (Bandura, 1986). As pessoas não são agentes autônomos, nem simplesmente transmissores mecânicos de influências ambientais animadoras. Elas fazem contribuições causais à sua motivação e ação dentro de um sistema de causação triádica recíproca. Nesse modelo de causação recíproca, os fatores pessoais cognitivos, afetivos, de ação e outros, e os eventos ambientais, todos operam como determinantes interatuantes" (Bandura, 1989, p. 1175). Como veremos mais adiante neste

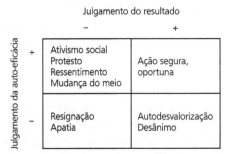

**FIGURA 14.8** Efeitos interativos de autopercepções de eficácia e expectativas de resultado da resposta sobre o comportamento e as reações afetivas. (Reimpressa com a permissão de Bandura, 1982, p. 140).

capítulo, Walter Mischel adota uma perspectiva muito semelhante.

## PESQUISA CARACTERÍSTICA E MÉTODOS DE PESQUISA

Um dos aspectos mais admiráveis do modelo de Bandura é a extensão em que sua teoria se baseia na pesquisa empírica. Como uma conseqüência desse estreito vínculo, já apresentamos alguns achados de pesquisa, e nesta seção discutiremos estudos adicionais. Não incluímos uma seção de Pesquisa Atual neste capítulo por duas razões. Primeiro, devido ao estreito relacionamento recíproco entre a teoria e a pesquisa de Bandura e Mischel, é impossível articular suas posturas teóricas sem uma freqüente referência à literatura empírica que ambos produziram e provocaram. Segundo, as teorias de Bandura e Mischel são "atuais"; na verdade, elas continuam em desenvolvimento.

Em uma série de estudos extremamente influente à qual aludimos antes neste capítulo, Bandura (1965, 1973; Bandura, Ross & Ross, 1961, 1963a,b) demonstrou como as crianças aprendem comportamentos agressivos pela observação. Em um estudo, crianças de três a cinco anos de idade assistiram ao filme de um adulto apresentando comportamentos agressivos como dar socos em um grande boneco joão-bobo de inflar e batendo nele com uma marreta. O ator também fazia comentários (p. ex., "Pum, bem no nariz" e "Belo soco") para garantir que os comportamentos sendo modelados eram novos. Algumas crianças observaram o adulto sendo punido pela agressão, outras o viram sendo recompensado, e, em uma terceira condição, o modelo não sofreu nenhuma conseqüência. As crianças foram então observadas quando tiveram a oportunidade de interagir com o joão-bobo. As que tinham visto o adulto ser recompensado por comportamentos agressivos apresentaram os comportamentos mais agressivos, e as que tinham visto o adulto ser punido foram as menos agressivas. Tanto os meninos quanto as meninas mostraram esse efeito, mas as meninas em geral foram menos agressivas. Essa pesquisa demonstra que o comportamento agressivo pode ser adquirido por meio de modelagem. Ela também sugere que as conseqüências observadas para o modelo desempenham um papel importante da determinação da probabilidade de os observadores também se comportarem agressivamente, mas a situação, na verdade, é mais complexa. Em um estudo subseqüente, Bandura ofereceu às crianças incentivos se elas conseguissem reproduzir o comportamento agressivo que tinham testemunhado. As crianças das três condições conseguiram reproduzir a agressão, independentemente de terem observado recompensa, punição ou nenhuma conseqüência para o modelo. Assim, é criticamente importante manter uma distinção entre *aprendizagem* e *desempenho*. As crianças aprenderam novos comportamentos agressivos em todas as condições; as conseqüências negativas para o modelo levaram à supressão do que fora aprendido por meio de observação, mas uma mudança nos incentivos proporcionou a ocasião para o comportamento emergir. Bandura usa esses achados para rejeitar vigorosamente o argumento de que o comportamento violento tão dominante na televisão não será reproduzido pelos espectadores à medida que os personagens da televisão forem punidos por suas ações. O comportamento pode ser aprendido pela observação independentemente das conseqüências para o modelo; a questão-chave é se o observador vai antecipar as conseqüências positivas pela reprodução do comportamento. Da mesma forma, outras pesquisas dessa série demonstraram que as crianças modelavam o comportamento agressivo quando os atores estavam vestidos com roupas de desenho animado. Esses resultados contradizem o argumento de que a violência dos desenhos animados não será reproduzida porque os personagens não são reais.

O modelo de auto-eficácia de Bandura também gerou muitas pesquisas. Esse modelo originalmente foi apoiado por pesquisas sobre o tratamento da ansiedade e do comportamento fóbico. Por exemplo, Bandura e colaboradores (1977) comparam tratamentos baseados em realizações de desempenho ou experiência indireta sem nenhum tratamento para um grupo de fóbicos de cobras. Eles descobriram que o tratamento baseado em realizações de desempenho ou maestria produzia expectativas mais elevadas, mais sólidas e mais generalizadas de auto-eficácia do que o tratamento baseado unicamente em experiências indiretas. A auto-eficácia também estava ligada ao desempenho subseqüente com cobras.

A auto-eficácia gerou um grande volume de pesquisas também em outras áreas. Por exemplo, Weinberg, Hughes, Crittelli, England e Jackson (1984) trabalharam com sujeitos que queriam perder peso. Os sujeitos foram classificados como tendo uma auto-eficácia preexistente elevada ou baixa com base em auto-relatos de quantos quilos queriam perder nos dois meses seguintes e em avaliações de quão certos eles estavam de que conseguiriam perder esse peso. Os sujeitos que indicaram estar pelo menos 60% certos de que perderiam o peso desejado foram designados como tendo uma elevada auto-eficácia preexistente, e os sujeitos que relataram estar menos de 50% certos foram classificados como tendo uma baixa auto-eficácia preexistente. Os sujeitos que foram designados para uma condição de auto-eficácia manipulada elevada foram informados de que haviam sido especialmente selecionados para o estudo porque os testes revelaram que eles eram o tipo de pessoa que costuma ter sucesso; durante o programa, seu comportamento era freqüentemente atribuído a "uma capacidade de autocontrole previamente não-reconhecida." Os participantes designados para a condição de auto-eficácia manipulada baixa não receberam nenhum *feedback* especial desse tipo. Os resultados revelaram que os sujeitos nas condições de auto-eficácia preexistente elevada e manipulada elevada perderam mais peso do que os sujeitos dos grupos "baixos" correspondentes (ver também Weinberg, Gould, Yukelson & Jackson, 1981).

Hawkins (1992) reconhece que a teoria de Bandura da auto-eficácia teve um considerável impacto e que existem "evidências abundantes indicando uma relação entre auto-eficácia e comportamento" (p. 252). Embora a auto-eficácia possa ser útil para predizer o comportamento, ele argumenta que ela não é uma causa do comportamento. A melhor maneira de conceitualizar a auto-eficácia é como uma conseqüência do comportamento, e não como uma causa do comportamento (ver outras críticas de Eastman & Marzillier, 1984; Marzillier & Eastman, 1984; e Kirsch, 1980; ver também réplicas de Bandura, 1980, 1984a, 1991a). Litt (1988) investigou se a auto-eficácia serve como um determinante causal da mudança comportamental ou se é melhor compreendê-la como um correlato da mudança que já ocorreu. Litt manipulou a auto-eficácia em um grupo de universitárias e mediu sua tolerância à dor em uma condição de vasoconstrição por frio. Ele descobriu que "as expectativas de auto-eficácia afetavam o desempenho além do que seria esperado a partir apenas dos desempenhos passados. As mudanças nas expectativas de auto-eficácia prediziam mudanças na tolerância à vasoconstrição por frio. Esses achados sugerem que as expectativas de auto-eficácia podem ser determinantes causais do comportamento em uma situação aversiva" (Litt, 1988, p. 149). Outros estudos nessa volumosa literatura investigaram a auto-eficácia e as diferenças sexuais (Poole & Evans, 1989), a auto-eficácia e o envelhecimento (Seeman, Rodin & Albert, 1993), e correlatos fisiológicos da auto-eficácia (Bandura, Cioffi, Taylor & Brouillard, 1988; Bandura e colaboradores, 1982; Bandura, Taylor, Williams, Mefford & Barchas, 1985; Wiedenfeld e colaboradores, 1990).

Um outro estudo sobre a auto-eficácia merece ser mencionado tanto por ser um ótimo exemplo da abordagem quanto porque a autora articula a conexão entre auto-eficácia e algumas variáveis tradicionais da personalidade. Cozzarelli (1993) usou a auto-eficácia para predizer o ajustamento psicológico entre as mulheres que fizeram um aborto. Ela também obteve medidas pré-aborto das dimensões de personalidade de otimismo, controle, auto-estima e depressão. Ela incluiu essas variáveis disposicionais ou de personalidade porque acredita que tais variáveis disposicionais influenciam a capacidade do indivíduo de lidar com o estresse por meio de sua influência sobre os sentimentos de auto-eficácia. Há muitas razões para acreditar que

> "a auto-eficácia pode ser considerada um preditor mais proximal do ajustamento pós-estresse do que a personalidade. Primeiro, os sentimentos de auto-eficácia representam uma avaliação cognitiva específica da capacidade da pessoa de conseguir um resultado desejado em uma determinada situação. Como avaliações mais generalizadas das habilidades e capacidades pessoais, seria esperado que as variáveis disposicionais fossem contribuidores importantes para as crenças de eficácia em uma grande variedade de circunstâncias . . . Entretanto, embora os fatores disposicionais possam aplicar-se em uma grande variedade de circunstâncias, não é provável que produzam respostas tão adequadas às exigências de uma determinada situação como os sentimentos de

auto-eficácia específicos para os eventos . . . Os indivíduos com muita auto-estima, otimismo ou sentimentos crônicos de controle tendem a lembrar suas realizações passadas sob uma luz excessivamente positiva . . . e a ter uma história passada de experiências de manejo mais bem-sucedidas . . . Finalmente, sentimentos de controle, otimismo e auto-estima elevada foram relacionados a uma maior capacidade de cultivar ou utilizar apoios sociais." (Cozzarelli, 1993, p. 1225)

A amostra de Cozzarelli incluía 291 mulheres que realizaram um aborto no primeiro trimestre de gravidez. Essas mulheres completaram medidas de auto-estima, otimismo, controle e depressão uma hora antes de fazer o aborto. Elas também completaram uma medida de auto-eficácia, que perguntava quanta certeza elas tinham de que nos próximos dois meses conseguiriam apresentar cinco comportamentos de manejo pós-aborto (pensar tranqüilamente sobre bebês, passar de carro pela frente da clínica de abortos, passar tempo com crianças, sentindo-se à vontade, continuar tendo boas relações sexuais e assistir a programas de televisão ou ler histórias sobre abortos). Antes de ter alta da clínica, as mulheres completaram medidas de ajustamento. Três semanas mais tarde, elas foram solicitadas a completar medidas de ajustamento pós-aborto.

Cozzarelli analisou separadamente o ajustamento imediato e o ajustamento três semanas mais tarde, e os resultados foram consistentes com suas hipóteses. Os sentimentos de auto-eficácia apresentavam uma forte correlação positiva com o ajustamento imediato. Auto-estima elevada, otimismo e controle percebido apresentavam correlações positivas levemente menores com auto-eficácia, mas as análises de trajetória revelaram que seus efeitos diretos sobre o ajustamento eram pequenos. Em outras palavras, os fatores de personalidade exerciam sua influência sobre o ajustamento primariamente pela mediação da auto-eficácia. Resultados semelhantes foram obtidos no ajustamento depois de três semanas. Cozzarelli conclui que as variáveis de personalidade ajudam as pessoas a enfrentar os eventos estressantes de vida ao aumentar os sentimentos de auto-eficácia, que, por sua vez, levam aos esforços de manejo: "O fato de a auto-eficácia ser um preditor mais proximal de ajustamento pós-aborto do que as variáveis de personali-

dade pode refletir o fato de que, como uma cognição específica de um evento, os sentimentos de auto-eficácia tendem mais a gerar as metas especificamente talhadas para atender aos requerimentos de uma situação específica" (p. 1232). Reciprocamente, dada sua natureza global, as variáveis de personalidade podem contribuir para as crenças de auto-eficácia em uma grande variedade de situações. Esse foco nas variáveis cognitivas que influenciam o comportamento em um ambiente específico, em vez de em disposições globais que se aplicam com menos força em uma grande variedade de ambientes, é uma marca registrada da abordagem de aprendizagem social articulada por Bandura e por Walter Mischel.

## *WALTER MISCHEL*

Conforme discutimos no final do Capítulo 7, *Personality and Assessment*, de Walter Mischel (1968), continha uma crítica extremamente influente às teorias tradicionais da personalidade. Sua conclusão amplamente citada foi de que, "com a possível exceção da inteligência, não foram demonstradas consistências comportamentais altamente generalizadas, e o conceito de traços de personalidade como predisposições amplas é portanto insustentável" (Mischel, 1968, p. 140). Observe os dois termos-chave dessa conclusão: "altamente generalizadas" e "predisposições amplas". Mischel não repudiou a idéia de que os indivíduos têm personalidades distintivas que influenciam seu comportamento. Mas ele de fato propôs que a idéia de tendências globais que operam autonomamente em uma grande variedade de situações não tem nenhum apoio empírico convincente. O próprio Mischel (1965) tentou usar características amplas de personalidade para predizer o sucesso de professores do Corpo de Paz. Essa tentativa fracassou, e seu levantamento da literatura sobre a validade preditiva de medidas da personalidade amplas, de auto-relato, indicou que as correlações entre os escores nessas medidas e o comportamento real raramente excediam o nível de 0,30. Mischel cunhou o termo "coeficiente de personalidade" para referir-se a esse baixo nível de utilidade preditiva, e sua crítica foi enunciada como um desafio empírico: ou apresentem dados demonstrando que variáveis amplas de personalidade *realmente* são con-

*Walter Mischel.*

sistentes em diferentes situações, ou passem para outras abordagens teóricas para explicar o papel dos indivíduos na criação dos comportamentos.

O desafio de Mischel provocou um debate sobre pessoa-situação que dominou a literatura por quase duas décadas. Vários pesquisadores da personalidade aceitaram o desafio e tentaram apresentar os dados necessários (p. ex., Bem & Allen, 1974; ver Capítulo 7), enquanto muitos outros voltaram às formulações "interacionistas" previamente defendidas por teóricos como Henry Murray (ver Capítulo 6), embora freqüentemente revelando uma aparente ignorância desses ancestrais intelectuais. O próprio Mischel tentou responder ao seu desafio, tanto gerando dados como apresentando uma "reconceitualização da personalidade em termos da aprendizagem social cognitiva" (1973; ver também 1977, 1979, 1984, 1990, 1993). Kenrick e Funder (1988) concluíram que o campo "lucrou" com essa controvérsia. Um dos ganhos evidentes veio na forma do novo modelo de Mischel da personalidade.

Antes de tratarmos da reconceitualização de Mischel, é importante reconhecer três aspectos centrais dessa abordagem que o vinculam estreitamente a Albert Bandura. Primeiro, o modelo de Mischel está inextricavelmente ligado e enraizado em resultados empíricos. Segundo, Mischel enfatiza a construção pelo indivíduo do ambiente no qual ele se comporta. A esse respeito, a ligação de Mischel com George Kelly, com quem ele estudou em Ohio, está clara. Finalmente, Mischel conceitualiza a contribuição da pessoa ao comportamento em termos de um conjunto de variáveis pessoais cognitivas, que, por sua vez, definem a personalidade. Essas não são tendências globais, transituacionais; como as auto-eficácias específicas de Bandura, elas estão ligadas a um ambiente e/ou domínio comportamental específico. Aqui existe uma ironia notável. Mischel acredita que as diferenças individuais no comportamento ocorrem porque os indivíduos têm estratégias "se... então..." distintivas que os levam a comportar-se de maneiras características em uma determinada situação, mas levam à variabilidade comportamental nas diferentes situações. Como conseqüência, devido à sua estratégia implícita de agregar comportamentos devido a situações, construindo disposições amplas, os teóricos e os pesquisadores tradicionais da personalidade na verdade destroem a individualidade distintiva que parecem estudar!

Os psicólogos da personalidade criticaram os experimentalistas por impedir a descoberta dos efeitos da personalidade ao agregar por meio dos sujeitos, mas eles cometem um erro parecido ao agregar por meio das situações. O objetivo de Mischel é desenvolver uma maneira de conceitualizar a personalidade que reconheça e preserve a tendência característica do indivíduo de comportar-se de uma maneira específica em uma situação específica. Como Bandura, Mischel adota uma abordagem "micro" ao comportamento, e é essa orientação que distingue seu modelo dos modelos dos teóricos tradicionais da personalidade.

Walter Mischel nasceu em Viena em 1930, mas sua família fugiu dos nazistas em 1938 e emigrou para a cidade de Nova York. Seu interesse inicial era a arte, mas em 1951 ele começou a estudar psicologia clínica no *City College of New York*. Ele trabalhou como assistente social, depois concluiu sua formação na Universidade Estadual de Ohio na década de 50, onde foi influenciado por Kelly, por Julian Rotter e pela primeira geração de teóricos americanos da aprendizagem social. Mischel ensinou em várias universidades antes de mudar-se para Stanford em 1962, onde ele e Bandura fundamentaram a abordagem da aprendizagem social à personalidade. Ele se mudou para Colúmbia em 1983, onde continua sua influente carreira. Mischel recebeu *Distinguished Scientific Contribution Awards* da Divisão de Psicologia Clínica da Associação Psicológica Americana em 1978 e da Associação Psicológica Americana em 1982.

## VARIÁVEIS COGNITIVAS PESSOAIS

Em sua reconceitualização original da personalidade em termos da aprendizagem social cognitiva, Mischel (1973) deixou claro que não estava querendo dizer que as pessoas não mostram nenhuma consistência no comportamento, que as diferenças individuais não são importantes ou que as situações são os maiores determinantes do comportamento. O que ele realmente afirmou é que as pessoas têm uma capacidade impressionante de discriminar entre situações e que os nossos modelos da personalidade precisam explicar tanto a divergência quanto a consistência de comportamento por meio das situações. As nossas "histórias idiossincráticas de aprendizagem social" produzem significados idiossincráticos de estímulos. O trabalho de Mischel sobre a capacidade infantil de adiar a gratificação (p. ex., Mischel, Ebbesen & Zeiss, 1972) o convenceu do poder das "transformações cognitivas" dos estímulos. As crianças que são ensinadas a transformar cognitivamente recompensas, como palitinhos salgados ou *marshmallows* em pequenos troncos marrons ou bolinhas de algodão, respectivamente, aumentam imensamente sua capacidade de esperar pela recompensa: "O reconhecimento da organização idiossincrática do comportamento em cada pessoa sugere que as avaliações individualmente orientadas terão um sucesso muito limitado se tentarem rotular uma pessoa com termos de traços generalizados, classificá-la em categorias diagnósticas ou tipológicas, ou estimar sua posição média em dimensões de média ou moda" (Mischel, 1973, p. 260). O que realmente tem utilidade são os auto-relatos ou as informações diretas sobre o comportamento passado da pessoa em situações semelhantes: "Assim, enquanto o paradigma tradicional percebe os traços como as *causas* intrapsíquicas da consistência comportamental, a presente posição os tem como os *termos sumários* (rótulos, códigos, constructos organizadores) aplicados ao comportamento observado" (1973, p. 264). Soando parecido com George Kelly, Mischel conclui que o estudo dos traços globais pode nos dizer mais sobre a atividade cognitiva do teórico do traço do que sobre as causas do comportamento da pessoa que nos interessa.

Em lugar de dimensões amplas de traços, Mischel propõe que conceitualizemos as diferenças individuais no comportamento em termos de cinco "variáveis pessoais de aprendizagem social cognitiva" que explicam as diferenças individuais em como as pessoas medeiam o impacto dos estímulos e geram padrões característicos de comportamento. Ele descreve os fundamentos lógicos e a natureza dessas variáveis na seguinte passagem:

> "Parece razoável, na busca de variáveis pessoais, examinar mais especificamente aquilo que a pessoa constrói em condições específicas, em vez de tentar inferir que traços amplos ela tem de modo geral, e incorporar às descrições daquilo que ela faz às condições psicológicas específicas em que se espera que o comportamento ocorra e não ocorra...

"A abordagem da aprendizagem social cognitiva à personalidade muda a unidade de estudo dos traços globais inferidos a partir de sinais comportamentais para as atividades cognitivas e padrões de comportamento do indivíduo, estudados em relação às condições específicas que os evocam, mantêm e modificam, e que eles, por sua vez, mudam (Mischel, 1968). O foco muda de tentar comparar e generalizar 'como são' diferentes indivíduos para uma avaliação daquilo que eles fazem – em termos comportamentais e cognitivos – em relação às condições psicológicas em que o fazem...

"As variáveis pessoais da aprendizagem social cognitiva lidam primeiro com as competências do indivíduo para construir (gerar) comportamentos diversos em condições apropriadas. A seguir, precisamos considerar a codificação e a categorização que o sujeito faz dos eventos. Além disso, uma análise abrangente dos comportamentos que uma pessoa apresenta em situações específicas requer o exame de suas expectativas em relação aos resultados, dos valores subjetivos desses resultados e de seus sistemas e planos auto-reguladores." (Mischel, 1973, p. 256)

Em um trabalho subseqüente, Wright e Mischel (1987) elaboraram essa posição. Adotando uma posição previamente articulada por Henry Murray e Gordon Allport, eles demonstram que um dado traço só vai afetar o comportamento em determinadas condições. Por exemplo, uma determinada pessoa vai apresentar um comportamento agressivo somente em uma série limitada de circunstâncias, talvez quando for verbalmente abusada ou desafiada; conseqüentemente, um rótulo genérico de "agressiva" será inadequado e enganador quando aplicado a essa pessoa. Ademais, Wright e Mischel (1988) mostram que a pessoa leiga geralmente "evita comprometer-se" quando descreve o comportamento de outrem, incorporando um modificador condicional para indicar quando um determinado comportamento vai ocorrer. É mais provável que as pessoas digam "Fred é agressivo quando alguém desafia a sua autoridade" do que "Fred é agressivo".

## O PARADOXO DE CONSISTÊNCIA E OS PROTÓTIPOS COGNITIVOS

Em sua tentativa de gerar dados para comprovar que existe uma consistência intersituacional do comportamento, Bem e Allen (1974) salientaram a existência de um paradoxo: por um lado, as pessoas sentem um apoio intuitivo compelidor para a existência de disposições amplas que levam à consistência intersituacional de comportamentos relevantes, mas, por outro, os dados de pesquisa não apóiam a existência dessa consistência. Mischel e Peake (1982) respondem a esse paradoxo de duas maneiras: eles o substituem por um novo paradoxo, e tentam explicar o novo paradoxo em termos de uma abordagem de "protótipo cognitivo". Para começar, Mischel e Peake replicaram o estudo de Bem e Allen, usando dados coletados no *Carleton College* sobre a consistência intersituacional de vários referentes para a conscienciosidade. Como no estudo de Bem e Allen, eles descobriram que diferentes conjuntos de avaliadores concordavam em suas avaliações da conscienciosidade de membros da amostra que relatavam pouca variabilidade em quão conscienciosos eles eram, mas havia pouca concordância nas avaliações de conscienciosidade dos sujeitos que relatavam grande variabilidade em quão conscienciosos eram. Entretanto, quando foi realizada uma análise semelhante do *comportamento* consciencioso real, e não das avaliações de iguais, houve poucas evidências de consistência intersituacional em ambos os grupos de sujeitos. Mischel e Peake salientam que a concordância entre avaliadores sobre a conscienciosidade dos sujeitos foi substancial em ambos os estudos para a baixa variabilidade, mas essa concordância não se refletia em uma consistência intersituacional substancialmente mais alta do comportamento para os sujeitos presumivelmente consistentes. Mischel e Peake enfrentaram assim um novo paradoxo replicado: os sujeitos classificados como apresentando baixa variabilidade (e portanto presumivelmente consistentes) foram realmente avaliados como consistentes, mas, na verdade, eles não apresentavam níveis mais elevados de consistência intersituacional de comportamento. Como no paradoxo de Bem e Allen, as intuições sobre a consistência do comportamento não concordaram com os dados.

A tentativa de Mischel e Peake de explicar esse "paradoxo replicável" foi orientada pela reconceitualização da personalidade em termos da aprendizagem social cognitiva e por uma visão de "protótipo cognitivo" da categorização da pessoa, previamente articulada por Cantor e Mischel (p. ex., 1979). Eles partiram da conclusão de que, embora os dados ofereçam poucas evidências de consistência intersituacional do comportamento, eles realmente demonstram estabilidade temporal. Isso faz sentido quando considerado da perspectiva da reconceitualização de Mischel: podemos esperar que as contingências de uma determinada situação sejam estáveis através do tempo, e as competências, as codificações, as expectativas, os valores e os planos de uma pessoa persistem ao longo do tempo. Ao contrário, os níveis muito diferentes das variáveis da pessoa podem ser desencadeados por diferentes situações. Esses efeitos podem explicar a consistência temporal, mas o que explica a percepção ilusória da consistência intersituacional? A abordagem de protótipo cognitivo sugere que as categorias naturais têm definições "vagas" e que os membros dessas categorias variam em quão "prototípicos" são. Por exemplo, é difícil especificar clara e definitivamente a qualidade de membro da categoria "pássaro", mas a maioria das pessoas concordará que o pardal é um bom exemplo (prototípico) de um pássaro e que o avestruz não é. A abordagem de protótipo cognitivo à consistência sugere que "a impressão de consistência se baseia substancialmente na observação da estabilidade temporal daqueles comportamentos que são altamente relevantes (centrais) para o protótipo, mas é independente da estabilidade temporal de comportamentos que não são altamente relevantes para o protótipo. Inversamente, a percepção de variabilidade surge da observação da instabilidade temporal de aspectos altamente relevantes" (Mischel & Peake, 1982, p. 750). Aplicada aos dados de Carleton sobre a conscienciosidade, essa análise leva à hipótese de que as pessoas que dizem ser consistentes por meio das situações exibirão maior estabilidade temporal, mas não maior consistência intersituacional, que aquelas que dizem não ser consistentes; entretanto, a diferença em estabilidade temporal só ocorrerá em comportamentos que são exemplos prototípicos de conscienciosidade. Para testar essa hipótese, os comportamentos de conscienciosidade foram separados daqueles que eram mais ou menos prototípicos. O padrão de resultados apoiou a hipótese: não houve nenhuma evidência de consistência intersituacional em nenhum dos grupos de sujeitos, em nenhum dos conjuntos de comportamento. Ao contrário, os sujeitos que se percebiam como altamente consistentes na conscienciosidade demonstraram uma estabilidade temporal significativamente maior nos comportamentos prototípicos que os sujeitos que se percebiam como altamente variáveis, mas não houve diferença entre os dois grupos na estabilidade temporal média nos comportamentos menos prototípicos. A inferência de Mischel e Peake é que um julgamento da estabilidade temporal de comportamentos prototípicos leva as pessoas à conclusão (errônea) de que elas são consistentes, independentemente dos níveis reais de consistência intersituacional do comportamento. Em outras palavras, nós cometemos um erro cognitivo ao confundir a estabilidade temporal de comportamentos-chave com a consistência intersituacional do comportamento. Essa tendência cognitiva explica o paradoxo replicável observado por Mischel e Peake (1982; ver também Mischel & Peake, 1983; Peake & Mischel, 1984; e Mischel, 1984). Bem e Allen concluíram que o paradoxo de consistência surgiu porque os pesquisadores procuravam a consistência no lugar errado e que só podemos esperar consistência intersituacional para "algumas das pessoas, em parte do tempo". De modo paralelo, Mischel e Peake concluem que podemos esperar evidências de consistência temporal, mas não de consistência intersituacional:

> "O paradoxo de consistência pode ser paradoxal apenas porque temos procurado consistência no lugar errado. Se as nossas percepções de atributos consistentes da personalidade estão realmente enraizadas na observação de aspectos comportamentais temporalmente estáveis, que são prototípicos do atributo específico, o paradoxo provavelmente está a caminho da resolução. Em vez de buscar altos níveis de consistência intersituacional – em vez de procurar médias amplas – talvez precisemos identificar agrupamentos ou conjuntos únicos de comportamentos prototípicos temporalmente estáveis – aspectos-chave – que caracterizam a pessoa mesmo durante períodos mais longos de tempo, mas não necessariamente por meio de muitas ou de todas as situações possivelmente relevantes." (1982, p. 753-754)

## UMA TEORIA DA PERSONALIDADE DE SISTEMA COGNITIVO-AFETIVO

Em seu trabalho mais recente, Mischel colaborou com Yuichi Shoda (Mischel & Shoda, 1995; ver também Shoda, Mischel & Wright, 1989, 1993a,b, 1994) em busca de uma teoria da personalidade de sistema cognitivo-afetivo, que conciliasse a presumida invariância dos atributos de personalidade através do tempo e das situações com a aparente variabilidade do comportamento nas situações. Shoda e Mischel começaram distinguindo entre duas abordagens diferentes à personalidade. A abordagem clássica conceitualiza a personalidade em termos de *disposições comportamentais*. Em geral, essa abordagem tenta obter o "escore verdadeiro" da pessoa em uma dada característica, fazendo a média de seu comportamento (ou agregando-o) naquelas dimensões em várias situações. Por exemplo, uma estimativa da cordialidade de uma pessoa poderia ser obtida somando-se ou fazendo-se a média da quantidade de cordialidade exibida pela pessoa em uma variedade de situações. A suposição implícita aqui é que variações no comportamento nas diferentes situações refletem erro. A segunda abordagem conceitualiza a personalidade em termos de *processos mediadores característicos*. Esses processos interagem com situações específicas para produzir comportamentos que diferem em outras situações de maneira confiável. A reconceitualização de Mischel da personalidade em termos da aprendizagem social cognitiva é um exemplo dessa abordagem. O foco nessa abordagem está no padrão do comportamento do indivíduo e não na quantidade média do comportamento.

A Figura 14.9 (ver p. 484) ilustra a quantidade do comportamento X, exibida pela pessoa A e pela pessoa B em uma variedade de situações. Na abordagem de disposição comportamental, a variabilidade na quantidade ou a probabilidade do comportamento nas situações reflete erro, e a média das situações é uma medida do "verdadeiro" nível da característica. Na abordagem de processo, todavia, a questão é determinar se os diferentes padrões de comportamento apresentados por A e B são estáveis e significativos. Em outras palavras, o foco não está no nível global de comportamento do indivíduo, e sim em seu "padrão

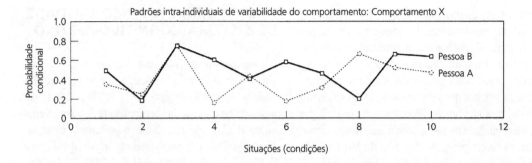

**FIGURA 14.9** Diferenças individuais típicas na probabilidade condicional de um tipo de comportamento em diferentes situações. (Reimpressa com a permissão de Mischel & Shoda, 1995, p. 247.)

de situação-comportamento *se... então...*" distintivo e estável. O objetivo de Shoda e Mischel é desenvolver uma teoria de processo que explique as diferenças individuais nas respostas cognitivas e emocionais às situações. Tal teoria também explicaria as diferenças individuais no nível médio global do comportamento e em perfis *se... então...* estáveis de variabilidade de comportamento nas situações como uma expressão do mesmo sistema de personalidade subjacente.

A Tabela 14.1 lista as unidades mediadoras no sistema de personalidade cognitivo-afetivo de Shoda e Mischel. Essas "unidades cognitivo-afetivas" são basicamente as mesmas variáveis cognitivas pessoais que Mischel propôs em sua "reconceitualização" de 1973, com duas mudanças. Primeiro, as competências podem ser combinadas com estratégias e planos. Uma mudança muito mais significativa é a adição dos afetos e das emoções como influências sobre o processamento da informação social. Essas unidades intera-

gem enquanto a pessoa seleciona, interpreta, gera e responde às situações. Na verdade, Shoda e Mischel "propõem uma visão unificadora de um sistema de personalidade em que os indivíduos são caracterizados tanto em termos (a) das cognições e dos afetos existentes e acessíveis (Tabela 14.1 neste texto) quanto (b) da organização distintiva das inter-relações entre eles e os aspectos psicológicos das situações" (1995, p. 254). A Figura 14.10 (ver adiante) é uma ilustração esquemática de tal sistema de personalidade. (O leitor deve observar o paralelo funcional entre estes "mapas de domínio cognitivo-afetivo" e a rede dinâmica descrita por Raymond Cattell; ver Capítulo 8.) Ao longo do tempo, o sistema de personalidade vai "gerar perfis de situação-comportamento *se... então...* distintivos, com elevação e forma características" (1995, p. 255). A organização de relações entre as unidades permanece relativamente estável nas mais variadas situações, mas diferentes unidades são ati-

**TABELA 14.1** Tipos de Unidades Cognitivo-Afetivas no Sistema Mediador da Personalidade

1. Codificações: categorias (constructos) para *self*, pessoas, eventos e situações (externas e internas)
2. Expectativas e crenças: sobre o mundo social, sobre os resultados dos comportamentos em situações específicas, e sobre a auto-eficácia
3. Afetos: sentimentos, emoções e respostas afetivas (incluindo reações fisiológicas)
4. Metas e valores: resultados desejáveis e estados afetivos; resultados aversivos e estados afetivos; metas, valores e projetos de vida
5. Competências e planos auto-reguladores: comportamentos potenciais e roteiros que podemos criar, e planos e estratégias para organizar a ação e influenciar os resultados e nosso próprio comportamento e estados internos

*Nota:* Baseada parcialmente em Mischel (1973).
*Fonte:* Reimpressa com a permissão de Mischel e Shoda, 1995, p. 253.

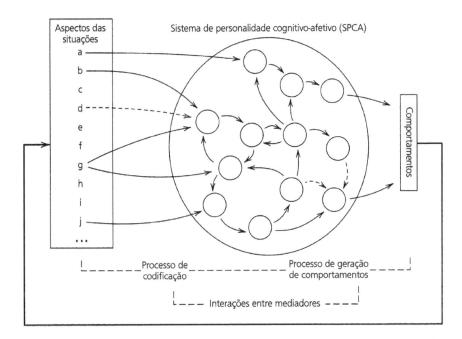

**FIGURA 14.10** Ilustração simplificada de tipos de processos mediadores cognitivo-afetivos que geram os padrões de comportamento distintivos do indivíduo. Os aspectos situacionais são codificados por uma determinada unidade mediadora, que ativa subconjuntos específicos de outras unidades mediadoras, gerando cognições, afetos e comportamentos distintivos em resposta a diferentes situações. As unidades mediadoras são ativadas em relação a alguns aspectos da situação, são desativadas (inibidas) em relação a outros, e não são afetadas pelo restante. As unidades mediadoras ativadas afetam outras unidades mediadoras por meio de uma rede estável de relações que caracteriza o indivíduo. A relação pode ser positiva (linha sólida), o que aumenta a ativação, ou negativa (linha tracejada), o que diminui a ativação. (Reimpressa com a permissão de Mischel & Shoda, 1995, p. 254.)

vadas por diferentes situações. A variabilidade comportamental em termos dos perfis de situação-comportamento se... então... é uma função característica e estável do sistema de personalidade cognitivo-afetivo subjacente (SPCA): "Resumindo, por meio das interações da estrutura do sistema de personalidade com os aspectos das situações que ativam dinâmicas de processamento características, os indivíduos podem selecionar, buscar, interpretar, responder a, e gerar situações e experiências sociais estáveis nos padrões que são típicos deles" (1995, p. 259-260). No processo, a teoria do SPCA explica de modo integrado tanto a variabilidade nas expressões comportamentais da personalidade quanto a estabilidade no sistema de personalidade subjacente que gera essas expressões. A Figura 14.11 (ver p. 486) ilustra as implicações comportamentais do SPCA e as influências desenvolvimentais sobre ele. O modelo de SPCA é recente demais

para ter sido testado, mas constitui uma iniciativa teórica provocativa.

Com a introdução desse modelo, Mischel está continuando sua carreira como um pensador provocativo na interface da psicologia social e da personalidade. O novo modelo é eminentemente razoável. A questão agora é se a sua formulação, como as concepções cattellianas às quais nós a comparamos, é complicada demais para ter consequências práticas ou empíricas.

## *STATUS* ATUAL E AVALIAÇÃO

A teoria da aprendizagem social de Albert Bandura está construída em torno de alguns componentes-chave. Primeiro, ele modificou substancialmente o constructo de reforço, explicando sua ação em termos (a)

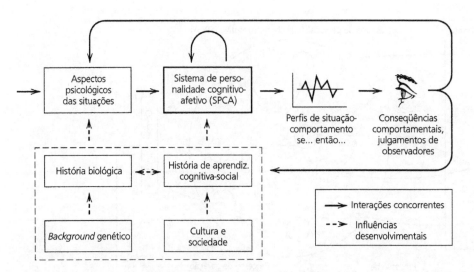

**FIGURA 14.11** O sistema de personalidade cognitivo-afetivo em relação a interações e influências desenvolvimentais concorrentes. (Reimpressa com a permissão de Mischel & Shoda, 1995, p. 262.)

de informação e não de associacionismo mecanicista, e (b) de atenção e antecipação de conseqüências, e não de um reforço retroativo do comportamento. Ele também passa de um foco no reforço direto para uma ênfase no reforço indireto (vicário) e no auto-reforço. Como parte dessas modificações, ele reintroduz a cognição na cadeia causal de comportamentos. Segundo, ele enfatiza a aprendizagem observacional como um mecanismo pelo qual os humanos adquirem e modificam comportamentos. A modelagem inclui os subprocessos de atenção, retenção, reprodução e motivação. Terceiro, ele propõe que o ser humano desempenha um papel ativo na construção e na interpretação do ambiente em que se comporta. Como parte desse processo ativo, as pessoas observam o próprio comportamento e avaliam-no em termos de padrões internos, por meio da operação de um auto-sistema. Finalmente, Bandura descreve a auto-eficácia como o julgamento que a pessoa faz da própria capacidade de produzir um comportamento que leve a efeitos desejados, e ele usa esse constructo para explicar a persistência e o grau de esforço em um determinado domínio.

O modelo de Bandura tem sido extremamente influente na psicologia contemporânea. A compatibilidade entre esse modelo e a orientação cognitiva tão dominante na psicologia hoje certamente contribui para isso, mas tal influência pode ser atribuída em grande parte à sua clareza conceitual, poder explanatório e aplicabilidade prática. Além disso, Bandura oferece uma ponte muito freqüentada entre os modelos clássicos da personalidade, que confrontam a complexidade do comportamento humano, e as formulações da aprendizagem, que articulam mecanismos poderosos para a aquisição de comportamentos, mas são relativamente destituídas de conteúdo. Bandura vem de uma tradição de aprendizagem skinneriana, que não valorizava muito as noções de personalidade, mas ao modificar profundamente a noção skinneriana de reforço e introduzir a confiança em um auto-sistema e na auto-eficácia, Bandura chega a um modelo que tem muito em comum com modelos "tradicionais" da personalidade. Nesse sentido, ele é o teórico mais adequado para concluirmos esta consideração das teorias da personalidade. Sua discussão do auto-sistema e das estratégias associadas de ativação seletiva e desligamento do autocontrole é de fato análoga aos mecanismos de autocontrole descritos por Murray, Allport e outros teóricos psicanalíticos. Mas a abordagem de microanálise de Bandura e sua atenção aos fatores cognitivos que mediam os comportamentos distintivos em situações específicas realmente o distinguem dos teóricos que defendem as disposições transituacionais globais. O mesmo também pode ser dito, com ênfase ainda maior, sobre Walter Mischel.

Bandura descreve a auto-eficácia como uma variável específica, diferentemente de constructos anteriores de auto-estima e competência, mas a semelhança de conteúdo entre os teóricos é notável. A auto-eficácia também permite a Bandura explicar a dinâmica da ansiedade. O modelo também é atraente por estar tão estreitamente ligado à pesquisa empírica; na verdade, o modelo é exemplar por sua fundamentação na experimentação e pela experimentação que gerou. Finalmente, Bandura emprega a modelagem e a auto-eficácia para explicar convincentemente as origens da psicopatologia com base na ansiedade. Essa explicação leva a estratégias específicas de intervenção cuja efetividade está comprovada.

Apesar das características muito positivas, podemos objetar vários pontos na teoria de Bandura. Em especial, Bandura não discute a fundamentação fisiológica das características de personalidade, fora certa atenção a correlatos fisiológicos associados a mudanças na auto-eficácia. Igualmente, existe apenas um foco muito limitado no conflito, na excitação, no afeto e na motivação. Ficamos com um quadro muito claro dos mecanismos envolvidos na aprendizagem observacional, na auto-eficácia e no auto-sistema, mas não há aquele colorido que torna tão reais as formulações psicanalíticas. Também não há detalhes sobre as unidades estruturais que possuem poder explanatório e

preditivo nas teorias clássicas da personalidade. Tendo dito isso, é importante reconhecer que existem compensações, e as estruturas teóricas de Bandura recebem notas altas em acessibilidade e testabilidade. Além disso, a recente inclusão do afeto, por parte de Mischel, como uma das unidades em sua teoria de SPCA, é um passo rumo à inclusão das contribuições afetivas ausentes nas explicações do comportamento fornecidas pela aprendizagem social.

Este último comentário leva a uma observação final. Em muitos aspectos, as posições de Mischel e Bandura se complementam. Bandura descreve a mecânica dos processos de aprendizagem pelos quais as pessoas adquirem tendências comportamentais e descreve um auto-sistema pelo qual elas monitoram e avaliam seu comportamento. O que ele não oferece é um modelo estrutural ou dinâmico da personalidade, conforme observamos antes. Mischel, por outro lado, descreve variáveis gerais da pessoa e articula uma conexão entre essas estruturas gerais e os comportamentos característicos mais específicos do indivíduo. Mischel, entretanto, não foi específico sobre o modo de aquisição dessas unidades estruturais e dinâmicas. Como um par, então, os modelos de aprendizagem social de Bandura e Mischel têm muito a oferecer. Os futuros modelos da personalidade certamente beneficiar-se-ão de seus aspectos notáveis.

# PERSPECTIVAS E CONCLUSÕES

Nós encerramos aqui o nosso exame das teorias da personalidade. Cada teoria, como o leitor percebeu, adota uma perspectiva específica em sua tentativa de descrever e explicar o comportamento característico dos indivíduos. Talvez a realidade central à qual todas as teorias da personalidade respondem seja um reconhecimento de que a pessoa que nos tornamos em função da nossa história distintiva de vida parece nos constranger a continuar agindo de maneiras características. Isso não pretende sugerir que o nosso comportamento é imutável, ou que o nosso curso de vida é inteiramente mapeado em tenra idade. A personalidade se desdobra gradualmente, como salienta Erikson, e certamente há mudanças com o passar do tempo e a experiência. Além disso, a compreensão da nossa natureza bem pode ser incompleta ou ilusória, como propõem Freud, Skinner e praticamente todos os outros teóricos, exceto Allport. Mas a mensagem da teoria da personalidade é que a nossa avaliação do mundo em que nos movemos e a nossa resposta a ele é constrangida pela pessoa que nos tornamos. A meta das teorias da personalidade é oferecer uma estrutura para conceitualizar a natureza característica e integrada do indivíduo e para relacionar essa natureza com o seu comportamento.

Neste capítulo final, nós reconsideramos as teorias diversas que apresentamos, bem como o estudo da personalidade em si. Nós primeiro comparamos as teorias em termos das questões apresentadas no Capítulo 1 e concluímos com uma tentativa de oferecer alguma perspectiva em relação ao campo.

# PERSPECTIVAS E CONCLUSÕES

# CAPÍTULO 15

# A Teoria da Personalidade em Perspectiva

A COMPARAÇÃO DAS TEORIAS DA PERSONALIDADE ............................................................. 492
ALGUMAS REFLEXÕES SOBRE A ATUAL TEORIA DA PERSONALIDADE .................................... 500
SÍNTESE TEÓRICA *VERSUS* MULTIPLICIDADE TEÓRICA ............................................................. 504

Chegamos agora ao final da nossa jornada, passando pelas 13 teorias da personalidade mais importantes. O leitor que concluiu fielmente a jornada deve estar impressionado com a diversidade e a complexidade desses pontos de vista. Cada teoria apresenta certos aspectos distintivos, e em cada caso descobrimos algo a aprovar ou admirar. Parece apropriado, neste ponto, fazer uma pausa e tentar identificar as tendências gerais que existem apesar das grandes diferenças entre as teorias da personalidade. É importante que os estudantes percebam a individualidade e distintividade de cada ponto de vista, mas é igualmente importante que estejam conscientes das qualidades comuns existentes em meio à confusão de afirmações conflitantes e expressões individuais.

Neste último capítulo, fazemos uma retrospectiva final nas teorias da personalidade que estão sendo examinadas, em busca do objetivo da generalidade. A nossa discussão está organizada em torno das dimensões propostas no capítulo inicial como apropriadas para comparar teorias da personalidade. Nós também apresentamos um pequeno número de questões que nos parecem importantes para determinar futuros desenvolvimentos nessa área. Como uma nota de conclusão, nós consideramos se seria indicado tentar uma síntese das teorias da personalidade, a fim de chegar a uma teoria geral, maximamente aceitável para todas as pessoas que trabalham nessa área e, ao mesmo tempo, mais útil do que qualquer teoria existente.

## A COMPARAÇÃO DAS TEORIAS DA PERSONALIDADE

Ao comparar as teorias, examinaremos as diferenças de conteúdo em vez das diferenças de forma. Nossa principal razão para ignorar as diferenças formais deriva-se da nossa convicção de que neste estágio de desenvolvimento não temos muita base de escolha entre essas teorias, nesses termos. Todas precisam ser consideravelmente melhoradas antes de poderem ser consideradas minimamente adequadas em termos de critérios formais, como clareza de enunciado e adequação de definição. Embora existam diferenças entre as teorias nesses critérios, as diferenças são menos interessantes e importantes do que as diferenças existentes em substância ou conteúdo. Mas alguma palavra deve ser dita sobre a relativa utilidade dos vários pontos de vista como geradores de pesquisa. Voltaremos a essa questão quando tivermos concluído nossa discussão sobre as diferenças substanciais entre as teorias.

A nossa discussão da teoria contemporânea da personalidade revela que a importância de conceber o organismo humano como uma criatura que anseia, busca e *tem intenção* é menos central atualmente do que foi no passado. Durante a primeira terça parte deste século, essa foi uma questão que provocou uma clivagem dramática entre vários teóricos da psicologia. McDougall, Watson, Tolman e outras figuras importantes dedicaram muita atenção à questão de se o ser humano necessariamente é intencional. Embora seja verdade que alguns teóricos contemporâneos, como Allport, Murray, Kelly, Rogers e Adler, ainda coloquem grande ênfase na natureza intencional do comportamento, há pouca resistência a esse ponto de vista. Até teóricos como Miller, Dollard e Skinner, que não parecem ver a intenção como uma consideração crucial para entender o comportamento, não fizeram nenhuma tentativa de torná-la central entre a sua posição e outras teorias. Podemos desconfiar que a pergunta relativamente central referente à natureza intencional humana foi substituída por uma série de perguntas mais específicas sobre questões como o papel da recompensa, a importância do *self* e a centralidade da motivação inconsciente. Em geral, então, a maioria dos teóricos da personalidade parece conceber o ser humano como uma criatura intencional. Mesmo quando isso não é tomado como certo, realmente não parece constituir pomo de discórdia inflamada.

A importância relativa dos *determinantes inconscientes* do comportamento como oposta à importância dos determinantes conscientes persiste como um fator-chave na distinção entre as várias teorias da personalidade. Embora isso permaneça uma questão central, os termos exatos de desacordo entre os teóricos parecem ter mudado consideravelmente nos últimos anos. Originalmente, o debate centrava-se na realidade ou existência da motivação inconsciente, mas atualmente a dúvida parece ser menos a existência de tais fatores e mais em que condições e quão intensamente eles operam. A teoria de Freud certamente enfatiza mais os fatores inconscientes, e várias teorias influenciadas pela posição psicanalítica ortodoxa, como as de Murray e de Jung, também colocam grande peso nesses fatores. No outro extremo, encontramos teorias como as de Allport, Skinner, Rogers e Bandura, em que os motivos inconscientes são pouco enfatizados ou só recebem um papel importante no indivíduo anormal. É verdade que os teóricos da personalidade têm apresentado uma tendência rumo a uma crescente aceitação do papel dos motivos inconscientes, mas ainda existe muita variedade na extensão em que esse papel é enfatizado.

A considerável variação entre as teorias em sua preocupação com o *processo de aprendizagem* está ancorada, em uma extremidade, na exposição detalhada oferecida por Skinner, Bandura, Miller e Dollard e, na outra extremidade, na ausência de qualquer tratamento específico da aprendizagem nas teorias de Jung e Adler. Eysenck e Cattell dedicam uma considerável atenção a esse processo, mas em geral suas idéias representam tentativas de reunir princípios desenvolvidos por outros teóricos. A maioria dos teóricos da personalidade contenta-se em aceitar o desenvolvimento em termos de princípios globais, como maturação, individuação, identificação, auto-realização, ou algo assim, em vez de tentar apresentar um quadro detalhado do processo de aprendizagem. Apesar da ausência de discussão detalhada, observe que os processos de aprendizagem desempenham um papel importante, embora implícito, em várias das teorias que estão sendo consideradas. Assim, a discussão de Freud da aquisição infantil de escolhas objetais certamente precisa ser compreendida no contexto de princípios de aprendizagem. Da mesma forma, a atenção de Murray ao papel da pressão infantil no desenvolvimento de necessidades, catexias e complexos representa um claro reconhecimento da centralidade da aprendizagem, para não mencionar sua declaração de que "a história da personalidade *é* a personalidade."

Embora o processo de aprendizagem seja um pouco negligenciado, há muito interesse pelos produtos da aprendizagem ou *estruturas da personalidade*. Um dos aspectos mais distintivos das teorias da personalidade são seus numerosos e diferentes esquemas para representar a estrutura da personalidade. Entre os que examinaram mais detalhadamente as aquisições da personalidade estão Allport, Cattell, Freud, Jung, Murray e Eysenck. Historicamente, percebemos a seguinte tendência: os teóricos mais preocupados com o processo de aprendizagem eram os menos preocupados com as aquisições da aprendizagem e vice-versa. No presente, todavia, os teóricos que mais ignoram a aprendizagem ou a estrutura tendem a compensar essa deficiência, tomando emprestada uma série de formulações de outra teoria cujo foco conceitual inclui a área negligenciada. A melhor ilustração dessa tendência são os esforços de Miller e Dollard para incorporar à sua teoria da aprendizagem os conceitos estruturais da psicanálise.

Nós já salientamos o fato de que, como grupo, os psicólogos americanos minimizaram o papel dos *fatores hereditários* como determinantes do comportamento. Mas muitos dos teóricos que consideramos enfatizam clara e explicitamente a importância desses fatores. Cattell estava convencido da centralidade dos determinantes genéticos, e ele esperava que a sua abordagem ao estudo do comportamento esclarecesse os detalhes da relação entre eventos genéticos e comportamentais. Cattell manifestava interesse teórico e empírico pelo papel da hereditariedade no comportamento. Suas investigações, na verdade, tendiam a apoiar solidamente suas convicções teóricas sobre o assunto. Hans Eysenck foi um veemente defensor da importância dos fatores genéticos. Na verdade, Eysenck (1991) argumenta que "a consideração das causas genéticas" é um dos critérios para uma teoria adequada da personalidade. Igualmente, o modelo desenvolvido em resposta a Eysenck por Gray, assim como o trabalho de Zuckerman sobre a busca de sensação e os "Cinco Grandes alternativos", coloca grande ênfase nos mecanismos genéticos. A teoria de Jung estava profundamente comprometida com a genética, e Freud considerava crucialmente importantes os fatores hereditários. Murray, Allport e Erikson também aceitavam a importância da hereditariedade, embora enfatizassem essa questão um pouco menos do que os teóricos previamente mencionados. B. F. Skinner é muitas vezes mal-entendido como ignorando a genética, mas ele descrevia repetidamente a importância da dotação genética do indivíduo, bem como os grandes efeitos da história evolutiva (as "contingências de sobrevivência") sobre o desenvolvimento das características da espécie. Além disso, como indicamos no final do Capítulo 8, duas das novas e excitantes linhas da pesquisa contemporânea sobre a personalidade referem-se à genética do comportamento e à teoria evolutiva da personalidade. Dos teóricos da personalidade considerados, parece que Horney, Kelly, Bandura e Sullivan são os que menos enfatizam tais fatores. Achamos, então, que a maioria dos teóricos da personalidade aceita ou enfatiza a importância dos fatores hereditários, e vários associaram essa ênfase teórica a pesquisas empíricas relevantes.

O contraste entre as posições teóricas de Freud e Kelly ilustra bem a variação entre os teóricos da personalidade em sua ênfase na importância dos fatores contemporâneos, como oposta à importância dos *eventos que ocorreram no início do desenvolvimento*. A abordagem de Erikson, a teoria de Miller e Dollard de estímulo-resposta, a personologia de Murray e a teoria interpessoal de Sullivan assemelham-se à teoria de Freud em sua ênfase na experiência inicial, e as teorias de Allport e Rogers assemelham-se à posição de Kelly na ênfase no contemporâneo. As diferenças teóricas reais e importantes aqui existentes são às vezes encobertas pela implicação de que os teóricos que enfatizam a experiência inicial o fazem unicamente por um fascínio pela história ou pelo passado, e não devido ao poder preditivo ou à importância atual desses eventos. Os defensores da importância do presente afirmam que o passado só é importante agora devido à operação dos fatores no presente. Assim, se compreendemos inteiramente o presente, não há nenhuma necessidade de lidar com o passado. Não existe, na verdade, nenhum desacordo real sobre o fato de que o passado só influencia o presente por meio da operação de fatores, forças ou atributos presentes (idéias, arquétipos, memórias, disposições). Mas aqueles que enfatizam a importância dos eventos passados afirmam que o passado é indispensável para compreendermos o desenvolvimento e também para obtermos informações sobre as forças que estão operando no presente. O principal desacordo entre esses dois campos teóricos centra-se na questão de se os fatores que influenciam o comportamento presente podem ser adequadamente avaliados a partir do mesmo, ou se o conhecimento referente aos eventos passados não traria informações especiais de natureza crucial. Sobre tal questão, os teóricos da personalidade parecem uniformemente divididos.

A ênfase maior sobre a *continuidade do desenvolvimento* aparece nas teorias de Erikson, Freud, Murray, Miller e Dollard, Bandura e Skinner, embora o mesmo tema esteja presente em um grau menor nas teorias de Adler e Sullivan. Essas teorias deixam claro que os eventos que ocorrem no presente estão siste-

maticamente ligados a eventos que ocorreram no passado e que o desenvolvimento é um processo ordenado e consistente, explicável em termos de um conjunto único de princípios. Ao contrário, Allport, Kelly e, em certa extensão, Rogers enfatizaram explicitamente a falta de continuidade no desenvolvimento e a relativa independência do funcionamento adulto em relação aos eventos da infância ou do período de bebê. Jung também enfatizou a disjuntividade do desenvolvimento, embora percebesse a maior descontinuidade como ocorrendo na meia-idade, quando os motivos biológicos são amplamente substituídos por necessidades culturais e espirituais. Todos esses teóricos sugerem que talvez sejam necessários princípios um pouco diferentes para explicar aquilo que acontece nos diferentes estágios do desenvolvimento. Nem todas as teorias da personalidade se interessam muito pelo processo de desenvolvimento, mas a maioria das que o fazem concebe o desenvolvimento como um processo contínuo, a ser representado em termos de um conjunto único de princípios teóricos.

Nós já concordamos que um dos aspectos que distinguia a teoria da personalidade, historicamente, de outros tipos de teoria psicológica era uma ênfase no holismo. Consistente com essa observação é o fato de que a maioria dos teóricos contemporâneos da personalidade pode ser adequadamente classificada como *organísmico*. Como grupo, eles enfatizam a importância de considerarmos os indivíduos como uma unidade total e em funcionamento. Assim, Allport, Goldstein, Jung, Murray e Rogers enfatizaram o fato de que não podemos compreender um elemento do comportamento quando estudado isoladamente do restante do funcionamento da pessoa, incluindo sua constituição biológica. Apenas Skinner e Miller e Dollard pareciam dispostos a resistir ao consenso geral e questionaram a importância de estudar o "indivíduo total". A importância do *campo* foi enfatizada por Adler, Erikson, Kelly, Lewin, Murray, Rogers e Sullivan. Somente Lewin e Murray, entretanto, tentaram apresentar um conjunto detalhado de variáveis em termos dos quais o campo pudesse ser analisado, embora Rogers e Kelly enfatizassem muito a perspectiva fenomenológica do indivíduo. A relativa falta de interesse pelos detalhes da análise é uma conseqüência lógica das convicções holísticas dos teóricos do campo, que os levam a desconfiar de conjuntos específicos de variáveis. Quase ninguém *nega* que a percepção que o indivíduo tem da situação em que ocorre o comportamento é importante, ainda que Freud, Jung, Miller e Dollard, e Skinner tenham dado a essa questão menos atenção explícita do que os outros teóricos. É evidente que a teoria da personalidade contemporânea enfatiza a importância de se estudar o comportamento "organicamente", sem tentar isolar pequenos segmentos do comportamento para estudo microscópico. Ao mesmo tempo, existe uma crescente tendência entre os teóricos da personalidade de representar de forma completa a situação ou o contexto em que ocorre o comportamento.

O indivíduo que adota uma posição holística pode estar recomendando uma de duas abordagens à representação do comportamento. Ele pode estar simplesmente sugerindo que uma teoria adequada precisa ser complexa, multivariada e incluir referência à situação em que ocorre o evento comportamental, bem como a outros eventos comportamentais do indivíduo. Por outro lado, ele pode estar sugerindo que todos os comportamentos do indivíduo estão tão estreitamente unidos, e mais, que estão tão estreitamente ligados a seu contexto ambiental, que qualquer tentativa de abstrair elementos ou variáveis para estudo está condenada ao fracasso. O primeiro ponto de vista aceita a complexidade do comportamento e sugere que um modelo razoavelmente complexo do mesmo é necessário para predizer o comportamento de modo mais eficiente. O segundo ponto de vista enfatiza a complexidade do comportamento e insiste que "todos" os aspectos do indivíduo e da sua situação devem ser devidamente considerados antes que qualquer progresso possa ser feito. É facilmente compreensível que as teorias que representam esta última posição enfatizem costumeiramente a distintividade ou a *singularidade* do indivíduo. Uma vez que a teoria insiste que o observador considere muitas facetas diferentes do indivíduo, o comportamento da pessoa, o contexto desse comportamento, a distintividade de cada indivíduo e de cada ato precisam ficar óbvios e ser questão de interesse. A teoria de Allport é de longe a que mais enfatiza a importância de examinar completamente a individualidade. De fato, como vimos, essa ênfase levou Allport a propor que fosse dada uma maior atenção ao método idiográfico de estudo do comportamento. Esse mesmo ponto de vista geral recebe uma ênfase central nas teorias de Adler e Murray. Os teóricos da aprendizagem são extremamente explícitos em

negar a importância crucial da singularidade do comportamento. Embora existam alguns teóricos da personalidade que destaquem a singularidade do comportamento, essa ênfase parece menos típica da moderna teoria da personalidade do que a ênfase organísmica.

É comumente reconhecido que Dollard, Miller e Skinner examinaram *unidades de comportamento* bastante pequenas, ao passo que os teóricos organísmicos estavam mais preocupados com unidades abarcando toda a pessoa. Cattell preferia unidades menores e Allport e Rogers preferiam unidades grandes ao descrever o comportamento. Os teóricos restantes variam mais amplamente ao longo do espectro molecular-molar. Freud, por exemplo, conseguia analisar o comportamento em unidades muito pequenas quando havia necessidade, mas ele também tinha facilidade em lidar com a pessoa inteira como um todo. O mesmo pode ser dito sobre Erikson.

A importância do *ambiente psicológico* ou do mundo da experiência, em oposição ao mundo da realidade física, é aceita pela maioria dos teóricos da personalidade e é uma questão de ênfase focal para muitos. Kelly e Rogers são os mais explícitos e cuidadosos em seu desenvolvimento desse ponto de vista. De fato, eles foram acusados de ignorar grandemente o mundo da realidade, em resultado de sua preocupação com o mundo da experiência. Tal ponto de vista também recebe uma considerável atenção em muitas das teorias psicanalíticas e na teoria de Murray. Embora ninguém questione que a maneira como o indivíduo percebe um dado evento tem certa influência sobre como ele vai responder a esse evento, nós achamos que isso recebe pouca atenção nas teorias de Cattell, Miller e Dollard, Eysenck e Skinner. Considerando tudo, provavelmente seria correto dizer que os teóricos da personalidade estão mais impressionados com a importância do ambiente psicológico do que com a importância do ambiente físico.

Nós vimos que existem vários sentidos em que o conceito de *self* é empregado pelos teóricos da personalidade. Ou o *self* é visto como um grupo de processos que servem como determinantes do comportamento ou é concebido como um agrupamento de atitudes e sentimentos que o indivíduo tem a respeito de si mesmo. De uma forma ou outra, o *self* ocupa um papel proeminente na maioria das atuais formulações da personalidade. Não só existem teorias específicas identificadas como teorias do *self*, mas também um grande número de outras teorias emprega esse conceito como um elemento teórico focal. Entre os teóricos que de alguma maneira usam proeminentemente o conceito de ego ou *self* estão Adler, Allport, Cattell, Freud, Horney, Erikson, Jung e Rogers. Só Eysenck, Skinner, Miller, Dollard e Kelly parecem não dar um papel importante ao *self* em sua maneira de conceber o comportamento. É verdade que muitas das atuais formulações do *self* evitam ou diminuem a subjetividade existente em concepções anteriores. Tem havido uma tendência definida no sentido de descobrir operações pelas quais o *self* ou seus aspectos possam ser medidos. Poderíamos dizer que, nos primeiros dias da teorização psicológica, o *self* tendia a ter implicações místicas ou vitalistas, ao passo que o *self* contemporâneo parece ter perdido essas qualidades, à medida que ganhou pelo menos uma quantificação pessoal. Hoje, os teóricos da personalidade caracterizam-se claramente por um maior interesse pelo *self* e por processos concomitantes.

Um componente do *self* que recebe uma atenção especial em várias teorias é o senso de *competência* do indivíduo. O motivo de desenvolver áreas de excelência nas interações com o ambiente foi introduzido formalmente por White (1959), e subseqüentemente usado para modificar os estágios de desenvolvimento psicossexuais de Freud (White, 1960). Esse motivo aparece nas teorias da personalidade das seguintes maneiras: na ênfase de Adler na superação da inferioridade e na busca de superioridade; como uma das crises básicas propostas por Erikson; na proposta de Allport de que o domínio e a competência explicam a autonomia funcional de certos motivos; no foco de Kelly em uma antecipação acurada das conseqüências; e na especificação de Bandura da auto-eficácia. Não existe um motivo correspondente nas teorias desenvolvidas por Jung, Eysenck, Rogers, Skinner ou Dollard e Miller.

A importância dos *determinantes da afiliação grupal* para o comportamento é enfatizada principalmente naquelas teorias muito influenciadas pela sociologia e antropologia. As posições de Adler, Erikson, Horney e Sullivan ilustram isso. É muito natural que os teóricos que enfatizam o "campo" dentro do qual ocorre o comportamento também se interessem pelos grupos sociais aos quais o indivíduo pertence. Consistente com isso é o fato de que todos os teóricos antes menciona-

dos podem ser considerados teóricos do campo. Nenhum dos teóricos que examinamos acredita que os fatores da afiliação grupal não sejam importantes, embora Allport, Jung e Skinner tenham escolhido não focalizar tais fatores. Em geral, parece que existe uma crescente tendência entre os teóricos da personalidade a dar uma atenção explícita ao contexto sociocultural em que ocorre o comportamento.

Nós observamos que os teóricos da personalidade costumam tentar alguma forma de *ancoramento interdisciplinar* de suas teorias. A maioria desses esforços centra-se na possibilidade de "interpenetrar" os conceitos psicológicos com os achados e conceitos das ciências biológicas. Essa tendência é ilustrada pelas teorias de Allport, Freud, Jung, Murray e Eysenck. Nenhum dos teóricos discutidos, com as possíveis exceções de Freud e Jung, busca vincular suas formulações às disciplinas da antropologia e sociologia. Entretanto, Dollard, Miller, Freud e Murray demonstram um interesse equilibrado em estabelecer vínculos teóricos com a biologia e as ciências sociais, e Erikson mostra um interesse especial em relacionar sua teoria ao campo da história. A partir disso, fica claro que os teóricos da personalidade, como grupo, estão mais orientados para as ciências biológicas do que para as ciências sociais. Mas existem algumas evidências de um maior interesse pelos achados e pelas teorias da sociologia e da antropologia.

A diversidade e a *multiplicidade de motivação* no ser humano são totalmente reconhecidas nas teorias de Allport, Cattell, Maslow e Murray. Em cada uma dessas teorias, existe uma firme ênfase no fato de que o comportamento só pode ser compreendido com a identificação e o estudo de um grande número de variáveis motivacionais. As teorias de Cattell e Murray são as únicas tentativas detalhadas de traduzir tal multiplicidade em uma série de variáveis específicas. Adler, Erikson, Freud, Eysenck, Bandura, Horney, Rogers e Skinner parecem dispostos a estudar o comportamento humano com um conjunto muito mais abreviado de conceitos motivacionais. Assim, embora os teóricos da personalidade compartilhem uma detalhada preocupação com o processo motivacional, eles estão divididos entre os que representam a motivação em termos de um número relativamente pequeno de variáveis e os que consideram necessário um número muito grande delas.

Muitos teóricos da personalidade demonstram um interesse detalhado e contínuo pela *personalidade* realizada, madura ou *ideal*. Esse é um aspecto central nas teorias de Rogers, Allport e Jung. Também é proeminente nos textos de Freud, Adler, Horney e Erikson. Os teóricos que têm demonstrado menos interesse por especificar ou explicar a maturidade e a auto-realização incluem Cattell, Miller, Dollard, Skinner, Bandura, Eysenck e Kelly.

Temos observado uma considerável variação entre as teorias da personalidade na relevância que dão ao *comportamento anormal*. Não só algumas teorias se baseiam em grande parte no estudo de indivíduos neuróticos e outros indivíduos perturbados, mas também muitas teorias têm muito a oferecer em termos de métodos adequados para alterar ou tratar as várias formas de psicopatologia. As origens da psicanálise na observação de pacientes que se submetiam à psicoterapia são bem conhecidas, assim como o profundo impacto que a teoria tem tido sobre o entendimento e tratamento de todas as variedades de desvio comportamental. Uma associação muito semelhante pode ser vista entre os transtornos comportamentais e as teorias de Jung, Adler, Horney e Sullivan. O teórico que demonstrou menos interesse pelo mundo da psicopatologia foi Allport.

A nossa discussão até este momento foi bastante geral, e praticamente não tentamos avaliar cada teoria em relação a cada questão. Estivemos mais preocupados com o *status* global da teoria da personalidade do que com uma comparação detalhada das teorias específicas. A Tabela 15.1 apresenta uma correção parcial dessa generalidade, indicando como cada teoria se comporta em relação às questões individuais: enfatiza, ocupa um lugar moderado ou não enfatiza a questão. Esses julgamentos, obviamente, são amplos e aproximados. Sua falta de precisão deve-se às categorias extremamente gerais usadas na avaliação e à complexidade das teorias, que, em certos casos, torna impossível saber com certeza como um determinado teórico se posiciona diante de uma dada questão. De qualquer forma, a justificativa para as avaliações foi apresentada nos capítulos precedentes, juntamente com referências apropriadas às fontes originais. Conseqüentemente, o leitor não precisa aceitar nosso julgamento sem crítica, e pode fazer sua própria avaliação, usando as mesmas fontes de dados que empregamos.

Na Tabela 15.1 (ver p. 498), o símbolo A indica que a teoria enfatiza a importância da questão ou do conjunto de determinantes, M indica que a teoria ocupa um lugar intermediário, e B sugere que a questão ou posição é pouco enfatizada nessa teoria.

Podemos observar – sem discussão adicional – que, pelo que sabemos, foram realizadas cinco análises multivariadas dos dados apresentados nas edições prévias de *Teorias da Personalidade*. O primeiro dos estudos foi executado por Desmond Cartwright (1957) e apareceu logo depois que a primeira edição foi publicada. Usando a análise fatorial, ele extraiu quatro fatores. O Fator A inclui os atributos de *propósito* e *determinantes de afiliação grupal*. As teorias altamente saturadas desse fator são as de Adler, Fromm, Horney, Rogers e Sullivan. O Fator B inclui os atributos de *estrutura, hereditariedade* e *biologia*. Tal fator é elevado nas teorias de Angyal, Eysenck, Freud, Jung, Murray e Sheldon. *Propósito, ênfase organísmica* e *auto-conceito* são os principais atributos compreendendo o Fator C. As teorias carregadas com esse fator são as de Allport, Angyal, Goldstein e Rogers. O quarto fator consiste em *estrutura* e *hereditariedade* e é importante apenas com respeito às teorias de fator.

Alguns anos mais tarde, Taft (1960) relatou os resultados de uma análise de agrupamento dos dados na Tabela 1 (primeira edição). Emergiram cinco agrupamentos principais. O Agrupamento I inclui Adler, Fromm, Horney, Murray e Sullivan, e o nome sugerido para o agrupamento é *teorias de campo sociais funcionalistas*. O segundo agrupamento, chamado de *abordagem desenvolvimental a complexos inconscientes e estruturas de personalidade*, inclui apenas os três teóricos psicanalíticos originais, Freud, Adler e Jung. Angyal, Goldstein, Jung e Rogers foram um agrupamento rotulado como *auto-realização organísmica inata*. O Agrupamento IV é identificado como *desenvolvimento contínuo em interação com o ambiente social*. As teorias pesadamente carregadas com esse fator são as de Adler, Freud, Murray e Sullivan. O último agrupamento inclui Allport, Cattell, Eysenck, Freud, Jung e Sheldon, e é denominado de *estruturas constitucionais da personalidade*.

Schuh (1966) realizou uma análise de agrupamento dos atributos e dos teóricos. Relataremos apenas seus resultados envolvendo os teóricos. Eles se incluem em quatro agrupamentos. O primeiro deles consiste em Adler, Fromm e Horney, e é chamado de *ên-*

**TABELA 15.1** Comparação Dimensional das Teorias da Personalidade

| Parâmetro Comparado | Freud | Jung | Adler | Horney | Sullivan | Erikson | Murray | Allport |
|---|---|---|---|---|---|---|---|---|
| Propósito | A | A | A | A | A | A | A | A |
| Determinantes inconscientes | A | A | M | A | M | M | A | B |
| Processo de aprendizagem | M | B | B | M | M | M | M | M |
| Estrutura | A | A | M | M | M | A | A | A |
| Hereditariedade | A | A | A | B | B | M | M | M |
| Desenvolvimento inicial | A | B | A | M | M | A | A | B |
| Continuidade | A | B | A | M | A | A | A | B |
| Ênfase organísmica | M | A | M | M | M | M | A | A |
| Ênfase no campo | B | B | A | M | A | M | A | M |
| Singularidade | M | M | A | M | M | M | A | M |
| Ênfase molar | M | M | M | M | M | M | M | M |
| Ambiente psicológico | A | A | M | M | A | A | A | M |
| Autoconceito | A | A | A | A | A | A | M | A |
| Competência | M | B | A | M | M | M | M | A |
| Afiliação grupal | M | B | A | A | A | A | M | B |
| Ancoramento na biologia | A | A | M | B | M | M | A | A |
| Ancoramento nas ciências sociais | A | B | A | A | A | A | A | B |
| Motivos múltiplos | B | M | B | B | M | M | A | A |
| Personalidade ideal | A | A | A | A | M | A | M | A |
| Comportamento anormal | A | A | A | A | A | M | M | B |

*Nota:* A indica alto (enfatizado), M indica moderado e B indica baixo (pouco enfatizado).

*fase social*. O segundo agrupamento, composto por Allport, Angyal, Goldstein, Miller, Dollard e Rogers, é chamado de *ênfase no self*. O terceiro inclui Eysenck, Freud, Lewin, Murray e Sheldon, e o quarto, Cattell, Jung e Sullivan. Os dois últimos agrupamentos não receberam nomes, pois não foi encontrado nenhum aspecto comum pelo qual caracterizar os diversos pontos de vista.

O estudo de Evans e Smith (1972) envolveu a análise fatorial dos atributos e dos teóricos, e uma comparação com os resultados de Schuh. Apesar da adição de novas dimensões e teóricos na versão revisada deste livro e do uso de um método diferente de análise, Evans e Smith encontraram uma notável semelhança entre seus achados e os relatados anteriormente. Seu primeiro fator de teórico compreendia Binswanger e Boss, Miller e Dollard, Cattell, Rogers, Goldstein, Angyal e Allport, e corresponde ao segundo fator de Schuh, a *ênfase no self*. Seu segundo fator incluía Fromm, Horney, Adler e Freud, e corresponde ao primeiro agrupamento de Schuh, referido como ênfase social no estudo anterior e como *ênfase psica-*

*nalítica* no relato mais recente. O terceiro fator consistia em Sheldon, Murray, Lewin e Freud, e corresponde ao terceiro agrupamento de Schuh. Evans e Smith o chamam de *ênfase biológica*. Um quarto fator, chamado de *ênfase na aprendizagem*, é composto de Binswanger e Boss, Skinner, Miller e Dollard, Murray e Allport. Os autores relatam congruências comparáveis em seus achados e os de Schuh na comparação das análises dos atributos.

Um estudo final (Campbell, 1980) analisou a tabela correspondente de teorias na terceira edição deste texto, usando análise de agrupamento e análise fatorial. Os resultados diferiram dos obtidos em estudos prévios, tanto por causa de diferenças introduzidas na terceira edição quanto porque as análises trataram os dados de avaliação como ordinais, em vez de como dados de intervalo. Nós apresentamos os seis agrupamentos obtidos no procedimento de agrupamento. Freud e Erikson, o agrupamento mais firme, compartilham uma ênfase no desenvolvimento inicial. Murray, Rogers e Goldstein apresentam uma ênfase organísmica além de uma ênfase na singularidade e não

| Cattell | Eysenck | Kelly | Rogers | Skinner | Dollard e Miller | Bandura |
|---|---|---|---|---|---|---|
| M | B | A | A | B | B | M |
| M | M | M | B | B | M | B |
| A | A | M | M | A | A | A |
| A | A | B | B | B | B | M |
| A | A | B | B | A | B | B |
| M | M | B | B | M | A | M |
| M | M | B | B | A | A | A |
| M | M | M | A | B | B | M |
| M | M | A | A | B | B | M |
| M | M | M | M | B | B | B |
| M | M | M | A | B | B | M |
| B | B | A | A | B | B | M |
| A | B | B | A | B | B | A |
| M | B | A | B | B | B | A |
| M | M | M | M | B | M | M |
| M | A | B | B | M | M | B |
| B | B | M | M | B | A | M |
| A | B | B | B | B | M | B |
| B | B | B | A | B | B | B |
| M | M | M | M | M | M | M |

enfatizam os processos de aprendizagem. Skinner e Cattell não consideram o ambiente psicológico. Miller e Dollard e Binswanger e Boss formam o quarto agrupamento, aparentemente por sua ausência de interesse pela estrutura da personalidade. Horney e Angyal enfatizam o autoconceito e a personalidade ideal e oferecem um número limitado de constructos motivacionais. O agrupamento final, contendo Allport, os psicólogos do Leste e Sheldon, compartilha uma ênfase organísmica e uma ênfase na singularidade, além de uma relativa falta de interesse pela recompensa, pelo desenvolvimento inicial, pela afiliação grupal e por processos inconscientes. Uma nota de alerta neste artigo salienta que as análises ponderam igualmente todas as dimensões, em cada teórico e entre eles. Isso é razoável como uma suposição geral, mas realmente obscurece certos aspectos das teorias. Por exemplo, Allport tem um alto índice em singularidade, autoconceito e mecanismos biológicos. Essas avaliações são acuradas, mas deixam de capturar a importância da singularidade e do autoconceito na teoria de Allport. Uma vez que as análises tomam as avalia-

ções ao pé da letra, quando de fato a gradação flutua nas teorias e entre elas, precisamos considerar os grupos resultantes como aproximações.

Isso nos leva à questão de quão bem as várias teorias têm funcionado como *geradoras de pesquisa*. Nós já concordamos que essa é a comparação avaliativa mais importante que pode ser feita entre as teorias; infelizmente, ela também é a comparação mais difícil de fazermos com segurança. Nós discutimos algumas das pesquisas geradas pelas teorias nos capítulos individuais sobre elas. Todas as teorias têm alguma função como geradoras de investigação, mas a natureza variada dos estudos resultantes, assim como a complexidade da relação entre a teoria e a pesquisa pertinente, torna impossível algo além de um julgamento aproximado.

Dadas a subjetividade e a natureza provisória do nosso veredito, propomos que as teorias sejam divididas em três agrupamentos, em termos de quão úteis elas têm sido como estímulo para a pesquisa. O primeiro grupo inclui teorias que levaram a muitas investigações, realizadas em várias áreas por um grupo diverso de investigadores. Aqui colocamos a teoria de Eysenck, a posição de Skinner e a teoria de Bandura. Em cada caso a mensagem da teoria transcendeu os limites de um pequeno grupo trabalhando em estreita colaboração, de modo que as questões relacionadas à teoria foram exploradas em uma variedade de ambientes diferentes e por indivíduos com *backgrounds* bem heterogêneos.

O segundo agrupamento inclui as teorias que foram acompanhadas por um grande número de estudos com alcance bastante limitado ou executados por pessoas intimamente envolvidas com a teoria e seu desenvolvimento. Nesse grupo, colocaríamos as teorias de Allport, Cattell, Erikson, Jung, Murray, Sullivan, Dollard e Miller, e Rogers. Como os capítulos individuais deixam claro, cada uma das teorias é acompanhada por um grande número de pesquisas relevantes ou delas se originou. Mas, na maioria dos casos, a pesquisa lida com uma variedade limitada de problemas ou com a aplicação de um pequeno número de técnicas. Além disso, essas pesquisas foram habitualmente realizadas por um pequeno grupo de investigadores intimamente relacionados. Nós também incluiríamos Freud nessa categoria, apesar da grande riqueza de trabalhos gerados por sua teoria dentro e fora da psicologia, devido à dificuldade inerente de testar proposições sobre características pessoais que são por definição inacessíveis ao indivíduo. O terceiro grupo consiste nas teorias em que há pouca investigação relacionada. Aqui colocamos Adler, Kelly e Horney.

É tranquilizador que, apesar das limitações das teorias da personalidade como geradoras de pesquisa, a sua grande maioria tem sido acompanhada por uma quantidade considerável de pesquisas. Sejam quais forem as limitações de procedimento inerentes a essas investigações, resta o fato de que elas documentam o interesse dos teóricos em examinar a efetividade de suas teorias diante de dados empíricos.

## ALGUMAS REFLEXÕES SOBRE A ATUAL TEORIA DA PERSONALIDADE

Qual será o futuro desenvolvimento da teoria da personalidade? Estariam faltando no atual cenário teórico qualidades que deveriam ser acrescentadas? Existem deficiências especificáveis na abordagem teórica da maioria dos psicólogos? Há questões, hoje em dia, assumindo maior importância e apontando o caminho para futuros progressos prováveis? Parece-nos que sim, embora precisemos admitir que nem todos os psicólogos concordariam conosco quanto à sua exata identidade.

Nós acreditamos que o campo da personalidade se beneficiaria imensamente com uma *maior sofisticação* por parte dos psicólogos, referente à *natureza e à função das formulações teóricas*. Embora existam muitos aspectos nessa sofisticação, talvez o mais importante seja compreender a importância central das teorias como um meio de gerar ou estimular pesquisa. Os psicólogos precisam desistir da idéia de que cumpriram sua obrigação se apresentaram uma formulação teórica que leva em conta ou dá consistência ao que já é conhecido em uma determinada área empírica. Se a teoria não faz nada além de organizar fatos conhecidos, bem poderíamos permanecer no nível descritivo e esquecer a teorização. Pedimos simplesmente que as teorias sejam avaliadas em termos de sua capacidade de gerar novas pesquisas. Os psicólogos também precisam estar mais dispostos a aceitar o fato de que as suposições referentes ao comportamento que não permitem predições ou especificação dos dados a serem coletados são inúteis e uma perda de tempo, esforço e papel. Que os teóricos focalizem sua atenção em formulações que tenham alguma relação significativa com o assunto tratado – estudar o comportamento.

A teoria e a pesquisa da personalidade precisam tornar-se ao mesmo tempo *mais radicais e mais conservadoras*. Poderíamos expressar isso alternativamente como um aumento na imaginação criativa e na avaliação crítica. O teórico bem-sucedido precisa estar disposto a ser radicalmente violento com suposições comuns referentes ao comportamento. Depois de manifestar a capacidade de inovar ou criar uma teoria que não esteja firmemente ligada a concepções comportamentais existentes, o teórico precisa manifestar um rígido conservadorismo ao estender, formalizar, aplicar e testar as consequências desse ponto de vista. Em outras palavras, os teóricos devem desafiar as convenções, mas, depois de estabelecer um novo conjunto de convenções, eles devem explorar exaustivamente as implicações dessas convenções. É impossível testar as conseqüências de uma teoria a menos que o teórico esteja disposto a permanecer em uma posição o tempo suficiente para instituir e completar procedimentos de verificação. Isso não significa que a pessoa deva agarrar-se teimosamente às suas formulações diante de uma refutação empírica. Isso significa que, dado um corpo de pesquisa estável, a mudança deve ser introduzida como resultado de evidências empíricas controladas, e não por capricho ou observações superficiais. É de crucial importância que o teórico da personalidade e seus seguidores se dediquem à investigação empírica ao invés da discussão verbal ou polêmica. Não importa qual teórico da personalidade é o protagonista mais efetivo de um debate, o que importa crucialmente é qual teoria da personalidade é mais útil para gerar conseqüências empíricas importantes e verificáveis.

É mais do que hora de o teórico da personalidade *libertar-se da obrigação de justificar as formulações teóricas que se afastam das idéias normativas ou costumeiras sobre o comportamento.* É muito comum que uma determinada teoria seja criticada pelo fato de enfatizar excessivamente os aspectos negativos do comportamento ou superenfatizar a importância dos motivos sexuais. É verdade que uma visão sensata do comportamento humano considera os seres humanos como possuindo tanto atributos bons quanto maus, e não só motivos sexuais, como também outros motivos. Mas isso é um completo *non sequitur* no que se refere ao desenvolvimento de uma teoria do comportamento. O teórico tem completa liberdade, como acabamos de enfatizar, de se afastar de preconcepções costumeiras sobre o comportamento, e só precisa fazer declarações sobre o comportamento que sejam empiricamente úteis. A questão sobre se essas declarações agradam ou ofendem o indivíduo comum não é importante. É muito possível que as teorias do comportamento mais proveitosas acabem se revelando altamente ofensivas para um membro comum da nossa sociedade. A alternativa oposta, é claro, também é perfeitamente possível. O que estamos querendo dizer aqui não é que os teóricos devem negar as visões costumeiras do comportamento, nem que eles devem aceitar essas visões. Eles têm total liberdade de tomar uma atitude ou outra. Sua posição é neutra em relação a essas idéias, e eles podem concordar ou discordar conforme desejarem, baseando sua avaliação em critérios totalmente distantes da aceitabilida-

de ou desviância normativas de sua teoria. Freqüentemente encontramos outras críticas a formulações teóricas com um *status* igualmente dúbio. Assim, a sugestão de que uma dada teoria é excessivamente molecular, racional ou mecanicista simplesmente reflete preconcepções do crítico sobre o comportamento. Tais comentários servem mais para revelar a posição do crítico do que para avaliar a teoria. Na análise final, *a única crítica eficaz a uma teoria existente é uma teoria alternativa que funcione melhor.* Se dizemos que uma dada teoria é excessivamente molecular, é preciso que alguém demonstre que uma teoria alternativa empregando unidades maiores de análise consegue fazer tudo o que a primeira teoria faz, e mais ainda.

Podemos argumentar que na psicologia atualmente é dado *muito pouco valor à pesquisa empírica diretamente relacionada a teorias existentes,* e valor demais à contribuição de novas formulações ou especulações teóricas apresentadas depois de ter sido observado um determinado conjunto de achados. Muitos psicólogos valorizam mais a criação de uma teoria nova, mas trivial, que possui pouca superioridade comprovada sobre teorias existentes, do que a realização de pesquisas diretamente relacionadas a uma teoria importante já existente. Os psicólogos, em sua admiração pelas teorias e em sua incapacidade de discriminar entre a explicação depois-do-fato e a predição antes-do-fato, criaram uma série de condições em que existe um máximo de interesse pelo desenvolvimento de novas teorias e um mínimo de interesse pelo exame das conseqüências das teorias existentes.

Uma característica importuna e possivelmente maligna apresentada por alguns teóricos contemporâneos da personalidade é a tendência ao que poderia ser chamado de *imperialismo teórico.* Nos referimos aqui à tentativa, depois de ter sido desenvolvida uma determinada posição teórica, de tentar persuadir o leitor de que essa é a única maneira possível de formular uma teoria do comportamento. Assim, muitos psicólogos afirmam que o único modo teórico defensável é aquele que envolve uma contínua interação com os processos fisiológicos, outros sugerem que apenas as formulações "molares" são úteis, e outros, ainda, que o contexto social deve ser o centro da atenção do teórico. Não estamos dizendo que esses teóricos necessariamente estão errados em suas crenças, e sim que a formulação teórica é um "empreendimento livre", se é que isso existe. Nenhum teórico tem o direito de dizer aos outros teóricos o que fazer. Ele tem todo o direito de apresentar suas convicções e vinculá-las ao máximo possível de provas empíricas de sua utilidade. Ele pode inclusive associar a teoria e as evidências a argumentos racionais, que considere convincentes, sobre o porquê essa abordagem vai acabar se revelando útil. Mas afirmar que essa é a maneira como o progresso teórico *deve* ser feito é bobagem e só serve para confundir o estudante do campo. Que o teórico apresente sua teoria da maneira mais convincente possível, mas que ele respeite o fato de que ela não existe como certeza teórica.

Todas as teorias da personalidade fazem pelo menos tênues suposições sobre a existência de alguma forma de estrutura de personalidade. Assim, embora alguns teóricos estejam mais preocupados do que outros com a relativa importância de fatores externos ou situacionais, todos concordam que existe certo grau de constância na personalidade que se generaliza para diferentes períodos de tempo e situações. As diferenças teóricas entre os *teóricos do traço*, como Allport ou Cattell, e os *deterministas situacionais*, como Hartshorne e May (1928, 1929), levaram a um debate ativo e a programas de pesquisa nas duas décadas anteriores à Segunda Guerra Mundial. Conforme discutimos no Capítulo 7, a questão reemergiu nas décadas de 70 e 80 como um tópico importante de discussão teórica e pesquisa (p. ex., Bem & Allen, 1974; Endler & Magnusson, 1976a, b; Epstein & O'Brien, 1985; Kenrick & Funder, 1988; Magnusson & Endler, 1977b; Mischel, 1968, 1984; Zuroff, 1986). Como vimos muito claramente no caso de Cattell, os teóricos do traço acreditam que os indivíduos podem ser comparados em termos dos vários traços ou disposições duradouras, e que, conhecendo-se a posição ou o escore relativo de um indivíduo em um determinado traço, é possível predizer muitas ocorrências sobre o comportamento da pessoa em vários ambientes diferentes. Os que acreditam no determinismo situacional estão convencidos de que a maioria dos comportamentos é uma conseqüência do ambiente ou da situação em que o indivíduo está se comportando. Assim, o comportamento é provocado por estímulos, em vez de ser emitido devido a um traço ou a uma disposição duradoura. Uma posição intermediária afirma que as disposições ou os traços do indivíduo influenciam as situações em que a pessoa se encontra e os estímulos ambientais aos quais ela presta atenção. Essa *posição interacionista*

atribui um papel significativo tanto às variáveis situacionais quanto aos traços e às disposições. A perspectiva interacionista é inerente a várias das teorias que examinamos. Dessa maneira, Henry Murray conceitualizou o comportamento em termos de temas, a combinação das necessidades da pessoa e da pressão situacional. Na verdade, sua variável pessoal básica é o tema serial, uma combinação recorrente e característica de necessidade-pressão. Da mesma forma, Allport propôs que um traço torna muitos estímulos "funcionalmente equivalentes" em virtude do significado compartilhado, de modo que qualquer uma das situações dá origem a qualquer uma de uma série de comportamentos vinculados. Kelly também argumentou que é a interpretação que o indivíduo faz das situações o que origina o comportamento, e não as tendências comportamentais autônomas. A abordagem cognitivo-afetiva "se... então..." de Mischel e Shoda (1995) ao estudo do comportamento é o exemplo mais recente de uma perspectiva interacionista na psicologia da personalidade.

Uma questão relacionada se refere aos múltiplos *níveis de análise* de um comportamento. Uma das principais contribuições dos teóricos da personalidade foi o seu reconhecimento de que é importante conceitualizar e investigar o comportamento em diferentes níveis de generalidade. Essa posição em lugar nenhum foi mais claramente articulada do que na declaração de Murray e Kluckhohn: "Todo homem é, em certos aspectos, como todos os outros homens, como alguns outros homens, (e) como nenhum outro homem." Em vez de cair no reducionismo, tal abordagem afirma que todos os níveis de análise são legítimos e informativos por si mesmos, e que os investigadores estão livres para trabalhar no nível que melhor se adequar aos seus propósitos. Nós podemos identificar duas versões diferentes da abordagem de múltiplos níveis. Primeiro, muitos teóricos descrevem hierarquias de constructos. Assim, Cattell descreve os traços de superfície e de origem; as atitudes específicas de uma pessoa (traços de superfície) podem ser compreendidas em termos de *ergs* gerais e sentimentos (traços de origem). Eysenck descreve uma progressão de respostas específicas para respostas habituais, para traços e para tipos. Murray descreve necessidades gerais bem como metas e necessidades integradas mais específicas. Ele afirma que uma pessoa pode ser descrita em termos de seu conjunto específico de objetos catexizados, que, por sua vez, devem ser compreendidos em termos de constructos mais gerais. Freud descreveu instintos gerais e mecanismos comuns, mas também enfatizou escolhas de objeto e derivados de instintos mais específicos. A metapsicologia de Freud foi uma tentativa de formular os princípios gerais que pareciam inerentes em suas observações do comportamento concreto de indivíduos específicos. Essa mesma mistura é encontrada nas teorias de Adler, Erikson, Rogers e Skinner. É como se esses teóricos detestassem perder o comportamento específico de um indivíduo enquanto estão formulando leis sobre as pessoas em geral. Mischel fornece um exemplo contemporâneo com sua descrição de cinco unidades mediadoras cognitivo-afetivas estáveis, que interagem com a situação percebida para gerar perfis específicos de situação-comportamento "se... então...". Até Allport, o defensor de uma abordagem idiográfica à personalidade, reconheceu a importância de se estabelecer princípios gerais que expliquem as origens das características individuais. Na verdade, qualquer tentativa de rotular um determinado teórico da personalidade como idiográfico *ou* nomotético está em grande parte condenada ao fracasso. Em segundo lugar, especialmente em anos mais recentes, os teóricos da personalidade descreveram sistemas integrados, relacionando o comportamento observado a processos subjacentes. Eysenck, por exemplo, constrói um modelo em que as características neurológicas subjacentes, como a excitação cortical, dão origem a diferenças na sensibilidade à estimulação, que, por sua vez, afetam as características psicológicas, como condicionamento, sociabilidade e impulsividade, as quais se manifestam nos tipos de personalidade de introversão-extroversão. Da mesma forma, Zuckerman (1994, 1995) apresenta um modelo psicofarmacológico, vinculando mecanismos neuroquímicos (neurotransmissores, enzimas e hormônios) a mecanismos comportamentais (aproximação, inibição e excitação), que são, por sua vez, vinculados a traços básicos de personalidade (sociabilidade, busca de sensação não-socializada impulsiva, e ansiedade). Nós encorajamos essas abordagens de múltiplos níveis como estímulos para novos progressos na teorização da personalidade (ver também Briggs, 1989; Dahlstrom, 1995; Revelle, 1995; Wakefield, 1989).

Os últimos anos testemunharam uma crescente preferência entre os teóricos de avançar com passos mais modestos do que os sugeridos por uma única teoria geral que abarque todo ou quase todo o comportamento humano adaptativo. Essas teorias mais limitadas, ou *miniteorias,* às vezes se referem apenas a um domínio ou área de comportamento específico, tal como a tomada de decisão ou as habilidades motoras, ou podem referir-se a um complexo específico de comportamentos como a esquizofrenia ou o desenvolvimento sexual. Alguns teóricos dirigem sua atenção para modelos matemáticos de cognição ou aprendizagem. Outros se interessam mais pelo substrato neurofisiológico do comportamento, mas, em todos os casos, os teóricos centraram-se em uma determinada dimensão ou modo de representação do comportamento, com a relativa exclusão de muitos outros aspectos do comportamento. Tais abordagens modestas ou circunscritas precisam ser consideradas por teorias inclusivas ou gerais da personalidade e, para elas, contribuem.

Como já observamos, nos últimos anos, tem havido progressos grandes e significativos na área ampla da *psicobiologia*. A investigação sistemática dos determinantes genéticos do comportamento foi promovida tanto pelo desenvolvimento de novos métodos e achados como por algumas evidências de uma diminuição do tradicional foco americano no ambiente e a relativa exclusão da biologia. O mesmo pode ser dito em relação aos hormônios e ao comportamento, às associações do comportamento cerebral e à psicofisiologia (p. ex., Zuckerman, 1995). Considerando tudo, tem havido uma ampliação e um aprofundamento do nosso conhecimento sobre como os fatores biológicos influenciam e são influenciados pelo comportamento, e essa informação somente agora está começando a entrar significativamente na tentativa de explicar o complexo comportamento do ser humano. A imensa vitalidade das neurociências e a conhecida preocupação de estender a teoria evolutiva para áreas de comportamento humano complexo como agressão, altruísmo, cooperação, competição e padrões de acasalamento (Barash, 1977; D. Buss, 1990, 1991, 1994; Wilson, 1975) apontam para a crescente probabilidade de a biologia ter muito mais a dizer sobre o futuro das teorias da personalidade do que tem a ver com as teorias passadas.

O leitor deve tomar cuidado para não interpretar o que foi dito como indicando um sentimento de desânimo em relação ao presente estado da teoria da personalidade. É verdade que muita coisa pode ser criticada nas teorias atuais, especialmente quando comparadas a padrões absolutos ou ideais. Mas é mais significativo o fato de que os sinais de progresso são indiscutíveis. Foi nos últimos 50 anos que a maior parte das pesquisas empíricas relevantes foi realizada, e também foi nesse período que a contribuição das disciplinas vizinhas se tornou mais sofisticada. Ao mesmo tempo, as teorias tenderam a tornar-se mais explícitas em suas declarações e a dar muito mais atenção ao problema de oferecer definições empíricas adequadas. Além disso, a variedade de idéias ou concepções relativas ao comportamento aumentou imensamente. Em geral, nós acreditamos que, sejam quais forem as deficiências formais dessas teorias, as idéias nelas contidas têm tido uma influência notavelmente ampla e criativa sobre a psicologia. E não parece haver nenhuma razão para esperar que tal influência diminua no futuro.

## SÍNTESE TEÓRICA *VERSUS* MULTIPLICIDADE TEÓRICA

Nós vimos que, embora existam semelhanças e convergências entre as teorias da personalidade, as diversidades e os desacordos ainda são notáveis. Apesar do agrupamento em torno de certas posições teóricas modais, ainda há pouco progresso na direção de desenvolver uma posição teórica única e amplamente aceita. Podemos inclusive nos surpreender com a engenhosidade aparentemente interminável dos psicólogos em desenvolver novas maneiras de considerar ou ordenar os fenômenos do comportamento. Em um levantamento inicial da literatura sobre a personalidade, Sears foi estimulado por essa situação a comentar:

> "Uma teoria só é válida na extensão em que se mostra útil para predizer ou controlar o comportamento; não existe certo ou errado na questão, apenas conveniência. Uma vez que nenhuma teoria já se revelou brilhantemente eficaz para ordenar os dados do comportamento para esses propósitos, talvez não surpreenda que tantos psicólogos se sintam estimulados a novas tentati-

vas de construir um conjunto sistemático de variáveis de personalidade." (1950, p. 116)

Dada a existência da multiplicidade teórica e dado também que os fatores que conduzem a esse estado são evidentes, não seria indesejável ter tantos pontos de vista conflitantes em uma única área empírica? Não seria melhor um único ponto de vista que incorporasse tudo o que existe de bom e efetivo em cada uma das teorias, de modo que pudéssemos abraçar uma única teoria aceita por todos os investigadores da área? Muitas das teorias que discutimos certamente contêm forças que não estão presentes em outras teorias. Não poderíamos combinar essas forças individuais para criar uma teoria singularmente eficiente que nos faça compreender melhor o comportamento humano e gere predições sobre o comportamento mais abrangentes e verificáveis do que as geradas por uma única teoria da personalidade?

Embora essa linha de raciocínio seja fascinante e encontre muito apoio entre os psicólogos contemporâneos, há sérias objeções a ela. Em primeiro lugar, tal ponto de vista supõe que as teorias da personalidade existentes possuem um grau suficiente de clareza formal para estabelecer sua exata natureza e para que o sintetizador possa identificar facilmente os elementos comuns e os elementos discrepantes. Como vimos, esse não é o caso. Muitas das teorias são enunciadas tão imprecisamente que seria extremamente difícil fazer qualquer comparação direta de seus elementos com os elementos de alguma outra teoria. Isso sugere que a síntese necessária seria um processo um tanto aleatório, uma vez que os elementos envolvidos na síntese estão apenas vagamente delineados. Em segundo lugar, o argumento supõe que não existem conflitos insolúveis entre o conteúdo das várias posições teóricas ou, se existem, que podem ser facilmente resolvidos por meio de um exame dos "fatos da questão". É evidente que existem muitos pontos em que as teorias discordam totalmente. Além disso, esses pontos de discordância estão freqüentemente relacionados a fenômenos empíricos que ainda precisam ser muito mais estudados. De fato, muitas das diferenças teóricas relacionam-se a questões empíricas bastante elusivas, de modo que os "fatos da questão" não estão nem um pouco claros. Em terceiro lugar, essa idéia sugere que todas ou a maioria das teorias têm uma contribuição única e positiva a fazer para uma teoria eficiente do comportamento. A verdade é que algumas dessas teorias estão muito longe de possuir uma utilidade empírica comprovada. A quantidade de testagem empírica das conseqüências deriváveis de uma teoria psicológica é pequena se comparada à variedade de problemas com os quais a teoria se propõe a lidar. Quarto, esse ponto de vista assume que um estado de harmonia e concordância teóricas é mais saudável atualmente. Em um estágio no qual nenhuma posição teórica parece ter uma superioridade convincente em relação às outras, podemos argumentar razoavelmente que, ao invés de investir todo o nosso tempo e talento em uma única teoria, seria mais inteligente explorar ativamente a área pelo uso simultâneo de uma variedade de posições teóricas. Quando sabemos tão pouco com certeza, por que colocar todas as esperanças do futuro em uma única cesta teórica? Não é melhor deixar que o desenvolvimento teórico siga um curso natural e desacorrentado, com a expectativa razoável de que à medida que os achados empíricos se multiplicarem e as teorias individuais se tornarem mais formalizadas, chegaremos naturalmente a uma integração com uma firme base empírica, e não a um processo artificialmente montado, no qual o gosto e as crenças pessoais são os principais determinantes do processo? Em quinto lugar, precisamos reconhecer que várias das teorias que discutimos são altamente ecléticas. Por exemplo, a posição final de Gordon Allport incorpora muito de várias teorias que discutimos. Da mesma forma, a teoria da aprendizagem social de Bandura gradualmente passou a ter muito em comum com as abordagens cognitivas ao entendimento do comportamento, outrora consideradas a própria antítese da tradição de E-R da qual sua teoria emergiu. Assim, ao longo do tempo, tem ocorrido uma fusão e mistura naturais de formulações teóricas, mesmo que isso não tenha resultado em uma única posição de consenso.

E o que podemos dizer sobre o valor didático de apresentarmos ao aluno uma única visão organizada da personalidade, ao invés da confusão de idéias contraditórias que apresentamos neste volume? Presumivelmente é uma boa higiene mental dar ao aluno uma única posição teórica claramente delineada, mas isso certamente não é uma boa preparação para um trabalho sério no campo. Se os alunos acreditam que existe apenas uma teoria útil, é fácil sentirem que dominam firmemente a realidade, esquecendo assim a importância do estudo empírico e a possibilidade de mudanças teóricas impostas pelo resultado de tal estudo. Por que deveriam os alunos receber um falso senso de harmonia? Que eles vejam o campo como ele realmente é – teóricos diferentes fazendo suposições diferentes sobre o comportamento, centrando-se em problemas empíricos diferentes, usando técnicas diferentes de pesquisa. Que eles também compreendam que esses indivíduos estão unidos em seu interesse comum pelo comportamento humano e em sua disposição a deixar que os dados empíricos tomem a decisão final sobre o que está certo ou errado em termos teóricos.

Relacionado ao argumento recém-citado, está a compelidora consideração de que as teorias são úteis principalmente para a pessoa que as abraça e tenta extrair suas conseqüências de maneira simpática e sensível. A noção de uma síntese ou integração geral normalmente comunica ao aluno a necessidade de ter cautela, de considerar todos os pontos de vista e de evitar envolver-se emocionalmente em uma determinada posição unilateral. Antes de abraçar qualquer teoria específica, vamos compará-la com outras, ver se é tão boa quanto as outras em todos os aspectos, e ler o que os críticos têm a dizer sobre ela. Contrariamente a essa concepção, nós recomendamos decididamente que os alunos, depois de examinar as teorias existentes sobre a personalidade, adotem sem reservas uma posição teórica específica, de modo vigoroso e afetivo. Que o indivíduo possa ficar entusiasmado e imbuído da teoria antes de começar a examiná-la criticamente. Uma teoria da personalidade não vai dizer ou fazer muito pelo indivíduo que dela se aproximar com indiferença, sem críticas ou reservas. Ela vai ditar problemas para o devoto e estimulá-lo a pesquisar, mas não fará o mesmo pelo observador frio e imparcial. Que os alunos reservem sua capacidade crítica e seus instrumentos acadêmicos detalhados para assegurar que a pesquisa executada seja tão bem feita que os achados "situem-se onde devem". Se o indivíduo extrair conseqüências da teoria e fizer pesquisas relevantes, ele terá amplas oportunidades de desânimo e desespero referentes à adequação da teoria, e poderá acabar convencido de sua falta de utilidade. Mas, pelo menos, ele terá tido a oportunidade de descobrir exatamente o que a teoria *pode* fazer.

Continuamos vigorosamente convencidos de que este não é o momento nem a circunstância apropriada para tentar uma síntese ou integração das teorias da personalidade. Nos termos mais simples: nós sentimos que não convém tentar uma síntese de teorias cuja utilidade empírica ainda precisa em grande parte ser demonstrada. Por que fazer arranjos conceituais em termos de reação estética e consistência interna quando a questão importante é como esses elementos se comportam diante de dados empíricos? Nós acreditamos que muito mais proveitoso do que a tentativa de uma teoria dominante é o cuidadoso desenvolvimento e especificação de cada teoria existente, com atenção simultânea a dados empíricos relevantes. A resposta final para qualquer questão teórica está em dados empíricos bem-controlados, e a natureza desses dados só será adequadamente definida à medida que as próprias teorias estiverem mais desenvolvidas. Uma posição é mudar uma teoria à luz de dados empíricos que obrigam o teórico a alguma mudança essencial; outra, bem diferente, é mudar uma teoria devido à alguma questão avaliativa ou racional conflitante. Acreditamos que quase qualquer teoria, se sistematicamente ampliada e associada a pesquisas empíricas extensivas, oferece maiores esperanças de avanço do que uma amalgamação de teorias existentes, algumas das quais estão malformuladas e precariamente relacionadas a dados empíricos.

# Referências Bibliográficas

Abramson, L. Y., Metalsky, G. I. & Alloy, L. B. (1989). Hopelessness depression: A theory-based subtype of depression. *Psychological Review, 96*, 358-372.

Abramson, L. Y., Seligman, M. E. P. & Teasdale, J. D. (1978). Learned helplessness in humans: Critique and reformulation. *Journal of Abnormal Psychology, 87*, 49-74.

Adams, G. R. & Fitch, S. A. (1982). Ego stage and identity status development: A cross-sequential analysis. *Journal of Personality and Social Psychology, 43*, 574-583.

Adler, A. (1917). *Study of organ inferiority and its psychical compensation.* Nova York: Nervous and Mental Diseases Publishing Co.

Adler, A. (1927). *Practice and theory of individual psychology.* Nova York: Harcourt, Brace & World.

Adler, A. (1929a). *The science of living.* Nova York: Greenberg.

Adler, A. (1929b). *Problems of neurosis.* Londres: Kegan Paul.

Adler, A. (1930). Individual psychology. *In* C. Murchison (Ed.), *Psychologies of 1930* (p. 395-405). Worcester, Mass.: Clark University Press.

Adler, A. (1931). *What life should mean to you.* Boston: Little, Brown.

Adler, A. (1935). The fundamental views of individual psychology. *International Journal of Individual Psychology, 1*, 5-8.

Adler, A. (1939). *Social interest.* Nova York: Putnam.

Adler, G. (1948). *Studies in analytical psychology.* Nova York: Norton.

Adler, G. (1949). A discussion on archetypes and internal objects. lll. A contribution of clinical material. *British Journal of Medical Psychology, 22*, 16-22.

Alexander, I. E. (1988). Personality, psychological assessment. and psychobiography. *Journal of Personality, 56*, 265-294.

Alexander, I. E. (1990). *Personology:Method and content in personality assessment and psychobiography.* Durham: Duke University Press.

Allport, G. W. (1937). *Personality: A psychological interpretation.* Nova York: Holt.

Allport, G. W. (1940). Motivation in personality: Reply to Mr. Bertocci. *Psychological Review*, 47, 533-554.

Allport, G. W. (1942). *The use of personal documents in psychological science.* Nova York: Social Science Research Council Bulletin, 49.

Allport, G. W. (1943). The ego in contemporary psychology. *Psychological Review*, 50, 451-478.

Allport, G. W. (1946). Effect: A secondary principle of learning. *Psychological Review*, 53, 335-347.

Allport, G. W. (1947). Scientific models and human morals. *Psychological Review*, 54, 182-192.

Allport, G. W. (1950a). *The nature of personality: Selected papers.* Cambridge, Mass.: Addison-Wesley.

Allport, G. W. (1950b). *The individual and his religion.* Nova York: Macmillan.

Allport, G. W. (1953). The trend in motivational theory. *American Journal of Orthopsychiatry*, 23, 107-119.

Allport, G. W. (1954). *The nature of prejudice.* Cambridge, Mass.: Addison-Wesley.

Allport, G. W. (1955). *Becoming: Basic considerations for a psychology of personality.* New Haven: Yale University Press.

Allport, G. W. (1960a). The open system in personality theory. *Journal of Abnormal and Social Psychology*, 61, 301-310.

Allport, G. W. (1960b). *Personality and social encounter.* Boston: Beacon.

Allport, G. W. (1961). *Pattern and growth in personality.* Nova York: Holt, Rinehart and Winston.

Allport, G. W. (1962). The general and the unique in psychological science. *Journal of Personality*, 30, 405-422.

Allport, G. W. (1964). Imagination in psychology: Some needed steps. *In Imagination and the university.* Toronto: University of Toronto Press.

Allport, G. W. (1965). *Letters from Jenny.* Nova York: Harcourt, Brace, Jovanovich.

Allport, G. W. (1966). Traits revisited. *American Psychologist*, 21, 1-10.

Allport, G. W. (1967). Autobiography. *In* E. G. Boring & G. Lindzey (Eds.), *A history of psychology in autobiography.* (v. 5, p. 1-25). Nova York: Appleton-Century-Crofts.

Allport, G. W. (1968). *The person in psychology: Selected essays.* Boston: Beacon.

Allport, G. W. & Allport, F. H. (1928). *A-S reaction study.* Boston: Houghton Mifflin.

Allport, G. W. & Cantril, H. (1934). Judging personality from voice. *Journal of Social Psychology*, 5, 37-55.

Allport, G. W. & Odbert, H. S. (1936). Trait names: A psycho-lexical study. *Psychological Monographs*, 47(1, Whole No. 211).

Allport, G. W. & Pettigrew, T. F. (1957). Cultural influence on the perception of movement: The trapezoidal illusion among Zulus. *Journal of Abnormal and Social Psychology*, 55, 104-113.

Allport, G. W. & Vernon, P. E. (1931). *A study of values.* Boston: Houghton Mifflin. (Ed. rev. com P. E. Vernon & G. Lindzey, 1951.)

Allport, G. W. & Vernon, P. E. (1933). *Studies in expressive movement.* Nova York: Macmillan.

Altman, K. E. & Rule, W. R. (1980). The relationship between social interest dimensions of early recollections and selected counselor variables. *Journal of Individual Psychology*, 36, 227-234.

Amacher, P. (1965). Freud's neurological education and its influence on psychoanalytic theory. *Psychological Issues*, 4, 1-93.

Anastasi, A. (1958). Heredity, environment, and the question "how?" *Psychological Review*, 65, 197-208.

Anastasi, A. (1988). *Psychological testing* (6ª ed.). Nova York: Macmillan.

Anderson, E. E. (1941a). The externalization of drive: I. Theoretical considerations. *Psychological Review*, 48, 204-224.

Anderson, E. E. (1941b). The externalization of drive: II. The effect of satiation and removal of reward at different stages in the learning process of the rat. *Journal of Genetic Psychology*, 59, 359-376.

Anderson, E. E. (1941c). The externalization of drive: III. Maze learning by nonrewarded and by satiated rats. *Journal of Genetic Psychology*, 59, 397-426.

Anderson, E. E. (1941d). The externalization of drive: IV. The effect of prefeeding on the maze performance of hungry non-rewarded rats. *Journal of Comparative Psychology*, 31, 349-352.

Anderson, J. W. (1988). Henry A. Murray's early career: A psychobiographical exploration. *Journal of Personality*, 56, 139-172.

Anderson, J. W. (1990). The life of Henry A. Murray: 1893-1988. *In* A. l. Rabin, R. A. Zueker, R. A. Emmons & S. Frank (Eds.), *Studying persons and lives*. Nova York: Springer.

Anderson, K. J. & Revelle, W. (1994). Impulsivity and time of day: Is rate of change in arousal a function of impulsivity? *Journal of Personality and Social Psychology*, 67, 334-344.

Anonymous (1946). Letters from Jenny. *Journal of Abnormal and Social Psychology*, 41, 315-350, 449-480.

Ansbacher, H. L. (1977). Individual psychology. *In* R. J. Corsini (Ed.), *Current personality theories*. Itasea, lll.: F. E. Peacock Publishers.

Ansbacher, H. L. & Ansbacher, R. R. (Eds.). (1956). *The individual-psychology of Alfred Adler*. Nova York: Basic Books.

Ansbacher, H. L. & Ansbacher, R. R. (Eds.). (1964). *Superiority and social interest by Alfred Adler*. Evanston, Ill.: Northwestern University Press.

Arlow, J. B. & Brenner, C. (1964). *Psychoanalytic concepts and the structural theory*. Nova York: International Universities Press.

Aronoff, J., Rabin, A. I. & Zueker, R. A. (Eds.). (1987). *The emergence of personality*. Nova York: Springer.

Aronson, E. (1969). The theory of cognitive dissonance: A current perspective. *In* L. Berkowitz (Ed.), *Advances in experimental social psychology* (v. 4, p. 1-34). San Diego, Calif.: Academic.

Atkinson, J. W. (Ed.). (1958). *Motives in fantasy, action, and society*. Princeton: Van Nostrand.

Ayllon, T. & Azrin, N. (1965). The measurement and reinforcement of behavior of psychotics. *Journal of Experimental Analysis of Behavior*, 8, 357-383.

Ayllon, T. & Azrin, N. (1968). *The token economy: A motivational system for therapy and rehabilitation.* Nova York: Appleton-Century-Crofts.

Bachorowski, J. A. & Newman, J. P. (1985). Impulsivity in adults: Motor inhibition and time-interval estimation. *Personality and Individual Differences,* 6, 133-136.

Bachorowski, J. A. & Newman, J. P. (1990). Impulsive motor behavior: Effects of personality and goal salience. *Journal of Personality and Social Psychology,* 58, 512-518.

Bakan, P., Belton, J. A. & Toth, J. C. (1963). Extraversion-introversion and decrements in an auditory vigilance task. *In* D. N. Buckner & J. J. McGrath (Eds.), *Vigilance: A symposium.* Nova York: McGraw-Hill.

Balay, J. & Shevrin, H. (1988). The subliminal psychodynamic activation method. *American Psychologist,* 43, 161-174.

Balay, J. & Shevrin, H. (1989). SPA is subliminal, but is it psychodynamically activating? *American Psychologist,* 44, 1423-1426.

Baldwin, A. C., Critelli, J. W., Stevens, L. C. & Russell, S. (1986). Androgyny and sex role measurement: A personal construct approach. *Journal of Personality and Social Psychology,* 51, 1081-1088.

Baldwin, A. L. (1942). Personal structure analysis: A statistical method for investigating the single personality. *Journal of Abnormal and Social Psychology,* 37, 163-183.

Ball, E. D. (1967). A factor analytic investigation of the personality typology of C. G. Jung. *Dissertation Abstracts,* 28 (10-B), 4277-4278.

Bandura, A. (1962). Social learning through imitation. *Nebraska symposium on motivation,* 10, 211-269.

Bandura, A. (1965). Influence of models' reinforcement contingencies on the acquisition of imitative responses. *Journal of Personality and Social Psychology,* 1, 589-595.

Bandura, A. (1968). Modeling approaches to the modification of phobic disorders. *In Ciba foundation symposium: The role of learning in psychotherapy.* Londres: Churchill.

Bandura, A. (1969). *Principles of behavior modification.* Nova York: Holt, Rinehart & Winston.

Bandura, A. (1973). *Aggression: A social learning analysis.* Englewood Cliffs. N. J.: Prentice-Hall.

Bandura, A. (1974). Behavior theories and the models of man. *American Psychologist,* 29, 859-869.

Bandura, A. (1977a). Self-efficacy: Toward a unifying theory of behavioral change. *Psychological Review,* 84, 191-215.

Bandura, A. (1977b). *Social learning theory.* Englewood Cliffs, N. J. Prentice-Hall.

Bandura, A. (1978). The self-system in reciprocal determinism. *American Psychologist,* 33, 344-358.

Bandura, A. (1980). Gauging the relationship between self-efficacy judgment and action. *Cognitive Therapy and Research,* 4, 263-268.

Bandura, A. (1982). Self-efficacy mechanism in human agency. *American Psychologist,* 37, 122-147.

Bandura, A. (1983). Self-efficacy determinants of anticipated fears and calamities. *Journal of Personality and Social Psychology,* 45, 464-469.

Bandura, A. (1984a). Recycling misconceptions of perceived self-efficacy. *Cognitive Therapy and Research,* 8, 231-255.

Bandura, A. (1984b). Representing personal determinants in causal structures. *Psychological Review, 91,* 508-511.

Bandura, A. (1986). *Social foundations of thought and action.* Englewood Cliffs, N. J.: Prentice-Hall.

Bandura, A. (1989). Human agency in social cognitive theory. *American Psychologist, 44,* 1175-1184.

Bandura, A. (1990). Selective activation and disengagement of moral control. *Journal of Social Issues, 46,* 27-46.

Bandura, A. (1991a). Human agency: The rhetoric and the reality. *American Psychologist, 46,* 157-162.

Bandura, A. (1991b). Social cognitive theory of self-regulation. *Organizational Behavior and Human Decision Processes, 50,* 248-287.

Bandura, A., Adams, N. E. & Beyer, J. (1977). Cognitive processes mediating behavioral change. *Journal of Personality and Social Psychology, 35,* 125-139.

Bandura, A., Adams, N. E., Hardy, A. B. & Howells, G. N. (1980). Tests of the generality of self-efficacy theory. *Cognitive Therapy and Research, 4,* 39-66.

Bandura, A., Blanchard, E. B. & Ritter, B. (1969). The relative efficacy of desensitization and modeling approaches for inducing behavioral, affective, and attitudinal changes. *Journal of Personality and Social Psychology, 13,* 173-199.

Bandura, A. & Cervone, D. (1983). Self-evaluative and self-efficacy mechanisms governing the motivational effects of goal systems. *Journal of Personality and Social Psychology, 45,* 1017-1028.

Bandura, A., Cioffi, D., Taylor, C. B. & Brouillard, M. E. (1988). Perceived self-efficacy for coping with cognitive stressors and opioid activation. *Journal of Personality and Social Psychology, 55,* 479-488.

Bandura, A., Grusec, J. E. & Menlove, F. L. (1967a). Vicarious extinction of avoidance behavior. *Journal of Personality and Social Psychology, 5,* 16-23.

Bandura, A., Grusec, J. E. & Menlove, F. L. (1967b). Some social determinants of self-monitoring reinforcement systems. *Journal of Personality and Social Psychology, 5,* 449-455.

Bandura, A., Jeffery, R. W. & Wright, C. L. (1974). Efficacy of participant modeling as a function of response induction aids. *Journal of Abnormal Psychology, 83,* 56-64.

Bandura, A. & Kupers, C. J. (1964). The transmission of patterns of self-reinforcement through modeling. *Journal of Abnormal and Social Psychology, 69,* 1-9.

Bandura, A. & Menlove, F. L. (1968). Factors determining vicarious extinction of avoidance behavior through symbolic modeling. *Journal of Personality and Social Psychology, 8,* 99-108.

Bandura, A. & Rosenthal, T. L. (1966). Vicarious classical conditioning as a function of arousal level. *Journal of Personality and Social Psychology, 3,* 54-62.

Bandura, A., Reese, L. & Adams, N. (1982). Microanalysis of action and fear arousal as a function of differential levels of perceived self-efficacy. *Journal of Personality and Social Psychology, 43,* 5-21.

Bandura, A., Ross, D. & Ross, S. A. (1961). Transmission of aggression through imitation of aggressive models. *Journal of Abnormal and Social Psychology, 63,* 575-582.

Bandura, A., Ross, D. & Ross, S. A. (1963a). Imitation of film-mediated aggressive models. *Journal of Abnormal and Social Psychology, 66,* 3-11.

Bandura, A., Ross, D. & Ross, S. A. (1963b). Vicarious reinforcement and imitative learning. *Journal of Abnormal and Social Psyehology, 67,* 601-607.

Bandura, A., Taylor, C. B., Williams, S. L., Mefford, I. N. & Barchas, J. D. (1985). Catecholamine secretion as a function of perceived coping self-efficacy. *Journal of Consulting and Clinical Psychology, 53,* 406-414.

Bandura, A. & Walters, R. H. (1959). *Adolescent aggression.* Nova York: Ronald.

Bandura, A. &Walters, R. H. (1963). *Social learning and personality development.* Nova York: Holt, Rinehart & Winston.

Bandura, A. & Whalen, C. K. (1966). The influence of antecedent reinforcement and divergent modeling cues on patterns of self reward. *Journal of Personality and Social Psychology, 3,* 373-382.

Bannister, D. (Ed.). (1977). *New perspectives in personal construct theory.* Nova York: Academic.

Bannister, D. (Ed.). (1985). *Issues and approaches in personal construct theory.* Nova York: Academic.

Bannister, D. & Fransella, F. (1966). A grid test of schizophrenic thought disorder. *British Journal of Social and Clinical Psychology, 5,* 95-102.

Bannister, D. & Fransella, F. (1971). *Inquiring man: The theory of personal constructs.* Harmondsworth, England: Penguin Books.

Bannister, D. & Mair, J. M. M. (1968). *The evaluation of personal constructs.* Nova York: Academic.

Barash, D. (1977). *Sociobiology and behavior.* Nova York: Elsevier.

Barratt, P. & Eysenck, S. B. G. (1984). The assessment of personality factors across 25 countries. *Personality and Individual Differences, 5,* 615-632.

Bash, K. W. (1952). Zur experimentellen Grundlegung der Jungschen Traumanalyse (On the laying of an experimental foundation of Jung's dream analysis). Schweiz. Z. *Psychol. Anwend.,* 11, 282-295.

Baum, M. (1970). Extinction of avoidance responding through response prevention (flooding). *Psychological Bulletin, 74,* 276-284.

Beauvoir, S. de (1953). *The second sex.* Nova York: Knopf.

Bechtel, W. (1988). *Philosophy of science: An overview for cognitive science.* Hillsdale, N. J.: Erlbaum.

Beck, A. T. (1967). *Depression.* Nova York: Hoeber.

Becker, W. C. (1960). The matching of behavior rating and questionnaire personality factors. *Psychological Bulletin, 57,* 201-212.

Begley, A. (1994, Julho/Agosto). Terminating analysis. *Lingua Franca.* 24-30.

Bell, J. E. (1948). *Projective techniques.* Nova York: Longman's.

Bellak, L. (Ed.). (1959). Conceptual and methodological problems in psychoanalysis. *Annals of the New York Academy of Science, 76,* 971-1134.

Bem, D. & Allen, A. (1974). On predicting some of the people some of the time: The search for cross-situational consistencies in behavior. *Psychological Review,* 81, 506-520.

Bennet, E. A. (1961). *C.G. Jung.* Londres: Barrie and Rockliff.

Berger, R. (1977). *Psychosis: The circularity of experience.* San Francisco: Freeman.

Bergin, A. E. (1962). The effect of dissonant persuasive communications upon changes in a self-referring attitude. *Journal of Personality,* 30, 423-438.

Bernard, C. (1957). *An introduction to the study of experimental medicine.* Nova York: Dover. (Publicado originalmente em 1866.).

Bertocci, P. A. (1940). A critique of G. W. Allport's theory of motivation. *Psychological Review,* 47, 501-532.

Bieri, J. (1955). Cognitive complexity-simplicity and predictive behavior. *Journal of Abnormal and Social Psychology,* 51, 263-268.

Bijou, S. & Baer, D. M. (1966). Operant methods in child behavior and development. *In* W. Honig (Ed.), *Operant behavior: Areas of research and application* (p. 718-789). Nova York: Appleton-Century-Crofts.

Bjork, D. W. (1993). *B. F. Skinner: A life.* Nova York: Basic Books.

Blanck, G. & Blanck, R. (1974). *Ego psychology: Theory and practice.* Nova York: Columbia University Press.

Blanck, G. & Blanck, R. (1979). *Ego psychology II: Psychoanalytic developmental psychology.* Nova York: Columbia University Press.

Blass, J. (1984). Social psychology and personality: Toward a convergence. *Journal of Personality and Social Psychology,* 47, 1013-1027.

Blatt, S. J. & Lerner, H. (1983). Investigations in the psychoanalytic theory of relations and object representations. *In* J. Masling (Ed.), *Empirical studies of psychoanalytic theories* (v. 1, p. 189-249). Hillsdale, N. J.: Erlbaum.

Blitsten, D. R. (1953). *The social theories of Harry Stack Sullivan.* Nova York: William Frederick.

Block, J. (1995a). A contrarian view of the five-factor approach to personality description. *Psychological Bulletin,* 117, 187-215.

Block, J. (1995b). Going beyond the five factors given: Rejoinder to Costa and McCrae (1995) and Goldberg and Saucier (1995). *Psychological Bulletin,* 117, 226-229.

Blum, G. S. (1953). *Psychoanalytic theories of personality.* Nova York: McGraw-Hill.

Blustein, D. L. & Phillips, S. D. (1990). Relation between ego identity statuses and decision-making styles. *Journal of Counseling Psychology,* 37, 160-168.

Boren, J. J. (1966a). Some effects of Adiphenine, Benactyzine, and Chlorpromazine upon several operant behaviors. *Psychopharmacologia,* 2, 416-424.

Boren, J. J. (1966b). The study of drugs with operant techniques. *In* W. K. Honig (Ed.), *Operant behavior: Areas of research and application* (p. 677-717). Nova York: Appleton-Century-Crofts.

Boring, E. G. (1950). *A history of experimental psychology* (2ª ed.). Nova York: Appleton-Century-Crofts.

Bottome, P. (1939). *Alfred Adler; a biography.* Nova York: Putnam.

Bouchard, T. J. Jr. (Agosto de 1981). *The Minnesota study of twins reared apart: Description and preliminary findings.* Address to the American Psychological Association, Los Angeles.

Bouchard, T. J. Jr. & McGue, M. (1990). Genetic and rearing environmental influences on adult personality: An analysis of adopted twins reared apart. *Journal of Personality*, 58, 263-292.

Bowdlear, C. (1955). Dynamics of idiopathic epilepsy as studied in one case. Tese de doutorado não-publicada, Western Reserve University.

Bowers, K. S. (1973). Situationism in psychology: An analysis and a critique. *Psychological Review*, 80, 307-336.

Bowlby, J. (1969). *Attachment and loss. v. 1: Attachment.* Nova York: Basic Books.

Bowlby, J. (1973). *Attachment and loss. v. 2: Separation.* Nova York: Basic Books.

Breuer, J. & Freud, S. (1955). Studies on hysteria. *In Standard edition* (v. 2). Londres: Hogarth. (Originalmente publicado em alemão, 1895.).

Briggs, S. R. (1989). The optimal level of measurement for personality constructs. *In* D. M. Buss & N. Cantor (Eds.), *Personality psychology: Recent trends and emerging directions* (p. 246-260). Nova York: Springer-Verlag.

Broadhurst, P. L. (1959). The interaction of task difficulty and motivation: The Yerkes-Dodson law revived. *Acta Psychologica*, 16, 321-338.

Brody, N. (1972). *Personality: Research and theory.* Nova York: Academic.

Brody, N. (1988). *Personality: In search of individuality.* San Diego: Harcourt Brace Jovanovich.

Brown, J. S. & Jacobs, A. (1949). The role of fear in the motivation and acquisition of responses. *Journal of Experimental Psychology*, 39, 747-759.

Brown, N. O. (1959). *Life against death.* Middletown, Conn.: Wesleyan University Press.

Brown, R. (1965). *Social psychology.* Nova York: The Free Press.

Bruhn, A. R. (1984). Use of earliest memories as a projective technique. *In* P. McReynolds & C. J. Chelume (Eds.), *Advances in psychological assessment* (v. 6, p. 109-150). San Francisco: Jossey-Bass.

Bruhn, A. R. (1985). Using early memories as a projective technique – The cognitive-perceptual method. *Journal of Personality Assessment*, 49, 587-597.

Bruhn, A. R. (1990). Cognitive-perceptual theory and the projective use of autobiographical memory. *Journal of Personality Assessment*, 55, 95-114.

Bruner, J. S. (1973). *Beyond the information given: Studies in the psychology of knowing.* Nova York: Norton.

Bruner, J. S. (1992). Another look at New Look 1. *American Psychologist*, 47, 780-783.

Bullock, W. A. & Gilliland, K. (1993). Eysenck's arousal theory of introversion-extraversion: A converging measures investigation. *Journal of Personalitbv and Social Psychology*, 64, 113-123.

Burgess, E. (1968). The modification of depressive behavior. *In* R. Rubill & C. Franks (Eds.), *Advances in behavior therapy.* Nova York: Academic.

Burt, C. L. (1941). *The factors of the mind.* Nova York: Macmillan.

Buss, A. H. (1988). *Personality: Evolutionary heritage and human distinctiveness.* Hillsdale, N. J.: Erlbaum.

Buss, A. H. (1989). Personality as traits. *American Psychologist*, 44, 1378-1388.

Buss, D. M. (1984). Evolutionary biology and personality psychology: Toward a conception of human nature and individual differences. *American Psychologist*, 39, 1135-1147.

Buss, D. M. (1990). Toward a biologically informed psychology of personality. *Journal of Personality*, 58, 1-16.

Buss, D. M. (1991). Evolutionary personality psychology. *Annual Review of Psychology*, 42, 459-491.

Buss, D. M. (1994). The strategies of human mating. *American Scientist*, 82, 238-249.

Buss, D. M., Larsen, R., Westen, D. & Semmelroth, J. (1992). Sex differences in jealousy: Evolution, physiology, psychology. *Psychological Science*, 3, 251-255.

Buss, D. M. & Schmitt, D. P. (1993). Sexual strategies theory: An evolutionary perspective on human mating. *Psychological Review*, 100, 204-232.

Butler, J. M. & Haigh, G. V. (1954). Changes in the relation between self-concepts and ideal concepts consequent upon client-centered counseling. *In* C. R. Rogers & Rosalind F. Dymond (Eds.), *Psychotherapy and personality change: Co-ordinated studies in the client-centered approach* (p. 55-76). Chicago: University of Chicago Press.

Campbell, J. B. (1980). Multidimensional analysis of personality theories. *The Journal of Psychology*, 104, 21-25.

Campbell, J. B. & Hawley, C. W. (1982). Study habits and Eysenck's theory of extraversion-introversion. *Journal of Research in Personality*, 16, 139-146.

Campbell, J. B. & Reynolds, J. H. (1982). Interrelationships of the Eysenck Personality Inventory and the Eysenck Personality Questionnaire. *Educational and Psychological Measurement*, 42, 1067-1073.

Cann, D. R. & Donderi, D. C. (1986). Jungian personality typology and the recall of everyday and archetypal dreams. *Journal of Personality and Social Psychology*, 50, 1021-1030.

Cantor, N. (1990). From thought to behavior: "Having" and "doing" in the study of personality and cognition. *American Psychologist*, 45, 735-750.

Cantor, N. & Kihlstrom, J. F. (1985). Social intelligence: The cognitive basis of personality. *In* P. Shaver (Ed.), *Self, situations, and social behavior* (p. 15-34). Beverly Hills, Calif.: Sage.

Cantor, N. & Kihlstrom, J. F. (1987). *Personality and social intelligence*. Englewood Cliffs, N. J.: Prentice-Hall.

Cantor, N. & Kihlstrom, J. F. (1989). Social intelligence and cognitive assessments of personality. *In* R. S. Wyer, Jr. & T. K. Srull (Eds.), *Advances in social cognition. v. II: Social intelligence and cognitive assessments of personality* (p. 1-59). Hillsdale, N. J.: Lawrence Erlbaum.

Cantor, N. & Mischel, W. (1979). Prototypes in person perception. *In* L. Berkowitz (Ed.), *Advances in experimental social psychology* (v. 12). Nova York: Academic.

Caplan, P. J. (1979). Erikson's concept of inner space: A data-based reevaluation. *American Journal of Orthopsychiatry*, 49, 100-108.

Carlson, J. G. (1985). Recent assessments of the Myers-Briggs Type Indicator. *Journal of Personality Assessment*, 49, 356-365.

Carlson, J. G. (1989a). Affirmative: In support of researching the Myers-Briggs Type Indicator. *Journal of Counseling and Development*, 67, 484-486.

Carlson, J. G. (1989b). Rebuttal: The MBTI: Not ready for routine use in counseling. A reply. *Journal of Counseling and Development*, 67, 489.

Carlson, R. (1971). Where is the person in personality research? *Psychological Bulletin*, 75, 203-219.

Carlson, R. (1980). Studies of Jungian typology: II. Representations of the personal world. *Journal of Personality and Social Psychology*, 38, 801-810.

Carlson, R. (1984). What's social about social psychology? Where's the person in personality research? *Journal of Personality and Social Psychology*, 47, 1304-1309.

Carlson, R. (1988). Exemplary lives: The uses of psychobiography for theory development. *Journal of Personality*, 56, 105-138.

Carlson, R. (1992). Shrinking personality: One cheer for the Big Five. *Contemporary Psychology*, 37, 644-645.

Carlson, R. & Levy, N. (1973). Studies of Jungian typology: I. Memory, social perception, and social action. *Journal of Personality*, 41, 559-576.

Carlyn, M. (1977). An assessment of the Myers-Briggs Type Indicator. *Journal of Personality Assessment*, 41, 461-473.

Carr, A. C. (1949). An evaluation of nine nondirective psychotherapy cases by means of the Rorschach. *Journal of Consulting Psychology*, 13, 196-205.

Carroll, J. B. (1993). *Human cognitive abilities: A survey of factor-analytic studies.* Nova York: Cambridge University Press.

Carson, R. C. (1989). Personality. *Annual Review of Psychology*, 40, 227-248.

Cartwright, D. S. (Setembro de 1957). Factor analyzing theories of personality. *Counseling Center Discussion Papers*, 3, University of Chicago.

Cartwright, R. D. & Lerner, B. (1963). Empathy, need to change, and improvement with psychotherapy. *Journal of Consulting Psychology*, 27, 138-144.

Cashdan, S. (1988). *Object relations theory: Using the relationship.* Nova York: Norton.

Catania, A. C. (1992). B. F. Skinner, organism. *American Psychologist*, 47, 1521-1530.

Catania, A. C. (1993). Approaching Skinner. *Contemporary Psychology*, 38, 779-780.

Cattell, R. B. (1943). The description of personality: Basic traits resolved into clusters. *Journal of Abnormal and Social Psychology*, 38, 476-506.

Cattell, R. B. (1944). *The culture free test of intelligence.* Champaign, Ill.: Institute for Personality and Ability Testing.

Cattell, R. B. (1946). *Description and measurement of personality.* Nova York: World Book.

Catted, R. B. (1948). Concepts and methods in the measurement of group syntality. *Psychological Review*, 55, 48-63.

Cattell, R. B. (1949). The dimensions of culture patterns by factorization of national character. *Journal of Abnormal and Social Psychology*, 44, 443-469.

Cattell, R. B. (1950). *Personality: A systematic, theoretical, and factual study.* Nova York: McGraw-Hill.

Cattell, R. B. (1953). A quantitative analysis of the changes in the culture pattern of Great Britain 1837-1937, by P-technique. *Acta Psychologica, 9*, 99-121.

Cattell, R. B. (1954). *The O-A PersonalityTest Battery.* Champaign, Ill.: Institute for Personality and Ability Testing.

Cattell, R. B. (1956). Personality and motivation theory based on structural measurement. *In* J. L. McCary (Ed.), *Psychology of personality.* Nova York: Grove.

Cattell, R. B. (1957). *Personality and motivation structure and measurement.* Nova York: Harcourt, Brace, Jovanovich.

Cattell, R. B. (1960). The multiple abstract variance analysis equations and solutions: For nature-nurture research on continuous variables. *Psychological Review, 67*, 353-372.

Cattell, R. B. (1961). Group theory, personality and role: A model for experimental researches. *In* F. A. Geldard (Ed.), *Defence psychology.* Oxford: Pergamon.

Cattell, R. B. (1964). *Personality and social psychology.* San Diego: Knapp.

Cattell, R. B. (1966a). *The scientific analysis of personality.* Chicago: Aldine.

Cattell, R. B. (Ed.). (1966b). *Handbook of multivariate experimental psychology.* Chicago: Rand Mc-Nally.

Cattell, R. B. (1971). *Abilities: Their structure, growth and action.* Boston: Houghton Mifflin.

Cattell, R. B. (1972). *A new morality from science: Beyondism.* Nova York: Pergamon.

Cattell, R. B. (1973a). *Personality and mood by questionnaire.* San Francisco: Jossey-Bass.

Cattell, R. B. (1973b). Unraveling maturational and learning developments by the comparative MAVA and structured learning approaches. *In* J. R. Nesselroade & H. W. Reese (Eds.), *Life-span developmental psychology.* Nova York: Academic.

Cattell, R. B. (1979). *Personality and learning theory. v. 1: The structure of personality in its environment.* Nova York: Springer.

Cattell, R. B. (1980). *Personality and learning theory. v. 2: A systems theory of maturation and structured learning.* Nova York: Springer.

Cattell, R. B. (1982). *The inheritance of personality and ability.* Nova York: Academic.

Cattell, R. B. (1983). *Structured personality-learning theory: A wholist is multivariate research approach.* Nova York: Praeger.

Cattell, R. B. (1985). *Human motivation and the dynamic calculus.* Nova York: Praeger.

Cattell, R. B. (1987). *Beyondism: Religion from science.* Nova York: Praeger.

Cattell, R. B. (1990). Advances in Cattellian personality theory. *In* L. A. Pervin (Ed.), *Handbook of personality: Theory and research* (p. 101-110). Nova York: Guilford.

Cattell, R. B. & Adelson, M. (1951). The dimensions of social change in the U.S.A. as determined by P-technique. *Social Forces, 30*, 190-201.

Cattell, R. B. & Beloff, J. R. (1953). Research origins and construction of the IPAT Junior Personality Quiz. *Journal of Consulting Psychology, 17*, 436-442.

Cattell, R. B., Blewett, D. B. & Beloff, J. R. (1955). The inheritance of personality. *American Journal of Human Genetics*, 7, 122-146.

Cattell, R. B. & Butcher, H. J. (1968). *The prediction of achievement and creativity.* Indianapolis: Bobbs-Merrill.

Cattell, R. B. & Child. D. (1975). *Motivation and dynamic structure.* Nova York: John Wiley.

Cattell, R. B. & Cross, K. P. (1952). Comparison of the ergic and self-sentiment structure found in dynamic traits by R- and P-techniques. *Journal of Personality*, 21, 250-271.

Cattell, R. B. & Dreger, R. M. (1966). *Handbook of modern personality theory.* Nova York: Hemisphere.

Cattell, R. B., Eber, H. W. & Tatsuoka, M. M. (1970). *Handbook for the 16 Personality Factor Questionnaire.* Champaign, III.: IPAT.

Cattell, R. B. & Gorsuch, R. L. (1965). The definition and measurement of national morale and morality. *Journal of Social Psychology*, 67, 77-96.

Cattell, R. B. & Horn, J. (1963). An integrating study of the factor structure of adult attitude-interests. *Genetic Psychology Monographs*, 67, 89-149.

Cattell, R. B., Horn, J. L. & Sweney, A. B. (1970). *Motivation Analysis Test.* Champaign, Ill.: IPAT.

Cattell, R. B. & Kline, P. (1977). *The scientific analysis of personality and motivation.* Nova York: Academic.

Catted, R. B., Radcliffe, J. A. & Sweney, A. B. (1963). The nature and measurement of components of motivation. *Genetic Psychology Monographs*, 68, 49-211.

Cattell, R. B., Saunders, D. R. & Stice, G. F. (1950). *The 16 personality factor questionnaire.* Champaign, Ill.: Institute for Personality and Ability Testing.

Cattell, R. B., Saunders, D. R. & Stice, G. F. (1953). The dimensions of syntality in small groups. *Human Relations*, 6, 331-356.

Cattell, R. B. & Scheier, I. H. (1961). *The meaning and measurement of neuroticism and anxiety.* Nova York: Ronald.

Cattell, R. B., Stice, G. F. & Kristy, N. F. (1957). A first approximation to nature-nurture ratios for eleven primary personality factors in objective tests. *Journal of Abnormal and Social Psychology*, 54, 143-159.

Cattell, R. B. & Sweney, A. B. (1964). Components measurable in manifestations of mental conflict. *Journal of Abnormal and Social Psychology*, 68, 479-490.

Cattell, R. B. & Warburton, F. W. (1967). *Objective personality and motivation tests.* Urbana, Ill.: University of Illinois Press.

Cattell, R. B. & Wispe, L. G. (1948). The dimension of syntality in small groups. *Journal of Social Psychology*, 78, 57-78.

Celia, D. F., DeWolfe, A. S. & Fitzgibbon, M. (1987). Ego identity status, identification, and decision-making style in late adolescents. *Adolescence*, 22, 849-861.

Chaplin, W. & Goldberg, L. (1984). A failure to replicate the Bem and Allen study. *Journal of Personality and Social Psychology*, 47, 1074-1090.

Chapman, A. H. (1976). *Harry Stack Sullivan: His life and his work.* Nova York: Putnam.

Chodorkoff, B. (1954). Self-perception, perceptual defense, and adjustment. *Journal of Abnormal and Social Psychology, 49,* 508-512.

Chomsky, N. (1959). Review of Skinner's Verbal behavior. *Language, 35,* 26-58.

Claridge, G. S. (1967). *Personality and arousal.* Oxford: Pergamon.

Claridge, G. S. (1972). The schizophrenics as nervous types. *British Journal of Psychiatry, 121,* 1-17.

Claridge, G. S. (1981). Psychoticism. *In* R. Lynn (Ed.), *Dimensions of personality* (p. 79-109). Londres: Pergamon.

Claridge, G. S. (1983). The Eysenck psychoticism scale. *In* J. D. Butcher & C. D. Spielberger (Eds.), *Advances in personality assessment* (v. 2, p. 71-114). Hillsdale, N. J.: Lawrence Erlbaum.

Claridge, G. S. (1986). Eysenck's contribution to the psychology of personality. *In* S. Modgil & C. Modgil (Eds.), *Hans Eysenck: Consensus and controversy* (p. 73-85). Philadelphia: Falmer.

Coghill, G. E. (1929). *Anatomy and the problem of behavior.* Londres: Cambridge University Press.

Cohen, E. D. (1975). *C. G. Jung and the scientific attitude.* Nova York: Philosophical Library.

Colby, K. M. (1951). On the disagreement between Freud and Adler. *American Imago, 8,* 229-238.

Cole, C. W., Netting, E. R. & Hinkle, J. E. (1967). Non-linearity of self-concept discrepancy: The value dimension. *Psychological Reports, 21,* 58-60.

Coles, R. (1970). *Erik H. Erikson: The growth of his work.* Boston: Little, Brown.

Coles, R. (1992). *Anna Freud: The dream of psychoanalysis.* Reading, Mass.: Addison-Wesley.

Comrey, A. L. (1973). *A first course in factor analysis.* Nova York: Academic.

Comrey, A. L. & Jamison, K. (1966). Verification of six personality factors. *Educational and Psychological Measurement, 26,* 945-953.

Conley, J. J. (1984a). The hierarchy of consistency: A review and model of longitudinal findings on adult individual differences in intelligence, personality and self-opinion. *Personality and Individual Differences, 5,* 11-26.

Conley, J. J. (1984b). Longitudinal consistency of adult personality: Self-reported psychological characteristics across 45 years. *Journal of Personality and Social Psychology 47,* 1325-1333.

Conley, J. J. (1985). Longitudinal stability of personality traits: A multitrait multimethod-multioccasion analysis. *Journal of Personality and Social Psychology, 49,* 1260-1282.

Constantinople, A. (1969). An Eriksonian measure of personality development in college students. *Developmental Psychology, 1,* 357-372.

Cooper, J., Zanna, M. P. & Taves, P. A. (1978). Arousal as a necessary condition for attitude change following induced compliance. *Journal of Personality and Social Psychology, 36,* 1101-1106.

Costa, P. T., Jr. (1991). Clinical use of the five-factor model. *Journal of Personality Assessment, 57,* 393-398.

Costa, P. T., Jr. & McCrae, R. R. (1988a). Personality in adulthood: A six-year longitudinal study of self-reports and spouse ratings on the NEO Personality Inventory. *Journal of Personality and Social Psychology, 54,* 853-863.

Costa, P. T., Jr. & McCrae, R. R. (1988b). From catalog to classification: Murray's needs and the five-factor model. *Journal of Personality and Social Psychology,* 55, 258-265.

Costa, P. T., Jr. & McCrae, R. R. (1992a). Four ways five factors are basic. *Personality and Individual Differences,* 13, 653-665.

Costa, P. T., Jr. & McCrae, R. R. (1992b). *Revised NEO personality inventory (NEO-PI-R) and NEO Five-Factor Inventory (NEO-FFI) professional manual.* Odessa, Fla.: Psychological Assessment Resources.

Costa, P. T., Jr. & McCrae, R. R. (1992c). Reply to Eysenck. *Personality and Individual Differences,* 13, 861-865.

Costa, P. T., Jr. & McCrae, R. R. (1995a). Primary traits of Eysenck's P-E-N system: Three- and five-factor solutions. *Journal of Personality and Social Psychology,* 69, 308-317.

Costa, P. T., Jr. & McCrae, R. R. (1995b). Solid grounds in the wetlands of personality: A reply to Block. *Psychological Bulletin,* 117, 216-220.

Costa, P. T., Jr., McCrae, R. R. & Dye, D. A. (1991). Facet scales for Agreeableness and Conscientiousness: A revision of the NEO Personality Inventory. *Personality and Individual Differences,* 12, 887-898.

Costa, P. T., Jr. & Widiger, T. A. (Eds.). (1994). *Personality disorders and the five-factor model of personality.* Washington, D. C.: American Psychological Association.

Cote, J. E. & Levine, C. (1988). A critical examination of the ego identity status paradigm. *Developmental Review,* 8, 147-184.

Coutu, W. (1993). *Emergent human nature.* Nova York: Knopf.

Cozzarelli, C. (1993). Personality and self-efficacy as predictors of coping with abortion. *Journal of Personality and Social Psychology,* 65, 1224-1236.

Cramer, D. (1990). Self-esteem and close relationships: A statistical refinement. *British Journal of Social Psychology,* 29, 189-191.

Cramer, P. & Hogan, K. (1975). Sex differences in verbal and play fantasy. *Developmental Psychology,* 11, 145-154.

Crandall, J. E. (1975). A scale for social interest. *Journal of Individual Psychology,* 31, 187-195.

Crandall, J. E. (1980). Adler's concept of social interest: Theory, measurement, and implications for adjustment. *Journal of Personality and Social Psychology,* 39, 481-495.

Crandall, J. E. (1981). *Theory and measurement of social interest: Empirical tests of Alfred Adler's concepts.* Nova York: Columbia University Press.

Crandall, J. E. (1984). Social interest as a moderator of life stress. *Journal of Personality and Social Psychology,* 47, 164-174.

Crews, F. (1996). The verdict on Freud. *Psychological Science,* 7, 63-68.

Cronbach, L. J. (1957). The two disciplines of scientific psychology. *American Psychologist,* 12, 671-684.

Cronbach, L. J. (1975). Beyond the two disciplines of scientific psychology. *American Psychology,* 30, 116-127.

Dahlstrom, W. G. (1995). Pigeons, people, and pigeon-holes. *Journal of Personality Assessment*, 64, 2-20.

Dallett, J. O. (1973). The effect of sensory and social variables on the recalled dream: Complementarity, continuity, and compensation. Tese de doutorado não-publicada. University of California, Los Angeles Library.

Dauber, R. B. (1984). Subliminal psychodynamic activation in depression: The role of autonomy issues in depressed college women. *Journal of Abnormal Psychology*, 93, 9-18.

Davis, A. & Dollard, J. (1940). *Children of bondage*. Washington, D. C.: American Council on Education.

Davisson, A. (1978). George Kelly and the American mind (or why has he been obscure for so long in the U.S.A. and whence the new interest?). *In* F. Fransella (Ed.), *Personal construct psychology 1977* (p. 25-33). Londres: Academic.

DeKay, W. T. & Buss, D. M. (1992). Human nature, individual differences, and the importance of context: Perspectives from evolutionary psychology. *Current Directions in Psychological Science*, 1, 184-189.

DeRivera, J. (1976). *Field theory as human science: Contributions of Lewin's Berlin group*. Nova York: Halstead Press.

Dewey, J. (1896). The reflex arc concept in psychology. *Psychological Review*, 3, 357-370.

Digman, J. M. (1990). Personality structure: Emergence of the five-factor model. *Annual Review of Psychology*, 41, 417-440.

Digman, J. M. & Takemoto-Chock, N. K. (1981). Factors in the natural language of personality: Re-analysis, comparison, and interpretation of six major studies. *Multivariate Behavioral Research*, 16, 149-170.

Dixon, N. F. (1971). *Subliminal perception: The nature of a controversy*. Nova York: McGraw-Hill.

Dollard, J. (1936). *Criteria for the life history*. New Haven: Yale University Press. (Reimpresso, Nova York: Peter Smith, 1949.).

Dollard, J. (1937). *Caste and class in a southern town*. New Haven: Yale University Press.

Dollard, J. (1942). *Victory over fear*. Nova York: Reynal & Hitchcock.

Dollard, J. (1943). *Fear in battle*. New Haven: Yale University Press.

Dollard, J. & Auld, F. (1959). *Scoring human motives*. New Haven: Yale University Press.

Dollard, J., Auld, F. & White, A. (1953). *Steps in psychotherapy*. Nova York: Macmillan.

Dollard, J., Doob, L. W., Miller, N. E., Mowrer, O. H. & Sears, R. R. (1939) *Frustration and aggression*. New Haven: Yale University Press.

Dollard, J. &Miller, N. E. (1950). *Personality and psychotherapy: An analysis in terms of learning, thinking and culture*. Nova York: McGraw-Hill.

Domhoff, G. W. (1970). Two Luthers; the orthodox and heretical in psychoanalytic thinking. *Psychoanalytic Review*, 57, 5-17.

Domjan, M. (1996). *The essentials of conditioning and learning*. Pacific Grove, Calif.: Brooks/Cole.

Donahoe, J. W. & Palmer, D. C. (1994). *Learning and complex behavior.* Boston: Allyn & Bacon.

Douglas, C. (1993). *Translate this darkness: The life of Christiana Morgan.* Nova York: Simon & Schuster.

Dry, A. M. (1961). *The psychology of Jung.* Nova York: Wiley.

Dunbar, H. F. (1954). *Emotions and bodily changes* (4ª ed.). Nova York: Columbia University Press.

Dweck, C. S. (1975). The role of expectations and attributions in the alleviation of learned helplessness. *Journal of Personality and Social Psychology,* 31, 674-685.

Dweck, C. S. & Reppucci, N. D. (1973). Learned helplessness and reinforcement responsibility in children. *Journal of Personality and Social Psychology,* 25, 109-116.

Dyer, R. (1983). *Her father's daughter: The work of Anna Freud.* Nova York: Aronson.

Dymond, R. F. (1954). Adjustment changes over therapy from Thematic Apperception Test ratings. *In* C. R. Rogers & R. F. Dymond (Eds.), *Psychotherapy and personality change: Co-ordinated studies in the client-centered approach* (p. 109-110). Chicago: University of Chicago Press.

D'Zurilla, T. (1965). Recall efficiency and mediating cognitive events in "experimental repression." *Journal of Personality and Social Psychology,* 1, 253-257.

Eagle, M. N. (1984). *Recent developments in psychoanalysis: A critical evaluation.* Nova York: McGraw-Hill.

Earman, J. (1992). *Inference, explanation, and other philosophical frustrations: Essays in the philosophy of science.* Berkeley: University of California Press.

Eastman, C. & Marzillier, J. S. (1984). Theoretical and methodological difficulties in Bandura's self-efficacy theory. *Cognitive Therapy and Research,* 8, 213-229.

Eaves, L., Eysenck, H. J. & Martin, N. (1989). *Genes, culture and personality: An empirical approach.* Nova York: Academic.

Edwards, A. L. (1954). *Manual for the Edwards Personal Preference Schedule.* Nova York: Psychological Corporation.

Edwards, A. L. (1959). *Edwards Personal Preference Schedule.* Nova York: Psychological Corporation.

Ellenberger, H. (1970a). *The discovery of the unconscious: The history and evolution of dynamic psychiatry.* Nova York: Basic Books.

Ellenberger, H. F. (1970b). Alfred Adler and individual psychology. *In* H. Ellenberger, *The discovery of the unconscious* (p. 571-656). Nova York: Basic Books.

Elms, A. C. (1988). Freud as Leonardo: Why the first psychobiography went wrong. *Journal of Personality,* 56, 19-40.

Endler, N. S. (1981). Person, situations, and their interactions. *In* A. I. Rabin, J. Aronoff, A. M. Barclay & R. A. Zucker (Eds.), *Further explorations in personality* (p. 114-151). Nova York: Wiley.

Endler, N. S. & Magnusson, D. (1976a). Toward an interactional psychology of personality. *Psychological Bulletin,* 83, 956-974.

Endler, N. S. & Magnusson, D. (Eds.). (1976b). *Interactional psychology and personality.* Washington, D. C.: Hemisphere.

Epstein, S. (1979). The stability of behavior: I. On predicting most of the people much of the time. *Journal of Personality and Social Psychology,* 37, 1097-1126.

Epstein, S. (1994). Integration of the cognitive and the psychodynamic unconscious. *American Psychologist,* 49, 709-724.

Epstein, S. & O'Brien, E. J. (1985). The person-situation debate in historical and current perspective. *Psychological Bulletin,* 98, 513-537.

Epting, F. R. (1984). *Personal construct. Counselling and psychotherapy.* Nova York: Wiley.

Erdelyi, M. H. (1974). A "new look" at the New Look in perception. *Psychological Review,* 81, 1-25.

Erdelyi, M. H. (1992). Psychodynamics and the unconscious. *American Psychologist,* 47, 784-787.

Erikson, E. H. (1950). *Childhood and society.* Nova York: Norton; 2ª ed. revisada e ampliada, 1963.

Erikson, E. H. (1954). The dream specimen of psychoanalysis. *Journal of the American Psychoanalytic Association,* 2, 5-56.

Erikson, E. H. (1958). *Young man Luther.* Nova York: Norton.

Erikson, E. H. (1964). *Insight and responsibility.* Nova York: Norton.

Erikson, E. H. (1968). *Identity: Youth and crisis.* Nova York: Norton.

Erikson, E. H. (1969). *Gandhi's truth.* Nova York: Norton.

Erikson, E. H. (1974). *Dimensions of a new identity.* Nova York: Norton.

Erikson, E. H. (1975). *Life history and the historical moment.* Nova York: Norton.

Erikson, E. H. (1976). *Toys and reasons.* Nova York: Norton.

Erikson, E. H. (1985). *The life cycle completed.* Nova York: Norton.

Erikson, K. T. (Introdução). (1973). *In search of common ground: Conversations with Erik Erikson and Huey P. Newton.* Nova York: Norton.

Evans, J. D. & Smith, H. W. (1972). A factor-analytic synthesis of personality theories: Basic dimensions reconsidered. *Journal of Psychology,* 82, 145-149.

Evans, R. I. (1966). *Dialogue with Erich Fromm.* Nova York: Harper & Row.

Eysenck, H. J. (1947). *Dimensions of personality.* Londres: Routledge & Kegan Paul.

Eysenck, H. J. (1952). *The scientific study of personality.* Londres: Routledge & Kegan Paul.

Eysenck, H. J. (1953a). *Uses and abuses of psychology.* Baltimore: Penguin Books.

Eysenck, H. J. (1953b). *The structure of human personality.* Londres: Methuen. (Revisado, 1970).

Eysenck, H. J. (1954). The science of personality: Nomothetic! *Psychological Review,* 61, 339-342.

Eysenck, H. J. (1957a). *The dynamics of anxiety and hysteria: An experimental application of modern learning theory to psychiatry.* Londres: Routledge & Kegan Paul.

Eysenck, H. J. (1957b). *Sense and nonsense in psychology.* Baltimore: Penguin Books.

Eysenck, H. J. (1959a). Learning theory and behavior therapy. *Journal of Mental Science,* 105, 61-75.

Eysenck, H. J. (1959b). *The Maudsley Personality Inventory.* San Diego, Calif.: Edits.

Eysenck, H. J. (1960). Learning theory and behavior therapy. *In* H. J. Eysenck (Ed.), *Behavior therapy and the neuroses.* Nova York: Pergamon.

Eysenck, H. J. (1963). Psychoanalysis: Myth or science? *In* S. Rachman (Ed.), *Critical essays on psychoanalysis.* Nova York: Macmillan.

Eysenck, H. J. (1964). *Crime and personality.* Londres: Routledge & Kegan Paul.

Eysenck, H. J. (1965). *Fact and fiction in psychology.* Baltimore: Penguin Books.

Eysenck, H. J. (1966). Conditioning, introversion-extraversion and the strength of the nervous system. *In* H. J. Eysenck (Ed.), *Readings in extraversion-introversion. v. 3: Bearings on basic psychological processes* (p. 499-512). Nova York: Wiley-Interscience.

Eysenck, H. J. (1967). *The biological basis of personality.* Springfield, Ill.: Charles C. Thomas. (Revisado, 1977.).

Eysenck, H. J. (Ed.). (1971a). *Readings in extraversion-introversion. v. 3: Bearings on basic psychological processes.* Nova York: Wiley-Interscience.

Eysenck, H. J. (1971b). *The IQ argument: Race, intelligence, and education.* Nova York: Library Press.

Eysenck, H. J. (1972). *Psychology is about people.* Nova York: Library Press.

Eysenck, H. J. (1976a). The learning theory model of neurosis – a new approach. *Behavior Research and Therapy,* 14, 251-267.

Eysenck, H. J. (1976b). *Case studies in behavior therapy.* Londres: Routledge & Kegan Paul.

Eysenck, H. J. (1979). *The structure and measurement of intelligence.* Nova York: Springer.

Eysenck, H. J. (1980). Autobiography. *In* G. Lindzey (Ed.), A *history of psychology in autobiography* (v. 7, p.153-187). San Francisco: W. H. Freeman.

Eysenck, H. J. (Ed.). (1981a). *A model for personality.* Berlin: Springer-Verlag.

Eysenck, H. J. (1981b). General features of the model. *In* H. J. Eysenck (Ed.), *A model for personality* (p. 1-37). Nova York: Springer-Verlag.

Eysenck, H. J. (1982a). Autobiography. *In* H. J. Eysenck (Ed.), *Personality, genetics, and behavior: Selected papers* (p. 287-298). Nova York: Praeger.

Eysenck, H. J. (1982b). *Personality, genetics, and behavior: Selected papers.* Nova York: Praeger.

Eysenck, H. J. (1983). Is there a paradigm in personality research? *Journal of Research in Personality,* 17, 369-397.

Eysenck, H. J. (1985). Personality, cancer and cardiovascular disease: A causal analysis. *Personality and individual Differences,* 6, 535-556.

Eysenck, H. J. (1990). Biological dimensions of personality. *In* L. A. Pervin (Ed.), *Handbook of personality: Theory and research* (p. 244-276). Nova York: Guilford.

Eysenck, H. J. (1991). Dimensions of personality: 16, 5 or 3?—criteria for a taxonomic paradigm. *Personality and Individual Differences,* 12, 773-790.

Eysenck, H. J. (1992a). Four ways five factors are *not* basic. *Personality and Individual Differences,* 13, 667-673.

Eysenck, H. J. (1992b). A reply to Costa and McCrae: P or A and C – the role of theory. *Personality and Individual Differences,* 13, 867-868.

Eysenck, H. J. & Eysenck, M. W. (1983). *Mindwatching: Why people behave the way they do.* Nova York: Garden/Doubleday.

Eysenck, H. J. & Eysenck, M. W. (1985). *Personality and individual differences: A natural science approach.* Nova York: Plenum.

Eysenck, H. J. & Eysenck, S. B. G. (1965). *Manual of the Eysenck Personality Inventory.* Londres: Hodder & Stoughton. (San Diego: Edits, 1965.).

Eysenck, H. J. & Eysenck, S. B. G. (1969). *Personality structure and measurement.* San Diego, Calif.: Robert R. Knapp.

Eysenck, H. J. & Eysenck, S. B. G. (1975). *Manual of the Eysenck Personality Questionnaire.* Londres: Hodder & Stoughton. (San Diego: Edits, 1975.)

Eysenck, H. J. & Eysenck, S. B. G. (1976). *Psychoticism as a dimension of personality.* Nova York: Crane, Russak.

Eysenck, H. J. & Gudjonsson, H. G. (1989). *The causes and cures of criminality.* Nova York: Plenum.

Eysenck, H. J. & Kamin, L. (1981). *The intelligence controversy.* Nova York: Wiley.

Eysenck, H. J. & O'Connor, K. (1979). Smoking, arousal and personality. *In* J. Remond & J. Tizard (Eds.), *Electrophysiological effects of nicotine.* Amsterdam: Elsevier.

Eysenck, H. J. & Rachman, S. (1965). *The causes and cures of neuroses.* San Diego: Robert R. Knapp.

Eysenck, H. J. & Wilson, G. D. (1974). *The experimental study of Freudian theories.* Nova York: Barnes & Noble.

Eysenck, M. W. & Folkard, S. (1980). Personality, time of day, and caffeine: Some theoretical and conceptual problems in Revelle et al. *Journal of Experimental Psychology: General,* 109, 32-41.

Eysenck, S. B. G. & Eysenck, H. J. (1963). On the dual nature of extraversion. *British Journal of Social and Clinical Psychology,* 2, 46-55.

Eysenck, S. B. G. & Eysenck, H. J. (1977). The place of impulsiveness in a dimensional system of personality description. *British Journal of Social and Clinical Psychology,* 16, 57-68.

Eysenck, S. B. G. & Eysenck, H. J. (1978). Impulsiveness and venturesomeness: Their position in a dimensional system of personality description. *Psychological Reports,* 43, 1247-1255.

Eysenck, S. B. G., Pearson, P. R., Easting, G. & Allsopp, J. F. (1985). Age norms for impulsiveness, venturesomeness and empathy in adults. *Personality and Individual Differences,* 6, 613-619.

Fairbairn, W. R. D. (1952). *Psychoanalytic studies of the personality.* Londres: Tavistock Publications and Routledge & Kegan Paul.

Fancher, R. E. (1995). A slim life of a large figure. *Contemporary Psychology,* 40, 730-732.

Feldman, S. S. (1945). Dr. C. G. Jung and National Socialism. *American Journal of Psychiatry,* 102, 263.

Fenichel, O. (1945). *The psychoanalytic theory of neurosis.* Nova York: Norton.

Ferster, C. B. & Skinner, B. F. (1957). *Schedules of reinforcement.* Nova York: Appleton-Century-Crofts.

Festinger, L. (1957). *A theory of cognitive dissonance.* Stanford. Calif.: Stanford University Press.

Fisher, S. & Greenberg, R. P. (1977). *The scientific credibility of Freud's theories and therapy.* Nova York: Basic Books.

Fiske, D. W. (1949). Consistency of the factorial structures of personality ratings from different sources. *Journal of Abnormal and Social Psychology, 44*, 329-344.

Fordham, F. (1953). *An introduction to Jung's psychology.* Londres: Penguin Books.

Fordham, M. S. M. (1947). *The life of childhood.* Londres: Routledge & Kegan Paul.

Fordham, M. S. M. (1949). A discussion on archetypes and internal objects. I. On the reality of archetypes. *British Journal of Medical Psychology, 22*, 3-7.

Forer, L. K. (1976). *The birth order factor.* Nova York: D. McKay.

Forer, L. K. (1977). Bibliography of birth order literature in the '70's. *Journal of Individual Psychology, 33*, 122-141.

Franck, I. (1966). The concept of human nature: A philosophical analysis of the concept of human nature in the writings of G. W. Allport, S. E. Asch, Erich Fromm, A. H. Maslow, and C. R. Rogers. Tese de doutorado não-publicada, University of Maryland.

Frankl, V. E. (1959). *Man's search for meaning: An introduction to logotherapy.* Nova York: Washington Square.

Franks, C. M. (1956). Conditioning and personality: A study of normal and neurotic subjects. *Journal of Abnormal and Social Psychology, 52*, 143-150.

Franks, C. M. (1957). Personality factors and the rate of conditioning. *British Journal of Psychology, 48*, 119-126.

Franks, C. M. (1963). Personality and eyeblink conditioning seven years later. *Acta Psychologica, 21*, 295-312.

Fransella, F. & Bannister, D. (1977). *A manual for repertory grid techniques.* Londres: Academic.

Fransella, F. & Dalton, P. (1990). *Personal construct counseling in action.* Londres: Sage.

Fransella, F. & Thomas, L. (Eds.). (1988). *Experimenting with personal construct theory.* Londres: Routledge & Kegan Paul.

Frenkel-Brunswik, E., Richfield, J., Scriven, M. & Skinner, B. F. (1954). Psychoanalysis and scientific method. *Science Monographs, 79*, 293-310.

Freud, A. (1946). *The ego and the mechanisms of defence.* Nova York: International Universities Press.

Freud, A. (1965). *The writings of Anna Freud. v. 6: Normality and pathology in childhood.* Nova York: International Universities Press.

Freud, A. (1973). *The writings of Anna Freud. v. 8: A psychoanalytic view of developmental psychopathology.* Nova York: International Universities Press.

Freud, S. (1887-1902/1954). *The origins of psycho-analysis, letters to Wilhelm Fliess, drafts and notes: 1887-1902* (includes *Project for a scientific psychology*). Nova York: Basic Books.

Freud, S. (1953-1974). *The standard edition of the complete psychological works,* J. Strachey (Ed.). Londres: Hogarth.

Freud S. (1953). The interpretation of dreams. *In Standard edition* (v. 4 e 5). Londres: Hogarth. (Publicado originalmente em alemão, 1900.)

Freud, S. (1960). Psychopathology of everyday life. *In Standard edition* (v. 6). Londres: Hogarth. (Publicado originalmente em alemão, 1901.)

Freud, S. (1953). Three essays on sexuality. *In Standard edition* (v. 7). London: Hogarth. (Publicado originalmente em alemão, 1905a.)

Freud, S. (1953). Fragment of an analysis of a case of hysteria. *In Standard edition* (v. 7). Londres: Hogarth. (Publicado originalmente em alemão, 1905b.)

Freud, S. (1960). Jokes and their relation to the unconscious. *In Standard edition* (v. 8). Londres: Hogarth. (Publicado originalmente em alemão, 1905c.)

Freud, S. (1959). "Civilized" sexual morality and modern nervous illness. *In Standard edition* (v. 9). Londres: Hogarth. (Publicado originalmente em alemão,1908.)

Freud, S. (1955). Analysis of a phobia in a five-year-old boy. *In Standard edition* (v. 10). Londres: Hogarth. (Publicado originalmente em alemão, 1909a.)

Freud, S. (1955). Notes upon a case of obsessional neurosis. *In Standard edition* (v. 10). Londres: Hogarth. (Publicado originalmente em alemão, 1909b.)

Freud, S. (1957). Leonardo da Vinci: A study in psychosexuality. *In Standard edition* (v. 11). Londres: Hogarth. (Publicado originalmente em alemão, 1910a.)

Freud, S. (1957). The psycho-analytic view of psychogenic disturbance of vision. *In Standard edition* (v. 11). Londres: Hogarth. (Publicado originalmente em alemão, 1910b.)

Freud, S. (1958). Psycho-analytic notes on an autobiographic account of a case of paranoia (dementia paranoides). *In Standard edition* (v. 12). Londres: Hogarth. (Publicado originalmente em alemão, 1911.)

Freud, S. (1955). Totem and taboo. *In Standard edition* (v. 13). Londres: Hogarth. (Publicado originalmente em alemão, 1913.)

Freud, S. (1957). On the history of the psycho-analytic movement. *In Standard edition* (v. 14). Londres: Hogarth. (Publicado originalmente em alemão, 1914.)

Freud, S. (1957). Instincts and their vicissitudes. *In Standard edition* (v. 14). Londres: Hogarth. (Publicado originalmente em alemão, 1915.)

Freud, S. (1963). Introductory lectures on psycho-analysis. *In Standard edition* (v. 15 e 16). Londres: Hogarth. (Publicado originalmente em alemão, 1917.)

Freud, S. (1955). From the history of an infantile neurosis. *In Standard edition* (v. 17). Londres: Hogarth. (Publicado originalmente em alemão, 1918.)

Freud, S. (1955). Beyond the pleasure principle. *In Standard edition* (v. 18). Londres: Hogarth. (Publicado originalmente em alemão, 1920a.)

Freud, S. (1955). The psychogenesis of a case of homosexuality in a woman. *In Standard edition* (v. 18). Londres: Hogarth. (Publicado originalmente em alemão, 1920b.)

Freud, S. (1959). The question of lay analysis. *In Standard edition* (v. 20). Londres: Hogarth. (Publicado originalmente em alemão, 1926a.)

Freud, S. (1959). Inhibitions, symptoms and anxiety. *In Standard edition* (v. 20). Londres: Hogarth. (Publicado originalmente em alemão, 1926b.)

Freud, S. (1961). The future of an illusion. *In Standard edition* (v. 22). Londres: Hogarth. (Publicado originalmente em alemão, 1927.)

Freud, S. (1961). Dostoevsky and parricide. *In Standard edition* (v. 21). Londres: Hogarth. (Publicado originalmente em alemão, 1928.)

Freud, S. (1961). Civilization and its discontents. *In Standard edition* (v. 21). Londres: Hogarth. (Publicado originalmente em alemão, 1930.)

Freud, S. (1964). New introductory lectures on psycho-analysis. *In Standard edition* (v. 22). Londres: Hogarth. (Publicado originalmente em alemão, 1933.)

Freud, S. (1964). Analysis terminable and interminable. *In Standard edition* (v. 23). Londres: Hogarth. (Publicado originalmente em alemão, 1937.)

Freud, S. (1964). Moses and monotheism. *In Standard edition* (v. 23). Londres: Hogarth. (Publicado originalmente em alemão, 1939.)

Freud, S. (1964). An outline of psychoanalysis. *In Standard edition* (v. 23). Londres: Hogarth. (Publicado originalmente em alemão, 1940.)

Freud, S. (1966). Project for a scientific psychology. *In Standard edition* (v. 1). Londres: Hogarth. (Escrito em 1895; Publicado originalmente em alemão, 1950.)

Freud, S. & Bullitt, W. C. (1967). *Thomas Woodrow Wilson: Twenty-eighth president of the United States. A psychological study.* Boston: Houghton Mifflin.

Friedan, B. (1963). *The feminine mystique.* Nova York: Norton.

Friedman, I. (1955). Phenomenal, ideal and projected conceptions of self. *Journal of Abnormal and Social Psychology,* 51, 611-615.

Frisbie, L. V., Vanasek, F. J. & Dingman, H. F. (1967). The self and the ideal self: Methodological study of pedophiles. *Psychological Reports,* 20, 699-706.

Fromm, E. (1941). *Escape from freedom.* Nova York: Rinehart.

Fromm, E. (1947). *Man for himself.* Nova York: Rinehart.

Fromm, E. (1950). *Psychoanalysis and religion.* New Haven: Yale University Press.

Fromm, E. (1951). *The forgotten language: An introduction to the understanding of dreams, fairy tales, and myths.* Nova York: Grove.

Fromm, E. (1955). *The sane society.* Nova York: Rinehart.

Fromm, E. (1956). *The art of loving.* Nova York: Bantam.

Fromm, E. (1959). *Sigmund Freud's mission.* Nova York: Harper.

Fromm, E. (1961). *Marx's concept of man.* Nova York: Ungar.

Fromm, E. (1962). *Beyond the chains of illusion.* Nova York: Simon & Schuster.

Fromm, E. (1964). *The heart of man.* Nova York: Harper & Row.

Fromm, E. (1968). *The revolution of hope.* Nova York: Harper & Row.

Fromm, E. (1970). *The crisis of psychoanalysis*. Greenich, Conn.: Fawcett Books.

Fromm, E. (1973). *The anatomy of human destructiveness*. Nova York: Holt.

Fromm, E. (1976). *To have or to be?* Nova York: Harper & Row.

Fromm, E. & Maccoby, M. (1970). *Social character in a Mexican village*. Englewood Cliffs, N. J.: Prentice-Hall.

Funder, D. C. (1991). Global traits: A neo-Allportian approach to personality. *Psychological Science, 2*, 31-39.

Funder, D. C. (Junho de 1996). Watching persons in situations. *In* R. B. Cialdini (Chair), *The motivated person in the situation: Contemporary illustrations*. Simpósio apresentado na Society of Personality and Social Psychology Preconference no encontro anual da American Psychological Society, San Francisco, Calif.

Funder, D. C. & Ozer, D. J. (1983). Behavior as a function of the situation. *Journal of Personality and Social Psychology, 44*, 107-112.

Furtmüller, C. (1964). Alfred Adler: A biographical essay. *In* H. L. Ansbacher & R. R. Ansbacher (Eds.), *Superiority and social interest by Alfred Adler* (p. 311-393). Evanston, Ill.: Northwestern University Press.

Gale, A. & Eysenck, M. W. (Eds.). (1989). *Handbook of individual differences: Biological perspectives*. Nova York: Wiley.

Garcia, J. & Koelling, R. A. (1966). The relation of cue to consequence in avoidance learning. *Psychonomic Science, 4*, 123-124.

Gardner, M. (Ed.). (1971). *Wolfman: With the case of wolf-man by Sigmund Freud*. Nova York: Basic Books.

Gardner, R. W., Holzman, P. S., Klein, G. S., Linton, H. B. & Spence, D. P. (1959). Cognitive control: A study of individual consistencies in cognitive behavior. *Psychological Issues,* Monograph 4. Nova York: International Universities Press.

Gay, P. (1988). *Freud: A life for our time*. Nova York: W. W. Norton.

Geen, R. G. (1984). Preferred stimulation levels in introverts and extraverts: Effects on arousal and performance. *Journal of Personality and Social Psychology, 46*, 1303-1312.

Geisler, C. (1986). The use of subliminal psychodynamic activation in the study of repression. *Journal of Personality and Social Psychology, 51*, 844-851.

Gelb, A. & Goldstein, K. (1920). *Psychologische Analysen hirnpathologisher Faelle*. Leipzig: Barth. Parcialmente traduzido em W. D. Ellis (Ed.), *Source book of Gestalt psychology*. Nova York: Harcourt,1938, selections 26-30.

Gholson, B. & Barker, B. (1985). Kuhn, Lakatos, and Laudan: Applications in the history of physics and psychology. *American Psychologist, 40*, 755-769.

Gibson, H. B. (1981). *Hans Eysenck: The man and his work*. Londres: Peter Owen.

Gill, M. M. (1959). The present state of psychoanalytic theory. *Journal of Abnormal and Social Psychology, 58*, 1-8.

Gill, M. M. (1963). Topography and systems in psychoanalytic theory. *Psychological Issues, 3*, 1-179.

Gill, M. M. (1976). Metapsychology is not psychology. *In* M. M. Gill & P. S. Holzman (Eds.), Psychology versus metapsychology: Psychoanalytic essays in memory of George S. Klein. *Psychological Issues,* Monograph 36. Nova York: International Universities Press.

Gill, M. M. & Holzman, P. S. (Eds.). (1976). Psychology versus metapsychology: Psychoanalytic essays in memory of George S. Klein. *Psychological Issues,* Monograph 36. Nova York: International Universities Press.

Glass, D. C. & Singer, J. E. (1972). *Urban stress: Experiments on noise and social stressors.* Nova York: Academic.

Glover, E. (1950). *Freud or Jung.* Nova York: Norton.

Goble, F. G. (1970). *The third force: The psychology of Abraham Maslow.* Nova York: Grossman.

Goldberg, L. R. (1968). Explorer on the run. *Contemporary Psychology,* 13, 617-619.

Goldberg, L. R. (1981). Language and individual differences: The search for universals in personality lexicons. *In* L. Wheeler (Ed.), *Review of personality and social psychology* (v. 2, p.141-165). Beverly Hills, Calif.: Sage.

Goldberg, L. R. (1990). An alternative "description of personality": The Big-Five factor structure. *Journal of Personality and Social Psychology,* 59, 1216-1229.

Goldberg, L. R. (1993). The structure of phenotypic personality traits. *American Psychologist,* 48, 26-34.

Goldberg, L. R. & Saucier, G. (1995). So what do you propose we use instead? A reply to Block. *Psychological Bulletin,* 117, 221-225.

Goldstein, G. (1990). Contributions of Kurt Goldstein to neuropsychology. *Clinical Neuropsychologist,* 4, 3-17.

Goldstein, K. (1939). *The organism.* Nova York: American Book.

Goldstein, K. (1940). *Human nature in the light of psychopathology.* Cambridge: Harvard University Press.

Goldstein, K. (1942). *After-effects of brain injuries in war.* Nova York: Grune & Stratton.

Goldstein, K. (1967). Autobiography. *In* E. G. Boring & G. Lindzey (Eds.), *A history of psychology in autobiography* (v. 5, p. 147-166) Nova York: Appleton-Century-Crofts.

Gordon, T. & Cartwright, D. (1954). The effect of psychotherapy upon certain attitudes toward others. *In* C. R. Rogers & R. F. Dymond (Eds.), *Psychotherapy and personality change: Co-ordinated studies in the client-centered approach* (p. 167-195). Chicago: University of Chicago Press.

Gorlow, L., Simonson, N. R. & Krauss, H. (1966). An empirical investigation of the Jungian typology. *British Journal of Social and Clinical Psychology,* 5, 108-117.

Gray, H. (1949). Freud and Jung: Their contrasting psychological types. *Psychoanalytic Review,* 36, 22-44.

Gray, H. & Wheelwright, J. B. (1964). *Jungian type survey.* San Francisco: Society of Jungian Analysts of Northern California.

Gray, J. A. (1964). Strength of the nervous system as a dimension of personality in man. *In* J. A. Gray (Ed. and Trad.), *Pavlov's typology.* Oxford: Pergamon.

Gray, J. A. (1967). Strength of the nervous system, introversion-extraversion, conditionability and arousal. *Behavior Research and Therapy,* 5, 151-169.

Gray, J. A. (1972). The psychophysiological nature of introversion-extraversion: A modification of Eysenck's theory. *In* V. D. Nebylitsyn & J. A. Gray (Eds.), *Biological bases of individual behavior* (p. 182-205). Nova York: Academic.

Gray, J. A. (1981). A critique of Eysenck's theory of personality. *In* H. J. Eysenck (Ed.), *A model for personality* (p. 246-276). Berlin: Springer.

Gray, J. A. (1982). *The neuropsychology of anxiety: An inquiry into the functions of the septal-hippocampal system,* Oxford: Clarendon.

Gray, J. A. (1987). Perspectives on anxiety and impulsivity: A commentary. *Journal of Research in Personality,* 21, 495-509.

Greenwald, A. G. (1992). New Look 3: Unconscious cognition reclaimed. *American Psychologist,* 47, 766-779.

Greer, G. (1971). *The female eunuch.* Nova York: McGraw-Hill.

Greever, K. B., Tseng, M. S. & Friedland, B. U. (1973). Development of the social interest index. *Journal of Consulting and Clinical Psychology,* 41, 454-458.

Grummon, D. L. & John, E. S. (1954). Changes over client-centered therapy evaluated on psychoanalytically based Thematic Apperception Test scales. *In* C. R. Rogers & R. F. Dymond (Eds.), *Psychotherapy and personality change: Co-ordinated studies in the client-centered approach* (p. 121-144). Chicago: University of Chicago Press.

Grunbaum, A. (1984). *The foundations of psychoanalysis: A philosophical critique.* Berkeley: University of California Press.

Grunbaum, A. (1986). Precis of The foundations of psychoanalysis: A philosophical critique. *Behavioral and Brain Sciences,* 9, 217-284.

Grunbaum, A. (1993). *Validation in the clinical theory of psychoanalysis.* Nova York: International Universities Press.

Guilford, J. P. & Zimmerman, W. S. (1956). Fourteen dimensions of temperament. *Psychological Monographs,* 70, Todo No. 417.

Guntrip, H. (1971). *Psychoanalytic theory, therapy, and the self.* Nova York: Basic Books.

Guthrie, E. R. (1959). Association by contiguity. *In* S. Koch (Ed.), *Psychology: A study of a science* (v. 2). Nova York: McGraw-Hill.

Haigh, G. (1949). Defensive behavior in client-centered therapy. *Journal of Consulting Psychology,* 13, 181-189.

Haimowitz, N. R. (1950). An investigation into some personality changes occurring in individuals undergoing client-centered therapy. Tese de doutorado não-publicada. University of Chicago.

Haimowitz, N. R. & Haimowitz, M. L. (1952). Personality changes in client-centered therapy. *In* W. Wolff & J. A. Preeker (Eds.), Success in psychotherapy. *Personality Monographs,* 3, 63-93.

Hall, C. S. (1954). *A primer of Freudian psychology.* Cleveland: World Publishing.

Hall, C. S. & Lindzey, G. (1968). The relevance of Freudian psychology and related viewpoints for the social sciences. *In* G. Lindzey & E. Aronson (Eds.), *Handbook of social psychology* (v. 1, p. 245-319). Cambridge: Addison-Wesley.

Hall, C. S. & Lindzey, G. (1970). *Theories of personality* (2ª ed). Nova York: John Wiley.

Hall, C. S., Lindzey, G., Loehlin, J. C. & Manosevitz, M. (1985). *Introduction to theories of personality.* Nova York: Wiley.

Hall, C. S. & Nordby, V. J. (1973). *A primer of Jungian psychology.* Nova York: New American Library.

Hannah, B. (1976). *Jung: His life and work.* Nova York: Putnam.

Hardaway, R. A. (1990). Subliminally activated symbiotic fantasies: Facts and artifacts. *Psychological Bulletin, 107,* 177-195.

Harding, M. E. (1947). *Psychic energy, its source and goal.* Nova York: Pantheon Books.

Harlow, H. F. (1958). The nature of love. *American Psychologist, 13,* 673-685.

Harlow, H. F. & Harlow, M. K. (1962). Social deprivation in monkeys. *Scientific American, 207,* 136-146.

Harlow H. F., Harlow, M. K. & Meyer, D. R. (1950). Learning motivated by a manipulation drive. *Journal of Experimental Psychology, 40,* 228-234.

Harlow, H. F. & Zimmerman, R. R. (1959). Affectional responses in the infant monkey. *Science, 130,* 421-432.

Harman, H. H. (1967). *Modern factor analysis* (2ª ed.). Chicago: University of Chicago Press.

Harms, E. (1946). Carl Gustav Jung – Defender of Freud and the Jews. *Psychiatric Quarterly, 20,* 199-230.

Harrington, D. M., Block, J. H. & Block, J. (1987). Testing aspects of Carl Rogers' theory of creative environments: Child-rearing antecedents of creative potential in young adolescents. *Journal of Personality and Social Psychology, 52,* 851-856.

Hartmann, H. (1958). *Ego psychology and the problem of adaptation.* Nova York: International Universities Press.

Hartmann, H. (1964). *Essays on ego psychology: Selected problems in psychoanalytic theory.* Nova York: International Universities Press.

Hartshorne, H. & May, M. A. (1928). *Studies in the nature of character: Studies in deceit.* Nova York: Macmillan.

Hartshorne, H. & May, M. A. (1929). *Studies in the nature of character: Studies in self control.* Nova York: Macmillan.

Hausdortf, D. (1972). *Erich Fromm.* Nova York: Twayne.

Havener, P. H. & Izard, C. E. (1962). Unrealistic self-enhancement in paranoid schizophrenics. *Journal of Consulting Psychology, 26,* 65-68.

Hawkey, M. L. (1947). The witch and the bogey: Archetypes in the case study of a child. *British Journal of Medical Psychology, 21,* 12-29.

Hawkins, R. M. (1992). Self-efficacy: A predictor but not a cause of behavior. *Journal of Behavior Therapy and Experimental Psychiatry, 23,* 251-256.

Healy, C. C. (1989a). Negative: The MBTI: Not ready for routine use in counseling. *Journal of Counseling and Development*, 67, 487-488.

Healy, C. C. (1989b). Rebuttal: in response to Professor Carlson. *Journal of Counseling and Development*, 67, 490.

Helson, R. (1973). Heroic and tender modes in women authors of fantasy. *Journal of Personality*, 41, 493-512.

Helson, R. (1978). Psychological dimensions and patterns in writings of critics. *Journal of Personality*, 46, 348-361.

Helson, R. (1982). Critics and their texts: An approach to Jung's theory of cognition and personality. *Journal of Personality and Social Psychology*, 43, 409-418.

Herrnstein, R. J. (1970). On the law of effect. *Journal of Experimental Analysis of Behavior*, 13, 243-266.

Hetherington, E. M. & Frankie, G. (1967). Effects of parental dominance, warmth, and conflict on imitation in children. *Journal of Personality and Social Psychology*, 6, 119-125.

Hicks, L. E. (1985). Is there a disposition to avoid the fundamental attribution error? *Journal of Research in Personality*, 19, 436-456.

Higgins, E. T. (1987). Self-discrepancy: A theory relating self and affect. *Psychological Review*, 94, 319-340.

Higgins, E. T. (1989). Continuities and discontinuities in self-regulatory and self-evaluative processes: A developmental theory relating self and affect. *Journal of Personality*, 57, 407-444.

Hilgard, E. R. (1952). Experimental approaches to psychoanalysis. *In* E. Pumpian-Mindlin (Ed.), *Psychoanalysis as science* (p. 3-45). Stanford, Calif.: Stanford University Press.

Hilgard, E. R. & Bower, G. (1975). *Theories of learning* (4ª ed.). Englewood Cliffs, N. J.: Prentice-Hall.

Hiroto, D. S. (1974). Locus of control and learned helplessness. *Journal of Experimental Psychology*, 102, 187-193.

Hiroto, D. S. & Seligman, M. E. P. (1975). Generality of learned helplessness in man. *Journal of Personality and Social Psychology*, 31, 311-327.

Hoffman, E. (1994). *The drive for self: Alfred Adler and the founding of individual psychology*. Reading, Mass.: Addison-Wesley.

Hoffman, L. W. (1991). The influence of the family environment on personality: Accounting for sibling differences. *Psychological Bulletin*, 110, 187-203.

Holender, D. (1986). Semantic activation without conscious identification in dichotic listerning, parafoveal vision, and visual masking: A survey and appraisal. *Behavioral and Brain Sciences*, 9, 1-23.

Holland, J. G. (1992). B. F. Skinner (1904-1990). *American Psychologist*, 47, 665-667.

Holland, J. G. & Skinner, B. F. (1961). *The analysis of behavior: A program for self-instruction*. Nova York: McGraw-Hill.

Holt, R. R. (1962). Individuality and generalization in the psychology of personality. *Journal of Personality*, 30, 377-404.

Holt, R. R. (1965). Ego autonomy re-evaluated. *International Journal of Psychiatry*, 46, 151-167.

Holt, R. R. (1976). Drive or wish? A reconsideration of the psychoanalytic theory of motivation. *In* M. M. Gill & P. S. Holzman (Eds.), Psychology versus metapsychology: Psychoanalytic essays in memory of George S. Klein. *Psychological Issues,* Monograph 36. Nova York: International Universities Press.

Honig,W. K.(Ed.).(1966). *Operant behavior: Areas of research and application.* Nova York: Appleton-Century-Crofts.

Honig, W. K. & Staddon, J. E. R. (Eds.). (1977). *Handbook of operant behavior.* Englewood Cliffs, N. J.: Prentice-Hall.

Hook, S. (Ed.). (1960). *Psychoanalysis, scientific method and philosophy.* Nova York: Grove.

Hopkins, J. R. (1995). Erik Homburger Erikson (1902-1994). *American Psychologist,* 50, 796-797.

Horney, K. (1937). *Neurotic personality of our times.* Nova York: Norton.

Horney, K. (1939). *New ways in psychoanalysis.* Nova York: Norton.

Horney, K. (1942). *Self-analysis.* Nova York: Norton.

Horney, K. (1945). *Our inner conflicts.* Nova York: Norton.

Horney, K. (1950). *Neurosis and human growth.* Nova York: Norton.

Horney, K. (1967). *Feminine psychology.* Nova York: Norton.

Horney, K. (1980). *The adolescent diaries of Karen Horned.* Nova York: Basic Books.

Horwitz, L. (1963). Theory construction and validation in psychoanalysis. *In* M. H. Marx (Ed.), *Theories in contemporary psychology* (p. 413-434). Nova York: Macmillan.

Hull, C. L. (1943). *Principles of behavior.* Nova York: Appleton-Century-Crofts.

Hull, C. L. (1951). *Essentials of behavior.* New Haven: Yale University Press.

Hull, C. L. (1952). *A behavior system.* New Haven: Yale University Press.

Hundleby, J. D., Pawlik, K. & Cattell, R. B. (1965). *Personality factors in objective test devices.* San Diego: Knapp.

Jackson, D. N. (1967). *Personality Research Form manual.* Goshen, N. Y.: Research Psychologists Press.

Jackson, D. N. (1976a). *Jackson Personality Inventory.* Goshen, N. Y.: Research Psychologists Press.

Jackson, D. N. (1976b). *Manual for the Jackson Personality Inventory.* Goshen, N. Y.: Research Psychologists Press.

Jackson, J. H. (1931). *Selected writings of John Hughlings Jackson,* J. Taylor (Ed.). Londres: Hodder and Stoughton.

Jacobi, J. (1959). *Complex, archetype, symbol in the psychology of C. G. Jung.* Nova York: Pantheon Books.

Jaffé, A. (1971). *From the life and work of C. G. Jung.* Nova York: Harper & Row.

Jaffé, A. (1979). *C. G. Jung: Word and image.* Princeton, N. J.: Princeton University Press.

Jakubczak, L. F. & Walters, R. H. (1959). Suggestibility as dependency behavior. *Journal of Abnormal and Social Psychology,* 59, 102-107.

James, W. T. (1947). Karen Horney and Erich Fromm in relation to Alfred Adler. *Individual Psychology Bulletin,* 6, 105-116.

Jankowicz, A. D. (1987). Whatever became of George Kelly? Applications and implications. *American Psychologist,* 42, 481-487.

John, O. P. (1990). The "Big Five" factor taxonomy: Dimensions of personality in the natural language and in questionnaires. *In* L. A. Pervin (Ed.), *Handbook of personality: Theory and research* (p. 66-100). Nova York: Guilford.

Jonas, G. (1973). *Visceral learning: Toward a science of self-control.* Nova York: Viking.

Jones, E. (1953). *The life and work of Sigmund Freud* (v. 1). Nova York: Basic Books.

Jones, E. (1955). *The life and work of Sigmund Freud* (v. 2). Nova York: Basic Books.

Jones, E. (1957). *The life and work of Sigmund Freud* (v. 3). Nova York: Basic Books.

Jones, E. (1959). *Free associations.* Londres: Hogarth.

Jones, H. E. (1931). Order of birth in relation to the development of the child. *In* C. Murchison (Ed.), *Handbook of child psychology* (p. 204-241). Worcester, Mass.: Clark University Press.

Jones, M. C. (1924). A laboratory study of fear: The case of Peter. *Pedagog. Sem.,* 31, 308-315.

Jung, C. G. (1953-1978). *Collected works,* H. Read, M. Fordham & G. Adler (Eds.). Princeton: Princeton University Press.

Jung, C. G. (1961). The theory of psychoanalysis. *In Collected works* (v. 4) Princeton: Princeton University Press. (Originalmente publicado em alemão, 1913.)

Jung, C. G. (1953). The structure of the unconscious. *In Collected works* (v. 7). Princeton: Princeton University Press. (Originalmente publicado em alemão, 1916a.)

Jung, C. G. (1960). The transcendent function. *In Collected works* (v. 8). Princeton: Princeton University Press. (Originalmente publicado em alemão, 1916b.)

Jung, C. G. (1953). Two essays on analytical psychology. *In Collected works* (v. 7). Princeton: Princeton University Press. (Originalmente publicado em alemão, 1917.)

Jung, C. G. (1971). Psychological types. *In Collected works* (v. 6). Princeton: Princeton University Press. (Originalmente publicado em alemão, 1921.)

Jung, C. G. (1960). The structure and dynamics of the psyche. *In Collected works* (v. 8). Princeton: Princeton University Press. (Originalmente publicado em alemão, 1926-1958.)

Jung, C. G. (1954). Child development and education. *In Collected works* (v. 17). Princeton: Princeton University Press. (Originalmente publicado em alemão, 1928.)

Jung, C. G. (1960). The significance of constitution and heredity in psychology. *In Collected works* (v. 8). Princeton: Princeton University Press. (Originalmente publicado em alemão, 1929.)

Jung, C. G. (1960). The stages of life. *In Collected works* (v. 8). Princeton: Princeton University Press. (Originalmente publicado em alemão, 1931a.)

Jung, C. G. (1971). A psychological theory of types. *In Collected works* (v. 6). Princeton: Princeton University Press. (Originalmente publicado em alemão, 1931b.)

Jung, C. G. (1960). A review of the complex theory. *In Collected works* (v. 8). Princeton: Princeton University Press. (Originalmente publicado em alemão, 1934.)

Jung, C. G. (1959). The archetypes and the collective unconscious. *In Collected works* (v. 9, Parte I). Princeton: Princeton University Press. (Originalmente publicado em alemão, 1936-1955.)

Jung, C. G. (1959). The concept of the collective unconscious. *In Collected works* (v. 9, Parte I). Princeton: Princeton University Press. (Originalmente publicado em inglês, 1936.)

Jung, C. G. (1958). Psychology and religion. *In Collected works* (v. 11). Princeton: Princeton University Press. (Originalmente publicado em inglês, 1938.)

Jung, C. G. (1959). Conscious, unconscious, and individuation. *In Collected works* (v. 9, Parte I). Princeton: Princeton University Press. (Originalmente publicado em inglês, 1939.)

Jung, C. G. (1967). Alchemical studies. *In Collected works* (v. 13). Princeton: Princeton University Press. (Originalmente publicado em alemão, 1942-1957.)

Jung, C. G. (1953). The psychology of the unconscious. *In Collected works* (v. 7). Princeton: Princeton University Press. (Originalmente publicado em alemão, 1943.)

Jung, C. G. (1953). Psychology and alchemy. *In Collected works* (v. 13). Princeton: Princeton University Press. (Originalmente publicado em alemão, 1944.)

Jung, C. G. (1953). The relations between the ego and the unconscious. *In Collected works* (v. 7). Princeton: Princeton University Press. (Originalmente publicado em alemão, 1945.)

Jung, C. G. (1959). The shadow. *In Collected works* (v. 9, Parte II). Princeton: Princeton University Press. (Originalmente publicado em alemão, 1948a.)

Jung, C. G. (1960). On psychic energy. *In Collected works* (v. 8). Princeton: Princeton University Press. (Originalmente publicado em alemão, 1948b.)

Jung, C. G. (1960). Instinct and the unconscious. *In Collected works* (v. 8). Princeton: Princeton University Press. (Originalmente publicado em alemão, 1948c.)

Jung, C. G. (1959). A study in the process of individuation. *In Collected works* (v. 9, Parte 1). Princeton: Princeton University Press. (Originalmente publicado em alemão, 1950.)

Jung, C. G. (1959). Alon. *In Collected works* (v. 9, Parte II). Princeton: Princeton University Press. (Originalmente publicado em alemão, 1951.)

Jung, C. G. (1960). Synchronicity: An acausal connecting principle. *In Collected works* (v. 8). Princeton: Princeton University Press. (Originalmente publicado em alemão, 1952a.)

Jung, C. G. (1956). Symbols in transformation. *In Collected works* (v. 5). Princeton: Princeton University Press. (Originalmente publicado em alemão, 1952b.)

Jung, C. G. (1958). Answer to Job. *In Collected works* (v. 11). Princeton: Princeton University Press. (Originalmente publicado em alemão, 1952c.)

Jung, C. G. (1959). Psychological aspects of the mother archetype. *In Collected works* (v. 9, Parte I). Princeton: Princeton University Press. (Originalmente publicado em alemão, 1954a.)

Jung, C. G. (1959). Concerning the archetypes, with special reference to the anima concept. *In Collected works* (v. 9, Parte I). Princeton: Princeton University Press. (Originalmente publicado em alemão, 1954b.)

Jung, C. G. (1967). The philosophical tree. *In Collected works* (v. 13). Princeton: Princeton University Press. (Originalmente publicado em alemão, 1954c.)

Jung, C. G. (1959). Mandalas. *In Collected works* (v. 9, Parte I). Princeton: Princeton University Press. (Originalmente publicado em alemão, 1955a.)

Jung, C. G. (1963). Mysterium coniunctionis. *In Collected works* (v. 14). Princeton: Princeton University Press. (Originalmente publicado em alemão, 1955b.)

Jung, C. G. (1964). Flying saucers: A modern myth of things seen in the skies. *In Collected works* (v. 10). Princeton: Princeton University Press. (Originalmente publicado em alemão, 1958.)

Jung, C. G. (1961). *Memories, dreams, reflections.* Nova York: Random House.

Jung, C. G. (1964). Approaching the unconscious. *In* C. G. Jung, M.-L. von Franz, J. L. Henderson, J. Jacobi & A. Jaffe (Eds.), *Man and his symbols.* Nova York: Dell.

Jung, C. G. (1973a). Experimental researches. *In Collected works* (v. 2). Princeton: Princeton University Press.

Jung, C. G. (1973b). *Letters: 1906-1950* (v. 1). Princeton: Princeton University Press.

Jung, C. G. (1975). *Letters: 1951-1961* (v. 2). Princeton: Princeton University Press.

Jung, C. G. & Kerenyi, C. (1949). *Essays on a science of mythology.* Nova York: Pantheon Books.

Kahn, S., Zimmerman, G., Csikszentmihalyi, M. & Getzels, J. W. (1985). Relations between identity in young adulthood and intimacy at midlife. *Journal of Personality and Social Psychology, 49,* 1316-1322.

Kanfer, F. H. & Marston, A. R. (1963). Determinants of self-reinforcement in human learning. *Journal of Experimental Psychology, 66,* 245-254.

Kant, I. (1974). *Anthropology from a pragmatic point of view* (Gregor, M. J., Tradutor). The Hague: Martinus Nijhoff (Originalmente publicado em 1798).

Kantor, J. R. (1924). *Principles of psychology.* Nova York: Knopf.

Kantor, J. R. (1933). *A survey of the science of psychology.* Bloomington, Ind.: Principia.

Kantor, J. R. (1947). *Problems of physiological psychology.* Bloomington, Ind.: Principia.

Kaplan, R. M. & Saccuzzo, D. P. (1993). *Psychological testing* (3ª ed.). Pacific Grove, Calif.: Brooks/ Cole.

Katsoff, L. O. (1942). Review of K. Goldstein's *Human nature in the light of psychopathology. Journal of General Psychology, 26,* 187-194.

Kazdin, A. E. (1989). *Behavior modification in applied settings* (4ª ed.). Pacific Grove, Calif.: Brooks/ Cole.

Kazdin, A. E. & Bootzin, R. R. (1972). The token economy: An evaluative review. *Journal of Applied Behavior Analysis, 5,* 343-372.

Keirsey, D. & Bates, M. (1978). *Please understand me: Character and temperament types.* (3ª ed.). Del Mar, Calif.: Prometheus Nemesis.

Kelly, G. A. (1955). *The psychology of personal constructs.* Nova York: Norton.

Kelly, G. A. (1969). Man's construction of his alternatives. *In* B. Maher (Ed.), *Clinical psychology and personality: The selected papers of George Kelly* (p. 66-93). Nova York: Wiley. (Trabalho originalmente publicado em G. Lindzey (Ed.), *The assessment of human motives.* Nova York: Holt, Rinehart and Winston, 1958.).

Kelly, G. A. (1969). The autobiography of a theory. *In* B. Maher (Ed.), *Clinical psychology and personality: The selected papers of George Kelly* (p. 46-65). Nova York: Wiley. (Trabalho escrito originalmente em 1963.)

Kelly, G. A. (1969). The language of hypothesis. *In* B. Maher (Ed.), *Clinical psychology and personality: The selected papers of George Kelly* (p. 147-162). Nova York: Wiley. (Trabalho originalmente publicado em *Journal of Individual Psychology*, 1964, 20, 137-152.)

Kelly, G. A. (1969). The strategy of psychological research. *In* B. Maher (Ed.), *Clinical psychology and personality: The selected papers of George Kelly* (p. 114-132). Nova York: Wiley. (Trabalho originalmente publicado em *Bulletin of the British Psychological Society*, 1965, 18, 1-15.)

Kenrick, D. T. (1986). How strong is the case against contemporary social and personality psychology? A response to Carlson. *Journal of Personality and Social Psychology*, 50, 839-844.

Kenrick, D. T. & Funder, D. C. (1988). Profiting from controversy: Lessons from the person-situation debate. *American Psychologist*, 43, 23-34.

Kernberg, O. (1976). *Object relations theory and clinical psychoanalysis.* Nova York: Jason Aronson.

Kerr, J. (1993). *A most dangerous method.* Nova York: Knopf.

Kihlstrom, J. F. (1990). The psychological unconscious. *In* L. A. Pervin (Ed.), *Handbook of personality theory and research* (p. 445-464). Nova York: Guilford.

Kihlstrom, J. F., Barnhardt, T. M. & Tataryn, D. J. (1992). The psychological unconscious: Found, lost, and regained. *American Psychologist*, 47, 788-791.

Kihlstrom, J. F. & Harackiewicz, J. M. (1982). The earliest recollection: A new survey. *Journal of Personality*, 50, 134-148.

Kilpatrick, F. P. & Cantril, H. (1960). Self anchoring scale: A measure of the individual's unique reality world. *Journal of Individual Psychology*, 16, 158-170.

Kirsch, I. (1980). "Microanalytic" analyses of efficacy expectations as predictors of performance. *Cognitive Therapy and Research*, 4, 259-262.

Kirsch, J. (1949). The role of instinct in psychosomatic medicine. *American Journal of Psychotherapy*, 3, 253-260.

Klein, D. C. & Seligman, M. E. P. (1976). Reversal of performance deficits and perceptual deficits in learned helplessness and depression. *Journal of Abnormal Psychology*, 85, 11-26.

Klein, D. C., Fencil-Morse, E. & Seligman, M. E. P. (1976). Learned helplessness, depression, and the attribution of failure. *Journal of Personality and Social Psychology*, 33, 508-516.

Klein, G. S. (1970). *Perception, motives, and personality.* Nova York: Knopf.

Klein, G. S. (1976). *Psychoanalytic theory: An exploration of essentials.* Nova York: International Universities Press.

Kline, P. (1972). *Fact and fancy in Freudian theory.* Londres: Methuen.

Kluckhohn, C. & Murray, H. A. (1991). *Personality in nature, society, and culture.* Nova York: Knopf.

Kohut, H. (1966). Forms and transformation of narcissism. *Journal of the American Psychoanalytic Association*, 14, 243-272.

Kohut, H. (1971). *The analysis of the self: A systematic psychoanalytic approach to the treatment of narcissistic personality disorders.* Nova York: International Universities Press.

Kohut, H. (1977). *The restoration of the self.* Nova York: International Universities Press.

Kohut, H. (1984). *How does analysis* cure? (A. Goldberg, Ed., com a colaboração de P. E. Stepansky). Chicago: University of Chicago Press.

Kohut, H. & Wolf, E. (1978). The disorders of the self and their treatment: An outline. *International Journal of Psychoanalysis,* 59, 413-425.

Krasner, L. (1970). Behavior modification, token economies, and training in clinical psychology. *In* C. Neuringer & L. Michael (Eds.), *Behavior modification in clinical psychology* (p. 86-104). Nova York: Appleton-Century-Crofts.

Krasner, L. & Ullmann, L. P. (Eds.). (1965). *Research in behavior modification.* Nova York: Holt, Rinehart & Winston.

Kubie, L. S. (1953). Psychoanalysis as a basic science. *In* F. Alexander & H. Ross, (Eds.). *20 years of psycho-analysis* (p. 120-154). Nova York: Norton.

Kuhn, T. S. (1970). *The structure of scientific revolutions* (Edição aumentada). Chicago: University of Chicago Press.

Lakatos, I. & Musgrave, A. (Eds.). (1970). *Criticism and the growth of knowledge.* Cambridge, England: Cambridge University Press.

Lamiell, J. (1981). Toward an idiothetic psychology of personality. *American Psychologist,* 36, 276-289.

Lamiell, J. (1987). *The psychology of personality: An epistemological inquiry.* Nova York: Columbia University Press.

Landfield, A. W. (1982). A construction of fragmentation and unity: The fragmentation corollary. *In* J. C. Mancuso & J. R. Adams-Webber (Eds.), *The construing person* (p. 170-197). Nova York: Praeger.

Landfield, A. W. (1988). Personal science and the concept of validation. *International Journal of Personal Construct Psychology,* 1, 237-249.

Landfield, A. W. & Epting, F. R. (1987). *Personal construct psychology: Clinical and personality assessment.* Nova York: Human Sciences.

Landfield, A. W. & Leitner, L. M. (Eds.). (1980). *Personal construct psychology.* Nova York: Wiley.

Leahey, T. H. (1991). *A history of modern psychology.* Englewood Cliffs, N. J.: Prentice-Hall.

Leak, G. K., Millard, R. J., Perry, N. W. & Williams, D. E. (1985). An investigation of the nomological network of social interest. *Journal of Research in Personality,* 19, 197-207.

Leitner, L. M. & Cado, S. (1982). Personal constructs and homosexual stress. *Journal of Personality and Social Psychology,* 43, 869-872.

Leonard, R. L., Jr. (1975). Self-concept and attraction for similar and dissimilar others. *Journal of Personality and Social Psychology,* 31, 926-929.

Levitz-Jones, E. M. & Orlofsky, J. L. (1985). Separation-individuation and intimacy capacity in college women. *Journal of Personality and Social Psychology,* 49, 156-169.

Levy, S. (1952). Sentence completion and word association tests. *In* D. Brower & L. E. Abt (Eds.), *Progress in clinical psychology* (v. 1, p. 191-208). Nova York: Grune & Stratton.

Lewin, K. (1935). *A dynamic theory of personality.* Nova York: McGraw-Hill.

Lewin, K. (1936). *Principles of topological psychology.* Nova York: McGraw-Hill.

Lewin, K. (1951). *Field theory in social science: Selected theoretical papers,* D. Cartwright (Ed.). Nova York: Harper & Row.

Lindzey, G. (1952). Thematic Apperception Test: Intepretative assumptions and related empirical evidence. *Psychological Bulletin, 49,* 1-25.

Lindzey, G. (1959). On the classification of projective techniques. *Psychological Bulletin, 56,* 158-168.

Lindzey, G. (1961). *Projective techniques and cross-cultural research.* Nova York: Appleton-Century-Crofts.

Lindzey, G. (1979). Henry A. Murray. *In* D. L. Sills (Ed.), *International encyclopedia of the social sciences.* v. 18: *Biographical Supplement.* Nova York: Free Press.

Litt, M. D. (1988). Self-efficacy and perceived control: Cognitive mediators of pain tolerance. *Journal of Personality and Social Psychology, 54,* 149-160.

Little, B. R. (1989). Personal projects analysis: Trivial pursuits, magnificent obsessions and the search for coherence. *In* D. M. Buss & N. Cantor (Eds.), *Personality psychology: Recent trends and emerging directions* (p. 15-31). Nova York: Springer-Verlag.

Loehlin, J. C.- (1989). Partitioning environmental and genetic contributions to behavioral development. *American Psychologist, 44,* 1285-1292.

Loehlin, J. C. (1992). *Genes and environment in personality development.* Newbury Park, Calif.: Sage.

Loehlin, J. C. & Nichols, R. C. (1976). *Heredity, environment, andpersonality: A study of 850 sets of twins.* Austin: University of Texas Press.

Loevinger, J. (1994). Has psychology lost its conscience? *Journal of Personality Assessment, 62,* 2-8.

Loewenstein, R., Newmann, L. M., Schur, M. & Solnit, A. J. (Eds.). (1966) *Psychoanalysis: A general psychology: Essays in honor of Heinz Hartmann.* Nova York: International Universities Press.

Loftus, E. F. & Klinger, M. R. (1992). Is the unconscius smart or dumb? *American Psychologist, 47,* 761-765.

Lovaas, O. I., Berberich, J. P., Perloff, B. F. & Schaefer, B. (1966). Acquisition of imitative speech in schizophrenic children. *Science, 151,* 705-707.

Lovaas, O. I., Koegel, R., Simmons, J. Q. & Long, J. S. (1973). Some generalization and follow-up measures on autistic children in behavior therapy. *Journal of Applied Behavior Analysis, 6,* 131-165.

Lowry, R. J. (1973a). *A. H. Maslow: An intellectual portrait.* Monterey, Calif.: Brooks/Cole.

Lowry, R. J. (1973b). *Dominance, self-esteem, self-actualization: Germinal papers of A. H. Maslow.* Monterey, Calif.: Brooks/Cole.

Maddi, S. R. (1996). *Personality theories: A comparative analysis* (6ª ed.). Pacific Grove, Calif.: Brooks/Cole.

Magnusson, D. & Endler, N. S. (1977a). Interactional psychology: Present status and future prospects. In D. Magnusson & N. S. Endler (Eds.), *Personality at the crossroads: Current issues in interactional psychology* (p. 3-36). Hillsdale, N. J.: Erlbaum.

Magnusson, D. & Endler, N. S. (1977b). *Personality at the crossroads: Current issues in interactional psychology.* Hillsdale, N. J.: Erlbaum.

Magnusson, D. & Torestad, B. (1993). A holistic view of personality: A model revisited. *Annual Review of Psychology,* 44, 427-451.

Maher, B. (1969). George Kelly: A brief biography. In B. Maher (Ed.), *Clinical psychology and personality: The selected papers of George Kelly.* (p. 1-3). Nova York: Wiley.

Mahler, M. S. (1968). *On human symbiosis and the vicissitudes of individuation: Infantile psychosis.* Nova York: International Universities Press.

Mahler, M. S., Pine, F. & Bergman, A. (1975). *The psychological birth of the human infant: Symbiosis and individuation.* Nova York: Basic Books.

Manicas, P. T. & Secord, P. F. (1983). Implications for psychology of the philosophy of science. *American Psychologist,* 38, 399-414.

Marcia, J. E. (1966). Development and validation of ego-identity status. *Journal of Personality and Social Psychology,* 3, 551-558.

Marcia, J. E. (1967). Ego identity status: Relationship to change in self-esteem, "general maladjustment," and authoritarianism. *Journal of Personality,* 35, 118-133.

Markus, H. & Kitayama, S. (1991). Culture and the self: Implications for cognition, emotion, and motivation. *Psychological Review,* 98, 224-253.

Markus, H. & Nurius, P. (1986). Possible selves. *American Psychologist,* 41, 954-969.

Markus, H. & Wurf, E. (1987). The dynamic self-concept: A social psychological perspective. *Annual Review of Psychology,* 38, 299-337.

Martin, S. (1996, Agosto). Seligman is elected APA's 1998 president. *The APA Monitor,* 27, 1, 18.

Marzillier, J. S. & Eastman, C. (1984). Continuing problems with self-efficacy theory: A reply to Bandura. *Cognitive Therapy and Research,* 8, 257-262.

Maslow, A. H. (1954). *Motivation and personality.* Nova York: Harper (2ª ed., 1970).

Maslow, A. H. (1966). *The psychology of science.* Nova York: Harper & Row.

Maslow, A. H. (1967a). A theory of metamotivation: The biological rooting of the value life. *Journal of Humanistic Psychology,* 7, 93-127.

Maslow, A. H. (1967b). Neurosis as a failure of personal growth. *Humanitas,* 3, 153-170.

Maslow, A. H. (1968a). *Toward a psychology of being* (2ª ed.). Princeton: Van Nostrand.

Maslow, A. H. (1968b). Toward the study of violence. In L. Ng (Ed.), *Alternatives to violence* (p. 34-37). Nova York: Time-Life Books.

Maslow, A. H. (1970). *Motivation and personality* (2ª ed.). Nova York: Harper & Row.

Maslow, A. H. (1971). *The farther reaches of human nature.* Nova York: Viking.

Maslow, A. H. (1982). *The journals of Abraham Maslow,* R. J. Lowry (Ed.) Lexington, Mass.: Lewis.

Maslow, B. G. (Ed.). (1972). *Abraham H. Maslow: A memorial volume*. Monterey, Calif.: Brooks/Cole.

Masserman, J. H. (1943). *Behavior and neuroses*. Chicago: Chicago University Press.

Masson, J. (1984). *The assault on truth: Freud's suppression of the seduction theory*. Nova York: Farrar, Straus & Giroux.

Matthews, G. & Amelang, M. (1993). Extraversion, arousal theory and performance: A study of individual differences in the EEG. *Personality and Individual Differences, 14*, 347-363.

Mayman, M. (1968). Early memories and character structure. *Journal of Projective Techniques, 32*, 303-316.

McAdams, D. P. (1984). Human motives and personal relationships. *In* V. J. Derlega (Ed.), *Communication, intimacy, and close relationships* (p. 41-70). Nova York: Academic.

McAdams, D. P. (1988). Biography, narrative, and lives: An introduction. *Journal of Personality, 56*, 1-18.

McAdams, D. P. (1990). *The person: An introduction to personality psychology*. San Diego: Harcourt Brace Jovanovich.

McAdams, D. P. (1992). The five-factor model in personality: A critical appraisal. *Journal of Personality, 60*, 329-361.

McAdams, D. P. (1993). *The stories we live by: Personal myths and the making of the self*. Nova York: William Morrow.

McAdams, D. P. (1994). *The person: An introduction to personality psychology* (2ª ed.). Fort Worth: Harcourt Brace College.

McAdams, D. P. (Junho de 1996). A person as a differentiated region in the life space. *In* R. B. Cialdini (Chair), *The motivated person in the situation: Contemporary illustrations*. Simpósio apresentado na Pré-conferência da Sociedade de Psicologia Social e da Personalidade antes do encontro anual da Sociedade Psicológica Americana.

McAdams, D. P. & de St. Aubin, E. (1992). A theory of generativity and its assessment through self-report, behavioral acts, and narrative themes in autobiography. *Journal of Personality and Social Psychology, 62*, 1003-1015.

McAdams, D. P., de St. Aubin, E. & Logan, R. L. (1993). Generativity among young, midlife, and older adults. *Personality and Aging, 8*, 221-230.

McAdams, D. P., Rothman, S. & Lichter, S. R. (1982). Motivational profiles: A study of former political radicals and politically moderate adults. *Personality and Social Psychology Bulletin, 8*, 593-603.

McArdle, J. J. (1996). Current directions in structural factor analysis. *Current Directions in Psychological Science, 5*, 11-18.

McClain, E. W. (1975). An Eriksonian cross-cultural study of adolescent development. *Adolescence, 10*, 527-541.

McCleary, R. A. & Lazarus, R. S. (1949). Autonomic discrimination without awareness. *Journal of Personality, 18*, 171 -179.

McClelland, D. C. (1961). *The achieving society*. Nova York: Van Nostrand.

McClelland, D. C. (1979). Inhibited power motivation and high blood pressure in men. *Journal of Abnormal Psychology, 88*, 182-190.

McClelland, D. C. (1985). *Human motivation*. Glenville, III.: Scott, Foresman.

McClelland, D. C., Atkinson, J. W., Clark, R. A. & Lowell, E. L. (1953). *The achievement motive*. Nova York: Appleton-Century-Crofts.

McClelland, D. C. & Boyatzis, R. E. (1982). The leadership motive pattern and long term success in management. *Journal of Applied Psychology*, 67, 737-743.

McClelland, D. C. & Jemmott, J. B., III. (1980). Power motivation, stress, and physical illness. *Journal of Human Stress*, 6 (4), 6-15.

McCrae, R. R. & Costa, P. T., Jr. (1987). Validation of the five-factor model of personality across instruments and observers. *Journal of Personality and Social Psychology*, 52, 81-90.

McCrae, R. R. & Costa, P. T., Jr. (1989a). More reasons to adopt the five factor model. *American Psychologist*, 44, 451-452.

McCrae, R. R. & Costa, P. T., Jr. (1989b). Reinterpreting the Myers-Briggs Type Indicator from the perspective of the five-factor model of personality. *Journal of Personality*, 57, 17-40.

McCrae, R. R. & Costa, P. T., Jr. (1989c). The structure of interpersonal traits: Wiggins's circumplex and the five-factor model. *Journal of Personality and Social Psychology*, 56, 586-595.

McCrae, R. R. & Costa, P. T., Jr. (1990). *Personality in adulthood*. Nova York: Guilford.

McCrae, R. R. & Costa, P. T., Jr. (1991a). Adding *Liebe und Arbeiten:* The full five-factor model and well-being. *Personality and Social Psychology Bulletin*, 17, 227-232.

McCrae, R. R. & Costa, P. T., Jr. (1991b). The NEO Personality Inventory: Using the five-factor model in counseling. *Journal of Counseling and Development*, 69, 367-372.

McCrae, R. R. & John, O. P. (1992). An introduction to the five-factor model and its applications. *Journal of Personality*, 60, 175-215.

McDougall, W. (1908). *An introduction to social psychology*. Boston: Luce.

McGuire, W. (Ed.). (1974). *The Freud/Jung letters: The correspondence between Sigmund Freud and C. G. Jung*. Princeton: Princeton University Press.

McGuire, W. (1977). C. G. Jung speaking Princeton: Princeton University Press.

McLaughlin, R. J. & Eysenck, H. J. (1967). Extraversion, neuroticism, and paired-associate learning. *Journal of Experimental Research in Personality*, 2, 128-132.

Medinnus, G. R. & Curtis, F. J. (1963). The relation between maternal self-acceptance and child acceptance. *Journal of Consulting Psychology*, 27, 542-544.

Meehl, P. (1978). Theoretical risks and tabular asterisks: Sir Karl, Sir Ronald, and the slow progress of soft psychology. *Journal of Consulting and Clinical Psychology*, 46, 806-834.

Meichenbaum, D. (1976). Cognitive behavior modification. *In* J. T. Spence, R. C. Carson & J. W. Thibaut (Eds.), *Behavioral approaches to therapy*. Morristown, N. J.: General Learning Press.

Meier, C. A. (1965). Clinic and Research Centre for Jungian Psychology, Zurich. *Journal of Analytical Psychology*, 10, 1-6.

Melhado, J. J. (1964). *Exploratory studies in symbolism*. Ph.D. Dissertação. University of Texas.

Metalsky, G. I. & Joiner, T. E., Jr. (1992). Vulnerability to depressive symptomatology: A prospective test of the diathesis-stress and causal mediation components of the hopelessness theory of depression. *Journal of Personality and Social Psychology, 63*, 667-675.

Metalsky, G. I., Joiner, T. E., Jr., Hardin, T. S. & Abramson, L. Y. (1993). Depressive reactions to failure in a naturalistic setting: A test of the hopelessness and self-esteem theories of depression. *Journal of Abnormal Psychology, 102*, 101-109.

Meyer, A. (1948). *The common sense psychiatry of Dr. Adolf Meyer,* A. Lief (Ed.). Nova York: McGraw-Hill.

Milgram, N. A. & Helper, M. M. (1961). The social desirability set in individual and grouped self-ratings. *Journal of Consulting Psychology, 25*, 91.

Miller, N. E. (1944). Experimental studies of conflict. *In* J. McV. Hunt (Ed.). *Personality and the behavior disorders* (v. 1, p. 431-465). Nova York: Ronald.

Miller, N. E. (1948). Theory and experiment relating psychoanalytic displacement to stimulus response generalization. *Journal of Abnormal and Social Psychology, 43*, 155-178.

Miller, N. E. (1951a). Learnable drives and rewards. *In* S. S. Stevens (Ed.), *Handbook of experimental psychology* (p. 435-472). Nova York: Wiley.

Miller, N. E. (1951b). Comments on theoretical models: Illustrated by the development of a theory of conflict behavior. *Journal of Personality, 20*, 82-100.

Miller, N. E. (1959). Liberalization of basic S-R concepts: Extensions to conflict behavior, motivation and social learning. *In* S. Koch (Ed.), *Psychology: A study of a science* (v. 2). Nova York: McGraw-Hill.

Miller, N. E. (1963). Some reflections on the law of effect produce a new alternative to drive reduction. *Nebraska Symposium on Motivation, 11*, 65-112.

Miller, N. E. (1969). Learning of visceral and glandular responses. *Science, 163*, 434-445.

Miller, N. E. (1982). John Dollard (1900-1980). *American Psychologist, 37*, 587-588.

Miller, N. E. (1983). Behavioral medicine: Symbiosis between laboratory and clinic. *Annual Review of Psychology, 34*, 1-31.

Miller, N. E. (1995). Clinical-experimental interactions in the development of neuroscience. *American Psychologist, 50*, 901-911.

Miller, N. E. & Banuazizi, A. (1968). Instrumental learning by curarized rats of a specific visceral response, intestinal or cardiac. *Journal of Comparative and Physiological Psychology, 65*, 1-7.

Miller, N. E. & Bugelski, R. (1948). Minor studies in aggression: II. The influence of frustrations imposed by the in-group on attitudes expressed toward out-groups. *Journal of Psychology, 25*, 437-442.

Miller, N. E. & Dollard, J. (1941). *Social learning and imitation.* New Haven: Yale University Press.

Miller, N. E. & Dworkin, B. R. (1974). Visceral learning: Recent difficulties with curarized rats and significant problems for human research. *In* P. A. Obrist (Ed.), *Contemporary trends in Cardiovascular Psychophysiology.* Chicago: Aldine.

Miller, N. E. & Kraeling, D. (1952). Displacement: Greater generalization of approach than avoidance in a generalized approach-avoidance conflict. *Journal of Experimental Psychology, 43*, 217-221.

Miller, N. E. & Murray, E. J. (1952). Displacement and conflict: Learnable drive as a basis for the steeper gradient of avoidance than of approach. *Journal of Experimental Psychology*, 43, 227-231.

Miller, W. R. & Seligman, M. E. P. (1975). Depression in humans. *Journal of Abnormal Psychology*, 84, 228-238.

Miller, W. R. & Seligman, M. E. P. (1976). Learned helplessness, depression and the perception of reinforcement. *Behaviour Research and Therapy*, 14, 7-17.

Millett, K. (1970). *Sexual politics*. Garden City, N. Y.: Doubleday.

Mischel, W. (1965). Predicting the success of Peace Corps volunteers in Nigeria. *Journal of Personality and Social Psychology*, 1, 510-517.

Mischel, W. (1968). *Personality and assessment*. Nova York: Wiley.

Mischel, W. (1973). Toward a cognitive social learning reconceptualization of personality. *Psychological Review*, 80, 252-283.

Mischel, W. (1977). On the future of personality measurement. *American Psychologist*, 32, 246-254.

Mischel, W. (1979). On the interface of cognition and personality: Beyond the person-situation debate. *American Psychologist*, 34, 740-754.

Mischel, W. (1984). Convergences and challenges in the search for consistency. *American Psychologist*, 39, 351-364.

Mischel, W. (1990). Personality dispositions revisited and revised: A view after three decades. *In* L. A. Pervin (Ed.), *Handbook of personality: Theory and research* (p. 111-134). Nova York: Guilford.

Mischel, W. (1993). *Introduction to personality* (5ª ed.). Fort Worth: Harcourt Brace Jovanovich.

Mischel, W., Ebbesen, E. B. & Zeiss, A. R. (1972). Selective attention to the self: Situational and dispositional determinants. *Journal of Personality and Social Psychology*, 27, 129-142.

Mischel, W. & Peake, P. (1982). Beyond deja vu in the search for cross-situational consistency. *Psychological Review*, 89, 730-755.

Mischel, W. & Peake, P. (1983). Some facets of consistency: Replies to Epstein, Funder, and Bem. *Psychological Review*, 90, 394-402.

Mischel, W. & Shoda, Y. (1995). A cognitive-affective system theory of personality: Reconceptualizing situations, dispositions, dynamics, and invariance in personality structure. *Psychological Review*, 102, 246-268.

Mitchell, J. (1974). *Psychoanalysis and feminism: Freud, Reich, Laing, and women*. Nova York: Pantheon.

Monte, C. F. (1995). *Beneath the Mask: An introduction to theories of personality* (5ª ed.). Fort Worth: Harcourt Brace College.

Morgan, C. D. & Murray, H. A. (1935). A method for investigating fantasies. *Archives of Neurology and Psychiatry*, 34, 289-306.

Morris, E. K. (1992). The aim, progress, and evolution of behavior analysis. *The Behavior Analyst*, 15, 3-29.

Morris, E. K. (1995). Cultivating Skinner in the American context. *Contemporary Psychology*, 40, 727-730.

Mosak, H. (1950). Evaluation in psychotherapy: A study of some current measures. Tese de doutorado não-publicada. University of Chicago.

Mosak, H. H. (1958). Early recollections as a projective technique. *Journal of Projective Techniques,* 72, 302-311.

Moskowitz, D. (1982). Coherence and cross-situational generality in personality: A new analysis of old problems. *Journal of Personality and Social Psychology,* 43, 754-768.

Mowrer, O. H. (1947). On the dual nature of learning – A reinterpretation of "conditioning" and "problem-solving." *Harvard Educational Review,* 17, 102-148.

Mowrer, O. H. (1950). *Learning theory and personality dynamics.* Nova York: Ronald.

Mowrer, O. H. (1953). *Psychotherapy theory and research.* Nova York: Ronald.

Mozdzierz, G. J. & Semyck, R. W. (1980). The social interest index: A study of construct validity. *Journal of Clinical Psychology,* 36, 417-422.

Muench, G. A. (1947). An evaluation of non-directive psychotherapy by means of the Rorschach and other tests. *Applied Psychology Monographs,* Nº 13.

Muench, G. A. & Rogers, C. R. (1946). Counseling of emotional blocking in an aviator. *Journal of Abnormal and Social Psychology,* 41, 207-215.

Mullahy, P. (1948). *Oedipus – Myth and complex.* Nova York: Hermitage House.

Mullahy, P. (Ed.). (1949). *A study of interpersonal relations.* Nova York: Hermitage House.

Mullahy, P. (Ed.). (1952). *The contributions of Harry Stack Sullivan.* Nova York: Hermitage House.

Mullahy, P. (1970). *Psychoanalysis and interpersonal psychiatry: The contributions of Harry Stack Sullivan.* Nova York: Science House.

Mullahy, P. (1973). *The beginnings of modern American psychiatry: The ideas of Harry Stack Sullivan.* Boston: Houghton Mifflin.

Munroe, R. (1955). *Schools of psychoanalytic thought.* Nova York: Dryden.

Murphy, G. (1947). *Personality: A biosocial approach to origins and structure.* Nova York: Harper.

Murray, E. J. & Miller, N. E. (1952). Displacement; steeper gradient of generalization of avoidance than of approach with age of habit controlled. *Journal of Experimental Psychology,* 43, 222-226.

Murray, H. A. (1936). Basic concepts for a psychology of personality. *Journal of General Psychology,* 15, 241-268.

Murray, H. A. (1940). What should psychologists do about psychoanalysis? *Journal of Abnormal and Social Psychology,* 35, 150-175.

Murray, H. A. (1943). *Manual of Thematic Apperception Test.* Cambridge, Mass.: Harvard University Press.

Murray, H. A. (1947). Problems in clinical research: Round table. *American Journal of Orthopsychiatry,* 17, 203-210.

Murray, H. A. (1949a). Introduction. *In* H. Melville, *Pierre, or the ambiguities* (pp. xiii-ciii). New York: Farrar Straus.

Murray, H. A. (1949b). Research planning: A few proposals. *In* S. S. Sargent (Ed.), *Culture and personality* (p. 195-212). Nova York: Viking Fund.

Murray, H. A. (1951a). Toward a classification of interaction. *In* T. Parsons & E. A. Shils (Eds.), *Toward a general theory of action* (p. 434-464). Cambridge: Harvard University Press.

Murray, H. A. (1951b). Some basic psychological assumptions and conceptions. *Dialectica*, 5, 266-292.

Murray, H.A. (1951c). In nomine diaboli. *New England Quarterly*, 24, 435-452. (Também em *Princeton University Library Chronicle*, 13, 47-62.).

Murray, H. A. (1955). American Icarus. *In* A. Burton & R. E. Harris (Eds.), *Clinical studies in personality* (v. 2, p. 615-641). Nova York: Harper.

Murray, H. A. (1958). Drive, time, strategy, measurement, and our way of life. *In* G. Lindzey (Ed.), *Assessment of human motives* (p. 183-196). Nova York: Holt, Rinehart and Winston.

Murray, H. A. (1959). Preparations for the scaffold of a comprehensive system. *In* S. Koch (Ed.), *Psychology: A study of a science* (v. 3, p. 7-54). Nova York: McGraw-Hill.

Murray, H. A. (1960a). Two versions of man. *In* H. Shapley (Ed.), *Science ponders religion* (p. 147-181). Nova York: Appleton-Century-Crofts.

Murray, H. A. (1960b). The possible nature of a "mythology" to come. *In* H. A. Murray (Ed.), *Myth and mythmaking*. Nova York: George Braziller.

Murray, H. A. (1961). Unprecedented evolutions. *Daedalus*, 90, 547-570.

Murray, H. A. (1962a). The personality and career of Satan. *Journal of Social Issues*, 28, 36-54.

Murray, H. A. (1962b). Prospect for psychology. *Science*, 136, 483-488.

Murray, H. A. (1963). Studies of stressful interpersonal disputations. *American Psychologist*, 18, 28-36.

Murray, H. A. (1967). Autobiography. *In* E. G. Boring and G. Lindzey (Eds.), *A history of psychology in autobiography* (v. V, p. 283-310). Nova York: Appleton-Century-Crofts.

Murray, H. A. (1968a). A conversation with Mary Harrington Hall. *Psychology Today*, 2, 56-63.

Murray, H. A. (1968b). Components of an evolving personological system. *In* D. L. Sills (Eds.), *International encyclopedia of the social sciences* (v. 12, p. 5-13). Nova York: Macmillan and Free Press.

Murray, H. A. (1981). *Endeavors in psychology: Selections from the personology of Henry A. Murray*, E. S. Schneidman (Ed.). Nova York: Harper & Row.

Murray, H. A. (e colaboradores). (1938). *Explorations in personality*. Nova York: Oxford.

Murray, H. A. & Kluckhohn, C. (1953). Outline of a conception of personality. *In* C. Kluckhohn, H. A. Murray, and D. Schneider (Eds.), *Personality in nature, society, and culture* (2ª ed., p. 3-52). Nova York: Knopf.

Murray, H. A. & Morgan, C. D. (1945). A clinical study of sentiments. *Genetic Psychology Monographs*, 37, 3-311.

Murray, J. B. (1990). Review of research on the Myers-Briggs Type Indicator. *Perceptual and Motor Skills*, 70, 1187-1202.

Murstein, B. I. (1963). *Theory and research in projection techniques*. Nova York: Wiley.

Myers, I. B. (1962). *The Myers-Briggs Type Indicator*. Princeton: Educational Testing Service.

Myers, I. B. & McCaulley, M. H. (1985). *Manual: A guide to the development and use of the Myers-Briggs Type Indicator*. Palo Alto, Calif.: Consulting Psychologists Press.

Myers, I. B., com Myers, P. B. (1980). *Gifts differing*. Palo Alto, Calif.: Consulting Psychologists Press.

Nacht, S. (1952). Discussion of "The mutual influences in the development of ego and id." *In* A. Freud *et al.* (Eds.), *The psychoanalytic study of the child* (v. 7, p. 54-59). Nova York: International Universities Press.

Neimeyer, G. J. & Neimeyer, R. A. (Eds.). (1990). *Advances in personal construct psychology*. Greenwich, Conn.: JAI Press.

Nesselroade, J. R. & Baltes, P. B. (1984). From traditional factor analysis to structural-causal modeling in developmental research. *In* V. Sarris & A. Parducci (Eds.), *Experimental psychology in the future*. Hillsdale, N. J.: Erlbaum.

Nesselroade, J. R. & Cattell, R. B. (Eds.). (1988). *Handbook of multivariate experimental psychology* (2ª ed.). Nova York: Plenum.

Neumann, E. (1954). *The origins and history of consciousness*. Nova York: Pantheon Books.

Neumann, E. (1955). *The great mother*. Londres: Routledge & Kegan Paul.

Nisbett, R. & Wilson, T. (1977). Telling more than we can know: Verbal reports on mental processes. *Psychological Review, 84*, 231-259.

Nolen-Hoeksema, S., Girgus, J. S. & Seligman, M. E. P. (1986). Learned helplessness in children: A longitudinal study of depression, achievement, and explanatory style. *Journal of Personality and Social Psychology, 51*, 435-442.

Nolen-Hoeksema, S., Girgus, J. S. & Seligman, M. E. P. (1992). Predictors and consequences of childhood depressive symptoms: A 5-year longitudinal study. *Journal of Abnormal Psychology, 101*, 405-422.

Norman, W. T. (1963). Toward an adequate taxonomy of personality attributes: Replicated factor structure in peer nomination personality ratings. *Journal of Abnormal and Social Psychology, 66*, 574-583.

Norman, W. T. (1967). *2800 personality trait descriptors: Normative operating characteristics for a university population*. Ann Arbor, Mich.: University of Michigan, Department of Psychology.

Nunnally, J. C. (1955). An investigation of some propositions of self-conception: The case of Miss Sun. *Journal of Abnormal and Social Psychology, 50*, 87-92.

Nye, R. D. (1992). *The legacy of B. F. Skinner*. Pacific Grove, Calif.: Brooks/Cole.

Ochse, R. & Plug, C. (1986). Cross-cultural investigation of the validity of Erikson's theory of personality development. *Journal of Personality and Social Psychology, 50*, 1240-1252.

Office of Strategic Services Assessment Staff. (1948). *Assessment of Men*. Nova York: Rinehart.

Olson, W. C. (1929). *The measurement of nervous habits in normal children*. Minneapolis: University of Minnesota Press.

Orgler, H. (1963). *Alfred Adler: The man and his work*. Nova York: Liveright.

Orlofsky, J. L. (1976). Intimacy status: Relationship to interpersonal perception. *Journal of Youth and Adolescence, 5,* 73-88.

Orlofsky, J. L. (1978). The relationship between intimacy and antecedent personality components. *Adolescence, 13,* 419-441.

Orlofsky, J. L., Marcia, J. E. & Lesser, I. (1973). Ego identity status and the intimacy versus isolation crisis of young adulthood. *Journal of Personality and Social Psychology, 27,* 211-219.

Overmier, J. B. & Seligman, M. E. P. (1967). Effects of inescapable shock upon subsequent escape and avoidance learning. *Journal of Comparative and Physiological Psychology, 63,* 28-33.

Ozer, D. J. (1986). *Consistency in personality: A methodological framework.* Nova York: Springer-Verlag.

Padilla, A. M., Padilla, C., Ketterer, T. & Giacolone, D. (1970). Inescapable shocks and subsequent avoidance conditioning in goldfish (*Carrasius auratus*). *Psychonomic Science, 70,* 295-296.

Parisi, T. (1987). Why Freud failed. *American Psychologist, 42,* 235-245.

Parisi, T. (1988). Freud's stance and mine. *American Psychologist, 43,* 663-664.

Paunonen, S. V. & Jackson, D. N. (1985). Idiographic measurement strategies for personality and prediction: Some unredeemed promissory notes. *Psychological Review, 92,* 486-511.

Pavlov, I. P. (1906). The scientific investigation of the psychical faculties or processes in the higher animals. *Science, 24,* 613-619.

Pavlov, I. P. (1927). *Conditioned reflexes* (Trad. G. V. Anrep). Londres: Oxford University Press.

Peake, P. K. & Mischel, W. (1984). Getting lost in the search for large coefficients: Reply to Conley (1984). *Psychological Review, 91,* 497-501.

Pearce, J. M. (1987). *An introduction to animal cognition.* Hillsdale, N. J.: Lawrence Erlbaum Associates.

Pelham, B. W. (1993). The idiographic nature of human personality: Examples of the idiographic self-concept. *Journal of Personality and Social Psychology, 64,* 665-677.

Perry, H. S. (1982). *Psychiatrist of America: The life of Harry Stack Sullivan.* Cambridge, Mass.: Harvard University Press.

Pervin, L. A. (1978). *Current controversies and issues in personality.* Nova York: Wiley.

Pervin, L. A. (1985). Personality: Current controversies, issues, and directions. *Annual Review of Psychology, 36,* 83-114.

Pervin, L. A. (1993). *Personality: Theory and research* (6ª ed.). Nova York: Wiley.

Pervin, L. A. (1996). *The science of personality.* Nova York: Wiley.

Peterson, C. (1992). *Personality* (2ª ed.). Fort Worth: Harcourt Brace Jovanovich.

Peterson, C. & Barrett, L. C. (1987). Explanatory style and academic performance among university freshmen. *Journal of Personality and Social Psychology, 53,* 603-607.

Peterson, C. & Seligman, M. E. P. (1984). Causal explanations as a risk factor for depression: Theory and evidence. *Psychological Review, 91,* 347-374.

Peterson, C. & Seligman, M. E. P. (1987). Explanatory style and illness. *Journal of Personality*, 55, 237-265.

Peterson, C., Seligman, M. E. P. & Vaillant, G. E. (1988). Pessimistic explanatory style is a risk factor for physical illness: A thirty-five-year longitudinal study. *Journal of Personality and Social Psychology*, 55, 23-27.

Phillips, E. L. (1951). Attitudes toward self and others: A brief questionnaire report. *Journal of Consulting Psychology*, 15, 79-81.

Pickering, A., Diaz, A. & Gray, J. (1995). Personality and reinforcement: An exploration using a maze-learning task. *Personality and Individual Differences*, 11, 541-558.

Pilisuk, M. (1962). Cognitive balance and self-relevant attitudes. *Journal of Abnormal and Social Psychology*, 65, 95-103.

Plomin, R. (1986). Behavioral genetic methods. *Journal of Personality*, 54, 226-261.

Plomin, R. & Daniels, D. (1987). Why are children in the same family so different from one another? *Behavioral and Brain Sciences*, 10, 1-16.

Plomin, R.; Chipuer, H. M. & Loehlin, J. C. (1990). Behavioral genetics and personality. *In* L. A. Pervin (Ed.), *Handbook of personality: Theory and research*. Nova York: Guilford.

Poole, M. E. & Evans, G. T. (1989). Adolescents' self-perceptions of competence in life skill areas. *Journal of Youth and Adolescence*, 18, 147-173.

Popper, K. (1962). *Conjectures and refutations*. Nova York: Basic Books.

Popper, K. (1992). *In search of a better world: Lectures and essays from thirty years*. Nova York: Routledge.

Porter, E. H., Jr. (1943). The development and evaluation of a measure of counseling interview procedures. *Educational and Psychological Measurements*, 3, 105-126, 215-238.

Progoff, I. (1973). *Jung, synchronicity, and human density*. Nova York: Julian.

Pumpian-Mindlin, E. (Ed.). (1952). *Psychoanalysis as science*. Stanford, Calif.: Stanford University Press.

Quinn, S. (1987). *A mind of her own: The life of Karen Horney*. Nova York: Summit Books (Simon & Schuster).

Rabin, A. I., Aronoff, J., Barclay, A. M. & Zucker, R. A. (Eds.). (1981). *Further explorations in personality*. Nova York: Wiley.

Rabin, A. I., Zucker, R. A., Emmons, R. A. & Frank, S. (Eds.). (1990). *Studying persons and lives*. Nova York: Springer.

Rachlin, H. (1991). *Introduction to modern Behaviorism* (3ª ed.). Nova York: Freeman.

Rachlin, H. (1994). *Behavior and mind: The roots of modern psychology*. Nova York: Oxford University Press.

Raimy, V. C. (1943). The self-concept as a factor in counseling and personality organization. Tese de doutorado não-publicada. Ohio State University.

Raimy, V. C. (1948). Self-reference in counseling interviews. *Journal of Consulting Psychology*, 12, 153-163.

Rapaport, D. (1959). The structure of psychoanalytic theory: A systematizing attempt. *In* S. Koch (Ed.), *Psychology: A study of a science* (v. 3, p. 55-183). Nova York: McGraw-Hill.

Rapaport, D. (1960). The structure of psychoanalytic theory: A systematizing attempt. *Psychological Issues,* Monograph 6. Nova York: International Universities Press.

Read, D., Adams, G. R. & Dobson, W. R. (1984). Ego identity, personality, and social influence style. *Journal of Personality and Social Psychology, 46,* 169-177.

Read, H. E. (1945). *Education through art.* Nova York: Pantheon Books.

Rennie, T. A. C. (1943). Adolf Meyer and psychobiology; the man, his methodology and its relation to therapy. *Papers of the American Congress of General Semantics, 2,* 156-165.

Revelle, W. (1995). Personality processes. *Annual Review of Psychology, 46,* 295-328.

Revelle, W., Humphreys, M. S., Simon, L. & Gilliland, K. (1980). The interactive effect of personality, time of day, and caffeine: A test of the arousal model. *Journal of Experimental Psychology: General, 109,* 1-31.

Richelle, M. (1993). *B. F. Skinner: A reappraisal.* Hillsdale, N. J.: Erlbaum.

Roazen, P. (1968). *Freud: Political and social thought.* Nova York: Knopf.

Roazen, P. (1969). *Brother animal: The story of Freud and Tausk.* Nova York: Knopf.

Roazen, P. (1971). *Freud and his followers.* Nova York: Meridian Books.

Roazen, P. (1976). *Erik H. Erikson: The power and limits of his vision.* Nova York: Free Press.

Robinson, F. G. (1992). *Love's story told; a life of Henry A. Murray.* Cambridge, Mass.: Harvard University Press.

Robinson, P. (1987). Freud and the feminists. *Raritan, 6,* (4), 43-61.

Robinson, P. (1993). *Freud and his critics.* Berkeley: University of California Press.

Rocklin, T. & Revelle, W. (1981). The measurement of extraversion: A comparison of the Eysenck Personality Inventory and the Eysenck Personality Questionnaire. *British Journal of Social Psychology, 20,* 279-289.

Rogers, C. R. (1942). *Counseling and psychotherapy: Newer concepts in practice.* Boston: Houghton Mifflin.

Rogers, C. R. (1947). Some observations on the organization of personality. *American Psychologist, 2,* 358-368.

Rogers, C. R. (1948). *Dealing with social tensions: A presentation of client-centered counseling as a means of handling interpersonal conflict.* Nova York: Hinds.

Rogers, C. R. (1951). *Client-centered therapy: Its current practice, implications, and theory.* Boston: Houghton Mifflin.

Rogers, C. R. (1955). Persons or science? A philosophical question. *American Psychologist, 10,* 267-278.

Rogers, C. R. (1956). Some issues concerning the control of human behavior. (Simpósio com B. F. Skinner.) *Science, 124,* 1057-1066.

Rogers, C. R. (1959). A theory of therapy, personality, and interpersonal relationships, as developed in the client-centered framework. *In* S. Koch (Ed.), *Psychology: A study of a science* (v. 3, p. 184-256). Nova York: McGraw-Hill.

Rogers, C. R. (1961). *On becoming a person.* Boston: Houghton Mifflin.

Rogers, C. R. (1963). Actualizing tendency in relation to "motives" and to consciousness. *Nebraska Symposium on Motivation, 11,* 1-24.

Rogers, C. R. (Ed.). (1967a). *The therapeutic relationship and its impact: A study of psychotherapy with schizophrenics.* Madison, Wisc.: University of Wisconsin Press.

Rogers, C. R. (1967b). Autobiography. *In* E. G. Boring & G. Lindzey (Eds.), *A history of psychology in autobiography* (v. 5, p. 341-384). Nova York: Appleton-Century-Crofts.

Rogers, C. R. (1969). *Freedom to learn: A view of what education might become.* Columbus, Ohio: Merrill.

Rogers, C. R. (1970). *Carl Rogers on encounter groups.* Nova York: Harper & Row.

Rogers, C. R. (1972). *Becoming partners: Marriage and its alternatives.* Nova York: Delacorte.

Rogers, C. R. (1977). *Carl Rogers on personal power.* Nova York: Delacorte.

Rogers, C. R. (1980). *A way of being.* Boston: Houghton Mifflin Company.

Rogers, C. R. & Dymond, R. F. (Eds.). (1954). *Psychotherapy and personality change: Co-ordinated studies in the client-centered approach.* Chicago: University of Chicago Press.

Rogers, C. R. & Wallen, J. L. (1946). *Counseling with returned servicemen.* Nova York: McGraw-Hill.

Rohles, F. H. (1966). Operant methods in space technology. *In* W. K. Honig (Ed.), *Operant behavior: Areas of research and application* (p. 531-564). Nova York: Appleton-Century-Crofts.

Rorer, L. G. & Widiger, T. A. (1983). Personality structure and assessment. *Annual Review of Psychology, 34,* 431-464.

Rosekrans, M. A. & Hartup, W. W. (1967). Imitative influences of consistent and inconsistent response consequences to a model on aggressive behavior in children. *Journal of Personality and Social Psychology, 7,* 429-434.

Rosenzweig, S. (1933). The recall of finished and unfinished tasks as affected by the purpose with which they were performed. *Psychological Bulletin, 30,* 698.

Rosenzweig, S. (1986). Idiodynamics vis-a-vis psychology. *American Psychologist, 41,* 241-245.

Rotter, J. B. (1951). Word association and sentence completion methods. *In* H. H. Anderson & G. L. Anderson (Eds.), *An introduction to projective techniques* (p. 279-311). Englewood Cliffs, N. J.: Prentice-Hall.

Rotter, J. B. (1966). Generalized expectancies for internal versus external control of reinforcement. *Psychological Monographs, 81* (1, Todo No. 609).

Rubins, J. L. (1978). *Karen Horney: Gentle rebel of psychoanalysis.* Nova York: Dial.

Rudikoff, E. C. (1954). A comparative study of the changes in the concepts of the self, the ordinary person, and the ideal in eight cases. *In* C. R. Rogers & Rosalind F. Dymond (Eds.), *Psychotherapy and personality change: Coordinated studies in the client-centered approach* (p. 85-98). Chicago: University of Chicago Press.

Runyan, W. M. (1982). *Life histories and psychobiography.* Nova York: Oxford University Press.

Runyan, W. M. (1988). Progress in psychobiography. *Journal of Personality,* 56, 295-326.

Runyan, W. M. (1990). Individual lives and the structure of personality psychology. *In* A. I. Rabin, R. A. Zucker, R. A. Emmons & S. Frank (Eds.), *Studying persons and lives* (p. 10-40). Nova York: Springer.

Ryckman, R. M. (1993). *Theories of personality* (5ª ed.). Pacific Grove, Calif.: Brooks/Cole.

Sachs, D. (1989). In fairness to Freud. *Philosophical Review,* 98, 349-378.

Salter, A. (1949). *Conditioned reflex therapy.* Nova York: Creative Age.

Sanford, N. (1963). Personality: Its place in psychology. *In* S. Koch (Ed.), *Psychology: A study of a science* (v. 5, p. 488-579). Nova York: McGraw-Hill.

Sanford, N. (1985). What have we learned about personality? *In* S. Koch & D. E. Leary (Eds.), *A century of psychology as science* (p. 490-514) Nova York: McGraw-Hill.

*Saturday Review.* Various writers. 1949, 32, 9 de Julho, p. 25: 16 de Julho, p. 21, 23; 30 de Julho, p. 6-8; 10 de Setembro, p. 27; 15 de Outubro, p. 23-25.

Sayers, J. (1991). *Mothers of psychoanalysis: Helene Deutsch, Karen Horney, Anna Freud, Melanie Klein.* Nova York: Norton.

Schaar, J. H. (1961). *Escape from authority: The perspectives of Erich Fromm.* Nova York: Basic Books.

Schachter, S. (1959). *The psychology of affiliation.* Stanford, Calif.: Stanford University Press.

Schafer, R. A. (1976). *A new language for psychoanalysis.* New Haven, Conn.: Yale University Press.

Schenkel, S. & Marcia, J. E. (1972). Attitudes toward premarital intercourse in determining ego identity status in college women. *Journal of Personality,* 40, 472-482.

Schooler, C. (1972). Birth order effects: Not here, not now! *Psychological Bulletin,* 78, 161-175.

Schuh, A. J. (1966). A synthesis of personality theories by cluster analysis. *Journal of Psychology,* 64, 69-71.

Schur, M. (1966). The id and the regulatory principles of mental functioning. *Journal of the American Psychoanalytic Association,* Monograph series, Nº 4, p. 1-220.

Schwartz, B. & Lacey, H. (1982). *Behaviorism, science, and human nature.* Nova York: Norton.

Schwartz, B. & Robbins, S. J. (1995). *Psychology of learning and behavior* (4ª ed.). Nova York: Norton.

Sears, R. R. (1943). Survey of objective studies of psychoanalytic concepts. *Social Sciences Research Council Bulletin,* Nº 51.

Sears, R. R. (1944). Experimental analyses of psychoanalytic phenomena. *In* J. McV. Hunt (Ed.). *Personality and the behavior disorders* (v. 1, p. 306-332). Nova York: Ronald.

Sears, R. R. (1950). Personality. *Annual Review of Psychology,* 1, 105-118.

Sears, R. R. (1951). Social behavior and personality development. *In* T. Parsons & E. A. Shils (Eds.), *Toward a general theory of action* (p.465-478). Cambridge, Mass.: Harvard University Press.

Sechrest, L. (1977). Personal constructs theory. *In* R. J. Corsini (Ed.), *Current personality theories* (p. 203-241). Itasca, Ill.: Peacock.

Seeman, J. (1949). A study of the process of non-directive therapy. *Journal of Consulting Psychology*, 13, 157-168.

Seeman, J. & Raskill, N. J. (1953). Research perspectives in client-centered therapy. *In* O. H. Mowrer (Ed.), *Psychotherapy* (p. 205-234). Nova York: Ronald.

Seeman, T. E., Rodin, J. & Albert, M. (1993). Self-efficacy and cognitive performance in high-functioning older individuals: Studies of successful aging. *Journal of Aging and Health*, 5, 455-474.

Selesnick, S. T. (1963). C. G. Jung's contribution to psychoanalysis. *American Journal of Psychiatry*, 120, 350-356.

Seligman, M. E. P. (1971). Phobias and preparedness. *Behavior Therapy*, 2, 307-320.

Seligman, M. E. P. (1975). *Helplessness: On depression, development, and death*. San Francisco: W. H. Freeman.

Seligman, M. E. P. (1976). Learned helplessness and depression in animals and man. *In* J. T. Spence, R. C. Carson & J. W. Thibaut (Eds.), *Behavioral approaches to therapy*. Morristown, N. J.: General Learning Press.

Seligman, M. E. P. (1991). *Learned optimism*. Nova York: Knopf.

Seligman, M. E. P. (1995a). The effectiveness of psychotherapy: The Consumer Reports study. *American Psychologist*, 50, 965-974.

Seligman, M. E. P. (1995b). *The optimistic child*. Boston: Houghton Mifflin.

Seligman, M. E. P. (1996). Science as an ally of practice. *American Psychologist*, 51, 1072-1079.

Seligman, M. E. P. & Beagley, G. (1975). Learned helplessness in the rat. *Journal of Comparative and Physiological Psychology*, 88, 534-541.

Seligman, M. E. P. & Groves, D. (1970). Non-transient learned helplessness. *Psychonomic Science*, 19, 191-192.

Seligman, M. E. P. & Maier, S. F. (1967). Failure to escape traumatic shock. *Journal of Experimental Psychology*, 74, 1-9.

Seligman, M. E. P. & Schulman, P. (1986). Explanatory style as a predictor of productivity and quitting among life insurance sales agents. *Journal of Personality and Social Psychology*, 50, 832-838.

Selye, H. (1952). *The story of the adaptation syndrome*. Montreal: Acta.

Serrano, M. (1966). *C. G. Jung and Hermann Hesse*. Londres: Routledge & Kegan Paul.

Seward, J. P. (1948). The sign of a symbol: A reply to Professor Allport. *Psychological Review*, 55, 277-296.

Shakow, D. & Rapaport, D. (1964). *The influence of Freud on American psychology*. Nova York: International Universities Press.

Shapiro, M. B. (1961). The single case in fundamental clinical psychological research. *British Journal of Medical Psychology*, 34, 255-262.

Sheerer, E. T. (1949). An analysis of the relationship between acceptance of and respect for self and acceptance of and respect for others in ten counseling cases. *Journal of Consulting Psychology*, 13, 169-175.

Shevrin, H. & Dickman, S. (1980). The psychological unconscious: A necessary assumption for all psychological theory? *American Psychologist,* 35, 421-434.

Shoda, Y., Mischel, W. & Wright, J. C. (1989). Intuitive interactionism in person perception: Effects of situation-behavior relations on dispositional judgments. *Journal of Personality and Social Psychology,* 56, 41-53.

Shoda, Y., Mischel, W. & Wright, J. C. (1993a). Links between personality judgments and contextualized behavior patterns: Situation-behavior profiles of personality prototypes. *Social Cognition,* 11, 399-429.

Shoda, Y., Mischel, W. & Wright, J. C. (1993b). The role of situational demands and cognitive competencies in behavior organization and personality coherence. *Journal of Personality and Social Psychology,* 65, 1023-1035.

Shoda, Y., Mischel, W. & Wright, J. C. (1994). Intraindividual stability in the organization and patterning of behavior: Incorporating psychological situations into the idiographic analysis of personality. *Journal of Personality and Social Psychology,* 67, 674-687.

Silverman, L. H. (1966). A technique for the study of psychodynamic relationships. *Journal of Consulting Psychology,* 30, 103-111.

Silverman, L. H. (1976). Psychoanalytic theory: "The reports of my death are greatly exaggerated." *American Psychologist,* 31, 621-637.

Silverman, L. H. (1978). Unconscious symbiotic fantasy: A ubiquitous therapeutic agent. *International Journal of Psychoanalytic Psychotherapy,* 7, 562-585.

Silverman, L. H. (1982). A comment on two subliminal psychodynamic activation studies. *Journal of Abnormal Psychology.* 91, 126-130.

Silverman, L. H. (1983). The subliminal psychodynamic activation method: Overview and comprehensive listing of studies. *In* v. 1 of Joseph Masling (Ed.), *Empirical studies of psychoanalytic theories.* Nova York: Analytic Press (Lawrence Erlbaum Associates).

Silverman, L. H., Lachmann, F. M. & Milich, R. (1982). *The search for oneness.* Nova York: International Universities Press.

Silverman, L. H., Ross, D. L., Adler, J. M. & Lustig, D. A. (1978). Simple research paradigm for demonstrating subliminal psychodynamic activation: Effects of Oedipal stimuli on dart throwing accuracy in college males. *Journal of Abnormal Psychology,* 87, 341-357.

Silverman, L. H. & Weinberger, J. (1985). Mommy and I are one: Implications for psychotherapy. *American Psychologist,* 40, 1296-1308.

Silverstein, B. (1985). Freud's psychology and its organic foundation: Sexuality and mind-body interactionism. *Psychoanalytic Review,* 72, 204-228.

Silverstein, B. (1988). "Will the real Freud stand up, please?" *American Psychologist,* 43, 662-663.

Silverstein, B. (1989). Contributions to the history of psychology: LVIII. Freud's dualistic mind-body interactionism: Implications for the development of his psychology. *Psychological Review,* 64, 1091-1097.

Simmel, M. L. (Ed.). (1968). *The reach of the mind: Essays in memory of Kurt Goldstein.* Nova York: Springer.

Skaggs, E. B. (1945). Personalistic psychology as science. *Psychological Review,* 52, 234-238.

Skinner, B. F. (1938). *The behavior of organisms.* Nova York: Appleton-Century-Crofts.

Skinner, B. F. (1940). Review of K. Goldstein's The organism. *Journal of Abnormal and Social Psychology,* 35, 462-465.

Skinner, B. F. (1948a). "Superstition" in the pigeon. *Journal of Experimental Psychology,* 38, 168-172.

Skinner, B. F. (1948b). *Walden two.* Nova York: Macmillan.

Skinner, B. F. (1950). Are theories of learning necessary? *Psychological Review,* 57, 193-216.

Skinner, B. F. (1953). *Science and human behavior.* Nova York: Macmillan.

Skinner, B. F. (1956). A case history in scientific method. *American Psychologist,* 11, 221-233.

Skinner, B. F. (1957). *Verbal behavior.* Nova York: Appleton-Century-Crofts.

Skinner, B., F. (1959). *Cumulative record.* Nova York: Appleton-Century-Crofts.

Skinner, B. F. (1960). Pigeons in a Pelican. *American Psychologist,* 15, 29-37.

Skinner, B. F. (1961). The design of cultures. *Daedalus,* 90, 534-546.

Skinner, B. F. (1967). Autobiography. *In* E. G. Boring & G. Lindzey (Eds.), *History of psychology in autobiography* (v. V, p. 387-413). Nova York: Appleton-Century-Crofts.

Skinner, B. F. (1968). *The technology of teaching.* Nova York: Appleton-Century-Crofts.

Skinner, B. F. (1969). *Contingencies of reinforcement: A theoretical analysis.* Nova York: Appleton-Century-Crofts.

Skinner, B. F. (1971). *Beyond freedom and dignity.* Nova York: Knopf.

Skinner, B. F. (1974). *About behaviorism.* Nova York: Knopf.

Skinner, B. F. (1975). The steep and thorny way to a science of behavior. *American Psychologist,* 30, 42-47.

Skinner, B. F. (1976). *Particulars of my life.* Nova York: Knopf.

Skinner, B. F. (1977a). Why I am not a cognitive psychologist. *Behaviorism,* 5, 1-10.

Skinner, B. F. (1977b). Herrnstein and the evolution of behaviorism. *American Psychologist,* 32, 1006-1012.

Skinner, B. F. (1978). *Reflections on behaviorism and society.* Englewood Cliffs, N. J.: Prentice-Hall.

Skinner, B. F. (1979). *The shaping of a behaviorist: Part two of an autobiography.* Nova York: Knopf.

Skinner, B. F. (1980). *Notebooks.* Englewood Cliffs, N. J.: Prentice-Hall.

Skinner, B. F. (1983a). Intellectual self-management in old age. *American Psychologist,* 38, 239-244.

Skinner, B. F. (1983b). *A matter of consequences: Part three of an autobiography.* Nova York: Knopf.

Skinner, B. F. (1984). The shame of American education. *American Psychologist,* 39, 947-954.

Skinner, B. F. (1985). Cognitive science and behaviorism. *British Journal of Psychology,* 76, 291-301.

Skinner, B. F. (1986a). The evolution of verbal behavior. *Journal of the Experimental Analysis of Behavior,* 45, 115-122.

Skinner, B. F. (1986b). What is wrong with daily life in the Western world? *American Psychologist,* 41, 568-574.

Skinner, B. F. (1987). *Upon further reflection.* Englewood Cliffs, N. J.: Prentice-Hall.

Skinner, B. F. (1989). The origins of cognitive thought. *American Psychologist,* 44, 13-18.

Skinner, B. F. (1990). Can psychology be a science of mind? *American Psychologist,* 45, 1206-1210.

Skinner, B. F. & Lindsley, O. R. (1954). Studies in behavior therapy, status reports II and III, Office of Naval Research, Contract N5, ORI-7662.

Skinner, B. F. & Vaughan, M. E. (1983). *Enjoy old age: Living fully in your later years.* Nova York: Warner.

Slugoski, B. R., Marcia, J. E. & Koopman, R. F. (1984). Cognitive and social interactional characteristics of ego identity statuses in college. *Journal of Personality and Social Psychology,* 47, 646-661.

Smith, B. D. (1983). Extraversion and electrodermal activity: Arousability and the inverted-U. *Personality and Individual Differences,* 4, 411-420.

Smith, B. D., Rockwell-Tischer, S. & Davidson, R. (1986). Extraversion and arousal: Effects of attentional conditions on electrodermal activity. *Personality and Individual Differences,* 7, 293-303.

Smith, M. B. & Anderson, J. W. (1989). Henry A. Murray (1893- 1988). *American Psychologist,* 44, 1153-1154.

Smuts, J. C. (1926). *Holism and evolution.* Nova York: Macmillan.

Snyder, W. U., *et al.* (1947). *Casebook of nondirective counseling.* Boston: Houghton Mifflin.

Solomon, R. L., Kamin, L. J. & Wynne, L. G. (1953). Traumatic avoidance learning: The outcomes of several extinction procedures with dogs. *Journal of Abnormal and Social Psychology,* 48, 291-302.

Solomon, R. L. & Wynne, L. C. (1954). Traumatic avoidance learning: The principles of anxiety conservation and partial irreversibility. *Psychological Review,* 61, 353-385.

Spearman, C. (1904). "General intelligence" objectively determined and measured. *American Journal of Psychology,* 15, 201-293.

Spearman, C. (1927). *Abilities of man.* Nova York: Macmillan.

Spence, K. W. (1956). *Behavior theory and conditioning.* New Haven: Yale University Press.

Sperber, M. (1974). *Masks of loneliness: Alfred Adler in perspective.* Nova York: Macmillan.

Spielmann, J. (1963). The relation between personality and the frequency and duration of involuntary rest pauses during massed practice. Tese de Ph.D. não-publicada. University of London.

Steele, C. M. (Junho de 1996). Lewin's legacy and the role of stereotypes in shaping intellectual identity. *In* M. Zanna (Chair), *The practical theorist: Contemporary illustrations.* Simpósio apresentado na Pré-conferência da Sociedade de Psicologia Social e da Personalidade antes do encontro anual da Sociedade Psicológica Americana, San Francisco, Califórnia.

Steele, C. M. & Liu, T. J. (1983). Dissonance processes as self-affirmation. *Journal of Personality and Social Psychology,* 45, 5-19.

Steele, C. M., Spencer, S. J. & Lynch, M. (1993). Self-image resilience and dissonance: The role of affirmational resources. *Journal of Personality and Social Psychology,* 64, 885-896.

Stelmack, R. M. (1981). The psychophysiology of extraversion and neuroticism. *In* H. J. Eysenck (Ed.), *A model for personality* (p. 38-64). Heidelberg: Springer-Verlag.

Stelmack, R. M. (1990). Biological bases of extraversion: Psychophysiological evidence. *Journal of Personality,* 58, 293-311.

Stelmack, R. M. & Geen, R. G. (1992). The psychophysiology of extraversion. *In* A. Gale & M. W. Eysenck, (Eds.), *Handbook of individual differences* (p. 227-254). Nova York: Wiley.

Stelmack, R. M., Houlihan, M. & McGarry-Roberts, P. (1993). Personality, reaction time, and event-related potentials. *Journal of Personality and Social Psychology,* 65, 399-409.

Stelmack, R. M. & Stalikas, A. (1991). Galen and the humour theory of temperament. *Personality and Individual Differences,* 12, 255-263.

Stenberg, G. (1992). Personality and the EEG: Arousal and emotional arousability. *Personality and Individual Differences,* 13, 1097-1113.

Stepansky, P. (1977). A history of aggression in Freud. *Psychological Issues,* X(3), Monograph 39. Nova York: International Universities Press.

Stephenson, W. (1953). *The study of behavior: (Q-technique and its methodology.* Chicago: University of Chicago Press.

Stern, P. J. (1976). *C. G. Jung: The haunted prophet.* Nova York: Braziller.

Stern, W. (1935). *Allgemeine Psychologie aufpersonalistischer Grundlage.* The Hague: Nijhoff. (Tradução para o inglês de H. D. Spoerl. *General psychology: From the personalistic standpoint.* Nova York: Macmillan, 1938.)

Stewart, A. J., Franz, C. & Layton, L. (1988). The changing self: Using personal documents to study lives. *Journal of Personality,* 56, 41-74.

Stewart, A. J. & Rubin, Z. (1976). Power motivation in the dating couple. *Journal of Personality and Social Psychology,* 34, 305-309.

Stock, D. (1949). An investigation into the interrelations between self-concept and feelings directed toward other persons and groups. *Journal of Consulting Psychology,* 13, 176-180.

Strauman, T. J. (1990). Self-guides and emotionally significant childhood memories: A study of retrieval efficiency and incidental negative emotional content. *Journal of Personality and Social Psychology,* 59, 869-880.

Strelau, J. & Eysenck, H. J. (Eds.). (1987). *Personality dimensions and arousal.* Nova York: Plenum.

Sullivan, H. S. (1947). *Conceptions of modern psychiatry.* Washington, D. C.: William Alanson White Psychiatric Foundation.

Sullivan, H. S. (1950). Tensions interpersonal and international: A psychiatrist's view. *In* H. Cantril (Ed.), *Tensions that cause war* (p. 79-138). Urbana, Ill.: University of Illinois Press.

Sullivan, H. S. (1953). *The interpersonal theory of psychiatry.* Nova York: Norton.

Sullivan, H. S. (1954). *The psychiatric interview.* Nova York: Norton.

Sullivan, H. S. (1956). *Clinical studies in psychiatry.* Nova York: Norton.

Sullivan, H. S. (1962). *Schizophrenia as a human process.* Nova York: Norton.

Sullivan, H. S. (1964). *The fusion of psychiatry and social science.* Nova York: Norton.

Sulloway, F. (1979). *Freud, biologist of the mind.* Nova York: Basic Books.

Suppe, F. (Ed.) (1977). *The structure of scientific theories* (2ª ed). Urbana, Ill.: University of Illinois Press.

Taft, R. (1960). A statistical analysis of personality theories. *Acta Psychologia,* 17, 80-88.

Taulbee, E. S. & Wright, H. W. (1971). A psycho-social-behavioral model for therapeutic intervention. *In* C. D. Spielberger (Ed.), *Current topics in clinical and community psychology* (v. 3, p. 92-125). Nova York: Academic.

Tellegen, A., Lykken, D. T., Bouchard, T. J., Jr., Wilcox, K. J., Segal, N. L. & Rich, S. (1988). Personality similarity in twins reared apart and together. *Journal of Personality and Social Psychology,* 54, 1031-1039.

Teplov, B. M. (1964). The historical development of Pavlov's theory of typological differences in the dog. *In* J. A. Gray (Ed. e Trad.), *Pavlov's typology.* Oxford, England: Pergamon.

Thetford, W. N. (1949). The measurement of physiological responses to frustration before and after nondirective psychotherapy. Tese de doutorado não-publicada. University of Chicago.

Thetford, W. N. (1952). An objective measurement of frustration tolerance in evaluating psychotherapy. *In* W. Wolff & J. A. Precker (Eds.), Success in psychotherapy. *Personality Monographs* 3, 26-62.

Thomas, E. & Dewald, L. (1977). Experimental neurosis: Neuropsychological analysis. *In* J. D. Maser & M. E. P. Seligman (Eds.), *Psychopathology: Experimental models* (p. 214-231). San Francisco: Freeman.

Thompson, B. & Borrello, G. M. (1986). Construct validity of the Myers-Briggs Type Indicator. *Educational and Psychological Measurement,* 46, 745-752.

Thompson, G. G. (1968). George Alexander Kelly (1905-1967). *Journal of General Psychology,* 79, 19-24.

Thorndike, E. L. (1898). Animal intelligence: An experimental study of associative processes in animals. *The Psychological Review Monograph Supplements,* 2, 4-160.

Thorndike, E. L. (1911). *Animal intelligence: experimental studies.* Nova York: Macmillan.

Thorndike, E. L. (1932). *The fundamentals of learning.* Nova York: Teachers' College.

Thornquist, M. H. & Zuckerman, M. (1995). Psychopathy, passive-avoidance learning and basic dimensions of personality. *Personality and Individual Differences,* 19, 525-534.

Thurstone, L. L. (1931). Multiple factor analysis. *Psychological Review,* 38, 406-427.

Thurstone, L. L. (1934). The vectors of mind. *Psychological Review,* 41, 1-32.

Thurstone, L. L. (1946). Factor analysis and body types. *Psychometrika,* 11, 15-21.

Thurstone, L. L. (1948). Psychological implications of factor analysis. *American Psychologist,* 3, 402-408.

Tobacyk, J. J. & Downs, A. (1986). Personal construct threat and irrational beliefs as cognitive predictors of increases in musical performance anxiety. *Journal of Personality and Social Psychology,* 51, 779-782.

Tolman, E. C. (1935). Psychology versus immediate experience. *Philosophy of Science,* 2, 356-380.

Tolman, E. C. (1949). There is more than one kind of learning. *Psychological Review,* 56, 144-155.

Tomkins, S. S. (1979). Script theory: Differential magnification of affects. *Nebraska symposium on motivation,* 25, 201-236.

Tomkins, S. S. (1987). Script theory. In J. Aronoff, A. I. Rabin & R. A. Zucker (Eds.), *The emergence of personality* (p. 147-216). Nova York: Springer.

Tooby, J. & Cosmides, L. (1990). On the universality of human nature and the uniqueness of the individual: The role of genetics and adaptation. *Journal of Personality,* 58, 17-68.

Triplet, R. G. (1992). Henry A. Murray. The making of a psychologist? *American Psychologist,* 47, 299-307.

Tupes, E. C. & Christal, R. E. (1958). *Stability of personality trait rating factors obtained under diverse conditions* (USAF WADC Tech. Note No. 58-61). Lackland Air Force Base, Tex.: U.S. Air Force.

Tupes, E. C. & Christal, R. E. (1961). Recurrent personality factors based on trait ratings (USAF ASD Tech. Rep. No. 61-97). Lackland Air Force Base, Tex.: U.S. Air Force. (Reimpresso em *Journal of Personality,* 60, 225-251.)

Turiell, E. (1967). A historical analysis of the Freudian concept of the superego. *Psychoanalytic Review,* 54, 118-140.

Tyler, L. (1978). *Individuality: Human possibilities and personal choice in the psychological development of men and women.* San Francisco: Jossey-Bass.

Vaihinger, H. (1925). *The philosophy of "as if."* Nova York: Harcourt, Brace & World.

van der Post, L. (1975). *Jung and the story of our time.* Nova York: Pantheon.

van der Water, D. & McAdams, D. P. (1989). Generativity and Erikson's "belief in the species." *Journal of Research in Personality,* 23, 435-449.

Veroff, J. (1982). Assertive motivation: Achievement versus power. In A. J. Stewart (Ed.), *Motivation and society* (p. 99-132). San Francisco: Jossey-Bass.

Viney, L. L. (1993). *Life stories: Personal construct therapy for the elderly.* Nova York: Wiley.

Viney, L. L., Crooks, L. & Walker, B. M. (1995). Anxiety in community-based AIDS caregivers before and after personal construct counseling. *Journal of Clinical Psychology,* 51, 274-280.

Viney, L. L., Walker, B. M., Robertson, T., Lilley, B. & Ewan, C. (1994). Dying in palliative care units and in hospital: A comparison of the quality of life of terminal cancer patients. *Journal of Consulting and Clinical Psychology,* 62, 157-164.

Vockell, E. L., Felker, D. W. & Miley, C. H. (1973). Birth order literature 1967-1972. *Journal of Individual Psychology,* 29, 39-53.

von Franz, M-L. (1975). *C. C. Jung: His myth in our times.* Nova York: Putnam.

Wainer, H. A. & Rubin, I. M. (1969). Motivation of research and development entrepreneurs. *Journal of Applied Psychology,* 53, 178-184.

Wakefield, J. C. (1989). Levels of explanation in personality theory. In D. M. Buss & N. Cantor (Eds.), *Personality psychology: Recent trends and emerging directions* (p. 333-346). Nova York: Springer-Verlag.

Wallace, J. F., Newman, J. P. & Bachorowski, J. A. (1991). Failures of response modulation: Impulsive behavior in anxious and impulsive individuals. *Journal of Research in Personality*, 25, 23-44.

Ward, R. A. & Loftus, E. F. (1985). Eyewitness performance in different psychological types. *Journal of General Psychology*, 112, 191-200.

Waterman, A. S. (1982). Identity development from adolescence to adulthood: An extension of theory and a review of research. *Developmental Psychology*, 18, 341-358.

Waterman, A. S. (Ed.). (1985). *Identity in adolescence: Processes and contents*. San Francisco: Jossey-Bass.

Waterman, A. S. (1988). Identity status theory and Erikson's theory: Communalities and differences. *Developmental Review*, 8, 185-208.

Waterman, A. S., Geary, P. S. & Waterman, C. K. (1974). Longitudinal study of changes in ego identity status from the freshman to the senior year at college. *Developmental Psychology*, 10, 387-392.

Watkins, C. E., Jr. & Hector, M. (1990). A simple test of the concurrent validity of the Social Interest Index. *Journal of Personality Assessment*, 55, 812-814.

Watson, J. B. (1916). The place of the conditioned reflex in psychology. *Psychological Review*, 23, 89-116.

Watson, J. B. (1925). *Behaviorism*. Nova York: Norton.

Watson, R. I., Sr. & Evans, R. B. (1991). *The great psychologists: A history of psychological thought* (5ª ed.) Nova York: HarperCollins.

Wehr, D. S. (1987). *Jung and feminism: Liberating archetypes*. Boston: Beacon.

Wehr, G. (1971). *Portrait of Jung: An illustrated biography*. Nova York: Herder and Herder.

Weigert, E. V. (1942). Dissent in the early history of psychoanalysis. *Psychiatry*, 5, 349-359.

Weinberg, R. S., Gould, D., Yukelson, D. & Jackson, A. (1981). Effect of preexisting and manipulated self-efficacy on a competitive muscular endurance task. *Journal of Sport Psychology*, 4, 345-354.

Weinberg, R. S., Hughes, H. H., Critelli, J. W., England, R. & Jackson, A. (1984). Effects of preexisting and manipulated self-efficacy on weight loss in a self-control program. *Journal of Research in Personality*, 18, 352-358.

Weinberger, J. (1989). Response to Balay and Shevrin: Constructive critique or misguided attack? *American Psychologist*, 44, 1417-1419.

Weinberger, J. & Silverman, L. H. (1987). Subliminal psychodynamic activation: A method for studying psychoanalytic dynamic propositions. In R. Hogan & W. Jones (Eds.), *Perspectives in personality: Theory, measurement, and interpersonal dynamics* (p. 251-287). Greenwich, Conn.: JAI Press.

Weiss, J. M. (1971). Effects of coping behavior in different warning signal combinations on stress pathology in rats. *Journal of Comparative and Physiological Psychology*, 77, 1-13.

Werner, H. (1948). *Comparative psychology of mental development*. (Ed. rev.) Chicago: Follett.

Westen, D. (1990). Psychoanalytic approaches to personality. *In* L. A. Pervin (Ed.), *Handbook of personality: Theory and research* (p. 21-65). Nova York: Guilford.

Wheeler, R. H. (1940). *The science of psychology* (2ª ed.). Nova York: Crowel.

Wheelwright, J. B., Wheelwright, J. H. & Buehler, H. A. (1964) *Jungian Type Survey: The Gray Wheelwright Test* (16ª rev.), San Francisco: Society of Jungian Analysts of Northern California.

Whitbourne, S. K., Zuschlag, M. K., Elliot, L. B. & Waterman, A. S. (1992). Psychosocial development in adulthood: A 22-year sequential study. *Journal of Personality and Social Psychology, 63,* 260-271.

White, R. W. (1959). Motivation reconsidered: The concept of competence. *Psychological Review, 66,* 297-333.

White, R. W. (1960). Competence and the psychosexual stages of development. *Nebraska Symposium on Motivation, 8,* 97-141.

White, R. W. (1963a). Ego and reality in psychoanalytic theory: A proposal regarding independent ego energies. *Psychological Issues,* Monograph Nº 11. Nova York: International Universities Press.

White, R. W. (Ed.). (1963b). *The study of lives.* Nova York: Atherton.

White, R. W. (1975). *Lives in progress* (3ª ed.). Nova York: Holt, Rinehart, and Winston.

White, R. W. (1981). Exploring personality the long way: The study of lives. *In* A. I. Rabin, J. Aronoff, A. M. Barclay & R. A. Zucker (Eds.), *Further explorations in personality* (p. 3-19). Nova York: Wiley.

Whyte, L. L. (1962). *The unconscious before Freud.* Garden City. N. Y.: Doubleday, 1962.

Wickes, F. G. (1950). *The inner world of man.* Londres: Methuen.

Widiger, T. A. & Costa, P. T., Jr. (1994). Personality and personality disorders. *Journal of Abnormal Psychology, 103,* 78-91.

Wiedenfeld, S. A., O'Leary, A., Bandura, A., Brown, S., Levine, S. & Raska, K. (1990). Impact of perceived self-efficacy in coping with stressors on components of the immune system. *Journal of Personality and Social Psychology, 59,* 1082-1094.

Wiggins, J. S. & Pincus, A. L. (1992). Personality: Structure and assessment. *Annual Review of Psychology, 43,* 473-504.

Wilhelm, R. & Jung, C. G. (1931). *The secret of the golden flower.* Nova York: Harcourt, Brace & World.

Wilson, C. (1972). *New pathways in psychology: Maslow and the post-Freudian revolution.* Nova York: Taplinger.

Wilson, E. O. (1975). *Sociobiology.* Cambridge, Mass.: Harvard University Press.

Winter, D. A. (1992). *Personal construct psychology in clinical practice: Theory, research and applications.* Londres: Routledge.

Winter, D. G. (1973). *The power motive.* Nova York: The Free Press.

Winter, D. G. (1987). Leader appeal, leader performance, and the motive profiles of leaders and followers: A study of American presidents and elections. *Journal of Personality and Social Psychology, 52,* 196-202.

Winter, D. G. & Carlson, L. A. (1988). Using motive scores in the psychobiographical study of an individual: The case of Richard Nixon. *Journal of Personality, 56,* 75-104.

Wolpe, J. (1958). *Psychotherapy by reciprocal inhibition*. Stanford, Calif.: Stanford University Press.

Wolpe, J. (1973). *The practice of behavior therapy* (2ª ed.). Nova York: Pergamon.

Wolpe, J. (1976). *Theme and variations: A behavior therapy casebook*. Nova York: Pergamon.

Wolpe, J. & Lazarus, A. A. (1966). *Behavior therapy techniques*. Nova York: Pergamon.

Wolpe, J., Salter, A. & Reyna, L. (Eds.). (1966). *The conditioning therapies*. Nova York: Holt, Rinehart, and Winston.

Woodworth, R. S. (1918). *Dynamic psychology*. Nova York: Columbia University Press.

Wright, J. C. & Mischel, W. (1987). A conditional approach to dispositional constructs: The local predictability of social behavior. *Journal of Personality and Social Psychology*, 53, 1159-1177.

Wright, J. C. & Mischel, W. (1988). Conditional hedges and the intuitive psychology of traits. *Journal of Personality and Social Psychology*, 55, 454-469.

Wundt, W. (1874). *Grundzüge der physiologischen psychologie* (v. 2). Leipzig: Engelmann.

Wylie, R. C. (1961). *The self concept: A critical survey of pertinent research literature*. Lincoln, Nebr.: University of Nebraska Press.

Wylie, R. C. (1974, 1978). *The self-concept*. Lincoln, Nebr.: University of Nebraska Press. v. 1: *A review of methodological considerations and measuring instruments*, 1974. v. 2: *Theory and research on selected topics*, 1978.

Yerkes, R. M. & Dodson, J. D. (1908). The relation of strength of stimulus to rapidity of habit formation. *Journal of Comparative and Physiological Psychology*, 18, 459-482.

Young-Bruehl, E. (1988). *Anna Freud: A biography*. Nova York: Summit Books.

Zanna, M. P. & Cooper, J. (1974). Dissonance and the pill: An attribution approach to studying the arousal properties of dissonance. *Journal of Personality and Social Psychology*, 29, 703-709.

Zinbarg, R. & Revelle, W. (1989). Personality and conditioning: A test of four models. *Journal of Personality and Social Psychology*, 57, 301-314.

Zubin, J., Eron, L. D. & Schumer, F. (1965). *An experimental approach to projective techniques*. Nova York: Wiley.

Zucker, R. A., Aronoff, J. & Rabin, A. I. (1984). *Personality and the prediction of behavior*. Orlando: Academic.

Zucker, R. A., Rabin, A. I., Aronoff, J. & Frank, S. (Eds.). (1992). *Personality structure in the life course: Essays on personology in the Murray tradition*. Nova York: Springer.

Zuckerman, M. (1978). Sensation seeking. *In* H. London & J. Exner (Eds.), *Dimensions of personality*. Nova York: Wiley.

Zuckerman, M. (1979). *Sensation seeking: Beyond the optimal level of arousal*. Hillsdale, N. J.: Erlbaum.

Zuckerman, M. (Ed.). (1983). *Biological bases of sensation-seeking, impulsivity, and anxiety*. Hillsdale, N. J.: Erlbaum.

Zuckerman, M. (1984). Sensation seeking: A comparative approach to a human trait. *Behavioral and Brain Sciences*, 7, 413-471.

Zuckerman, M. (1989). Personality in the third dimension: A psychobiological approach. *Personality and Individual Differences,* 10, 391-418.

Zuckerman, M. (1991). *Psychobiology of personality.* Cambridge: Cambridge University Press.

Zuckerman, M. (1994). *Behavioral expressions and biosocial bases of sensation seeking.* Nova York: Cambridge University Press.

Zuckerman, M. (1995). Good and bad humors: Biochemical bases of personality and its disorders. *Psychological Science,* 6, 325-332.

Zuckerman, M., Bernieri, F., Koestner, R. & Rosenthal, R. (1989). To predict some of the people some of the time: In search of moderators. *Journal of Personality and Social Psychology,* 57, 279-293.

Zuckerman, M., Kraft, M., Joireman, J. & Kuhlman, D. M. (1996). Trabalho apresentado na Annual Meeting of the Eastern Psychological Association, Philadelphia, Pa., 29 de Março de 1996.

Zuckerman, M., Kuhlman, D. M., Joireman, J., Teta, P. & Kraft, M. (1993). A comparison of three structural models for personality: The Big Three, the Big Five, and the Alternative Five. *Journal of Personality and Social Psychology,* 65, 757-768.

Zuckerman, M., Kuhlman, D. M., Thornquist, M. & Kiers, H. (1991). Five (or three): Robust questionnaire scale factors of personality without culture. *Personality and Individual Differences,* 12, 929-941.

Zuroff, D. C. (1986). Was Gordon Allport a trait theorist? *Journal of Personality and Social Psychology,* 51, 993-1000.

# Índice Onomástico

## A

Abraham, K., 50, 133
Abramson, L. Y., 450, 453, 453
Adams, G. R., 183
Adams, N. E., 473, 475
Adelson, M., 273
Adler, A., 46, 47, 50, 52, 53, 92-93, 101, 113, 117-128, 133, 150, 150, 154, 232, 331, 360, 471, 492
Adler, G., 111, 113-114
Adler, J. M., 75-76
Albert, M., 477
Alexander, F., 133, 191
Alexander, I. E., 218
Allen, A., 245, 246, 248, 478, 482, 483, 502
Alloy, L. B., 453
Allport, F., 224, 227
Allport, G., 28, 32-33, 113, 165, 183, 198, 216, 218, 223-252, 256, 261, 270, 278, 283, 286, 288, 360, 393, 418, 464, 486, 492, 493, 493, 502
Allsopp, J. F., 301
Altman, K. E., 126
Amacher, P., 50
Ameland, M., 294
Anastasi, A., 112, 245
Anderson, E. E., 234
Anderson, J. W., 191, 193, 194-195
Anderson, K. J., 312
Ansbacher, H. L., 117, 118, 119-120, 121, 123-124, 125
Ansbacher, R. R., 117, 118, 119-120, 121, 123-124, 125
Aquino, São Thomás de, 28
Aristóteles, 28, 348
Arlow, J. B., 63
Aronoff, J., 194-195
Aronson, E., 382
Auld, F., 424

## B

Ayllon, T., 394, 412
Azrin, N., 394, 412

Bachorowski, J., A., 312
Baer, D. M., 394
Bakan, P., 302
Balay, J., 76
Baldwin, A. C., 344
Baldwin, A. L., 244-245, 250
Ball, E. D., 112
Baltes, P. B., 256
Bandura, A., 55, 62, 156, 165, 216, 233, 270, 341, 344, 387, 388, 415, 456, 460-478, 479, 485-486, 493, 505
Bannister, D., 343
Banuazizi, A., 443
Barash, D., 503
Barchas, J. D., 478
Barclay, A. M., 194-195
Barker, B., 33-34
Barnhardt, T. M., 77-78
Barratt, P., 294
Barrett, L. C., 453
Bash, K. W., 113-114
Bates, M., 109
Baum, M., 410
Beagley, G., 451
Beauvoir, S. de, 78-79
Bechtel, W., 33-34
Beck, A. T., 452
Becker, W. C., 286
Bell, J. E., 112
Bellak, L., 161

Beloff, J. R., 272
Belton, J. A., 302
Bem, D., 245, 246, 248, 478, 482, 483, 502
Bennet, E. A., 86
Bentham, J., 28
Berberich, J. P., 413
Bergin, A. E., 380
Bergman, A., 159
Bernard, C., 348
Bernieri, F., 246
Bertocci, P. A., 235, 250
Beyer, J., 473
Bieri, J., 343
Bijou, S., 394
Bjork, D. W., 393
Blanchard, E. B., 472
Blanck, G., 157
Blanck, R., 157
Blass, J., 216
Blatt, S. J., 159
Blewett, D. B., 272
Blitsten, D., 140-141
Block, J., 280, 381
Block, J. H., 381
Blum, G. S., 74-75
Blustein, D. L., 183
Bootzin, R. R., 412
Boren, J. J., 394
Boring, E. G., 28, 112, 191, 392
Borrello, G. M., 109
Bottome, P., 118
Bottomore, T. B., 128
Bouchard, T. J., Jr., 282
Bowdlear, C., 377
Bower, G., 61
Bowers, K. S., 216, 245
Bowlby, J., 159
Boyatzis, R. E., 215
Brenner, C., 63
Brett, 113
Breuer, J., 50, 70
Bridgeman, P., 392
Briggs, S. R., 112, 248, 503
Brill, A. A., 50
Brody, N., 301, 303, 310-311, 314
Brouillard, M. E., 478
Brown, J. S., 422, 425-426, 460-462
Brown, N. O., 181
Brown, R., 72-73
Brücke, E., 50
Bruhn, A. R., 126, 127
Bruner, J. S., 77-78, 250
Buehler, H. A., 109

Bugelski, R., 444
Bullit, W., 179-180
Bullock, W. A., 294
Burgess, E. W., 139-140, 452
Burt, C. L., 256, 296
Buss, A. H., 248, 283
Buss, D. M., 28-29, 30, 283, 284, 285, 286, 503
Butcher, H. J., 265
Butler, J. M., 376, 378

## C

Cado, S., 343
Campbell, J. B., 299, 307, 498
Cann, D. R., 111
Cantor, N., 127, 196, 248, 249, 250, 482
Cantril, H., 239, 243, 250
Caplan, P. J., 177
Carlson, J. G., 109
Carlson, L. A., 218
Carlson, R., 32, 108, 217-218, 280
Carlyn. M., 109
Carr, A. C., 380
Carroll, J. B., 256
Carson, R. C., 28-29
Cartwright, D. S., 375-376, 496
Cartwright, R. D., 374
Cashdan, S., 158
Catania. A. C., 390
Cattell, R. B., 42, 187, 232, 253-289, 292, 294, 296, 361, 418, 493
Cella, D. F., 183
Cervone, D., 475
Chaplin, W., 246
Chapman, A. H., 140-141
Charcot, J., 28-29, 50, 86
Child, D., 257, 266
Chipuer, H. M., 283
Chodorkoff, B., 379
Chomsky, N., 416
Christal, R. E., 278
Ciacolone, D., 450-451
Cioffi, D., 478
Claridge, G. S., 300, 302
Coghill, G. E., 348
Cohen, E. D., 111
Colby, K. M., 118
Cole, C. W., 379
Coles, R., 155, 166
Comrey, A. L., 256
Comte, A., 28
Conley, J. J., 294

Constantinople, A., 183
Cooper, J., 381
Cosmides, L., 283, 285
Costa, P. T., Jr., 279, 280, 281, 292
Cote, J. E., 183
Coutu, W., 250, 251
Cozzarelli, C., 478
Cramer, D., 380
Cramer, P., 177
Crandall, J. E., 127
Crews, F., 78, 78-79
Critelli, J. W., 344, 477
Cronbach, L. J., 29
Crooks, L., 343
Cross, K. P., 276
Crozier, W. J., 392
Csikszentmihalyi, M., 183
Curtis, F. J., 375-376

### D

Dahlstrom, W. G., 503
Dallett, J. O., 113-114
Dalton, P., 343
Daniels, D., 126, 282
Darwin, C., 28-29, 34-35, 69-70, 78
Davidson, R., 294
Davis, A., 424
Davisson, A., 343
DeKay, W. T., 284
DeRivera, J., 319
Descartes, R., 348
de St. Aubin, E., 183
Dewald, L., 450
Dewey, J., 348, 365
DeWolfe, A. S., 183
Diaz, A., 312
Dickman, S., 77
Digman, J. M., 28-29, 278
Dingman, H. F., 379
Dixon, N. F., 77
Dobson, W. R., 183
Dollard, J., 387, 388, 422-457, 463, 492, 493
Domhoff, G. W., 181
Domjan, N., 413
Donahoe, J. W., 413
Donderi, D. C., 111
Doob, L. W., 425
Dostoevsky, F., 74, 179-180
Douglas, C., 191
Downs, A., 343
Dry, A.M., 86, 87-88, 112

DuBois, C., 193
Dunbar, H. F., 348
Dweck, C. S., 452
Dworkin, B. R., 443
Dye, D. A., 279, 281
Dyer, R., 155
Dyk, W., 193
Dymond, R. F., 366, 374-375, 380
D'Zurilla, T., 77

### E

Eagle, M. N., 33-34, 157, 158
Earman, J., 33-34
Easting, G., 301
Eastman, C., 477
Eaves, L., 294
Ebbesen, E. B., 480-481
Ebbinghaus, H., 30
Eber, H. W., 257
Edwards, A. L., 213
Einstein, A., 318
Ellenberger, H., 50, 101, 118
Elliot, L. B., 183
Elms, A. C., 217-218
Emmons, R. A., 194-195
Empédocles, 297
Endler, N. S., 216, 248, 502
England, R., 477
Epstein, S., 77, 245, 502
Epting, F. R., 343
Erdelyi, M. H., 77-78
Erikson, E. H., 46, 47, 101, 135, 156, 159, 165-185, 193, 196, 198, 218, 359, 493
Erikson, K. T., 185
Eron, L. D., 213
Evans, G. T., 477
Evans, J. D., 497
Evans, R. B., 113
Evans, R. I., 128
Ewan, C., 343
Eysenck, H. J., 28, 36, 42, 74-75, 112, 113-114, 245, 247, 254, 279, 281, 282, 291-316, 418, 446, 447, 454, 493
Eysenck, M. W., 301
Eysenck, S. B. G., 292, 294, 297, 298, 299, 300, 301

### F

Fairbairn, W. R. D., 158
Fancher, R. E., 393

Faraday, M., 318
Fechner, G. T., 57-58, 68
Feldman, S. S., 111
Felker, D. W., 126
Fencil-Morse, E., 451
Fenichel, O., 53
Ferenczi, S., 50, 139
Ferster, C. B., 404
Festinger, L., 380, 381
Fisher, S., 74-75
Fiske, D., 278
Fitch, S. A., 183
Fitzgibbon, M., 183
Fliess, W., 69-70, 78
Flournoy, T., 105-106
Folkard, S., 301
Fordham, F., 86
Fordham, M. S. M., 111, 113-114
Forer, L. K., 126
Frank, I., 151
Frank, S., 194-195
Frankie, G., 464-465
Frankl, I., 100
Franks, C. M., 302, 303
Fransella, F., 343
Franz, C., 218
Frazier, E. F., 149
Frenkel-Brunswik, E., 161
Freud, A., 50, 63, 126, 155-156, 165, 167, 175
Freud, M. B., 50
Freud, S., 28-29, 29, 31, 34-35, 45-47, 50-81, 84, 85, 86,
87-88, 92-93, 93-94, 98, 101, 105-106, 107,
112, 113, 119-120, 121, 125-126, 128, 133,
135, 139-140, 142, 144, 149, 150, 154, 155,
156, 157, 158, 159, 160, 161, 162, 163, 164,
165, 166, 175, 178, 179-180, 191, 193, 196,
197, 198, 202, 217-218, 228, 269-270, 332,
353, 366, 367, 387, 418, 422, 436, 456-457,
470, 471, 493
Friedan, B., 78-79
Friedman, I., 378, 379
Frisbie, L. V., 379
Fromm, E., 117, 128-133, 150
Frost, R., 392
Funder, D. C., 245, 250, 345, 479, 502
Furtmüller, C., 118

### G

Gale, A., 294
Galen, 297
Galliland, K., 301

Galton, F., 112, 278
Gandhi, M., 177, 179-181
Gardner, M., 73
Gardner, R. W., 162
Gavell, M., 139-140
Gay, P., 52, 68-69
Geary, P. S., 183
Geen. R. G., 294, 307, 308, 309-310
Geisler, C., 75-76
Gelb, A., 350
Gendlin, 376
Getzels, J. W., 183
Gholson, B., 33-34
Gibson, H. B., 295
Gill, M. M., 63, 157, 162, 162
Gilliland, K., 294
Girgus, J. S., 453
Glass, D. C., 451
Glover, E., 112
Goble, F. G., 354
Goethe, J. W. von, 348
Goldberg, L. R., 246, 278, 279, 280, 286
Goldstein, G., 113
Goldstein, K., 316, 348-354, 360, 384-385
Gordon, T., 375-376
Gorky, M., 179-180
Gorlow, L., 112
Gorsuch, R. L., 273
Gould, D., 477
Gray, H., 112, 113-114
Gray, J. A., 304, 310-312, 493
Greenberg, R. P., 74-75
Greenwald, A. G., 77-78
Greer, G., 78-79
Groves, D., 452
Grummon, D. L., 380
Grunbaum, A., 74-75
Grusec, J. E., 470, 472
Gudjonsson, H. G., 297
Guntrip, H., 159
Guthrie, E. R., 421, 429

### H

Haigh, G. V., 376, 378
Haimowitz, M. L., 380
Haimowitz, N. R., 380
Hall, C. S., 53, 62, 93-94, 100-101, 113, 160, 207, 295
Hall, G. S., 50
Hannah, B., 86
Harackiewicz, J. M., 126, 127
Hardaway, R. A., 77

Hardin, T. S., 453
Harding, M. E., 111
Hardy, A. B., 475
Harlow, H. F., 234, 417, 436
Harlow, M. K., 417
Harman, H. H., 256
Harms, E., 111
Harrington, D. M., 381
Hartmann, E. von, 87-88
Hartmann, H., 156, 162, 175
Hartshorne, H., 245, 502
Hartup, W. W., 466
Hausdorff, D., 128
Havener, P. H., 379
Hawkey, M. L., 113-114
Hawkins, R. M., 477
Hawley, C. W., 307
Healy, C. C., 109
Healy, W., 139-140
Hector, M., 128
Heider, 380
Helmholtz, H. L. F. von, 28-29, 30
Helper, M. M., 379
Helson, R., 108
Henderson, L. J., 194
Hendrick, 162
Herrnstein, R. J., 414
Hertz, H., 318
Hesse, H., 111
Hetherington, E. M., 464-465
Hicks, L. E., 109
Higgins, E. T., 382, 383-384
Hilgard, E. R., 61, 74-75, 422
Hinkle, J. E., 379
Hipócrates, 28, 297
Hiroto, D. S., 451, 452
Hitler, A., 91, 125, 179-180, 295, 319
Hobbes, T., 28
Hoffman, E., 118
Hoffman, L. W., 126
Hogan, K., 177
Holender, D., 76
Holland, J. G., 390, 393
Hollingworth, L., 365
Holt, R. R., 74-75, 157, 162, 239, 247
Holtzman, P. S., 162
Honig, W. K., 411
Hook, S., 79
Hopkins, J. R., 167
Horn, J., 257, 267
Horney, K., 46, 47, 117, 125, 126, 130, 133-138, 149, 150, 360, 382, 493
Horwitz, L., 74-75

Houlihan, M., 294
Hovland, C., 422
Howells, G. N., 475
Hughes, H. H., 477
Hull, C. L., 160, 162, 302, 390. 421, 422, 425, 429
Humphreys, M. S., 301
Hundleby, J. D., 264

# I

Izard, C. E., 379

# J

Jackson, A., 477
Jackson, D. N., 213, 248
Jackson, H., 348
Jacobi, J., 111
Jacobs, A., 425-426
Jaffé, A., 86, 100-101, 111
Jakubczak, L. F., 464-465
James, W., 120, 179-180, 224, 348
James, W. T., 117
Janet, P., 28, 28-29
Jankowicz, A. D., 343
Jefferson, T., 179-181
Jeffery, R. W., 473
Jemmot, J. B., 106, 216
John, E. S., 380
John, O. P., 278, 279
Johnson, C. S., 149
Joiner, T. E., Jr., 453
Joireman, J., 280, 310-311, 313
Jones, E., 50, 52, 70, 74, 85, 86, 111-112, 118
Jones, H. E., 126
Jung, C. G., 28, 29, 46, 47, 50, 52, 53, 83-114, 121, 130, 149, 154, 155, 191, 232, 235, 298, 325, 493

# K

Kafka, F., 143
Kahn, S., 183
Kamin, L. J., 297, 410
Kanfer, F. H., 469-470
Kant, I., 298
Kantor, J. R., 348
Kaplan, R. M., 213
Kattsoff, L. O., 384
Kazdin, A. E., 394, 412
Keirsey, D., 109

Keller. F., 392
Kelly, G. A., 39, 109, 206-207, 229, 239, 315-316, 331-345, 479, 480-481, 492
Kelly, W., 463
Kennedy, J. F., 216
Kenrick, D. T., 32, 217-218, 245, 479, 502
Kerenyi, C., 107-108
Kernberg, O., 159
Kerr, J., 85
Ketterer, T., 450-451
Kierkegaard, S., 28
Kiers, H., 280
Kiesler, 375-376
Kihlstrom, J. F., 77-78, 126, 127
Kilpatrick, F. P., 239
Kirsch, I., 477
Kirsch, J., 113-114
Kitayama, S., 383-384
Klein, G. S., 157, 161-162, 451, 452
Kline, P., 74-75, 257, 261, 263, 264, 266, 269
Klinger, M. R., 77
Kluckhohn, C., 194, 196, 210, 217-218
Koegel, R., 413
Koestner, R., 246
Koffka, K., 318, 348-349
Köhler, W., 318, 319, 348-349
Kohut, H., 159-160
Koopman, R. F., 182
Kraeling, D., 446
Kraft, M., 280, 310-311, 313
Krasner, L., 394, 411
Krauss, H., 112
Kristy, N. F., 272
Kubie, L., 79-80
Kuhlman, D. M., 280, 310-311, 313
Kuhn, T., 33-34, 35, 36
Külpe, O., 30
Kupers, C. J., 470

## L

Lacey, H., 413
Lachman, F. M., 74-75
Lakatos. I., 33-34
Lamiell, J., 38-39, 247, 248
Landfield, A. W., 343
Larsen, R., 286
Lashley, K., 191
Lasswell, H., 139-140
Layton, L., 218
Lazarus, R. S., 367
Leahey, T. H., 33-34, 113

Leak, G. K., 128
Leitner, L. M., 343
Lenin, V. I., 180-181
Leonard, R. L., Jr., 216
Lerner, B., 374
Lerner, H., 159
Lesser, I., 183
Levey, 303
Levine, C., 183
Levitz-Jones, E. M., 183
Levy, N., 108
Levy. S., 112
Lewin, K., 160, 256, 263-264, 316, 319-329, 345, 421
Lichter, S. R., 216
Lilley, B., 343
Lindsley, O. R., 446
Lindzey, G., 53, 160, 194-195, 207, 213, 250, 295, 333
Litt, M. D., 477
Little, B. R., 249
Liu, T. J., 382
Locke, J., 28
Loeb. J., 392
Loehlin, J. C., 207, 282, 283, 294
Loevinger, J., 280
Loewenstein, R., 160
Loftus, E. F., 77, 109
Logan, R. L., 183
Long, J. S., 413
Lovaas, O. L., 413
Lowry, R. J., 354
Lustig, D. A., 75-76
Luther, M., 177, 179-180, **180-181**
Lynch, M., 382

## M

Maccoby, M., 133
Mach, E., 392
Machiavelli, N., 28
MacKinnon, D. W., **193, 213**
Maddi, S. R., 28-29
Magnusson, D., 28-29, 216, 248, 502
Mahler, B., 329
Mahler, M. S., 159
Maier, S. F., 452
Mair, J. M. M., 343
Manicus, P. T., 33-34
Manosevitz, M., 207
Mao tse-tung, 180-181
Marcia, J. E., 182, 183
Markus, H., 383-384
Marquis, D., 422

Marston, A. R., 469-470
Martin, N., 294
Martin, S., 450
Marx, K., 128, 131, 132
Marzillier, J. S., 477
Maslow, A., 113, 130-131, 235, 316, 354-363, 366, 385
Maslow, B. G., 354
Masserman, J., 448
Masson, J., 77, 78
Matthews, G., 294
Maxwell, J. C., 318
May, M. A., 245, 422, 502
Mayman, M., 126
McAdams, D. P., 28-29, 158, 181, 183, 216, 218, 280, 345
McArdle, J. J., 256
McCaulley, M. H., 109, 110
McClain, E. W., 183
McCleary, R. A., 367
McClelland, D. C., 215, 215, 216
McCrae, R. R., 278, 279, 280, 281, 292
McDougall, W., 28-29, 29, 31, 224, 492
McGarry-Roberts, P., 294
McGranahan, D. G., 250
McGue, M., 282
McGuire, W., 84, 86, 154
McKeel, H. S., 193
McLaughlin, R. J., 306, 307, 308
Mead, G. H., 139-140
Medinnus, G. R., 375-376
Meehl, P., 80
Mefford, I. N., 478
Meichenbaum, D., 449
Meier, C. A., 113-114
Melhado, J. J., 113-114
Mellon, P., 111
Melville, H., 191, 194, 213-214
Menlove, F. L., 470, 472, 474
Merriam, C. E., 139-140
Metalsky, G. I., 453
Meyer, A., 139-140, 348
Miley, C. H., 126
Milgram, N. A., 379
Milich, R., 74-75
Miller, N. E., 160, 387, 388, 422-457, 463, 492, 493
Miller, R. J., 128
Miller, W. R., 451, 452
Millet, K., 78-79
Mischel, W., 28-29, 216, 245, 248, 476, 478-487, 502
Mitchell, J., 78-79
Monte, C. F., 28-29, 301, 456
Morgan, C. D., **191, 194-195,** 215
Morris, E. K., 393, 394
Mosak, H. H., 126, 380

Moisés (profeta), 179-180
Moskowitz, D., 245
Mowrer, O. H., 161, 422, 425, 429, 446
Mozdzierz, G. J., 128
Muench, G. A., 374-375, 380
Mullahy, P., 140-141
Mumford, L., 111
Munroe, R., 117
Munsterberg, H., 191
Murphy, G., 113-114
Murray, E. J., 446
Murray, H. A., 28, 160, 167, 189-221, 228, 249, 257, 272, 286, 332, 392, 479, 486, 492, 493
Murray, J. B., 109
Murstein, B. I., 213
Musgrave, A., 33-34
Myers, I. B., 109, 110, 112
Myers, P. B., 109

## N

Nacht, S., 157
Napoleão Bonaparte (e. of France), 88, 125
Neimeyer, G. J., 343
Neimeyer, R. A., 343
Nesselroade, J. R., 256, 257
Neumann, E., 111
Newman, J. P., 312
Newton, H., 185
Nichols, R. C., 282
Nietzsche, F., 28, 87-88, 100
Nisbett, R., 77-78
Nolen-Hoeksema, S., 453
Nordby, V. J., 93-94, 100-101, 113
Norman, W. T., 278, 279
Nunnally, J. C., 376
Nurius, 383-384
Nye, R. D., 393

## O

O'Brien, E. J., 245, 502
Ochse, R., 183
O'Connor, K., 297
Odbert, 232, 261, 278
Oetting, E. R., 379
Olson, W. C., 234
Orgler, H., 118
Orlofsky, J. L., 183
Overmier, J. B., 450
Ozer, D. J., 216, 245

## P

Padilla, A. M., 450-451
Padilla, C., 450-451
Palmer, D. C., 413
Parisi, T., 69-70
Park, R. E., 139-140
Paunonen, S. V., 248
Pavlov, I. P., 28-29, 301, 304, 305, 392, 401, 420, 425-426
Pawlik, K., 264
Peake, P., 245, 482, 483
Pearce, J. M., 413
Pearson, P. R., 301
Pelham, B. W., 248
Perloff, B. F., 413
Perry, H. S., 139-141
Perry, N. W., 128
Pervin, L. A., 28-29, 245
Peterfreund, 74-75
Peters, 113
Peterson, C., 28-29, 453
Pettigrew, T., 250
Phillips, E. L., 375-376
Phillips, S. D., 183
Piaget, J., 156, 166
Pickering, A., 312
Pilisuk, M., 380
Pincus, A. L., 28-29
Pine, F., 159
Platão, 28
Plomin, R., 126, 281, 282, 283
Plug, C., 183
Poincaré, H., 392
Poole, M. E., 477
Popper, K., 33-34
Porter, E. H., Jr., 374-375
Pratt, C., 392
Prince, M., 191
Progoff, I., 111
Pumpian-Mindlin, E., 161

## Q

Quinn, S., 133

## R

Rabin, A. I., 194-195
Rachlin, H., 413
Rachman, S., 297, 447
Radcliffe, J. A., 265

Radin, P., 111
Raimy, V. C., 374, 374-375
Rank, O., 52, 154, 366
Rapaport, D., 157, 160, 161
Raskin, N. J., 374
Read, D., 183
Read, H. E., 111
Reese, L., 475
Reich, W., 154
Rennie, T. A. C., 348
Reppucci, N. D., 452
Revelle, W., 28-29, 299, 301, 312, 503
Reyna, L., 446
Reynolds, J. H., 299
Richards, I. A., 108
Richelle, M., 393
Ritter, B., 472
Roazen, P., 155, 165, 166
Robbins, S. J., 413
Robertson, T., 343
Robinson, F. G., 191, 194-195
Robinson, P., 69-70, 74-75, 78-79
Rocklin, T., 299
Rockwell-Tischer, S., 294
Rodin, J., 477
Rogers, C., 113, 130, 136, 142, 233, 315-316, 333, 347-386, 357, 360, 363-386, 418, 471, 492, 493
Rohles, F. H., 394
Roosevelt, T., 122
Rorer, L. G., 28-29, 33-34
Rosekrans, M. A., 466
Rosenthal, R., 246
Rosenthal, T. L., 467
Rosenzweig, S., 68-69, 74-75, 77, 193, 213, 247
Ross, D. L., 75-76, 465, 466, 476
Ross, S. A., 465, 466, 476
Rothman, S., 216
Rotter, J. B., 112, 452, 479
Rubin, I. M., 215
Rubin, Z., 216
Rubins, J. L., 133
Rudikoff, E. C., 378
Rule, W. R., 126
Runyan, W. M., 218
Russell, B., 392
Russell, S., 344
Ryckman, R. M., 28-29

## S

Saccuzzo, D. P., 213
Sachs, D., 74-75

Sachs, H., 133, 191
Salter, A., 446, 448
Sanford, R. N., 28, 32, 193, 251
Sapir, E., 139-140
Saucier, G., 280
Saunders, D. R., 257, 273
Sayers, J., 133, 155
Schaefer, B., 413
Schafer, R. A., 162
Scheier, I. H., 261, 269
Schenkel, S., 183
Schmitt, D. P., 285, 286
Schooler, C., 126
Schopenhauer, A., 87-88
Schreber, D., 179-180
Schuh, A. J., 497
Schulman, P., 453
Schumer, F., 213
Schur, M., 53
Schwartz, B., 413
Sears, R. R., 74-75, 161, 422, 425, 446, 460-462, 504
Secord, P. F., 33-34
Seeman, J., 374, 374-375
Seeman, T. E., 477
Selesnick, S. T., 112
Seligman, M. E. P., 422, 449-454
Selye, H., 234
Semmelroth, J., 286
Semyck, R. W., 352
Serrano, M., 111
Seward, J. P., 250
Shakespeare, W., 74, 468-469
Shakow, D., 160
Shaw, G. B., 179-180
Sheerer, E. T., 375-376
Sheldon, W., 493
Sherrington, C. S., 392
Shevrin, H., 76, 77
Shneidman. 194-195
Shoda, Y., 483, 484, 502
Silverman, L. H., 74-76
Silverstein, B., 69-70
Simmel, M. L., 350
Simmons, J. Q., 413
Simon, L., 301
Simonson, N. R., 112
Singer, J. E., 451
Skaggs, E. B., 247, 250
Skinner, B. F., 143, 163, 295, 333, 366, 367, 384, 385, 387, 388, 389-418, 421, 446, 464, 467, 492, 493
Slugoski, B. R., 182, 183
Smith, B. D., 294

Smith, H. W., 497
Smith, M. B., 193, 250
Smuts, J., 348
Sófocles, 74
Solomon, R. L., 234, 410
Spearman, C., 254, 257
Spence, K. W., 421, 422, 429, 460-462
Spencer, S. J., 382
Sperber, M., 118
Spinoza, 348
Staddon, J. E. R., 411
Stalikas, A., 29, 297, 298
Steele, C. M., 345, 382
Stekel, 52
Stelmack, R. M., 29, 294, 297, 298
Stenberg, G., 294
Stepansky, P., 57-58
Stephenson, W., 239, 376, 377
Stern, P. J., 86, 101
Stern, W., 28-29, 120, 224, 234
Stevens, L. C., 344
Stewart, A. J., 216, 218
Stice, G. F., 257, 272, 273
Stock, D., 375-376
Strauman, T. J., 127
Strelau, J., 294
Sullivan, H. S., 46, 47, 117, 138-149, 150, 166, 493
Sulloway, F., 69-70
Suppe, F., 33-34
Sweney, A. B., 257, 265, 269


## T

Taft, R., 497
Takemoto-Chock, N. K., 278
Tataryn, D. J., 77-78
Tatsuoka, M. M., 257
Taulbee, E. S., 452
Taves, P. A., 381
Taylor, C. B., 478
Teasdale, J. D., 450
Tellegen, A., 282
Teplov, B. M., 304, 305
Teta, P., 280, 313
Thetford, W. N., 380
Thomas, E., 450
Thomas, L., 343
Thomas, W. I., 139-140
Thompson, B., 109
Thompson, C., 139
Thompson, G. G., 329
Thorndike, E. L., 28-29, 257, 392, 401, 420, 421, 464

Thornquist, M. H., 280, 300
Thurstone, L. L., 254, 256, 278
Titchener, E. B., 30
Tobacyk, J. J., 343
Tolman, E. C., 234, 421, 429, 492
Tolstoy, L., 88
Tomkins, S. S., 193, 218
Tooby, J., 283, 285
Torestad, B., 28-29
Toth, J. C., 302
Triplet, R. G., 190, 191, 194-195, 220
Truman, H. S., 216
Tupes, E. C., 278
Turiell, E., 55
Tyler, L., 246

Ullmann, L. P., 394, 411

V

Vaihinger, H., 120, 121, 331
Vaillant, G. E., 453
Valentine, C. W., 447
Vanasek, F. J., 379
van der Post, L., 86, 101
Van de Water, D., 183
Vaughan, M. E., 394
Vernon, P. E., 239, 242, 243
Veroff, J., 216
Vinci, L. da, 62, 74, 179-180, 217-218
Viney, L. L., 343
Vockell, E. L., 126
von Franz, M.-L., 86

W

Wainer, H. A., 215
Wakefield, J. C., 248, 503
Walker, B. M., 343
Wallace, J. F., 312
Wallen, J. L., 374-375
Walters, R. H., 460-462, 464-465
Warburton, F. W., 261
Ward, R. A., 109
Waterman, A. S., 183, 183
Waterman, C. K., 183
Watkins, C. E., Jr., 128
Watson, J. B., 28-29, 389-390, 392, 421, 492

Watson, R. I., Sr., 113
Wehr, D. S., 86
Wehr, G., 86
Weigert, E. V., 85
Weinberg, R. S., 477
Weinberger, J., 74-75, 76
Weiss, J. M., 451
Werner, H., 348
Wertheimer, M., 318, 319, 348-349
Westen, D., 74-75, 77, 156, 157, 159, 160, 286
Whalen, C. K., 470
Wheeler, R. H., 348
Wheelwright, J. B., 109, 112, 113-114
Wheelwright, J. H., 109
Whitbourne, S. K., 183
White, A., 424
White, R. W., 32, 162-165, 193, 194, 213, 235, 495
Whitehead, A. N., 194
Whiting, J., 422
Whyte, L. L., 50
Wickes, F., 111
Widiger, T. A., 28-29, 33-34, 281
Wiedenfeld, S. A., 478
Wiggins, J. S., 28-29
Wilhelm, R., 92
Williams, D. E., 128
Williams, S. L., 478
Wilson, C., 354
Wilson, E. O., 503
Wilson, G., 74-75
Wilson, T., 77-78
Wilson, W., 179-180
Windelband, W., 239
Winter, D. A., 343
Winter, D. G., 216, 218
Wispe, L. G., 273
Wolpe, J., 422, 446-449, 454
Woodworth, R. S., 234
Wright, C. L., 473
Wright, H. W., 452
Wright, J. C., 482, 483, 484
Wundt, W., 28-29, 30, 112, 298, 348
Wurf, E., 383-384
Wylie, P., 111
Wylie, R. C., 374, 375-376, 380
Wynne, L. G., 234, 410

Young-Bruehl, E., 155
Yukelson, D., 477

## Z

Zanna, M. P., 381
Zeiss, A. R., 480-481
Zeller, 77
Zimmerman, G., 183
Zimmerman, R. R., 436

Zinbarg, R., 312
Zubin, J., 213
Zucker, R. A., 194-195
Zuckerman, M., 246, 280, 300, 310-311, 312, 493, 503
Zuroff, D. C., 248, 502
Zuschlag, M. K., 183

# Índice

## A

Abordagem molar, teoria da personalidade, 42-43
Abordagem molecular, teoria da personalidade, 42-43
Aborto, 478
Abrangência, teoria da personalidade, 34-35
Abstração, teoria da personalidade, 42-43
Ação motora, teoria do constructo pessoal, 326
Adaptação, psicologia do ego, 157
Adler, A., biografia de, 117-120
Adolescência. *Ver também* Fatores desenvolvimentais
    teoria analítica jungiana, 101
    teoria eriksoniana, 168, 173-174
    teoria sullivaniana, 145-146
Afiliação grupal, teoria da personalidade, 43, 496
Agressão
    Allport, G., 234
    personologia, oral, 208-209
    teoria da aprendizagem social, 465-467, 476, 482
    teoria das relações objetais, 158
    teoria psicanalítica, 57-58
Agressão oral, personologia, 208-209
Ajustamento
    Allport, G., 238
    teoria da personalidade, 32, 43
    teoria fatorial analítica do traço, 268-269
Alienação
    Fromm, E., 132-133
    Horney, K., 137-138
Allport, G.
    biografia de, 224-228
    desenvolvimento da personalidade, 236-239
        idade adulta, 238-239
        período de bebê, 236-238

    estrutura e dinâmica da personalidade, 228-236
        autonomia funcional, 233-236
        caráter e temperamento, 228-229
        de modo geral, 228-228
        intenções, 232
        *proprium*, 232-233
        traço, 229-232
        unidade, 236
    métodos de pesquisa, 239-250
        análise de cartas, 244-245
        contemporâneos, 245-250
        de modo geral, 239
        estudos sobre o comportamento expressivo, 241-243
        idiográfico *versus* nomotético, 239-240
        medidas, diretas e indiretas, 240-241
    resumo, 223-224
    *status* atual, 250-252
Alternativismo construtivo, teoria do constructo pessoal, 331-332
Ambiente
    teoria da aprendizagem social, 467
    teoria da personalidade, 42-43
    teoria de traço fatorial-analítica, 272
    teoria do constructo pessoal, 320-321. *Ver também* Teoria do constructo pessoal
    teoria organísmica, 353-354
    teorias da personalidade comparadas, 494
Ambiente psicológico. *Ver* ambiente
Ameaça, teoria do constructo social, 340
Amor
    teoria eriksoniana, 174
    teoria psicanalítica, 57-58
Análise de cartas, Allport, G., 244-245

Análise de conteúdo, teoria centrada na pessoa, 374-376
Análise funcional, condicionamento operante, 395-398
Ancoramento interdisciplinar, teoria da personalidade, 44, 496
*Anima* e *animus*, teoria analítica junguiana, 91, 96
Ansiedade
  básica, Horney, K., 135-136
  projeção, 64
  segunda teoria de Freud sobre a, 154
  teoria do constructo pessoal, 340
  teoria do estímulo-resposta, 448-449
  teoria psicanalítica, 60-61
  teoria sullivaniana, 144
Ansiedade básica, Horney, K., 135-136
Ansiedade de realidade
  projeção, 64
  teoria psicanalítica, 60-61
Ansiedade moral,
  projeção, 64
  teoria psicanalítica, 60-61
Ansiedade neurótica
  projeção, 64
  teoria psicanalítica, 60-61
Anticatexias, teoria psicanalítica, 58-60
Antropologia, teoria eriksoniana, 179-180, 183-184
Aprendizagem
  de neuroses, teoria do estímulo-resposta, 441-443
  *drive* secundário e, fatores desenvolvimentais, teoria do estímulo-resposta, 432-433
  personologia, 209-210
  teoria da personalidade, 40-41
  teoria de traço biológico, 302
  teoria de traço fatorial-analítica, 272-273
  teoria de estímulo-resposta, 421, 429, 430, 431-432. *Ver também* Teoria de estímulo-resposta
  teorias da personalidade comparadas, 493
Arquétipos, teoria analítica junguiana, 89-91
Associação livre, teoria psicanalítica, 70-72
Associação Psicanalítica Internacional, 52, 84
Atenção, seletiva, teoria sullivaniana, 142
Atitudes
  teoria analítica junguiana, 92-93, 94
  teoria de traço fatorial-analítica, 265-266
Auto-análise, teoria psicanalítica, 74
Autoconceito
  experimental, teoria centrada na pessoa, 380
  teoria da personalidade, 42-43
  teoria do constructo pessoal, 334-334
  teorias da personalidade comparadas, 494
Autoconceito dinâmico, 383-384
Auto-eficácia, teoria da aprendizagem social, 472-477
Autonomia funcional, Allport, G., 233-236

Autonomia,
  funcional, Allport, G., 233-236
  vergonha e dúvida *versus*, teoria eriksoniana, 171
Auto-observação, teoria da aprendizagem social, 469-470
Auto-reação, teoria da aprendizagem social, 469-471
Auto-realização
  características da, 362-363
  hierarquia de necessidades, 360
  personologia, 209-210
  teoria organísmica, 352-353
Auto-realização, teoria analítica junguiana, 99-100
Auto-reforço, teoria da aprendizagem social, 464
Autoritarismo, Fromm, E., 130
Auto-sistema
  teoria da aprendizagem social, 468-471. *Ver também* Teoria da aprendizagem social
  teoria sullivaniana,, 141-142

## B

Bandura, A., biografia de, 460-463. *Ver também* teoria da aprendizagem social
Biografia
  personologia, 217-218
  psico-história, teoria eriksoniana, 179-181
Biologia
  Allport, G., 237-238
  personologia, 210-211
  teoria adleriana, 119-120
  teoria analítica junguiana, 96-97, 100-101
  teoria da personalidade, 41-42
  teoria de traço fatorial-analítica, 272
  teoria do estímulo-resposta, 443
  teoria eriksoniana, 178-179
  teoria psicanalítica, 69-70
  teoria sullivaniana, 139
Bissexualidade
  teoria analítica junguiana, 91
  teoria psicanalítica, 67, 73-74
Busca de superioridade, teoria adleriana, 121

## C

Capitalismo, Fromm. E., 131-133
Caráter concreto, teoria da personalidade, 42-43
Caráter, Allport, G., 228-229
Caso do Homem dos Lobos (Freud), 72, 73
Caso do Homem dos Ratos (Freud), 72, 73
Caso do Pequeno Hans (Freud), 72, 73, 156
Caso Dora (Freud), 72

TEORIAS DA PERSONALIDADE **579**

Catexias
personologia, 202, 206-209
teoria psicanalítica, 58-60, 68
Cattell, R. B., biografia de, 256-257. *Ver também* Teoria de
traço
fatorial-analítica
Causalidade
teleologia *versus*, teoria analítica junguiana, 99-100
teoria adleriana, 121
teoria do traço biológico, 301-305
Cena primária, teoria psicanalítica, 73
Cérebro, personalidade e, 195
Ciências ocultas, teoria analítica junguiana, 105-107
Cinco Grandes Fatores
Eysenck e, 292
teoria de traço fatorial-analítica, 278-281
Cognição
fatores desenvolvimentais, teoria de estímulo-resposta,
433-435
teoria da aprendizagem social, 473
Compensação
teoria adleriana, 121-122
teoria analítica junguiana, 94-95
Competência
teoria da personalidade, 42-43
teorias da personalidade comparadas, 494-495
White, R., 162-163
Complexo de castração
personologia, 209
teoria psicanalítica, 66-67
Complexo de Édipo, teoria psicanalítica, 66-68
Complexo de Ícaro, personologia, 209
Complexo materno, teoria analítica junguiana, 88
Complexos
infantis, personologia, 206-209
teoria analítica junguiana, 88, 96-98, 105
Complexos anais, personologia, 209
Complexos claustrais, personologia, 208
Complexos infantis, personologia, 206-209
Complexos orais, personologia, 208
Comportamentalismo, teoria de estímulo-resposta, 420.
*Ver também* teoria de estímulo-resposta
Comportamento anormal
condicionamento operante, 408-411
teorias da personalidade comparadas, 496
Comportamento ideal, teoria da personalidade, 43
Comportamento lúdico
teoria eriksoniana, 172, 177-179
White, 163-164
Comportamento social, condicionamento operante, 407-
408
Comportamento supersticioso, condicionamento operante,
404-405

Comportamento, legitimidade do, condicionamento
operante, 394-395
Compulsão à repetição, teoria psicanalítica, 56
Conceito de necessidade integrada, personologia, 204-205
Conceito de pressão, personologia, 202-204
Conceito de tema, personologia, 203-205
Conceito de unidade-tema, personologia, 204-205
Condicionamento clássico
condicionamento operante, 401-402
teoria do estímulo-resposta, 420, 425-427. *Ver também*
Teoria de estímulo-resposta
Condicionamento operante, 389-418
desenvolvimento da personalidade, 401-411
comportamento anormal, 408-411
comportamento social, 407-408
comportamento supersticioso, 404-405
condicionamento clássico, 401-402
condicionamento operante, 402-403
discriminação e generalização de estímulo, 406-
407
esquemas de reforço, 403-404
reforço secundário, 405-406
dinâmica da personalidade, 399-401
estrutura da personalidade, 398-399
material biográfico, Skinner, B.F., 390-394
métodos de pesquisa, 411-414
contemporâneos, 413-414
descritos, 411-413
*status* atual, 414-418
sumário, 389-390
suposições, 394-398
análise funcional, 395-398
legitimidade do comportamento, 394-395
Confiança básica *versus* desconfiança básica, teoria
eriksoniana, 169-171
Confiança, confiança básica *versus* desconfiança básica,
teoria eriksoniana, 169-171
Conflito
personologia, 197
teoria de traço fatorial-analítica, 268-269
teoria de estímulo-resposta, 439-441
teoria psicodinâmica, 45
Conformidade de autômato, Fromm, E., 130
Conformidade, Fromm, E., 130
Consciência, teoria psicanalítica, 54-55
Consciência. *Ver também* Inconsciente
teoria da personalidade, 40-41
teoria do constructo pessoal, 340
teoria de estímulo-resposta, 439
teoria organísmica, 353
Conselho diagnóstico, personologia, métodos de pesquisa,
212
Conservação, teoria psicanalítica, 56

**580** HALL, LINDZEY & CAMPBELL

Constructos de mudança, teoria do constructo pessoal, 340-341
Contexto social
    teoria de traço fatorial-analítica, 273-274
    teoria do estímulo-resposta, 435-435
Continuidade, teoria da personalidade, 41
Contínuo de consciência cognitiva, teoria do constructo pessoal, 340
Contracondicionamento, teoria do estímulo-resposta, 432
Corolário da comunalidade, teoria do constructo pessoal, 339
Corolário de construção, teoria do constructo pessoal, 337
Corolário de escolha, teoria do constructo pessoal, 338-339
Corolário de experiência, teoria do constructo pessoal, 337-338
Corolário de fragmentação, teoria do constructo pessoal, 337-338
Corolário de individualidade, teoria do constructo pessoal, 339
Corolário de organização, teoria do constructo pessoal, 337-338
Corolário de socialidade, teoria do constructo pessoal, 339-340
Corolários, teoria do constructo pessoal, 336-340
Criatividade
    personologia, 198
    teoria centrada na pessoa, 381
Culpa
    iniciativa *versus*, teoria eriksoniana, 171-172
    teoria da aprendizagem pessoal, 464
    teoria do constructo pessoal, 340-341
    teoria psicanalítica, 60-61
Cultura
    estudos interculturais, teoria eriksoniana, 183-184
    personologia, 196, 198, 209-210
    teoria da personalidade, 43
    teoria de estímulo-resposta, 436

### D

Debate pessoa-situação, Allport, G., 245-246
Déficit cognitivo, teoria de estímulo-resposta, 449
Definição biofísica, da personalidade, 32
Definição biossocial, da personalidade, 32
Definição da personalidade do tipo coletânea, 32-33
Depressão
    teoria do desamparo, 453-454
    teoria do estímulo-resposta, 449, 450-453
Desamparo aprendido, teoria do estímulo-resposta, 450-453

Desconfiança, confiança básica *versus* desconfiança básica, teoria eriksoniana, 169-171
Descontinuidade, teoria da personalidade, 41
Desejo, teoria psicanalítica, 55
Desespero, integridade *versus*, teoria eriksoniana, 175-175
Deslocamento
    teoria do estímulo-resposta, 444
    teoria psicanalítica, 56-57, 62-63
Destrutividade, Fromm, E., 130
Determinismo recíproco, teoria da aprendizagem social, 467-467
Diferenças individuais
    Allport, G., 223-252. *Ver também* Allport, G.
    personologia, 210, 217-218
    teoria da personalidade, 42
    teoria de traço fatorial-analítica, 275-277, 283-286
Diferenças sexuais
    Horney, K., 135
    poder, personologia, 216
    teoria adleriana, 122
    teoria analítica junguiana, 91, 96
    teoria da dissonância cognitiva, 381-381
    teoria do constructo pessoal, 335, 344
    teoria eriksoniana, 178-179
    teoria psicanalítica, 66-68, 78-79
Diferenças. *Ver* Diferenças individuais
Diferenciação, teoria do constructo pessoal, 321-322
Diligência, inferioridade *versus*, teoria eriksoniana, 172-173
Discriminação e generalização de estímulo, condicionamento operante, 406-407
Disposição cardeal, Allport, G., 231-232
Disposição central, Allport, G., 231-232
Disposição secundária, Allport, G., 231-232
Disposição, Allport, G., 231-232
Dollard, J., biografia de, 422-426. *Ver também* Teoria do estímulo-resposta
Dominantes, teoria analítica junguiana, 89-90
Domínio (ou maestria), teoria da personalidade, 42-43
*Drive* secundário, 432-433
*Drives*, teoria do estímulo-resposta, 427, 429, 431, 432-433, 436. *Ver também* Teoria do estímulo-resposta
Dúvida e vergonha, autonomia *versus*, teoria eriksoniana, 171-171

### E

Edutores, teoria sullivaniana, 141
Efeito Zeigarnik, 234
Efeitos subliminares, teoria psicanalítica, 74-77

Ego
   Allport, G., 232-233
   distribuição da energia psíquica, 58-60
   personologia, 196-197
   teoria analítica junguiana, 88
   teoria das relações objetais, 158
   teoria eriksoniana, 175-176
   teoria psicanalítica, 54
Empiricismo
   teoria centrada na pessoa, 375-380
   teoria da personalidade, 34-35, 39-40
   teoria psicodinâmica, 46
Energia psíquica
   personologia, 196
   teoria analítica junguiana, 90, 96-100, 103-104
   teoria do constructo pessoal, 325
   teoria psicanalítica e, 55-55, 58-60
   teoria sullivaniana, 144-145
Energia. *Ver* Energia psíquica
Ênfase no campo, teoria da personalidade, 42
Entrevista, teoria sullivaniana, 147-148
Envelhecimento, teoria eriksoniana, 175-175
Equação de especificação, teoria de traço fatorial-analítica, 263-265
Equalização, teoria organísmica, 352-352
*Ergs*, teoria de traço fatorial-analítica, 266
Erikson, E. H., biografia, 166-167
Escalas
   escalas de avaliação, teoria centrada na pessoa, 375-376
   teoria do constructo pessoal, 335-336
Escalas de avaliação, teoria centrada na pessoa, 375-376
Escolha objetal, teoria psicanalítica, 58
Espaço de vida, teoria do constructo pessoal, 320-321
Esquema de vetor-valor, personologia, 205-206
Esquemas de reforço, condicionamento operante, 403-404
Esquemas e programas seriados, personologia, 195-196
Esquemas, personologia, 196-196
Esquizofrenia, teoria sullivaniana, 148-149
Estados, teoria de traço fatorial-analítica, 269-269
Estágio anal, teoria psicanalítica, 66
Estágio fálico, teoria psicanalítica, 66-68
Estágio genital, teoria psicanalítica, 68
Estágio oral, teoria psicanalítica, 65
Estagnação, generatividade *versus*, teoria eriksoniana, 174-175
Estatística, conceito de análise fatorial, 254, 256
Estereótipos, teoria sullivaniana, 143
Estilo cognitivo, Klein, G., 162
Estilo de vida, teoria adleriana, 123-125
Estilo explanatório, teoria do estímulo-resposta, 453
Estimulação, Fromm, E., 130-131

Estímulo condicionado, teoria do estímulo-resposta, 425-430. *Ver também* Teoria do estímulo-resposta
Estímulo incondicionado, teoria do estímulo-resposta, 425-430. *Ver também* Teoria do estímulo-resposta
Estratégia cognitiva, personologia, 196
Estrutura de orientação, Fromm, E., 130-131
Estudos com animais, teoria de estímulo-resposta, 422, 443, 448, 450-451
Estudos de caso
   teoria analítica junguiana, 105-106
   teoria eriksoniana, 177, 179-181
   teoria psicanalítica, 72-74
Estudos de gêmeos, teoria de traço fatorial-analítica, 281-283
Estudos do comportamento expressivo, Allport, G., 241-243
Estudos experimentais do autoconceito, teoria centrada na pessoa, 380
Estudos interculturais, teoria eriksoniana, 183-184
Estudos quantitativos, teoria centrada na pessoa, 374-375
Excitação, Fromm, E., 130-131
Excitação, teoria de traço biológico, 307-310. *Ver também* Teoria de traço biológico
Execução, teoria eriksoniana, 181-183
Extinção experimental, teoria do estímulo-resposta, 428
Extinção, teoria de estímulo-resposta, 428, 449
Extroversão e introversão
   teoria analítica junguiana, 92-94, 101, 108-111, 112
   teoria de traço biológico, 292, 294, 297-300. *Ver também* Teoria de traço biológico
   teoria do constructo pessoal, 333
Eysenck, H. J., biografia de, 295-297. *Ver também* Teoria de traço biológico

## F

Farmacologia, Skinner, B. F. e, 412
Fatores desenvolvimentais
   Allport, G., 236-239
      idade adulta, 238-239
      período de bebê, 236-238
   condicionamento operante, 401-411, 402-403
      comportamento anormal, 408-411
      comportamento social, 407-408
      comportamento supersticioso, 404-405
      condicionamento clássico, 401-402
      esquemas de reforço, 403-404
      generalização e discriminação de estímulo, 406-407
      reforço secundário, 405-406

personologia, 206-211
  aprendizagem, 209-210
  complexos infantis, 206-209
  de modo geral, 206-207
  fatores socioculturais, 209-210
  genética, 209-210
  inconsciente, 210-211
  processo de socialização, 210-211
  singularidade, 210
teoria analítica junguiana, 99-104
  causalidade *versus* teleologia, 99-100
  de modo geral, 99-100
  estágios, 100-102
  função transcendente, 103-104
  genética, 100-101
  individuação, 103
  progressão e regressão, 102-103
  simbolização, 103-104
  sincronicidade, 100-101
  sublimação e repressão, 103-104
teoria centrada na pessoa, 371-374
teoria da personalidade, 40-41
teoria das relação objetais, 158-159
teoria de traço fatorial-analítica, 270-274
  análise de hereditariedade-ambiente, 272
  aprendizagem, 272-273
  contexto social, 273-274
  de modo geral, 270-272
  maturação, 273
teoria do constructo pessoal, 328-329
teoria de estímulo-resposta, 430-437
  contexto social, 435
  estágios, 435-437
  processo de aprendizagem e *drive* secundário, 432-433
  processo de aprendizagem, 431-432
  processos mentais superiores, 433-435
  qualidades inatas, 431
teoria eriksoniana, 165-185. *Ver também* Teoria eriksoniana
teoria organísmica, 354-354
teoria psicanalítica, 61-68
  de modo geral, 61
  deslocamento, 62-63
  estágios, 65-68
  identificação, 61-62
  mecanismos de defesa, 63-65
teoria sullivaniana, 144-146
teorias da personalidade comparadas, 494
White, R., 163-164
Fatores econômicos
  Fromm, E., 131-133
  teoria psicológica/teoria psicanalítica, 161

Fatores socioculturais, personologia, 209-210
Feminismo, teoria psicanalítica, 78-79
Finalismo ficcional, teoria adleriana, 120-121
Fisiologia, teoria da personalidade, 28
Fixação, teoria psicanalítica, 64-65
Fobias, teoria da aprendizagem social, 473-474
Foco no constructor, teoria do constructo pessoal, 333
Força. *Ver* Vetor
Formação reativa, 64
Freud, S.. *Ver também* Teoria psicanalítica
  Adler e, 119-120
  biografia de, 50-53
  Horney, K. e, 133, 135
  psicanálise e, 53-81
Fromm, E.
  biografia, 128-130
  contribuições de, 130-133, 149-151
Função integrativa, da personalidade, 32
Função transcendente, teoria analítica junguiana, 95, 103-104
Fundação Bollingen, 111

## G

Generalização, teoria do estímulo-resposta, 429, 433
Generatividade, estagnação *versus*, teoria eriksoniana, 174-175
Genética
  Allport, G., 237-238
  personologia, 209-210
  teoria adleriana, 125
  teoria analítica junguiana, 91, 100-101
  teoria da personalidade, 28, 40-41
  teoria de traço biológico, 300
  teoria de traço fatorial-analítica, 272, 281-283
  teoria de estímulo-resposta, 431
  teoria sullivaniana, 139, 146
  teorias da personalidade comparadas, 493
Genética do comportamento, teoria de traço fatorial-analítica, 281-283
Genética lamarkiana, teoria analítica junguiana, 100-101
Genitalidade, teoria eriksoniana, 174, 178-179
Goldstein, K., biografia de, 349-350. *Ver também* Teoria organísmica

## H

Habilidades, personologia, 196
Hereditariedade. *Ver* Genética
Heurística, teoria da personalidade, 34-35
Hierarquia de necessidades, Maslow, A., 358-361

## TEORIAS DA PERSONALIDADE **583**

Histeria, teoria psicanalítica, 50
Holismo
    teoria da personalidade, 41-42
    teoria organísmica, 348
    teorias da personalidade comparadas, 494
Homossexualidade
    teoria analítica junguiana, 91
    teoria do constructo pessoal, 343
    teoria psicanalítica, 73-74
    teoria sullivaniana, 145-146
Horney, K.
    alienação, 137-138
    ansiedade básica, 135-136
    biografia, 133
    Freud, S. e, 133-135
    necessidades neuróticas, 136-137
    soluções para necessidades neuróticas, 137
Hostilidade, teoria do constructo pessoal, 340
Humanismo dialético, Fromm, E., 128

# I

Id
    distribuição de energia psíquica, 58-60
    personologia, 196
    psicologia do ego, 155, 156
    teoria psicanalítica, 54-54
Idade adulta. *Ver também* Fatores desenvolvimentais
    Allport, G., 238-239
    teoria de traço fatorial analítica, 273
    teoria eriksoniana, 174-175
Ideal de ego, personologia, 197
Identidade
    confusão de identidade *versus*, teoria eriksoniana, 173-174
    Fromm, E., 130-131
    teoria eriksoniana, 168, 182-183
Identificação, teoria psicanalítica, 58-59, 61-62
Idiográfica e idiotética, Allport, G., 239-240, 246-248
Imagens primordiais, teoria analítica junguiana, 89-90
Imagos, teoria analítica junguiana, 89-90
Imitação, teoria psicanalítica, 62
Inconsciente coletivo, teoria analítica junguiana, 88-92, 100-101
Inconsciente pessoal, teoria analítica junguiana, 88
Inconsciente transpessoal. *Ver* Inconsciente coletivo
Inconsciente. *Ver também* Consciente
    coletivo, teoria analítica junguiana, 88-92, 100-101
    personologia, 210-211
    pessoal, teoria analítica junguiana, 88
    teoria da personalidade, 40-41
    teoria de traço fatorial-analítica, 265-266

teoria do constructo pessoal, 340-340
teoria de estímulo-resposta, 437-439
teoria organísmica, 353
teoria psicanalítica, 50
teoria psicodinâmica, 45, 46, 47
teorias da personalidade comparadas, 492-493
Indicador de Tipo Myers-Briggs (MBTI, *Myers-Briggs Type Indicator*)
    teoria analítica junguiana, 108, 109-111
    teoria de traço fatorial-analítica, 280-281
Individuação, teoria analítica junguiana, 103
Infância
    Allport, G., 233
    comportamento lúdico, White, R., 163-164
    Horney, K., 135-136
    teoria adleriana, 122, 127
    teoria analítica junguiana, 100-101
    teoria centrada na pessoa, 373-373
    teoria da aprendizagem social, 464-465, 476, 480-481
    teoria da personalidade, 40-41
    teoria das relações objetais, 159
    teoria de estímulo-resposta, 435-437
    teoria eriksoniana, 171-173
    teoria psicanalítica, 65-68
    teoria sullivaniana, 144-148
Inferioridade, diligência *versus*, teoria eriksoniana, 172-173
Inibição transmarginal, teoria do traço biológico, 305-305
Iniciativa, culpa *versus*, teoria eriksoniana, 171-172
Instinto
    definido, 55
    psicologia do ego, 156
    teoria das relações objetais, 158, 160
    teoria psicanalítica, 55-58
    White, R., 162-163
Instinto de morte, teoria psicanalítica, 57-58
Instinto de vida, teoria psicanalítica, 57, 57-58
Instituto de Relações Humanas (Universidade de Yale), 422-422, 424
Instrumentos de mensuração
    Allport, G., 239, 240-241
    personologia, métodos de pesquisa, 212-213
Integridade, desespero *versus* teoria eriksoniana, 175-175
Intenções, Allport, G., 232-232
Interacionismo
    Allport, G., 245-246
    personologia, 216-216
Interações objeto-sujeito, personologia, 195-196
Interações sujeito-objeto, personologia, 195-196
Interações sujeito-sujeito, personologia, 195-196
Interesse social, teoria adleriana, 122-123
Intimidade, isolamento *versus*, teoria eriksoniana, 174
Introjeção, teoria psicanalítica, 55

**584** HALL, LINDZEY & CAMPBELL

Introversão. *Ver* Extroversão e introversão
Intuição, teoria analítica junguiana, 93
Inveja do pênis
   Horney, K., 135
   teoria psicanalítica, 66-67, 78-79
Irmãos, ordem de nascimento, teoria adleriana, 126-126
Isolamento, intimidade *versus*, 174

## J

Jung, C. G.
   biografia de, 85-88
   Freud e, 84-85

## K

Kelly, G., biografia de, 328-331. *Ver também* Teoria do
   constructo pessoal

## L

Legitimidade do comportamento, condicionamento
   operante, 394-395
Lei de Yerkes-Dodson, teoria de traço biológico, 306-307
Lewin, K., biografia de, 319-320. *Ver também* Teoria do
   constructo pessoal
Libido
   teoria psicanalítica, 57
   White, R., 165
Linguagem
   condicionamento operante, 416
   fatores desenvolvimentais, teoria de estímulo-resposta,
      433-435
   teoria do constructo pessoal, 333, 340
   teoria de estímulo-resposta, 421
Linguagem corporal, estudos do comportamento
   expressivo, 241-243
Locomoção, teoria do constructo pessoal, 327-328

## M

Mandala, teoria analítica junguiana, 92, 103-104
Maslow, A.. *Ver também* Teoria organísmica; teoria
   centrada na pessoa
   auto-realizadores, 362-363
   biografia de, 354
   hierarquia de necessidades, 358-361
   natureza humana, 356-358

síndromes, 361-362
Maturação
   personologia, 209-210
   teoria de traço fatorial-analítica, 285-286
Mecanismos de defesa
   psicologia do ego, 156-157
   teoria psicanalítica, 61, 63-65
Medicação, Skinner, B. F. e, 412
Meia-idade, teoria analítica junguiana, 101-102
Memória
   inconsciente coletivo, 88-92, 100-101
   teoria adleriana, 126-127
Memória inicial, teoria adleriana, 126-127. *Ver também*
      Memória
Memória racial, inconsciente coletivo, 88-89
Metáfora do homem-cientista, teoria do constructo
      pessoal, 332-333
Metapsicologia, teoria psicanalítica, 75, 154, 162
Método científico
   Skinner, B. F. sobre, 393
   teoria do estímulo-resposta, 419-420. *Ver também*
      Teoria do estímulo resposta
   teoria psicanalítica, 55-55, 69-70, 79
   teoria sullivaniana, 139
Método comparativo, teoria analítica junguiana, 105-107
Método do duplo-cego, teoria psicanalítica, 76
Miller, N., biografia de, 422- 425-426. *Ver também* Teoria
      do estímulo-resposta
Mischel, W., biografia de, 478-481. *Ver também* Teoria da
      aprendizagem social
Mitologia, teoria analítica junguiana, 90, 105-107
Modelo de diátese-estresse, teoria do estímulo-resposta,
      453
Modelo dos sistemas VIDAS, teoria de traço fatorial-
      analítica, 277-278
Motivação
   Allport, G., 233-236
   hierarquia de necessidades, Maslow, A., 358-361
   lei de Yerkes-Dodson, 307
   personologia, 190-191, 197-198, 198, 215-216
   teoria adleriana, 118, 119-120
   teoria da personalidade, 30-31, 43
   teoria do constructo pessoal, 325-326, 333-334
   teoria de estímulo-resposta, 427, 449
   teoria psicodinâmica, 45
   teorias da personalidade comparadas, 496
   White, R., 162-163
Multiplicidade, síntese *versus*, teoria da personalidade,
      504-506
Murray, H., biografia de, 191-195. *Ver também*
      Personologia

# N

Natureza humana
  Maslow sobre, 356-358
  Rogers sobre, 367
Nazismo
  Fromm, E., 130
  Jung, C. G., 111
Necessidades
  Fromm, E., 130-131
  hierarquia de necessidades, Maslow, A., 358-361
  neuróticas, Horney, K., 136-137
  personologia, 196, 198-202
  teoria do constructo pessoal, 325-326
  teoria psicanalítica, 55
Neuroses
  aprendizagem das, teoria de estímulo-resposta, 441-443
  Horney, K., 136-137
  teoria adleriana, 125-126
Neuroticismo, teoria de traço biológico, 297-300
Normas, teoria da personalidade, 43-44

# O

Objeto, teoria psicanalítica, 56
Observação clínica, teoria da personalidade, 28
Observação. *Ver* Observação clínica
Ódio, teoria psicanalítica, 57-58
Oposição, teoria analítica junguiana, 95
Ordem de nascimento, teoria adleriana, 126

# P

Padrões de comportamento, teoria analítica junguiana, 90
Palestras da Clark University (Freud & Jung), 84
Papéis, teoria de traço fatorial-analítica, 269
Paradigma, teoria da personalidade, 36
Paradoxo de consistência, protótipos cognitivos e, teoria da aprendizagem social, 482-483
Paradoxo, paradoxo de consistência, protótipos cognitivos e, teoria da aprendizagem social, 482-483
Parcimônia, teoria da personalidade, 35
Pensamento, teoria analítica junguiana, 92-93
Percepção
  Klein, G., 161-162
  realidade e, 315-316
  teoria da personalidade, 39, 42-43
  teoria do constructo pessoal, 321-322. *Ver também* Teoria do constructo pessoal

Período de bebê. *Ver também* Fatores desenvolvimentais
  Allport, G., 236-238
  personologia, 206-209
  teoria centrada na pessoa, 373
  teoria das relações objetais, 159
  teoria eriksoniana, 168-171
Persona, teoria analítica junguiana, 91-91
Personalidade, definida, 32-33, 194-195, 228
Personificações, teoria sullivaniana, 142-143
Personologia, 189-176
  desenvolvimento da personalidade, 206-211
    aprendizagem, 209-210
    complexos infantis, 206-209
    de modo geral, 206-207
    fatores socioculturais, 209-210
    genética, 209-210
    inconsciente, 210-211
    processo de socialização, 210-211
    singularidade, 210
  dinâmica da personalidade, 198-206
    conceito de necessidades integradas, 204-205
    conceito de pressão, 202-204
    conceito de tema, 203-205
    conceito de unidade-tema, 204-205
    de modo geral, 198-198
    esquema de vetor-valor, 205-206
    necessidade, 198-202
    processos reinantes, 205
    redução de tensão, 203-204
  estrutura da personalidade, 194-198
    capacidades e realizações, 196
    definição de personalidade, 194-195
    estabilidades e estruturas, 196-198
    planos e programas seriados, 196
    procedimentos e séries, 195-196
  material biográfico, 191-195
  métodos de pesquisa, 210-218
    conselho diagnóstico, 212
    contemporâneos, 215-218
    de modo geral, 210-211
    escala e amostra, 211-212
    estudos representativos, 213-215
    instrumentos de mensuração, 212-285
    *status* atual, 219-221
    sumário, 190, 191
Pesquisa dimensional. *Ver* Pesquisa nomotética
Pesquisa morfogênica. *Ver* Idiográfica
Pesquisa nomotética, *versus* idiográfica, Allport, G., 239-240
Pista, teoria do estímulo-resposta, 431-432. *Ver também* Teoria do estímulo-resposta
Poder, personologia, 215-216

Política
Eysenck, H. J., 296
teoria eriksoniana, 185
Posição organísmica
teoria centrada na pessoa, 367-369
teoria da personalidade, 41-42
teorias da personalidade comparadas, 494
Postulado e corolários, teoria do constructo pessoal, 336-340
Predição, teoria da personalidade, 33-34
Princípio da entropia
teoria analítica junguiana, 98-100, 103-104
teoria do constructo pessoal, 325
Princípio da equivalência, teoria analítica junguiana, 98
Princípio da realidade, teoria psicanalítica, 54
Princípio do prazer, teoria psicanalítica, 54
Princípio epigenético, teoria eriksoniana, 168
Princípios da aprendizagem observacional, teoria da
aprendizagem social, 464-467. Ver também
Teoria da aprendizagem social
Procedimentos, personologia, 195-196
Processo de julgamento, teoria da aprendizagem social,
469-470
Processo de socialização, 210-211
Processo primário, teoria psicanalítica, 54
Processo secundário, teoria psicanalítica, 54
Processos cognitivos, teoria sullivaniana, 143
Processos de atenção, teoria da aprendizagem social, 464-465
Processos de produção, teoria da aprendizagem social,
465
Processos de retenção, teoria da aprendizagem social, 465
Processos mentais, fatores desenvolvimentais, teoria do
estímulo-resposta, 433-435
Processos motivacionais, teoria da aprendizagem social,
465-467
Processos motores, teoria do estímulo-resposta, 421
Processos reinantes, personologia, 205
Processos sensoriais, teoria do estímulo-resposta, 421
Profissão médica, teoria da personalidade, 29, 46
Progressão, teoria analítica junguiana, 102-104
Projeção, teoria psicanalítica, 64
Proprium, Allport, G., 232-233
Protótipos cognitivos, paradoxo de consistência e, teoria
da aprendizagem social, 482-483
Protótipos cognitivos, paradoxo de consistência e, teoria
da aprendizagem social, 482-483
Psicobiografia, personologia, 217-218
Psicofarmacologia, Skinner, B. F. e, 412
Psico-história, teoria eriksoniana, 179-181
Psicologia da gestalt. Ver também Teoria do constructo
pessoal
Allport, G., 224

descrita, 318-319
teoria da personalidade, 28
teoria organísmica, 348-349
Psicologia do ego, teoria psicanalítica, 155-157
Psicologia do self
Allport, G., 232
Kohut, H., 159-160
Psicologia do vetor, teoria do constructo pessoal, 324. Ver
também Teoria do constructo pessoal
Psicologia experimental, teoria da personalidade, 28-29,
31
Psicométrica, tradição, teoria da personalidade, 28
Psicoterapia, teoria de estímulo-resposta, 443-444, Ver
também Terapia
Psicoticismo, teoria do traço biológico, 300-301

## Q

Qualidade intencional
teoria de traço fatorial-analítica, 275
teoria psicodinâmica, 46, 47
Qualidades inatas. Ver Genética

## R

Realidade percebida, 315-316
teoria centrada na pessoa, 347-386. Ver também Teoria
centrada na pessoa
teoria do constructo pessoal, 317-345. Ver também
Teoria do constructo pessoal
Realidade, percepção e, 315-316. Ver também Percepção
Realização do desejo, 54
Realizações de desempenho, teoria da aprendizagem
social, 473
Realizações, personologia, 196
Rede dinâmica, teoria de traço fatorial-analítica, 266-267
Reflexos
teoria de estímulo-resposta, 431
teoria psicanalítica, 54
Reforço
esquemas de, condicionamento operante, 403-404
secundário, condicionamento operante, 405-406
teoria da aprendizagem social, 463-464
Reforço indireto ou vicário, teoria da aprendizagem
social, 464, 466-467, 474
Reforço secundário, condicionamento operante, 405-406
Regressão
teoria analítica junguiana, 102-104
teoria psicanalítica, 56, 64-65
Reinância, personologia, 198
Relacionar-se, Fromm, E., 130-131, 132

# TEORIAS DA PERSONALIDADE **587**

Religião, teoria analítica junguiana, 92-93, 103-104, 105-107, 111, 113

Repressão
segunda teoria de Freud da ansiedade, 154
teoria analítica junguiana, 96, 103-104
teoria do estímulo-resposta, 438-439, 443
teoria psicanalítica, 63-64

Ritualismo, teoria eriksoniana, 168

Rogers, C., biografia de, 363-367. *Ver também* Teoria centrada na pessoa

*Role Construct Repertory Test*, 341-343

## S

Sadomasoquismo
Fromm, E., 130
Horney, K., 135

Schreber, o caso (Freud), 72, 73

Seleção do parceiro, teoria de traço fatorial-analítica, 285-286

*Self*
Allport, G., 232-233
personologia, 196
teoria analítica junguiana, 92-93
teoria centrada na pessoa, 368-369
teoria de traço fatorial-analítica, 267-268

*Self* criativo, teoria adleriana, 125-125

Seligman, M., biografia de, 449-450. *Ver também* Teoria de estímulo-resposta

Sensação, teoria analítica junguiana, 93

Sentimento, teoria analítica junguiana, 93

Sentimentos de inferioridade, teoria adleriana, 121-122

Sentimentos, teoria de traço fatorial-analítica, 266

Sexualidade
teoria adleriana, 120
teoria analítica junguiana, 84, 85, 101
teoria de traço fatorial-analítica, 285-286
teoria eriksoniana, 174
teoria psicanalítica, 50, 57, 65, 71, 72-73
teoria sullivaniana, 145-146
White, R., 164-165

Sexualidade infantil, teoria psicanalítica, 72-73, 78

Simbolização, teoria analítica junguiana, 103-104

Sincronicidade, teoria analítica junguiana, 100-101

Síndromes, Maslow, A., 361-362

Singularidade. *Ver* Diferenças individuais

Síntese, multiplicidade *versus*, teoria da personalidade, 504-506

Sistema ativador reticular ascendente (SARA ou ARAS, *ascending reticular activating system*), teoria de traço biológico, 303-305

Sistema cognitivo-afetivo, teoria da aprendizagem social, 483-486

Sistema de ativação comportamental (SAC ou BAS, *behavioral activacion system*), teoria de traço biológico, 310

Sistema de inibição comportamental (SIC ou BIS, *behavioral inhibition system*), teoria de traço biológico, 310

Sistema nervoso central, teoria do traço biológico, 301-305

Skinner, B.F., biografia de, 390-394. *Ver também* Condicionamento operante

Sombra, teoria analítica junguiana, 91-92

Sonhos
teoria analítica junguiana, 107-108
teoria psicanalítica, 54, 70-72

Subcepção, teoria centrada na pessoa, 367

Subjetividade, teoria da personalidade, 42-43

Sublimação
teoria analítica junguiana, 103-104
teoria psicanalítica, 62
teoria sullivaniana, 145-146

Subsidiação, teoria de traço fatorial-analítica, 266

Suicídio, teoria psicanalítica, 74

Sullivan, H. S., biografia de, 138-141

Superego
distribuição da energia psíquica, 58-60
personologia, 197
teoria da aprendizagem social, 470
teoria psicanalítica, 54-55

Superioridade, busca de, teoria adleriana, 121

Suposições, teoria da personalidade, 33-34

## T

Tamanho da amostra, personologia, métodos de pesquisa, 211-212

Tarefas de vida, personologia, 196

Técnica-P, teoria de traço fatorial-analítica, 275

Técnica-Q
teoria centrada na pessoa, 376-380
teoria de traço fatorial-analítica, 275

Técnica-R, teoria de traço fatorial-analítica, 275-277

Teleologia
causalidade *versus*, teoria analítica junguiana, desenvolvimento da personalidade, 99-100
teoria da personalidade, 40

Temperamento
Allport, G., 228-229
teoria de traço biológico, 297-301. *Ver também* Teoria do traço biológico

teoria de traço fatorial-analítica, 260-263

Tendências, teoria de traço fatorial-analítica, 269

Tensão
personologia, 203-204
teoria do constructo pessoal, 325, 326
teoria sullivaniana, 143-144

Teoria adleriana, 117-128. *Ver também* Teoria psicológica
social
busca de superioridade, 121
estilo de vida, 123-125
finalismo ficcional, 120-121
interesse social, 122-123
material biográfico, 117-120
métodos de pesquisa, 125-128
contemporânea, 127-128
experiência infantil, 127
memória inicial, 126-127
neurose, 125-126
ordem de nascimento, 126
*self* criativo, 125-125
sentimentos de inferioridade e compensação, 121-122
*status* atual, 149-151

Teoria analítica junguiana, 83-114
desenvolvimento da personalidade, 99-104
causalidade *versus* teleologia, 99-100
de modo geral, 99-100
estágios, 100-102
função transcendente, 103-104
genética, 100-101
individuação, 103
progressão e regressão, 102-103
simbolização, 103-104
sincronicidade, 100-101
sublimação e repressão, 103-104
dinâmica da personalidade, 96-100
de modo geral, 96-97
energia psíquica, 96-98
princípio da entropia, 98-100
princípio da equivalência, 98
uso da energia, 99-100
estrutura da personalidade, 88-96
atitudes, 92-93
de modo geral, 88
ego, 88
funções, 92-94
inconsciente coletivo, 88-92
inconsciente pessoal, 88
interações na, 94-96
*self*, 92-93
métodos de pesquisa, 105-111
contemporâneos, 107-111
de modo geral, 105
estudos de caso, 105-106

estudos experimentais de complexos, 105
método comparativo, 105-107
sonhos, 107-108
perspectiva histórica, 84-88
*status* atual, 111-114

Teoria centrada na pessoa, 347-386, 363-367. *Ver também*
Maslow, A.; Teoria organísmica
desenvolvimento da personalidade, 371-374
dinâmica da personalidade, 369-371
estrutura da personalidade, 367-369
material biográfico, Rogers, C., 363-367
métodos de pesquisa, 374-384
abordagens empíricas, 380
análise de conteúdo, 374-376
contemporâneos, 380-384
de modo geral, 374-374
escalas de avaliação, 375-376
estudos da técnica-Q, 376-380
estudos experimentais do autoconceito, 380
estudos quantitativos, 374-375
*status* atual, 383-386
teoria organísmica e, 348-354

Teoria cognitiva, teoria do estímulo-resposta, 421

Teoria da aprendizagem
Allport, G., 237-238
condicionamento operante, 389-418. *Ver também*
Condicionamento operante
sumário, 387-388
teoria da aprendizagem social, 459-487. *Ver também*
Teoria da aprendizagem social
teoria da personalidade, 28, 39-39
teoria do estímulo-resposta, 419-457. *Ver também*
Teoria do estímulo-resposta

Teoria da aprendizagem social, 459-487. *Ver também*
Teoria da aprendizagem
aplicações terapêuticas, 471-472
auto-eficácia, 472-476
auto-sistema, 468-471
dados biográficos
Bandura, A., 460-463
Mischel, W., 478-481
determinismo recíproco, 467
métodos de pesquisa, 475-478
paradoxo de consistência e protótipos cognitivos, 482-483
princípios da aprendizagem observacional, 464-467
processos de atenção, 464-465
processos de produção, 465
processos de retenção, 465
processos motivacionais, 465-467
reforço, 463-464
sistema cognitivo-afetivo, 483-486
*status* atual, 485-487

variáveis cognitivas pessoais, 480-482
Teoria da autodiscrepância, descrita, 382-384
Teoria da dissonância cognitiva, descrita, 381-382
Teoria da personalidade, 27-47, 491-506. *Ver também*
Teoria eriksoniana; Teoria analítica junguiana;
Teoria Psicanalítica; Teoria psicológica social
Allport, G., 223-252. *Ver também* Allport, G.
agrupamentos familiares, 39-39
análise de agrupamento, 497-499
atributos formais, 39-40
atributos substantivos, 40-44
comparações de, 39-44, 492-500
pesquisa e, 499-500
definição da personalidade, 32-33, 194-195, 228, 258
definição de teoria, 33-36
descrita, 36-38
estrutura da personalidade, ênfase na, 187-188
orientação funcional da, 29-30
papel dissidente da, 29
percepção, 39, 42-43. *Ver também* Realidade percebida
personologia, 189-221. *Ver também* Personologia
perspectiva histórica, 28-32
reflexões sobre, 500-504
sínteses *versus* multiplicidade, 504-506
sumário, 27-28
teoria estrutural, 39, 187-188. *Ver também* Teoria
estrutural
teoria psicodinâmica, 45-47
teoria psicológica e, 32, 38-39
teoria psicológica social, 115-151
teorias da aprendizagem, 387-388. *Ver também* Teoria
da aprendizagem
Teoria da pulsão. *Ver* Instinto
Teoria das relações objetais, 157-160
descrita, 157-159
Kohut, H., 159-160
teoria psicanalítica, 157-160
Teoria de estágio. *Ver* Fatores desenvolvimentais
Teoria de traço biológico, 291-314. *Ver também* Teoria de
traço fatorial-analítica
material biográfico, 295-297
métodos de pesquisa, 306-312
contemporâneos, 310-312
descritos, 306-310
modelos causais, 301-305
*status* atual, 312-314
sumário, 291-292, 292-295
temperamento, 297-301
extroversão e neuroticismo, 297-300
psicoticismo, 300-301
Teoria de traço fatorial-analítica, 253-289. *Ver também*
Teoria de traço biológico
conceito de análise fatorial, 254, 256-256

desenvolvimento da personalidade, 270-274
análise hereditariedade-ambiente, 272
aprendizagem, 272-273
contexto social, 273-274
de modo geral, 270-272
maturação, 273
estrutura da personalidade, 258-271
de modo geral, 258
equação de especificação, 263-265
Freud e, 269-270
traços de temperamento e capacidade, 260-263
traços dinâmicos, 265-269
traços, 259-260
material biográfico, Cattell, 256-257
métodos de pesquisa, 274-286
contemporâneos, 278-286
de modo geral, 274-275
indivíduo único, 275-277
modelo de sistemas VIDAS, 277-278
*status* atual, 286-289
sumário, 253-254
Teoria do constructo pessoal, 317-345
constructos de mudança, 340-341
constructos, 334-336
contínuo de consciência cognitiva, 340
desenvolvimento da personalidade, 328-329
dinâmica da personalidade, 324-328
de modo geral, 324
energia, 325
força ou vetor, 326-327
locomoção, 327-328
necessidades, 325-326
tensão e ação motora, 326
tensão, 325
valência, 326-326
estrutura da personalidade, 319-324
conexões regionais, 321-324
de modo geral, 319-320
diferenciação, 321-322
espaço de vida, 320-321
números de regiões, 323-324
relacionamento pessoa/ambiente, 323-324
material biográfico
Kelly, G., 328-331
Lewin, K., 319-320
métodos de pesquisa, 341-344
contemporâneos, 343-344
descritos, 341-343
postulado e corolários, 336-340
*status* atual, 344-345
sumário, 318-319
suposições, 331-334
alternativismo construtivo, 331-334

autoconceito, 334
foco no constructor, 333
metáfora do homem-cientista, 332-333
motivação, 333-334
Teoria do desamparo, teoria de estímulo-resposta, 453-454
Teoria de estímulo-resposta, 419-457, 505
aplicações, 437-444
desenvolvimento da personalidade, 430-437
contexto social, 435
estágios, 435-437
processo de aprendizagem, 431-433
estrutura da personalidade, 430
experimentação, 425-430
materiais biográficos, Dollard e Miller, 422-426
métodos de pesquisa, 444-454
Skinner e, 390
status atual, 454-457
sumário, 419-422
Teoria eriksoniana, 165-185
ego na, 175-176
estágios desenvolvimentais, 168-175
autonomia versus vergonha e dúvida, 171
confiança básica versus desconfiança básica, 169-171
de modo geral, 168-169
diligência versus inferioridade, 172-173
generatividade versus estagnação, 174-175
identidade versus confusão de identidade, 173-174
iniciativa versus culpa, 171-172
integridade versus desespero, 175
intimidade versus isolamento, 174
tabelas-resumo, 169, 170
métodos de pesquisa, 177-184
antropologia, 179-180
contemporâneos, 181-184
histórias de caso, 177
psico-história, 179-181
situações lúdicas, 177-179
status atual, 184-185
sumário, 165-167
Teoria estrutural, 39, 187-188
Allport, G., 223-252. Ver também Allport, G.
personologia, 189-221. Ver também Personologia
teoria de traço biológico, 291-314. Ver também Teoria de traço biológico
teoria de traço fatorial-analítica, 253-289. Ver também Teoria de traço fatorial-analítica
Teoria evolutiva, teoria de traço fatorial-analítica, 283-286
Teoria experiencial, teoria da personalidade, 39
Teoria mecanicista, teoria da personalidade, 40
Teoria organísmica. Ver também Maslow, A.; Teoria centrada na pessoa

desenvolvimento, 354-59
dinâmica, 352-354
ambiente, 353-354
auto-realização, 352-353
equalização, 352
estrutura, 350-352
material biográfico, Goldstein, K., 349-354
sumário, 348-349
Teoria psicanalítica clássica. Ver Teoria psicanalítica
Teoria psicanalítica, 49-81. Ver também Teoria da personalidade
auto-análise (de Freud), 74
desenvolvimento da personalidade, 61-68
deslocamento, 62-63
estágios no, 65-68
identificação, 61-62
mecanismos de defesa, 63-65
dinâmica da personalidade, 55-61
ansiedade, 60-61
energia psíquica, 58-60
instinto, 55-58
estrutura da personalidade, 53-55
ego, 54
id, 53-54
superego, 54-55
evolução da, 154-155
método científico, 69-70
métodos de pesquisa, 68-78
associação livre e análise de sonhos, 70-72
contemporâneos, 74-78
estudos de caso, 72-74
perspectiva histórica, 49-50
psicologia do ego, 155-157
status atual, 78-81
teoria das relações objetais, 157-160
teoria eriksoniana, 165-185. Ver também Teoria eriksoniana
teoria psicológica e, 160-165
Teoria psicodinâmica, teoria da personalidade, 39, 45-47. Ver também Teoria eriksoniana; teoria analítica junguiana; teoria psicanalítica; Teoria psicológica social
Teoria psicológica
teoria da personalidade e, 32, 38-39
teoria psicanalítica e, 160-165
Teoria psicológica social, 115-151. Ver também Teoria adleriana; Fromm, E.; Horney, K.; teoria sullivaniana
adleriana, 117-128
Fromm, E., 128-133
Horney, K., 133-138
perspectiva histórica, 116-117
status atual, 143-151

sullivaniana, 138-149
Teoria sullivaniana, 138-149. *Ver também* Teoria
    psicológica social
  desenvolvimento da personalidade, 144-146
  dinâmica da personalidade, 143-145
  estrutura da personalidade, 140-143
  material biográfico, 138-141
  métodos de pesquisa, 147-149
  *status* atual, 149-151
Teoria, definida, 33-36
Terapia
  depressão, teoria do estímulo-resposta, 452-453
  teoria da aprendizagem social, 471-472
  teoria da personalidade e, 29
  teoria do estímulo-resposta, 443-444
  teoria psicanalítica, 70-75
Terapia centrada no cliente. *Ver* Teoria centrada na pessoa
Testagem psicológica
  Allport, G., 239, 240-241
  Eysenck, 299
  personologia, métodos de pesquisa, 212-213
  teoria analítica junguiana, 97-98, 105, 112
  teoria centrada na pessoa, 375-380, 385
  teoria de traço fatorial analítica, 260-263. *Ver também*
    Teoria de traço fatorial analítica
  teoria do constructo pessoal, 343-344
  teoria psicológica e, 38-39
Teste de Apercepção Temática (TAT), 213, 215-216, 379
Teste de realidade, teoria psicanalítica, 54
Teste Rep, 341-343
Testes de associação de palavras, teoria analítica
    junguiana, 97-98, 112
Testes de personalidade. *Ver* Testagem psicológica
Testes. *Ver* Testagem psicológica
Traço. *Ver também* Allport, G.; Teoria do traço biológico;
    Teoria de traço fatorial-analítica
  Allport, G., 229-232
  tipo contrastado, 292
Traços de capacidade, teoria fatorial analítica do traço,
    260-263
Traços de origem, teoria de traço fatorial-analítica, 259-
    260

Traços de superfície, teoria de traço fatorial analítica, 259-
    260
Traços dinâmicos, teoria de traço fatorial-analítica, 265-
    269
Trauma do nascimento, teoria psicanalítica, 61
Trauma, teoria psicanalítica, 61
Treinamento esfincteriano
  psicologia e psicanálise, 164
  teoria psicanalítica, 66

Unidade, de personalidade, Allport, G., 236
Utilidade, teoria da personalidade, 33-35

Valência, teoria do constructo pessoal, 326
Variáveis cognitivas pessoais, teoria da aprendizagem
    social, 480-482
Vergonha
  dúvida e, autonomia *versus*, teoria eriksoniana, 171-
    171
  teoria da aprendizagem social, 464
Verificação, teoria da personalidade, 34-35
Vetor, teoria do constructo pessoal, 326-327
Vínculo associativo, teoria do estímulo-resposta, 421

Wolpe, J., biografia de, 446. *Ver também* Teoria de
    estímulo-resposta

**Z**

Zonas erógenas
  teoria eriksoniana, 178-179
  teoria psicanalítica, 57